ENCYCLOPÉDIE MONDIALE DES AVIONS CIVILS
des origines à nos jours

ENCYCLOPÉDIE MONDIALE DES AVIONS CIVILS
des origines à nos jours

Sous la direction de E. Angelucci
Texte de P. Matricardi

Hermé

D.L. TO: 717 - 2003

Livre conçu et dirigé par Enzo Angelucci
Coordination et texte par Paolo Matricardi
Réalisation d'Andriano Zannino
Rédactrice en chef Serenella Genoese Zerbi

Traduit par Élisabeth de Lavigne, Bernard Guyader et Christine Chareyre
Saisie et mise en page réalisées par Compo-Méca

Dessins en couleurs de N. Arlose, V. Cosentino, V. Matricardi, A. Gigli, Studio Kromos
Dessins en noir de R. Clementi, D. Dazzi, P. Riccioni, B. Tari, C. Tatengelo
Éclatés d'avions en noir des pages 96, 144, 198, 270 avec l'aimable autorisation de Pilot Press

L'éditeur remercie les musées de l'Aéronautique,
les services de presse de l'industrie aéronautique du monde entier
et les compagnies aériennes qui ont gracieusement fourni
informations et documents contribuant à la réalisation de cet ouvrage.

© 1981 - Arnoldo Mandadori Editore S.p.A., Milan

© 2003 - Éditions Hermé, 2, rue Christine, 75006 Paris
Dépôt légal : octobre 2003
ISBN : 2-86665-378-5
Imprimé et relié en Espagne par Artes Gráficas Toledo S.A.U.
D.L. TO: 717 - 2003

Douze mois après son jumeau consacré aux avions militaires, voici que paraît le présent volume, aboutissement du travail d'un groupe de seize personnes qui, pendant des années, n'ont pas ménagé leurs efforts pour atteindre un objectif au début tellement ambitieux qu'on le croyait irréalisable : *faire une Encyclopédie des avions civils du monde entier, des origines à nos jours.*

Maintenant que l'*Encyclopédie des avions militaires* a déjà favorablement subi l'épreuve du feu de la part du public et de la critique (dans le monde entier et en cinq langues), c'est avec satisfaction et plus de sérénité que les auteurs peuvent présenter ce second volume. Ce livre, lui aussi, se veut un ouvrage de référence, jusqu'ici unique en son genre, sur tous les avions de quelque importance, cette fois civils, de tous les temps et de tous les pays. Pour chacun d'entre eux, des données techniques, des reconstitutions en couleurs, des vues triples, des comparaisons d'échelle, des photographies, des notices historiques devraient servir à une connaissance de base de l'appareil, qui peut faciliter une éventuelle recherche plus spécialisée et plus approfondie. Dans ce volume, on a passé en revue plus de quatre cents types d'avions civils (précurseurs, avions de tourisme, de transport, expérimentaux, sportifs, de record, d'entraînement), sans parler de quelques modèles militaires qui sont entrés dans l'histoire grâce à la contribution qu'ils ont apportée au progrès de l'aviation et non grâce à leurs « mérites » guerriers.

On pourra nous accuser éventuellement de certaines omissions. Dans l'histoire de l'aviation que nous avons retracée dans ce volume, de Léonard de Vinci à la navette spatiale, n'auraient certainement pas pu trouver place tous les avions civils conçus, réalisés en prototype ou fabriqués en petite série. Les auteurs ont dû par conséquent faire leur choix et sont persuadés, en leur âme et conscience et dans les limites de leurs connaissances, de n'avoir pas fait preuve d'injustice ni de partialité.

Ce livre est dédié aux concepteurs d'hier et d'aujourd'hui ; aux généreux pionniers qui ne reculèrent devant aucun sacrifice pour que le vol du plus lourd que l'air devienne une réalité : aux pilotes de notre époque, à qui, chaque année, est confiée la vie d'un milliard d'hommes voyageant en toute quiétude à bord d'appareils qui ont effectivement raccourci les distances nous séparant les uns des autres. Il est dédié, enfin, à tous ceux qui, voyant un avion dans le ciel, éprouvent encore une émotion à la pensée que l'un des plus vieux rêves de l'homme ait pu se réaliser. Il n'y a pas si longtemps de cela, le plus lourd que l'air, pour la première fois, s'élevait timidement de terre de quelques centimètres et pendant quelques secondes… C'était le 17 décembre 1903.

Enzo Angelucci

SOMMAIRE

Les numéros **en gras** renvoient aux pages des planches en couleurs, les numéros en maigre aux pages des textes correspondants.

Les légendes accompagnant les planches « Année par année, les avions les plus importants... » correspondent à celles des fiches techniques et des textes.

Dans les planches synoptiques à l'échelle, les avions sont reproduits à deux échelles différentes. La première (3 m = 2,16 cm) est utilisée pour les appareils de 1903 à 1940 (planches 16, 34, 58, 79). La seconde (4 m = 2,16 cm) pour les avions de 1940 à aujourd'hui (planche 117).

Dans les annexes photographiques, la légende est suivie d'un numéro entre parenthèses indiquant la planche sur laquelle l'avion est représenté.

L'abréviation utilisée pour le mile est **ml**.

Dans toutes les planches du panorama synoptique et dans celles « Année par année, les avions les plus importants... » ainsi que dans tous les tableaux et cartes des traversées figurent les sigles nationaux. Ces sigles sont :
A - Autriche ; **AUS** - Australie ; **B** - Belgique ; **BR** - Brésil ; **CDN** - Canada ; **CH** - Suisse ; **CS** - Tchécoslovaquie ; **D** - Rép. féd. allemande ; **DK** - Danemark ; **DZ** - Algérie ; **E** - Espagne ; **ET** - Égypte ; **F** - France ; **GB** - Grande-Bretagne ; **H** - Hongrie ; **I** - Italie ; **IL** - Israël ; **IND** - Inde ; **IR** - Iran ; **IRL** - Irlande ; **IRQ** - Irak ; **J** - Japon ; **KWT** - Koweït ; **N** - Norvège ; **NG** - Nouvelle-Guinée ; **NL** - Hollande ; **NZ** - Nouvelle-Zélande ; **P** - Portugal ; **PI** - Philippines ; **PL** - Pologne ; **R** - Roumanie ; **RA** - Argentine ; **RCH** - Chili ; **RY** - Lituanie ; **S** - Suède ; **SF** - Finlande ; **SYR** - Syrie ; **TJ** - Chine ; **TR** - Turquie ; **U** - Uruguay ; **URSS** - Union soviétique ; **USA** - États-Unis d'Amérique ; **VO** - Terre-Neuve ; **YU** - Yougoslavie ; **ZA** - Afrique du Sud.

	Présentation		5
	Introduction		10
	Chapitre premier		14
	Quatre siècles de rêves, d'intuitions et d'expériences		
Planche	1 *Éclaté du monoplan de William Samuel Henson*	**17**	
	2 Le génie de Léonard de Vinci	**19**	18
	3 Généreuses tentatives de 1595 à 1781	**21**	20
	4 Les ballons : on vole avec le plus léger que l'air !	**23**	22
	5 Sir George Cayley ; 1796-1853	**25**	24
	6 Henson, Stringfellow et diverses expériences de 1797 à 1868	**27**	26
	7 A la recherche d'une force motrice, de 1853 à 1879	**29**	28
	8 Le plus léger que l'air : vers le dirigeable, de 1784 à 1883	**31**	30
	9 Le plus léger que l'air : le dirigeable, de 1884 à 1902	**32**	30
	10 Premières études sur le vol vertical : 1460-1887	**33**	34
	11 La longue route du cerf-volant au planeur avant 1868	**35**	34
	12 Planeurs : l'étude des cellules alaires de 1893 à 1904	**37**	36
	13 Nouvelles expériences et nouveaux insuccès de 1874 à 1894	**39**	38
	14 Clément Ader et Samuel Pierpont Langley : les derniers échecs avant le succès	**41**	40
	Supplément photographique		42
	Chapitre II		46
	Le rêve se réalise : on vole aux États-Unis et en Europe		
Planche	15 *Éclaté des Wright Flyer I et III*	**49**	
	16 Panorama synoptique à l'échelle des avions de 1903 à 1914		50

Planche	17	*Année par année, les avions les plus importants de 1903 à 1914*	**52**	53	Planche	50	*Moteurs de 1925 à 1931*	**110**
	18	Les Wright de 1903 à 1910	**54**	67		51	*Les traversées du continent africain ; 1920-1928*	**121**	120
	19	Deux grands pionniers : Alberto Santos-Dumont et Henri Farman	**55**	68		52	*Premiers vols au-dessus de l'Atlantique Nord et de l'Atlantique Sud, et le premier tour du monde ; 1919-1929*	**122**	120
	20	Chercheurs européens de 1904 à 1909	**56**	69		53	*Les vols transcontinentaux de 1919 à 1925*	**124**	120
	21	D'étranges machines volantes de 1908 à 1910	**57**	70		54	*Les grandes traversées de 1927 à 1933*	**126**	120
	22	La traction triomphe de la Manche en 1909	**58**	71		55	*Les traversées aériennes : panorama synoptique à l'échelle*	**128**
	23	Toujours en 1909, le propulsion triomphe à Reims	**59**	72		56	*Chronologie des vols transatlantiques de 1919 à 1939*		130
	24	Avions britanniques de 1908 à 1910	**60**	73		57	*Chronologie des vols transpacifiques et des tours du monde de 1924 à 1939*		132
	25	Progrès en Europe de 1910 à 1912	**61**	74			Supplément photographique		133
	26	Intuitions et trouvailles de 1910 à 1912	**62**	75					
	27	L'hydravion fait son apparition en 1910	**63**	76			Chapitre IV		136
	28	L'hydravion tente de s'affirmer	**64**	76					
	29	L'hydravion inaugure le premier service passagers du monde	**65**	77			**La recherche de la vitesse : vingt années de compétitions**		
	30	*Moteurs de 1903 à 1910*	**66**					
	31	*Records de vitesse et de durée de 1906 à 1914*	**79**		Planche	58	*Panorama synoptique à l'échelle des avions de compétition de 1919 à 1940*	**140**
	32	*Records de distance de 1906 à 1914*	**80**			59	*Année par année, les avions de compétition les plus importants de 1919 à 1940*		142
	33	*Records d'altitude de 1908 à 1914*	**81**			60	*Éclaté du De Havilland D.H.88 Comet*	**144**
		Supplément photographique		82		61	Les Coupes Gordon Bennett et Deutsch de La Meurthe ; 1920-1922	**146**	159
						62	Aerial Derby et Coupe Beaumont ; 1919-1925	**147**	159
		Chapitre III	86			63	La Coupe Schneider de 1919 à 1925	**148**	160
						64	La Coupe Schneider de 1926 à 1931	**149**	160
		Naissance des services civils				65	Le Trophée Pulitzer de 1920 à 1921	**150**	162
						66	Le Trophée Pulitzer de 1922 à 1925	**151**	162
Planche	34	*Panorama synoptique à l'échelle des avions de 1919 à 1927*	**90**			67	Le Trophée Thompson de 1930 à 1934	**152**	164
	35	*Les principales étapes de l'aviation civile, de 1909 à 1928*		93		68	Le Trophée Thompson de 1935 à 1939	**153**	165
	36	*Année par année, les avions les plus importants de 1919 à 1927*		94		69	Le Trophée Bendix de 1931 à 1939	**154**	165
	37	*Éclaté du Fokker F.VIIb-3m*	**96**			70	Petits avions sportifs pour grands exploits ; 1929-1934	**155**	166
	38	Créés pour la guerre, utilisés et adaptés pour la paix ; 1919	**98**	111		71	Six avions sportifs à ne pas oublier ; 1935-1940	**156**	167
	39	Le premier défi à l'immensité de l'Atlantique ; 1919	**99**	111		72	Trois inoubliables avions à records ; 1928-1934	**157**	168
	40	Colosses prématurés aux pieds d'argile ; 1919-1921	**100**	112		73	*Moteurs de compétition de 1918 à 1931*	**158**
	41	Premiers avions pour les premières lignes régulières de voyageurs ; 1919-1921	**101**	113		74	*Résultats des compétitions : Gordon Bennett, Deutsch de La Meurthe, Aerial Derby*		169
	42	Les premiers classiques du transport civil font leur apparition en Europe ; 1920-1924	**102**	114		75	*Résultats des compétitions : Beaumont, Schneider, Pulitzer*		170
	43	Modèles français, anglais, allemands pour passagers et transports postaux ; 1922-1925	**103**	115		76	*Résultats des compétitions : Thompson, National Air Races, Bendix*		171
	44	Les premiers à traverser l'Océan et les continents ; 1923-1924	**104**	116		77	*Records de vitesse de 1919 à 1939*	**172**
	45	Les premiers trimoteurs classiques apparaissent en Europe ; 1925-1927	**105**	116		78	*Records de distance et d'altitude de 1919 à 1939*	**174**
	46	Trois trimoteurs sur les lignes européennes et américaines ; 1926	**106**	117			Supplément photographique		176
	47	Un hydravion entré dans la légende, de 1926 à 1934 : le S.M.55	**107**	118			Chapitre V		180
	48	Quatre célèbres monomoteurs américains de 1927	**108**	118			**L'âge romantique de l'aviation civile de 1928 à 1940**		
	49	Lindbergh accomplit la première traversée sans escale de l'Atlantique ; 1927	**109**	119	Planche	79	*Panorama synoptique à l'échelle des avions de 1928 à 1940*	**184**

Planche	80	*Année par année, les avions les plus importants de 1928 à 1934*	194
	81	*Année par année, les avions les plus importants de 1935 à 1939*	196
	82	*Éclaté du Short S.23C*	**198**
	83	Les rois de la Manche et de la Méditerranée ; 1928-1932	**200** 229
	84	Les derniers Farman du transport civil ; 1927-1930	**201** 229
	85	Deux générations d'hydravions américains pour les lignes d'Amérique du Sud ; 1928-1935	**202** 230
	86	Importantes réalisations de l'industrie aéronautique française ; 1929-1930	**203** 231
	87	Hollande : la suprématie des Fokker n'est pas menacée ; 1928-1935	**204** 232
	88	La formule multimoteur se développe également aux États-Unis ; 1928-1934	**205** 233
	89	Des avions allemands pour les besoins du transport civil naissant ; 1928-1935	**206** 234
	90	Avions américains monomoteurs pour le transport postal et de quelques passagers ; 1929-1931	**207** 235
	91	Junkers : un grand nom dans l'histoire de l'aviation civile ; 1930-1934	**208** 235
	92	De Havilland : production uniquement civile dans les années 30 ; 1931-1938	**209** 236
	93	SIAI Marchetti : une longue série d'avions de records ; 1932-1939	**210** 237
	94	Les Tupolev géants soviétiques ; 1929-1934	**211** 238
	95	Avions secondaires soviétiques ; 1930-1937	**212** 239
	96	Transports légers britanniques ; 1933-1937	**213** 239
	97	Le meilleur de tous : le Douglas DC-3 ; 1933-1936	**214** 240
	98	Quatre hydravions français pour triompher des océans ; 1932-1936	**215** 241
	99	Quadrimoteurs civils britanniques ; 1932-1938	**216** 242
	100	Avions civils secondaires français ; 1933-1937	**217** 243
	101	Multimoteurs français pour les lignes européennes, africaines, asiatiques ; 1934-1935	**218** 244
	102	Les derniers monomoteurs de transport américains ; 1932-1934	**219** 245
	103	Transports passagers italiens ; 1935-1939	**220** 245
	104	Bimoteurs américains entrés dans la légende du transport civil ; 1934-1941	**221** 246
	105	Le transport aérien en Roumanie, en Tchécoslovaquie et en Pologne ; 1934-1938	**222** 247
	106	Japon et Canada : deux industries aéronautiques naissantes ; 1934-1938	**223** 248
	107	Quadrimoteurs allemands de l'immédiat avant-guerre ; 1937-1938	**224** 249
	108	Les derniers concurrents et le vainqueur de la course de l'Atlantique Nord ; 1936-1941	**225** 250
	109	Trois expériences intéressantes alors que le canon commence à tonner ; 1938-1940	**226** 251
	110	Quatre dirigeables restés dans l'histoire ; 1926-1936	**227** 252
	111	*Moteurs de 1928 à 1930*	**228**
Planche	112	*Tableau comparatif de la capacité en passagers de 1928 à 1940*	**253**
	113	*Tableau comparatif de l'autonomie de 1927 à 1941*	**254**
	114	*Tableau comparatif de la vitesse de 1927 à 1941*	**256**
	115	*Premiers vols réguliers et premiers courriers sur les routes atlantiques et pacifiques de 1933 à 1939*	258
		Supplément photographique	260
		Chapitre VI	266

La grande explosion du transport civil aérien

Planche	116	*Éclaté du Boeing 707-320*	**270**
	117	*Panorama synoptique à l'échelle des avions de 1940 à aujourd'hui*	**272**
	118	*Année par année, les avions de transport et de ligne les plus importants de 1940 à 1955*	286
	119	*Année par année, les avions de transport et de ligne les plus importants de 1957 à 1969*	288
	120	*Année par année, les avions de transport et de ligne les plus importants de 1971 à 1982*	290
	121	*Année par année, les avions d'affaires et de transport léger les plus importants de 1945 à 1976*	291
	122	*Les emblèmes des compagnies aériennes civiles du monde entier*	**292**
	123	*Les emblèmes des compagnies aériennes civiles du monde entier*	**294**
	124	*Les sigles des compagnies aériennes civiles*	296
	125	*Les sigles nationaux de l'aviation civile*	299
	126	Avions de passagers en service aux États-Unis pendant la guerre ; 1940-1942	**300** 334
	127	Les avions civils britanniques de 1942 à 1945 sont des bombardiers modifiés	**301** 335
	128	L'effort britannique de la guerre à la paix ; 1943-1948	**302** 335
	129	Premiers signes de reprise de l'industrie française ; 1945-1951	**303** 336
	130	Géants sans succès ; 1940-1952	**304** 337
	131	Les derniers hydravions de passagers sont tous anglais ; 1942-1946	**305** 338
	132	Cinq grands avions américains pour les premières lignes internationales ; 1947-1955	**306** 339
	133	Les derniers grands quadrimoteurs à pistons sont américains ; 1951-1954	**307** 340
	134	Avions anglais et suédois pour le transport moyen-courrier ; 1946-1948	**308** 341
	135	Avions destinés à l'Aeroflot dans l'immédiat après-guerre ; 1946-1958	**309** 342
	136	Le premier avion à turbopropulseur du monde, le Vickers Viscount, est anglais ; 1950-1960	**310** 343
	137	Naissance en Europe du transport civil à réaction ; 1952-1964	**311** 344
	138	Le Boeing 707 et le Douglas DC-8 deviennent aussitôt les plus populaires ; 1957-1967	**312** 345

Planche	139 Transports à réaction moyen-courriers américains et soviétiques ; 1957-1961	**313**	346
	140 Les premiers avions « tout-cargos » équipés de turbine sont britanniques ; 1959-1970	**314**	347
	141 Bimoteurs à turbopropulseur pour le court et le moyen-courrier 1958-1967	**315**	348
	142 Grands turbopropulseurs à long rayon d'action ; 1954-1967	**316**	349
	143 Étranges coïncidences techniques sur d'excellents avions ; 1963-1971	**317**	350
	144 Le Boeing 727 s'impose dans tous les cieux du monde ; 1964-1973	**318**	352
	145 Jumbo-jets pour les courtes et moyennes distances ; 1967-1981	**319**	353
	146 Les vrais géants du ciel apparaissent à la fin des années 60 ; 1969-1976	**320**	354
	147 Le concorde inaugure l'ère du supersonique civil ; 1968-1969	**321**	355
	148 L'industrie italienne renaît des cendres de la guerre ; 1946-1962	**322**	357
	149 La production civile de l'industrie canadienne ; 1947-1969	**323**	358
	150 Avions britanniques des années 40 pour le transport léger ; 1945-1948	**324**	359
	151 Avions anglais et canadiens pour le transport léger ; 1950-1975	**325**	360
	152 Avions de transport léger des années 50 ; 1955-1959	**326**	361
	153 Avions de transports léger des industries secondaires ; 1949-1969	**327**	361
	154 L'industrie américaine toujours à l'avant-garde dans le domaine des *executive* ; 1954-1976	**328**	362
	155 *Executive* européens et transports légers des années 70 ; 1963-1976	**329**	364
	156 *Moteurs de 1943 à 1951*	**330**	
	157 *Moteurs de 1953 à 1974*	**332**	
	158 *Statistiques sur le trafic de passagers de 1960 à 1970*		365
	159 *Tableau comparatif de la capacité en passagers de 1940 à aujourd'hui*		**366**
	160 *Tableau comparatif de l'autonomie de 1940 à aujourd'hui*		**368**
Planche	161 *Tableau comparatif de la vitesse de 1940 à aujourd'hui*	**370**	
	Supplément photographique		372

Chapitre VII

Vitesse : à la conquête de l'espace

Planche	162 Du « disque volant » à l'aile delta ; 1945-1947	**388**	396
	163 De l'aile delta à l'aile variable, vers le supersonique ; 1950--1952	**390**	397
	164 Du X-1 au Valkyrie ; 1946-1964	**392**	398
	165 L'atterrissage après le vol dans la stratosphère ; 1966-1981	**394**	399
	Supplément photographique		401

Chapitre VIII

L'aviation civile au nouveau millénaire

Planche	166 Les long-courriers : 1988-1989	**402**	410
	167 Mc Donnell-Douglas et Boeing, les ennemis éternels : 1988-1995	**404**	411
	168 L'Airbus d'origine française : 1988-1993	**405**	412
	169 Avions moyen-courriers : 1980-1994	**406**	413
	170 Production prodigieuse pour avions court et moyen-courriers : 1984-1993	**407**	414
	171 Renaissance du Boeing 737 : 1983-1991	**408**	415
	172 D'étranges machines volantes à la technologie de pointe : 1986-1990	**409**	416

Bibliographie	419
Index par pays des avions figurant dans les planches	423
Index général analytique	425

I INTRODUCTION

Au début des années 1980, les avions civils de tous les types immatriculés dans les 145 pays adhérant à l'OACI (Organisation de l'aviation civile internationale) représentaient un total de près de 300 000 unités. Dans cet immense parc aérien, en 1979, 8 590 avions étaient des appareils de transport, c'est-à-dire des appareils dont le poids au décollage est supérieur à 900 kg ; 1 230 d'entre eux (14 %) étaient propulsés par des moteurs à pistons. Le rythme de modernisation de la flotte commerciale a correspondu à celui du taux annuel de croissance du trafic de ligne : les nouvelles commandes, qui étaient régulièrement de 400 à 500 avions entre 1971 et 1974, sont tombées à 257 à la fin de 1976, pour remonter ensuite lentement et atteindre le chiffre de 989 unités à la fin de 1979.

Au-delà de l'importance du trafic (les 100 millions de passagers sur les lignes régulières furent dépassés en 1960, les 300 millions dix ans plus tard, les 500 millions en 1977, et, à la fin de la décennie, on était arrivé à 747 millions) et des prévisions quant à sa croissance future, l'industrie du transport aérien est aujourd'hui caractérisée par ces chiffres vertigineux. Chiffres et quantités qui cachent un appareil industriel d'avant-garde, capable de produire les gigantesques investissements nécessaires pour répondre à l'accroissement du marché et alimenter les activités de recherche.

L'aviation civile et commerciale ne représente qu'une face de la réalité complexe que constitue l'avion. L'autre, non moins connue, est l'aviation militaire. Bien qu'ils soient apparemment séparés par leurs significations et leurs finalités antinomiques, ces deux aspects sont indissociables, car ils représentent les différentes expressions d'une croissance identique et d'une évolution commune. Aucune industrie aéronautique ne serait aujourd'hui en mesure d'utiliser sur une vaste échelle et dans la production en série les technologies sophistiquées (l'aérodynamique, la métallurgie, l'électronique, la technique des moteurs) nécessaires à la réalisation d'un avion de ligne moderne sans l'immense contribution apportée par la production d'appareils militaires. Aucun des constructeurs qui sont à l'avant-garde sur le plan mondial – surtout les géants américains – ne pourrait produire avec succès des avions commerciaux sans être en même temps engagé dans une activité de recherche et de production destinée – sur le papier – à la guerre. Ces interdépendances sont très étroits encore de nos jours. Ces liens, à la seule exception du grand effort de recherche dans le domaine aérospatial (qui, à partir des années 1960, a fait sentir ses effets jusque sur le monde aéronautique, imprimant une nette accélération à sa croissance globale), constituent un trait constant dans l'histoire de l'aviation. Paradoxalement, l'avion moderne seraient bien moindres en termes d'évolution et de maturité s'il n'y avait pas d'armées et s'il n'y avait pas eu deux guerres mondiales et plusieurs conflits pour les susciter. Cette logique apparut clairement dès les origines. Les premiers à l'avoir comprise et à essayer de la mettre à profit furent Orville et Wilbur Wright, en 1905. Désireux d'abattre le mur de scepticisme officiel qui, aux États-Unis, entourait leurs expériences, les deux frères, « pères » de l'aviation moderne, offrirent au département de la Guerre leur Flyer III, après que l'avion eut favorablement subi une série d'épreuves qui s'achevèrent sur un vol record de 38 minutes et 3 secondes, le 5 octobre. Cette première tentative tomba à l'eau, l'indifférence étant trop forte. Mais la seconde, deux années plus tard, réussit : un Wright A fut commandé par les autorités militaires pour être mis à l'épreuve et, en 1909, le Signal Corps de l'U.S. Army fut doté de son premier « plus lourd que l'air ».

Même si l'on était encore en pleine époque des pionniers, caractérisée par le passage de l'incrédulité à un enthousiasme irrésistible, l'exemple fut bientôt suivi en Europe. En France, le 12 juillet 1909, le ministère de la Guerre reconnut officiellement le potentiel militaire de l'avion, en faisant l'acquisition d'un biplan Wright ; en Grande-Bretagne, la première école de pilotage fut créée en 1910 par trois officiers d'artillerie ; en Italie, ce fut Wilbur Wright en personne qui instruisit, au printemps de 1909, le premier pilote italien, l'enseigne de vaisseau de 2ᵉ classe du Génie naval Mario Calderara, et l'année suivante fut ouverte la première école de pilotage militaire, sur le terrain de Centocelle. Aux États-Unis, un autre grand pionnier, Glenn Curtiss, effectua en 1910 et 1911 les premiers essais de bombardement et d'utilisation à bord d'un navire de guerre.

Dès ces années de formation, on peut mesurer la contribution apportée par les militaires. La production fut tout de suite entraînée par ce mouvement, surtout en Europe où, sous l'impulsion des états-majors, les avions ne furent plus construits par des artisans isolés, mais par de véritables industries, capables d'assumer les premières productions en série et d'améliorer sans cesse les niveaux qualitatifs des appareils.

La preuve la plus évidente du lien direct existant entre l'évolution de l'avion et l'impulsion donnée par l'armée fut apportée par premier conflit mondial. Le scepticisme qui subsistait encore, au début des hostilités, quant au rôle pratique des « plus lourds que l'air » dans une guerre moderne fit place à un intérêt presque frénétique. Constructeurs et ingénieurs furent encouragés ; les industries proliférèrent ; la production commença à être cordonnée sur un plan à la fois qualitatif et quantitatif. Ce fut le début d'une phase ascendante qui ne connut aucun fléchissement pendant presque cinq ans, sous la pression des brutales nécessités du conflit, au cours duquel l'humanité prit conscience, de façon unanime, de l'immense potentiel militaire de l'avion. L'appareil sur lequel se concentrèrent les efforts techniques et technologiques des pays en guerre fut le chasseur. Il apparaissait comme l'une des armes décisives, capable de déjouer toutes les menaces venant du ciel, des bombardements aux vols de reconnaissance et aux attaques lancées contre l'infanterie. Disposer de chasseurs plus puissants et plus rapides que ceux de l'adversaire, c'était avoir en main l'instrument pour la conquête de la suprématie aérienne. En conséquence, à partir de 1915, après l'apparition des premiers Fokker, excellents monoplans allemands, cet objectif constitua une des tâches prioritaires dans l'effort de guerre de tous les pays impliqués dans le conflit, et le développement presque incroyable de cette machine de combat eut un effet stimulant sur le monde de l'aviation dans son ensemble. Dans le secteur des moteurs, deux tendances fondamentales étaient représentées, au premier jour des hostilités, par les productions française et allemande :

la première avait développé le moteur rotatif. La seconde s'était consacrée aux moteurs fixes à cylindres en ligne et refroidissement hydraulique. Les rotatifs, qui s'étaient révélés idéaux pour les chasseurs grâce à l'exceptionnelle maniabilité qui caractérisait leur fonctionnement, atteignirent en quatre ans à peine le maximum de leur utilisation, en dépassant le double de leur puissance d'origine. En revanche, les moteurs en ligne cédèrent progressivement le pas aux moteurs à cylindres en V, plus modernes et plus efficaces, fabriqués surtout par la France (avec le V-8 Hispano-Suiza), la Grande-Bretagne (avec le V-12 Rolls-Royce) et les États-Unis (avec le V-12 Liberty). Avec ces unités motrices, des puissances de l'ordre de 300-400 ch (plus que triplées par rapport aux puissances moyennes de 1914) devinrent courantes.

La demande et la disponibilité de puissances de plus en plus élevées influèrent sur les projets, les techniques de construction des avions et les matériaux. Le bois et la toile furent remplacés par des revêtements partiels en contre-plaqué, par des structures monocoques en bois, par celles en tubes d'acier recouvertes d'abord de toile, puis d'aluminium. On réalisa aussi d'excellents monoplans (une formule à laquelle on avait préféré le biplan peu avant la guerre) et l'on en arriva même à un avion de combat entièrement métallique. Le chasseur type de 1918 était un biplan à hélice tractive, équipé d'un moteur de 220 ch en moyenne ; il pouvait voler et combattre à 200-210 km/h et à 6 000 m d'altitude. Sur le plan strictement quantitatif, le premier conflit mondial alimenta au maximum la naissante industrie aéronautique. La France, des 1 294 avions construits en 1913, passa à un total de plus de 60 000 appareils de tous les types ; la Grande-Bretagne fabriqua au cours des quatre années et demie de guerre 58 000 avions, avec des pointes de 3 500 unités par mois ; l'Allemagne passa des 24 avions de 1911 aux 7 348 de 1914, aux 19 746 de 1917 et aux 14 123 de 1918, avec un total, pour la période de guerre, de 48 537 appareils de tous les types. Des quantités inférieures mais tout aussi significatives furent enregistrée pour les autres pays

Avec le retour à la paix commença une ère nouvelle du développement de l'aéronautique. L'immense appareil de production s'arrêta en l'espace de quelques mois. Mais l'évolution de la machine volante n'en resta pas là. D'autres stimulants finirent par l'emporter : l'aviation civile, les compétitions, l'enthousiasme suscité par les grandes traversées. Mais leur contribution ne fut pas aussi spectaculaire que celle qu'avait apportée la période de guerre. La preuve en est que l'avion ne changea pas beaucoup jusqu'au début des années 1930 et que, malgré les nombreuses innovations et les progrès réalisés sur le plan des performances, le type d'avion qui demeurait le plus perfectionné – le chasseur – resta très semblable à ce qu'il était à l'issue de la Première Guerre mondiale.

La situation commença à changer dès que le monde perçut les signes. Comme cela avait été le cas pour le premier conflit mondial, la nouvelle guerre permet de développer l'aviation. Entre 1939 et 1945 l'avion connut une évolution si importante et si rapide qu'elle ne saurait même pas être comparée à ce qu'elle avait été au cours des deux précédentes décennies de paix. À la fin des hostilités, les meilleurs avions de chasse équipés de moteurs à pistons volaient à une vitesse de l'ordre de 750 km/h, presque le double de celle des derniers biplans ; le plus perfectionné des bombardiers mis en ligne – le B-29 américain – opérait à si haute altitude et à des vitesses si élevées qu'il était pratiquement invulnérable aux coups portés par la défense adverse. Sans parler des progrès considérables accomplis dans la technologie des matériaux et dans celle des moteurs : dans ce domaine, les moteurs alternatifs atteignirent le maximum de leurs capacités et commencèrent à céder le pas aux réacteurs, les unités motrices du futur.

Au cours de ces sombres années, les principaux belligérants furent conscients de l'importance de l'aviation et ne lésinèrent pas sur les moyens pour renforcer sa puissance. Les historiens affirment tous que le cours de la guerre sa dynamique dépendirent directement de la valeur de l'aviation et du rôle qu'elle joua dans les rapports des forces en présence. L'avion fut à l'origine de tous les tournants du conflit : en Europe, avec la bataille d'Angleterre, puis avec les bombardements stratégiques sur l'Allemagne et avec les débarquements alliés en Normandie ; dans le Pacifique, avec l'attaque japonaise sur Pearl Harbor, puis avec la bataille de Midway avec les incursions américaines sur le territoire du Soleil Levant, pour finir par les journées historiques Hiroshima et Nagasaki.

Sur le plan quantitatif, les progrès de l'aviation peuvent se mesurer directement aux chiffres de production des principaux pays en guerre. Les États-Unis construisirent, en 1942, 47 836 avions de tous les types (10 769 chasseurs et 12 627 bombardiers, dont 2 615 quadrimoteurs et 7 247 bimoteurs) ; en 1943, le chiffre total passa à 85 898 (23 988 chasseurs et 29 355 bombardiers, dont 9 615 quadrimoteurs et 7 247 bimoteurs) ; en 1944 fut atteint le point maximal avec 96 318 avions (38 873 chasseurs et 35 003 bombardiers, dont 16 331 quadrimoteurs et 10 058 bimoteurs) ; dans la dernière année de guerre, 47 714 avions quittèrent les chaînes de montage (21 696 chasseurs et 16 492 bombardiers, dont 6 865 quadrimoteurs et 4 454 bimoteurs). Le total, de 1941 à 1945, s'éleva à 297 199 avions de combat : 99 742 chasseurs et 97 592 bombardiers, dont 35 743 quadrimoteurs et 35 369 bimoteurs. La Grande-Bretagne ne fut pas en reste, compte tenu des différences importantes entre ce pays et les États-Unis sur le plan de la capacité de production : en 1940 furent construits 15 000 avions ; en 1941 le total s'éleva à 20 100 ; en 1942 à 23 671 ; en 1943 à 26 263 ; le point maximal fut atteint l'année suivante avec 29 220 appareils. Le total, à la fin de la guerre, se chiffra à 125 254 avions de tous les types. La troisième grande puissance alliée en lutte contre le IIIe Reich fut l'URSS qui ne réussit qu'en 1942 à mettre en route son appareil de production, en le faisant fonctionner à plein régime : cette année-là, 8 000 avions furent construits ; en 1943, 18 000 ; en 1944, 30 000, et dans les premiers mois de guerre de 1945, 25 000.

Dans le camp adverse, les leaders furent les Allemands pour l'Europe et les Japonais pour l'Asie. L'Allemagne, qui en 1939 avait produit 8 300 avions de tous les types et mis sur pied l'aviation la plus puissante du monde, construisit 10 800 appareils en 1940 ; 11 800 l'année suivante ; 15 600 en 1942 ; 25 500 en 1943 ; 39 800 en 1944 ; 8 000 au cours des cinq premiers mois de 1945. L'effort japonais fut du même ordre : des 4 768 avions produits en 1940, on passa à 5 088 en 1941 (dont 1 080 chasseurs et 1 461 bombardiers) ; à 8 861 en 1942 (dont 2 935 chasseurs et 2 433 bombardiers) ; à 16 639 avions de tous les types en 1943 (7 147 chasseurs et 4 189 bombardiers) ; à 28 180 en 1944 (13 811 chasseurs et 5 100 bombardiers) ; durant les huit mois de 1945, les chaînes de montage produisirent 11 066 avions de combat, dont 5 474 chasseurs et 1934 bombardiers.

Sur le plan qualitatif, le résultat le plus important de ces années de guerre fut l'apparition du moteur à réaction qui, grâce aux recherches entreprises en Grande-Bretagne et en Allemagne, dépassa le stade expérimental pour entrer dans la phase opérationnelle. Les Allemands, dans cette course, arrivèrent les premiers : le Messerschmitt Me.262 – premier avion à réaction du monde – fit son apparition sur le front dans la seconde moitié de 1944, devançant de plusieurs mois son homologue britannique, le Gloster Meteor, qui ne fut livré aux unités, en petit nombre, que dans les derniers mois du conflit. Désormais, l'histoire de l'aviation entrait dans une nouvelle voie. Le bouleversement que la guerre avait provoqué dans l'organisation des peuples et des nations créa un nouvel équilibre mondial autour de deux grands pôles, les États-Unis et l'Union soviétique.

Dans ce contexte, ces deux pays devinrent les acteurs principaux de l'âge d'or de l'aviation. De 1945 à nos jours, l'aviation est apparue comme l'un des plus importants facteurs de l'évolution mondiale, instrument de consommation et de bien-être d'une part, principale clef des complexes équilibres militaires d'autre part, en poussant à l'extrême le caractère contradictoire du rôle qu'elle avait joué dès les années qui suivirent le premier conflit mondial. Le maintien de la paix générale, repose plus que jamais sur l'équilibre des forces disponibles, sur la capacité d'écarter la menace d'une destruction totale. Il s'agit manifestement d'un équilibre dynamique, dont le processus a conduit en 40 ans à une croissance terrifiante des arsenaux militaires et à une évolution presque incroyable des armements. Dans ce contexte, l'avion aussi a eu son rôle à jouer. De la Seconde Guerre mondiale, outre la conscience de l'importance stratégique de l'arme aérienne, était née une nouvelle pièce maîtresse de l'aviation, le moteur à réaction. Ce fut autour de cette forme de propulsion révolutionnaire que se concentra toute la technologie aéronautique. Les progrès furent constants. Pour avoir une idée de leur portée, il suffit de comparer 40 années de records absolus. En octobre 1938 la Fédération aéronautique internationale (FAI) homologuait les records mondiaux suivants : distance en circuit fermé, 11 651 kilomètres (Japon, monoplan Koken, 15 mai 1938) ; distance en ligne droite, 10 144 kilomètres (URSS, Tupolev ANT 25, 14 juillet 1937) ; vitesse, 709,902 km/h (Italie, hydravion Macchi-Castoldi M.C.72, 23 octobre 1934). Le record absolu d'altitude était encore détenu par un ballon, l'Explorer II américain, avec 22 066 mètres atteints le 11 novembre 1935, mais le 22 octobre 1938 l'Italien Mario Pezzi, à bord d'un Caproni Ca. 161 bis, était parvenu à 17 082 mètres d'altitude. En septembre 1978 les mêmes records étaient devenus respectivement : distance en circuit fermé, 18 245,05 kilomètres (É.-U., Boeing B-52 H Stratofortress, 7 juin 1962) ; distance en ligne droite, 20 168,78 kilomètres (É.-U., même avion, 11 janvier 1962) ; vitesse, 3 529,56 km/h (É.-U., Lock-heed SR-71 A, 28 juillet 1976) ; altitude 37 650 mètres (URSS Mig-25, 31 août 1977). Ces records étaient encore valables à la fin de 1980.

Allait de pair avec cette spectaculaire évolution des capacités absolues de l'avion celle de ses qualités guerrières. Les armements défensif et offensif devinrent de plus en plus meurtriers et sophistiqués : ils inclurent des engins nucléaires et des générations sans cesse modernisées et « intelligentes » de missiles, et furent assortis d'appareils électroniques complexes qui ne laissaient à l'opérateur et au pilote que le soin de la décision finale. Les bombardiers conventionnels abandonnèrent progressivement aux missiles intercontinentaux les fonctions stratégiques ; en conséquence, on mit au point des chasseurs tactiques toujours plus efficaces. Apparurent et s'imposèrent (également pour des raisons de prix de revient) les avions polyvalents, c'est-à-dire des appareils capables de couvrir un large éventail opérationnel, de l'attaque au sol à la reconnaissance et à l'interception ; les intercepteurs, à leur tour, devinrent des chasseurs de supériorité aérienne.

C'est au cours de cette phase d'évolution que les progrès aéronautiques ont été alimentés, dans une mesure, par la recherche et les expériences spatiales, dans une osmose tout à fait significative, qui a surtout emprunté les voies de l'électronique, de l'aérodynamique et de la métallurgie. La Fédération aéronautique internationale nous montre à quel point ce lien est devenu étroit, en mettant côte à côte les records propres aux avions et ceux qui appartiennent aux activités spatiales. Jusqu'en septembre 1980, ceux-ci étaient au nombre de sept : durée sur orbite terrestre (URSS, Vladimir Lyakhov et Valery Rioumine à bord des Soyouz 32 - Saliout 6 - Soyouz 34, du 25 février au 19 août 1979, en tout 175 jours, 35 minutes et 36 secondes) ; altitude (É.-U., F. Borman, J.A. Lowell et W. Anders à bord d'Apollo 8, du 21 au 27 décembre 1968, avec 377 668 kilomètres) ; masse soulevée (É.-U., mêmes astronautes et même satellite durant la même période, avec 127 980 kilomètres) ; distance parcourue sur orbite terrestre (URSS, Lyakhov et Rioumine, lors du lancement mentionné précédemment, avec 116 411 557 kilomètres) ; durée extra-véhiculaire (F.-U., E. Cernan, module lunaire Apollo 17, les 12 au 12 décembre 1972, avec 21 heures 31 minutes et 44 secondes) ; nombre d'astronautes restés en même temps hors du véhicule spatial (URSS, A. Eliseiev et E. Khrounov, à bord des Soyouz 4 et 5 les 14 au 14 janvier 1969, avec 37 minutes) ; temps total en vol spatial URSS, V. Rioumine, à bord des Soyouz 25, 32 et 34 et de Saliout 6, avec 177 jours, 1 heure 20 minutes et 21 secondes.

De tout cela, qu'est-ce qui a profité, à l'aviation civile et commerciale ? Beaucoup de choses, bien plus que ce que l'on pourrait imaginer. De l'étude de l'aérodynamique à celle des composantes structurales. De la métallurgie à l'électronique et aux appareillages de bord. Les propulseurs eux-mêmes, pratiquement tous ceux qui équipent les avions de ligne modernes, ont commencé par être montés sur des avions de guerre.

Tous les moyens qui ont marqué les étapes les plus importantes et constitué la structure de l'aviation civile moderne sont plus ou moins liés à des activités militaires : du DC-4 au DC-6, du Constellation au Stratoliner et au Stratocruiser, tous ont été réalisés sur l'initiative des militaires ou dérivent des bombardiers ; le Boeing 707, l'avion qui coïncida avec l'ère du jet commercial, fut construit par la société Boeing grâce aux expériences enregistrées avec le bombardier B-47 ; le B-747 Jumbo, élément clef de la révolution du gros-porteur, naquit de la vague d'enthousiasme que suscita le succès des premiers gigantesques avions de transport à réaction de l'armée.

1

Douze secondes. C'est ce que dura, le 17 décembre 1903, le premier vol d'Orville Wright. Il ne fallut que ce bref laps de temps pour rompre un enchantement aussi vieux que l'homme. Un enchantement nourri et grossi au fil des siècles par des mythes, des lubies, des légendes et des spéculations intellectuelles. Une magie qui avait envoûté fous et sages, curieux et artistes, penseurs et savants.

La notion de vol, sa présence même se perd dans les plus lointains témoignages de l'homme. Les reproductions de personnages munis d'ailes trouvées parmi les graffiti de la préhistoire sont tout aussi suggestives et significatives que les dieux de la mythologie égyptienne. Les taureaux ailés de l'antique Assyrie et les chevaux de la mythologie grecque présentent de troublantes analogies. En cette époque reculée, l'idée de vol est indissociablement liée au surnaturel et au mystérieux, au divin reléguée dans un univers fantastique inaccessible au commun des mortels.

Cependant cette image se détériora bientôt, au moment où (mais quand ?) l'homme tenta de s'emparer d'un pouvoir exclusivement réservé à la divinité. Pour beaucoup, l'histoire du vol commence avec la légende de Dédale et d'Icare, avec leur fuite entreprise au moyen d'ailes faites de plumes d'oiseaux collées à l'aide de cire qui, si elles réussirent à sauver Dédale, le plus vieux et le plus sage, ne purent arracher Icare, le plus jeune et le plus téméraire, à son destin tragique. Morale qui en dit long. Mais beaucoup d'autres récits transmis par la mythologie même dans des cultures qui ne sont pas méditerranéennes évoquent ce défi au surnaturel. En l'an 2 200 av. J.-C., l'empereur chinois Shin se lança du haut d'une tour et son exploit fut plus heureux que celui d'Icare, car il réussit à « atterrir » indemne, grâce à l'aide de deux grands chapeaux de paille. Vers l'an 1 500 av. J.-C., le roi de Perse Kai Kawus accomplit un fantastique voyage aérien à bord d'un char tiré dans les airs par un aigle. Une entreprise analogue se retrouve dans la légende d'Alexandre le Grand qui, voulant visiter les espaces célestes, monta à bord d'une corbeille d'osier tirée par les griffons mythiques, et réussit à les diriger et à contrôler leur impétuosité, en leur tendant de la nourriture vers le haut ou vers le bas, selon la nécessité, mais toujours hors de portée de leurs becs affamés.

La légende d'Alexandre le Grand fut très célèbre au Moyen Age et excita l'imagination d'innombrables artistes (peintres et dessinateurs) et chroniqueurs de l'époque, au point de devenir un véritable point de référence historique, malgré les nombreuses manipulations.

Un conte anglo-saxon, rapporté dans les chroniques de Geoffroi de Monmouth et de Fabyan, parle également de l'homme volant : il s'agit du légendaire roi de Bretagne Bladud, considéré comme le fondateur de Bath et le père du roi Lear, qui voulut un jour éprouver ses pouvoirs magiques et essaya de voler avec une paire d'ailes attachées aux épaules. Mais il tomba « sur le temple de son dieu et se brisa en mille morceaux ». Bras munis d'ailes et chars volants. Telles furent les deux premières formes de vol imaginées par l'homme. Elles se maintinrent longtemps, pendant des dizaines

QUATRE SIÈCLES DE RÊVES D'INTUITIONS ET D'EXPÉRIENCES

de siècles, passant de la légende aux chroniques, avec une seule diférence: si les chars et les vaisseaux aériens restèrent cantonnés dans les dessins et les projets fantastiques, les tentatives des hommes ailés devinrent des réalités de plus en plus fréquentes. La première dont l'histoire fasse mention remonte à l'an 852, en Espagne. Le héros en fut un sage arabe, Armen Firman, qui tenta de voler à Cordoue. Presque deux siècles plus tard, en 1020, un moine bénédictin anglo-saxon du nom d'Eilmer fit la même tentative en se lançant du toit de l'abbaye de Malmesbury et eut de la chance, car il ne se cassa que les jambes. Cet événement est raconté en détail dans la *Claronicle* de Guillaume de Malmesbury, un autre moine de la même abbaye.

« Eilmer, écrit le chroniqueur, avait fait une tentative fort audacieuse dans sa jeunesse. Il avait des ailes à ses bras et à ses jambes, dans l'intention de voler comme Dédale, en prenant la fiction pour la réalité. Il s'était lancé du sommet de la tour, mais, malmené par la violence du vent et l'agitation de l'air, il s'était abattu au sol, se cassant les jambes et restant boiteux. Il déclara par la suite que la raison de son échec tenait à ce qu'il avait oublié de fixer une queue à la partie postérieure du corps. »

En revanche, au même siècle, une tentative effectuée par un Sarrasin de Constantinople, dont on ignore le nom, connut une issue tragique et l'homme se tua. En 1496, Senecius, un vieux chanteur de Nuremberg, ne se cassa qu'un bras. Le mathématicien de Pérouse Giovanni Battista Danti se blessa gravement à une jambe : en 1503, il s'abattit sur la coupole d'une église après s'être lancé dans le vide avec une paire d'ailes fixées aux épaules, devant une foule stupéfaite. Suivant un historien de l'époque, Danti (surnommé le Dédale de Pérouse) ne tomba qu'à cause de la rupture de l'attache d'une des deux ailes. Ces dernières avaient été précédemment essayées sur le lac Trasimène et « répondaient parfaitement à la commande ».

Quatre années plus tard, un autre Italien, passé en Écosse sous le nom de John Damian, réitéra, avec un égal insuccès et des conséquences analogues, l'expérience de Giovanni Battista Danti, sautant du haut de la tour du château de Stirling. John Damian, même s'il avait reçu du roi Jacques IV le titre d'abbé de Tungland, était considéré comme un plaisantin et un charlatan, et son vol désastreux fut commenté avec une ironie sarcastique par les chroniqueurs du temps. En 1536, en France, ce fut à nouveau un Italien – un horloger du nom de Bolori – qui attira l'attention du public sur le vol humain. Bolori se tua en sautant du haut de la cathédrale de Troyes, muni d'une paire d'ailes inutile.

La liste pourrait encore s'allonger, car les tentatives des hommes volants se poursuivirent au cours des siècles suivants, c'est-à-dire à des époques où avait commencé à se faire jour une approche moins irrationnelle et instinctive du vol humain. En 1628, le Lucquois Paolo Guidotti, à la fois artiste, savant et écrivain, fut tenté par l'aventure, mais se brisa vilainement une jambe. L'événement fut relaté avec force détails par un chroniqueur du temps. Les ailes étaient faites d'os de baleine, qui constituaient l'armature sur laquelle Guidotti

avait patiemment fixé des plumes d'oiseau. Elles étaient fixées sous les bras. Le vol dura « un quart de mille environ » et l'observateur nota qu'en vérité Guidotti évoluait « non pas en volant, à mon avis, mais tombant plus lentement qu'il ne l'aurait fait sans ailes ».
À la fin, « épuisé par le mouvement pénible des bras », notre homme tomba sur un toit « qui céda sous le poids, et celui-ci se retrouva dans la pièce du dessous, s'en tirant avec une cuisse fracturée, ce qui le laissa bien mal en point ».

Mais au-delà de l'étroite imitation des oiseaux, consistant à attacher des ailes aux bras humains, et de l'utilisation fantaisiste du vol animal pour des attelages aériens, le passé nous révèle également toute une série d'applications et d'expériences qui, bien que ne comportant pas d'autre fin en soi, peuvent être rattachées au problème du vol.

On retrouve par exemple le thème de la propulsion qui ne devait trouver une solution qu'au XIXe siècle à des époques très reculées. Les fusées et les feux d'artifice utilisés dans la Chine impériale représentent peut-être l'exemple le plus ancien de force motrice appliquée à un objet volant. Le principe devait être repris en 1 420 par le savant italien Giovanni Fontana, dans son projet rudimentaire d'un oiseau mécanique propulsé par une fusée installée dans la queue. L'histoire mentionne également les expériences menées par Héron d'Alexandrie, qui découvrit les effets propulsifs de la vapeur et construisit une rudimentaire chaudière pivotante, où le mouvement était produit par la vapeur sortant de quatre tuyères périphériques. Archytas de Tarente (444 av. J.-C.) réalisa des expériences analogues. On raconte qu'il avait construit un pigeon en bois propulsé par un jet de vapeur, objet expérimenté en le rattachant à un bras tournant qui servait de support sur le plan horizontal.

C'est à Archimède que revint le mérite d'avoir inventé la vis ; dont le principe devait être utilisé pour l'hélice aéronautique. La même idée avait été appliquée mais dans le sens inverse dans l'ancienne Chine, d'où proviennent les premiers témoignages de moulins à vent, qui sont caractérisés par la disposition horizontale des ailes. On dut attendre le XIVe siècle avant que ce principe ne soit renversé, transformant l'hélice passive en hélice active.

Les premiers moulins à vent européens munis d'ailes disposées sur le plan vertical apparurent au XIIIe siècle et ce n'est qu'ensuite que les anciens manuscrits montrent des dessins de jouets qui, d'une façon très rudimentaire, peuvent être définis par le terme moderne d'hélicoptères : il s'agissait de petites hélices qui, tournant rapidement sous l'action d'une ficelle enroulée, pouvaient s'élever en l'air ou, plus simplement, déplacer de l'air et faire du vent.

La plus intéressante application du vol qui avait la particularité radicale de refuser les battements d'ailes fut peut-être celle du cerf-volant. Dans ce domaine encore, les plus anciens témoignages nous viennent de Chine. Les cerfs-volants étaient utilisés un peu partout pour chasser les mauvais esprits dressés au-dessus d'une maison ou d'un champ, ils devaient leur assurer l'immunité. Selon de nombreux commentateurs, ils connurent aussi des utilisations pratiques, au cours des batailles : des cerfs-volants de grandes dimensions auraient été employés pour emporter dans les airs des observateurs chargés d'observer les mouvements de l'ennemi. Sous une forme tout à fait particulière, en gros analogue à celle de la manche à air de nos aérodromes et obéissant au même principe, le cerf-volant fut très répandu dans les civilisations méditerranéennes et celle d'une enseigne militaire et, curieusement, il garda des traces de ses origines orientales en conservant, tout au moins dans les illustrations qui sont parvenues jusqu'à nous, des formes d'animaux fantastiques, tels que dragons ou serpents. Quoi qu'il en soit, des intuitions encore plus hardies ne firent pas défaut.

Le manuscrit de Walter de Milemete, intitulé *De Nobilitatibus, sapieniis et prudeniis regum*, remonte à 1 326. On y trouve un dessin qui représente une scène guerrière de science-fiction pour l'époque, naturellement. Il y a une ville avec de hautes murailles et de hautes tours, sur laquelle plane, menaçant, un gros cerf-volant sinueux, tenu au bout d'une corde par trois hommes d'armes ; de la machine volante tombe un engin rond pourvu d'ailerons stabilisateurs. C'est là 1e premier dessin en Europe d'une bombe aérienne et peut-être aussi le premier témoignage d'un rapport précis et direct, voire brutal, entre une machine volante et son application pratique.

Mais quelles théories et quels principes se cachaient derrière ces applications rudimentaires et intuitives ? Techniquement, il n'y en avait pas : l'aérodynamique ne devait devenir une science qu'à l'époque moderne. Pendant de nombreux siècles, dans la civilisation occidentale, la pensée « aéronautique » resta l'apanage de la philosophie et de la religion, dont les spéculations intellectuelles l'éloignèrent de plus en plus de la réalité, la reléguant dans un univers aussi abstrait que celui de la légende.

Parmi les penseurs, Roger Bacon fut sans doute le premier à échapper à cette tendance et à envisager l'idée de vol sous un angle différent. Dans son ouvrage intitulé *De mirabili potestate amis et naturae*, écrit vers 1251, le philosophe parle en effet de « sphères creuses en cuivre » remplies d'une certaine espèce « d'air éthéré », qui « pourraient s'élever dans l'atmosphère ». En outre, Bacon fait allusion à une machine volante où un homme assis pourrait actionner des mécanismes qui ne sont pas davantage précisés pour faire battre de grandes ailes semblables à celles des oiseaux, ce qui permettrait de voler.

C'était incontestablement un premier et timide pas en avant. Malgré leur imprécision, les spéculations de Bacon furent reprises et approfondies quatre siècles plus tard, en 1670, par le jésuite Francesco de Lana. Un tel retard s'explique par le fait que l'œuvre de Bacon fut longtemps tenue cachée et ne fut publiée pour la première fois qu'en 1542, à Paris.

Mais ce n'était certainement pas grâce aux contributions des philosophes que l'homme devait découvrir le vol. Les écrits de l'évêque anglais John Wilkins sont là pour montrer à quel point il était difficile de se libérer des lourdes structures qui entravaient la pensée aéronautique. Wilkins, encore au XVIIe siècle, affirmait qu'il y avait quatre moyens de voler : en se servant des volatiles ; au moyen d'ailes attachées directement au corps humain ; avec un char volant ; enfin, avec l'aide des esprits et des anges.

Éclaté du monoplan de William Samuel Henson

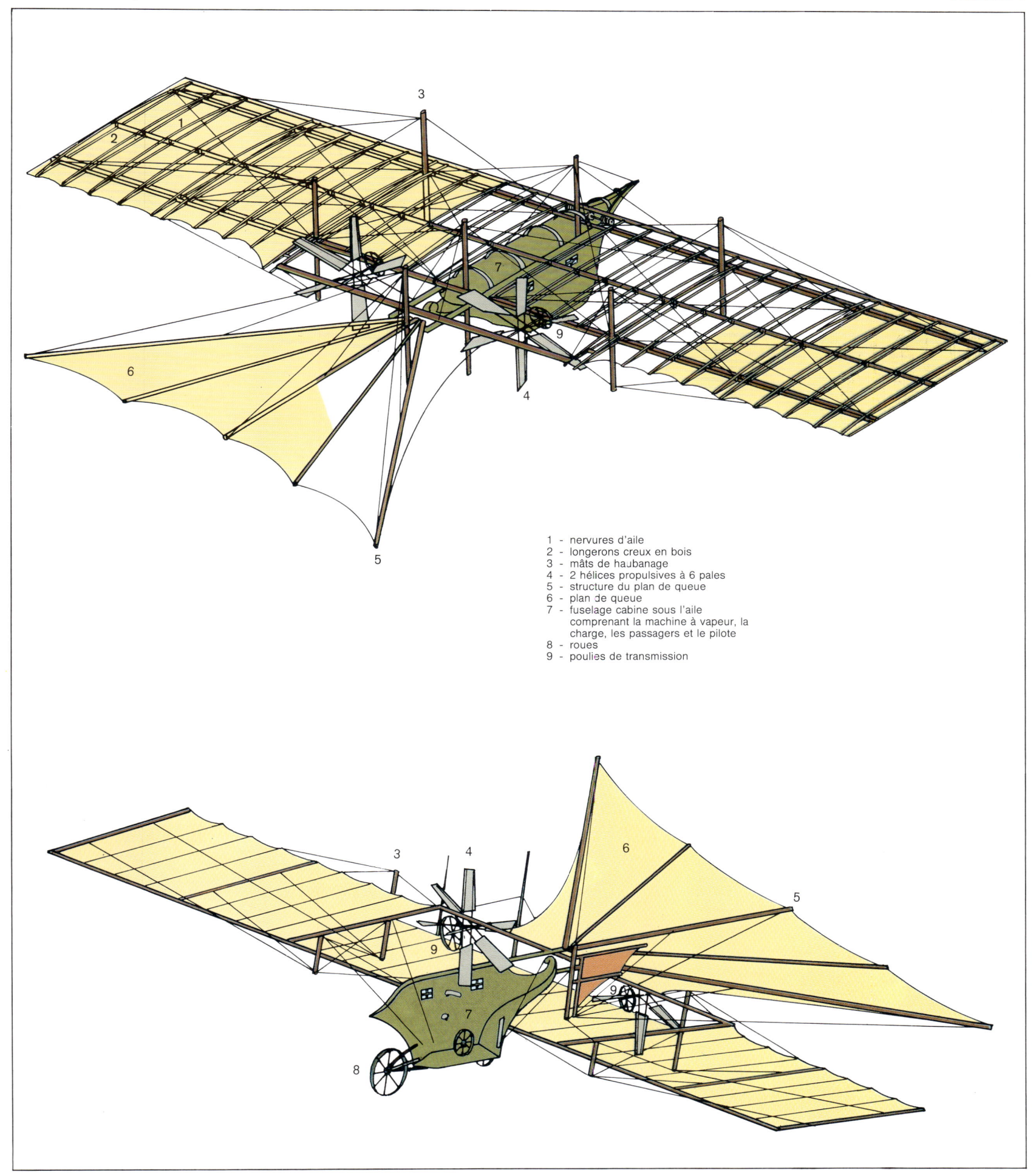

Planche 1

1 - nervures d'aile
2 - longerons creux en bois
3 - mâts de haubanage
4 - 2 hélices propulsives à 6 pales
5 - structure du plan de queue
6 - plan de queue
7 - fuselage cabine sous l'aile comprenant la machine à vapeur, la charge, les passagers et le pilote
8 - roues
9 - poulies de transmission

PLANCHES 2-14
DE LÉONARD DE VINCI A LANGLEY

« Un oiseau, pour voler, utilise ses ailes et sa queue à la façon dont un nageur met en action ses bras et ses jambes. » Presque vingt années d'études et d'observations, qui aboutirent, en 1505, au traité intitulé *Sur le vol des Oiseaux,* persuadèrent Léonard de Vinci (1452-1519) que cette idée de base représentait l'approche juste pour réaliser le plus vieux et le plus exaltant rêve de l'homme. Mais c'était un principe manifestement erroné qui conditionna de façon irréversible l'immense travail de ce génie. Cette erreur semble presque paradoxale de la part d'un esprit qui aborda avec une rigueur scientifique exceptionnelle pour son temps d'autres problèmes techniques très complexes. L'idée que l'homme devait imiter les oiseaux, et que c'était là l'unique moyen de conquérir le ciel, était pour lui une véritable obsession, une conviction d'ordre affectif assez puissante pour paralyser toute démarche rationnelle. A preuve, la quasi-totalité des dessins et des projets qui sont parvenus jusqu'à nous, consacrés à un seul mécanisme, l'ornithoptère, par lequel Léonard de Vinci voulait mettre en application un principe tout à fait particulier : celui de la sustentation obtenue au moyen d'ailes mobiles — ou battantes — fonctionnant exactement comme des ailes d'oiseau. Ou tout au moins comme Léonard de Vinci pensait qu'elles devaient fonctionner. Ce n'est que vers la fin de sa vie qu'il comprit l'inutilité pratique de cette tentative et eut l'intuition de la bonne solution : l'aile fixe. Mais il était trop tard.

Dans son impatience à trouver la réponse à ce problème obsédant, il sous-estima un second aspect, pourtant fondamental : celui de l'énergie nécessaire au fonctionnement de la machine. Il eut la ferme conviction que la simple force musculaire de l'homme était suffisante pour la soulever, en même temps que l'occupant, grâce au complexe mécanisme du mouvement de l'aile. Ce fut là une autre erreur, dont il se rendit peut-être compte à un certain stade de ses recherches : certaines ébauches représentant un ornithoptère et un hélicoptère rudimentaire montrent que les machines sont propulsées par un ressort ayant pour fonction évidente de seconder la force musculaire du « pilote ». Mais cette intuition, si sommaire qu'elle ait été, venait également trop tard pour pouvoir être approfondie.

Les études sur le vol des oiseaux commencèrent vers 1486, au cours de la période où Léonard de Vinci se trouvait à Milan, au service des Sforza, et se poursuivirent pratiquement jusqu'à la fin de sa vie. L'énorme travail qu'il accomplit, malgré les conditions découlant des principes erronés sur lesquels il se fondait, fut en tout cas caractérisé par cette fascinante spontanéité et cette intuition saisissante qui se retrouvent dans toutes ses œuvres scientifiques. Dans les dessins et les ébauches, à côté des multiples types d'ornithoptères (qui prévoyaient un occupant allongé ou debout sur une plate-forme) figurent des détails structuraux qui annoncent l'avenir : les « jambes » escamotables d'un ornithoptère ; un complexe système de contrôle par un élévateur actionné au moyen d'une série de courroies fixées à la tête du pilote (principe qui devait être repris, avec les modifications nécessaires, par Otto Lilienthal presque quatre siècles plus tard) ; l'aile d'un ornithoptère avec extrémité mobile. Dans le cadre de ces études, Léonard de Vinci laissa les dessins d'un hélicoptère rudimentaire (une « vis aérienne » actionnée par un ressort) ; d'un parachute (sorte de tente pyramidale dont les cordes s'attachaient aux épaules de l'homme) ; d'une hélice. Ce dernier détail caractérise sans doute le mieux l'intuition de Léonard de Vinci : il conçut l'hélice en tant que « moteur » d'un mécanisme destiné à faire tourner... une broche ! En effet, les pales de l'hélice devaient tourner sous le souffle de l'air chaud produit par le feu de la cheminée. Il aurait suffi que Léonard de Vinci imaginât le mouvement opposé (c'est-à-dire l'hélice actionnée par un moteur de façon à provoquer un mouvement dans l'air) et, probablement, le véritable concept d'hélice aéronautique eût vu le jour plusieurs siècles plus tôt.

Par un de ces inexplicables paradoxes dont l'histoire abonde, l'immense contribution, sur le plan des idées, que Léonard de Vinci apporta à la science aéronautique encore à l'état virtuel fut tenue secrète pendant presque trois siècles. Pendant deux cent soixante-dix-huit ans, pour plus de précision. Depuis 1519 (Léonard mourut au Clos-Lucé, près d'Amboise, le 2 mai) jusqu'en 1797, date de la première divulgation, partielle, des *Codici*. Ce retard eut des répercussions directes sur l'évolution de la pensée aéronautique : si les études du savant avaient été rendues publiques aussitôt après sa mort, les géniales intuitions — et davantage encore les erreurs — qu'elles contenaient eussent fourni un précieux matériel d'approfondissement, de recherche, de développement, de rectification, et la conquête du ciel aurait eu lieu plus tôt. Mais, venant confirmer une fois de plus le génie de Léonard de Vinci, les siècles qui suivirent

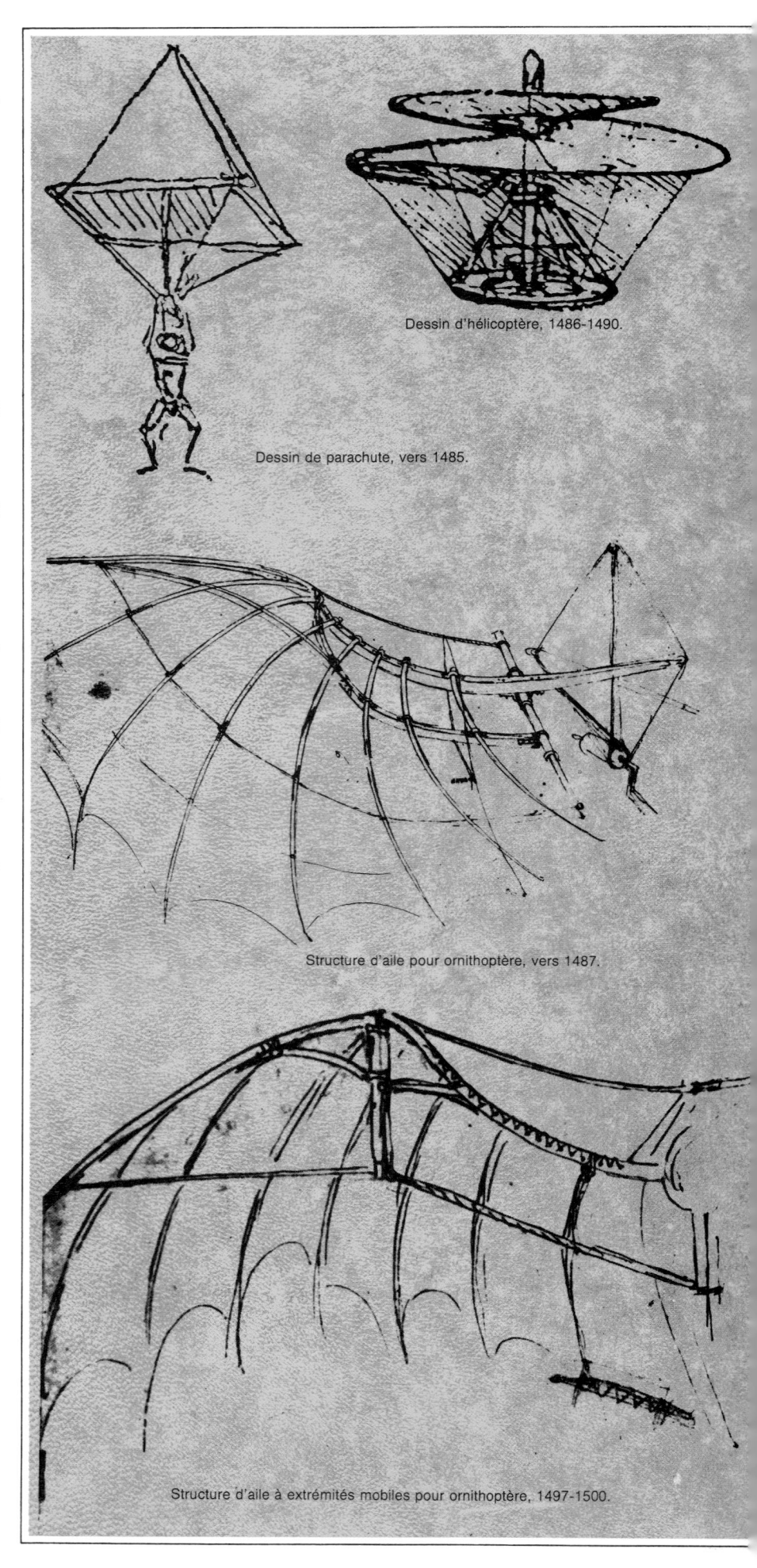

Dessin d'hélicoptère, 1486-1490.

Dessin de parachute, vers 1485.

Structure d'aile pour ornithoptère, vers 1487.

Structure d'aile à extrémités mobiles pour ornithoptère, 1497-1500.

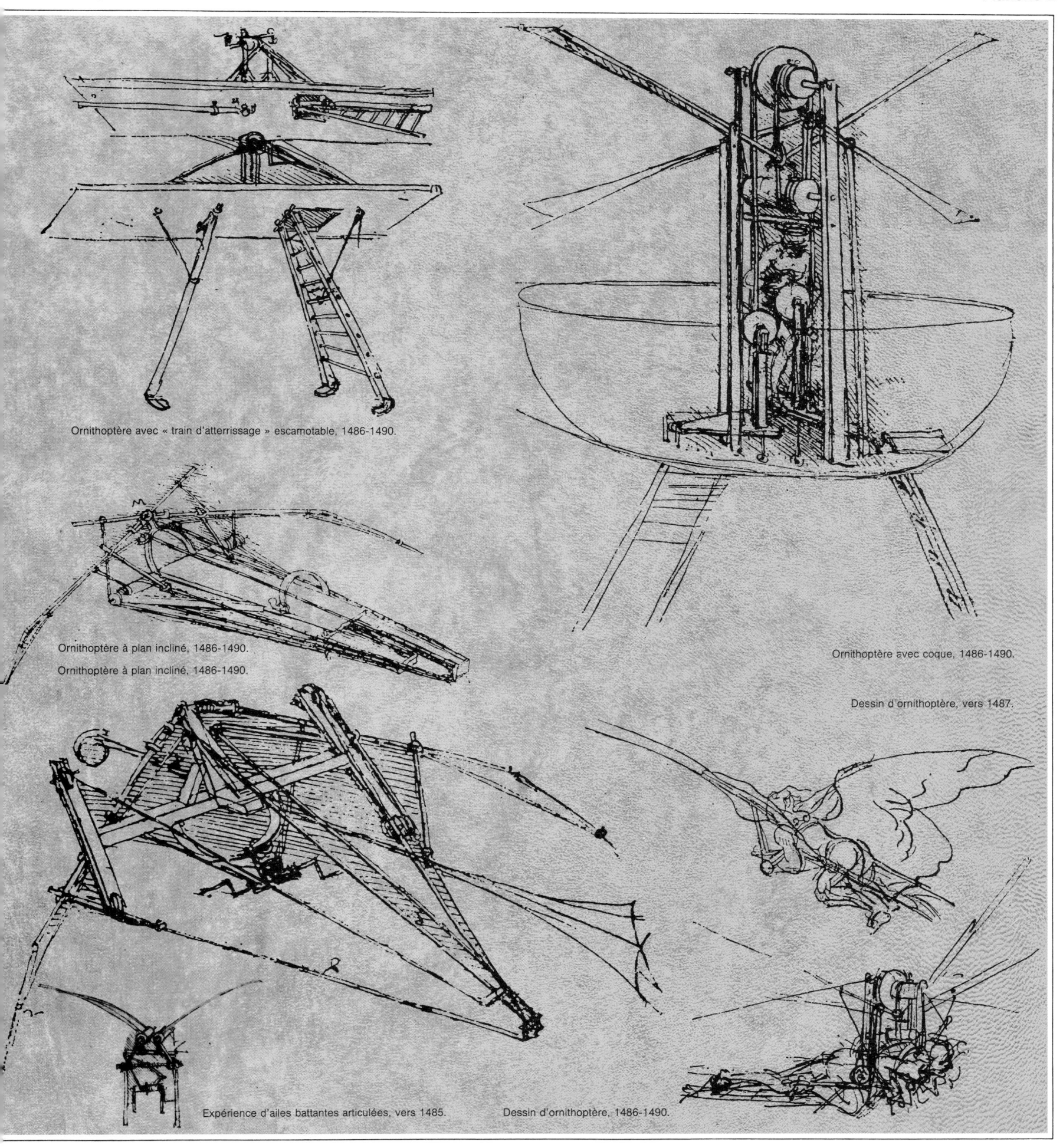

Le génie de Léonard de Vinci
Planche 2

Ornithoptère avec « train d'atterrissage » escamotable, 1486-1490.

Ornithoptère à plan incliné, 1486-1490.
Ornithoptère à plan incliné, 1486-1490.

Ornithoptère avec coque, 1486-1490.

Dessin d'ornithoptère, vers 1487.

Expérience d'ailes battantes articulées, vers 1485.
Dessin d'ornithoptère, 1486-1490.

n'apportèrent guère de changement par rapport aux époques précédentes : vues chimériques et conceptions fantaisistes continuèrent à caractériser l'ensemble des tentatives et des expériences. A cet égard, ce fut une période d'obscurité presque totale, au cours de laquelle la lumière de Léonard de Vinci brilla un instant pour disparaître aussitôt.

On ne peut certainement pas voir une influence du savant (vu l'époque où son œuvre fut divulguée) dans l'image d'« homme volant » qui parut vers 1595 dans une œuvre publiée à Venise sous le titre *Machinae novae*. En ce sens, l'intuition de Fausto Veranzio fut assez originale. Cette figure représente un homme suspendu à ce que l'on pourrait appeler un parachute rudimentaire.

La description que Francesco de Lana de Terzi (1631-1687), jésuite originaire de Brescia, professeur de littérature et de sciences dans un monastère romain, fit de sa nacelle volante (dans un livre de 1670 intitulé *Prodromo, overo saggio di alcune invenzioni nuove* apparaît bien plus fantaisiste, même si elle procède d'une approche rationnelle du problème du vol. Le jésuite, après avoir effectué une série d'études et déterminé avec une certaine précision le poids de l'air au niveau de la mer, en établissant qu'il est plus léger en haute altitude, tenta d'adapter cette théorie à la réalisation d'une machine volante. Il imagina, et décrivit minutieusement, un aéronef constitué d'une petite coque semblable à celle d'une barque, soutenu par quatre grandes sphères de cuivre (d'environ six mètres de diamètre) et pourvu d'un mât avec une voile. Le principe selon lequel cette machine aurait dû pouvoir s'élever dans les airs était en gros le suivant : un récipient sans air pèse nécessairement moins qu'un autre identique rempli d'air ; par conséquent, il eût suffi de faire le vide dans les quatre sphères pour les faire monter, c'est-à-dire flotter, en même temps que la nacelle. Francesco de Lana de Terzi parvint même à trouver le système de contrôle de son aéronef : en plus de la voile, qui devait offrir la possibilité de se déplacer sur le plan horizontal, il était prévu un lest constitué de sacs de sable pour régler la vitesse d'ascension, tandis que, pour descendre, des soupapes permettaient d'alourdir les sphères en y faisant entrer progressivement de l'air. Ce projet du Père de Lana eut en tout cas le mérite de suggérer pour la première fois un système de sustentation complètement différent de celui qui avait alors monopolisé l'attention et l'imagination des savants et qui prévoyait l'utilisation d'ailes, pour imiter exactement les oiseaux. Mais ce projet resta sans lendemain et bientôt ornithoptères et hommes volants refirent massivement leur apparition. En 1678, Besnier, un serrurier de Sablé, essaya de voler avec deux paires d'ailes attachées à deux bâtons et actionnées alternativement par les bras et les jambes. Le jésuite brésilien Lourenço de Gusmão (1686-1724), quant à lui, conçut un planeur en forme d'oiseau. A Lisbonne, en 1709, il tenta de lancer sa machine volante. L'hypothèse la plus probable est qu'il s'est contenté de construire une maquette grandeur nature de sa Passarola (ainsi avait-il baptisé son aéronef) et qu'il a utilisé un modèle réduit pour ses expériences.

Jean-François Boyvin de Bonnetot, marquis de Bacqueville, revint aux ailes directement attachées au corps, comme l'avait fait Besnier. A Paris, en 1742, il eut son moment de gloire en se jetant au-dessus de la Seine. La tentative se solda par une fracture des deux jambes...

Parmi les projets de l'époque, celui de l'Allemand Melchior Bauer, en 1764, ayant trait à une machine volante à aile fixe, suscita un certain intérêt.

L'aile, caractérisée par un dièdre et solidement maintenue par un dense réseau de câbles, était installée au-dessus d'une simple plate-forme pour le pilote équipée de quatre roues. L'occupant assurait lui-même la propulsion au moyen de petites surfaces mobiles attachées à un bâton qui étaient actionnées sur le plan vertical. Un principe analogue, bien qu'appliqué avec des proportions sensiblement supérieures, fut étudié en 1781 par Blanchard, un Parisien passionné par le problème du vol. Son vaisseau volant consistait en une coque qui soutenait un solide pilier au sommet duquel était fixé un système compliqué de larges voiles tournantes (six au total) qui, selon l'inventeur, devaient être capables d'assurer non seulement la sustentation, mais encore une certaine vitesse ascensionnelle. La force motrice devait être fournie par les muscles du pilote et de ses aides.

Le principe de l'aile battante fut associé à celui du vol plané par un architecte allemand, Karl Friedrich Meerwein, qui, en 1781, effectua des expériences avec une sorte de planeur-ornithoptère, dont la structure et la surface avaient été calculées en fonction de sa personne. Il est probable que Meerwein fit un certain nombre d'essais avant d'abandonner son projet. Dans son livre intitulé *l'Art de voler à la manière des oiseaux* (1784), il décrit la machine et les calculs qui l'avaient conduit à son invention : l'aile était de forme elliptique, attachée aux épaules du pilote et actionnée par celles-ci grâce à un mécanisme sur lequel il n'est pas donné plus ample précision. La surface de l'aile

Parachute de Veranzio, vers 1595.

Passarola de Gusmão, 1709.

Généreuses tentatives de 1595 à 1781　　　　　　　　　　　　　　　　　　　　　　　　　　　**Planche 3**

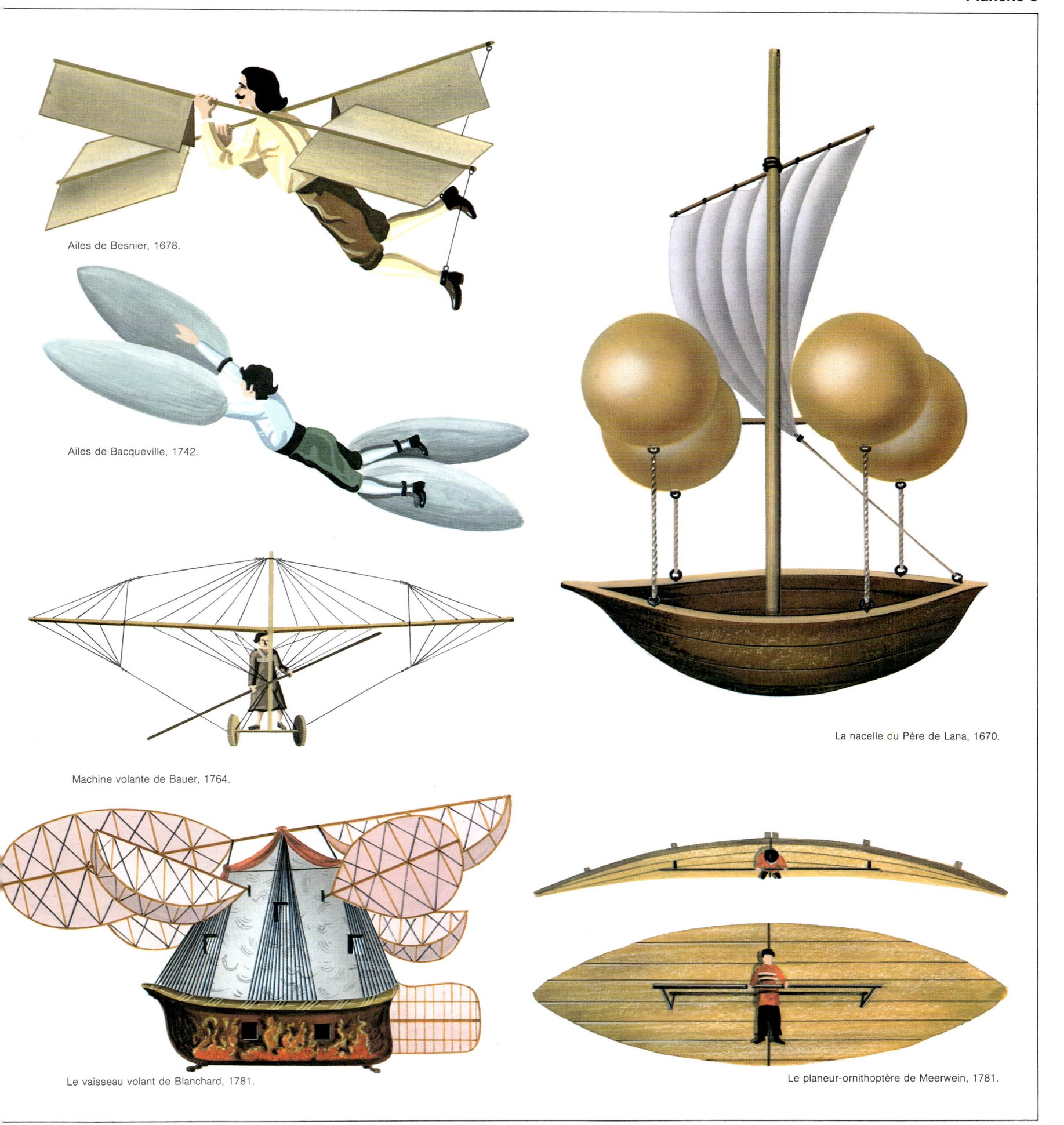

Ailes de Besnier, 1678.

Ailes de Bacqueville, 1742.

Machine volante de Bauer, 1764.

Le vaisseau volant de Blanchard, 1781.

La nacelle du Père de Lana, 1670.

Le planeur-ornithoptère de Meerwein, 1781.

battante était de 11,68 m².

Le vol au moyen d'ailes devait connaître encore plus d'un siècle de gestation. Les efforts, les expériences tentés pour la réalisation d'une machine capable de se soutenir grâce à l'action dynamique exercée par l'air sur les ailes, pourvue d'une puissance propre pour pouvoir être contrôlée en toute circonstance, étaient encore à un niveau trop embryonnaire et devaient le rester longtemps. Tandis que savants, spécialistes et amateurs passionnés suivaient désespérément la voie tracée par Léonard de Vinci, impatients d'arriver au but, de conquérir le ciel avec « le plus lourd que l'air », la solution fut trouvée inopinément, bien que dans une direction tout à fait opposée. Cent vingt ans avant le vol mécanique des frères Wright, l'homme réussit à réaliser son vieux rêve de se soulever de terre. Ce fut à Paris, le 21 novembre 1783, à 13 h 54. Les hommes : le professeur de chimie François Pilâtre de Rozier (1756-1785) et le marquis François d'Arlandes. Le moyen : un ballon à air chaud de forme ovale, d'un diamètre d'environ 15 mètres et d'une hauteur d'environ 22 mètres.

Cette tentative avait été rendue possible grâce à l'intuition géniale de deux frères, Joseph Michel (1740-1810) et Jacques Étienne Montgolfier (1745-1799), propriétaires d'une papeterie à Annonay, près de Lyon. Ils observèrent la force ascensionnelle de la fumée et notèrent que des sacs de papier placés au-dessus du foyer tendaient à se soulever. Le pas qui restait à franchir était évident : si l'on réussissait à construire une enveloppe assez grande et assez légère, capable de contenir une quantité suffisante de ce que les Montgolfier considéraient comme un gaz, cette enveloppe aurait pu s'élever dans les airs. La première expérience fut effectuée par Étienne Montgolfier à Avignon en septembre 1782 et montra la validité de la solution. Suivirent d'autres essais avec des modèles aux dimensions de plus en plus grandes, qui aboutirent à la construction d'un grand ballon de toile et de papier (10 mètres de diamètre). Celui-ci fut essayé le 4 juin 1783 sur la place du marché d'Annonay, où l'on avait allumé un grand feu de laine et de paille pour remplir l'enveloppe d'air chaud. Le ballon, qui prit depuis ce jour le nom de montgolfière, s'éleva jusqu'à une altitude d'environ 2 000 mètres.

Enthousiasmés par leur succès, les frères Montgolfier allèrent à Paris et construisirent un nouveau ballon, de dimensions plus importantes. Avec cet aérostat, le 19 septembre 1783, fut effectué le premier « voyage aérien » de l'histoire, même si les « passagers », terrorisés, furent un mouton, une oie et un coq. L'ascension eut lieu à Versailles, en présence de Louis XVI, de Marie-Antoinette, de la cour au grand complet et d'une foule d'environ 130 000 personnes. Le vol dura huit minutes et le ballon parcourut sans encombre à peu près 3 kilomètres, ramenant à terre les occupants indemnes. Deux mois plus tard, sur un autre ballon construit par les Montgolfier, Pilâtre de Rozier et le marquis d'Arlandes entrèrent dans l'histoire pour avoir été les premiers humains à voler.

Désormais, la voie était ouverte. Quelques jours après l'ascension historique, Jacques Alexandre César Charles (1746-1823), membre de l'Académie des sciences, essaya avec succès un nouveau type de ballon, où l'air chaud avait été remplacé par de l'hydrogène, « l'air inflammable » découvert par le savant anglais Henry Cavendish dix-sept ans plus tôt. Charles avait déjà expérimenté, le 27 août, un ballon du même genre, qui, après s'être élevé en l'air sans homme à bord, avait volé longtemps avant de tomber dans les environs de Paris, où il avait été détruit par un groupe de paysans terrorisés. Le 1er décembre 1783, le nouvel aérostat — qui fut baptisé *Charlière*, d'après le nom de son inventeur — s'éleva avec succès du jardin des Tuileries, devant une foule de 400 000 personnes. Les passagers étaient Charles en personne et un de ses aides, M.N. Robert. La distance parcourue fut de 43 kilomètres.

La première ascension en Italie fut réalisée avec une montgolfière (25 février 1784, près de Milan, par Paolo Andreani et les frères Gerli), alors que c'est avec un ballon à hydrogène que, le 15 septembre 1784, fut effectué le premier vol en Angleterre. Le mérite en revint à un diplomate italien, Vincenzo Lunardi, qui s'éleva à partir de l'esplanade de Moorfields (Londres) et atterrit dans les environs de Ware, dans le Hertfordshire, après s'être séparé, au cours du voyage, de son passager, un chat, qui, au dire de Lunardi lui-même, « avait beaucoup souffert du froid ». En juin 1785, le diplomate eut l'honneur de transporter la première femme aéronaute d'Angleterre, Mrs. Letitia Ann Sage, que les chroniques de l'époque décrivirent galamment comme une « beauté plantureuse, pesant une centaine de kilos ». Le voyage ne se fit pas sans incident, car, à l'atterrissage, la dame Sage déchaîna la fureur d'un paysan en marchant dans son champ de petits pois.

La fièvre du vol se répandit comme une épidémie. Le 7 janvier 1785, première grande traversée : la traversée de la Manche. Le vol fut effectué par Jean-Pierre Blanchard (l'auteur du projet de vaisseau volant qui, compte tenu des problèmes insolubles que posait le vol avec des ailes, avait préféré se tourner vers le domaine de l'aérostatique), et par l'Américain John Jeffries, à bord d'un ballon de 8,30 m de diamètre muni d'une nacelle en forme de bateau. Mais la même tentative, six mois plus tard, coûta la vie au premier aéronaute de l'histoire, Pilâtre de Rozier. Le 15 juin 1785, à bord d'un ballon construit par lui et qui renfermait à la fois de l'air chaud et de l'hydrogène, le chimiste partit de Boulogne avec un ami, Pierre Romain, dans l'intention de gagner l'Angleterre. Ils se trouvaient encore sur la côte française quand, à environ 900 mètres d'altitude, l'hydrogène explosa, enflammé par les étincelles du brasier et les deux occupants tombèrent dans le vide. Pilâtre de Rozier et Romain furent les premières victimes du vol commandé.

Les accidents, quoi qu'il en soit, ne freinèrent pas l'élan des enthousiastes. Le 9 janvier 1793, Blanchard accomplit la première ascension aux États-Unis, à Philadelphie, effectuant par la même occasion le premier transport postal aérien : une lettre de George Washington. La preuve la plus évidente de la diffusion du nouveau moyen aérien fut apportée l'année suivante, quand le ballon fut utilisé pour la première fois à des fins militaires. Ce fut au printemps et à l'été de 1794 : sur les champs de bataille (Maubeuge, Charleroi, Fleurus), les Français se servirent d'un aérostat à hydrogène, *l'Entreprenant*, dans des missions d'observation pour les tirs d'artillerie.

Les grandes entreprises continuèrent encore longtemps à attirer les fanatiques et des ballons souvent gigantesques furent utilisés pour des traversées et de longs vols de distance. Le 7 et le 8 novembre 1836, l'un des aéronautes les plus connus de l'époque, l'Anglais Charles Green, vola de Londres à Weilburg, en Allemagne (772 kilomètres en 18 heures) à bord d'un aérostat qui, après ce succès, fut baptisé *Nassau*. Le 2 et 3 septembre 1849, le Français François Arban fut le premier à traverser les Alpes, en effectuant un vol de Marseille à Turin. Le 2 juillet 1859, l'Américain John Wise vola de Saint Louis à New York, parcourant 1 301 kilomètres en 19 heures 50 minutes.

Mais le succès inattendu du « plus léger que l'air » n'avait monopolisé l'intérêt de l'Europe qu'en apparence. Les élans d'enthousiasme, les tentatives qui, quelques années plus tôt, étaient encore le fait de rêveurs et de visionnaires, ne ralentirent pas la recherche laborieuse orientée vers le vol avec le « plus lourd que l'air ». La fin du XVIIIe siècle et la première moitié du XIXe marquèrent un pas en avant dans l'étude et

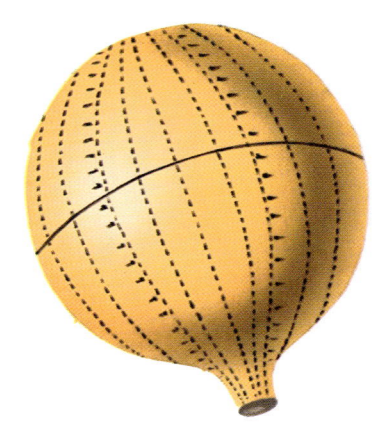

Le premier ballon des frères Montgolfier, 4 juin 1783.

Le ballon dans lequel périrent Pilâtre de Rozier et Romain, 15 juin 1785.

Le ballon à hydrogène de Lunardi, 15 septembre 1784.

Les ballons : on vole avec le plus léger que l'air !　　　　　　　　　　　　　　　　　　　　　　　Planche 4

Montgolfière, 19 septembre 1783.

Charlière, 1er décembre 1783.

Le ballon avec lequel Pilâtre de Rozier et d'Arlandes accomplirent la première ascension captive de l'histoire, le 21 novembre 1783.

L'Entreprenant, le premier aérostat militaire, 1794.

Première ascension aux États-Unis et premier ballon-poste : Blanchard, 9 janvier 1793.

Le ballon avec lequel Blanchard et Jeffries traversèrent la Manche, 7 janvier 1785.

Nassau : ainsi fut baptisé l'aérostat avec lequel, en novembre 1836, Charles Green voyagea de Londres à Weilburg, en Allemagne.

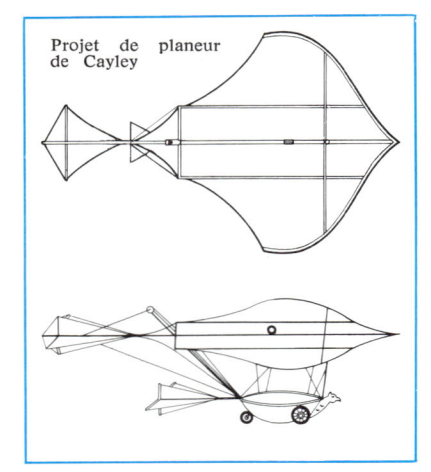

l'expérimentation des principes fondamentaux qui devaient conduire au vol mécanique. On note une personnalité de premier plan : celle de sir George Cayley (1773-1857), gentilhomme aux connaissances multiples qui apporta une contribution que l'on a souvent comparée, surtout ces derniers temps, à celle de Léonard de Vinci. La découverte fondamentale de Cayley fut celle des principes du vol mécanique, c'est-à-dire des relations entre poids, portance, résistance aérodynamique et poussée. Cela permit, en s'écartant pour la première fois de la conception propre à Léonard de Vinci du vol réalisé d'après celui des oiseaux, d'entrer réellement dans le monde de l'aviation moderne. En reprenant les mots mêmes de Cayley, résoudre le problème du vol mécanique signifiait « établir une surface qui soutînt un poids déterminé grâce à l'application d'une puissance contre la résistance de l'air ». Il illustra lui-même ce principe, en 1799, sur une pièce d'argent, à l'aide d'un simple diagramme de forces. Sur l'autre face figure le dessin d'un aéroplane conçu en application de la théorie.

Les expériences aérodynamiques de Cayley avaient connu un début prometteur trois ans plus tôt, en 1796, avec la réalisation d'un petit et rudimentaire modèle d'hélicoptère. Même si ce dernier paraissait très semblable à celui des Français Launoy et Bienvenu (1784) — dont, au demeurant, Cayley n'avait pas connaissance —, il représentait une approche significative du principe de l'hélice aéronautique, problème qui, avec celui de la recherche d'une unité motrice adéquate, obséda constamment Cayley, au point de le faire revenir, vers la fin de sa vie, à la conception d'aile battante, propre à Léonard de Vinci, dont il s'inspira pour son projet de planeur-ornithoptère de 1843.

Ces restrictions mises à part, les recherches de Cayley, si riches d'intuitions, se révèlent malgré tout fondamentalement positives. En 1804, après avoir expérimenté les effets aérodynamiques de l'aile au moyen d'un ingénieux bras tournant, il appliqua ses théories à la réalisation de ce qui est considéré comme le premier véritable aéroplane de l'histoire : c'était un modèle de planeur d'environ 1,50 m de longueur, pourvu d'une aile fixe avec un angle de calage de 6°, d'un empennage cruciforme raccordé au fuselage par un joint universel et d'un lest mobile servant à contrôler le centre de gravité. En 1809, Cayley construisit un planeur plus grand (avec une surface alaire d'environ 18,50 m^2) qui réussit à voler.

Après avoir réalisé de nombreux autres modèles (et après la parenthèse d'un projet compliqué d'avion convertible baptisé Aerial Carriage et élaboré en 1843), Cayley intensifia ses expériences pratiques avec des planeurs aux dimensions normales. Le but était de faire voler un être humain et le chercheur anglais faillit y parvenir. Le premier planeur, réalisé en 1849, fut d'abord essayé avec un lest, puis avec à bord un garçon de dix ans, fils d'un domestique. Les expériences ne furent pas concluantes, mais Cayley ne s'avoua pas vaincu. Quatre ans plus tard, en 1853, il construisit un second exemplaire, sur lequel il fit monter son cocher, John Appleby. Le planeur et son passager terrorisé furent lancés du sommet d'une colline et, après un bref vol plané, s'écrasèrent au sol. Le cocher, suivant les témoignages de l'époque, donna sa démission, mais sir George Cayley eut la satisfaction de réaliser le premier vol humain de l'histoire. Chacun des planeurs utilisés pour ces expériences était de type triplan, avec des empennages et un fuselage rudimentaire équipé de roues et destiné à accueillir l'occupant. Mais Cayley s'écarta de ce schéma — au moins en théorie — pour son projet publié en 1852 dans la revue *Mechanics Magazine* : le dessin représentait un planeur monoplan capable d'être contrôlé par un pilote après avoir été lancé d'un ballon.

Les expériences pratiques de Cayley furent toujours accompagnées de leur divulgation théorique au travers des revues scientifiques de l'époque. La publication la plus importante du chercheur anglais parut entre 1809 et 1810 dans le *Nicholson's Journal of Natural Philosophy, Chemistry and the Arts*. Elle était intitulée : *On Aerial Navigation* et consistait en une ample relation consacrée aux principes de l'aérodynamique, à leur application et à la façon de les contrôler. Même si la contribution de Cayley dut attendre un certain temps avant d'être reconnue par la science officielle (ses écrits furent publiés vingt ans après sa mort : en 1876 en Angleterre et en 1877 en France), elle exerça une influence notable sur l'évolution des conceptions en matière d'aéronautique. Outre les expériences pratiques et leur valeur, les théories émises par Cayley représentent réellement les bases scientifiques du vol mécanique. Parmi celles-ci, citons la notion de portance, l'analyse des mouvements du centre de pression, celle de l'aérodynamique des solides, l'idée du moteur à combustion interne pour un emploi aéronautique. Les écrits de Cayley sont là pour témoigner de l'importance qu'il attachait à ce dernier point. Dans l'un de ceux-ci, sans doute le plus prophétique, il affirme : « Je suis tout à fait convaincu que ce noble art sera bientôt à la portée de l'homme et que finalement nous pourrons transporter nous-mêmes, nos familles et nos biens par la voie des airs avec plus de sécurité que sur mer, à une vitesse allant de 30 à 160 km/h. Mais pour réaliser cela, il n'est besoin que de disposer d'un moteur qui développe plus de puissance dans l'unité de temps que le système des muscles animaux, en proportion de son poids. »

Que les idées de Cayley aient été nettement en avance sur son temps, cela nous est encore confirmé lorsque nous considérons les expériences de ses contemporains. Celle de Jacob Degen (1756-1846), horloger suisse qui vivait à Vienne, fut sans aucun doute la plus connue du début du siècle, et aussi la plus surfaite.

Projet de planeur de Cayley

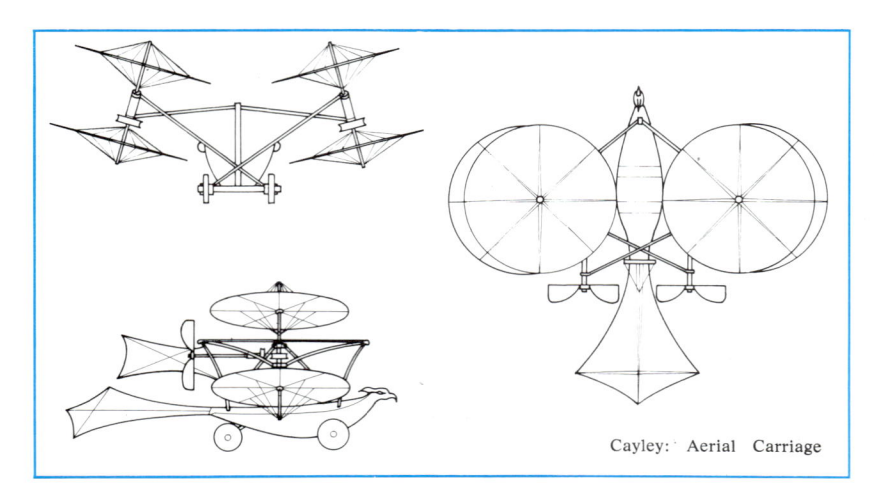

Cayley: Aerial Carriage

Les deux faces de la pièce d'argent sur lesquelles Cayley grava le diagramme des forces appliquées au vol et le dessin d'un aéroplane, 1799.

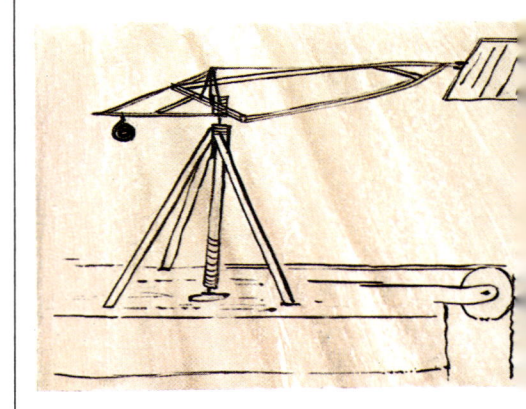

Dessin de bras rotatifs pour expériences de recherche aérodynamique, 1804.

Modèle d'hélicoptère, 1796.

Sir George Cayley ; 1796-1853

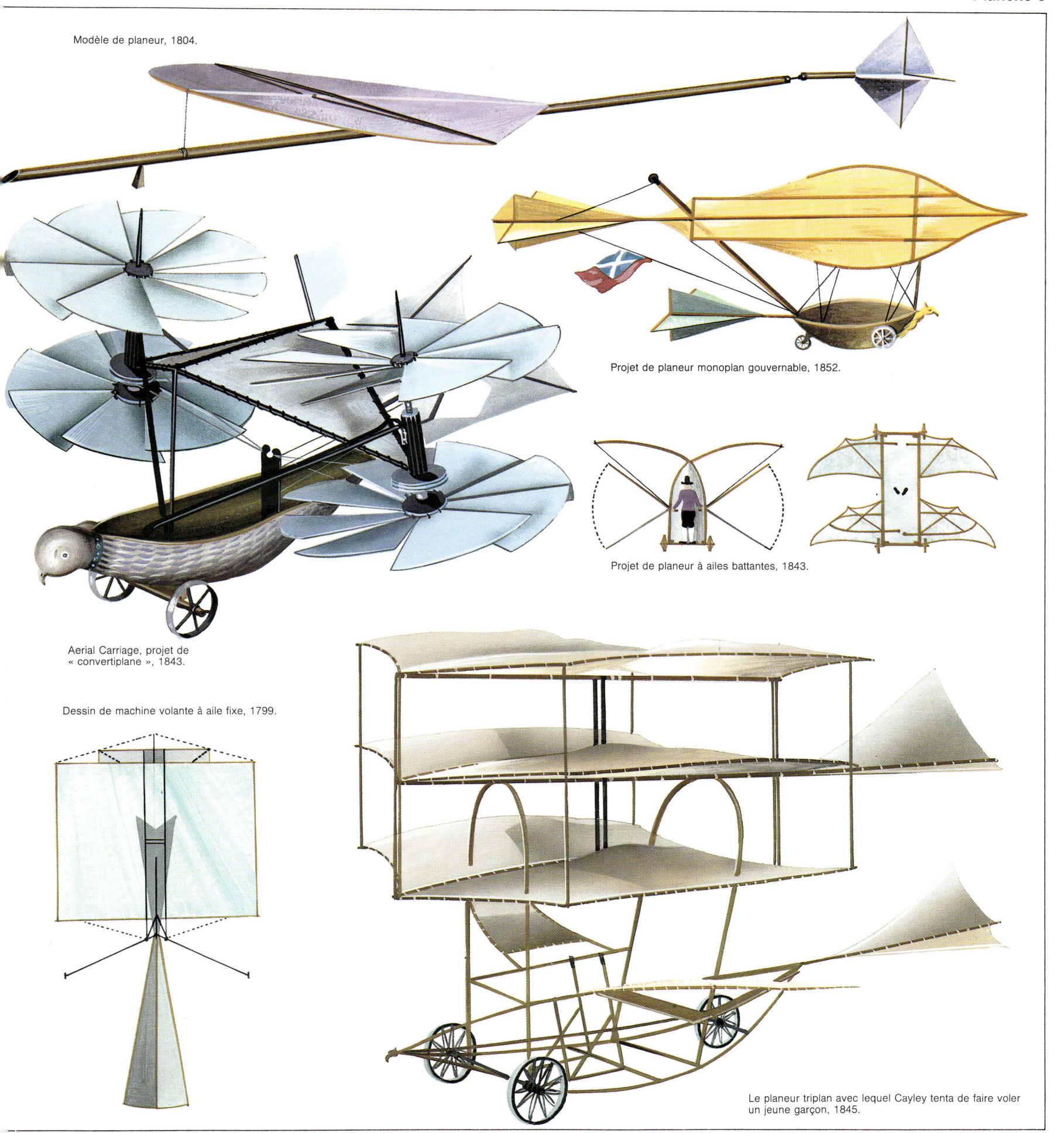

Planche 5

Modèle de planeur, 1804.

Projet de planeur monoplan gouvernable, 1852.

Projet de planeur à ailes battantes, 1843.

Aerial Carriage, projet de « convertiplane », 1843.

Dessin de machine volante à aile fixe, 1799.

Le planeur triplan avec lequel Cayley tenta de faire voler un jeune garçon, 1845.

Henson: Aerial Steam Carriage

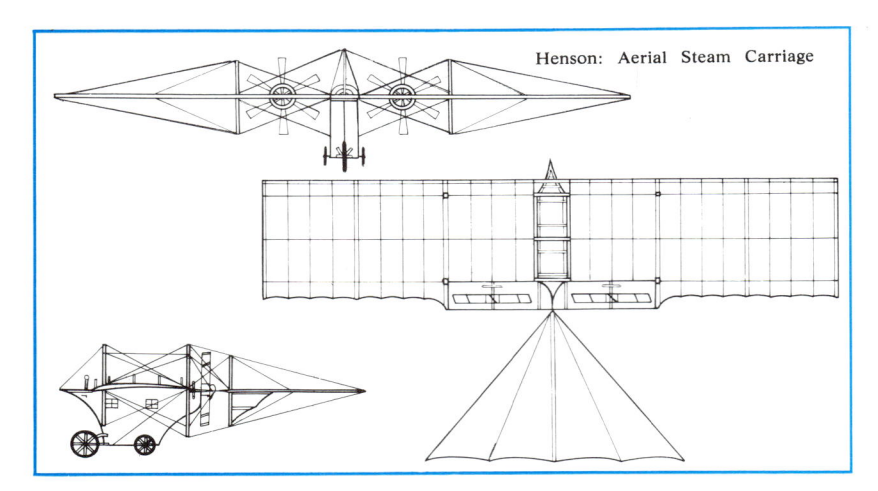

Projet d'ornithoptère de Thomas Walker, 1810.

Degen, qui s'était incontestablement inspiré des expériences du Français André-Joseph Garnerin, lequel, le 22 octobre 1797, avait effectué la première descente en parachute de l'histoire en atterrissant sans encombre après avoir été transporté en altitude par un ballon à hydrogène, conçut et construisit un ingénieux ornithoptère qu'il eut l'idée d'utiliser avec l'aide d'un ballon. En 1809, il effectua les premières expériences, qui se révélèrent n'être que de simples bonds n'ayant rien à voir avec de véritables vols. Cependant, à cause de nombreuses illustrations qui représentèrent Degen et son ornithoptère sans le ballon, le bruit se répandit que le Suisse avait effectivement volé avec sa seule force musculaire. Cette rumeur eut plusieurs conséquences : d'une part, elle poussa George Cayley à publier en hâte son traité intitulé *On Aerial Navigation,* pour réfuter les fausses affirmations ; d'autre part, elle faillit coûter la vie à Degen lui-même, qui, en octobre 1812, fut agressé et malmené par une foule de Parisiens furieux qui s'étaient attendus à le voir réellement voler.

Le peintre anglais Thomas Walker s'intéressa également à l'ornithoptère. En 1810, il publia un traité sur ce sujet *(A Treatise on the Art of Flying by Mechanical Means)* où il produisait un projet de machine volante à aile battante actionnée par les bras et les jambes de l'occupant.

Il n'empêche que l'influence de Cayley eut des effets positifs. En 1842, l'Anglais William Samuel Henson (1812-1888) conçut et fit breveter une machine volante qui devait avoir une grande répercussion sur la diffusion des idées en matière d'aéronautique, même si elle ne fut jamais construite : l'Aerial Steam Carriage. L'avion, inspiré des enseignements du « père de l'aéronautique », devait avoir une envergure d'environ 45 mètres, une surface alaire de 418 m², un moteur à vapeur de 25-30 ch logé dans le fuselage et relié à deux hélices propulsives. C'était le premier projet d'avion à ailes fixes propulsé par des hélices. Henson avait en tête un ambitieux programme de fabrication et d'utilisation de sa machine volante et n'épargna pas ses efforts pour le faire connaître par tous les moyens possibles, avant même de commencer les essais avec un modèle réduit : il voulut même créer une compagnie de transports aériens, l'Aerial Transport Company, en s'associant à son ami John Stringfellow (1799-1883). Ce fut ce dernier qui s'efforça d'améliorer le petit moteur à vapeur construit par Henson et destiné à la propulsion du modèle réduit (environ 6 mètres d'envergure) du Steam Carriage qui, entre-temps, avait été baptisé *Aerial.* Les essais furent effectués entre 1845 et 1847, mais n'eurent pas de succès. La déception de Henson fut profonde, autant que l'avait été son enthousiasme au départ : en 1848, il abandonna tout, se maria et émigra aux États-Unis.

Il n'en fut pas de même pour Stringfellow. Au cours de la même année qui vit son ami quitter la scène aéronautique, il construisit un nouveau modèle de monoplan (3,20 m d'envergure), propulsé par un petit moteur à vapeur amélioré par rapport au précédent. Les essais furent effectués en cette même année 1848 mais ne connurent pas le succès attendu. John Stringfellow, après une longue période de répit, revint à la charge en 1868 avec un nouveau modèle réduit caractérisé par une configuration triplane à ailes superposées. Cette machine était sûrement originale, mais n'en réussit pas pour autant à voler. Stringfellow la présenta la même année à l'exposition aéronautique (la première de l'histoire) qui eut lieu au Crystal Palace de Londres. En la circonstance, son travail se trouva récompensé par un prix de 1 000 livres, pour la qualité du moteur à vapeur installé sur le modèle. La petite unité motrice fut déclarée « la plus légère en rapport à la puissance développée ».

Tout n'avait pas été inutile. Henson et Stringfellow ont eu le mérite d'affronter, sans doute pour la première fois de façon concrète et

Le ballon-parachute d'André-Joseph Garnerin, 1797.

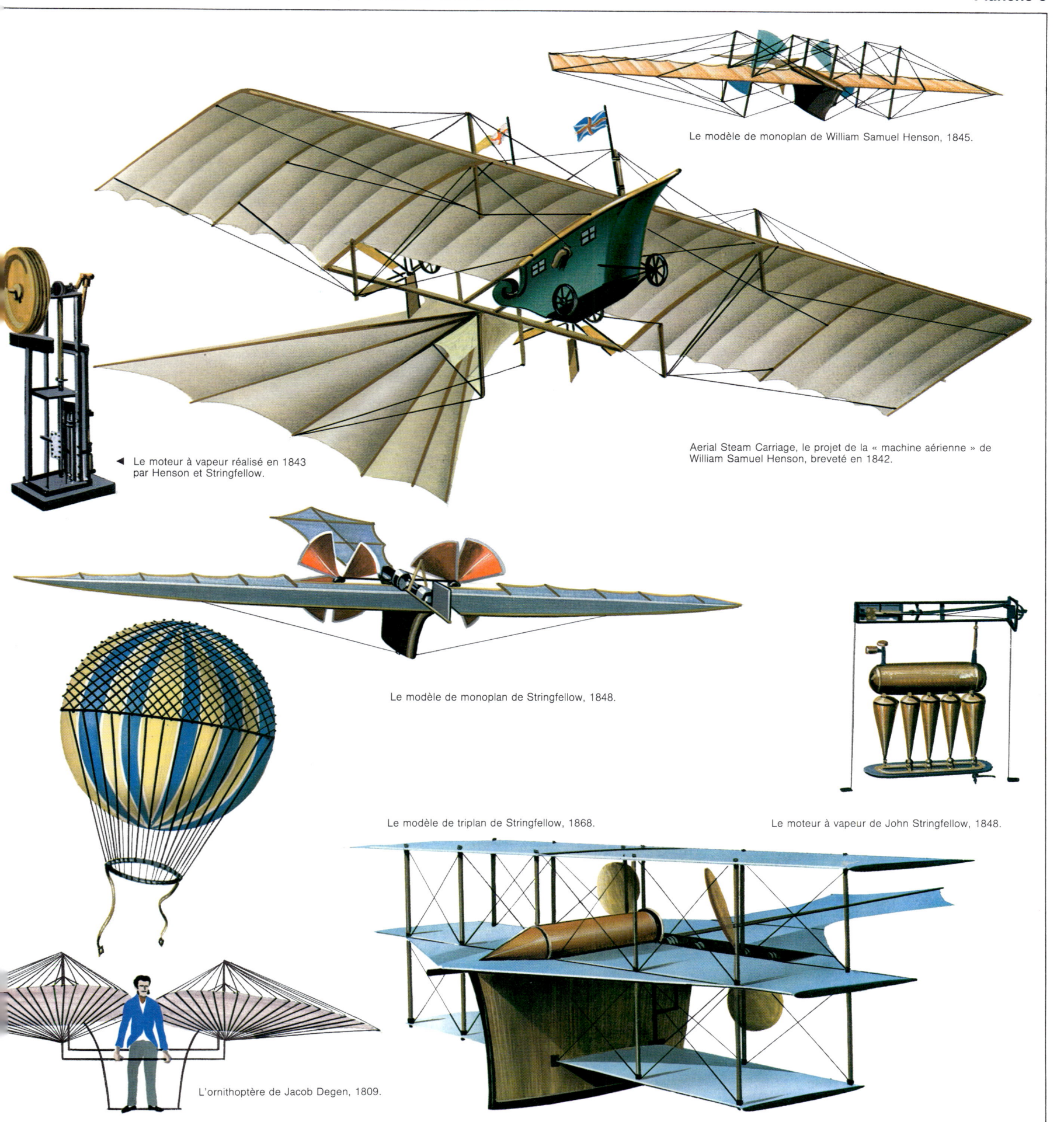

Henson, Stringfellow et diverses expériences de 1797 à 1868

Planche 6

Le modèle de monoplan de William Samuel Henson, 1845.

Le moteur à vapeur réalisé en 1843 par Henson et Stringfellow.

Aerial Steam Carriage, le projet de la « machine aérienne » de William Samuel Henson, breveté en 1842.

Le modèle de monoplan de Stringfellow, 1848.

Le modèle de triplan de Stringfellow, 1868.

Le moteur à vapeur de John Stringfellow, 1848.

L'ornithoptère de Jacob Degen, 1809.

Monoplan de Du Temple

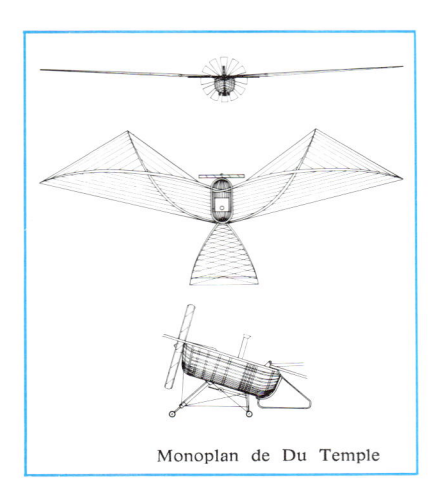

suivie, le problème de la propulsion d'une machine volante. Comme l'avait énoncé Cayley, la réalisation d'un moteur aéronautique efficace était le dernier problème fondamental à résoudre avant de pouvoir songer au vol mécanique. Cette nécessité fut profondément ressentie dans la seconde moitié du XIXe siècle et, en France surtout, études, projets et expériences se multiplièrent. Le mécanicien français Michel Loup imagina en 1853 un « oiseau » aux grandes surfaces portantes, avec un train d'atterrissage à trois roues et doté de deux gigantesques hélices contrarotatives qui devaient assurer la propulsion. Douze ans plus tard, un autre Français, l'ingénieur Charles de Louvrié poussa l'idée encore plus loin. Dans son projet de machine volante (l'Aéronef de 1805), il conçut un système de propulsion que l'on peut considérer comme l'ancêtre de nos « jets » actuels : la poussée devait être fournie par la combustion « d'hydrocarbures, ou mieux, de pétrole vaporisé », dont les gaz sortaient par une paire de tuyères postérieures. En 1867, en Angleterre, l'idée fut reprise par deux inventeurs, Butler et Edwards, qui firent breveter des machines volantes dotées d'une originale aile delta et caractérisées par deux formes différentes de propulsion à réaction. Pour en revenir à la France, l'une des personnalités les plus remarquables du temps fut Alphonse Pénaud (1850-1880), que beaucoup ont voulu comparer à Cayley lui-même. Il formula des théories sur les profils alaires et sur les principes de l'aérodynamique, et les appliqua avec succès à des maquettes d'aéroplanes, d'hélicoptères, d'ornithoptères. Pénaud résolut aussi ingénieusement le problème de la propulsion, en utilisant un système déjà connu mais jamais employé de façon intensive : des bandes de caoutchouc enroulées ensemble. Le modèle le plus célèbre de l'ingénieur français fut sans doute le Planophore considéré comme l'un des précurseurs de l'avion moderne :
monoplan à envergure de 45 centimètres, avec les surfaces abaissées aux extrémités pour obtenir de la stabilité latérale, propulsé par une hélice à deux pales placée à la queue et actionnée par une bande élastique d'un diamètre de 20 centimètres. Avec cette maquette fut réalisé le premier aéroplane fondamentalement stable de l'histoire : le 18 août 1871, au jardin des Tuileries, le Planophore parcourut 40 mètres en 11 secondes. Mais Pénaud atteignit l'apogée de sa carrière — avant de se suicider à l'âge de trente ans — avec son projet de monoplan amphibie, réalisé avec la collaboration de son mécanicien Paul Gauchot. En 1876 il demanda le brevet… son projet encore sur le papier. Cette machine, capable de transporter deux personnes, présentait beaucoup de solutions ingénieuses : une paire d'hélices contrarotatives, doubles élévateurs, gouvernail associé à une dérive, cabine recouverte de verre, train d'atterrissage escamotable, instruments de pilotage. Pénaud avait même calculé le poids et la vitesse : respectivement 1 195 kg et 96,5 km/h.

Mais Pénaud, tout comme Cayley, était trop en avance sur son temps, encore peuplé d'inventeurs fantaisistes et d'hommes volants. En 1872, Charles Renard conçut un complexe planeur décaplan, une machine volante dotée de dix ailes superposées, tandis que deux ans plus tard, un cordonnier belge, Vincent De Groof, trouva la mort dans un parc de Londres après s'être lancé d'un ballon avec un ornithoptère. Heureusement, on put compter aussi des tentatives plus concrètes, comme celle qu'effectua en 1874 un officier de marine, Félix Du Temple (1823-1890), qui expérimenta son monoplan à hélice tractive, équipé d'un moteur à vapeur et réussit à quitter le sol, après avoir été lancé d'une rampe inclinée, ne fût-ce qu'avec un bond incontrôlé de quelques mètres. Victor Tatin (1843-1913) fut également un personnage marquant qui devint un des théoriciens les plus influents de l'aviation. Après avoir réalisé une maquette d'ornithoptère, qui, fait unique jusqu'alors, réussit à fonctionner, cet inventeur ami de Pénaud changea radicalement de conception. En 1879, il réalisa une maquette de 190 centimètres d'envergure où le fuselage servait de réservoir pour l'air comprimé qui actionnait un petit moteur raccordé à deux hélices tractives. On fit voler cet original aéroplane en le reliant à un poteau central et il réussit à se maintenir en l'air sur une quinzaine de mètres.

La recherche d'une force motrice s'appliqua parallèlement au rival direct de l'aéroplane, le ballon. Les expériences tentées dans ce domaine

Projet de Michel Loup, 1853.

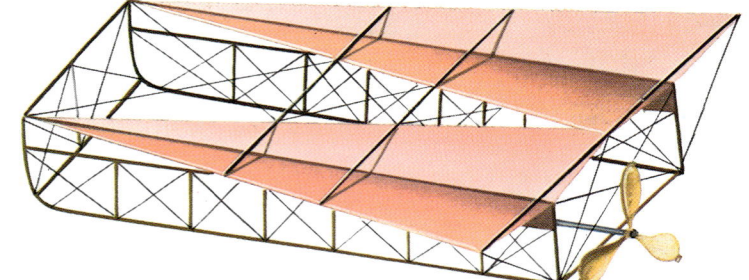

Projet de Butler et Edwards, 1867.

L'ornithoptère de Vincent De Groof, 1874.

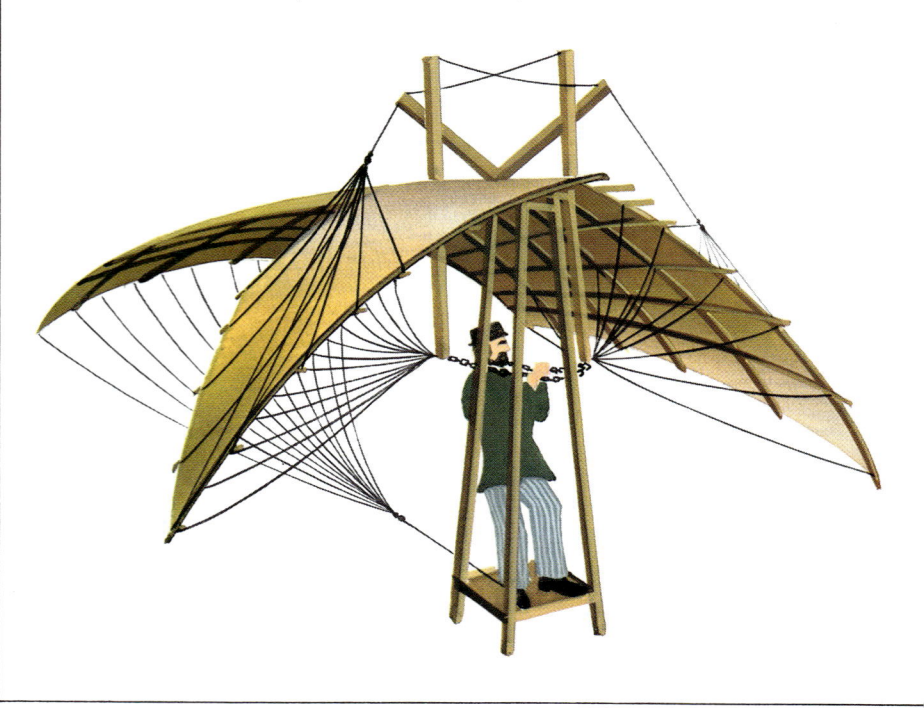

A la recherche d'une force motrice, de 1853 à 1879

Planche 7

Le monoplan de Pénaud et Gauchot, 1876.

Le Planophore d'Alphonse Pénaud, 1871.

L'Aéronave de Charles de Louvrié, 1865.

Modèle d'ornithoptère de Victor Tatin, 1879.

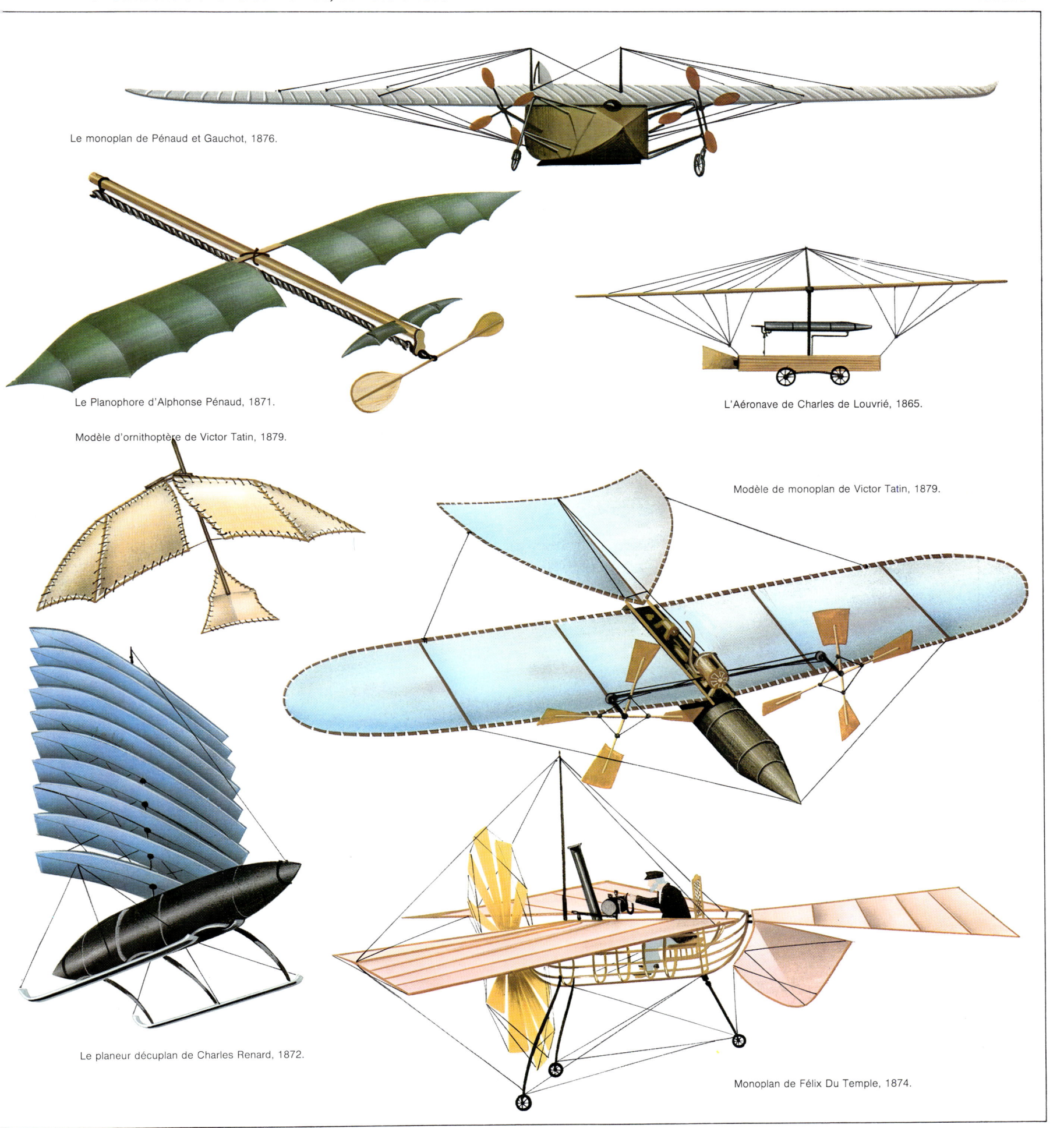

Modèle de monoplan de Victor Tatin, 1879.

Le planeur décuplan de Charles Renard, 1872.

Monoplan de Félix Du Temple, 1874.

furent tout aussi intenses, mais les résultats furent plus rapides et les transformations plus sensibles. Le besoin fondamental qui conduisit à la réalisation du « ballon à moteur », autrement dit du dirigeable, était celui d'un contrôle sur le plan horizontal.

Ce fut en 1784 qu'apparut le premier projet de dirigeable. L'auteur en était Jean-Baptiste Marie Meusnier, qui avait imaginé un ballon de forme ovale propulsé par une série d'hélices. Ce projet resta sur le papier tant pour la difficulté de construction que pour l'absence d'une source efficace de force motrice. En 1805, l'idée fut reprise, mais d'une façon bien plus fantaisiste, par deux armuriers suisses qui vivaient à Londres, S.J. Pauly et Durs Egg. Ils conçurent un ballon insolite en forme de poisson qui ne manqua pas de susciter l'ironie des contemporains, lesquels le surnommèrent « la Folie d'Egg ». Il fallut attendre le milieu du siècle pour voir apparaître le premier véritable dirigeable de l'histoire. Le mérite en revint à l'ingénieur français Henri Giffard (1825-1882) qui réalisa un aérostat muni d'un moteur à vapeur de 3 ch relié à une hélice et d'un rudimentaire gouvernail. Le premier vol eut lieu le 24 septembre 1852 : après avoir décollé de l'hippodrome de Paris, le dirigeable vola sur 27 kilomètres à une vitesse de 9 km/h et atterrit à Trappes. Cette machine présentait encore de graves faiblesses, tant pour la vitesse que pour la maniabilité, dues surtout au manque de puissance du moteur, mais c'était déjà un progrès qui permettait d'entrevoir le succès. D'autres tentatives du même genre furent effectuées en 1860 par Camille Vert, avec son dirigeable doté de deux hélices, et en 1865 par Delamarne, avec une machine plus compliquée mais pareillement insuffisante. Même aux États-Unis, où l'idée s'était rapidement répandue, les premières tentatives ne furent guère heureuses : en 1869, les nombreuses maquettes de dirigeables réalisées par l'ingénieur Marriott dans le but de trouver une solution efficace au problème du contrôle de la direction ne connurent pas le succès attendu. Pour revenir à la France, en 1872, un célèbre ingénieur naval, Dupuy de Lôme, se lança dans l'affaire sous la pression du gouvernement : son dirigeable (qui, au demeurant, était propulsé par la force musculaire des 14 passagers transportables, lesquels devaient faire tourner une immense hélice de 9 mètres de diamètre) resta sur papier sans jamais trouver un début de réalisation. Les problèmes de puissance motrice et de contrôle de la direction occupèrent, en 1883, les frères Albert et Gaston Tissandier, qui avaient eu recours à un propulseur original pour leur aéronef : un moteur électrique Siemens de 1,5 ch, alimenté par 24 batteries. Un an plus tard, l'exemple fut suivi par C. Renard et A.C. Krebs, deux officiers de l'armée française, qui conçurent et construisirent un grand dirigeable de 50 mètres de longueur, baptisé *La France*. L'aéronef était équipé d'un moteur électrique de 9 ch, qui cependant avait besoin d'une quantité impressionnante de batteries pour être alimenté. C'est à cause de ce détail que l'on abandonna le projet après les premiers essais.

Ce fut le moteur à combustion interne qui permit d'obtenir le succès définitif : en 1898, le Brésilien Alberto Santos-Dumont (1873-1932), futur pionnier de l'aéroplane en Europe, fit voler à Paris son dirigeable N° 1, propulsé par un moteur à explosion de deux cylindres. L'expérience de Santos-Dumont avait été précédée un an plus tôt, en Allemagne, par celle de David Schwarz, qui avait construit un dirigeable à structure rigide entièrement métallique, propulsé par un moteur Daimler de 12 ch. Mais le vol, effectué au-dessus du champ de manœuvres de Tempelhof à Berlin, avait tourné à la catastrophe à la suite d'une erreur de pilotage. Alberto Santos-Dumont continua à construire de petits dirigeables pendant quelques années, avant de se consacrer au « plus lourd que l'air ». Il conquit la célébrité en octobre 1901, grâce à son fameux vol autour de la tour Eiffel effectué à bord du dirigeable N° 6, qui lui valut un prix de 100 000 francs, et aux fréquentes « promenades aériennes » qu'il faisait en rasant les toits de Paris avec le dirigeable N° 9, sa machine la plus petite et la plus maniable.

Les dirigeables de Santos-Dumont étaient de dimensions trop réduites pour être utilisés dans des vols qui ne soient pas purement démonstratifs. Les premiers grands dirigeables apparurent au début du XXᵉ siècle. En France, le chef de file de cette nouvelle génération de « navires volants » fut le *Jaune*, construit en 1902 sur un projet des frères Paul et Pierre Lebaudy. En Allemagne, ce fut le LZ1, prototype de tous les futurs dirigeables à structure rigide et œuvre d'un personnage qui devait devenir célèbre : Ferdinand von Zeppelin (1838-1917). Le comte allemand s'imposa comme une figure de premier plan révolutionnant littéralement le monde du « plus léger que l'air ». Son LZ1 fut construit dans un hangar flottant sur le lac de Constance, à Manzell. Trente ouvriers mirent un an à fabriquer la structure cylindrique en aluminium revêtue de toile qui contenait 17 réservoirs d'hydrogène et était propulsée par des hélices

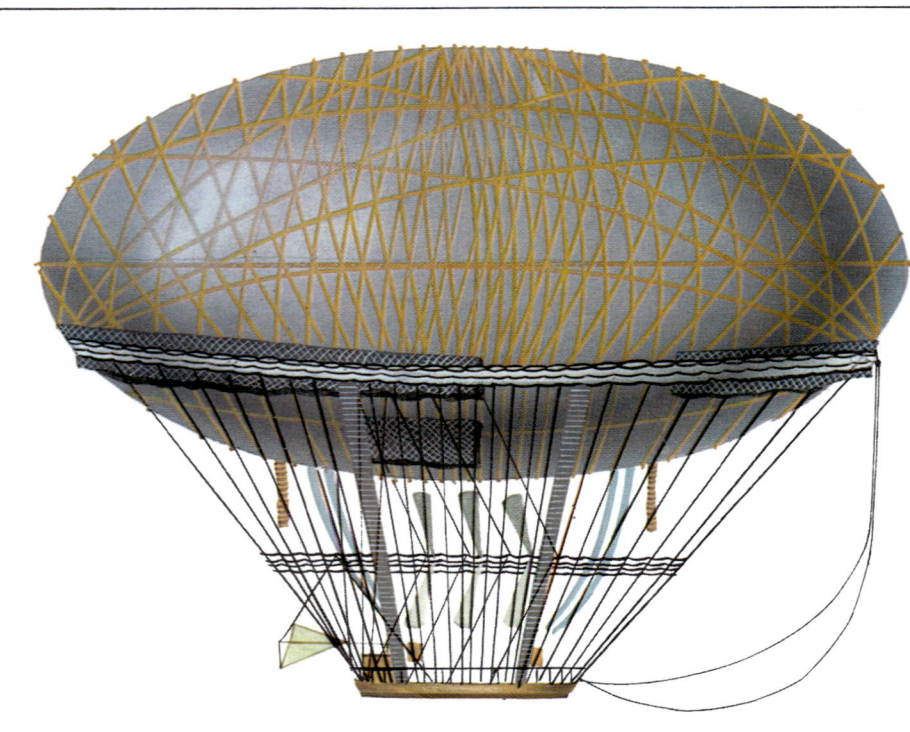

Projet de ballon dirigeable de Jean-Baptiste Marie Meusnier, 1784.

Projet de Pauly et Egg, 1805.

Le dirigeable de Delamarne, 1865.

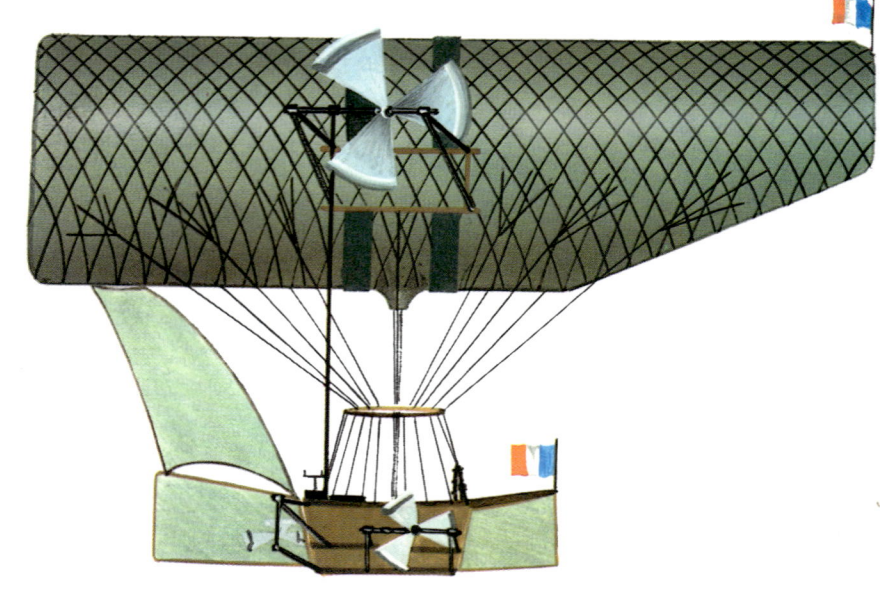

Le plus léger que l'air : vers le dirigeable, de 1784 à 1883　　　　Planche 8

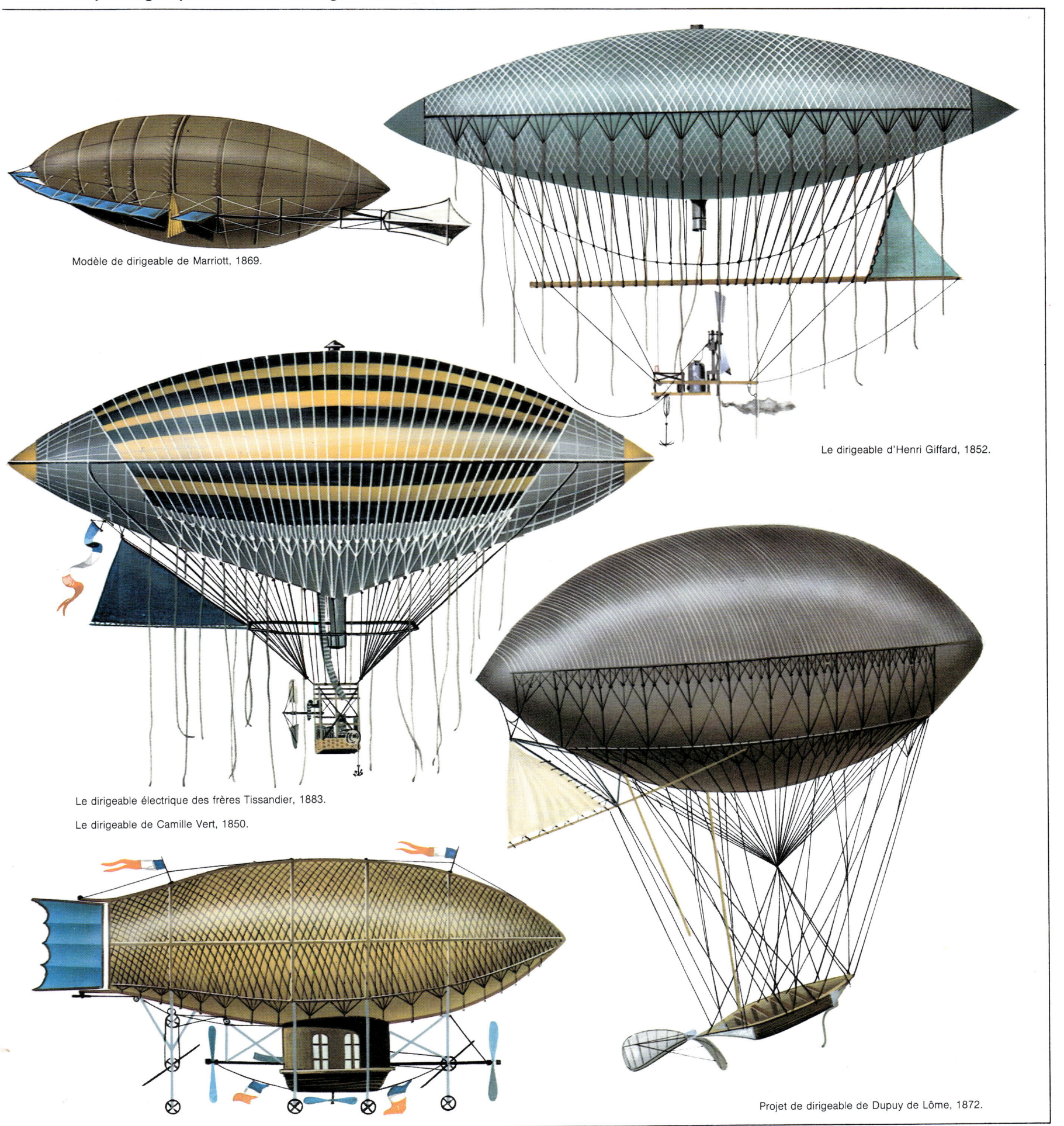

Modèle de dirigeable de Marriott, 1869.

Le dirigeable d'Henri Giffard, 1852.

Le dirigeable électrique des frères Tissandier, 1883.

Le dirigeable de Camille Vert, 1850.

Projet de dirigeable de Dupuy de Lôme, 1872.

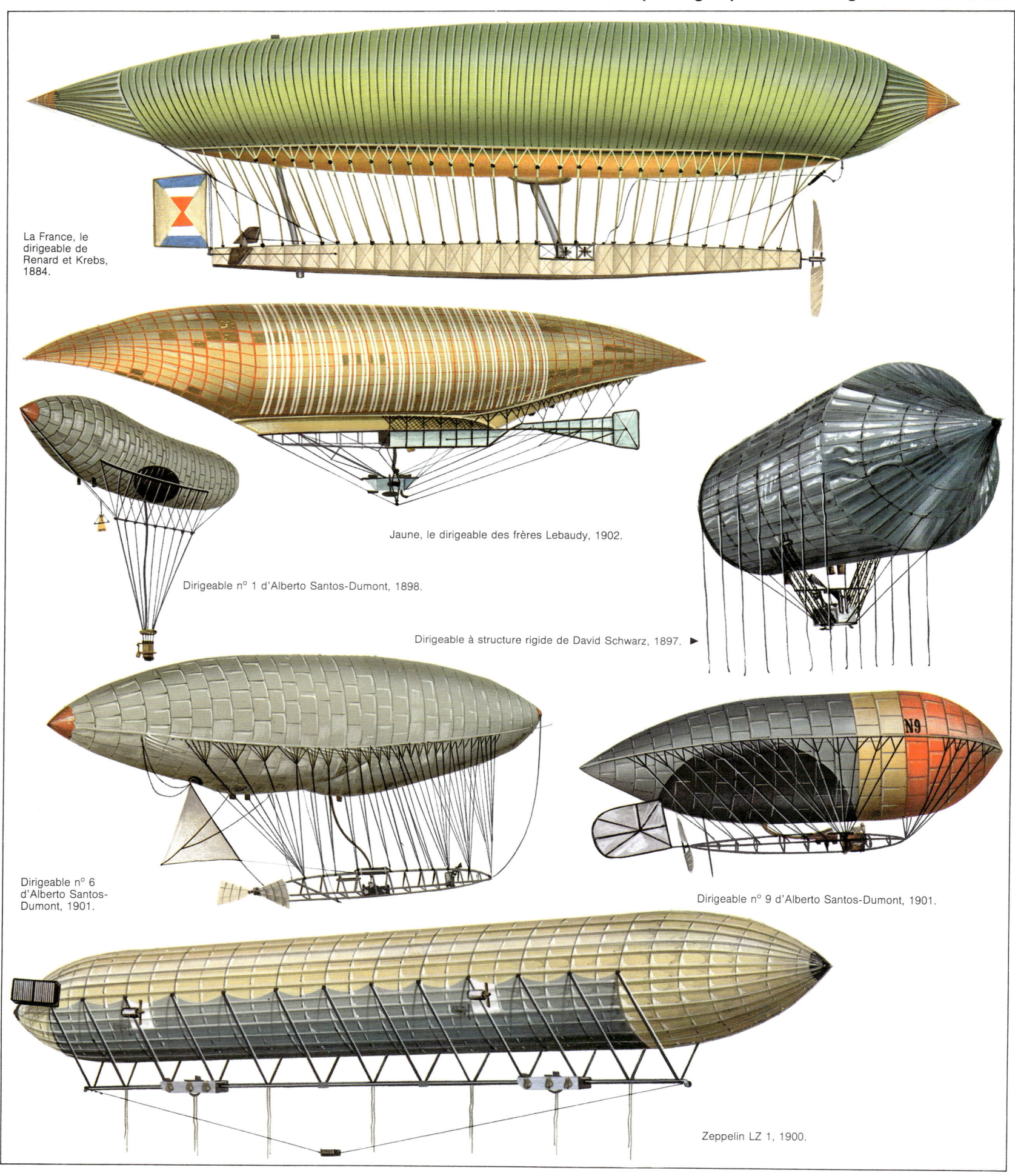

Planche 9 ## Le plus léger que l'air : le dirigeable de 1884 à 1902

La France, le dirigeable de Renard et Krebs, 1884.

Jaune, le dirigeable des frères Lebaudy, 1902.

Dirigeable n° 1 d'Alberto Santos-Dumont, 1898.

Dirigeable à structure rigide de David Schwarz, 1897. ▶

Dirigeable n° 6 d'Alberto Santos-Dumont, 1901.

Dirigeable n° 9 d'Alberto Santos-Dumont, 1901.

Zeppelin LZ 1, 1900.

Premières études sur le vol vertical ; 1460-1887

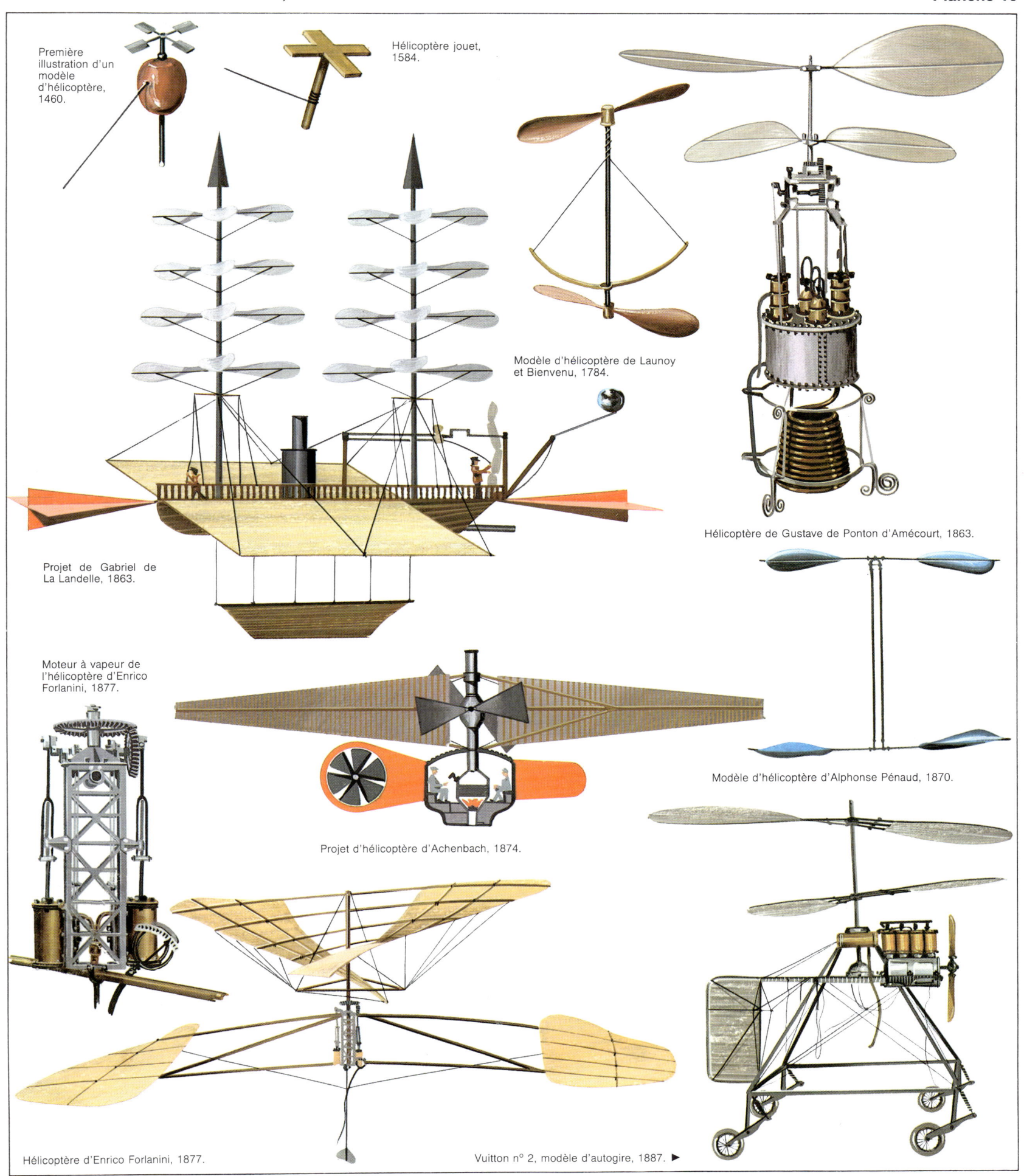

Planche 10

Première illustration d'un modèle d'hélicoptère, 1460.

Hélicoptère jouet, 1584.

Modèle d'hélicoptère de Launoy et Bienvenu, 1784.

Projet de Gabriel de La Landelle, 1863.

Hélicoptère de Gustave de Ponton d'Amécourt, 1863.

Modèle d'hélicoptère d'Alphonse Pénaud, 1870.

Moteur à vapeur de l'hélicoptère d'Enrico Forlanini, 1877.

Projet d'hélicoptère d'Achenbach, 1874.

Hélicoptère d'Enrico Forlanini, 1877.

Vuitton n° 2, modèle d'autogire, 1887. ▶

reliées à deux moteurs Daimler de 32 ch chacun. Le vol inaugural eut lieu le 2 juillet 1900 et ne se révéla pas satisfaisant : le dirigeable était lent, faible et peu contrôlable. Après deux autres essais, il fut démoli trois mois plus tard. Mais von Zeppelin ne se découragea pas et, au cours des quatorze années suivantes, il construisit de nombreux autres dirigeables qui ouvrirent la voie aux géants de la Première Guerre mondiale et des années 20 et 30.

Dès la seconde moitié du XIXe siècle, il n'y avait plus aucun doute sur le fait que l'hélice représentait le seul moyen efficace de propulsion aérienne. Et ce fut peut-être son association avec l'aérostat qui stimula, à cette époque, la recherche pratique d'une forme différente de vol, celle du vol vertical ; et les résultats obtenus non seulement posèrent les bases du futur développement de l'hélicoptère moderne, mais apportèrent une précieuse masse de connaissances techniques directement dans le domaine du vol conventionnel, grâce surtout aux expériences d'Alphonse Pénaud et d'Enrico Forlanini.

La notion intuitive de vol vertical remontait à une époque ancienne. Le premier dessin d'hélicoptère date en effet du XVe siècle : il figure dans un tableau de 1460 conservé au musée du Mans et représente un jouet qu'un enfant tient à la main. L'hélice à quatre pales s'appuie sur un support rotatif, actionné par le déroulement rapide d'une ficelle.
Des dessins analogues se retrouvent également dans plusieurs illustrations datant du siècle suivant. L'approche rationnelle par laquelle Léonard de Vinci aborda le problème n'exerça pas d'influence concrète, étant donné que la première expérience pratique (celle des Français Launoy et Bienvenu, en 1784) reproduit en gros les modèles de jouet transmis par l'iconographie traditionnelle.

Il fallut attendre presque un siècle avant de voir se réaliser de nouvelles expériences plus concrètes. Si Gabriel de La Landelle (1863) et Achenbach (1874) se limitèrent à transmettre à la postérité des projets de machines volantes pleines de fantaisie, Gustave de Ponton d'Amécourt fut très près de résoudre le problème du vol vertical. Il construisit en effet, en 1863, un hélicoptère à vapeur, propulsé par une paire d'hélices contrarotatives, qui réussit à se soulever de terre, même si ce ne fut pas de façon totalement satisfaisante. Une importante contribution théorique en matière d'aérodynamique et de stabilité fut apportée à cette époque par Alphonse Pénaud, qui tira ses principes d'une longue série de méticuleuses observations du comportement en vol de petites maquettes d'hélicoptères (1870), dont les hélices étaient actionnées de la même façon que celle du fameux Planophore : avec des bandes de caoutchouc.

Mais les résultats les plus concrets vinrent d'Italie, grâce aux travaux de l'ingénieur Enrico Forlanini, qui devait devenir par la suite un inventeur de dirigeables fort connu. En 1877, Forlanini construisit une maquette d'hélicoptère très légère (environ 4 kg) et propulsée par un moteur à vapeur minuscule et efficace. La paire d'hélices contrarotatives avait une grande surface et, tandis que la première était reliée directement à l'arbre moteur, la seconde était fixée à la structure. Cet hélicoptère fut expérimenté à plusieurs reprises, la dernière fois à Milan, le 15 avril 1877 et réussit à voler sans incident, s'élevant à une hauteur d'une douzaine de mètres et restant en l'air pendant 20 secondes. Cette autonomie si faible était due essentiellement aux dimensions réduites du moteur à vapeur.

Parmi les études qui précèdent la fin du siècle, il faut mentionner en particulier celles du Français Vuitton, dont le second projet d'autogire se trouve, sous forme de maquette, au Conservatoire des arts et métiers.

Malgré tout, le problème fondamental, celui du vol humain avec le « plus lourd que l'air » restait encore sans solution. L'aérodynamique avait fait des progrès notables, la science approchait du stade où elle pourrait fournir un moteur capable d'actionner des hélices et assurer ainsi la fameuse poussée dont Cayley avait énoncé la théorie. Ce qui manquait encore était une connaissance suffisante des ailes, c'est-à-dire de la surface qui, seule, pouvait permettre la sustentation, sous l'effet du phénomène de portance, et le contrôle du vol.

Le cerf-volant fut incontestablement la plus ancienne application intuitive du principe de l'aile. Dans la Chine antique, par exemple, des cerfs-volants en forme d'oiseau étaient habituellement

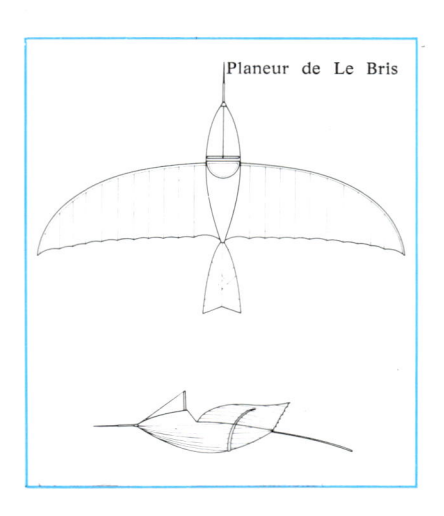

Planeur de Le Bris

Cerf-volant utilisé dans la Chine ancienne pour chasser les mauvais esprits.

Cerf-volant, illustration de 1634.

Illustration représentant un cerf-volant, XVe siècle.

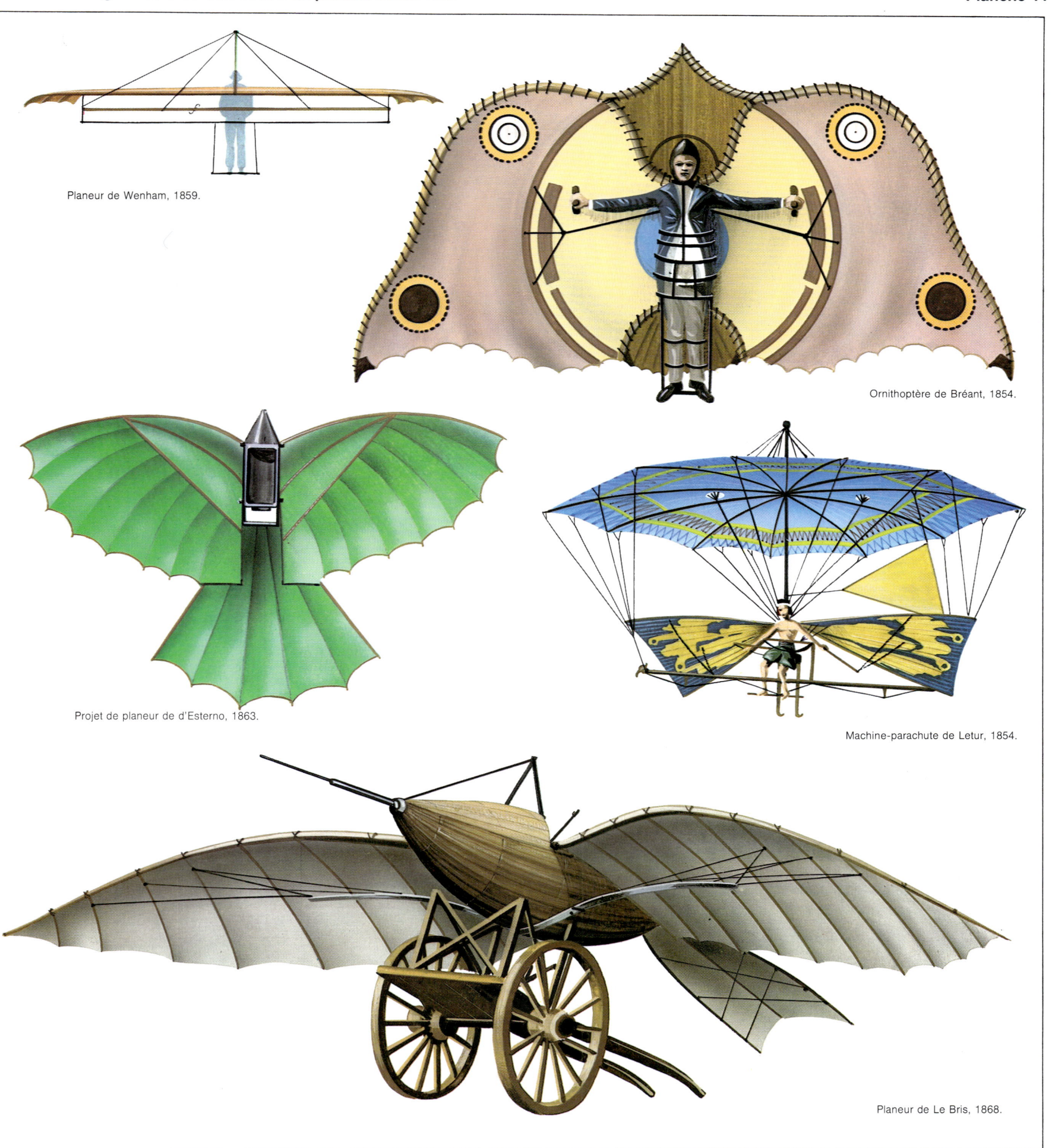

La longue route du cerf-volant au planeur avant 1868

Planche 11

Planeur de Wenham, 1859.

Ornithoptère de Bréant, 1854.

Projet de planeur de d'Esterno, 1863.

Machine-parachute de Letur, 1854.

Planeur de Le Bris, 1868.

Planeur multiplan de Chanute

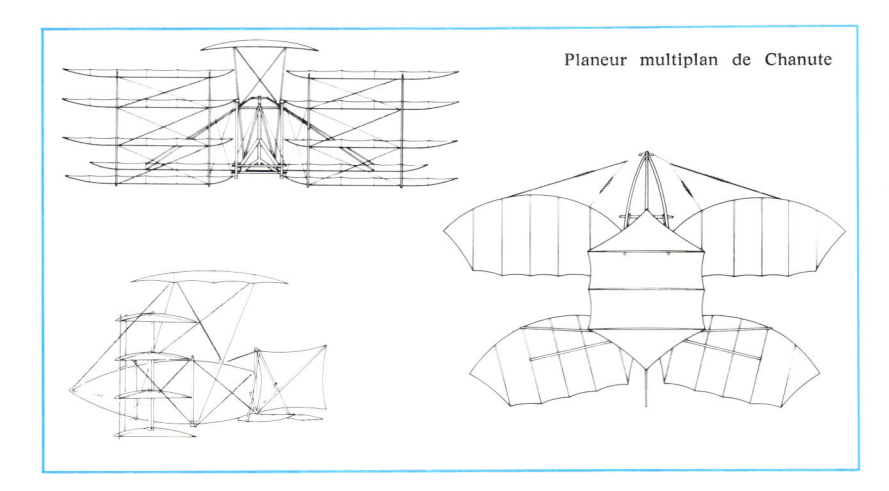

utilisés pour chasser les esprits malins. Des images du même type apparaissent également dans des textes européens à partir du xvᵉ siècle, et le cerf-volant a souvent une forme de dragon, en souvenir de ses origines asiatiques. Mais c'est l'oiseau que l'homme essaie surtout d'imiter et, encore au xixᵉ siècle, malgré les enseignements de Cayley, beaucoup d'ornithoptères et de planeurs conçus ou expérimentés s'inspirent de cette image fournie par la nature. Comme l'ornithoptère du Français Bréant (1854), où la force musculaire du pilote était secondée par des bandes d'élastique. Ou comme le projet de planeur du comte Ferdinand Charles Honoré Philippe d'Esterno (1806-1883), publié en 1863. Ou bien encore comme les planeurs du capitaine de vaisseau Jean-Marie Le Bris, qui, entre 1856 et 1868, fit l'essai de deux appareils dont les lignes rappelaient celles de l'albatros. Cependant, la connaissance plus approfondie des principes aérodynamiques fit disparaître progressivement cette tendance à imiter, ne fût-ce que dans les formes, les animaux volants. Dès 1854, le Français Louis-Charles Letur construisit et essaya un planeur-parachute qui rappelait un oiseau seulement dans la forme et dans la position des deux plans de sustentation situés à la hauteur des épaules du pilote.

Cinq ans plus tard, l'Anglais Wenham conçut et expérimenta des maquettes ainsi qu'un modèle de taille normale d'un planeur multiplan.

Ce fut la dernière décennie du siècle qui apporta une contribution décisive pour la réalisation du vol plané. Otto Lilienthal, Lawrence Hargrave, Percy Pilcher, Octave Chanute restent dans l'histoire de l'aviation les précurseurs directs de la conquête de l'air, ceux qui fournirent la dernière poussée vers le succès. Otto Lilienthal (1848-1896), ingénieur et inventeur allemand, fut le premier homme au monde à se lancer dans le vide et à voler ; s'il n'avait trouvé la mort justement lors d'un de ses essais (le 9 août 1896, dans les environs de Stölln), il aurait très bien pu atteindre le but dont le mérite devait revenir aux frères Wright. Lilienthal aborda le monde de l'aviation dès son plus jeune âge (il avait quatorze ans quand il essaya de voler avec deux ailes rudimentaires) et, en 1889, il publia un livre sur le vol des oiseaux qui contenait l'ensemble de ses théories. De 1891 à 1896, il construisit toute une série de planeurs, monoplans, biplans et triplans, où il appliqua et expérimenta les résultats de ses études. La réussite fut presque immédiate et dès les premiers et timides lancers, Lilienthal parvint à parcourir des distances élevées. En quelque 2 500 vols planés, le pionnier allemand acquit une expérience unique, qu'il appliqua directement à la conception et à la construction d'avions à moteur.

Les projets de Lilienthal exercèrent une forte influence sur ceux de deux de ses contemporains, l'Australien Lawrence Hargrave (1850-1915) et l'ingénieur écossais Percy Sinclair Pilcher (1867-1899). Hargrave eut le mérite de théoriser pour la première fois le principe suivant lequel le cerf-volant se maintenait en l'air et, grâce à une longue série d'essais, il réussit à faire de nombreuses découvertes sur leur stabilité, démontrant la relation directe qui existe entre l'aile multiple

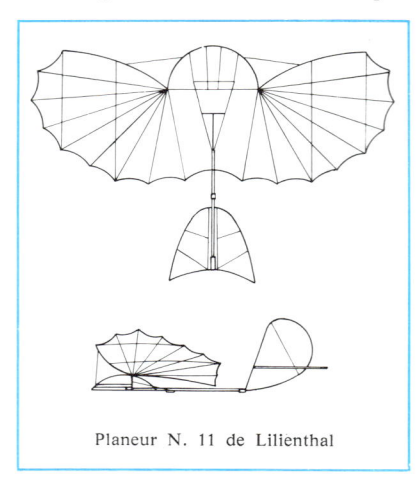

Planeur N. 11 de Lilienthal

et l'accroissement de la portance. La machine de base pour ses études fut ce qu'il appela le « cerf-volant cellulaire » (1893), dont les ailes étaient de type biplan et fermées à leur extrémité. Hargrave réussit aussi à se faire soulever de plusieurs mètres par un certain nombre de cerfs-volants maintenus en l'air par un vent d'environ 30 km/h. Pilcher, quant à lui, revint au principe du planeur de Lilienthal et construisit son premier modèle en 1895, le baptisant *Bat* (chauve-souris). Le *Bat* avait été perfectionné après un voyage en Allemagne, au cours duquel Pilcher avait acquis un planeur auprès de Lilienthal lui-même. Après avoir construit, en 1895 et 1896, deux autres planeurs qui ne donnèrent guère satisfaction (le *Beetle,* cafard, et le *Gull,* goéland), Pilcher réalisa sa machine volante la plus connue, le *Hawk* (faucon), avec lequel il établit en 1897 un record de distance en parcourant 229 mètres. Ce fut sur ce planeur que l'ingénieur écossais trouva la mort en 1899, en s'écrasant au cours d'un vol remorqué.

Cette année-là, Orville et Wilbur Wright avaient déjà entamé leurs recherches sur le vol. Ce fut un ingénieur d'origine française, naturalisé américain, Octave Chanute (1832-1910) qui les encouragea dans leurs premières expériences et influença leur évolution. Chanute, trop vieux à cette époque pour pouvoir voler, avait écrit en 1894 un livre volumineux *(Progress in Flying Machines)* dans lequel avaient été rassemblées toutes les expériences sur le vol réalisées jusqu'alors, et cette œuvre fit de lui le premier historien de l'aviation. Mais il ne se limita pas à cela : il conçut trois planeurs inspirés de ceux de Lilienthal et fondamentalement très stables. Les deux premiers furent construits en 1896. Il s'agissait d'un multiplan, dont les essais en vol furent concluants, et d'un biplan ; ce dernier eut une grande influence sur les frères Wright qui, après la réalisation et les essais de leurs deux premiers planeurs (en 1899 et en 1900), obtinrent un succès total avec le troisième modèle (de 1902) qui leur permit d'accomplir pour la première fois des vols parfaitement contrôlés. Les plans des frères Wright servirent au capitaine français Ferdinand Ferber pour élaborer son projet de 1904, un planeur qui devait inspirer tous les futurs avions européens et avec lequel Ferber réussit à effectuer le premier vol au monde avec un passager à bord du « plus lourd que l'air » : à Chalais-Meudon, où il emmena avec lui, au cours d'un bref lancer, son mécanicien Burdin.

Et le vol à moteur ? Apparemment, tout était prêt. Il y avait désormais l'aile, son contrôle,

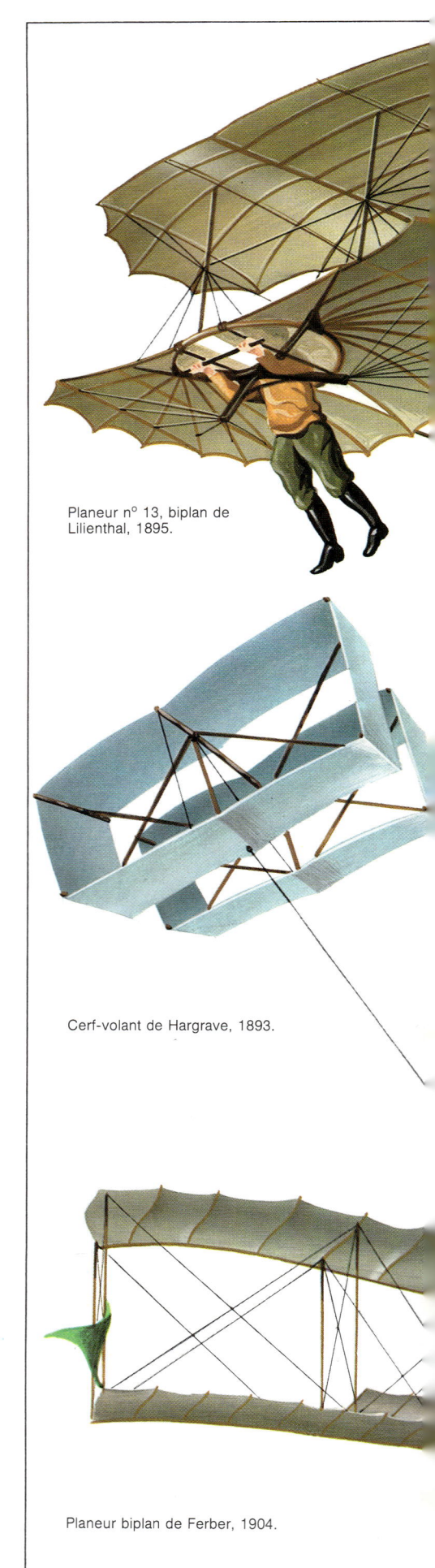

Planeur n° 13, biplan de Lilienthal, 1895.

Cerf-volant de Hargrave, 1893.

Planeur biplan de Ferber, 1904.

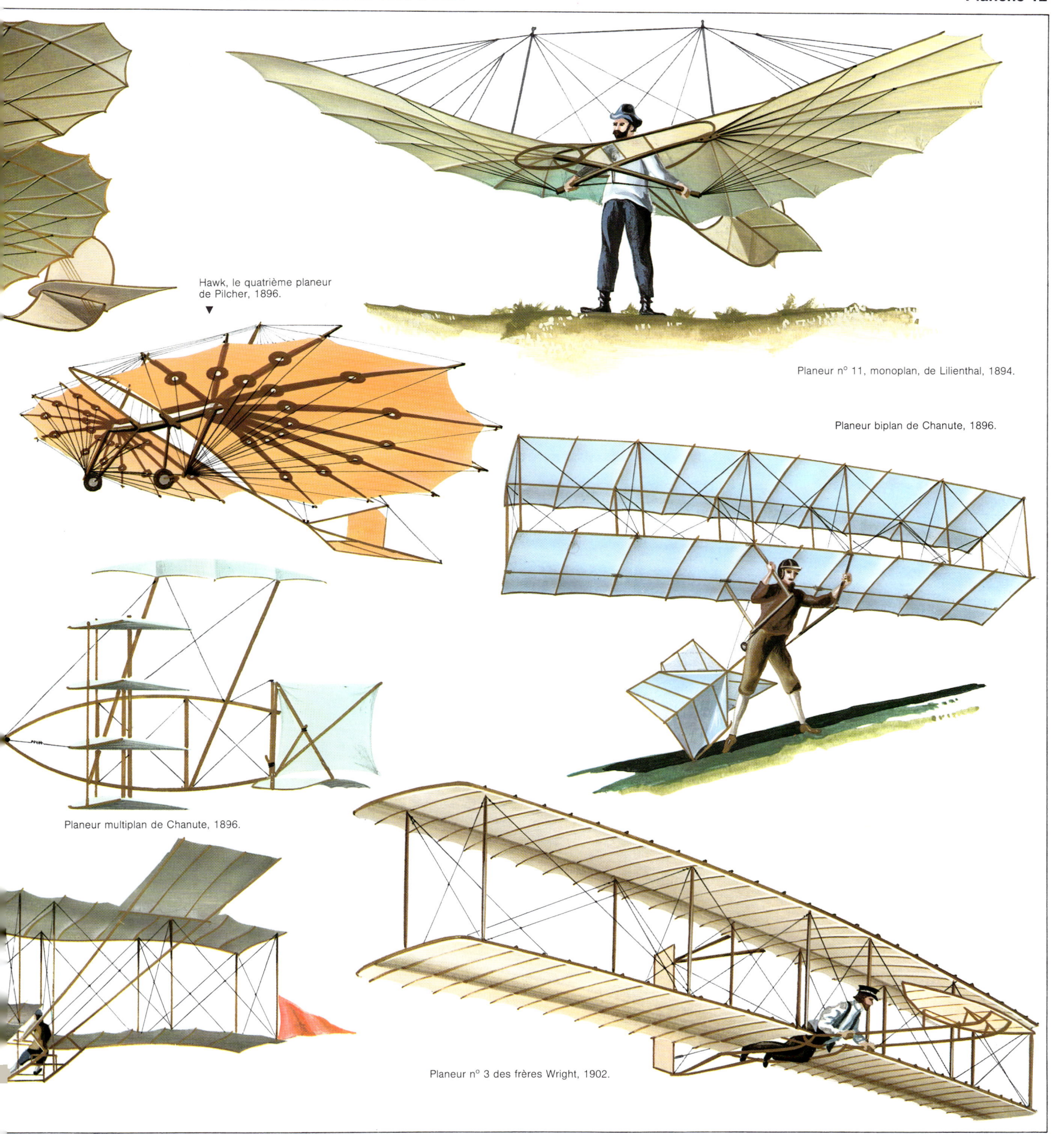

Planeurs : l'étude des cellules alaires de 1893 à 1904

Planche 12

Hawk, le quatrième planeur de Pilcher, 1896.

Planeur n° 11, monoplan, de Lilienthal, 1894.

Planeur biplan de Chanute, 1896.

Planeur multiplan de Chanute, 1896.

Planeur n° 3 des frères Wright, 1902.

Biplan de Maxim

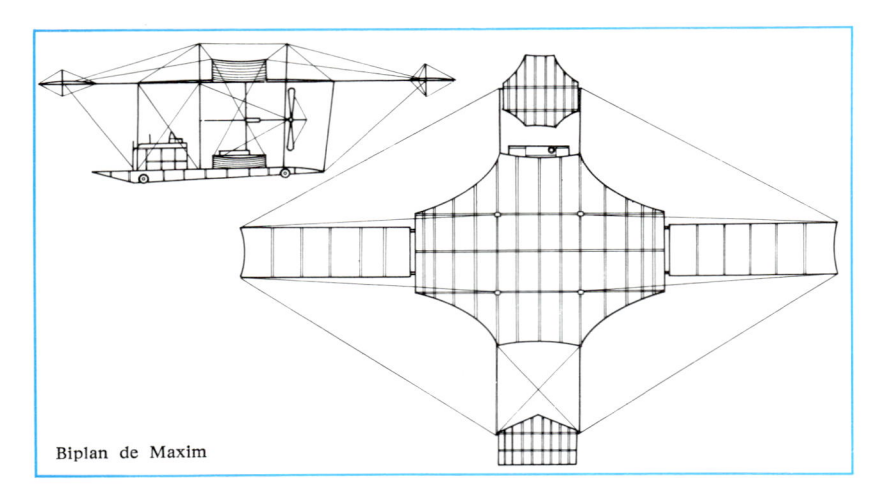

l'hélice, le propulseur. Ce qui manquait encore, c'était quelqu'un qui fût capable de réunir tous ces éléments et d'harmoniser l'ensemble des connaissances et des expériences pour les concentrer sur une unique machine volante. Le succès d'Orville et Wilbur Wright fut aussi dû à l'énorme quantité d'essais tendant vers ce but, certains relativement heureux, d'autres moins, mais ayant tous en commun cet unique objectif.

En 1874, un ingénieur anglais, Thomas Moy, construisit une grande maquette de monoplan avec ailes en tandem, propulsé par un moteur à vapeur et la baptisa Aerial Steamer. Les essais eurent lieu au mois de juin de l'année suivante au Crystal Palace de Londres : la maquette, reliée à un poteau central, réussit à se soulever de 15 centimètres et fut la première de son type à obtenir pareil résultat. Le projet réalisé en 1879 par l'Anglais F.W. Brearey, secrétaire de la Royal Aeronautical Society, fut en revanche complètement anachronique : une maquette d'avion à aile mobile, propulsé par un élastique, qui ne réussit pas à voler. Le projet élaboré en 1886 par le fils de John Stringfellow — passé à la postérité avec les seules initiales de son prénom : F.J. — ne connut pas davantage de succès. Il s'agissait d'une maquette de biplan à vapeur muni d'une paire d'hélices. Mais les tentatives n'en continuaient pas moins. Deux ans plus tôt, en 1884, avait eu le deuxième décollage à propulsion mécanique de l'histoire, après celui de Félix Du Temple en 1874. Cela s'était passé en Russie, et le mérite en revenait à un capitaine de la marine impériale, Alexandre F. Mozhaiski. Il avait conçu en 1881 un monoplan avec moteur à vapeur, doté de trois hélices tractives, dont deux étaient installées au centre des semi-ailes. Cette machine fut soumise aux essais à Krasnoïé Sélo, près de Saint-Pétersbourg, avec aux commandes un volontaire du nom de Golubev : elle fut lancée d'une rampe inclinée et, dans son élan, réussit à parcourir une trentaine de mètres dans un bond non pas continu ni contrôlé, mais incontestablement digne d'intérêt.

Le moteur à vapeur devint l'élément constant de tous les différents projets. Horatio F. Phillips (1845-1926) l'utilisa pour son multiplan de 1893, une insolite machine volante à ailettes superposées du genre store vénitien, que l'on fit décoller en la reliant à un poteau central à Harrow, près de Londres, dans le courant du mois de mai. La maquette, portée par un rail circulaire de 98,50 m, réussit à se soulever d'une cinquantaine de centimètres, après avoir atteint la vitesse de 60 km/h. Mais ce n'est pas tant ce résultat qui rendit cette expérience importante que le fait que Phillips fit alors pour la première fois l'essai de son aile à profils superposés, fruit de nombreuses années de recherches. En effet, dès 1884, le savant anglais avait fait breveter ses premiers profils alaires qu'il avait même étudiés dans une soufflerie aérodynamique construite par ses soins. Cette étude, d'une valeur inestimable, avait été réalisée — pour reprendre les termes mêmes de Phillips — « avec des profils de toutes les formes et avec toutes les combinaisons de formes imaginables ». Les conclusions avaient manifestement porté sur les relations entre portance et section alaire, expérimentées pour la première fois après les énoncés théoriques de Cayley.

En 1894, l'inventeur anglais d'origine américaine, sir Hiram S. Maxim (1840-1916), recourut à nouveau à un rail pour faire voler son gigantesque biplan à vapeur. Cette fois encore, ce fut un échec.

La fin du XIXe siècle connut encore deux tentatives marquantes avant la victoire des frères Wright, en France et aux États-Unis, dues respectivement à Clément Ader (1841-1925) et à Samuel Pierpont Langley (1834-1906). Avec ces deux personnages s'acheva le long règne de l'imagination et de l'intuition, et l'aviation, après une gestation de plusieurs siècles, vit enfin le jour. Clément Ader, un ingénieur toulousain, fut surtout un rêveur enthousiaste. Étant donné ses qualités professionnelles, il aurait certainement obtenu de brillants résultats s'il avait accordé plus d'attention au travail réalisé par ses contemporains dans le domaine aéronautique. Les avions qu'il construisit et expérimenta (l'Éole de 1890 et l'Avion III de 1897) étaient encore loin de la réalité, avec leurs formes fantaisistes et leurs grandes ailes de chauve-souris. Ils appartenaient au passé et ne pouvaient que retomber dans les mêmes erreurs.

Ader, pour réaliser son rêve, commença par étudier les oiseaux et leur comportement en vol, en accordant une attention particulière à celui des chauves-souris, dont il devait imiter les formes dans ses machines volantes. Il y eut ensuite des expériences avec de petites maquettes et, en 1873, des essais avec un planeur relié au sol par des cordes. Ce fut en 1882 que Clément Ader entreprit la construction du premier avion de taille normale, capable de transporter un homme : l'Éole. Cette machine, de type monoplan, avec de grandes ailes concaves d'environ 15 mètres d'envergure, avait un moteur à vapeur de 18-20 ch actionnant une unique hélice quadripale, construite avec des cannes de bambou. Le moteur à vapeur, en particulier, était un petit chef-d'œuvre de

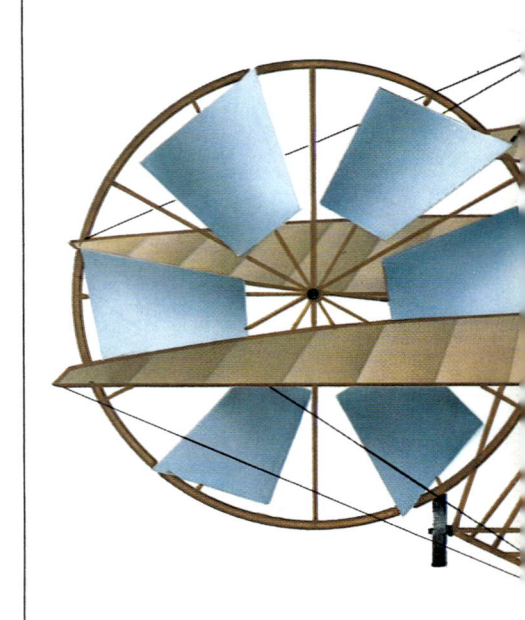

Monoplan à vapeur de Mozhaiski

Aerial Steamer, de Thomas Moy, modèle de monoplan à vapeur, 1874.

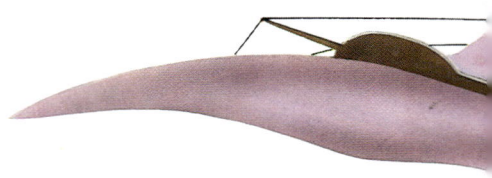

Modèle d'aéroplane à aile mobile de Brearey, 1879.

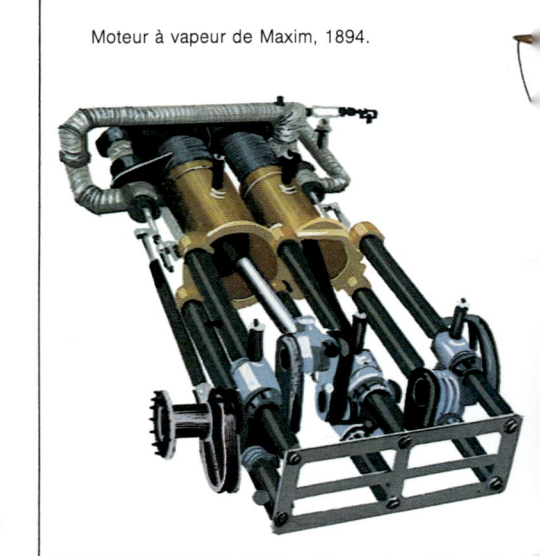

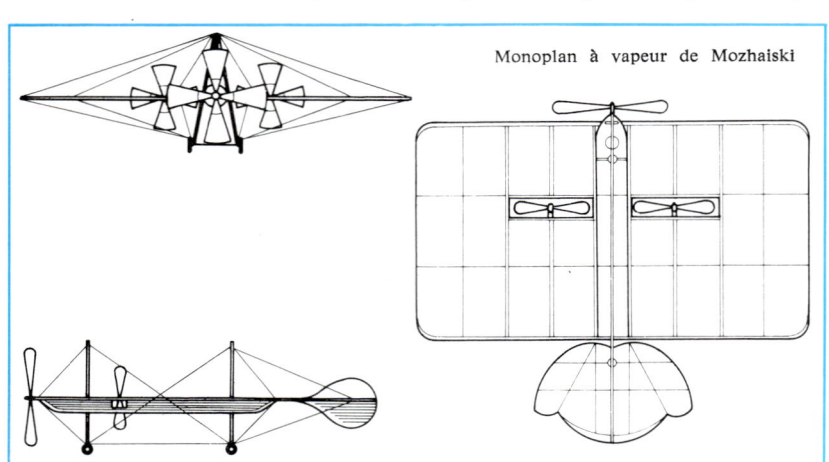

Moteur à vapeur de Maxim, 1894.

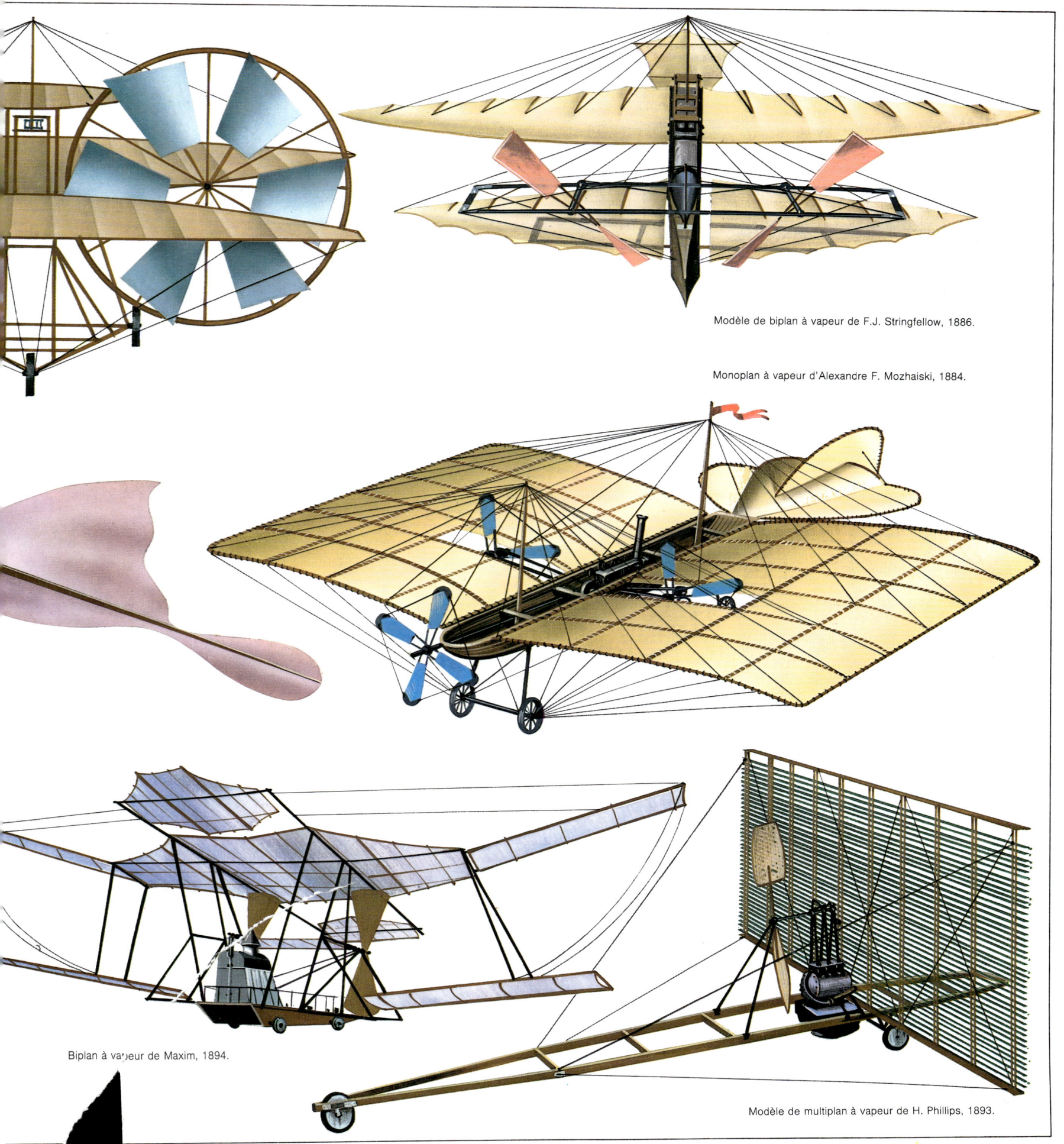

Nouvelles expériences et nouveaux insuccès de 1874 à 1894

Planche 13

Modèle de biplan à vapeur de F.J. Stringfellow, 1886.

Monoplan à vapeur d'Alexandre F. Mozhaiski, 1884.

Biplan à vapeur de Maxim, 1894.

Modèle de multiplan à vapeur de H. Phillips, 1893.

L'Éole de Clément Ader

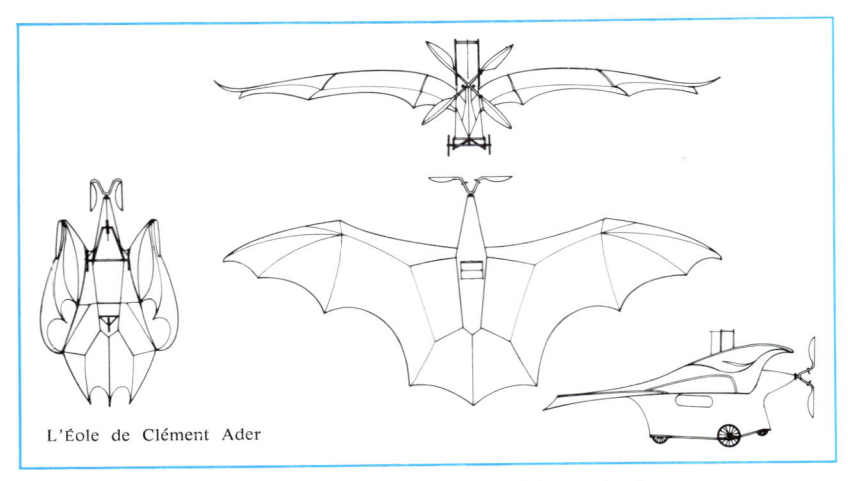

mécanique : conçu et construit par Ader lui-même, il avait deux cylindres et pesait 91 kg, y compris 30 kg d'eau et 10 kg d'alcool combustible ; il était donc capable de fournir un rapport poids/puissance en charge d'environ 4,5 kg/ch, qui descendait à 2,5 kg/ch à vide.

L'Éole fut achevé en 1890 et les essais eurent lieu le 9 octobre, à quatre heures de l'après-midi, dans le parc du château d'Armainvilliers, près de Gretz. L'épreuve, qui se déroula dans un climat de grande émotion, dura en tout cinq minutes. Une fois le moteur mis en route, Ader s'installa aux commandes et laissa partir son avion qui roula et se souleva de quelques dizaines de centimètres du sol, parcourant une cinquantaine de mètres en rase-mottes. Pour la première fois, un avion piloté avait réussi à décoller sous la seule poussée de son moteur, sans aucune autre aide. Les tentatives précédentes (Du Temple, Mozhaiski) avaient été effectuées en laissant descendre la machine le long d'un plan incliné pour lui donner de la vitesse.

Le résultat obtenu par l'Éole était incontestablement important, même si l'on ne pouvait pas absolument parler de vol : trop de problèmes restaient encore à résoudre (le contrôle, la stabilité en particulier) qui avaient été manifestement ignorés dans le cas de l'Éole. En tout cas, Ader, encouragé par ce succès, poursuivit ses études et ses expériences, stimulé au demeurant par un généreux subside accordé en 1892 par le ministère de la Guerre qui lui avait commandé la fabrication d'un avion à des fins militaires. L'erreur d'Ader, à ce moment-là, fut de proposer un second Éole, même s'il était plus grand et équipé de deux moteurs au lieu d'un. La nouvelle machine, baptisée Avion III, accapara l'ingénieur pendant cinq ans. Les ailes étaient, cette fois encore, en forme de chauve-souris, avec une envergure de 17 mètres. La différence la plus évidente par rapport à l'appareil précédent résidait dans la paire d'hélices dont chacune était actionnée par un modèle de moteur à vapeur identique à celui de l'Éole. L'Avion III fut soumis aux essais les 12 et 14 octobre 1897, au camp de Satory, près de Versailles : le premier jour, l'avion roula simplement sur le tracé circulaire aménagé spécialement ; le deuxième jour, il roula un instant, quitta la piste et s'immobilisa sur le terrain voisin. On tenta en vain de soulever les roues du sol puis on abandonna. Le seul témoin officiel de cet échec fut le général Mensier : il rédigea un rapport détaillé qui alla finir dans les archives du ministère de la Guerre.

Il est curieux de constater que, malgré tout, les tentatives d'Ader donnèrent lieu à la légende selon laquelle il avait été le premier homme en Europe à voler effectivement. Ce fut Ader lui-même qui, en 1906, irrité par le bruit fait autour des vols d'Alberto Santos-Dumont, affirma officiellement que, le 14 octobre 1897 — jour du dernier essai de l'Avion III — il avait réussi à voler sur environ 300 mètres. L'affirmation, naturellement, ne correspondait pas à la réalité, mais elle fut unanimement acceptée jusqu'en 1910, année au cours de laquelle le ministère de la Guerre (après avoir opposé quelques refus très nets) se décida à publier le rapport Mensier. Un tel comportement fut loin de rehausser l'image de marque de Clément Ader. Il ne peut se justifier que si l'on tient compte de son enthousiasme aussi passionné qu'incontrôlé pour l'aviation.

La personnalité de Samuel Pierpont Langley (1834-1906) présente de nombreux points comparables. Ce pionnier, lui aussi, manqua le but ambitieux qu'il s'était fixé surtout parce qu'il ne sut pas tenir suffisamment compte des enseignements et des expériences de ses contemporains. Tout comme Clément Ader, il consacra une bonne partie de sa vie et de son énergie à réaliser son rêve de voler, et comme lui, la contribution qu'il apporta à l'histoire de l'aviation fut pratiquement nulle. Mais si Ader réussit à surmonter sa déception en allant jusqu'à s'attribuer des mérites qui ne lui revenaient pas, Langley n'en fut pas capable : aigri et moralement détruit par les violentes attaques de la presse américaine et du Congrès que provoqua l'échec de ses expériences, il mourut d'un infarctus le 27 février 1906. A peine neuf jours après l'accident qui mit fin à la brève carrière de l'Aérodrome, les frères Wright accomplissaient le premier vol de l'histoire.

Mathématicien, astronome et secrétaire de la Smithsonian Institution, le musée national des États-Unis, Langley commença à s'intéresser au vol en 1887, année au cours de laquelle il entreprit une série d'expériences visant à établir le rapport existant entre puissance mécanique, poids et vitesse d'une machine volante. L'étape suivante consista dans l'application de ces principes à la construction de maquettes, propulsées d'abord par des élastiques, ensuite par des moteurs à vapeur. Avec les deux derniers d'une longue série, le 6 mai et le 28 novembre 1896, Langley réussit à réaliser des expériences très satisfaisantes : les maquettes volèrent, en effet, sur plus d'un kilomètre, donnant à l'inventeur l'impression que les principaux problèmes étaient résolus et qu'il était temps d'envisager la construction d'un avion capable de transporter un homme. Ce projet ambitieux fut favorisé par l'intérêt inattendu qu'avaient fait naître ces expériences au département de la Guerre du gouvernement américain, qui accorda au chercheur un subside de 50 000 dollars pour qu'il mène à bien la construction de la machine volante. Cela se passait en 1898.

Langley pensa à juste raison qu'il fallait avant tout doter son avion d'un système de propulsion bien plus efficace que le moteur à vapeur et, la même année, il commanda à un constructeur de New York (un certain Stephen M. Balzer) un moteur à explosion qui, sans peser plus de 45 kg, fût capable de développer au moins 12 ch. Le résultat de cette commande ne donna pas satisfaction à Langley, qui chargea son assistant, Charles Manly, de fabriquer un moteur à essence répondant à ces caractéristiques. Manly modifia le propulseur de Balzer jusqu'à ce qu'il pût développer 52 ch. Le moteur fut prêt en janvier 1902. Entre-temps, Langley avait construit une maquette de son projet définitif qui fut expérimentée en juin 1901 : la machine ne se révéla pas satisfaisante et n'entra dans l'histoire que comme la première de son genre à être équipée d'un moteur à essence.

Deux ans plus tard, l'Aérodrome, comme Langley avait baptisé sa machine volante, fut achevé. C'était un monoplan à ailes en tandem, d'une envergure de 14,63 m, avec une surface de 96,6 m² et un poids total de 330 kg. Le moteur actionnait une paire d'hélices installée entre les deux ailes. Langley aurait probablement réussi à faire voler sa machine s'il ne s'était obstiné à reprendre le même mécanisme de lancement à catapulte qu'il avait utilisé pour les maquettes précédentes. Selon les intentions de l'inventeur, le décollage de l'Aérodrome devait se faire sur un ponton flottant spécialement aménagé sur la rivière Potomac. Les essais eurent lieu le 7 octobre et le 8 décembre. La machine volante tomba à l'eau les deux fois, heureusement sans que le pilote, ce même Charles Manly qui avait construit le moteur, se blessât.

L'élément que Langley n'avait pas su coordonner avec les autres était celui de la phase initiale du vol : « Il est vraiment dommage, écrivit Wilbur Wright à Octave Chanute après la mort de Langley, qu'il n'ait pas réussi à obtenir l'honneur qu'il ambitionnait plus que tout, pour la seule raison qu'il n'a pas été capable de lancer sa machine avec succès. »

L'Aérodrome de Langley

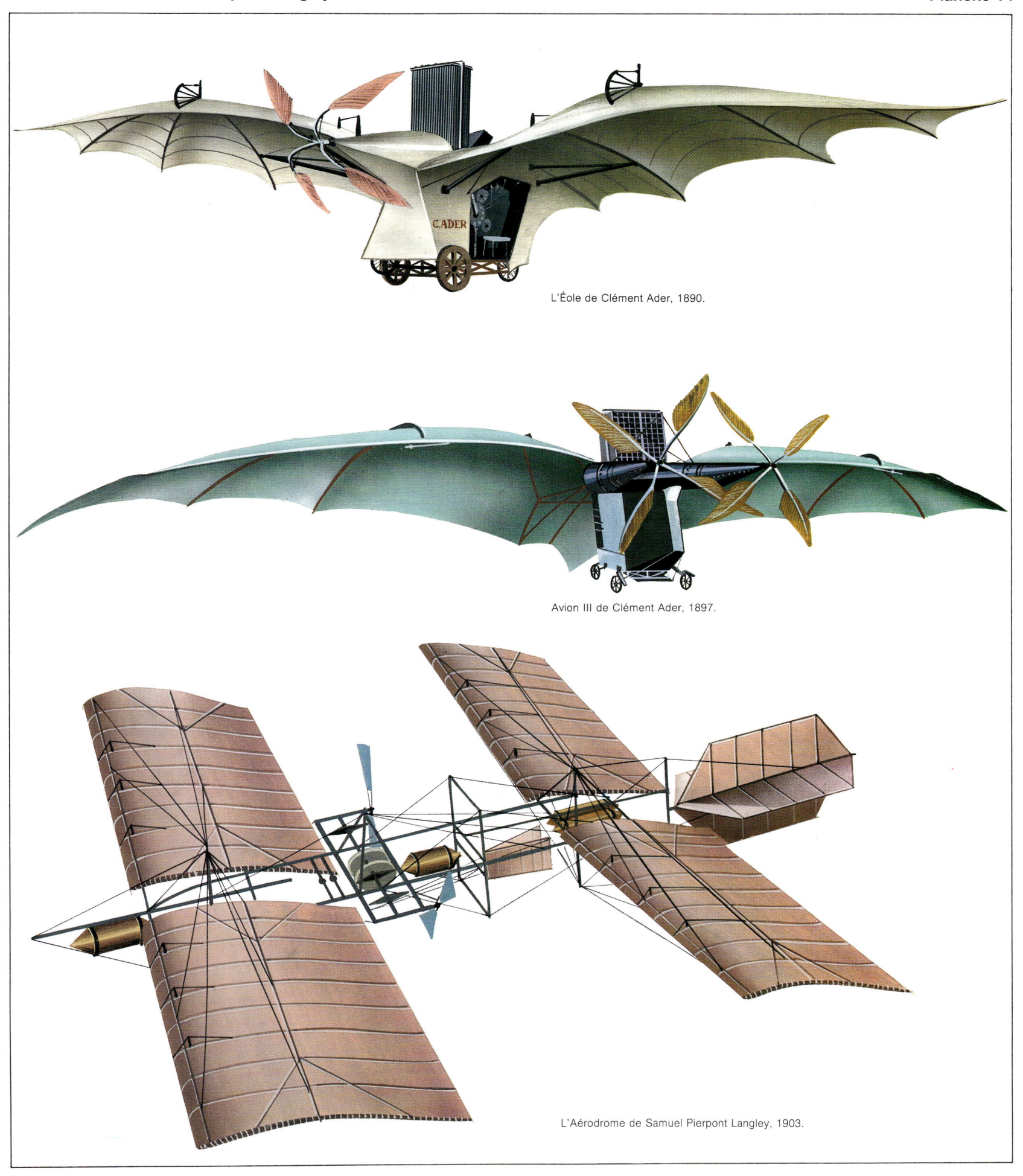

Clément Ader et Samuel Pierpont Langley : les derniers échecs avant le succès

Planche 14

L'Éole de Clément Ader, 1890.

Avion III de Clément Ader, 1897.

L'Aérodrome de Samuel Pierpont Langley, 1903.

Supplément photographique

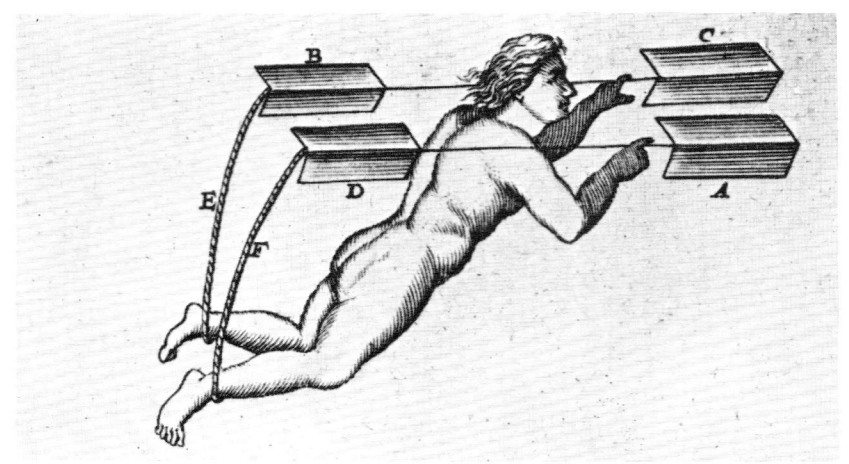

Ailes de Besnier, 1678 (3)

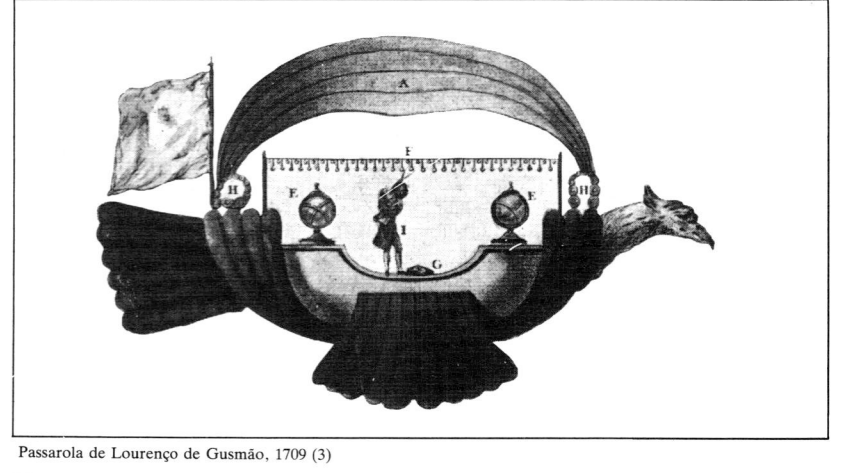

Passarola de Lourenço de Gusmão, 1709 (3)

Le vaisseau volant de Blanchard, Paris 1781 (3)

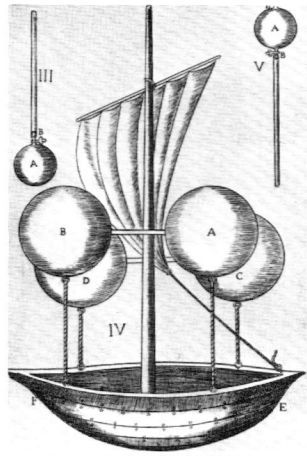

Nacelle du Père de Lana, 1670 (3)

L'aérostat de Rozier et d'Arlandes, 1793 (4)

Montgolfière, Versailles 1783 (4)

Nassau, l'aérostat de Charles Green, Paris 1836 (4)

Supplément photographique

Ballon-parachute d'André-Joseph Garnerin, 1797 (6)

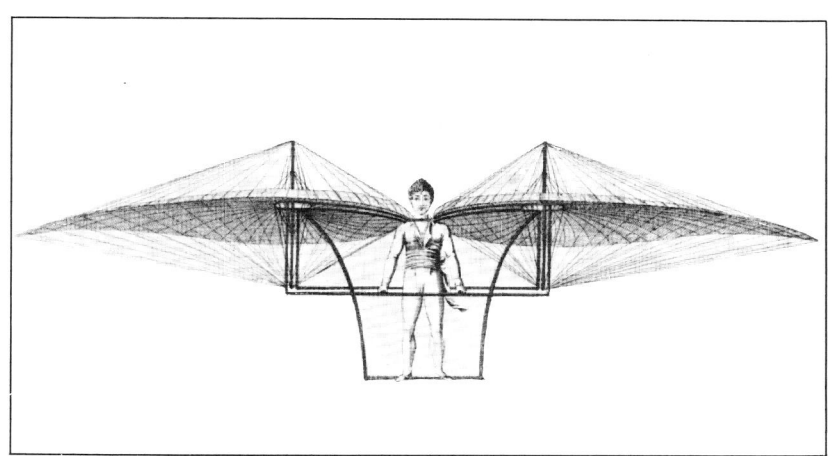

Ornithoptère de Jacob Degen, Paris 1809 (6)

Planophore d'Alphonse Pénaud, 1874 (7)

Ornithoptère de Victor Tatin, 1879 (7)

Monoplan de Victor Tatin, 1879 (7)

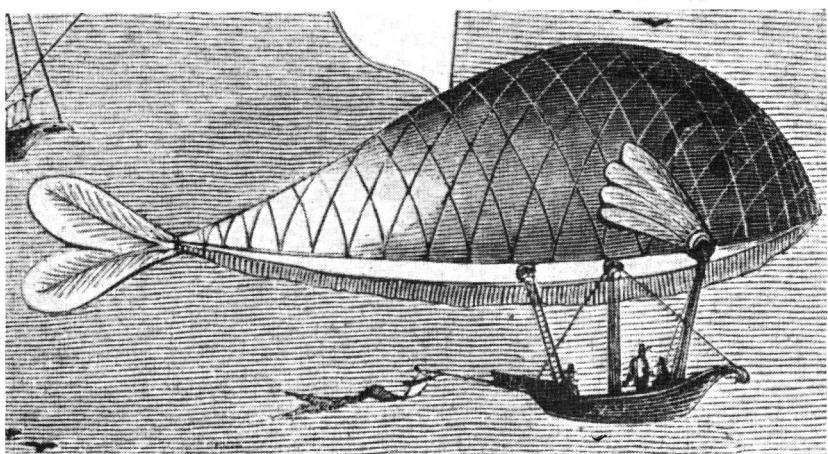

Projet de dirigeable de Pauly et Egg, 1805 (8)

Dirigeable de Camille Vert, 1860 (8)

Dirigeable d'Henri Giffard, 1855 (8)

43

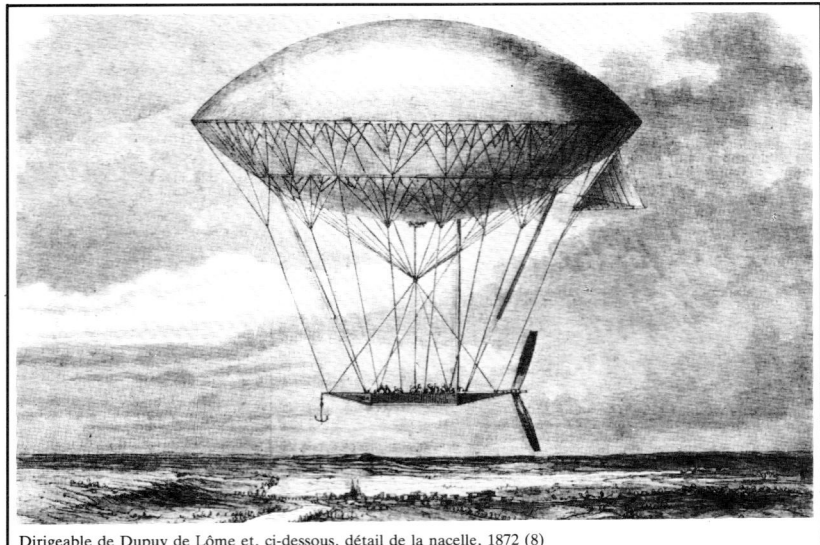

Supplément photographique

Dirigeable de Dupuy de Lôme et, ci-dessous, détail de la nacelle, 1872 (8)

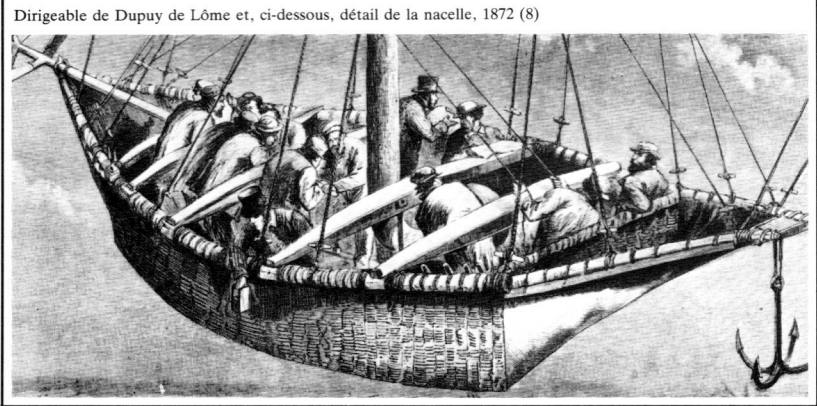

Dirigeable de Marriott, San Francisco 1869 (8)

Dirigeable de Jean-Baptiste Marie Meusnier sous la tente lui servant de hangar, 1784 (8)

Jaune, le dirigeable des frères Lebaudy, Champ-de-Mars 1903 (9)

La France, le dirigeable de Renard et Krebbs, Chalais-Meudon 1884 (9)

Le premier dirigeable de Ferdinand von Zeppelin dans son hangar flottant, 1900 (9)

Dirigeable n° 1 d'Alberto Santos-Dumont, 1898 (9)

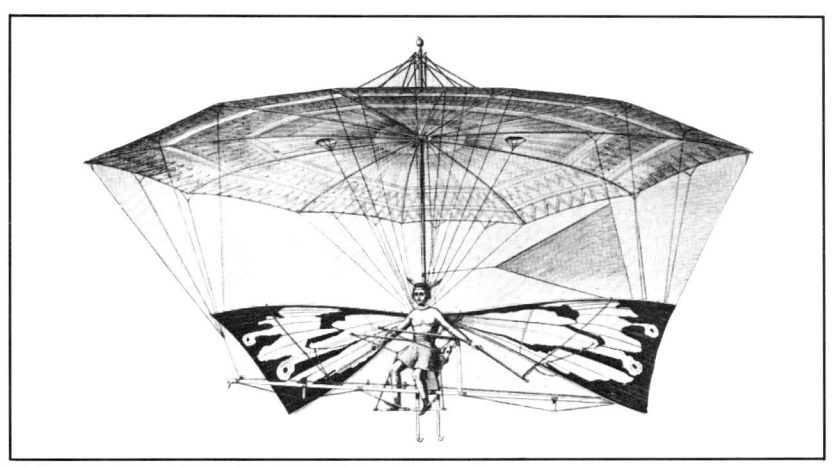

Supplément photographique

Machine-parachute de François Letur, 1854 (11)

Planeur de Le Bris, 1808 (11)

Planeur monoplan n° 11 d'Otto Lilienthal, 1854 (12)

Planeur n° 3 des frères Wright, Kill Devil 1902 (12)

Planeur biplan n° 3 de Ferdinand Ferber, 1904 (12)

Avion III de Clément Ader, 1897 (14)

L'Aérodrome de Samuel Pierpont Langley sur un bateau à catapulte, sur le Potomac 1903 (14)

2

Indifférence et scepticisme. Telle fut la façon dont l'Amérique accueillit le succès d'Orville et Wilbur Wright. Les 4 vols effectués avec succès le 17 décembre 1903 par le Flyer I appartenaient indéniablement à l'histoire, mais l'opinion publique se refusait à en prendre acte. Bien que les Wright n'aient eu aucune intention de faire étalage de leurs recherches, les Premières nouvelles des essais de Kill Devil Hills se répandirent le jour même et les jours suivants à travers la presse quotidienne. Ce ne fut certes pas une bonne publicité, car les chroniques vagues et fantaisistes laissèrent indifférents les directeurs de journaux et les commentateurs, et finirent par disparaître dans la routine de dizaines de nouvelles analogues qui étaient enregistrées quotidiennement. De même le long rapport, précis et méticuleux, qu'Orville et Wilbur envoyèrent le 5 janvier 1904 à l'agence Associated Press pour rectifier les précisions et les affirmations erronées publiées par les journaux, ne fut guère de plus d'utilité. Dans tous les États-Unis, les seuls à être fermement convaincus du succès remporté étaient le savant Octave Chanute et les membres de son cercle aéronautique. Sans parler, évidemment, d'Orville et Wilbur Wright eux-mêmes.

Mais le mauvais sort a aussi favoriser cette vague de scepticisme. En mai 1904, après en avoir terminé avec la phase de mise au point de leur appareil et de la technique de pilote, les frères Wright s'estimèrent prêts pour une démonstration officielle devant les journalistes et les photographes. Pour cette occasion, ils avaient fabriqué un second modèle du Flyer, mais le dysfonctionnement du moteur empêcha l'appareil de décoller. L'indifférence ne fit que s'accroître. Le scepticisme, émanant surtout des autorités, se transforma en une véritable barrière qui fit obstacle à tout éventuel enthousiasme possible. Ce fut pour l'Amérique, qui refusait de reconnaître l'immense valeur des récentes expériences, une période de stagnation dans le domaine aéronautique qui dura trois ans ; elle perdit ainsi l'avantage qu'elle avait acquis sur l'Europe.

Paradoxalement, ce furent les expériences et les succès des chercheurs et pionniers européens, qui, dans une vague qui déferla sur le monde entier, marquèrent la naissance des conceptions aéronautiques concrètes dans le Nouveau Monde. Mais cela n'eut lieu qu'en 1908, année au cours de laquelle Orville et Wilbur Wright (après une sorte d'isolement forcé) décidèrent de se présenter à nouveau en public.

Entre-temps, l'Europe avait brillamment rattrapé le temps perdu. La mort de Lilienthal, en 1896, avait marqué le début d'une phase de ralentissement sensible dans les progrès de l'aviation sur le Vieux Continent. Ce n'est qu'en 1901 que les théories du pionnier allemand avaient été reprises, grâce à l'initiative du capitaine Ferdinand Ferber. Celui-ci, durant trois ans, avait mené des études et des expériences en utilisant d'abord des planeurs semblables à ceux d'Otto Lilierthal, et ensuite des planeurs conçus selon les schémas mis au point par les frères Wright. En 1904, Ferber était arrivé à l'apogée de son activité en réalisant un

LE RÊVE SE RÉALISE ON VOLE AUX ÉTATS-UNIS ET EN EUROPE

projet original de planeur qui devait inspirer tous les futurs appareils des débuts de l'aviation en Europe : un planeur de type biplan, à queue fixe, fondamentalement stable.
Le succès semblait à portée de la main. Ces expériences réveillèrent les enthousiasmes, en particulier après que les États-Unis eurent apporté la confirmation des vols à moteur effectués par les Wright. En France surtout, les initiatives se multiplièrent à un rythme quasi frénétique, grâce à la contribution de personnages comme Louis Blériot, Gabriel Voisin, Ernest Archdeacon, Robert Esnault-Pelterie. Se démarquant nettement de l'indifférence des cercles aéronautiques américains, l'Aéro-Club de France mit en compétition différents prix pour stimuler le développement de l'aviation en Europe. Parmi ceux-ci, la Coupe Archdeacon, attribuée au pilote du premier avion à dépasser les 25 mètres ; 1 500 francs au premier à parcourir 100 mètres en vol ; le Grand Prix Deutsch-Archdeacon, qui prévoyait 50 000 francs pour le premier pilote à voler sur 1 kilomètre en circuit fermé.
Deux ans plus tard les deux premiers trophées furent remportés par Alberto Santos-Dumont, le 23 octobre et le 12 novembre 1906, devant une foule en délire.
Mais la grande année fut 1908. L'événement qui galvanisa le monde de l'aviation fut la décision prise par les frères Wright de se représenter devant le public avec leurs appareils, perfectionnés au maximum. Le climat ne pouvait être plus favorable et Wilbur Wright montra qu'il s'était pleinement rendu compte de l'importance du moment en choisissant précisément la France comme but de son voyage outre-Atlantique. Tandis qu'Orville consacrait tous ses efforts à un long et patient travail de persuasion auprès du gouvernement et des autorités militaires des États-Unis, Wilbur apportait en Europe un nouveau et plus puissant catalyseur d'énergies et d'enthousiasmes.
D'août à décembre, ses essais sur les champs de manœuvre du Mans laissèrent stupéfaits d'admiration les amateurs européens. Plus que les performances de l'avion (le Wright A), ce fut la totale maîtrise de l'appareil et l'exceptionnelle technique de pilotage manifestées par Wilbur, jusqu'alors inconnues des pionniers français, qui impressionnèrent le public.
Les frères Wright restaient indéniablement les meilleurs, mais ils n'étaient désormais plus seuls. Les records de Farmar, de Delagrange, de Blériot marquèrent des étapes tout aussi importantes. La Grande-Bretagne, qui était restée jusqu'alors un peu en marge, obtint d'excellents résultats grâce aux réalisations d'amateurs passionnés tels que Samuel Franklin Cody et Alliott Verdon Roe. Aux États-Unis, l'activité de l'Aerial Experiment Association se concrétisa par la construction d'appareils de très bonne qualité, comme le *June Bug* de Glenn Curtiss et le *Silver Dart* de John Douglas McCurdy. En Italie, où il fallut attendre l'année suivante pour voir la réalisation des premiers avions de production nationale, les exhibitions de Léon Delagrange à Rome, à Turin et à Milan suscitèrent de fervents enthousiasmes et contribuèrent à

stimuler études et expériences. L'aviation entrait rapidement dans sa première phase de maturité. En 1909 l'avion cessa d'être considéré comme une curiosité et fut universellement accepté comme un nouveau produit, pratique et fiable. Il y eut deux événements qui contribuèrent à renforcer cet état d'esprit : la traversée de la Manche par Louis Blériot et le meeting d'aviation de Reims. Le premier permit de se faire une idée précise des capacités de l'avion ; le second ouvrit la voie aux grandes compétitions sportives. La Grande Semaine d'aviation de la Champagne – organisée du 22 au 29 août par le Consortium des producteurs de vins de Champagne sous le patronage du président de la République et dotée de 200 000 francs de prix – permit d'enregistrer une quantité incroyable de records. Parmi ceux-ci, les plus disputés furent : la distance, avec 180 kilomètres parcourus par un Henri Farman III, piloté par le constructeur, en 3 heures 4 minutes 56 secondes ; la vitesse, avec les 75 km/h du Curtiss Golden Flyer ; l'altitude, avec les 115 mètres atteints par l'Antoinette VII d'Hubert Latham. Il n'y eut pas que cette floraison de records pour prouver que les compétitions pouvaient contribuer aux progrès de l'aviation. Le meeting, en effet, fut également positif du point de vue strictement technique. En même temps que les pilotes, on vit s'affirmer deux nouveaux produits de la naissante industrie aéronautique : les hélices de Lucien Chauvière (premières hélices rationnelles et efficaces à être fabriquées en Europe) et les révolutionnaires moteurs rotatifs Gnome, conçus par les frères Seguin. Après le célèbre Antoinette de Léon Levasseur, entré dans l'histoire comme le propulseur ayant permis le succès des premiers pionniers français, le rotatif de Laurent et Louis Seguin devint célèbre en tant que chef de file d'une série de moteurs d'avion qui devaient marquer une époque. Le premier à témoigner sa confiance dans ce nouveau propulseur fut Henri Farman qui, à Reims, le 27 août, remplaça par un Gnome (40 minutes à peine avant l'épreuve de distance) le huit cylindres Vivinus de son biplan, le rendant ainsi encore plus performant.

Le meeting de Reims donna naissance à un très vif esprit de compétition. L'avion prit part à une série ininterrompue de concours sportifs organisés de plus en plus fréquemment. Du circuit d'Angleterre au circuit européen de 1911, du Trophée Gordon Bennett de vitesse – disputé à Reims pour la première fois – au Trophée Michelin de durée, des innombrables meetings d'aviation à la célèbre Coupe Schneider de vitesse pour les hydravions. A côté de ces manifestations qui rassemblaient des centaines d'amateurs et des milliers de spectateurs, des initiatives isolées, venant souvent de pionniers solitaires, contribuèrent aussi à faire progresser l'aviation. Citons l'expérience malheureuse du Péruvien Geo Chavez qui, le 23 septembre 1910, se tua à l'atterrissage, après avoir réussi à traverser les Alpes sur un monoplan Blériot. Ou bien l'exploit de l'Américain Calbraith Rodgers qui, à bord d'un petit Baby Wright, traversa les États-Unis, parcourant 5 000 kilomètres du 17 septembre au 5 novembre 1911. La fièvre du vol se transforma peu à peu en une véritable conscience aéronautique qui s'affermit dans le monde entier. En Italie, après le vol malheureux du premier avion de construction nationale (le triplan d'Aristide Faccioli, le 13 janvier 1909), on créa à Rome le Club Aviatori, qui entra en activité le 9 février de la même année. Ce fut sur l'initiative de cette association, où s'étaient retrouvés les nombreux amateurs de l'époque, qu'eut lieu un événement marquant : l'arrivée en Italie de Wilbur Wright avec l'un de ses avions. Pendant 25 jours, du 1er au 26 avril, le pionnier américain séjourna à Rome et, le 15, entama une série de vols au-dessus du terrain militaire de Centocelle. Avant de repartir, Wilbur entraîna l'officier qui devait devenir le premier pilote italien : Mario Calderara, sous-lieutenant de vaisseau du Génie naval. Dans cet élan d'enthousiasme et grâce à la contribution technique apportée par Wilbur Wright les initiatives se multiplièrent. Au cours de 1909 les premiers projets de valeur virent le jour : les réalisations de l'ingénieur turinois Franz Miller ; celles de la société Asteria ; celles de l'ingénieur Gianni Caproni. En outre, du 9 au 20 septembre 1909 eut lieu la première manifestation aéronautique d'importance : le Circuit aérien international de Brescia.

Les activités d'entraînement et de compétition furent également très intenses. Si Mario Calderara fut le premier Italien à obtenir son brevet de pilote (12 septembre 1909), durant l'année 1910 une douzaine de noms vinrent s'ajouter au sien et, en octobre de la même année, pour la première fois des aviateurs italiens participèrent à des rencontres internationales. Ce fut à l'occasion du Circuit aérien de Milan que les pilotes Umberto Cagno et Germano Ruggerone obtinrent d'excellentes places face à une vingtaine de concurrents chevronnés venus de l'étranger.

Les années antérieures à la guerre connurent un essor presque incontrôlé de l'aviation. Quelques mois avant le début des hostilités en Europe, on enregistra une nouvelle étape significative dans la carrière naissante de l'avion, avec le premier service régulier de transport de voyageurs. L'événement eut lieu le 1er janvier 1914, aux États-Unis, et l'hydravion Benoist XIV, qui inaugura la liaison entre St-Petersburg et Tampa, en Floride, avec un seul passager, entra dans l'histoire comme le précurseur de toutes les flottes commerciales qui devaient, quelques années plus tard, sillonner les cieux du monde entier. Mais l'avion était désormais prêt pour d'autres utilisations. Les Italiens transformèrent l'avion, machine sportive et pacifique, en une arme de guerre capable de révolutionner les tactiques militaires et le rôle des armées de terre. Le premier énoncé théorique de ce nouvel emploi datait de 1909 et était dû au commandant Giulio Douhet : « Actuellement nous avons pleinement conscience de l'importance de la maîtrise de la mer. D'ici peu, la conquête de la suprématie aérienne ne sera pas moins importante ». La première application pratique eut lieu lors de la guerre de Libye (la première reconnaissance fut effectuée le 23 octobre 1911 par le capitaine Carlo Piazza ; le premier bombardement le 1er novembre par le sous-lieutenant Giulio Guidotti). Ce furent là des prémices dont on ne put pas ne pas tenir compte dans ce nouvel âge qu'était en train de vivre l'aviation, avec la guerre mondiale aux portes et la perspective de sombres années durant lesquelles les exploits sportifs ne devaient plus être que les souvenirs d'une heureuse époque.

Éclaté des Wright Flyer I et III

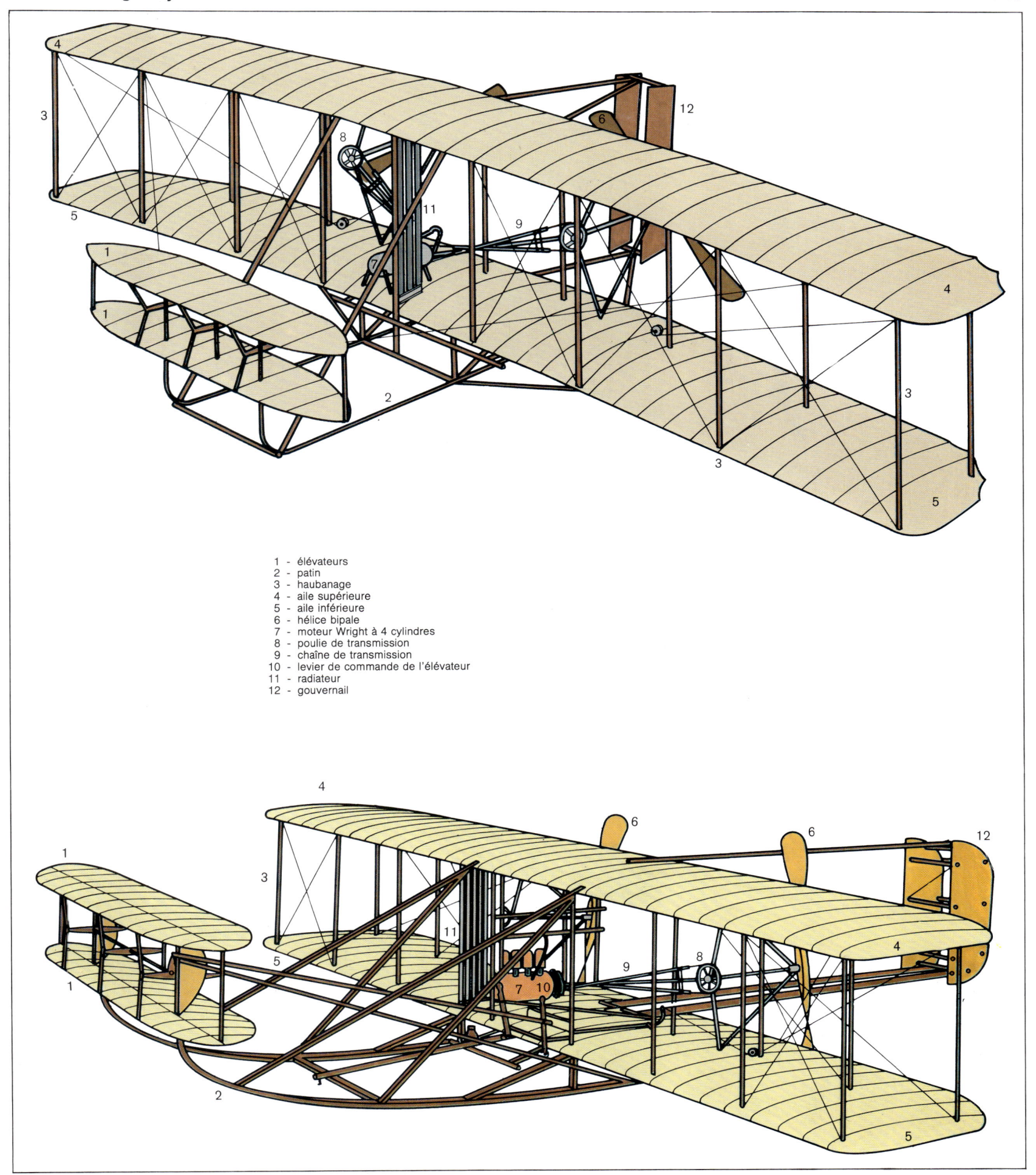

Planche 15

1 - élévateurs
2 - patin
3 - haubanage
4 - aile supérieure
5 - aile inférieure
6 - hélice bipale
7 - moteur Wright à 4 cylindres
8 - poulie de transmission
9 - chaîne de transmission
10 - levier de commande de l'élévateur
11 - radiateur
12 - gouvernail

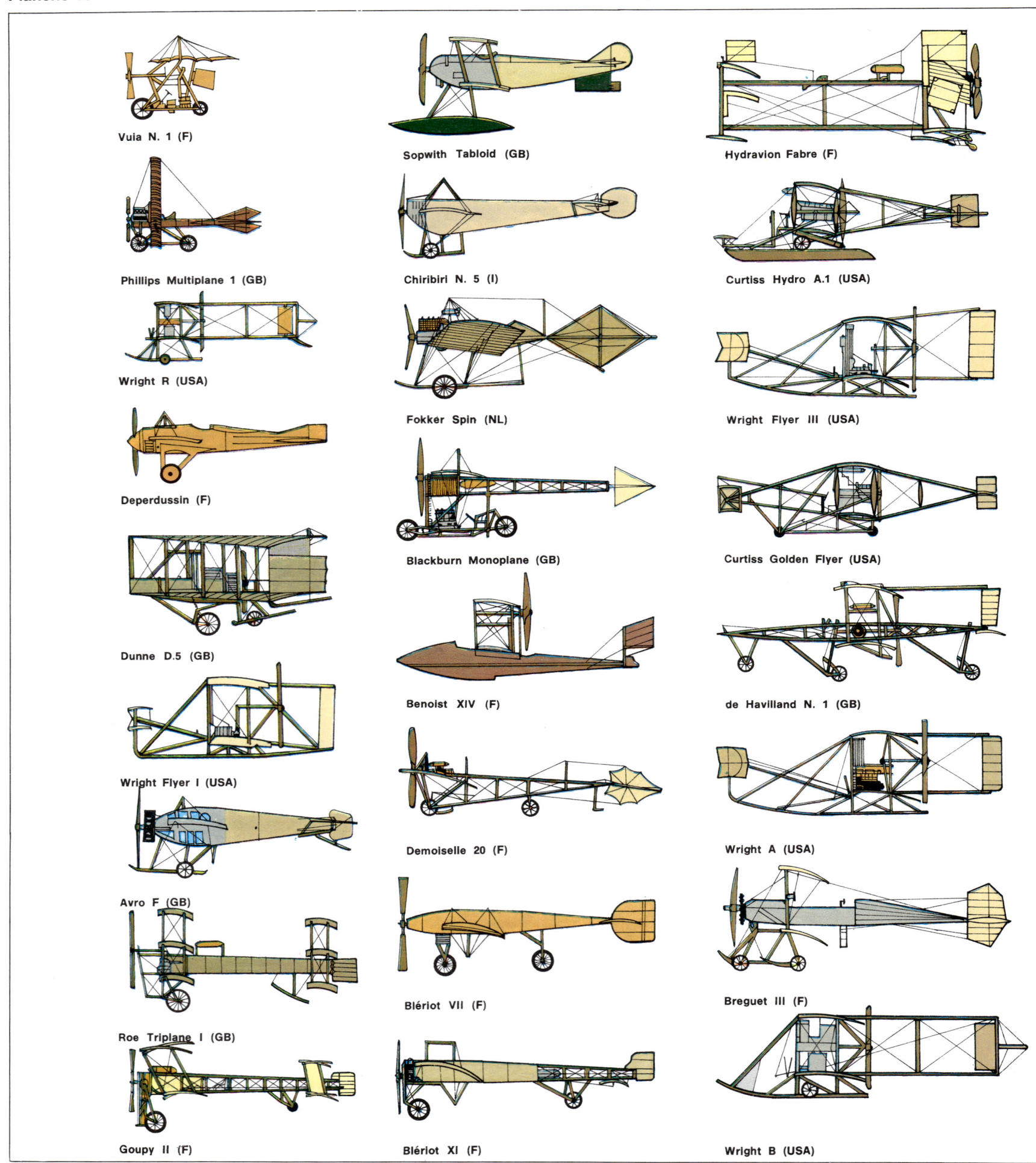

Planche 16 Panorama synoptique à l'échelle des avions de 1903 à 1914

Colonne 1	Colonne 2	Colonne 3
Vuia N. 1 (F)	Sopwith Tabloid (GB)	Hydravion Fabre (F)
Phillips Multiplane 1 (GB)	Chiribiri N. 5 (I)	Curtiss Hydro A.1 (USA)
Wright R (USA)	Fokker Spin (NL)	Wright Flyer III (USA)
Deperdussin (F)	Blackburn Monoplane (GB)	Curtiss Golden Flyer (USA)
Dunne D.5 (GB)	Benoist XIV (F)	de Havilland N. 1 (GB)
Wright Flyer I (USA)	Demoiselle 20 (F)	Wright A (USA)
Avro F (GB)	Blériot VII (F)	Breguet III (F)
Roe Triplane I (GB)		
Goupy II (F)	Blériot XI (F)	Wright B (USA)

Short N. 3 (GB)

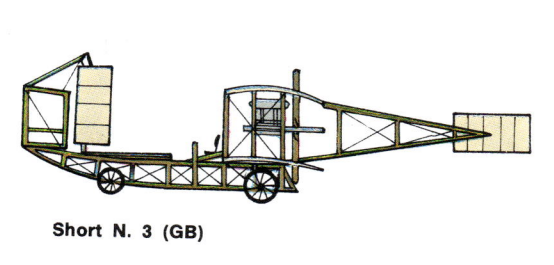

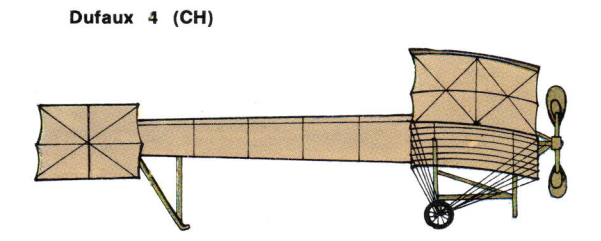

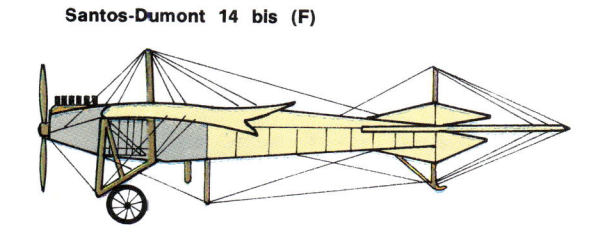

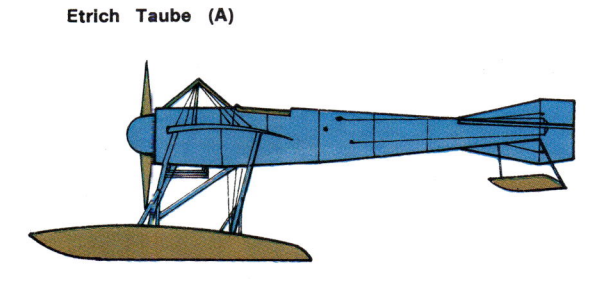

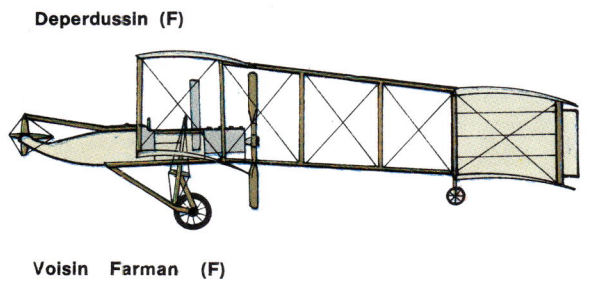

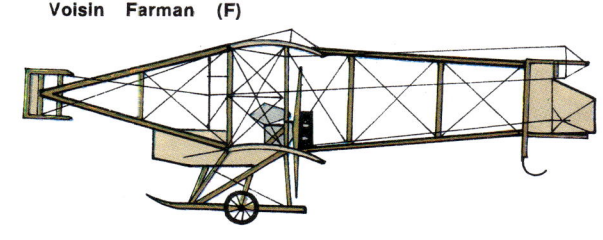

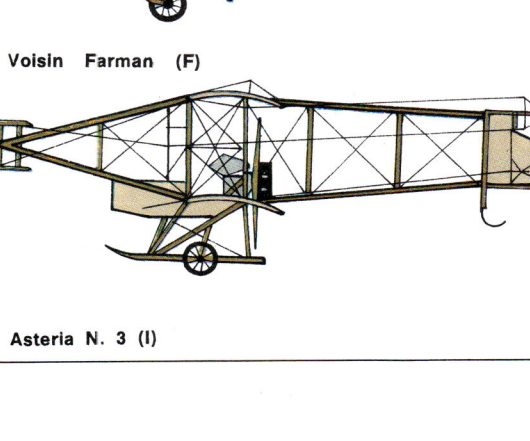

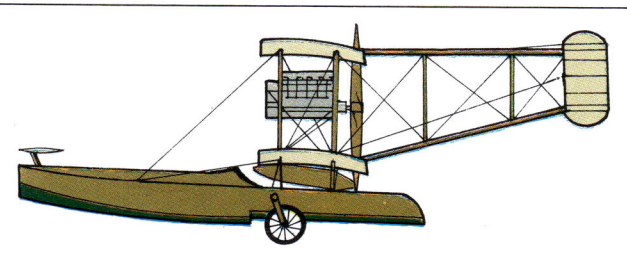

Sopwith Bat Boat N. 2 (GB)

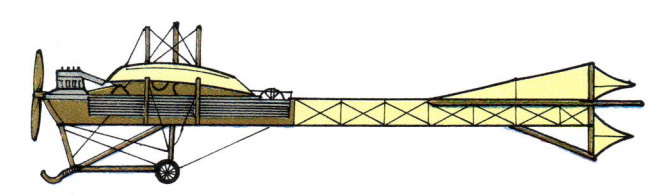

Dufaux 4 (CH)

Antoinette IV (F)

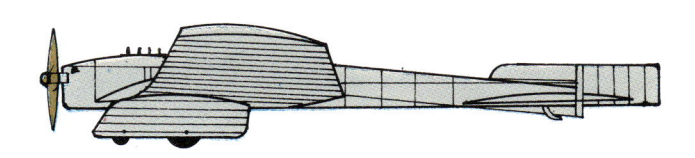

Santos-Dumont 14 bis (F)

Antoinette Latham (F)

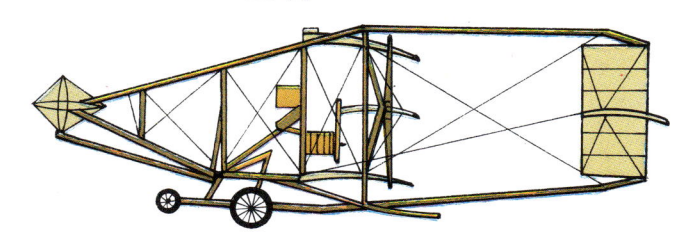

Etrich Taube (A)

Cody Michelin Cup (GB)

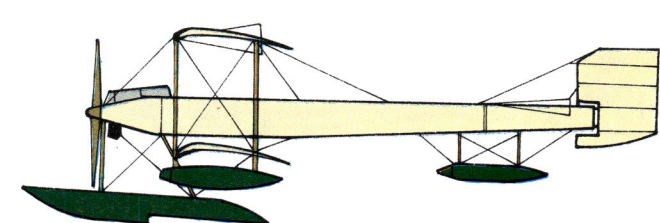

Deperdussin (F)

Short S.41 (GB)

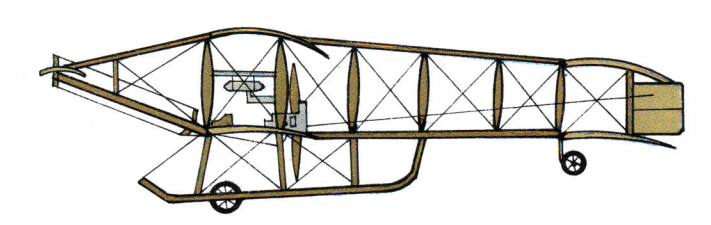

Voisin Farman (F)

Henri Farman III (F)

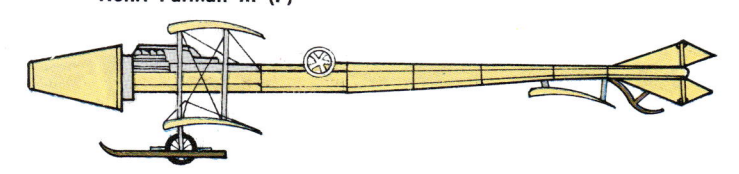

Asteria N. 3 (I)

Coanda (F)

0 3 6 9m
3m = 2,16 cm

Planche 17   Année par année, les avions les plus importants de 1903 à 1914

1903

Wright Flyer I (USA)

1904

Phillips Multiplane 1 (GB)

1905

Wright Flyer III (USA)

1906

Vuia N. 1 (F)

Santos-Dumont 14 bis (F)

1907

Blériot VII (F)

Voisin Farman (F)

1908

Wright A (USA)

1909

Goupy II (F)

Blériot XI (F)

Roe Triplane I (GB)

Demoiselle 20 (F)

Curtiss Golden Flyer (USA)

Antoinette IV (F)

Henri Farman III (F)

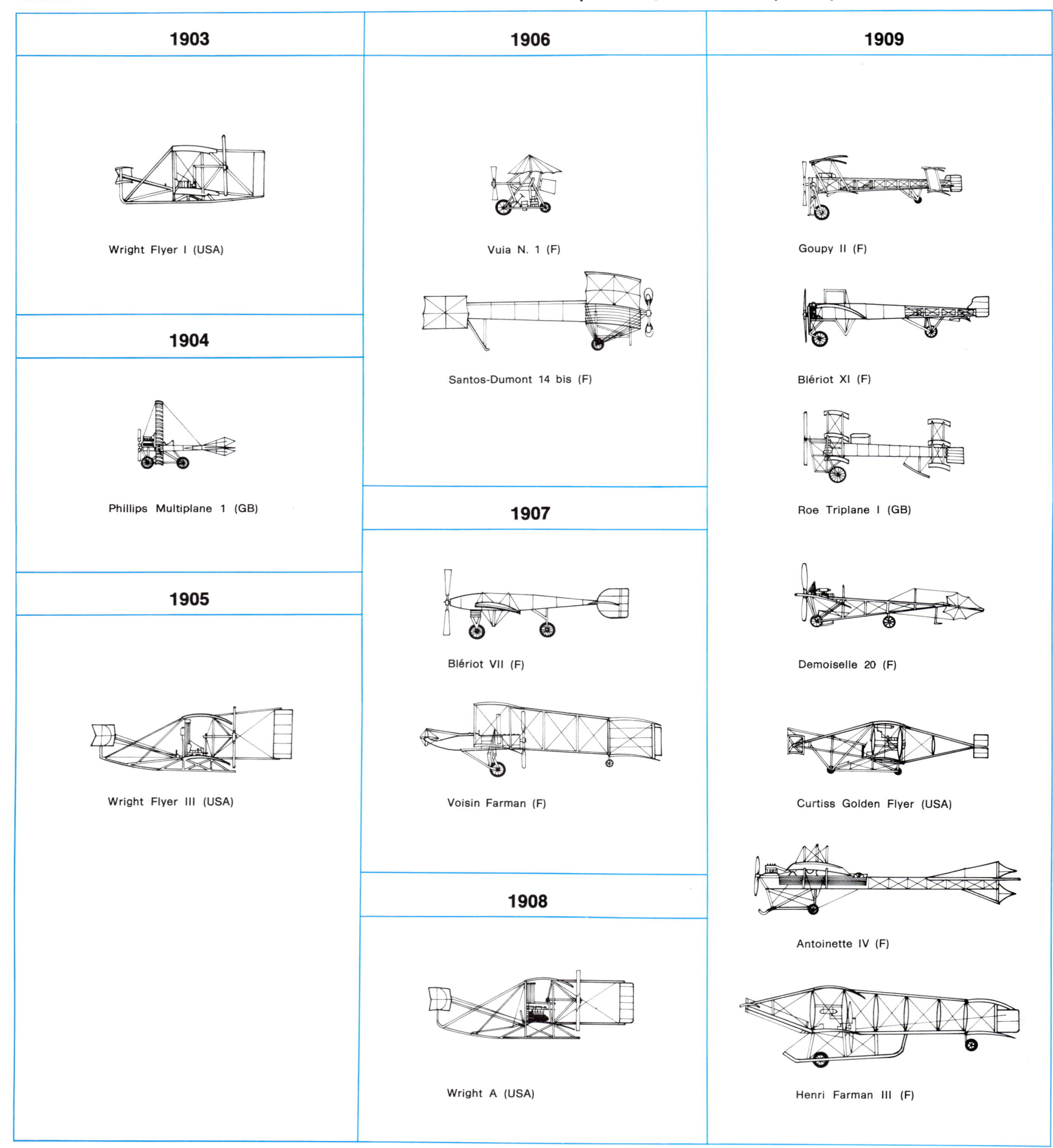

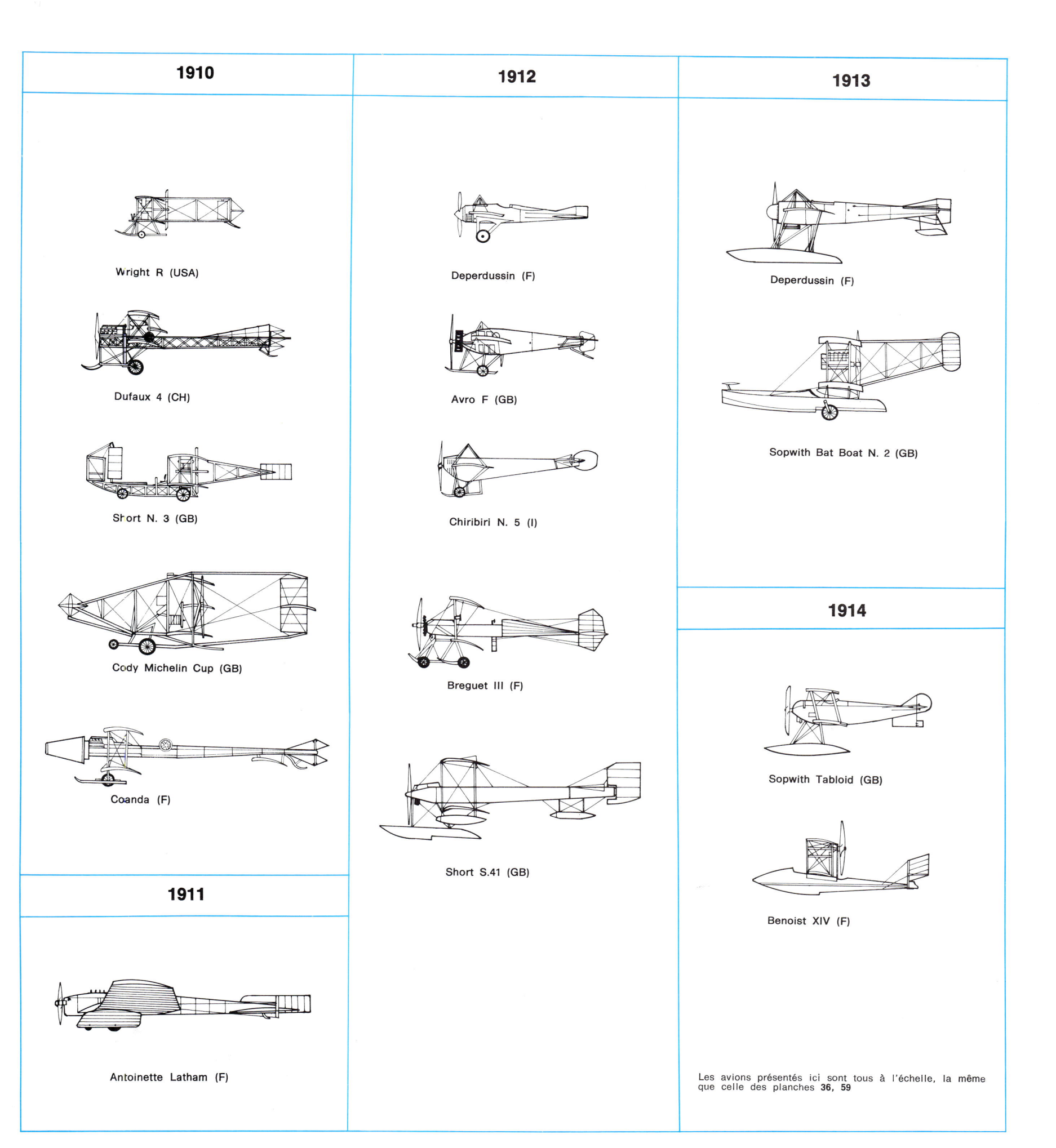

1910	1912	1913
Wright R (USA)	Deperdussin (F)	Deperdussin (F)
Dufaux 4 (CH)	Avro F (GB)	Sopwith Bat Boat N. 2 (GB)
Short N. 3 (GB)	Chiribiri N. 5 (I)	
Cody Michelin Cup (GB)	Breguet III (F)	**1914**
Coanda (F)	Short S.41 (GB)	Sopwith Tabloid (GB)
1911		Benoist XIV (F)
Antoinette Latham (F)		Les avions présentés ici sont tous à l'échelle, la même que celle des planches **36, 59**

Planche 18   **Les Wright de 1903 à 1910**

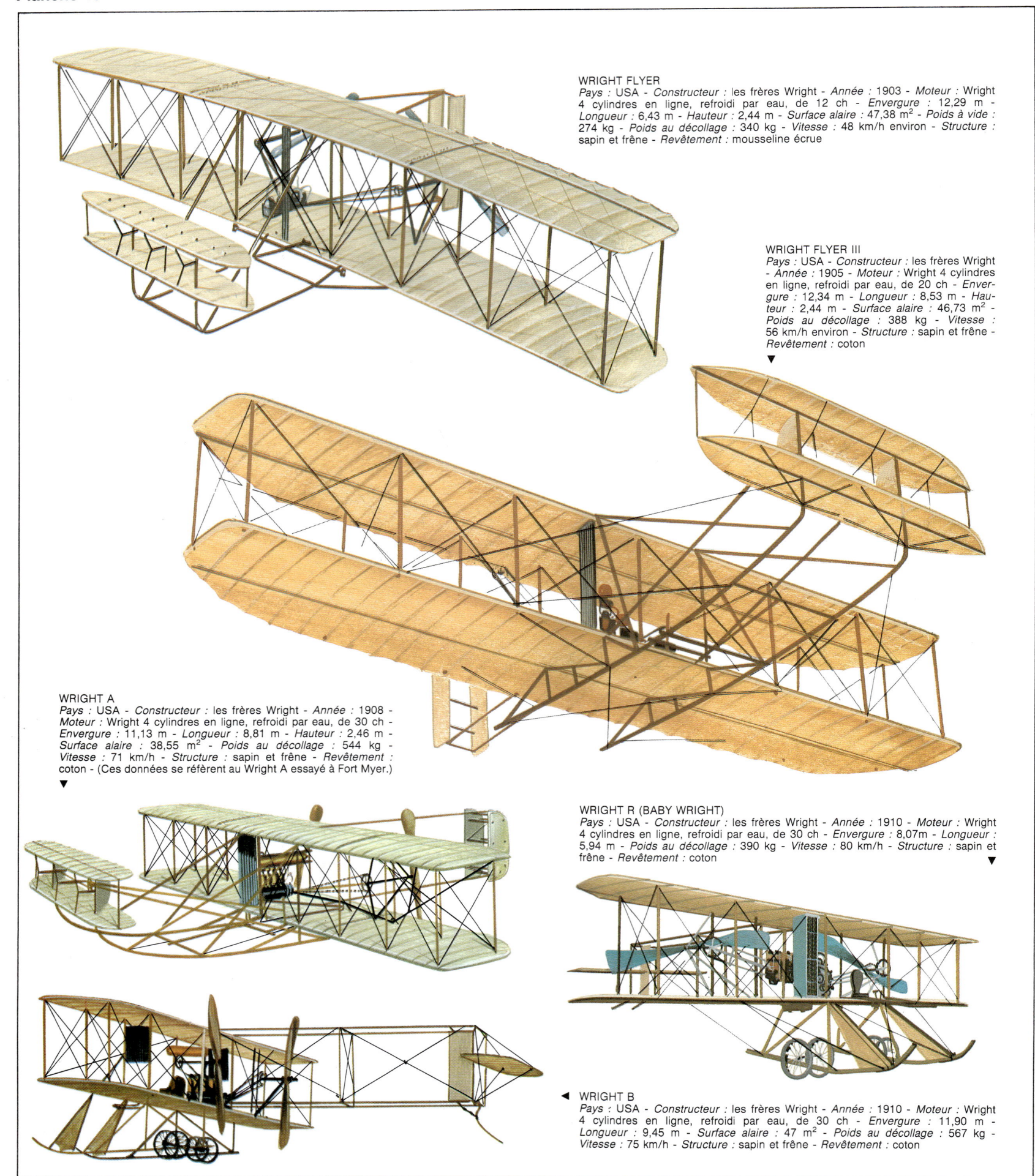

WRIGHT FLYER
Pays : USA - *Constructeur :* les frères Wright - *Année :* 1903 - *Moteur :* Wright 4 cylindres en ligne, refroidi par eau, de 12 ch - *Envergure :* 12,29 m - *Longueur :* 6,43 m - *Hauteur :* 2,44 m - *Surface alaire :* 47,38 m² - *Poids à vide :* 274 kg - *Poids au décollage* 340 kg - *Vitesse :* 48 km/h environ - *Structure :* sapin et frêne - *Revêtement :* mousseline écrue

WRIGHT FLYER III
Pays : USA - *Constructeur :* les frères Wright - *Année :* 1905 - *Moteur :* Wright 4 cylindres en ligne, refroidi par eau, de 20 ch - *Envergure :* 12,34 m - *Longueur :* 8,53 m - *Hauteur :* 2,44 m - *Surface alaire :* 46,73 m² - *Poids au décollage :* 388 kg - *Vitesse :* 56 km/h environ - *Structure :* sapin et frêne - *Revêtement :* coton
▼

WRIGHT A
Pays : USA - *Constructeur :* les frères Wright - *Année :* 1908 - *Moteur :* Wright 4 cylindres en ligne, refroidi par eau, de 30 ch - *Envergure :* 11,13 m - *Longueur :* 8,81 m - *Hauteur :* 2,46 m - *Surface alaire :* 38,55 m² - *Poids au décollage :* 544 kg - *Vitesse :* 71 km/h - *Structure :* sapin et frêne - *Revêtement :* coton - (Ces données se réfèrent au Wright A essayé à Fort Myer.)
▼

WRIGHT R (BABY WRIGHT)
Pays : USA - *Constructeur :* les frères Wright - *Année :* 1910 - *Moteur :* Wright 4 cylindres en ligne, refroidi par eau, de 30 ch - *Envergure :* 8,07m - *Longueur :* 5,94 m - *Poids au décollage :* 390 kg - *Vitesse :* 80 km/h - *Structure :* sapin et frêne - *Revêtement :* coton ▼

◄ WRIGHT B
Pays : USA - *Constructeur :* les frères Wright - *Année :* 1910 - *Moteur :* Wright 4 cylindres en ligne, refroidi par eau, de 30 ch - *Envergure :* 11,90 m - *Longueur :* 9,45 m - *Surface alaire :* 47 m² - *Poids au décollage :* 567 kg - *Vitesse :* 75 km/h - *Structure :* sapin et frêne - *Revêtement :* coton

Deux grands pionniers : Alberto Santos-Dumont et Henri Farman

Planche 19

SANTOS-DUMONT 14 BIS
Pays : France - *Constructeur* : Alberto Santos-Dumont - *Année* : 1906 - *Moteur* : Antoinette 8 cylindres en V, refroidi par eau, de 50 ch - *Envergure* : 11,20 m - *Longueur* : 9,70 m - *Hauteur* : 3,40 m - *Surface alaire* : 52 m^2 - *Poids au décollage* : 300 kg - *Vitesse* : 40 km/h environ - *Structure* : bambou et pin - *Revêtement* : coton

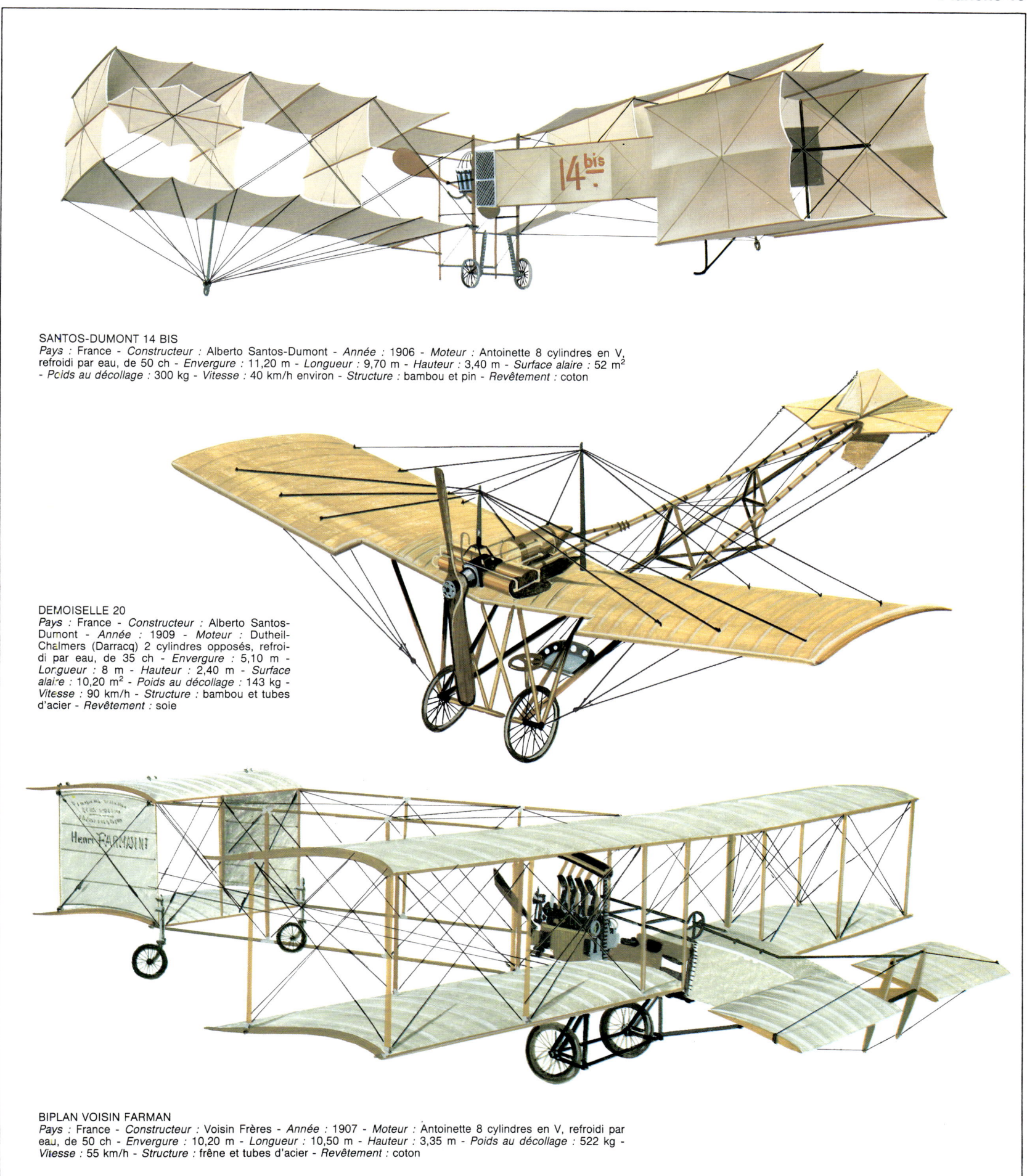

DEMOISELLE 20
Pays : France - *Constructeur* : Alberto Santos-Dumont - *Année* : 1909 - *Moteur* : Dutheil-Chalmers (Darracq) 2 cylindres opposés, refroidi par eau, de 35 ch - *Envergure* : 5,10 m - *Longueur* : 8 m - *Hauteur* : 2,40 m - *Surface alaire* : 10,20 m^2 - *Poids au décollage* : 143 kg - *Vitesse* : 90 km/h - *Structure* : bambou et tubes d'acier - *Revêtement* : soie

BIPLAN VOISIN FARMAN
Pays : France - *Constructeur* : Voisin Frères - *Année* : 1907 - *Moteur* : Antoinette 8 cylindres en V, refroidi par eau, de 50 ch - *Envergure* : 10,20 m - *Longueur* : 10,50 m - *Hauteur* : 3,35 m - *Poids au décollage* : 522 kg - *Vitesse* : 55 km/h - *Structure* : frêne et tubes d'acier - *Revêtement* : coton

Planche 20 — Chercheurs européens de 1904 à 1909

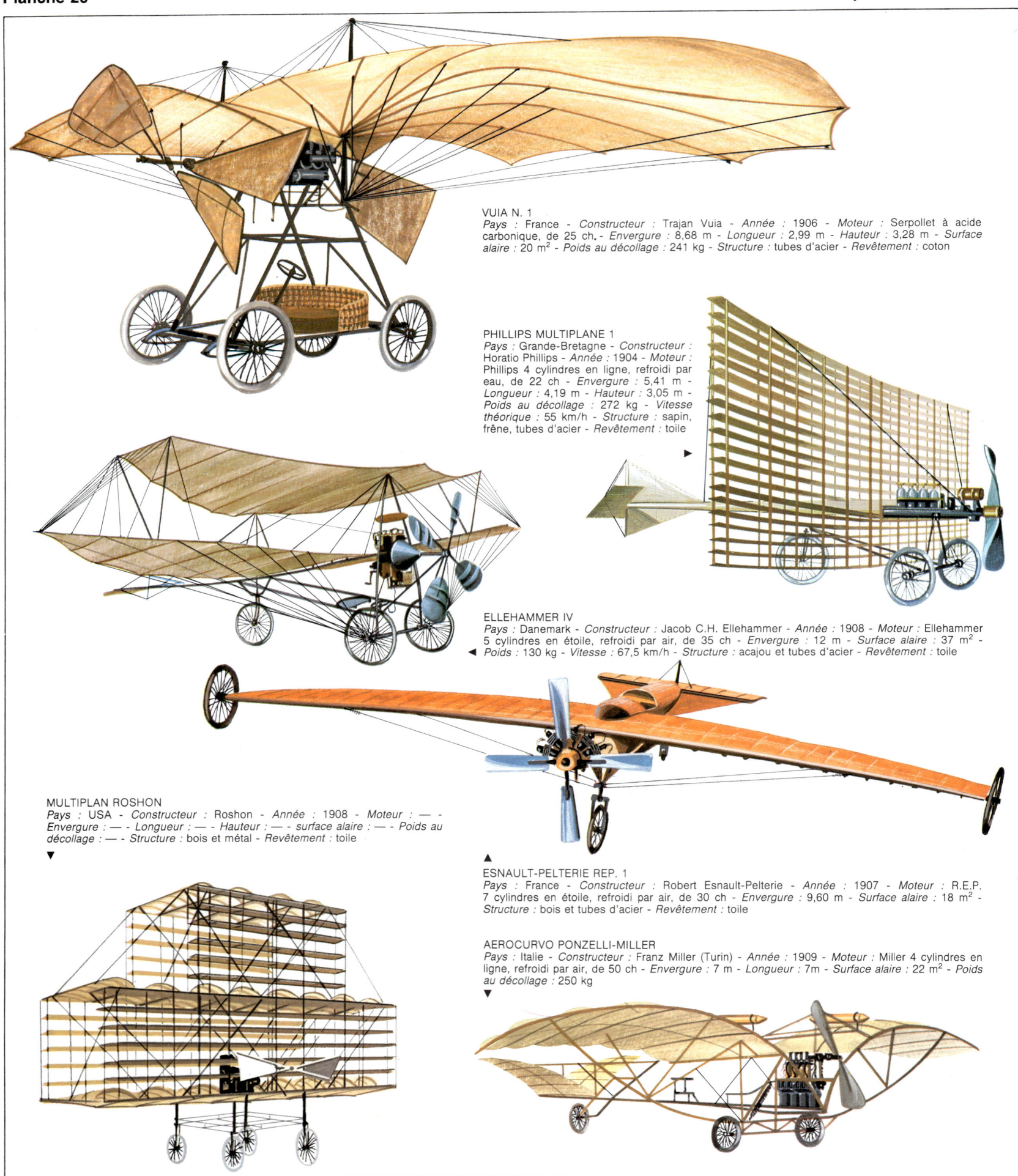

VUIA N. 1
Pays : France - *Constructeur* : Trajan Vuia - *Année* : 1906 - *Moteur* : Serpollet à acide carbonique, de 25 ch. - *Envergure* : 8,68 m - *Longueur* : 2,99 m - *Hauteur* : 3,28 m - *Surface alaire* : 20 m² - *Poids au décollage* : 241 kg - *Structure* : tubes d'acier - *Revêtement* : coton

PHILLIPS MULTIPLANE 1
Pays : Grande-Bretagne - *Constructeur* : Horatio Phillips - *Année* : 1904 - *Moteur* : Phillips 4 cylindres en ligne, refroidi par eau, de 22 ch - *Envergure* : 5,41 m - *Longueur* : 4,19 m - *Hauteur* : 3,05 m - *Poids au décollage* : 272 kg - *Vitesse théorique* : 55 km/h - *Structure* : sapin, frêne, tubes d'acier - *Revêtement* : toile

ELLEHAMMER IV
Pays : Danemark - *Constructeur* : Jacob C.H. Ellehammer - *Année* : 1908 - *Moteur* : Ellehammer 5 cylindres en étoile, refroidi par air, de 35 ch - *Envergure* : 12 m - *Surface alaire* : 37 m² - *Poids* : 130 kg - *Vitesse* : 67,5 km/h - *Structure* : acajou et tubes d'acier - *Revêtement* : toile

MULTIPLAN ROSHON
Pays : USA - *Constructeur* : Roshon - *Année* : 1908 - *Moteur* : — - *Envergure* : — - *Longueur* : — - *Hauteur* : — - *surface alaire* : — - *Poids au décollage* : — - *Structure* : bois et métal - *Revêtement* : toile

ESNAULT-PELTERIE REP. 1
Pays : France - *Constructeur* : Robert Esnault-Pelterie - *Année* : 1907 - *Moteur* : R.E.P. 7 cylindres en étoile, refroidi par air, de 30 ch - *Envergure* : 9,60 m - *Surface alaire* : 18 m² - *Structure* : bois et tubes d'acier - *Revêtement* : toile

AEROCURVO PONZELLI-MILLER
Pays : Italie - *Constructeur* : Franz Miller (Turin) - *Année* : 1909 - *Moteur* : Miller 4 cylindres en ligne, refroidi par air, de 50 ch - *Envergure* : 7 m - *Longueur* : 7m - *Surface alaire* : 22 m² - *Poids au décollage* : 250 kg

D'étranges machines volantes de 1908 à 1910

Planche 21

◀ AÉROPLANE
Pays : France - *Constructeur* : Dorand - *Année* : 1908 - *Moteur* : Anzani 6 cylindres en étoile, refroidi par air, de 43 ch - *Envergure* : 11,50 m - *Longueur* : — - *Hauteur* : — - *Surface alaire* : 90 m² - *Poids au décollage* : 300 kg - *Structure* : bois et métal - *Revêtement* : toile

D'ÉQUEVILLY
Pays : France - *Constructeur* : d'Équevilly - *Année* : 1908 - *Moteur* : en demi-étoile 3 cylindres, refroidi par air, de 7-8 ch - *Envergure* : 5 m - *Longueur* : 2 m - *Hauteur* : — - *Surface alaire* : 25 m² - *Poids au décollage* : 140 kg - *Structure* : bois et métal - *Revêtement* : toile ▶

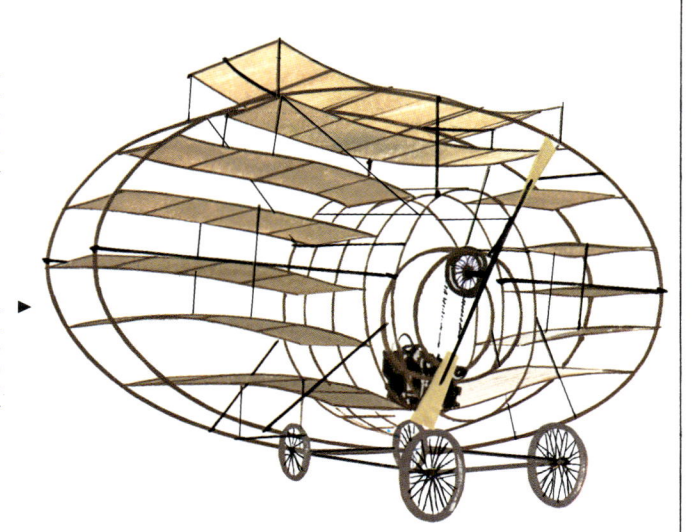

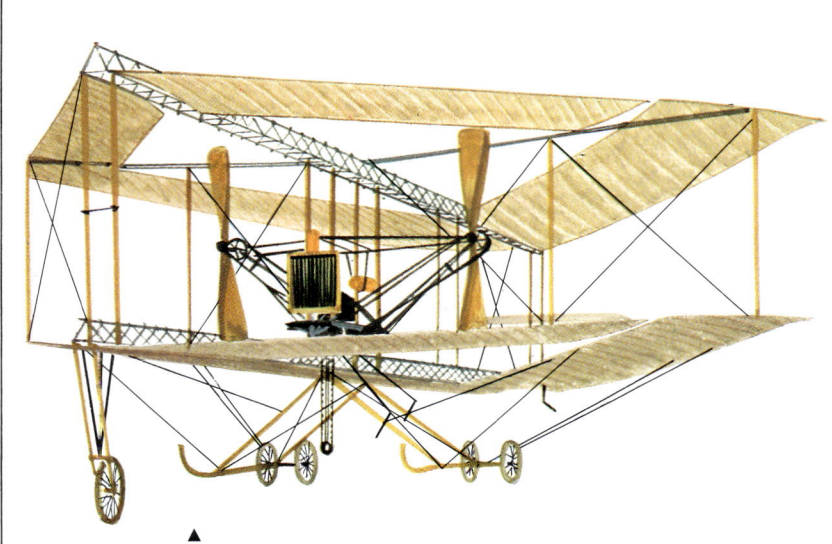

▲ GIVAUDAN
Pays : France - *Constructeur* : Cie Vermorel - *Année* : 1909 - *Moteur* : Vermorel 8 cylindres en V, refroidi par air, de 40 ch - *Longueur* : 5,79 m - *Structure* : tubes métalliques et bois - *Revêtement* : toile

RHOMBOIDAL
Pays : Grande-Bretagne - *Constructeur* : Edwards - *Année* : 1909 - *Moteur* : Humber 4 cylindres, refroidi par eau, de 50 ch - *Envergure* : 11,58 m - *Longueur* : 14,62 m - *Surface alaire* : 112 m² environ - *Poids à vide* : 725 kg

SAFETY
Pays : Grande-Bretagne - *Constructeur* : Mortimer & Vaughan - *Année* : 1910 - *Moteur* : — - *Envergure* : — - *Longueur* : — - *Hauteur* : — - *Surface alaire* : — - *Poids au décollage* : — - *Structure* : bois et métal - *Revêtement* : toile ▶

SEDDON
Pays : Grande-Bretagne - *Constructeur* : Accles & Pollock - *Année* : 1910 - *Moteur* : deux N.E.C. de 65 ch - *Surface alaire* : 93 m² - *Poids à vide* : 1 178 kg - *Structure* : tubes d'acier - *Revêtement* : toile

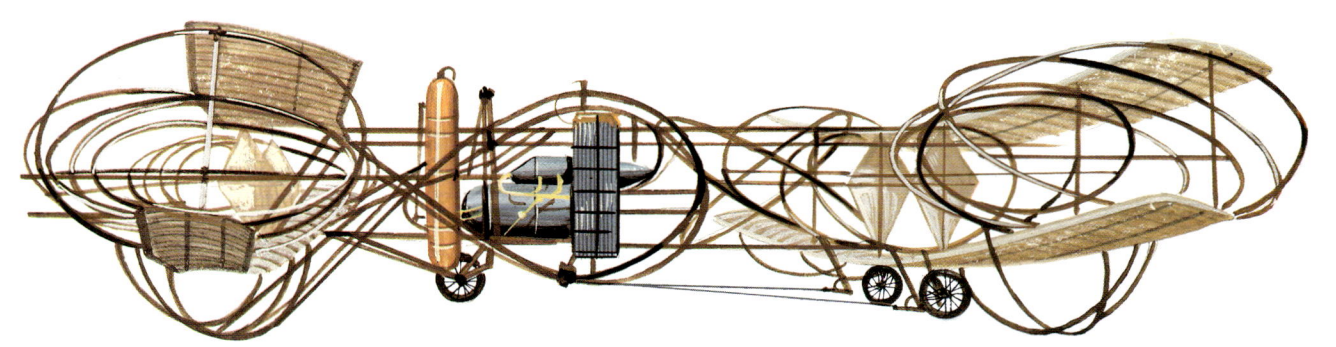

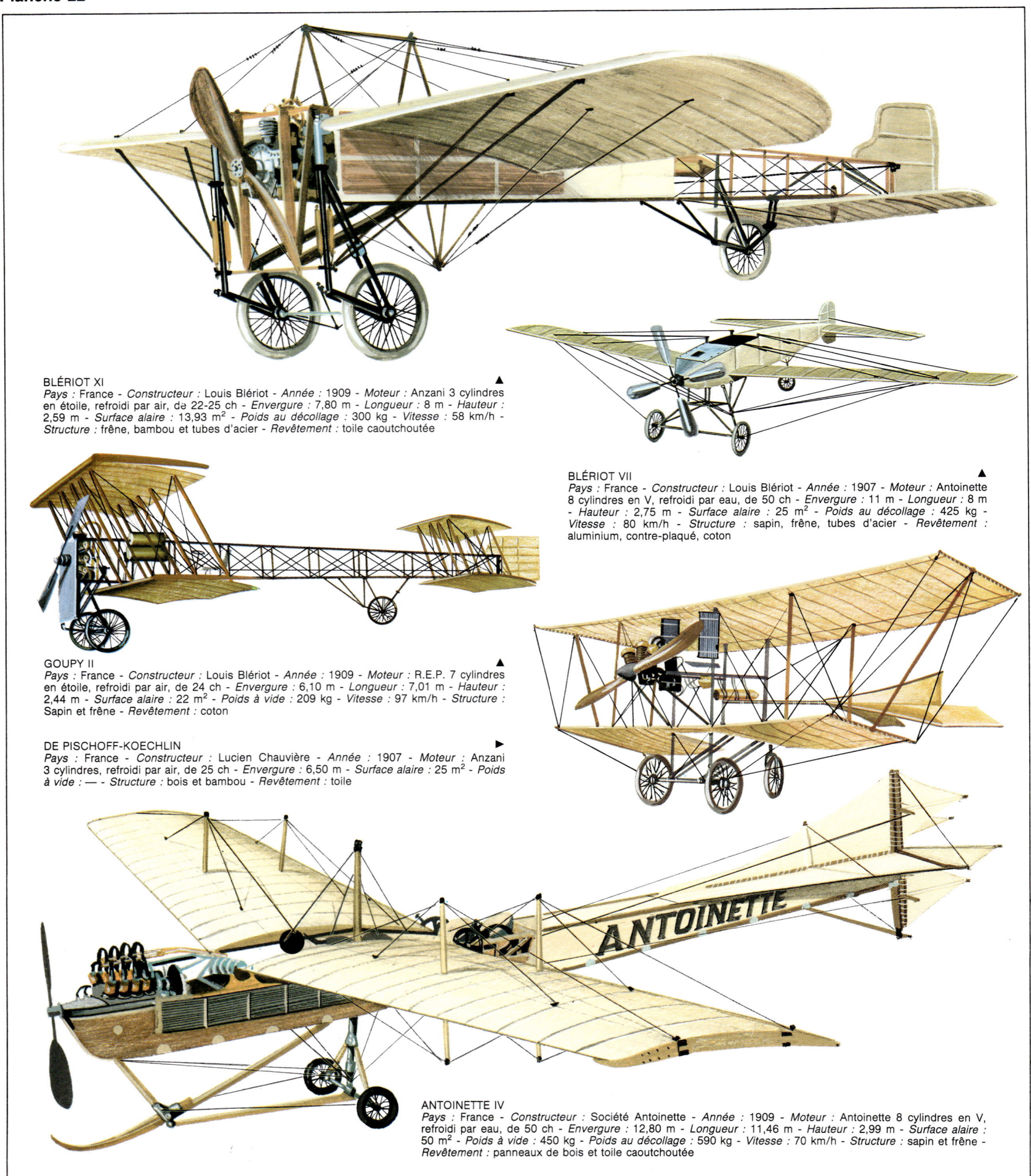

Planche 22   La traction triomphe de la Manche en 1909

BLÉRIOT XI
Pays : France - *Constructeur* : Louis Blériot - *Année* : 1909 - *Moteur* : Anzani 3 cylindres en étoile, refroidi par air, de 22-25 ch - *Envergure* : 7,80 m - *Longueur* : 8 m - *Hauteur* : 2,59 m - *Surface alaire* : 13,93 m² - *Poids au décollage* : 300 kg - *Vitesse* : 58 km/h - *Structure* : frêne, bambou et tubes d'acier - *Revêtement* : toile caoutchoutée

BLÉRIOT VII
Pays : France - *Constructeur* : Louis Blériot - *Année* : 1907 - *Moteur* : Antoinette 8 cylindres en V, refroidi par eau, de 50 ch - *Envergure* : 11 m - *Longueur* : 8 m - *Hauteur* : 2,75 m - *Surface alaire* : 25 m² - *Poids au décollage* : 425 kg - *Vitesse* : 80 km/h - *Structure* : sapin, frêne, tubes d'acier - *Revêtement* : aluminium, contre-plaqué, coton

GOUPY II
Pays : France - *Constructeur* : Louis Blériot - *Année* : 1909 - *Moteur* : R.E.P. 7 cylindres en étoile, refroidi par air, de 24 ch - *Envergure* : 6,10 m - *Longueur* : 7,01 m - *Hauteur* : 2,44 m - *Surface alaire* : 22 m² - *Poids à vide* : 209 kg - *Vitesse* : 97 km/h - *Structure* : Sapin et frêne - *Revêtement* : coton

DE PISCHOFF-KOECHLIN
Pays : France - *Constructeur* : Lucien Chauvière - *Année* : 1907 - *Moteur* : Anzani 3 cylindres, refroidi par air, de 25 ch - *Envergure* : 6,50 m - *Surface alaire* : 25 m² - *Poids à vide* : — - *Structure* : bois et bambou - *Revêtement* : toile

ANTOINETTE IV
Pays : France - *Constructeur* : Société Antoinette - *Année* : 1909 - *Moteur* : Antoinette 8 cylindres en V, refroidi par eau, de 50 ch - *Envergure* : 12,80 m - *Longueur* : 11,46 m - *Hauteur* : 2,99 m - *Surface alaire* : 50 m² - *Poids à vide* : 450 kg - *Poids au décollage* : 590 kg - *Vitesse* : 70 km/h - *Structure* : sapin et frêne - *Revêtement* : panneaux de bois et toile caoutchoutée

Toujours en 1909, la propulsion triomphe à Reims

Planche 23

CYGNET II
Pays : USA - *Constructeur* : Aerial Experiment Association - *Année* : 1908 - *Moteur* : Curtiss 8 cylindres en V, refroidi par eau, de 50 ch - *Envergure* : 16 m - *Longueur* : 4 m - *Hauteur* : — - *Surface alaire* : — - *Poids au décollage* : 431 kg - *Structure* : bois et métal ◀

JUNE BUG
Pays : USA - *Constructeur* : Aerial Experiment Association - *Année* : 1908 - *Moteur* : Curtiss 8 cylindres en V, refroidi par air, de 40 ch - *Envergure* : 14 m - *Longueur* : — - *Hauteur* : — - *Poids au décollage* : 295 kg - *Vitesse* : — - *Structure* : Sapin, bambou - *Revêtement* : soie caoutchoutée ▼

SILVER DART
Pays : USA - *Constructeur* : Aerial Experiment Association - *Année* : 1909 - *Moteur* : Curtiss 8 cylindres en V, refroidi par eau, de 50 ch - *Envergure* : 14,96 m - *Longueur* : 9,79 m - *Hauteur* : 2,90 m - *Surface alaire* : 39,02 m² - *Poids au décollage* : 390 kg - *Vitesse* : 64 km/h - *Structure* : sapin, bambou - *Revêtement* : soie caoutchoutée ▼

CURTISS GOLDEN FLYER
Pays : USA - *Constructeur* : Herring-Curtiss Co. - *Année* : 1909 - *Moteur* : Curtiss 8 cylindres en V, refroidi par eau, de 50 ch - *Envergure* : 8,76 m - *Longueur* : 8,66 m - *Hauteur* : 2,74 m - *Surface alaire* : 23,79 m² - *Poids à vide* : 249 kg - *Poids au décollage* : 376 kg - *Vitesse* : 72 km/h - *Structure* : sapin et bambou - *Revêtement* : soie caoutchoutée ◀

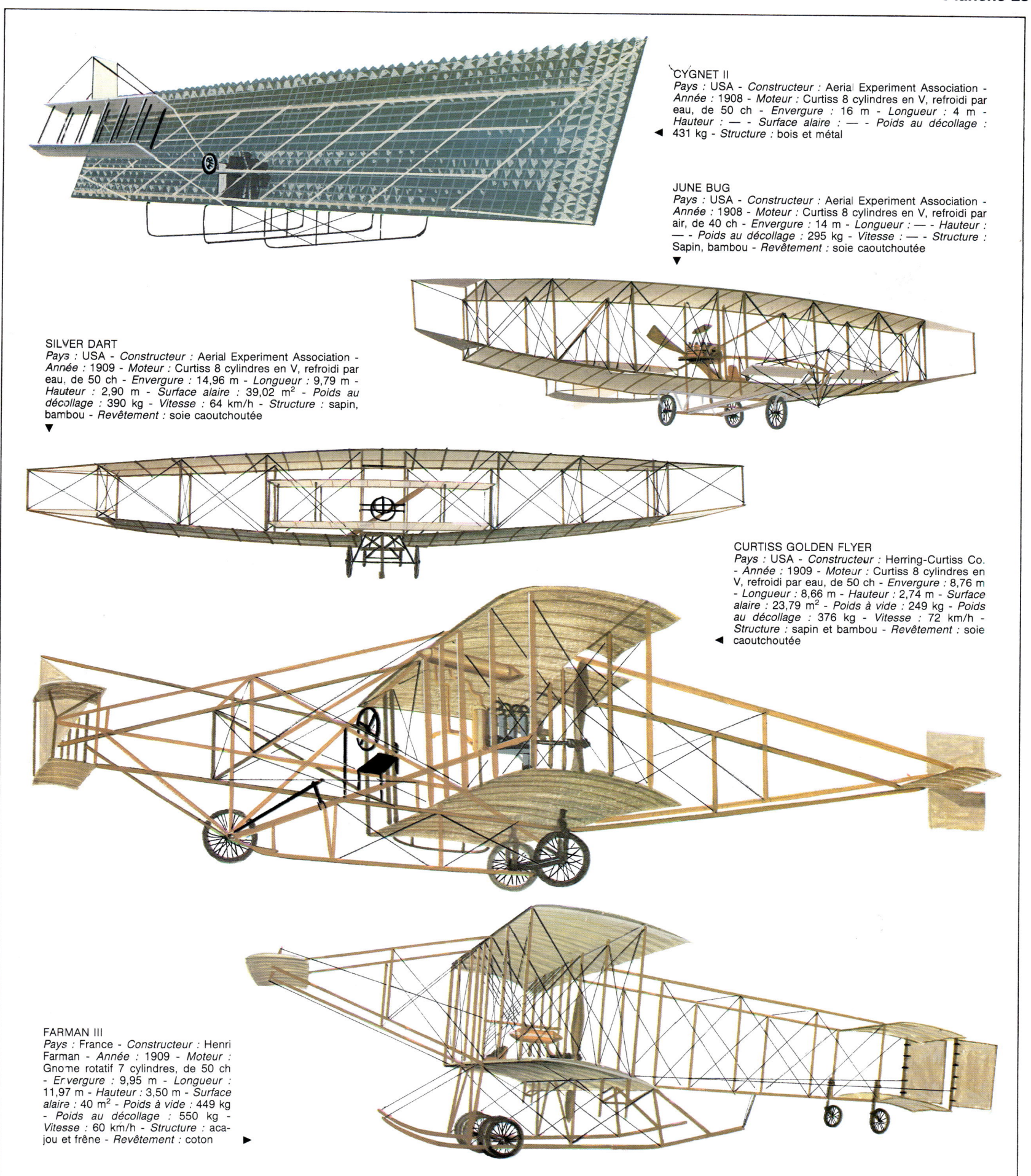

FARMAN III
Pays : France - *Constructeur* : Henri Farman - *Année* : 1909 - *Moteur* : Gnome rotatif 7 cylindres, de 50 ch - *Envergure* : 9,95 m - *Longueur* : 11,97 m - *Hauteur* : 3,50 m - *Surface alaire* : 40 m² - *Poids à vide* : 449 kg - *Poids au décollage* : 550 kg - *Vitesse* : 60 km/h - *Structure* : acajou et frêne - *Revêtement* : coton ▶

Avions britanniques de 1908 à 1910

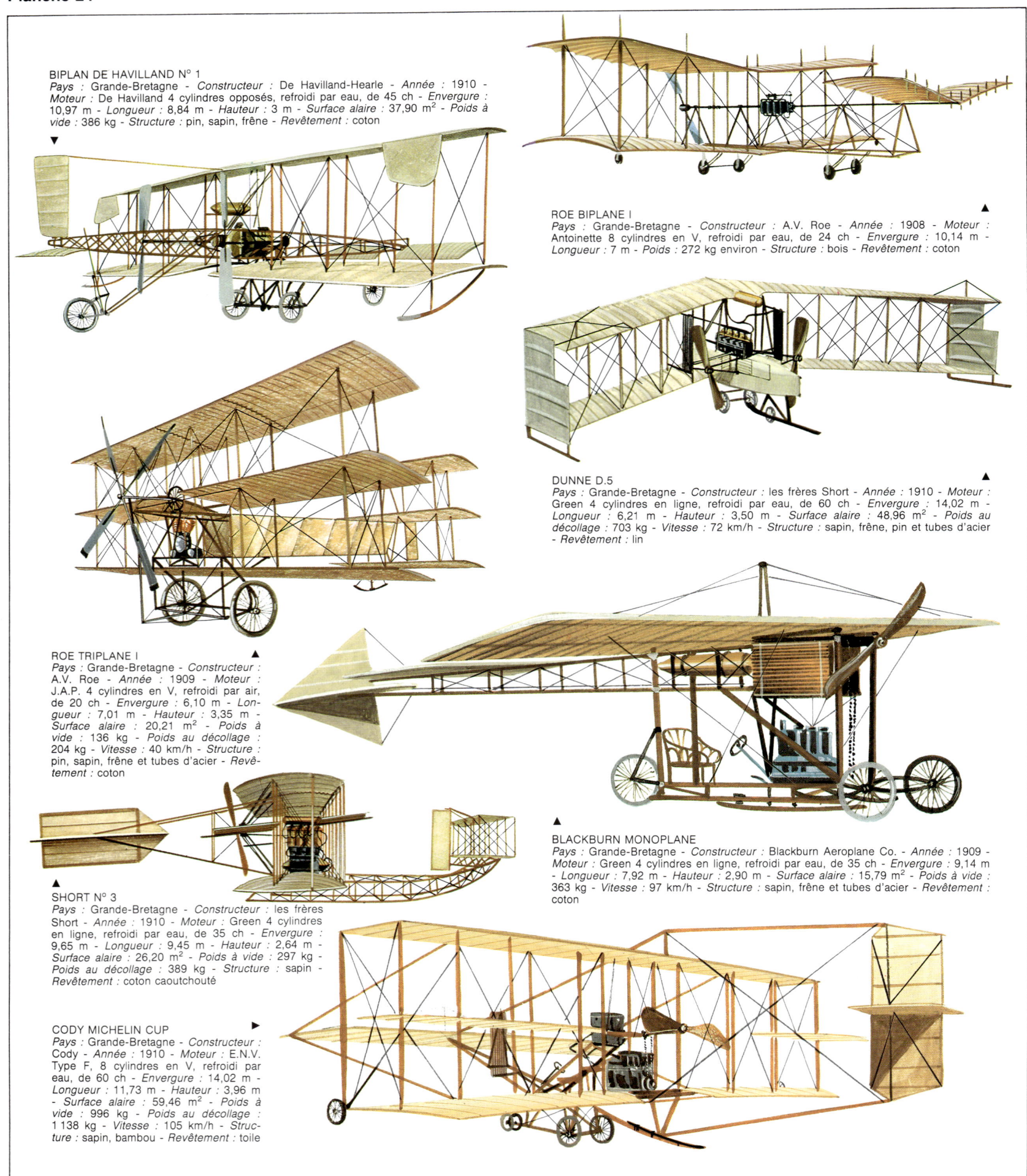

BIPLAN DE HAVILLAND N° 1
Pays : Grande-Bretagne - *Constructeur* : De Havilland-Hearle - *Année* : 1910 - *Moteur* : De Havilland 4 cylindres opposés, refroidi par eau, de 45 ch - *Envergure* : 10,97 m - *Longueur* : 8,84 m - *Hauteur* : 3 m - *Surface alaire* : 37,90 m² - *Poids à vide* : 386 kg - *Structure* : pin, sapin, frêne - *Revêtement* : coton

ROE BIPLANE I
Pays : Grande-Bretagne - *Constructeur* : A.V. Roe - *Année* : 1908 - *Moteur* : Antoinette 8 cylindres en V, refroidi par eau, de 24 ch - *Envergure* : 10,14 m - *Longueur* : 7 m - *Poids* : 272 kg environ - *Structure* : bois - *Revêtement* : coton

DUNNE D.5
Pays : Grande-Bretagne - *Constructeur* : les frères Short - *Année* : 1910 - *Moteur* : Green 4 cylindres en ligne, refroidi par eau, de 60 ch - *Envergure* : 14,02 m - *Longueur* : 6,21 m - *Hauteur* : 3,50 m - *Surface alaire* : 48,96 m² - *Poids au décollage* : 703 kg - *Vitesse* : 72 km/h - *Structure* : sapin, frêne, pin et tubes d'acier - *Revêtement* : lin

ROE TRIPLANE I
Pays : Grande-Bretagne - *Constructeur* : A.V. Roe - *Année* : 1909 - *Moteur* : J.A.P. 4 cylindres en V, refroidi par air, de 20 ch - *Envergure* : 6,10 m - *Longueur* : 7,01 m - *Hauteur* : 3,35 m - *Surface alaire* : 20,21 m² - *Poids à vide* : 136 kg - *Poids au décollage* : 204 kg - *Vitesse* : 40 km/h - *Structure* : pin, sapin, frêne et tubes d'acier - *Revêtement* : coton

BLACKBURN MONOPLANE
Pays : Grande-Bretagne - *Constructeur* : Blackburn Aeroplane Co. - *Année* : 1909 - *Moteur* : Green 4 cylindres en ligne, refroidi par eau, de 35 ch - *Envergure* : 9,14 m - *Longueur* : 7,92 m - *Hauteur* : 2,90 m - *Surface alaire* : 15,79 m² - *Poids à vide* : 363 kg - *Vitesse* : 97 km/h - *Structure* : sapin, frêne et tubes d'acier - *Revêtement* : coton

SHORT N° 3
Pays : Grande-Bretagne - *Constructeur* : les frères Short - *Année* : 1910 - *Moteur* : Green 4 cylindres en ligne, refroidi par eau, de 35 ch - *Envergure* : 9,65 m - *Longueur* : 9,45 m - *Hauteur* : 2,64 m - *Surface alaire* : 26,20 m² - *Poids à vide* : 297 kg - *Poids au décollage* : 389 kg - *Structure* : sapin - *Revêtement* : coton caoutchouté

CODY MICHELIN CUP
Pays : Grande-Bretagne - *Constructeur* : Cody - *Année* : 1910 - *Moteur* : E.N.V. Type F, 8 cylindres en V, refroidi par eau, de 60 ch - *Envergure* : 14,02 m - *Longueur* : 11,73 m - *Hauteur* : 3,96 m - *Surface alaire* : 59,46 m² - *Poids à vide* : 996 kg - *Poids au décollage* : 1 138 kg - *Vitesse* : 105 km/h - *Structure* : sapin, bambou - *Revêtement* : toile

Progrès en Europe de 1910 à 1912

Planche 25

AVRO F
Pays : Grande-Bretagne - *Constructeur* : A.V. Roe & Co. - *Année* : 1912 - *Moteur* : Viale 5 cylindres en étoile, de 35 ch - *Envergure* : 8,53 m - *Longueur* : 7,01 m - *Hauteur* : 2,31 m - *Surface alaire* : 14,68 m² - *Poids à vide* : 249 kg - *Poids au décollage* : 363 kg - *Vitesse* : 105 km/h - *Structure* : sapin, frêne et tubes d'acier - *Revêtement* : aluminium et lin

FOKKER SPIN
Pays : Hollande - *Constructeur* : Anthony Fokker - *Année* : 1911 - *Moteur* : Argus 4 cylindres en ligne, refroidi par eau, de 50 ch - *Envergure* : 11 m - *Longueur* : 7,75 m - *Hauteur* : 3 m - *Surface alaire* : 22 m² - *Poids au décollage* : 400 kg - *Vitesse* : 90 km/h - *Structure* : bambou, frêne, tubes d'acier - *Revêtement* : coton

ASTERIA N° 3
Pays : Italie - *Constructeur* : Soc. Aeronautica Asteria - *Année* : 1911 - *Moteur* : Gnome rotatif 7 cylindres, de 50 ch - *Envergure* : 15 m - *Longueur* : 10,50 m - *Surface alaire* : 48 m² - *Structure* : bois et tubes d'acier - *Revêtement* : toile

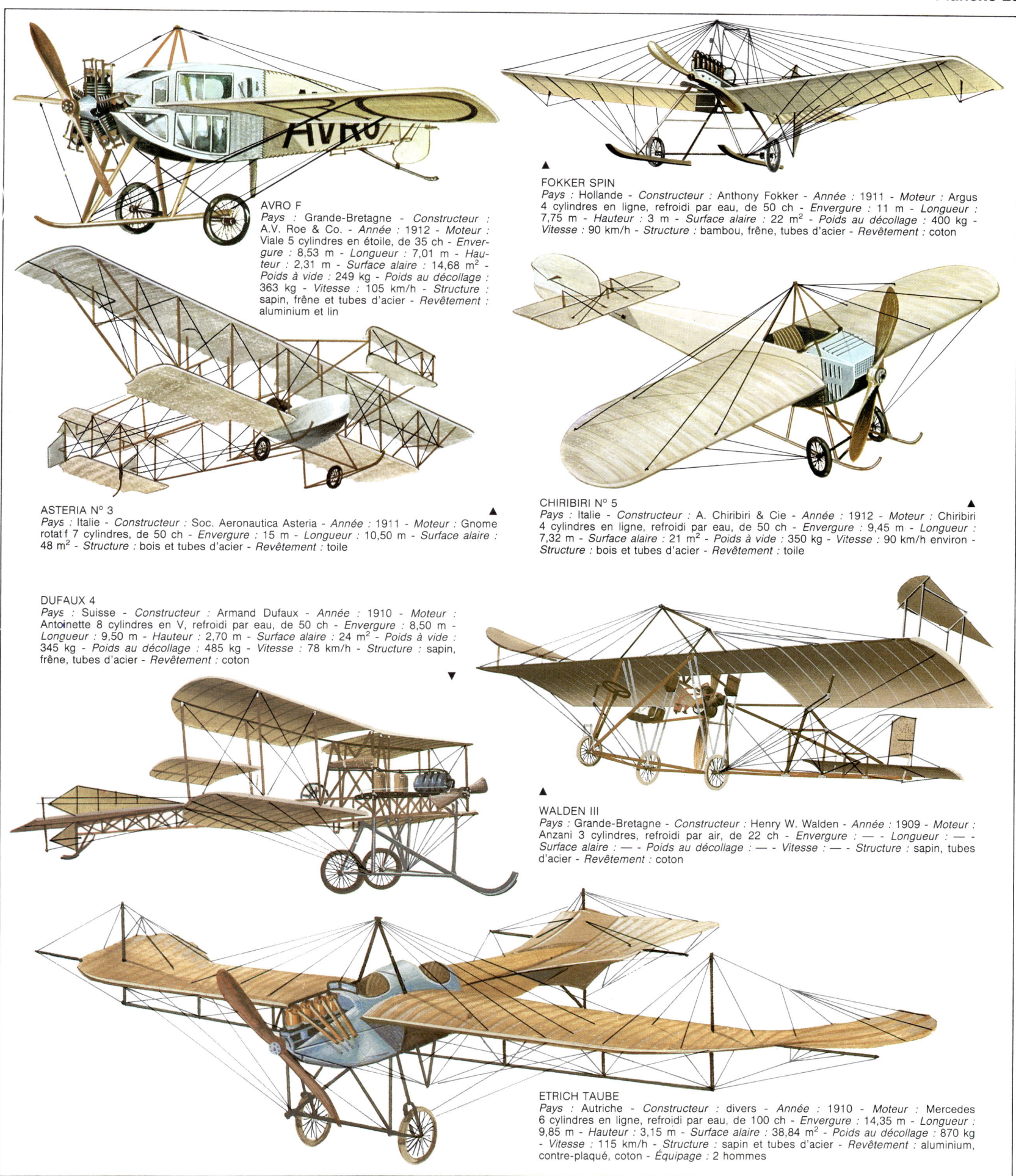

CHIRIBIRI N° 5
Pays : Italie - *Constructeur* : A. Chiribiri & Cie - *Année* : 1912 - *Moteur* : Chiribiri 4 cylindres en ligne, refroidi par eau, de 50 ch - *Envergure* : 9,45 m - *Longueur* : 7,32 m - *Surface alaire* : 21 m² - *Poids à vide* : 350 kg - *Vitesse* : 90 km/h environ - *Structure* : bois et tubes d'acier - *Revêtement* : toile

DUFAUX 4
Pays : Suisse - *Constructeur* : Armand Dufaux - *Année* : 1910 - *Moteur* : Antoinette 8 cylindres en V, refroidi par eau, de 50 ch - *Envergure* : 8,50 m - *Longueur* : 9,50 m - *Hauteur* : 2,70 m - *Surface alaire* : 24 m² - *Poids à vide* : 345 kg - *Poids au décollage* : 485 kg - *Vitesse* : 78 km/h - *Structure* : sapin, frêne, tubes d'acier - *Revêtement* : coton

WALDEN III
Pays : Grande-Bretagne - *Constructeur* : Henry W. Walden - *Année* : 1909 - *Moteur* : Anzani 3 cylindres, refroidi par air, de 22 ch - *Envergure* : — - *Longueur* : — - *Surface alaire* : — - *Poids au décollage* : — - *Vitesse* : — - *Structure* : sapin, tubes d'acier - *Revêtement* : coton

ETRICH TAUBE
Pays : Autriche - *Constructeur* : divers - *Année* : 1910 - *Moteur* : Mercedes 6 cylindres en ligne, refroidi par eau, de 100 ch - *Envergure* : 14,35 m - *Longueur* : 9,85 m - *Hauteur* : 3,15 m - *Surface alaire* : 38,84 m² - *Poids au décollage* : 870 kg - *Vitesse* : 115 km/h - *Structure* : sapin et tubes d'acier - *Revêtement* : aluminium, contre-plaqué, coton - *Équipage* : 2 hommes

Planche 26

Intuitions et trouvailles de 1910 à 1912

DEPERDUSSIN DE COURSE
Pays : France - *Constructeur* : Cie Deperdussin - *Année* : 1912 - *Moteur* : Gnome rotatif 14 cylindres, de 160 ch - *Envergure* : 6,60 m - *Longueur* : 6,10 m - *Hauteur* : 2,28 m - *Surface alaire* : 9,66 m² - *Poids au décollage* : 612 kg - *Vitesse* : 209 km/h - *Structure* : frêne - *Revêtement* : contre-plaqué et lin

COANDA
Pays : France - *Constructeur* : Henri Coanda - *Année* : 1910 - *Moteur* : Clerget 4 cylindres en ligne, refroidi par eau, de 50 ch - *Envergure* : 10,08 m - *Longueur* : 12,70 m - *Hauteur* : 2,74 m - *Surface alaire* : 32 m² - *Poids au décollage* : 420 kg - *Structure* : tubes d'acier - *Revêtement* : contre-plaqué

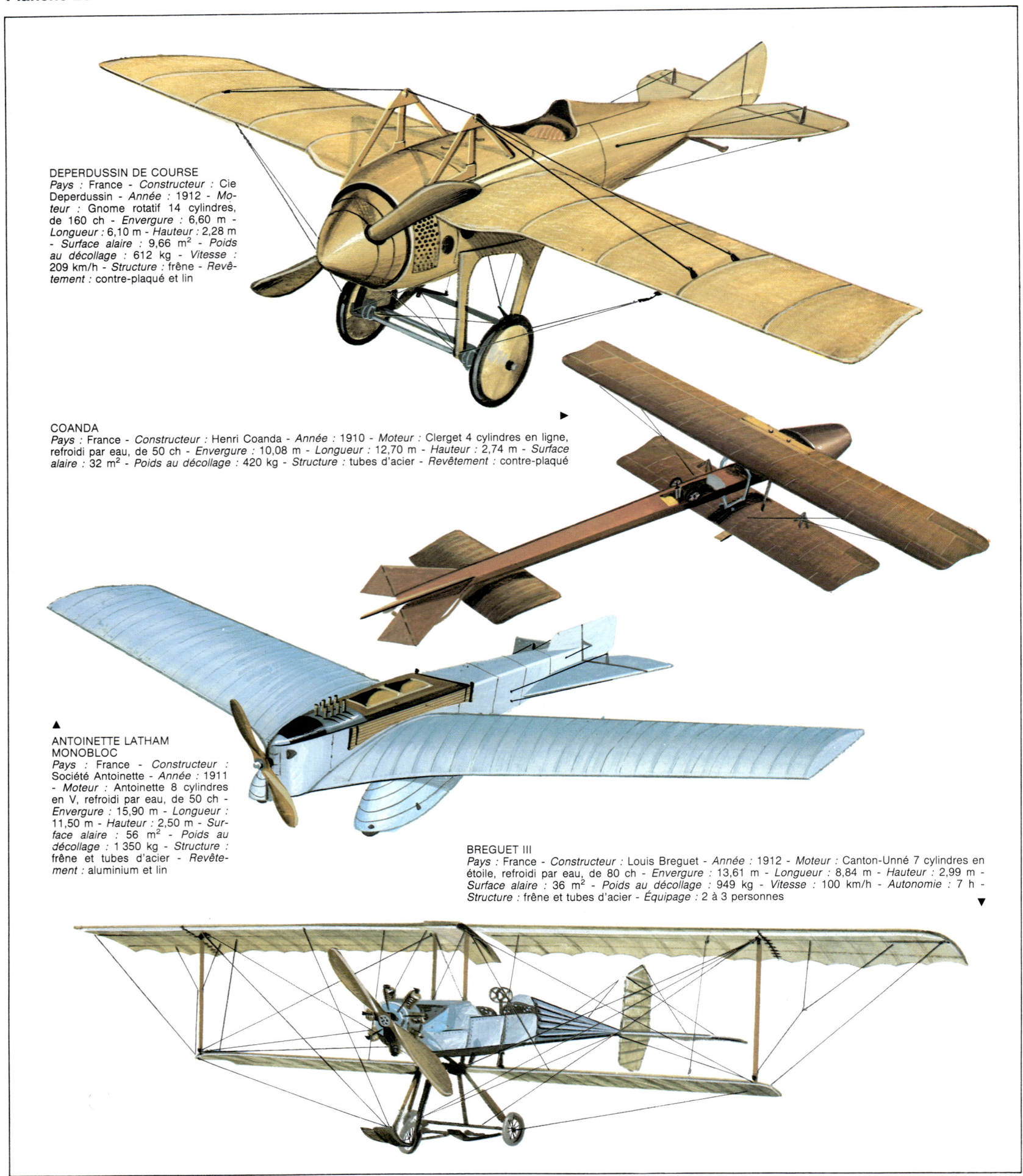

ANTOINETTE LATHAM MONOBLOC
Pays : France - *Constructeur* : Société Antoinette - *Année* : 1911 - *Moteur* : Antoinette 8 cylindres en V, refroidi par eau, de 50 ch - *Envergure* : 15,90 m - *Longueur* : 11,50 m - *Hauteur* : 2,50 m - *Surface alaire* : 56 m² - *Poids au décollage* : 1 350 kg - *Structure* : frêne et tubes d'acier - *Revêtement* : aluminium et lin

BREGUET III
Pays : France - *Constructeur* : Louis Breguet - *Année* : 1912 - *Moteur* : Canton-Unné 7 cylindres en étoile, refroidi par eau, de 80 ch - *Envergure* : 13,61 m - *Longueur* : 8,84 m - *Hauteur* : 2,99 m - *Surface alaire* : 36 m² - *Poids au décollage* : 949 kg - *Vitesse* : 100 km/h - *Autonomie* : 7 h - *Structure* : frêne et tubes d'acier - *Équipage* : 2 à 3 personnes

L'hydravion fait son apparition en 1910

Planche 27

HYDRAVION KRESS
Pays : Allemagne
Constructeur : Wilhelm Kress
Année : 1901

HYDRAVION VOISIN-ARCHDEACON
Pays : France
Constructeur : Voisin-Archdeacon
Année : 1905

BLÉRIOT III
Pays : France - *Constructeur* : Louis Blériot - *Année* : 1906 - *Moteur* : Antoinette 8 cylindres en V, refroidi par eau, de 25 ch - *Envergure* : — - *Longueur* : — - *Surface alaire* : 60 m² - *Poids à vide* : — - *Vitesse* : — - *Structure* : sapin, frêne - *Revêtement* : toile

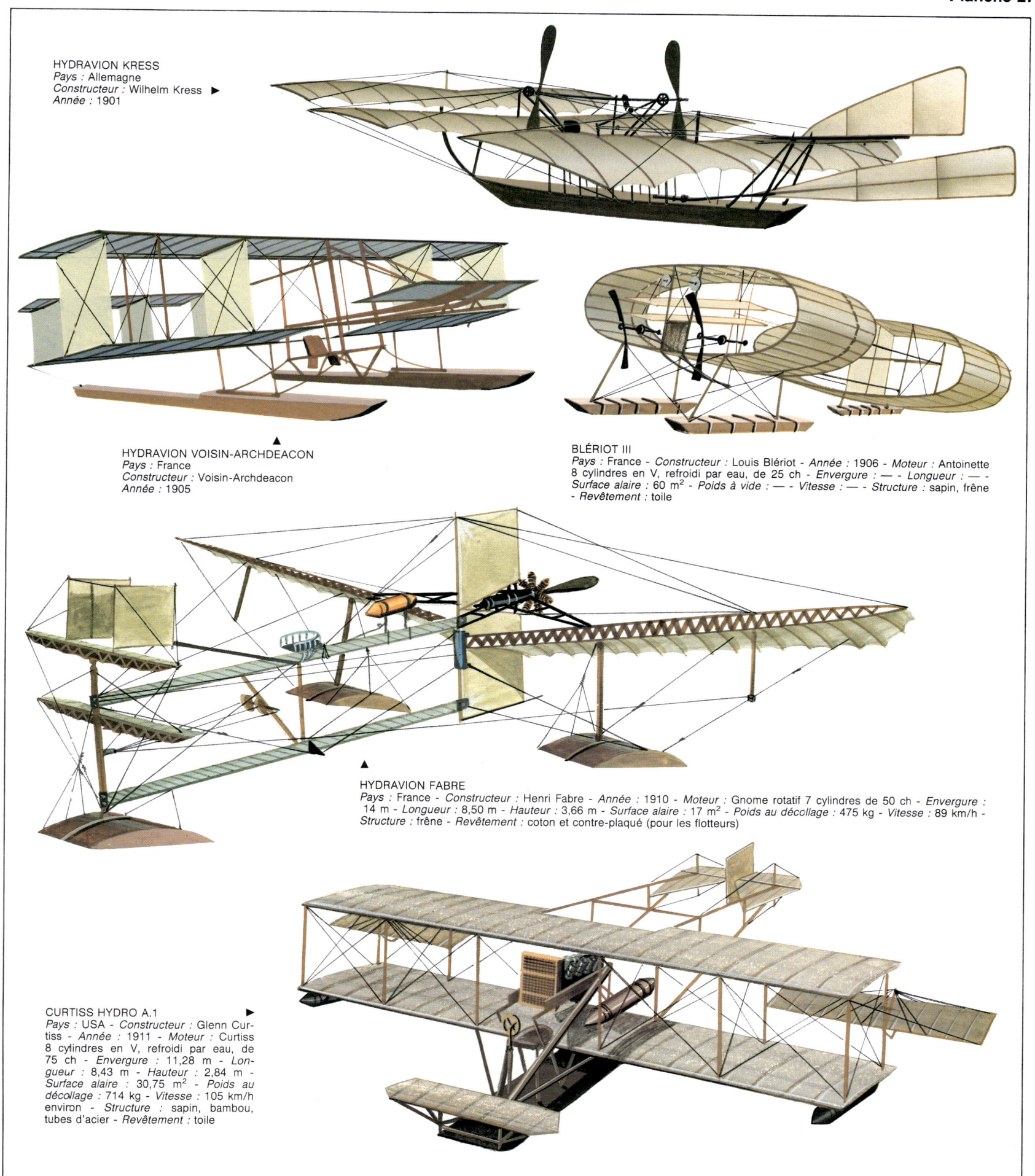

HYDRAVION FABRE
Pays : France - *Constructeur* : Henri Fabre - *Année* : 1910 - *Moteur* : Gnome rotatif 7 cylindres de 50 ch - *Envergure* : 14 m - *Longueur* : 8,50 m - *Hauteur* : 3,66 m - *Surface alaire* : 17 m² - *Poids au décollage* : 475 kg - *Vitesse* : 89 km/h - *Structure* : frêne - *Revêtement* : coton et contre-plaqué (pour les flotteurs)

CURTISS HYDRO A.1
Pays : USA - *Constructeur* : Glenn Curtiss - *Année* : 1911 - *Moteur* : Curtiss 8 cylindres en V, refroidi par eau, de 75 ch - *Envergure* : 11,28 m - *Longueur* : 8,43 m - *Hauteur* : 2,84 m - *Surface alaire* : 30,75 m² - *Poids au décollage* : 714 kg - *Vitesse* : 105 km/h environ - *Structure* : sapin, bambou, tubes d'acier - *Revêtement* : toile

Planche 28   **L'hydravion tente de s'affirmer**

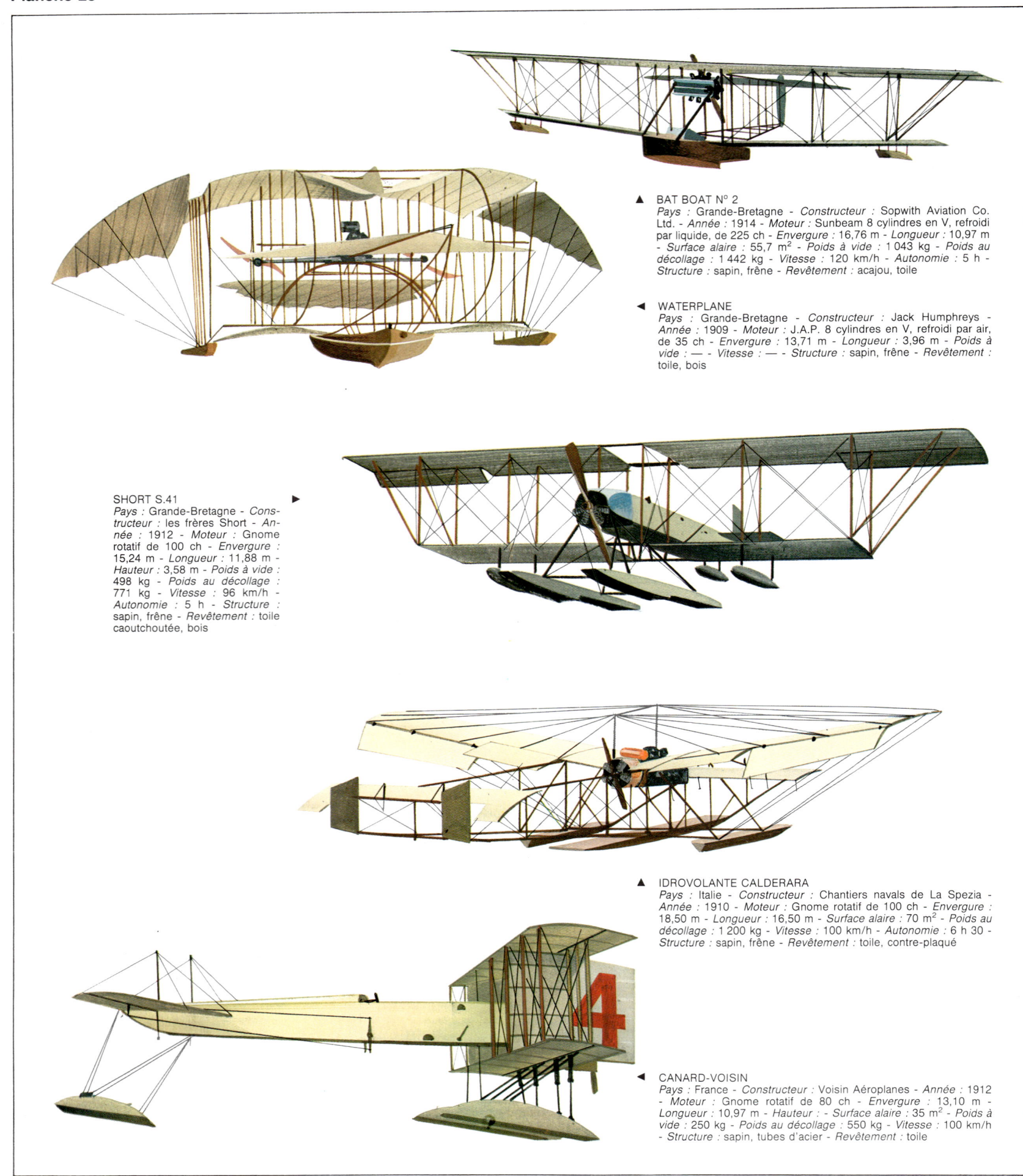

▲ **BAT BOAT N° 2**
Pays : Grande-Bretagne - *Constructeur* : Sopwith Aviation Co. Ltd. - *Année* : 1914 - *Moteur* : Sunbeam 8 cylindres en V, refroidi par liquide, de 225 ch - *Envergure* : 16,76 m - *Longueur* : 10,97 m - *Surface alaire* : 55,7 m^2 - *Poids à vide* : 1 043 kg - *Poids au décollage* : 1 442 kg - *Vitesse* : 120 km/h - *Autonomie* : 5 h - *Structure* : sapin, frêne - *Revêtement* : acajou, toile

◀ **WATERPLANE**
Pays : Grande-Bretagne - *Constructeur* : Jack Humphreys - *Année* : 1909 - *Moteur* : J.A.P. 8 cylindres en V, refroidi par air, de 35 ch - *Envergure* : 13,71 m - *Longueur* : 3,96 m - *Poids à vide* : — - *Vitesse* : — - *Structure* : sapin, frêne - *Revêtement* : toile, bois

SHORT S.41
Pays : Grande-Bretagne - *Constructeur* : les frères Short - *Année* : 1912 - *Moteur* : Gnome rotatif de 100 ch - *Envergure* : 15,24 m - *Longueur* : 11,88 m - *Hauteur* : 3,58 m - *Poids à vide* : 498 kg - *Poids au décollage* : 771 kg - *Vitesse* : 96 km/h - *Autonomie* : 5 h - *Structure* : sapin, frêne - *Revêtement* : toile caoutchoutée, bois ▶

▲ **IDROVOLANTE CALDERARA**
Pays : Italie - *Constructeur* : Chantiers navals de La Spezia - *Année* : 1910 - *Moteur* : Gnome rotatif de 100 ch - *Envergure* : 18,50 m - *Longueur* : 16,50 m - *Surface alaire* : 70 m^2 - *Poids au décollage* : 1 200 kg - *Vitesse* : 100 km/h - *Autonomie* : 6 h 30 - *Structure* : sapin, frêne - *Revêtement* : toile, contre-plaqué

◀ **CANARD-VOISIN**
Pays : France - *Constructeur* : Voisin Aéroplanes - *Année* : 1912 - *Moteur* : Gnome rotatif de 80 ch - *Envergure* : 13,10 m - *Longueur* : 10,97 m - *Hauteur* : - *Surface alaire* : 35 m^2 - *Poids à vide* : 250 kg - *Poids au décollage* : 550 kg - *Vitesse* : 100 km/h - *Structure* : sapin, tubes d'acier - *Revêtement* : toile

L'hydravion inaugure le premier service passagers du monde

Planche 29

HYDRAVION DE COURSE DEPERDUSSIN
Pays : France
Constructeur : Cie Deperdussin
Année : 1913
Moteur : Gnome rotatif 14 cylindres, de 160 ch
Envergure : 13,49 m
Longueur : 9,98 m
Poids à vide : 950 kg
Poids au décollage : 1 200 kg
Vitesse : 210 km/h
Structure : frêne
Revêtement : contre-plaqué et lin
Équipage : 2 hommes

SOPWITH TABLOID
Pays : Grande-Bretagne
Constructeur : Sopwith Aviation Co Ltd.
Année : 1914
Moteur : Gnome en étoile monosoupape de 100 ch
Envergure : 7,77 m
Longueur : 7,32 m
Hauteur : 2,57 m
Surface alaire : 22,30 m²
Poids à vide : 450 kg
Poids au décollage : 650 kg
Vitesse : 148 km/h
Structure : sapin, pin
Revêtement : aluminium, lin

BENOIST XIV
Pays : France
Constructeur : Thomas Benoist
Type : transport civil
Année : 1914
Moteur : Roberts 6 cylindres en ligne, refroidi par liquide, de 75 ch
Envergure : 13,72 m
Longueur : 7,92 m
Hauteur : —
Poids au décollage : 680 kg
Vitesse : 105 km/h
Plafond opérationnel : —
Autonomie : —
Équipage : 1 personne
Charge utile : 1 passager

Planche 30 — Moteurs de 1903 à 1910

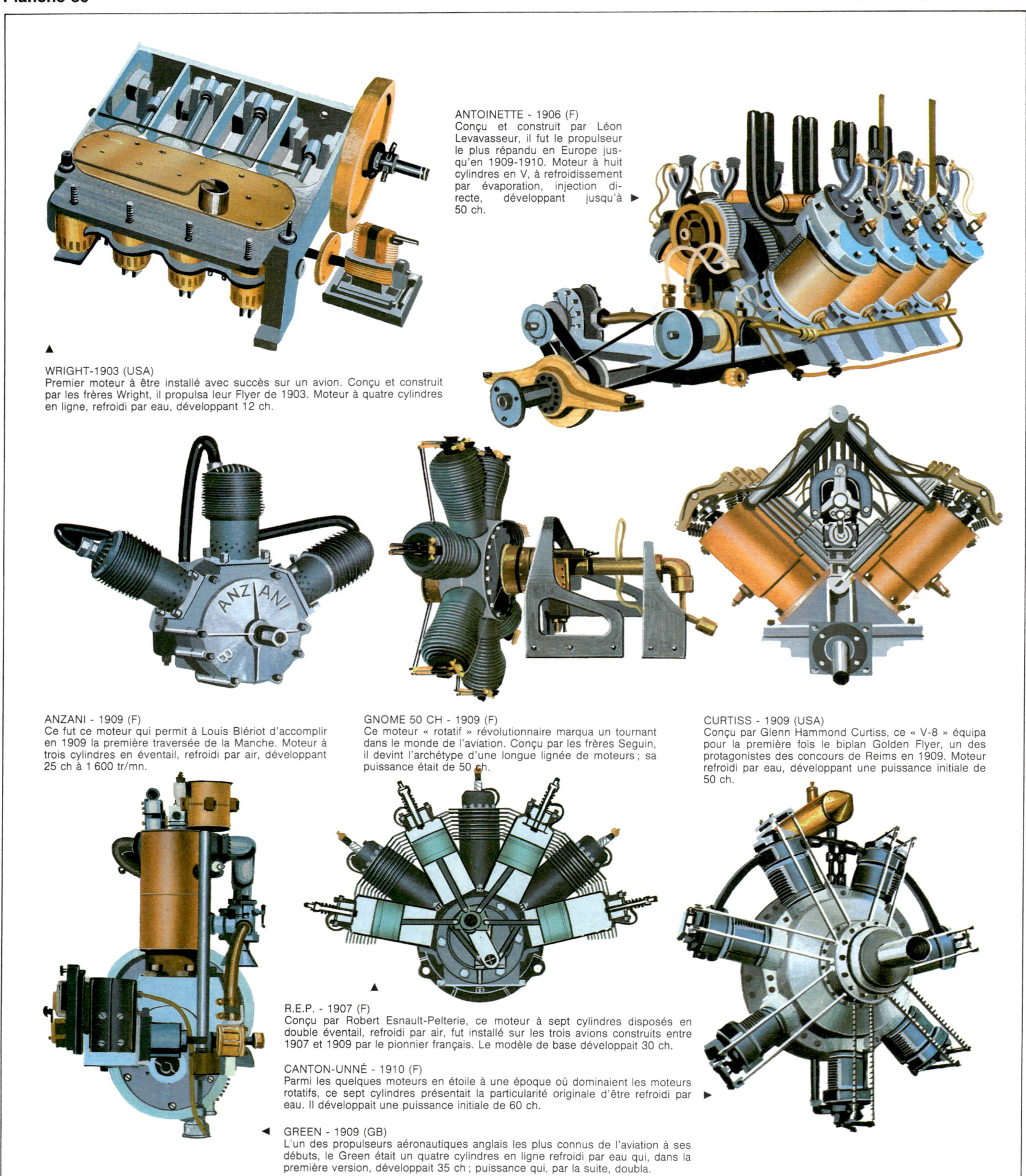

ANTOINETTE - 1906 (F)
Conçu et construit par Léon Levavasseur, il fut le propulseur le plus répandu en Europe jusqu'en 1909-1910. Moteur à huit cylindres en V, à refroidissement par évaporation, injection directe, développant jusqu'à 50 ch. ▶

▲ **WRIGHT - 1903 (USA)**
Premier moteur à être installé avec succès sur un avion. Conçu et construit par les frères Wright, il propulsa leur Flyer de 1903. Moteur à quatre cylindres en ligne, refroidi par eau, développant 12 ch.

ANZANI - 1909 (F)
Ce fut ce moteur qui permit à Louis Blériot d'accomplir en 1909 la première traversée de la Manche. Moteur à trois cylindres en éventail, refroidi par air, développant 25 ch à 1 600 tr/mn.

GNOME 50 CH - 1909 (F)
Ce moteur « rotatif » révolutionnaire marqua un tournant dans le monde de l'aviation. Conçu par les frères Seguin, il devint l'archétype d'une longue lignée de moteurs ; sa puissance était de 50 ch.

CURTISS - 1909 (USA)
Conçu par Glenn Hammond Curtiss, ce « V-8 » équipa pour la première fois le biplan Golden Flyer, un des protagonistes des concours de Reims en 1909. Moteur refroidi par eau, développant une puissance initiale de 50 ch.

▲ **R.E.P. - 1907 (F)**
Conçu par Robert Esnault-Pelterie, ce moteur à sept cylindres disposés en double éventail, refroidi par air, fut installé sur les trois avions construits entre 1907 et 1909 par le pionnier français. Le modèle de base développait 30 ch.

CANTON-UNNÉ - 1910 (F)
Parmi les quelques moteurs en étoile à une époque où dominaient les moteurs rotatifs, ce sept cylindres présentait la particularité originale d'être refroidi par eau. Il développait une puissance initiale de 60 ch. ▶

◀ **GREEN - 1909 (GB)**
L'un des propulseurs aéronautiques anglais les plus connus de l'aviation à ses débuts, le Green était un quatre cylindres en ligne refroidi par eau qui, dans la première version, développait 35 ch ; puissance qui, par la suite, doubla.

Planche 18
Les Wright de 1903 à 1910

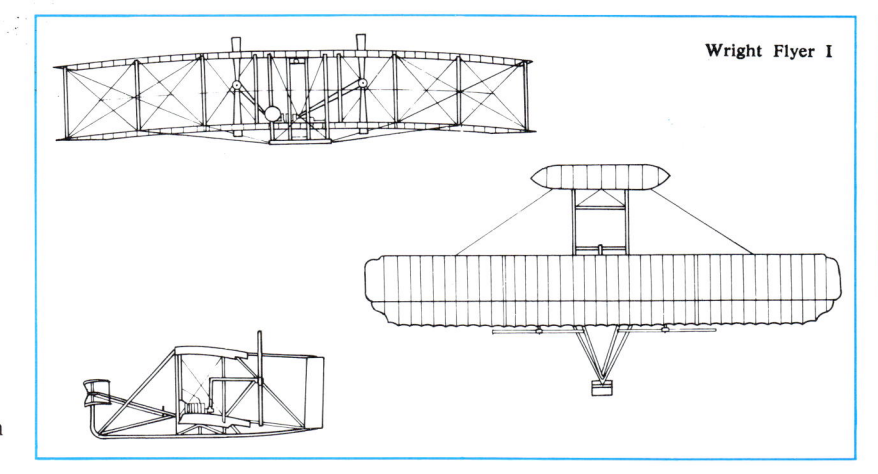

Neuf jours après le dernier et retentissant échec de Samuel Pierpont Langley et de son Aérodrome, Orville et Wilbur Wright créèrent l'aviation moderne. Ce matin du 17 décembre 1903 passa pratiquement inaperçu, d'une part parce que l'endroit choisi pour l'essai était isolé et totalement inconnu, d'autre part parce que les deux frères avaient décidé de ne donner aucune publicité à leurs recherches avant d'avoir remporté un succès incontestable.

L'étude qui traite le mieux des quatre vols effectués par le Flyer I dans la matinée du 17 décembre est celle qu'Orville et Wilbur eux-mêmes envoyèrent à l'Associated Press le 5 janvier 1904.

« Le matin du 17 décembre, entre 10 h 30 et 12 h, quatre vols furent effectués, deux par Orville Wright et deux par Wilbur Wright. Les départs eurent tous lieu d'un endroit plat à environ 60 mètres à l'ouest de notre camp, situé à 400 mètres au nord de la dune de Kill Devil, dans le comté de Dare en Caroline du Nord. Au moment des vols, la vitesse du vent, telle qu'elle a été enregistrée par l'anémomètre de la station météorologique de Kitty Hawk, était de 43,4 km/h à 10 h et de 38,6 km/h à 12 h. Cet anémomètre était installé à 9 mètres du sol. Les mesures que nous avons effectuées à la main à environ 1,20 m de hauteur donnèrent en revanche une vitesse de 35 et de 33 km/h au moment du premier et du dernier vol... Les décollages se firent contre le vent, et chaque fois l'appareil quitta le niveau du sol au moyen de sa propre puissance, sans aucune autre aide. Après une course d'environ 12 m sur un rail placé à 10 cm du sol, l'appareil s'éleva et, sous le contrôle du pilote, monta obliquement jusqu'à environ 3 m d'altitude. Le vol fut maintenu à cette hauteur, autant que les rafales de vent et le manque d'habileté du pilote pouvaient le permettre. La vitesse au sol du Flyer fut de 16 km/h et la vitesse en vol d'environ 56 km/h. Il avait été préalablement décidé que, pour des motifs de sécurité, ces premiers essais seraient réalisés à l'altitude la plus faible possible. Cependant, la hauteur choisie n'était guère suffisante pour manœuvrer avec un vent si violent et sans aucune connaissance pratique de la conduite de l'appareil et de ses mécanismes de contrôle. En conséquence, le premier vol fut court. Les suivants augmentèrent en longueur et en durée et, au quatrième essai, le vol dura cinquante-neuf secondes. Dans ce laps de temps, l'appareil parcourut environ 900 m en l'air et couvrit une distance au sol de 259 m. »

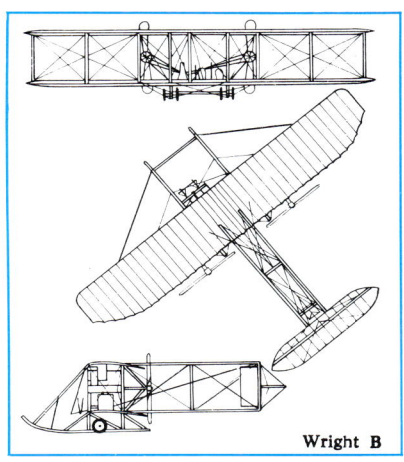

Ce succès fut remporté par Orville et Wilbur Wright après des années de recherches, d'observations et de tentatives. La comparaison entre l'étude du vol des oiseaux et les expériences réalisées avec les planeurs du pionnier allemand Otto Lilienthal conduisit les deux frères à un premier résultat positif : l'équilibre et le contrôle latéral d'une machine volante ne pouvaient être obtenus par le déplacement du corps du pilote, mais grâce à une technique différente : le gauchissement des extrémités des ailes. La théorie fut mise en pratique en 1899 avec la construction d'une maquette de planeur et les résultats confirmèrent la validité du système. En septembre 1900, Orville et Wilbur Wright réalisèrent une maquette plus importante et, l'année suivante, avec un planeur encore plus grand, ils effectuèrent des vols pilotés à Kill Devil Hills. Il fut en tout cas nécessaire de construire un nouveau planeur — qui vola entre septembre et octobre 1902 — pour résoudre tous les problèmes de contrôle et d'équilibre. La modification fondamentale fut le remplacement de la double dérive fixe, utilisée sur les premiers planeurs, par un gouvernail mobile.

Tout était prêt pour franchir l'étape suivante, celle du vol à moteur. Mais comme il n'existait pas de moteurs à explosion suffisamment légers et puissants et, surtout, des hélices efficaces du point de vue aérodynamique, Orville et Wilbur se mirent à l'ouvrage et construisirent le moteur (4 cylindres en ligne, 12 ch) et les hélices. Ces deux problèmes, aussi fondamentaux que les précédents, étant résolus, les frères Wright passèrent à la construction de l'appareil.

Le premier Flyer — c'est le nom que les Wright donnèrent à tous leurs avions — fut monté en 1903, pendant l'été. C'était un biplan avec train d'atterrissage en patin, élévateur, biplan également, à l'avant et double gouvernail en queue. Le moteur actionnait deux hélices contrarotatives propulsives au moyen d'une double chaîne de transmission. Le pilote se tenait allongé à plat ventre au centre de l'aile.

Le Flyer I, après le succès du 17 décembre 1903, fut remplacé par un deuxième appareil, achevé en mai 1904 et légèrement modifié (surtout pour le moteur, dont la puissance passa à 15-16 ch). Avec le Flyer II, les essais se poursuivirent du 23 mai au 9 décembre. Mais l'avion n'était pas encore parfaitement au point ; il avait tendance à décrocher dans les virages serrés. Pour le Flyer III, tous les problèmes furent brillamment résolus et cet appareil devint le premier véritable avion de l'histoire, capable de rester en vol assez longtemps et même de dépasser trente minutes. Tout en conservant la même configuration d'ensemble que ses deux prédécesseurs, le Flyer III avait été sensiblement allongé (pour améliorer la stabilité) et doté de nouvelles hélices, plus efficaces. Les vols se poursuivirent du 23 juin au 16 octobre 1905 et le record de durée fut battu le 5 octobre avec 38 minutes 3 secondes. Au cours de ces essais, les Wright expérimentèrent avec succès un système de décollage à contrepoids, qui, en favorisant l'élan de l'avion, le rendait indépendant de

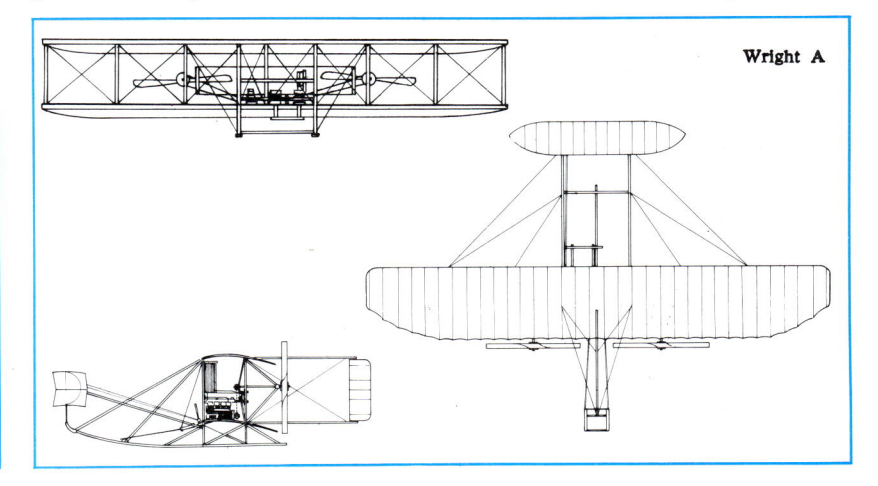

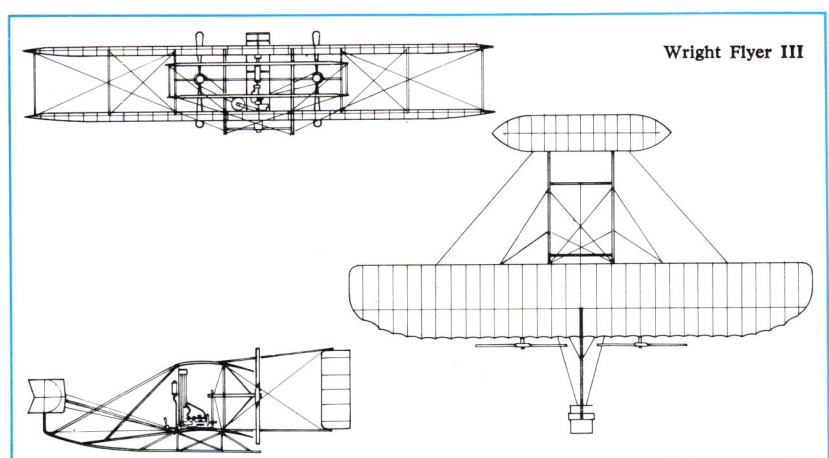

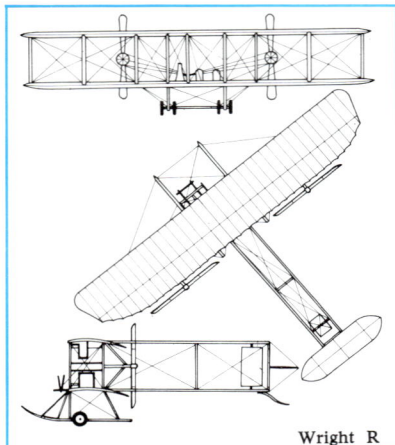

Planche 19
Deux grands pionniers : Alberto Santos-Dumont et Henri Farman

C'est avec un retard de trois ans que l'Europe entra dans l'âge de l'aviation. Qui plus est, le mérite n'en revint pas à un Européen, mais à un Brésilien, Alberto Santos-Dumont qui s'était installé dès 1898 à Paris où il avait acquis une grande notoriété grâce aux dirigeables qu'il concevait et construisait à une cadence accélérée. Après avoir eu connaissance du succès des frères Wright, Santos-Dumont se consacra à la conception et à la fabrication d'un avion à moteur. L'appareil, suivant une tradition qu'il avait instaurée avec ses dirigeables, porta un sigle : 14 bis. C'était un biplan de type canard, c'est-à-dire avec le fuselage et l'empennage placés en avant par rapport aux ailes. Les surfaces de contrôle, en forme de « boîte », pouvaient pivoter en haut et en bas, à droite et à gauche, faisant ainsi fonction respectivement d'élévateur et de gouvernail. Le moteur était un Antoinette de 50 ch, qui actionnait une hélice propulsive en métal de 2,50 mètres de diamètre. Le train d'atterrissage principal était composé de deux roues avec amortisseurs en caoutchouc et un patin soutenait la partie antérieure. Le pilote était installé dans une sorte de panier juste derrière le moteur et contrôlait directement, par déplacements du corps, l'assiette latérale de l'appareil : les commandes des deux grands ailerons octogonaux placés aux extrémités des ailes arrivaient par l'intermédiaire de câbles à un harnais endossé par le pilote.

Cet appareil fut construit à Neuilly et une fois achevé soumis à de nombreux essais.

Le premier vol eut lieu le 13 septembre 1906 à Bagatelle. Le 14 bis n'effectua pas un véritable vol, mais un bond de 7 mètres avant d'être endommagé à l'atterrissage. Environ un mois et demi plus tard, les choses allèrent mieux : l'appareil parcourut 60 mètres en l'air, permettant au pilote de remporter le prix Archdeacon de 3 000 francs récompensant le premier avion qui aurait réussi à dépasser une distance de 25 mètres en vol. Le 12 novembre, le Santos-Dumont 14 bis parvint à voler pendant 21 secondes et à atterrir à 200 mètres du point de départ. Le Brésilien remporta donc un autre prix, de 1 500 francs, offert cette fois par l'Aéro-Club de France au premier avion qui volerait sur plus de 100 mètres.

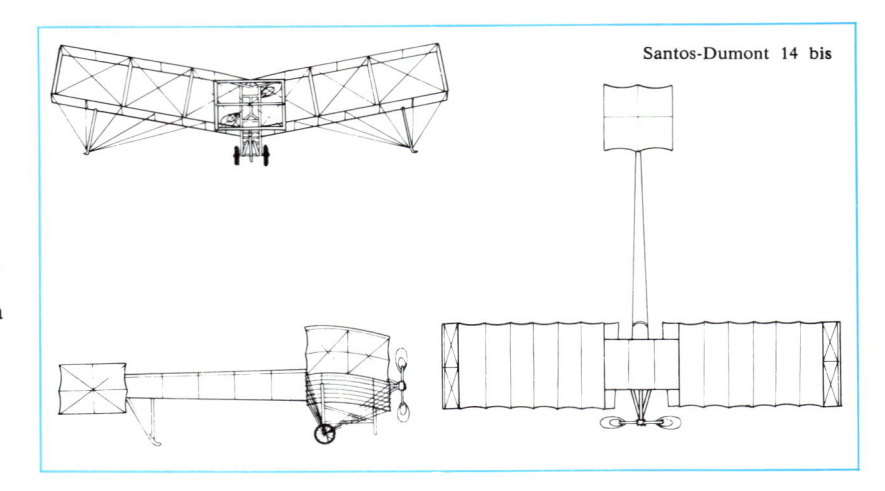

Ces résultats ne pouvaient manifestement pas être comparés à ceux qu'avaient déjà obtenus les frères Wright (qui un an auparavant avaient volé avec le Flyer III pendant 38 minutes 3 secondes), mais ils eurent le mérite d'ouvrir la voie, de stimuler la recherche et de galvaniser l'opinion publique.

Santos-Dumont persista dans ses entreprises, réussissant à faire voler avec succès un nouvel appareil, beaucoup plus « avion » que le 14 bis, le Demoiselle 20. Les débuts de ce petit monoplan à hélice tractive eurent lieu à Issy, le 6 mars 1909. Cependant le véritable prototype du Demoiselle avait été construit presque deux ans plus tôt. Il avait été appelé projet N. 19 et avait volé en novembre 1907. Il était équipé d'un moteur de 20 ch, avait un fuselage en bambou avec un empennage cruciforme et un châssis placé sous les ailes qui supportait le pilote et le train d'atterrissage. Le Demoiselle 19 ne s'était pas montré exceptionnel et, après quelques essais au cours desquels il n'avait pas réussi à dépasser 200 mètres en vol (17 novembre 1907 à Issy), il avait été endommagé à l'atterrissage. Santos-Dumont l'avait abandonné et, lorsqu'il eut construit une variante équipée d'un moteur plus puissant, il passa au projet final. Le Demoiselle 20 était plus robuste, doté d'un moteur de 35 ch, avec des ailes d'une plus grande superficie. Aux essais, il réussit à voler pendant 16 minutes et à parcourir environ 18 kilomètres (septembre 1909). Après avoir été exposé en ce même mois au Grand Palais à Paris, il remporta un succès notable et fut construit puis vendu en une douzaine d'exemplaires.

Entre-temps, surtout en France, d'autres hommes avec des appareils nouveaux et de meilleure qualité avaient fait leur entrée sur la scène de l'aviation. Parmi eux citons Henri Farman qui avait réussi le 9 novembre 1907 à voler pendant

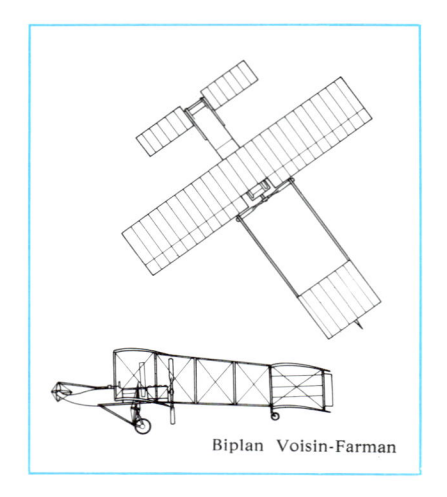

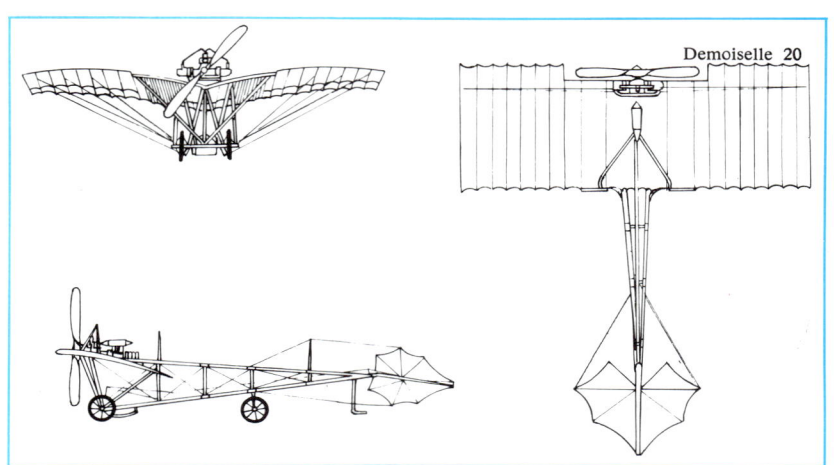

la force du vent. Le Flyer III fut proposé au département de la Guerre américain, mais contre toute logique on le refusa.

L'indifférence officielle amena les deux frères à prendre une décision énergique : améliorer encore leur appareil et attendre le jour où ils n'auraient plus à se heurter à un tel scepticisme. Lorsque, deux ans et demi plus tard, ils se représentèrent sur le terrain, ce fut avec un avion nettement amélioré, capable de transporter un passager, avec un moteur plus puissant et des commandes plus efficaces. Le Wright A, qui vola pour la première fois le 8 mai 1908, fut l'appareil qui eut le plus grand succès commercial et la plus large diffusion auprès du public. Avec cet avion, en effet, non seulement on réussit à fléchir le rigoureux scepticisme du gouvernement (en 1909, après des essais interminables, le département de la Guerre acheta finalement un exemplaire du Wright A à usage militaire) mais encore à conquérir l'Europe. Le succès commercial se concrétisa par la vente de la licence de construction à l'Angleterre, à la France et à l'Allemagne. Ayant obtenu satisfaction, Orville et Wilbur Wright attendirent 1910 pour apporter à leur conception des modifications qui furent radicales. Avec le Wright B, en effet, la configuration de l'appareil devint plus conventionnelle : les élévateurs passèrent en queue et le patin d'atterrissage fut assorti de quatre roues placées côte à côte. De cet avion — qui, aux États-Unis, fut aussitôt commandé en deux exemplaires par l'armée — dériva également une version monoplace plus petite, appelée EX. Il y eut d'autres versions : le Wright R (appelé aussi *Baby Wright*) de compétition et un dérivé, le *Baby Grand,* équipé d'un moteur de 60 ch, sur lequel Orville participa en 1910 au meeting d'aviation de Belmont Park, volant à une vitesse comprise entre 115 et 120 km/h.

plus d'une minute et à terminer un circuit, parcourant à Issy 1 030 mètres en 74 secondes.

La personnalité d'Henri Farman est au début indissociable de celle de deux autres grands pionniers français : les frères Gabriel et Charles Voisin, premiers constructeurs européens à l'échelle commerciale d'avions à moteur. Ils connurent le succès avec l'appareil qu'ils réalisèrent pour Farman. Le nouveau biplan Voisin-Farman fut construit à partir du 1er juin 1907 ; après les premiers essais, Farman en modifia sensiblement la configuration ainsi que la structure des ailes et des surfaces de contrôle. Les résultats furent étonnants. Lancé en vol le 30 septembre à Issy, l'avion fut une réussite : le 26 octobre, il parcourut 771 mètres en 52 secondes 6 dixièmes ; le 8 novembre, il fit son premier virage ; le jour suivant, il franchit le « mur » du kilomètre et de la minute.

Henri Farman, avec le prix de 50 000 francs offert par Deutsch-Archdeacon qu'il remporta le 13 janvier 1908 à Issy (premier circuit d'un kilomètre officiellement contrôlé), rénova complètement le revêtement du biplan. En mai, il ajouta des dérives latérales entre les ailes pour améliorer la stabilité et, en octobre, des ailerons sur chacune des ailes. Ce nouvel appareil effectua le premier vol « cross-country » d'Europe : 27 kilomètres de Bouy à Reims, le 30 octobre 1908.

**Planche 20
Chercheurs européens
de 1904 à 1909**

Les premiers succès eurent comme conséquences immédiates un redoublement d'activité presque incroyable. A côté des cercles et des associations aéronautiques qui regroupaient les amateurs passionnés, des inventeurs, des ingénieurs et des chercheurs alimentaient cette fièvre de l'aviation par un flot continu de propositions, d'idées et de solutions. Mais tout n'était pas d'égale valeur : à côté des premiers et véritables aéroplanes, les terrains d'aviation et les meetings accueillaient souvent des machines qui ne réussissaient pas à prendre l'air et des mécaniques compliquées qui semblaient sorties de l'imagination d'un inventeur fou. Certaines inventions toutefois restèrent valables et ouvrirent la voie à des développements ultérieurs.

L'idée des surfaces portantes multiples, par exemple, dont la théorie fut énoncée entre 1884 et 1891, et dont on fit l'essai avec un modèle à vapeur en 1893, fut mise en pratique par l'Anglais Horatio F. Phillips en 1904. Le Multiplane 1 était caractérisé par une série de profils alaires superposés (vingt au total) en gros comme un store vénitien. Cette machine avait des empennages cruciformes et un train d'atterrissage tricycle à l'arrière. Le moteur, construit par Phillips, actionnait une hélice bipale tractive. Mais l'avion ne fut pas une réussite. A Streatham, où il fut soumis aux essais, il se montra instable et difficile à contrôler. Ce n'est que trois ans plus tard, en 1907, avec un autre multiplan, que Phillips réussit à voler sur 150 mètres.

La formule du monoplan à hélice tractive, qui trouva d'illustres adeptes avec Blériot et d'autres, fut inaugurée en 1906 par le Vuia N. 1, un appareil qui, dans l'ensemble, fut un échec. Conçu et construit par l'avocat roumain naturalisé français Trajan Vuia, il était caractérisé par des ailes « en chauve-souris » qui soutenaient le moteur, le pilote, le gouvernail de direction et le train d'atterrissage à quatre roues avec pneumatiques, dont deux étaient orientables. Il n'y avait pas d'élévateurs, mais ils étaient remplacés par un dispositif qui faisait varier l'angle d'incidence des ailes. Le Vuia N. 1 fut essayé en mai 1906 ainsi que les 12 et 19 août à Montesson. Le meilleur des trois décollages se fit avec un « saut » de 24 mètres, mais l'atterrissage fut catastrophique et l'avion détruit.

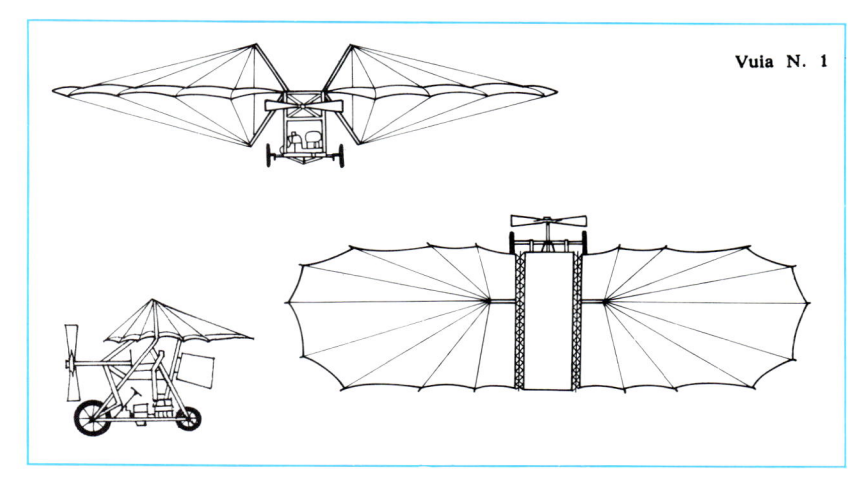

L'année suivante, cette formule fut reprise par un autre amateur français, Robert Esnault-Pelterie. Son Rep. 1 fut essayé entre novembre et décembre 1907 et ne fut pas non plus une réussite, de même que les deux autres modèles construits en 1908 et en 1909, le Rep. 2 et le Rep. 2 bis. L'appareil, en effet, n'avait pas assez de stabilité longitudinale et directionnelle ; quant au moteur, il n'était pas au point et eut des problèmes de refroidissement. Le Rep. 1 réussit à effectuer cinq décollages qui aboutirent à autant de sauts dont le plus long (6 novembre 1907) fut d'environ 600 mètres. Les ailes de l'avion avaient un dièdre légèrement négatif, un fuselage très court, un stabilisateur et un élévateur, mais pas de gouvernail. Les contrôles étaient obtenus au moyen d'un gauchissement de l'aile — mais seulement vers le bas — et de l'élévateur ; il n'y avait qu'une seule barre de commande. Le moteur, un 7 cylindres radial de 30 ch, réalisé par Esnault-Pelterie lui-même en 1907, actionnait une hélice métallique à quatre pales.

Le technicien français, s'il ne connut pas la célébrité pour ses machines volantes, dut néanmoins sa réputation à toute une série d'applications, grâce auxquelles il put résoudre un certain nombre de problèmes annexes de l'aviation : ceintures de sécurité, essais de charge et de résistance des matériaux, de freins hydrauliques pour trains d'atterrissage ainsi que de moteurs.

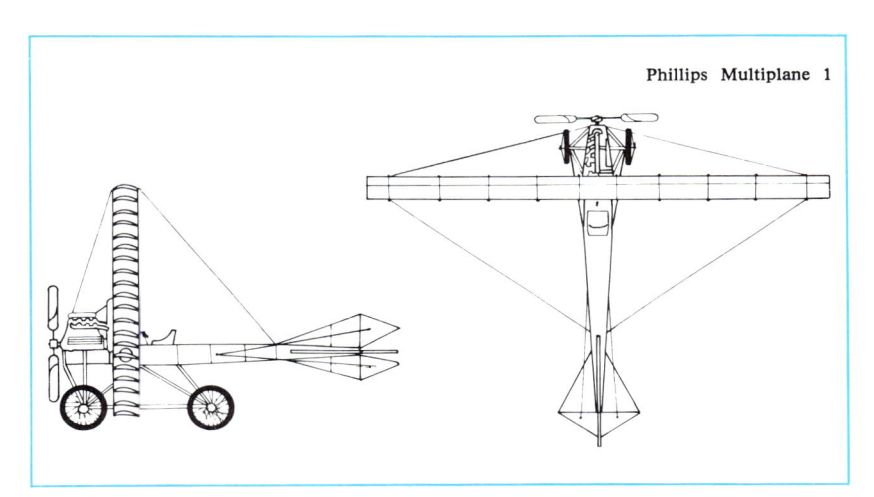

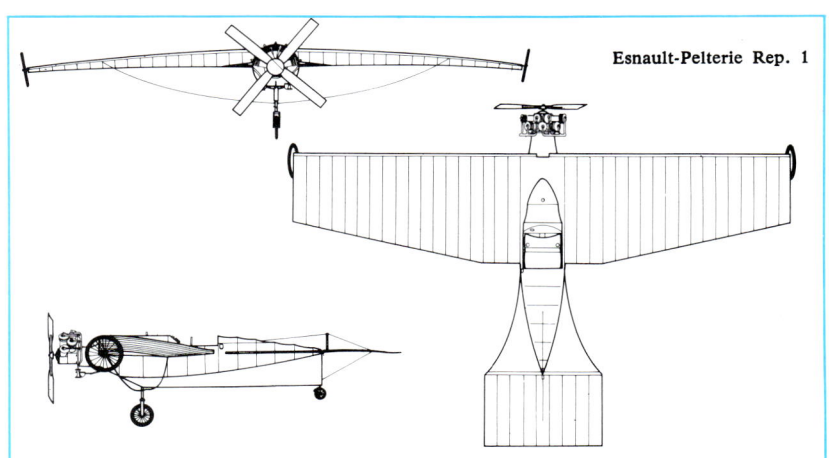

Le Danois Jacob Christian Hansen Ellehammer eut une expérience analogue à celle de Robert Esnault-Peleterie. Fils d'un charpentier, c'était un ingénieur aux dons multiples qui s'intéressait entre autres choses aux problèmes du vol. La contribution que ses avions apportèrent aux progrès de l'aéronautique fut assez limitée, mais il est significatif qu'Ellehammer ait obtenu des résultats d'une certaine importance en travaillant seul, sans se référer le moins du monde à l'œuvre de ses contemporains. La machine qui lui permit d'approcher du succès fut son modèle IV de 1908 (Ellehammer IV), un biplan à hélice tractive qui fut mis à l'essai en Allemagne au mois de mai de la même année et qui, avec son premier vol, très court, inaugura dans ce pays l'âge du « plus lourd que l'air ». Les essais suivants virent s'améliorer sensiblement les performances de l'appareil : le 28 juin, à Kiel, l'Ellehammer IV resta en l'air pendant 11 secondes, permettant à l'ingénieur de remporter un prix de 5 000 marks. Le vol le plus long fut effectué le 14 janvier 1909, avec un saut de 170 mètres.

La carrière d'Ellehammer s'acheva peu de temps après, à cause du manque de moyens financiers qui l'empêcha de poursuivre ses activités de constructeur aéronautique. Ce fut dommage, si l'on considère ses antécédents. Dès 1905, en effet, il avait construit sa première machine volante : équipée d'un moteur de 9 ch, fabriqué également par ses soins, elle avait été conçue pour voler en circuit fermé, attachée à un poteau central et contrôlée au moyen d'un système semi-automatique. Cet avion disputa même à Santos-Dumont, pendant un certain temps, le privilège d'avoir effectué le premier vol en Europe : le 12 septembre 1906 (un jour avant l'essai malheureux du Santos-Dumont 14 bis), il réalisa un saut de 42 mètres. Avant d'arriver à son modèle IV, Ellehammer avait fabriqué différents autres avions, parmi lesquels un « semi-plan » et un triplan, équipés de versions plus puissantes de son moteur.

En Italie, les débuts du « plus lourd que l'air » avaient eu lieu durant l'été 1908 avec les vols du biplan Voisin piloté par le pionnier français Léon Delagrange. Bien que la Société aéronautique italienne ait été constituée dès le commencement du siècle, il fallut attendre 1909 pour voir le succès des premiers appareils conçus et réalisés en Italie. Le coup d'envoi fut donné le 13 janvier 1909 par le triplan construit à Turin par l'ingénieur Aristide Faccioli, qui cependant ne réussit qu'un saut de quelques dizaines de mètres avant de s'écraser.

Toujours à Turin, un autre amateur enthousiaste, l'ingénieur Franz Miller, originaire de Messine, déploya à la même époque une activité intense. Il avait fondé le premier atelier italien d'aéronautique en le mettant à la disposition de tous ceux qui voulaient construire des machines volantes. L'un des tout premiers résultats à porter à l'actif de cette initiative fut l'Aerocurvo, un étrange appareil avec des ailes à dièdre court qui, bien qu'il ait été un échec, contribua beaucoup à raviver l'intérêt des amateurs et posa des jalons pour d'autres expériences plus positives.

Cet avion avait été conçu en collaboration avec Ricardo Ponzelli et, après une série d'essais effectués à Turin au début de 1909, il fut conduit à Brescia pour participer au Circuit aérien international. Piloté par Leonino Da Zara, il ne réussit pas à décoller. Mais l'année suivante, après des modifications et des allégements, l'Aerocurvo réussit à prendre l'air seulement sur quelques dizaines de mètres.

A côté de ces réalisations qui procèdent d'une approche incontestablement rationnelle et scientifique du problème du vol, on vit proliférer des dizaines, sinon des centaines de projets aussi fantaisistes qu'inutiles. Considérant, par exemple, le Multiplan Roshon datant de 1908, on est surpris non pas tant par sa configuration qui va à l'encontre de toutes les théories aérodynamiques que par le fait que cette bizarre « machine volante » ait été conçue aux États-Unis, patrie des frères Wright. Bien entendu, le Multiplan de Roshon ne réussit jamais à soulever ses roues de terre.

On peut également retrouver des exemples analogues dans les années suivantes, c'est-à-dire à une époque où l'avion était devenu une réalité presque quotidienne. Cela se passait dans cette même Europe qui était devenue la patrie d'adoption du « plus lourd que l'air ».

Planche 21
D'étranges machines volantes de 1908 à 1910

La France et l'Angleterre, en particulier, offrirent au début du siècle un vaste échantillonnage de cette production fantaisiste.

En 1908, un gentilhomme français inconnu, le marquis d'Équevilly, voulut entreprendre la construction d'un « plus lourd que l'air » et réalisa un insolite multiplan à structure elliptique, probablement inspiré du principe des surfaces alaires multiples et superposées dont l'Anglais Phillips avait énoncé la théorie. Les photographies de l'époque montrent deux séries de châssis ovales posés sur quatre roues de bicyclette, à l'intérieur desquels étaient placés le pilote, le moteur et les surfaces portantes. Celles-ci étaient au nombre de douze au total, cinq par côté et deux en position supérieure. Le propulseur, un semi-radial à 3 cylindres de 8 ch, actionnait une hélice bipale métallique au moyen d'une chaîne de transmission qui réduisait d'un tiers le nombre des tours, en les faisant passer de 1 500 (moteur) à 500 (hélice).

La même année, en France également, un officier, le capitaine Dorand, se mit en tête de construire un avion spécialement conçu pour l'usage militaire. Dorand partit d'un principe prioritaire : donner au pilote la plus grande visibilité possible. Sur cette base, il bâtit une monumentale structure où les surfaces portantes étaient très éloignées du fuselage proprement dit. L'Aéroplane (comme Dorand appela tout simplement sa machine) avait en effet un treillis de base qui supportait le train d'atterrissage, le pilote, le moteur et l'hélice qu'il actionnait. Cette plate-forme était à peu près triangulaire, avec les deux roues antérieures reliées à une structure qui soutenait le propulseur et les deux roues postérieures aux sommets du large triangle, pour assurer la stabilité à terre. Il y avait deux surfaces portantes superposées et reliées au centre par une « boîte » de forme triangulaire. Une structure analogue, dans la partie postérieure, faisait fonction de stabilisateur. Les ailes avaient un angle d'incidence positif par rapport à la plate-forme de base, dans le but d'augmenter la portance au décollage. Mais l'avion ne réussit jamais à voler.

Toujours en France, on s'intéressa beaucoup à un projet original conçu vers le milieu de 1909, mais manifestement trop original pour son époque. Il fut réalisé par un amateur qui s'appelait Givaudan et, bien qu'il n'ait jamais réussi à voler, il frappa par la singularité des solutions aérodynamiques et structurales adoptées par le constructeur. Cette machine, qui fut fabriquée vers le mois de mai 1909 dans les ateliers Vermorel de Villefranche (Rhône) avait des surfaces portantes faites de deux cylindres installés à l'avant et à l'arrière, aux deux extrémités et reliés par un fuselage en treillis de tubes métalliques. Les cylindres étaient composés de deux profils fixés par une structure en caisson. Le système de contrôle était, lui aussi, original : il était obtenu grâce aux mouvements du tambour antérieur qui était libre de tourner en tous sens, étant relié au fuselage par un joint universel. Le moteur était un « V-8 » Vermorel à refroidissement à air de 40 ch et se trouvait installé juste derrière le cylindre antérieur. Il actionnait une hélice de 2,40 m de diamètre au moyen d'un arbre de renvoi qui aboutissait à l'extérieur du tambour. Le pilote était placé derrière le propulseur ; le train d'atterrissage avait quatre roues de type roue de bicyclette : celles de derrière étaient fixées au tambour et celles de devant reliées au fuselage.

Les ingénieurs anglais ne furent pas en reste avec leurs homologues français. Entre 1909 et 1910, en effet, il y eut en Angleterre une véritable fièvre de l'invention aéronautique — vite calmée, heureusement — qui amena sur les terrains d'aviation d'étranges machines, à mi-chemin du fantaisiste et du grotesque. Elles dénotaient une ignorance manifeste de tous les principes de technique et de construction qui étaient à cette époque en train de permettre les premiers succès concrets de l'avion « classique » et de poser les bases de son évolution future.

Cette tendance anachronique est fort bien illustrée par le Rhomboidal d'Edwards, une machine qui dut son nom à la structure insolite de ses surfaces alaires en forme de losange (ou rhombe) et disposées en deux plans, avec le moteur, le pilote et deux hélices au milieu. Le Rhomboidal, qui fut vainement soumis aux essais à Brooklands en 1909, était formé de deux treillis à section triangulaire qui soutenaient les ailes et faisaient essentiellement fonction de fuselage. Les deux surfaces en forme de losange étaient reliées par des structures verticales et haubanées par des câbles métalliques. Des câbles formaient également le châssis des ailes qui avaient une seule surface de toile maintenue rigide et courbe par des lattes de bois insérées dans le sens de la longueur, analogues à celles des voiles. Le moteur, un Humber à 4 cylindres de 50 ch, était monté au centre, devant le pilote, et actionnait les deux hélices au moyen de chaînes de transmission. Un gouvernail était placé au-dessus des ailes supérieures, dans une position où il aurait pu difficilement servir à quelque chose.

En revanche, c'est sous la forme d'un véritable monstre en tubes d'acier que se présentait le Seddon datant de 1910, conçu par le lieutenant de vaisseau de la Royal Navy J.W. Seddon et par A. G. Hackett : il en fallut plus de 600 mètres pour réaliser la construction complexe où s'entrecroisaient des structures circulaires et géodésiques, pour un poids total de presque une tonne. La fabrication de l'engin fut confiée à l'atelier Accles & Pollock, d'Olbury, qui l'acheva avant la fin de 1910. C'était un biplan, avec les surfaces antérieures servant d'élévateurs et les surfaces postérieures de plan de sustentation. Une paire de gouvernails était montée entre les deux ailes et le tout était maintenu par l'étonnant fuselage qui supportait les moteurs (deux N.E.C. de 65 ch actionnant des hélices tractives de type Beedle), le train d'atterrissage et les passagers (cinq en plus du pilote). Le Seddon fut vainement soumis aux essais sur le terrain d'aviation du Midland Aero Club et, avant d'être démonté, il fut considéré à l'époque comme « l'avion le plus grand du monde ».

Le Safety, datant de 1910, aurait pu apparaître comme le précurseur de toutes les soucoupes volantes, s'il avait réussi à voler. Il fut conçu par deux amateurs d'Edgware, dans le Middlesex, Mortimer et Vaughan. C'était un engin insolite caractérisé par deux paires d'ailes semi-circulaires superposées qui lui donnaient une étrange forme en anneau, au centre duquel se trouvait un fuselage à section quadrangulaire, presque complètement revêtu et fortement rétréci dans sa partie avant. Quatre roues constituaient le train d'atterrissage et trois hélices — une à l'avant et les deux autres sur les côtés du fuselage, à l'intérieur de l'anneau — étaient censées assurer la propulsion. Le Safety s'éleva, mais suspendu à de solides câbles, pour l'inévitable photographie à transmettre à la postérité. Durant l'un des essais effectués, il s'écrasa, prit feu et fut complètement détruit.

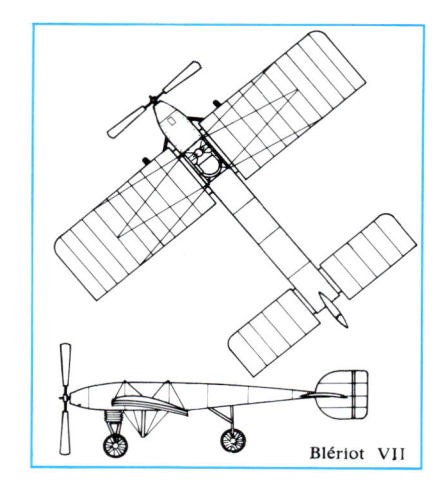

**Planche 22
La traction triomphe de la Manche en 1909**

Entre-temps, l'aviation « officielle » évoluait rapidement vers une première phase de maturité. Le 25 juillet 1909, le Français Louis Blériot réussit un exploit qui fit frémir le monde d'admiration : la traversée de la Manche réalisée pour la première fois par un avion à moteur. « L'isolement de l'Angleterre a pris définitivement fin », écrivit un quotidien anglais le lendemain de cette traversée historique d'environ 38 kilomètres effectuée pour la quasi-totalité au-dessus de la mer.

L'appareil était un Blériot XI spécialement modifié pour l'occasion, un petit monoplan à hélice tractive. L'avion, avec Louis Blériot aux commandes, décolla à 4 h 41 du matin des Baraques, près de Calais, et atterrit à 5 h 17 sur un terrain d'aviation des environs de Douvres appelé Northfall Meadow. Louis Blériot avait abordé le monde de l'aviation plusieurs années auparavant. Jusqu'en 1907, il avait conçu et construit des machines volantes peu originales, mais cette année-là, stimulé par la formule qu'avait expérimentée le roumain Trajan Vuia, il avait réalisé son premier monoplan à hélice tractive, le Blériot VII. Après une série d'essais effectués à Issy en novembre et décembre 1907 (six vols au total, dont deux au cours desquels le Blériot VII parcourut plus de 500 mètres à environ 80 km/h), l'avion s'écrasa à l'atterrissage. Blériot ne se découragea pas et, persuadé d'avoir choisi la bonne formule de construction, poursuivit ses recherches.

Au Salon de l'automobile de décembre 1908, dans la section consacrée à l'aéronautique, l'ingénieur français présenta trois appareils : un autre monoplan à hélice tractive (type IX), un biplan à hélice propulsive (type X) et le type XI qui devait lui assurer le succès. Si les deux premiers avions ne réussirent pas à voler (seul le Blériot IX effectua quelques sauts en janvier et en février 1909), le troisième se révéla potentiellement fiable dès son baptême de l'air, le 23 janvier 1909 sur le terrain d'Issy.

Cet avion, aux plans duquel l'ingénieur Raymond Saulnier avait apporté une contribution décisive, était équipé à l'origine d'un moteur R.E.P. de 30 ch, qui actionnait une hélice métallique à quatre pales. Au cours des essais, ce propulseur fut remplacé par un Anzani de 22-25 ch, et l'hélice par une autre hélice du type Chauvière en bois et à deux pales. On apporta d'autres modifications aux systèmes de contrôle : le gouvernail fut agrandi, les ailerons des extrémités alaires adaptés de façon à fonctionner seulement comme élévateurs et leur fonction initiale remplacée par un système de gauchissement des bords de fuite. Sous cette forme, l'appareil prit le nom de Blériot XI modifié et se révéla excellent.

Il eut une carrière remarquable. En plus de ses nombreux exploits sportifs, il fut le premier avion à être vendu à l'armée française et à accomplir des opérations de guerre : le 23 octobre 1911, au cours de la guerre italo-turque, le capitaine italien Carlo Piazza effectua à bord de l'avion une mission de reconnaissance au-dessus des lignes ennemies.

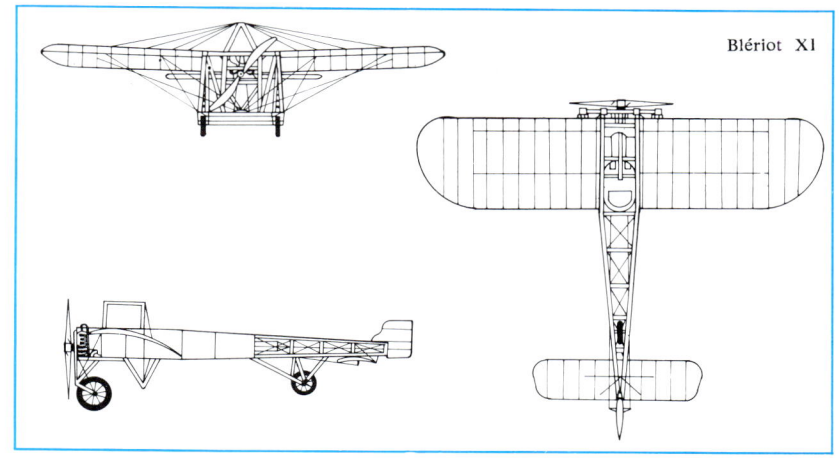

La traversée de la Manche (exploit sportif encouragé dès le mois d'octobre 1908 par le journal anglais *Daily Mail,* qui avait offert un prix de 1 000 livres au premier aviateur qui réussirait, dans un sens ou dans l'autre) mit en lumière les qualités (et en l'occurrence, la malchance) d'un autre monoplan à hélice tractive, l'Antoinette IV de 1909. À bord de l'un de ces avions, en effet, Hubert Latham tenta l'aventure six jours avant Blériot, le 19 juillet. Mais après une douzaine de kilomètres, l'appareil eut une panne de moteur et fut contraint d'amerrir. Le pilote et l'avion furent récupérés par le contre-torpilleur *Harpon.* La société Antoinette dut une grande partie de sa célébrité à l'ingénieur qui avait conçu l'avion, Léon Levasseur. La contribution que ce technicien apporta au développement de l'aviation en Europe ne fut pas liée seulement aux succès de son monoplan, mais également à la haute valeur des moteurs qu'il conçut pour l'usage aéronautique. Le huit cylindres en V Antoinette — de 24 ch dans la version initiale et de 50 ch dans la version finale — équipa pratiquement presque tous les avions construits en Europe jusqu'en 1909.

L'Antoinette IV eut son baptême de l'air à Issy, le 9 octobre 1908, mais avant de lui donner sa forme définitive, Levasseur attendit jusqu'en janvier-février de l'année suivante. La modification essentielle consista dans une augmentation importante de la surface alaire qui passa des 30 m^2 du prototype aux 50 m^2 de l'avion définitif. L'avion, dès sa première apparition, montra cette élégance de lignes qui devait être l'une de ses principales caractéristiques : le fuselage fin et élancé, les ailes trapézoïdales marquées par un dièdre sensible, le gouvernail cruciforme joliment profilé. Un seul détail esthétique (et fonctionnel) changea dans les modèles suivants, à partir du type VI : les ailerons trapézoïdaux furent remplacés par un système de contrôle à gauchissement des bords de fuite alaires.

L'appareil, sous sa forme définitive, effectua aussitôt un essai concluant en volant sur 5 kilomètres à Mourmelon, le 19 février 1909. Le mois suivant, il fut confié à Latham qui l'amena progressivement au maximum de son rendement. Le 27 juillet 1909, sur une version modifiée du monoplan (Antoinette VII), Latham tenta à nouveau la traversée de la Manche.

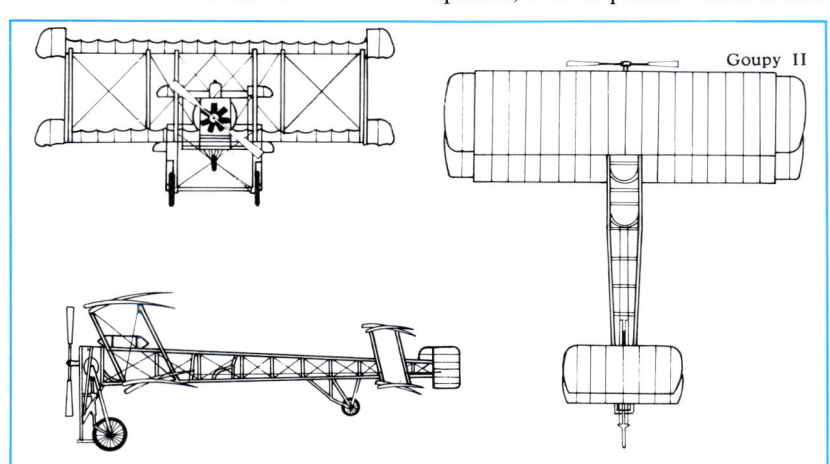

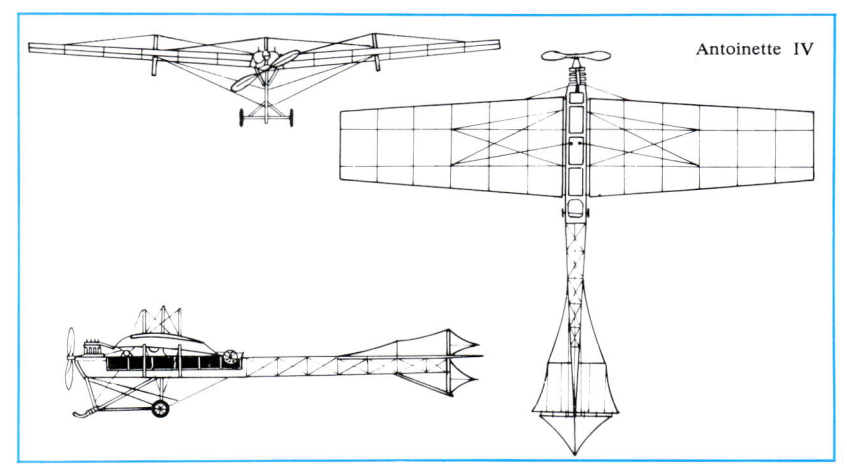

Mais l'avion tomba cette fois encore à la mer. Récupéré et remis en état, il fut conduit à Reims, où il remporta le prix de l'altitude (155 mètres) et se classa deuxième dans le prix de la vitesse.

La formule à hélice tractive ne fut pas réservée au monoplan. S'inspirant de l'idée qui, en 1907, avait amené De Pischoff à construire un biplan sous cette forme, Ambroise Goupy conçut en 1909 son modèle Goupy II. Contrairement au biplan De Pischoff, qui fut un échec total, cette machine réussit à voler. Dans son projet, Goupy fut assisté du lieutenant italien Mario Calderara. Avant d'être modifié, à la fin de 1909, le Goupy II effectua seulement deux vols, dont l'un avec Calderara aux commandes.

**Planche 23
Toujours en 1909,
la propulsion triomphe à Reims**

Mais l'année 1909 ne fut pas seulement celle qui marqua les premiers succès des avions à hélice tractive. L'ancienne formule à hélice propulsive qu'avaient inaugurée les frères Wright poursuivait brillamment sa carrière avec des projets novateurs. La contribution décisive vint des États-Unis, sous l'action d'une association aéronautique, l'Aerial Experiment Association, constituée par Alexander Graham Bell en septembre 1907.

Le motif qui avait poussé Alexander Graham Bell à fonder l'Aerial Experiment Association — avec Glenn Curtiss, le lieutenant de l'armée américaine Thomas Selfridge, John Douglas McCurdy et Frederick Baldwin — était surtout de créer un groupe de travail efficace qui l'aidât dans ses expériences relatives à un domaine bien précis de l'aérodynamique : les surfaces portantes multicellulaires. Le premier projet de l'A.E.A. avait été précisément un appareil de ce type — le Cygnet I — qui avait montré certaines qualités. Vers la fin de 1908, Bell avait conçu un second projet, le Cygnet II qui, malgré les perfectionnements qu'il présentait par rapport à son prédécesseur, n'avait jamais réussi à décoller. L'appareil consistait avant tout en une grande structure en nid d'abeilles, composée de 34 610 tétraèdres jouant le rôle de surface portante. La propulsion était assurée par un moteur Curtiss de 50 ch actionnant une hélice propulsive et, au lieu de roues, on avait installé des patins. Le Cygnet II fut longuement essayé sur le lac Keuka, près de New York.

Cette théorie ne pouvait trouver d'application pratique et Bell s'en rendit compte, tant et si bien qu'il décida de dissoudre la société. Cependant, durant cette période, l'A.E.A. avait réalisé et expérimenté d'autres machines volantes, beaucoup plus viables que le Cygnet. La première fut le *Red Wing* de 1908, conçue par Selfridge, qui toutefois ne put l'essayer personnellement. Au cours des deux essais effectués le 12 mars 1908 sur le lac Keuka, l'avion fit un bond de 97 mètres avant de s'écraser à l'atterrissage. Le pilote était Frederick Baldwin, qui réalisa également le second avion de l'A.E.A., le *White Wing* de 1908. Le projet suivant mit en vedette un personnage qui devait devenir célèbre dans le monde de l'aviation, Glenn Hammond Curtiss. L'avion qu'il avait conçu effectua avec succès plus de trente décollages au cours des dix derniers jours de juin 1908. Parmi les performances les plus remarquables, citons celle du 29 août, jour où le *June Bug* vola sur deux milles (environ 3 600 mètres). Le 4 juillet 1908, l'avion et son pilote s'étaient adjugé le prix mis en jeu par la revue *Scientific American* pour le premier vol officiel accompli aux États-Unis sur une distance supérieure à 1 kilomètre : le *June Bug* vola pendant 42 secondes 5 dixièmes, parcourant 1 551 mètres.

Le dernier avion réalisé par l'A.E.A. fut le *Silver Dart* de John Douglas McCurdy qui vola pour la première fois le 23 février 1909 sur la surface gelée de la baie de Baddeck, en Nouvelle-Écosse, parcourant environ 800 mètres. Le 24 février, le *Silver Dart* accomplit un vol de 7 200 mètres et, quelques semaines plus tard, une véritable traversée de 19 kilomètres.

En mars 1909, l'A.E.A. fut dissoute, mais ce n'est pas pour autant que Glenn H. Curtiss mit un terme à ses activités. Au printemps de la même année, le pionnier américain réalisa son premier projet indépendant, celui qui donna naissance au *Gold Bug*, avion qui fut construit en association avec Augustus M. Herring pour l'Aeronautic Society de New York pour une somme de 5 000 dollars. L'appareil fut confié à Curtiss qui, le 17 juillet 1909, remporta derechef le trophée *Scientific American*, avec un vol, cette fois, de 40 kilomètres sans escale.

Dès ses premiers vols, le *Gold Bug* s'était révélé très robuste, assez rapide et fort maniable. Cette dernière caractéristique était due à l'adoption d'ailerons, installés entre les deux ailes, que Curtiss avait décidé de substituer au système de contrôle à gauchissement alaire. Durant l'été 1909, on monta un nouveau moteur de 8 cylindres en V qui promettait une puissance de l'ordre de 50 ch. Le *Gold Bug* fut modifié pour absorber la plus grande puissance et fut appelé *Golden Flyer* (oiseau doré). La Grande Semaine d'aviation de la Champagne qui eut lieu à Reims en août 1909 le vit figurer parmi les principaux concurrents. Le *Golden Flyer* s'imposa comme l'un des meilleurs avions de son temps : il remporta le trophée Gordon Bennett le 28 août et le prix de la vitesse le jour suivant.

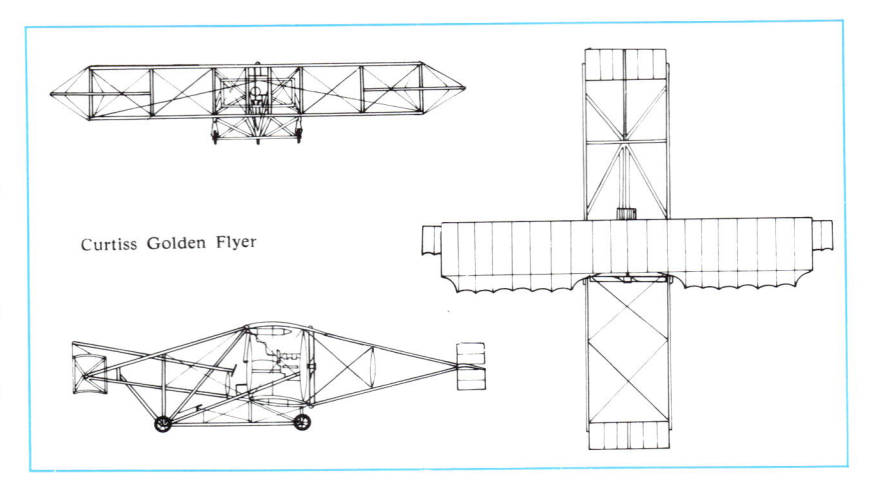

Par ailleurs, c'est un avion de ce type qui effectua le premier décollage à partir d'un navire de guerre et, quelques mois plus tard, le premier « appontage ». Les essais, qui marquèrent les débuts de l'ère des porte-avions, eurent lieu respectivement le 14 novembre 1910, sur le navire *Birmingham*, à Hampton Roads, en Virginie, avec Eugene Ely aux commandes, et le 18 janvier 1911 sur le cuirassé *Pennsylvania*, ancré dans la baie de San Francisco, toujours avec Eugene Ely comme pilote. De plus, en 1910, un *Golden Flyer* fut le premier avion à expérimenter une forme rudimentaire de bombardement sur des cibles de type naval et le premier également à utiliser en vol une liaison radio avec la terre. L'année suivante, la marine des États-Unis commanda un exemplaire de *Golden Flyer* amphibie, qui prit ensuite la dénomination officielle d'A 1.

Mais le meeting d'aviation de Reims connut aussi un autre grand protagoniste, européen cette fois : le Français Henri Farman. Après un différend avec les frères Voisin, à cause d'une carence dans la livraison d'un avion commandé en 1908, Farman avait décidé de monter un petit atelier et de construire un appareil entièrement nouveau. Le résultat de cette initiative fut le Henri Farman III qui, entre 1909 et 1911, remporta à Reims le Grand Prix (avec une distance de 180 kilomètres parcourue en 3 h 4 mn 46 s de vol), le prix des passagers (avec deux passagers à bord en plus du pilote) et la deuxième place dans le prix de l'altitude (110 mètres, derrière l'Antoinette VII de Latham).

Équipée d'un moteur Vivinus à 4 cylindres de 50 ch, l'appareil effectua son premier vol le 6 avril 1909 à Châlons. Puis suivirent des mois d'essais au cours desquels on apporta des modifications aux ailerons et à l'empennage.

Après ses brillantes démonstrations dans la Grande Semaine de l'aviation de la Champagne, le Farman III fut encore amélioré. On augmenta les dimensions, la surface des ailes et les performances s'en trouvèrent sensiblement accrues. Sous cette forme définitive, l'avion se répandit rapidement dans le monde entier.

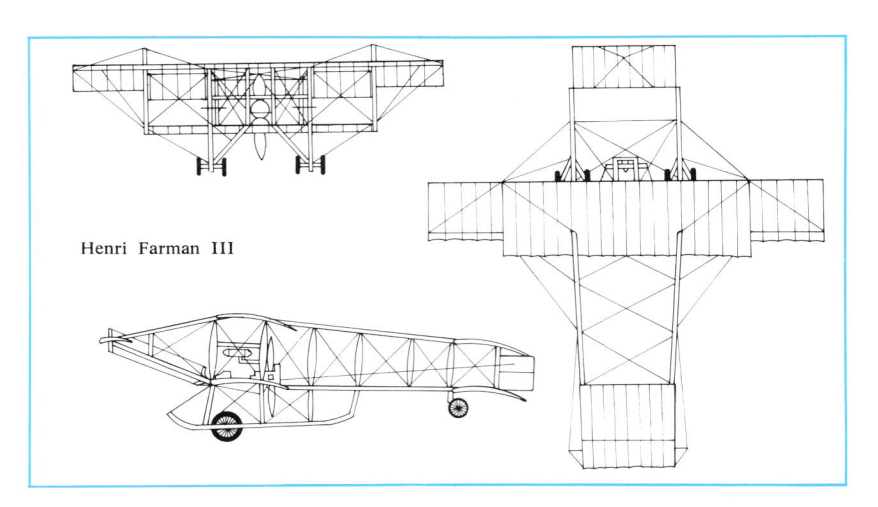

**Planche 24
Avions britanniques
de 1908 à 1910**

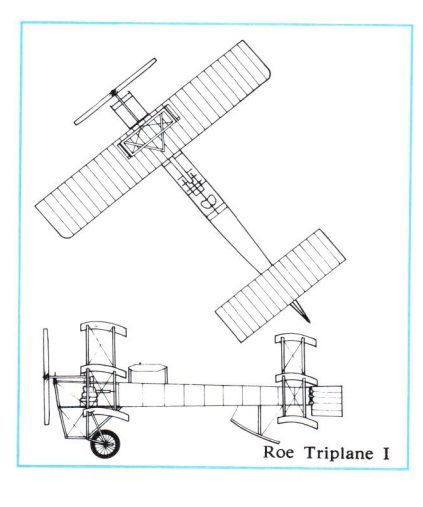

La Grande-Bretagne, qui était restée, au début, à l'arrière-plan de la scène aéronautique internationale, rattrapa rapidement le temps perdu. Le premier vol, en Angleterre, d'un avion de conception britannique et équipé d'un moteur anglais fut effectué le 23 juillet 1909 par Alliott Verdon Roe.

L'avion était un triplan (Roe Triplane I), prototype d'une série de quatre versions que Roe construisit au cours de cette période. Mais l'avion se révéla d'une puissance insuffisante : tout ce que le moteur J.A.P. de 9 ch réussit à lui faire faire, en cette occasion, ce fut un bond d'environ 270 mètres. Cependant, sur le second modèle, Roe installa un propulseur de 20 ch. Au meeting aérien de Blackpool, le 18 octobre 1909, l'appareil réussit seulement un saut d'une quarantaine de mètres, à cause de la pluie.

Alliott Verdon Roe avait commencé sa carrière comme ingénieur et constructeur aéronautique au printemps de 1907. Le futur fondateur de la célèbre A.V. Roe & Co. (Avro) débuta avec un biplan de type canard à hélice propulsive, le Roe Biplane I, avec lequel il avait l'intention de concourir pour un prix de 2 500 livres offert au premier avion qui volerait à Brooklands avant la fin de l'année. La tentative se solda par un échec. Mais Roe ne se découragea pas. Il remplaça le 4 cylindres en V J.A.P. de 9 ch par un Antoinette de 24 ch qu'il se fit prêter, modifia l'hélice, ajouta des surfaces pour compenser l'alourdissement de l'appareil et fit un nouvel essai. Le 8 juin 1908, l'avion réussit à décoller sous l'impulsion de son moteur, bien qu'en ne s'élevant que de quelques centimètres du sol. Ce résultat, pendant un certain temps, fut considéré comme le premier essai de vol réussi en Angleterre par un Anglais. Ce n'est qu'en 1928 que les « bonds » du biplan ne furent pas reconnus comme valables et que ce privilège fut accordé à J.T.C. Moore - Brabazon qui, un an après Roe, avait volé sur un biplan Voisin.

Outre Alliott Verdon Roe, les années 1909 et 1910 virent en Grande-Bretagne les débuts d'autres personnages qui devaient devenir célèbres comme constructeurs aéronautiques : Robert Blackburn, Geoffrey De Havilland et les frères Horace, Eustace et Oswald Short.

Robert Blackburn, ingénieur civil, se convertit au « plus lourd que l'air » en voyant Wilbur Wright voler à Issy en 1908. Son premier avion fut conçu à Paris, mais dès qu'il eut achevé les plans, il retourna en Grande-Bretagne et construisit l'appareil à Leeds.

Le type choisi (Blackburn Monoplane) était un monoplan à aile haute, aux structures assez robustes pour lui valoir aussitôt l'appellation de « monoplan lourd ». L'avion fut soumis aux essais à Marske, sur la côte du Yorkshire, au printemps de 1909. Il réussit à décoller, mais Blackburn ne fut plus capable de le contrôler quand il tenta un virage. Le « monoplan lourd » s'écrasa sur les dunes. L'année suivante, le premier projet de Geoffrey De Havilland, le Biplan N. 1, connut un sort semblable : il se fracassa au sol après que l'aile gauche eut brusquement cédé en plein vol. De Havilland avait commencé à construire son appareil en 1908, avec l'aide d'un ami, F.T. Hearle. Le pionnier anglais dessina et fit construire également le propulseur, un 4 cylindres « extraplat » de 45 ch qui fut récupéré après l'accident et servit à merveille pour le projet suivant. Cet essai malchanceux eut lieu à Crux Easton en avril 1910. Le premier et unique vol de l'appareil dura quelques secondes, au cours desquelles l'appareil parcourut une quarantaine de mètres.

En revanche, les débuts des frères Short en tant que constructeurs furent sensiblement plus heureux, même s'ils eurent des hauts et des bas. Horace, Eustace et Oswald Short connurent les succès avec leur second projet, un biplan de type Wright avec lequel J.T.C. Moore-Brabazon remporta le 30 octobre 1909 le prix de 1 000 livres offert par le *Daily Mail* pour le premier vol d'un mille en circuit effectué en Grande-Bretagne. Mais la réalisation suivante, le Short N. 3, représenta un cas inhabituel de régression technologique. Conçu et construit sur la lancée provoquée par le succès de son prédécesseur et présenté à l'Olympia Aero Show de 1910, l'avion se refusa obstinément à décoller, malgré les nombreux essais. Cela causa aux frères Short un important dommage financier, car les cinq exemplaires qui avaient déjà été commandés « les yeux fermés » par différents clients furent refusés et par conséquent jamais construits.

Les expériences et les réalisations de John William Dunne furent tout à fait originales. Au cours de différents essais effectués à la Balloon Factory de Farnborough, Dunne perfectionna sa formule de planeurs et d'avions à moteur à ailes en flèche et sans empennage. Le premier « tout aile » de l'histoire qui réussit à voler fut le Dunne D. 5, construit en 1910 par la société Short et soumis aux essais à Eastchurch à partir du 11 mars. En mai, le D.5 vola sur 3,5 km, faisant preuve d'une stabilité si parfaite que le pilote n'avait pas besoin des commandes pour maintenir l'assiette de vol. L'avion fut essayé pendant toute l'année suivante jusqu'à ce qu'il soit détruit dans un accident. Il fut reconstruit comme D.8 en 1912.

Une autre importante contribution aux recherches britanniques fut apportée par un amateur américain vivant en Angleterre : Samuel Franklin Cody. Celui-ci effectua le premier vol à moteur en Angleterre le 16 octobre 1908 à Farnborough, avec un biplan de type Wright qu'il avait construit pour la Balloon Factory du génie et qui devait être le premier avion officiellement reconnu par l'armée britannique. Après plus d'un an d'expériences, Cody décida de construire un autre appareil pour participer à la première Michelin Cup. L'avion (*Cody Michelin Cup*) était semblable au précédent, tout en étant plus perfectionné dans les commandes et muni d'ailerons. Avant de prendre part à la compétition — et après avoir remplacé le moteur d'origine Green par un E.N.V. de même puissance — Cody battit les records anglais de durée et de distance : 152,08 km en 2 h 24 mn. Le 31 décembre 1910, il s'adjugea la Michelin Cup avec des performances encore meilleures : 298,47 km en 4 h 47 mn.

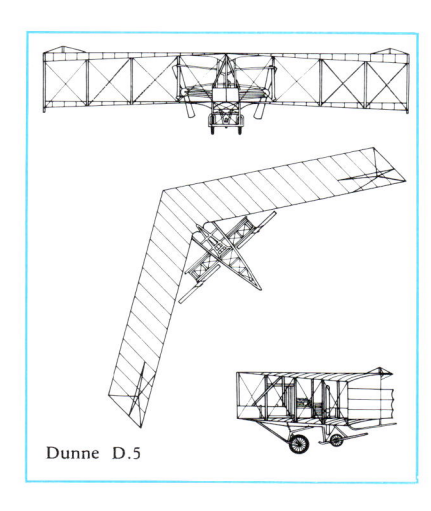

Roe Triplane I

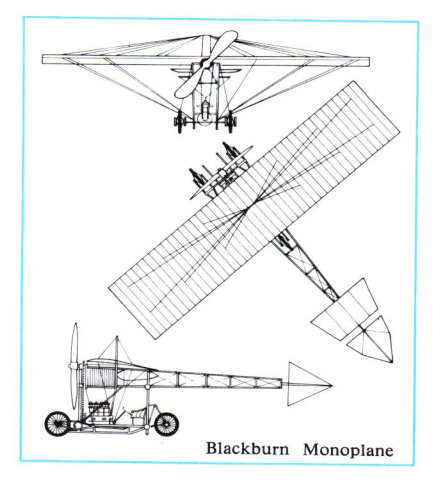

Blackburn Monoplane

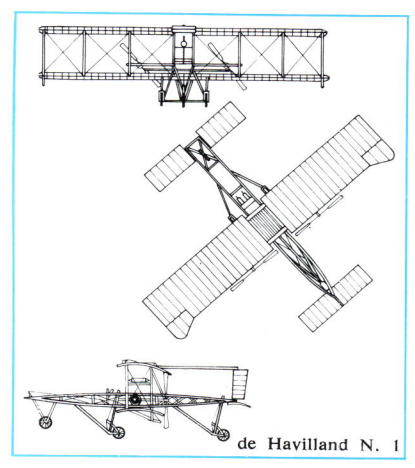

de Havilland N. 1

Dunne D.5

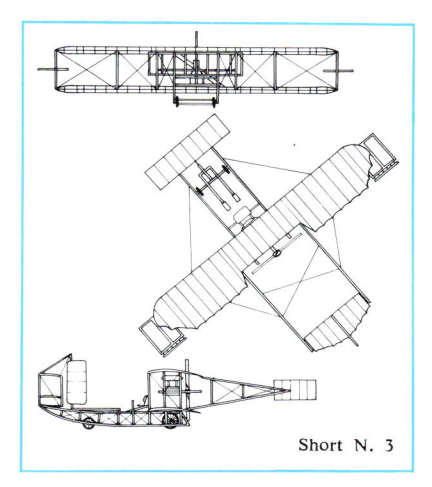

Short N. 3

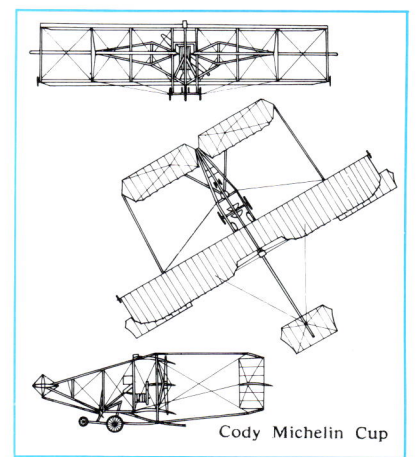

Cody Michelin Cup

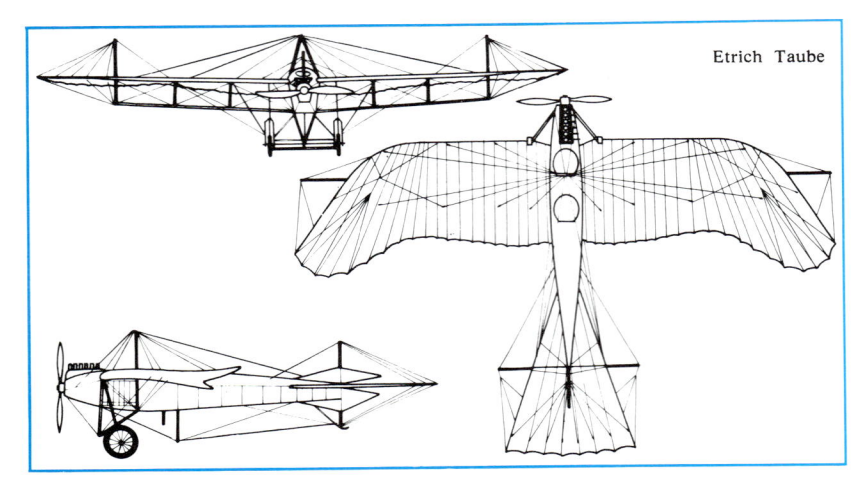

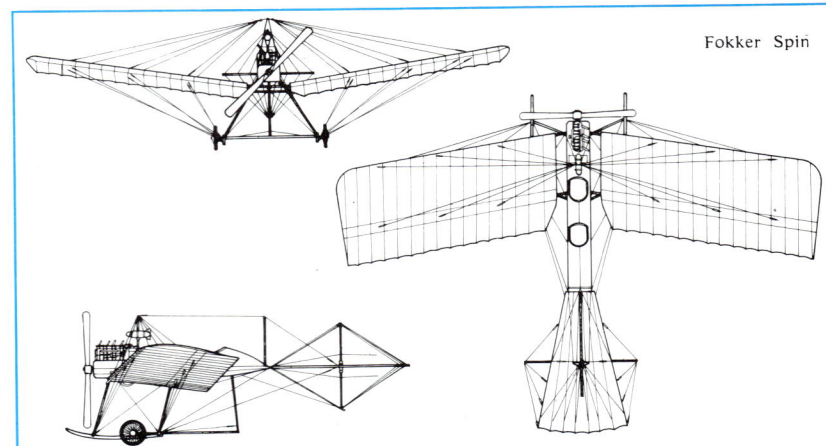

**Planche 25
Progrès en Europe
de 1910 à 1912**

Entre 1910 et 1912, le reste de l'Europe participa également à l'évolution de l'aviation.

En Autriche, on réalisa un appareil qui devait connaître un immense succès, surtout du point de vue de la production : le monoplan Taube (« colombe »), construit par l'ingénieur Igo Etrich. Techniquement, l'avion reprenait la formule dont Vuia et Blériot avaient fait la théorie et l'application, mais esthétiquement il rappelait un volatile, surtout pour les ailes et l'empennage. Le Taube fut présenté sous forme de prototype en 1910 et, à l'origine, était équipé d'un moteur Austro-Daimler. Après les premiers vols, Etrich céda la licence de construction à la fabrique Rumpler de Johannisthal et, par la suite, le moteur fut remplacé par un Mercedes de 100 ch. Quelque temps plus tard, Etrich renonça à tous ses droits, à cause d'une controverse, et le Taube fut produit par une dizaine de fabricants, qui le construisirent sous diverses formes et avec différents types de moteurs.

Même la pacifique Suisse vit en 1910 la première apparition d'une machine volante de production nationale. Le Dufaux 4 avait été construit l'année précédente par Armand Dufaux. Avec cet avion, un biplan à hélice tractive qui s'inspirait de la formule inaugurée par De Pischoff, Dufaux réussit à traverser le lac de Genève le 28 août 1910, devenant ainsi le premier pilote suisse de l'histoire.

La formule du monoplan, après le succès du Taube d'Etrich eut un autre représentant important dans le Fokker Spin, première réalisation du Hollandais Anthony Fokker. En 1910, à Wiesbaden en Allemagne, il avait, en collaboration avec Franz von Daum, construit son premier avion, qui est généralement connu sous le nom de Spin I. C'était un monoplan équipé d'un moteur Argus de 50 ch, avec lequel le jeune amateur réussit à effectuer quelques bonds d'une centaine de mètres en décembre 1910. L'avion, avec von Daum aux commandes, finit contre un arbre. Après avoir récupéré le moteur, Fokker construisit un deuxième appareil, en collaboration, cette fois, avec un constructeur de bateaux amateur d'aviation, Jacob Goedecker. Le Spin II était nettement meilleur que le précédent. Au mois d'août, le troisième Spin fut construit, après la destruction du deuxième, toujours par le fait de von Daum. Avec cet avion, les caractéristiques, déjà bonnes, du précédent modèle furent encore améliorées, au point que Fokker décida de se consacrer à l'aéronautique à l'échelle industrielle. Dans les premiers mois de 1912, il fonda sa Fokker Aeroplanbau GmbH, ayant son siège à Johannisthal, près de Berlin. Au cours de cette période, plusieurs variantes de Spin furent réalisées, différentes pour les moteurs et les caractéristiques des structures. Deux exemplaires de la deuxième version de 1913 furent acquis par les autorités militaires allemandes, qui leur attribuèrent le sigle M.1.

Ce qui prouve à quel point le monoplan intéressait les constructeurs de cet âge héroïque, c'est l'intense activité qui fut consacrée à l'époque au développement de cette formule de construction. Même aux États-Unis, patrie indiscutée du biplan, le premier vol d'un monoplan avait été salué avec enthousiasme le 9 décembre 1909. L'appareil était le Walden III conçu par Henry W. Walden, un dentiste de New York qui, de 1909 à 1913, construisit et soumit aux essais au bas mot douze avions de ce type !

La formule du monoplan fit aussi son apparition en Italie. Au nombre des avions de ce type figurent ceux que construisit à Turin Antonio Chiribiri, dans la période 1911-1913. Le modèle appelé Chiribiri N. 5 sortit en juillet 1912 et constitua, en un certain sens, le point culminant des expériences de cet ingénieur. Après une longue activité en vol, l'appareil fut présenté au concours militaire de 1913. Malgré ses bonnes performances générales, il fut écarté et Chiribiri, n'ayant plus de fonds, abandonna la construction aéronautique.

En revanche, deux ans plus tôt, un meilleur sort avait été réservé à un biplan de type Farman, conçu et réalisé par un autre constructeur de Turin, Francesco Darbesio. L'Asteria N. 2, en effet, avait été acheté par le gouvernement et envoyé à Benghazi, où il avait participé à des opérations militaires. La société aéronautique Asteria, après le succès du modèle N. 2, produisit un nouvel appareil, légèrement plus grand, avec le pilote et le passager installés dans une petite carlingue. L'Asteria N. 3 eut une intense activité et, le 20 septembre 1911, battit le record italien de durée. Pilote et passager, dans des conditions atmosphériques peu favorables, réussirent à voler pendant 2 h 2 mn 29 s.

Le problème de la protection des occupants face aux intempéries fut repris, avec plus de succès et de façon radicale par les Anglais. Alliott Verdon Roe, qui avait fondé en 1910 sa société A.V. Roe & Co., conçut deux avions, un monoplan et un biplan, tous deux caractérisés par un fuselage entièrement fermé, muni

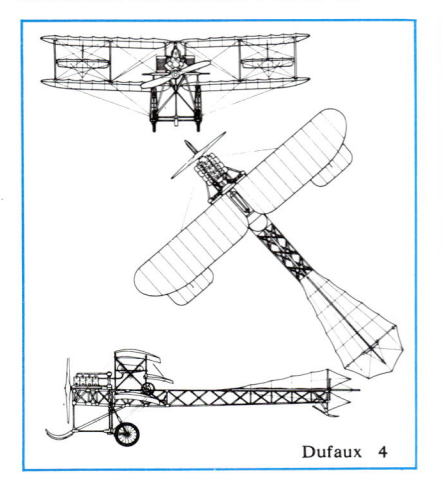

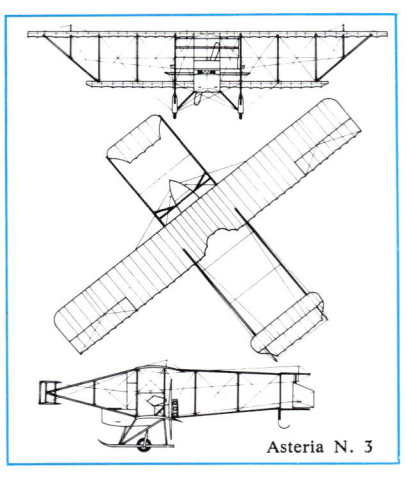

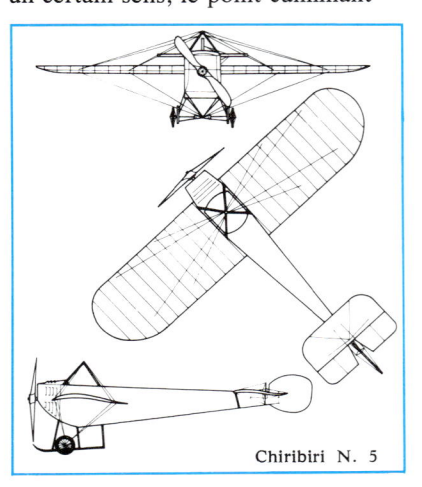

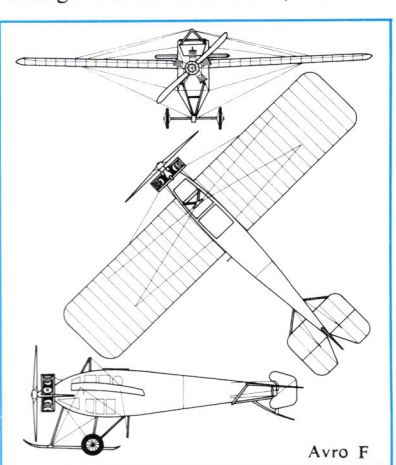

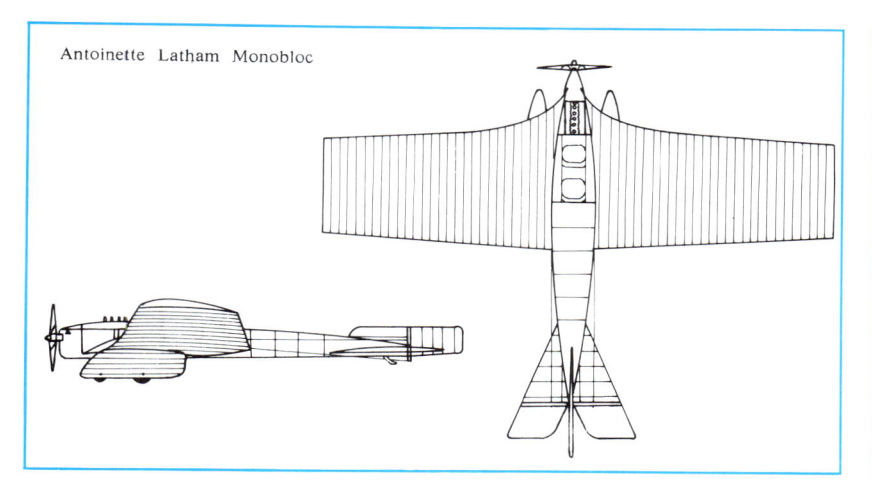

Antoinette Latham Monobloc

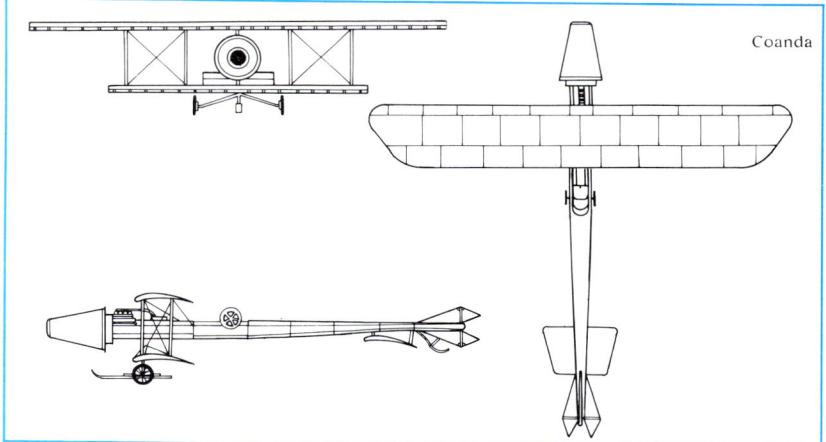

Coanda

d'une série de fenêtres en celluloïd pour assurer la visibilité au pilote. Le monoplan, appelé Avro F, fut soumis aux essais le 1er mai 1912 à Brooklands, avec un plein succès, faisant taire les adversaires qui avait prédit que la visibilité du pilote serait réduite à zéro par les gaz d'échappement du moteur. Les essais de l'Avro F se poursuivirent jusqu'au 13 septembre, date à laquelle le monoplan subit des dommages irréparables.

**Planche 26
Intuitions et trouvailles
de 1910 à 1912**

C'était toujours la France qui restait à l'avant-garde de l'aviation. Expériences et recherches se succédaient sans relâche, dont beaucoup devaient jouer un rôle important.

La réalisation la plus révolutionnaire et la plus en avance sur son temps fut sans conteste celle du Roumain Henri Coanda. Son appareil, du même nom, peut être considéré comme le premier avion à réaction de l'histoire. Il ne réussit jamais à voler, mais il resta comme la preuve tangible du talent de son jeune inventeur. L'avion fut présenté au Salon de l'aéronautique de Paris le 8 octobre 1910. Il utilisait un moteur à pistons qui, au moyen d'une transmission à engrenages multiples, actionnait un compresseur centrifuge installé dans la partie avant du fuselage. La faible poussée du compresseur (220 kg) fut la cause principale de l'échec. Le biplan de Coanda fit sensation non seulement par son mode de propulsion révolutionnaire, mais aussi par son élégance et sa structure : c'était la première fois, en effet, que haubans et supports alaires étaient réduits au minimum et qu'un avion était entièrement revêtu de bois.

Henri Coanda — qui en juin 1912 devait entreprendre une brillante carrière d'ingénieur dans la société britannique British and Colonial Aeroplane Co. (Bristol) — réalisa en 1911 un autre avion intéressant. Ressemblant beaucoup du point de vue de la structure à son prédécesseur, cet appareil était propulsé par deux moteurs rotatifs Gnome de 70 ch qui, installés de façon fort peu conventionnelle, transversalement, dans la partie avant du fuselage, actionnaient une hélice tractive à quatre pales. Cependant, cet avion ne réussit pas à s'affirmer.

Des solutions structurales tout aussi novatrices que celles réalisées par Coanda apparurent la même année dans un autre appareil français, l'Antoinette Latham Monobloc. C'était un monoplan triplace à ailes basses, dont l'équipage était logé dans un fuselage entièrement caréné. Dans le but d'améliorer au maximum les performances, les ingénieurs de la société Antoinette avaient cherché toutes les solutions possibles pour affiner les lignes aérodynamiques : les ailes furent construites en bosse, avec des câbles de commandes internes ; le train d'atterrissage fut entièrement caréné ; une grande partie du revêtement fut exécuté avec des feuilles d'aluminium. Mais le projet montra dans l'ensemble certaines défectuosités. En particulier, on avait sous-estimé le rapport poids/puissance de l'appareil. Le Monobloc, avec son moteur d'à peine 50 ch et un poids au décollage de 1 350 kg, réussit à grand-peine à se soulever de quelques mètres. Après quelques essais de modification, le constructeur l'abandonna définitivement.

L'effort déployé pour venir à bout d'inutiles résistances d'ordre aérodynamique et améliorer d'autant les performances porta ses fruits l'année suivante avec un avion qui, pour la première fois, fut conçu exclusivement pour la vitesse. Le premier à franchir le « mur » des deux cents à l'heure, le premier au palmarès de la prestigieuse Coupe Schneider : ces deux résultats, parmi tant d'autres, suffisent pour définir le monoplan Deperdussin comme le « bolide » des années qui précédèrent immédiatement la Grande Guerre. L'avion fut conçu au début de 1912 par Louis Béchereau, alors dessinateur à la Société pour les appareils Deperdussin. Béchereau, reprenant une idée de l'ingénieur suédois Ruchonnet, réalisa un fuselage monobloc en bois compensé, aux lignes aérodynamiques très évoluées, qui se terminait par une grande ogive. Pour porter à son maximum la puissance des moteurs disponibles à cette époque, on monta deux propulseurs Gnome rotatifs accouplés sur un axe unique.

Le premier résultat important fut la victoire remportée par ce monoplan dans la Coupe Gordon Bennett de 1912 : avec Jules Védrines aux commandes, l'avion vola à 174,01 km/h. Ce record fut brillamment battu l'année suivante, le 29 septembre 1913, à Reims, où Maurice Prévost remporta l'épreuve de vitesse à la moyenne de 200,5 km/h. Au cours de cette épreuve, le Deperdussin battit trois fois le record mondial de vitesse, la pointe la plus élevée étant de 203,85 km/h.

Les succès sportifs de l'appareil ne portèrent pas chance à la société d'Armand Deperdussin. Les victoires et les records n'entraînèrent aucune commande et, en 1913, le constructeur français fit faillite. Cependant, sa société continua d'exister. Reprise l'année suivante par Louis Blériot, elle prit d'abord la nouvelle raison sociale de Société provisoire des aéroplanes Deperdussin, et ensuite celle de Société pour l'aviation et ses dérivés. Louis Béchereau resta comme ingénieur en chef. Son nom et le sigle de la société (SPAD) devinrent célèbres grâce aux chasseurs construits au cours de la Première Guerre mondiale.

Un autre ingénieur, destiné à jouer un rôle de premier plan dans l'histoire de l'aviation, parvint à des résultats concrets au cours de cette même période : Louis Breguet. L'appareil qui marqua cette étape fut

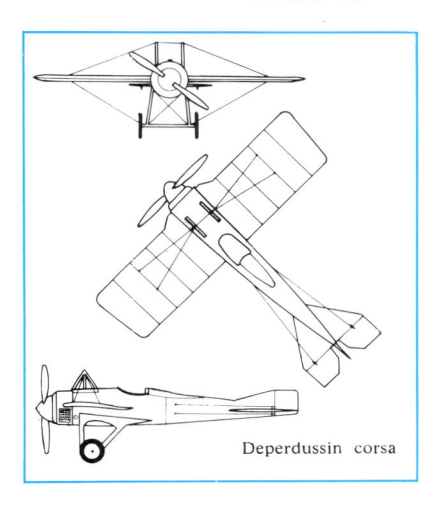

Deperdussin corsa

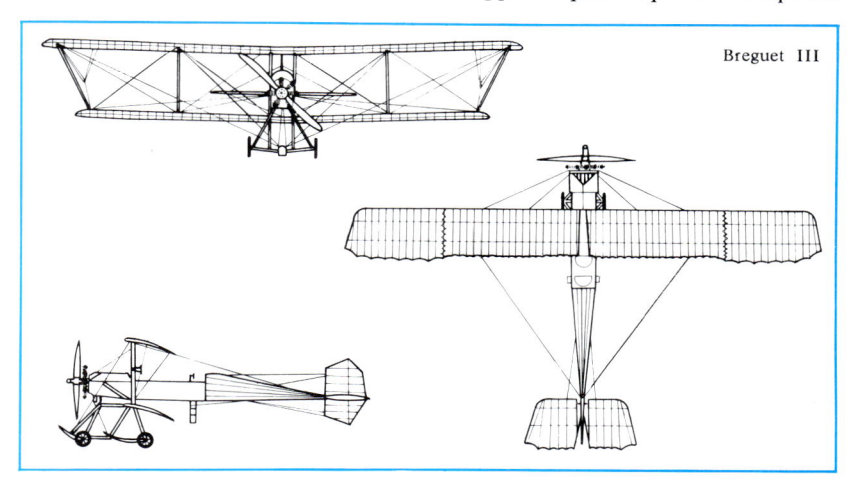

Breguet III

le Breguet III de 1912. Avec lui, le biplan à hélice tractive aboutit à sa forme standard. L'avion suscita beaucoup d'intérêt, surtout à cause des possibilités qu'il offrait pour l'usage militaire : pour l'année 1912 seulement, le Breguet III fut commandé en 32 exemplaires par l'armée française, en 5 exemplaires par l'armée britannique, en 3 exemplaires par l'armée italienne et en 1 exemplaire par l'armée suédoise.

Louis Breguet avait commencé à s'intéresser à l'aviation quand il fréquentait l'École supérieure d'électricité. En 1907, avec son frère Jacques et l'ingénieur Charles Richet, il avait construit son premier « giroplan », une sorte d'hélicoptère avec quatre grandes hélices actionnées par un unique moteur Antoinette, qui avait réussi à se soulever du sol de quelques dizaines de centimètres. Après une série d'expériences consacrées aux « giroplans » (le modèle 2 bis se souleva de 4 mètres, le 22 juillet 1908), Breguet fonda la Société des ateliers d'aviation Breguet-Richet et décida de concentrer son activité sur les avions à aile fixe. En 1909, il construisit son premier biplan, un appareil qui réussit à voler à Reims sur de brefs parcours. Le Breguet I s'imposa également grâce à certaines solutions concernant la technique et la structure, comme l'emploi élargi de composantes métalliques et un original système de commande des élévateurs et des ailerons. Bien que l'avion ait été sérieusement endommagé à l'atterrissage, au terme de son troisième vol à Reims, le constructeur en tira d'utiles enseignements pour la conception du Breguet III. Pour le nouveau biplan, on utilisa encore plus largement des composantes métalliques. Outre la structure de base, entièrement en tubes d'acier, Breguet employa des panneaux d'aluminium pour revêtir la partie avant du fuselage. L'aspect de l'avion parut si insolite que les pilotes de la marine britannique surnommèrent le biplan *The Whistle* (« le sifflet »), très probablement à cause des sifflements métalliques nettement perceptibles en vol. On monta sur cet avion divers types de moteurs, dont chacun donna naissance à des variantes portant des dénominations différentes. Les propulseurs les plus répandus furent le V-8 Renault à refroidissement à air de 60 ch, le rotatif Gnome de 50 ou de 80 ch et le radial Canton-Unné à 7 cylindres à refroidissement hydraulique, de 80 ou de 110 ch. Certains Breguet équipés de ce moteur étaient encore en service en août 1914.

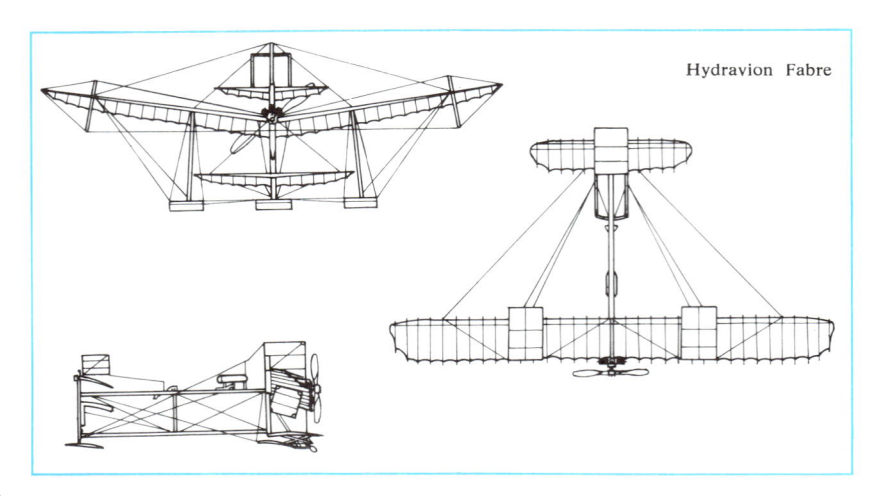

**Planche 27
L'hydravion fait son apparition en 1910**

Ce fut un autre Français, l'ingénieur Henri Fabre, qui franchit une nouvelle et importante étape de la longue histoire de l'aviation. Le 28 mars 1910, dans le port de La Mède, près de Marseille, pour la première fois au monde, un avion décolla sur l'eau, vola normalement et « atterrit » sur des flotteurs. L'appareil (Hydravion Fabre) avait l'aspect d'un monoplan fragile et pataud, hérissé de haubans, et muni de trois « sabots » convexes à fond plat. Henri Fabre n'avait jamais piloté d'avion. Pourtant, au cours de cette matinée historique, avec ces 500 mètres parcourus à un peu plus de deux mètres de la surface des eaux, il devint un personnage de premier plan dans l'histoire de l'aviation.

On avait essayé de construire une machine volante capable de décoller sur l'eau dès le début du siècle. Un Autrichien, Wilhelm Kress avait été un pionnier malchanceux. Dès 1877 il s'était consacré au « plus lourd que l'air », expérimentant différentes maquettes propulsées par des élastiques. En 1898, il estima qu'il serait bien plus facile de décoller d'une surface liquide que de la terre ferme. En trois ans d'un travail acharné, il conçut et réalisa le premier hydravion à moteur de l'histoire : une machine compliquée avec trois surface alaires en tandem, des élévateurs et un gouvernail à la queue et deux hélices propulsives actionnées par un moteur à essence. L'ingénieur testa personnellement son ouvrage et, en octobre 1901, effectua le premier et unique essai sur le lac de Tullnerbach, près de Vienne. L'hydravion flotta sur une certaine distance, sans réussir à décoller de l'eau et ensuite, à cause d'un brusque virage, capota et coula.

On dut attendre jusqu'en 1905 pour assister à de nouvelles tentatives, en France cette fois, grâce aux activités de deux célèbres pionniers de l'aviation : Gabriel Voisin et Ernest Archdeacon. Au cours de leurs expériences avec des planeurs dérivés de ceux des frères Wright, ils réalisèrent une machine volante de ce type équipée d'une paire de flotteurs. L'hydroplaneur Voisin-Archdeacon fut soumis aux essais deux fois, le 8 juin et le 18 juillet 1905, sur la Seine entre Sèvres et Billancourt. L'appareil était remorqué par un canot à moteur et, à la première tentative, il réussit à décoller de la surface du fleuve et à voler sur environ 150 mètres. Le 18 juillet, cette distance fut doublée.

L'hydravion marqua aussi le début de la carrière aéronautique de Louis Blériot. En effet, en 1905, il s'était fait construire par Gabriel Voisin une variante de l'hydroplaneur Voisin-Archdeacon (appelée Voisin-Blériot ou Blériot II), avec lequel il avait failli se noyer au cours de l'unique essai qu'il fit. Blériot conçut ensuite un avion insolite, caractérisé par deux ailes elliptiques d'égales dimensions. L'appareil prit le nom de Blériot III et fut essayé pour la première fois en mai 1906. Il ne vola jamais, même dans ses deux versions modifiées, la première sous forme d'hydravion, la seconde sous forme terrestre. Cependant, le succès d'Henri Fabre fut renouvelé l'année suivante aux États-Unis par Glenn Curtiss.

Dès 1908, Curtiss avait effectué des essais avec une version hydro de son *June Bug,* mais le succès ne vint que le 26 janvier 1911, à San Diego (Californie), avec le premier décollage sur l'eau d'un *Golden Flyer* modifié par l'installation d'un flotteur central et de deux stabilisateurs à l'extrémité des ailes. Le 17 février, l'avion effectua un vol de démonstration : parti d'une base située sur la côte, il rejoignit le navire de guerre *Pennsylvania* ancré au large de San Diego. Avec l'acquisition par la marine d'un exemplaire de cet appareil (qui fut appelé Curtiss Hydro A.1), on s'employa activement à développer la coopération entre navire et avion. Le premier pilote naval fut le lieutenant Theodore G. Ellyson qui mena toute une série d'expériences, dont les premières visaient à perfectionner les techniques de lancement. On essaya divers systèmes, parmi lesquels celui qui consistait à catapulter l'avion de la plate-forme de lancement des torpilles. Au cours de ses nombreux vols, Ellyson battit de nombreux records : entre autres, il parcourut 180 kilomètres d'Annapolis (Maryland) à Milford Haven (Virginie) avec un passager à bord en 2 h 2 mn.

Le Curtiss A.1 fut suivi par trois autres modèles, appelés A.2, A.3 et A.4 qui ne différaient entre eux que par des détails. L'A.2 subit en octobre 1912 une intéressante transformation : le flotteur central fut revêtu d'une superstructure qui forma un véritable fuselage. L'exemplaire A.3, le 3 juin 1913, battit le record américain d'altitude pour hydravions en atteignant 1 890 mètres.

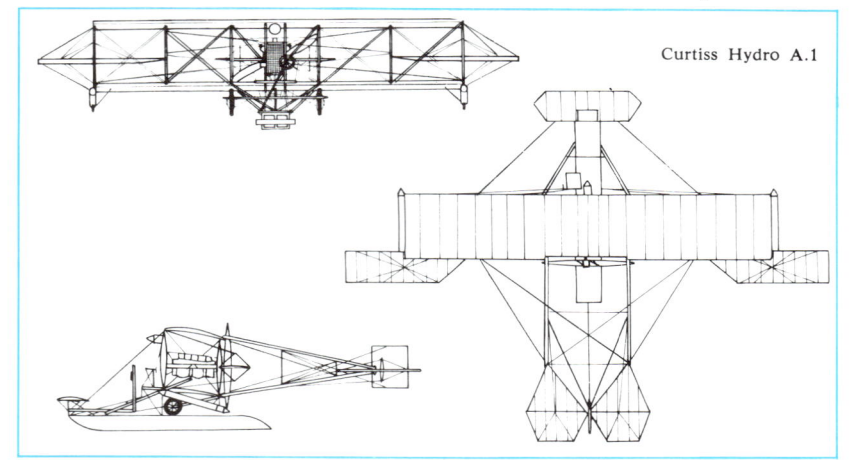

**Planche 28
L'hydravion tente de s'affirmer**

Après les débuts de Fabre et la confirmation apportée par Curtiss, la réalité de l'hydravion vint s'ajouter à celle, déjà bien établie, de l'avion terrestre conventionnel.

Après la France et les États-Unis,

l'intérêt pour cet appareil se concentra en Angleterre.

Pour ce qui est des premières tentatives britanniques, il faut mentionner celle qu'effectua en 1909 Jack Humphreys avec son Waterplane. L'appareil était en gros un biplan à hélices propulsives équipé d'un moteur J.A.P. de 35 ch. La paire d'ailes était de type sesquiplan (c'est-à-dire d'une ouverture et d'une surface différentes, l'aile inférieure étant plus petite), tandis que l'empennage, de forme triangulaire, était monté sur une articulation universelle, de façon à lui permettre de tourner dans toutes les directions et de remplir ainsi les fonctions d'élévateur et de gouvernail ; une paire d'ailerons triangulaires avait également été installée aux extrémités de l'aile supérieure. La flottaison était assurée par un fuselage en forme de barque et deux stabilisateurs latéraux fixés aux extrémités de l'aile supérieure au moyen de longs supports. Humphrey avait l'intention d'exposer son appareil à l'Olympia Aero Show de 1909, mais, étant donné ses dimensions, le Waterplane ne put entrer dans le bâtiment où avait lieu la manifestation. En avril 1909, l'hydravion fut essayé sur la rivière Colne, à Wivenhoe dans l'Essex, mais l'expérience fut un échec : la coque se remplit d'eau et l'appareil coula. Récupéré, il réussit ensuite à flotter mais non à décoller.

Un nom qui acquit une grande notoriété dans le secteur des hydravions fut celui des frères Short. L'appareil qui fit d'eux des spécialistes dans ce domaine fut le modèle S.41 de 1912, qui fut construit en série pour l'amirauté. Le prototype du S.41 vit le jour au début de 1912, non comme hydravion mais comme avion terrestre conventionnel. Il fut aussitôt modifié par l'installation de flotteurs et essayé avec succès.

L'hydravion à flotteurs latéraux ne fut pas l'unique spécimen de l'époque. En 1912, le Bat Boat N. 1 de la Sopwith inaugura en Europe la formule de l'hydravion à coque centrale. L'avion fut construit et soumis aux essais vers la fin de l'année et, le 16 février 1913, exposé à l'Olympia Aero Show, où il suscita l'intérêt de l'amirauté qui en acheta un exemplaire.

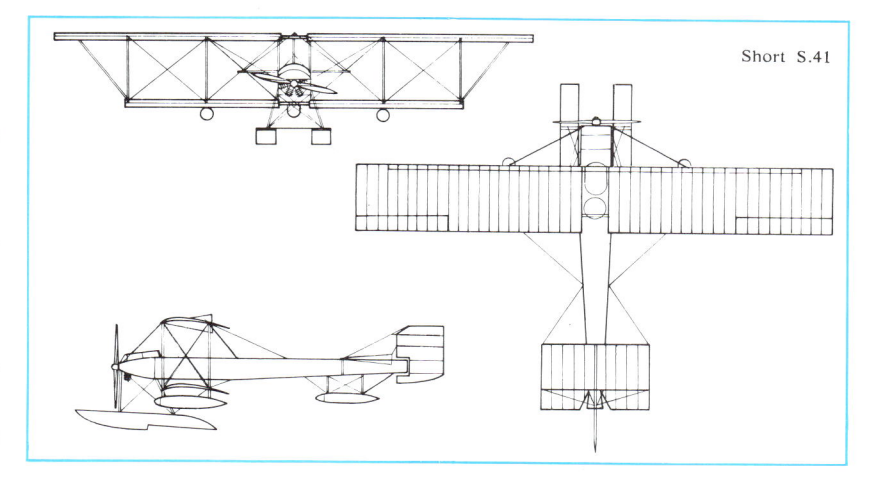

Au printemps de 1913, le magnat américain Mortimer Singer créa un prix de 500 livres pour un amphibie britannique qui réussirait une épreuve consistant en six vols aller et retour entre deux points distants de 8 kilomètres, l'un situé à terre et l'autre en mer. La durée maximale de cinq heures était la limite de temps imposée. La Sopwith décida d'entrer en compétition et, après avoir remplacé le moteur du Bat Boat N. 1 et installé une paire de roues escamotables pour le rendre amphibie, fixa l'épreuve au 8 juillet 1913. Avec le pilote d'essai en chef Harry Hawker aux commandes et un officier de la marine comme observateur, l'appareil réussit à effectuer le parcours en 3 h 25 mn.

Ce succès poussa la Sopwith à mettre au point une version amélioré du Bat Boat. L'occasion avait été fournie par une compétition organisée par le *Daily Mail,* où le prix était de 5 000 livres. En vue de cette épreuve qui devait se disputer l'année suivante, la Sopwith construisit deux exemplaires du nouvel appareil, le Bat Boat N. 2. L'un des deux, celui qui était destiné à la compétition, fut équipé d'un moteur Sunbeam de 225 ch, plus puissant que le Salmson Canton-Unné installé sur l'autre avion.

Les deux Bat Boat volèrent avec succès en 1914, se révélant robustes et rapides mais surtout très stables. Le premier fut acheté par la marine allemande, le second ne réussit jamais à participer à l'épreuve pour laquelle il avait été conçu et qui fut annulée à cause de la guerre. Le second Bat Boat fut repris par l'aéronavale et resta en service jusqu'en 1915.

En Italie également, l'hydravion avait suscité de l'intérêt pour ses possibilités d'utilisation militaire. Dès 1910, le chantier naval de La Spezia avait réalisé un avion de ce type conçu par Mario Calderara, l'officier qui avait été le premier pilote italien, formé par Wilbur Wright lui-même en 1909. L'année suivante, un biplan Henri Farman avait été modifié et transformé en hydravion, sur un projet du capitaine Alessandro Guidoni. En juin 1912, un autre appareil de ce type fut essayé à Vigna di Valle, après avoir été conçu par les capitaines Crocco et Ricaldoni. Ces deux avions furent abandonnés de même que le projet de Pateras-Pescara réalisé deux ans plus tard. C'était un monoplan à ailes hautes avec flotteurs latéraux, d'une conception incontestablement originale : la propulsion, en effet, était assurée par un couple de rotatifs Gnome installés au centre du fuselage, l'un en face de l'autre, actionnant une hélice tractive et une hélice propulsive. En dehors du domaine militaire, l'hydravion commença au cours de ces années une brillante carrière sportive. La première grande manifestation eut lieu à Monaco en 1912 et attira des dizaines de concurrents français et étrangers. Des épreuves spéciales, en eau calme et en eau agitée, avaient été prévues dans le but d'évaluer la capacité des appareils et l'habileté des pilotes. Les meilleurs avions furent deux biplans Farman, modifiés par l'installation de flotteurs, qui conquirent les deux premières places. Deux modèles d'un appareil original construit l'année précédente par les frères Voisin, le Canard-Voisin, ne réussirent pas à se placer. C'était un avion insolite avec lequel les Voisin, en août 1911, avaient effectué différents essais pour expérimenter ses possibilités amphibies. A l'origine, en effet, le Canard-Voisin était doté d'un train d'atterrissage ; par la suite, on ajouta quatre flotteurs de type Fabre. Sous cette forme hybride, l'appareil vola avec succès le 3 août, décollant du terrain d'Issy et amerrissant sur la Seine près de Billancourt. Le vol de retour, qui prévoyait un décollage sur l'eau, suscita quelque appréhension, mais se déroula dans de bonnes conditions.

Planche 29
L'hydravion inaugure le premier service passagers du monde

Le deuxième meeting de Monaco, qui eut lieu en 1913, vit s'affirmer pour la première fois l'hydravion dans le domaine de la vitesse pure. A cette occasion fut disputée la première Coupe Schneider, dont le trophée devait revenir au vainqueur d'un circuit de 280 kilomètres à parcourir en 28 tours de 10 kilomètres chacun.

Cette idée avait été lancée par l'industriel français Jacques

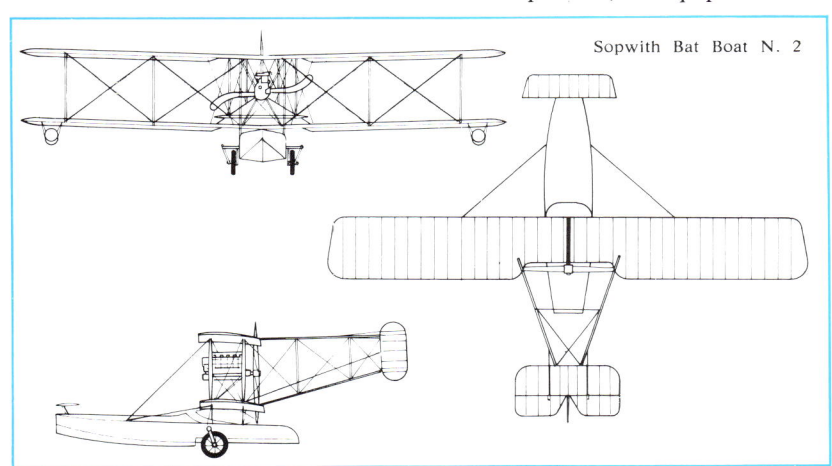

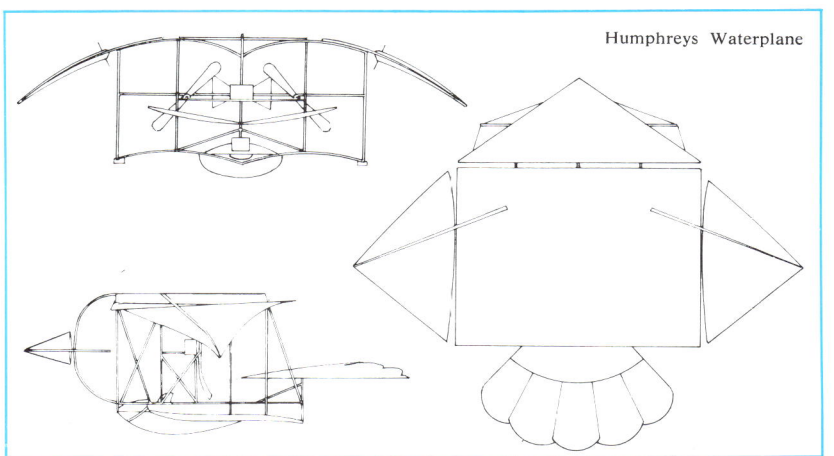

Hydravion de course Deperdussin

Sopwith Tabloid

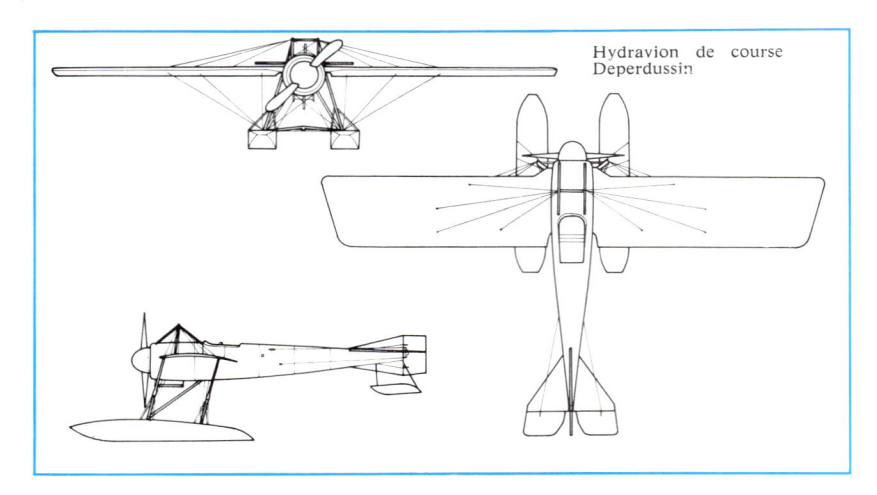

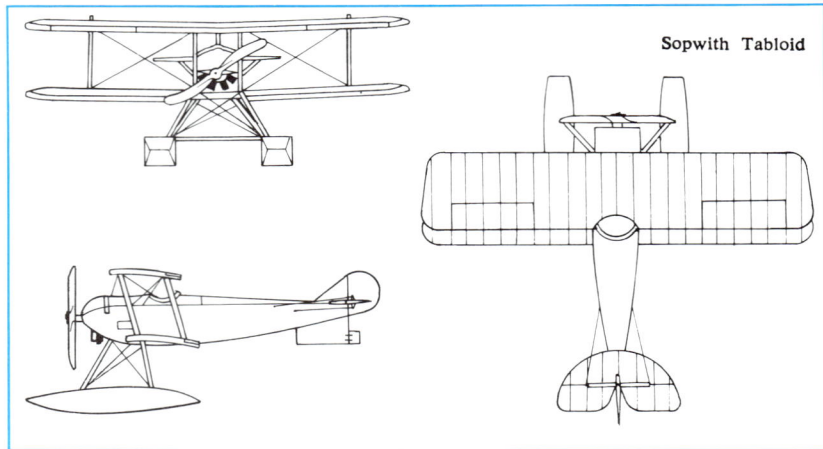

Schneider le 5 décembre 1912 et avait pour but de promouvoir le développement des hydravions. La première fois, le vainqueur fut un appareil déjà célèbre, le monoplan Deperdussin qui, en version terrestre, avait surclassé tous ses adversaires dans la Coupe Gordon Bennett de 1912. L'hydravion de course Deperdussin était une variante plus grande du projet original de Louis Béchereau, dotée de trois flotteurs : deux principaux avec un troisième, plus petit, à la queue. Avec Maurice Prévost aux commandes, l'avion décolla le premier le 16 avril à 8 h 05. Les autres concurrents n'étaient que trois : Roland Garros sur un Morane-Saulnier, Gabriel Espanet sur un Nieuport et Charles T. Weymann (unique représentant étranger, et américain pour plus de précision) sur un autre Nieuport. La supériorité du Deperdussin fut amplement démontrée : le monoplan remporta la victoire bien qu'il ait été contraint par les juges, à cause d'une irrégularité présumée, de recommencer son décollage et de refaire 10 kilomètres de circuit. Aussi la vitesse moyenne fut-elle faible : 73,56 km/h.

Ce fut là la première et unique victoire française dans les différentes Coupes Schneider qui, jusqu'en 1931, virent s'affronter avec acharnement Américains, Italiens et Anglais.

Ces derniers furent vainqueurs à la Coupe de 1914, la dernière à être disputée avant la guerre mondiale. L'avion le plus rapide fut un biplan Sopwith Tabloid, un appareil terrestre spécialement modifié pour la rencontre avec l'installation de deux flotteurs et d'un moteur aux performances brillantes. Le 20 avril 1914, toujours à Monaco, le pilote Howard Pixton enregistra la moyenne de 139,73 km/h et, en deux tours supplémentaires, atteignit 148 km/h, établissant un nouveau record de vitesse pour hydravions. C'était la première fois que la Grande-Bretagne s'affirmait dans le domaine aéronautique international.

La version spéciale du Tabloid mise au point pour la Coupe Schneider n'était pas, en réalité, très différente, dans ses grandes lignes, de l'avion qui était sorti depuis l'automne de l'année précédente. L'appareil d'origine avait été conçu par T.O.M. Sopwith et F. Sigrist, qui s'étaient fixé comme objectif la réalisation d'un biplan rapide destiné à des tâches de reconnaissance militaire. Le prototype fut construit dans le plus grand secret et les essais commencèrent en automne 1913 à Brooklands. Suivirent les tests d'appréciation officielle et l'avion montra aussitôt de très bonnes qualités de vitesse et de maniabilité. A Farnborough, où se trouvait la Royal Aircraft Factory qui enregistrait les résultats des épreuves de qualification, le Tabloid fit une pointe de 148 km/h en vol horizontal et monta à 336 mètres en 60 secondes. C'était le 29 novembre et, le même jour, le pilote d'essai Harry Hawker vola jusqu'à Hendon, arrivant sur l'aérodrome alors que se déroulait l'un des populaires meetings du samedi et montrant à plus de 50 000 spectateurs le nouvel avion Sopwith. Deux circuits rapides furent parcourus à faible altitude et à plus de 140 km/h. Il en résulta que le biplan fut commandé en quantité importante comme avion de reconnaissance monoplace et qu'il équipa les unités du service aérien de la marine et de l'armée.

Devant ce succès, Sopwith décida de mettre au point l'un des exemplaires du Tabloid pour représenter la Grande-Bretagne à la deuxième Coupe Schneider qui allait bientôt se disputer. Étant donné que la rencontre était réservée aux hydravions, on installa au début un large flotteur central à la place du train d'atterrissage. Le moteur Gnome de 100 ch fut mis au point pour l'occasion. Mais aux premiers essais, le flotteur se révéla inadéquat : alors qu'il est en train de flotter, l'avion capota de façon inattendue. Plus tard, à l'atelier, on décida de doubler le flotteur et, pour ne pas perdre un temps précieux, on recourut à l'expédient consistant à couper en deux dans le sens de la longueur le large « sabot » original : c'était la bonne solution. La seule modification importante que l'on apporta avant la conquête du trophée fut le remplacement de l'hélice par une autre hélice de rendement supérieur.

De retour en Angleterre après la victoire, le biplan fut ramené dans les ateliers Sopwith de Kingston où on lui redonna son aspect d'avion terrestre en installant un train d'atterrissage à structure en V. Ensuite, le Tabloid fut confié au pilote R.H. Barnwell et mis au point pour participer au Derby aérien de 1914. A cause du manque de visibilité, l'appareil ne réussit pas à terminer l'épreuve.

Mais la contribution la plus importante apportée par l'hydravion à l'histoire de l'aviation ne fut pas à caractère sportif. Le 1er janvier 1914, en Floride, il revint à un petit biplan à coque centrale de marquer la naissance du transport aérien. Le Benoist XIV inaugura ce jour-là le premier service régulier de voyageurs en reliant deux localités, St. Petersburg et Tampa, situées à une distance de 34,5 km à vol d'oiseau. L'avion, qui pouvait transporter un passager en plus du pilote, avait été conçu et réalisé par Thomas Benoist, un industriel de St. Louis. L'idée de créer une ligne aérienne commerciale était venue à Benoist vers la fin de 1913 et il avait réussi à la mettre en pratique le 13 décembre de la même année en signant un contrat avec les autorités de St. Petersburg. Outre cet accord officiel, Benoist obtint le financement initial. Inaugurée donc le 1er janvier 1914, la St. Petersburg-Tampa Airboat Line fonctionna avec deux vols par jour pendant quelques mois. Le prix du voyage était de 5 dollars — même si le premier passager, un certain A.C. Pheil, en avait payé 400 — et il existait un tarif progressif pour les marchandises.

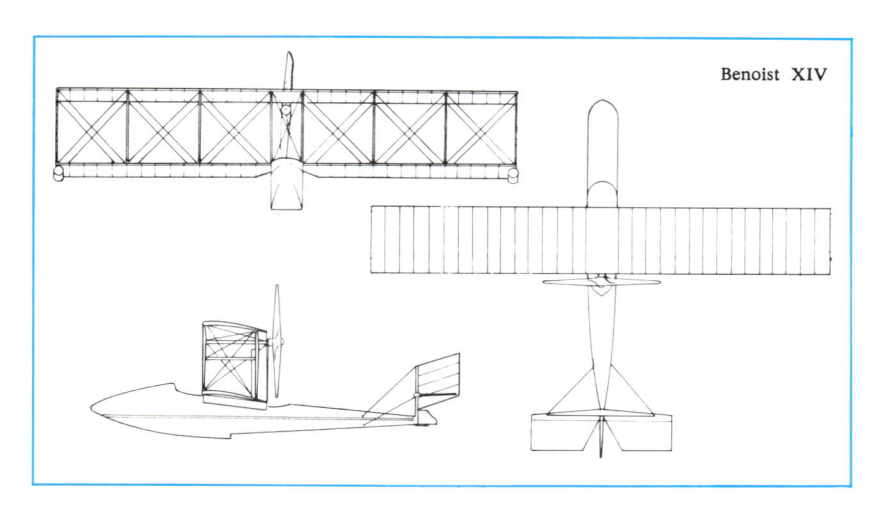

Benoist XIV

Records de vitesse et de durée de 1906 à 1914

Date	Localité	Pilote	Avion	Moteur	(km/h)	(mph)
1908 21 IX	Auvours (F)	Wilbur Wright	Wright A	30 ch Wright	44	27.2
1909 31 V	Juvisy (F)	Léon Delagrange	Voisin	45 ch Antoinette	45	27.9
1909 3 IX	Juvisy (F)	Cap. Ferber	Voisin	45 ch Antoinette	48	29.7
1909 28 VIII	Reims (F)	Louis Blériot	Blériot	60 ch E.N.V.	77	47.7
1910 29 X	Belmont Park (USA)	Alfred Léblanc	Blériot	100 ch Gnome	109	67.5
1911 1 VII	Eastchurch (GB)	C. Weymann	Nieuport	100 ch Gnome	125	70.5
1912 9 IX	Chicago (USA)	Jules Védrines	Deperdussin	100 ch Gnome	170	105
1913 29 IX	Reims (F)	Marcel Prévost	Deperdussin	160 ch Rhône	204	124.5

km/h/mph: 10/6 20/12 30/19 40/25 50/31 60/37 70/43 80/50 90/56 100/62 110/68 120/75 130/81 140/87 150/93 160/99 170/106 180/112 190/118 200/124

Date	Localité	Pilote	Avion	Moteur	Temps (h m' s")
1906 12 XI	Bagatelle (F)	Santos-Dumont	Santos-Dumont 14 bis	50 ch Antoinette	0 0 21
1907 26 X	Issy (F)	Henry Farman	Voisin	40 ch Vivinus	0 0 52
1908 13 I	Issy (F)	Henry Farman	Voisin	50 ch Antoinette	0 1 28
1908 21 III	Issy (F)	Henry Farman	Voisin	50 ch Antoinette	0 3 39
1908 11 IV	Issy (F)	Léon Delagrange	Voisin	40 ch Vivinus	0 6 39
1908 30 V	Roma (I)	Léon Delagrange	Voisin	50 ch E.N.V.	0 15 26
1908 6 VII	Issy (F)	Henri Farman	Voisin	50 ch Antoinette	0 20 19
1908 6 IX	Issy (F)	Léon Delagrange	Voisin	40 ch Vivinus	0 29 53
1908 21 IX	Auvours (F)	Wilbur Wright	Wright A	30 ch Wright	1 31 25
1908 18 XII	Auvours (F)	Wilbur Wright	Wright A	30 ch Wright	1 54 53
1908 31 XII	Auvours (F)	Wilbur Wright	Wright A	30 ch Wright	2 20 23
1909 27 VIII	Béthény (F)	Louis Paulhan	Voisin	50 ch Gnome	2 43 24
1909 27 VIII	Béthény (F)	Henry Farman	H. Farman III	50 ch Gnome	3 4 56
1909 3 XII	Mourmelon (F)	Henry Farman	H. Farman III	50 ch Gnome	4 17 53
1910 9 VII	Reims (F)	Labouchère	Antoinette VII	50 ch Antoinette	4 19 0
1910 10 VII	Reims (F)	Jan Olieslaegers	Blériot	50 ch Gnome	5 3 5
1910 28 X	Étampes (F)	Maurice Tabuteau	M. Farman	70 ch Renault	6 0 0
1910 18 XII	Étampes (F)	Henri Farman	H. Farman III	50 ch Gnome	8 12 23
1911 1 IX	Buc (F)	Fourny	M. Farman	70 ch Renault	11 1 20
1912 11 IX	Buc (F)	Fourny	M. Farman	70 ch Renault	13 17 57
1914 4 II	Johannisthal (D)	Langer	L.F.G. Roland	100 ch Mercedes	14 7 0
1914 24 IV	Étampes (F)	Poulet	Caudron	50 ch Gnome	16 28 56
1914 24 VI	Johannisthal (D)	Basser	Rumpler	100 ch Mercedes	18 10 0
1914 28 VI	Johannisthal (D)	Landmann	Albatros	100 ch Mercedes	21 50 0
1914 10 VII	Johannisthal (D)	Boehm	Albatros	100 ch Mercedes	24 12 0

0 1 2 3 4 5 6 7 8 9 10 11 12 13 14 15 16 17 18 19 20 21 22 23 24 25 h

Planche 32

Records de distance de 1906 à 1914

Date	Localité	Pilote	Avion	Moteur	Distance	
					km	miles
1906 14 IX	Bagatelle (F)	Santos-Dumont	Santos-Dumont 14bis	50 ch Antoinette	7,8 m	8,6 yd
1906 12 XI	Bagatelle (F)	Santos-Dumont	Santos-Dumont 14bis	50 ch Antoinette	200 m	244,4 yd
1907 26 X	Issy (F)	Henry Farman	Voisin	40 ch Vivinus	770 m	855,5 yd
1908 13 I	Issy (F)	Henry Farman	Voisin	50 ch Antoinette	1	0,625
1908 21 III	Issy (F)	Henry Farman	Voisin	50 ch Antoinette	2	1,25
1908 11 IV	Issy (F)	Léon Delagrange	Voisin	40 ch Vivinus	2	2,50
1908 30 V	Rome (I)	Léon Delagrange	Voisin	50 ch E.N.V.	13	7,7
1908 6 IX	Issy (F)	Léon Delagrange	Voisin	40 ch Vivinus	24	15,3
1908 16 IX	Issy (F)	Léon Delagrange	Voisin	40 ch Vivinus	67	41,5
1908 21 IX	Auvours (F)	Wilbur Wright	Voisin	24 ch Wright	97	60,9
1908 18 XII	Auvours (F)	Wilbur Wright	Wright A	30 ch Wright	100	62
1908 31 XII	Auvours (F)	Wilbur Wright	Wright A	30 ch Wright	125	77,5
1909 26 VIII	Reims (F)	Henry Farman	H. Farman III	50 ch Gnome	180	112
1909 3 XI	Mourmelon (F)	Henry Farman	H. Farman III	50 ch Gnome	210	150
1910 10 VII	Reims (F)	Jan Olieslaegers	Blériot	50 ch Gnome	225	139,5
1910 20 VII	Reims (F)	Jan Olieslaegers	Blériot	50 ch Gnome	393	245
1910 28 X	Étampes (F)	Maurice Tabuteau	M. Farman	70 ch Renault	465	290
1910 30 XII	Buc (F)	Maurice Tabuteau	M. Farman	70 ch Renault	585	362,7
1911 16 VII	Kiewitt (D)	Jan Olieslaegers	Blériot	50 ch Gnome	635	393,7
1911 1 IX	Buc (F)	Fourny	M. Farman	70 ch Renault	723	448,3
1911 24 XII	Pau (F)	Gobé	Nieuport	70 ch Gnome	740	460
1912 11 IX	Étampes (F)	Fourny	M. Farman	70 ch Renault	1 017	633
1914 28 VI	Johannisthal (D)	Landmann	Albatros	100 ch Mercedes	1 900	1,178

km/ml: 100/62, 200/124, 300/186, 400/248, 500/310, 600/372, 700/434, 800/496, 900/558, 1000/620, 1100/682, 1200/744, 1300/806, 1400/868, 1500/930, 1600/992, 1700/1054, 1800/1116, 1900/1178, 2000/1240, 2100/1302

Records d'altitude de 1908 à 1914

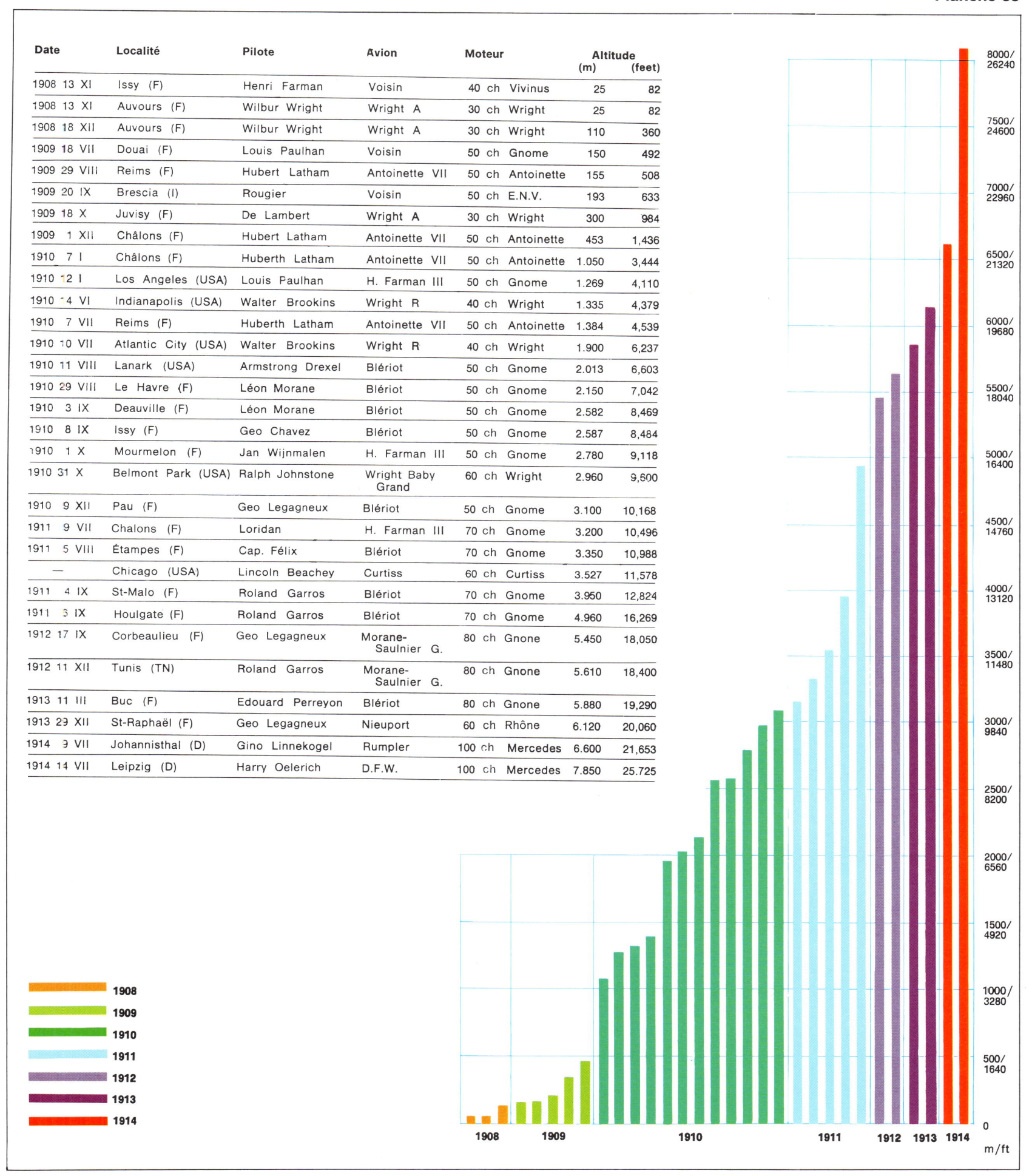

Planche 33

Date	Localité	Pilote	Avion	Moteur		Altitude (m)	(feet)
1908 13 XI	Issy (F)	Henri Farman	Voisin	40 ch	Vivinus	25	82
1908 13 XI	Auvours (F)	Wilbur Wright	Wright A	30 ch	Wright	25	82
1908 18 XII	Auvours (F)	Wilbur Wright	Wright A	30 ch	Wright	110	360
1909 18 VII	Douai (F)	Louis Paulhan	Voisin	50 ch	Gnome	150	492
1909 29 VIII	Reims (F)	Hubert Latham	Antoinette VII	50 ch	Antoinette	155	508
1909 20 IX	Brescia (I)	Rougier	Voisin	50 ch	E.N.V.	193	633
1909 18 X	Juvisy (F)	De Lambert	Wright A	30 ch	Wright	300	984
1909 1 XII	Châlons (F)	Hubert Latham	Antoinette VII	50 ch	Antoinette	453	1,436
1910 7 I	Châlons (F)	Huberth Latham	Antoinette VII	50 ch	Antoinette	1.050	3,444
1910 12 I	Los Angeles (USA)	Louis Paulhan	H. Farman III	50 ch	Gnome	1.269	4,110
1910 14 VI	Indianapolis (USA)	Walter Brookins	Wright R	40 ch	Wright	1.335	4,379
1910 7 VII	Reims (F)	Huberth Latham	Antoinette VII	50 ch	Antoinette	1.384	4,539
1910 10 VII	Atlantic City (USA)	Walter Brookins	Wright R	40 ch	Wright	1.900	6,237
1910 11 VIII	Lanark (USA)	Armstrong Drexel	Blériot	50 ch	Gnome	2.013	6,603
1910 29 VIII	Le Havre (F)	Léon Morane	Blériot	50 ch	Gnome	2.150	7,042
1910 3 IX	Deauville (F)	Léon Morane	Blériot	50 ch	Gnome	2.582	8,469
1910 8 IX	Issy (F)	Geo Chavez	Blériot	50 ch	Gnome	2.587	8,484
1910 1 X	Mourmelon (F)	Jan Wijnmalen	H. Farman III	50 ch	Gnome	2.780	9,118
1910 31 X	Belmont Park (USA)	Ralph Johnstone	Wright Baby Grand	60 ch	Wright	2.960	9,600
1910 9 XII	Pau (F)	Geo Legagneux	Blériot	50 ch	Gnome	3.100	10,168
1911 9 VII	Chalons (F)	Loridan	H. Farman III	70 ch	Gnome	3.200	10,496
1911 5 VIII	Étampes (F)	Cap. Félix	Blériot	70 ch	Gnome	3.350	10,988
—	Chicago (USA)	Lincoln Beachey	Curtiss	60 ch	Curtiss	3.527	11,578
1911 4 IX	St-Malo (F)	Roland Garros	Blériot	70 ch	Gnome	3.950	12,824
1911 6 IX	Houlgate (F)	Roland Garros	Blériot	70 ch	Gnome	4.960	16,269
1912 17 IX	Corbeaulieu (F)	Geo Legagneux	Morane-Saulnier G.	80 ch	Gnone	5.450	18,050
1912 11 XII	Tunis (TN)	Roland Garros	Morane-Saulnier G.	80 ch	Gnone	5.610	18,400
1913 11 III	Buc (F)	Edouard Perreyon	Blériot	80 ch	Gnone	5.880	19,290
1913 29 XII	St-Raphaël (F)	Geo Legagneux	Nieuport	60 ch	Rhône	6.120	20,060
1914 9 VII	Johannisthal (D)	Gino Linnekogel	Rumpler	100 ch	Mercedes	6.600	21,653
1914 14 VII	Leipzig (D)	Harry Oelerich	D.F.W.	100 ch	Mercedes	7.850	25.725

Légende :
- 1908
- 1909
- 1910
- 1911
- 1912
- 1913
- 1914

Supplément photographique

Le Wright Flyer I avec à son bord Orville Wright. A droite sur la photo Wilbur Wright, 1903, USA (18)

Wright Flyer I, USA 1903 (18)

Wright Flyer III, USA 1909 (18)

Santos-Dumont 14bis, F 1906 (19)

Ellehammer IV, F 1908 (20)

Vuia N. 1, F 1906 (20)

Esnault-Pelterie Rep 1, F 1907 (20)

Supplément photographique

Blériot VII, F 1907 (22)

De Pischoff-Koechlin, F 1907 (22)

Voisin-Farman, F 1907 (19)

Voisin-Farman, F 1907 (19)

Léon Delagrange et Henri Farman sur Voisin-Farman à Issy-les-Moulineaux, 1908 (18)

Goupy II, F 1909 (22)

June Bug, USA 1908 (23)

Cygnet II, USA 1908 (23)

83

Supplément photographique

Silver Dart - 1909, USA (23)

Cody Michelin Cup - 1910, GB (24)

Ponzelli-Miller - 1909, I (20)

Etrich Taube - 1910, A (25)

Dunne D.5 - 1910, GB (24)

Dufaux 4 - 1910, CH (25)

Wright R (Baby Wright) - 1910, USA (18)

Antoinette IV - 1909, F (22)

Supplément photographique

Hydravion Fabre - 1910, F (27)

Walden III - 1909 GB (25)

Antoinette Latham Monobloc - 1911, F (26)

Curtiss Hydro A.1 - 1911, USA (27)

Chiribiri N. 5 - 1912, I (25)

Deperdussin Corsa - 1912, F (26)

Deperdussin Idrocorsa - 1913, F (29)

3

La paix donna un brusque coup de frein à expansion que l'industrie aéronautique internationale avait connue durant la guerre et mit à son régime minimal le gigantesque moteur de la production.
L'Europe dévastée avait besoin de se reconstruire. Vainqueurs comme vaincus, n'hésitèrent pas à choisir, comme nouvel instrument de progrès, cette même machine qui avait tant contribué à donner à la guerre et des aspects inconnus jusqu'alors. Le développement de l'avion ne connut pas de répit et, dans la décennie suivant la fin du conflit, ce fut l'Europe qui posa les bases de la grande industrie de l'aviation commerciale. Ce ne fut pas un processus rapide, mais son évolution fut constante.
Paradoxalement, ce furent les Allemands, qui ouvrirent la première ligne civile européenne – qui fut également le premier service de voyageurs régulièrement assuré et selon une fréquence quotidienne – devançant d'un mois le pays le plus évolué dans ce domaine, la France. Le 5 février 1919, jour où la Deutsche Luft Reederei inaugura la liaison Berlin-Weimar (193 kilomètres) en utilisant des biplans A.E.G., surplus de guerre modifiés pour transporter deux passagers. Il ne s'agissait pas là de la toute première expérience. Sans parler de celle que connurent les États-Unis au cours des quatre premiers mois de 1914, en 1909, toujours en Allemagne, la société DELAG avait commencé à fonctionner (16 octobre). Elle a été reconnue comme étant la première société commerciale de transports aériens, ayant été fondée par le père du dirigeable rigide, le comte Ferdinand von Zeppelin. Même si la compagnie n'utilisait pas d'avions mais des dirigeables, son activité avait été intense ; de mars 1912 à novembre 1913, 19 100 passagers avaient été transportés au cours de 881 vols, sur un total de plus de 100 000 kilomètres. Entre 1910 et 1911, de nombreuses expériences avaient été réalisées (surtout en Grande-Bretagne, en Italie et aux États-Unis) pour le service postal. Le premier vol postal, avec timbre régulièrement oblitéré, avait eu lieu en Grande-Bretagne le 18 février 1911. Mais la riposte française à l'initiative allemande ne se fit pas attendre. Le 22 mars 1919, un Farman F.60 Goliath, piloté par Lucien Bossoutrot, inaugura une série régulière de liaisons entre Paris et Bruxelles (premier service international effectué en Europe). Quelques mois plus tard, la société Farmar fonda officiellement sa compagnie de transports aériens – la première en France, la deuxième en Europe – qui prit le nom de Lignes aériennes Farman. Tout de suite son activité redoubla : à la ligne reliant la Belgique s'ajouta une nouvelle liaison Paris-Londres. Vers la même époque fut fondée la deuxième compagnie aérienne française, la Compagnie des messageries aériennes (CMA), qui commença à fonctionner le 1er mai avec un service postal journalier entre Paris et Lille, bientôt étendu à Bruxelles ; le 26 août, on inaugura une liaison avec Londres et, le 19 septembre, eut lieu le premier vol de passagers à destination de la capitale Britannique. La troisième compagnie à entrer en activité régulière fut la Compagnie des transports aéronautiques du Sud-

NAISSANCE DES SERVICES CIVILS

Ouest qui, à partir du mois de juillet, établit des liaisons avec l'Espagne.
En France, les années 20 virent ces entreprises s'affermir et poursuivre leur essor. L'importance de l'aviation commerciale fut reconnue par le gouvernement qui ne lésina pas sur les subventions et les facilités accordées aux compagnies. À ce propos, un pas important fut franchi en janvier 1920 avec la création du sous-secrétariat à l'Aéronautique et au Transport aérien, organisé en département. Les lignes aériennes mirent pleinement à profit ces encouragements et cette reconnaissance officielle pour se développer et étendre les services. Au cours de l'année, alors que l'on prévoyait de nouvelles lignes avec le reste de l'Europe, on dénombra 2 400 vols commerciaux. Citons parmi les sociétés les plus dynamiques la Compagnie franco-roumaine de navigation aérienne (CFRNA, fondée en avril 1920) et les Lignes aériennes Latécoère : la première s'étendit vers l'Europe orientale, jusqu'à Constantinople (15 octobre 1922) ; la seconde se tourna vers l'Afrique. Cette dernière (qui, à partir du 21 avril 1921, prit le nom de Compagnie générale d'entreprises aéronautiques, CGEA) avait effectué les premiers vols de Toulouse à Barcelone, à Alicante et à Rabat entre la fin de 1918 et le début de 1919, utilisant des biplans Breguet 14. On assista à la fin de 1922 aux premières fusions de sociétés, dans le but d'unifier les énergies et de renforcer les services. Il y eut une importante coalition : celle de la Compagnie des grands express aériens avec la Compagnie des messageries aériennes, qui, le 1er janvier 1923, aboutit à une nouvelle société, l'Air Union. Les efforts furent concentrés au début sur la ligne Paris-Londres, avec des ramifications vers Lyon, Marseille et Genève.
La réussite de l'aviation commerciale française tient en quelques chiffres : en 1920, le nombre de voyageurs transportés par avion était de 942 ; cinq ans plus tard, il s'élevait à 20 000.
Les rivaux les plus entreprenants restaient les Allemands. La liaison historique de la Deutsche Luft Reederei n'avait pas été, en effet, une initiative isolée. Avant la fin du printemps de 1919, les services commerciaux couvraient l'ensemble du territoire allemand et d'autres compagnies étaient venues s'ajouter à la DLR. Parmi celles-ci, citons la Lloyd, Luftverkehr Sablatnig, la Sächsische Luft Reederei, la Bayerischer Luft Lloyd, l'Albatros. Il s'agissait d'un véritable record du monde qui, s'il donnait désormais à l'Allemagne une position qu'elle devait conserver pendant des années, mettait par ailleurs en évidence l'immense intérêt suscité par l'avion comme moyen de transport. Un intérêt tel qu'il réussit à faire passer outre aux rigoureuses limitations prévues au traité de paix, qui interdisait le projet et la construction d'appareils de grandes dimensions.
En 1924, on assista à une rationalisation efficace des lignes aériennes allemandes. Deux grandes compagnies avaient émergé des nombreuses petites sociétés qui s'étaient développées précédemment : la Junkers Luftverkehr et la Deutsche Aero

Lloyd. Le réseau de liaisons représenté par les deux groupes couvrait la totalité du territoire national et une bonne partie de celui du reste de l'Europe, grâce à des accords opérationnels avec les principales compagnies des autres pays. À cet égard, l'initiative prise par l'Aero Union en 1921, en collaboration avec le gouvernement soviétique, avait été significative : il s'agissait d'une participation à la création de la société Deruluft qui non seulement avait été la première compagnie aérienne en Russie, mais avait représenté en outre l'une des premières tentatives d'expansion au niveau international. L'année la plus importante fut 1926 : le 6 janvier, la Junkers et l'Aero Lloyd furent réunies en une seule compagnie officiellement reconnue, créée avec la participation massive du gouvernement allemand. Cette nouvelle société fut appelée Deutsche Lufthansa, un nom qui devait rester dans l'histoire comme synonyme d'activité et d'initiative. Le premier vol commercial eut lieu le 6 avril et, en quelques mois, les liaisons de la compagnie d'État allemande s'étendirent bien au-delà des limites géographiques du pays et des autres nations européennes, étant au premier rang en Europe pour l'efficacité et la régularité. En 1927, la flotte de la DLH comptait environ 120 avions, choisis parmi les modèles les plus modernes et les plus prestigieux de l'époque.

En Grande-Bretagne, le démarrage de l'aviation commerciale fut particulièrement lent. Le vol civil ne fut autorisé qu'en avril 1919 et la première tentative de mettre en place un service régulier de transport aérien fut l'œuvre d'une vieille société, la A.V. Roc & Co., l'une des premières entreprises aéronautiques anglaises. Le 10 mai, on établit la liaison Alexander Park, Southport et Blackpool, environ 80 kilomètres au total qui étaient parcourus par des biplans Avro. Mais l'expérience prit fin le 30 septembre, après 194 vols. Entre-temps s'était créée une autre société à laquelle devait revenir le mérite d'être la première au monde à mettre en place des liaisons internationales quotidiennes : l'Aircraft Transport and Travel (ATT). Utilisant au début des anciens bombardiers De Havilland D.H. 4A, l'ATT inaugura le 25 août des vols commerciaux réguliers entre Londres et Paris. D'une façon absurde, la compagnie finit par devenir la première victime du désintérêt total du gouvernement pour le transport aérien : aux prises avec de graves difficultés financières, elle cessa toute activité le 15 décembre 1920. À la même époque que l'ATT était apparue une autre société, créée par une importante entreprise aéronautique, la Handley Page Transport. Utilisant les bombardiers lourds du type 0/400, modifiés pour l'emploi civil, cette compagnie entra en concurrence avec les autres sur la ligne très convoitée de Paris en inaugurant des services réguliers le 2 septembre 1919. Encouragée par ses succès, la Handley Page Transport réussit même à mettre en ligne le premier avion conçu et construit en Grande-Bretagne pour le service civil, le W8 qui, avec ses excellentes caractéristiques, donnait à la compagnie une prestigieuse position d'avant-garde. Mais cela ne suffit pas davantage à éveiller l'intérêt du gouvernement, sourd aux pressions et aux demandes d'intervention et d'appui. En 1920, cette attitude fit d'autres victimes : nombreuses furent les petites sociétés qui cessèrent leur activité à cause de faillites provoquées par la carence de l'État. En 1921, la situation était devenue si grave que même les compagnies les plus puissantes (la Handley Page et l'Instone Air Lines, fondée le 15 mai 1920) ne pouvaient s'en sortir. Le 28 février, en signe de protestation, les deux sociétés décidèrent d'un commun accord de suspendre toutes les liaisons.

Cette décision eut l'effet attendu. Le gouvernement, attaqué par la presse et le Parlement qui voyaient le prestige national compromis, se décida à nommer une commission spéciale chargée d'examiner les problèmes des lignes aériennes. Finalement, on résolut d'accorder une subvention de 25 000 livres à chaque compagnie. Ce n'était pas beaucoup, mais c'était une première reconnaissance officielle et le premier pas vers une nouvelle politique aéronautique. Les conséquences de ce changement d'attitude furent diverses : tout d'abord la Handley Page et l'Instone reprirent leurs vols ; puis de nouvelles initiatives se manifestèrent, créant d'autres sociétés. Parmi celles-ci, la Daimler Airways, fondée en 1922, et la British Marine Air Navigation, en 1923. Pour rationaliser au maximum le réseau, ces 4 entreprises se partagèrent le marché : la Handley Page se chargea de la ligne la plus prestigieuse, Londres-Paris ; l'Instone assura les liaisons avec Bruxelles ; la Daimler celles avec Amsterdam et la Hollande ; la British Marine relia les côtes britanniques et françaises.

Mais l'année décisive fut 1923. Le gouvernement, en effet, se décida à établir une planification à long terme du transport aérien, dans le but d'unifier toutes les énergies. Le 3 décembre, un accord fut signé, stipulant la fusion des 4 compagnies existantes en une seule société. Celle-ci devait reprendre l'ensemble du réseau et de la flotte (qui devait se composer d'appareils et de moteurs nationaux) et, si elle dépassait chaque année un parcours déterminé, elle devait mettre en route un plan de subventions s'élevant à un million de livres en dix ans. Le 31 mars 1924, la fusion devint opérationnelle et la nouvelle société – l'Imperial Airways – entra en activité le jour suivant. Dès lors, la reprise fut lente mais continue. Si, pendant un certain temps, l'Imperial Airways se contenta de consolider les principales lignes européennes en améliorant surtout la qualité du service, elle commença ensuite à s'étendre en Asie, en Afrique et en Extrême-Orient.

Parmi les grandes nations à l'avant-garde de l'aéronautique, l'Italie se retrouva à la dernière place par rapport à l'ensemble de l'aviation civile européenne. Bien que les premières compagnies aériennes aient été fondées en 1923 (Aero Espresso Italiana, AEI, et Società Italiana Servizi Aerei, SISA) et en 1925 (S.A. Navigazione Aerea, SANA, et Transadriatica), les vols commerciaux réguliers ne commencèrent qu'en 1926, après la fin de la crise économique et politique qui suivit la Première Guerre mondiale. Malgré ce retard, c'est à l'Italie que revient le mérite d'avoir été la première à reconnaître officiellement le transport postal aérien. Des expériences isolées avaient commencé dès le printemps de 1918, utilisant des avions militaires entre Civitavecchia et la Sardaigne. Le 25 novembre, on inaugura un service postal qui couvrait l'Adriatique du Nord, de Venise à Trieste, Pola, Fiume. Le 2 mars 1919, on mit en activité une liaison entre Padoue et Vienne, effectuée tous les trois jours avec des avions Caproni. Mais le succès de ces initiatives n'eut pas de pouvoir stimulant. Même si, à partir de mai 1919, des liaisons postales régulières se faisaient entre Rome, Naples et Pise, et entre Milan et Venise (avec des dirigeables), en janvier 1920, la situation n'avait guère changé. Trois lignes postales étaient ouvertes, desservies cette fois par des avions : les lignes Rome-Pise-Milan, Turin-Milan-Venise et Gênes-Pise.

C'est en 1926 que naquit l'aviation civile en Italie. Le 1er février, la Transadriatica ouvrit la ligne Rome-Venise ; le 1er avril, la SISA inaugura celle de Turin-Venise-Trieste ; le 7 avril, la SANA commença à opérer entre Gênes, Rome et Naples ; le 1er août, l'Aero Espresso relia Brindisi à Constantinople. Au cours des 2 années suivantes, on assista à l'apparition de 2 autres compagnies, la Società Aerea Mediterranea (SAM) et l'Avio Linee Italiane (ALI), qui entrèrent en activité respectivement en février 1927 et en octobre 1928. À la fin de la décennie, ces 6 sociétés opéraient sur un important réseau qui s'étendait jusqu'à Rhodes, Tripoli et Berlin.

À côté des quatre « grands » Européens, les pays traditionellement de second plan en matière d'aéronautique acceptèrent avec enthousiasme le nouveau rôle de l'avion. La Hollande, dont la tradition aéronautique était exclusivement liée au nom d'Anthony Fokker, représente un cas très particulier. Ayant quitté l'Allemagne pour rentrer dans son pays après la fin de la guerre, Fokker recommença à construire des avions – commerciaux, cette fois – et les livra en particulier à une petite compagnie dont le nom devait devenir prestigieux, la KLM (Koninklijke Luchtvaart Maatschapij, c'est-à-dire Lignes aériennes royales hollandaises). Cette société avait été fondée le 7 octobre 1919 et avait inauguré la liaison Amsterdam-Londres le 17 mai de l'année suivante, en utilisant un D.H. 16 loué à la compagnie britannique ATT. Le 1er septembre, en coopération avec la société allemande DLR, un service avec Copenhague, via Hambourg, avait été établi. Le 30 septembre, on avait effectué, avec un avion appartenant à la compagnie, un Fokker F. II, le premier vol : Amsterdam-Croydon, en Angleterre. Ainsi débuta une longue collaboration entre le constructeur et la compagnie aérienne, qui se poursuivit sans interruption jusqu'en 1934.

Et les États-Unis ? L'aviation commerciale y connut une évolution très particulière. L'intérêt des autorités étant concentré sur le retard à rattraper dans le domaine militaire, le secteur civil fut longtemps négligé. Les premiers progrès furent réalisés exclusivement dans le transport postal, avec la participation de l'administration. La première liaison (entre New York et Washington) fut inaugurée le 15 mai 1918, avec de vieux appareils d'entraînement militaire (Curtiss JN-4H Jenny). Le 12 août, on livra de nouveaux avions et, au début de 1919 la flotte fut portée à 120 appareils, grâce à l'acquisition d'une centaine de D.H.4 ayant survécu à la guerre. Les liaisons s'étendirent peu à peu : le 15 mai, Chicago fut atteint ; le 8 septembre, San Francisco. Le vol durait 34 heures 20 minutes dans le sens est-ouest, et 29 heures 15 minutes en sens inverse.

Les avions étaient changés six fois durant le parcours : à Cleveland, à Omaha, à Chicago, à Cheyenne, à Salt Lake City, à Reno. Le succès du service fut considérable et, en 1927, l'administration des Postes en céda la gestion à des compagnies privées : la Boeing Air Transport, prit en charge les liaisons entre Chicago et San Francisco, et la National Air Transport, se chargea de la ligne Chicago-New York. Le 1er avril 1927, dernier jour d'activité de la gestion officielle avant la cession, les avions postaux avaient parcouru plus de 16 millions de kilomètres et transporté plus de 3 000 tonnes de courrier.

Cette activité intense avait aussi servi à marquer le désintérêt ressenti envers le transport aérien en général. Entre-temps, différentes compagnies s'étaient créées et développées, attirées par la gestion des lignes secondaires par rapport aux lignes postales. Parmi celles-ci, les plus actives avaient été la Colonial Air Transport, la Robertson Aircraft, la National Air Transport, la Varney Speed Lines, la Ford Motor, la Western Air Express. Ce fut celle-ci qui, le 23 mai 1926, effectua le premier service régulier de transport de voyageurs des États-Unis. Mais ce n'étaient là qu'expériences très limitées. L'avion ne s'affirma vraiment comme moyen de transport de passagers que l'année suivante, sur l'élan d'enthousiasme suscité par la traversée de l'Atlantique en solitaire par Charles Lindbergh. L'exploit frappa l'opinion publique américaine et surtout convainquit les industriels que l'avion était devenu un moyen sûr et qu'il valait la peine d'être utilisé sur le plan commercial. Ce fut dans ce contexte que naquit la première grande compagnie aérienne des États-Unis : la Transcontinental Air Transport (TAT), créée le 16 mars 1928 avec la participation d'importants actionnaires, tels que la Wright, la Curtiss et la Pennsylvania Railroad. Comme directeur technique, on nomma l'homme du moment : Charles Lindbergh, l'aviateur de la traversée en solitaire.

Mais si la contribution de Lindbergh fut décisive pour ouvrir l'âge de l'aviation commerciale aux États-Unis, son exploit représenta le point culminant d'une phase héroïque de l'histoire de l'avion, qui, dès la fin de la guerre, avait donné lieu à des aventures tout aussi passionnantes, destinées pareillement à favoriser la cause de l'aviation civile.

Le premier défi fut l'Atlantique et, en 1919, il fut relevé trois fois : par étapes au mois de mai par le Navy Curtiss NC-4 américain ; sans escale vers l'est en juin, par le Vimy anglais d'Alcock et Brown ; aller et retour sans escale en juillet, par le dirigeable anglais R.34. D'autres vols non moins spectaculaires suivirent : en février 1920, les Italiens Ferrarin et Masiero, à bord d'un S.V.A.9, quittèrent Rome et atteignirent Tokyo ; en août 1923, un Fokker T.2 de l'armée américaine fit la traversée des États-Unis d'une côte à l'autre, de New York à San Diego ; en avril 1924, le tour du monde par étapes fut accompli par les biplans américains Douglas DWC ; un an plus tard, les Italiens De Pinedo et Campanelli, à bord d'un hydravion S.16, réussirent le vol le plus long jamais effectué (55 000 kilomètres de Rome à l'Australie et au Japon, aller et retour) ; en mai 1926, un trimoteur Fokker, avec à son bord Byrd et Floyd Bennett, atteignit le pôle Nord. Tous ces exploits firent disparaître les incertitudes et les méfiances à l'égard de l'avion, et par dissiper les doutes qui pesaient sur lui.

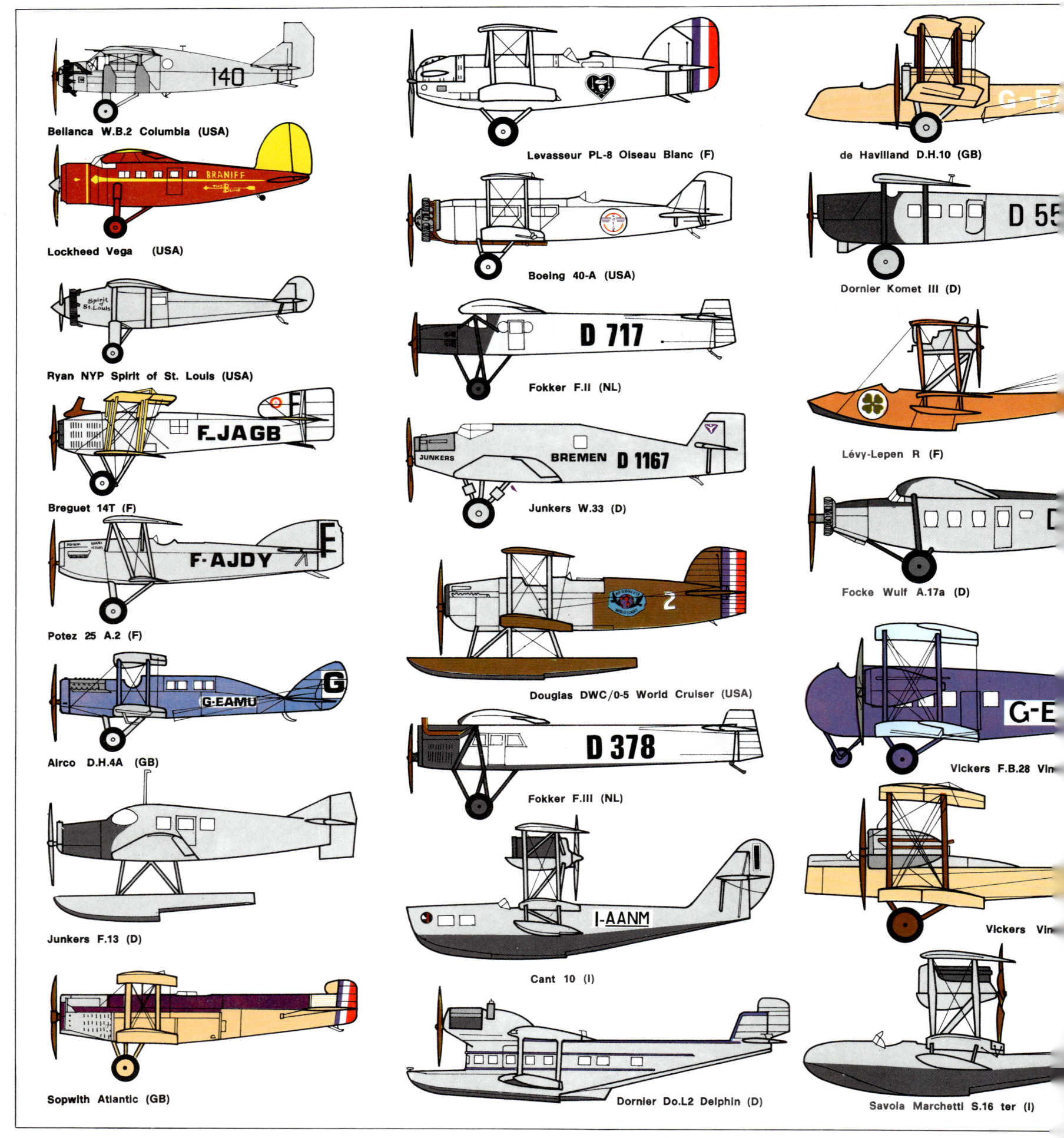

Planche 34 — Panorama synoptique à l'échelle des avions de 1919 à 1927

- Bellanca W.B.2 Columbia (USA)
- Lockheed Vega (USA)
- Ryan NYP Spirit of St. Louis (USA)
- Breguet 14T (F)
- Potez 25 A.2 (F)
- Airco D.H.4A (GB)
- Junkers F.13 (D)
- Sopwith Atlantic (GB)
- Levasseur PL-8 Oiseau Blanc (F)
- Boeing 40-A (USA)
- Fokker F.II (NL)
- Junkers W.33 (D)
- Douglas DWC/0-5 World Cruiser (USA)
- Fokker F.III (NL)
- Cant 10 (I)
- Dornier Do.L2 Delphin (D)
- de Havilland D.H.10 (GB)
- Dornier Komet III (D)
- Lévy-Lepen R (F)
- Focke Wulf A.17a (D)
- Vickers F.B.28 Vim
- Vickers Vim
- Savoia Marchetti S.16 ter (I)

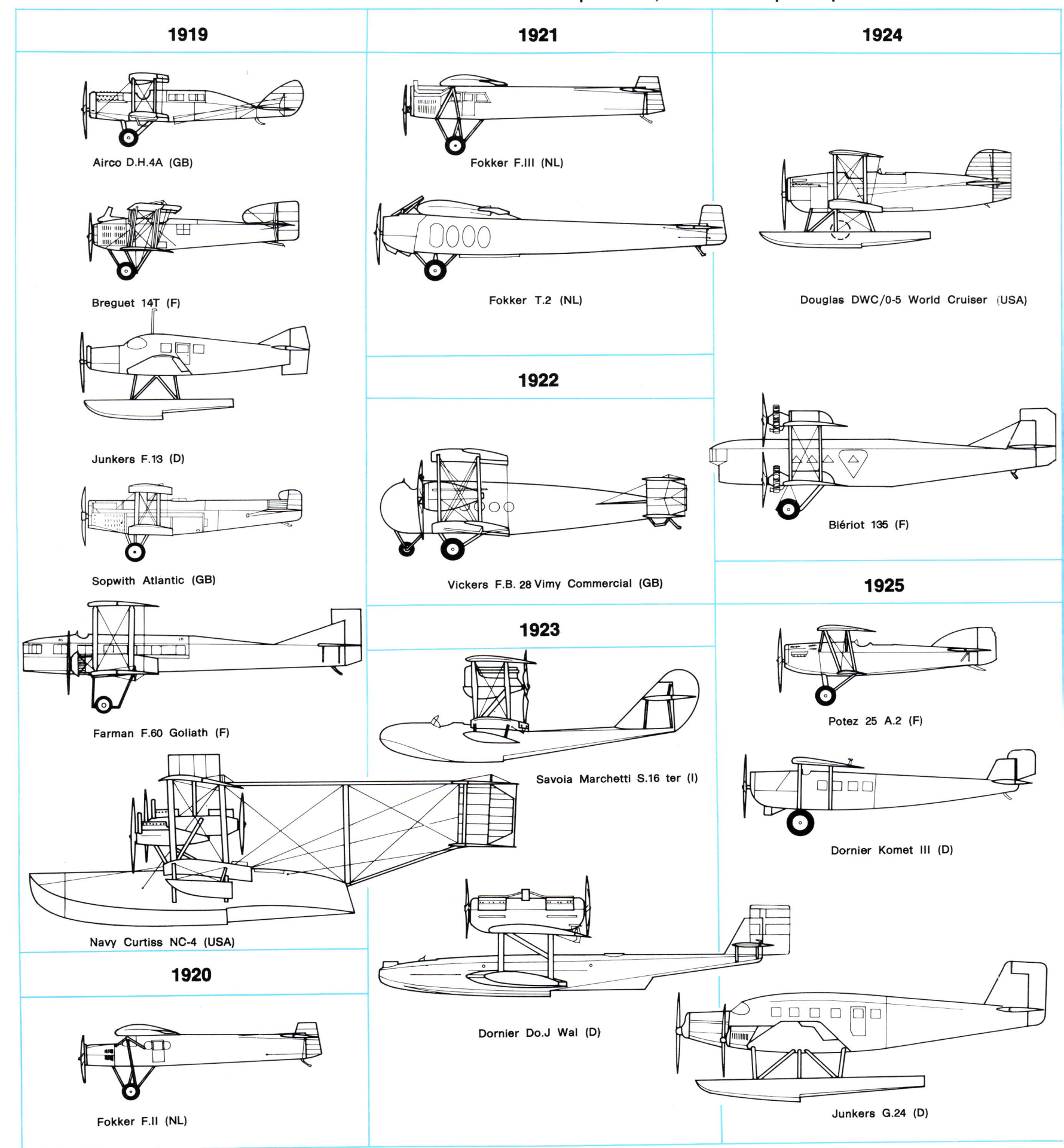

Planche 36   Année par année, les avions les plus importants de 1919 à 1927

1919

Airco D.H.4A (GB)

Breguet 14T (F)

Junkers F.13 (D)

Sopwith Atlantic (GB)

Farman F.60 Goliath (F)

Navy Curtiss NC-4 (USA)

1920

Fokker F.II (NL)

1921

Fokker F.III (NL)

Fokker T.2 (NL)

1922

Vickers F.B. 28 Vimy Commercial (GB)

1923

Savoia Marchetti S.16 ter (I)

Dornier Do.J Wal (D)

1924

Douglas DWC/0-5 World Cruiser (USA)

Blériot 135 (F)

1925

Potez 25 A.2 (F)

Dornier Komet III (D)

Junkers G.24 (D)

Farman F.60 Goliath (F)

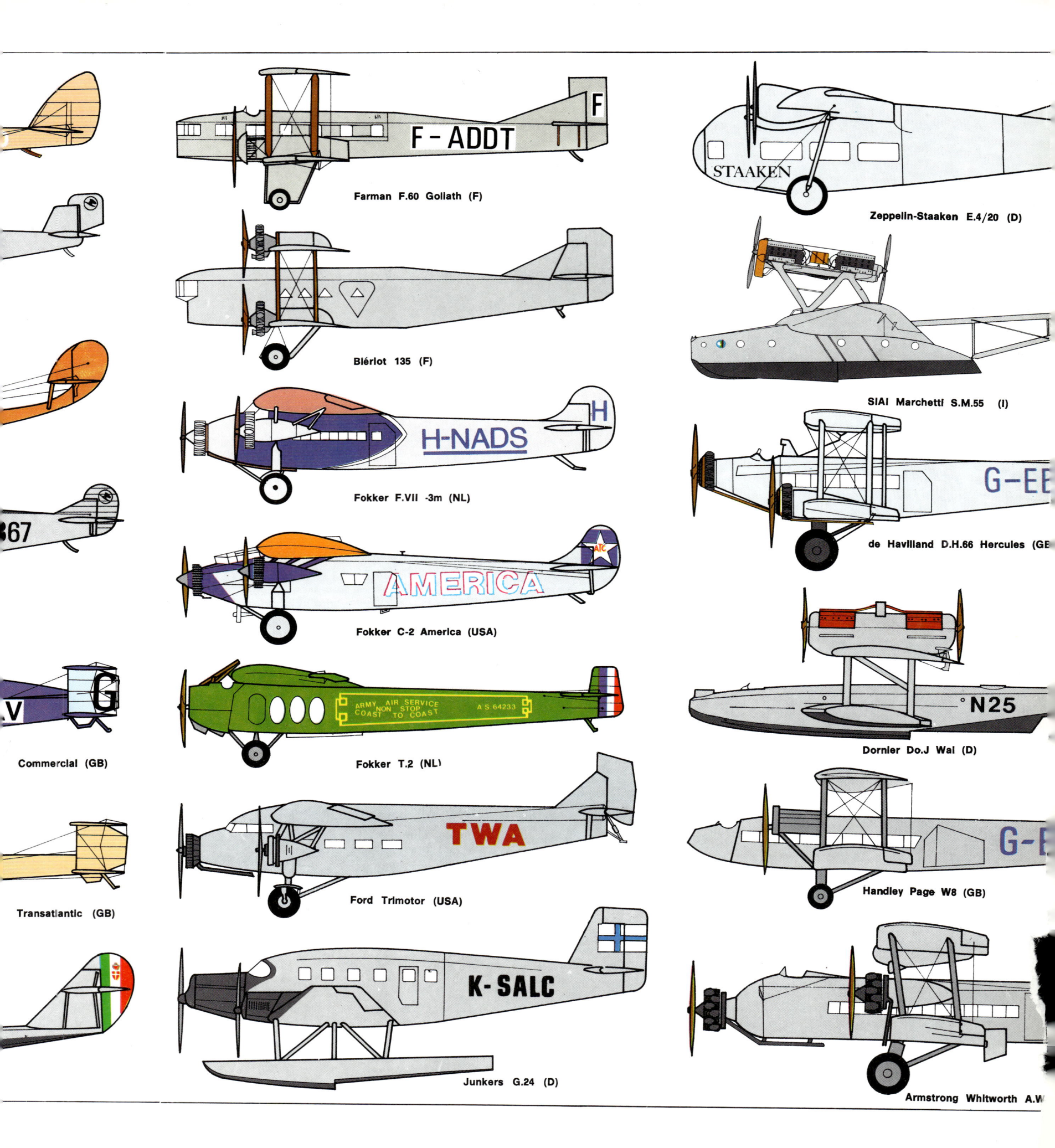

Blériot 135 (F)

Fokker F.VII -3m (NL)

Fokker C-2 America (USA)

Fokker T.2 (NL)

Ford Trimotor (USA)

Junkers G.24 (D)

Zeppelin-Staaken E.4/20 (D)

SIAI Marchetti S.M.55 (I)

de Havilland D.H.66 Hercules (GB)

Dornier Do.J Wal (D)

Handley Page W8 (GB)

Armstrong Whitworth A.W.

Commercial (GB)

Transatlantic (GB)

Navy Curtiss NC-4 (USA)

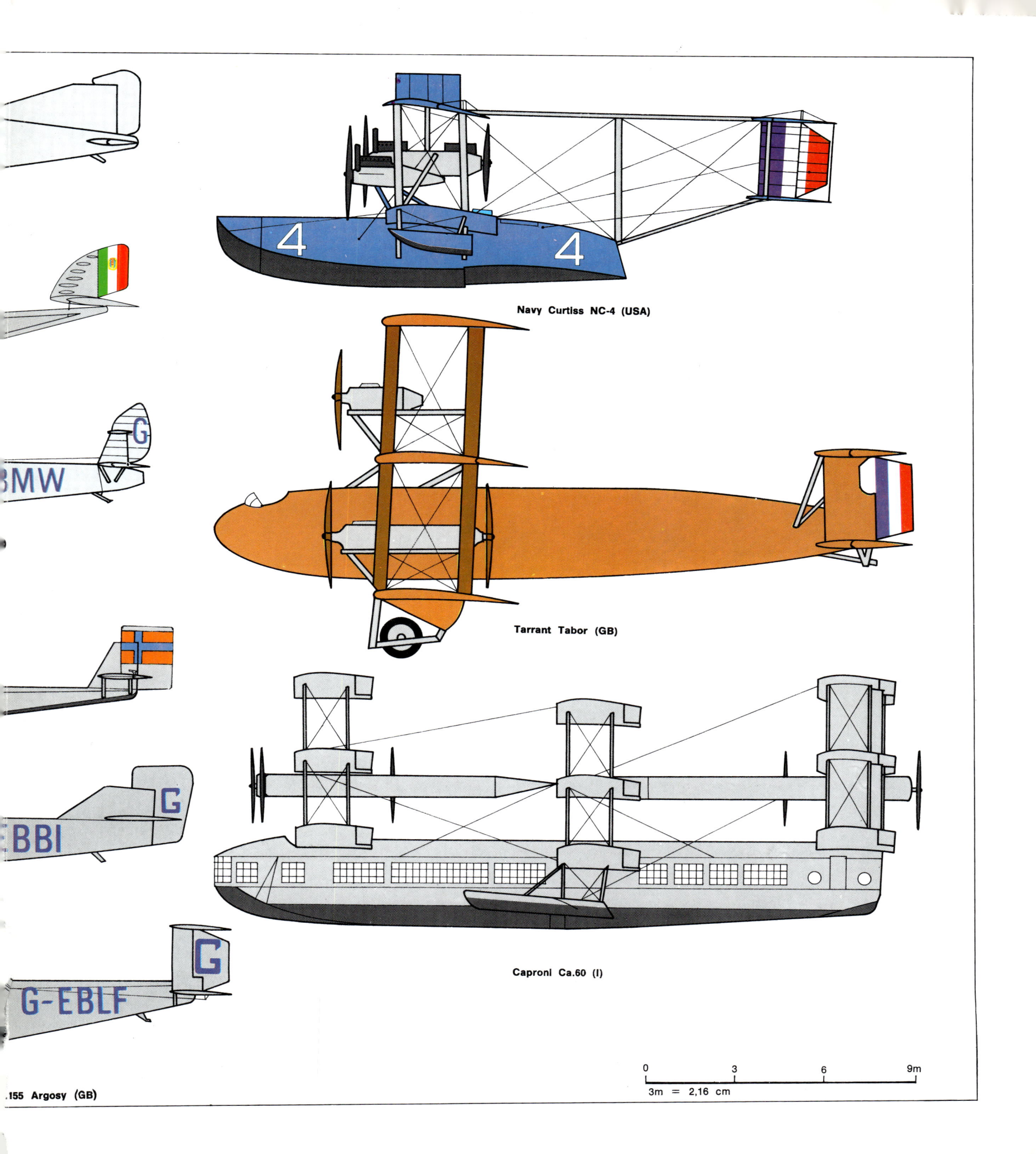

Tarrant Tabor (GB)

Caproni Ca.60 (I)

.155 Argosy (GB)

0   3   6   9m

3m = 2,16 cm

Les principales étapes de l'aviation civile, de 1909 à 1928

1909 — Le 16 octobre, le comte Ferdinand von Zeppelin fonda en Allemagne la première compagnie de transport aérien au monde : Die Deutsche Luffschiffarts Aktien Gesellschaft (DELAG). La compagnie assurait le transport de passagers par dirigeable. Elle développait une intense activité : de mars 1912 à novembre 1913, la DELAG avait effectué 881 vols, parcouru plus de 100 000 kilomètres et transporté 19 100 passagers.

1910 — La première expérience de transport postal par avion eut lieu le 10 août, à Blackpool, en Angleterre.

1911 — Le 18 février, l'aviateur français Henri Pequet, à bord d'un biplan Humber, transporta un sac de courrier contenant plis et lettres, sur une distance de 8 kilomètres. Cette expérience isolée est, toutefois, considérée comme le premier service postal régulier. En Angleterre, entre le 9 et le 26 septembre, lors des festivités du couronnement du roi George V, la Grahame White Aviation Co. effectua une liaison postale régulière entre Londres et Windsor. Le pilote était Gustav Hamel, qui vola à bord d'un biplan Farman et d'un monoplan Blériot. Au total, 25 000 lettres et 90 000 cartes postales furent transportées.
Le 19 septembre, en Italie, fut mise en service la première poste aérienne Bologne-Venise et Venise-Rimini.
Aux États-Unis, entre le 23 septembre et le 2 octobre, Earle Ovington assura une série de démonstrations de transport postal, à bord d'un monoplan Blériot, de Nassau-Boulevard à Mineola, dans Long Island.

1914 — La première ligne aérienne régulière de transport de passagers vit le jour le 1er janvier en Floride : la ligne St. Petersburg-Tampa. La liaison de 34,5 kilomètres était effectuée deux fois par jour par un petit hydravion Benoist XIV, appartenant à la compagnie St. Petersburg-Tampa Airboat Line. La ligne fut cependant arrêtée au bout de quatre mois : 1 200 passagers avaient été transportés.

1917 — En Italie, entre mai et juin, des avions militaires effectuèrent des services postaux de Turin à Rome, de Brindisi à Valona (Albanie), de Naples à Palerme.

1918 — Le 11 mars, l'Autriche inaugura la première ligne postale internationale régulière, entre Vienne et Kiev.
Entre avril et novembre, des bombardiers anglais Handley Page 0/400 transformés assurèrent des vols réguliers au-dessus de la Manche, de Marquise, près de Calais, à Lympne, dans le Kent : au total 227 vols furent effectués et plus de 1 800 personnes transportées. Bien que mise sur pied par des militaires, il s'agissait de la première liaison aérienne organisée avec horaires et temps de parcours établis d'avance.
Le 15 mai, un premier transport postal aérien fut effectué entre New York et Washington. Le 12 août, l'US Post Office prit totalement en main les opérations : c'est ainsi que naquit l'United States Air Mail, une entreprise d'État qui contribua de façon considérable, jusqu'en 1927, au développement des lignes aériennes américaines.
Le 25 novembre, en Italie, un service postal régulier fut inauguré, couvrant le nord de l'Adriatique, de Venise à Trieste : la desserte était assurée par la société Posta Aerea Transadriatica.

1919 — La compagnie allemande Deutsche Luft Reederei ouvrit le 5 février le premier service quotidien régulier pour le transport de passagers, en inaugurant le vol Berlin-Weimar, sur une distance de 193 kilomètres.
Un Farman F.60 français de type Goliath inaugura le 22 mars la première liaison internationale régulière de transport de passagers, entre Paris et Bruxelles. Le vol, qui durait 2 h 50 mn et coûtait 365 francs, avait lieu une fois par semaine.
Le 18 avril, les vols furent inaugurés par une importante compagnie aérienne française, la Compagnie des messageries aériennes (CMA), qui devait devenir l'une des premières compagnies d'aviation en Europe.
Le 10 mai le premier réseau intérieur vit le jour en Grande-Bretagne. La desserte était assurée par la A.V. Roe and Co., avec des biplans Avro triplace, entre Alexander Park, Manchester, Southport et Blackpool.
Le 14 juin fut créée la compagnie aérienne britannique Handley Page Transport qui ouvrit, le 2 septembre, une liaison Londres-Paris.
Le 25 août, la compagnie britannique Aircraft Transport and Travel (ATT) ouvrit la première liaison internationale quotidienne Londres-Paris.
En France, en septembre, la compagnie française Lignes aériennes Farman inaugura un service régulier au-dessus de la Manche.
Le 7 octobre, aux Pays-Bas, fut fondée la compagnie KLM, appelée à devenir rapidement l'une des plus actives en Europe. La première liaison Amsterdam-Croydon n'eut cependant lieu que le 30 septembre 1920.
La première compagnie de passagers à effectuer des services internationaux aux USA fut l'Aeromarine West Indies Airways, entre Key West (Floride) et La Havane (Cuba), à partir du 1er novembre. Les liaisons furent toutefois saisonnières.
Le 5 décembre fut fondée en Colombie la SCADTA, la plus ancienne compagnie d'aviation sud-américaine.

1920 — En France, le 23 avril, fut créée la Compagnie franco-roumaine de navigation aérienne (CFRNA) qui, le 20 septembre, ouvrit le premier tronçon Paris-Strasbourg, amorçant une longue phase d'expansion sur la route de l'Orient ; en octobre 1922, la liaison était établie avec Constantinople via Paris-Strasbourg-Innsbruck-Vienne-Budapest-Belgrade-Bucarest.
Le 25 mai débuta l'activité de la compagnie officielle belge SNETA (ancêtre de la SABENA qui vit le jour le 23 mai 1923) ; le 1er juillet, la compagnie ouvrit au Congo la LARA (Ligne aérienne du roi Albert), qui assurait la liaison Léopoldville-Stanleyville.
Le 7 août fut créée la compagnie danoise Det Danske Luftfartselskab (DDL), tandis qu'en Norvège, le même été, la Det Norske Luftfartrederi (DET) voyait le jour.

1921 — En Australie, le 2 août, la West Australian Airways commença à fonctionner avec l'inauguration d'un service postal entre Perth et Derby.
Le 15 octobre, en Espagne, la Compagnie espagnole de trafic aérien (CETA) inaugurait une poste aérienne entre Séville et Larache, au Maroc espagnol.
A la fin de l'année, la première compagnie soviétique, la Deruluft, était créée avec la collaboration allemande : la première liaison fut effectuée le 27 août 1922 entre Königsberg et Moscou.

1922 — Au Japon, c'est le 4 juin que fut inauguré le premier transport civil, avec la création de la Nihon Kokuyuso Kenkyujo (NKK) qui, le 12 novembre, ouvrit une liaison postale entre Osaka et Tokushima (île de Shikoku). En Australie, le 2 novembre, la QANTAS (Queensland and Northern Territory Aerial Service) inaugura une ligne commerciale régulière entre Charleville et Cloncurry.

1923 — Pour tenter de concentrer ressources et moyens et de rationaliser les services, le 1er janvier fut créée en France la Air Union (née de la fusion de la CGEA et de la CMA), qui devait devenir très vite l'un des plus puissants groupes européens.
En Tchécoslovaquie, la CSA accomplit les premiers vols expérimentaux à la fin d'octobre avant d'ouvrir une liaison régulière au début de 1924.
En Finlande, le 1er novembre, fut créée la première compagnie de transport aérien, l'Aero O/Y qui, le 20 mars de l'année suivante, inaugura des services réguliers.

1924 — L'Imperial Airways, compagnie qui donna une nouvelle impulsion à l'aviation civile britannique, naquit le 31 mars de la fusion de la Handley Page Transport, de l'Instone Air Lines, de la Daimler Airways et de la British Marine Navigation.
Le 1er juillet, l'US Post Office inaugura le premier vol de nuit aller-retour New York-San Francisco.

1925 — La première compagnie suédoise, l'Aktiebolaget Aerotransport (ABA) commença à fonctionner.
Le 7 octobre, aux États-Unis, l'administration postale entreprit de céder à des entreprises privées la gestion de plusieurs tronçons de la route transcontinentale. C'est ainsi que naquirent les premières grandes compagnies assurant des liaisons à grande distance, parmi lesquelles la Varney Speed Lines, la Western Air Express, la Colonial Air Transport, la Robertson Aircraft Corp., la National Air Transport, la Ford Motor Co.

1926 — Le 6 janvier, la fusion des compagnies Junkers-Luftverkehr et Deutsche Aero Lloyd permit la création de la Deutsche Lufthansa. Le premier vol commercial fut effectué le 6 avril.
La naissance des lignes aériennes fut marquée, le 1er février, par la liaison Rome-Venise effectuée par la Transadriatica. Le 1er avril, la SISA inaugura la ligne Turin-Venise-Trieste. Le 7 avril, la SANA assura les premières liaisons Gênes-Rome-Naples. Le 1er août, l'Aero Espresso relia pour la première fois Brindisi à Constantinople.
La première compagnie à effectuer des services passagers réguliers fut la Western Air Express, le 23 mai, bientôt imitée par d'autres petites compagnies.

1927 — Le 4 février la compagnie italienne Società Aerea Mediterranea (SAM), commença à fonctionner, en inaugurant la liaison Brindisi-Albanie.
Le 14 mars, la création de la Pan American Airways, qui devait devenir dans les années 30 la plus importante compagnie aérienne internationale, passa quasiment inaperçue. Son premier service fut inauguré avec un avion prêté.
Au mois de mai était fondée la compagnie yougoslave Aeroput, qui inaugura un service régulier le 28 février de l'année suivante, entre Belgrade et Zagreb.
Le dernier vol effectué par l'US Post Office américain avant la cession totale du service à des compagnies privées eut lieu le 1er septembre.

1928 — La première grande compagnie aérienne créée aux États-Unis sur la lancée du succès de Lindbergh fut la Transcontinental Air Transport, fondée le 16 mars par un puissant groupe industriel.
L'Avio Linee Italiane (ALI), fondée le 15 novembre 1926, commença à fonctionner en inaugurant la ligne Milan-Trente-Munich ; le 9 octobre, elle ouvrit la ligne Milan-Rome.

1926

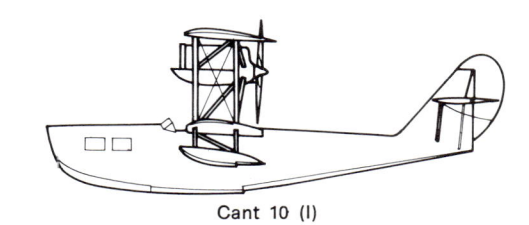

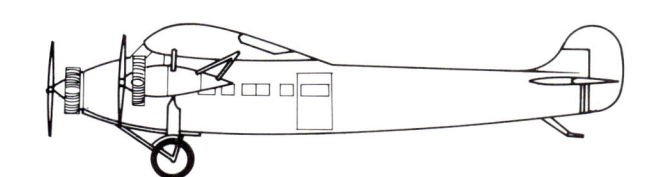

Cant 10 (I)

Fokker F.VIIa-3m (NL)

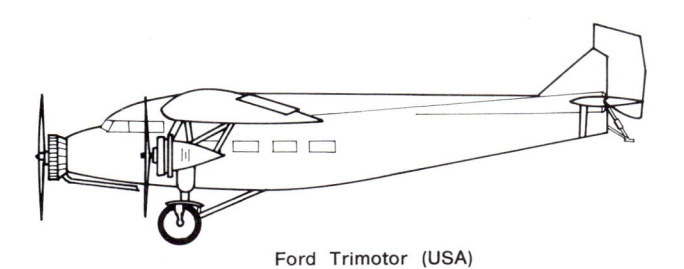

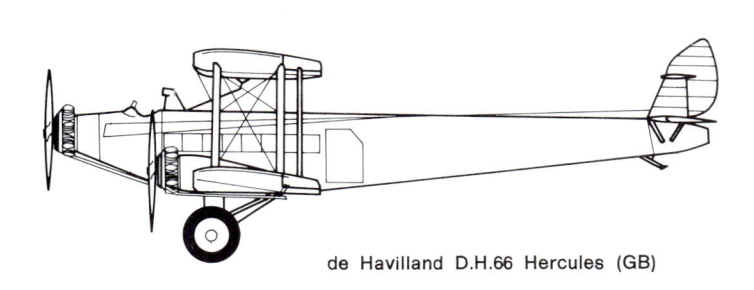

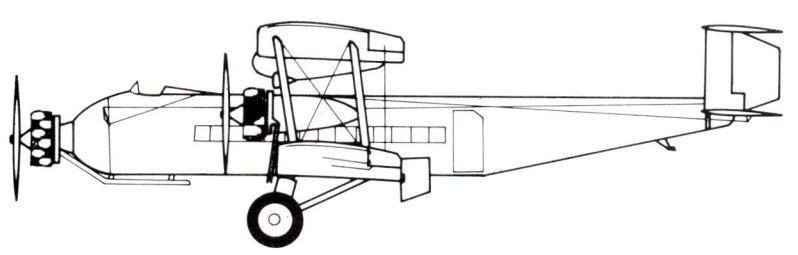

Ford Trimotor (USA)

de Havilland D.H.66 Hercules (GB)

Armstrong Whitworth A.W.155 Argosy (GB)

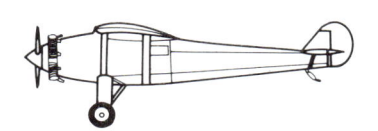

Les avions présentés ici sont tous à l'échelle, la même que celle des planches **17, 59**

1927

Ryan NYP Spirit of St. Louis (USA)

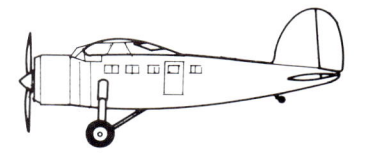

Lockheed Vega (USA)

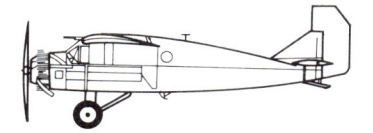

Bellanca W.B.2 Columbia (USA)

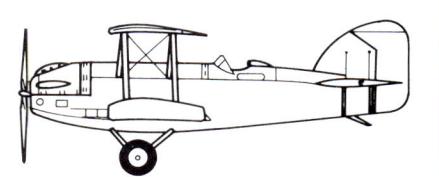

Levasseur PL-8 Oiseau Blanc (F)

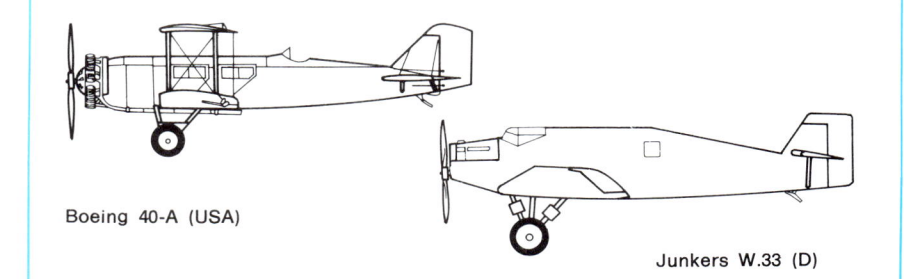

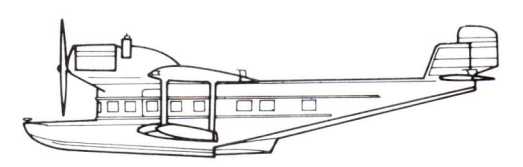

Boeing 40-A (USA)

Junkers W.33 (D)

Dornier Do.L2 Delphin (D)

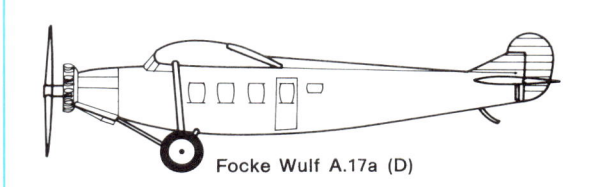

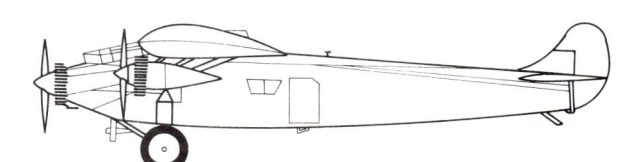

Focke Wulf A.17a (D)

Fokker C-2 America (USA)

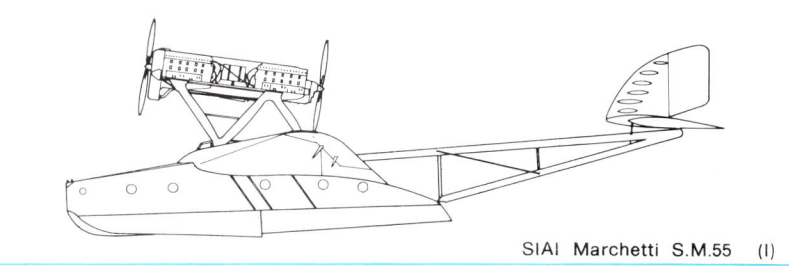

SIAI Marchetti S.M.55 (I)

Planche 37

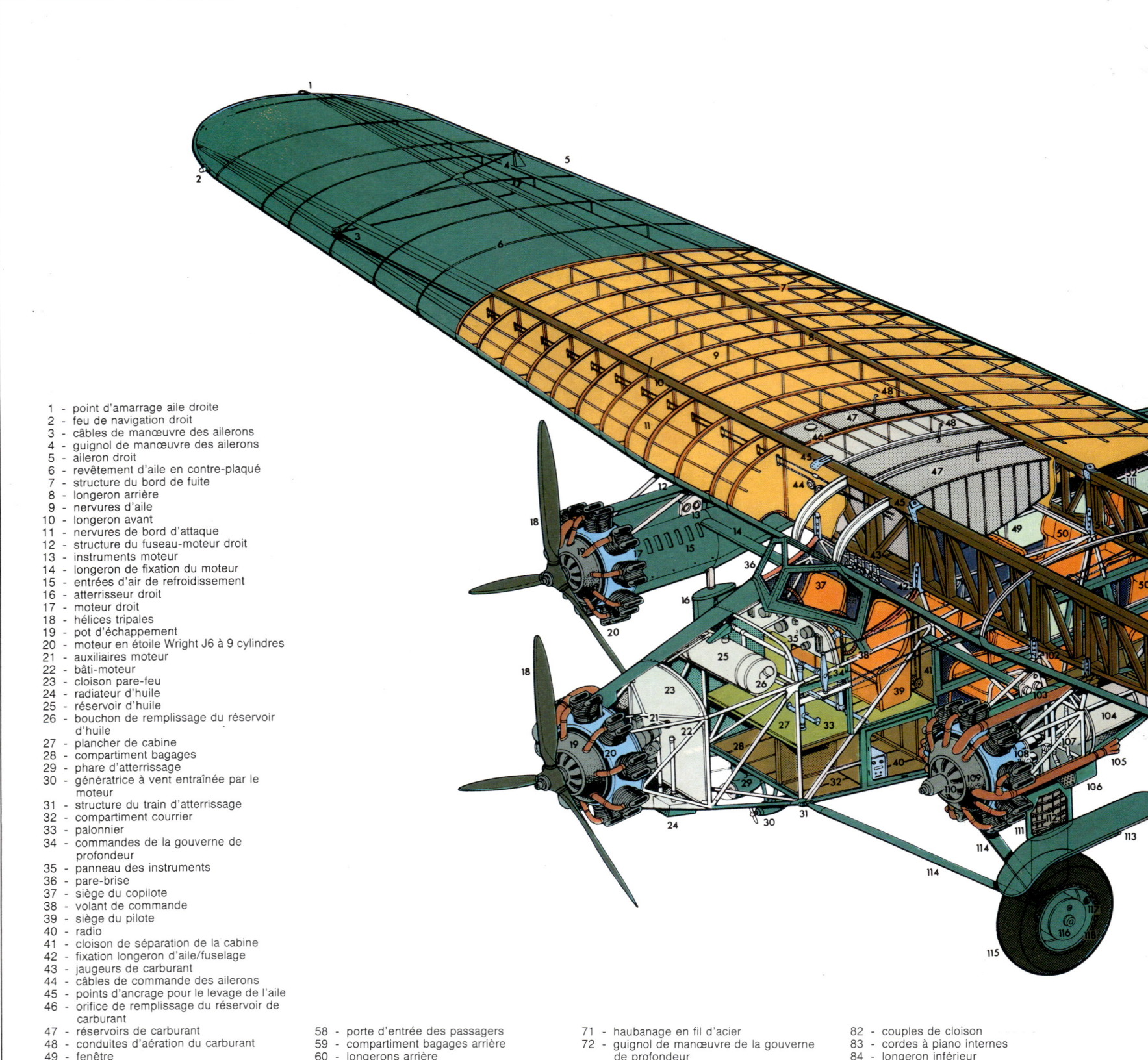

Éclaté du Fokker F.VIIb-3m

1 - point d'amarrage aile droite
2 - feu de navigation droit
3 - câbles de manœuvre des ailerons
4 - guignol de manœuvre des ailerons
5 - aileron droit
6 - revêtement d'aile en contre-plaqué
7 - structure du bord de fuite
8 - longeron arrière
9 - nervures d'aile
10 - longeron avant
11 - nervures de bord d'attaque
12 - structure du fuseau-moteur droit
13 - instruments moteur
14 - longeron de fixation du moteur
15 - entrées d'air de refroidissement
16 - atterrisseur droit
17 - moteur droit
18 - hélices tripales
19 - pot d'échappement
20 - moteur en étoile Wright J6 à 9 cylindres
21 - auxiliaires moteur
22 - bâti-moteur
23 - cloison pare-feu
24 - radiateur d'huile
25 - réservoir d'huile
26 - bouchon de remplissage du réservoir d'huile
27 - plancher de cabine
28 - compartiment bagages
29 - phare d'atterrissage
30 - génératrice à vent entraînée par le moteur
31 - structure du train d'atterrissage
32 - compartiment courrier
33 - palonnier
34 - commandes de la gouverne de profondeur
35 - panneau des instruments
36 - pare-brise
37 - siège du copilote
38 - volant de commande
39 - siège du pilote
40 - radio
41 - cloison de séparation de la cabine
42 - fixation longeron d'aile/fuselage
43 - jaugeurs de carburant
44 - câbles de commande des ailerons
45 - points d'ancrage pour le levage de l'aile
46 - orifice de remplissage du réservoir de carburant
47 - réservoirs de carburant
48 - conduites d'aération du carburant
49 - fenêtre
50 - sièges passagers
51 - raccordement longeron arrière d'aile/fuselage
52 - coffres bagages suspendus
53 - cloison arrière de communication de la cabine
54 - porte de communication
55 - toilettes
56 - réservoir d'eau
57 - accès au compartiment bagages de droite
58 - porte d'entrée des passagers
59 - compartiment bagages arrière
60 - longerons arrière
61 - longerons à l'arrière du fuselage
62 - câbles de commande
63 - couples de cloisons
64 - plan fixe droit
65 - compensateur de profondeur
66 - gouverne de profondeur droite
67 - structure de la dérive
68 - compensateur de la gouverne de direction
69 - axe de la gouverne de direction
70 - structure de la gouverne de direction
71 - haubanage en fil d'acier
72 - guignol de manœuvre de la gouverne de profondeur
73 - structure de la gouverne de profondeur
74 - compensateur de profondeur
75 - structure de l'empennage horizontal
76 - guignol de manœuvre de la gouverne de direction
77 - haubanage
78 - entoilage du fuselage
79 - point de contrôle incidence de l'empennage horizontal
80 - patin de béquille de queue
81 - amortisseur
82 - couples de cloison
83 - cordes à piano internes
84 - longeron inférieur
85 - structure en acier soudé du fuselage
86 - structure du longeron arrière
87 - marchepied entrée arrière
88 - revêtement de longeron
89 - nervures de bord de fuite
90 - structure de l'aileron gauche
91 - guignol de commande d'aileron
92 - patte d'amarrage
93 - structure du saumon gauche
94 - feu de navigation gauche
95 - structure du bord d'attaque

Fokker F. VIIb-3m

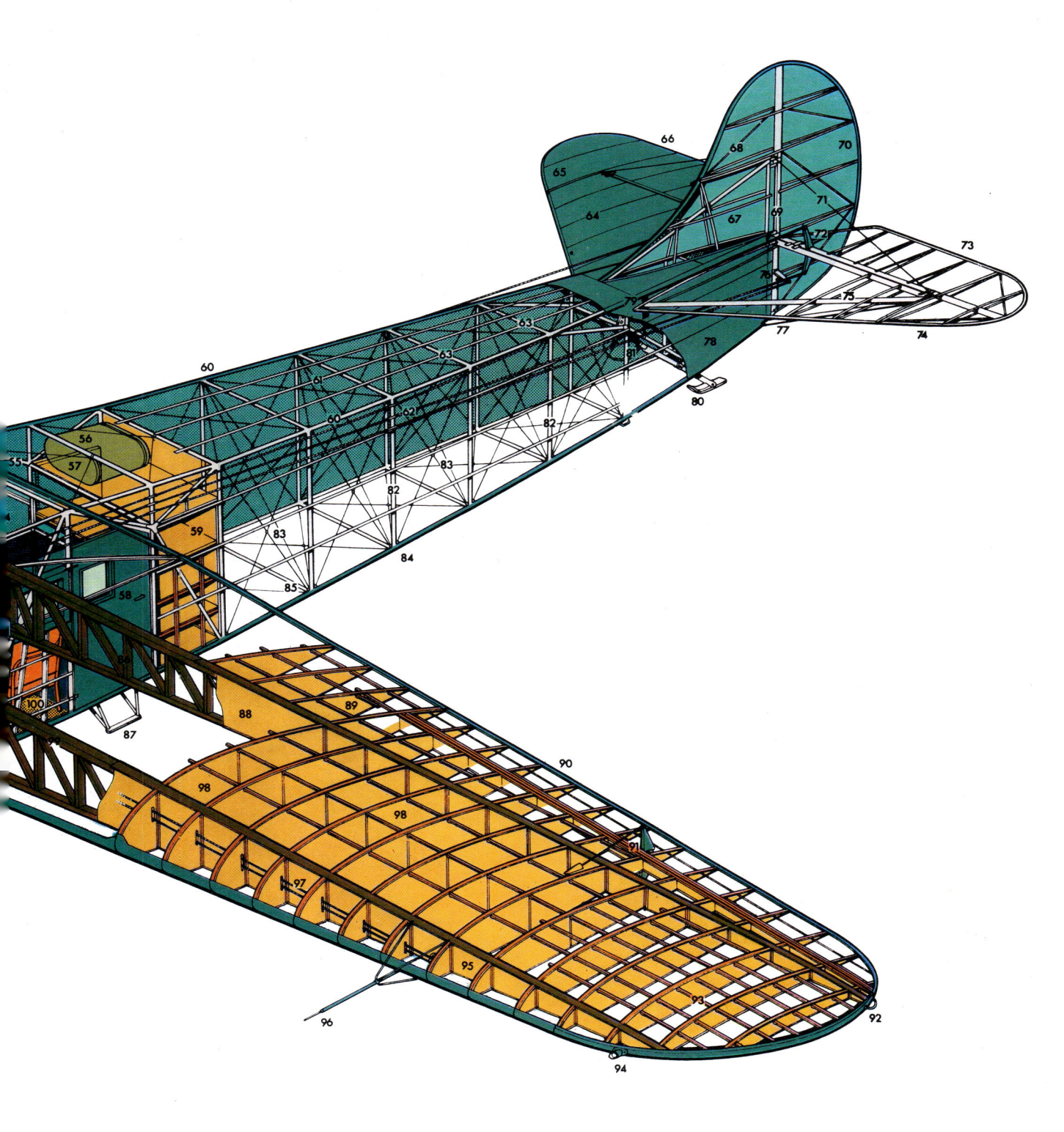

96 - tube de Pitot
97 - câbles d'aileron
98 - nervures d'aile
99 - structure du longeron avant
100 - plancher cabine passagers
101 - bâti-moteur arrière
102 - fixation fuseau-moteur
103 - instruments moteur
104 - réservoir d'huile
105 - tuyau d'échappement
106 - radiateur d'huile
107 - structure du fuseau-moteur en tubes d'acier
108 - moteur Wright
109 - collecteur d'échappement
110 - entrée d'air de refroidissement
111 - structure du train d'atterrissage
112 - amortisseur
113 - pare-chocs
114 - structure inférieure du train
115 - roue
116 - frein à disque
117 - accès à la valve de pneu
118 - capotage de la roue

Créés pour la guerre, utilisés et adaptés pour la paix ; 1919

BREGUET 14T
Pays : France - *Constructeur* : Société anonyme des ateliers d'aviation Louis Breguet - *Type* : transport civil - *Année* : 1919 - *Moteur* : Renault 12 FCX, 12 cylindres en V, refroidi par liquide, de 300 ch - *Envergure* : 14,36 m - *Longueur* : 8,99 m - *Hauteur* : 3,30 m - *Poids au décollage* : 1 984 kg - *Vitesse de croisière* : 125 km/h à 2 000 m d'altitude - *Plafond opérationnel* : 4 500 m - *Autonomie* : 460 km - *Équipage* : 1 personne - *Charge utile* : 2 passagers

DE HAVILLAND D.H.10 AMIENS III
Pays : Grande-Bretagne - *Constructeur* : Aircraft Manufacturing Co. - *Type* : bombardier - *Année* : 1919 - *Moteur* : 2 Liberty 12 cylindres en V, refroidis par liquide, de 400 ch chacun - *Envergure* : 19,96 m - *Longueur* : 12,03 m - *Hauteur* : 4,41 m - *Poids au décollage* : 4 077 kg - *Vitesse maximale* : 181 km/h à 3 050 m d'altitude - *Plafond opérationnel* : 5 000 m - *Autonomie* : 1 000 km environ - *Équipage* : 3 à 4 personnes

LÉVY-LEPEN R
Pays : France - *Constructeur* : Hydravions Georges Lévy - *Type* : transport civil - *Année* : 1917 - *Moteur* : Renault 12 cylindres en V, refroidi par liquide, de 300 ch - *Envergure* : 18,49 m - *Longueur* : 12,39 m - *Hauteur* : 3,85 m - *Poids au décollage* : 2 450 kg - *Vitesse maximale* : 145 km/h - *Plafond opérationnel* : — - *Autonomie* : — - *Équipage* : 1 personne - *Charge utile* : 2 passagers

A.E.G. J.II
Pays : Allemagne - *Constructeur* : Allgemeine Elektrizitäts Gesellschaft - *Type* : transport civil - *Année* : 1919 - *Moteur* : Benz Bz.IV 6 cylindres en ligne, refroidi par liquide, de 200 ch - *Envergure* : 13,46 m - *Longueur* : 7,90 m - *Hauteur* : — - *Poids au décollage* : 1 620 kg - *Vitesse maximale* : 150 km/h - *Plafond opérationnel* : 4 500 m - *Autonomie* : 565 km - *Équipage* : 1 personne - *Charge utile* : 2 passagers

AIRCO (DE HAVILLAND) D.H.4A
Pays : Grande-Bretagne - *Constructeur* : Aircraft Manufacturing Co. Ltd. - *Type* : transport civil - *Année* : 1919 - *Moteur* : Rolls-Royce Eagle VIII 12 cylindres en V, refroidi par liquide, de 350 ch - *Envergure* : 12,93 m - *Longueur* : 9,29 m - *Hauteur* : 3,35 m - *Poids au décollage* : 1 685 kg - *Vitesse maximale* : 195 km/h - *Plafond opérationnel* : — - *Autonomie* : — - *Équipage* : 1 personne - *Charge utile* : 2 passagers

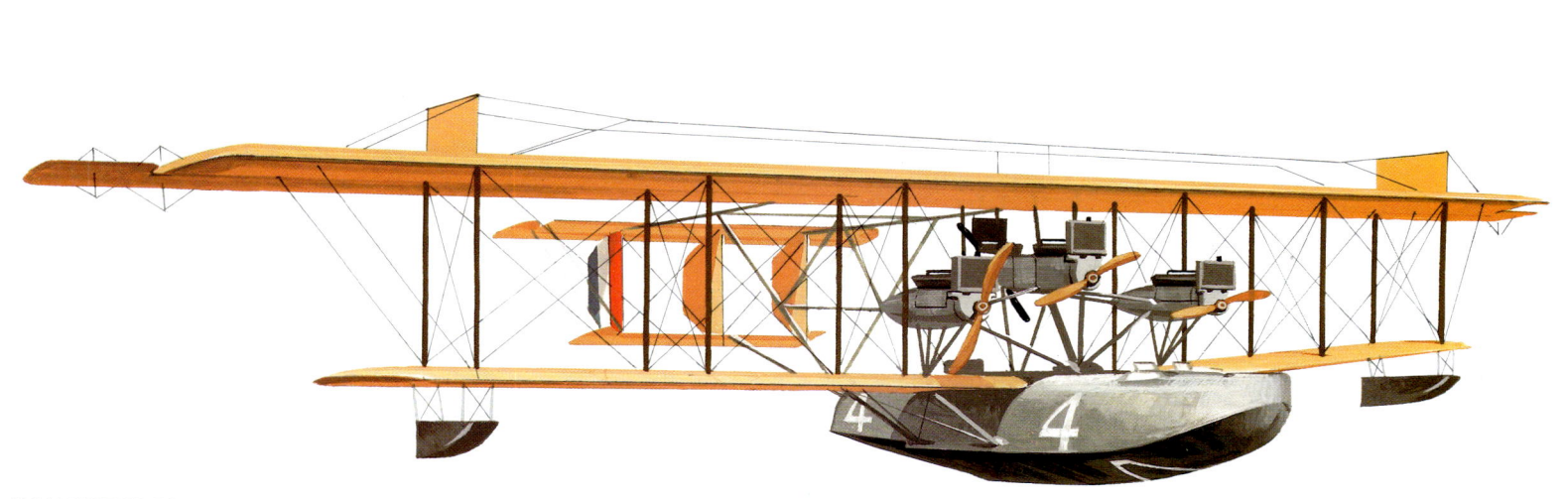

Le premier défi à l'immensité de l'Atlantique ; 1919

Planche 39

NAVY CURTISS NC-4
Pays : USA - *Constructeur* : Curtiss Aeroplane and Motor Co. - *Année* : 1919 - *Type* : reconnaissance - *Moteur* : 4 Liberty 12, 12 cylindres en V, refroidis par liquide, de 400 ch chacun - *Envergure* : 38,40 m - *Longueur* : 20,80 m - *Hauteur* : 7,46 m - *Poids au décollage* : 12 422 kg - *Vitesse maximale* : 146 km/h - *Plafond opérationnel* : 1 372 m - *Autonomie* : 2 366 km - *Équipage* : 6 personnes

VICKERS VIMY TRANSATLANTIC
Pays : Grande-Bretagne - *Constructeur* : Vickers Ltd. - *Type* : compétition - *Année* : 1919 - *Moteur* : 2 Rolls-Royce Eagle VIII, 12 cylindres en V, refroidis par liquide, de 360 ch chacun - *Envergure* : 20,47 m - *Longueur* : 13,26 m - *Hauteur* : 4,65 m - *Poids au décollage* : 6 025 kg - *Vitesse maximale* : 161 km/h - *Plafond opérationnel* : 3 200 m - *Autonomie* : 3 926 km - *Équipage* : 2 personnes - *Charge utile* : —

SOPWITH ATLANTIC
Pays : Grande-Bretagne - *Constructeur* : Sopwith Aviation Co. - *Type* : compétition - *Année* : 1919 - *Moteur* : Rolls-Royce Eagle VIII, 12 cylindres en V, refroidi par liquide, de 350 ch - *Envergure* : 14,18 m - *Longueur* : 9,60 m - *Hauteur* : 3,38 m - *Poids au décollage* : 2 780 kg - *Vitesse maximale* : — - *Plafond opérationnel* : 3 960 m - *Autonomie* : 3 000 km - *Équipage* : 2 personnes

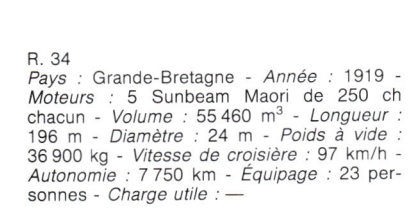

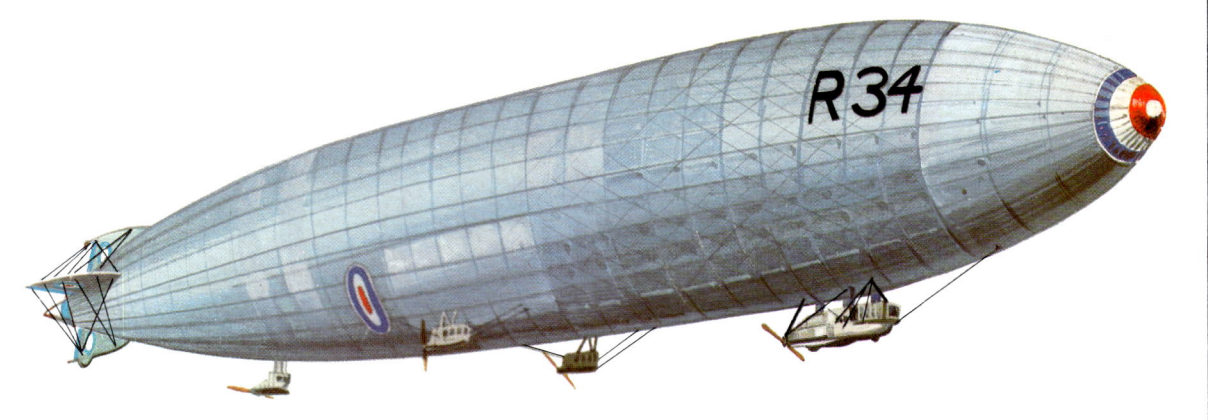

R. 34
Pays : Grande-Bretagne - *Année* : 1919 - *Moteurs* : 5 Sunbeam Maori de 250 ch chacun - *Volume* : 55 460 m^3 - *Longueur* : 196 m - *Diamètre* : 24 m - *Poids à vide* : 36 900 kg - *Vitesse de croisière* : 97 km/h - *Autonomie* : 7 750 km - *Équipage* : 23 personnes - *Charge utile* : —

Planche 40   **Colosses prématurés aux pieds d'argile ; 1919-1921**

TARRANT TABOR
Pays : Grande-Bretagne - *Constructeur* : W.G. Tarrant Ltd. - *Type* : bombardier lourd - *Année* : 1919 - *Moteur* : 6 Napier Lion, 12 cylindres en W refroidis par liquide, de 500 ch chacun - *Envergure* : 40 m - *Longueur* : 23,30 m - *Hauteur* : 11,35 m - *Poids au décollage* : 20 385 kg - *Vitesse maximale* : 177 km/h - *Plafond opérationnel* : 3 962 m - *Autonomie* : 1 500-1 900 km - *Armement* : 2 100 kg de bombes - *Équipage* : 5 personnes

ZEPPELIN-STAAKEN E.4/20
Pays : Allemagne - *Constructeur* : Zeppelin-Werke GmbH - *Type* : transport civil - *Année* : 1920 - *Moteur* : 4 Maybach Mb.IVa, 6 cylindres en ligne, refroidis par liquide, de 260 ch chacun - *Envergure* : 30,96 m - *Longueur* : 16,49 m - *Hauteur* : — - *Poids au décollage* : 8 500 kg - *Vitesse de croisière* : 211 km/h - *Plafond opérationnel* : — - *Autonomie* : 1 200 kg - *Équipage* : 3 personnes - *Charge utile* : 12-18 passagers

CAPRONI Ca.60 TRANSAEREO
Pays : Italie - *Constructeur* : Società Aviazione Ing. Caproni - *Type* : transport civil - *Année* : 1921 - *Moteur* : 8 Liberty 12 cylindres en V, refroidis par liquide, de 400 ch chacun - *Envergure* : 30 m - *Longueur* : 23,45 m - *Hauteur* : 9,15 m - *Poids au décollage* : 26 000 kg - *Vitesse maximale* : 130 km/h - *Plafond opérationnel* : — - *Autonomie* : 660 km - *Équipage* : 8 personnes - *Charge utile* : 100 passagers ou 5 445 kg

Premiers avions pour les premières lignes régulières de voyageurs ; 1919-1921

Planche 41

FARMAN F.60 GOLIATH
Pays : France - *Constructeur* : Avions H. et M. Farman - *Type* : transport civil - *Année* : 1919 - *Moteur* : 2 Salmson C.M.9 en étoile, 9 cylindres refroidis par liquide, de 260 ch chacun - *Envergure* : 26,46 m - *Longueur* : 14,33 m - *Hauteur* : — - *Poids au décollage* : 4 770 kg - *Vitesse de croisière* : 120 km/h à 2 000 m d'altitude - *Plafond opérationnel* : 4 000 m - *Autonomie* : 400 km - *Équipage* : 2 personnes - *Charge utile* : 12 passagers

BLÉRIOT SPAD 46
Pays : France - *Constructeur* : Blériot Aéronautique - *Type* : transport civil - *Année* : 1921 - *Moteur* : Lorraine-Dietrich 12 Da, 12 cylindres en V, refroidi par liquide, de 370 ch - *Envergure* : 12,65 m - *Longueur* : 9,05 m - *Hauteur* : — - *Poids au décollage* : 2 300 kg - *Vitesse de croisière* : 165 km/h - *Plafond opérationnel* : 5 050 m - *Autonomie* : 800 km - *Équipage* : 1 personne - *Charge utile* : 4 à 5 passagers

VICKERS F.B. 28 VIMY COMMERCIAL
Pays : Grande-Bretagne - *Constructeur* : Vickers Ltd. - *Type* : transport civil - *Année* : 1920 - *Moteur* : 2 Rolls-Royce Eagle VIII, 12 cylindres en V, refroidis par liquide, de 360 ch chacun - *Envergure* : 20,47 m - *Longueur* : 13 m - *Hauteur* : 4,65 m - *Poids au décollage* : 5 663 kg - *Vitesse de croisière* : 135 km/h - *Plafond opérationnel* : 3 200 m - *Autonomie* : 724 km - *Équipage* : 2 personnes - *Charge utile* : 10 passagers

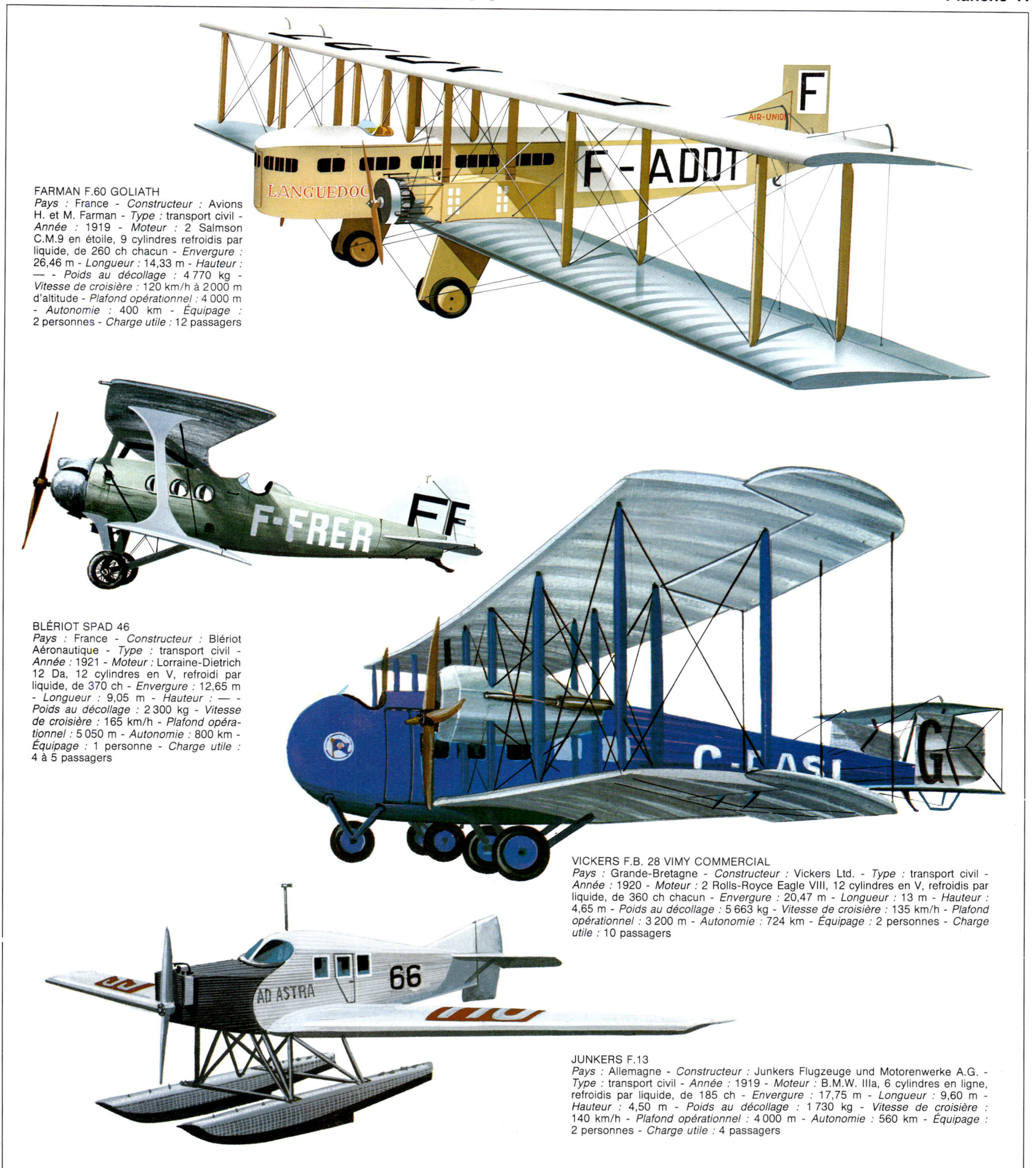

JUNKERS F.13
Pays : Allemagne - *Constructeur* : Junkers Flugzeuge und Motorenwerke A.G. - *Type* : transport civil - *Année* : 1919 - *Moteur* : B.M.W. IIIa, 6 cylindres en ligne, refroidis par liquide, de 185 ch - *Envergure* : 17,75 m - *Longueur* : 9,60 m - *Hauteur* : 4,50 m - *Poids au décollage* : 1 730 kg - *Vitesse de croisière* : 140 km/h - *Plafond opérationnel* : 4 000 m - *Autonomie* : 560 km - *Équipage* : 2 personnes - *Charge utile* : 4 passagers

Planche 42 — Les premiers classiques du transport civil font leur apparition en Europe ; 1920-1924

FOKKER F.II
Pays : Hollande - *Constructeur* : Fokker - *Type* : transport civil - *Année* : 1920 - *Moteur* : B.M.W. 6 cylindres en ligne, refroidis par liquide, de 185 ch - *Envergure* : 17,24 m - *Longueur* : 10,28 m - *Hauteur* : 3,17 m - *Poids au décollage* : 1 894 kg - *Vitesse maximale* : 150 km/h - *Plafond opérationnel* : — - *Autonomie* : — - *Équipage* : 2 personnes - *Charge utile* : 4 passagers

FOKKER F.III
Pays : Hollande - *Constructeur* : Fokker - *Type* : transport civil - *Année* : 1921 - *Moteur* : Siddeley Puma 6 cylindres en ligne, refroidis par liquide, de 230 ch - *Envergure* : 17,60 m - *Longueur* : 11,07 m - *Hauteur* : 3,65 m - *Poids au décollage* : 1 900 kg - *Vitesse de croisière* : 135 km/h - *Plafond opérationnel* : — - *Autonomie* : 675 km - *Équipage* : 1 personne - *Charge utile* : 5 passagers

FOKKER T.2
Pays : Hollande - *Constructeur* : Fokker - *Type* : transport - *Année* : 1921 - *Moteur* : Liberty 12-A, 12 cylindres en V, refroidi par liquide, de 420 ch - *Envergure* : 24,79 m - *Longueur* : 14,79 m - *Hauteur* : 3,60 m - *Poids au décollage* : 4 880 kg - *Vitesse maximale* : 155 km/h - *Plafond opérationnel* : — - *Autonomie* : — - *Équipage* : 2 personnes - *Charge utile* : 10 passagers

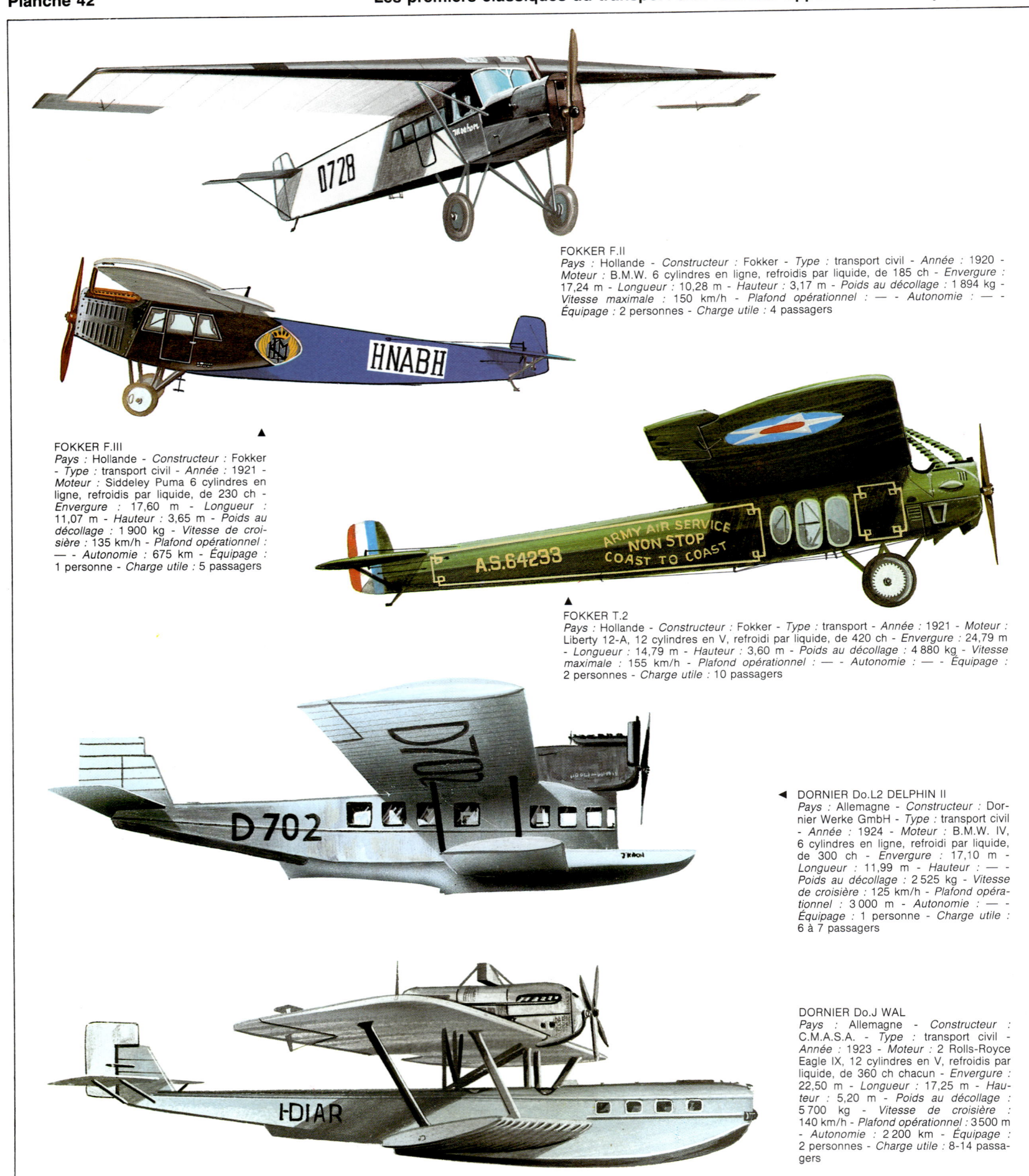

DORNIER Do.L2 DELPHIN II
Pays : Allemagne - *Constructeur* : Dornier Werke GmbH - *Type* : transport civil - *Année* : 1924 - *Moteur* : B.M.W. IV, 6 cylindres en ligne, refroidi par liquide, de 300 ch - *Envergure* : 17,10 m - *Longueur* : 11,99 m - *Hauteur* : — - *Poids au décollage* : 2 525 kg - *Vitesse de croisière* : 125 km/h - *Plafond opérationnel* : 3 000 m - *Autonomie* : — - *Équipage* : 1 personne - *Charge utile* : 6 à 7 passagers

DORNIER Do.J WAL
Pays : Allemagne - *Constructeur* : C.M.A.S.A. - *Type* : transport civil - *Année* : 1923 - *Moteur* : 2 Rolls-Royce Eagle IX, 12 cylindres en V, refroidis par liquide, de 360 ch chacun - *Envergure* : 22,50 m - *Longueur* : 17,25 m - *Hauteur* : 5,20 m - *Poids au décollage* : 5 700 kg - *Vitesse de croisière* : 140 km/h - *Plafond opérationnel* : 3 500 m - *Autonomie* : 2 200 km - *Équipage* : 2 personnes - *Charge utile* : 8-14 passagers

Modèles français, anglais, allemands pour passagers et transports postaux ; 1922-1925

Planche 43

BLÉRIOT 135
Pays : France - *Constructeur* : Blériot Aéronautique - *Type* : transport civil - *Année* : 1924 - *Moteur* : 4 Salmson 9Ab en étoile, 9 cylindres, refroidis par air, de 230 ch chacun - *Envergure* : 24,99 m - *Longueur* : 14,45 m - *Hauteur* : 4,93 m - *Poids au décollage* : 5 492 kg - *Vitesse de croisière* : 135 km/h - *Plafond opérationnel* : 4 200 m - *Autonomie* : 600 km - *Équipage* : 2 personnes - *Charge utile* : 10 passagers

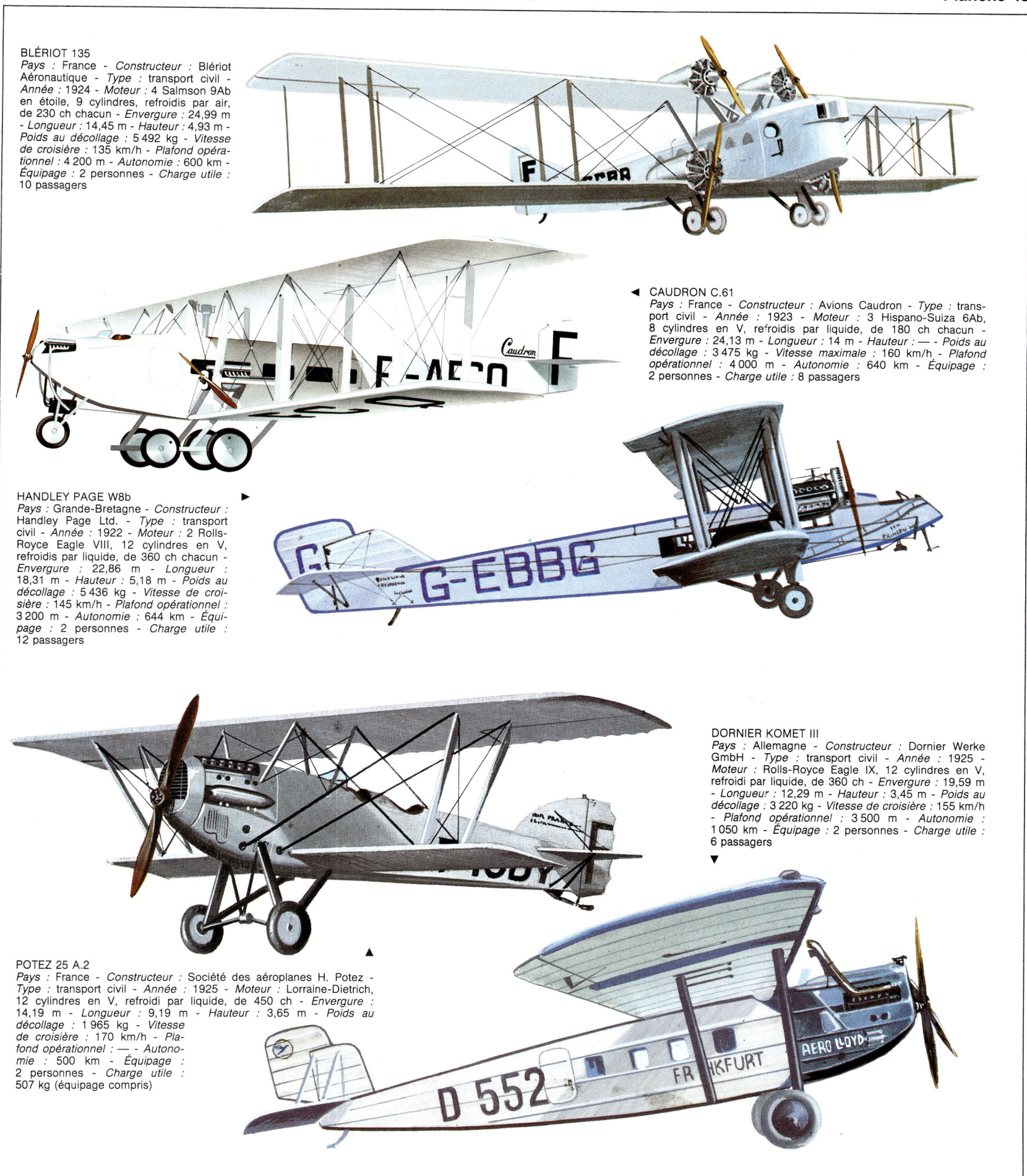

◀ **CAUDRON C.61**
Pays : France - *Constructeur* : Avions Caudron - *Type* : transport civil - *Année* : 1923 - *Moteur* : 3 Hispano-Suiza 6Ab, 8 cylindres en V, refroidis par liquide, de 180 ch chacun - *Envergure* : 24,13 m - *Longueur* : 14 m - *Hauteur* : — - *Poids au décollage* : 3 475 kg - *Vitesse maximale* : 160 km/h - *Plafond opérationnel* : 4 000 m - *Autonomie* : 640 km - *Équipage* : 2 personnes - *Charge utile* : 8 passagers

HANDLEY PAGE W8b ▶
Pays : Grande-Bretagne - *Constructeur* : Handley Page Ltd. - *Type* : transport civil - *Année* : 1922 - *Moteur* : 2 Rolls-Royce Eagle VIII, 12 cylindres en V, refroidis par liquide, de 360 ch chacun - *Envergure* : 22,86 m - *Longueur* : 18,31 m - *Hauteur* : 5,18 m - *Poids au décollage* : 5 436 kg - *Vitesse de croisière* : 145 km/h - *Plafond opérationnel* : 3 200 m - *Autonomie* : 644 km - *Équipage* : 2 personnes - *Charge utile* : 12 passagers

DORNIER KOMET III
Pays : Allemagne - *Constructeur* : Dornier Werke GmbH - *Type* : transport civil - *Année* : 1925 - *Moteur* : Rolls-Royce Eagle IX, 12 cylindres en V, refroidi par liquide, de 360 ch - *Envergure* : 19,59 m - *Longueur* : 12,29 m - *Hauteur* : 3,45 m - *Poids au décollage* : 3 220 kg - *Vitesse de croisière* : 155 km/h - *Plafond opérationnel* : 3 500 m - *Autonomie* : 1 050 km - *Équipage* : 2 personnes - *Charge utile* : 6 passagers ▼

POTEZ 25 A.2
Pays : France - *Constructeur* : Société des aéroplanes H. Potez - *Type* : transport civil - *Année* : 1925 - *Moteur* : Lorraine-Dietrich, 12 cylindres en V, refroidi par liquide, de 450 ch - *Envergure* : 14,19 m - *Longueur* : 9,19 m - *Hauteur* : 3,65 m - *Poids au décollage* : 1 965 kg - *Vitesse de croisière* : 170 km/h - *Plafond opérationnel* : — - *Autonomie* : 500 km - *Équipage* : 2 personnes - *Charge utile* : 507 kg (équipage compris)

Planche 44 **Les premiers à traverser l'Océan et les continents ; 1923-1924**

DOUGLAS DWC/0-5 WORLD CRUISER
Pays : USA - *Constructeur* : Douglas Aircraft Co. - *Type* : compétition - *Année* : 1924 - *Moteur* : Liberty 12 A, 12 cylindres en V, refroidi par liquide, de 420 ch - *Envergure* : 15,24 m - *Longueur* : 10,72 m - *Hauteur* : 4,60 m - *Poids à vide* : 1 933 kg - *Poids au décollage* : 3 998 kg - *Vitesse maximale* : 161 km/h - *Plafond opérationnel* : 2 134 m - *Autonomie* : 3 540 m - *Équipage* : 2 personnes

SAVOIA MARCHETTI S.16 TER
Pays : Italie - *Constructeur* : Società Idrovolanti Alta Italia - *Type* : transport civil - *Année* : 1923 - *Moteur* : Lorraine (Isotta-Fraschini) 12 cylindres en V, refroidi par liquide, de 400 ch - *Envergure* : 15,50 m - *Longueur* : 13,50 m - *Hauteur* : 3,66 m - *Poids au décollage* : 2 652 kg - *Vitesse de croisière* : 175 km/h - *Plafond opérationnel* : 3 000 m - *Autonomie* : 1 000 km - *Équipage* : 1 personne - *Charge utile* : 4 passagers

Les premiers trimoteurs classiques apparaissent en Europe ; 1925-1927

Planche 45

FOKKER F.VIIa-3 m
Pays : Hollande - *Constructeur* : Fokker - *Type* : transport civil - *Année* : 1926 - *Moteur* : 3 Wright Whirlwind, 9 cylindres en étoile, refroidis par air, de 240 ch chacun - *Envergure* : 19,30 m - *Longueur* : 14,57 m - *Hauteur* : 3,91 m - *Poids au décollage* : 3 986 kg - *Vitesse maximale* : 190 km/h - *Plafond opérationnel* : — - *Autonomie* : 2 575 km - *Équipage* : 2 personnes - *Charge utile* : 8 passagers

ALBATROS L.73
Pays : Allemagne - *Constructeur* : Albatros-Flugzeugwerke GmbH - *Type* : transport civil - *Année* : 1926 - *Moteur* : 2 B.M.W. IV, 6 cylindres en ligne, refroidis par liquide, de 240 ch chacun - *Envergure* : 19,69 m - *Longueur* : 14,61 m - *Hauteur* : 4,67 m - *Poids au décollage* : 4 610 kg - *Vitesse croisière* : 145 km/h - *Plafond opérationnel* : 3 000 m - *Autonomie* : 540 km - *Équipage* : 2 personnes - *Charge utile* : 8 passagers

JUNKERS G.24
Pays : Allemagne - *Constructeur* : Junkers Flugzeuge und Motorenwerke A.G. - *Type* : transport civil - *Année* : 1925 - *Moteur* 3 Junkers L.5, 6 cylindres en ligne, refroidis par liquide, de 310 ch chacun - *Envergure* : 29,90 m - *Longueur* : 15,69 m - *Hauteur* : — - *Poids au décollage* : 6 500 kg - *Vitesse de croisière* : 182 km/h - *Plafond opérationnel* : 4 700 m - *Autonomie* : 1 300 km - *Équipage* : 3 personnes - *Charge utile* : 9 passagers

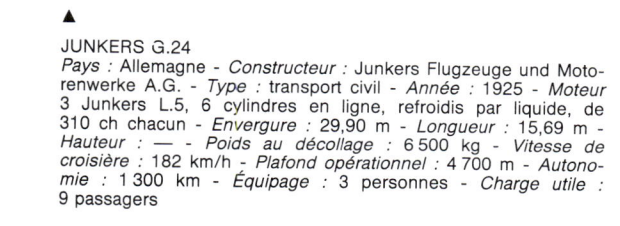

FOCKE WULF A.17a
Pays : Allemagne - *Constructeur* : Focke Wulf Flugzeugban GmbH - *Type* : transport civil - *Année* : 1927 - *Moteur* : Siemens Jupiter VI, 9 cylindres en étoile, refroidis par air, de 480 ch - *Envergure* : 19,99 m - *Longueur* : 12,95 m - *Hauteur* : 3,99 m - *Poids au décollage* : 4 000 kg - *Vitesse de croisière* : 167 km/h - *Plafond opérationnel* : 4 500 m - *Autonomie* : 800 km - *Équipage* : 2 personnes - *Charge utile* : 8 passagers

CANT 10 TER
Pays : Italie - *Constructeur* : Chantiers navals de Trieste - *Type* : transport civil - *Année* : 1926 - *Moteur* : Lorraine (Isotta-Fraschini), 12 cylindres en V, refroidi par liquide, de 400 ch - *Envergure* : 15,30 m - *Longueur* : 11,50 m - *Hauteur* : 4,06 m - *Poids au décollage* : 3 000 kg - *Vitesse de croisière* : 150 km/h - *Plafond opérationnel* : 4 200 m - *Autonomie* : 595 km - *Équipage* : 1 personne - *Charge utile* : 4 passagers

CANT 6 TER
Pays : Italie - *Constructeur* : Chantiers navals de Trieste - *Type* : transport civil - *Année* : 1926 - *Moteur* : 3 Isotta-Fraschini, 12 cylindres en V, refroidis par liquide, de 400 ch chacun - *Envergure* : 23,20 m - *Longueur* : 14,94 m - *Hauteur* : — - *Poids au décollage* : 7 000 kg - *Vitesse maximale* : 195 km/h - *Plafond opérationnel* : — - *Autonomie* : — - *Équipage* : 2 personnes - *Charge utile* : 11 passagers

Planche 46 Trois trimoteurs sur les lignes européennes et américaines ; 1926

◀ **FORD 4.AT TRIMOTOR**
Pays : USA - *Constructeur* : Ford Motor Company - *Type* : transport civil - *Année* : 1926 - *Moteur* : 3 Wright J-6 Whirlwind, 9 cylindres en étoile, refroidis par air, de 300 ch chacun - *Envergure* : 22,56 m - *Longueur* : 15,19 m - *Hauteur* : 3,58 m - *Poids au décollage* : 4 598 kg - *Vitesse de croisière* : 172 km/h - *Plafond opérationnel* : 5 030 m - *Autonomie* : 917 km - *Équipage* : 2 personnes - *Charge utile* : 11 à 14 passagers.

▲ **ARMSTRONG WHITWORTH A.W.155 ARGOSY I**
Pays : Grande-Bretagne - *Constructeur* : Armstrong Whitworth Aircraft Ltd. - *Type* : transport civil - *Année* : 1926 - *Moteur* : 3 Armstrong Siddeley Jaguar III, 14 cylindres en étoile, refroidis par air, de 385 ch chacun - *Envergure* : 27,43 m - *Longueur* : 19,66 m - *Hauteur* : 5,79 m - *Poids au décollage* : 8 154 kg - *Vitesse de croisière* : 145 km/h - *Plafond opérationnel* : — - *Autonomie* : 650 km - *Équipage* : 2 personnes - *Charge utile* : 20 passagers

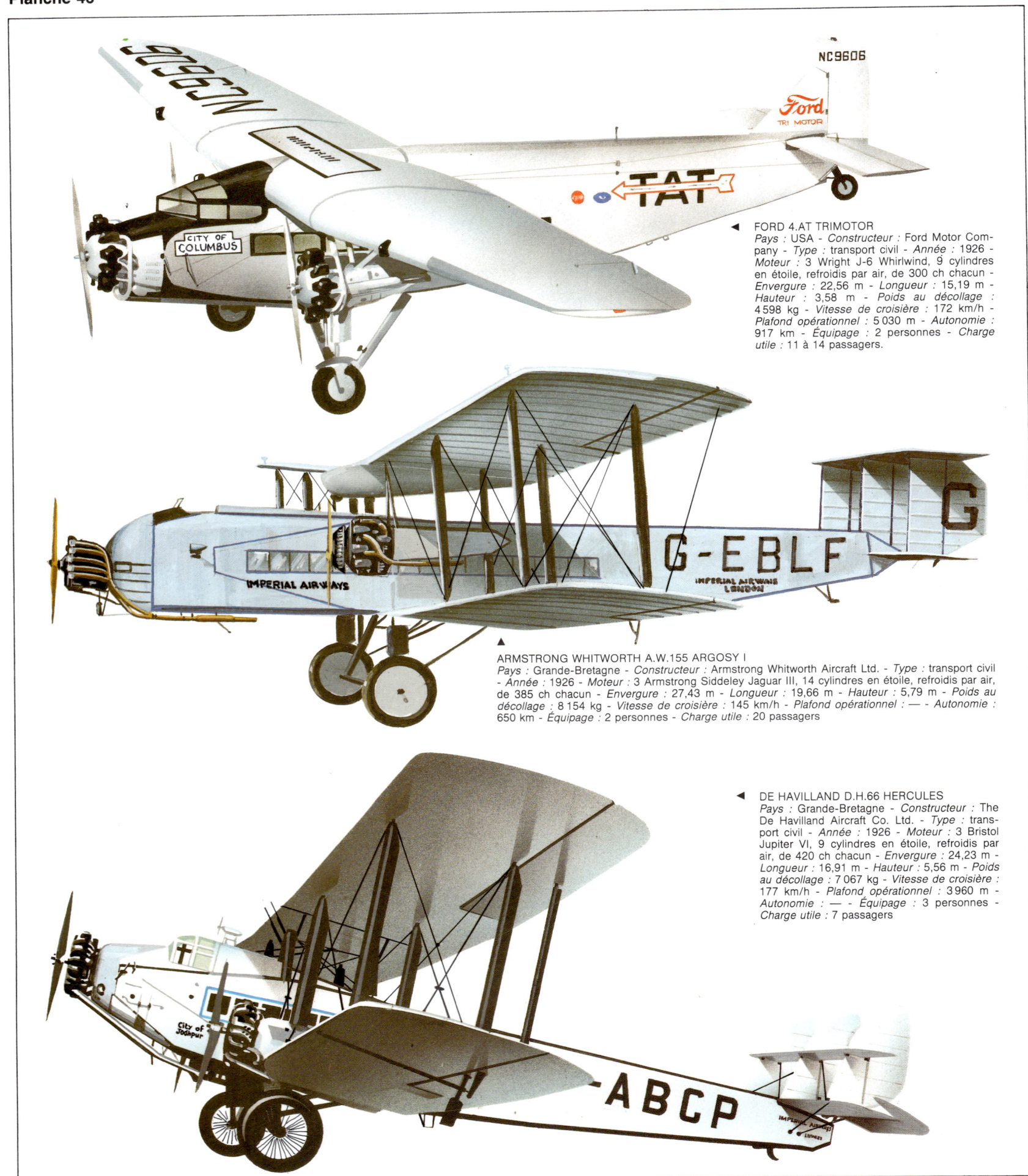

◀ **DE HAVILLAND D.H.66 HERCULES**
Pays : Grande-Bretagne - *Constructeur* : The De Havilland Aircraft Co. Ltd. - *Type* : transport civil - *Année* : 1926 - *Moteur* : 3 Bristol Jupiter VI, 9 cylindres en étoile, refroidis par air, de 420 ch chacun - *Envergure* : 24,23 m - *Longueur* : 16,91 m - *Hauteur* : 5,56 m - *Poids au décollage* : 7 067 kg - *Vitesse de croisière* : 177 km/h - *Plafond opérationnel* : 3 960 m - *Autonomie* : — - *Équipage* : 3 personnes - *Charge utile* : 7 passagers

Un hydravion entré dans la légende, de 1926 à 1934 : le S.M.55

Planche 47

SIAI MARCHETTI S.M.55P
Pays : Italie - *Constructeur* : SIAI Marchetti - *Type* : transport civil - *Année* : 1926 - *Moteur* : 2 Isotta-Fraschini (Lorraine-Dietrich), 12 cylindres en V, refroidis par liquide, de 400 ch chacun - *Envergure* : 24 m - *Longueur* : 16,50 m - *Hauteur* : 5 m - *Poids au décollage* : 7 200 kg - *Vitesse de croisière* : 170 km/h - *Plafond opérationnel* : 3 800 m - *Autonomie* : 1 100 km - *Équipage* : 3 personnes - *Charge utile* : 9 à 11 passagers

SIAI MARCHETTI S.M.55 Iʳᵉ SÉRIE (SANTA MARIA)
Pays : Italie - *Constructeur* : SIAI Marchetti - *Type* : compétition - *Année* : 1927 - *Moteur* : 2 Isotta-Fraschini Asso 500, 12 cylindres en V, refroidis par liquide, de 500 ch chacun - *Envergure* : 24 m - *Longueur* : 16,50 m - *Hauteur* : 5 m - *Poids au décollage* : 6 506 kg - *Vitesse de croisière* : 165 km/h - *Plafond opérationnel* : 3 000 m - *Autonomie* : 1 000 km - *Équipage* : 4 personnes - *Charge utile* : 1 700 kg

SIAI MARCHETTI S.M.55X
Pays : Italie - *Constructeur* : SIAI Marchetti - *Type* : compétition - *Année* : 1933 - *Moteur* : 2 Isotta-Fraschini Asso 12 cylindres en V, refroidis par liquide, de 800 ch chacun - *Envergure* : 24,00 m - *Longueur* : 16,50 m - *Hauteur* : 5,00 m - *Poids au décollage* : 10 000 kg - *Vitesse de croisière* : 240 km/h - *Plafond opérationnel* : 5 000 m - *Autonomie* : 4 000 km - *Équipage* : 4 personnes - *Charge utile* : 5 000 kg

Planche 48 — Quatre célèbres monomoteurs américains de 1927

LOCKHEED VEGA 1
Pays : USA - *Constructeur* : Lockheed Aircraft Company - *Type* : transport civil - *Année* : 1927 - *Moteur* : Wright Whirlwind J-5, 9 cylindres en étoile, refroidi par air, de 220 ch - *Envergure* : 12,50 m - *Longueur* : 8,38 m - *Hauteur* : 2,59 m - *Poids au décollage* : 1 574 kg - *Vitesse de croisière* : 190 km/h - *Plafond opérationnel* : 4 570 km - *Autonomie* : 1 450 km - *Équipage* : 1 personne - *Charge utile* : 4 passagers

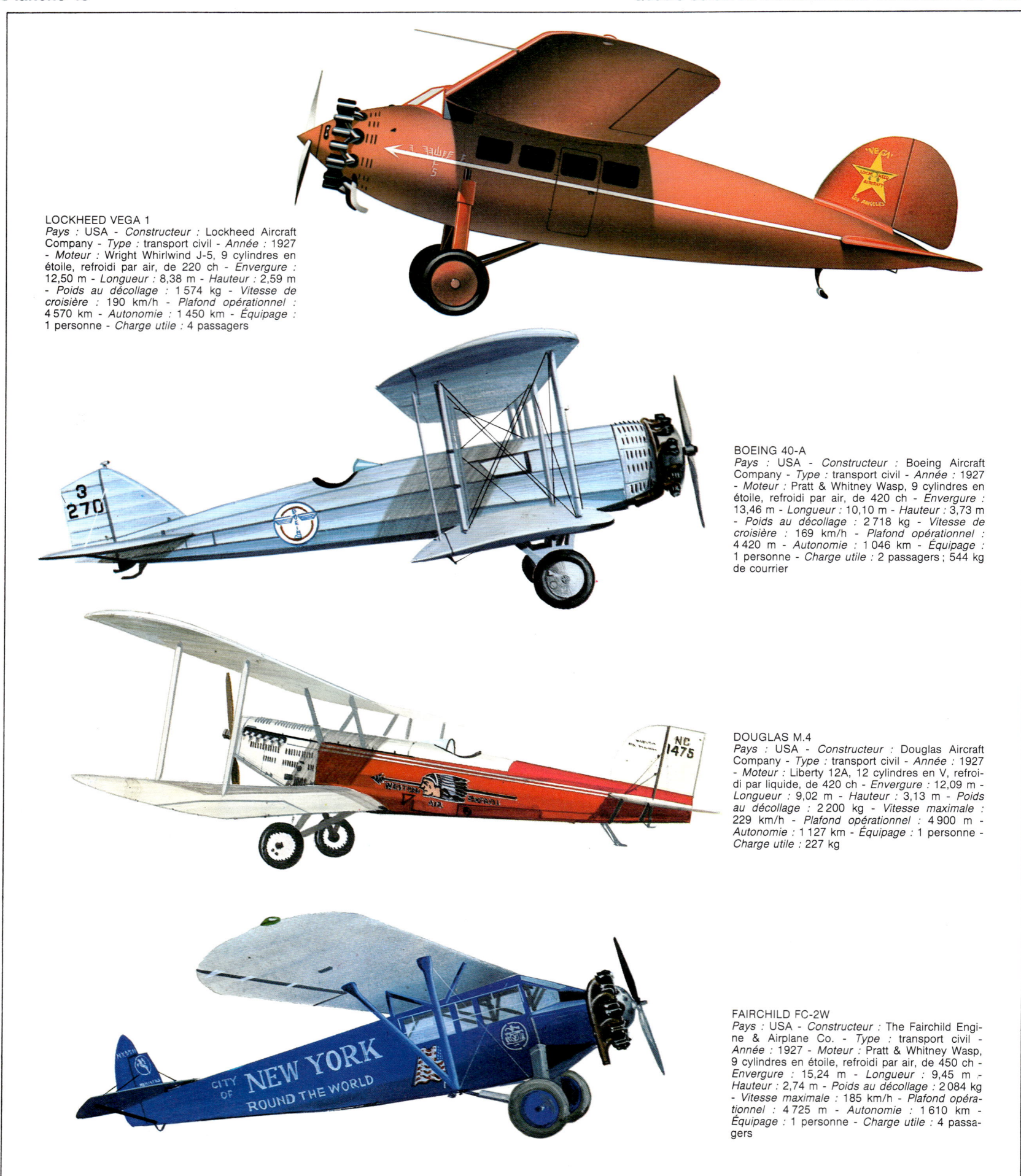

BOEING 40-A
Pays : USA - *Constructeur* : Boeing Aircraft Company - *Type* : transport civil - *Année* : 1927 - *Moteur* : Pratt & Whitney Wasp, 9 cylindres en étoile, refroidi par air, de 420 ch - *Envergure* : 13,46 m - *Longueur* : 10,10 m - *Hauteur* : 3,73 m - *Poids au décollage* : 2 718 kg - *Vitesse de croisière* : 169 km/h - *Plafond opérationnel* : 4 420 m - *Autonomie* : 1 046 km - *Équipage* : 1 personne - *Charge utile* : 2 passagers ; 544 kg de courrier

DOUGLAS M.4
Pays : USA - *Constructeur* : Douglas Aircraft Company - *Type* : transport civil - *Année* : 1927 - *Moteur* : Liberty 12A, 12 cylindres en V, refroidi par liquide, de 420 ch - *Envergure* : 12,09 m - *Longueur* : 9,02 m - *Hauteur* : 3,13 m - *Poids au décollage* : 2 200 kg - *Vitesse maximale* : 229 km/h - *Plafond opérationnel* : 4 900 m - *Autonomie* : 1 127 km - *Équipage* : 1 personne - *Charge utile* : 227 kg

FAIRCHILD FC-2W
Pays : USA - *Constructeur* : The Fairchild Engine & Airplane Co. - *Type* : transport civil - *Année* : 1927 - *Moteur* : Pratt & Whitney Wasp, 9 cylindres en étoile, refroidi par air, de 450 ch - *Envergure* : 15,24 m - *Longueur* : 9,45 m - *Hauteur* : 2,74 m - *Poids au décollage* : 2 084 kg - *Vitesse maximale* : 185 km/h - *Plafond opérationnel* : 4 725 m - *Autonomie* : 1 610 km - *Équipage* : 1 personne - *Charge utile* : 4 passagers

Lindbergh accomplit la première traversée sans escale de l'Atlantique ; 1927

Planche 49

RYAN NYP SPIRIT OF ST. LOUIS
Pays : USA - *Constructeur* : Ryan Airlines Inc. - *Type* : — - *Année* : 1927 - *Moteur* : Wright Whirlwind J-5-C, 9 cylindres en étoile, refroidi par air, de 220 ch - *Envergure* : 14,02 m - *Longueur* : 8,36 m - *Hauteur* : 2,44 m - *Poids à vide* : 975 kg - *Poids au décollage* : 2 379 kg - *Vitesse de croisière* : 180 km/h - *Plafond opérationnel* : 5 000 m - *Autonomie* : 6 600 km - *Équipage* : 1 personne

FOKKER C-2 AMERICA
Pays : USA - *Constructeur* : Atlantic Aircraft Corp. - *Type* : compétition - *Année* : 1927 - *Moteur* : 3 Wright R-730 Whirlwind, 9 cylindres en étoile, refroidis par air, de 220 ch chacun - *Envergure* : 21,70 m - *Longueur* : 14,80 m - *Hauteur* : 3,69 m - *Poids au décollage* : 3 360 kg - *Vitesse de croisière* : 177 km/h - *Plafond opérationnel* : 5 000 m - *Autonomie* : — - *Équipage* : 3 personnes

LEVASSEUR PL-8 OISEAU BLANC
Pays : France - *Constructeur* : Société Pierre Levasseur - *Type* : — - *Année* : 1927 - *Moteur* : Lorraine-Dietrich, 12 cylindres en V, refroidi par liquide, de 450 ch - *Envergure* : 14,63 m - *Longueur* : 9,75 m - *Hauteur* : 3,96 m - *Poids au décollage* : 4 954 kg - *Vitesse maximale* : 193 km/h - *Plafond opérationnel* : — - *Autonomie* : 6 000 km - *Équipage* : 2 personnes

BELLANCA W.B.2 COLUMBIA
Pays : USA - *Constructeur* : Bellanca Aircraft Corp. - *Type* : compétition - *Année* : 1927 - *Moteur* : Wright J-5 Whirlwind, 9 cylindres en étoile, refroidi par air, de 220 ch - *Envergure* : 14,12 m - *Longueur* : 8,23 m - *Hauteur* : 2,57 m - *Poids au décollage* : 2 450 kg - *Vitesse de croisière* : 170 km/h - *Plafond opérationnel* : 3 960 m - *Autonomie* : — - *Équipage* : 2 personnes

JUNKERS W.33
Pays : Allemagne - *Constructeur* : Junkers Flugzeuge und Motorenwerke A.G. - *Type* : transport civil - *Année* : 1927 - *Moteur* : Junkers L-5, 6 cylindres en ligne, refroidi par liquide, de 310 ch - *Envergure* : 17,75 m - *Longueur* : 10,50 m - *Hauteur* : 3,56 m - *Poids au décollage* : 2 500 kg - *Vitesse de croisière* : 150 km/h - *Plafond opérationnel* : 4 300 m - *Autonomie* : 1 000 km - *Équipage* : 2 ou 3 personnes - *Charge utile* : 6 passagers

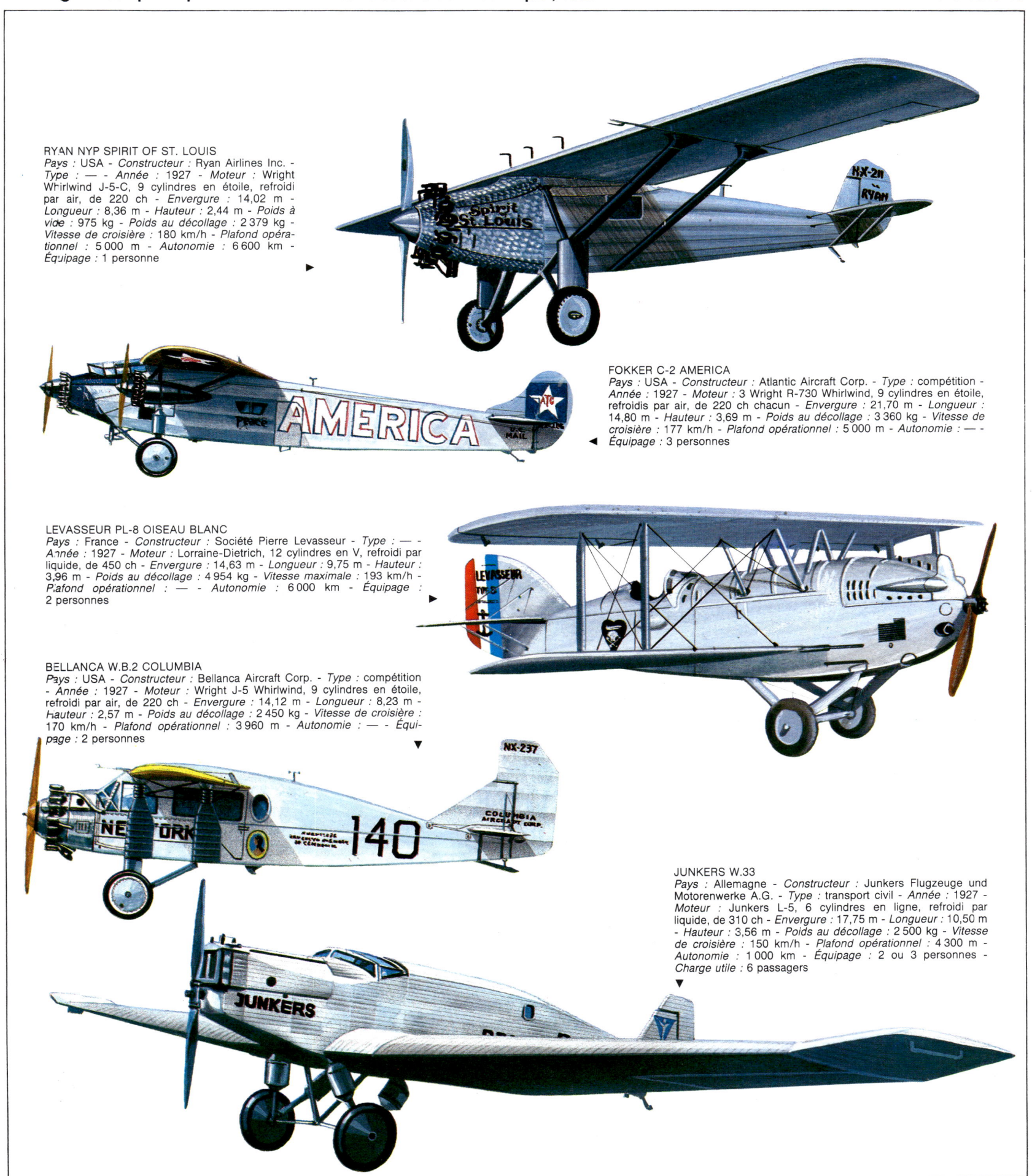

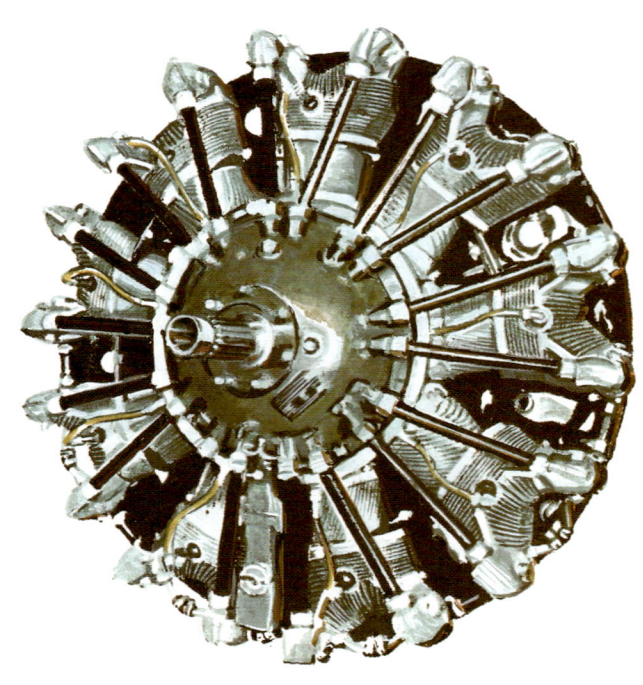

Planche 50   Moteurs de 1925 à 1931

PRATT & WHITNEY WASP - 1925 (USA)
Le Wasp fut le premier moteur mis au point par la Pratt & Whitney dès la création de la firme. Type classique à neuf cylindres des moteurs en étoile de l'époque, ce propulseur développait une puissance très élevée (400 ch dans sa forme initiale), facteur qui, conjugué avec sa haute fiabilité, lui assura un large succès de marché. Par la suite, le Wasp donna naissance à la série complète des Hornet et Wasp junior, de conception analogue, mais appartenant à des classes de puissance différentes.

WRIGHT WHIRLWIND - 1925 (USA)
A l'instar du Wasp, le Wright Whirlwind caractérisa le développement de l'aviation aux États-Unis et resta attaché à quelques-uns des exploits les plus significatifs, notamment la traversée de Lindbergh. Moteur à neuf cylindres en étoile, développant 220 ch dans sa forme initiale. Par la suite, il fut développé en deux séries de production, dont l'une à sept cylindres, caractérisée par des puissances de jour en jour accrues. Le Whirlwind fut très répandu dans le transport léger et l'aviation privée.

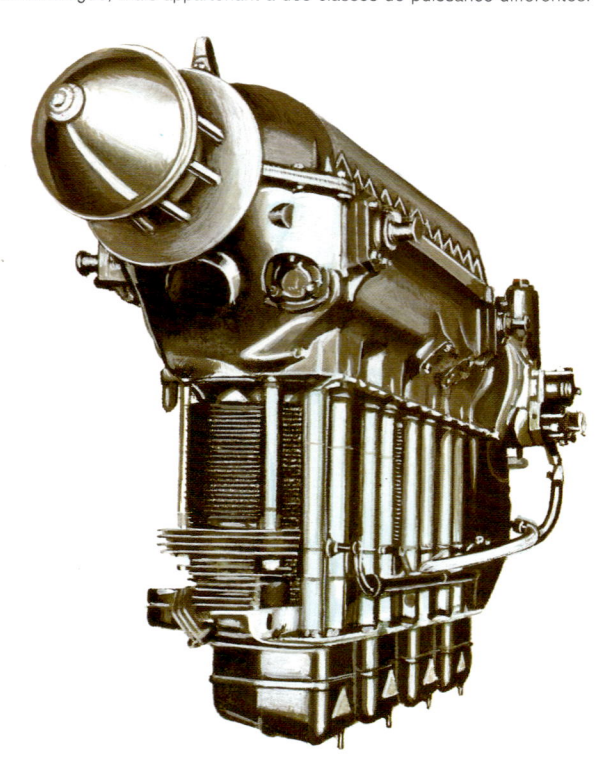

DE HAVILLAND GIPSY MAJOR 1 - 1927 (GB)
Les moteurs Gipsy commencèrent leur longue carrière en 1927 avec ce modèle, caractérisé par une architecture à quatre cylindres en ligne refroidis par air, d'une puissance de 130 ch. Extrêmement simple, robuste et fiable, le Gipsy donna naissance à une véritable génération de propulseurs connus dans le monde entier. Le Gipsy Major motorisa la quasi-totalité des avions légers fabriqués en Angleterre au cours des années 30. Sa contribution au développement de l'aviation civile britannique fut déterminante.

WRIGHT CYCLONE - 1931 (USA)
Le succès du Whirlwind devait être confirmé et s'accroître remarquablement avec l'un de ses plus célèbres successeurs, le Wright Cyclone, mis au point au début des années 30. Même si la formule du neuf cylindres en étoile avait été maintenue, c'était un propulseur plus gros et plus puissant. Il s'imposa dans la classe des 700 ch. Par la suite, avec l'apparition de modèles plus à jour, il atteignit 1 000 ch dans la version R-1820-G100. En 1937, la Wright développa une nouvelle série à quatorze cylindres, de la classe des 1 500 ch.

**Planche 38
Créés pour la guerre, utilisés et adaptés pour la paix ; 1919**

Les premières liaisons commerciales furent ouvertes et desservies par des avions créés pour l'usage militaire et sommairement adaptés aux nouveaux besoins. Malgré les limites évidentes d'une telle solution, la contribution que ces appareils apportèrent au développement de l'aviation civile fut loin d'être négligeable. Le Breguet 14, par exemple, connut le même succès, dans l'immédiat après-guerre (bien qu'à une échelle plus réduite), que celui qui avait marqué sa longue et intense carrière militaire. L'avion était robuste, d'une grande fiabilité et, surtout, immédiatement disponible. Pourquoi, par conséquent, ne pas l'utiliser pour les premiers transports de courrier et de voyageurs ? Ce fut ce raisonnement qui, tout de suite après la guerre, incita l'industriel de Toulouse Pierre Latécoère à fonder la compagnie de lignes aériennes du même nom (Lignes aériennes Latécoère) et à la doter d'une centaine de Br.14 dérivés des avions de guerre. La première liaison, de Toulouse à Barcelone, fut ouverte le 25 décembre 1918, et les autres, surtout avec l'Afrique, suivirent progressivement. C'est à une version spécialement modifiée pour le transport de deux personnes qu'eut recours la CMA, une compagnie créée en 1919 par un consortium d'industriels français de l'aviation — parmi lesquels Breguet, Caudron, Blériot, Farman, Morane — dans le but d'ouvrir des lignes commerciales avec la Grande-Bretagne et la Belgique. La Compagnie des messageries aériennes utilisa 25 Br.14T et commença à fonctionner le 18 avril 1919 entre Paris et Lille. Les services avec Bruxelles et Londres démarrèrent en août et en septembre de la même année.

C'est un hydravion français, le Lévy-Lepen R, construit en 1917 pour la marine, qui fut destiné à ouvrir la première ligne aérienne d'Afrique équatoriale. Le tronçon initial entre Léopoldville (aujourd'hui Kinshasa) et Ngombé fut inauguré le 1er juillet 1920 par la SNETA, la compagnie aérienne officielle de Belgique. Un second tronçon allant jusqu'à Lisala fut ouvert le 3 mars 1921. La ligne entière du Congo, qui fut appelée LARA, Ligne aérienne roi Albert, fut inaugurée le 1er juillet, avec terminus à Stanleyville. Elle fonctionna jusqu'au 7 juin 1922 : en moins d'un an, 125 000 kilomètres furent parcourus, 95 passagers et 2 tonnes de courrier transportées.

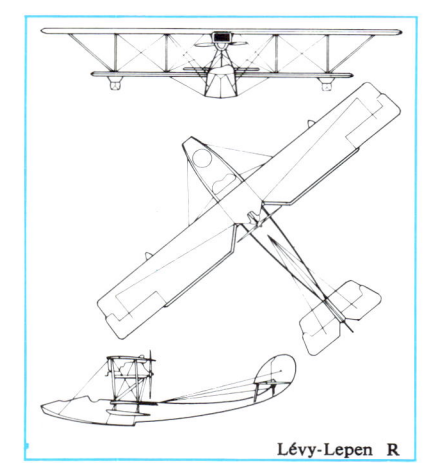

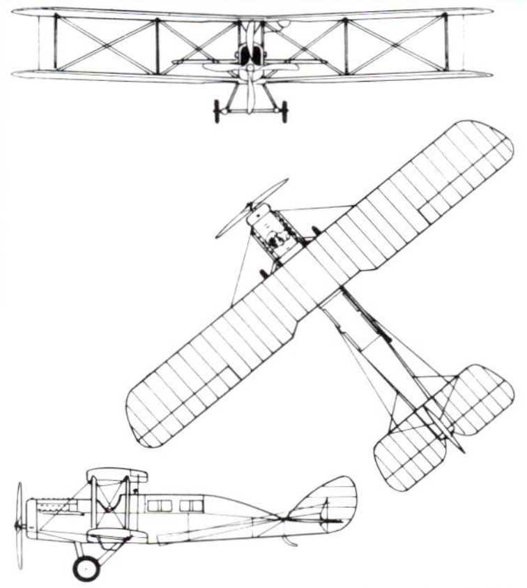

De même en Grande-Bretagne, les premiers vols commerciaux furent effectués avec des appareils de guerre modifiés. Parmi les premiers avions ainsi transformés, il y eut le D.H.4A de la Airco (De Havilland) qui fut régulièrement utilisé par l'Aircraft Transport and Travel et par la Handley Page Air Transport, en 1919. Une liaison fut établie avec Amsterdam en août ; une autre de Hounslow au Bourget, en France, au cours du même mois. Par la suite, de nouvelles lignes furent ouvertes avec la Hollande et la France. Le D.H.4A battit même un record sur la route Londres-Paris : le 4 décembre 1920, il atteignit la capitale française en 1 h 48 mn, avec deux passagers à bord. Ce fut là l'un des premiers records détenus sur cette ligne très convoitée et de grand prestige. Un bombardier bimoteur, sorti trop tard pour être engagé dans le conflit : le De Havilland D.H.10, baptisé *Amiens,* fut affecté, quant à lui, exclusivement au transport postal. A partir de 1919, les avions de ce type équipant la 120e escadrille de la RAF inaugurèrent une liaison régulière entre la Grande-Bretagne et l'Allemagne pour le transport du courrier aux troupes britanniques stationnées sur le Rhin. Dans ce rôle, les *Amiens* devinrent les premiers avions à effectuer des vols postaux de nuit. Deux ans plus tard, en 1921, les D.H.10 affectés en Égypte se livrèrent au transport postal sur une route plus aventureuse : celle qui relie Le Caire à Bagdad, à travers le désert, parcours qui était effectué en se guidant grâce à des points de repère et des traces sur le sable.

C'est un emploi analogue à celui des Breguet français et des D.H.4 anglais qu'eut l'A.E.G. J.II allemand, dérivé d'un avion d'attaque au sol. Ces appareils, dépouillés de leurs installations militaires et ensuite modifiés par l'adjonction d'une cabine à la place de l'habitacle, effectuèrent dès 1919 des transports postaux et commerciaux avec le Deutsche Luft Reederei. Quatre d'entre eux survécurent jusqu'en 1926, année où ils furent cédés à la Deutsche Lufthansa.

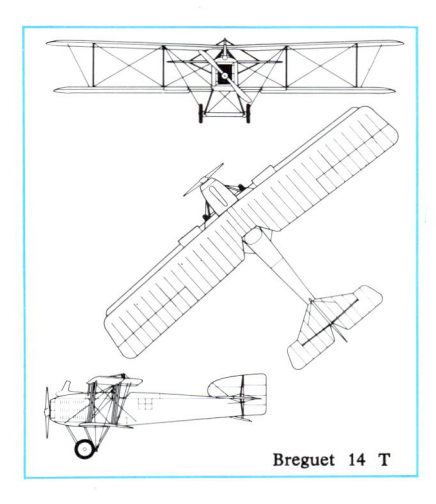

**Planche 39
Le premier défi à l'immensité de l'Atlantique ; 1919**

La fin de la guerre, si elle ouvrit la voie de l'aviation commerciale, marqua également le début des grandes traversées et des exploits sportifs. Le premier défi, celui qui fut lancé à l'océan Atlantique, devait, pour de nombreuses années encore, continuer à enflammer les imaginations et à stimuler l'initiative des constructeurs et des pilotes. Deux Anglais, John Alcock et Arthur Whitten Brown, réussirent à inscrire leur nom en tête du long palmarès des conquérants de l'Atlantique. L'exploit historique fut accompli du 14 au 15 juin 1919 à bord d'un ancien bombardier bimoteur Vickers Vimy spécialement modifié. Alcock et Brown décollèrent à 13 h 40 de l'aéroport de Lester Field, près de Saint-Jean-de-Terre-Neuve et affrontèrent les 3 032 kilomètres de mer qui les séparaient de Clifden, en Irlande du Nord. La traversée — première traversée sans escale de l'océan Atlantique — fut effectuée en 15 h 57 mn de vol, non sans beaucoup de difficultés. Les plus fréquentes — et les plus graves — qui à plusieurs reprises faillirent provoquer le désastre, furent dues à la formation de glace dans les carburateurs et sur les surfaces de contrôle de l'avion. A un moment donné, au milieu d'une tempête de neige qui assaillit le Vimy à 2 500 m d'altitude, Brown fut obligé de grimper sur les ailes et d'enlever avec un couteau les dépôts qui menaçaient de faire éteindre les moteurs et de rendre l'avion incontrôlable. Ce dernier était un avion normal de série auquel on avait retiré tout l'équipement de combat. L'espace rendu disponible avait été utilisé pour installer des réservoirs de carburant, dont la capacité totale atteignait presque 4 000 litres.

L'entreprise d'Alcock et de Brown avait été précédée, le 18 mai 1919, d'une tentative analogue effectuée par deux autres pilotes anglais, Kenneth Mackenzie-Grieve et Harry Hawker, à bord d'un biplan monomoteur spécialement aménagé, le Sopwith Atlantic. Alléchés par le prix important (10 000 livres) offert par un magnat de l'époque, lord Northcliffe, aux premiers qui réussiraient à traverser l'Atlantique sans escale, les deux amateurs avaient pu bien se préparer en devançant leurs concurrents directs. Mais leur tentative s'était soldée par un échec. Après avoir décollé de Terre-Neuve et mis le cap sur

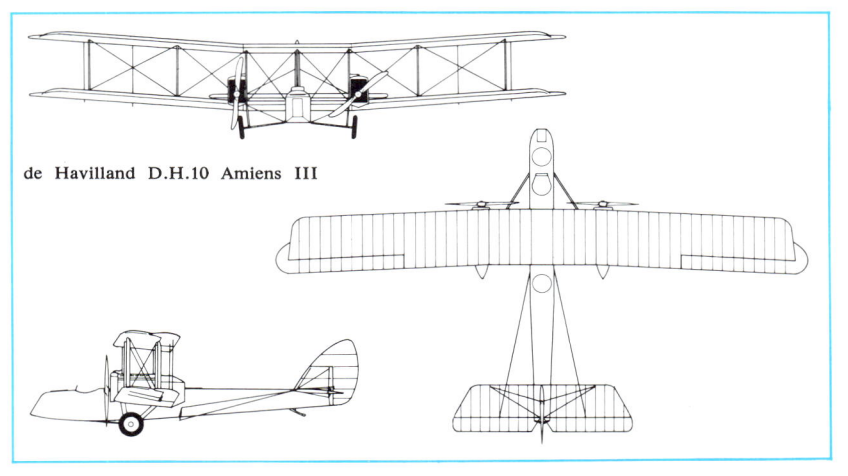

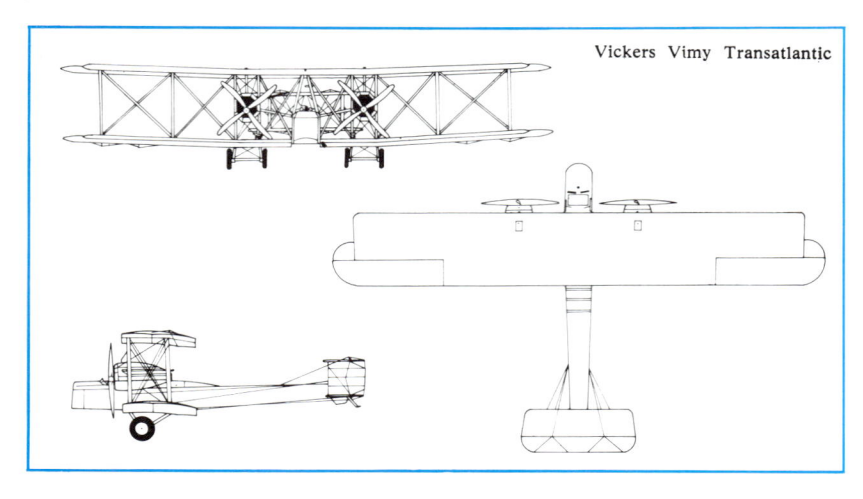

Liberty de 400 ch. Avaient suivi ensuite (les 12 et 23 avril 1919) deux autres modèles (NC-2 et NC-3) qu'on avait équipés d'un quatrième moteur. La configuration du NC-3, avec trois moteurs à hélice tractive et un quatrième au centre à hélice propulsive, avait donc été reproduite pour le NC-4. Bien que la fin de la guerre ait rendu caduc l'usage pour lequel les hydravions avaient été réalisés, il avait été décidé de tester leurs capacités en les faisant participer à une tentative de traversée de l'Atlantique. Le 16 mai 1919, NC-1, NC-3 et NC-4 décollèrent de la baie des Trépassés à Terre-Neuve, et mirent le cap sur Horta, dans les Açores, à 2 250 km de distance. Les deux premiers avions furent contraints d'amerrir et de renoncer à leur entreprise, mais le troisième, commandé par Albert C. Read, réussit à atteindre les Açores et de là à repartir, le 20 mai, pour le Portugal. Le 31, le Navy Curtiss NC-4 arriva à Plymouth en Angleterre, où il fut accueilli triomphalement. De retour aux États-Unis, après avoir accompli un long circuit publicitaire dans les villes de la côte orientale et méridionale, le Navy Curtiss NC-4 fut cédé à la Smithsonian Institution, où il se trouve encore de nos jours.

Au record anglais d'Alcock et Brown vint s'ajouter, à peine dix-huit jours plus tard, un autre exploit, celui qu'accomplit le dirigeable R.34, second exemplaire de la Classe 33 réalisée de 1918 à 1919 : en 110 heures de vol, l'aéronef atteignit Mineola (Long Island) aux États-Unis après être parti d'East Fortune en Écosse ; quatre jours après son arrivée, le R.34 rentra dans son pays. C'était la première traversée de l'Atlantique effectuée par un dirigeable, la première traversée dans le sens est-ouest et la première liaison aller et retour entre l'Europe et l'Amérique à travers l'Atlantique. Le vol commença à 1 h 42 le 2 juillet 1919, quand le R.34, avec à son bord trente hommes d'équipage, quitta les côtes anglaises et affronta la vaste étendue de l'Océan. La traversée eut lieu sans incident jusqu'à la hauteur de la Nouvelle-Écosse. Là, le dirigeable fut pris dans une tempête qui fit craindre un atterrissage de fortune. Mais le temps se rasséréna et l'aéronef réussit à poursuivre son voyage. A 13 h 54, le 6 juillet, il atterrit à Mineola. Il ne lui restait de carburant que pour quarante minutes de vol. Le voyage de retour commença à 3 h 54 le 10 juillet et s'acheva sans encombre au bout de 80 heures.

Planche 40
Colosses prématurés aux pieds d'argile ; 1919-1921

Les premières tentatives pour réaliser de « vrais » avions commerciaux — c'est-à-dire des appareils qui ne soient pas des avions de guerre transformés — virent le jour dès la fin de la guerre dans différents pays. Les projets les plus ambitieux en arrivèrent très vite à imaginer de véritables colosses de l'air, expressément conçus pour transporter commodément des dizaines de passagers sur de grandes distances. Ce furent presque toujours des programmes qui ne connurent jamais de phase pratique et dont le rôle s'est borné à témoigner du grand enthousiasme que l'on éprouvait pour le transport aérien naissant.

La victime directe de l'issue de la guerre, ce fut par exemple le grand quadrimoteur de tourisme réalisé en Allemagne en 1920 qui, s'il avait été mis en production, aurait raccourci d'au moins une dizaine d'années les premières étapes du développement commercial. L'appareil était entièrement métallique, d'une conception très moderne, capable de transporter de 12 à 18 personnes à l'intérieur d'une cabine spacieuse sur des distances de l'ordre de 1 200 kilomètres et avec une vitesse de croisière de 211 km/h. Mais aussitôt après le début des essais — qui avaient confirmé les promesses théoriques du projet — le

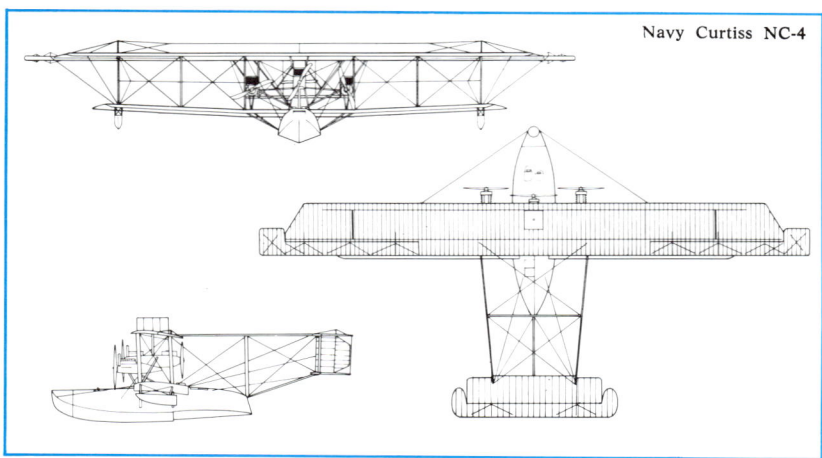

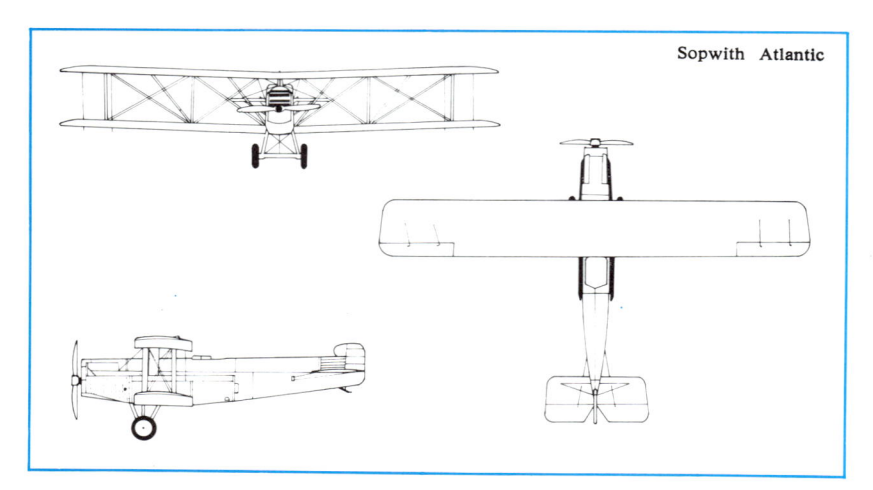

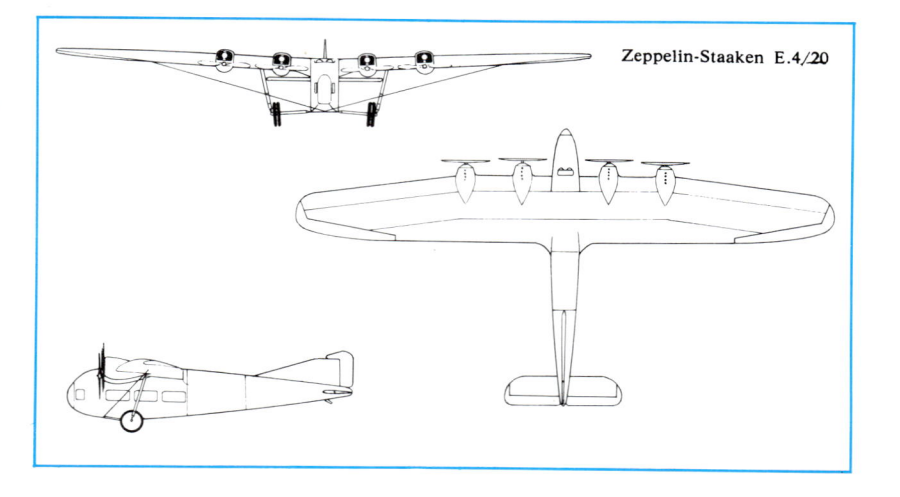

l'Irlande, au bout de cinq heures de vol ils avaient commencé à avoir des problèmes de refroidissement du moteur. Pendant deux heures et demie, Hawker et Mackenzie-Grieve avaient volé en rond, cherchant désespérément un navire, jusqu'à ce qu'ils aient réussi à apercevoir un cargo danois — le *Mary* — auprès duquel ils avaient amerri avant d'être recueillis par l'équipage.

Du côté américain, un exploit spectaculaire — comparable dans l'esprit, mais non dans les faits, à celui d'Alcock et Brown — avait été accompli à peine un mois avant eux : trois grands hydravions plurimoteurs Curtiss entreprirent la traversée de l'Atlantique. C'était une traversée par étapes, et, même si un seul des avions réussit à en venir à bout, elle suffit à assurer au Navy Curtiss NC-4 la réputation d'avoir été le premier avion au monde à voler d'Amérique jusqu'en Europe à travers les 2 250 kilomètres qui séparent la côte de Terre-Neuve des Açores. L'hydravion était le quatrième exemplaire d'une série construite au cours de la dernière année de guerre pour parer à la menace des sous-marins allemands qui pesait sur les convois alliés traversant l'Atlantique. Le premier de la série (NC-1) avait volé le 4 octobre 1918, caractérisé par l'installation de trois moteurs

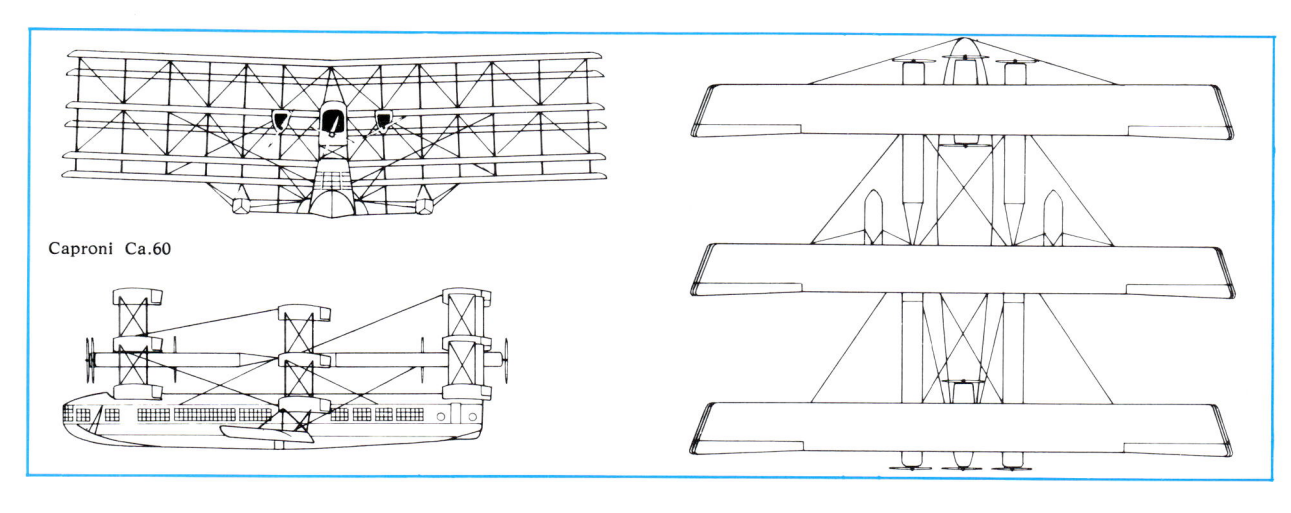

Caproni Ca.60

avions de transport les plus importants de l'immédiat après-guerre. Il fut utilisé, en effet, par toutes les principales compagnies européennes, en Tchécoslovaquie, en Roumanie et même en Amérique du Sud. Avant son entrée en service régulier, qui eut lieu le 20 mars 1920 avec la Compagnie des grands express aériens sur la ligne Paris-Londres, le Farman F.60 effectua toute une série de vols, dont beaucoup sur l'initiative de la société Farman et battit de nombreux records du monde. Certains restent de véritables étapes dans l'histoire de l'aviation : le 1er avril 1919, avec 4 passagers, il atteignit 6 300 mètres d'altitude en 1 h 50 mn ; deux jours plus tard, dans le même temps, 14 passagers furent transportés à 6 200 mètres d'altitude ; le 25 mai, 25 personnes à bord d'un Goliath montèrent à 5 100 mètres en 1 h 15 mn ; en août, les 2 050 kilomètres séparant Paris de Casablanca furent parcourus en 18 h 23 mn avec un équipage de 8 personnes.

programme fut bloqué par la Commission de contrôle alliée, qui surveillait attentivement le moindre signe de reprise aéronautique dans l'Allemagne d'après-guerre. La crainte, s'agissant d'un avion de grandes dimensions, était que les Allemands, à partir d'un appareil aussi évolué, puissent fabriquer clandestinement un redoutable bombardier et retrouver ainsi une supériorité en armement que l'on voulait éviter à tout prix. Les protestations de l'auteur du projet, Adolf Rohrbach, et les tentatives des dirigeants de la Zeppelin-Werke pour convaincre les membres de la Commission de consentir au projet ne servirent à rien. En novembre 1922, l'E4/20 fut détruit sur ordre formel des Alliés.

Un sort tout aussi funeste — bien que pour des raisons totalement différentes — fut réservé, à la même époque, à un ambitieux projet italien qui donna naissance au gigantesque hydravion Caproni Ca.60 Transaereo, un vaisseau aérien colossal, propulsé par huit moteurs et conçu pour transporter cent passagers à travers l'Atlantique. Le Ca.60 réussit à effectuer un seul vol — au cours duquel il se souleva d'une vingtaine de mètres — sur les eaux du lac Majeur, le 4 mars 1921, avant de s'abîmer et d'être presque complètement détruit. Le projet avait été mis en route par la société Caproni dans l'immédiat après-guerre, avec la conviction que la grande expérience acquise au cours du conflit avec la construction des grands plurimoteurs de bombardement était suffisante pour réaliser un avion de transport civil encore plus vaste et capable de performances exceptionnelles. Le Ca.60 était impressionnant dans sa structure compliquée : un fuselage semblable à la coque d'un navire, surmonté de trois immenses ailes triples qui soutenaient 8 moteurs Liberty (installés en formule mixte tractive-propulsive sur les ailes antérieures, médianes et postérieures) et deux flotteurs latéraux pour la stabilité sur l'eau. Malgré la malchance qu'il connut, le Transaereo eut certains mérites qui le firent entrer dans l'histoire : avoir été le plus grand avion du monde au moment de sa construction, le premier « triple triplan » de l'histoire, le premier avion conçu pour transporter cent personnes sur un parcours transatlantique.

Le projet de Caproni rappelait beaucoup — en particulier pour sa complexité et son sort désastreux — celui qui avait été réalisé en Angleterre au cours de la dernière année de guerre, dans l'intention de donner naissance à un gigantesque bombardier stratégique capable de frapper la capitale allemande. Le Tarrant Tabor était lui aussi un triplan immense (mais avec une seule série d'ailes) à la structure aussi colossale qu'enchevêtrée, dotée d'une puissance identique à celle du Ca.60 : 3 000 ch fournis par 6 moteurs Napier Lion, répartis en deux groupes disposés en tandem sur l'aile inférieure et en deux unités à hélice tractive sur l'aile médiane. L'unique tentative de décollage eut lieu le 26 mai 1919. Elle aboutit à la destruction du prototype et à la mort des deux pilotes.

Planche 41
Premiers avions pour les premières lignes régulières de voyageurs ; 1919-1921

En dehors des rêves et des projets ambitieux, les premières lignes aériennes régulières commencèrent bientôt à fonctionner. Parmi les appareils qui jouèrent un rôle de premier plan dans les années d'enfance du transport commercial, il y eut le bimoteur français Farman F.60 Goliath. Apparu en 1918 comme bombardier, ce grand biplan fut bien vite transformé pour l'usage civil et, dans la période de plus de dix ans durant laquelle il resta en service, il finit par devenir l'un des

Le service régulier sous les couleurs de la Compagnie des grands express aériens fut bientôt suivi par les liaisons établies par d'autres compagnies : la Compagnie des messageries aériennes, toujours sur la ligne Paris-Londres ; la Société générale des transports aériens (connue aussi sous le nom de Lignes Farman) sur Paris-Bruxelles, à partir du 1er juillet 1920 et sur Paris-Amsterdam et Paris-Berlin, au cours des années suivantes. Le Goliath servit un peu partout et les quelque 60 exemplaires construits furent utilisés pour les vols réguliers jusqu'en 1933. Compte tenu du fait que l'on en était au début de l'époque du transport civil, l'utilisation de cet avion fut particulièrement intense : en 1930, un des exemplaires avait atteint 2 962 heures et 25 minutes de vol ; en 1933, un autre appareil avait volé 3 843 heures.

Toujours en France, une autre famille d'avions de transport léger, celle des biplans Blériot Spad, connut une vaste diffusion. Le

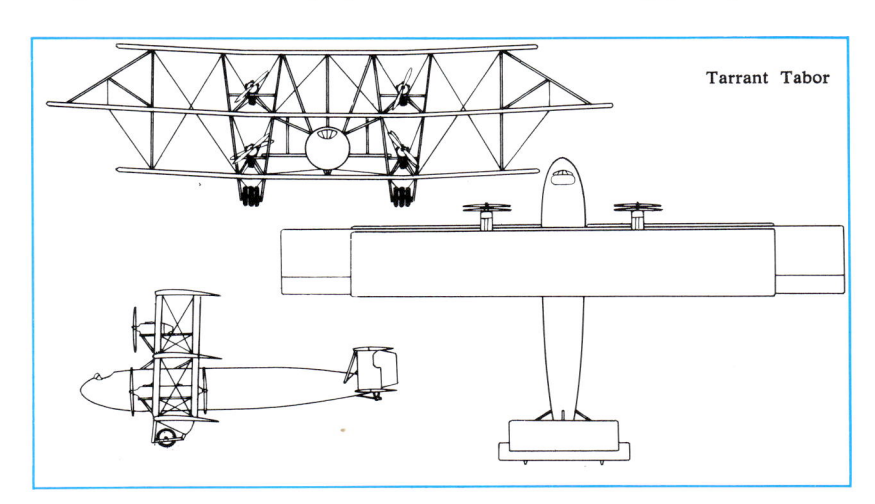

Tarrant Tabor

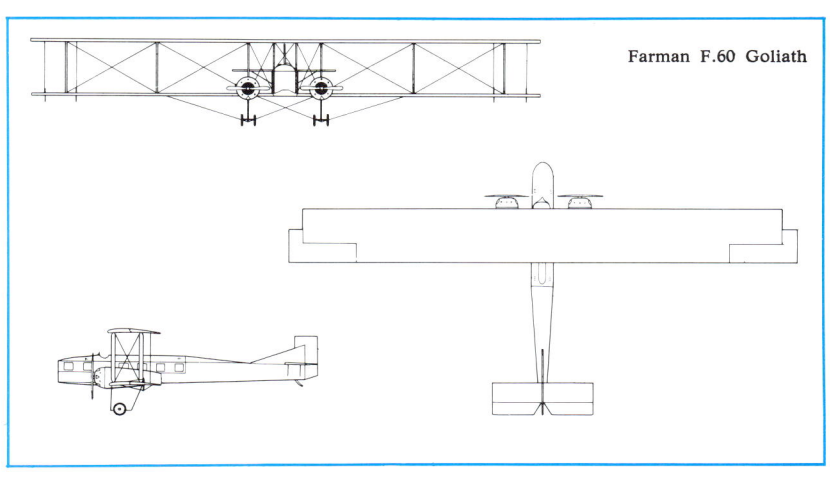

Farman F.60 Goliath

113

type 33, apparu en décembre 1920, fut l'ancêtre de la série tout entière, dont l'existence se poursuivit jusqu'en 1929 avec le modèle Spad 126. C'était un petit monomoteur capable d'accueillir 4 passagers dans la cabine et un cinquième à côté du pilote. Cet avion eut du succès et fut construit en 40 exemplaires, qui servirent en France, en Roumanie et en Belgique auprès de différentes compagnies. En 1921 fut mis au point le modèle 46, modifié quant au moteur et à l'envergure, et capable d'atteindre des altitudes plus importantes. Les 51 exemplaires fabriqués volèrent surtout sous les couleurs de la Compagnie franco-roumaine de navigation aérienne, qui en prit 38 pour les utiliser sur les lignes existant entre la France et le reste de l'Europe.

En Grande-Bretagne, l'un des premiers avions commerciaux fut un dérivé du Vickers Vimy, avion de combat à l'origine. Après l'exploit d'Alcock et de Brown, qui avait ouvert la voie à l'utilisation du grand bimoteur dans le domaine du transport civil, certains exemplaires du Vimy furent modifiés quant au fuselage qui, agrandi et complètement fermé, put accueillir jusqu'à 10 passagers. Le prototype, appelé F.B.27 B, effectua son premier vol le 13 avril 1919 et subit de nombreux tests, jusqu'à ce qu'il ait pris sa forme définitive dans les premiers mois de 1920. Portant la dénomination de F.B.28 Vimy Commercial, il effectua son vol inaugural sur la ligne Croydon-Bruxelles le 9 mai et continua à servir, presque sans interruption, sur les lignes de Paris, Bruxelles et Cologne. En juillet 1921, il avait volé 360 heures et transporté 10 600 passagers. Le 1er avril 1924, quand il fut cédé à l'Imperial Airways, il avait parcouru 173 691 kilomètres. On construisit au total 3 F.B.28.

L'Allemagne elle aussi, malgré tous les contrôles alliés, réussit à construire et à utiliser largement un petit et excellent monoplan de transport, le Junkers F.13. La carrière de cet avion témoigne de l'importante contribution qu'il apporta au développement de l'aviation commerciale : les 322 exemplaires fabriqués restèrent en service pratiquement pendant toute la période comprise entre les deux guerres mondiales, auprès d'une trentaine de compagnies aériennes d'une douzaine de pays. Une bonne part de ce succès provint de la grande robustesse de l'appareil, mais il ne faut pas négliger les effets de la politique commerciale de la Junkers qui, dans l'intention d'encourager au maximum la création et le développement de compagnies aériennes, mit ses avions à disposition avec certaines facilités, en prêt, en location ou même gratuitement. Le prototype F.13 effectua son premier vol le 25 juin 1919 en battant un record de chargement : 6 750 mètres avec 8 personnes à bord. Malgré ces débuts encourageants, le succès ne vint qu'en 1921, quand la Junkers fonda une compagnie à elle, la Junkers-Luftverkehr, et instaura des liaisons entre l'Allemagne, la Hongrie, la Suisse et l'Autriche, utilisant 60 F.13. En 1926, ces avions avaient volé sur 15 000 000 de kilomètres et transporté 281 748 passagers. Avec la création de la Lufthansa, presque tous les F.13 furent repris par la compagnie officielle et entrèrent ainsi dans une deuxième phase, non moins intense, de leur vie opérationnelle : jusqu'en 1938 ils furent utilisés sur 48 lignes intérieures de voyageurs et sur 2 lignes de transport de marchandises.

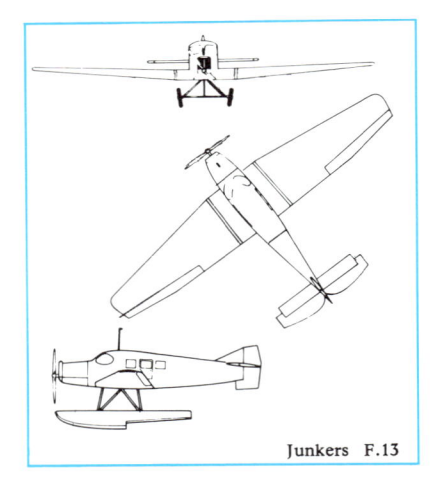

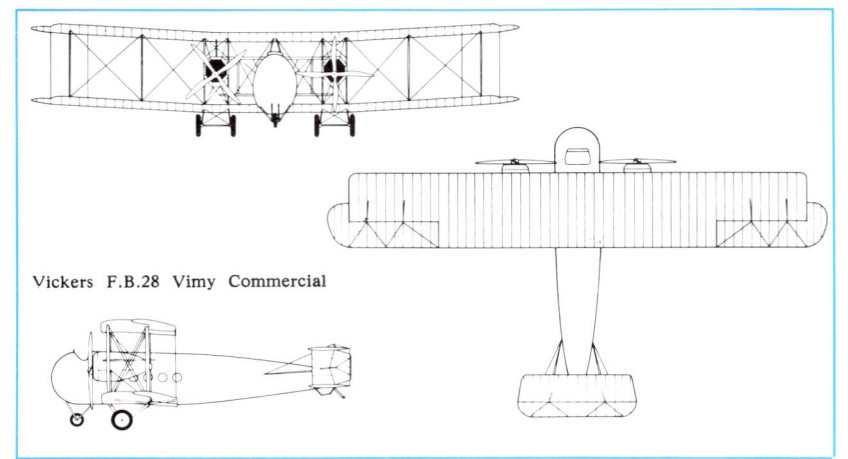

Planche 42
Les premiers classiques du transport civil font leur apparition en Europe ; 1920-1924

Les premières années de paix virent bientôt s'affirmer une compagnie aérienne qui devait devenir l'une des plus prestigieuses du monde : la compagnie hollandaise KLM. En même temps que l'essor de la KLM, les réalisations d'un autre grand nom de l'aéronautique, jusqu'alors célèbre pour ses avions de guerre, Anthony Fokker, acquirent une renommée croissante. Ce dernier était hollandais de naissance mais s'était installé en Allemagne à partir de 1912. Ce fut le premier produit de la nouvelle période d'activité de Fokker (qui, dans les derniers mois de la guerre, avait réussi à rentrer en Hollande dans l'intention d'y créer une nouvelle fabrique d'avions) qui favorisa les débuts de la compagnie : le Fokker F.II assura en effet la première liaison que la KLM établit avec un de ses avions : la liaison entre Amsterdam et Croydon en Angleterre, le 30 septembre 1920. A cette date, la compagnie hollandaise avait acquis depuis peu 2 exemplaires de cet appareil, dont le prototype avait heureusement été transféré d'Allemagne en octobre 1919. Le F.II, considéré comme l'archétype de tous les avions de transport construits par Fokker, fut fabriqué en 30 exemplaires et acheté également par d'autres compagnies, en Allemagne même.

Désormais installé en Hollande, le grand constructeur se consacra au développement des avions de commerce. En 1920, il commença une nouvelle version du F.II, dans laquelle des dimensions plus importantes et une puissance plus élevée pourraient permettre une amélioration de performance et un accroissement de la charge utile. Le Fokker F.III répondit parfaitement à cette attente et connut le même succès que son prédécesseur. Il fut adopté par la KLM et par d'autres compagnies européennes ; la production atteignit un total d'une trentaine d'exemplaires, sans compter un nombre non précisé d'appareils construits en Allemagne. Mais le modèle suivant ne correspondit pas aux exigences du marché. Poursuivant une politique qui visait à développer des variantes de plus en plus grandes de la série, Fokker réalisa en 1921 un avion de dimensions encore plus importantes que le F.III, capable de transporter 10 passagers. Mais les compagnies ne semblèrent pas intéressées par un appareil aussi volumineux et la production fut arrêtée après le second exemplaire. Les appareils furent néanmoins vendus à l'armée américaine qui les utilisa comme avions de transport militaire. Appelés Fokker T.2, ils servirent un certain temps et l'un d'eux conquit un titre de gloire pour un exploit sportif : en mai 1923, piloté par Mac Ready et Kelly, il effectua la traversée sans escale des États-Unis, d'une côte à l'autre, battant de nombreux records du monde.

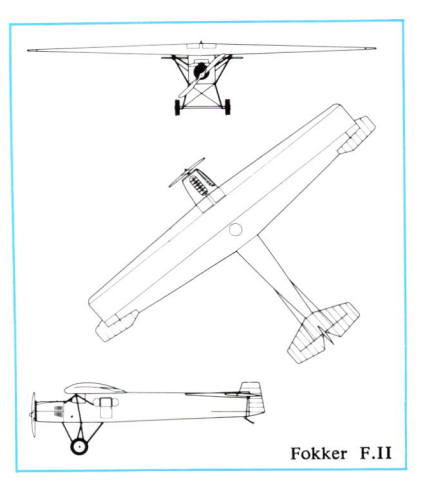

Junkers F.13

Vickers F.B.28 Vimy Commercial

Fokker F.II

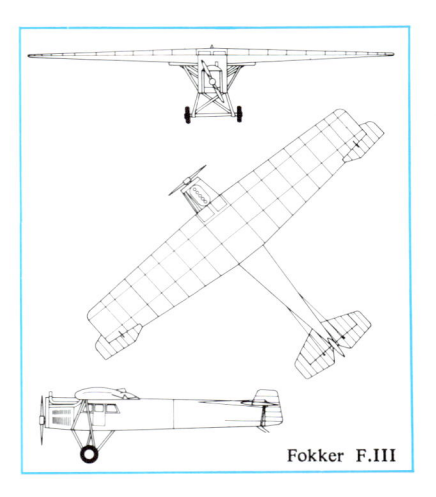

Fokker F.III

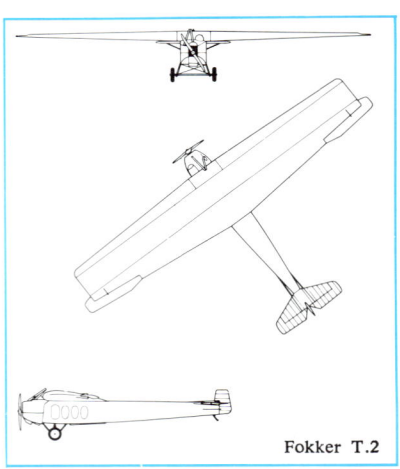

Fokker T.2

Dornier Do.L2 Delphin III

Dornier Do.J Wal

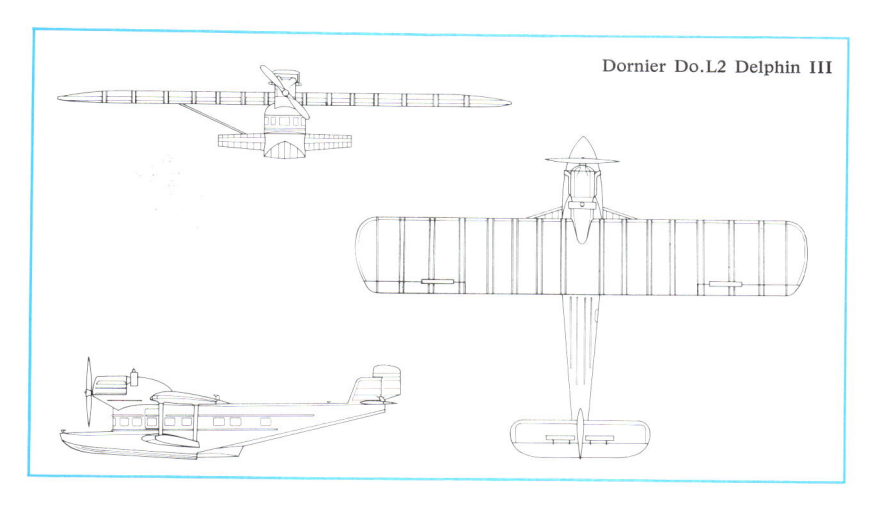

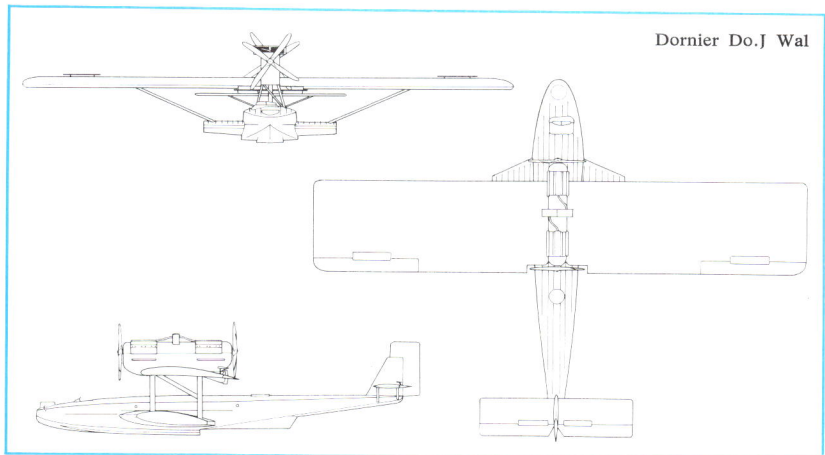

Dans le domaine des hydravions, ce fut l'Allemagne qui, à cette époque, produisit les premiers appareils destinés au transport. Par exemple, la famille des Delphin, construite par la Dornier de 1920 à 1928, constitua une série d'avions commerciaux particulièrement intéressants pour l'originalité des solutions de construction adoptées. Des quatre séries mises au point, on ne construisit que peu d'exemplaires, utilisés surtout sur les lignes intérieures de l'Allemagne. L'avion était entièrement en métal et avait la configuration d'un hydravion à coque centrale, monoplan et monomoteur, avec le moteur installé à l'extrémité avant et le poste de pilotage juste derrière. La capacité en passagers passa de 6-7 pour les premières versions à 12-13 pour la variante finale, Delphin III, de 1928. La version qui la précéda immédiatement (appelée officiellement Do.L2 Delphin II) sortit en 1924, et sur celle-ci le poste de pilotage fut transféré à l'intérieur de la cabine des passagers. Les Dornier Do.J. Wal connurent en revanche une utilisation et un succès bien plus importants. Ces grands hydravions devaient rester pendant quinze ans les avions les plus répandus de leur catégorie. Le prototype de ce bimoteur fut fabriqué en Allemagne en 1922, mais, pour tourner les restrictions imposées par le traité de paix, la production fut entreprise en Italie par une société spécialement créée, la CMASA de Marina di Pisa. Environ la moitié des 300 Wal construits en différentes versions furent fabriqués en Italie et cette initiative fut d'une importance décisive pour le succès commercial de l'avion. Ensuite, en 1927 et 1928 apparurent des versions militaires produites en Espagne et en Hollande et, en 1932, d'autres variantes plus grandes et plus puissantes réalisées par la Dornier elle-même, qui restèrent en production jusqu'en 1936. Les premières commandes vinrent d'Espagne et furent suivies par celles du Brésil, de la Colombie et de l'Allemagne. L'Italie fut au nombre des plus grands utilisateurs du Wal en version passagers, mais, à partir de 1933, avec l'apparition des versions allemandes améliorées, ce fut l'Allemagne qui utilisa ces avions d'une façon spectaculaire dans les services postaux transatlantiques reliant l'Amérique du Sud, inaugurés au mois de mai. Au total, les Wal accomplirent 328 traversées.

**Planche 43
Modèles français, anglais, allemands pour passagers et transports postaux ; 1922-1925**

Pour en revenir aux avions terrestres, la première moitié des années 20 vit l'apparition, surtout en France et en Grande-Bretagne, de différents plurimoteurs spécialement conçus pour le transport civil. En 1921 sortit le Caudron C.61, un grand biplan trimoteur capable de transporter 8 passagers, qui fit ses débuts avec la Compagnie franco-roumaine de navigation aérienne deux ans plus tard. Une modification qui fut apportée aux C.61 à partir de 1924 donne une idée de l'importance que l'on accordait à ces appareils — si rudimentaires qu'ils aient été. Dans le but d'augmenter la capacité de charge, les deux moteurs extérieurs d'origine (Hispano Suiza V-8 de 180 ch chacun) furent remplacés par un couple de radiaux Salmson C.M.9 à refroidissement hydraulique, capables de développer 260 ch chacun ; le propulseur central, en revanche, resta inchangé. L'avion, qui fut rebaptisé C.61 bis, eut donc une capacité de charge utile accrue de quelques centaines de kilos, mais fut sensiblement pénalisé pour l'autonomie et l'altitude de croisière.

Ces avions (construits en une douzaine d'exemplaires) furent principalement utilisés pour les vols de nuit entre Belgrade et Bucarest. Sur la prestigieuse route Paris-Londres, on mit en service, en 1924, deux nouveaux quadrimoteurs, qui étaient parmi les premiers du genre : les Blériot 135. Le modèle de ces avions avait été en 1923 le type 115, destiné à l'armée, dont la version civile différait par l'adoption d'autres moteurs. La compagnie qui prit en charge les Blériot 135 fut l'Air Union, qui avait été fondée en 1923 pour renforcer les liaisons entre les deux capitales, et le vol inaugural pour Londres eut lieu le 8 août 1924. A ces deux exemplaires furent adjoints en 1926 deux autres appareils de type 155, plus grands et d'une capacité supérieure.

En Grande-Bretagne, le premier avion conçu et réalisé pour l'usage civil fut le Handley Page W8 qui, dans sa version définitive W8b, fut mis en service en 1922 sur la ligne Londres-Paris-Bruxelles. Ce grand biplan bimoteur constitua le premier résultat concret de la politique prévoyante mise en œuvre par la Handley Page à partir de l'immédiat après-guerre. Le 14 juin 1919, en effet, la société avait créé sa propre compagnie de transport aérien, en utilisant divers bombardiers du type 0/400 modifiés grâce à l'élimination de tout l'équipement militaire, et en établissant des liaisons régulières avec la France, la Hollande et la Belgique. Le Handley Page W8, dans ce contexte, fut un atout majeur, dans la mesure où il n'avait pas de concurrents à affronter. Les 3 exemplaires utilisés par la Handley Page Transport Ltd. servirent

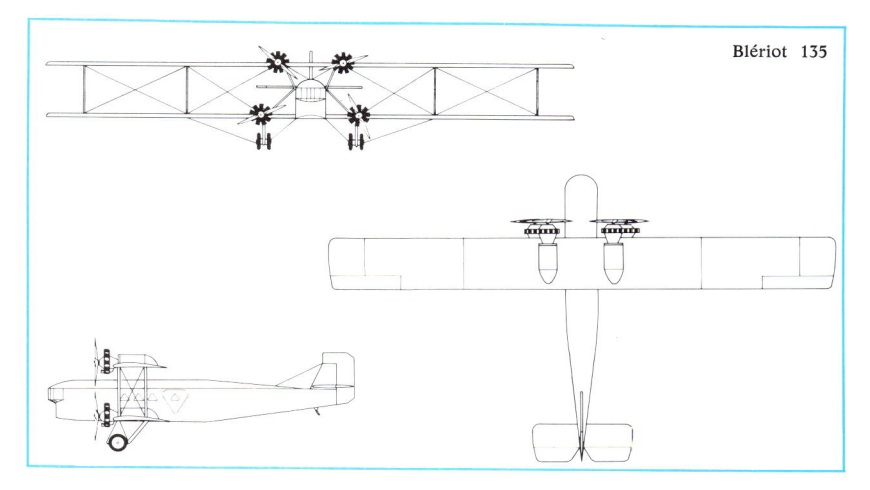

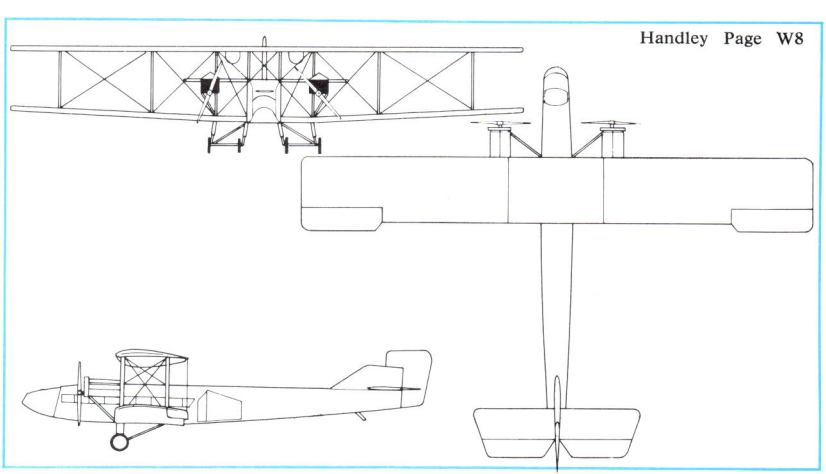

Blériot 135

Handley Page W8

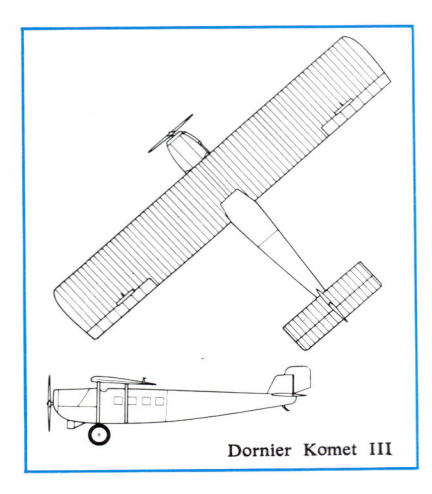

ses vols de distance : le Douglas Cruiser américain, baptisé *World Cruiser* d'après la mission à laquelle il était destiné : le tour du monde par étapes. Cet appareil dérivait du biplan amphibie Douglas D.T.2, réalisé en 1922 pour l'U.S. Navy. Les bonnes caractéristiques de l'avion avaient suscité, l'année suivante, l'intérêt de l'armée, qui était à la recherche d'un appareil capable de réaliser cet ambitieux exploit sportif. Le prototype DWC avait été construit en juillet-août 1923 et les 4 exemplaires demandés avaient été livrés en mars 1924. Le départ pour cette expédition aventureuse eut lieu le 6 avril à Seattle. Des 4 biplans — baptisés *Seattle, Boston, Chicago* et *New Orleans* — seuls 2 réussirent à regagner leur base, le 28 septembre, après avoir parcouru un peu moins de 45 000 km : le *Seattle* et le *Boston*, en effet, se perdirent respectivement le 30 avril en Alaska et le 3 août en plein Atlantique. Cette croisière, qui traversa l'Amérique, l'Asie et l'Europe, représenta 371 heures de vol à la vitesse moyenne de 120 km/h.

Un an plus tard, ces chiffres spectaculaires furent largement dépassés par un avion italien : le Savoia Marchetti S.16 ter. Baptisé *Gennariello* et piloté par Francesco De Pinedo, avec à son bord le mécanicien Ernesto Campanelli, ce petit hydravion biplan à coque centrale décolla le 20 avril 1925 de Sesto Calende sur le lac Majeur et effectua le vol le plus long jamais accompli jusqu'alors : 55 000 km en 360 heures effectives à travers trois continents. Les étapes principales de la croisière furent Rome, Melbourne, Tōkyō, Rome, sur un ensemble de soixante-sept, en un peu plus de six mois et demi. En effet le retour eut lieu le 7 novembre 1925, sur le Tibre. Le S.16 ter dérivait d'un avion de transport civil — le S.16 de 1919 — qui n'avait pas eu de succès commercial. En 1921 était sortie une variante de bombardement (S.16 bis, premier hydrobombardier de l'Aeronautica Militare après sa constitution en force armée indépendante) et, en 1922, la version finale S.16 ter, notablement plus longue et pourvue d'un moteur plus puissant par rapport aux deux précédentes. Ce fut après l'exploit de De Pinedo que l'hydravion fut choisi par quelques compagnies civiles : en 1926, 2 furent achetés par l'Aero Espresso ; en 1929, 4 par la SISA et 6 par la SITA. Ces derniers servirent sur la ligne San Remo-Gênes. Dans le domaine sportif, en dehors de la croisière historique, le S.16 fit montre en de nombreuses occasions de ses qualités exceptionnelles. En septembre 1920, un exemplaire de la première série battit le record du plus long raid accompli par un hydravion, en volant sur 3 375 km de Sesto Calende à Helsingfors (îles d'Aland) avec Umberto Maddalena aux commandes. En 1924, un S.16 ter s'adjugea le record d'altitude de sa catégorie.

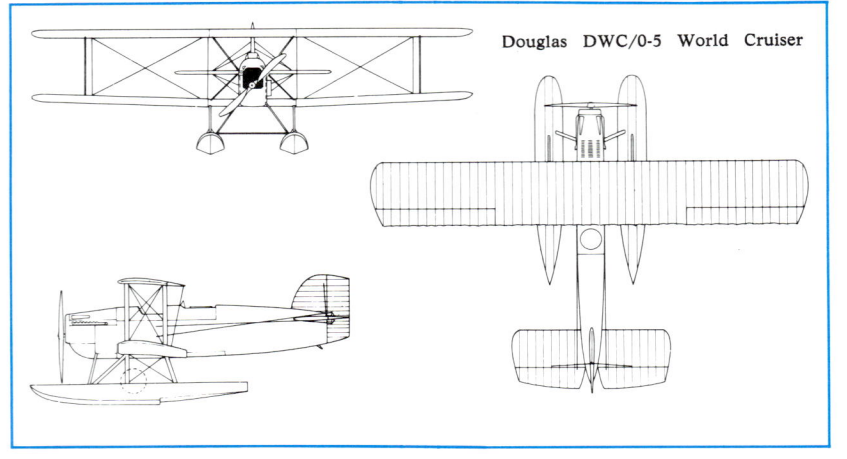

Planche 45
Les premiers trimoteurs classiques apparaissent en Europe ; 1925-1927

Entre-temps, l'Allemagne, malgré les limites imposées par le traité de paix, réussissait également à produire de bons appareils de transport, dont certains étaient vraiment à l'avant-garde, comme la série de trimoteurs réalisés par la Junkers de 1924 à 1925. Le prototype de ces avions — les premiers monoplans plurimoteurs entièrement en métal à être mis en service civil — fut appelé G.23. Des problèmes de puissance, ayant pour origine les restrictions imposées par les Alliés, amenèrent les constructeurs à toute une série de laborieuses tentatives pour équiper l'avion de propulseurs adéquats. La solution optimale fut trouvée en 1925 avec la réalisation d'un modèle d'une plus grande capacité, le Junkers G.24, qui fut construit en une soixantaine d'exemplaires et se répandit rapidement parmi les différentes compagnies. Un grand bimoteur biplan, l'Albatros L.73, fut destiné exclusivement à la Deutsche Lufthansa qui l'affecta aux vols de nuit sur la ligne Berlin-Lübeck, Copenhague-Malmö. Cet avion fut livré en 2 exemplaires qui, baptisés *Preussen* et *Brandenburg*, furent mis en service en 1926. L'un d'entre eux (le *Preussen*) était encore opérationnel en 1932. La Deutsche Lufthansa fut également la principale utilisatrice d'une série de monoplans monomoteurs réalisés par la Focke Wulf de 1927 à 1931, qui portèrent tous le nom de Möwe (« mouette »). Le premier d'entre eux, le Focke Wulf A.17 fut commandé en dix exemplaires, qui furent affectés à de nombreuses lignes intérieures et internationales, d'abord pour le transport de voyageurs, puis (en 1935) pour le transport de marchandises. Les 10 A.17 comprenaient quelques avions appartenant à une sous-série différente (A.17a) et dotés de moteurs plus puissants. La compagnie allemande utilisa aussi 4 exemplaires du type A.21, sorti en 1929, et du type A.38, réalisé deux ans plus tard : ces versions du Möwe étaient plus grandes et plus puissantes ; d'autre part leur capacité en voyageurs était plus élevée.

Durant cette période, l'intérêt des constructeurs italiens semblait se concentrer sur la réalisation d'hydravions de transport. Les Cantieri Navali Triestini (CANT),

Dornier Komet III

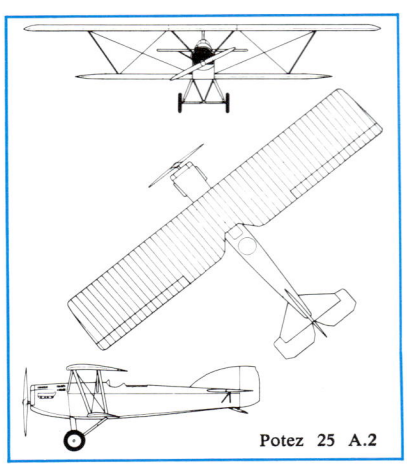

Potez 25 A.2

jusqu'en 1924, puis furent repris par l'Imperial Airways.

C'est vers la fin de cette année-là qu'apparut en Allemagne un nouveau monomoteur commercial, le Komet III, que la Dornier tira de l'hydravion Delphin. Ses caractéristiques étaient fort éloignées de celles des avions de transport contemporains français et anglais, mais cet avion fut longtemps utilisé en plusieurs exemplaires par la compagnie Aero Lloyd sur certaines lignes européennes.

L'un des avions militaires français les plus répandus dans les années 20, le Potez 25A.2 fut, quant à lui, destiné au transport postal. Sorti en 1924, ce petit biplan fut construit en presque 4 000 exemplaires ; 5 d'entre eux assurèrent pendant de nombreuses années la première liaison civile à travers les Andes, la ligne allant de Buenos Aires à Santiago du Chili, inaugurée en 1929 par l'Aéropostale. Les Potez 25 restèrent célèbres pour les nombreux vols sur de grandes distances qu'ils effectuèrent au cours de leur longue carrière.

Planche 44
Les premiers à traverser l'Océan et les continents ; 1923-1924

Il y eut un autre avion célèbre pour

Douglas DWC/0-5 World Cruiser

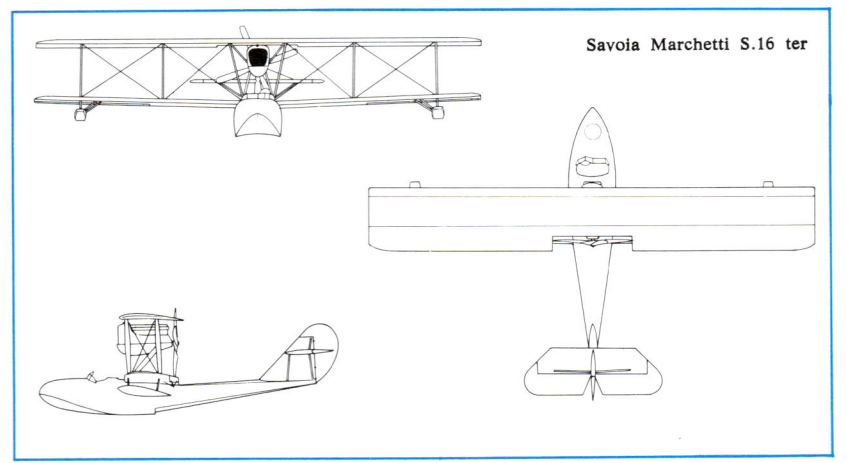

Savoia Marchetti S.16 ter

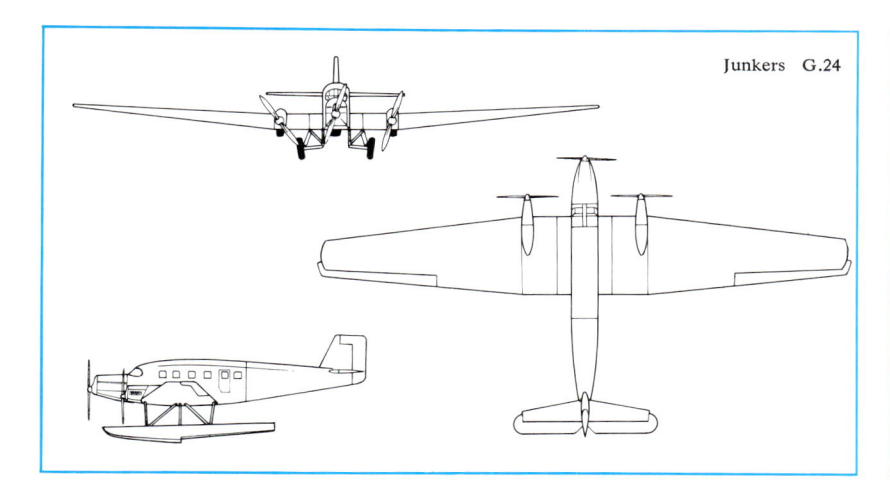

Junkers G.24

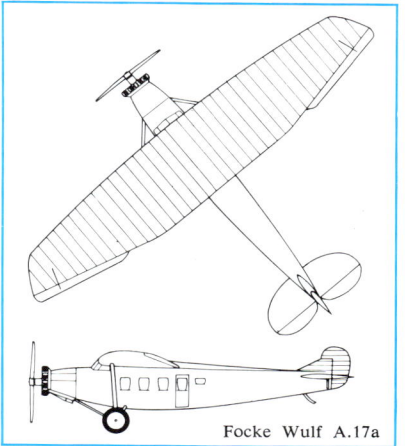

Focke Wulf A.17a

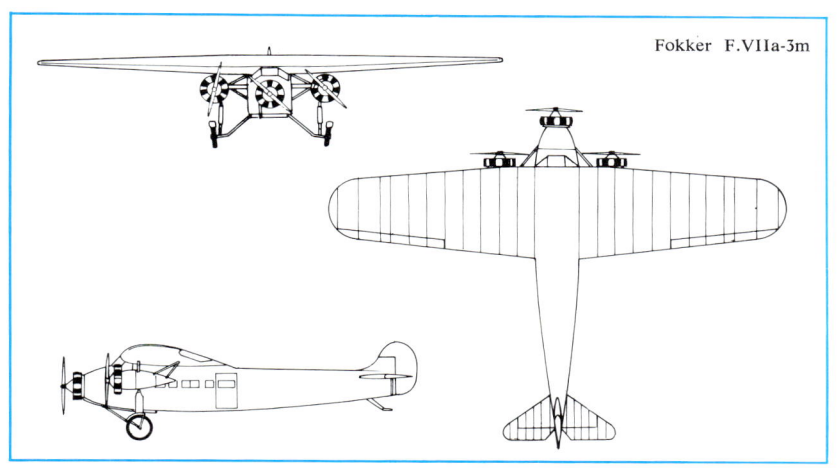

Fokker F.VIIa-3m

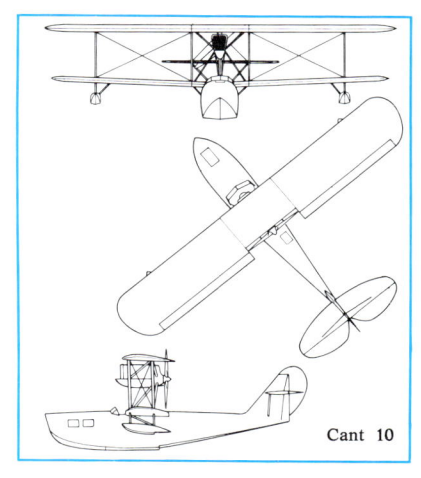

Cant 10

Ford 4.AT Trimotor

Planche 46
Trois trimoteurs sur les lignes européennes et américaines ; 1926

déjà connus pour leur production d'avions militaires, abordèrent l'aviation civile au milieu des années 20. Parmi les réalisations les plus notables, citons le Cant 6 ter de 1926, un grand biplan bimoteur à coque centrale capable d'accueillir 11 passagers. Mais le projet ne se révéla pas viable : un seul exemplaire de production vint s'ajouter au prototype. Acheté par la Società Italiana Servizi Aerei (SISA), il ne fut employé que pour l'entraînement. Un sort plus heureux fut réservé à son contemporain le Cant 10 ter, pratiquement un modèle à échelle réduite, avec un seul moteur au lieu de trois et une capacité pratiquement réduite de moitié. Il en fut construit 7 exemplaires, tous livrés à la SISA, qui les employa à partir du 1er avril 1926 sur la ligne Trieste-Venise-Paris-Milan. En 1930 apparut une version de Cant 10 ter améliorée dans sa structure et dotée d'un moteur plus puissant : on en fabriqua 4 exemplaires.

Mais ce fut en Hollande que vit le jour, cette année-là, le premier d'une longue série de célèbres avions de transport dont la formule de construction devait caractériser l'aviation commerciale durant de longues années : le trimoteur Fokker F.VIIa-3m, qu'immortalisa le vol de Richard E. Byrd et Floyd Bennett jusqu'au pôle Nord, effectué avec le premier exemplaire de série, baptisé *Josephine Ford*. Le chef de file des F.VII fit son apparition en 1924, équipé d'un seul moteur. C'était un monoplan à aile haute, à la typique configuration Fokker, conçu comme avion de transport à long rayon d'action. Cette caractéristique fut mise en lumière à la faveur d'un vol effectué par le prototype : d'Amsterdam à Djakarta en Indonésie, avec un chargement postal. Les 5 exemplaires construits furent tous destinés à la KLM, mais, entre-temps, la Fokker avait mis au point une version très améliorée, la variante F.VIIa, qui fit son apparition en 1925. Le succès fut immédiat et l'avion fut fabriqué en 42 exemplaires qui, sans compter la KLM, furent adoptés par des compagnies en Suisse, au Danemark, en France, en Pologne, en Hongrie et en Tchécoslovaquie. La modification essentielle, consistant en l'adoption de trois moteurs, se fit après un voyage qu'entreprit Fokker aux USA, en mai 1925, pour sonder les possibilités du marché américain et juger des progrès réalisés par la succursale locale de la Fokker, la Netherlands Aircraft Manufacturing Co. Le constructeur, informé d'une compétition organisée par le magnat de l'automobile Henry Ford (Ford Reliability Tour, un circuit de 3 000 km avec départ et arrivée à Detroit), décida d'y faire participer un F.VIIa spécialement préparé et d'une puissance renforcée. Qu'y avait-il de mieux à faire que d'ajouter deux moteurs à la robuste structure de l'avion ? C'est ce que fit l'ingénieur en chef Platz, qui acheva la transformation en trois mois. Ainsi naquit le premier des si nombreux F.VIIa-3m, un appareil qui se révéla si supérieur à son prédécesseur que Fokker prévit la transformation en trimoteurs pour les exemplaires de F.VIIa en cours de construction. Le premier F.VIIa-3m, acheté par Ford, fut ensuite confié à Byrd pour le vol du 9 mai 1926. Les autres appareils qui quittèrent les chaînes de montage se répandirent dans de très nombreuses compagnies européennes, sous les couleurs desquelles ils déployèrent une longue et intense activité, partageant avec les F.VIIb-3m qui sortirent ensuite (une variante aux dimensions plus importantes, mais semblable à la précédente pour la structure) la réputation d'avions de transport comptant parmi les meilleurs de l'époque.

L'influence du Fokker F.VII-3m fut immédiate et le premier à la subir fut précisément Henry Ford qui, en 1925, avait repris une petite usine aéronautique, la Stout Metal Airplane Company, dans l'intention d'étendre ses intérêts au domaine de l'aviation. L'ingénieur de la société, George H. Prudden, fut chargé de réaliser un trimoteur de transport et le résultat fut le prototype du Ford 4. AT Trimotor, un appareil qui tint une place de premier ordre dans l'histoire de l'aéronautique. Du 11 juin 1926 (jour du premier vol du prototype) au 7 juin 1933, 200 exemplaires de plusieurs versions quittèrent les chaînes de montage : ces avions furent adoptés pratiquement par toutes les compagnies américaines et apportèrent une contribution décisive à la création de l'immense réseau aérien des USA, restant en service « officiel » jusqu'en 1934, date à laquelle ils furent remplacés par les Douglas DC-2. Mais cette date ne signifie pas du tout la fin de leur activité opérationnelle : aux mains de particuliers ou de petites sociétés éparpillées un peu partout dans le monde (du Canada au Mexique, de l'Amérique centrale à l'Amérique du Sud, de l'Europe à l'Australie et même en Chine), les Ford Trimotor, surnommés aussi Tin Goose (« oie de tôle ») survécurent à la Seconde Guerre mondiale et furent même à nouveau proposés, dans une version améliorée, au cours

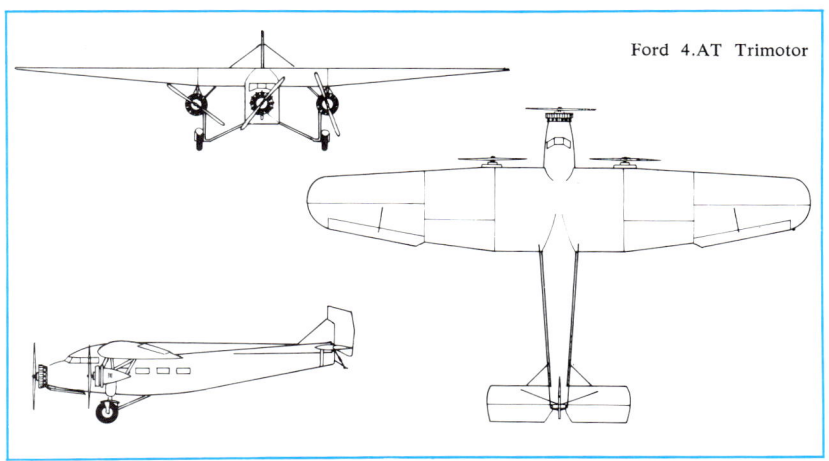

Armstrong Whitworth A.W.155 Argosy

de Havilland D.H.66 Hercules

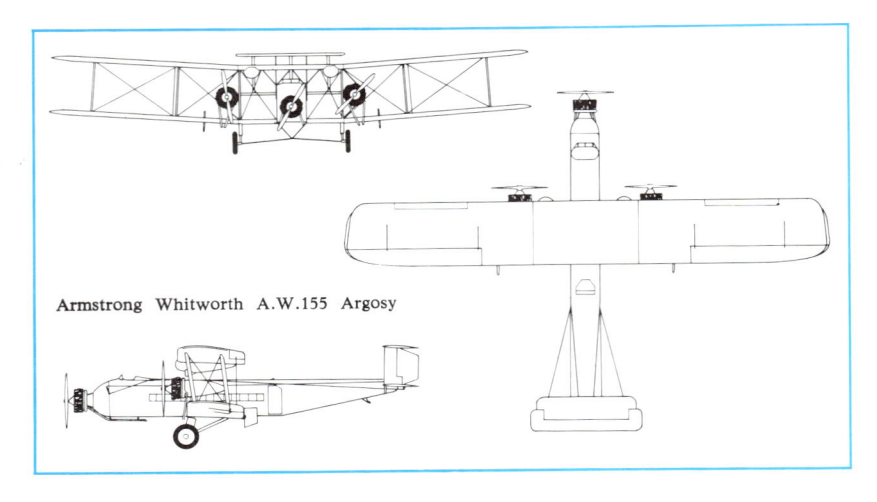

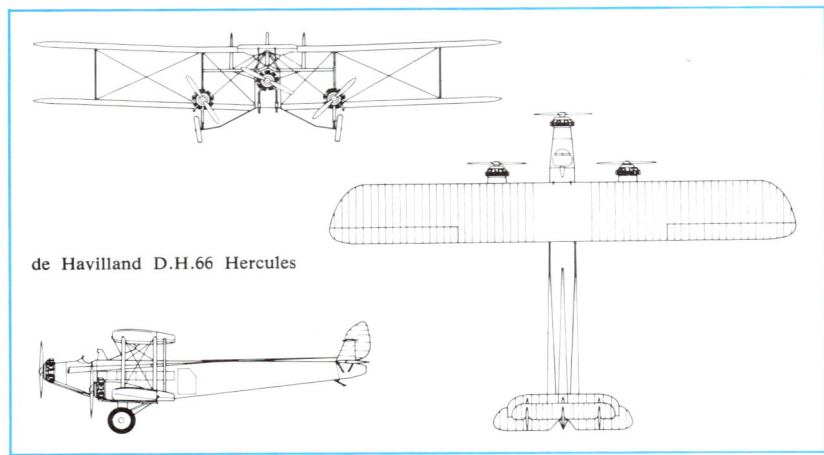

des années 60. Parmi les nombreux exploits accomplis par ces avions, le plus marquant fut le vol jusqu'au pôle Sud effectué par Richard Byrd le 29 novembre 1929. L'avion était le quinzième exemplaire de série, baptisé *Floyd Bennett*.

La formule du trimoteur stimula également les constructeurs anglais ; toujours en 1926, on vit l'apparition de deux avions de transport de ce type qui, bien que moins modernes et durables que le Ford 4. AT, apportèrent eux aussi une contribution appréciable au développement des lignes commerciales. L'Armstrong Whitworth Argosy et le De Havilland Hercules furent construits à la demande expresse de l'Imperial Airways nouvellement née, pour répondre à deux besoins distincts mais également importants : assurer un service passagers commode et efficace et se charger du transport du courrier et des marchandises à travers l'Empire britannique. Au premier besoin répondit brillamment l'Argosy, dont 3 exemplaires inaugurèrent en 1926 les lignes Londres-Paris, Londres-Bruxelles et Londres-Cologne. Le 1er mai 1927 on établit un service de luxe entre la capitale française, en concurrence directe avec celui qu'offrait l'Air Union, en utilisant le LeO 212 « restaurant ». En 1929, la flotte fut complétée par 4 exemplaires d'une seconde série, appelés Argosy II. Ces derniers restèrent en ligne jusqu'en 1934. L'Imperial Airways employa 7 De Havilland Hercules sur la longue route des Indes, inaugurée en décembre 1926. La West Australian Airways en mit 6 en service mixte passagers-poste entre Perth et Adélaïde en Australie, le 2 juin 1929.

Planche 47
Un hydravion entré dans la légende, de 1926 à 1934 : le S.M. 55

Les efforts des industries italiennes pour réaliser un bon hydravion commercial furent couronnés de succès dans la seconde partie des années 20 avec l'apparition du SIAI Marchetti S.M.55. La carrière exceptionnelle de cet original bimoteur peut se résumer par quelques données : 14 records battus par le prototype ; le tour du monde de Francesco De Pinedo, avec un total de 43 820 kilomètres ; une importante série de vols de durée et de distance ; les deux traversées de l'Atlantique effectuées par Italo Balbo en 1930 et 1933. Et ce sans compter les onze années de service commercial (de 1926 à 1937) passées sur les lignes de la Méditerranée sous les couleurs de l'Aero Espresso, de la SAM et de l'Ala Littoria.

Le prototype était sorti en 1923, et l'ingénieur qui l'avait conçu, Alessandro Marchetti, avait estimé répondre de façon plus que satisfaisante à une commande d'hydravion torpilleur émanant des autorités militaires. Mais, n'étant pas assez orthodoxe, l'avion avait été refusé et il fallut attendre deux ans pour que ses mérites fussent enfin reconnus : ce n'est qu'en 1925, en effet, que la Régie aéronautique italienne adopta le S.M.55 avec une totale satisfaction. La production fut alors mise en route immédiatement, et les quelque 170 exemplaires fabriqués commencèrent à être livrés en 1926.

Les versions du SIAI Marchetti S.M.55 furent nombreuses, toutes caractérisées par des changements de structures, par des variations de performances, de poids et de dimensions. Les variantes militaires A, M et X furent complétées par deux versions civiles, la C et la P, où l'on aménagea un espace pour accueillir de 9 à 12 passagers.

Le premier vol de longue durée fut effectué en 1927 par Francesco De Pinedo et Carlo Del Prete, à bord d'un avion de la première série baptisé *Santa Maria*. En 1928, les Brésiliens Braga et De Barros traversèrent l'Atlantique Sud. La même année, Umberto Maddalena et Stefano Cagna poussèrent jusqu'au pôle Nord pour rechercher le dirigeable de Nobile. Le 17 décembre 1930, 14 S.M.55 A partirent d'Orbetello et atteignirent Rio de Janeiro, parcourant 10 400 kilomètres. En 1933, la traversée en formation fut réitérée par Italo Balbo : 25 S.M.55X volèrent d'Orbetello à New York et retournèrent à Rome après avoir parcouru 19 800 kilomètres. La croisière fut accomplie pour célébrer le dixième anniversaire de l'Aeronautica.

Planche 48
Quatre célèbres monomoteurs américains de 1927

Aux États-Unis, la seconde moitié des années 20 vit la diffusion croissante de petits avions de transport, dont l'utilisation permit de tisser les mailles serrées du vaste réseau de lignes aériennes qui recouvrit l'immense territoire américain. L'un des monomoteurs les plus connus de l'époque fut le Lockheed Vega, un monoplan à aile haute caractérisé par une extraordinaire pureté de lignes et par d'excellentes performances générales. Ce fut le premier projet réalisé par la Lockheed et le prototype vit le jour le 4 juillet 1927. L'ingénieur qui en était l'auteur, John K. Northrop, l'avait spécialement conçu pour qu'il participe à la Dole Derby, une course à travers le Pacifique, de la Californie aux îles Hawaii. Mais les débuts du Vega 1 ne furent pas heureux : en effet, au cours de la compétition, il disparut dans l'océan sans laisser de traces. On construisit un deuxième exemplaire, destiné à servir d'avion de démonstration, et cet effort fut couronné de succès : les commandes arrivèrent rapidement et les lignes de montage commencèrent à produire les premiers des 131 exemplaires qui devaient être fabriqués, en cinq versions principales. En plus de leur usage civil, les Vega réalisèrent de nombreux exploits sportifs ; entre autres, le record de durée, en mai 1929, avec 37 heures de vol sans ravitaillement. Mais les plus retentissants furent sans conteste les deux tours du monde accomplis par Wiley Post en 1931 et 1933. Dans le premier, Post, accompagné de Harold Gatty, partit de New York le 23 juin à bord d'un Vega 5 baptisé *Winnie Mae* et vola sur 24 900 kilomètres en 107 h 2 mn. Post réitéra son exploit en solitaire : le tour du monde fut accompli en 7 jours 18 heures et 49 minutes pour un temps de vol effectif de 115 h 36 mn 30 s. Il fallut attendre quatorze ans pour voir ce record battu.

Deux biplans, le Douglas M.4 et le Boeing 40-A, utilisés à partir de

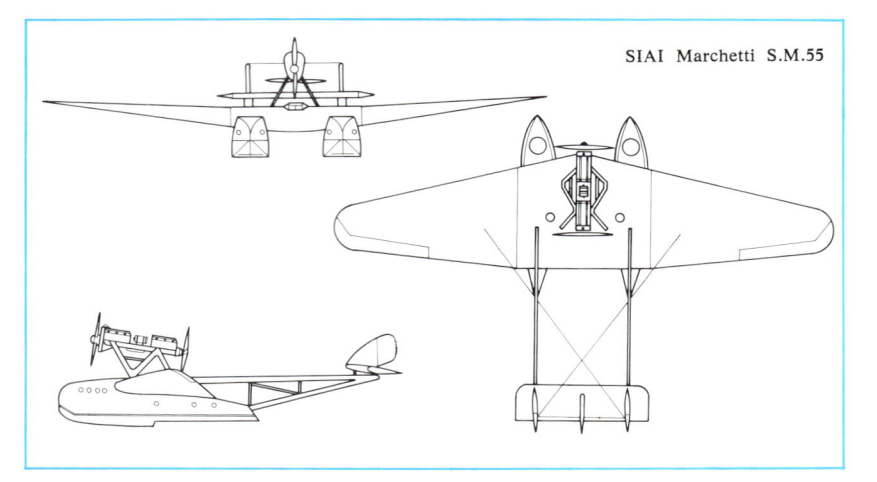

SIAI Marchetti S.M.55

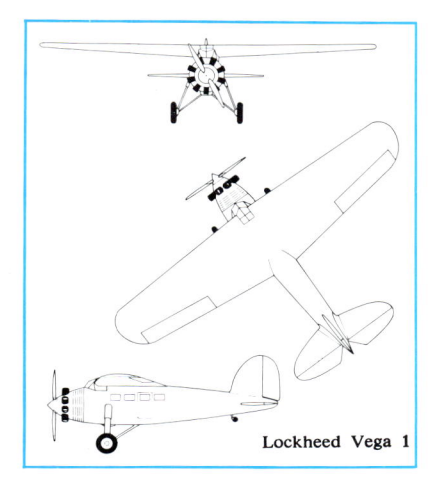

partie antérieure du fuselage. Le premier 40-A vola en mai 1927 et 23 autres exemplaires furent livrés à la Boeing le 29 juin.

La même année, on vit l'apparition d'un des premiers « chevaux de trait » de l'aviation civile américaine, le Fairchild FC-2W, un robuste monoplan qui acquit rapidement la réputation d'un appareil bon à tout faire, offrant une parfaite sécurité et capable de transporter tout ce qui pouvait se loger dans son fuselage. Bien que l'activité de cet avion fût surtout liée au transport, aussi bien de courrier que de marchandises, le Fairchild FC-2W eut son moment de gloire en juin 1928 quand, piloté par John Henry Mears et Chas B.D. Collyer, il réussit à accomplir le tour du monde en 23 jours et 15 heures. L'avion avait été baptisé *City of New York*.

Planche 49
Lindbergh accomplit la première traversée sans escale de l'Atlantique ; 1927

La victoire sur l'Atlantique, remportée pour la première fois par Alcock et Brown en 1919, fut renouvelée de façon tout aussi retentissante en 1927. Le vainqueur fut un jeune Américain passionné d'aviation : Charles A. Lindbergh. Les fait sont connus : le 20 mai 1927, à 7 h 52 (heure de New York), le *Spirit of St. Louis,* un petit monoplan à aile haute, décolla, surchargé de carburant, de Roosevelt Field, piloté par Lindbergh, seul à bord ; après 33 h 30 mn 28 s de vol (188 km/h de moyenne), l'avion atterrit au Bourget, ayant parcouru 5 670 kilomètres. Ce ne fut pas la première traversée de l'Atlantique ni même la première traversée sans escale. Mais ce fut la première à être effectuée par un homme seul. L'appareil qui permit cet exploit historique — le Ryan NYP *Spirit of St. Louis* — avait été construit en deux mois (26 février-26 avril) par un petit atelier presque inconnu de San Diego, où Lindbergh avait finalement trouvé, après avoir essuyé de nombreux refus plein de scepticisme, un ingénieur qui avait répondu avec enthousiasme à sa demande.

La prouesse du *Spirit of St. Louis* avait été précédée et fut suivie d'une série de tentatives analogues qui ne furent pas toutes heureuses. Le 8 mai (douze jours avant le départ de Lindbergh), un biplan pataud, le Levasseur PL-8 *Oiseau Blanc,* avait décollé du Bourget pour s'envoler vers l'ouest. Il y avait à bord deux Français, l'as de la Grande Guerre Nungesser et le capitaine François Coli : ils avaient l'intention d'atteindre le continent américain sans escale, pour la première fois dans le sens est-ouest. Dans cette perspective, leur avion (dérivé d'un avion de reconnaissance militaire) avait été modifié de façon à disposer d'une autonomie de 30 heures. L'enthousiasme et les efforts, cependant, n'avaient servi à rien : Nungesser et Coli, pris dans une tempête de neige au-dessus de Terre-Neuve, n'avaient plus donné signe de vie. Un an plus tard, le 13 avril 1928, un monoplan allemand, le Junkers W.33, réussit l'exploit. Il avait à son bord Hermann Koehl, Günther von Huenefeld et James Fitzmaurice, ce dernier étant irlandais. Les trois hommes décollèrent avec le *Bremen* (ainsi qu'avait été baptisé l'avion) à 5 h du matin de Baldonnel, près de Dublin et réussirent à atteindre Terre-Neuve, où ils furent contraints à un atterrissage de fortune. La traversée avait duré 37 heures, sur une distance de 3 500 kilomètres. Le W.33, dérivé du modèle F.13, bénéficia, du fait de l'exploit, d'une grande faveur sur le plan commercial : il fut construit en 199 exemplaires qui servirent longtemps comme avions de transport civil dans de nombreuses compagnies en Europe, au Canada, en Amérique du Sud et en Afrique.

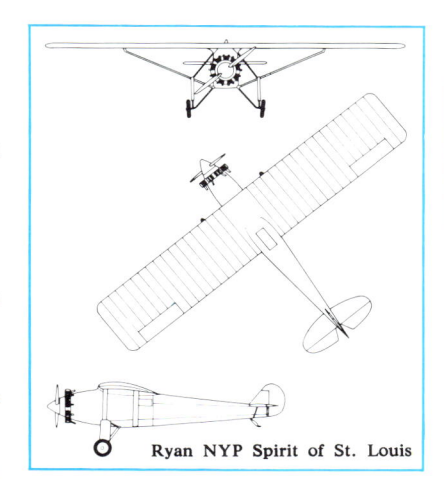

Aussitôt après le vol de Lindbergh, la traversée de l'Atlantique fit l'objet de deux nouvelles tentatives américaines. La première fut accomplie par Clarence D. Chamberlin et Charles A. Levine, à bord d'un monoplan Bellanca W.B.2 baptisé *Columbia*. L'objectif était de voler sans escale de New York à Berlin : il ne fut pas atteint à la lettre, dans la mesure où l'avion, qui avait décollé le 4 juin 1927, « sauta » la capitale allemande à cause d'une erreur de navigation et atterrit à Eisleben, deux jours plus tard. La seconde traversée ne réussit pas non plus selon le plan prévu : Richard Byrd, Bert Acosta, Bert Balchen et George O. Noville, à bord d'un trimoteur Fokker C-2 baptisé *America* partirent le 29 juin de New York

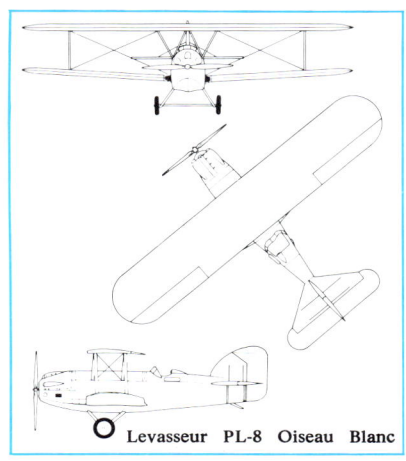

Lockheed Vega 1

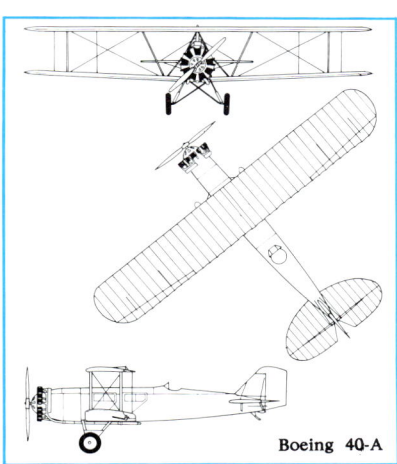

Boeing 40-A

1927, furent presque exclusivement réservés au transport postal. Le premier représentait le dernier né d'une famille d'appareils (les Douglas M) réalisés depuis 1925 pour le transport postal, activité que se partageaient un grand nombre de petites compagnies spécialisées. Le grand mérite de ces avions fut d'avoir ouvert des lignes dans des conditions presque primitives, d'avoir volé sur des millions de kilomètres à travers tout le territoire américain en assurant un service obscur et en même temps important, presque toujours de nuit, sur des parcours dépourvus d'assistance. Pourtant, beaucoup d'aviateurs illustres firent leurs premières armes dans de telles conditions. Il suffira de citer Charles Lindbergh qui, avant de devenir célèbre dans le monde entier avec sa traversée en solitaire de l'Atlantique Nord, passa des années à voler de nuit pour transporter du courrier sur de vieux avions rescapés de la guerre. Contrairement aux Douglas M, le Boeing fut spécialement réalisé pour une grande compagnie, la Boeing Air Transport, qui avait été fondée par cette même société aéronautique pour opérer sur la ligne San Francisco-Chicago. A la différence du Douglas, le Boeing 40-A était en mesure de transporter, en plus de la demi-tonne de courrier, 2 passagers : ceux-ci étaient installés dans une petite cabine située dans la

Ryan NYP Spirit of St. Louis

Levasseur PL-8 Oiseau Blanc

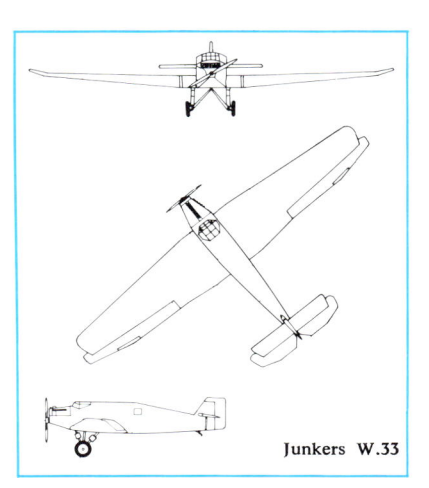

Junkers W.33

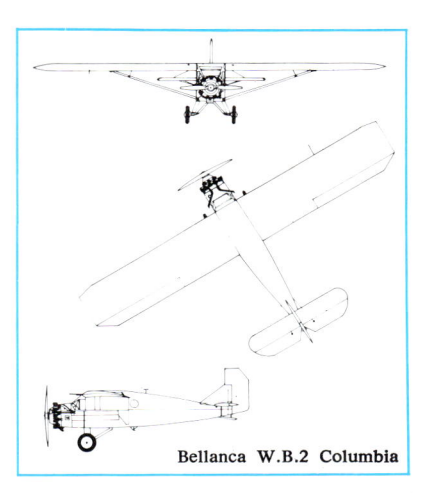

Bellanca W.B.2 Columbia

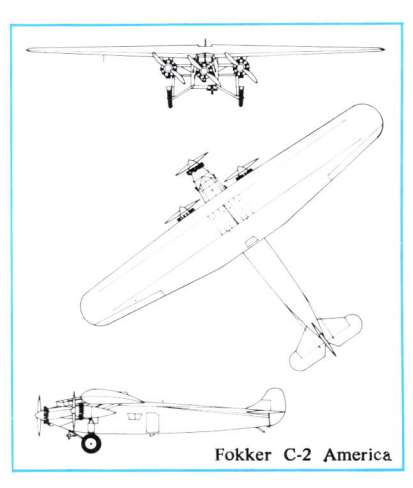

Fokker C-2 America

dans l'intention d'atteindre Paris. Mais, une fois dans le ciel du Bourget, ils furent gênés par le brouillard et contraints d'amerrir au large de Vers-sur-Mer.

Planches 51-54
Traversées et tours du monde

Traverser océans et continents, relier des endroits sans cesse plus éloignés. Le premier à se lancer dans cette entreprise fut Louis Blériot, à l'époque de l'aviation naissante. Le 25 juillet 1909, à bord de son monoplan type XI spécialement modifié pour l'occasion, le grand pionnier français parcourut environ 38 kilomètres en un peu moins de 40 minutes et accomplit la première traversée proprement dite de l'histoire de l'aviation : de France en Angleterre par-dessus la Manche. Le monoplan type XI était une fragile machine volante ; la distance qu'il franchit avant d'atterrir sur un terrain des environs de Douvres nous fait aujourd'hui sourire, mais, à l'époque, l'émotion et l'enthousiasme furent à leur comble et finirent par faire de l'auteur de cet exploit un véritable héros populaire.

L'âge d'or des traversées commença en 1919, alors que l'avion avait acquis, des sombres expériences de la guerre, une certaine maturité. Le premier objectif à atteindre, objectif qui resta toujours l'un des plus convoités de l'aviation, était l'Atlantique Nord, l'océan qui sépare les deux continents qui avaient vu naître et se développer « le plus lourd que l'air ». Les premiers qui réussirent à le traverser sans escale, dans le sens ouest-est, furent les Canadiens John Alcock et Arthur Whitten Brown, à bord d'un bombardier bimoteur Vickers Vimy. L'exploit fut réalisé entre le 14 et le 15 juin avec pour point de départ Saint-Jean-de-Terre-Neuve. Après 15 h 50 mn de vol, l'avion atterrit à Clifden, en Irlande du Nord. Cependant, à peine un mois plus tôt, l'Atlantique avait déjà été traversé par étapes. Le 16 mai 1919, trois hydravions construits par Curtiss (Navy Curtiss NC-1, NC-3 et NC-4) étaient partis de la baie des Trépassés à Terre-Neuve, dans l'intention d'atteindre Horta, dans les Açores, à une distance de plus de 2 250 kilomètres. Le raid avait commencé le 6 mai à New York, mais les deux premiers avions avaient été amenés à des amerrissages forcés ; seul le troisième, le NC-4, commandé par Albert C. Read, avait réussi à atteindre les Açores, et, de là, il était reparti pour le Portugal et ensuite pour Plymouth, où il était arrivé le 31. Un autre exploit vint à l'appui de ces succès, quoiqu'il fût réalisé non par un avion mais par un dirigeable : ce fut la double traversée de l'Atlantique accomplie par l'aéronef britannique R.34 entre le 2 et le 13 juillet 1919, à peine dix-huit jours après le vol d'Alcock et Brown. Le R.34, avec 30 hommes à bord, décolla à 1 h 42 d'East Fortune (Écosse) et après de sérieuses difficultés dues au mauvais temps, réussit à atteindre Mineola (Long Island) le 6 juillet à 13 h 54. Le voyage de retour commença le 10 juillet à 3 h 54 et s'acheva à Pulham après quatre-vingts heures de vol.

Ce furent les États-Unis qui, en 1924, organisèrent un nouveau raid spectaculaire : le tour du monde en formation. Dans cette perspective, on choisit quatre avions dérivés d'un bombardier-torpilleur de la marine, des Douglas DWC World Cruiser qui furent baptisés avec des noms de villes : *Seattle, Chicago, Boston* et *New Orleans*. Le vol commença le 6 avril 1924 avec départ de Seattle et ne fut mené à son terme que par deux avions (*Chicago* et *New Orleans*) le 28 septembre, après avoir traversé l'Asie et l'Europe en passant par le Japon, l'Inde, la Perse, la France et l'Angleterre. Au total ces avions parcoururent environ 45 000 kilomètres en 175 jours et 371 heures de vol, à une vitesse moyenne d'environ 120 km/h. Une autre route convoitée, celle de l'Atlantique Sud, fut affrontée pour la première fois en 1922. Le 30 mars, les Portugais Sacadura Cabral et Gago Coutinho partirent de Lisbonne sur un hydravion Fairey III volant par étapes vers Rio de Janeiro qu'ils atteignirent le 17 juin. L'exploit fut renouvelé en 1926 par un Dornier Wal baptisé *Plus-Ultra*, avec à son bord le commandant Franco et trois hommes d'équipage, qui partit de Séville le 22 janvier et, avec beaucoup de difficultés, réussit à gagner Buenos Aires le 10 février. La traversée sans escale fut effectuée avec succès en 1928 par le prestigieux avion italien SIAI Marchetti S.M. 64, avec à son bord Arturo Ferrarin et Carlo Del Prete : du 3 au 5 juillet il battit le record mondial de distance en ligne droite, de Montecelio à Natal (7 188 kilomètres). Un an plus tard, deux Breguet XIX s'attaquèrent au record sur la même route, mais sans succès. Le premier avion était piloté par deux Espagnols, Jimenez et Iglesias, qui avaient baptisé l'appareil *Jesus del Gran Poder*, et, du 24 au 26 mars il vola de Séville à Bahia (Buenos Aires), sur une distance de 6 540 kilomètres ; le second, piloté par le Français Challe et l'Uruguayen Borges, partit de Séville le 15 décembre et fit un atterrissage catastrophique le 17 dans les environs de Pernambouc.

Mais, en dehors des traversées océaniques, les grands vols de distance intercontinentaux constituèrent des défis passionnants.

En 1919, cinq mois après l'exploit d'Alcock et Brown, un autre Vickers Vimy réussit pour la première fois à relier l'Angleterre à l'Australie : au total 17 912 kilomètres de Londres (12 novembre) à Port Darwin (10 décembre) parcourus en un peu moins de 136 heures de vol par les frères Ross et Keith Smith. Mais en 1920 ce furent les Italiens qui accomplirent un raid encore plus spectaculaire, avec deux petits monomoteurs S.V.A.9 : de Rome à Tōkyō, au total 18 105 kilomètres parcourus du 11 février au 30 mai par Ferrarin et Masiero. La même année, du 4 février au 20 mars, les Anglais réussirent à relier Londres au Cap : l'exploit fut réalisé par le colonel Van Ryneveld à bord d'un autre Vickers Vimy. Mais en 1925 les Italiens effectuèrent le vol le plus long jamais réalisé jusqu'alors en reprenant l'itinéraire de Ferrarin : de Sesto Calende à Tōkyō et de Tōkyō à Rome en passant par l'Australie. Au total 55 000 kilomètres parcourus en 360 heures de vol effectif et en 67 étapes, du 20 avril au 7 novembre 1925. L'avion était le petit hydravion biplan Savoia Marchetti S.16 ter piloté par Francesco De Pinedo.

La fièvre des traversées se répandit également aux États-Unis. Les premiers à traverser le continent d'une côte à l'autre sans escale furent les pilotes militaires Mac Ready et Kelly, à bord d'un monomoteur Fokker T.2, les 2 et 3 mai 1923 : l'avion parcourut 4 088 kilomètres de Mineola à San Diego à 174 km/h de moyenne. Un an plus tard, le raid fut réitéré entre New York et San Francisco (4 345 kilomètres) par un monoplan Curtiss PW-8, le 23 et 24 juin. Le pilote était le lieutenant Maughan, qui parcourut la distance en 18 h 12 mn.

Un autre continent qui fit l'objet d'initiatives hardies, surtout à cause des relations commerciales qu'il entretenait avec l'Europe, fut l'Afrique. Les plus entreprenants furent les Français qui, dès 1919, explorèrent avec l'avion tout le territoire de l'Afrique occidentale. La première traversée du Sahara fut accomplie par un Breguet 16 Bn-2 piloté par Vuillemin et Chalus. Le raid avait commencé avec quatre avions à Paris le 24 janvier 1920 et, après de multiples péripéties, fut mené à terme par un seul appareil qui atterrit à Dakar le 30 mars. La route Londres-Le Cap aller et retour fut reprise par l'Anglais Alan Cobham du 16 novembre 1925 au 13 mars 1926, à bord d'un De Havilland 50-J. Du 28 novembre 1926 au 10 février 1927, les Français Dagnaux et Dufert, à bord d'un Breguet XIX, volèrent de Paris à Tananarive.

Le premier périple en Afrique, avec départ de Londres et arrivée à Plymouth (en tout 35 965 kilomètres) fut réalisé par Cobham du 17 novembre 1927 au 31 mai 1928.

Mais ce fut à nouveau l'Atlantique Nord qui servit de théâtre aux prouesses les plus spectaculaires des années 20 et 30. La traversée sans escale en solitaire dans le sens ouest-est fut effectuée le 20 et 21 mai 1927 par Charles Lindbergh, à bord du monoplan Ryan NYP, *Spirit of St. Louis*. Au total, les 5 670 kilomètres séparant New York de Paris (Le Bourget) furent parcourus en 33 h 30 mn 28 s de vol, à une moyenne de 188 km/h. Le 4 juin 1927, l'exploit fut renouvelé par Clarence D. Chamberlin et Charles A. Levine à bord d'un monomoteur Bellanca W.B.2 *Columbia*. Cette fois, l'avion atterrit à Eisleben près de Berlin, le 6 juin, après 6 294 kilomètres. A la fin du même mois, un trimoteur Fokker C-2 baptisé *America* avec à son bord Richard Byrd, Bert Acosta, Bernt Balchen et George O. Noville quitta New York pour gagner Paris, mais fut contraint d'amerrir au large de Vers-sur-Mer, après 5 600 kilomètres. La première traversée sans escale dans le sens est-ouest fut effectuée par un Junkers W.33 allemand baptisé *Bremen* les 12 et 13 avril 1928 ; l'équipage composé d'Herman Koehl, Günther von Huenefeld et James Fitzmaurice décolla de Dublin et, après 37 heures et 3 500 kilomètres, atterrit à Greenly Island (Terre-Neuve). Cet exploit fut renouvelé du 1er au 4 septembre 1930 par le monomoteur français Breguet XIX Super TR *Point-d'Interrogation* avec à son bord Dieudonné Costes et Maurice Bellonte : de Paris à New York, et ensuite jusqu'à Dallas, avec un total de 8 400 kilomètres. En 1933 eut lieu la traversée en formation des 25 S.M.55X commandés par Italo Balbo, d'Orbetello à New York. En 1930, une formation analogue de S.M.55A avait volé jusqu'à Rio de Janeiro (10 400 kilomètres en tout).

Mais le tour du monde continua à attirer des amateurs. Parmi les exploits les plus connus de l'époque, citons celui qu'accomplit du 31 mai 1928 au 4 juillet 1930 un trimoteur Fokker F. VIIb-3m, baptisé *Southern Cross*, commandé par l'Australien Charles Kingsford Smith, avec à son bord Charles Ulm, James Warner et Harry Lyon. L'avion partit de San Francisco et au terme de son voyage, il avait parcouru 80 450 kilomètres. Une entreprise analogue fut menée à bien du 23 juin au 1er juillet 1931 par Wiley Post et Harold Gatty, à bord d'un monomoteur Lockheed Vega Baptisé *Winnie Mae* : partis de New York, ils parcoururent 24 900 kilomètres, volant effectivement pendant 107 h 2 mn.

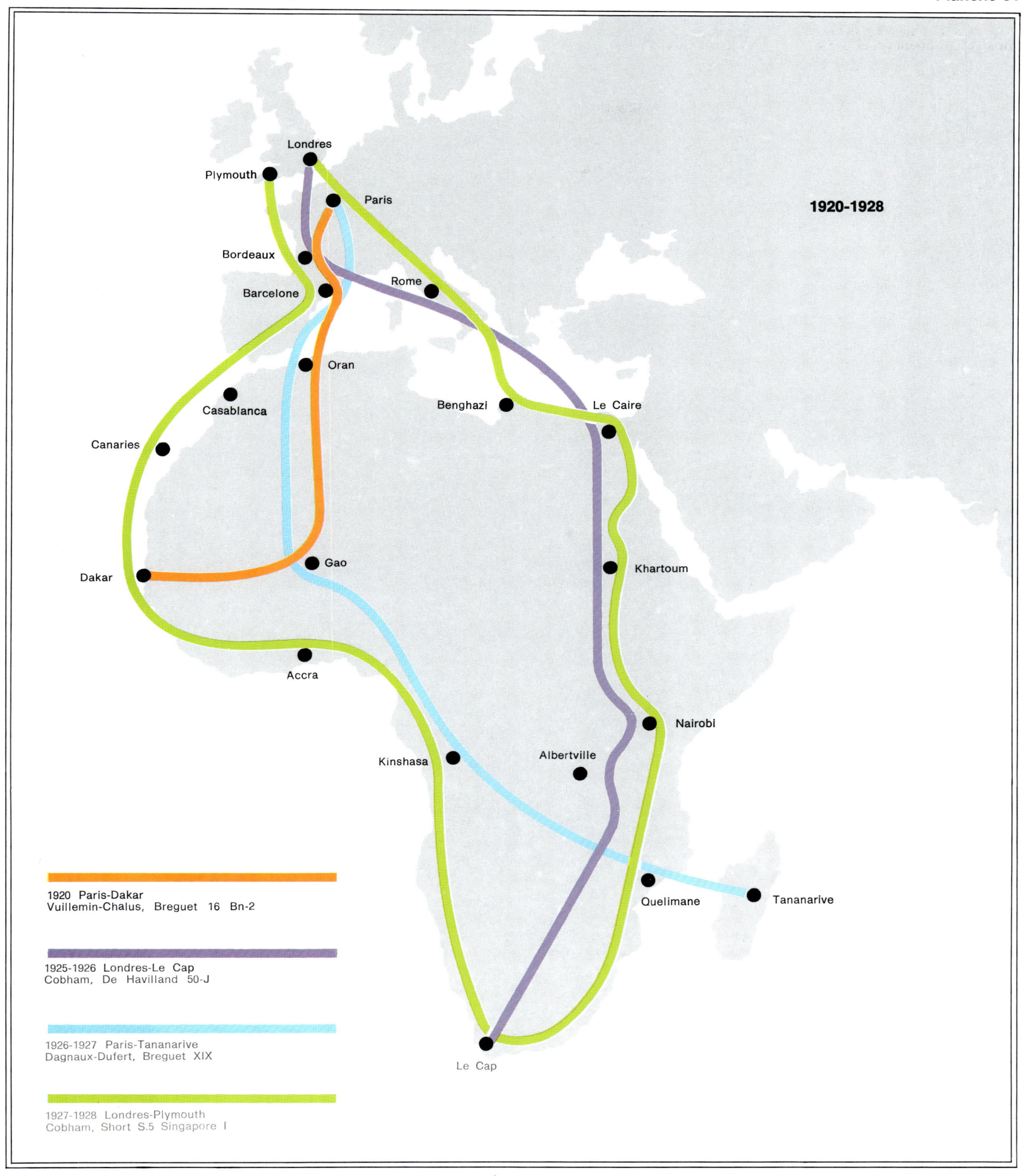

Les traversées du continent africain ; 1920-1928

Planche 51

1920-1928

- 1920 Paris-Dakar
  Vuillemin-Chalus, Breguet 16 Bn-2

- 1925-1926 Londres-Le Cap
  Cobham, De Havilland 50-J

- 1926-1927 Paris-Tananarive
  Dagnaux-Dufert, Breguet XIX

- 1927-1928 Londres-Plymouth
  Cobham, Short S.5 Singapore I

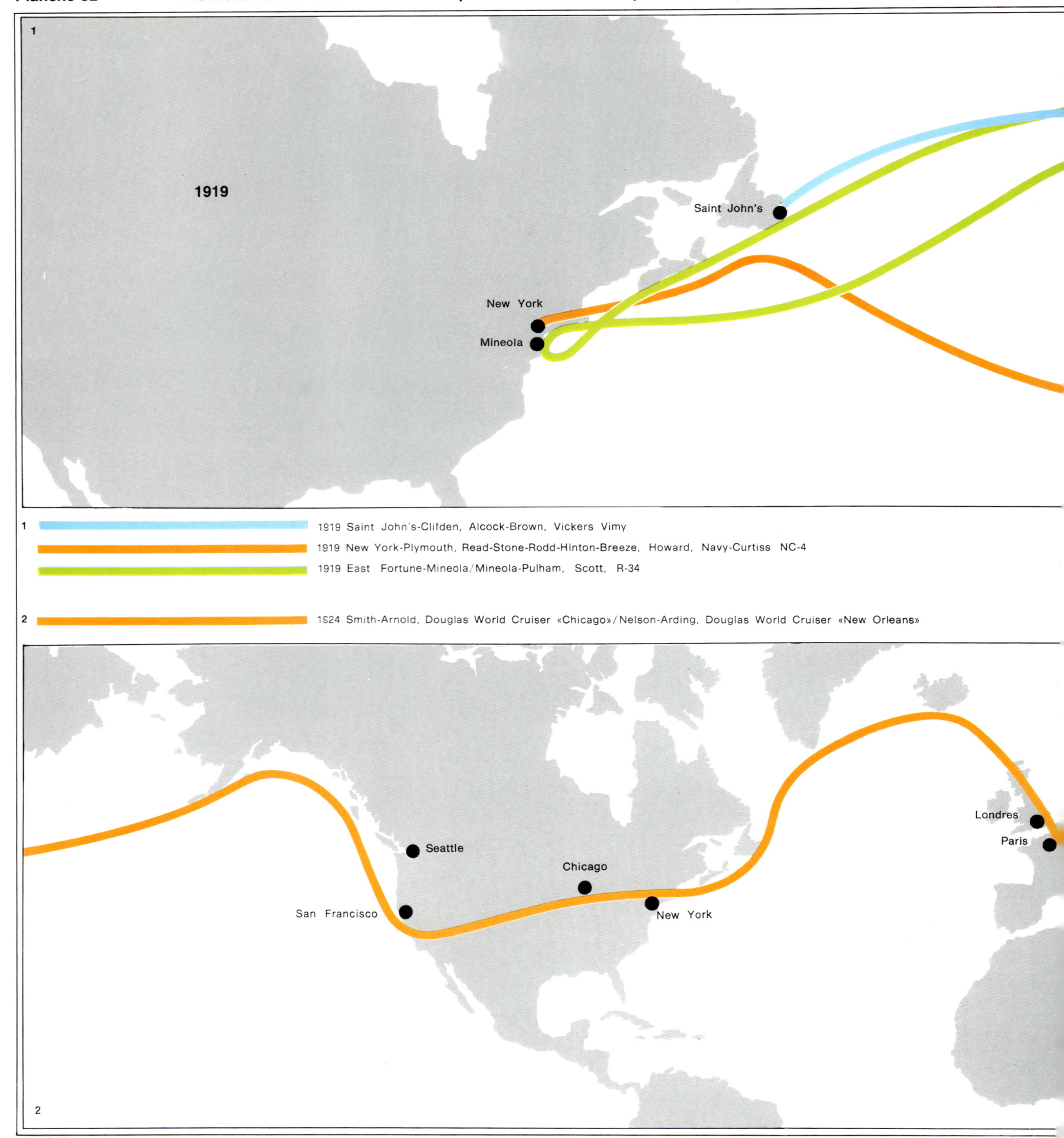

Planche 52 — Premiers vols au-dessus de l'Atlantique Nord et de l'Atlantique Sud, et le premier tour du monde ; 1919-1929

1

1919

Saint John's
New York
Mineola

1
- 1919 Saint John's-Clifden, Alcock-Brown, Vickers Vimy
- 1919 New York-Plymouth, Read-Stone-Rodd-Hinton-Breeze, Howard, Navy-Curtiss NC-4
- 1919 East Fortune-Mineola/Mineola-Pulham, Scott, R-34

2
- 1924 Smith-Arnold, Douglas World Cruiser «Chicago»/Nelson-Arding, Douglas World Cruiser «New Orleans»

Seattle
Chicago
San Francisco
New York
Londres
Paris

2

1922-1929

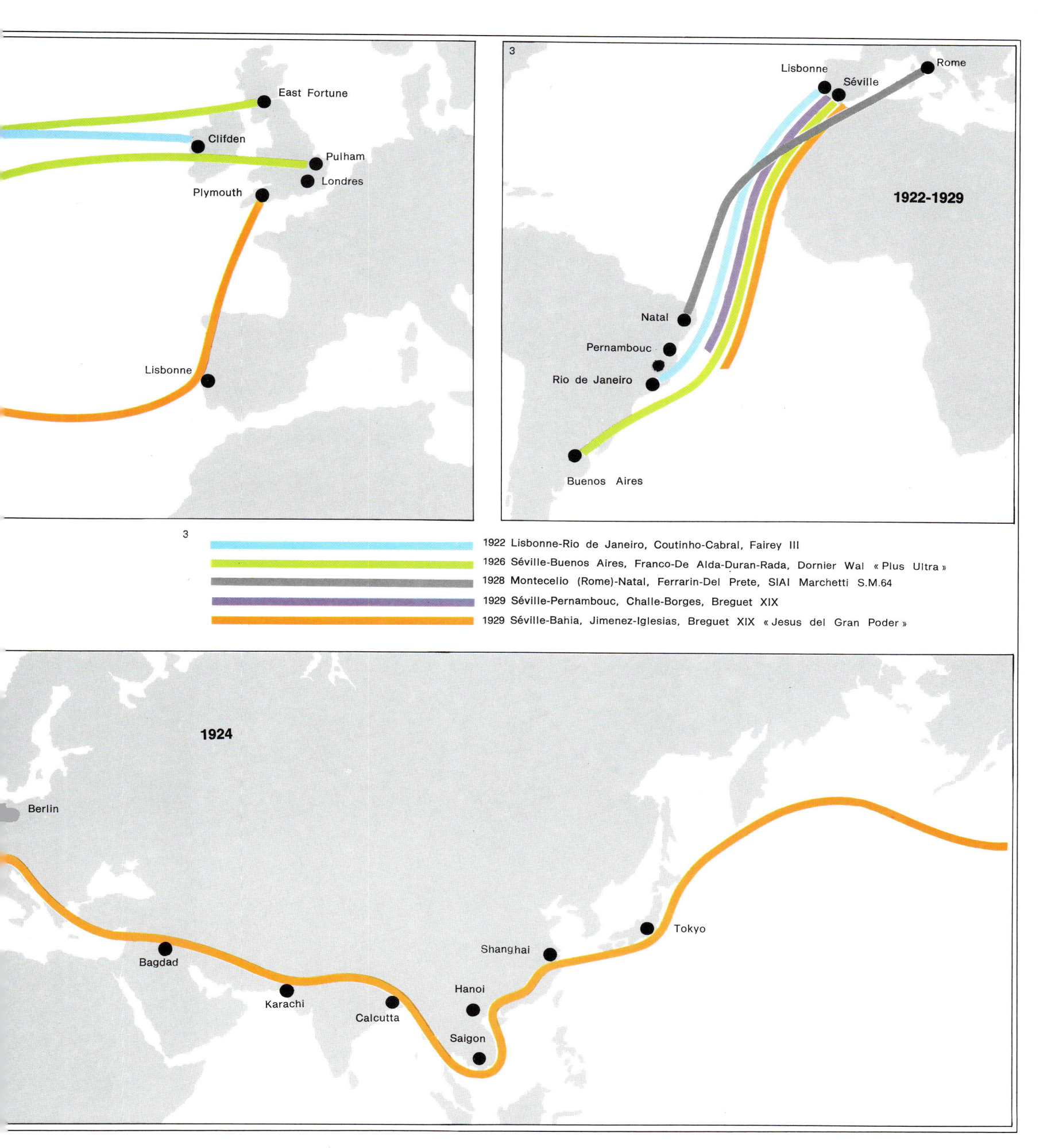

3
- 1922 Lisbonne-Rio de Janeiro, Coutinho-Cabral, Fairey III
- 1926 Séville-Buenos Aires, Franco-De Alda-Duran-Rada, Dornier Wal « Plus Ultra »
- 1928 Montecelio (Rome)-Natal, Ferrarin-Del Prete, SIAI Marchetti S.M.64
- 1929 Séville-Pernambouc, Challe-Borges, Breguet XIX
- 1929 Séville-Bahia, Jimenez-Iglesias, Breguet XIX « Jesus del Gran Poder »

1924

Planche 53

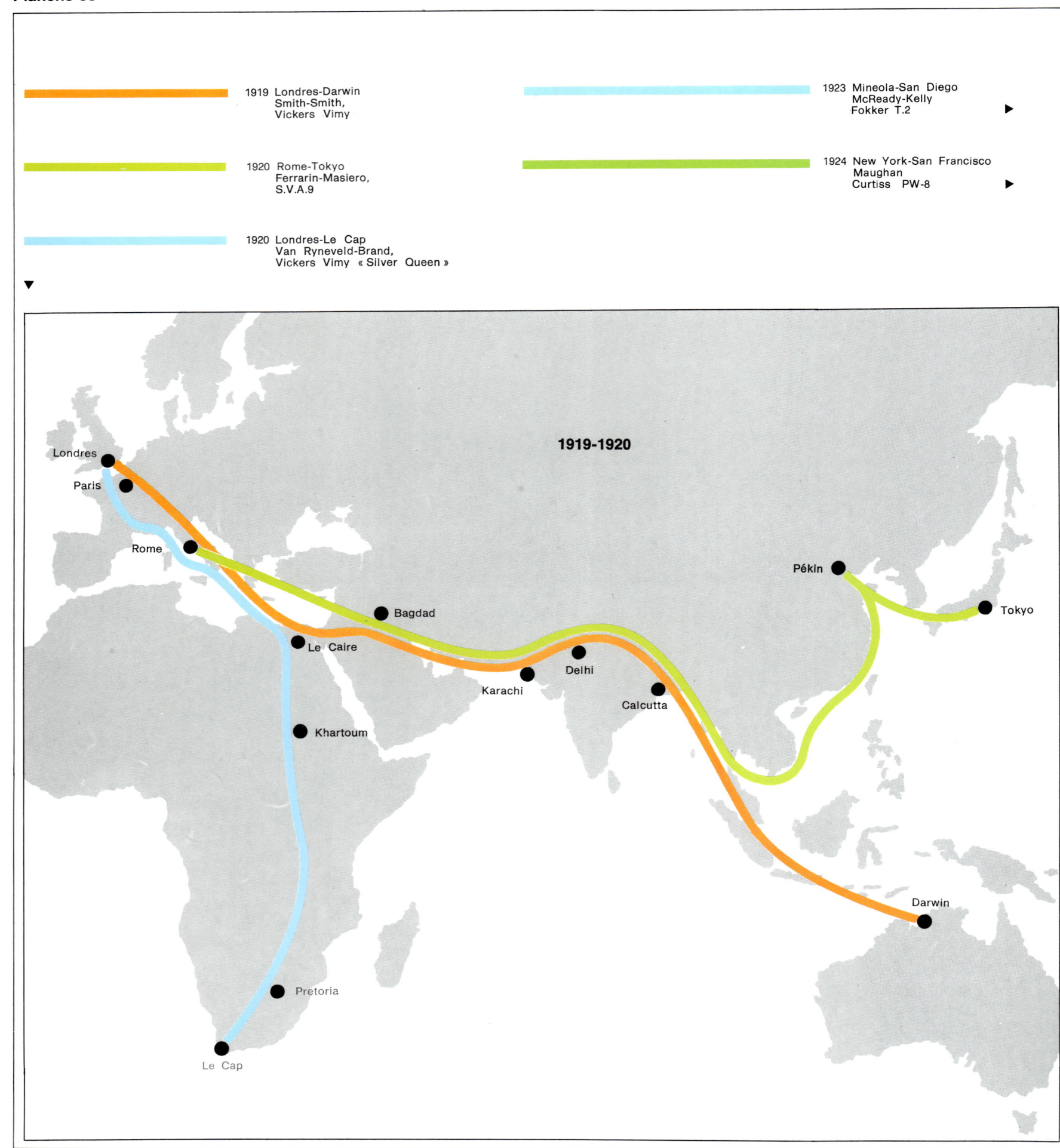

Les vols transcontinentaux de 1919 à 1925

- 1919 Londres-Darwin
  Smith-Smith,
  Vickers Vimy

- 1920 Rome-Tokyo
  Ferrarin-Masiero,
  S.V.A.9

- 1920 Londres-Le Cap
  Van Ryneveld-Brand,
  Vickers Vimy « Silver Queen »

- 1923 Mineola-San Diego
  McReady-Kelly
  Fokker T.2

- 1924 New York-San Francisco
  Maughan
  Curtiss PW-8

1919-1920

Cities marked on map: Londres, Paris, Rome, Le Caire, Bagdad, Khartoum, Karachi, Delhi, Calcutta, Pékin, Tokyo, Pretoria, Le Cap, Darwin

1923-1924

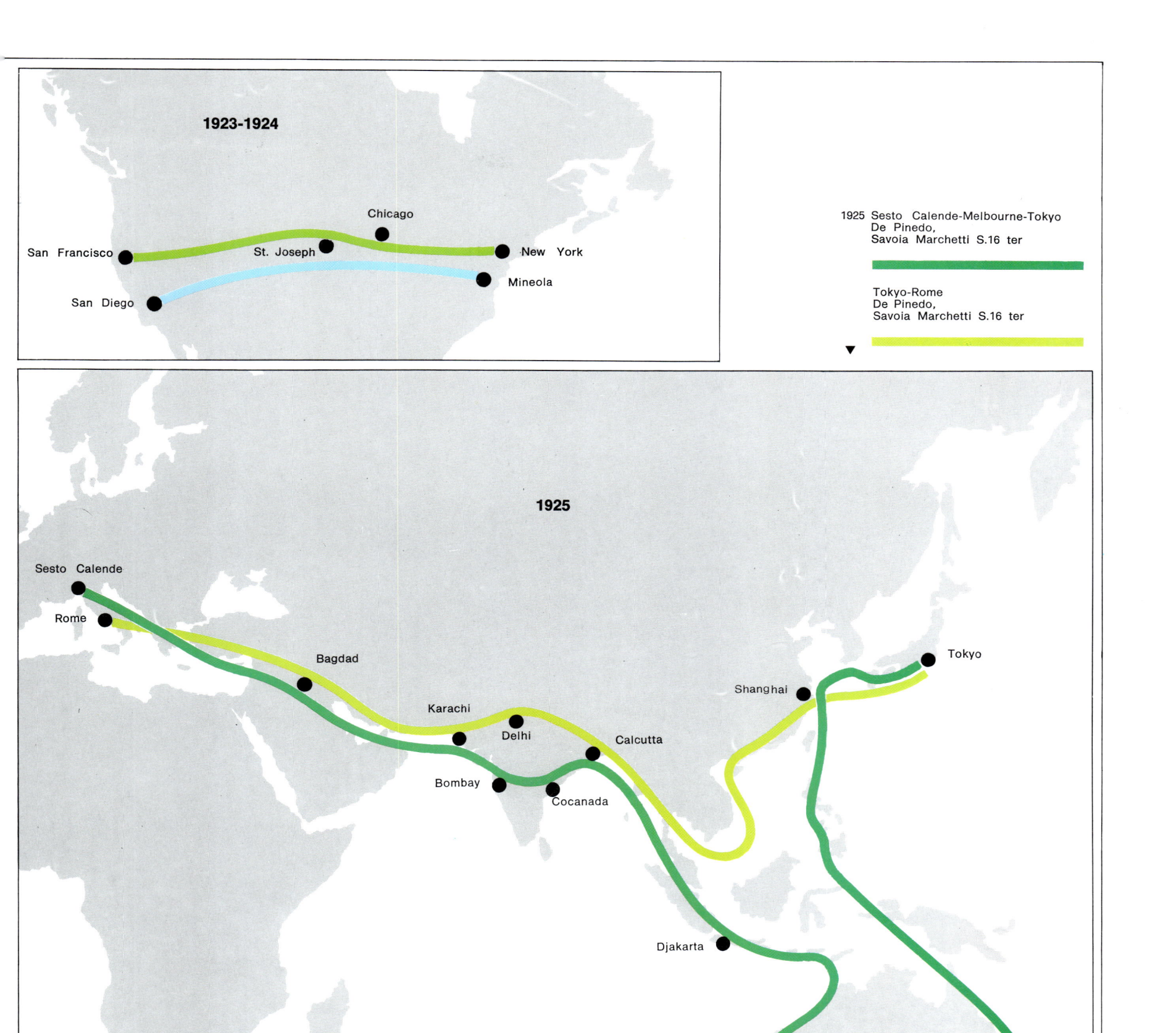

- San Francisco
- St. Joseph
- Chicago
- New York
- San Diego
- Mineola

1925 Sesto Calende-Melbourne-Tokyo
De Pinedo,
Savoia Marchetti S.16 ter

Tokyo-Rome
De Pinedo,
Savoia Marchetti S.16 ter

1925

- Sesto Calende
- Rome
- Bagdad
- Karachi
- Delhi
- Bombay
- Cocanada
- Calcutta
- Shanghai
- Tokyo
- Djakarta
- Melbourne

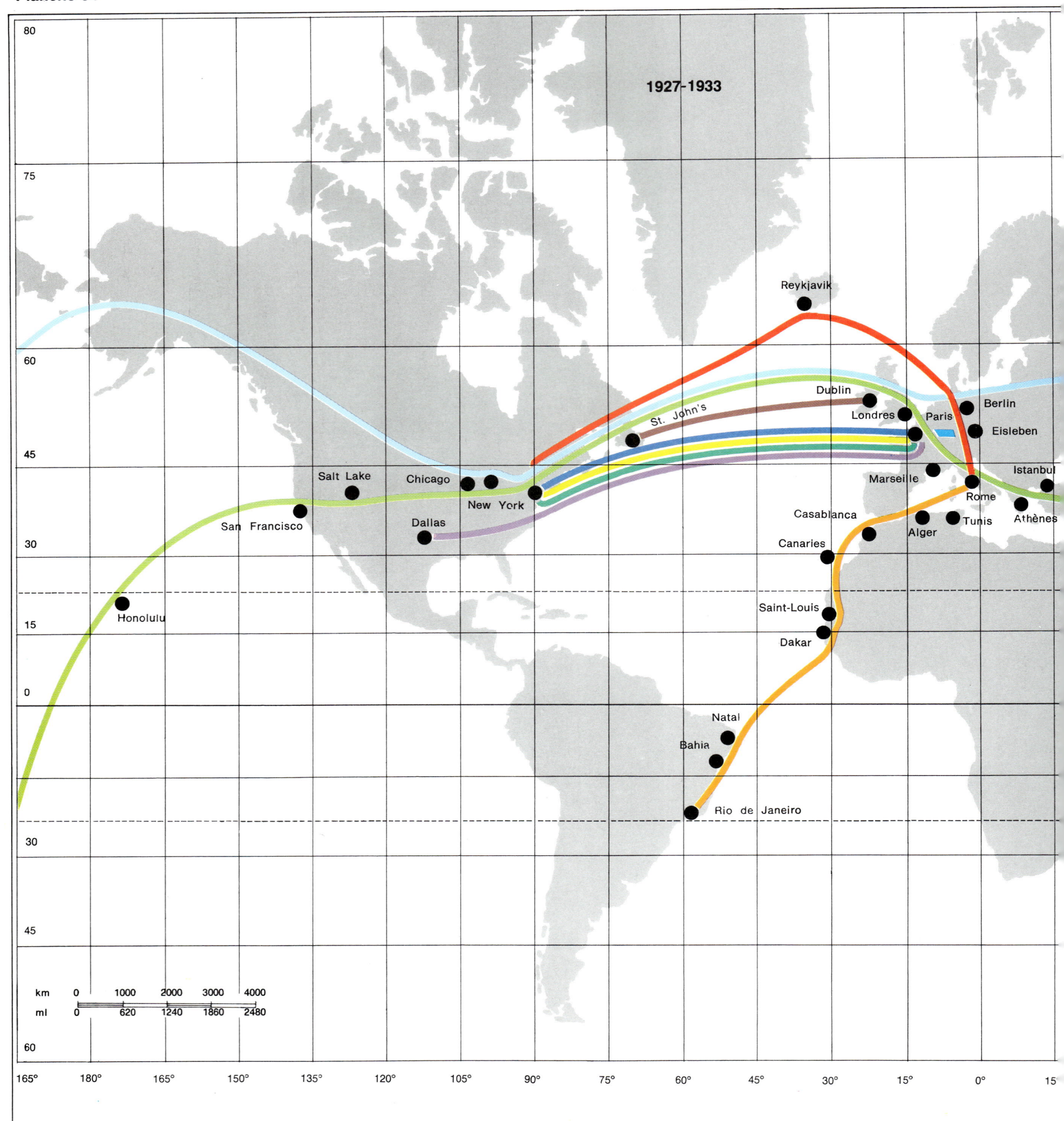

Planche 54 Les grandes traversées de 1927 à 1933

1927-1933

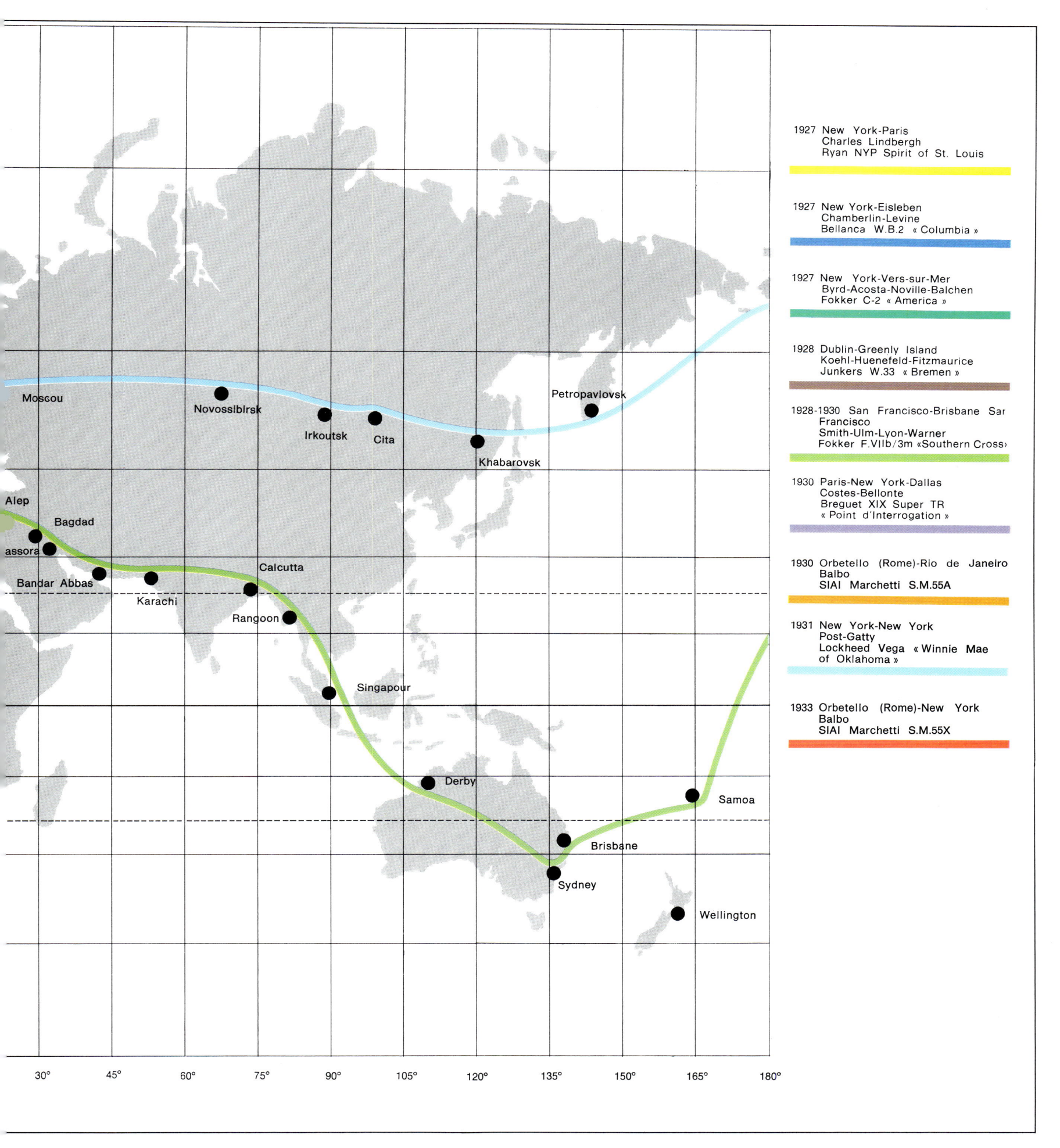

1927	New York-Paris Charles Lindbergh Ryan NYP Spirit of St. Louis
1927	New York-Eisleben Chamberlin-Levine Bellanca W.B.2 « Columbia »
1927	New York-Vers-sur-Mer Byrd-Acosta-Noville-Balchen Fokker C-2 « America »
1928	Dublin-Greenly Island Koehl-Huenefeld-Fitzmaurice Junkers W.33 « Bremen »
1928-1930	San Francisco-Brisbane San Francisco Smith-Ulm-Lyon-Warner Fokker F.VIIb/3m «Southern Cross»
1930	Paris-New York-Dallas Costes-Bellonte Breguet XIX Super TR « Point d'Interrogation »
1930	Orbetello (Rome)-Rio de Janeiro Balbo SIAI Marchetti S.M.55A
1931	New York-New York Post-Gatty Lockheed Vega « Winnie Mae of Oklahoma »
1933	Orbetello (Rome)-New York Balbo SIAI Marchetti S.M.55X

Planche 55

Les traversées aériennes : panorama synoptique à l'échelle

1 - S.V.A. 9 (I)
  1920, Rome-Tokyo (18 105 km)
  équipage : Ferrarin-Masiero
2 - Bellanca W.B.2 Columbia (USA)
  1927, New York-Eisleben (6 294 km)
  équipage : Chamberlin-Levine
3 - Ryan NYP Spirit of St. Louis (USA)
  1927, New York-Paris (5 670 km)
  pilote : Charles Lindbergh
4 - Lockheed Vega Winnie Mae of Oklahoma (USA)
  1931, tour du monde au départ de New York (24 900 km)
  équipage : Post-Gatty
5 - SIAI Marchetti S.M.64 (I)
  1928, Rome-Natal (7 188 km)
  équipage : Ferrarin-Del Prete
6 - De Havilland D.H.50-J (GB)
  1925-1926, Londres-Le Cap
  pilote : Cobham
7 - Junkers W-33 Bremen (D)
  1928, Dublin-Greenly Island (3 500 km)
  équipage : Koehl, von Huenefeld, Fitzmaurice
8 - Douglas DWC/0-5 World Cruiser Chicago (USA)
  1924, tour du monde au départ de Seattle (45 000 km)
  équipage : Smith-Arnold
9 - Breguet XIX (F)
  1929, Séville-Pernambouc
  équipage : Challe-Borges
10 - Breguet XIX Jesus del Gran Poder (E)
  1929, Séville-Buenos Aires (6 540 km)
  équipage : Jimenez-Iglesias
11 - Breguet XIX TR Point-d'Interrogation (F)
  1930, Paris-New York-Dallas (8 400 km)
  équipage : Costes-Bellonte
12 - Fairey III (GB)
  1922, Lisbonne-Rio de Janeiro
  équipage : Coutinho-Cabral
13 - Vickers Vimy (GB)
  1919, Saint John's-Clifden (3 032 km)
  équipage : Alcock-Brown
14 - Savoia Marchetti S.16 ter (I)
  1925, Sesto Calende-Melbourne-Tokyo-Rome (55 000 km)
  équipage : De Pinedo-Campanelli
15 - Fokker F.VIIb/3m Southern Cross (NL)
  1928-1930, tour du monde au départ de San Francisco (80 450 km)
  équipage : Kingsford Smith Ulm-Lyon-Warner
16 - Fokker T-2 (NL)
  1923, Mineola-San Diego (4 088 km)
  équipage : McReady-Kelly
17 - Fokker C-2 America (USA)
  1927, New York-Vers-sur-Mer (5 600 km)
  équipage : Byrd-Acosta-Noville-Balchen
18 - SIAI Marchetti S.M.55X (I)
  1933, Orbetello-New York (4 900 km)
  formation de 25 avions commandée par Balbo
10 - SIAI Marchetti S.M.55A (I)
  1930, Orbetello-Rio de Janeiro (10 400 km)
  formation de 14 avions commandée par Balbo
20 - Dornier Do.J Wal Plus Ultra (D)
  1926, Séville-Buenos Aires
  équipage : Franco-De Alda-Duran-Rada
21 - Short S.5 Singapore I (GB)
  1927-1928, Londres-Plymouth (35 965 km)
  pilote : Cobham
22 - Navy Curtiss NC-4 (USA)
  1919, New York-Plymouth
  équipage : Read-Stone-Rodd-Hinton-Breeze-Howard

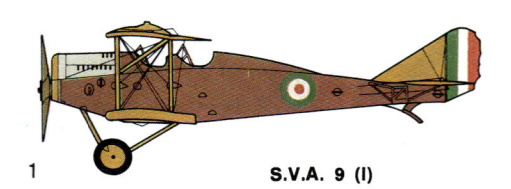

1 S.V.A. 9 (I) 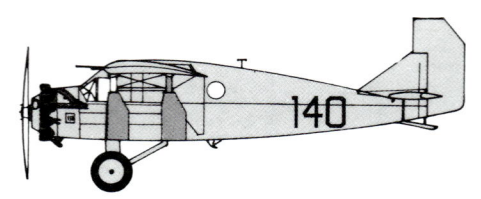
2 Bellanca W.B.2 Columbia (USA) 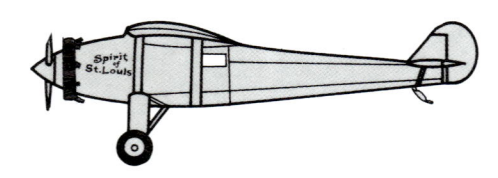
3 Ryan NYP Spirit of St. Louis (USA) 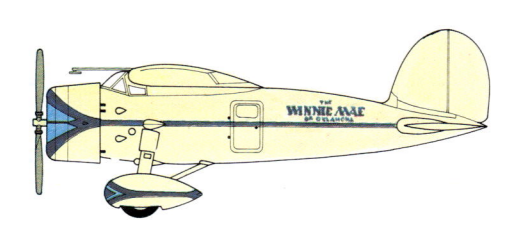
4 Lockheed Vega Winnie Mae (USA) 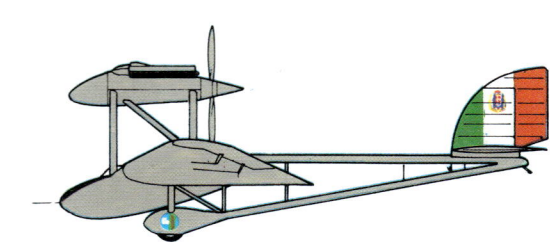
5 SIAI Marchetti S.M.64 (I) 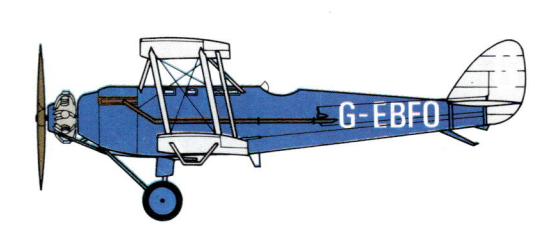
6 de Havilland D.H.50-J (GB) 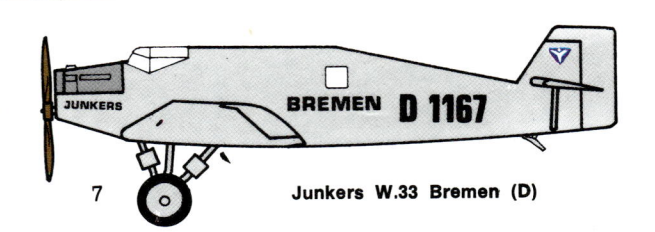
7 Junkers W.33 Bremen (D) 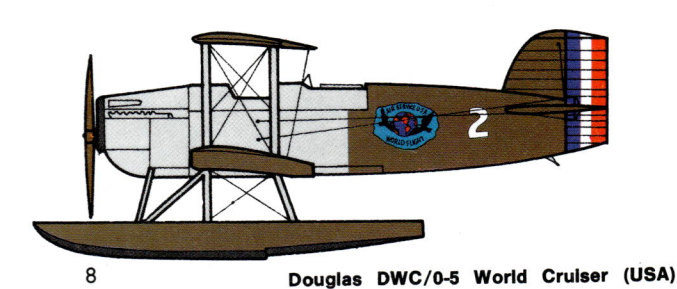
8 Douglas DWC/0-5 World Cruiser (USA) 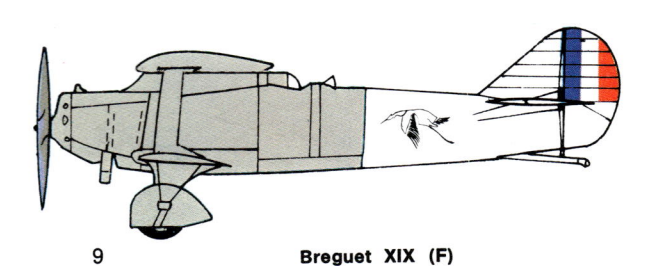
9 Breguet XIX (F) 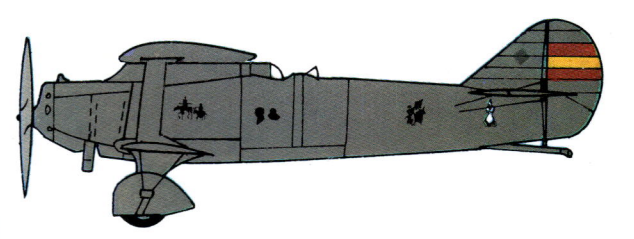
10 Breguet XIX Jesus del Gran Poder (E) 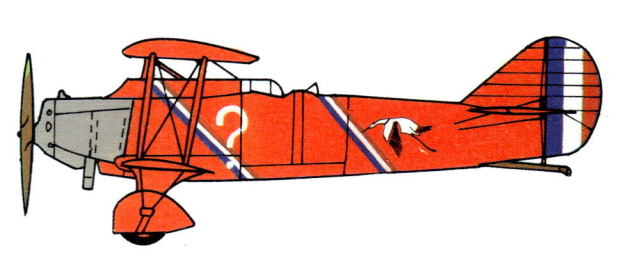
11 Breguet XIX Super TR Point d'Interrogation (F)
12 Fairey III (GB)

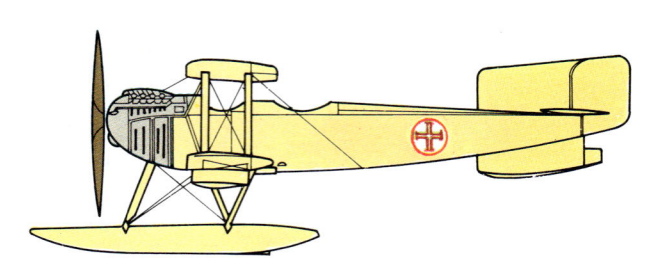

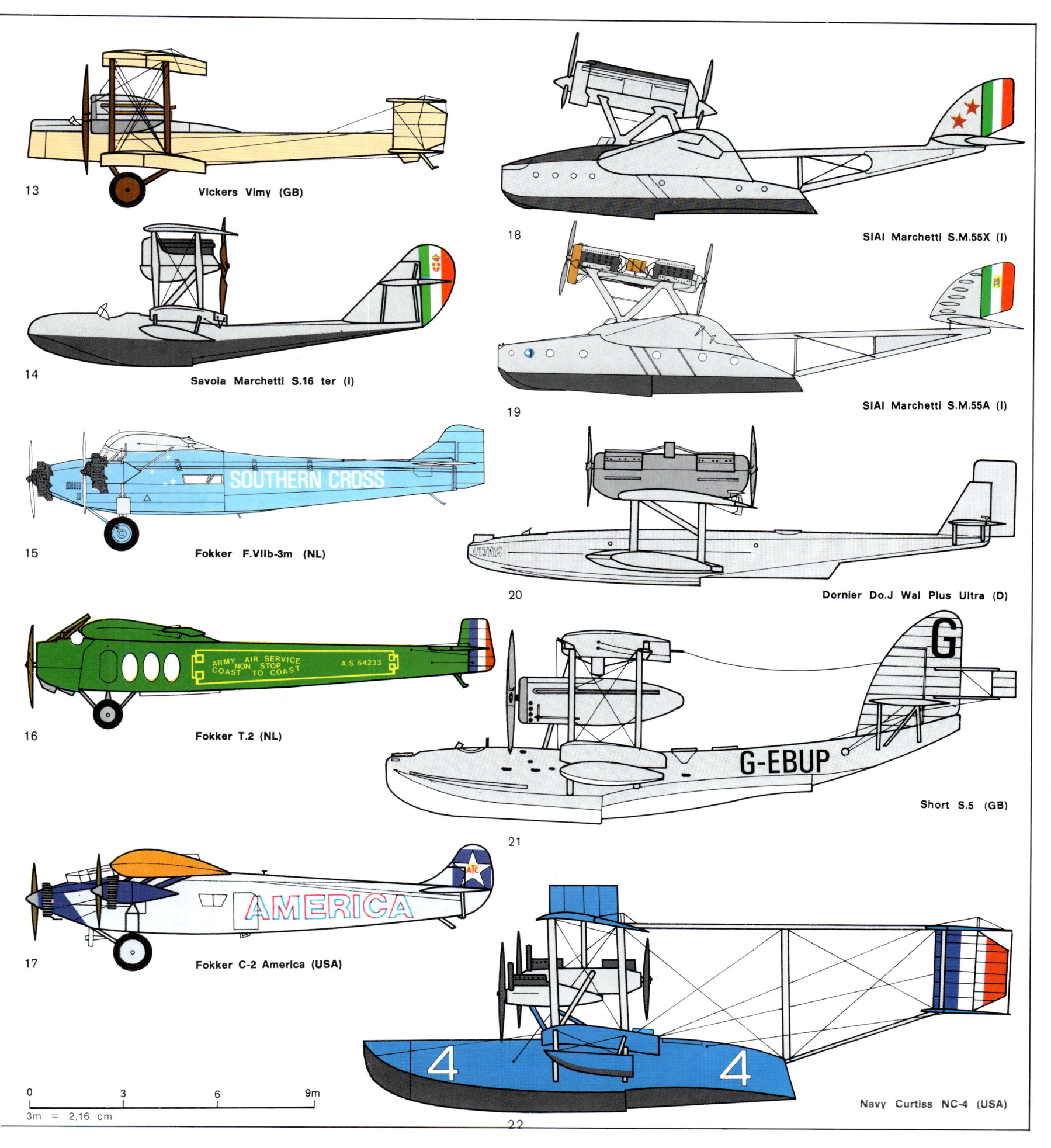

13 Vickers Vimy (GB)
14 Savoia Marchetti S.16 ter (I)
15 Fokker F.VIIb-3m (NL)
16 Fokker T.2 (NL)
17 Fokker C-2 America (USA)
18 SIAI Marchetti S.M.55X (I)
19 SIAI Marchetti S.M.55A (I)
20 Dornier Do.J Wal Plus Ultra (D)
21 Short S.5 (GB)
22 Navy Curtiss NC-4 (USA)

0   3   6   9m
3m = 2.16 cm

Chronologie des vols transatlantiques de 1919 à 1939

Date	Itinéraire	Equipage	Avion	Moteur	km	miles
1919 - 16/23 mai	New York (USA) - Plymouth (GB)	Read-Stone-Hinton-Rodd-Breeze-Howard (USA)	Navy-Curtiss NC-4 *Colossus*	Liberty 400 ch	3 920	2,436
1919 - 14/15 juin	St. John's (VO) - Clifden (IRL)	Alcock-Brown (CDN)	Vickers Vimy	Rolls Royce Eagle 360 ch	3 032	1,884
1919 - 2/6 juillet (retour 10/13 juillet)	East Fortune (GB) - Mineola (USA)	Scott (GB) et son équipage	R.34 *(Airship)*	Sunbeam Maori 250 ch	5 600	3,480
1922 - 30 mars/ 17 juin	Lisbonne (P) - Rio de Janeiro (BR)	Coutinho-Cabral (P)	Fairey III	Rolls-Royce Eagle 350 ch	6 034	3,750
1924 - 2 août/ 1er septembre	Londres (GB) - New York (USA)	Smith-Arnold (USA)	Douglas DWC World Cruiser *Chicago*	Liberty 420 ch	3 500	2,175
1924 - 2 août/ 1er septembre	Londres (GB) - New York (USA)	Nelson-Arding (USA)	Douglas DWC World Cruiser *New Orleans*	Liberty 420 ch	3 500	2,175
1924 - 12/15 octobre	Berlin (D) - New York (USA)	Eckener (D) et son équipage	LZ 126 *(Airship)*	Maybach	8 500	5,282
1926 - 22 janvier/ 10 février	Séville (E) - Buenos Aires (RA)	Franco-De Alda-Duran-Prata (E)	Dornier Wal *Plus Ultra*	Napier Lion 450 ch	6 240	3,878
1927 - 19/24 février	Elmas (I) - Buenos Aires (RA)	De Pinedo-Del Prete-Zacchetti (I)	Savoia Marchetti S.55 *Santa Maria I*	Isotta Fraschini Asso 50 ch	3 350	2,082
1927 - 12/20 mars	Lisbonne (P) - Rio de Janeiro (BR)	De Beires-Cabral-De Castillo-Gouveia (P)	Dornier Wal Marina *Argus*	Napier Lion 450 ch	3 000	1,864
1927 - 20/21 mai	New York (USA) - Paris (F)	Lindbergh (USA)	Ryan NYP *Spirit of St.Louis*	Wright Whirlwind 220 ch	5 670	3,627
1927 - 23 mai/11 juin	New York (USA) - Rome (I)	De Pinedo-Del Prete-Zacchetti (I)	Savoia Marchetti S.55 *Santa Maria II*	Isotta Fraschini Asso 500 ch	3 894	2,420
1927 - 4/6 juin	New York (USA) - Eisleben	Chamberlin-Levine (USA)	Bellanca W.B.2 *Columbia*	Wright Whirlwind 220 ch	6 294	3,904
1927 - 29 juin/ 1er juillet	New York (USA) - Vers-sur-Mer (F)	Byrd-Acosta-Noville (USA) Balchen (N)	Fokker C-2 *America*	Wright Whirlwind 220 ch	5 600	3,791
1927 - 10 octobre	Paris (F) - Buenos Aires (RA)	Costes-Le Bris (F)	Breguet XIX *Nungesser-Coli*	Hispano-Suiza 600 ch	3 500	2,175
1928 - 12/13 avril	Dublin (IRL) - Greenly Isl. (VO)	Koehl-Huenefeld (D) Fitzmaurice (IRL)	Junkers-W 33 *Bremen*	Junkers L.5 310 ch	3 500	2,175
1928 - 17/18 juin	Boston (USA) - Southampton (GB)	Earhart-Stultz-Gordon (USA)	Fokker F.VIIb-3m/W *Friendship*	Wright Whirlwind 300 ch	3 940	2,448
1928 - 3/5 juillet	Montecelio (I) - Natal (BR)	Ferrarin-Del Prete (I)	Savoia Marchetti S.64	Fiat A.22 T 590	7 188	4,467
1929 - 24/25 mars	Séville (E) - Bahia (RA)	Jimenez-Iglesias (E)	Breguet XIX *Jesus del Gran Poder*	Hispano-Suiza 500 ch	6 540	4,064
1929 - 13/14 juin	New York (USA) - Paris (F)	Assolant-Lefèvre-Lotti (F)	Bernard 191 G.R. *Oiseau Canari*	Hispano-Suiza 600 ch	5 500	3,418
1929 - 8/9 juillet	New York (USA) - Rome (I)	Williams-Jancey (USA)	Bellanca *Pathfinder*	Wright J-6 300 ch	5 500	3,418
1929 - 15/17 décembre	Séville (E) - Pernambouc (U)	Challe (F) - Borges (U)	Breguet XIX	Lorraine-Dietrich 450 ch	5 670	3,523
1930 - 12/13 mai	St. Louis (SN) - Natal (BR)	Mermoz-Dabry-Gimié (F)	Latécoère 28-3 *Conte de la Vaulx*	Hispano-Suiza 600 ch	3 180	1,976
1930 - 24/25 juin	Dublin (IRL) - New York (USA)	Smith (AUS) - Soul (IRL) - Van Dyck (NL) - Stannage (USA)	Fokker F.VIIb-3m *Southern Cross*	Wright Whirlwind 300 ch	3 220	2,001
1930 - 29/30 juin	New York (USA) - Bermudes	Williams (USA)	Bellanca	Wright J-6 310 ch	2 512	1,561
1930 - 29 juillet/ 1er août (retour 16/18 août)	Cardington (GB) - Montréal (CDN)	Booth et son équipage (GB)	R.100 *(Airship)*	Rolls-Royce	6 000	3,729
1930 - 18/23 août	Lübeck (D) - New York (USA)	Von Gronau-Zimmar-Albrecht-Hack (D)	Dornier Wal	BM 600 ch	4 700	2,921
1930 - 1/4 septembre	Paris (F) - New York-Dallas (USA)	Costes-Bellonte (F)	Breguet XIX Super TR *Point-d'Interrogation*	Hispano-Suiza 600 ch	6 400	3,977
1930 - 9/10 octobre	Otawa (CDN) - Londres (GB)	Boyd-Connor (CDN)	Bellanca *Miss Columbia*	Wright Whirlwind 220 ch	3 637	2,260
1930 - 17 décembre (retour 1931 - 15 janvier)	Orbetello (I) - Rio de Janeiro (BR)	Balbo (I)	Savoia Marchetti S.55A	Fiat A.22 R 550 ch	10 400	6,436
1931 - 29 avril/6 mai (retour fin mai)	Sverige - Groenland	Ahremberg-Floden-Junglund (S)	Junkers-W 33 *Sverige*	Junkers L.5 310 ch	2 100	1,305
1931 - 4/5 juin	Lisbonne (P) - Rio de Janeiro (BR)	Christiansen-Merz-Niemann-Schildauer (D)	Dornier Do.X	Curtiss Conquerors 600 ch	2 350	1,460
1931 - 24/25 juin	New York (USA) - Copenhague (DK)	Hilling-Hobris (DK)	Bellanca K *Liberty*	Wright J-6 300 ch	4 600	2,858
1931 - 15/16 juillet	New York (USA) - Budapest (H)	Endresz-Magyar (H)	Lockheed Sirius *Justice for Hungary*	P.&W. Wasp 425 ch	5 600	3,480
1931 - 28/30 juillet	New York (USA) - Istanbul (TR)	Boardman-Polando (USA)	Bellanca Peacemaker *Cape Cod*	Wright Cyclone 600 ch	8 070	5,015
1931 - 8/29 août	Ile Sylt (D) - Chicago (USA)	Von Gronau-Zimmer-Albrecht-Hack (D)	Dornier Wal *Gronenlandwal*	BMW 600 ch	4 400	2,734
1931 - 26/27 novembre	Rio de Janeiro (BR) - Londres (GB)	Hinkler (AUS)	De Havilland Puss Moth	De Havilland Gipsy Major 120 ch	3 200	1,988
1932 - 21/22 mai	New York (USA) - Berlin (D)	Earhart (USA)	Lockheed Vega	Wright Cyclone 665 ch	3 100	1,926
1932 - 21/22 mai	New York (USA) - Rome (I)	Christiansen-Niemann-Merz (D)	Dornier Do.X	Curtiss Colossus 600 ch	4 000	2,486
1932 - juin	Italie-Reykjavik (IS)	Cagna (I)	SIAI Marchetti S.M.55	Isotta Fraschini A 750 ch	—	—

Date	Itinéraire	Equipage	Avion	Moteur	km	miles
1932 - 18/19 août	Dublin (IRL) - New York (USA)	Mollison (GB)	De Havilland Puss Moth *The Heart's Content*	De Havilland Gipsy Major 130 ch	4 180	2,597
1933 - 9 février	Londres (GB) - Rio de Janeiro (BR)	Mollison (GB)	De Havilland Puss Moth *The Heart's Content*	De Havilland Gipsy Major 130 ch	3 200	1,988
1933 - 7 mai	Varsovie (PL) - Rio de Janeiro (BR)	Skarzynski (PL)	RWD 5	De Havilland Gipsy Major 130 ch	3 650	2,268
1933 - 9/10 juin	Séville (E) - Cuba	Collar Serra-Tros de Llarduya (E)	Breguet XIX Super TR *Cuatro Vientos*	Hispano-Suiza 600 ch	7 893	4,905
1933 - 2/12 juillet (retour 8/9 août)	Orbetello (I) - Chicago (USA) New York (USA)	Balbo (I)	Savoia Marchetti S.55X	Isotta Fraschini Asso 800 ch	19 800	12,305
1933 - 21 juillet/ 26 septembre	New York (USA) - Copenhague (DN)	Charles & Anne Lindbergh (USA)	Lockheed Sirius	Wright Cyclone 665 ch	5 500	3,418
1933 - 22/23 juillet	Galles (GB) - New York (USA)	Mr. & Mrs. Mollison (GB)	De Havilland Dragon *Seafarer*	De Havilland Gipsy Major 260 ch	5 000	3,107
1933 - 5/7 août	New York (USA) - Rayak (SYR)	Codos-Rossi (F)	Blériot 110 *Joseph Le Bris*	Hispano-Suiza 600 ch	9 105	5,658
1933 - 6 décembre	Lisbonne (P) - Périple atlantique	Charles & Anne Lindbergh (USA)	Lockheed Sirius	Wright Cyclone 665 ch	3 100	1,926
1934 - 3/4 janvier (retour 30/31 janvier)	St. Louis (SN) - Natal (BR)	Bonnot-Jeanpierre-Gauthier (F)	Latécoère 300 *Croix du Sud*	Hispano-Suiza 650 ch	3 100	1,926
1934 - 14/15 mai	New York (USA) - Rome (I)	Sabelli (I) - Pond (USA)	Bellanca K *Leonardo da Vinci*	Wright J-6 330 ch	5 000	3,107
1934 - 27/23 mai	Paris (F) - New York (USA)	Codos-Rossi (F)	Blériot 110 *Joseph Le Bris*	Hispano-Suiza 600 ch	5 950	3,719
1934 - 29/30 juin	New York (USA) - Varsovie (PL)	B. & G. Adamowitz (PL) and H. Hoirüs (DK)	Bellanca K *City of Warsaw*	Wright J-6 330 ch	4 600	2,858
1934 - 25 juillet/ 30 août	Rochester (GB) - Ottawa (CDN) - New York (USA)	Grierson (GB)	De Havilland *Fox Moth*	De Havilland Gipsy Major 130 ch	5 000	3,107
1934 - 8/9 août	Toronto (CDN) - Londres (GB)	Reyd (CDN) - Ayling (GB)	De Havilland Dragon *Trail of the Caribou*	De Havilland Gipsy Major 270 ch	5 800	3,604
1934 - 15 août/8 septembre	New York (USA) - Londres (GB)	Leight-Wilson (USA)	Bellanca *Asulinak*	P.&W. Wasp 450 ch	5 000	3,107
1934 - 27 novembre (retour le 11 décembre)	Dakar (SN) - Natal (BR)	Bossoutrot-Givon (F)	Blériot 5190 *Santos Dumont*	Hispano-Suiza 650 ch	3 100	1,926
1934 - 19/20 décembre	Amsterdam (NL) - Ile Curaçao	Van der Molen-Stolk (NL)	Fokker F-7 *Snip*	P.&W. Wasp 250 ch	3 600	2,237
1935 - 21 mai	Madrid (E) - Mexico	Pombo (E)	Klemm Eagle	De Havilland Gipsy Major 130 ch	3 100	1,926
1935 - 25 juillet/ 16 août	New York (USA) - Oslo (N)	Solberg-Oscanyan (N)	Loening *Leiv Eriksson*	Wright Cyclone 750 ch	5 200	3,231
1935 - 21/22 septembre	New York (USA) - Covno (RY)	Waitkins (RY)	Lockheed Vega *Lithuanica II*	P.&W. Hornet 750 ch	5 000	3,107
1935 - 12 novembre	Londres (GB) - Rio de Janeiro (BR)	Batten-Young (NZ)	Percival Gull	De Havilland Gipsy Major 200 ch	3 200	1,988
1935 - 14 décembre	Paris (F) - Martinique	Bonnot-De Jozan-Casselari (F)	Latécoère 521 *Lieutenant de Vaisseau Paris*	Hispano-Suiza 650 ch	3 100	1,926
1936 - 10/11 février	Cuba-Espagne	Mendendez (C)	Lockheed Vega	P.&W. Wasp J 600 ch	3 100	1,926
1936 - 2/3 septembre (retour 14 septembre)	New York (USA) - Londres (GB)	Merrill-Rickman	Vultee V.1A *Lady of Peace*	Wright Cyclone 735 ch	5 300	3,293
1936 - 4/5 septembre	Londres (GB) - New York (USA)	Beryl Markham (GB)	Percival Vega Gull *Messenger*	De Havilland Gipsy Six 200 ch	4 500	2,796
1936 - 28/29 octobre	New York (USA) - Londres (GB)	Mollison (GB)	Bellanca *Miss Dorothy*	Wright Cyclone 750 ch	3 780	2,349
1936 - 31 décembre	Paris (F) - Buenos Aires (RA)	Marisa Bastié (F)	Caudron-Renault C-635	Renault 6 Pri Bengali 180 ch	3 100	1,926
1937 - 9/10 mai (retour 13/14 mai)	New York (USA) - Londres (GB)	Merrill-Lambie (USA)	Lockheed Electra	P.&W. Hornet 750 ch	5 600	3,480
1937 - 25/23 octobre (retour le 29 octobre)	Biscarrosse (F) - Maceio (BR)	Guillaumet-Leclaire (F)	Latécoère 521 *Lieutenant de Vaisseau Paris*	Hispano-Suiza 650 ch	5 771	3,586
1937 - 27/23 décembre	Trieste (I) - Buenos Aires (RA)	Stoppani-Comani Jaria-Pogliani (I)	Cant Z.506 B	Alfa Romeo 750 ch	7 013	4,358
1938 - 24/25 janvier	Rome (I) - Rio de Janeiro (BR)	Biseo-Paradisi (I)	Savoia Marchetti S.M.83	Alfa Romeo 750 ch	5 350	3,325
1938 - 20/26 mars	Italie - Argentine	Klinger-Tonini (I)	Cant Z.506	Alfa Romeo 750 ch	4 000	2,486
1938 - 27/29 mars	Plymouth (GB) - Brésil	Von Engel (D)	Dornier Do 18	Junkers Jumo 205 600 ch	8 500	5,282
1938 - 29 mai	Los Angeles (USA) - Varsovie (PL)	Mokowsky (PL)	Lockheed 14	P.&W. Wasp J	3 100	1,926
1938 - 17/18 juillet	New York (USA) - Londres (GB)	Corrigan (USA)	Curtiss Robin *Sunshine*	Curtiss 300 ch	5 300	3,293
1938 - 20/21 juillet	Foynes (IRL) - Boucherville (CDN)	Bennet-Coster (GB)	Short Composite *Mercury*	Napier Rapier 370 ch	4 600	2,858
1938 - 10/11 août (retour 13/14 août)	Berlin (D) - New York (USA)	Henke-Von Moreau-Koder-Dierberg (D)	Focke Wulf Fw 200 Condor *Brandenburg*	BMW 720 ch	6 500	4,070
1939 - 4/-12 février	Rome (I) - Buenos Aires (RA)	Biseo-Tonini (I)	Savoia Marchetti S.M.83	Alfa Romeo 750 ch	3 100	1,926
1939 - 28/29 avril	Moscou (URSS) - New York (USA)	Kokkinaki-Gordienko (URSS)	Iliouchine *Moskva*	M85 1700	6 516	4,049
1939 - 29/30 juin	Sénégal - Antilles	Archbold (USA)	Consolidated PBY *Guba*	Wright Cyclone 800 ch	4 148	2,577

Chronologie des vols transpacifiques et des tours du monde de 1924 à 1939

Chronologie des vols transpacifiques de 1925 à 1938

Date	Itinéraire	Equipage	Avion	Moteur	km	miles
1925 - 31 août/1er septembre	San Francisco (USA) - Honolulu	Rodgers-Connell-Bowlin-Pope-Stanz (USA)	Curtiss	Packard 400 ch	2 963	1,841
1927 - 28/29 juin	Oakland (USA) - Honolulu (USA)	Maitland-Hegemberger (USA)	Fokker F.VII *Bird of Paradise*	Wright Whirlwind 220 ch	3 875	2,408
1927 - 14/15 juillet	Oakland (USA) - Ile Molokaï (USA)	Smith-Bronte (USA)	Travel Air *City of Oakland*	Wright Whirlwind 220 ch	3 800	2,361
1927 - 17/18 août	Oakland (USA) - Honolulu (USA)	Goebel-Davis (USA)	Stinson Detroiter *Woolaroh*	Wright Whirlwind 220 ch	3 875	2,408
1928 - 31 mai/9 juin	Oakland (USA) - Brisbane (AUS)	Smith-Ulm (AUS), Lyon-Warner (USA)	Fokker F.VIIb-3m *Southern Cross*	Wright Whirlwind 220 ch	11 823	7,348
1929 - 22/25 août	Tokyo (J) - Los Angeles (USA)	Eckener-Lehmann (D)	*Graf Zeppelin*	Maybach	8 670	5,388
1929 - 12/29 septembre	Moscou (URSS) - New York (USA)	Shestakov-Boltov-Sterlingov-Fufaev (URSS)	Tupolev	Maybach	3 200	1,988
1931 - 14/23 août	New York (USA) - Chang-hai	Charles & Anne Lindbergh (USA)	Lockheed *Sirius*	BMW 600	4 300	2,672
1931 - 3/5 octobre	Tokyo (J) - San Francisco (USA)	Herndon-Pangborn (USA)	Bellanca Peacemaker *Miss Veedol*	P.&W. Wasp 425 ch	8 000	4,972
1934 - 11/12 janvier (retour 8/9 mars)	San Francisco (USA) - Honolulu (USA)	Hellers (USA)	Consolidated	P.&W. Wasp 425 ch	3 860	2,399
1934 - 21 octobre/4 novembre	Brisbane (AUS) - Oakland (USA)	Smith-Taylor (AUS)	Lockheed Altair *Miss Southern Cross*	Wright Cyclone 750 ch	11 634	7,230
1935 - 12 janvier	Honolulu (USA) - Oakland (USA)	Earhart (USA)	Lockheed Vega	P.&W. Wasp J 600 ch	3 870	2,405
1936 - 15/30 août	Californie (USA) - URSS	Levanewski-Levtchenko (URSS)	Vultee	Wright Cyclone 800 ch	4 200	2,610
1937 - 27/28 janvier	San Diego (USA) - Honolulu (USA)	MacDade (USA)	Consolidated XPBY	Wright Cyclone 800 ch	3 860	2,399
1937 - 13/17 avril	San Diego (USA) - Manille (PI)	Pope (USA)	Consolidated XPBY	Wright Cyclone 800 ch	13 000	8,079
1938 - 2/25 juin	San Diego (USA) - Darwin Lea (NG)	Archbold-Rogers-Yancey-Booth-Brown-Barrinka (USA)	Consolidated PBY *Guba*	Wright Cyclone 750 ch	12 000	7,458

Chronologie des tours du monde de 1924 à 1939

Date	Localité	Equipage	Avion	Moteur
1924 - 6 avril/28 septembre	Seattle (USA)	Smith-Arnold (USA)	Douglas DWC World Cruiser *Chicago*	Liberty 420 ch
1924 - 6 avril/28 septembre	Seattle (USA)	Nelson-Arding (USA)	Douglas DWC World Cruiser *New Orleans*	Liberty 420 ch
1927 - 27/28 août	Detroit (USA)	Brock-Schlee (USA)	Stinson Detroiter *Pride of Detroit*	Wright Whirlwind 220 ch
1928 - 31 mai/4 juillet 1930	San Francisco-Brisbane-San Francisco	Smith-Ulm (AUS), Lyon-Warner (USA)	Fokker F.VIIb-3m *Southern Cross*	Wright Whirlwind 300 ch
1929 - 1/4 septembre	New York (USA)	Eckener (D)	*Graf Zeppelin*	Maybach
1931 - 23 juin/1er juillet	New York (USA)	Post (USA)-Gatty (AUS)	Lockheed Vega *Winnie Mae*	P.&W. Wasp 420 ch
1931 - 28/29 juillet	New York (USA)	Herndon-Pangborn (USA)	Bellanca Peacemaker *Miss Veedol*	P.&W. Wasp 425 ch
1931 - 5/6 juillet	New York (USA)	Griffin-Mattern (USA)	Lockheed Vega *Century of Progress*	P.&W. Wasp 425 ch
1932 - 22/25 juillet	Ile Sylt (D)	Von Gronau-von Roth-Albrecht-Hack (D)	Dornier Do J Wal *Groenenlandwal*	BMW 600 ch
1932 - 24/30 août	Chicago (USA)	Von Gronau-von Roth-Albrecht-Hack (D)	Dornier Do J Wal *Groenenlandwal*	BMW 600 ch
1933 - 3/4 juin	New York (USA)	Mattern (USA)	Lockheed Vega *Century of Progress*	P.&W. Wasp 425 ch
1933 - 15/21 juillet	New York (USA)	Post (USA)	Lockheed Vega *Winnie Mae*	P.&W. Wasp J 750 ch
1937 - 18/20 mars	Oakland (USA)	Earhart-Manz-Nooman-Manning (USA)	Lockheed Electra	P.&W. Wasp J 600 ch
1937 - 1er juin	Miami (USA)	Earhart-Nooman (USA)	Lockheed Electra	P.&W. Wasp J 600 ch
1938 - 10/14 juillet	New York (USA)	Hughes-Thurlow-Connor-Stoddart-Lund (USA)	Lockheed Electra	P.&W. Hornet 750 ch
1939 - 26 août/20 octobre	Tokyo (J)	Nakao-Yoshida-Shimokawa-Saeki-Sato-Yaokawa (J)	Mitsubishi G3M2 *Nippon*	Mitsubishi Kinsei 41 1075 ch

Supplément photographique

Vickers Vimy Transatlantic - 1919, GB (39)

Handley Page W8 - 1922, GB (43)

de Havilland D.H.66 Hercules - 1926, GB (46)

Breguet 14T - 1919, F (38)

Levy-Lepen R - 1917, F (38)

133

Supplément photographique

Junkers F.13 - 1919, D (41)

Albatros L.73 - 1926, D (45)

Dornier Do. Wal - 1923, D (42)

Caproni Ca.60 Transaereo - 1921, I (40)

Supplément photographique

Savoia Marchetti S.16 ter - 1923, I (44)

Cant 6 ter - 1926, I (45)

Cant 10 ter - 1926, I (45)

SIAI Marchetti S.M.55A Santa Maria, - 1927, I (45)

Fokker F.VIIa/3m - 1926, NL (45)

Fokker F.III - 1921, NL (42)

Lockheed Vega - 1927, USA (48)

135

4

À côté des grandes tentatives qui visaient à réaliser avec l'avion des durées et des distances de plus en plus longues, la vitesse fut l'une des préoccupations majeures de l'aviation entre les deux guerres. La parenthèse du premier conflit mondial, caractérisée par la recherche frénétique, de la part de l'industrie aéronautique, d'appareils capables de combattre toujours mieux – et par conséquent alourdis par leur équipement militaire et leur armement, conditionnés par les nécessités de la production de masse et les caractéristiques opérationnelles – avait fait négliger la vitesse pure au profit de facteurs répondant mieux aux besoins du moment. La preuve en est que, malgré les énormes progrès techniques suscités par l'effort de guerre, ce n'est qu'en 1917-1918 qu'avaient fait leur apparition sur le théâtre des opérations des chasseurs capables de voler plus vite que le monoplan Deperdussin sur lequel Maurice Prévost (le 29 septembre 1913, à Reims) avait battu le record du monde en atteignant 203,85 km/h. Mais une fois la paix revenue, la recherche de la vitesse connut un regain de faveur, grâce au support des nouvelles technologies, des nouveaux matériaux, des nouveaux moteurs construits au cours de la guerre. L'enthousiasme des amateurs fut la principale cause de ce phénomène, mais l'intérêt des gouvernements et des militaires (conscients du fait que des avions de plus en plus rapides pourraient donner naissance à de meilleures machines de guerre) eut parfois un pouvoir d'incitation décisif, de même que la générosité de certains mécènes, généralement des industriels et des directeurs de journaux, qui, avec des prix importants, offraient des stimulants alléchants aux pilotes et aux ingénieurs.

Ce que les historiens appellent aujourd'hui le « boom » de l'avion de compétition se développa avec une égale intensité – même si l'évolution fut différente – aussi bien dans le Nouveau Monde que dans l'Ancien et atteignit son apogée dans la seconde moitié des années 20, pour décliner lentement au cours de la décennie suivante. Manifestations et meetings d'aviation comprenant des épreuves de vitesse furent organisés un peu partout, en Europe comme aux États-Unis, mais, dès le début, certaines de ces compétitions jouèrent un rôle particulièrement important, devenant de véritables points de référence où se concentraient les intérêts et les énergies de milliers d'amateurs passionnés.

Dans certains cas, il s'agissait de reprises de manifestations qui s'étaient déjà affirmées sur le plan international (comme la Coupe Gordon Bennett, un ancien concours qui avait illuminé l'époque des pionniers et contribué à donner naissance aux premiers mythes du monde de l'aviation). Dans d'autres cas (ainsi celui du Trophée Pulitzer, institué dans l'Amérique de 1920, c'étaient des compétitions qui, malgré leur origine récente, comportaient une forte charge émotionnelle qui ne pouvait pas ne pas enthousiasmer participants et spectateurs. Aujourd'hui encore les résultats portent témoignage de cette intense ferveur : la première Coupe

LA RECHERCHE DE LA VITESSE VINGT ANNÉES DE COMPÉTITIONS

Gordon Bennett fut remportée en 1909 par Glenn Curtis à Reims, avec une moyenne de 75,49 km/h, tandis que la dernière revint au Français Sadi Lecointe en 1920, avec une moyenne de 271,54 km/h ; le Pulitzer de 1920 vit Corliss C. Moseley voler à une moyenne de 251,87 km/h ; le dernier, disputé en 1925, enregistra la victoire de Cyrus Bettis à une vitesse de 400,68 km/h. Mais il y eut une autre manifestation plus prestigieuse qui finit par entraîner officiellement les gouvernements de quatre pays dans une lutte passionnante qui se poursuivit jusqu'au début des années 30 : la Coupe Schneider. Lorsque le 5 décembre 1912, l'industriel et mécène français Jacques Schneider annonça la naissance de la Coupe d'aviation maritime et offrit le massif trophée qui devait être attribué au pays qui aurait remporté l'épreuve trois fois en l'espace de cinq ans, l'objectif qu'il se fixait était fort simple : promouvoir le développement des hydravions et leur utilisation commerciale. Mais bientôt cet objectif fut complètement oublié, et la Coupe Schneider finit par devenir synonyme de vitesse. Bien plus, à l'encontre du sain esprit d'entreprise de Jacques Schneider, ce qui aurait dû constituer un encouragement à de rentables investissements de type commercial se transforma en une série de dépenses toujours plus élevées qui entraîna les gouvernements intéressés bien au-delà des limites prévues au budget, au point d'amener les États-Unis à abandonner la compétition après le concours de 1926.

Mais ces dépenses ne furent pas du tout inutiles. À cause de ses strictes caractéristiques, qui limitaient le champ d'action aux seuls hydravions, la Coupe Schneider imposa un extraordinaire effort de recherche aux ingénieurs (effort jamais égalé dans l'histoire de l'aviation, sinon par l'activité déployée sous la pression des conflits mondiaux ou par l'actuelle recherche spatiale), ce qui favorisa les progrès de la technique aéronautique. Aérodynamique, structures, matériaux, moteurs : l'expérience qu'acquirent en particulier les Anglais et les Italiens à l'occasion des dix concours de la Coupe Schneider qui eurent lieu dans l'après-guerre, fut irremplaçable. Si l'industrie italienne parvint à réaliser le prestigieux Macchi Castoldi M.C.72, détenteur du record mondial de vitesse pour hydravions, l'industrie anglaise alla encore plus loin en tirant des hydravions Supermarine, vainqueurs des trois dernières épreuves, la famille des immortels chasseurs Spitfire, qui devait avoir tant de poids sur le déroulement de la Seconde Guerre mondiale.

La vitesse reste le paramètre le plus complet pour juger des progrès que la Coupe permit de réaliser dans le domaine de l'aviation. Après des débuts discrets, en 1913, à Munich, avec les 73,56 km/h du Deperdussin de Maurice Prévost (la seule victoire française, du reste), la Schneider de l'année suivante vit cette performance presque doublée : 139,73 km/h de moyenne avec le Sopwith Tabloid de l'Anglais Howard Pixton. Les premiers concours de l'après-guerre, avec l'affrontement direct entre Italiens et Anglais, firent

137

évoluer la vitesse de 170,54 km/h du Savoia S.12 bis de Luigi Bologna (1920) aux 234,51 km/h du Supermarine Sea Lion de Henry C. Biard (1922). L'entrée en scène des États-Unis, et les deux victoires, américaines de 1923 et de 1925 avec le Navy Curtiss CR-3 et le Curtiss R3C-2, permirent de franchir le « mur » des 300 km/h et d'approcher celui des 400, avec les 285,30 km/h de moyenne de Rittenhouse et les 374,20 km/h de James H. Doolittle. Les 400 km/h furent franchis par le Supermarine S.5/25 de Sidney N. Webster en 1927 (453,17 km/h de moyenne), tandis qu'en 1929 le S.6 de H.R.D. Waghorn dépassait les 500 km/h avec 528,76 km/h de moyenne. La vitesse du dernier vainqueur ne fut guère supérieure : le Supermarine S.6B de John H. Boothman, en 1931, atteignit les 547,30 km/h.

À bien des égards, la Coupe Schneider marqua en même temps l'apogée et la fin des grandes compétitions aéronautiques en Europe, car aucune manifestation comparable ne fut organisée sur l'Ancien Continent après 1931. Il n'en fut pas de même aux États-Unis, où le retrait officiel des militaires (et, par conséquent, du gouvernement) des épreuves de vitesse provoqua une vague de vives critiques et de réactions véhémentes, sans pour autant faire obstacle à nombre d'activités et d'initiatives. Si jusqu'en 1925 le Trophée Pulitzer – la plus prestigieuse compétition aéronautique qui se disputait aux États-Unis – s'était nourri de la rivalité acharnée entre l'armée et la marine, au début des années 30 naquirent deux autres concours tout aussi prestigieux, qui en perpétuèrent l'intérêt et les moments de gloire pratiquement jusqu'à la veille de la Seconde Guerre mondiale : le Trophée Thompson et le Trophée Bendix. Mais la réalité américaine était très différente de ce qu'elle était en Europe. Dans l'Ancien Monde, le sport aéronautique était en fait un sport réservé au petit nombre ; ses supporters et ses spectateurs n'étaient en rien comparables aux foules excitées qui suivaient de près les manifestations organisées outre-Atlantique. Aux États-Unis, dès 1920, l'avion vivait ses heures de gloire au rythme de meetings grandioses (le National Air Races) qui, tous les ans, pendant une semaine entière, rassemblaient autour d'un terrain donné des centaines de milliers de personnes venues de tous les coins de l'immense territoire pour assister à un spectacle ressemblant beaucoup à un rodéo d'aviation, qui comprenait des vols en formation, des sauts en parachute, des numéros d'acrobatie et, pour finir, des épreuves de vitesse. C'était précisément dans ces occasions que naissaient les héros et les mythes, hommes et appareils totalement inconnus la veille et transformés d'un moment à l'autre en véritables célébrités acclamées par tout un pays. Il n'en fallait pas davantage pour faire fructifier l'immense passion pour l'avion qui déferlait sur les États-Unis de l'immédiat après-guerre, et tout cela finissait par alimenter un marché tout à fait particulier et pratiquement illimité. Un marché constitué d'initiatives individuelles, d'une myriade de petits constructeurs dont les produits se révélaient souvent supérieurs à ceux des grandes industries, accablées par les dépenses de la recherche et conditionnées par l'énorme quantité des fournitures militaires, lesquelles avaient tendance à faire sacrifier justement les aspects qualitatifs qui permettaient le succès dans les épreuves sportives. Bien des fruits de ce véritable artisanat de l'avion — les Gee Bee, les Wedell-Williams, les Laird – symbolisèrent pleinement l'âge d'or de l'esprit de compétition propre à l'aviation américaine et furent des produits réellement uniques et inconcevables en dehors du climat dans lequel ils avaient été réalisés.

D'autre part, cette ferveur et cette activité laissèrent une empreinte profonde dans l'évolution de l'aviation. On peut affirmer que les vingt années d'émulation qui s'étendent entre les deux guerres favorisèrent, en Amérique comme en Europe, plus que toute autre expérience la naissance de l'avion moderne. Les compétitions, les traversées, les assauts livrés aux records, au-delà des aspects les plus immédiats, qui consistaient dans la célébrité du pilote ou du constructeur, ou bien dans le prestige de la nation, impliquaient toujours la solution de problèmes techniques ou technologiques qui contribuait lentement mais sûrement au perfectionnement des appareils et des moteurs.

Ce dernier domaine fut celui où les progrès furent incontestablement les plus évidents. La Première Guerre mondiale avait marqué le déclin définitif de ce qui avait été le premier moteur aéronautique de série, le rotatif. L'unité motrice qui avait pris la place de la réalisation originale des frères Seguin était de type plus conventionnel : le moteur « fixe », transféré dans le domaine de l'aviation après avoir atteint une première phase de maturité dans celui de l'automobile. Deux formules s'étaient imposées, qui reflétaient autant de tendances caractéristiques de l'évolution technique : celle des cylindres en ligne, solution typique de la production allemande, et celle des cylindres en V, adoptée par les Anglais et les Français ; dans les deux cas, le refroidissement était hydraulique. Les noms les plus connus étaient Mercedes, Rolls-Royce et Hispano-Suiza, synonymes de moteurs de qualité, en perpétuelle évolution.

L'entrée en force des États-Unis dans le monde aéronautique, aussitôt après la fin du conflit, donna à cette évolution une impulsion tout à fait particulière, qui finit par caractériser de façon décisive l'essor même de l'aviation. L'industrie américaine, au cours des années de guerre, était restée relativement en retard sur celle de l'Europe et la seule tentative pour rattraper ce retard dans le domaine des propulseurs avait été effectuée en 1917 avec la réalisation du « V-12 » Liberty, un moteur de la classe des 400 ch qui devait permettre aux États-Unis d'entrer en guerre avec des appareils égaux, sinon supérieurs, aux avions construits en Europe à la même époque. Le Liberty fut produit en grande série (17 935 exemplaires avaient été construits à la fin de 1918), mais il ne put servir à remplir la mission pour laquelle il avait été conçu, étant donné que la guerre s'acheva avant que n'aient pu être construits de bons avions de combat destinés à l'utiliser. Toutefois, même s'il s'agissait d'une unité motrice encore peu perfectionnée par rapport aux équivalents français et anglais, le Liberty marqua une première étape. La suivante fut accomplie par un grand pionnier de l'aviation américaine, Glenn Curtiss. Reprenant la formule du « V-12 » à refroidissement hydraulique, Curtiss entreprit en 1917 la réalisation d'une famille de moteurs qui devait finalement s'imposer sur le plan international et caractériser l'âge d'or des compétitions internationales, pendant une bonne partie des années 20. Partant du modèle initial K-12 et passant par le type C-12 de 1920, les ingénieurs de Glenn Curtiss arrivèrent au modèle de base final, le D-12, auquel ils incorporèrent toutes les solutions techniques – dont certaines étaient réellement révolutionnaires, en particulier pour la structure des cylindres et des chemises de refroidissement – inspirées par l'expérience acquise lors des principales compétitions de l'époque. Le Curtiss D-12 fut le moteur qui remporta les Pulitzer de 1922, 1923 et 1924 et la Schneider de 1923, triomphant, en cette dernière occasion, et pour la première fois, de la supériorité européenne. De cette unité motrice dériva une série de moteurs qui caractérisa le développement de l'aviation militaire américaine au cours de cette décennie.

Il y eut un autre pas encore plus décisif : l'apparition retentissante d'un nouveau type de moteur : le radial. Wright et Pratt & Whitney, à partir de la moitié des années 20, furent les noms qui symbolisèrent ce tournant caractéristique. Les premiers modèles, respectivement le *Whirlwind* et le *Cyclone*, commencèrent leur longue carrière avec la bénédiction de la marine américaine, qui en 1926 décida l'emploi de moteurs radiaux pour tous ses futurs avions, et avec des victoires sportives dans les plus importantes compétitions américaines.

Si les États-Unis se décidèrent définitivement en faveur du moteur radial (choix qui les obligea par la suite à recourir à l'industrie britannique pour avoir un « V-12 » à refroidissement hydraulique destiné à équiper un avion de chasse capable de se mesurer à leurs adversaires de la Seconde Guerre mondiale), l'industrie européenne n'abandonna pas le développement des propulseurs en ligne à refroidissement hydraulique. En l'occurrence, les compétitions sportives furent le stimulant le plus puissant. Ce fut la Coupe Schneider qui suscita le plus d'ardeur. Les réalisations les plus perfectionnées et les plus prestigieuses provinrent des deux pays qui, après l'abandon des États-Unis, étaient restés en lice pour la victoire finale : la Grande-Bretagne et l'Italie.

Les Anglais réalisèrent, spécialement pour la Schneider, le Rolls-Royce R ; les Italiens le Fiat A.S.6 qui, tout en manquant l'objectif pour lequel il avait été construit, permit à l'hydravion de Francesco Agello de battre le record mondial de vitesse pour sa catégorie. Ces deux unités motrices représentèrent le maximun du potentiel disponible pour un tel type de moteur : le Rolls-Royce R (12 cylindres en V) était en mesure de développer 2 350 ch de puissance maximale à 3 200 tr/mn ; le Fiat A.S.6 (24 cylindres en V) déchargeait sur ses deux hélices contrarotatives plus de 3 000 ch à 3 300 tr/mn. Le Fiat n'eut aucune suite, se limitant aux quelques compétitions du milieu des années 30, contrairement au Rolls-Royce, d'où dériva directement, au cours des années suivantes, la famille des moteurs Merlin.

À côté de l'évolution des moteurs, on assista parallèlement à celle d'autres composantes mécaniques. Les hélices, par exemple, grâce tout d'abord à la réalisation d'hélices en métal, ensuite d'hélices à pas variable. Les premières en particulier, mises au point de façon efficace par l'Américain Sylvanus Albert Reed en 1923, apportèrent une importante contribution aux victoires des *racers* de la marine dans le Pulitzer et dans la Schneider de 1923 et se répandirent dans le monde entier. Dans le domaine des radiateurs – élément essentiel pour les moteurs à refroidissement hydraulique utilisés dans les compétitions – les progrès permirent de réaliser des panneaux radiants installés sur le profil alaire qui caractérisèrent les *racers* les plus prestigieux. Par ailleurs, ce fut lors d'une compétition (la Gordon Bennett de 1920) qu'apparut le premier et efficace train d'atterrissage totalement escamotable : celui du Dayton-Wright RB, le monoplan malchanceux réalisé aux États-Unis en vue du concours.

Dans le domaine des structures, les progrès furent particulièrement importants. L'un des principaux bienfaits que l'on reconnaît universellement aux compétitions fut d'avoir réhabilité la formule du monoplan, tombée dans un discrédit presque total après les expériences de la Première Guerre mondiale. Le processus se révéla assez lent et s'étendit sur plus de dix ans.

Si, en 1914, les monoplans (surtout grâce aux excellentes performances de l'avion français Deperdussin) avaient réussi à s'imposer dans le domaine de la vitesse pure, on dut attendre jusqu'en 1924 (avec la victoire du Verville-Sperry R-3 au Pulitzer et avec le record mondial de vitesse de l'appareil français Bernard V.2 : 448,17 km/h) pour qu'ils retrouvent pleinement leur ancien prestige. Le problème fondamental qu'il fallut résoudre était celui de la structure.

L'avantage des biplans résidait surtout dans la possibilité de réaliser une structure alaire de grande surface et d'une robustesse plus que suffisante grâce aux simples haubans qui reliaient les deux ailes. De plus, la charge alaire disponible avec cette formule était en mesure de compenser la puissance relativement faible des moteurs de l'époque. Les standards de construction atteints dans la production aéronautique au cours de la Première Guerre mondiale furent très élevés, mais c'est justement pour cette raison qu'ils finirent par ne faire prendre en considération que les avantages de la formule du biplan. Cela engendra dans la mentalité des militaires une véritable méfiance envers les appareils différents de ceux avec lesquels ils étaient habitués à mesurer l'équilibre des forces en présence. En Angleterre surtout, cette réaction fut particulièrement sensible : on en arriva à bannir officiellement tout monoplan de l'arsenal militaire. La seule exception fut représentée par l'Allemagne, où, grâce aux projets de Fokker et de Junkers, on produisit d'excellents avions de combat de type monoplan. Dans l'immédiat après-guerre, ce furent les premières compétitions aéronautiques qui relancèrent les tentatives et les expériences.

Le Dayton Wright RB est considéré par beaucoup comme le véritable précurseur, avec son aile révolutionnaire en saillie, pourvue d'un mécanisme ingénieux pour modifier son angle d'incidence. En France, l'évolution fut progressive et dut passer par les différents sesquiplans Nieuport-Delage avant d'arriver aux monoplans purs et simples d'Adolphe Bernard. À partir de 1925, les avantages aéronautiques de la formule ne purent plus rester ignorés, étant donné les efforts pour atteindre des vitesses de plus en plus élevées. Les hydravions Macchi et Supermarine apportèrent, dans ce domaine également, la démonstration la plus probante.

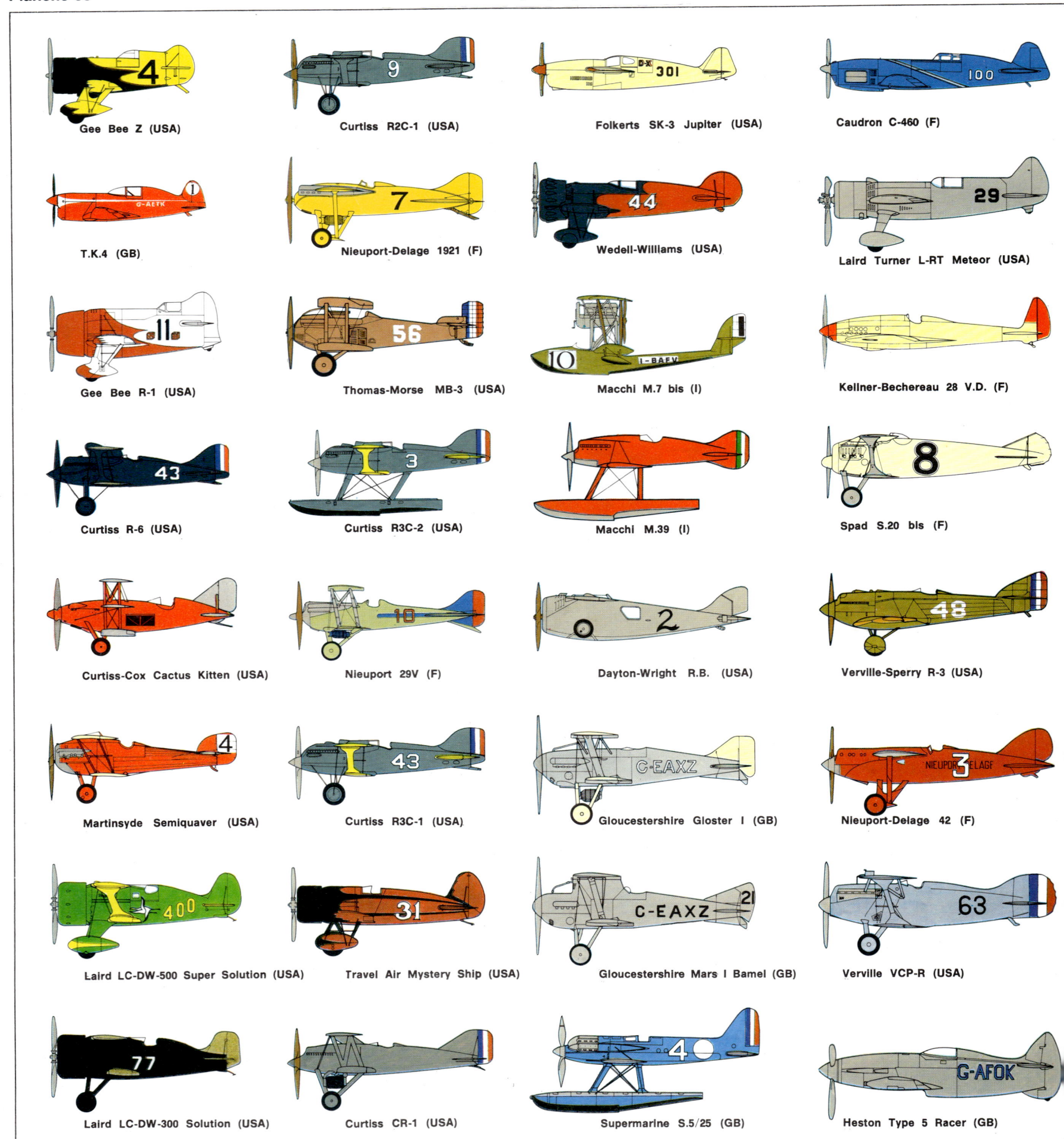

Planche 58   Panorama synoptique à l'échelle des avions de compétition de 1919 à 1940

Gee Bee Z (USA)	Curtiss R2C-1 (USA)	Folkerts SK-3 Jupiter (USA)	Caudron C-460 (F)
T.K.4 (GB)	Nieuport-Delage 1921 (F)	Wedell-Williams (USA)	Laird Turner L-RT Meteor (USA)
Gee Bee R-1 (USA)	Thomas-Morse MB-3 (USA)	Macchi M.7 bis (I)	Kellner-Bechereau 28 V.D. (F)
Curtiss R-6 (USA)	Curtiss R3C-2 (USA)	Macchi M.39 (I)	Spad S.20 bis (F)
Curtiss-Cox Cactus Kitten (USA)	Nieuport 29V (F)	Dayton-Wright R.B. (USA)	Verville-Sperry R-3 (USA)
Martinsyde Semiquaver (USA)	Curtiss R3C-1 (USA)	Gloucestershire Gloster I (GB)	Nieuport-Delage 42 (F)
Laird LC-DW-500 Super Solution (USA)	Travel Air Mystery Ship (USA)	Gloucestershire Mars I Bamel (GB)	Verville VCP-R (USA)
Laird LC-DW-300 Solution (USA)	Curtiss CR-1 (USA)	Supermarine S.5/25 (GB)	Heston Type 5 Racer (GB)

140

Percival P.3 Gull Six (GB)

Supermarine Sea Lion III (GB)

Curtiss CR-3 (USA)

Howard DGA-6 Mr. Mulligan (USA)

Seversky Sev-S2 (USA)

Fiat R700 (I)

Nardi F.N.305D (I)

Beech C-17 R (USA)

Messerschmitt Bf.108 (D)

Macchi-Castoldi MC.72 (I)

Airco D.H.4R (GB)

Hughes H-1 (USA)

Supermarine S.6 (GB)

Supermarine S.6B (GB)

de Havilland D.H.88 Comet (GB)

SIAI Marchetti S.M.64 (I)

Savoia S.12 bis (I)

Breguet XIX Super TR (F)

Tupolev ANT 25 (URSS)

Blériot 110 (F)

3m = 2,16 cm

Planche 59   Année par année, les avions de compétition les plus importants de 1919 à 1940

1919
Airco D.H.4R (GB)

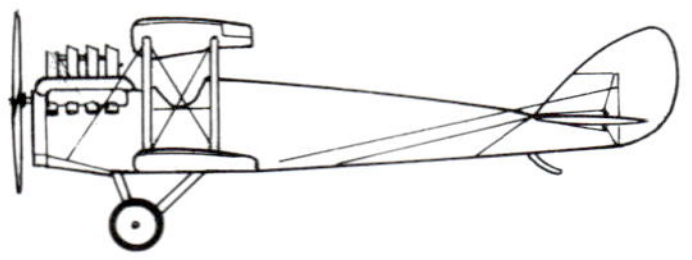

1920
Martinsyde Semiquaver (USA)

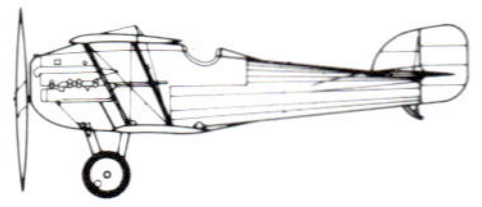

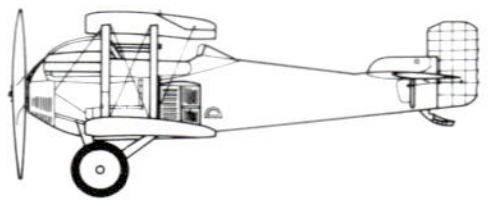

Thomas-Morse MB-3 (USA)

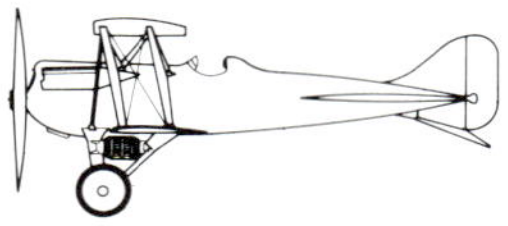

Nieuport 29V (F)

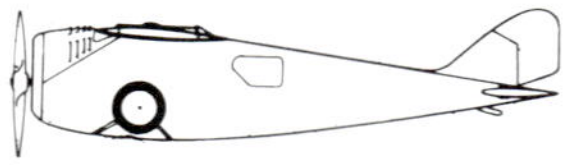

Dayton-Wright R.B. (USA)

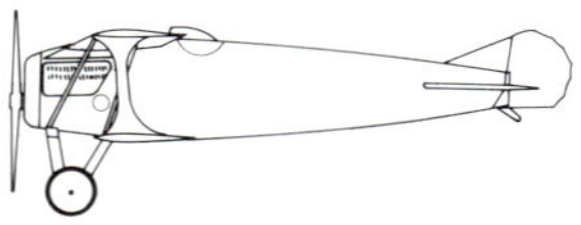

Spad S.20 bis (F)

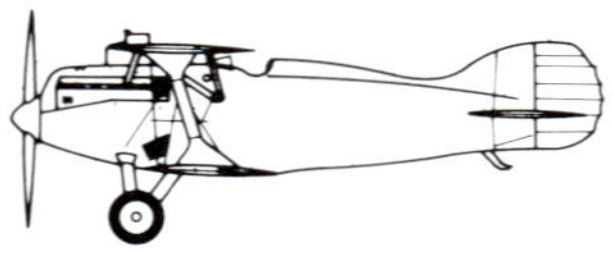

Verville VCP-R (USA)

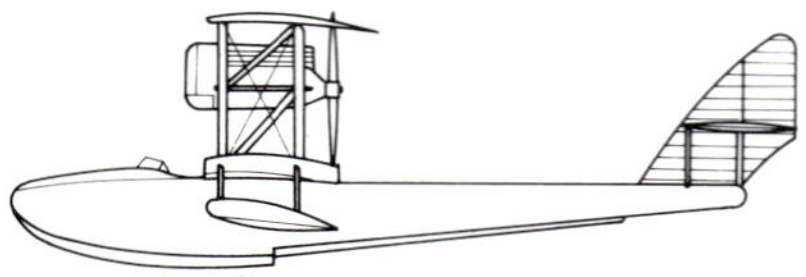

Savoia S.12 bis (I)

1921
Nieuport-Delage 1921 (F)

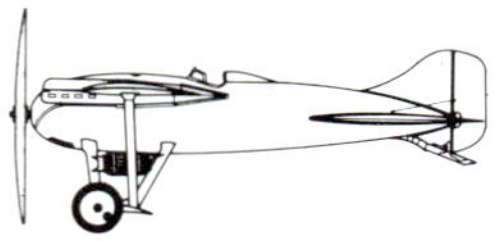

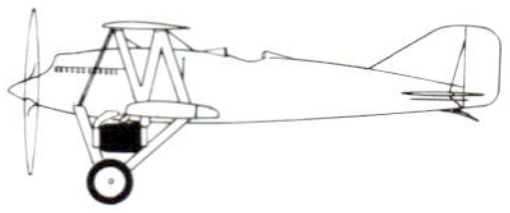

Curtiss CR-1 (USA)

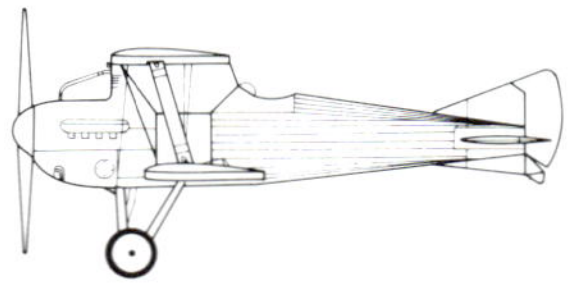

Gloucestershire Mars I Bamel (GB)

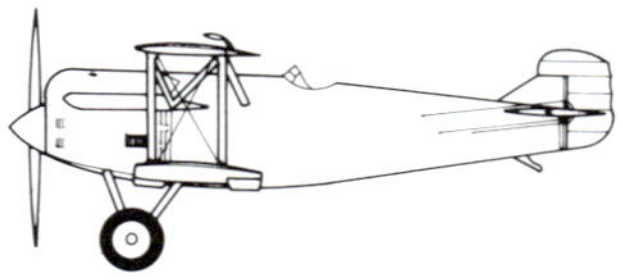

Fiat R.700 (I)

1922
Curtiss R-6 (USA)

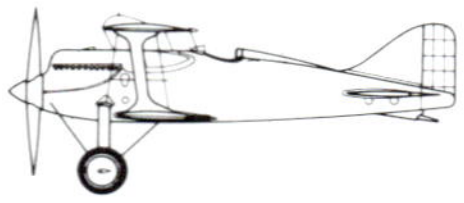

1923
Curtiss R2C-1 (USA)

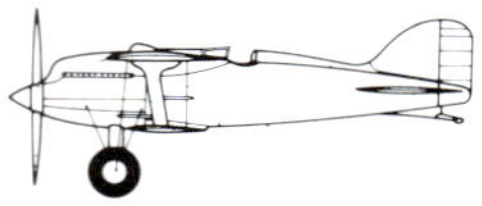

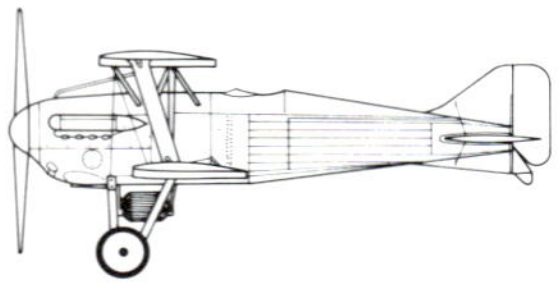

Gloucestershire Gloster I (GB)

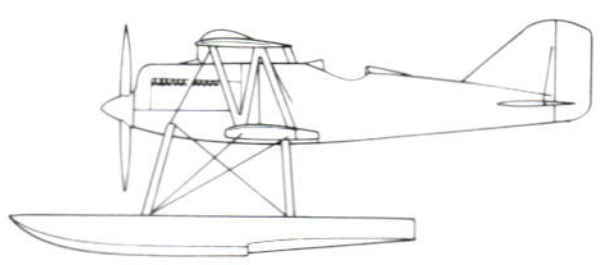

Curtiss CR-3 (USA)

1924
Nieuport-Delage 42 (F)

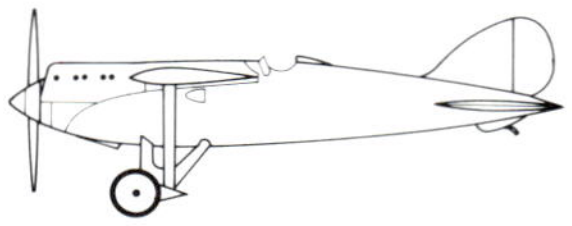

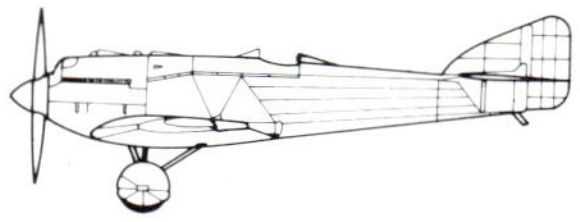

Verville-Sperry R-3 (USA)

1925
Curtiss R3C-1 (USA)

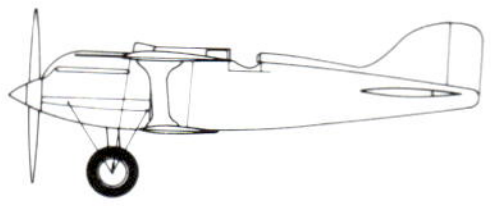

1926
Macchi M.39 (I)

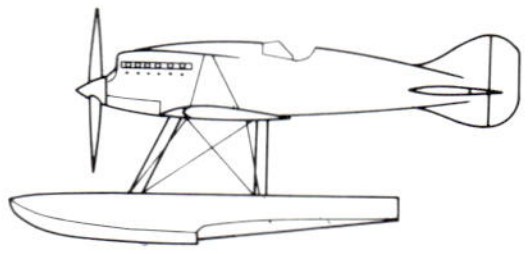

1928
SIAI Marchetti S.M.64 (I)

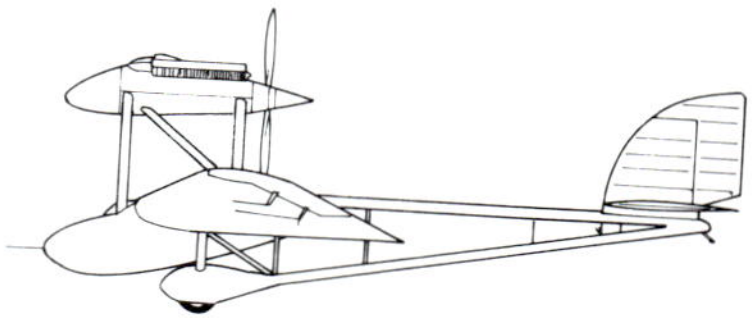

1929
Travel Air Mystery Ship (USA)

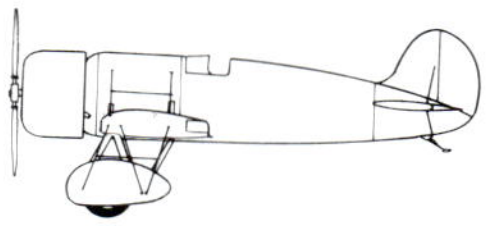

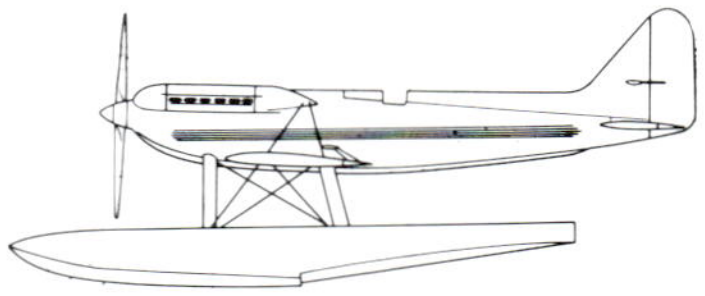

Supermarine S.6 (GB)

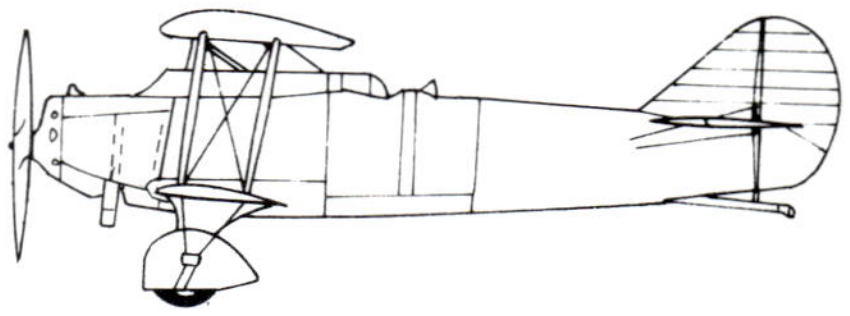

Breguet XIX Super TR (F)

1930

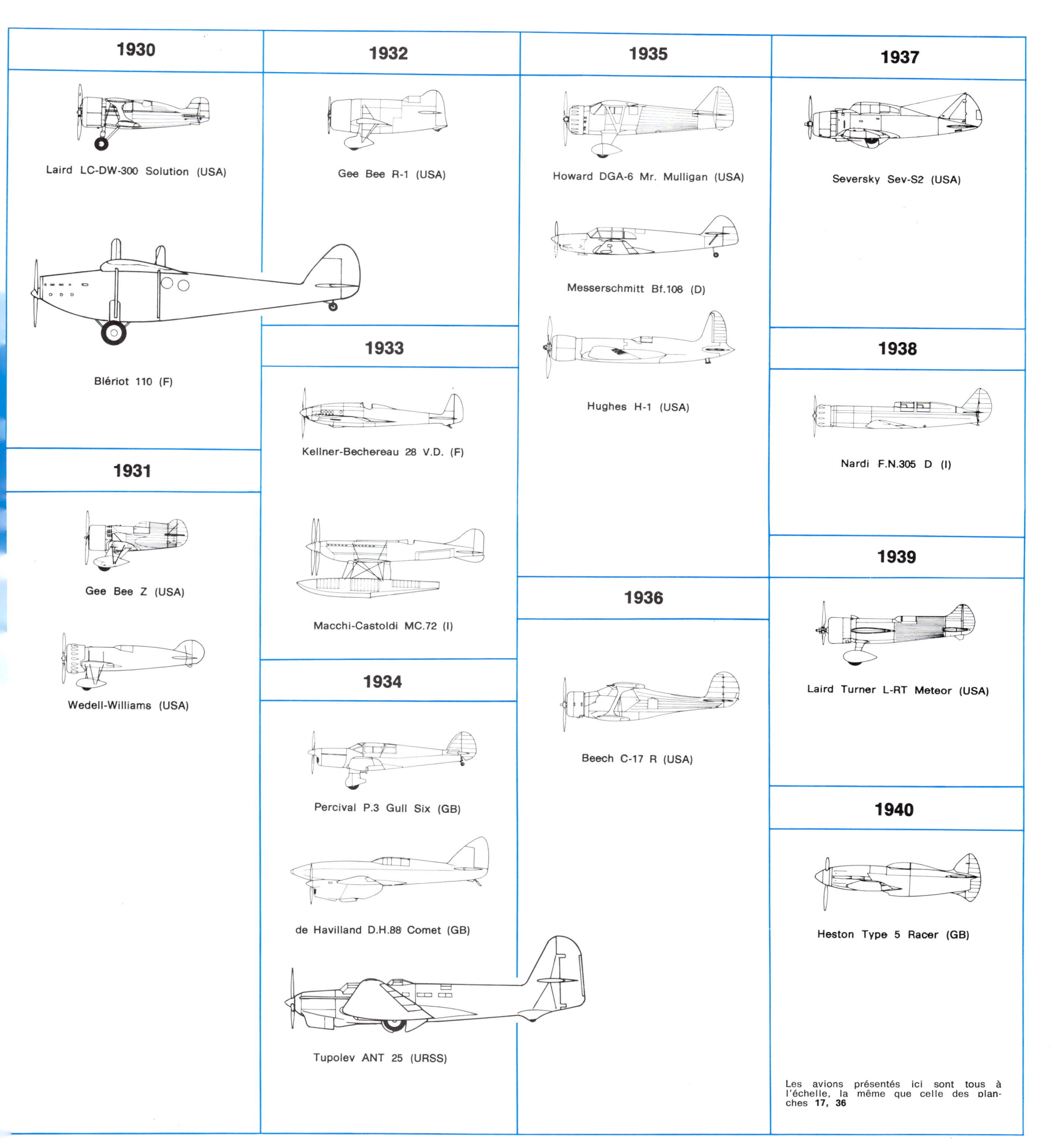

Laird LC-DW-300 Solution (USA)

Blériot 110 (F)

1931

Gee Bee Z (USA)

Wedell-Williams (USA)

1932

Gee Bee R-1 (USA)

1933

Kellner-Bechereau 28 V.D. (F)

Macchi-Castoldi MC.72 (I)

1934

Percival P.3 Gull Six (GB)

de Havilland D.H.88 Comet (GB)

Tupolev ANT 25 (URSS)

1935

Howard DGA-6 Mr. Mulligan (USA)

Messerschmitt Bf.108 (D)

Hughes H-1 (USA)

1936

Beech C-17 R (USA)

1937

Seversky Sev-S2 (USA)

1938

Nardi F.N.305 D (I)

1939

Laird Turner L-RT Meteor (USA)

1940

Heston Type 5 Racer (GB)

Les avions présentés ici sont tous à l'échelle, la même que celle des planches 17, 36

Planche 60

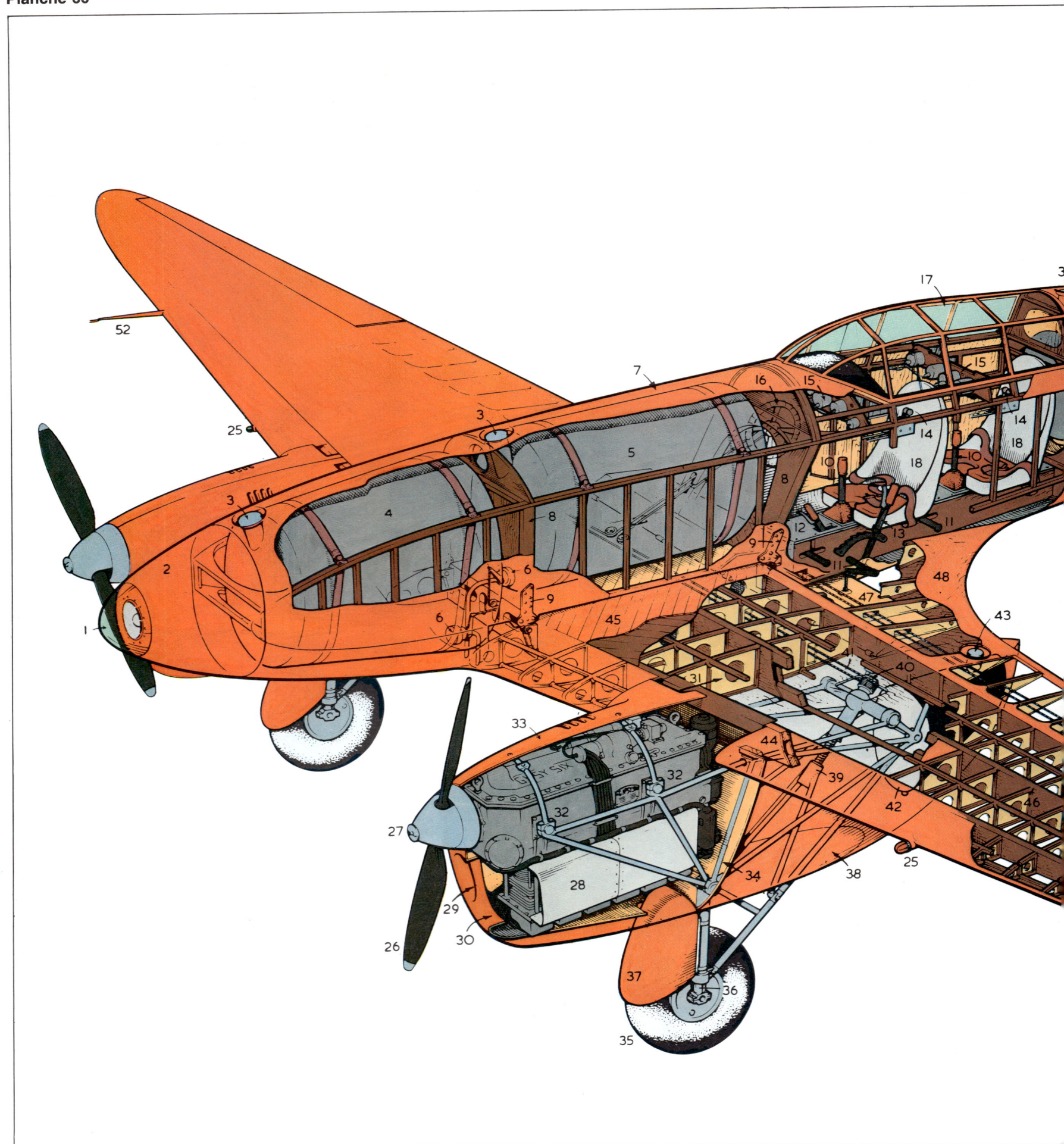

Éclaté du De Havilland D.H.88 Comet

144

De Havilland D.H. 88 Comet

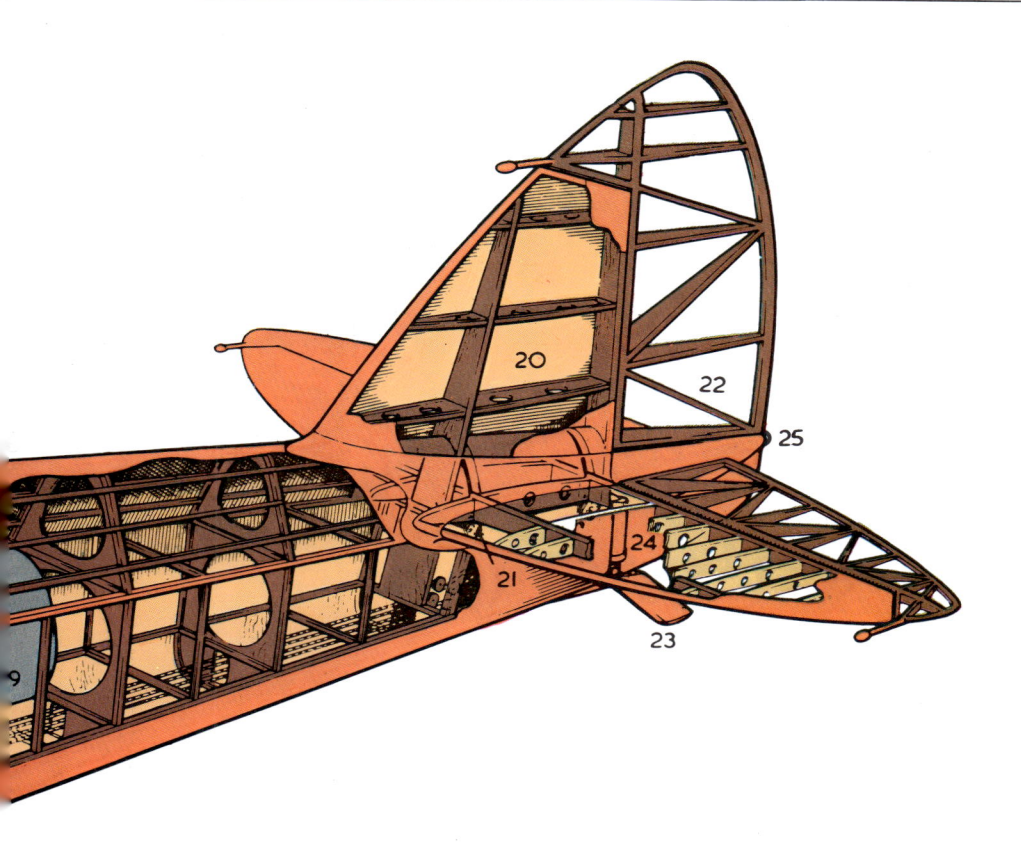

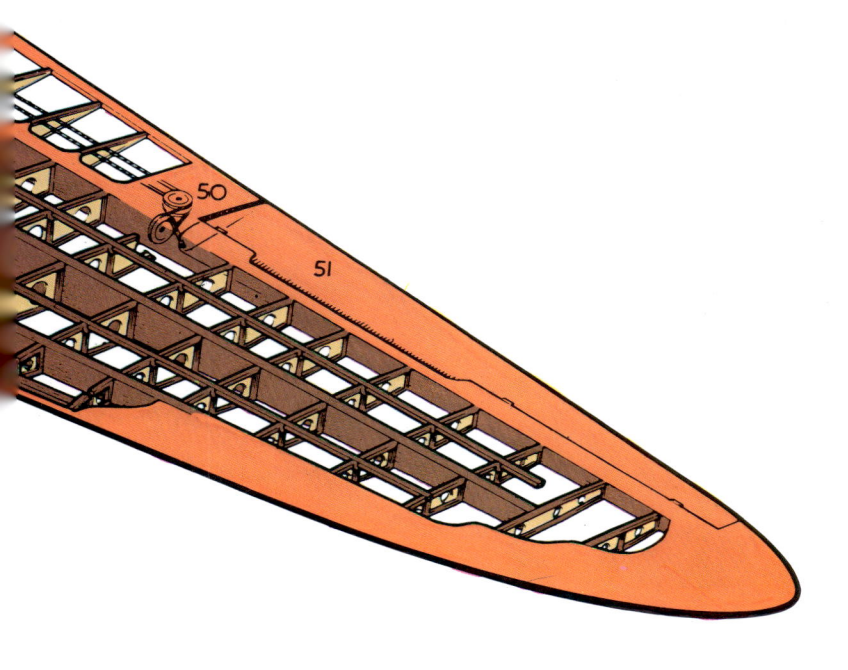

1 - phare d'atterrissage
2 - cône de nez
3 - orifice de remplissage du réservoir de carburant
4 - réservoir de carburant principal à l'avant (581 litres)
5 - réservoir central de carburant (500 litres)
6 - soupapes d'équilibrage du carburant
7 - couples de fuselage
8 - couples de cloison principaux
9 - fixation aile/fuselage
10 - manche à balai
11 - palonnier
12 - manette de frein
13 - commandes de volet
14 - manettes des gaz
15 - panneau des instruments
16 - commande du train d'atterrissage
17 - toit vitré
18 - sièges
19 - réservoir arrière de carburant (91 litres)
20 - dérive
21 - attache de l'empennage
22 - gouverne de profondeur
23 - patin de béquille de queue
24 - amortisseur de patin de queue
25 - feux de navigation
26 - hélice Ratier (2 m de diamètre)
27 - mécanisme du pas variable
28 - moteur De Havilland Gipsy Six R, de 230 ch
29 - entrée d'air du carburateur
30 - entrée d'air de refroidissement
31 - échappement de l'air
32 - fixations moteur
33 - capotage moteur
34 - cloison pare-feu
35 - atterrisseur
36 - amortisseur du train
37 - carénage de la roue
38 - carénage arrière
39 - contrefiche de manœuvre du train
40 - mécanisme de rentrée du train
41 - câble de rentrée du train
42 - réservoir d'huile (31 litres)
43 - bouchon de remplissage du réservoir d'huile
44 - longeron d'aile
45 - revêtement d'aile
46 - nervures d'aile
47 - volets d'intrados
48 - bord d'attaque revêtu de bois
49 - bord d'attaque entoilé
50 - câbles de commande d'aileron
51 - ailerons
52 - tube de Pitot

145

Les Coupes Gordon Bennett et Deutsch de La Meurthe ; 1920-1922

Planche 61

◄ **NIEUPORT 29V**
Pays : France - *Constructeur* : Société anonyme des Établissements Nieuport - *Type* : compétition - *Année* : 1920 - *Moteur* : Hispano-Suiza 8Fb, 8 cylindres en V, refroidi par liquide, de 300 ch - *Envergure* : 5,46 m - *Longueur* : 6,20 m - *Hauteur* : 2,50 m - *Poids à vide* : 690 kg - *Poids au décollage* : 936 kg - *Vitesse maximale* : 302 km/h - *Plafond opérationnel* : — - *Autonomie* : — - *Équipage* : 1 personne

DAYTON-WRIGHT R.B. ▶
Pays : USA - *Constructeur* : Dayton-Wright Airplane Corp. - *Type* : compétition - *Année* : 1920 - *Moteur* : Hall-Scott 6 cylindres en ligne, refroidi par liquide, de 250 ch - *Envergure* : 6,45 m - *Longueur* : 6,91 m - *Hauteur* : 2,44 m - *Poids à vide* : 635 kg - *Poids au décollage* : 839 kg - *Vitesse maximale* : 322 km/h - *Plafond opérationnel* : — - *Autonomie* : — - *Équipage* : 1 personne

◄ **SPAD S.20 BIS**
Pays : France - *Constructeur* : SPAD - *Type* : compétition - *Année* : 1920 - *Moteur* : Hispano-Suiza 8Fb, 8 cylindres en V, refroidi par liquide, de 320 ch - *Envergure* : 6,47 m - *Longueur* : 7,18 m - *Hauteur* : 2,50 m - *Poids à vide* : 890 kg - *Poids au décollage* : 1 050 kg - *Vitesse maximale* : 309 km/h - *Plafond opérationnel* : — - *Autonomie* : — - *Équipage* : 1 personne

NIEUPORT-DELAGE 1921 ▶
Pays : France - *Constructeur* : Société anonyme des Établissements Nieuport - *Type* : compétition - *Année* : 1921 - *Moteur* : Hispano-Suiza 8Fb, 8 cylindres en V, refroidi par liquide, de 320 ch - *Envergure* : 8 m - *Longueur* : 6,10 m - *Hauteur* : 2,02 m - *Poids à vide* : 769 kg - *Poids au décollage* : 1 014 kg - *Vitesse maximale* : 375 km/h - *Plafond opérationnel* : — - *Autonomie* : 562 km - *Équipage* : 1 personne

◄ **FIAT R.700**
Pays : Italie - *Constructeur* : Fiat S.A. - *Type* : compétition - *Année* : 1921 - *Moteur* : Fiat A.14, 12 cylindres en V, refroidi par liquide, de 650 ch - *Envergure* : 10,60 m - *Longueur* : 7,85 m - *Hauteur* : 2,90 m - *Poids à vide* : 1 880 kg - *Poids au décollage* : 2 250 kg - *Vitesse maximale* : 336 km/h - *Plafond opérationnel* : — - *Autonomie* : 430 km - *Équipage* : 1 personne

Aerial Derby et Coupe Beaumont ; 1919-1925

Planche 62

MARTINSYDE SEMIQUAVER
Pays : USA - *Constructeur* : Martinsyde Ltd. - *Type* : compétition - *Année* : 1920 - *Moteur* : Hispano-Suiza 8Fb, 8 cylindres en V, refroidi par liquide, de 320 ch - *Envergure* : 6,15 m - *Longueur* : 5,86 m - *Hauteur* : 2,17 m - *Poids à vide* : 692 kg - *Poids au décollage* : 919 kg - *Vitesse maximale* : 260 km/h - *Plafond opérationnel* : — - *Autonomie* : — - *Équipage* : 1 personne

GLOUCESTERSHIRE MARS I BAMEL
Pays : Grande-Bretagne - *Constructeur* : Gloucestershire Aircraft Co. Ltd. - *Type* : compétition - *Année* : 1921 - *Moteur* : Napier Lion III, 12 cylindres en W, refroidi par liquide, de 450 ch - *Envergure* : 6,70 m - *Longueur* : 7,01 m - *Hauteur* : 2,84 m - *Poids à vide* : 857 kg - *Poids au décollage* : 1 134 kg - *Vitesse maximale* : 325 km/h - *Plafond opérationnel* : — - *Autonomie* : — - *Équipage* : 1 personne

GLOUCESTERSHIRE GLOSTER I
Pays : Grande-Bretagne - *Constructeur* : Gloucestershire Aircraft Co. Ltd. - *Type* : compétition - *Année* : 1923 - *Moteur* : Napier Lion III, 12 cylindres en W, refroidi par liquide, de 480 ch - *Envergure* : 6,09 m - *Longueur* : 7,01 m - *Hauteur* : 2,84 m - *Poids à vide* : 893 kg - *Poids au décollage* : 1 202 kg - *Vitesse maximale* : 354 km/h - *Plafond opérationnel* : — - *Autonomie* : — - *Équipage* : 1 personne

NIEUPORT-DELAGE 42
Pays : France - *Constructeur* : Société anonyme des Établissements Nieuport - *Type* : compétition - *Année* : 1924 - *Moteur* : Hispano-Suiza 51, 12 cylindres en V, refroidi par liquide, de 545 ch - *Envergure* : 9,50 m - *Longueur* : 7,30 m - *Hauteur* : 2,50 m - *Poids à vide* : 1 170 kg - *Poids au décollage* : 1 440 kg - *Vitesse maximale* : 312 km/h - *Autonomie* : — - *Équipage* : 1 personne

AIRCO D.H.4R
Pays : Grande-Bretagne - *Constructeur* : Aircraft Manufacturing Co. - *Type* : compétition - *Année* : 1919 - *Moteur* : Napier Lion II, 12 cylindres en W, refroidi par liquide, de 450 ch - *Envergure* : 12,93 m - *Longueur* : 8,56 m - *Hauteur* : 3,55 m - *Poids à vide* : 1 129 kg - *Poids au décollage* : 1 447 kg - *Vitesse maximale* : 241 km/h - *Plafond opérationnel* : — - *Autonomie* : — - *Équipage* : 1 personne

Planche 63 La Coupe Schneider de 1919 à 1925

SAVOIA S.13 BIS
Pays : Italie - *Constructeur* : Idrovolanti Savoia - *Type* : compétition - *Année* : 1919 - *Moteur* : Isotta-Fraschini V6, 6 cylindres en ligne, refroidi par liquide, de 250 ch - *Envergure* : 8,10 m - *Longueur* : 8,36 m - *Hauteur* : 3,05 m - *Poids à vide* : 730 kg - *Poids au décollage* : 940 kg - *Vitesse maximale* : 206 km/h - *Plafond opérationnel* : 6 200 m - *Autonomie* : — - *Équipage* : 1 personne

SAVOIA S.12 BIS
Pays : Italie - *Constructeur* : Idrovolanti Savoia - *Type* : compétition - *Année* : 1920 - *Moteur* : Ansaldo V-12, 12 cylindres en V, refroidi par liquide, de 500 ch - *Envergure* : 11,72 m - *Longueur* : 9,95 m - *Hauteur* : 3,81 m - *Poids à vide* : 1 191 kg - *Poids au décollage* : 1 740 kg - *Vitesse maximale* 222 km/h - *Plafond opérationnel* : — - *Autonomie* : — - *Équipage* : 1 personne

MACCHI M.7 BIS
Pays : Italie - *Constructeur* : Società Aeronautica Nieuport Macchi - *Type* : compétition - *Année* : 1921 - *Moteur* : Isotta-Fraschini V6 bis, 6 cylindres en ligne, refroidi par liquide, de 280 ch - *Envergure* : 7,75 m - *Longueur* : 6,78 m - *Hauteur* : 2,99 m - *Poids à vide* : 773 kg - *Poids au décollage* : 1 030 kg - *Vitesse maximale* : 257 km/h - *Plafond opérationnel* : 6 500 m - *Autonomie* : 770 km - *Équipage* : 1 personne

SUPERMARINE SEA LION
Pays : Grande-Bretagne - *Constructeur* : The Supermarine Aviation Works Ltd. - *Type* : compétition - *Année* : 1922 - *Moteur* : Napier Lion 12 cylindres en W, refroidi par liquide, de 450 ch - *Envergure* : 9,75 m - *Longueur* : 7,54 m - *Hauteur* : — - *Poids à vide* : 958 kg - *Poids au décollage* : 1 291 kg - *Vitesse maximale* : 257 km/h - *Plafond opérationnel* : — - *Autonomie* : 3 heures - *Équipage* : 1 personne

CURTISS CR-3
Pays : USA - *Constructeur* : Curtiss Aeroplane and Motor Corp. - *Type* : compétition - *Année* : 1923 - *Moteur* : Curtiss D-12, 12 cylindres en V, refroidi par liquide, de 450 ch - *Envergure* : 6,91 m - *Longueur* : 7,63 m - *Hauteur* : 3,15 m - *Poids à vide* : 961 kg - *Poids au décollage* : 1 246 kg - *Vitesse maximale* : 314 km/h - *Plafond opérationnel* : 5 852 km - *Autonomie* : 840 km - *Équipage* : 1 personne

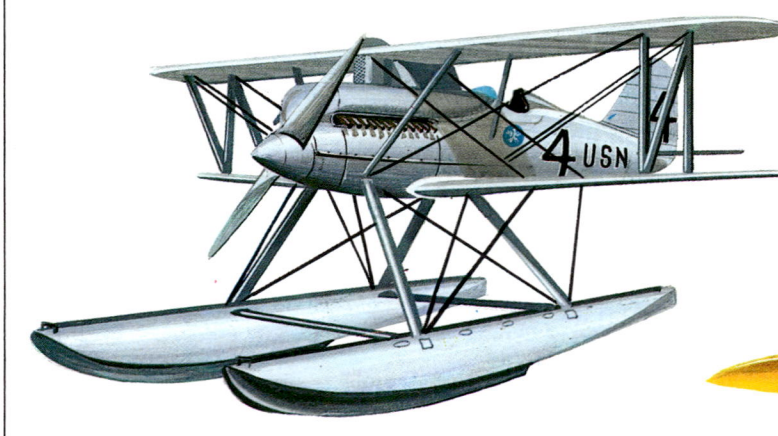

CURTISS R3C-2
Pays : USA - *Constructeur* : Curtiss Aeroplane and Motor Corp. - *Type* : compétition - *Année* : 1925 - *Moteur* : Curtiss V-1400, 12 cylindres en V, refroidi par liquide, de 610 ch - *Envergure* : 6,71 m - *Longueur* : 6,15 m - *Hauteur* : 3,15 m - *Poids à vide* : 968 kg - *Poids au décollage* : 1 242 kg - *Vitesse maximale* : 426 km/h - *Plafond opérationnel* : 8 047 m - *Autonomie* : 402 km - *Équipage* : 1 personne

La Coupe Schneider de 1926 à 1931

Planche 64

MACCHI M.39
Pays : Italie - *Constructeur* : Aeronautica Macchi - *Type* : compétition - *Année* : 1926 - *Moteur* : Fiat A.S.2, 12 cylindres en V, refroidi par liquide, de 800 ch - *Envergure* : 9,26 m - *Longueur* : 6,73 m - *Hauteur* : 3,06 m - *Poids à vide* : 1 260 kg - *Poids au décollage* : 1 575 kg - *Vitesse maximale* : 416 km/h - *Plafond opérationnel* : — - *Autonomie* : — - *Équipage* : 1 personne

SUPERMARINE S.5/25
Pays : Grande-Bretagne - *Constructeur* : The Supermarine Aviation Works Ltd. - *Type* : compétition - *Année* : 1927 - *Moteur* : Napier Lion VII B, 12 cylindres en W, refroidi par liquide, de 875 ch - *Envergure* : 7,77 m - *Longueur* : 7,06 m - *Hauteur* : 3,38 m - *Poids à vide* : 1 229 kg - *Poids au décollage* : 1 474 kg - *Vitesse maximale* : 499 km/h - *Équipage* : 1 personne

SUPERMARINE S.6B
Pays : Grande-Bretagne - *Constructeur* : The Supermarine Aviation Works Ltd. - *Type* : Compétition - *Année* : 1931 - *Moteur* : Rolls-Royce R, 12 cylindres en V, refroidi par liquide, de 2 350 ch - *Envergure* : 9,14 m - *Longueur* : 8,78 m - *Hauteur* : 3,73 m - *Poids à vide* : 2 082 kg - *Poids au décollage* : 2 761 kg - *Vitesse maximale* : 656 km/h - *Équipage* : 1 personne

Planche 65

Le Trophée Pulitzer de 1920 à 1921

VERVILLE VCP-R
Pays : USA - *Constructeur* : Verville - *Type* : compétition - *Année* : 1920 - *Moteur* : Packard 1-2025, 12 cylindres en V, refroidi par liquide, de 638 ch - *Envergure* : 8,38 m - *Longueur* : 7,36 m - *Hauteur* : 2,64 m - *Poids à vide* : 1 111 kg - *Poids au décollage* : 1 451 kg - *Vitesse maximale* : 299 km/h - *Plafond opérationnel* : — - *Autonomie* : 300 km - *Équipage* : 1 personne

THOMAS-MORSE MB-3
Pays : USA - *Constructeur* : Thomas-Morse Aircraft Co. - *Type* : compétition - *Année* : 1920 - *Moteur* : Wright H-2, 8 cylindres en V, refroidi par liquide, de 385 ch - *Envergure* : 7,92 m - *Longueur* : 6,10 m - *Hauteur* : 2,56 m - *Poids à vide* : 683 kg - *Poids au décollage* : 950 kg - *Vitesse maximale* : 264 km/h - *Plafond opérationnel* : 5 945 m - *Autonomie* : 790 km - *Équipage* : 1 personne

CURTISS CR-1
Pays : USA - *Constructeur* : Curtiss Aeroplane and Motor Co. - *Type* : compétition - *Année* : 1921 - *Moteur* : Curtiss CD-12, 12 cylindres en V, refroidi par liquide, de 405 ch - *Envergure* : 6,91 m - *Longueur* : 6,40 m - *Hauteur* : 2,44 m - *Poids à vide* : 787 kg - *Poids au décollage* : 982 kg - *Vitesse maximale* : 322 km/h - *Plafond opérationnel* : 7 315 m - *Autonomie* : 378 km - *Équipage* : 1 personne

CURTISS-COX CACTUS KITTEN
Pays : USA - *Constructeur* : Curtiss Aeroplane and Motor Co. - *Type* : compétition - *Année* : 1921 - *Moteur* : Curtiss C-12, 12 cylindres en V, refroidi par liquide, de 435 ch - *Envergure* : 6,10 m - *Longueur* : 5,87 m - *Hauteur* : 2,59 m - *Poids à vide* : 878 kg - *Poids au décollage* : 1 091 kg - *Vitesse maximale* : 306 km/h - *Plafond opérationnel* : — - *Autonomie* : — - *Équipage* : 1 personne

Le Trophée Pulitzer de 1922 à 1925

Planche 66

CURTISS R-6
Pays : USA - *Constructeur* : Curtiss Aeroplane and Motor Co. - *Type* : compétition - *Année* : 1922 - *Moteur* : Curtiss D-12 à 12 cylindres en V, refroidi par liquide, de 468 ch - *Envergure* : 5,79 m - *Longueur* : 5,74 m - *Hauteur* : 2,31 m - *Poids à vide* : 733 kg - *Poids au décollage* : 962 kg - *Vitesse maximale* : 386 km - *Plafond opérationnel* : — - *Autonomie* : 455 km - *Équipage* : 1 personne

CURTISS R2C-1
Pays : USA - *Constructeur* : Curtiss Aeroplane and Motor Co. - *Type* : compétition - *Année* : 1923 - *Moteur* : Curtiss D-12A, 12 cylindres en V, refroidi par liquide, de 520 ch - *Envergure* : 6,70 m - *Longueur* : 6,02 m - *Hauteur* : 2,06 m - *Poids à vide* : 767 kg - *Poids au décollage* : 963 kg - *Vitesse maximale* : 428 km/h - *Plafond opérationnel* : 9 700 m - *Autonomie* : 192 km - *Équipage* : 1 personne

VERVILLE-SPERRY R-3
Pays : USA - *Constructeur* : Verville - *Type* : compétition - *Année* : 1924 - *Moteur* : Curtiss D-12A, 12 cylindres en V, refroidi par liquide, de 520 ch - *Envergure* : 9,19 m - *Longueur* : 7,16 m - *Hauteur* : 2,16 m - *Poids à vide* : 910 kg - *Poids au décollage* : 1 124 kg - *Vitesse maximale* : 378 km/h - *Plafond opérationnel* : 6 980 m - *Autonomie* : — - *Équipage* : 1 personne

CURTISS R3C-1
Pays : USA - *Constructeur* : Curtiss Aeroplane and Motor Co. - *Type* : compétition - *Année* : 1925 - *Moteur* : Curtiss V-1400, 12 cylindres en V, refroidi par liquide, de 610 ch - *Envergure* : 6,70 m - *Longueur* : 6,12 m - *Hauteur* : 2,06 m - *Poids à vide* : 813 kg - *Poids au décollage* : 989 kg - *Vitesse maximale* : 458 km/h - *Plafond opérationnel* : 8 050 m - *Autonomie* : 229 km - *Équipage* : 1 personne

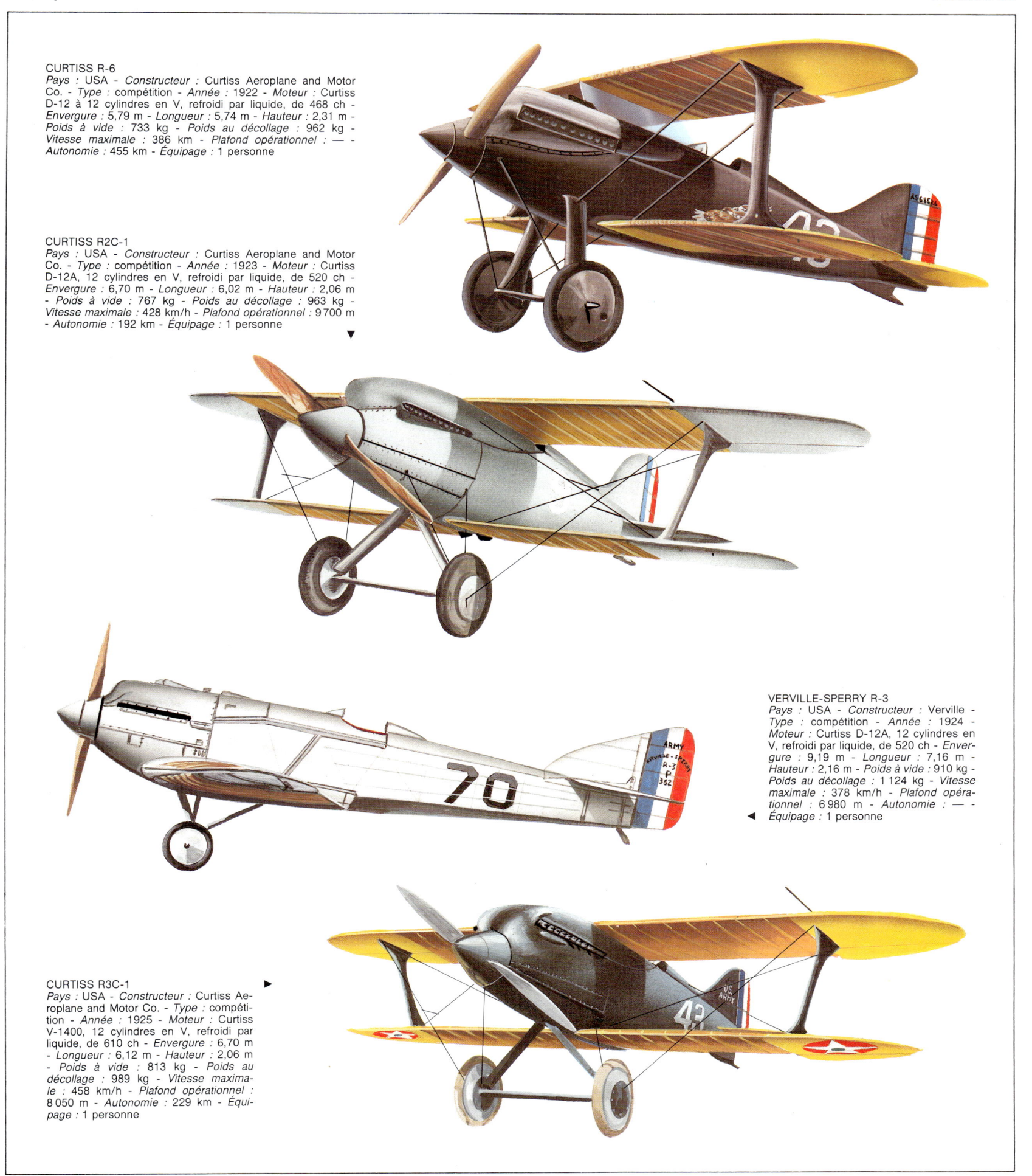

Le Trophée Thompson de 1930 à 1934

TRAVEL AIR MYSTERY SHIP
Pays : USA - *Constructeur* : Travel Air - *Type* : compétition - *Année* : 1929 - *Moteur* : Wright R-975, 9 cylindres en étoile, refroidi par air, de 400 ch - *Envergure* : 8,89 m - *Longueur* : 6,15 m - *Hauteur* : 2,67 m - *Poids à vide* : 668 kg - *Poids au décollage* : 879 kg - *Vitesse maximale* : 336 km/h - *Plafond opérationnel* : — - *Autonomie* : 845 km - *Équipage* : 1 personne

◀ **LAIRD LC-DW-300 SOLUTION**
Pays : USA - *Constructeur* : Laird - *Type* : compétition - *Année* : 1930 - *Moteur* : Pratt & Whitney Wasp Jr, 9 cylindres en étoile, refroidi par air, de 470 ch - *Envergure* : 6,40 m - *Longueur* : 5,94 m - *Hauteur* : — - *Poids à vide* : 626 kg - *Poids au décollage* : 860 kg - *Vitesse maximale* : 325 km/h - *Plafond opérationnel* : — - *Autonomie* : — - *Équipage* : 1 personne

WEDELL-WILLIAMS
Pays : USA - *Constructeur* : Wedell-Williams - *Type* : compétition - *Année* : 1931 - *Moteur* : Pratt & Whitney Wasp Jr, 9 cylindres en étoile, refroidi par air, de 550 ch - *Envergure* : 7,92 m - *Longueur* : 6,48 m - *Hauteur* : 2,44 m - *Poids à vide* : 680 kg - *Poids au décollage* : 1 001 kg - *Vitesse maximale* : 491 km/h - *Plafond opérationnel* : — - *Autonomie* : — - *Équipage* : 1 personne

▼

▲ **GEE BEE Z**
Pays : USA - *Constructeur* : Granville Brothers Aircraft - *Type* : compétition - *Année* : 1931 - *Moteur* : Pratt & Whitney Wasp Jr, 9 cylindres en étoile, refroidi par air, de 535 ch - *Envergure* : 7,16 m - *Longueur* : 4,80 m - *Hauteur* : — - *Poids à vide* : 635 kg - *Poids au décollage* : 1 034 kg - *Vitesse maximale* : 460 km/h - *Plafond opérationnel* : — - *Autonomie* : 1 600 km - *Équipage* : 1 personne

◀ **GEE BEE R-1**
Pays : USA - *Constructeur* : Granville Brothers Aircraft - *Type* : compétition - *Année* : 1932 - *Moteur* : Pratt & Whitney Wasp Jr., 9 cylindres en étoile, refroidi par air, de 800 ch - *Envergure* : 7,62 m - *Longueur* : 5,41 m - *Hauteur* : 2,47 m - *Poids à vide* : 835 kg - *Poids au décollage* : 1 395 kg - *Vitesse maximale* : 476,741 km/h - *Plafond opérationnel* : — - *Autonomie* : — - *Équipage* : 1 personne

Le Trophée Thompson de 1935 à 1939

Planche 68

HOWARD DGA-6 « Mr. MULLIGAN »
Pays : USA - *Constructeur* : Howard - *Type* : compétition - *Année* : 1935 - *Moteur* : Pratt & Whitney Wasp, 9 cylindres en étoile, refroidi par air, de 830 ch - *Envergure* : 9,65 m - *Longueur* : 7,64 m - *Hauteur* : 3,35 m - *Poids à vide* : 1 179 kg - *Poids au décollage* : 1 909 kg - *Vitesse maximale* : 470 km/h à 3 350 m d'altitude - *Plafond opérationnel* : 7 925 m - *Autonomie* : 2 815 km - *Équipage* : 2 personnes

CAUDRON C-460
Pays : France - *Constructeur* : Caudron - *Type* : compétition - *Année* : 1934 - *Moteur* : Renault Bengali 6 cylindres en ligne, refroidi par air, de 340 ch - *Envergure* : 6,73 m - *Longueur* : 7,11 m - *Hauteur* : — - *Poids à vide* : 588 kg - *Poids au décollage* : 948 kg - *Vitesse maximale* : 505 km/h - *Plafond opérationnel* : — - *Autonomie* : — - *Équipage* : 1 personne

FOLKERTS SK-3 JUPITER
Pays : USA - *Constructeur* : Folkerts - *Type* : compétition - *Année* : 1937 - *Moteur* : Menasco C-6S4, 6 cylindres en ligne, refroidi par air, de 400 ch - *Envergure* : 5,08 m - *Longueur* : 6,40 m - *Hauteur* : 1,22 m - *Poids à vide* : 381 kg - *Poids au décollage* : 628 kg - *Vitesse maximale* : 413 km/h - *Plafond opérationnel* : — - *Autonomie* : — - *Équipage* : 1 personne

LAIRD-TURNER L-RT METEOR
Pays : USA - *Constructeur* : Laird - *Type* : compétition - *Année* : 1939 - *Moteur* : Pratt & Whitney S1B3-G Twin Wasp, 14 cylindres en étoile, refroidi par air, de 1 000 ch - *Envergure* : 7,62 m - *Longueur* : 7,11 m - *Hauteur* : 3,05 m - *Poids à vide* : 1 051 kg - *Poids au décollage* : 2 238 kg - *Vitesse maximale* : 496 km/h - *Plafond opérationnel* : — - *Autonomie* : — - *Équipage* : 1 personne

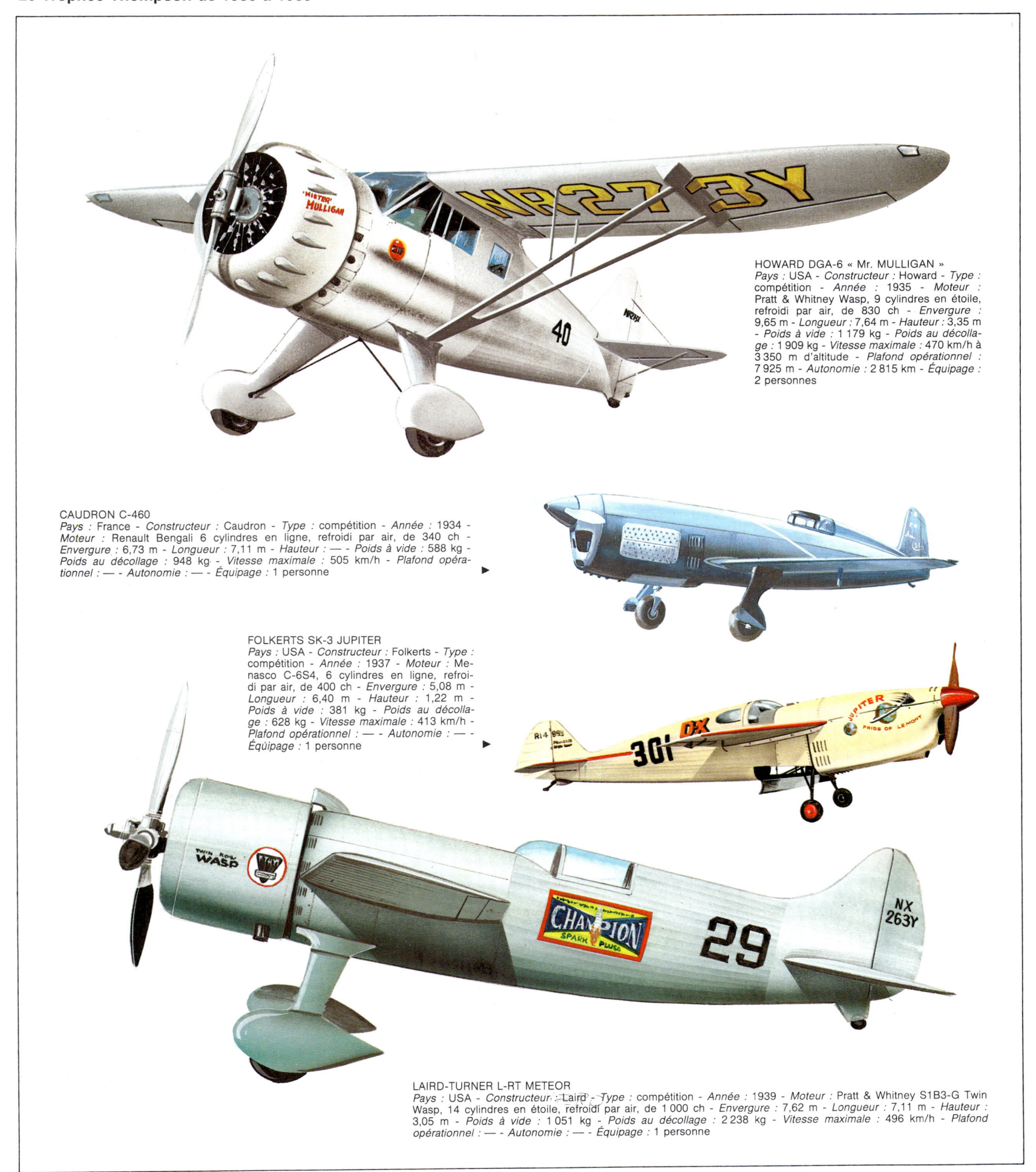

Le Trophée Bendix de 1931 à 1939

LAIRD LC-DW-500 SUPER SOLUTION
Pays : USA - *Constructeur* : Laird - *Type* : compétition - *Année* : 1931 - *Moteur* : Pratt & Whitney Wasp Jr, 9 cylindres en étoile, refroidi par air, de 535 ch - *Envergure* : 6,40 m - *Longueur* : 5,94 m - *Hauteur* : — - *Poids à vide* : 717 kg - *Poids au décollage* : 1 126 kg - *Vitesse maximale* : 426 km/h - *Plafond opérationnel* : — - *Autonomie* : — - *Équipage* : 1 personne

BEECH C-17R
pays : USA - *Constructeur* : Beech Aircraft Corp. - *Type* : compétition - *Année* : 1936 - *Moteur* : Wright Cyclone 9 cylindres en étoile, refroidi par air, de 450 ch - *Envergure* : 9,75 m - *Longueur* : 7,98 m - *Hauteur* : 3,12 m - *Poids à vide* : 1 009 kg - *Poids au décollage* : 1 769 kg - *Vitesse maximale* : 325 km/h - *Plafond opérationnel* : 6 700 m - *Autonomie* : 1 125 km - *Équipage* : 2 personnes

SEVERSKY SEV-S2
Pays : USA - *Constructeur* : Republic Aviation Corp. - *Type* : compétition - *Année* : 1937 - *Moteur* : Pratt & Whitney R-K30 Twin Wasp, 14 cylindres en étoile, refroidi par air, de 1 000 ch - *Envergure* : 10,97 m - *Longueur* : 7,77 m - *Hauteur* : 2,97 m - *Poids à vide* : 1 747 kg - *Poids au décollage* : 2 899 kg - *Vitesse maximale* : 491 km/h - *Plafond opérationnel* : 9 050 m - *Équipage* : 1 personne

Petits avions sportifs pour grands exploits ; 1929-1934

Planche 70

BREGUET XIX SUPER TR
Pays : France - *Constructeur* : Société anonyme des ateliers d'aviation Louis Breguet - *Type* : compétition - *Année* : 1929 - *Moteur* : Hispano-Suiza 12 Nb, 12 cylindres en V, refroidi par liquide, de 650 ch - *Envergure* : 18,30 m - *Longueur* : 10,72 m - *Hauteur* : 4,06 m - *Poids à vide* : 2 190 kg - *Poids au décollage* : 6 700 kg - *Vitesse maximale* : 245 km/h à 900 m d'altitude - *Plafond opérationnel* : 6 700 m - *autonomie* : 9 500 km - *Équipage* : 2 personnes

KELLNER-BÉCHEREAU 28 V.D.
Pays : France - *Constructeur* : Kellner-Béchereau - *Type* : compétition - *Année* : 1933 - *Moteur* : Delage 12 cylindres en V, refroidi par liquide, de 370 ch - *Envergure* : 6,65 m - *Longueur* : 7,16 m - *Hauteur* : 2,65 m - *Poids à vide* : 987 kg - *Poids au décollage* : 1 600 kg - *Vitesse maximale estimée* : 400 km/h - *Plafond opérationnel* : — - *Autonomie* : — - *Équipage* : 1 personne

DE HAVILLAND D.H.88 COMET
Pays : Grande-Bretagne - *Constructeur* : De Havilland Aircraft Ltd. - *Type* : compétition - *Année* : 1934 - *Moteur* : 2 De Havilland Gipsy Six R, 6 cylindres en ligne, refroidis par air, de 230 ch chacun - *Envergure* : 13,41 m - *Longueur* : 8,83 m - *Hauteur* : 3,05 m - *Poids à vide* : 1 288 kg - *Poids au décollage* : 2 410 kg - *Vitesse maximale* : 381 km/h - *Plafond opérationnel* : 5 790 m - *Autonomie* : 4 700 m - *Équipage* : 2 personnes

PERCIVAL P.3 GULL SIX
Pays : Grande-Bretagne - *Constructeur* : Percival Aircraft Co. Ltd. - *Type* : compétition - *Année* : 1934 - *Moteur* : De Havilland Gipsy Six, 6 cylindres en ligne, refroidis par air, de 200 ch - *Envergure* : 11,02 m - *Longueur* : 7,54 m - *Hauteur* : 2,24 m - *Poids à vide* : 680 kg - *Poids au décollage* : 1 111 kg - *Vitesse maximale* : 286 km/h - *Plafond opérationnel* : 6 100 m - *Autonomie* : 1 030 km - *Équipage* : 1 personne

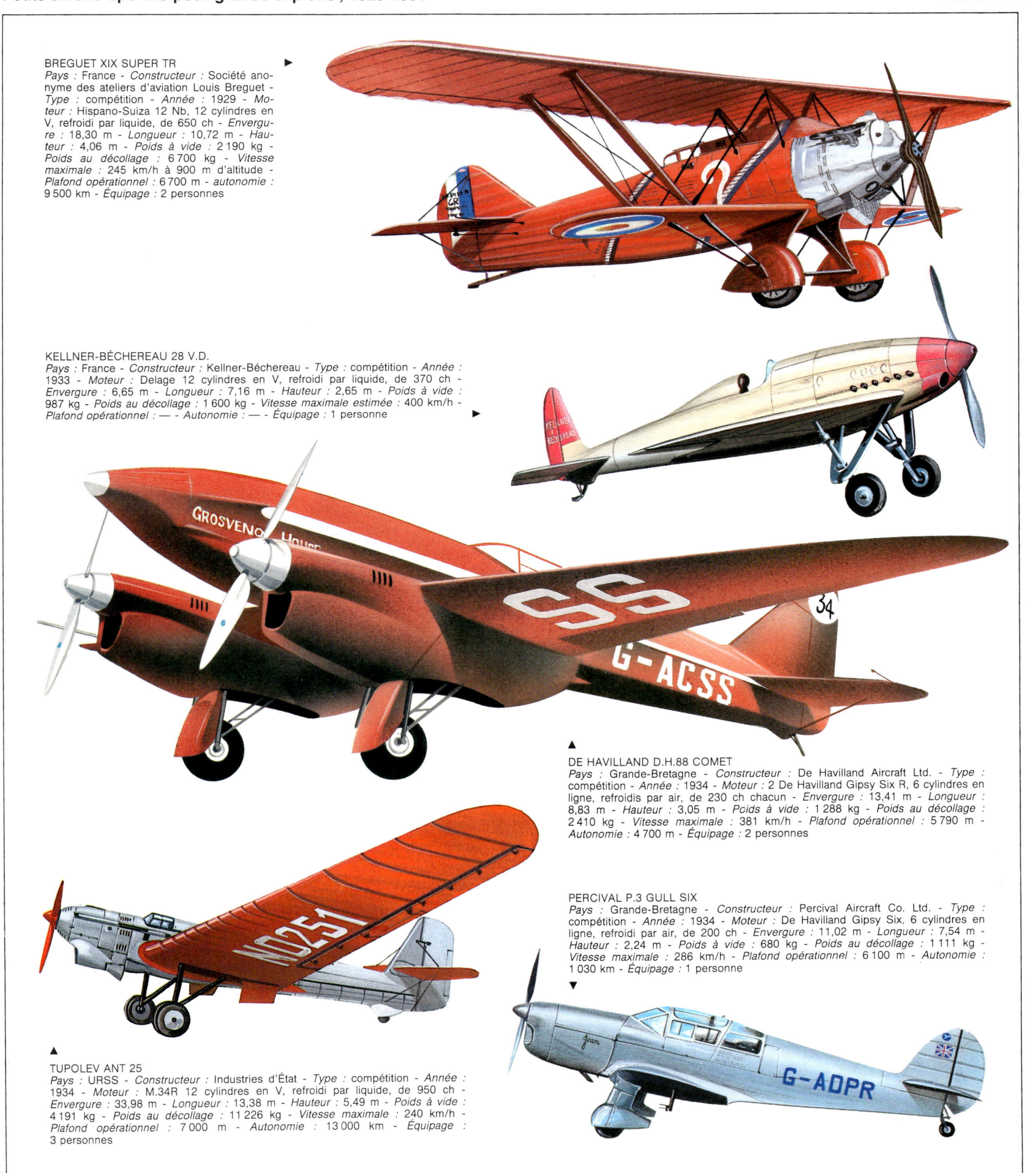

TUPOLEV ANT 25
Pays : URSS - *Constructeur* : Industries d'État - *Type* : compétition - *Année* : 1934 - *Moteur* : M.34R 12 cylindres en V, refroidi par liquide, de 950 ch - *Envergure* : 33,98 m - *Longueur* : 13,38 m - *Hauteur* : 5,49 m - *Poids à vide* : 4 191 kg - *Poids au décollage* : 11 226 kg - *Vitesse maximale* : 240 km/h - *Plafond opérationnel* : 7 000 m - *Autonomie* : 13 000 km - *Équipage* : 3 personnes

Planche 71 — **Six avions sportifs à ne pas oublier ; 1935-1940**

HUGHES H-1
Pays : USA - Constructeur : Hughes Aircraft Corp. - Type : compétition - Année : 1935 - Moteur : Pratt & Whitney Twin Wasp, 14 cylindres en étoile, refroidi par air, de 1 000 ch - Envergure : 9,75 m - Longueur : 8,58 m - Hauteur : — - Poids à vide : — - Poids au décollage : 2 500 kg - Vitesse maximale : 587 km/h - Plafond opérationnel : 6 100 m - Autonomie : 4 006 km - Équipage : 1 personne

NARDI F.N. 305D
Pays : Italie - Constructeur : Fratelli Nardi - Type : compétition - Année : 1938 - Moteur : Walter Bora 9 cylindres en étoile, refroidi par air, de 200 ch - Envergure : 8,47 m - Longueur : 7,90 m - Hauteur : 2,10 m - Poids à vide : — - Poids au décollage : — - Vitesse maximale : 340 km/h - Plafond opérationnel : 6 000 m - Autonomie : 4 500 m - Équipage : 2 personnes

T.K.4
Pays : Grande-Bretagne - Constructeur : De Havilland Aeronautical Technical School - Type : compétition - Année : 1937 - Moteur : De Havilland Gipsy Major III, 4 cylindres en ligne, refroidi par air, de 137 ch - Envergure : 5,84 m - Longueur : 4,83 m - Hauteur : — - Poids à vide : 422 kg - Poids au décollage : 615 kg - Vitesse maximale : 393 km/h à 457 m d'altitude - Plafond opérationnel : 6 400 m - Autonomie : 724 km - Équipage : 1 personne

HESTON TYPE 5 RACER
Pays : Grande-Bretagne - Constructeur : Heston Aircraft Co. - Type : compétition - Année : 1940 - Moteur : Napier Sabre 24 cylindres en H, refroidi par liquide, de 2 560 ch - Envergure : 9,78 m - Longueur : 7,49 m - Hauteur : 3,61 m - Poids à vide : — - Poids au décollage : 3 266 kg - Vitesse maximale estimée : 772 km/h - Plafond opérationnel : — - Autonomie : — - Équipage : 1 personne

KOKEN
Pays : Japon - Constructeur : Tōkyō Gasu Denke K.K. - Type : compétition - Année : 1938 - Moteur : Kawasaki 12 cylindres en V, refroidi par liquide, de 800 ch - Envergure : 27,93 m - Longueur : 15,96 m - Hauteur : 4 m - Poids à vide : 3 560 kg - Poids au décollage : 9 510 kg - Vitesse maximale : 245 km/h - Plafond opérationnel : — - Autonomie estimée : 15 000 km - Équipage : 3 personnes

MESSERSCHMITT Bf. 108B
Pays : Allemagne - Constructeur : Messerschmitt A.G. - Type : compétition - Année : 1935 - Moteur : Argus As 10c, 8 cylindres en V, refroidi par air, de 240 ch - Envergure : 10,49 m - Longueur : 8,28 m - Hauteur : 2,29 m - Poids à vide : 882 kg - Poids au décollage : 1 383 kg - Vitesse maximale : 302 km/h - Plafond opérationnel : — - Autonomie : 1 000 km - Équipage : 1 personne

Trois inoubliables avions à records ; 1928-1934

Planche 72

SIAI MARCHETTI S.M.64
Pays : Italie - *Constructeur* : SIAI Marchetti - *Type* : compétition - *Année* : 1928 - *Moteur* : Fiat A 22T, 12 cylindres en V, refroidi par liquide, de 590 ch - *Envergure* : 21,49 m - *Longueur* : 8,99 m - *Hauteur* : 3,68 m - *Poids à vide* : 2 400 kg - *Poids au décollage* : 7 000 kg - *Vitesse maximale* : 235 km/h - *Plafond opérationnel* : — - *Autonomie* : 11 505 km - *Équipage* : 2 ou 3 personnes

BLÉRIOT 110
Pays : France - *Constructeur* : Blériot Aéronautique - *Type* : compétition - *Année* : 1930 - *Moteur* : Hispano-Suiza 12 cylindres en V, refroidi par liquide, de 600 ch - *Envergure* : 26,50 m - *Longueur* : 14,57 m - *Hauteur* : 4,90 m - *Poids à vide* : 2 980 kg - *Poids au décollage* : 7 250 kg - *Vitesse maximale* : 210 km/h - *Autonomie* : 10 601 km - *Équipage* : 2 personnes

MACCHI-CASTOLDI MC.72
Pays : Italie - *Constructeur* : Aeronautica Macchi - *Type* : compétition - *Année* : 1933 - *Moteur* : Fiat A.S.6, 24 cylindres en V, refroidi par liquide, de 3 000 ch - *Envergure* : 9,48 m - *Longueur* : 8,33 m - *Hauteur* : 3,30 m - *Poids à vide* : 2 500 kg - *Poids au décollage* : 2 907 kg - *Vitesse maximale* : 711,462 km/h - *Plafond opérationnel* : — - *Autonomie* : — - *Équipage* : 1 personne

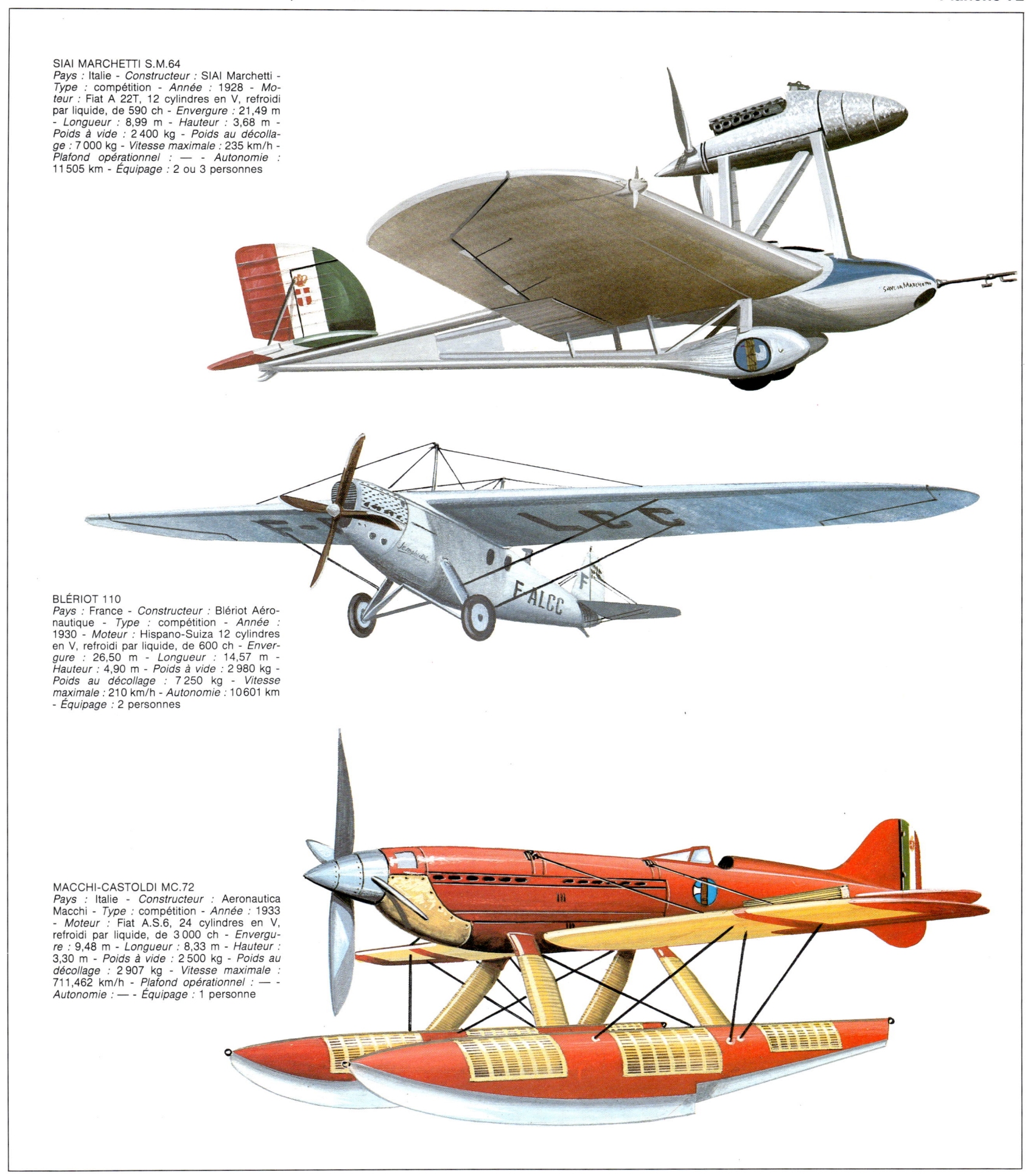

Planche 73 — Moteurs de compétition de 1918 à 1931

NAPIER LION - 1918 (GB)
Dessiné par A.J. Rowledge et mis au point à la fin de la Première Guerre mondiale, le Napier Lion devint l'un des propulseurs britanniques les plus célèbres de l'époque. C'était un douze cylindres comportant trois groupes de quatre cylindres chacun, refroidi par liquide et pouvant développer 450 ch. Le moteur, réalisé dans de nombreuses versions de puissance croissante, donna jusqu'à 1 320 ch à 3 600 tr/mn en version de compétition. L'exemplaire installé sur le Supermarine Sea Lion II vainqueur de la Coupe Schneider de 1922 développait une puissance nominale de 450 ch et maximale de 531, avec un rapport de compression différent.

FIAT A.S.6 - 1931 (I)
Ce propulseur permit à l'Italie de conquérir le 23 octobre 1934, avec Francesco Agello sur le Macchi-Castoldi M.C.72, le record du monde de vitesse pour hydravions, record qui n'a toujours pas été battu. Le Fiat A.S.6 fut réalisé en accouplant deux moteurs du type A.S.5, chacun à douze cylindres en V, et en dédoublant le même arbre moteur, de façon à actionner deux hélices contrarotatives. Le résultat fut un « monstre » à vingt-quatre cylindres en V, refroidi par liquide, pouvant développer plus de 3 000 ch à 3 300 tr/mn.

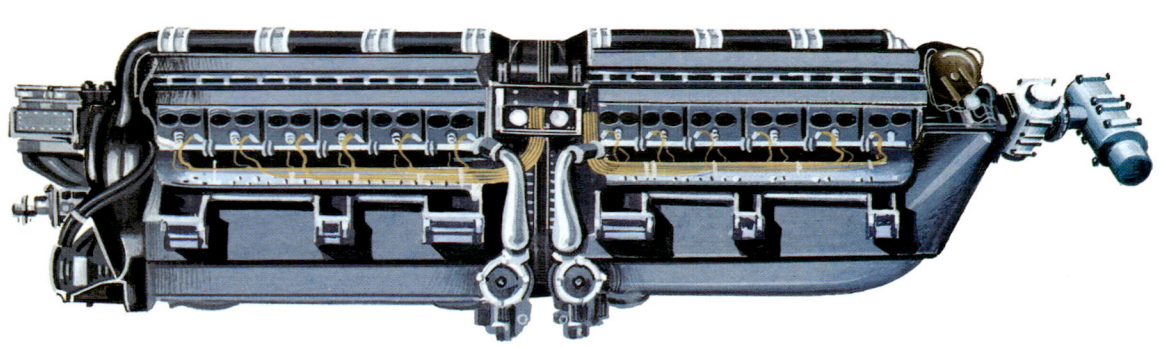

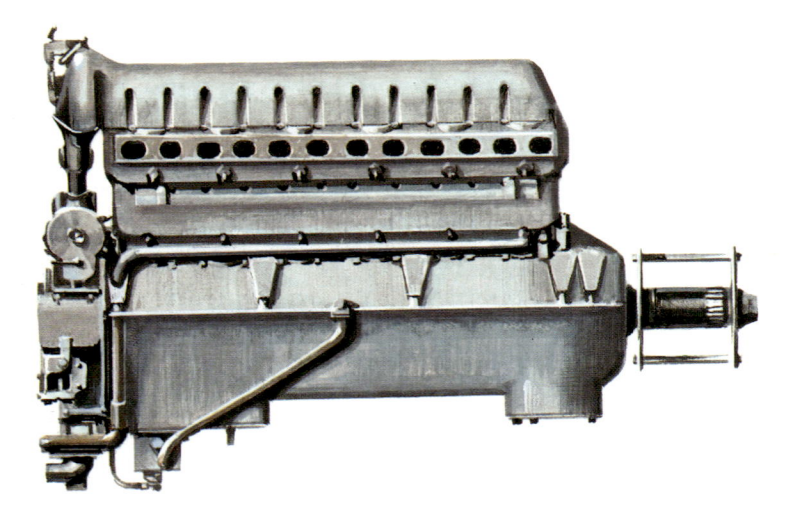

CURTISS D-12 - 1922 (USA)
Ce fut ce moteur qui permit aux États-Unis de remporter la Coupe Schneider en 1923 avec le Navy Curtiss CR.3. Mis au point l'année précédente, le D-12 débuta avec succès sur un autre *racer*, le Curtiss R-6 vainqueur du Pulitzer de 1922. Conçu par Arthur Nutt, ce « V-12 » de 500 ch représenta tout à la fois le sommet des expériences de la Curtiss dans l'immédiat après-guerre et le début d'une nouvelle étape dans l'évolution des moteurs en ligne, avec refroidissement par liquide, de fabrication américaine. Une caractéristique dominante du D-12 était la section frontale extrêmement réduite.

HISPANO-SUIZA 51 - 1924 (F)
Ce moteur fut tout spécialement conçu et mis au point par Marc Birkigt en 1924 pour motoriser le Nieuport-Delage 42, le *racer* construit pour la Coupe Beaumont de cette année. Le modèle 5 était un douze cylindres en V, refroidi par liquide, pouvant développer une puissance maximale de 545 et 620 ch à 2 000 tr/mn, avec un rapport de compression respectivement de 5,3 et de 6,2. Le Nieuport-Delage 42, piloté par Sadi Lecointe, remporta les deux dernières éditions de la Coupe, en 1924 et en 1925.

Planche 61
Les Coupes Gordon Bennett et Deutsch de La Meurthe ; 1920-1922

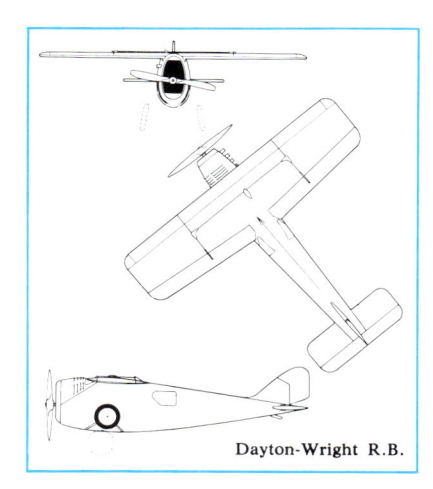

La dernière manifestation de la plus ancienne et prestigieuse épreuve de vitesse, la Coupe Gordon Bennett, eut lieu en 1920, après sept ans d'interruption à cause de la guerre. La rencontre était attendue avec impatience, surtout de la part de la France qui, ayant été victorieuse aux deux Coupes précédentes (1912 et 1913) avec le monoplan Deperdussin de Jules Védrines et Maurice Prévost, ne devait pas laisser passer l'occasion de remporter derechef le trophée et de se l'adjuger ainsi définitivement. Mais d'autres pays se présentèrent avec des appareils de valeur : la Grande-Bretagne et les États-Unis. Ces derniers en particulier avaient mis au point un petit avion qui, virtuellement, était capable d'écraser tous ses adversaires, grâce à son originalité et à sa conception très évoluée : le Dayton-Wright R.B. C'était un monoplan rapide, très élégant par son aérodynamisme, qui avait été spécialement conçu sur les conseils d'Orville Wright pour participer à la Coupe Gordon Bennett. Ses caractéristiques les plus notables — sans parler de la formule monoplan, encore considérée à l'époque comme une configuration en dehors des normes — étaient le type de construction (en bois compensé et balsa), le train d'atterrissage principal escamotable grâce à un système manuel et la possibilité de loger le pilote à l'intérieur d'une cabine complètement fermée. De plus, le Dayton-Wright était muni d'un dispositif original capable de faire varier l'angle d'incidence des ailes. Mais cet avion joua de malchance, car il dut abandonner après le premier tour à cause de la rupture d'un câble de commande. L'épisode fit grand bruit et l'on parla même de sabotage.

La rencontre eut lieu le 28 septembre 1920 à Étampes. Le parcours, de 300 kilomètres au total, se composait de trois aller et retour à partir de l'aéroport de Villesauvage aux abords de Gidy. Les départs étaient prévus de 7 h à 19 h. Le premier à décoller, à 13 h 25, fut le Nieuport 29V du Français Georges Kirsch, suivi, à 13 h 45, du Spad S.20 bis de Bernard de Romanet. Puis décollèrent : à 14 h 10, l'autre Nieuport 29V de Sadi Lecointe ; quelques minutes plus tard, le Dayton-Wright de Howard M. Rinehart ; à 14 h 35, le Verville-Packard R.1 de l'autre Américain Rudolph W. Schroeder (l'appareil avait le moteur le plus puissant de l'épreuve : 638 ch) ; à 16 h 30, ce fut le tour du Martinsyde Semiquaver de l'Anglais Frederick P. Raynham, dernier avion resté en course. Les deux seuls concurrents à terminer le parcours étaient français : Sadi Lecointe et Bernard de Romanet. Mais seul le premier ne connut aucun incident : de Romanet, en effet, resta à terre pendant une demi-heure à cause de problèmes de lubrification, puis repartit et reprit la course. Le temps de Sadi Lecointe fut de 1 h 6 mn 17 s ; le tour le plus rapide de 277,649 km/h ; la vitesse maximale de 279,503 km/h, qui ne fut cependant atteinte qu'aux essais. Outre la Coupe Gordon Bennett définitivement acquise à l'Aéro-Club de France, ces épreuves permirent également de battre des records de vitesse sur 100 et 200 kilomètres en circuit fermé.

Les avions français triomphèrent aussi dans les trois dernières compétitions portant un nom célèbre dans l'histoire de l'aviation, celui du magnat de l'industrie aéronautique Henry Deutsch de La Meurthe. Ce célèbre et richissime amateur avait créé, en 1912, un prix (qui portait son nom) qui devait être décerné au vainqueur d'une distance de 200 kilomètres autour de Paris. Lors de la première manifestation, le prix avait été remporté par Emmanuel Helen sur Nieuport à 125,370 km/h ; en 1913 par Eugène Gilbert sur Deperdussin à 163,451 km/h. Le dernier concours eut lieu entre le 2 septembre 1919 et le 24 janvier 1920, sur une distance de 190,39 km. Ce fut encore Sadi Lecointe, sur un Nieuport 29V, qui, le 3 janvier 1920, s'adjugea les 20 000 francs mis en jeu, en volant à 266,314 km/h. Mais la compétition prit fin avec la mort d'Henry Deutsch de La Meurthe et fut remplacée par une Coupe portant le nom du magnat de l'aviation. Le parcours fut également modifié et devint de 300 kilomètres. Le 1er octobre 1921, sur sept participants, le vainqueur fut Georges Kirsch, qui vola à 282,752 km/h à bord d'un nouvel avion de compétition, le Nieuport-Delage 1921, mis au point par Gustave Delage qu'avait encouragé le succès de ses avions militaires. Le Nieuport 29V, vainqueur de la Coupe Bennett 1920, arriva second, avec un temps de 259,030 km/h. Ce fut cet appareil qui remporta la deuxième Coupe Deutsch de La Meurthe, le 30 septembre 1922 : piloté par Fernand Lasne, il vola à 289,902 km/h, battant un nouveau record des 300 kilomètres en circuit fermé.

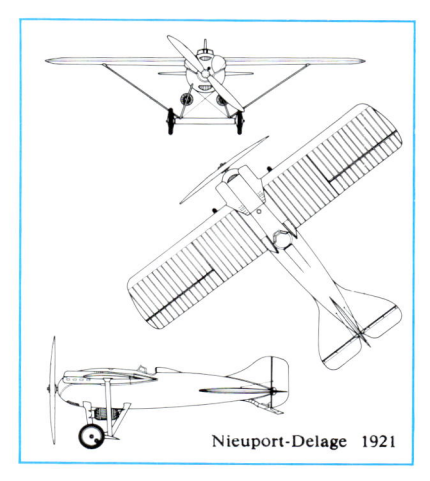

Parmi les différents participants de ces deux Coupes Deutsch de La Meurthe, un appareil italien, le Fiat R.700 fit une certaine impression. Cet avion avait été spécialement conçu pour la Coupe Deutsch par Celestino Rosatelli, qui avait adopté l'un des plus puissants moteurs de l'époque, le Fiat A-14 de 700 ch. Mais ce gros biplan fut dans l'ensemble malchanceux : en 1921, il fut contraint d'abandonner à la suite d'une fuite de carburant ; en 1922, il eut des problèmes de carburateur. Mais dans chacune de ces occasions, le Fiat R.700 se montra un rival à la hauteur : avant d'abandonner en 1921, il vola à 298,656 km/h, battant le record des 100 kilomètres en circuit fermé ; l'année suivante, il enregistra une vitesse de 289,482 km/h, vitesse qui était de l'ordre de celle du vainqueur. Il était piloté, dans les deux Coupes, par Francesco Brak Papa.

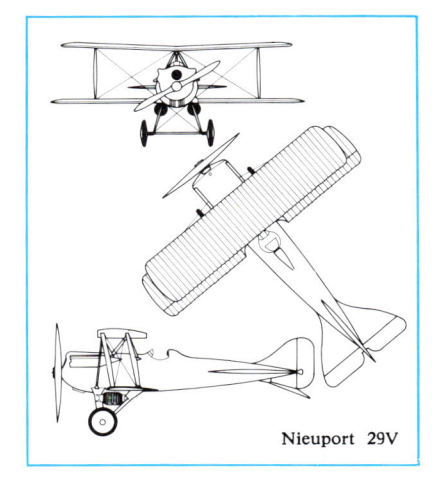

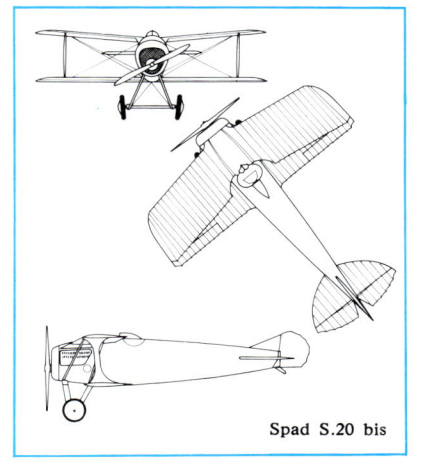

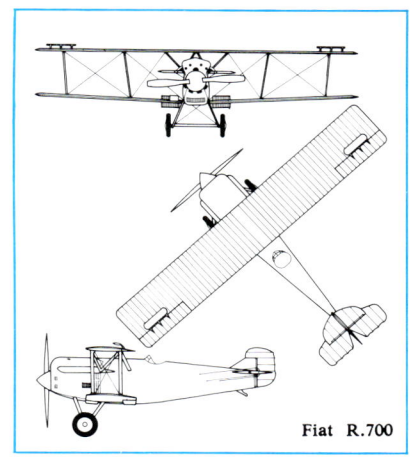

Planche 62
Aerial Derby et Coupe Beaumont ; 1919-1925

En Angleterre, l'enthousiasme pour les compétitions fut aussi vif qu'en France. Après cinq années d'interruption forcée, la première course de vitesse importante eut lieu à Hendon le 21 juin 1919, le jour du solstice d'été. Ce fut le quatrième Aerial Derby, circuit autour de Londres, pour lequel, outre les prix en espèces, était en jeu le trophée offert par le quotidien *Daily Mail*. Les trois autres manifestations précédentes s'étaient déroulées en 1912, 1913 et 1914, et les vainqueurs avaient tous volé sur des avions français : T.O.M. Sopwith sur un Blériot XI en 1912 (94 km/h) ; Gustav Hamel et William L. Brock sur des monoplans Morane-Saulnier, respectivement en 1913 et 1914. Le Derby de 1919 vit au contraire une participation massive de pilotes et d'appareils britanniques. Les vainqueurs (le vainqueur effectif, après application des coefficients correctifs, et celui qui fit le tour le plus rapide) furent l'un et l'autre anglais, sur des avions anglais : la première place avec handicap revint au capitaine H.A. Hamersley, sur un Avro 543 Baby (113,6 km/h) ; pour la vitesse, elle alla au capitaine

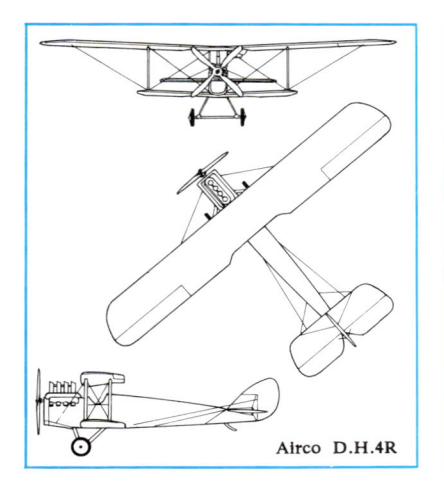

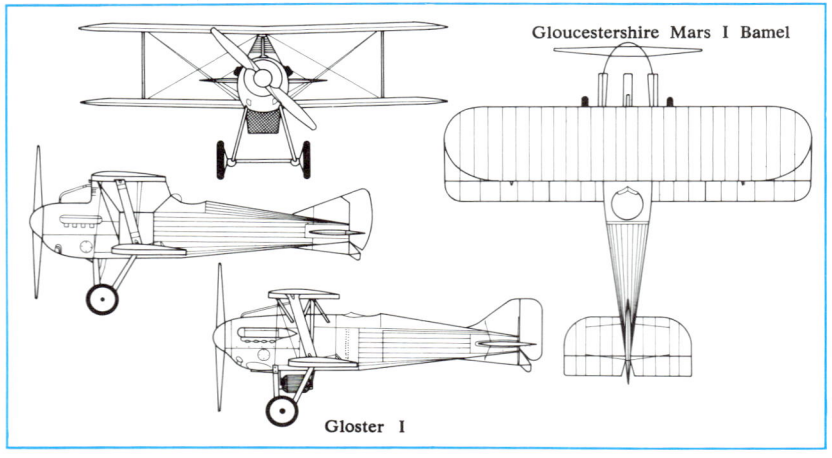

Gerald Gathergood, qui vola sur un avion qui avait connu ses heures de gloire durant la guerre : un Airco D.H.4R. Dérivant en gros du célèbre biplan de bombardement, cet appareil avait été adapté pour la vitesse par le raccourcissement des ailes inférieures et l'adoption d'un gros et puissant moteur Napier Lion de 450 ch. Après cette brillante reprise, l'Aerial Derby se poursuivit encore pendant quatre ans, finissant par devenir une compétition classique d'aviation qui rassemblait des amateurs venus de partout. Elle encourageait les ingénieurs aéronautiques et stimulait les industries qui retrouvaient un regain de vitalité après les restrictions de la fin de la guerre. Ce furent des avions britanniques qui furent vainqueurs dans les dernières rencontres. En 1920, la première place avec handicap revint à nouveau à un Avro 543 Baby (piloté par le même Hamersley, avec 127 km/h dans le tour le plus rapide), tandis que la victoire en vitesse pure fut remportée par un appareil spécialement conçu, le Martinsyde Semiquaver qui vola à 248,8 km/h avec Francis H. Courtney aux commandes.

L'année suivante pour la première et unique fois, il y eut un seul et même vainqueur pour les deux classements : le Gloucestershire Mars I Bamel de James H. James, qui enregistra 263 km/h. Cet élégant biplan — qui fut très actif dans le domaine sportif jusqu'en 1925 — avait été conçu par Harry Folland dans un but bien précis : réaliser un appareil qui fût le plus rapide et pût ainsi attirer l'attention des autorités militaires sur les produits et les activités de son entreprise, la Gloucestershire Aircraft Company. Le Mars I fut conçu et construit en moins d'un mois et mis au point à temps pour les épreuves de qualification de l'Aerial Derby. Après cette victoire, l'avion participa à la Coupe Deutsch, mais sans succès, et, en 1922, il fut à nouveau inscrit pour le Derby. Cette fois encore, ses qualités sur le plan de la vitesse — que l'on avait développées entre-temps par des perfectionnements d'ordre aérodynamique — lui valurent la victoire : le Mars I enregistra le tour le plus rapide avec 287,5 km/h. Il fut également couronné de succès lors du Derby suivant, en 1923 : amplement modifié dans sa structure et équipé d'un moteur plus puissant, l'avion (rebaptisé Gloucestershire Gloster I) remporta de nouveau l'épreuve de vitesse, effectuant le meilleur tour à 314,8 km/h. En 1922 et 1923, les vainqueurs avec handicap furent respectivement Larry L. Carter sur un monoplan Bristol 77 (vitesse maximale 174,7 km/h) et H.A. Hamersley sur un Avro 522 Viper (176,2 km/h).

En 1924, le Derby ayant cessé d'exister, le Gloster I fut inscrit à une nouvelle compétition, qui se déroulait en France : la Coupe Beaumont. Institué par l'industriel Louis D. Beaumont (Américain naturalisé français), ce prix prévoyait deux sessions d'une compétition de vitesse, pour chacune desquelles la somme de 100 000 francs était en jeu. Le circuit était de 300 kilomètres et le vainqueur devait dépasser les 290 km/h pour se voir attribuer ces prix importants. Mais en 1923, par manque de concurrents (un seul était au départ), la Coupe fut ajournée. L'année suivante, il y eut cinq inscrits, mais l'avion anglais — le seul appareil en course à ne pas être français — ne fut pas préparé à temps. La victoire alla à Sadi Lecointe, qui était aux commandes d'un nouveau pur-sang Nieuport, le Nieuport-Delage 42, issu de la célèbre lignée d'appareils de compétition que la société française avait mise au point à cette époque. Le Nieuport-Delage 42 remporta aussi la deuxième et dernière session de la Coupe Beaumont, où il n'eut pratiquement aucun adversaire. Les vitesses maximales enregistrées furent : 317,4 km/h en 1924 et 312,4 km/h en 1925.

Planches 63-64
La Coupe Schneider de 1919 à 1931

Après la fin du conflit, on assista également à la reprise d'une autre compétition prestigieuse, qui devait passionner le monde de l'aviation pendant plus de dix ans : la Coupe Schneider de vitesse pour hydravions. Les deux précédentes Coupes avaient été remportées par un Français (Maurice Prévost sur Deperdussin en 1913) et par un Anglais (Howard Pixton sur Sopwith Tabloid en 1914).

Après la guerre, les Italiens vinrent se mêler aux concurrents et se révélèrent d'emblée des adversaires redoutables. En effet, ce furent des pilotes et des appareils italiens qui monopolisèrent l'attention lors des Coupes Schneider de 1919, 1920 et 1921. A Bornemouth (Angleterre), le 10 septembre 1919, le Savoia S.13 bis de Guido Jannello fut le seul avion qui réussit à achever le parcours, à travers un épais brouillard, à une vitesse moyenne de 201 km/h. Mais, à cause de ce brouillard, cette prouesse ne servit à rien : en effet, Jannello vira à chaque fois autour d'une balise non réglementaire, qu'il avait prise pour l'une de celles qu'avaient placées les commissaires de course. Malgré les protestations, l'épreuve fut annulée. Le 21 septembre 1920, à Venise, les Italiens prirent leur revanche : un Savoia S.12 bis piloté par Luigi Bologna s'adjugea la victoire avec 170,54 km/h de moyenne. Cette fois, il n'y eut pas de contestations, même si des avions d'autres pays ne participèrent pas à la course : les Français et les Anglais, en effet, n'avaient pas réussi à préparer à temps leurs appareils. Une situation presque identique se reproduisit l'année suivante, toujours à Venise :

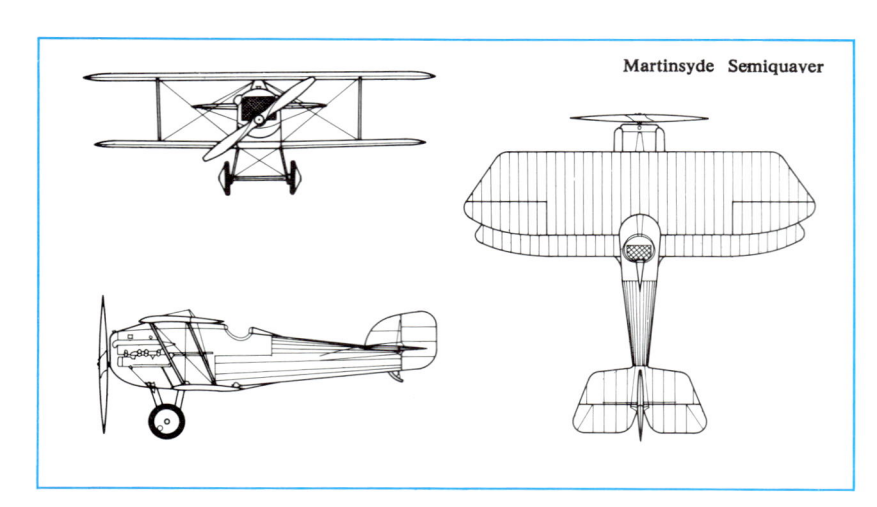

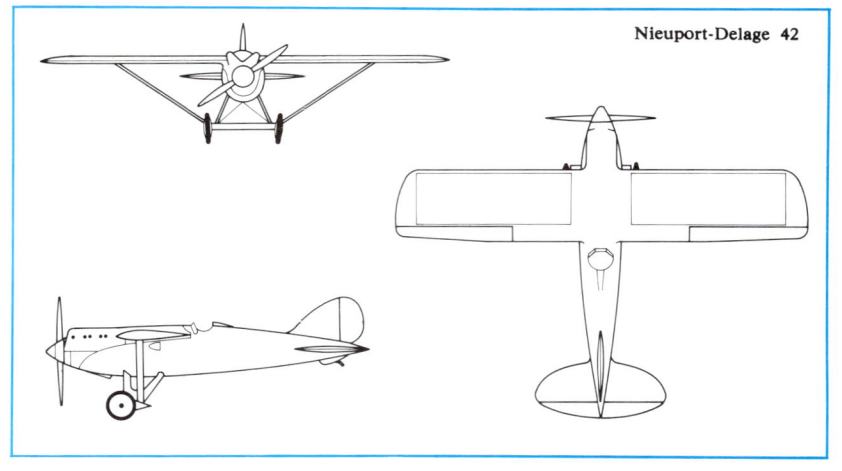

Savoia S.12 bis

Curtiss CR-3

Supermarine Sea Lion III

Curtiss R3C-2

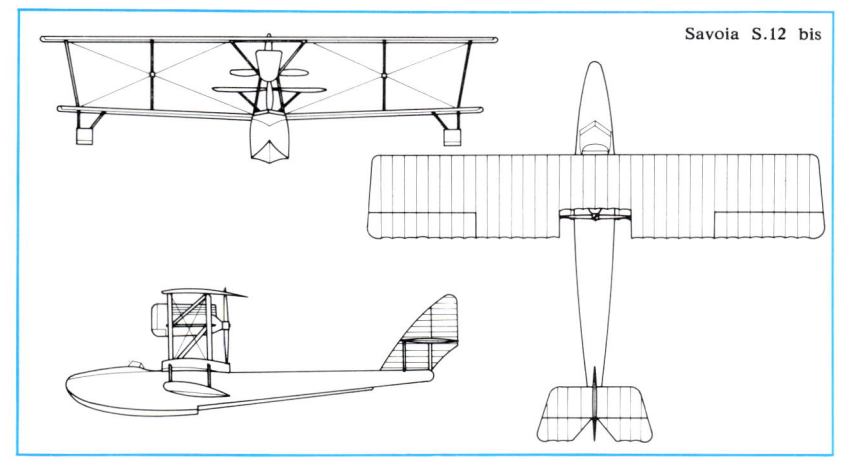

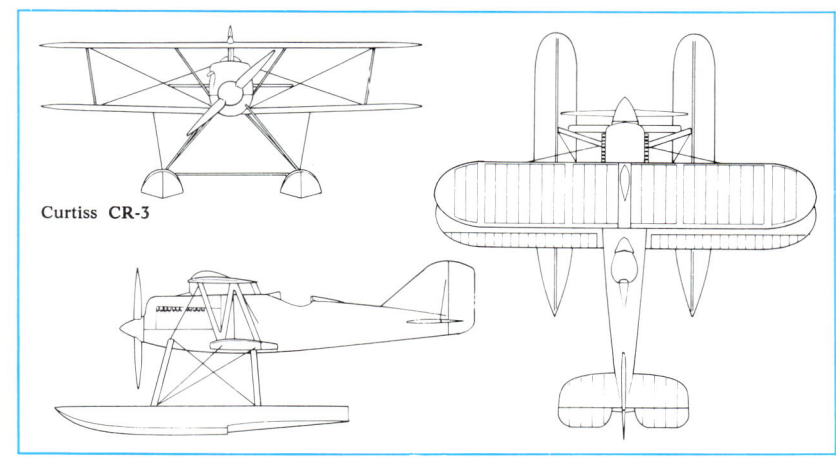

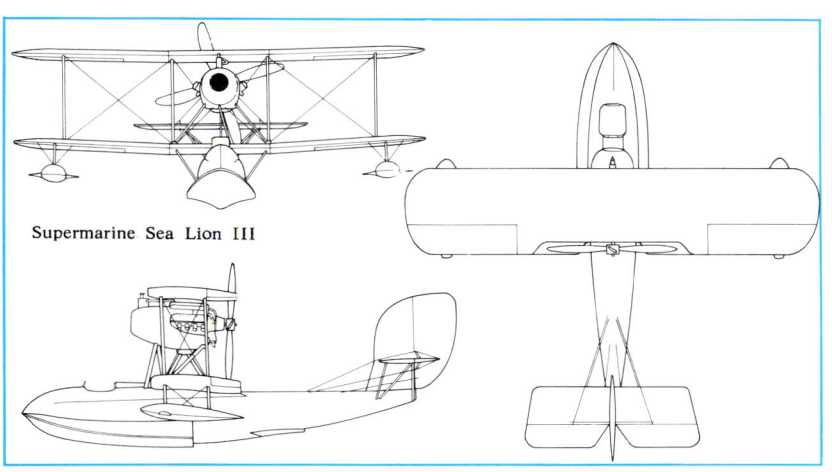

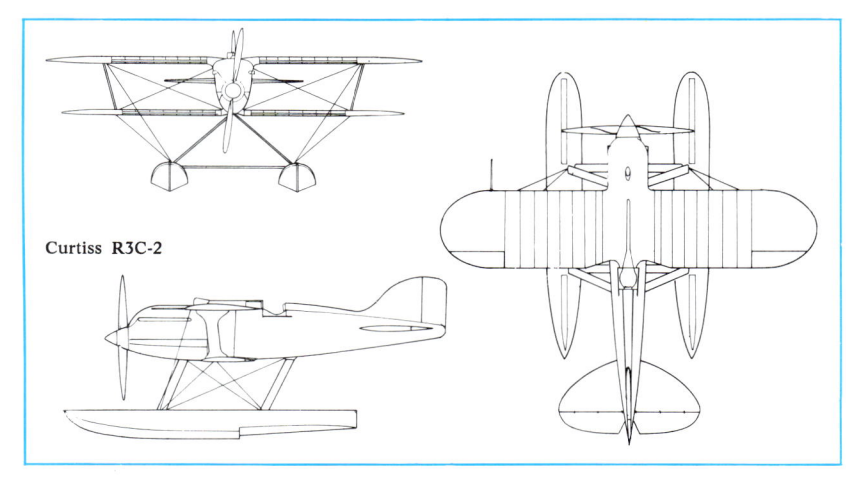

le 7 août 1921, le seul concurrent non italien était le Français Sadi Lecointe, sur Nieuport-Delage 29, qui avait été endommagé au cours des essais. Le vainqueur fut un hydravion militaire italien adapté pour la vitesse, comme l'étaient les deux Savoia de 1919 et de 1920 : un Macchi M.7 bis piloté par Giovanni De Briganti. La moyenne fut de 189,67 km/h.

Il suffisait d'une autre victoire pour que les Italiens remportent la Coupe, mais le 12 août 1922, à Naples, l'unique concurrent anglais réussit à surpasser ses trois adversaires italiens et à rapporter la Schneider en Grande-Bretagne. Le vainqueur fut Henry C. Biard, qui vola avec son Supermarine Sea Lion II à 234,51 km/h. La préparation de ce brillant biplan de compétition montrait que les Anglais n'étaient nullement décidés à se laisser ravir sans rien faire le prestigieux trophée. Mais bientôt les constructeurs britanniques eurent à compter avec de nouveaux et redoutables adversaires : les avions américains. Dans la vague d'enthousiasme pour les compétitions qui déferla au lendemain de la guerre, les États-Unis avaient réussi à concevoir et à mettre au point des appareils exceptionnels. L'un d'entre eux, le Navy Curtiss CR-3, écrasa les avions anglais dans la Coupe Schneider de 1923, qui se déroula à Dowes, dans l'île de Wight, le 27 et le 28 septembre. Cet appareil dérivait du biplan terrestre CR-1 de 1921, réalisé pour disputer le Trophée Pulitzer, dont il différait par l'installation de flotteurs et d'un moteur plus puissant ainsi que par des lignes plus aérodynamiques. Les deux CR-3 en compétition à Cowes obtinrent les premières places : David Rittenhouse l'emporta à une moyenne de 285,30 km/h ; Rutledge Irvine se classa derrière lui à 278,97 km/h. Les Anglais, avec une nouvelle version du Sea Lion, ne furent que troisièmes. Les Italiens n'avaient pas envoyé d'avions. Les États-Unis triomphèrent encore dans la Coupe suivante qui se disputa le 26 octobre 1925 à Baltimore dans le Maryland. A l'origine, la date avait été fixée au 27 octobre 1924, mais vu l'impossibilité pratique pour les concurrents italiens et britanniques de préparer à temps de nouveaux appareils et des moteurs plus puissants, il avait été décidé — avec beaucoup de fair play — d'ajourner la course à un an. Le vainqueur fut un autre hydravion issu d'un appareil terrestre, le Curtiss R3C-2, qui, piloté par James H. Doolittle, vola à une moyenne de 374,20 km/h. Les Anglais, avec le Gloster II-A, arrivèrent deuxièmes (320,46 km/h) ; les Italiens, avec le Macchi M.33, arrivèrent troisièmes (271,02 km/h).

Les Italiens prirent leur revanche l'année suivante, à l'issue d'un duel palpitant avec les Américains, qui avaient l'intention de l'emporter pour la troisième et dernière fois. La neuvième Coupe Schneider se déroula les 12 et 13 novembre 1926 à Hampton Roads (Norfolk, Virginie) et se termina en affrontement direct entre avions italiens et américains. L'Italie avait mis en compétition trois Macchi M.39, confiés à Mario De Bernardi, Arturo Ferrarin et Adriano Bacula.

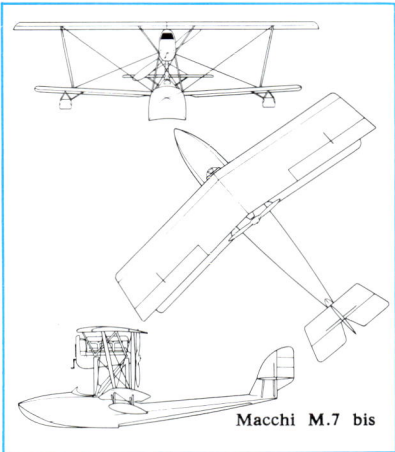

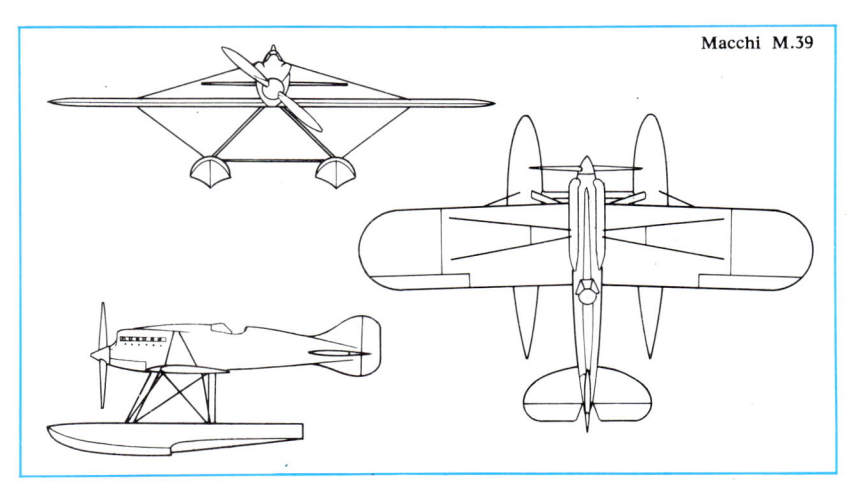

Macchi M.7 bis

Macchi M.39

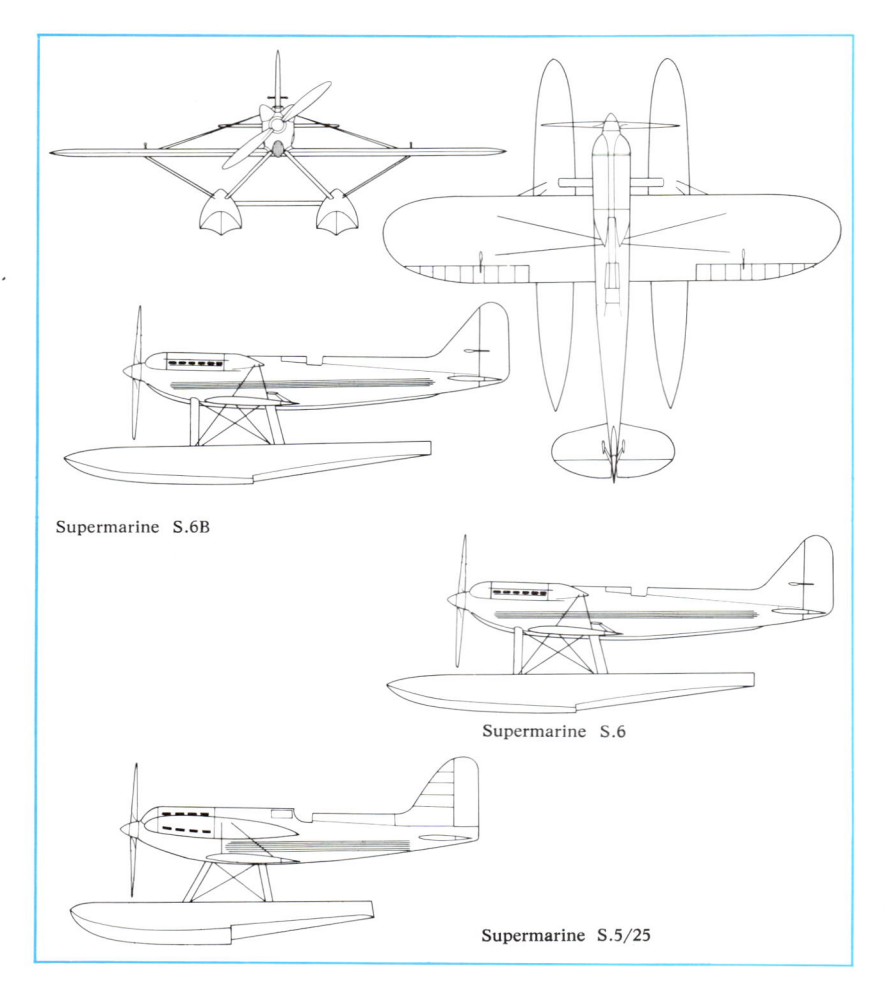

Planches 65-66
Le Trophée Pulitzer de 1920 à 1925

Les hydravions de course Curtiss CR-3 et R3C-2, vainqueurs de la Coupe Schneider en 1923 et 1925 comptèrent parmi les meilleurs éléments d'une génération d'avions de compétition qui vit le jour et prospéra dans l'Amérique des années 20. Ce fut incontestablement une heureuse floraison, favorisée par une abondance de compétitions, dont beaucoup étaient aussi prestigieuses que celles qui se disputaient dans l'Ancien Monde. Parmi les plus populaires et les plus stimulantes pour les pilotes et les ingénieurs, citons le Trophée Pulitzer qui, créé en mai 1919 par les frères Ralph, Joseph Junior et Herbert Pulitzer (éditeurs) en tant qu'épreuve de distance, fut transformé l'année suivante, dans le cadre des National Air Races, en course de vitesse en circuit fermé et se poursuivit pendant cinq ans avec un succès croissant.

Le Trophée de 1920 fut disputé le 25 novembre à Mitchell Field (Long Island, New York) et vit s'aligner 65 participants. A peine 23 finirent la course et les deux premières places revinrent au Verville VCP-R de Corliss C. Moseley et au Thomas-Morse MB-3 de Harold E. Hartney, avec des vitesses moyennes respectives de 251,87 et 238,43 km/h.

Les deux avions, issus d'appareils militaires, avaient été inscrits officiellement par l'armée américaine. Ce fut là le début d'une participation de plus en plus active des militaires aux compétitions aéronautiques, ce qui favorisa incontestablement l'entraînement des pilotes et le choix des matériaux. Beaucoup de constructeurs réalisèrent donc des avions spécialement conçus pour ces courses, de façon à pouvoir en tirer par la suite des appareils capables de susciter des commandes de la part des autorités militaires. Ce fut le cas de Glenn Curtiss qui construisit à cette époque toute une famille d'avions exceptionnels. Le chef de file fut le Curtiss CR-1, mis au point précisément pour le Pulitzer de 1921. La course fut remportée (le 3 novembre à Omaha dans le Nebraska) par cet élégant biplan qui vola à 284,39 km/h de moyenne, avec Bert Acosta aux commandes. Le deuxième fut un autre *racer* de Curtiss, un triplan insolite baptisé Curtiss-Cox Cactus Kitten et construit pour le magnat du pétrole S.E.J. Cox. Sa vitesse moyenne fut de 274,07 km/h.

Les appareils de Curtiss triomphèrent également dans trois autres Pulitzer : celui de 1922, de 1923 et dans le dernier, en 1925. Le 14 octobre 1923, le Trophée fut disputé dans le Michigan, à Selfridge

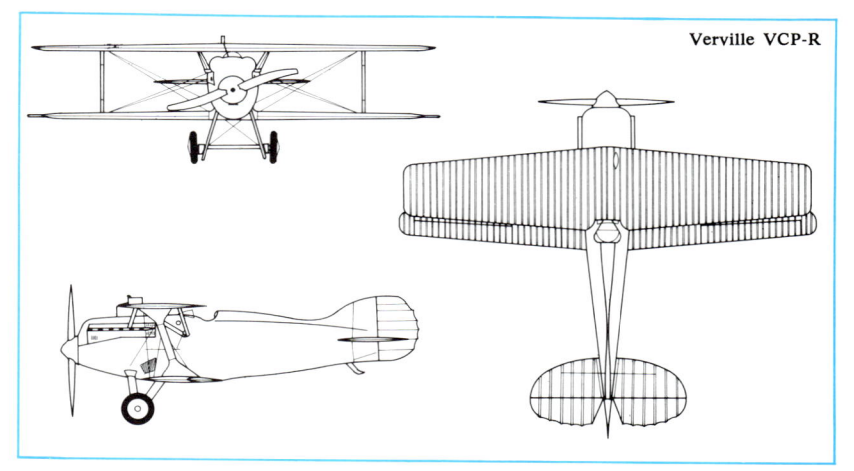

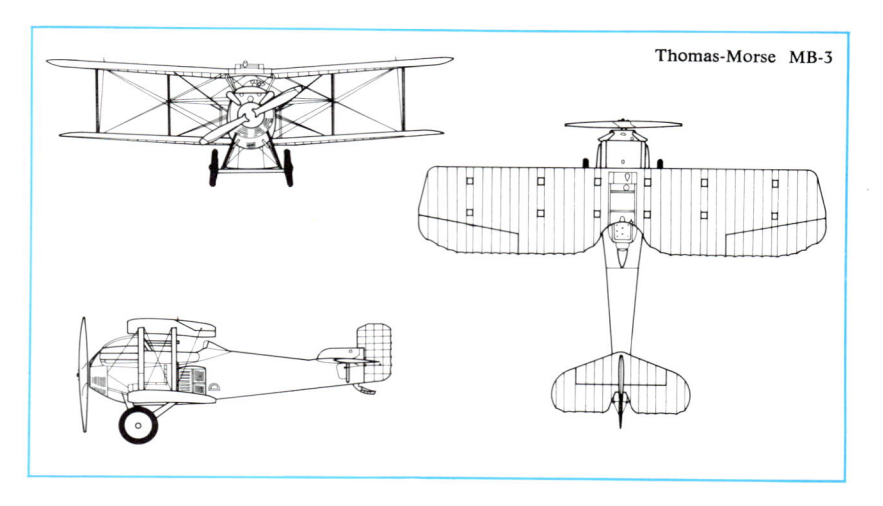

Deux d'entre eux terminèrent la course : De Bernardi arriva premier (396,69 km/h) ; Bacula troisième (350,84 km/h). La deuxième place revint au Curtiss R3C-2 (372,26 km/h). La performance exceptionnelle du M.39 de De Bernardi eut définitivement raison du défi lancé par les Américains : sous prétexte d'économie, le gouvernement des États-Unis annonça quelque temps après qu'il ne participerait plus officiellement à la Coupe Schneider.

Restaient donc en lice les Italiens et les Anglais. La rencontre eut lieu le 26 septembre 1927 à Venise. Trois avions de chaque camp étaient engagés dans la course. L'Italie présentait trois hydravions Macchi M.52 (version améliorée et renforcée du M.39), la Grande-Bretagne deux Supermarine S.5/25 et le biplan Gloster IV. Les Anglais l'emportèrent, les deux S.5 se classant à la première et à la deuxième place, respectivement avec Sidney N. Webster et O.F. Worseley : les vitesses moyennes respectives furent de 453,17 et 439,36 km/h. Ce succès marqua le début d'une série de triomphes qui permirent finalement aux appareils anglais d'être les grands vainqueurs de la Coupe. Le Supermarine S.5 fut en effet le chef de file d'une famille d'hydravions extrêmement sophistiqués qui,

spécialement conçus par Reginald J. Mitchell pour la compétition, portèrent la technique aéronautique à son plus haut niveau pour l'époque.

Ce fut le successeur direct du S.5, le Supermarine S.6, qui remporta la Coupe de 1929 (après celle de 1927, il fut décidé de disputer la course tous les deux ans pour laisser la possibilité de mettre au point des appareils de plus en plus efficaces) qui se déroula de nouveau à Cowes le 6 et 7 septembre. Le vainqueur, H.R.D. Waghorn, vola à 528,76 km/h de moyenne. Les Italiens, avec le Macchi M.52 de Dal Molin se placèrent seconds, avec une moyenne de 457,27 km/h. Deux ans plus tard, le 13 septembre 1931, la plus passionnante des compétitions aériennes s'acheva sur une victoire sans concurrents : le Supermarine S.6B (un S.6 équipé d'un moteur Rolls-Royce de 2 350 ch) vola seul contre la montre, aucun adversaire ne s'étant présenté : Italiens et Français, en effet, n'avaient pas eu le temps de mettre leurs appareils au point. A Lee on Solent (Angleterre), John H. Boothman enregistra 547,30 km/h, nouveau record du monde pour cette catégorie. Il n'en fallut pas davantage pour faire définitivement disparaître la Coupe Schneider.

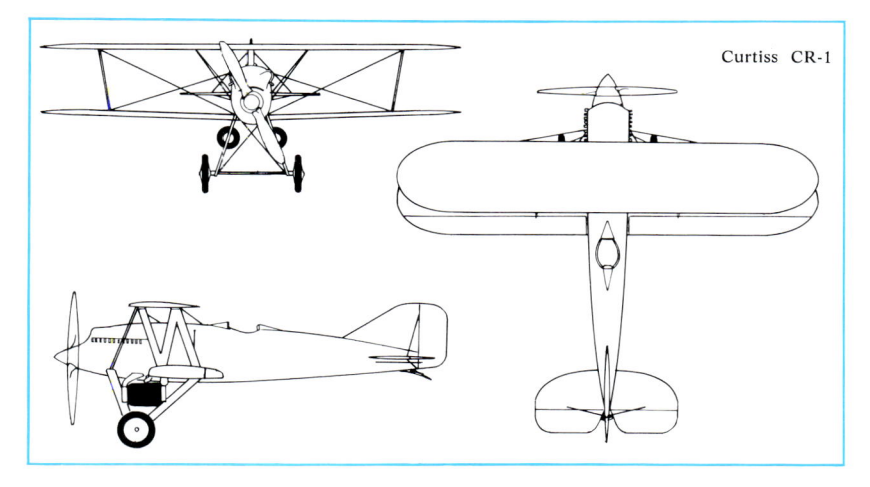

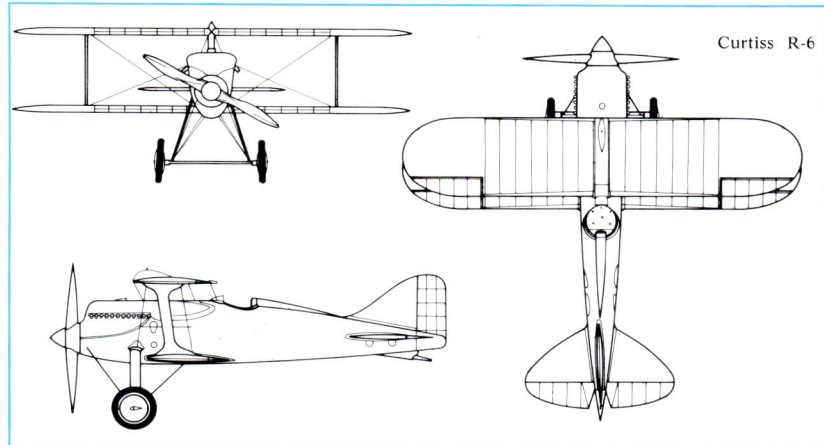

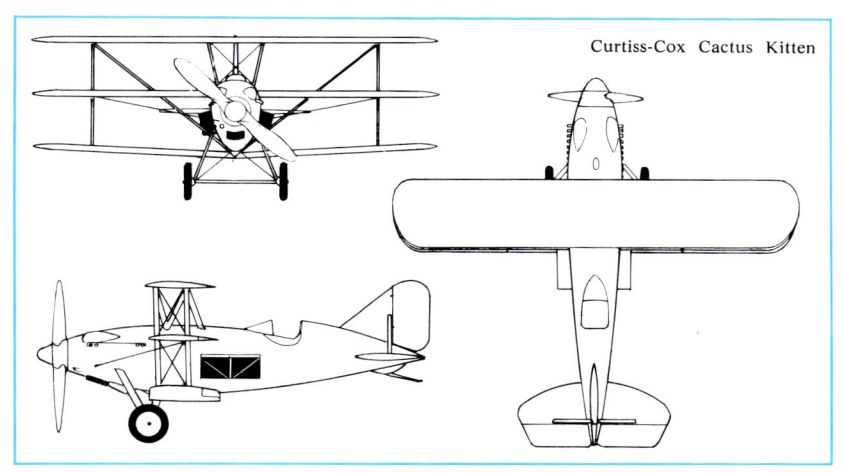

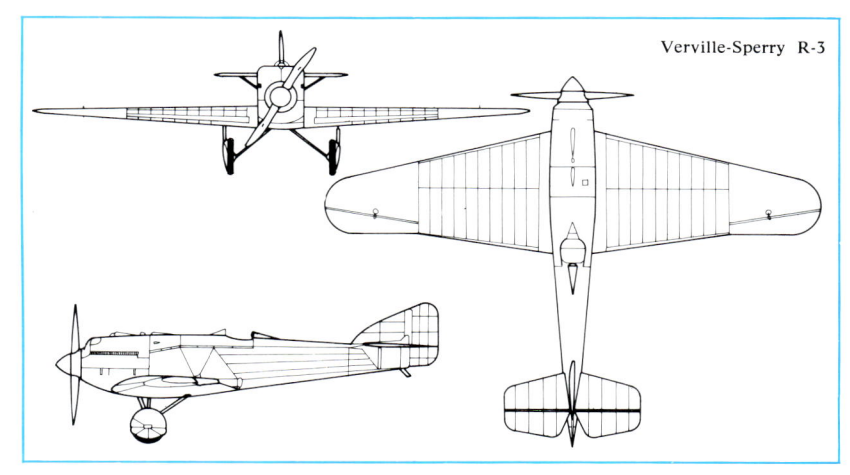

Field et les premières places allèrent à deux Curtiss R-6, pilotés par Russel L. Maughan et Lester J. Maitland (avec des moyennes respectives de 331,22 et 319,94 km/h). Ces avions étaient en gros une version réduite et plus élaborée au point de vue aérodynamique du CR-1 précédent ; ils avaient été commandés directement à Curtiss par l'armée. Pour la marine, en revanche, le célèbre constructeur réalisa le projet suivant, qui donna naissance au Curtiss R2C-1, vainqueur du Pulitzer de 1923. La course se déroula à Lambert Field dans le Missouri le 6 octobre et les *racers* de Glenn Curtiss se classèrent encore une fois aux premières places : pilotés par Alford J. Williams et Harold J. Brow, ils enregistrèrent des temps de 392,06 et 389,02 km/h. La marine, qui avait donné la priorité à la Coupe Schneider prévue pour 1924, se retira du Pulitzer suivant, auquel ne participèrent que les appareils de l'armée.

Le 4 octobre 1924, à Dayton dans l'Ohio, le « vieux » Curtiss R-6 n'arriva qu'à la deuxième place, distancé de peu par le monoplan Verville-Sperry R-3 piloté par Harry H. Mills qui remporta la course avec 348,43 km/h de moyenne. On était bien au-dessous des vitesses atteintes par les R2C-1 en 1923, mais Curtiss mit au point pour l'année suivante une nouvelle version de l'avion, dont il remit en toute équité un exemplaire à l'armée et un à la marine. Le Curtiss R3C-1 écrasa ses adversaires dans le Trophée Pulitzer de 1925 qui fut disputé le 12 octobre de nouveau à Mitchell Field. Le vainqueur fut l'avion de l'armée, piloté par Cyrus Bettis, avec 400,60 km/h de moyenne. Le deuxième fut son jumeau de la marine, piloté par Alford J. « Al » Williams. Après la rencontre, dans les milieux de la marine, on critiqua vivement le comportement de Williams. On ne sait si ce fut à cause de la déception provoquée par la défaite ou pour des faits bien fondés. En particulier, les observateurs avaient noté que l'avion de l'U.S.Navy perdait de la vitesse à chaque tour par rapport à son jumeau de l'armée : cette baisse de performance fut imputée au pilote, accusé de traiter le moteur trop rudement. Néanmoins, le *racer* de Curtiss se révéla un appareil parfait : de même que le CR-1 « navalisé » avait remporté la Coupe Schneider en 1923, quelques jours après le dernier Pulitzer, l'hydravion R3C-2 réédita cette victoire à Baltimore. Piloté par James Doolittle, l'avion atteignit la moyenne de 374,27 km/h, s'adjugeant le record du monde de sa catégorie. A partir de 1925, les militaires se désintéressèrent des compétitions aéronautiques.

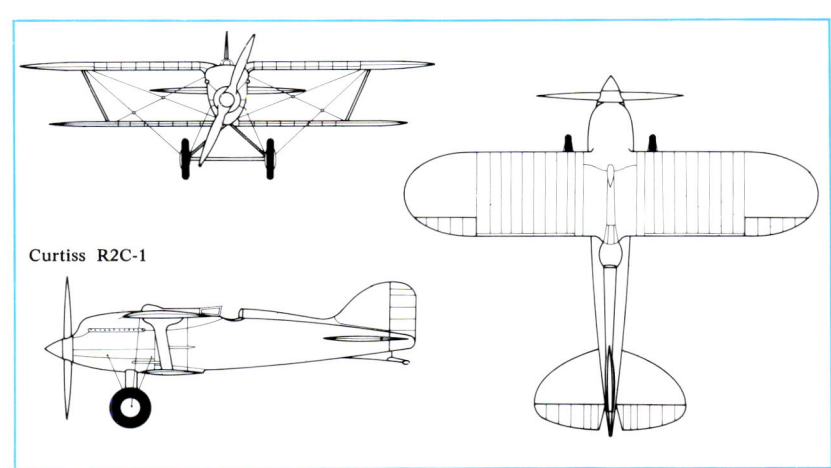

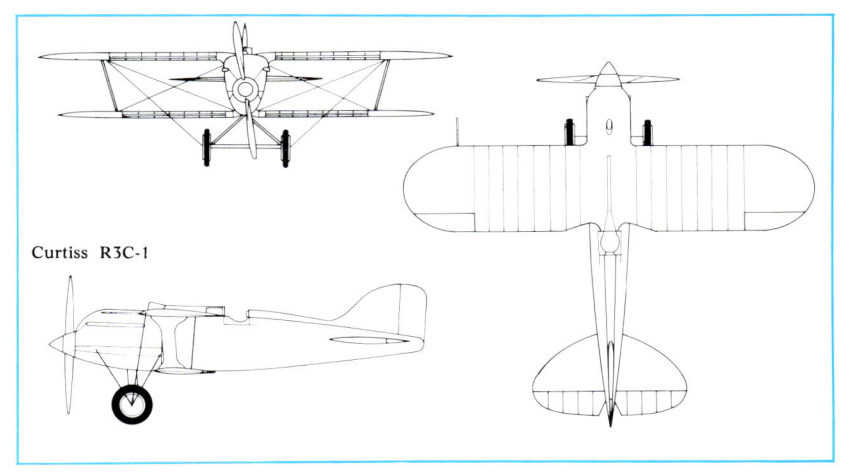

163

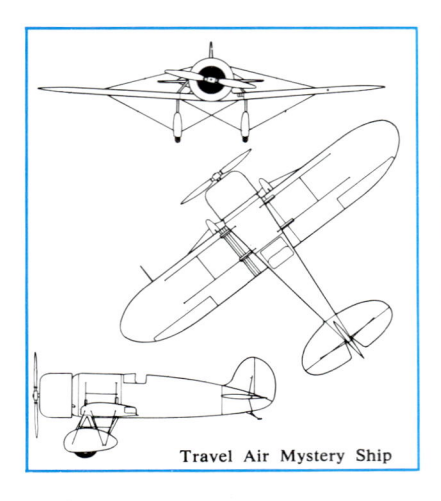

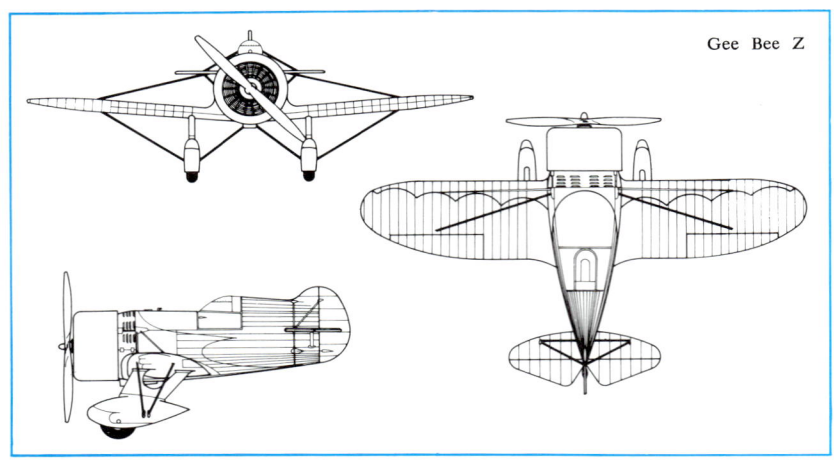

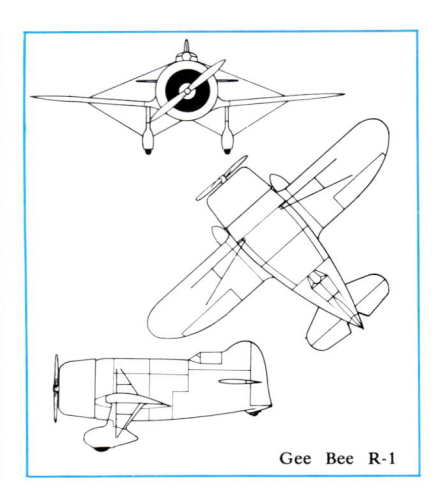

Planche 67
Le Trophée Thompson de 1930 à 1934

Obtuse et peu clairvoyante. C'est ainsi que la presse américaine qualifia la politique adoptée par les autorités après la décision qu'elles prirent de se désintéresser des compétitions aéronautiques et des avions expérimentaux. Les critiques émises par l'opinion publique furent très violentes et arrivèrent à leur comble en 1929, quand, lors des épreuves annuelles des National Air Races — qui n'offraient plus désormais un grand intérêt sportif après la disparition du Trophée Pulitzer — un avion privé, dont la construction avait été commandée par un amateur aux moyens financiers limités, réussit à battre avec éclat les participants inscrits officiellement par l'armée et par la marine qui pilotaient les chasseurs les plus récents. C'était la première fois que pareille chose arrivait et le mérite en revint au Travel Air *Mystery Ship* de Douglas Davis qui s'imposa dans l'épreuve « libre » avec une moyenne de 313,59 km/h, enregistrant un temps de 335,79 km/h dans le tour le plus rapide. Le surnom sous lequel cet élégant monoplan fut connu du public d'amateurs eut pour origine le grand secret qui entoura son arrivée sur le terrain et de la réticence étonnante que montrait le pilote-propriétaire devant la curiosité de la presse spécialisée. Le *Mystery Ship* avait été conçu par Herbert Rawdon et Walter Burhan en été 1928, et un soin tout particulier avait été apporté à la mise au point de l'unité motrice, un radial Wright Whirlwind de 300 ch qui, méticuleusement élaboré, réussit à développer un tiers de puissance supplémentaire.

L'exploit de Davis raviva l'intérêt et, l'année suivante, il fut décidé de créer une compétition de vitesse pure en circuit fermé qui fît revivre les riches heures du défunt Trophée Pulitzer. Le prix fut offert par un autre magnat de l'aviation, Charles E. Thompson, industriel de Cleveland (Ohio) et âprement disputé jusqu'en 1939, devenant finalement un « classique » des compétitions aéronautiques. Dès le premier Trophée, on put voir à quel point l'enthousiasme était grand. Dans cette compétition qui se déroula à Chicago le 1er septembre 1930, les excellentes performances des Travel Air inscrits furent surclassées par celles d'un nouvel appareil réalisé par un particulier, le Laird LC-DW-300 *Solution,* un biplan qui s'inspirait des *racers* de Glenn Curtiss (à l'exception du moteur radial). Il avait été conçu et construit par Matty Laird en un mois exactement. Le *Solution* remporta le Trophée, volant à une vitesse de 324,93 km/h. L'année suivante (le 7 septembre à Cleveland dans l'Ohio) un nouveau participant tint la vedette du Thompson, témoignant de l'activité débordante qui animait les constructeurs privés : le Gee Bee Z, un monoplan minuscule et trapu qui devint finalement plus célèbre que tous les autres avions de course américains. La victoire dans la rencontre de 1931 (380,10 km/h avec Lowell Bayles aux commandes) fut renouvelée lors du Trophée de 1932 (disputé encore à Cleveland le 5 septembre), où un modèle plus puissant, le Gee Bee R-1 de James Doolittle, l'emporta à 406,57 km/h de moyenne. Le succès de ces petits avions s'arrêta là, mais il suffit à déchaîner l'enthousiasme des amateurs qui assistaient aux épreuves par centaines de milliers. Les Gee Bee, en vérité, représentaient bien l'appareil de compétition idéal dans le monde aéronautique des années 30 : difficile et « mauvais », il ne donnait le meilleur de lui-même qu'à force de courage et d'une grande habileté de la part du pilote. Les faits sont là pour en témoigner : le 5 décembre 1931, Lowell Bayles, le vainqueur du Thompson, s'écrasa avec le même avion en tentant de battre un record ; le Gee Bee R-1, vainqueur du Thompson de 1932, s'écrasa également un an plus tard, tuant le pilote Russel Boardman ; toujours en 1933, un autre Gee Bee (type Y) se désintégra en vol alors qu'il était piloté par l'aviatrice Florence Klingensmith ; en 1935, enfin, le modèle final (Gee Bee R-1/R-2) s'écrasa au décollage au départ du Trophée Bendix, tuant le propriétaire-pilote Cecil Allen.

La famille des Gee Bee avait été spécialement réalisée pour la vitesse. L'auteur du projet, Robert Hall, avait mis au point le modèle Z à peine un mois avant le Trophée Thompson de 1931 et la construction avait été financée par une association créée à cet effet — la Springfield Air Racing Association — qui avait pour but d'assurer les moyens nécessaires à la participation aux compétitions. Du premier au dernier, ces avions montrèrent une conception identique de construction et de structure : ils étaient littéralement dessinés autour d'un gros moteur radial, avec le souci de réduire les dimensions au minimum. Cela donna aux Gee Bee la forme caractéristique de « tonneaux volants », avec le pilote installé au bout de la queue, juste sous la dérive, pour compenser le poids de l'unité motrice. En outre, la puissance des propulseurs ne cessa d'être renforcée.

Après le rapide déclin des *racers* de Robert Hall, le Trophée Thompson de l'année suivante vit entrer en scène un nouvel avion qui devait lui aussi remporter deux victoires consécutives : le Wedell-

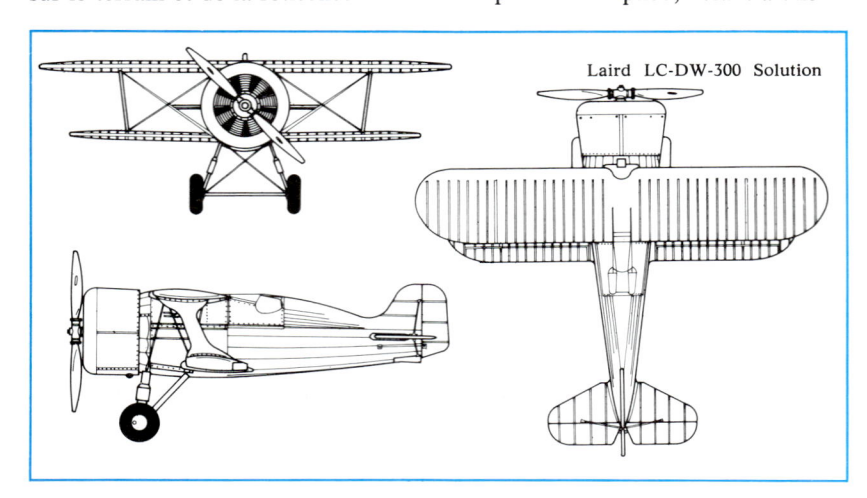

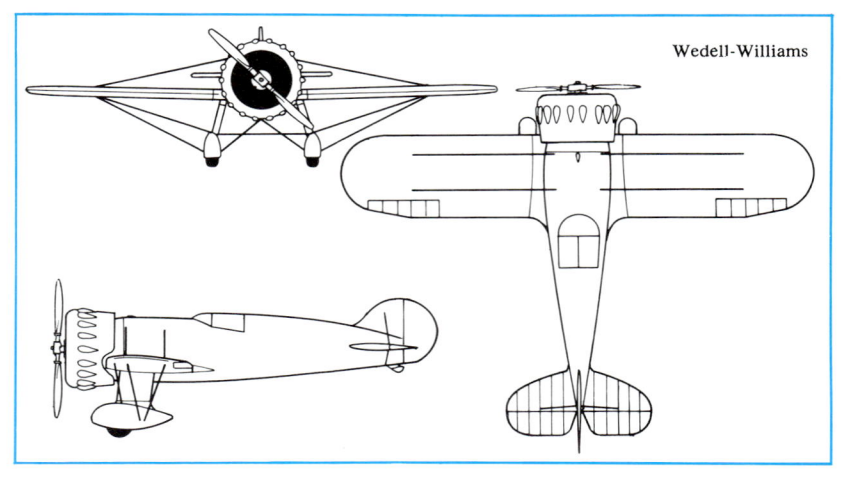

Williams, œuvre de James Robert Wedell. Ce fut l'auteur-constructeur en personne qui l'amena à la victoire en 1933 (le Thompson fut disputé le 4 juillet à Los Angeles) à une moyenne de 382,86 km/h. L'avion avait fait ses débuts dans le Trophée de 1931, se classant à la deuxième place derrière la Gee Bee Z de Lowell Bayles. En 1932, même résultat, renforcé par celui de deux autres exemplaires arrivés aux troisième et quatrième places. La victoire fut à nouveau acquise en 1934 (encore à Cleveland, le 3 septembre) avec Roscoe Turner aux commandes : la moyenne fut de 399,23 km/h. Mais le palmarès du Wedell-Williams ne s'arrêta pas là : le monoplan remporta encore trois Trophées Bendix (1932 avec 394,27, 1933 avec 345,58 et 1934 avec 347,92 km/h de moyenne) et battit un prestigieux record du monde de vitesse pour avions terrestres : 491,22 km/h, le 4 septembre 1933. Ce record tomba au terme d'une compétition mineure qui avait été organisée à Chicago : le Frank Philipps Trophy.

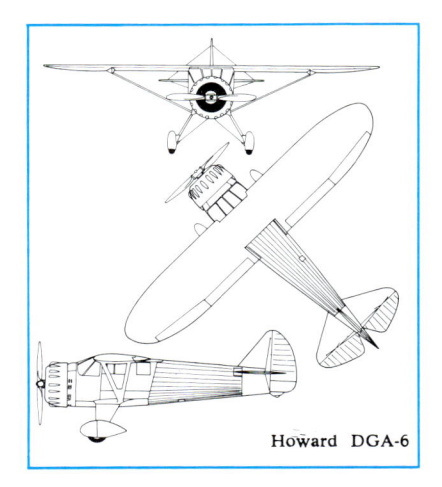

Planche 68
Le Trophée Thompson de 1935 à 1939

Les quatre derniers Trophées Thompson révélèrent autant de nouveaux concurrents prestigieux, témoignant des progrès remarquables accomplis par l'aviation sous l'impulsion des compétitions. En 1935, le Trophée fut remporté par un appareil ressemblant davantage à un avion de tourisme qu'à un *racer* : le Howard DGA-6 *Mr. Mulligan*, un élégant monoplan à ailes hautes conçu par l'un des personnages les plus célèbres du monde des courses aéronautiques des années 30, Ben Howard. A Cleveland, le 2 septembre, *Mr. Mulligan,* piloté par Harold Neumann, vola à une vitesse moyenne de 354,29 km/h. A peine deux jours plus tôt, avec l'auteur du projet aux commandes, l'avion avait triomphé dans l'autre course de vitesse des National Air Races, le Trophée Bendix. En cette occasion, Howard et Gordon Israel réussirent à voler à 384,14 km/h de moyenne, battant de 23 secondes et demie le monoplace Wedell-Williams de leur rival direct Roscoe Turner. L'année suivante, un événement exceptionnel marqua les National Air Races : la participation d'un avion européen, qui entra en lice avec les appareils américains : le Caudron C-460, un monoplan qui arrivait aux États-Unis entouré d'une aura de gloire sportive. Un des plus célèbres avions de compétition français, le Caudron, avait été conçu par Marcel Riffard pour participer à la Coupe Deutsch de La Meurthe et, en décembre 1934, avait battu le record du monde de vitesse en atteignant 505,33 km/h. C'était la première fois que les pilotes et les appareils américains étaient défiés sur leur terrain par un Européen. Le Caudron C-460 réussit l'exploit : il remporta le Thompson (disputé du 4 au 7 septembre à Los Angeles) à 425,19 km/h de moyenne et le Trophée Greve à 397,9 km/h. Il fut piloté en ces deux occasions par Michel Detroyat.

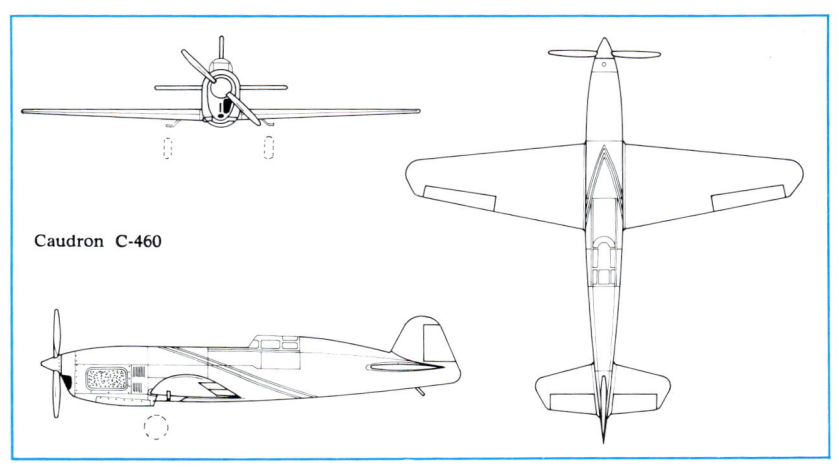

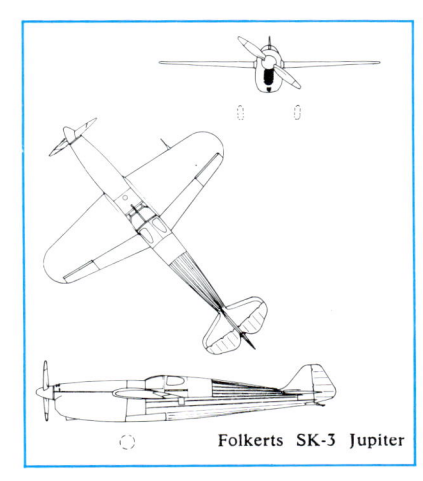

Ce fut un événement unique. En 1937 (le 6 septembre, à Cleveland), le Thompson fut adjugé à un petit monoplan américain, le Folkerts SK-3 Jupiter qui, piloté par Rudy Kling, remporta également le Greve : les vitesses furent respectivement de 413,36 et 373,72 km/h de moyenne. Kling arracha la victoire au Trophée Thompson au dernier moment, par une soudaine descente en piqué.

Au cours des deux dernières années, avant que l'âge d'or des avions de compétition ne se termine brusquement à cause de l'approche du nouveau conflit, le Trophée Thompson marqua la fin de la carrière de l'un des plus célèbres pilotes de l'époque, Roscoe Turner, qui, après sa victoire de 1934, revint à la conquête du prestigieux Trophée à bord d'un appareil aussi exceptionnel que le Wedell-Williams : le Laird-Turner L-RT Meteor. Connu sous le surnom de *Turner Special,* ce petit et puissant monoplan changea plusieurs fois de noms : en 1938, il fut baptisé *Pesco Special* et, en 1939, *Miss Champion*. Mais dans chaque Trophée Thompson il apparut comme un remarquable pur-sang du ciel. A Cleveland (du 3 au 5 septembre 1938 et du 2 au 5 septembre 1939), le Meteor fut le dernier à s'inscrire sur le livre d'or du Trophée : Turner fut vainqueur en volant respectivement à 456,02 et 454,60 km/h. La performance de Roscoe Turner, en cette occasion, fut superbe : resté en queue du peloton au début de l'épreuve pour avoir « sauté » un pylône (qu'il fut contraint de repasser), il remonta de position en position tout au long des neuf tours, en filant au-dessus de la tête de 60 000 spectateurs qui, débordant d'enthousiasme, s'étaient mis debout pour l'applaudir. Afin de s'assurer la victoire, Turner réussit à doubler tous les autres concurrents.

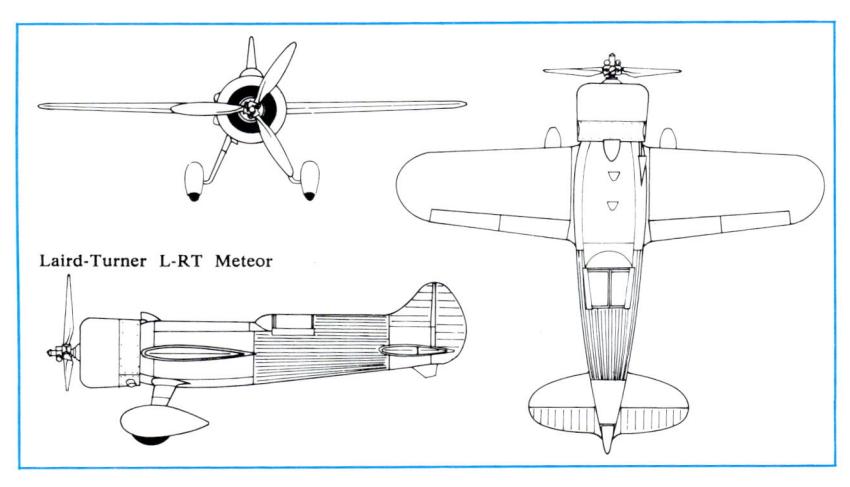

Planche 69
Le Trophée Bendix
de 1931 à 1939

A partir de 1931, au Trophée Thompson vint s'ajouter une autre compétition de vitesse qui, elle, n'avait pas lieu en circuit : le Trophée Bendix. Créé par Vincent Bendix, président de la société du même nom, le prix prévoyait la traversée de tout le continent, de Burbank, en Californie, à Cleveland dans l'Ohio : une distance de presque 3 300 kilomètres, qui devait engager les concurrents pour une durée moyenne d'une dizaine d'heures de vol. Cette course passionnante fut régulièrement disputée jusqu'en 1939 et ce n'est qu'en deux occasions (1933 et 1936) que l'itinéraire fut changé : ces deux fois-là, les villes de départ et d'arrivée furent New York et Los Angeles. Au cours de ces neuf années, l'accroissement des vitesses moyennes des avions qui prirent part au Bendix fut tout aussi important que celui qu'on enregistra à l'occasion des différents Trophées Thompson, et ce malgré la distance plus grande à parcourir. Le premier vainqueur fut James Doolittle, le 4 septembre 1931, à une vitesse moyenne de 374,95 km/h. Doolittle pilotait un véritable pur-sang (le Laird LC-DW-500 Super Solution, une version améliorée et plus puissante que le Solution qui avait remporté le premier Trophée Thompson l'année d'avant) et cela expliqua le retard important avec lequel arrivèrent les trois autres concurrents, tous des monoplans commerciaux du type Lockheed Orion, dont le plus rapide ne réussit pas à dépasser les 320 km/h de moyenne. Les trois Trophées Bendix suivants virent s'affirmer un autre *racer,* le fameux Wedell-Williams qui, pendant deux ans, allait réussir un doublé avec ses victoires au Thompson et au Bendix. En 1932 (9 août), James Haizlip vola à une moyenne de 394,20 km/h ; l'année suivante (1er juillet) le Wedell-Williams de Roscoe Turner atteignit 345,58 km/h de moyenne ; en 1934 (31 août), la victoire revint à l'appareil de Douglas Davis avec 347,92 km/h de moyenne. En 1935 (31 août) le monoplan de Roscoe Turner ne réussit pas à remporter une nouvelle victoire, mais il s'en fallut d'un cheveu : au terme d'une course palpitante, il fut battu par le *Mr. Mulligan* de Ben Howard (384,07 km/h de moyenne) qui devait remporter deux jours plus tard le trophée Thompson.

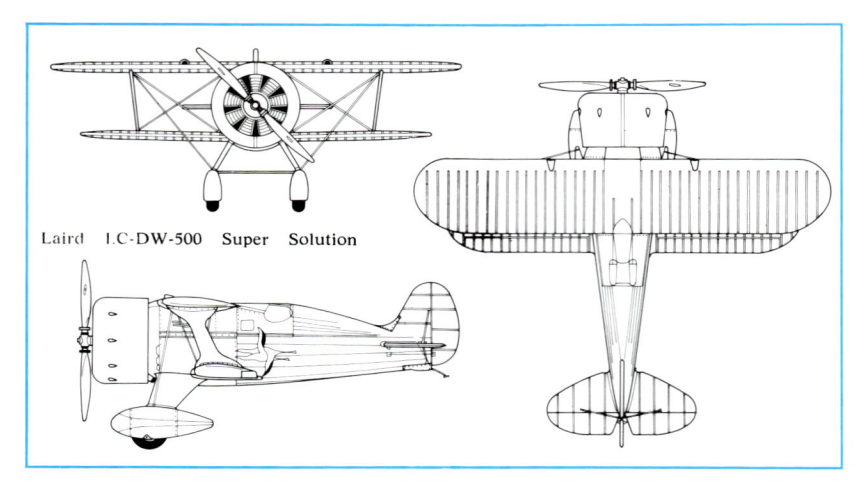

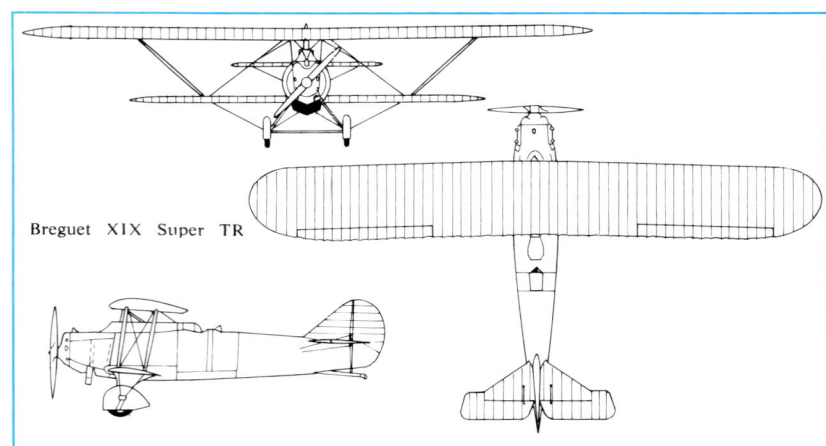

Le 4 septembre 1936, le Trophée Bendix réserva une surprise : la victoire, pour la première fois, d'un avion commercial « normal », le Beech C-17R de Louise Thaden et Blanche Noyes. Les deux aviatrices effectuèrent la course à une moyenne de 266,08 km/h, moyenne qui, si basse qu'elle fût, était le record féminin de la traversée est-ouest des États-Unis. Cette réussite fut certainement facilitée par une série d'incidents qui mirent hors course les adversaires les plus dangereux, dont le *Mr. Mulligan* de Ben Howard, contraint d'atterrir à la suite de la rupture de l'hélice.

Les trois derniers Trophées Bendix virent, après bien des années d'obscurité, s'imposer un appareil militaire. Il s'agissait du Seversky Sev S-2, un monoplan pratiquement identique à la variante militaire P-35 qui, à cette époque, était soumise aux essais dans l'armée de l'air. Cédé à quelques amateurs passionnés pour être utilisé en compétition, ce petit avion trapu fut inscrit au Bendix de 1937 sans aucune préparation. Le 3 septembre, piloté par Frank Fuller, il l'emporta à une moyenne de 415,51 km/h, après avoir volé pendant 7 h 54 mn 26 s. L'année suivante, le 3 septembre également, le Seversky Sev-S2 remporta une nouvelle victoire, piloté par Jacqueline Cochran à 401,83 km/h de moyenne.

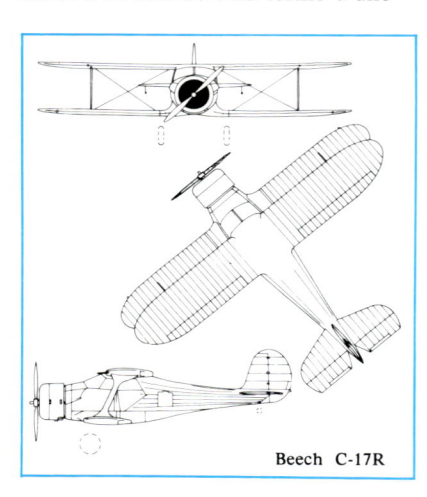

**Planche 70
Petits avions sportifs
pour grands exploits ; 1929-1934**

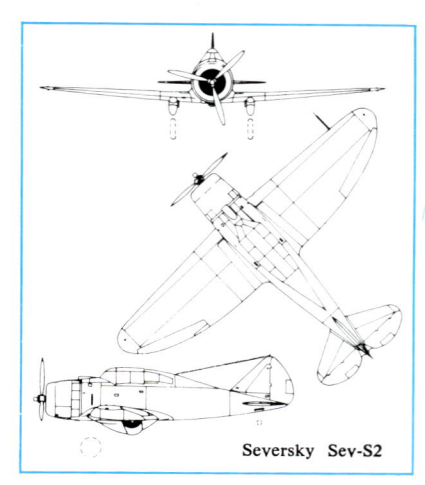

Les États-Unis, avec leurs grandes compétitions capables de susciter l'intérêt de milliers d'amateurs et de centaines de milliers de spectateurs, représentèrent un modèle idéal pour le monde de l'aviation. Au cours des années 30, l'enthousiasme et les exploits des aviateurs européens furent tout aussi remarquables. En France, le défi à l'Atlantique fut à nouveau lancé le 1er septembre 1930. Ce jour-là, à 10 h 54, un biplan rouge piloté par Dieudonné Costes et Maurice Bellonte, décolla du Bourget en direction de New York, dans le but de traverser l'Atlantique dans le sens opposé au vol qu'avait effectué Charles Lindbergh trois ans et demi plus tôt. Le Breguet XIX Super TR (baptisé *Point-d'Interrogation*) réussit l'exploit : il parcourut 5 953 kilomètres en 37 h 18 mn de vol, à la moyenne de 167,3 km/h. Ce n'était pas la première fois que cet avion se montrait capable de performances de cette portée : le 27 septembre 1929, il avait battu le record du monde de distance, avec 7 905 kilomètres en 51 h 19 mn ; en décembre, celui de distance en circuit fermé, avec 8 025 kilomètres sans escale ; en janvier et en février 1930, ceux de vitesse, distance et durée avec une charge utile de 500 kg et ceux de distance et durée avec une charge utile de 1 tonne. Le *Point-d'Interrogation* dérivait d'un avion de reconnaissance, et comme tel était plus adapté à la distance qu'à la vitesse. En revanche, le Kellner-Béchereau 28 V.D. était un pur *racer,* produit typique de la mentalité sportive des années 30. Il fut réalisé pour participer à la Coupe Deutsch de La Meurthe de 1933. De ligne très pure, assez sophistiqué, capable de hautes performances avec des puissances relativement faibles, ce petit monoplan assez semblable à de nombreux « cousins » d'outre-Atlantique n'eut cependant pas beaucoup de chance : au cours des essais, le 14 mai 1933, il fut gravement endommagé et dut être retiré.

Des vols spectaculaires de distance et de durée furent également effectués par des avions anglais contemporains. L'un des plus célèbres de l'époque fut le De Havilland D.H.88 Comet, un élégant bimoteur réalisé pour la rencontre Angleterre-Australie, une

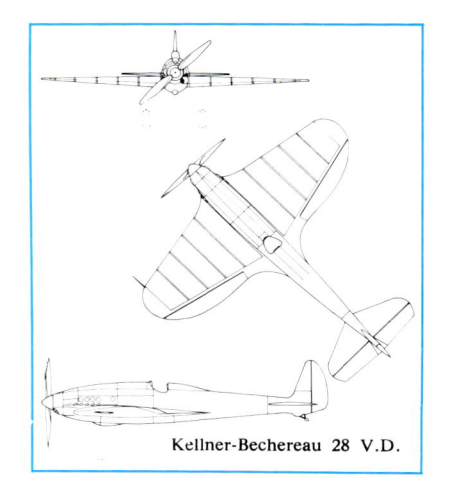

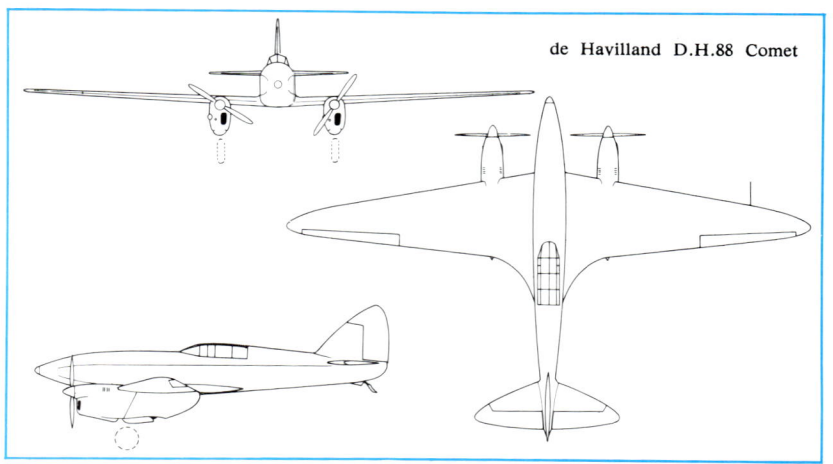

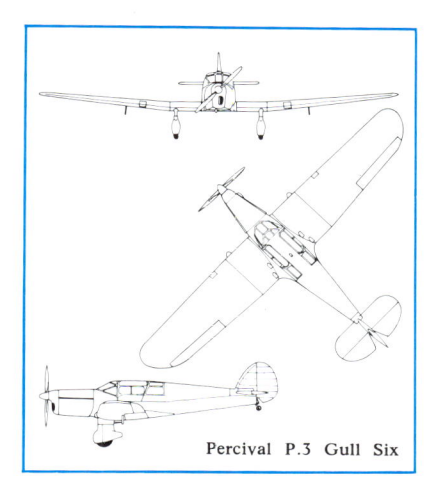

Percival P.3 Gull Six

droite : Moscou-San Jacinto (Californie), 10 144 kilomètres en 62 h 17 mn.

Planche 71
Six avions sportifs à ne pas oublier ; 1935-1940

Les exploits du Tupolev ANT 25 furent partiellement imités en 1938 par un avion japonais, le Koken. Conçu spécialement par l'Institut de recherches aéronautiques de l'université de Tōkyō, ce grand monoplan monomoteur réussit à battre le record du monde de distance en circuit fermé. Avec un équipage de 3 personnes, du 15 au 16 mai, le Koken vola sur 11 651 kilomètres, pendant 62 h 23 mn. Un an plus tard, du 5 au 6 mars 1939, un autre grand vol de distance fut effectué par un petit avion italien, le Nardi F.N. 305D qui, piloté par Giovanni Zappetta et Leonardo Bonzi, vola de Guidonia (Italie) à Addis Abeba (4 500 kilomètres) en 18 h 49 mn. L'importance de la performance tenait au fait qu'elle avait été réalisée avec un appareil construit pour l'entraînement, même s'il était sensiblement modifié. En dehors de l'allongement du fuselage pour permettre l'installation de réservoirs supplémentaires, la modification la plus importante par rapport à l'avion de série consistait dans l'adoption d'un moteur radial Walter Bora à la place des moteurs en ligne Fiat ou Alfa Romeo. Des vols de distance du même genre furent accomplis, entre 1936 et 1938, par un avion d'une conception qui ressemblait beaucoup à celle du Nardi : le Messerschmitt Bf. 108B allemand. Conçu dans la version initiale (A) pour participer au Circuit européen de 1934, le Bf. 108 fut rendu plus puissant et plus robuste dans sa version suivante et, avant d'être adopté par la Luftwaffe, il réalisa plusieurs exploits sportifs : en 1936, avec l'aviatrice Elly Beinhorn, il vola de Berlin à Istanbul aller et retour en une seule journée ; en 1937 et 1938, il participa

compétition organisée par sir Macpherson Robertson pour commémorer le centenaire de la naissance de la reine Victoria. Non seulement la Comet gagna la course (70 h 54 mn de vol, avec départ le 20 octobre 1934), mais il accomplit ensuite un vol de 42 500 kilomètres — de Gravesand en Angleterre à Sydney en Australie, à Blenheim en Nouvelle-Zélande, et retour en Angleterre — en 10 jours, 21 heures et 22 minutes. Le même itinéraire, mais sans vol de retour, fut parcouru par un petit monomoteur de tourisme, le Percival P.3 Gull Six, qui, avec l'aviatrice Jean Batten aux commandes, arriva en Nouvelle-Zélande dans le temps record de 11 jours et 45 minutes. L'année précédente, Jean Batten avait amélioré, avec le même avion, le temps de la traversée de l'Atlantique Sud : d'Angleterre au Brésil en 13 h 15 mn.

Les grandes traversées attirèrent aussi l'Union soviétique, qui fit brillamment ses débuts dans le domaine sportif en 1934, avec le Tupolev ANT 25. Le 12 septembre fut battu le record du monde de distance en circuit fermé (12 441 kilomètres en 75 h 2 mn) ; le 20 juin 1937 fut établie la première liaison sans escale Moscou-Portland (Washington), avec 8 529 kilomètres en 63 h 25 mn ; un mois plus tard, l'ANT 25 battit le record du monde de vol en ligne

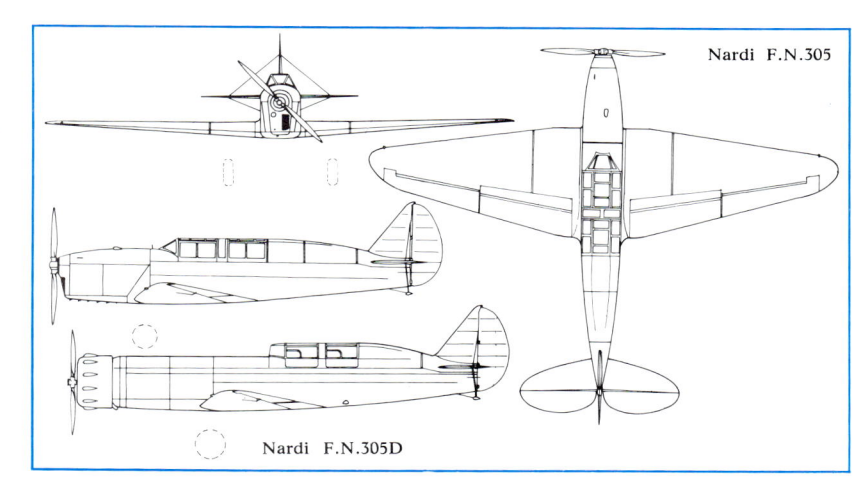

Nardi F.N.305

Nardi F.N.305D

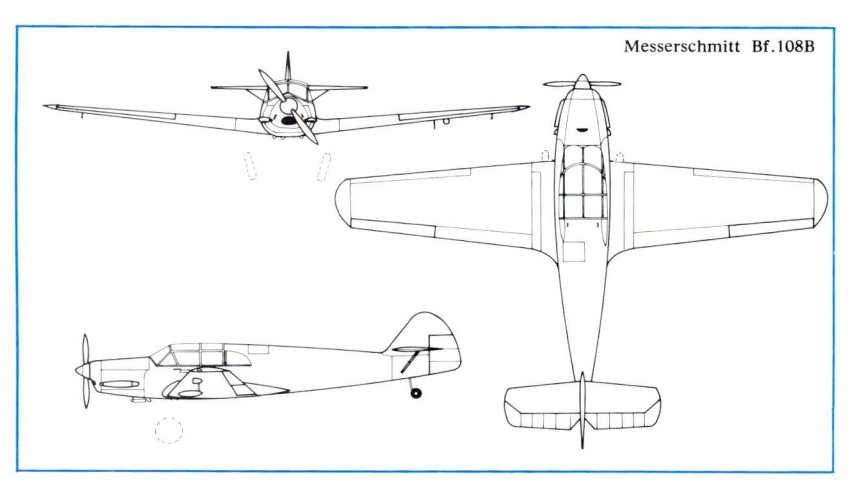

Messerschmitt Bf.108B

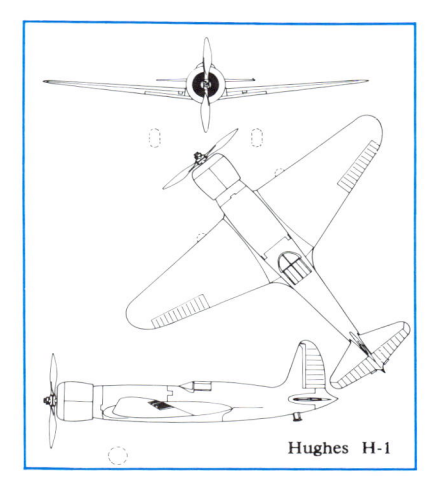

Hughes H-1

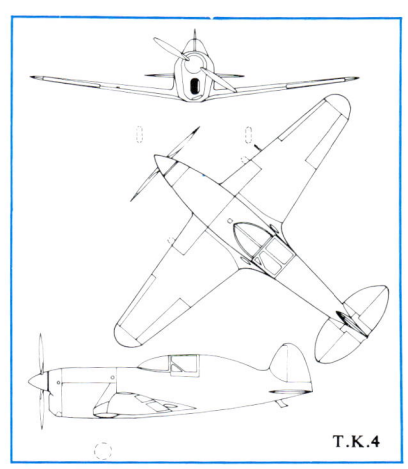

T.K.4

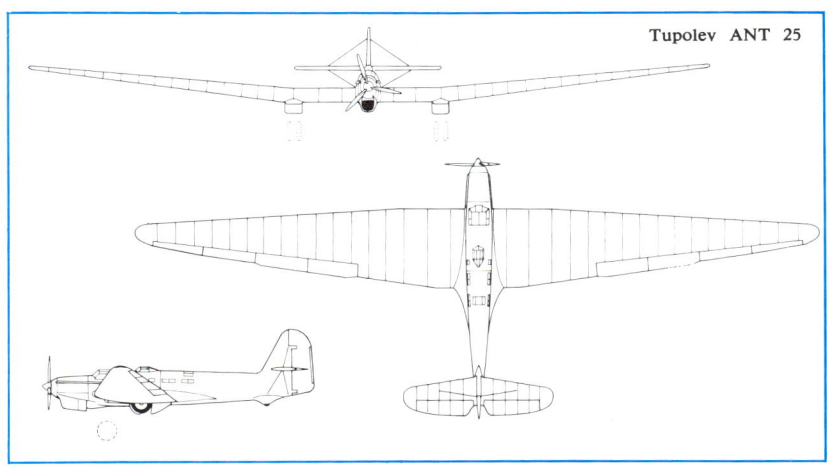

Tupolev ANT 25

brillamment à de nombreuses compétitions aéronautiques en Grande-Bretagne, en Allemagne et en Belgique.

Mais la deuxième moitié des années 30 vit aussi les derniers représentants des glorieux *racers*. En Amérique, le Hughes H-1, qui, le 13 septembre 1935, battit le record du monde de vitesse, avec 566,49 km/h à Santa Ana en Californie. En Grande-Bretagne, le T.K.4 et le Heston Type 5 Racer, deux appareils malchanceux dans l'ensemble, car ils ne réussirent pas à atteindre l'objectif ambitieux pour lequel ils avaient été réalisés : le record de vitesse pour avions

terrestres. Le T.K.4, qui se classa à la neuvième place à la King's Cup à la moyenne de 370,8 km/h s'écrasa le 1er octobre 1937 ; et le Heston le 12 juin 1940.

Le Hughes H-1, en particulier, fut une aventure parmi tant d'autres du « milliardaire volant » américain Howard Hughes, qui l'avait conçu et construit pour le simple plaisir de réaliser un appareil exceptionnel. L'idée lui était venue en 1935, et au départ l'avion était destiné à participer, victorieusement si possible, aux Trophées Thompson et Bendix de l'année suivante. Le talent de Hughes et surtout ses moyens financiers illimités en firent un

Heston Type 5 Racer

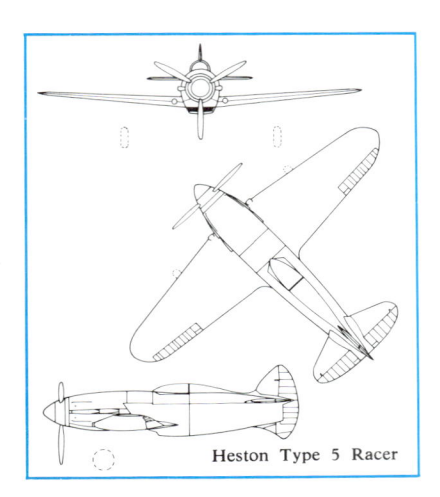

adversaire hors du commun. C'est pourquoi, après l'exploit de 1935, un concert de protestations s'était élevé parmi les concurrents « habituels » des compétitions de vitesse américaines. Hughes, irrité, avait retiré sa candidature, mais n'avait pas pour autant renoncé à montrer les qualités de son œuvre. Le 19 janvier 1937, après avoir doté le H-1 d'ailes de plus grande envergure, il battit le record mondial de vitesse intercontinental, en volant de Los Angeles à Newark en 7 h 28 mn : au total 4 006 kilomètres parcourus à une moyenne de 526,31 km/h.

Planche 72
Trois inoubliables avions à records ; 1928-1934

Les avions à records — appareils uniques, conçus pour des courses en solitaire avec pour seul adversaire le temps — représentèrent la tâche la plus élevée des techniciens et des constructeurs à l'âge d'or des compétitions. Une tâche qui n'était pas négligeable jusque sur le plan financier, qui n'était presque jamais récompensée que par le prestige découlant de la conquête de nouveaux records. Dans le domaine des compétitions de durée et de distance, un appareil italien s'imposa à l'attention du monde aéronautique international entre 1928 et 1930 : le SIAI Marchetti S.M.64. Conçu avec l'intention précise de s'attaquer aux différents records du monde de la spécialité, le S.M.64 fut le résultat de la rencontre de deux amateurs passionnés, Alessandro Marchetti et Arturo Ferrarin, et ses performances furent rendues possibles grâce à la collaboration d'une autre grande entreprise outre la SIAI et le ministère de l'Aéronautique. La Fiat, en effet, mit au point une version spéciale de son moteur A.22, tandis que le ministère faisait construire une piste inclinée à Montecelio, étudiée pour faciliter le décollage de l'avion à pleine charge. Après les vols d'essai à Camari, le

19 avril 1928, le S.M.64 fut mis au point pour s'attaquer au record. La nuit du 31 mai, avec Arturo Ferrarin, Carlo Del Prete et le mécanicien Capannini à son bord, l'avion décolla pour la grande entreprise. Le circuit fut parcouru 51 fois et le 2 juin à 15 h 30 le S.M.64 atterrit, après 58 h 53 mn 53 s de vol et un parcours de 7 663,617 kilomètres : il avait battu le record du monde de durée, de distance en circuit fermé et de vitesse sur 5 000 kilomètres, avec 139 km/h. Le jour suivant, Ferrarin et Del Prete risquèrent une autre tentative : le vol sans escale de Montecelio à Natal (Brésil). Le but

fut atteint, le 5 juillet, avec un nouveau record battu : celui de distance en ligne droite (7 188 kilomètres). Mais la carrière de l'avion n'était pas encore terminée. Revenu en Italie, modifié et rebaptisé S.M.64 bis, il fut confié le 31 mai 1930 à Fausto Cecconi et Umberto Maddalena pour une autre tentative de record de durée en circuit fermé. L'objectif fut atteint avec un vol de 67 h 13 mn et un parcours de 8 186,8 kilomètres, nouveau record du monde.

Au cours des années suivantes, ces succès furent suivis, de façon brillante, par ceux d'un appareil français qui, comme le SIAI

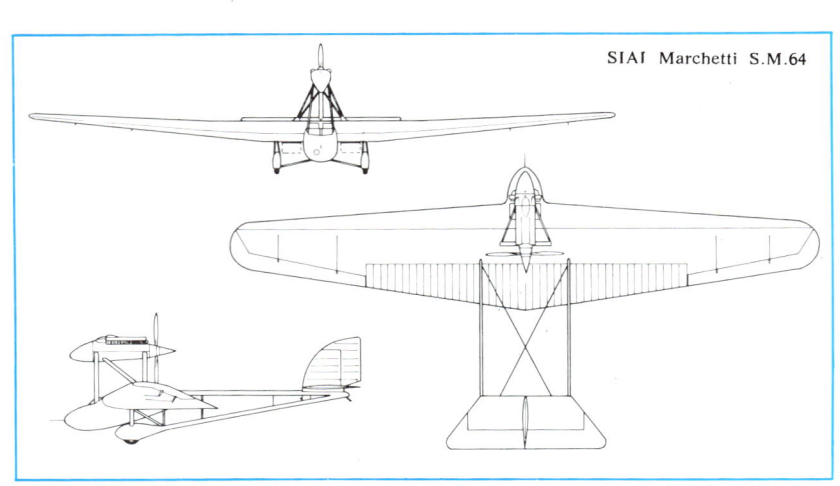

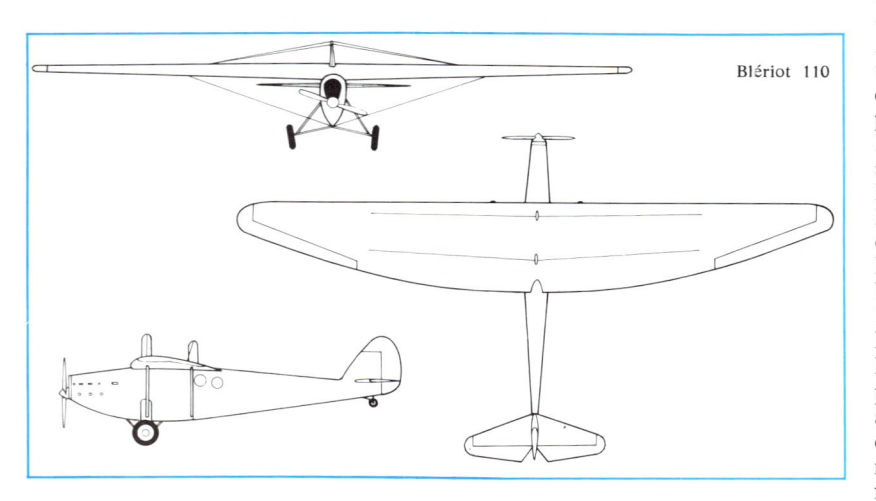

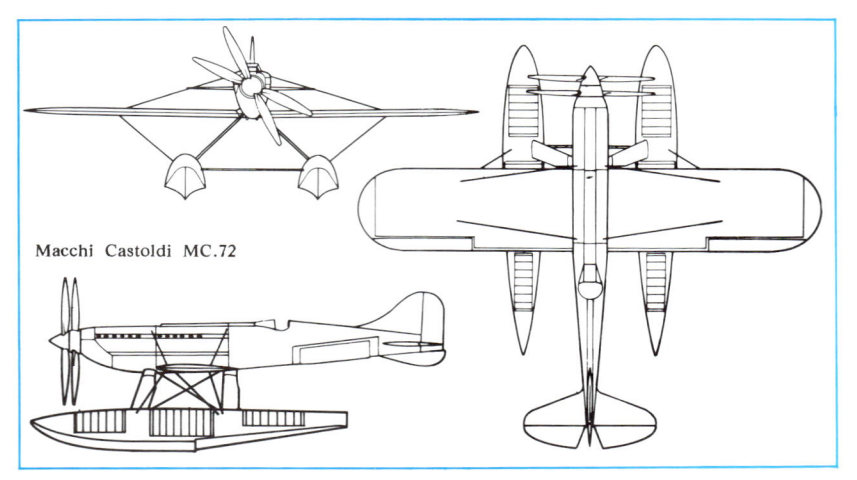

SIAI Marchetti S.M.64

Blériot 110

Macchi Castoldi MC.72

Marchetti S.M.64, avait été conçu et réalisé pour les records : le Blériot 110. Dessiné par l'ingénieur Zappata au début de 1929, l'avion fut achevé le 9 mai de l'année suivante et, au bout de quelques semaines, il commença à remporter des succès, dont le premier fut le record national de distance en circuit fermé, avec 7 701 kilomètres. En février 1931, avec Lucien Bossoutrot et Maurice Rossi aux commandes, le Blériot 110 battit le dernier record détenu par le S.M.64, parcourant 8 822,325 kilomètres en 75 h 23 mn. Un an plus tard, le 26 mars 1932, le même record fut porté à 1 601,480 kilomètres, en 76 h 34 mn. Enfin, le 5 août 1933, Maurice Rossi et Paul Codos s'adjugèrent également le record de distance en ligne droite, avec 9 102 kilomètres (de New York à Rayaq en Syrie) en 55 h 30 mn.

Ce fut à nouveau l'Italie qui, dans le domaine de la vitesse pure, fournit au monde de l'aéronautique de l'époque un appareil qui devait rester unique en son genre : l'hydravion de course Macchi-Castoldi MC.72, le dernier et le meilleur d'une lignée internationale, avait trouvé son stimulant le plus efficace dans la lutte pour la conquête de la Coupe Schneider. Conçu et construit précisément pour la Schneider de 1931, le MC.72 la manqua de peu, à cause des difficultés de mise au point de son moteur exceptionnel : le Fiat A.S.6, réalisé en accouplant deux unités de type A.S.5 en un seul ensemble capable de développer plus de 3 000 ch à 3 300 tr/mn. L'hydravion se rattrapa les années suivantes : le 10 avril 1933, sur le lac de Garde, Francesco Agello battit le record mondial de vitesse pour cette catégorie, avec 682,078 km/h. Le 8 octobre, à Ancône, Cassinelli battit le record absolu de vitesse sur 100 kilomètres, avec 629,370 km/h. Le 23 octobre 1934, à nouveau sur le lac de Garde, fut réalisé l'exploit le plus prestigieux : Francesco Agello, à bord du dernier des cinq exemplaires construits (numéro matricule 181), battit une nouvelle fois le record mondial de vitesse : l'hydravion atteignit la vitesse maximale de 711,462 km/h, avec une moyenne finale de 709,202 km/h. Ce fut là une limite qui ne devait plus être franchie. Malgré les immenses progrès accomplis par l'aviation, le record établi par l'hydravion Macchi n'a pas encore été battu pour la catégorie des hydravions à moteur alternatif.

Résultats des compétitions : Gordon Bennett, Deutsch de La Meurthe, Aerial Derby Planche 74

Coupe d'aviation James Gordon Bennett de 1909 à 1920

Année, localité, distance	Classifi-cation	Pilote	Avion	Moteur	N° de compé-tition	Vitesse km/h	mph
1909 - 28 août Reims (F) 20 km (12,43 ml)	1	Glenn Curtiss (USA)	Curtiss Golden Flyer	Curtiss V-8 50 ch	8	75,492	46.918
	2	Louis Blériot (F)	Blériot XI	E.N.V. V-8 60 ch	22	75,349	46.829
	3	H. Hubert Latham (F)	Antoinette	Antoinette V-8 50 ch	13	68,382	42.499
1910 - 29 octobre Belmont, N. Y. (USA) 100 km (62,137 ml)	1	C. Grahame-White (GB)	Blériot XI bis	Gnome Rotary 14c. 100 ch	—	98,552	61.250
	2	Moisant (USA)	Blériot XI	Gnome Rotary 7c. 50 ch	—	50,694	31.506
	3	Alec Ogilvie (GB)	Wright C	Wright 4c. 35 hp	—	47,314	29.405
1911 - 1er juillet Eastchurch (GB) 150 km (94 ml)	1	Charles T. Weymann (USA)	Nieuport monoplan	Gnome Rotary 7c. 100 ch	—	125,633	78.080
	2	A. Leblanc (F)	Blériot	Gnome Rotary 7c. 100 ch	—	122,037	75.846
	3	M. Nieuport (F)	Nieuport	Gnome Rotary 7c. 70 ch	—	120,814	75.086
1912 - 9 septembre Chicago, Ill. (USA) 201 km (124,8 ml)	1	Jules Védrines (F)	Deperdussin	Gnome Rotary 160 ch	—	169,700	105.469
	2	Maurice Prévost (F)	Deperdussin	Gnome Rotary 160 ch	1	167,050	103.822
	3	* André Frey (F)	Hanriot		5		
1913 - 29 septembre Reims (F) 20 km (12,43 ml)	1	Maurice Prévost (F)	Deperdussin	Gnome Rotary 14c. 160 ch	—	200,836	124.820
	2	Emile Védrines (F)	Ponnier		5	197,907	123.000
	3	Gilbert (F)	Deperdussin			192,275	119.499
1920 - 28 septembre Etampes (F) 300 km (186,451 ml)	1	Sadi Lecointe (F)	Nieuport 29V	Hispano-Suiza V-8 320 ch	10	271,548	168.731
	2	Bernard de Romanet (F)	Spad S.20 bis	Hispano-Suiza V-8 320 ch	8	181,616	112.875
	3	** Georges Kirsch (F)	Nieuport 29V	Hispano-Suiza V-8 320 ch	11		

Après la troisième victoire consécutive, la Coupe a été attribué à l'Aéro-Club de France et la compétition déclarée terminée.
* Retrait au 24e tour. ** Retrait au 3e tour.

Prix Henry Deutsch de La Meurthe de 1912 à 1920

Année, localité, distance	Classifi-cation	Pilote	Avion	Moteur	N° de compé-tition	Tour le plus rapide km/h	mph
1912 - 1er mai Paris (F) 200 km (124,3 ml)	1	Emmanuel Helen (F)	Nieuport	Gnome 70 ch	—	125,370	77.917
1913 - 27 octobre Paris (F) 200 km (124,3 ml)	1	Eugène Gilbert (F)	Deperdussin	Gnome Rotary 160 ch	—	163,451	101.585
1919-1920 - 2 septembre-24 janvier Paris (F) 399 km (118,333 ml)	1	Sadi Lecointe (F)	Nieuport 29V	Hispano-Suiza 42 75 ch	6	266,314	165.515

Coupe d'aviation Deutsch de La Meurthe de 1921 à 1922

Année, localité, distance	Classifi-cation	Pilote	Avion	Moteur	N° de compé-tition	Tour le plus rapide km/h	mph
1921 - 1er octobre Paris (F) 300 km (186,451 ml)	1	Georges Kirsch (F)	Nieuport-Delage	Hispano-Suiza 42 300 ch	7	282,752	175.731
	2	Fernand Lasne (F)	Nieuport-Delage 29V	Hispano-Suiza 42 300 ch	5	259,030	160.988
1922 - 30 septembre Paris (F) 300 km (186,451 ml)	1	Fernand Lasne (F)	Nieuport-Delage 29V	Hispano-Suiza 42 300 ch	4	289,902	180.175

London Aerial Derby de 1912 à 1923

Année, localité, distance	Classifi-cation	Pilote	Avion	Moteur	N° de compé-tition	Tour le plus rapide km/h	mph
1912 - 8 juin Hendon (GB) 130,329 km (81 ml)	1	T.O.M. Sopwith (GB)	Blériot XI	Gnome 70 ch	—	94,062	58.460
1913 - 20 septembre Hendon (GB) 152,855 km (94,5 ml)	1	Gustav Hamel (GB)	Morane-Saulnier	Gnome 80 ch	—	120,964	75.180
1914 - 23 mai Hendon (GB) 152,050 km (94,5)	1	William L. Brock (USA)	Morane-Saulnier	Gnome 80 ch	—	115,622	71.860
1919 - 21 juin Hendon (GB) 304,101 km (189 ml)	1	Gerald Gathergood (GB)	Airco D.H.4R	Napier Lion II 450 ch	7	212,939	132.343
	2	R.H. Nisbet (GB)	Martinsyde F.4 Buzzard	Rolls-Royce Falcon III 220 ch	10	200,976	124.908
	3	Marcus D. Manton (GB)	Airco D.H.4	Rolls-Royce Eagle VIII 360 ch	8	191,057	118.743
1920 - 24 juillet Hendon (GB) 321,80 km (200 ml)	1	Francis T. Courtney (GB)	Martinsyde Semiquaver	Hispano-Suiza 42 290 ch	15	248,899	154.692
	2	James H. James (GB)	Nieuport & General L.C.1	A.B.C. Dragonfly 295 ch	10	233,734	145.267
	3	Cyril F. Uwins (GB)	Bristol 32 Bullet	Bristol Jupiter I 400 ch	17	219,076	136.157
1921 - 16 juillet Hendon (GB) 321,80 km (200 ml)	1	James H. James (GB)	Gloucestershire Mars I	Napier Lion II 425 ch	21	263,076	163.503
	2	Cyril F. Uwins (GB)	Bristol 32 Bullet	Bristol Jupiter I 400 ch	17	229,948	142.914
	3	Walter H. Longton (GB)	S.E.5a	Hisp.-Suiza Wolseley Viper 210 ch	28	192,643	119.729
1922 - 7 août Croydon (GB) 318,582 km (198 ml)	1	James H. James (GB)	Gloucestershire Mars I	Napier Lion II 425 ch	9	287,528	178.700
	2	Rollo A. de Haga Haig (GB)	Bristol 32 Bullet	Bristol Jupiter II 380 ch	8	241,757	150.253
	3	Frederick P. Raynham (GB)	Martinsyde F.6	Hisp.-Suiza Wolseley Viper 210 ch	3	179,482	111.549
1923 - 6 août Croydon (GB) 321,8 km (200 ml)	1	Larry L. Carter (GB)	Gloucestershire Gloster I	Napier Lion III 460 ch	—	314,804	195.652
	2	Walter H. Longton (GB)	Sopwith 107 Hawker	Bristol Jupiter III 420 ch	—	267,917	166.512
	3	C.D. Barnard (GB)	De Havilland D.H.9A	Napier Lion Ia 450 ch	—	240,128	149.241

Les classifications sont basées sur la vitesse. Une seconde classification avait été établie sur la base d'un « handicap ».

Résultats des compétitions : Beaumont, Schneider, Pulitzer

Coupe Louis D. Beaumont de 1923 à 1925

Année, localité, distance	Classification	Pilote	Avion	Moteur	N° de compétition	Tour le plus rapide km/h	mph
1923 - 14 octobre Istres, Marseille (F) 300 km (186,451 ml)	*					—	
1924 - 23 juin Istres, Marseille (F) 300 km (186,451 ml)	1	Sadi Lecointe (F)	Nieuport-Delage 42	Hispano-Suiza 51 570 ch	3	317,460	197.302
1925 - 18 octobre Istres, Marseille (F) 300 km (186,451 ml)	1	Sadi Lecointe (F)	Nieuport-Delage 42	Hispano-Suiza 51 570 ch	—	312,464	194.197

* Non disputée par suite du retrait des concurrents.

Coupe Schneider de 1913 à 1931

Année, localité, distance	Classification	Pilote	Avion	Moteur	N° de compétition	Vitesse km/h	mph
1913 - 16 avril Monaco 280 km (174 ml)	1	Maurice Prévost (F)	Deperdussin	Gnome Rotary 160 ch	19	73,56	45.607
1914 - 20 avril Monaco 280 km (174 ml)	1	C. Howard Pixton (GB)	Sopwith Tabloid	Gnome Rotary 100 ch	3	139,73	83.735
	2	Burri (CH)	F.B.A.	Gnome Rotary 100 ch	7	99,779	62.013
1919 - 10 septembre Bournemouth (GB) 370,40 km (230,205 ml)	1	Guido Jannello (I) *	Savoia S.13 bis	Isotta-Fraschini V6 250 ch	7	—	—
1920 - 21 septembre Venise (I) 371,17 km (230,683 ml)	1	Luigi Bologna (I)	Savoia S.12 bis	Ansaldo V-12 500 ch	7	170,544	105.993
1921 - 7 août Venise (I) 394,10 km (244,938 ml)	1	Giovanni De Briganti (I)	Macchi M.7 bis	Isotta-Fraschini V6A 280 ch	1	189,676	117.884
1922 - 12 août Naples (I) 370,689 km (230,385 ml)	1	Henry C. Biard (GB)	Supermarine Sea Lion II	Napier Lion II 450 ch	14	234,516	145.752
	2	Alessandro Passaleva (I)	Savoia S.M.51	Itala 300 ch	8	229,571	142.679
	3	Arturo Zanetti (I)	Macchi M.17 bis	Isotta-Fraschini V6A 240 ch	9	213,653	132.786
1923 - 28 septembre Cowes, Ile de Wight (GB) 344,472 km (214,090 ml)	1	David Rittenhouse (USA)	Curtiss CR-3	Curtiss D-12 450 ch	4	285,303	177.316
	2	Rutledge Irvine (USA)	Curtiss CR-3	Curtiss D-12 450 ch	3	278,975	173.384
	3	Henry C. Biard (GB)	Supermarine Sea Lion III	Napier Lion III 460 ch	7	252,772	157.065
1925 - 26 octobre Bay Shore Park, Balt (USA) 350 km (217,48 ml)	1	James H. Doolittle (USA)	Curtiss R3C-2	Curtiss V-1400 610 ch	3	374,209	232.573
	2	Hubert S. Broad (GB)	Gloster III-A	Napier Lion III 530 ch	5	320,464	199.170
	3	Giovanni De Briganti (I)	Macchi M.33	Curtiss D-12A 507 ch	7	271,026	168.444
1926 - 13 novembre Hampton Roads, Norfolk (USA) 350 km (217,48 ml)	1	Mario De Bernardi (I)	Macchi M.39	Fiat A.S.2 V-12 800 ch	5	396,698	246.549
	2	Christian Frank Schilt (USA)	Curtiss R3C-2	Curtiss V-1400 500 ch	6	372,263	231.363
	3	Adriano Bacula (I)	Macchi M.39	Fiat A.S. V-12 800 ch	1	350,847	218.052
1927 - 26 septembre Venise (I) 350 km (217,48 ml)	1	S.N. Webster (GB)	Supermarine S.5	Napier Lion VIIG 875 ch	6	453,174	281.650
	2	O.F. Worseley (GB)	Supermarine S.5	Napier Lion VIID 875 ch	4	439,369	273.070
1929 - 7 septembre Cowes, Ile de Wight (GB) 350 km (217,48 ml)	1	H.R.D. Waghorn (GB)	Supermarine S.6	Rolls-Royce R V-12 1920 ch	2	528,765	328.630
	2	T. Dal Molin (I)	Macchi M.52R	Fiat A.S.3 V-12 1030 ch	—	457,277	284.200
	3	d'Arcy Greig (GB)	Supermarine S.5	Napier Lion VIIG 875 ch	—	453,914	282.110
1931 - 13 septembre Lee on Solent (GB) 350 km (217,48 ml)	1	John H. Boothman (GB)	Supermarine S.6B	Rolls-Royce R V-12 2350 ch	—	547,307	340.153

* La victoire ne fut pas homologuée.

Trophée Pulitzer de 1919 à 1925

Année, localité, distance	Classification	Pilote	Avion	Moteur	N° de compétition	Vitesse km/h	mph
1919 - 28 mai Atlantic C., N.J. - Boston, Mass. (USA) 547 km (340 ml)	1	Mansell R. James (USA)	Sopwith Camel				
1920 - 25 novembre Long Island, N.Y. (USA) 186,772 km (116,080 ml)	1	Corliss C. Moseley (USA)	Verville VCP-R	Packard 1A 638 ch	63	251,921	156.539
	2	Harold E. Hartney (USA)	Thomas-Morse M.B.3	Wright H-2 326 ch	41	238,432	148.187
	3	Bert Acosta (USA)	Ansaldo A.1 Balilla	SPA 6A 210 ch	56	216,410	134.500
1921 - 3 novembre Omaha, Nebr. (USA) 247,134 km (155,595 ml)	1	Bert Acosta (USA)	Curtiss CR-1	Curtiss CD-12 405 ch	4	284,390	176.750
	2	Clarence B. Coombs (USA)	Curtiss-Cox Cactus Kitten	Curtiss C-12 435 ch	3	274,070	170.336
	3	John A. Macready (USA)	Thomas-Morse MB-6	Wright H-2 435 ch	3	258,600	160.721
1922 - 14 octobre Mt. Clemens, Mich. (USA) 250 km (155,376 ml)	1	Russel L. Maughan (USA)	Curtiss R-6	Curtiss D-12 468 ch	43	331,222	205.856
	2	Lester J. Maitland (USA)	Curtiss R-6	Curtiss D-12 468 ch	44	319,949	198.850
	3	Harold J. Brow (USA)	Curtiss CR-2	Curtiss D-12 435 ch	40	311,655	193.695
1923 - 6 octobre St. Louis, Mo. (USA) 200 km (124,28 ml)	1	Alford J. Williams (USA)	Curtiss R2C-1	Curtiss D-12A 507 ch	9	392,069	243.673
	2	Harold J. Brow (USA)	Curtiss R2C-1	Curtiss D-12A 507 ch	10	389,022	241.779
	3	Lawson H. Sanderson (USA)	Wright F2W-1	Wright T-3 600 ch	8	370,177	230.067
1924 - 4 octobre Dayton, Ohio (USA) 200 km (124,28 ml)	1	Henry H. Mills (USA)	Verville-Sperry R-3	Curtiss D-12A 507 ch	70	348,435	216.554
	2	Wendell H. Brookley (USA)	Curtiss R-6	Curtiss D-12A 507 ch	69	344,992	214.414
	3	Rex K. Stoner (USA)	Curtiss PW8A	Curtiss D-12 470 ch	71	270,196	167.928
1925 - 12 octobre Long Island, N.Y. (USA) 200 km (124,28 ml)	1	Cyrus Bettis (USA)	Curtiss R3C-1	Curtiss V-1400 500 ch	43	400,680	248.975
	2	Alford J. Williams (USA)	Curtiss R3C-1	Curtiss V-1400 500 ch	40	388,887	241.695
	3	Leo H. Dawson (USA)	Curtiss P-1	Curtiss D-12 470 ch	—	273,369	169.900

Résultats des compétitions : Thompson, National Air Races, Bendix

Trophée Thompson de 1930 à 1939

Année, localité, distance	Classification	Pilote	Avion	Moteur	N° de compétition	Vitesse km/h	mph
1930 - 1er septembre Chicago, Ill. (USA) 160,394 km (100 ml)	1	Charles Holman	Laird LC-DW-300 Solution	P. & W. Wasp Jr. 470 ch	77	324,873	201.910
	2	James Haizlip	Travel Air « Mystery Ship »	Wright R-975 400 ch	—	321,478	199.800
	3	Ben Howard	Howard « Pete »	Wright Gipsy 90 ch	37	261,945	162.800
1931 - 7 septembre Cleveland, Ohio (USA) 160,934 km (100 ml)	1	Lowell Bayles	Gee Bee Z	P. & Wasp Jr. 535 ch	4	380,108	236.239
	2	James Wedell	Wedell-Williams 44	P. & W. Wasp Jr. 535 ch	44	366,839	227.992
	3	Dale Jackson	Laird Solution	Wright J-6-9 525 ch	77	339,793	211.183
1932 - 5 septembre Cleveland, Ohio (USA) 160,934 km (100 ml)	1	James Doolittle	Gee Bee R-1	P. & W. Wasp Jr. 800 ch	11	406,571	252.686
	2	James Wedell	Wedell-Williams	P. & W. Wasp Jr. 550 ch	44	390,176	242.496
	3	Roscoe Turner	Wedell-Williams	P. & W. Wasp Jr. 550 ch	121	374,964	233.042
1933 - 4 juillet Los Angeles, Calif. (USA) 96,550 km (60 ml)	1	James Wedell	Wedell-Williams	P. & W. Wasp Jr. 550 ch	44	382,864	237.952
	2	Leo Gehlbach	Wedell-Williams	P. & W. Wasp Jr. 550 ch	92	361,939	224.947
	3	Roy Minor	Howard « Mike »	Menasco 6 225 ch	38	321,590	199.870
1934 - 3 septembre Cleveland, Ohio (USA) 160,394 km (100 ml)	1	Roscoe Turner	Wedell-Williams	P. & W. Hornet 1000 ch	57	399,239	248.129
	2	Roy Minor	Brown « Miss Los Angeles »	Menasco C-6S 300 ch	33	345,820	214.929
	3	J.A. Worthen	Wedell-Williams	P. & W. Wasp Jr. 550 ch	92	335,276	208.376
1935 - 2 septembre Cleveland, Ohio (USA) 241,402 km (150 ml)	1	Harold Neumann	Howard DGA-6 « Mr Mulligan »	P. & W. Wasp 830 ch	40	354,292	220.194
	2	Steve Wittman	Wittman « Bonzo »	Curtiss D-12 435 ch	4	351,865	218.686
	3	Roger Don Rae	Rider R-1	Menasco C-65 250 ch	131	344,232	213.942
1936 - 4-7 septembre Los Angeles, Calif. (USA) 241,402 km (150 ml)	1	Michel Detroyat	Caudron C-460	Renault Bengali 340 ch	100	425,195	264.261
	2	Earl Ortman	Rider R-3	P. & W. Wasp Jr. 750 ch	54	399,099	248.042
	3	Roger Don Rae	Rider R-4	Menasco B-6S 250 ch	70	380,623	236.559
1937 - 6 septembre Cleveland, Ohio (USA) 321,869 km (200 ml)	1	Rudy Kling	Folkerts SK-3 Jupiter	Menasco C-6S4 400 ch	301	413,368	256.910
	2	Earl Ortman	Marcoux-Bromberg	P. & W. Twin Wasp Jr. 800 ch	4	413,284	256.858
	3	Roscoe Turner	Laird-Turner L-RT Meteor	P. & W. Twin Wasp Jr. Sr. 1000 ch	29	408,367	253.802
1938 - 3-5 septembre Cleveland, Ohio (USA) 482,804 km (300 ml)	1	Roscoe Turner	Laird-Turner L-RT Meteor	P. & W. Twin Wasp Sr. 1100 ch	29	456,021	283.419
	2	Earl Ortman	Marcoux-Bromberg	P. & W. Twin Wasp Jr. 900 ch	3	433,976	269.718
	3	Steve Wittman	Wittman « Bonzo »	Curtiss D-12 485 ch	2	417,031	259.187
1939 - 2-5 septembre Cleveland, Ohio (USA) 482,804 km (300 ml)	1	Roscoe Turner	Laird-Turner L-RT Meteor	P. & W. Twin Wasp Sr. 1000 ch	29	454,600	282.536
	2	Tony Le Vier	Schoenfeldt « Firecracker »	Menasco C-S4 350 ch	70	438,513	272.538
	3	Earl Ortman	Marcoux-Bromberg	P. & W. Twin Wasp Jr. 850 ch	3	409,385	254.435

National Air Races de 1926 à 1929

Année, localité, distance	Classification	Pilote	Avion	Moteur	N° de compétition	Vitesse km/h	mph
1926 - 10 octobre Philadelphie, Penn. (USA) 193,121 km (120 ml)	1	George Cuddihy	Boeing FB-3	Packard 2A-1500 V-12 600 ch	—	290,416	180.495
	2	Elliott	Curtiss Hawk P-2	Curtiss V-1400 V-12 500 ch	—	287,381	178.609
	3	Ross Hoyt	Curtiss Hawk P-2	Curtiss V-1400 V-12 500 ch	—	274,992	170.909
1927 - 10 octobre Spokane, Wash. (USA) 193,121 km (120 ml)	1	Batten	Curtiss Hawk XP-6A	Curtiss V-1570-1 V-12 700 ch	3	323,793	201.239
	2	Lyon	Curtiss Hawk XP-6	Curtiss V-1570-1 V-12 700 ch	14	305,079	189.608
	3	Thomas Jeter	Boeing FB-5	Packard 2A-1500 V-12 600 ch	23	284,696	176.940
1928 - 10 octobre Los Angeles, Calif. (USA) 96,560 km (60 ml)	1	Thomas Jeter	Boeing XF4B-1	P. & W. Wasp R-1340-7 450 ch	—	277,166	172.260
	2	Edgar Cruise	Boeing F2B-1	P. & W. Wasp R-1340-3 450 ch	—	257,214	159.860
	3	Harrigan	Boeing F2B-1	P. & W. Wasp R-1340-3 450 ch	—	243,924	151.600
1929 10 octobre Cleveland, Ohio (USA) 80,467 km (50 ml)	1	Douglas Davis	Travel Air « Mystery Ship »	Wright R-975 400 ch	31	313,594	194.900
	2	Breene	Curtiss Hawk P-3A	P. & W. R-1340-3 450 ch	80	300,625	186.840
	3	Roscoe Turner	Lockheed Vega	P. & W. Wasp R-1344 450 ch	—	263,618	163.840

Trophée Bendix de 1931 à 1939

Année, localité, distance	Classification	Pilote	Avion	Moteur	N° de compétition	Vitesse km/h	mph
1931 - 4 septembre De Burbank, Calif. à Cleveland, Ohio (USA) 3 288 km (2 043 ml)	1	James Doolittle	Laird LC-DW-500	P. & W. Wasp Jr. 535 ch	400	374,958	233.038
	2	Harold S. Johnson	Lockheed Orion	P. & W. Wasp 450 ch	—	319,894	198.816
	3	Beeler Blevins	Lockheed Orion	P. & W. Wasp 450 ch	—	304,088	188.992
1932 - 29 août De Burbank, Calif. à Cleveland, Ohio (USA) 3 288 km (2 043 ml)	1	James Haizlip	Wedell-Williams	P. & W. Wasp Jr. 550 ch	92	394,205	245.000
	2	James Wedell	Wedell-Williams	P. & W. Wasp Jr. 550 ch	44	373,288	232.000
	3	Roscoe Turner	Wedell-Williams	P. & W. Wasp Jr. 550 ch	121	363,634	226.000
1933 - 1er juillet De New York à Los Angeles, Calif. (USA) 3 299 km (2 050 ml)	1	Roscoe Turner	Wedell-Williams	P. & W. Wasp Sr. 900 ch	2	345,581	214.780
	2	James Wedell	Wedell-Williams	P. & W. Wasp Jr. 550 ch	44	336,651	209.230
1934 - 31 août De Burbank, Calif. à Cleveland, Ohio (USA) 3 288 km (2 043 ml)	1	Douglas Davis	Wedell-Williams	P. & W. Wasp Jr. 550 ch	44	347,925	216.237
	2	John Worthen	Wedell-Williams	P. & W. Wasp Jr. 550 ch	92	326,969	203.213
1935 - 31 août De Burbank, Calif. à Cleveland, Ohio (USA) 3 288 km (2 043 ml)	1	Ben Howard	Howard DGA-6 « Mr Mulligan »	P. & W. Wasp 830 ch	40	384,074	238.704
	2	Roscoe Turner	Wedell-Williams	P. & W. Hornet 1 000 ch	57	383,781	238.522
	3	Russel Thaw	Northrop Gamma	Wright Cyclone 775 ch	—	324.902	201.928
1936 - 4 septembre De New York à Los Angeles Calif. (USA) 3 942 km (2 450 ml)	1	Louise Thaden	Beech C-17R	Wright R-975 420 ch	62	266,041	165.346
	2	Laura Ingalls	Lockheed Orion 9D			253,362	157.466
	3	William Bulick	Vultee VI A			251,795	156.492
1937 - 3 septembre De Burbank, Calif. à Cleveland, Ohio (USA) 3 288 km (2 043 ml)	1	Frank Fuller Jr.	Seversky Sev-S2	P. & W. Twin Wasp 1 000 ch	23	415,511	258.242
	2	Earl Ortman	Marcoux-Bromberg	P. & W. Twin Wasp 700 ch	4	361,756	224.833
	3	Jacqueline Cochran	Beechcraft D-17W	P. & W. Wasp Jr. 450 ch	13	313,336	194.740
1938 - 3 septembre De Burbank, Calif. à Cleveland, Ohio (USA) 3 288 km (2 043 ml)	1	Jacqueline Cochran	Seversky Sev-S2	P. & . Twin Wasp 1 200 ch	77	401,838	249.744
	2	Frank Fuller Jr.	Seversky Sev-S2	Wright Cyclone 750 ch	23	383,913	238.604
	3	Paul Mantz	Lockheed Orion			332,385	206.579
1939 - 10 octobre De Burbank, Calif. à Cleveland, Ohio (USA) 3 288 km (2 043 ml)	1	Frank Fuller Jr.	Seversky Sev-S2	P. & W. Twin Wasp 1 000 ch	77	453,895	282.098
	2	Arthur Bussy	Bellanca 28-92	Ranger Menasco 870 ch	99	393,376	244.486
	3	Paul Mantz	Lockheed Orion	Wright Cyclone 750 ch	23	377,913	234.875

Records de vitesse de 1919 à 1939

Records de vitesse pour avions de 1919 à 1939 (FAI-Classe C)

Date	Localité	Pilote	Avion	km/h	mph
1919 - 26 juin	Mirafiori (I)	Francesco Brak-Papa	Fiat BR	261,629	162.603
1919 - 25 septembre	Paris (F)	Sadi Lecointe	Spad S.20 bis	265,000	164.698
1919 - 20 octobre	Paris (F)	Bernard de Romanet	Nieuport 29V	268,631	166.955
1919 - 20 novembre	Montecelio (I)	Elia Liut	—	274,000	170.292
1920 - 7 février	Villacoublay (F)	Sadi Lecointe	Nieuport 29V	*275,264	171.049
1920 - 28 février	Villacoublay (F)	Jean Casale	Spad S.20 bis	*283,464	176.174
1920 - 9 octobre	Buc (F)	Bernard de Romanet	Spad S.20 bis	*292,682	181.905
1920 - 10 octobre	Buc (F)	Sadi Lecointe	Nieuport 29V	*296,694	184.396
1920 - 20 octobre	Villacoublay (F)	Sadi Lecointe	Nieuport 29V	*302,529	188.022
1920 - 4 novembre	Buc (F)	Bernard de Romanet	Spad S.20 bis	*309,012	192.052
1920 - 12 décembre	Villacoublay (F)	Sadi Lecointe	Nieuport 29V bis	*313,043	194.557
1921 - 26 septembre	Villesauvage (F)	Sadi Lecointe	Nieuport-Delage sexiplan	*330,275	205.267
1922 - 30 avril	Mineola (USA)	Bert Acosta	Curtiss Cactus Kitten	335,000	208.203
1922 - 26 août	Mirafiori (I)	Francesco Brak-Papa	Fiat R-700	336,132	208.907
1922 - 21 septembre	Villesauvage (F)	Sadi Lecointe	Nieuport-Delage sexiplan	*341,239	212.081
1922 - 2 octobre	Mineola (USA)	Russell Maughan	Curtiss R-6	*353,1	219.453
1922 - 8 octobre	Mineola (USA)	Russell Maughan	Curtiss R-6	354,774	220.493
1922 - 18 octobre	Selfridge Field (USA)	William Mitchell	Curtiss R-6	*358,836	223.018
1923 - 15 février	Istres (F)	Sadi Lecointe	Nieuport-Delage sexiplan	*375,000	233.064
1923 - 29 mars	Fairfield (USA)	Russell Maughan	Curtiss R-6	*380,751	236.638
1923 - 29 mars	Fairfield (USA)	Lester Maitland	Curtiss R-6	386,174	240.008
1923 - 16 septembre	New York (USA)	Lawson H. Sanderson	Wright F2W-1	398,640	247,756

km/h/mph   200/124   300/186   400/248   500/310   600/372   700/434   800/496

(suite)

Date	Localité	Pilote	Avion	km/h	mph
1923 - 16 septembre	New York (USA)	Alford Williams	Curtiss R2C-1	410,000	254.816
1923 - 2 novembre	Mineola (USA)	Harold J. Brow	Curtiss R2C-1	*417,590	259.533
1923 - 4 novembre	Mineola (USA)	Alford Williams	Curtiss R2C-1	*429,025	266.640
1924 - 11 décembre	Istres (F)	Florentin Bonnet	Bernard V.2	*448,171	278.540
1932 - 3 septembre	Cleveland (USA)	James H. Doolittle	Gee Bee	*473,314	294,166
1933 - 4 septembre	Chicago (USA)	James R. Wedell	Wedell-Williams	*491,220	305.330
1934 - 25 décembre	Istres (F)	Ralph Delmotte	Caudron C-460	*505,335	314.067
1935 - 13 septembre	Santa Ana (USA)	Howard Hughes	Hughes Special H-1	*566,490	352.075
1937 - 11 novembre	Augsbourg (D)	Herman Wurster	Messerschmitt Bf.113R	610,908	379.681
1937 - 26 avril	Augsbourg (D)	Fritz Wendel	Messerschmitt Bf.109R	*754,783	469.100

* Homologué par la Fédération aéronautique internationale.

- Grande-Bretagne
- Allemagne
- Italie
- France
- Etats-Unis

Records de vitesse pour hydravions de 1920 à 1926 (FAI-Classe C2)

Date	Localité	Pilote	Avion	km/h	mph
1920 - 25 avril	Monaco-Cannes (F)	Bernard de Romanet	Spad S.26	*211,395	131.382
1922 - 12 août	Naples (I)	Henry C. Biard	Supermarine Sea Lion II	208,818	129.781
1922 - 28 décembre	Sesto Calende (I)	Alessandro Passaleva	Savoia Marchetti S.M.51	*280,155	174.117
1923 - 30 juillet	Long Island (USA)	Rutledge Irvine	Curtiss CR-3	282,1	175.326
1924 - 3 août	Sesto Calende (I)	Alessandro Passaleva	Savoia Marchetti S.M.51	303,37	188.545
1924 - 4 septembre	Philadelphie (USA)	George T. Cuddihy	Curtiss CR-3	318,—	197.638
1924 - 25 octobre	Bay Shore (USA)	George T. Cuddihy	Curtiss CR-3	*302,765	188.169
1925 - 13 septembre	Southampton (GB)	Henry C. Biard	Supermarine S.4	*364,924	226.801
1925 - 27 octobre	Bay Shore (USA)	James Doolittle	Curtiss R3C-2	*395,437	245.765
1926 - 17 novembre	Hampton Roads-Norfolk (USA)	Mario De Bernardi	Macchi M.39	*416,618	258.929

* Homologué par la Fédération aéronautique internationale.

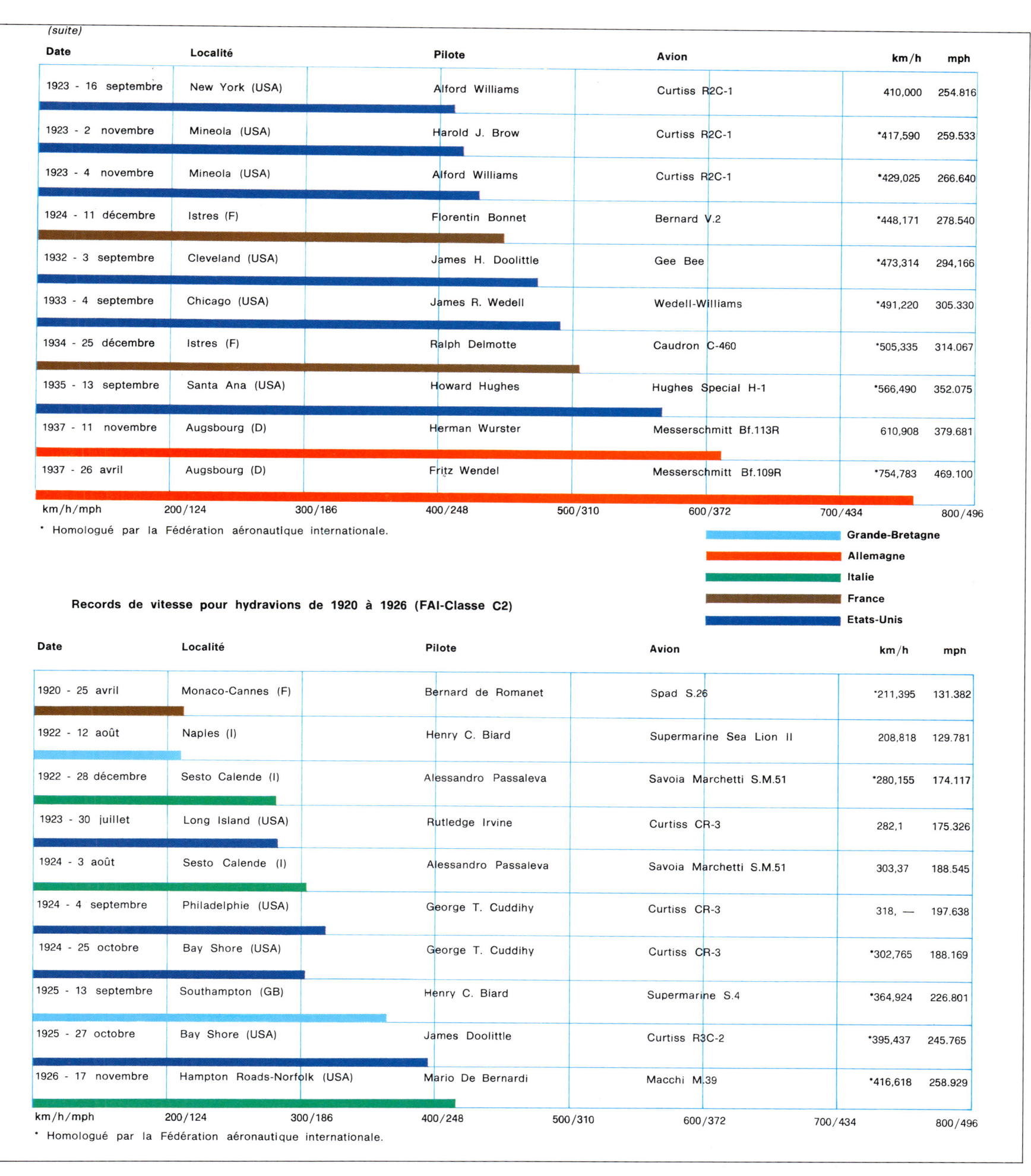

Records de distance et d'altitude de 1919 à 1939

Records de distance en circuit fermé de 1920 à 1939

Date	Localité	Pilote	Avion	km	miles
1920 - 3/4 mai	Villesauvage (F)	Lucien Bossoutrot - Jean Bernard	Farman Goliath	1 913	1,189
1923 - 16/17 avril	Dayton (USA)	Oakley C. Kelly - John A. Macready	Fokker T-2	4 048	2,516
1925 - 7/9 août	Etampes-Chartres (F)	Maurice Drouin - Jules Laudry	Farman	4 399	2,734
1927 - 3/5 août	Dessau (D)	Cornelius Edzard - Johann Risztics	Junkers-W 33	4 658	2,895
1928 - 31 mai/1-2 juin	Casale del Prati (I)	Arturo Ferrarin - Carlo Del Prete	SIAI Marchetti S.M.64	7 663	4,763
1929 - 15/17 décembre	Istres (F)	Dieudonné Costes - Paul Codos	Breguet XIX	8 025	4,988
1930 - 31 mai/1-2 juin	Montecelio (I)	Umberto Maddalena - Fausto Cecconi	Savoia Marchetti S.64	8 186	5,088
1931 - 30 mars/2 avril	Oran (DZ)	Anthoine Paillard - Jean Mermoz	—	8 957	5,567
1931 - 7/10 juin	Istres (F)	Joseph Le Bris - Marcel Doret	Dewoitine « le Trait-d'Union »	10 368	6,444
1932 - 23/26 mars	Oran (DZ)	Lucien Bossoutrot - Maurice Rossi	Blériot 110	10 601	6,587
1938 - 13/15 mai	Kisarazu (J)	Yuzo Fujita - Fukujiro Takahashi - Chikakichi Sekine	Koken	**11 651**	7,240
1939 - 30 juillet/1er août	Rome (I)	Angelo Tondi - Roberto Dagasso - Ferruccio Vignoli - Aldo Stagliano	SIAI Marchetti S.M.79	12 935	8,037

Records de distance en ligne droite de 1919 à 1938

Date	De	A	Pilote	Avion	km	miles
1919 - 14/15 juin	Saint John's (VO)	Clifden (IRL)	John Alcock-A.W. Brown (GB)	Vickers Vimy	3 115	1,936
1925 - 3/4 février	Etampes (F)	Villa Cisneros (E)	L. Arrachart-Henri Le Maitre (F)	Breguet XIX	3 197	1,987
1926 - 26/27 juin	Paris (F)	Shaibah (KWT)	Ludovic Arrachart- Paul Arrachart (F)	Breguet XIX	4 302	2,674
1926 - 14/15 juillet	Paris (F)	Omsk (URSS)	André Girier-Francis Dordilly (F)	Breguet XIX	4 714	2,930
1926 - 31 août/1er septembre	Paris (F)	Bandar-Abbas (IR)	Léon Challe-René Weiser (F)	Breguet XIX	5 171	3,214
1926 - 28/29 octobre	Paris (F)	Jäsk (IR)	Dieudonné Costes- Georges Rignot (F)	Breguet XIX	5 393	3,352
1927 - 20/21 mai	New York (USA)	Paris (F)	Charles A. Lindbergh (USA)	Ryan NYP « Spirit of St. Louis »	5 806	3,609

(suite)

Date	De	A	Pilote	Avion	km	miles
1927 - 4/5 juin	New York (USA)	Eisleben (D)	Clarence Chamberlin-Charles A. Levine (USA)	Bellanca	6 291	3,910
1923 - 2/5 juillet	Montecelio (I)	Natal (BR)	Arturo Ferrarin-Carlo Del Prete (I)	SIAI Marchetti SM.64	7 188	4,466
1929 - 27/29 septembre	Paris (F)	Tsi tsi har (TJ)	Dieudonné Costes-Maurice Bellonte (F)	Breguet XIX	7 905	4,911
1931 - 28/30 juillet	New York (USA)	Istanbul (TR)	Russell N. Boardman-J. Polando (USA)	Bellanca monoplan	8 062	5,011
1933 - 6/8 février	Cranwell (GB)	Walvis Bay (ZA)	O.R. Graiford-C.E. Micholetts (GB)	Fairey	8 540	5,308
1933 - 5/7 août	New York (USA)	Rayaq (SYR)	Maurice Rossi-Paul Codos (F)	Blériot 110	9 102	5,567
1937 - 12/14 juillet	Moscou (URSS)	San Jacinto (USA)	Mikhail Gromov-Andrei Ioumachev-Serghei Daniline (URSS)	Tupolev ANT 25	10 144	6,305
1938 - 5/7 novembre	Ismailia (ET)	Darwin (AUS)	R. Kellet-R.T. Gething-M.L. Gaine (GB)	Vickers Wellesley	11 517	7,158

km/miles: 2 000/1,240 — 4 000/2,480 — 6 000/3,720 — 8 000/4,960 — 10 000/6,200 — 12 000/7,440 — 14 000/8,680

Légende :
- Grande-Bretagne
- États-Unis
- Allemagne
- Japon
- Italie
- URSS
- France

Records d'altitude de 1918 à 1938

Date	Localité	Pilote	Avion	Altitude m	feet
1918 - 18 septembre	Dayton (USA)	Rudolph W. Schroeder	Bristol	8 807	28,897
1919 - 26 mai	Issy-les-Moulineaux (F)	Jean Casale	Nieuport	9 124	29,937
1919 - 18 septembre	Garden City (USA)	Roland Rohlfs	Curtiss K-12	9 576	31,420
1919 - 4 octobre	Dayton (USA)	Rudolph W. Schroeder	Le Père	9 699	31,821
1921 - 28 septembre	Dayton (USA)	John A. Macready	Le Père	10 518	34,508
1923 - 5 septembre	Villacoublay (F)	Sadi Lecointe	Nieuport-Delage	10 768	35,329
1927 - 25 juillet	Anacostia (USA)	C.C. Champion	Wright	11 726	38,474
1929 - 25 mai	Dessau (D)	Willi Neuenhofen	Junkers	12 738	41,794
1930 - 4 juin	Anacostia (USA)	Apollo Soucek	Wright Apache	13 156	43,166
1932 - 16 septembre	Filton (GB)	Cyril F. Uwins	Vickers	13 403	43,976
1933 - 28 septembre	Villacoublay (F)	G. Lemoine	Potez	13 660	44,819
1934 - 11 avril	Montecelio (I)	Renato Donati	Caproni Ca.113 A.Q.	14 432	47,352
1936 - 14 août	Villacoublay (F)	Georges Datre	—	14 842	48,697
1936 - 28 septembre	Farnborough (GB)	S.R.D. Swain	Bristol Special	15 222	49,944
1937 - 8 mai	Montecelio (I)	Mario Pezzi	Caproni Ca.16 bis	15 654	51,361
1937 - 30 juin	Farnborough (GB)	M.J. Adam	Bristol	16 439	53,936
1938 - 22 octobre	Montecelio (I)	Mario Pezzi	Caproni Ca.16 bis	17 082	56,046

m/ft: 8 000/26,240 — 9 000/29,520 — 10 000/32,800 — 11 000/36,080 — 12 000/39,360 — 13 000/42,640 — 14 000/45,920 — 15 000/49,200 — 16 000/52,480 — 17 000/55,760 — 18 000/59,040

Supplément photographique

Gloucestershire Mars I Bamel, GB 1921 (62)

Gloucestershire Gloster I, GB 1923 (62)

Supermarine S.6B, GB 1931 (64)

Supermarine S.5, GB 1927 (64)

De Havilland D.H.88 Comet, GB 1934 (70)

Heston Type 5 Racer, GB 1940 (71)

Messerschmitt Bf. 108B, D 1935 (71)

Breguet XIX Grand Raid, F 1929 (70)

Supplément photographique

Blériot 110, F 1930 (72)

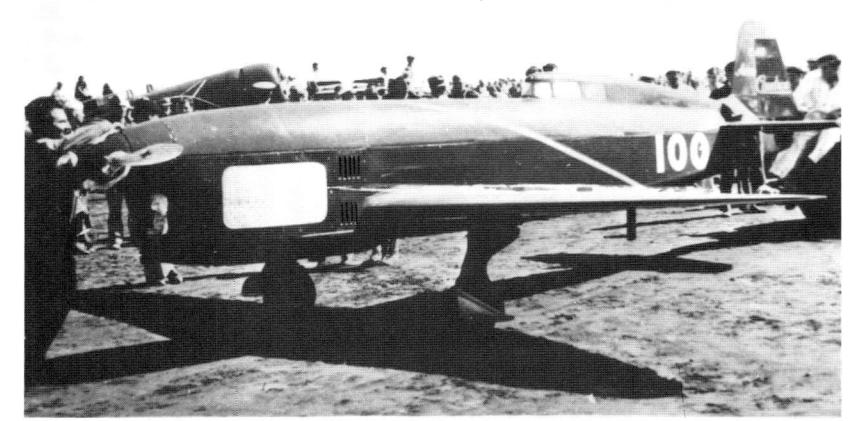

Caudron C-460, F 1934 (68)

Savoia S.13 bis, I 1919 (63)

Macchi M.7 bis, I 1921 (63)

Fiat R.700, I 1921 (61)

Macchi M.39, I 1926 (64)

SIAI Marchetti S.M.64, I 1928 (72)

Supplément photographique

Macchi-Castoldi M.C.72, I 1933 (72)

Nardi F.N.305D, I 1938 (71)

Verville VCP, USA 1920 (65)

Curtiss R-6, USA 1922 (66)

Curtiss R2C-1, USA 1923 (66)

Curtiss CR-3, USA 1923 (63)

Curtiss R3C-2, USA 1925 (63)

Wedell-Williams, USA 1931 (67)

Supplément photographique

Travel Air Mystery Ship, USA 1929 (67)

Laird LC-DW-500 Super Solution, USA 1931 (69)

Gee Bee R-1, USA 1932 (67)

Hughes H-1, USA 1935 (71)

Howard DGA-6 *Mr. Mulligan*, USA (68)

Beech C-17R, USA 1930 (69)

Folkerts SK-3 Jupiter, USA 1937 (68)

179

5

Au-delà du puissant élan suscité par les manifestations sportives et les grandes traversées, le développement de l'aviation commerciale devint un phénomène de plus en plus spontané au cours des années 30. Les historiens s'accordent à reconnaître que la décennie qui précéda la Seconde Guerre mondiale représenta une phase d'affirmation définitive du transport aérien, un véritable âge d'or qui posa les bases de l'avion civile moderne en matière d'organisation et de structures. L'élargissement progressif des réseaux commerciaux finit par donner naissance à une contexture internationale de plus en plus cohérente (surtout grâce aux liaisons à travers les océans), qui culmina justement à la veille de la guerre, avec la mise en place des transports réguliers au-dessus de l'Atlantique Nord. L'Europe et les États-Unis, dans ce contexte, furent deux rivaux qui se trouvaient sensiblement sur un pied d'égalité : si l'Ancien Continent avait pour sa part l'avantage d'une plus grande expérience, l'Amérique réussit à compenser le retard avec lequel elle s'était lancée dans l'aviation commerciale par sa supériorité technologique et industrielle. Puis la guerre, avec les profondes transformations qu'elle provoqua dans le monde entier, modifia ce rapport au profit des États-Unis, les plaçant à l'avant-garde du camp occidental.

En Europe, le passage des années 20 aux années 30 vit se poursuivre le processus de consolidation de l'aviation commerciale française. Le réseau de communication s'était étendu jusqu'en Afrique et en Asie. En 1932, les compagnies françaises enregistrèrent des résultats tout à fait honorables : vols sur 9 300 000 kilomètres ; transport de marchandises pour 420 000 tonnes ; courrier pour 310 000 tonnes. Parmi les sociétés les plus actives, citons l'Air Union, qui avait étendu ses lignes vers le sud, jusqu'en Corse et en Afrique du Nord, et renforcé ses liaisons avec la Grande-Bretagne ; la Farman, qui avait pris le nom de Société générale de transport aérien (SGTA) et gérait les lignes en direction de l'Europe du Nord ; la Compagnie franco roumaine de navigation aérienne (Compagnie internationale de navigation aérienne, CIDNA, depuis le 1er janvier 1925) qui s'occupait des liaisons avec l'Europe de l'Est et le Moyen-Orient.

Ce furent ces sociétés qui eurent le rôle principal dans le tournant décisif qui marqua la politique du transport aérien français en 1933. Dans l'intention de renforcer le potentiel national pour faire face à l'active concurrence étrangère et de gérer l'aviation civile de façon plus coordonnée et plus efficace, le gouvernement fut partisan d'un nouveau processus d'unification destiné à donner naissance à une compagnie officielle. C'est ainsi que fut créée Air France, l'une des plus prestigieuses compagnies qui, encore de nos jours, a réussi à maintenir un haut niveau d'efficacité et une position de tout premier ordre sur le plan mondial. L'acte de naissance fut signé le 30 août 1933, avec la fusion d'Air Orient, d'Air Union, de la CIDNA et de la SGTA. La nouvelle compagnie se trouva devant une tâche qui était loin d'être facile : administrer et gérer un réseau de

L'AGE ROMANTIQUE DE L'AVIATION CIVILE DE 1928 A 1940

communication de quelque 38 000 kilomètres avec une flotte hétérogène de 259 avions de différents types, dont beaucoup étaient manifestement périmés. Mais l'entreprise fut menée avec beaucoup de détermination et d'efficacité, si bien qui les résultats ne tardèrent pas à se faire sentir, le programme de standardisation de la flotte et de rationalisation de l'emploi des appareils finit par donner une très forte impulsion à l'industrie aéronautique française. De plus, l'extension du réseau marqua une nette progression, en particulier sur le plan des liaisons internationales et intercontinentales. En l934, on ouvrit les premières lignes commerciales avec l'Amérique du Sud (date historique, le 28 mai, avec le vol du Couzinet Arc-en-Ciel). Deux ans plus tard, on inaugura un service régulier de transport de passagers jusqu'à Dakar. En 1937, on commença des vols expérimentaux sur la route de l'Atlantique Nord ; un an plus tard, Air France atteignit la Chine et, ensuite, Hong Kong. Du point de vue quantitatif, si en 1930 les quatre principales compagnies françaises (Air Union, Farman, CIDNA et Aéropostale) avaient réussi à transporter 55 000 passagers, en 1939, à la veille du conflit, Air France avait presque doublé ce chiffre. Elle n'était plus à la tête de l'Europe, mais elle restait en pleine phase de croissance ; après Ala Littoria, KLM, Impérial et British Airways, Aeroflot et Lufthansa, elle occupait le sixième rang sur le plan de l'activité et du trafic.

Le même processus d'unification eut lieu dans les années 30 en Grande-Bretagne. À côté de, l'Impérial Airways, le début de la décennie vit l'apparition et l'essor de nombreuses compagnies privées : la Hillman's Airways fondée en 1932 ; la Spartan Airlines en 1933 ; l'United Arways et la British Continental Airways en 1935. Ces sociétés se partagèrent pratiquement le marché laissé libre par l'Imperial et, dans le but de rationaliser leurs activités, elles s'unirent en 1935, donnant naissance à un groupe puissant : la British Airways. Cette nouvelle compagnie, fondée le 1er octobre de la même année, se montra bientôt très dynamique et efficace, se révélant une redoutable concurrente pour les principales autres compagnies européennes. Au troisième rang des principales entreprises anglaises, on trouve la Scottish Airways, société née en 1937 de la fusion de la Highland Airways et de la Northern & Scottish Airways. Sur le plan international, c'est à la British et à l'Imperial que revenait la tâche difficile de soutenir le prestige national sur un marché hautement compétitif où la dynamique KLM hollandaise et la puissante Lufthana allemande faisaient la loi.

Le secteur international fut certainement celui que la politique britannique des transports aériens favorisa le plus. Les années qui précédèrent immédiatement la Seconde Guerre mondiale virent en effet couronné de succès l'ambitieux programme d'expansion mis sur pied par l'Imperial Airways dès l'époque de sa fondation : les lignes de la compagnie officielle finirent par couvrir tout le territoire de l'empire, touchant l'extrémité de

trois continents, de Cape Town en Afrique à Hong Kong et Singapour en Extrême-Orient et à Brisbane et Sydney en Australie.
Cette activité incontestablement prestigieuse n'était pourtant pas suffisante pour soutenir le rythme de la concurrence, surtout dans le secteur européen. Même si en 1939 l'Imperial et la British Airways avaient réussi à transporter plus de 220 000 passagers, assurant à la Grande-Bretagne la troisième position en Europe, la nécessité d'un nouveau changement de structure s'était déjà fait sentir. Dès 1938, en effet, on avait nommé une commission gouvernementale chargée de mettre au point un programme de rationalisation du transport aérien.
Deux ans plus tard, il fut décidé d'unifier les deux sociétés en une seule compagnie officielle : la British Overseas Airways Corporation (BOAC). L'acte de naissance de la société date du 1er avril 1940. Avec la guerre qui était maintenant aux portes, il était évidemment trop tard pour tenter une relance.
Pendant toutes les années 30, la compagnie qui resta solidement en tête du marché fut sans conteste la Deutsche Lufthansa. À part sa rigoureuse organisation opérationnelle et commerciale, le principal facteur de ce succès fut la mise en service régulier d'appareils modernes et compétitifs, dont la fabrication était encouragée par une politique officielle ambiguë, visant à la création de la puissance aéronautique allemande. Ce fut un processus qui ne connut pas de répit et atteignit son apogée dans les années qui précédèrent la guerre, lorsque la Lufthansa arrivai au maximum de son expansion. En 1938, la compagnie allemande transporta plus de 254 000 passagers et presque 7 000 tonnes de marchandises, bagages et courrier, faisant voler ses avions sur plus de 15 millions de kilomètres ; l'année suivante, le nombre de passagers passa à presque 280 000. C'était là, incontestablement, un progrès important si l'on considère qu'en 1930 la Lufthansa, déjà en tête du marché européen, avait transporté un peu moins de 110 000 personnes.
Parmi les quatre « grands » européens, l'Italie avait réussi à trouver une position honorable au début des années 30, montrant qu'elle avait été capable de rattraper le temps perdu.
Ce processus d'expansion – qui avait porté l'aviation civile italienne à la troisième place en 1930 pour le nombre de passagers transportés, derrière l'Allemagne et la France, avec environ 40 000 voyageurs – se consolida encore dans la seconde moitié de la décennie.
Ce fut en 1934 que, suivant l'exemple de la France, de l'Allemagne et de la Grande-Bretagne, l'Italie décida à son tour de constituer une compagnie aérienne nationale, dans le but de concentrer toutes les ressources, de coordonner et de rationaliser le réseau des services aériens. Ainsi, le 28 août fut créée la société Ala Littoria, réunissant la SISA, l'Aero Espresso, la SANA et la SAM (qui, en 1931, avait absorbé la Transadriatica). La seule compagnie qui resta indépendante fut l'Avio Linee Italiane.
Ala Littoria déploya bientôt une intense activité, secondée par une politique favorable du gouvernement. Non seulement elle mit sur pied un dense réseau de liaisons avec les colonies, mais étendit ses lignes européennes : le 1er avril 1935, elle atteignit Budapest et le 29 juillet, Paris, via Marseille ; le 7 décembre 1936, elle arriva à Cadix et au Maroc espagnol ; en 1937, les liaisons s'étendirent à l'Europe centrale, touchant Prague en mai et Bucarest en octobre ; en 1938, enfin, les lignes avec l'Espagne, et Madrid en particulier, furent consolidées.
Un gros effort fut également consacré aux lignes intercontinentales. Outre les liaisons de type stratégique ouvertes par Ala Littoria avec les colonies africaines (Erythrée, Somalie et Abyssinie), les années qui précédèrent immédiatement le conflit virent les intérêts se concentrer sur un service tout à fait prestigieux : celui de l'Amérique du Sud, à travers l'Atlantique. Dans ce but, on fonda en 1939 une compagnie aérienne spéciale, la LATI (Linee Aeree Transcontinentali Italiane) qui, au mois de décembre, établit des liaisons régulières entre Rome et Rio de Janeiro, utilisant des avions SIAI Marchetti S.M.83. La ligne, qui devait éviter les territoires français et britanniques, fut maintenu jusqu'à la fin de 1941 avec une fréquence hebdomadaire. Ensuite, à cause de l'extension du conflit, la LATI fut contrainte de suspendre toute activité, après avoir réussi, au mois de septembre, à établir une liaison avec Buenos Aires.
Dans le développement de l'aviation commerciale en Europe, une place importante revint pendant toutes les années 30 à la KLM, la grande compagnie aérienne de la petite Hollande. Gérée avec dynamisme et esprit d'initiative, elle adopta toujours une politique très énergique et clairvoyante, surtout sur le plan de la modernisation et le renforcement de sa flotte. Un pas décisif fut franchi à cet égard en 1934, quand la KLM abandonna sa longue collaboration avec Anthony Fokker pour s'adresser outre-Atlantique à la Douglas. La compagnie hollandaise fut en effet la première en Europe à adopter le révolutionnaire DC-2 et à l'employer, non seulement sur les lignes encombrées de l'Ancien Continent, mais aussi sur les lignes intercontinentales, où la diminution des temps de parcours était encore plus évidente. Aux 14 DC-2 vinrent s'ajouter en 1936 11 exemplaires du DC-3, encore meilleur, et, trois ans plus tard, l'ensemble des deux appareils Douglas s'élevait à 32 unités. Ce fut avec cette flotte d'avant-garde que la KLM connut son âge d'or, avant que, le 23 août 1939, à cause de la guerre, tous ses services européens (sauf ceux avec la Scandinavie, la Belgique et Londres) soient interrompus. Cette année-là, la compagnie hollandaise transporta presque 170 000 passagers, contre les quelque 120 000 de Ala Littoria italienne, quatrième du secteur européen.
Mais à l'époque la véritable surprise vint de l'Union soviétique. Après le timide essai remontant à 1921 avec la création de la Deruluft, compagnie constituée en collaboration avec l'Allemagne, la première société entièrement soviétique avait fait son apparition en 1924 : la Dobrolet. Ce fut grâce à cette compagnie que furent posées les bases d'un dense réseau de liaisons à travers l'immense territoire des Républiques socialistes soviétiques. En 1929 fut créée la Dobroflot, une nouvelle compagnie d'État qui reprit tout le système de liaisons et l'étendit comme il était prévu par le premier plan quinquennal de 1928.
En 1930, l'Union soviétique était au huitième rang en Europe, avec environ 15 000 passagers transportés. Le tournant décisif fut pris deux ans plus tard avec la

création de la nouvelle compagnie d'Etat Grazdansij Wozdusnyj Flot, qui allait devenir l'Aeroflot. La réorganisation fut entreprise avec dynamisme. Même si, en 1932, la quantité de passagers et de marchandises transportée ne fut pas particulièrement élevée (respectivement 27 000 et 900 tonnes), en 1935, ces chiffres atteignirent 111 000 passagers et plus de 11 000 tonnes.

Le développement concernait également les liaisons, dont le réseau s'étendait à travers l'ensemble du territoire soviétique, de Leningrad à Odessa, à Alexandrovsk et à la lointaine Sibérie. En 1939, la compagnie d'Etat avait atteint (avec 270 000 passagers) le deuxième rang parmi les principales sociétés européennes, tout de suite derrière la Lufthansa qui, à cette époque, était à son apogée.

Au cours de l'année suivante, la dernière avant l'invasion allemande, le réseau des services gérés par l'Aeroflot était arrivé à 146 300 kilomètres, tandis que les passagers et les marchandises transportés atteignaient respectivement le nombre de 395 000 et de 45 000 tonnes.

À la veille de la guerre, le tableau de l'aviation commerciale européenne comprenait également, réparties un peu partout sur l'Ancien Continent, de nombreuses autres compagnies mineures qui, dans leur ensemble, transportaient à peu près autant de passagers que la seule Lufthansa allemande. Parmi celles-ci, les principales étaient la CSA (Ceskoslovenske Statni Aerolinie) créée en Tchécoslovaquie en 1923 ; l'ABA (Aktiebo-Iaget Aerotransport) suédoise, fondée en 1924 ; la Swissair suisse, de 1931 ; la LOT (Polskje Linje Lotnicze) polonaise, créée en 1929 ; la Sabena belge, de 1923 ; la DDL (Det Danske Luftfartselskab) danoise, de 1920 ; l'Aero O/Y finlandaise, née en 1923. En Espagne, on vit fonctionner jusqu'en 1936 la LAPE (Lineas Aereas Postales Espaniolas) qui, en avril 1932, avait remplacé la CLASSA (Concessionaria Lineas Aereas Subvencionales) née en mars 1929 de la fusion des trois compagnies existant à l'époque : l'Iberia (créée en 1927), la UAE (1925) et la CETA. Cette dernière société avait eu le mérite, le 15 octobre 1921, d'inaugurer l'ère du transport commercial aérien en Espagne, établissant avec de vieux biplans D.H.9 une liaison postale entre Séville et Larache, au Maroc espagnol.

En face de ce déploiement d'activité, de l'autre côté de l'Océan, les États-Unis représentaient le grand rival, un véritable critère de référence, surtout du point de vue technique et technologique. Il n'y eut pas de forte concurrence directe avec l'Ancien Continent. Le marché mondial était loin d'être saturé, et les intérêts des compagnies américaines étaient surtout concentrés sur leurs réseaux intérieurs. Malgré cela, dans le secteur des liaisons internationales, les plus importants transporteurs européens trouvèrent bientôt en face d'eux un nouveau protagoniste chevronné qui avait l'avantage d'une puissante organisation et d'une gamme d'appareils d'avant-garde, et qui devait finir par s'imposer : la Pan American Airways, une entreprise gigantesque née de l'intense développement de l'aviation à la fin des années 20. Le réseau intérieur, au début des années 30, fut pratiquement partagé entre ce que l'on appela les « quatre grands » de l'aviation commerciale américaine : l'American Airlines, née de la fusion de quinze compagnies aériennes ; l'United Air Lines, créée avec la participation de six sociétés ; l'Eastern Air Lines, formée par deux compagnies ; la Transcontinental & Western Air (TWA), elle aussi composée de deux groupes. Si l'on ajoute la Pan American et la multitude de petites sociétés (en 1930, il y en avait plus de quarante, avec une flotte totale de 500 avions et un parcours global de presque 50 000 kilomètres), l'activité commerciale connut une rapide expansion, qui finit par porter les États-Unis en tête du classement mondial : dès 1929, les passagers transportés aux États-Unis étaient plus de 160 000. Au-delà des nécessités particulières du marché intérieur, ce développement exceptionnel fut soutenu et rendu possible par une évolution parallèle de l'industrie aéronautique qui, de la position de second plan des années immédiatement postérieures à la Première Guerre mondiale, avait lentement rattrapé son retard et réussi à jouer son rôle de leader sur le plan mondial. Boeing Douglas, Lockheed, Sikorsky devinrent des noms universellement connus, synonymes d'appareils d'avant-garde. La contribution de l'industrie à l'essor de l'aviation commerciale américaine fut considérable, au point que, peu à peu, cette poussée en vint à déborder des limites nationales pour s'imposer à l'échelon mondial, dans une nouvelle forme de concurrence indirecte. Aucun nouvel avion n'eut une importance comparable à celle de l'appareil construit par la Boeing en 1933 : le modèle 247, qui entra dans l'histoire comme le premier avion commercial moderne, précurseur de toute une lignée. L'apparition du 247 eut des conséquences tout à fait particulières et des répercussions directes sur la survie même de certaines compagnies, ce qui est une preuve, sans doute pour la première fois, de l'importance qu'avait la valeur d'un appareil dans un marché caractérisé par une concurrence acharnée. L'United, qui avait réussi à s'assurer le monopole du 247, mit en difficulté sa concurrente directe, la TWA, qui offrait un service bien plus efficace et rapide. De son côté, la Transcontinental & Western Air fut contrainte de prendre des mesures d'urgence et fit la seule chose qu'il lui restait à faire : elle commanda à l'industrie un avion plus compétitif. C'est ainsi que naquit, selon une rigoureuse logique de marché, le prototype du plus célèbre avion de transport de l'histoire de l'aviation : le Douglas DC-1, précurseur de l'immortelle lignée des DC-2 et DC-3. En l'espace de quelques années, ces appareils finirent par équiper 80 % des compagnies américaines. L'expansion des lignes intérieures s'accompagna du brillant succès que connut, pendant toutes les années 30, le transporteur transcontinental par excellence, la Pan American. Depuis 1929, cette compagnie avait créé un dense réseau de liaisons aux Caraïbes ; l'année suivante, elle était arrivée à la pointe de l'Amérique du Sud ; en 1935, elle avait ouvert des lignes à travers le Pacifique ; en 1938, elle avait atteint l'Alaska ; en 1939, des liaisons étaient établies à travers l'Atlantique ; un an plus tard elle avait gagné la Nouvelle-Zélande, mettant ainsi sur pied un immense réseau commercial, le plus vaste du monde, utilisant généralement un matériel de très haut niveau. C'était une position de grand prestige, indiscutée, qui renforçait le rôle des États-Unis, à l'avant-garde du monde aéronautique.

Planche 79 — Panorama synoptique à l'échelle des avions de 1928 à 1940

- Mignet M.H.14 Pou du ciel (F)
- Yakovlev Ya-6 (URSS)
- de Havilland D.H.82 Tiger Moth (GB)
- RWD-13 (PL)
- IAR 23 (R)
- Lockheed 9D Orion (USA)
- Airspeed A.S.5 Courier (GB)
- Caudron-Renault C-635 Simoun (F)
- Short S.16 Scion (GB)
- Consolidated Fleetster (USA)
- Noorduyn Norseman IV (CDN)
- Icar Commercial (R)
- Stinson SM.1 Detroiter (USA)
- Northrop Delta (USA)
- Farman F.190 (F)
- de Havilland D.H.84 Dragon (GB)
- Airspeed A.S.40 Oxford (GB)
- Airspeed A.S.6 Envoy (GB)
- Mitsubishi Hinazuru (J)
- de Havilland D.H.89 Dragon Rapide (GB)
- Vultee V.1 (USA)
- OKO-1 (URSS)
- Grumman G-21 (USA)
- Lockheed 10 Electra (USA)
- Potez 56 (F)
- Junkers Ju.160 (D)

Heinkel He.70 (D)

Campini Caproni (I)

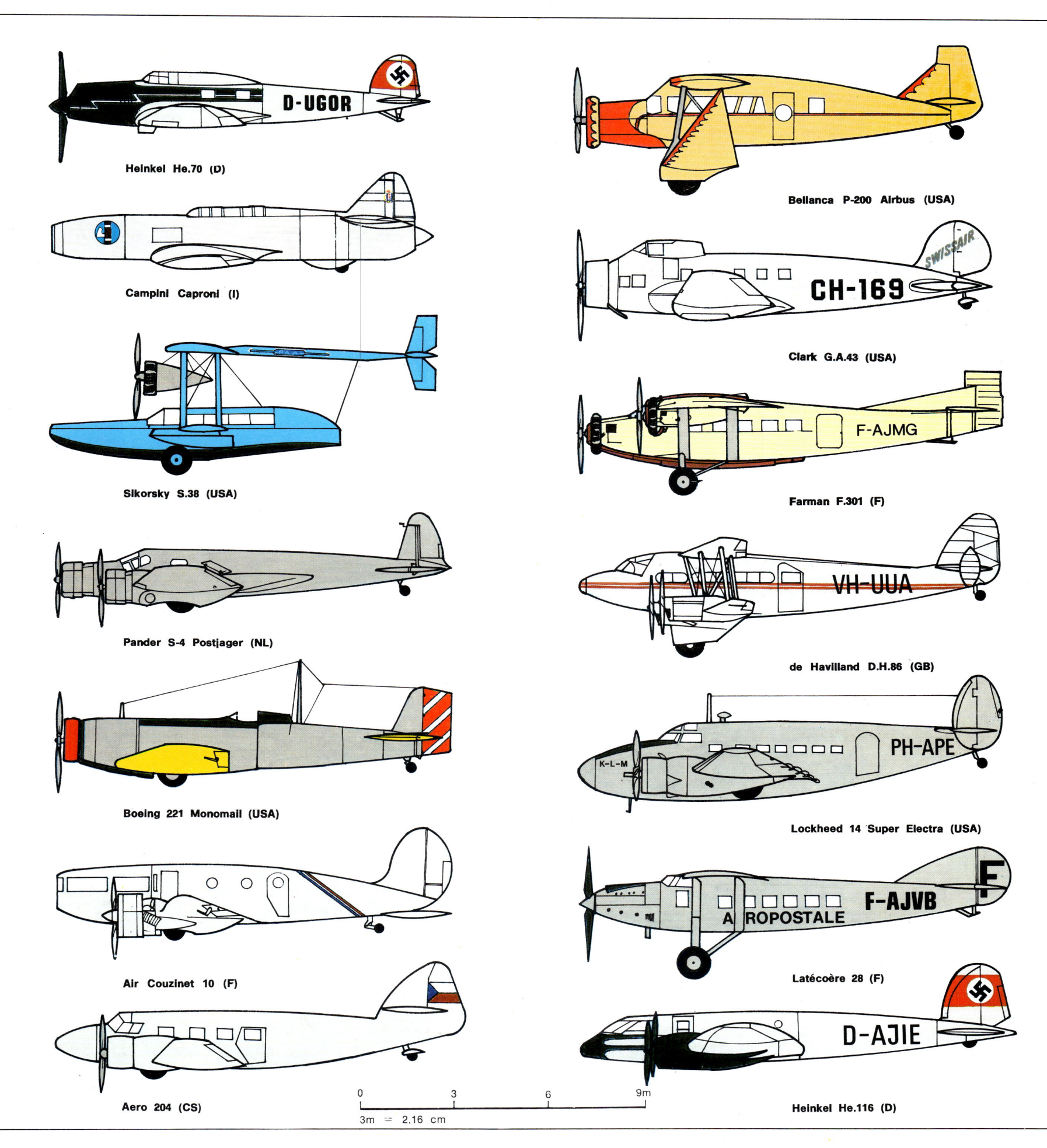

Sikorsky S.38 (USA)

Pander S-4 Postjager (NL)

Boeing 221 Monomail (USA)

Air Couzinet 10 (F)

Aero 204 (CS)

Bellanca P-200 Airbus (USA)

Clark G.A.43 (USA)

Farman F.301 (F)

de Havilland D.H.86 (GB)

Lockheed 14 Super Electra (USA)

Latécoère 28 (F)

Heinkel He.116 (D)

0   3   6   9m
3m = 2,16 cm

185

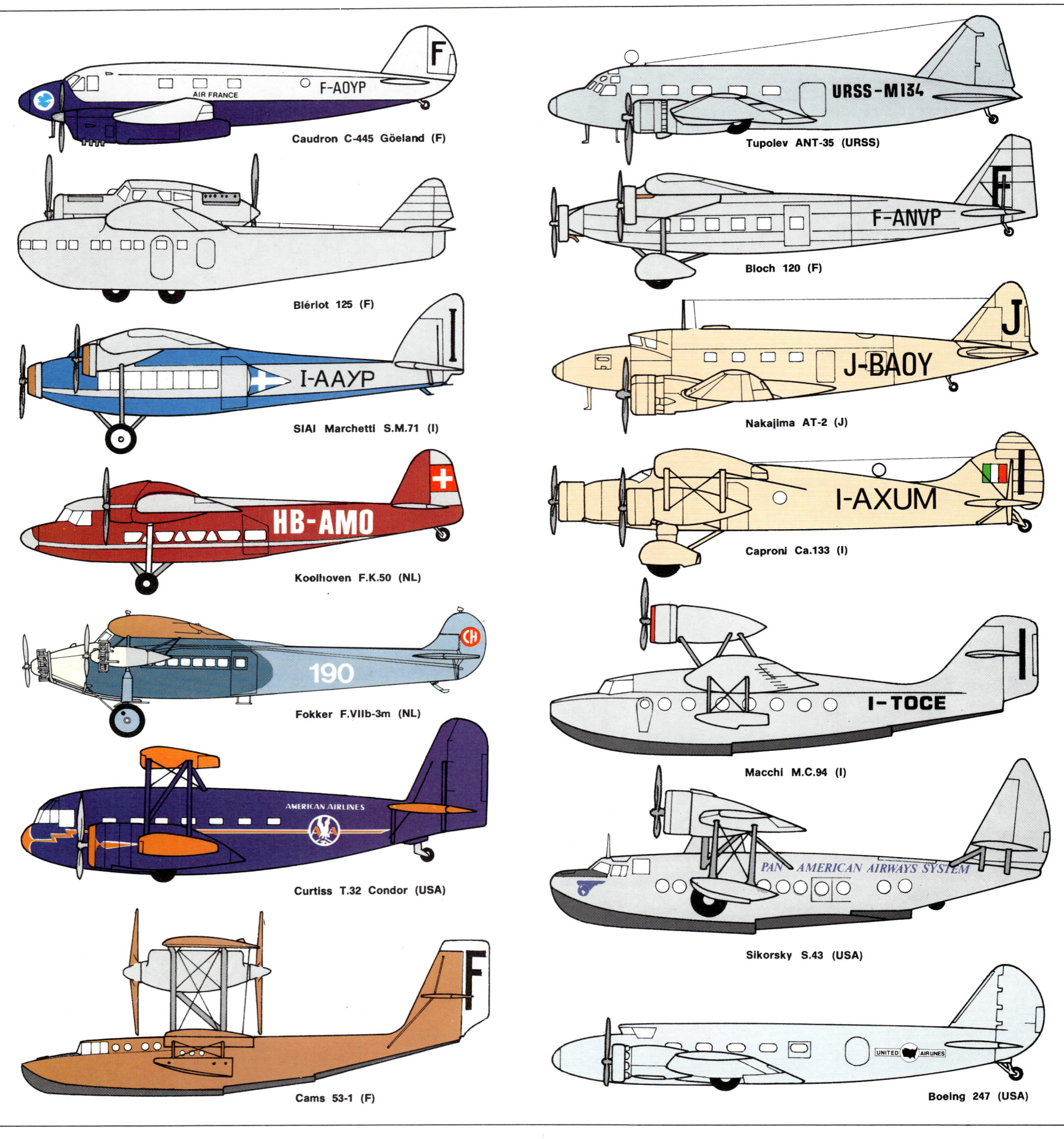

Planche 79 — Panorama synoptique à l'échelle des avions de 1928 à 1940

- Caudron C-445 Göeland (F)
- Blériot 125 (F)
- SIAI Marchetti S.M.71 (I)
- Koolhoven F.K.50 (NL)
- Fokker F.VIIb-3m (NL)
- Curtiss T.32 Condor (USA)
- Cams 53-1 (F)
- Tupolev ANT-35 (URSS)
- Bloch 120 (F)
- Nakajima AT-2 (J)
- Caproni Ca.133 (I)
- Macchi M.C.94 (I)
- Sikorsky S.43 (USA)
- Boeing 247 (USA)

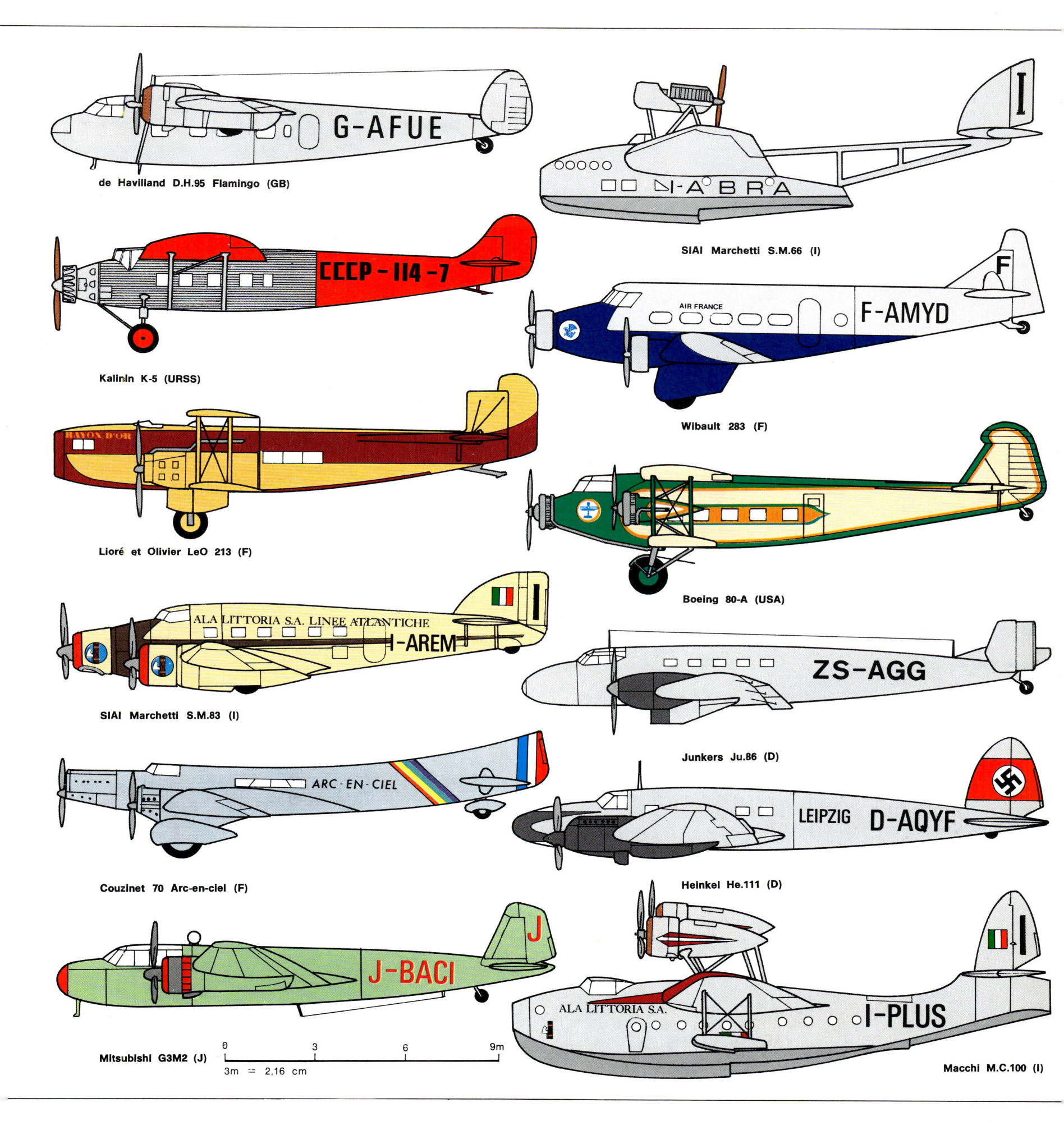

de Havilland D.H.95 Flamingo (GB)

Kalinin K-5 (URSS)

Lioré et Olivier LeO 213 (F)

SIAI Marchetti S.M.83 (I)

Couzinet 70 Arc-en-ciel (F)

Mitsubishi G3M2 (J)

SIAI Marchetti S.M.66 (I)

Wibault 283 (F)

Boeing 80-A (USA)

Junkers Ju.86 (D)

Heinkel He.111 (D)

Macchi M.C.100 (I)

3m = 2,16 cm

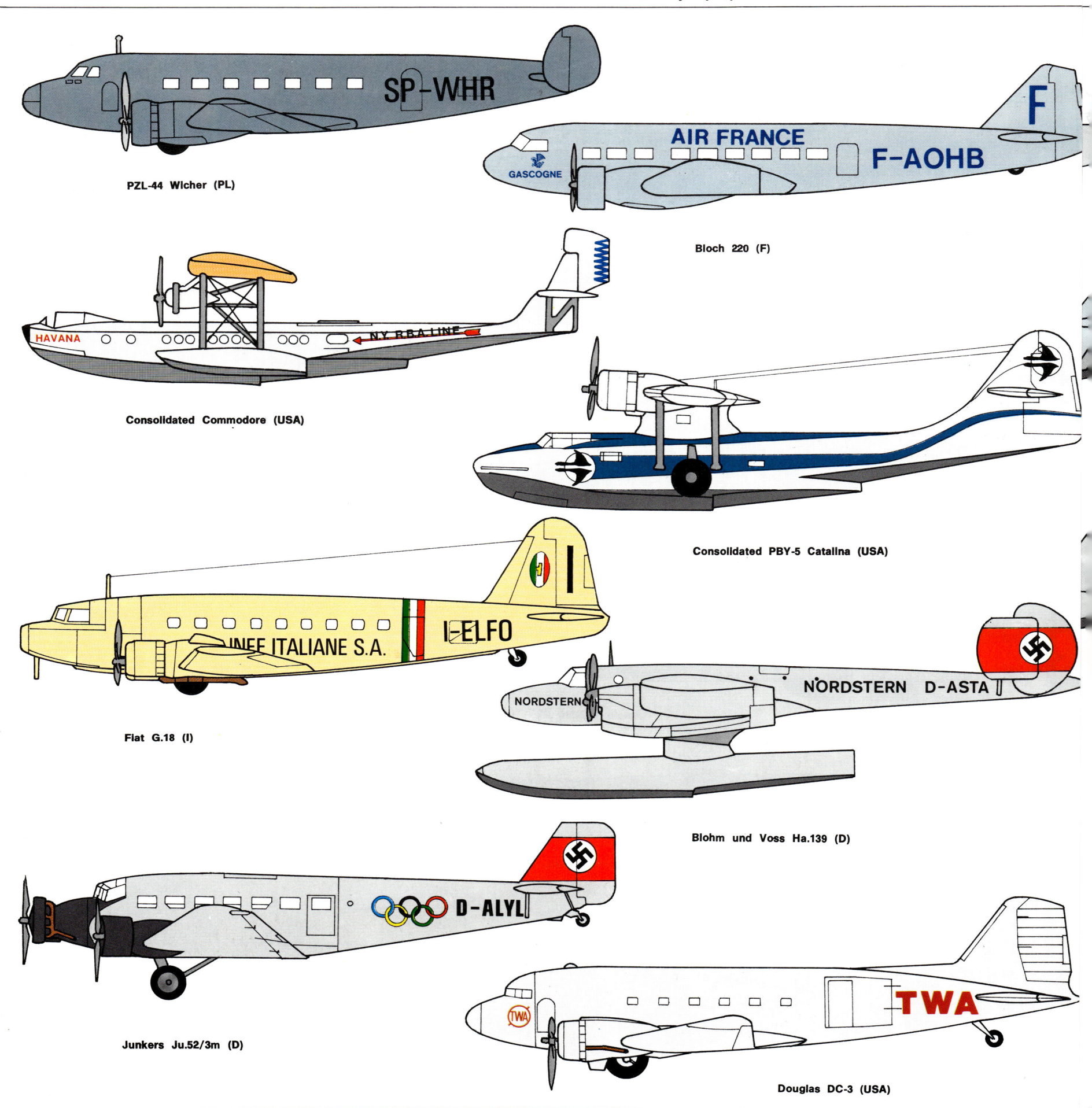

Planche 79 — Panorama synoptique à l'échelle des avions de 1928 à 1940

PZL-44 Wicher (PL)

Bloch 220 (F)

Consolidated Commodore (USA)

Consolidated PBY-5 Catalina (USA)

Fiat G.18 (I)

Blohm und Voss Ha.139 (D)

Junkers Ju.52/3m (D)

Douglas DC-3 (USA)

Planche 79   Panorama synoptique à l'échelle des avions de 1928 à 1940

SIAI Marchetti S.M.75 (I) — I-LOBI, ALA LITTORIA S.A.

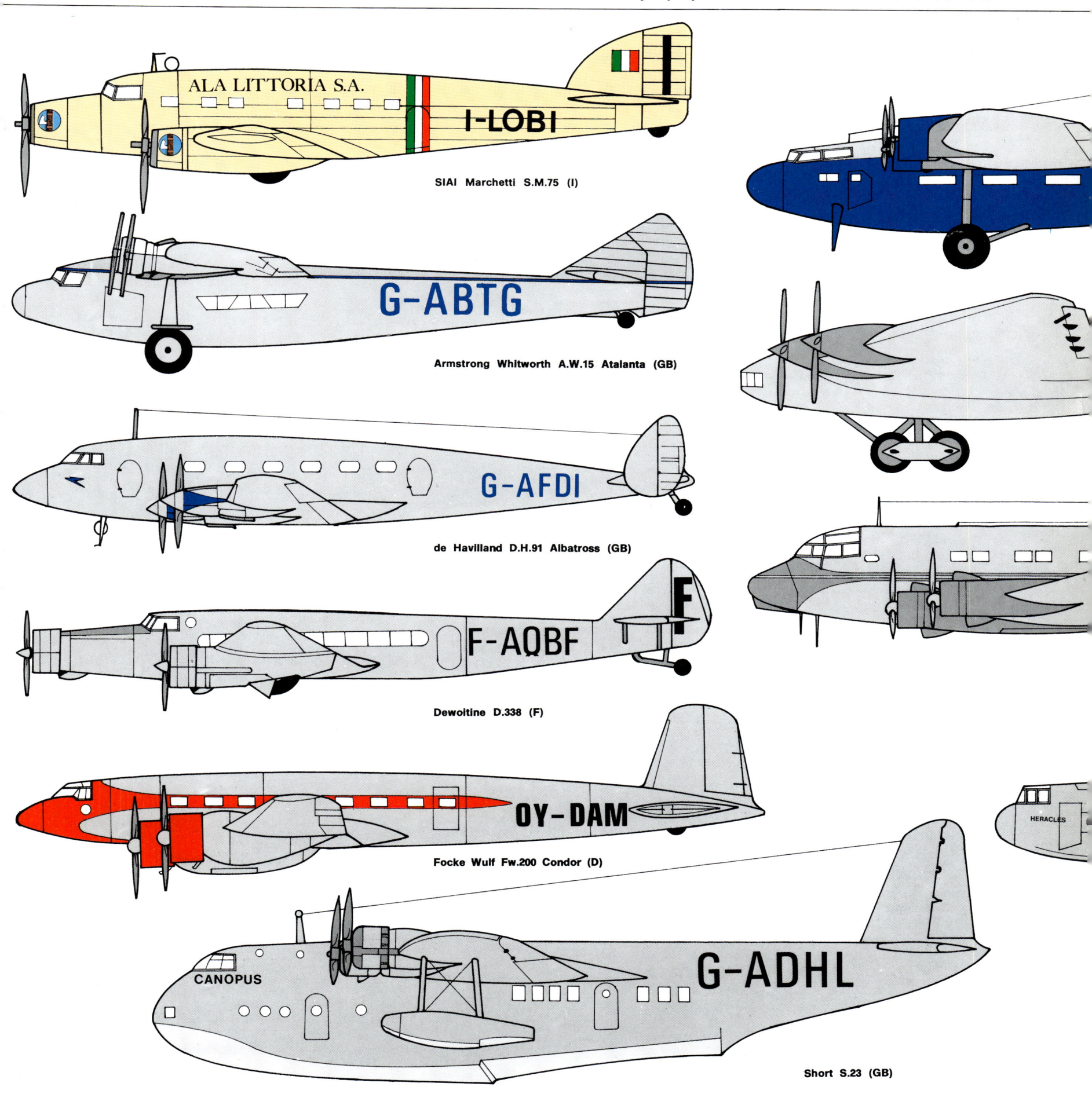

Armstrong Whitworth A.W.15 Atalanta (GB) — G-ABTG

de Havilland D.H.91 Albatross (GB) — G-AFDI

Dewoitine D.338 (F) — F-AQBF

Focke Wulf Fw.200 Condor (D) — OY-DAM

Short S.23 (GB) — G-ADHL, CANOPUS

HERACLES

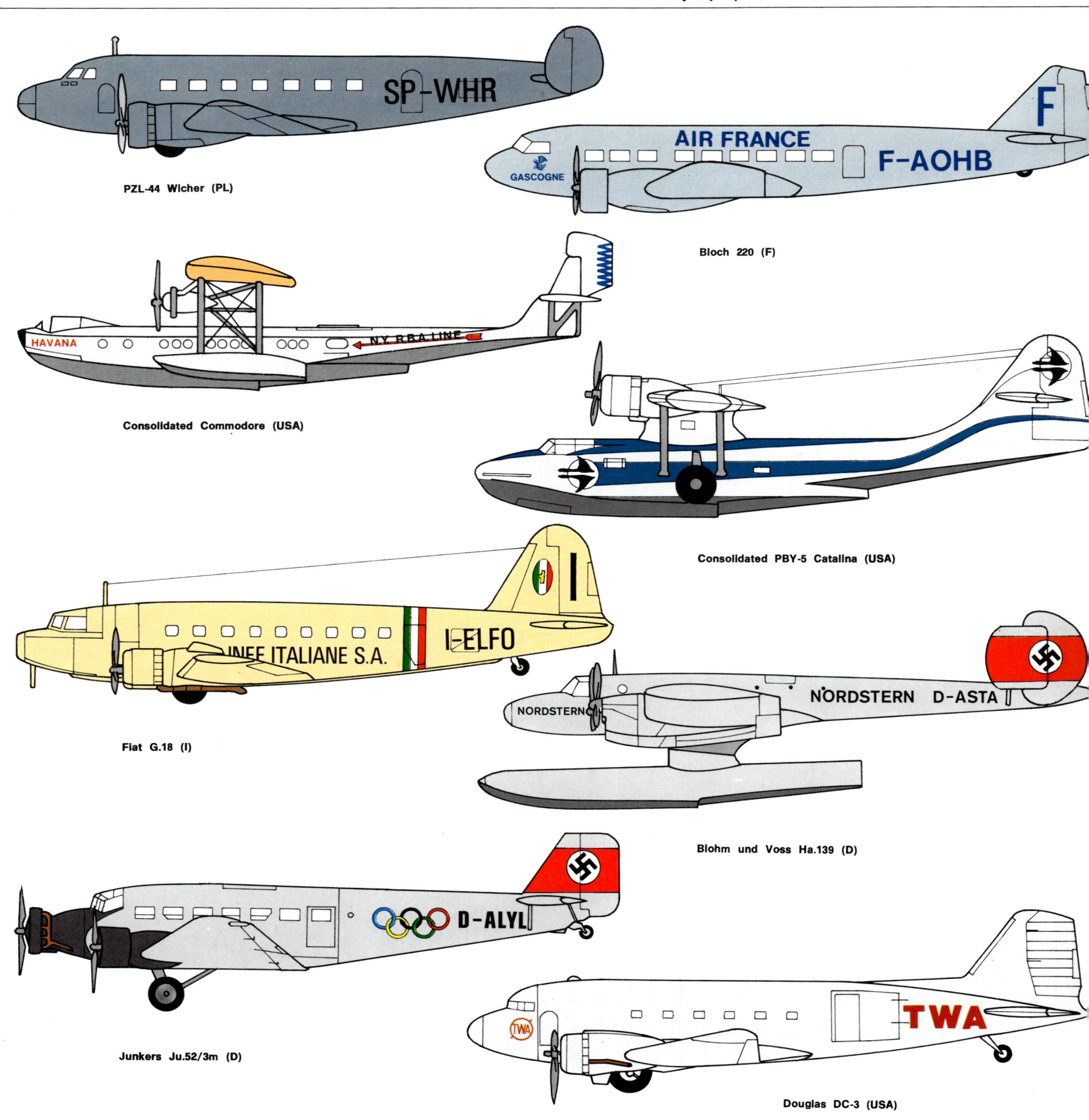

Planche 79 — Panorama synoptique à l'échelle des avions de 1928 à 1940

PZL-44 Wicher (PL)

Bloch 220 (F)

Consolidated Commodore (USA)

Consolidated PBY-5 Catalina (USA)

Fiat G.18 (I)

Blohm und Voss Ha.139 (D)

Junkers Ju.52/3m (D)

Douglas DC-3 (USA)

de Havilland D.H.95 Flamingo (GB)

Kalinin K-5 (URSS)

Lioré et Olivier LeO 213 (F)

SIAI Marchetti S.M.83 (I)

Couzinet 70 Arc-en-ciel (F)

Mitsubishi G3M2 (J)

SIAI Marchetti S.M.66 (I)

Wibault 283 (F)

Boeing 80-A (USA)

Junkers Ju.86 (D)

Heinkel He.111 (D)

Macchi M.C.100 (I)

3m = 2,16 cm

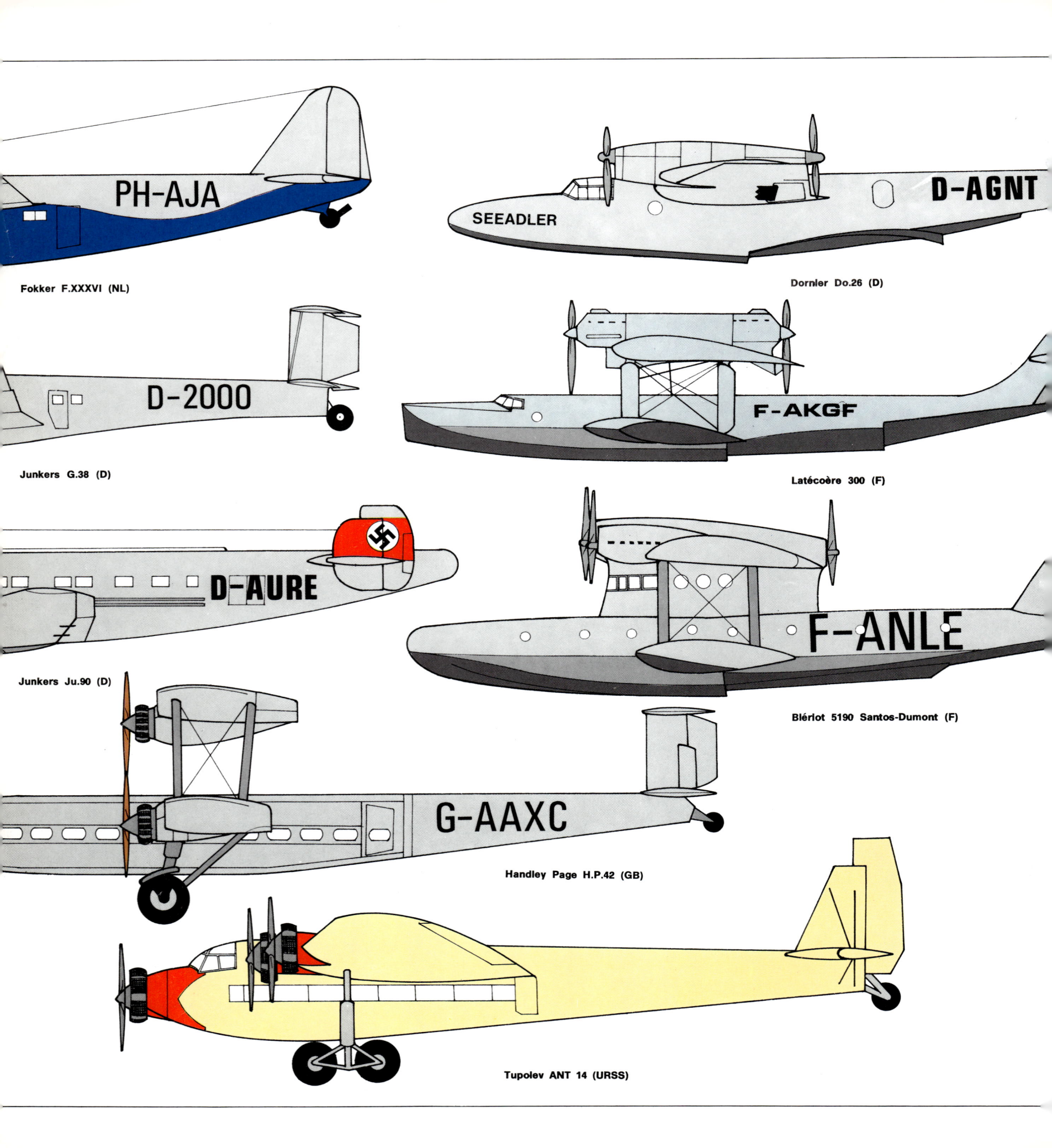

Fokker F.XXXVI (NL)

Dornier Do.26 (D)

Junkers G.38 (D)

Latécoère 300 (F)

Junkers Ju.90 (D)

Blériot 5190 Santos-Dumont (F)

Handley Page H.P.42 (GB)

Tupolev ANT 14 (URSS)

Breguet 530 Saigon (F)

Lioré et Olivier LeO H-47 (F)

Short S.8 Calcutta (GB)

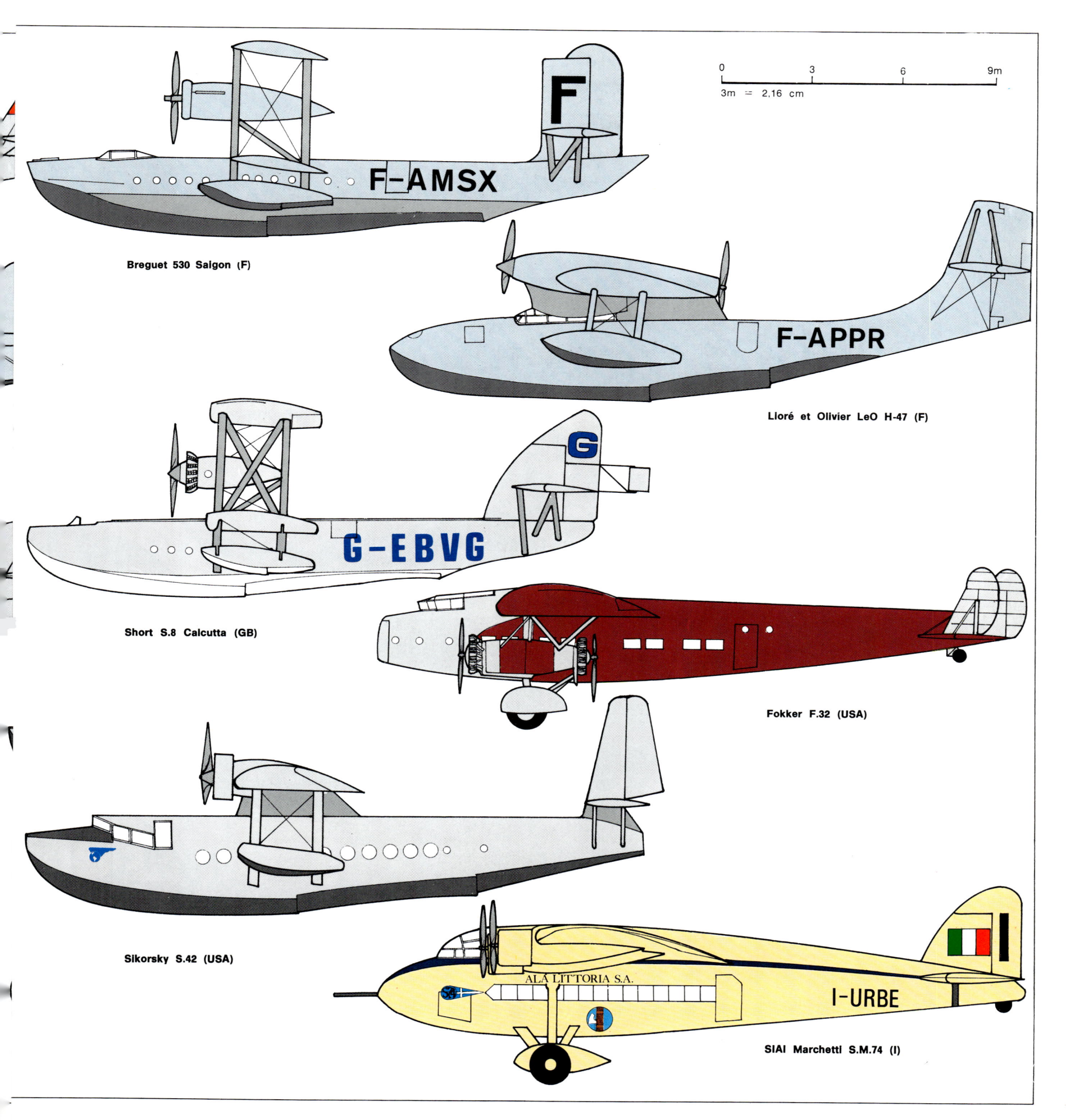

Fokker F.32 (USA)

Sikorsky S.42 (USA)

SIAI Marchetti S.M.74 (I)

0   3   6   9m

3m = 2,16 cm

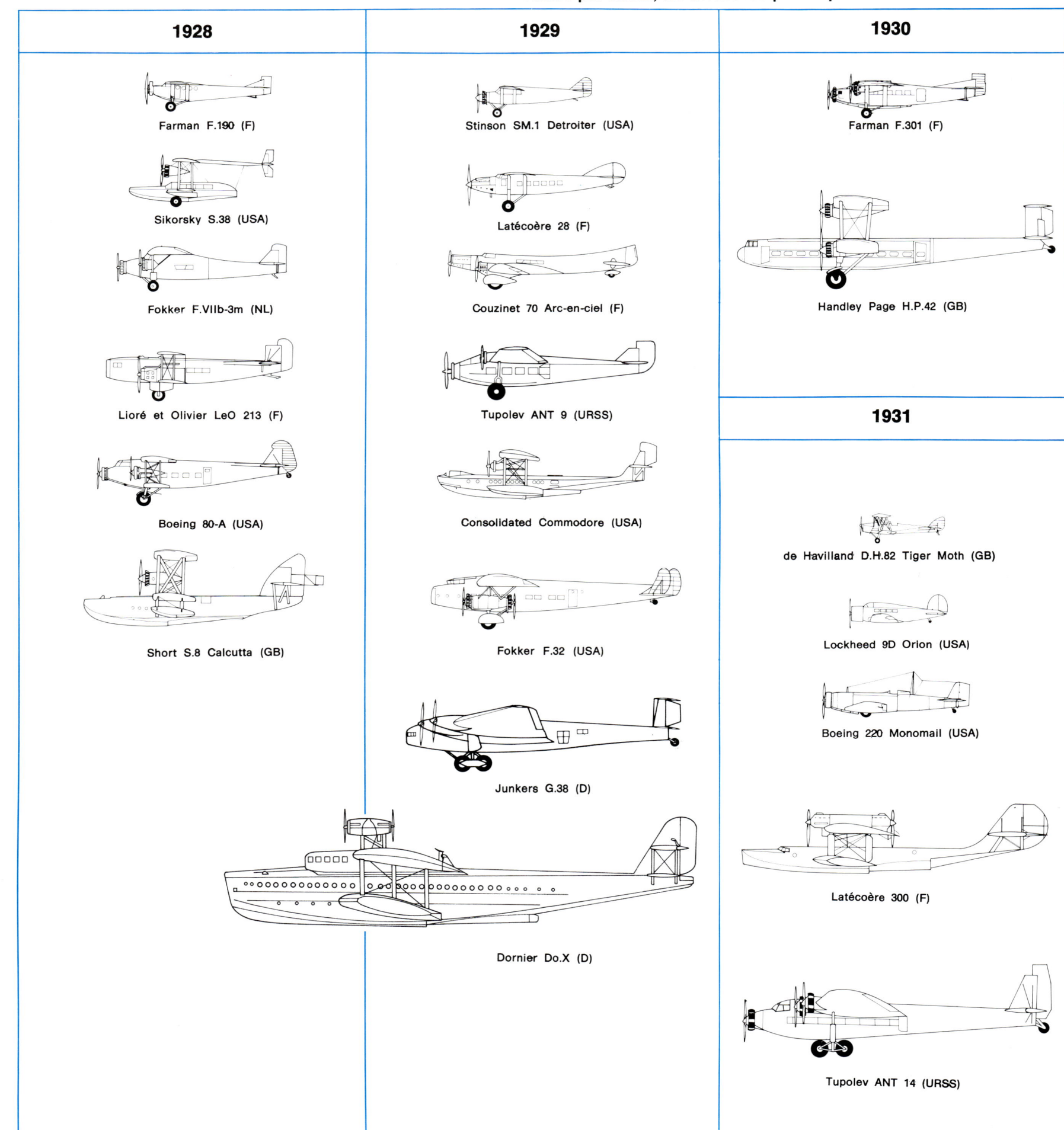

Planche 80 — Année par année, les avions les plus importants de 1928 à 1934

1928

- Farman F.190 (F)
- Sikorsky S.38 (USA)
- Fokker F.VIIb-3m (NL)
- Lioré et Olivier LeO 213 (F)
- Boeing 80-A (USA)
- Short S.8 Calcutta (GB)

1929

- Stinson SM.1 Detroiter (USA)
- Latécoère 28 (F)
- Couzinet 70 Arc-en-ciel (F)
- Tupolev ANT 9 (URSS)
- Consolidated Commodore (USA)
- Fokker F.32 (USA)
- Junkers G.38 (D)
- Dornier Do.X (D)

1930

- Farman F.301 (F)
- Handley Page H.P.42 (GB)

1931

- de Havilland D.H.82 Tiger Moth (GB)
- Lockheed 9D Orion (USA)
- Boeing 220 Monomail (USA)
- Latécoère 300 (F)
- Tupolev ANT 14 (URSS)

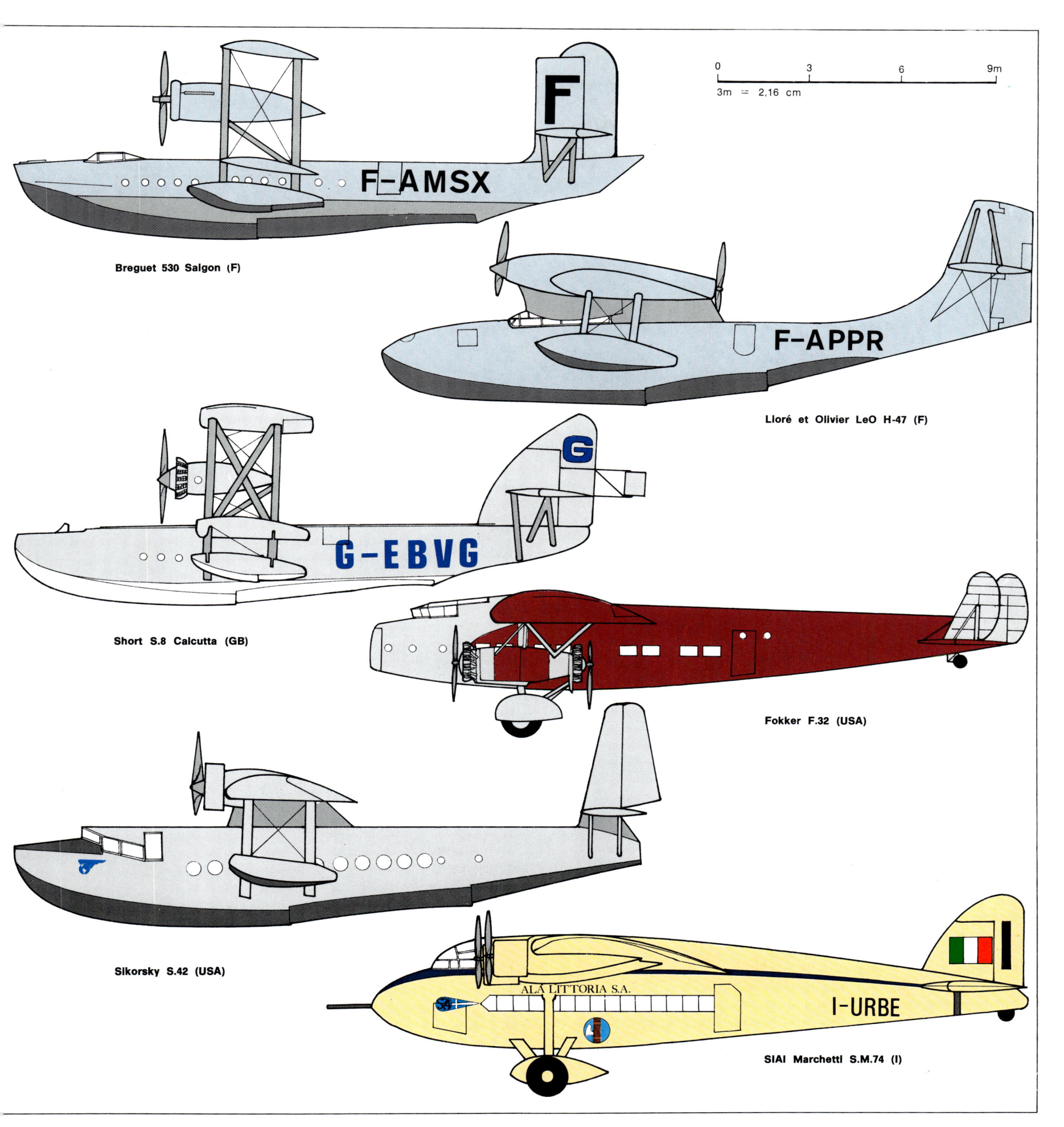

Breguet 530 Saigon (F)

Lloré et Olivier LeO H-47 (F)

Short S.8 Calcutta (GB)

Fokker F.32 (USA)

Sikorsky S.42 (USA)

SIAI Marchetti S.M.74 (I)

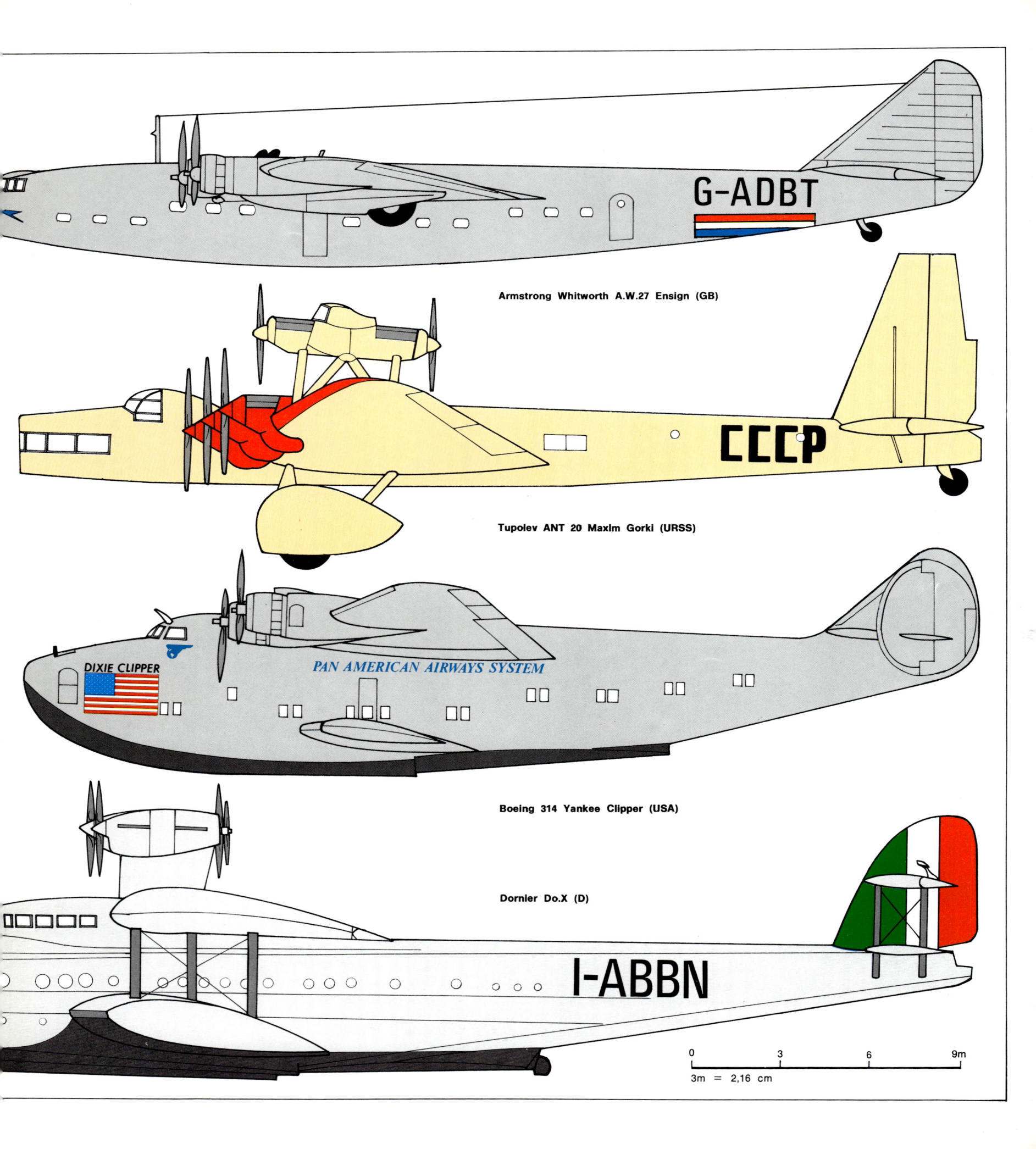

Armstrong Whitworth A.W.27 Ensign (GB)

Tupolev ANT 20 Maxim Gorki (URSS)

Boeing 314 Yankee Clipper (USA)

Dornier Do.X (D)

0 — 3 — 6 — 9m
3m = 2,16 cm

Short-Mayo S.20/S.21 Composite (GB)

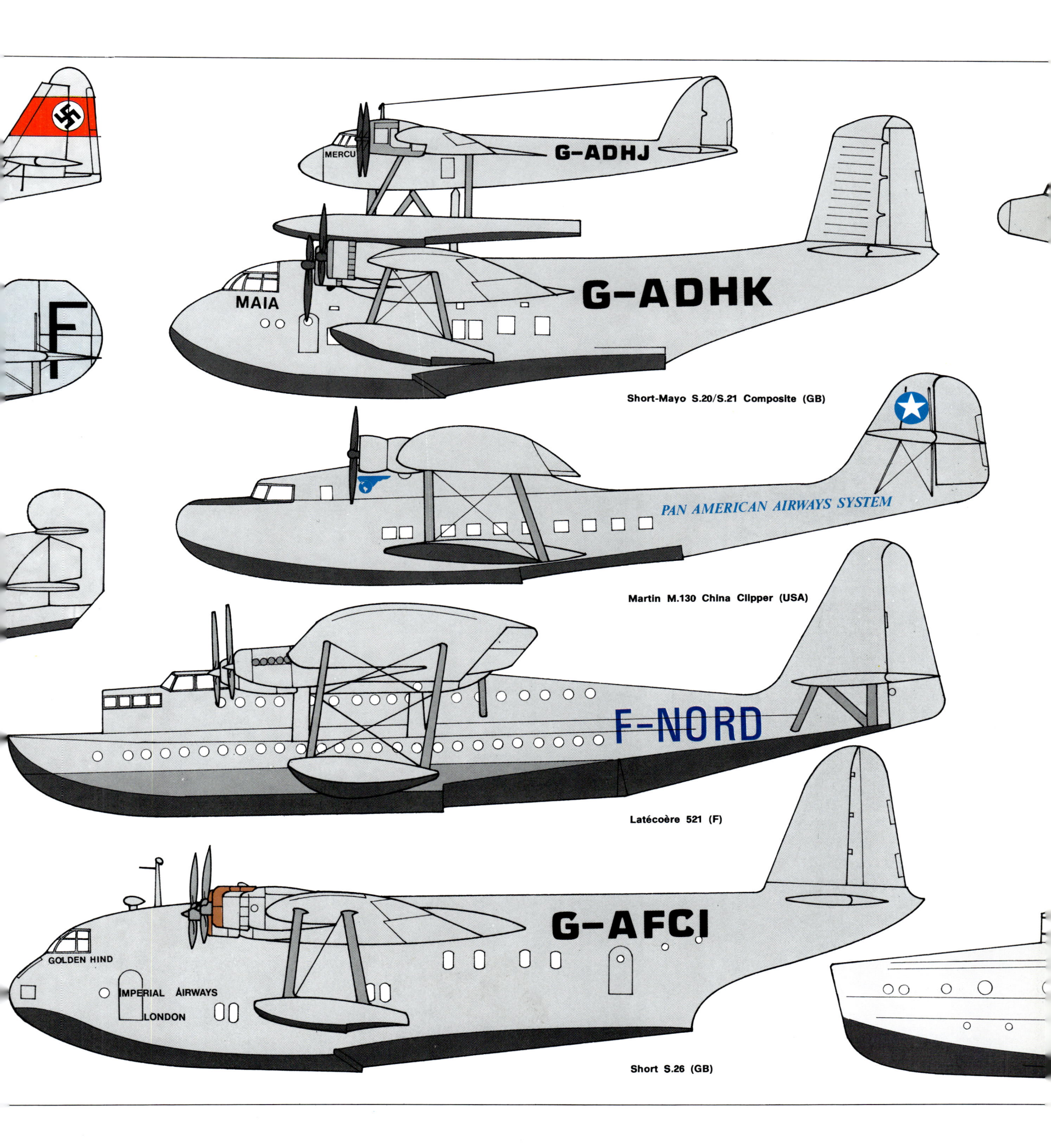

Martin M.130 China Clipper (USA)

Latécoère 521 (F)

Short S.26 (GB)

Planche 80   Année par année, les avions les plus importants de 1928 à 1934

1928

Farman F.190 (F)

Sikorsky S.38 (USA)

Fokker F.VIIb-3m (NL)

Lioré et Olivier LeO 213 (F)

Boeing 80-A (USA)

Short S.8 Calcutta (GB)

1929

Stinson SM.1 Detroiter (USA)

Latécoère 28 (F)

Couzinet 70 Arc-en-ciel (F)

Tupolev ANT 9 (URSS)

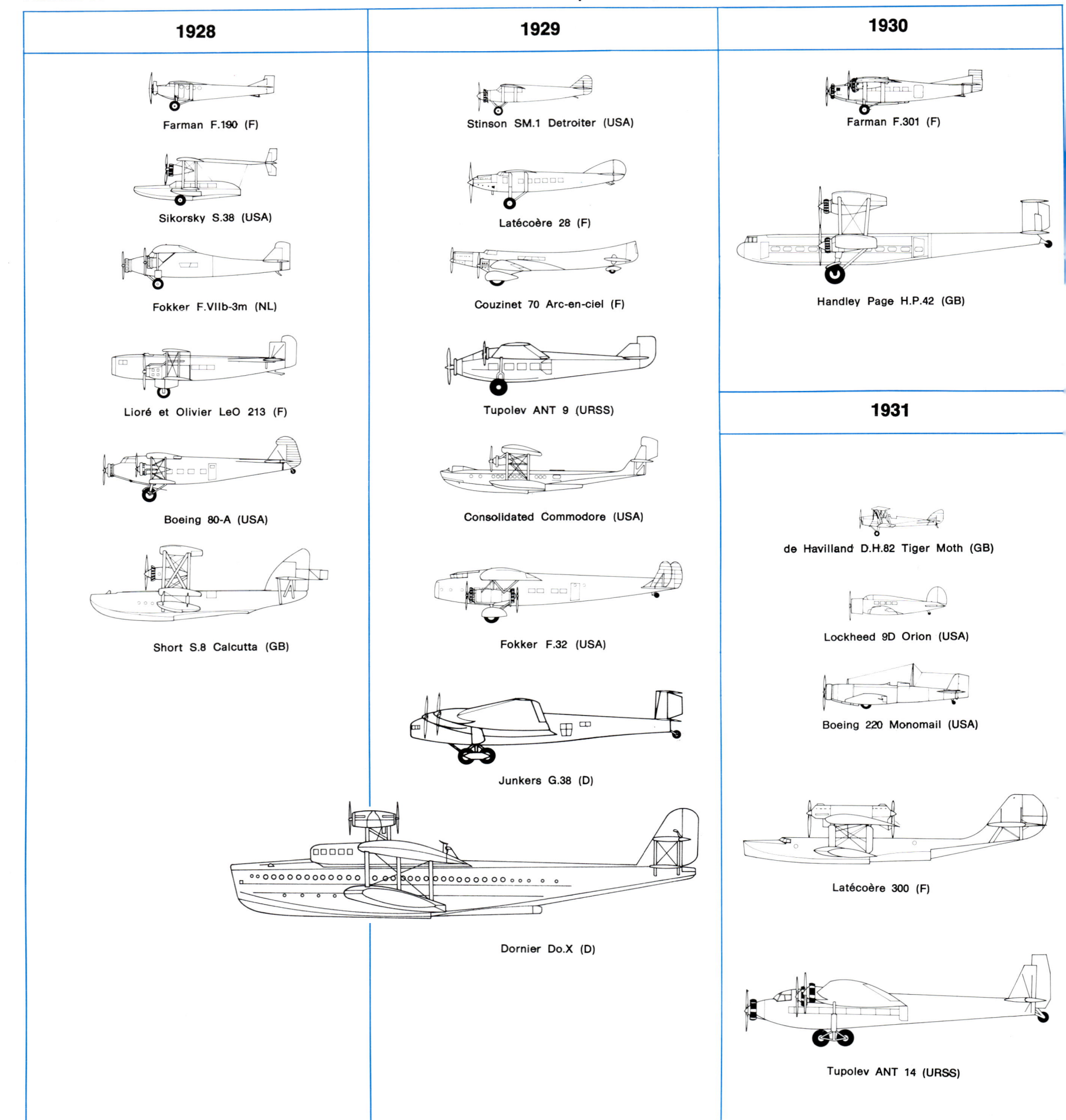

Consolidated Commodore (USA)

Fokker F.32 (USA)

Junkers G.38 (D)

Dornier Do.X (D)

1930

Farman F.301 (F)

Handley Page H.P.42 (GB)

1931

de Havilland D.H.82 Tiger Moth (GB)

Lockheed 9D Orion (USA)

Boeing 220 Monomail (USA)

Latécoère 300 (F)

Tupolev ANT 14 (URSS)

1932

Consolidated Fleetster 17A (USA)

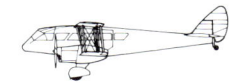

de Havilland D.H.84 Dragon (GB)

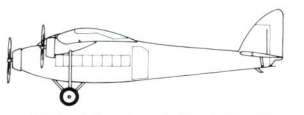

SIAI Marchetti S.M.71 (I)

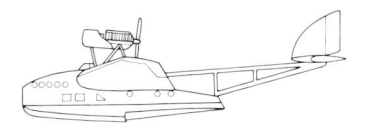

SIAI Marchetti S.M.66 (I)

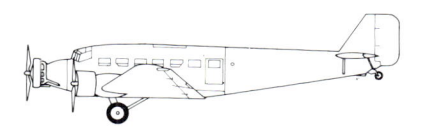

Junkers Ju.52/3m (D)

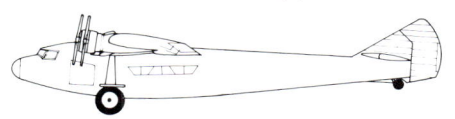

Armstrong Whitworth A.W.15 Atalanta (GB)

1933

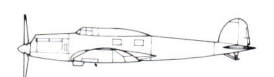

Heinkel He.70 (D)

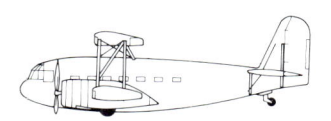

Curtiss T.32 Condor (USA)

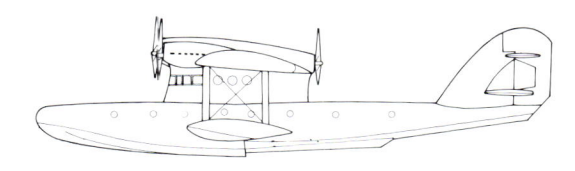

Blériot 5190 Santos-Dumont (F)

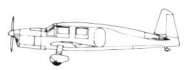

1934

Caudron-Renault C-635 Simoun (F)

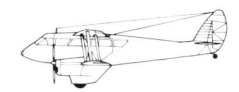

de Havilland D.H.89 Dragon Rapide (GB)

Airspeed A.S.6 Envoy (GB)

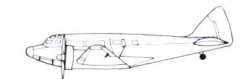

Mitsubishi Hinazuru (J)

Lockheed 10/A Electra (USA)

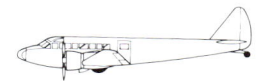

Potez 56 (F)

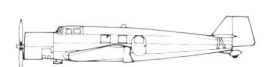

Junkers Ju.160 (D)

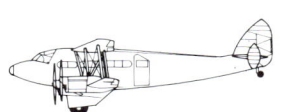

de Havilland D.H.86 (GB)

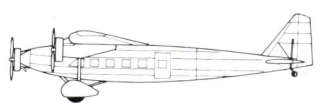

Bloch 120 (F)

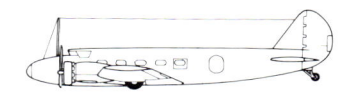

Boeing 247 (USA)

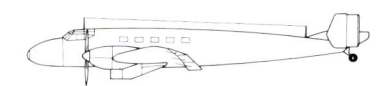

Junkers Ju.86 (D)

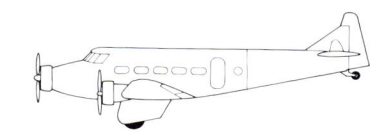

Wibault 283 (F)

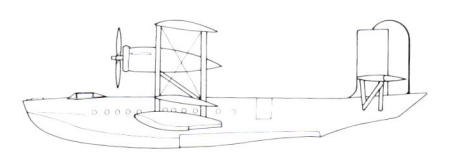

Breguet 530 Saigon (F)

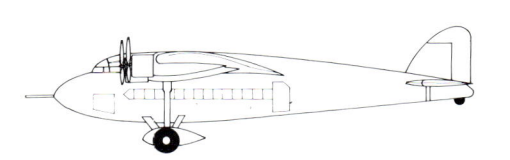

SIAI Marchetti S.M.74 (I)

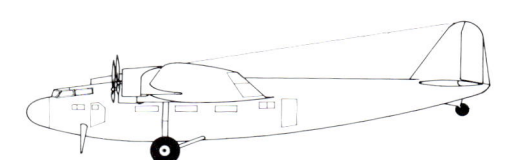

Fokker F.XXXVI (NL)

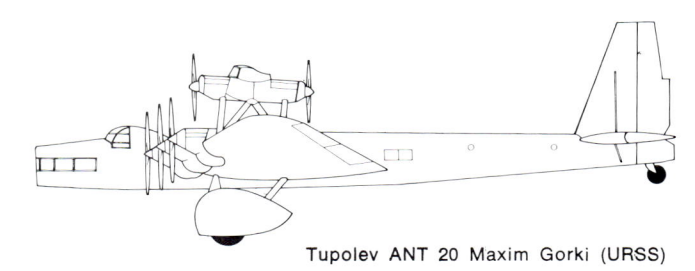

Tupolev ANT 20 Maxim Gorki (URSS)

Les avions présentés ici sont tous à l'échelle, la même que celle des planches **81, 118, 119, 120, 121**

Planche 81   Année par année, les avions les plus importants de 1935 à 1939

1935

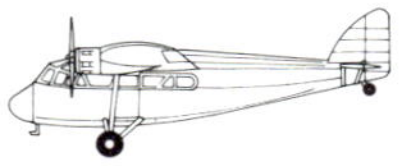

- Short S.16 Scion (GB)
- Caudron C-445 (F) 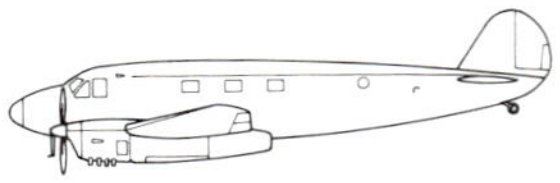
- Macchi M.C.94 (I) 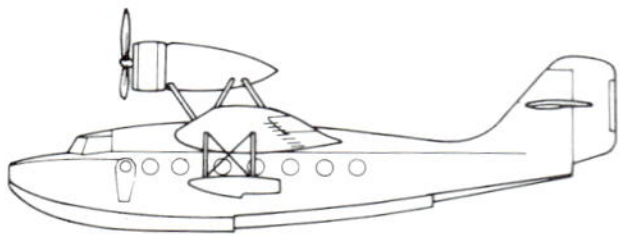
- Caproni Ca.133 (I) 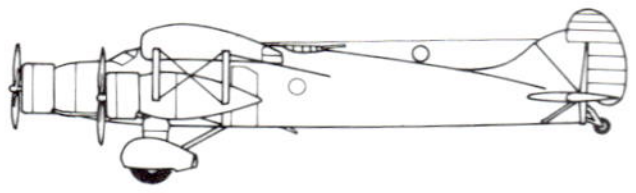
- Sikorsky S.43 (USA) 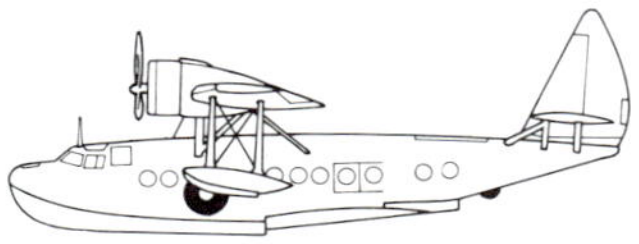
- Heinkel He.111 (D) 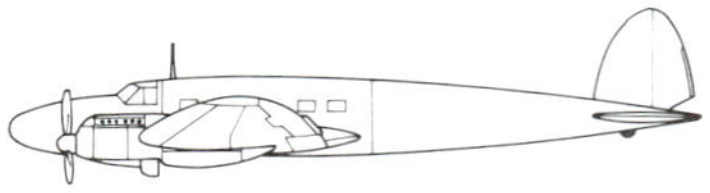
- Bloch 220 (F) 
- Douglas DC-3 (USA) 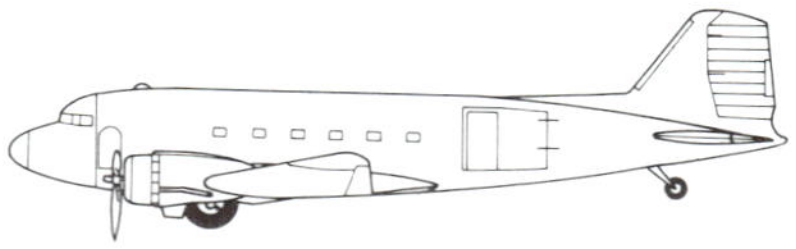
- Sikorsky S.42 (USA) 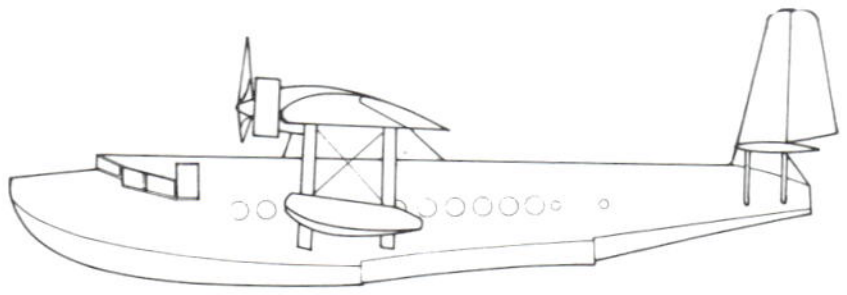
- Dewoitine D.338 (F) 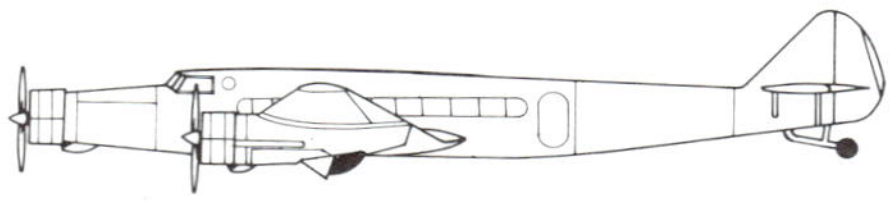
- Martin M.130 China Clipper (USA) 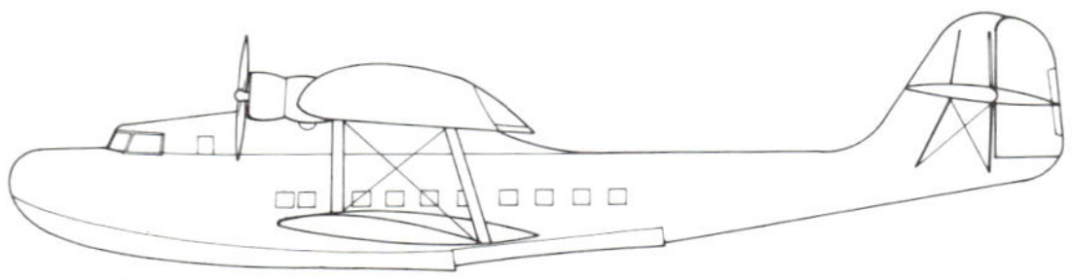
- Latécoère 521 (F) 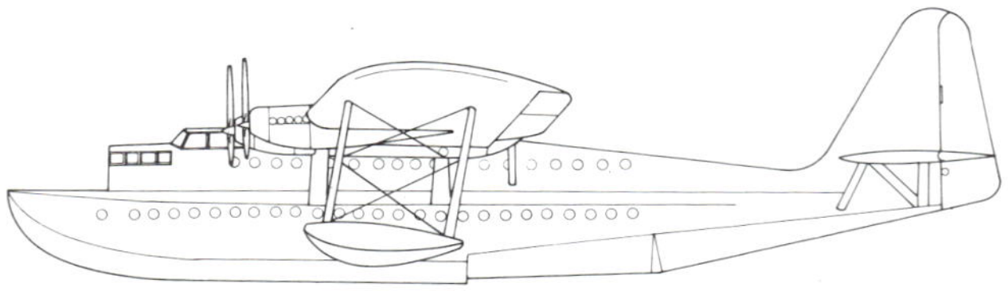

1936

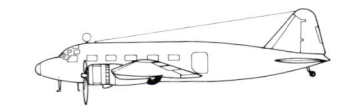

- Tupolev ANT-35 (URSS)
- Nakajima AT-2 (J) 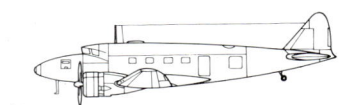
- Blohm und Voss Ha.139 (D) 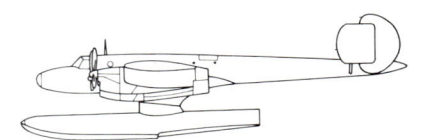
- Lioré et Olivier LeO H-47 (F) 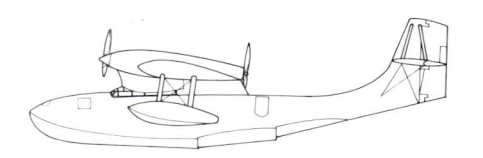
- Short S.23 (GB) 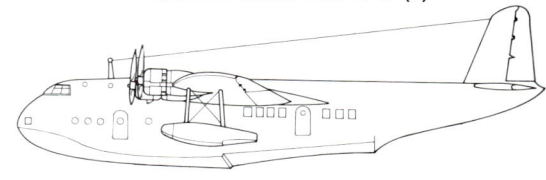

Les avions présentés ici sont tous à l'échelle, la même que celle des planches 80, 118, 119, 120, 121

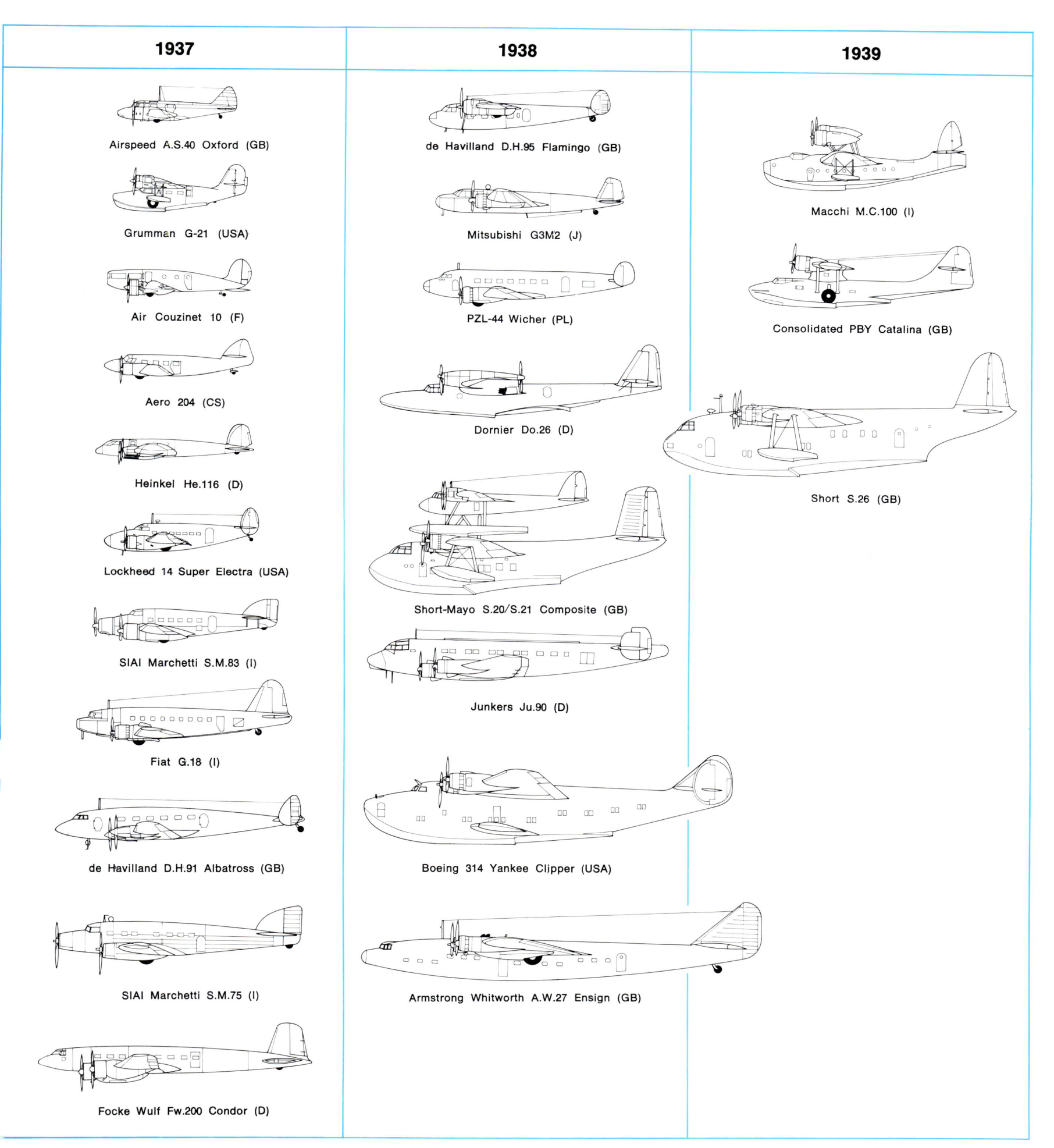

1937	1938	1939
Airspeed A.S.40 Oxford (GB)	de Havilland D.H.95 Flamingo (GB)	Macchi M.C.100 (I)
Grumman G-21 (USA)	Mitsubishi G3M2 (J)	Consolidated PBY Catalina (GB)
Air Couzinet 10 (F)	PZL-44 Wicher (PL)	Short S.26 (GB)
Aero 204 (CS)	Dornier Do.26 (D)	
Heinkel He.116 (D)	Short-Mayo S.20/S.21 Composite (GB)	
Lockheed 14 Super Electra (USA)	Junkers Ju.90 (D)	
SIAI Marchetti S.M.83 (I)	Boeing 314 Yankee Clipper (USA)	
Fiat G.18 (I)	Armstrong Whitworth A.W.27 Ensign (GB)	
de Havilland D.H.91 Albatross (GB)		
SIAI Marchetti S.M.75 (I)		
Focke Wulf Fw.200 Condor (D)		

Planche 82

Éclaté du Short S.23C

1 - gouverne de profondeur droite
2 - structure du plan fixe droit
3 - compensateur de profondeur
4 - feu de navigation arrière
5 - cône de queue
6 - compensateur de réglage de la gouverne de direction
7 - structure de la gouverne de direction
8 - structure de la dérive
9 - structure du bord d'attaque
10 - antenne
11 - gouverne de profondeur gauche
12 - plan fixe gauche
13 - guignol de manœuvre des gouvernes de direction et de profondeur
14 - attache de l'empennage
15 - structure du fuselage
16 - revêtement de fuselage
17 - cloison arrière
18 - porte compartiment bagages
19 - compartiment bagages
20 - cloison de cabine arrière
21 - hublots de cabine
22 - structure de la quille
23 - aménagement cabine 6 sièges
24 - panneaux internes
25 - coffres bagages passagers suspendus
26 - porte arrière d'entrée des passagers
27 - promenoir intérieur
28 - carénage d'emplanture d'aile
29 - compartiment d'arrimage couchettes
30 - rideaux
31 - nervures d'emplanture d'aile
32 - antenne
33 - aménagement cabine 8 passagers
34 - carénage du volet droit
35 - volet droit
36 - structure du longeron arrière
37 - nervures du bord de fuite
38 - aileron droit
39 - tab d'aileron
40 - guignol de commande d'aileron
41 - carénage du bout d'aile
42 - feu de navigation droit
43 - structure nervures d'aile
44 - longeron avant
45 - nervures du bord d'attaque
46 - fixation des flotteurs
47 - haubanage
48 - flotteur droit
49 - phare d'atterrissage
50 - longeron aile interne
51 - clapet décharge
52 - entrées d'air carburateur
53 - structure du fuseau-moteur droit
54 - fixation moteur
55 - collecteur d'échappement
56 - panneaux moteur
57 - radiateurs d'huile
58 - semelle avant de la coque
59 - aménagement cabine 3 passagers
60 - hublots de cabine
61 - fuseau-moteur interne droit
62 - volets de capot
63 - carénage de queue du fuseau-moteur
64 - entrées d'air du circuit de conditionnement
65 - échangeur thermique pour la climatisation cabine
66 - fixation longeron principal/fuselage
67 - nervures d'emplanture d'aile
68 - section centrale du longeron
69 - volet gauche
70 - servocommande des volets d'aileron
71 - antenne
72 - glissière de guidage des volets
73 - aileron gauche
74 - commandes d'aileron
75 - compensateur de réglage gauche
76 - carénage de bout d'aile gauche
77 - feu de navigation gauche
78 - phare d'atterrissage
79 - fuseau-moteur extérieur gauche
80 - réservoir d'huile
81 - moteur en étoile Bristol Pegasus Xc 9 cylindres
82 - hélices tripales De Havilland
83 - mécanisme du pas variable
84 - flotteur gauche
85 - entrées d'air
86 - radiateurs d'huile
87 - réservoirs principaux externes de carburant
88 - nacelle moteur intérieure gauche
89 - collecteur d'échappement
90 - volets de capot
91 - clapet décharge
92 - échangeur thermique
93 - réservoir principal interne de carburant (2 727 litres)
94 - commandes des volets de capot et d'alimentation en carburant
95 - poste de navigation
96 - porte d'entrée équipage
97 - échelle d'accès
98 - cuisine
99 - toilettes
100 - pont supérieur
101 - compartiment gauche courrier/cargo
102 - porte roulante
103 - porte de communication cabine
104 - cabine fumeurs aménagée pour 7 passagers
105 - coque
106 - hublots cabine avant
107 - siège opérateur radio
108 - radio
109 - antenne
110 - tubes de Pitot
111 - porte supérieure cabine
112 - table de correspondance
113 - commandes toit cabine
114 - siège du pilote
115 - fenêtres coulissantes
116 - siège du copilote
117 - manche à balai
118 - palonnier
119 - carénage panneau des instruments
120 - pare-brise
121 - trappe d'amarrage
122 - compartiment équipement marin
123 - échelle amarrage
124 - treuil pour l'ancre
125 - ancre
126 - point d'amarrage
127 - patte d'attache barre de remorquage

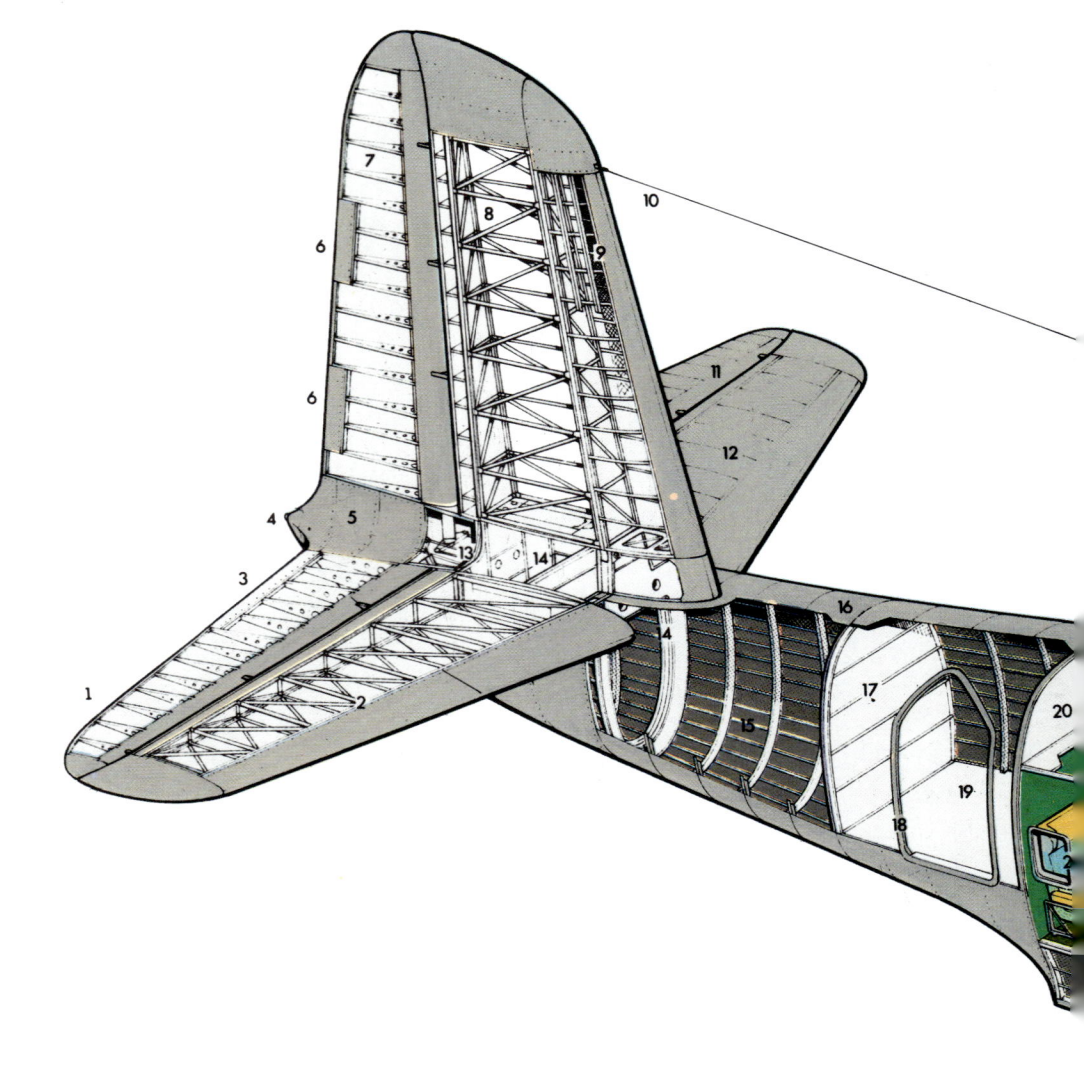

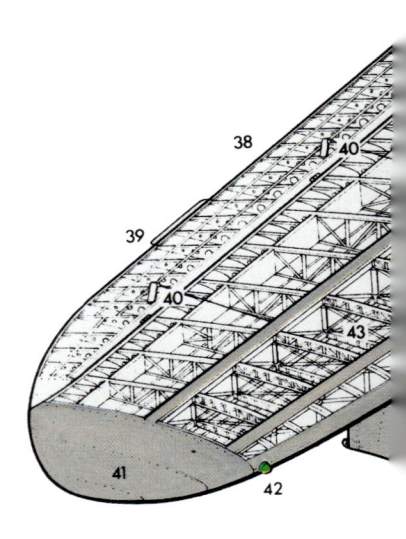

Short S.23C

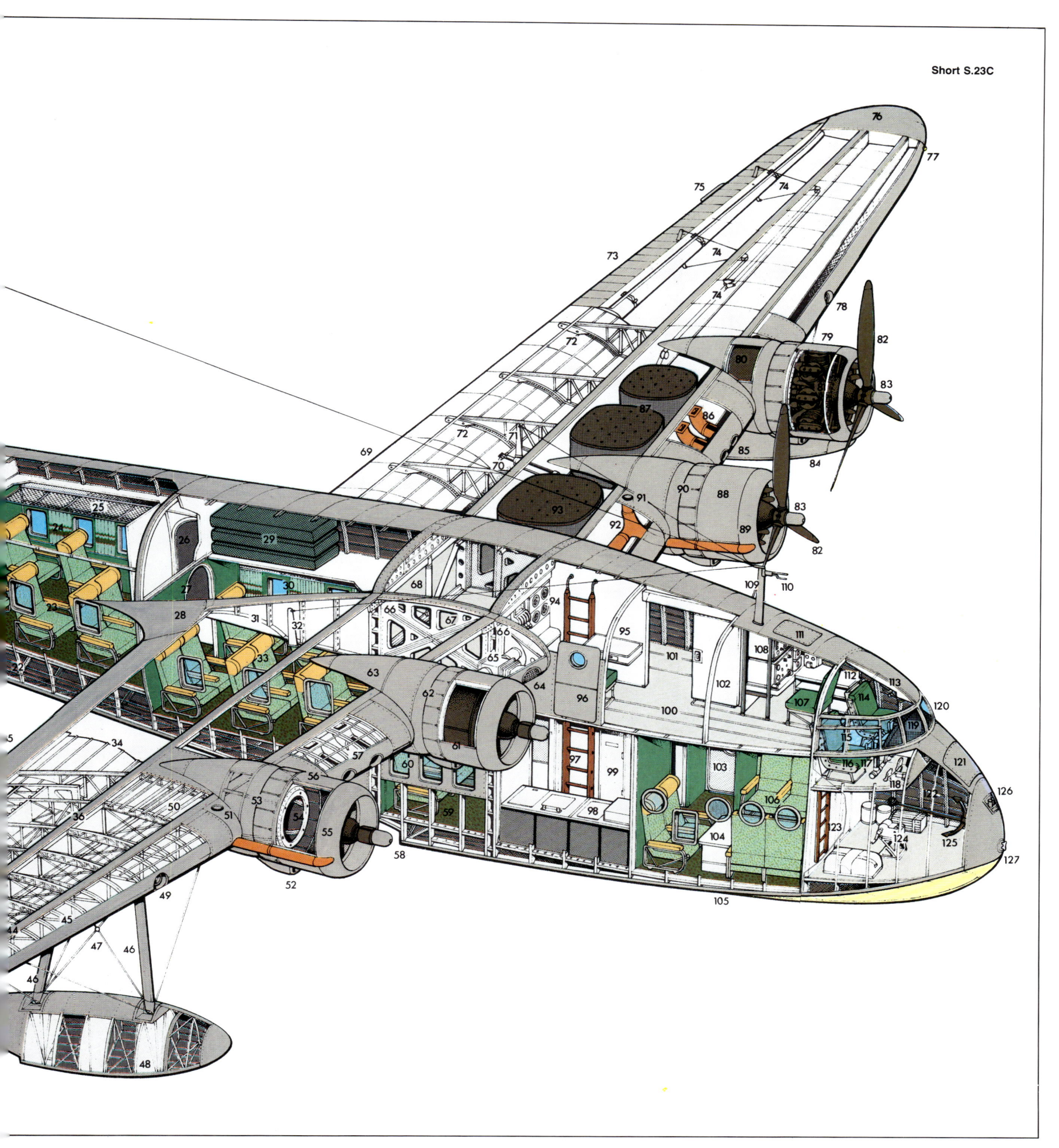

Planche 83

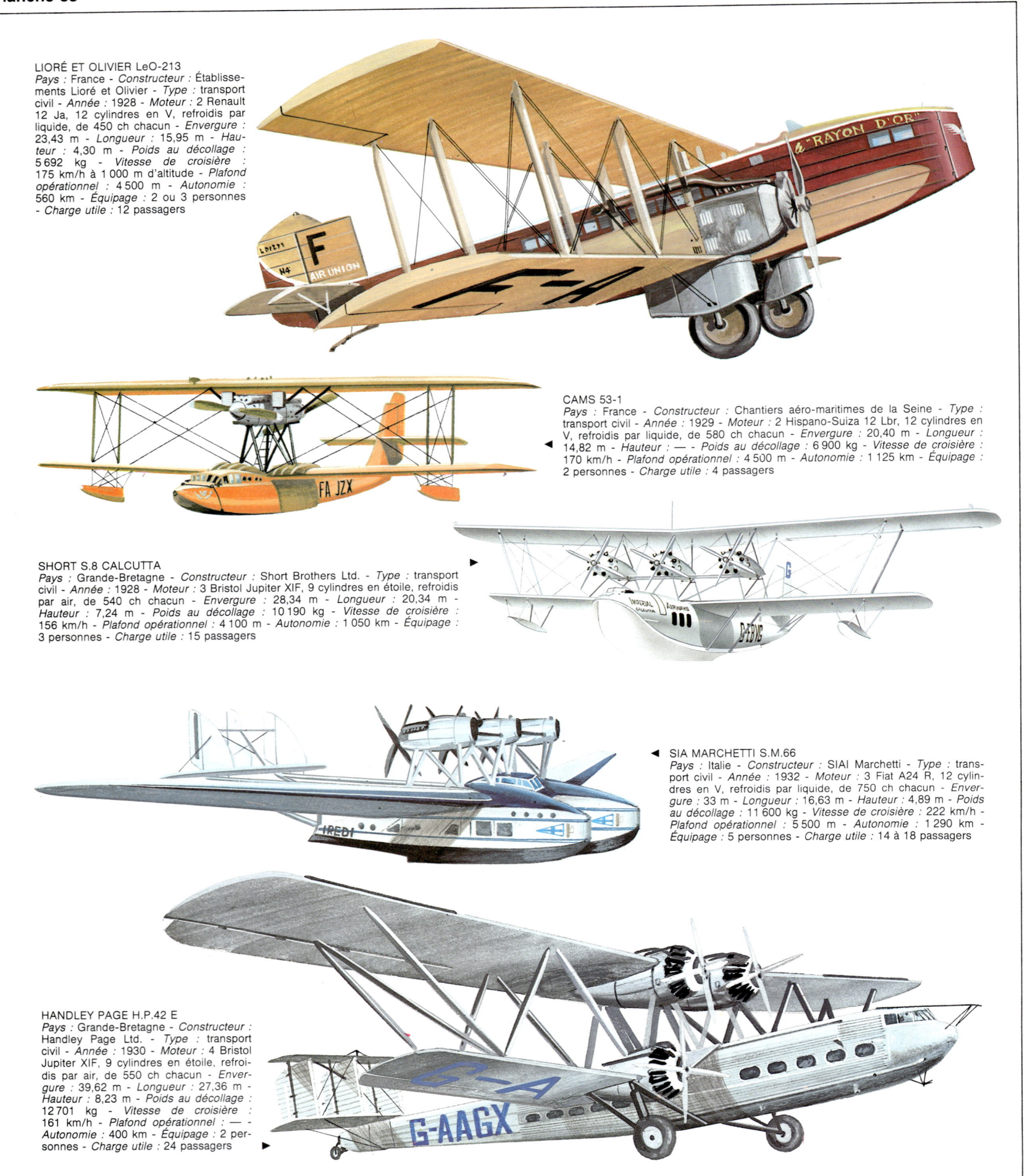

Les rois de la Manche et de la Méditerranée ; 1928-1932

LIORÉ ET OLIVIER LeO-213
Pays : France - *Constructeur* : Établissements Lioré et Olivier - *Type* : transport civil - *Année* : 1928 - *Moteur* : 2 Renault 12 Ja, 12 cylindres en V, refroidis par liquide, de 450 ch chacun - *Envergure* : 23,43 m - *Longueur* : 15,95 m - *Hauteur* : 4,30 m - *Poids au décollage* : 5 692 kg - *Vitesse de croisière* : 175 km/h à 1 000 m d'altitude - *Plafond opérationnel* : 4 500 m - *Autonomie* : 560 km - *Équipage* : 2 ou 3 personnes - *Charge utile* : 12 passagers

CAMS 53-1
Pays : France - *Constructeur* : Chantiers aéro-maritimes de la Seine - *Type* : transport civil - *Année* : 1929 - *Moteur* : 2 Hispano-Suiza 12 Lbr, 12 cylindres en V, refroidis par liquide, de 580 ch chacun - *Envergure* : 20,40 m - *Longueur* : 14,82 m - *Hauteur* : — - *Poids au décollage* : 6 900 kg - *Vitesse de croisière* : 170 km/h - *Plafond opérationnel* : 4 500 m - *Autonomie* : 1 125 km - *Équipage* : 2 personnes - *Charge utile* : 4 passagers

SHORT S.8 CALCUTTA
Pays : Grande-Bretagne - *Constructeur* : Short Brothers Ltd. - *Type* : transport civil - *Année* : 1928 - *Moteur* : 3 Bristol Jupiter XIF, 9 cylindres en étoile, refroidis par air, de 540 ch chacun - *Envergure* : 28,34 m - *Longueur* : 20,34 m - *Hauteur* : 7,24 m - *Poids au décollage* : 10 190 kg - *Vitesse de croisière* : 156 km/h - *Plafond opérationnel* : 4 100 m - *Autonomie* : 1 050 km - *Équipage* : 3 personnes - *Charge utile* : 15 passagers

SIA MARCHETTI S.M.66
Pays : Italie - *Constructeur* : SIAI Marchetti - *Type* : transport civil - *Année* : 1932 - *Moteur* : 3 Fiat A24 R, 12 cylindres en V, refroidis par liquide, de 750 ch chacun - *Envergure* : 33 m - *Longueur* : 16,63 m - *Hauteur* : 4,89 m - *Poids au décollage* : 11 600 kg - *Vitesse de croisière* : 222 km/h - *Plafond opérationnel* : 5 500 m - *Autonomie* : 1 290 km - *Équipage* : 5 personnes - *Charge utile* : 14 à 18 passagers

HANDLEY PAGE H.P.42 E
Pays : Grande-Bretagne - *Constructeur* : Handley Page Ltd. - *Type* : transport civil - *Année* : 1930 - *Moteur* : 4 Bristol Jupiter XIF, 9 cylindres en étoile, refroidis par air, de 550 ch chacun - *Envergure* : 39,62 m - *Longueur* : 27,36 m - *Hauteur* : 8,23 m - *Poids au décollage* : 12 701 kg - *Vitesse de croisière* : 161 km/h - *Plafond opérationnel* : — - *Autonomie* : 400 km - *Équipage* : 2 personnes - *Charge utile* : 24 passagers

Les derniers Farman du transport civil ; 1927-1930

Planche 84

FARMAN F.180
Pays : France - *Constructeur* : Avions H & M. Farman - *Type* : transport civil - *Année* : 1927 - *Moteur* : 2 Farman 12 We, 12 cylindres en V, refroidis par liquide, de 500 ch chacun - *Envergure* : 25,99 m - *Longueur* : 17,98 m - *Hauteur* : — - *Poids au décollage* : 7 990 kg - *Vitesse de croisière* : 170 km/h - *Plafond opérationnel* : 4 000 m - *Autonomie* : 1 000 km - *Équipage* : 2 personnes - *Charge utile* : 24 passagers

FARMAN F.190
Pays : France - *Constructeur* : Avions H & M. Farman - *Type* : transport civil - *Année* : 1938 - *Moteur* : Gnome-Rhône 5Ba, 5 cylindres en étoile, refroidi par air, de 230 ch - *Envergure* : 14,40 m - *Longueur* : 10,45 m - *Hauteur* : — - *Poids au décollage* : 1 800 kg - *Vitesse de croisière* : 160 km/h - *Plafond opérationnel* : 5 150 m - *Autonomie* : 850 km - *Équipage* : 1 personne - *Charge utile* : 4 passagers

FARMAN F.301
Pays : France - *Constructeur* : Avions H & M. Farman - *Type* : transport civil - *Année* : 1930 - *Moteur* : 3 Salmson 9Ab, 9 cylindres en étoile, refroidis par air, de 230 ch chacun - *Envergure* : 19,08 m - *Longueur* : 15,35 m - *Hauteur* : 3,50 m - *Poids au décollage* : 4 530 kg - *Vitesse de croisière* : 190 km/h à 2 000 m d'altitude - *Plafond opérationnel* : 4 500 m - *Autonomie* : 850 km - *Équipage* : 2 personnes - *Charge utile* : 8 passagers

FARMAN F.220
Pays : France - *Constructeur* : Avions H. & M. Farman - *Type* : transport civil - *Année* : 1930 - *Moteur* : 4 Hispano-Suiza 12 Lbr, 12 cylindres en V, refroidis par liquide, de 600 ch chacun - *Envergure* : 35,99 m - *Longueur* : 21,03 m - *Hauteur* : 5,20 m - *Poids au décollage* : 16 000 kg - *Vitesse de croisière* : 219 km/h à 3 500 m d'altitude - *Plafond opérationnel* : 6 000 m - *Autonomie* : 4 500 km - *Équipage* : 2 personnes - *Charge utile* : 6 000 kg

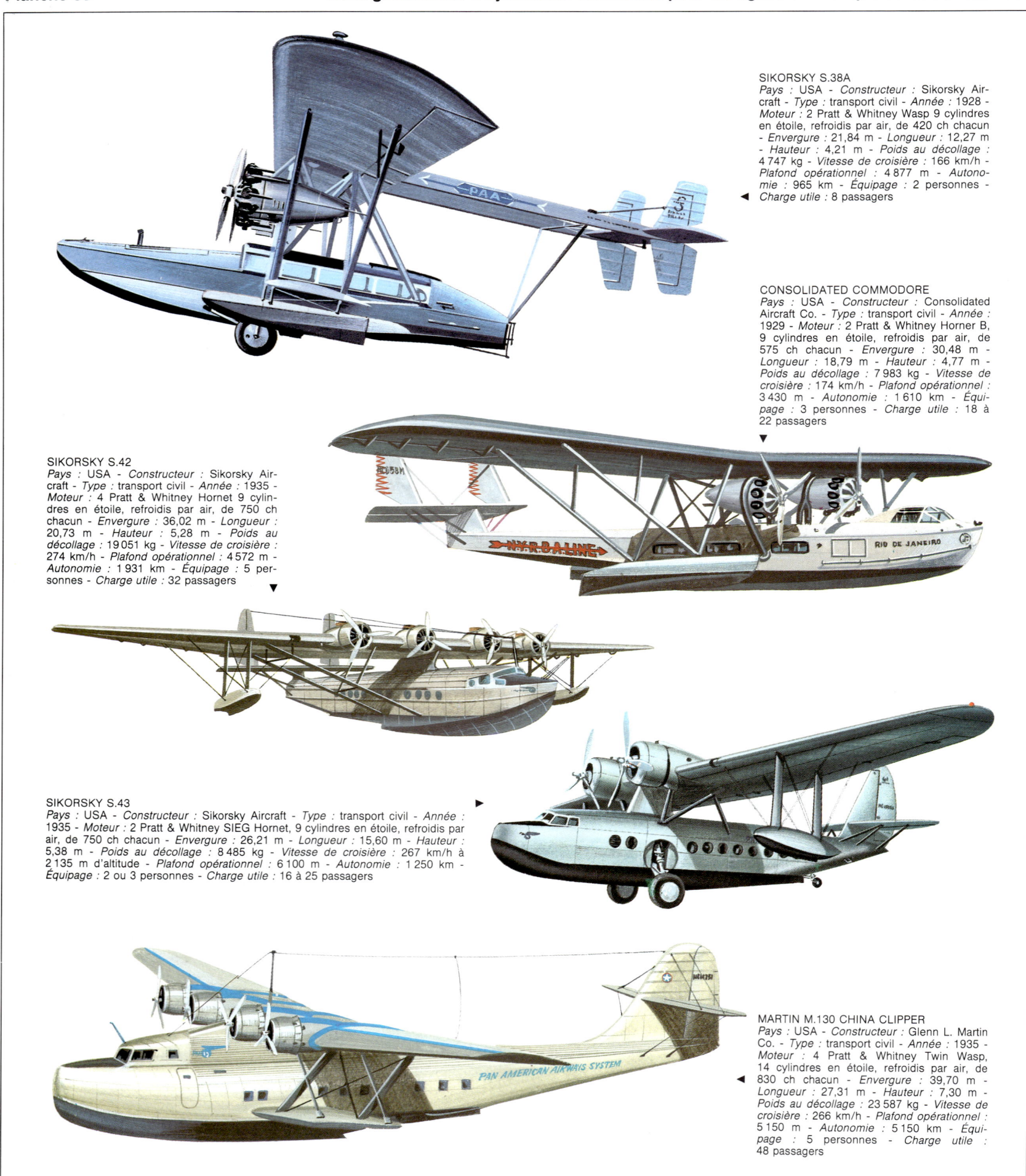

Planche 85 — Deux générations d'hydravions américains pour les lignes d'Amérique du Sud ; 1928-1935

SIKORSKY S.38A
Pays : USA - *Constructeur* : Sikorsky Aircraft - *Type* : transport civil - *Année* : 1928 - *Moteur* : 2 Pratt & Whitney Wasp 9 cylindres en étoile, refroidis par air, de 420 ch chacun - *Envergure* : 21,84 m - *Longueur* : 12,27 m - *Hauteur* : 4,21 m - *Poids au décollage* : 4 747 kg - *Vitesse de croisière* : 166 km/h - *Plafond opérationnel* : 4 877 m - *Autonomie* : 965 km - *Équipage* : 2 personnes - *Charge utile* : 8 passagers

CONSOLIDATED COMMODORE
Pays : USA - *Constructeur* : Consolidated Aircraft Co. - *Type* : transport civil - *Année* : 1929 - *Moteur* : 2 Pratt & Whitney Horner B, 9 cylindres en étoile, refroidis par air, de 575 ch chacun - *Envergure* : 30,48 m - *Longueur* : 18,79 m - *Hauteur* : 4,77 m - *Poids au décollage* : 7 983 kg - *Vitesse de croisière* : 174 km/h - *Plafond opérationnel* : 3 430 m - *Autonomie* : 1 610 km - *Équipage* : 3 personnes - *Charge utile* : 18 à 22 passagers

SIKORSKY S.42
Pays : USA - *Constructeur* : Sikorsky Aircraft - *Type* : transport civil - *Année* : 1935 - *Moteur* : 4 Pratt & Whitney Hornet 9 cylindres en étoile, refroidis par air, de 750 ch chacun - *Envergure* : 36,02 m - *Longueur* : 20,73 m - *Hauteur* : 5,28 m - *Poids au décollage* : 19 051 kg - *Vitesse de croisière* : 274 km/h - *Plafond opérationnel* : 4 572 m - *Autonomie* : 1 931 km - *Équipage* : 5 personnes - *Charge utile* : 32 passagers

SIKORSKY S.43
Pays : USA - *Constructeur* : Sikorsky Aircraft - *Type* : transport civil - *Année* : 1935 - *Moteur* : 2 Pratt & Whitney SIEG Hornet, 9 cylindres en étoile, refroidis par air, de 750 ch chacun - *Envergure* : 26,21 m - *Longueur* : 15,60 m - *Hauteur* : 5,38 m - *Poids au décollage* : 8 485 kg - *Vitesse de croisière* : 267 km/h à 2 135 m d'altitude - *Plafond opérationnel* : 6 100 m - *Autonomie* : 1 250 km - *Équipage* : 2 ou 3 personnes - *Charge utile* : 16 à 25 passagers

MARTIN M.130 CHINA CLIPPER
Pays : USA - *Constructeur* : Glenn L. Martin Co. - *Type* : transport civil - *Année* : 1935 - *Moteur* : 4 Pratt & Whitney Twin Wasp, 14 cylindres en étoile, refroidis par air, de 830 ch chacun - *Envergure* : 39,70 m - *Longueur* : 27,31 m - *Hauteur* : 7,30 m - *Poids au décollage* : 23 587 kg - *Vitesse de croisière* : 266 km/h - *Plafond opérationnel* : 5 150 m - *Autonomie* : 5 150 km - *Équipage* : 5 personnes - *Charge utile* : 48 passagers

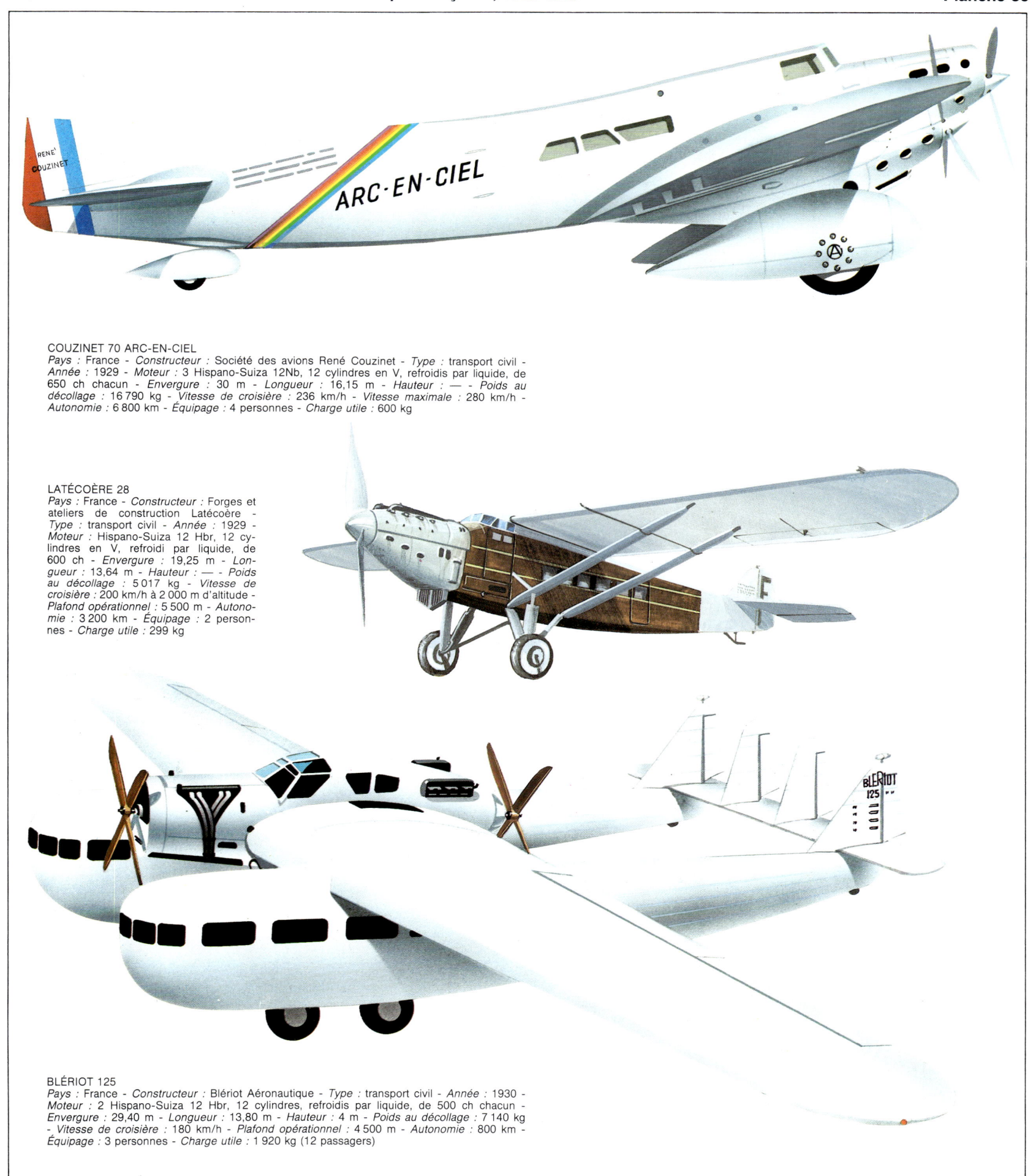

Importantes réalisations de l'industrie aéronautique française ; 1929-1930

Planche 86

COUZINET 70 ARC-EN-CIEL
Pays : France - *Constructeur* : Société des avions René Couzinet - *Type* : transport civil - *Année* : 1929 - *Moteur* : 3 Hispano-Suiza 12Nb, 12 cylindres en V, refroidis par liquide, de 650 ch chacun - *Envergure* : 30 m - *Longueur* : 16,15 m - *Hauteur* : — - *Poids au décollage* : 16 790 kg - *Vitesse de croisière* : 236 km/h - *Vitesse maximale* : 280 km/h - *Autonomie* : 6 800 km - *Équipage* : 4 personnes - *Charge utile* : 600 kg

LATÉCOÈRE 28
Pays : France - *Constructeur* : Forges et ateliers de construction Latécoère - *Type* : transport civil - *Année* : 1929 - *Moteur* : Hispano-Suiza 12 Hbr, 12 cylindres en V, refroidi par liquide, de 600 ch - *Envergure* : 19,25 m - *Longueur* : 13,64 m - *Hauteur* : — - *Poids au décollage* : 5 017 kg - *Vitesse de croisière* : 200 km/h à 2 000 m d'altitude - *Plafond opérationnel* : 5 500 m - *Autonomie* : 3 200 km - *Équipage* : 2 personnes - *Charge utile* : 299 kg

BLÉRIOT 125
Pays : France - *Constructeur* : Blériot Aéronautique - *Type* : transport civil - *Année* : 1930 - *Moteur* : 2 Hispano-Suiza 12 Hbr, 12 cylindres, refroidis par liquide, de 500 ch chacun - *Envergure* : 29,40 m - *Longueur* : 13,80 m - *Hauteur* : 4 m - *Poids au décollage* : 7 140 kg - *Vitesse de croisière* : 180 km/h - *Plafond opérationnel* : 4 500 m - *Autonomie* : 800 km - *Équipage* : 3 personnes - *Charge utile* : 1 920 kg (12 passagers)

Planche 87

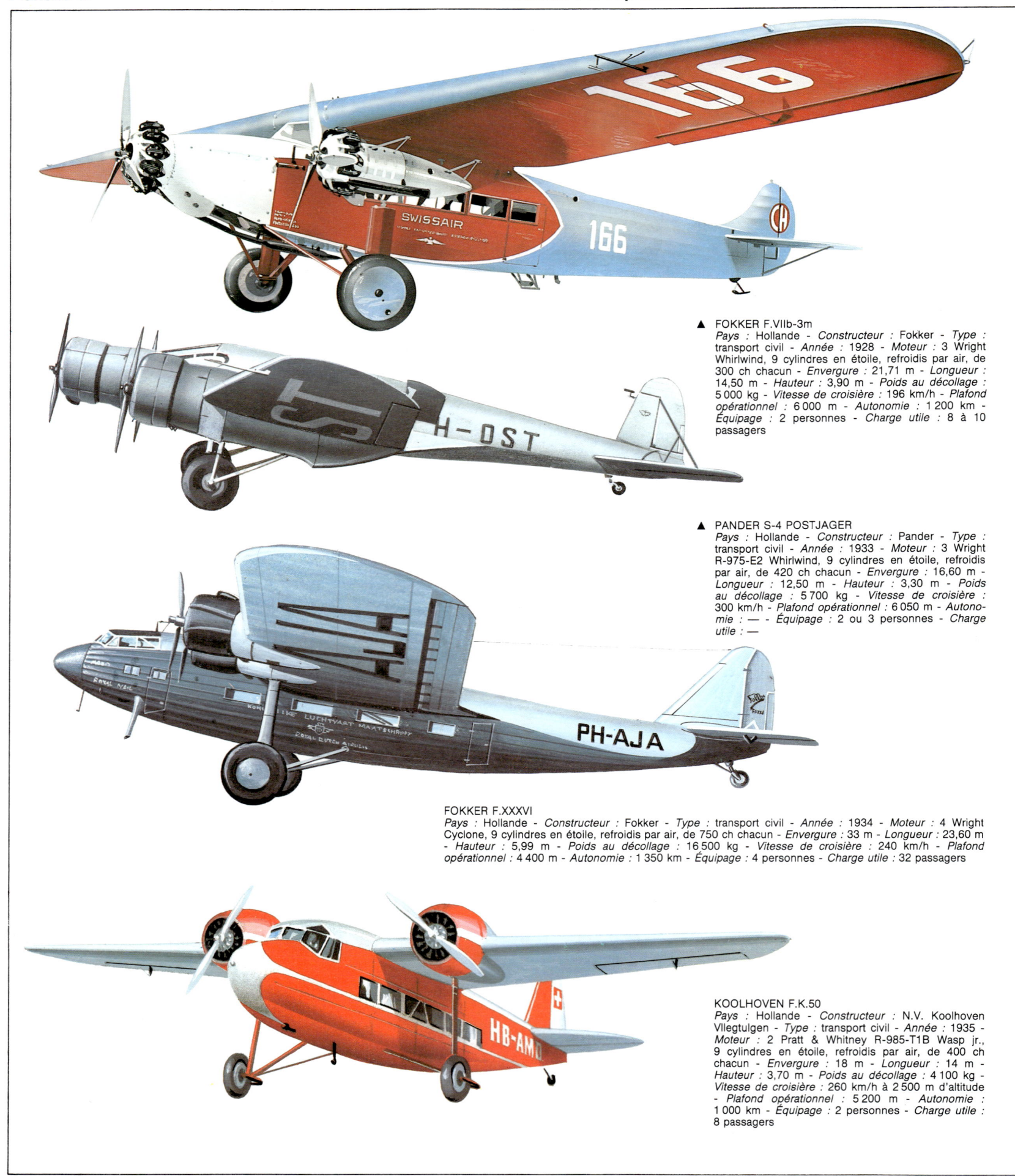

Hollande : la suprématie des Fokker n'est pas menacée ; 1928-1935

▲ **FOKKER F.VIIb-3m**
Pays : Hollande - *Constructeur* : Fokker - *Type* : transport civil - *Année* : 1928 - *Moteur* : 3 Wright Whirlwind, 9 cylindres en étoile, refroidis par air, de 300 ch chacun - *Envergure* : 21,71 m - *Longueur* : 14,50 m - *Hauteur* : 3,90 m - *Poids au décollage* : 5 000 kg - *Vitesse de croisière* : 196 km/h - *Plafond opérationnel* : 6 000 m - *Autonomie* : 1 200 km - *Équipage* : 2 personnes - *Charge utile* : 8 à 10 passagers

▲ **PANDER S-4 POSTJAGER**
Pays : Hollande - *Constructeur* : Pander - *Type* : transport civil - *Année* : 1933 - *Moteur* : 3 Wright R-975-E2 Whirlwind, 9 cylindres en étoile, refroidis par air, de 420 ch chacun - *Envergure* : 16,60 m - *Longueur* : 12,50 m - *Hauteur* : 3,30 m - *Poids au décollage* : 5 700 kg - *Vitesse de croisière* : 300 km/h - *Plafond opérationnel* : 6 050 m - *Autonomie* : — - *Équipage* : 2 ou 3 personnes - *Charge utile* : —

FOKKER F.XXXVI
Pays : Hollande - *Constructeur* : Fokker - *Type* : transport civil - *Année* : 1934 - *Moteur* : 4 Wright Cyclone, 9 cylindres en étoile, refroidis par air, de 750 ch chacun - *Envergure* : 33 m - *Longueur* : 23,60 m - *Hauteur* : 5,99 m - *Poids au décollage* : 16 500 kg - *Vitesse de croisière* : 240 km/h - *Plafond opérationnel* : 4 400 m - *Autonomie* : 1 350 km - *Équipage* : 4 personnes - *Charge utile* : 32 passagers

KOOLHOVEN F.K.50
Pays : Hollande - *Constructeur* : N.V. Koolhoven Vliegtulgen - *Type* : transport civil - *Année* : 1935 - *Moteur* : 2 Pratt & Whitney R-985-T1B Wasp jr., 9 cylindres en étoile, refroidis par air, de 400 ch chacun - *Envergure* : 18 m - *Longueur* : 14 m - *Hauteur* : 3,70 m - *Poids au décollage* : 4 100 kg - *Vitesse de croisière* : 260 km/h à 2 500 m d'altitude - *Plafond opérationnel* : 5 200 m - *Autonomie* : 1 000 km - *Équipage* : 2 personnes - *Charge utile* : 8 passagers

La formule multimoteur se développe également aux États-Unis ; 1928-1934

Planche 88

BOEING 80-A
Pays : USA - *Constructeur* : Boeing Airplane Co. - *Type* : transport civil - *Année* : 1928 - *Moteur* : 3 Pratt & Whitney Hornet, 9 cylindres en étoile, refroidis par air, de 525 ch chacun - *Envergure* : 24,38 m - *Longueur* : 17,22 m - *Hauteur* : 4,65 m - *Poids au décollage* : 7 928 kg - *Vitesse de croisière* : 201 km/h - *Plafond opérationnel* : 4 270 m - *Autonomie* : 740 km - *Équipage* : 2 ou 3 personnes - *Charge utile* : 18 passagers

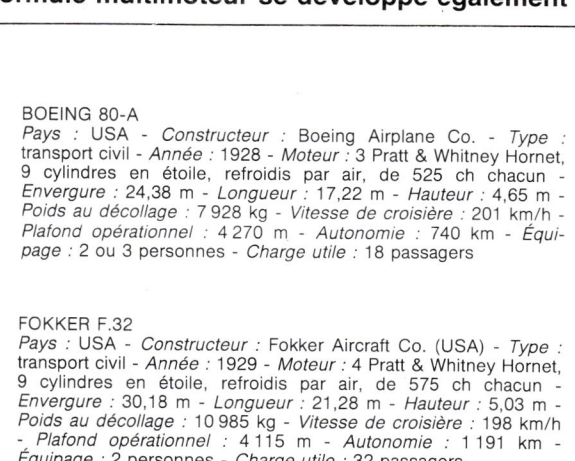

FOKKER F.32
Pays : USA - *Constructeur* : Fokker Aircraft Co. (USA) - *Type* : transport civil - *Année* : 1929 - *Moteur* : 4 Pratt & Whitney Hornet, 9 cylindres en étoile, refroidis par air, de 575 ch chacun - *Envergure* : 30,18 m - *Longueur* : 21,28 m - *Hauteur* : 5,03 m - *Poids au décollage* : 10 985 kg - *Vitesse de croisière* : 198 km/h - *Plafond opérationnel* : 4 115 m - *Autonomie* : 1 191 km - *Équipage* : 2 personnes - *Charge utile* : 32 passagers

STINSON TRIMOTOR S.M.6000
Pays : USA - *Constructeur* : Stinson Aircraft Co. - *Type* : transport civil - *Année* : 1931 - *Moteur* : 3 Lycoming R-680, 9 cylindres en étoile, refroidis par air, de 215 ch chacun - *Envergure* : 18,29 m - *Longueur* : 13,05 m - *Hauteur* : 3,66 m - *Poids au décollage* : 3 810 kg - *Vitesse de croisière* : 185 km/h - *Plafond opérationnel* : 4 570 m - *Autonomie* : 555 km - *Équipage* : 1 personne - *Charge utile* : 10 passagers

BOEING 247D
Pays : USA - *Constructeur* : Boeing Airplane Co. - *Type* : transport civil - *Année* : 1934 - *Moteur* : 2 Pratt & Whitney Wasp, 9 cylindres en étoile, refroidis par air, de 550 ch chacun - *Envergure* : 22,56 m - *Longueur* : 15,72 m - *Hauteur* : 4,69 m - *Poids au décollage* : 6 192 kg - *Vitesse de croisière* : 249 km/h - *Plafond opérationnel* : 7 742 m - *Autonomie* : 840 km - *Équipage* : 2 ou 3 personnes - *Charge utile* : 10 passagers

CURTISS T.32 CONDOR
Pays : USA - *Constructeur* : Curtiss Aeroplane and Motor Co. - *Type* : transport civil - *Année* : 1933 - *Moteur* : 2 Wright Cyclone, 9 cylindres en étoile, refroidis par air, de 760 ch chacun - *Envergure* : 24,99 m - *Longueur* : 14,81 m - *Hauteur* : 4,98 m - *Poids au décollage* : 7 927 kg - *Vitesse de croisière* : 233 km/h - *Plafond opérationnel* : 7 011 m - *Autonomie* : 1 045 km - *Équipage* : 2 personnes - *Charge utile* : 15 passagers

Planche 89 — Des avions allemands pour les besoins du transport civil naissant ; 1928-1935

DORNIER Do.X
Pays : Allemagne - *Constructeur* : Dornier Werke GmbH - *Type* : transport civil - *Année* : 1929 - *Moteur* : 12 Curtiss Conquerors, 12 cylindres en V, refroidis par liquide, de 600 ch chacun - *Envergure* : 48 m - *Longueur* : 40,05 m - *Hauteur* : 10,10 m - *Poids au décollage* : 52 000 kg - *Vitesse de croisière* : 190 km/h - *Plafond opérationnel* : 500 m - *Autonomie* : 1 700 km - *Équipage* : 10 personnes - *Charge utile* : 72 passagers

ARADO V.1
Pays : Allemagne - *Constructeur* : Arado-Haundelsgesellschaft GmbH - *Type* : transport civil - *Année* : 1928 - *Moteur* : B.M.W. Hornet, 9 cylindres en étoile, refroidis par air, de 500 ch - *Envergure* : 18,00 m - *Longueur* : 12,00 m - *Hauteur* : — - *Poids au décollage* : 2 350 kg - *Vitesse de croisière* : 200 km/h - *Plafond opérationnel* : — - *Autonomie* : — - *Équipage* : 2 personnes - *Charge utile* : 4 passagers

ROLAND II
Pays : Allemagne - *Constructeur* : Rohrbach-Metol-Flugzeugbau GmbH - *Type* : transport civil - *Année* : 1929 - *Moteur* : 3 Junkers L5, 6 cylindres en ligne, refroidis par liquide, de 280 ch chacun - *Envergure* : 23,60 m - *Longueur* : 16,40 m - *Hauteur* : — - *Poids au décollage* : 7 400 kg - *Vitesse de croisière* : 177 km/h - *Plafond opérationnel* : 5 350 m - *Autonomie* : 1 300 km - *Équipage* : 2 personnes - *Charge utile* : 10 passagers ou 2 500 kg

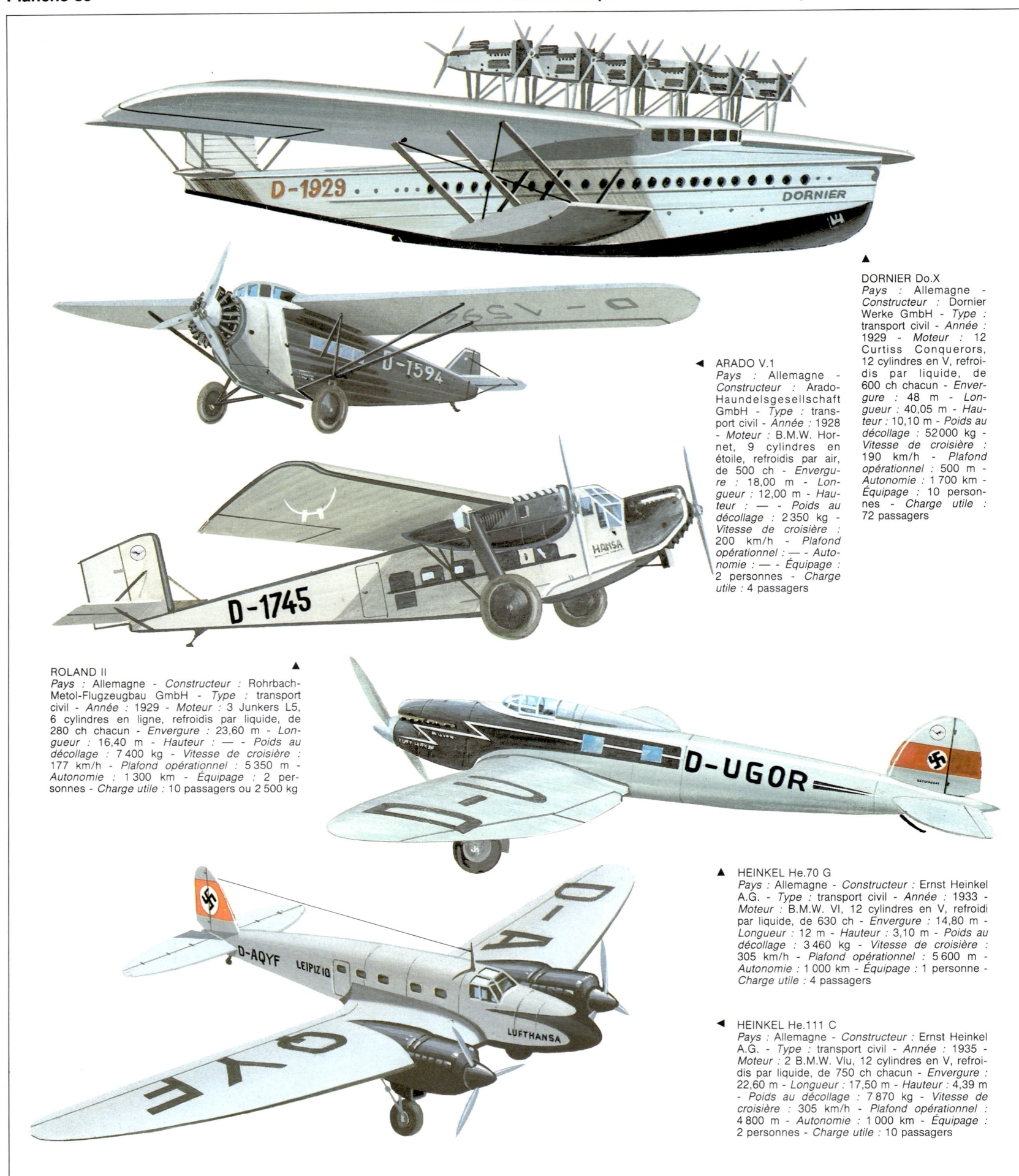

HEINKEL He.70 G
Pays : Allemagne - *Constructeur* : Ernst Heinkel A.G. - *Type* : transport civil - *Année* : 1933 - *Moteur* : B.M.W. VI, 12 cylindres en V, refroidi par liquide, de 630 ch - *Envergure* : 14,80 m - *Longueur* : 12 m - *Hauteur* : 3,10 m - *Poids au décollage* : 3 460 kg - *Vitesse de croisière* : 305 km/h - *Plafond opérationnel* : 5 600 m - *Autonomie* : 1 000 km - *Équipage* : 1 personne - *Charge utile* : 4 passagers

HEINKEL He.111 C
Pays : Allemagne - *Constructeur* : Ernst Heinkel A.G. - *Type* : transport civil - *Année* : 1935 - *Moteur* : 2 B.M.W. VIu, 12 cylindres en V, refroidis par liquide, de 750 ch chacun - *Envergure* : 22,60 m - *Longueur* : 17,50 m - *Hauteur* : 4,39 m - *Poids au décollage* : 7 870 kg - *Vitesse de croisière* : 305 km/h - *Plafond opérationnel* : 4 800 m - *Autonomie* : 1 000 km - *Équipage* : 2 personnes - *Charge utile* : 10 passagers

Avions américains monomoteurs pour le transport postal et de quelques passagers ; 1929-1931

Planche 90

STINSON SM.1-F DETROITER
Pays : USA - *Constructeur* : Stinson Aircraft Co. - *Type* : transport civil - *Année* : 1929 - *Moteur* : Wright J-6, 9 cylindres, refroidi par air, de 300 ch - *Envergure* : 14,22 m - *Longueur* : 9,95 m - *Hauteur* : 2,74 m - *Poids au décollage* : 1 950 kg - *Vitesse de croisière* : 182 km/h - *Plafond opérationnel* : 4 900 m - *Autonomie* : 1 095 km - *Équipage* : 1 personne - *Charge utile* : 5 passagers

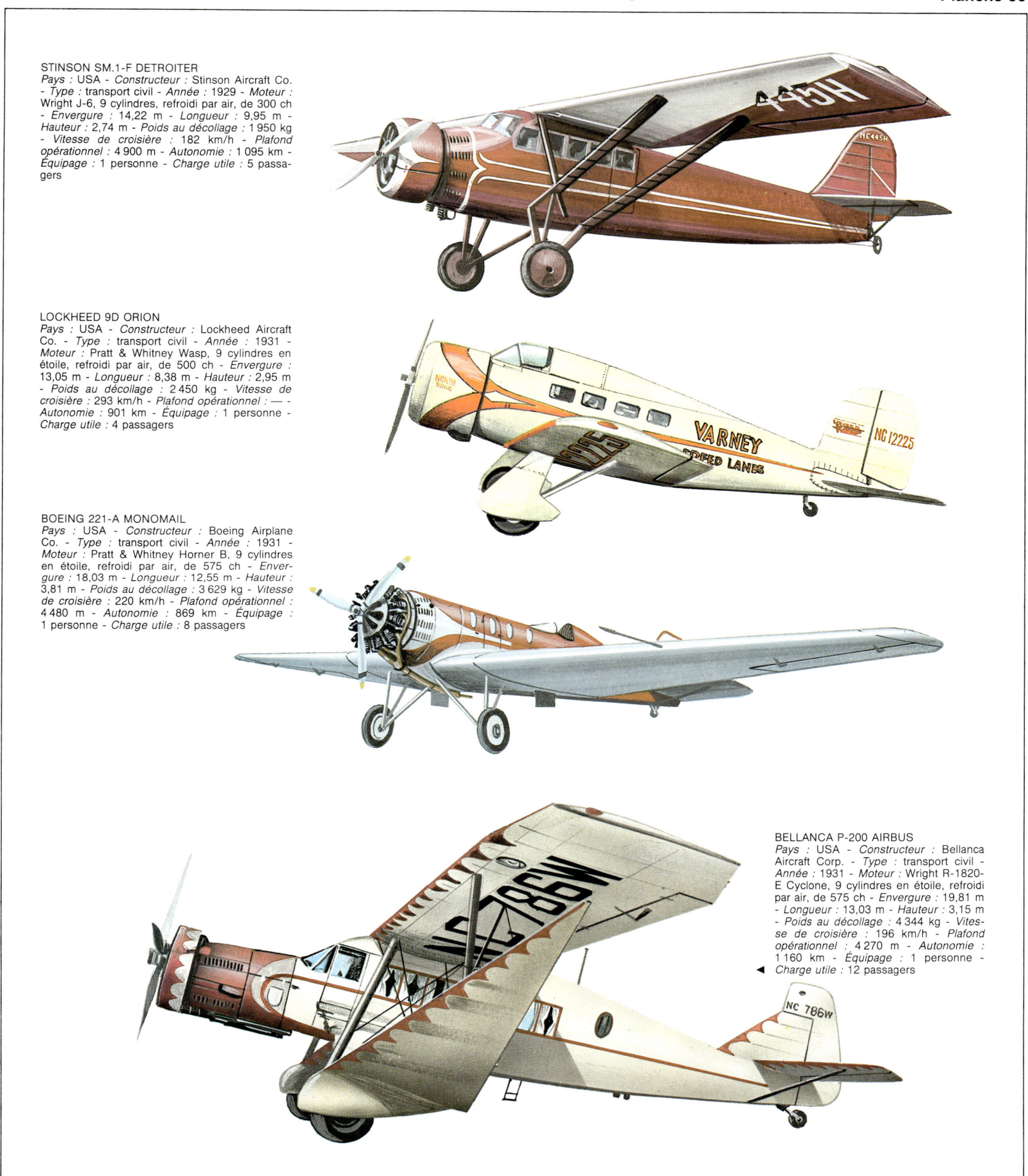

LOCKHEED 9D ORION
Pays : USA - *Constructeur* : Lockheed Aircraft Co. - *Type* : transport civil - *Année* : 1931 - *Moteur* : Pratt & Whitney Wasp, 9 cylindres en étoile, refroidi par air, de 500 ch - *Envergure* : 13,05 m - *Longueur* : 8,38 m - *Hauteur* : 2,95 m - *Poids au décollage* : 2 450 kg - *Vitesse de croisière* : 293 km/h - *Plafond opérationnel* : — - *Autonomie* : 901 km - *Équipage* : 1 personne - *Charge utile* : 4 passagers

BOEING 221-A MONOMAIL
Pays : USA - *Constructeur* : Boeing Airplane Co. - *Type* : transport civil - *Année* : 1931 - *Moteur* : Pratt & Whitney Horner B, 9 cylindres en étoile, refroidi par air, de 575 ch - *Envergure* : 18,03 m - *Longueur* : 12,55 m - *Hauteur* : 3,81 m - *Poids au décollage* : 3 629 kg - *Vitesse de croisière* : 220 km/h - *Plafond opérationnel* : 4 480 m - *Autonomie* : 869 km - *Équipage* : 1 personne - *Charge utile* : 8 passagers

BELLANCA P-200 AIRBUS
Pays : USA - *Constructeur* : Bellanca Aircraft Corp. - *Type* : transport civil - *Année* : 1931 - *Moteur* : Wright R-1820-E Cyclone, 9 cylindres en étoile, refroidi par air, de 575 ch - *Envergure* : 19,81 m - *Longueur* : 13,03 m - *Hauteur* : 3,15 m - *Poids au décollage* : 4 344 kg - *Vitesse de croisière* : 196 km/h - *Plafond opérationnel* : 4 270 m - *Autonomie* : 1 160 km - *Équipage* : 1 personne - *Charge utile* : 12 passagers

Junkers : un grand nom dans l'histoire de l'aviation civile ; 1930-1934

JUNKERS G.38CE
Pays : Allemagne - *Constructeur* : Junkers Flugzeuge und Motorenwerke A.G. - *Type* : transport civil - *Année* : 1930 - *Moteur* : 4 Junkers L.88a, 12 cylindres en V, refroidis par liquide, de 800 ch chacun - *Envergure* : 44 m - *Longueur* : 23,20 m - *Hauteur* : 7,20 m - *Poids au décollage* : 24 000 kg - *Vitesse de croisière* : 180 km/h - *Plafond opérationnel* : 2 500 m - *Autonomie* : 3 500 km - *Équipage* : 7 personnes - *Charge utile* : 34 passagers

JUNKERS JU.52/3m
Pays : Allemagne - *Constructeur* : Junkers Flugzeuge und Motorenwerke A.G. - *Type* : transport civil - *Année* : 1932 - *Moteur* : 3 B.M.W. Hornet, 9 cylindres en étoile, refroidis par air, de 525 ch chacun - *Envergure* : 29,25 m - *Longueur* : 18,90 m - *Hauteur* : 5,54 m - *Poids au décollage* : 9 200 kg - *Vitesse de croisière* : 245 km/h - *Plafond opérationnel* : 5 200 m - *Autonomie* : 914 km - *Équipage* : 2 personnes - *Charge utile* : 15 à 17 passagers

JUNKERS JU.86
Pays : Allemagne - *Constructeur* : Junkers Flugzeuge und Motorenwerke A.G. - *Type* : transport civil - *Année* : 1934 - *Moteur* : 2 Rolls-Royce Kestrel XVI, 12 cylindres en V, refroidis par liquide, de 745 ch chacun - *Envergure* : 22,50 m - *Longueur* : 17,42 m - *Hauteur* : 4,80 m - *Poids au décollage* : 7 700 kg - *Vitesse de croisière* : 255 km/h - *Plafond opérationnel* : 6 100 m - *Autonomie* : 1 100 km - *Équipage* : 2 personnes - *Charge utile* : 10 passagers

JUNKERS JU.160
Pays : Allemagne - *Constructeur* : Junkers Flugzeuge und Motorenwerke A.G. - *Type* : transport léger - *Année* : 1934 - *Moteur* : B.M.W. 132E, 9 cylindres en étoile, refroidi par air, de 660 ch - *Envergure* : 14,32 m - *Longueur* : 12 m - *Hauteur* : 3,92 m - *Poids au décollage* : 3 550 kg - *Vitesse de croisière* : 315 km/h à 2 000 m d'altitude - *Plafond opérationnel* : 6 400 m - *Autonomie* : 1 000 km - *Équipage* : 2 personnes - *Charge utile* : 6 passagers

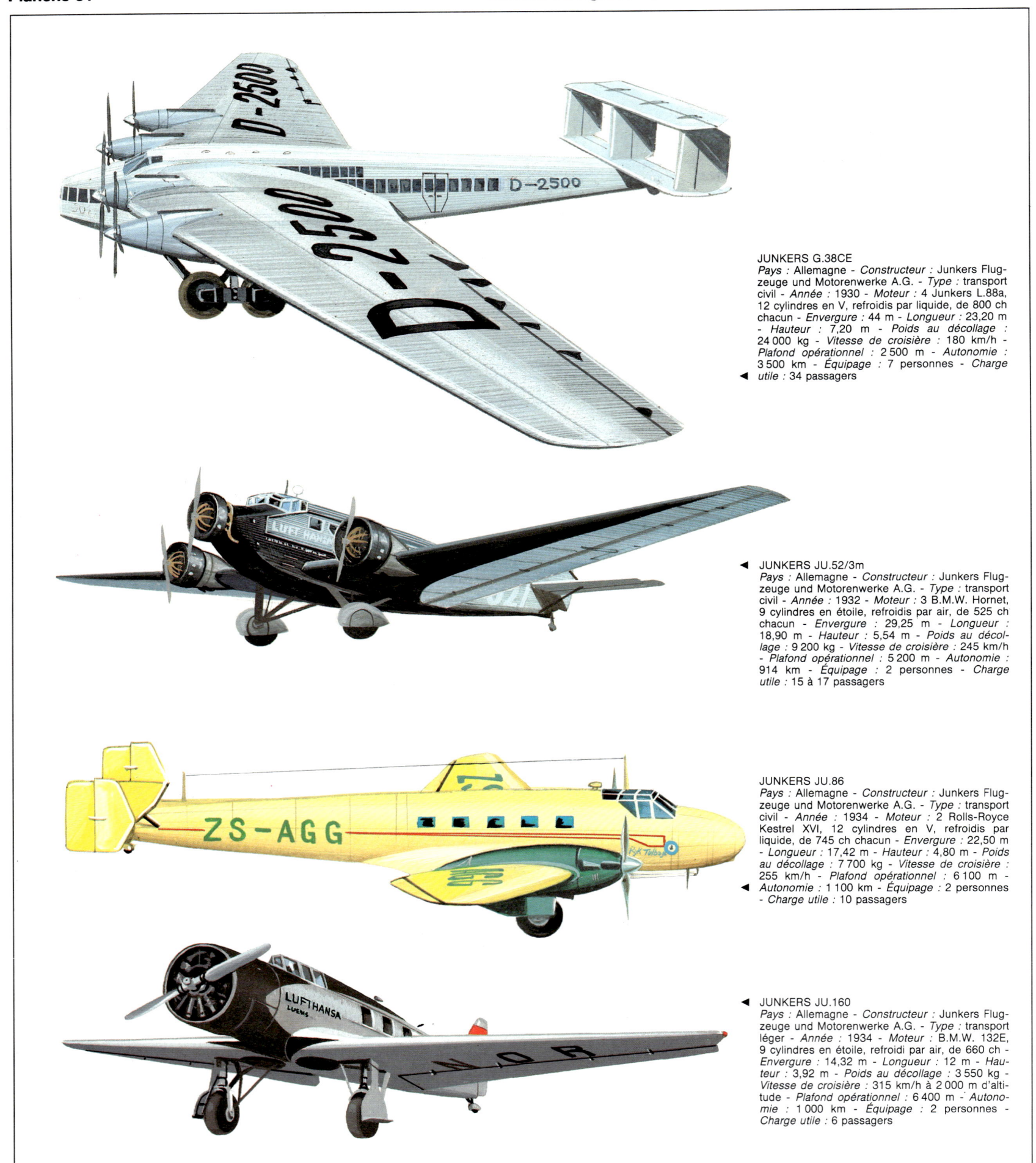

De Havilland : production uniquement civile dans les années 30 ; 1931-1938

Planche 92

DE HAVILLAND D.H.82A TIGER MOTH
Pays : Grande-Bretagne - *Constructeur* : De Havilland Aircraft Co. - *Type* : entraînement - *Année* : 1931 - *Moteur* : De Havilland Gipsy Major, 4 cylindres en ligne, refroidi par air, 190 ch - *Envergure* : 8,94 m - *Longueur* : 7,29 m - *Hauteur* : 2,66 m - *Poids au décollage* : 826 kg - *Vitesse maximale* : 176 km/h - *Plafond opérationnel* : 5 180 m - *Autonomie* : 482 km - *Équipage* : 2 personnes - *Charge utile* : —

DE HAVILLAND D.H.84 DRAGON Mk.1
Pays : Grande-Bretagne - *Constructeur* : De Havilland Aircraft Ltd. - *Type* : transport civil - *Année* : 1933 - *Moteur* : 2 De Havilland Gipsy Major, 4 cylindres en ligne, refroidis par air, de 130 ch chacun - *Envergure* : 14,42 m - *Longueur* : 10,51 m - *Hauteur* : 3,07 m - *Poids au décollage* : 1 902 kg - *Vitesse de croisière* : 175 km/h - *Plafond opérationnel* : 3 810 m - *Autonomie* : 740 km - *Équipage* : 1 personne - *Charge utile* : 6 passagers ; 122 kg de bagages

DE HAVILLAND D.H.86
Pays : Grande-Bretagne - *Constructeur* : De Havilland Aircraft Ltd. - *Type* : transport civil - *Année* : 1934 - *Moteur* : 4 De Havilland Gipsy Six I, 6 cylindres en ligne, refroidis par air, de 200 ch chacun - *Envergure* : 19,66 m - *Longueur* : 13,38 m - *Hauteur* : 3,96 m - *Poids au décollage* : 4 170 kg - *Vitesse de croisière* : 233 km/h - *Plafond opérationnel* : 6 250 m - *Autonomie* : 725 km - *Équipage* : 2 personnes - *Charge utile* : 10 passagers

DE HAVILLAND D.H.89 DRAGON RAPIDE
Pays : Grande-Bretagne - *Constructeur* : De Havilland Aircraft Ltd. - *Type* : transport civil - *Année* : 1934 - *Moteur* : 2 De Havilland Gipsy Six I, 6 cylindres en ligne, refroidis par air, de 200 ch chacun - *Envergure* : 14,63 m - *Longueur* : 10,52 m - *Hauteur* : 3,12 m - *Poids au décollage* : 2 495 kg - *Vitesse de croisière* : 214 km/h - *Plafond opérationnel* : 5 090 m - *Autonomie* : 930 km - *Équipage* : 1 personne - *Charge utile* : 6 à 8 passagers

DE HAVILLAND D.H.95 FLAMINGO
Pays : Grande-Bretagne - *Constructeur* : De Havilland Aircraft Co. Ltd. - *Type* : transport civil - *Année* : 1938 - *Moteur* : 2 Bristol Perseus XVI, 9 cylindres en étoile, refroidis par air, 930 ch chacun - *Envergure* : 21,33 m - *Longueur* : 15,72 m - *Hauteur* : 4,65 m - *Poids au décollage* : 7 983 kg - *Vitesse de croisière* : 296 km/h - *Plafond opérationnel* : 6 370 m - *Autonomie* : 1 950 km - *Équipage* : 3 personnes - *Charge utile* : 12 à 17 passagers

Planche 93 — SIAI Marchetti : une longue série d'avions de records ; 1932-1939

SIAI MARCHETTI S.M.71
Pays : Italie - *Constructeur* : SIAI Marchetti - *Type* : transport civil - *Année* : 1932 - *Moteur* : 3 Piaggio Stella VII, 7 cylindres en étoile, refroidis par air, de 370 ch chacun - *Envergure* : 21,20 m - *Longueur* : 14 m - *Hauteur* : — - *Poids au décollage* : 5 060 kg - *Vitesse de croisière* : 229 km/h - *Plafond opérationnel* : 5 900 m - *Autonomie* : 1 200 km - *Équipage* : 3 personnes - *Charge utile* : 8 à 10 passagers

SIAI MARCHETTI S.M.73
Pays : Italie - *Constructeur* : SIAI Marchetti - *Type* : transport civil - *Année* : 1934 - *Moteur* : 3 Alfa Romeo 126 RC 34, 9 cylindres en étoile, refroidis par air, de 750 ch chacun - *Envergure* : 24 m - *Longueur* : 18,37 m - *Hauteur* : 4,45 m - *Poids au décollage* : 10 800 kg - *Vitesse de croisière* : 280 km/h - *Plafond opérationnel* : 7 000 m - *Autonomie* : 1 000 km - *Équipage* : 4 ou 5 personnes - *Charge utile* : 18 passagers

SIAI MARCHETTI S.M.74
Pays : Italie - *Constructeur* : SIAI Marchetti - *Type* : transport civil - *Année* : 1935 - *Moteur* : 4 Piaggio Stella X.RC, 9 cylindres en étoile, refroidis par air, de 700 ch chacun - *Envergure* : 29,68 m - *Longueur* : 21,36 m - *Hauteur* : 5,50 m - *Poids au décollage* : 14 000 kg - *Vitesse de croisière* : 300 km/h - *Plafond opérationnel* : 7 000 m - *Autonomie* : 2 000 km - *Équipage* : 4 personnes - *Charge utile* : 27 passagers

SIAI MARCHETTI S.M.75
Pays : Italie - *Constructeur* : SIAI Marchetti - *Type* : transport civil - *Année* : 1937 - *Moteur* : 3 Alfa Romeo A.R. 126 RC 34, 9 cylindres en étoile, refroidis par air, de 750 ch chacun - *Envergure* : 29,68 m - *Longueur* : 21,60 m - *Hauteur* : 5,10 m - *Poids au décollage* : 14 500 kg - *Vitesse de croisière* : 325 km/h à 4 500 m d'altitude - *Plafond opérationnel* : 7 000 m - *Autonomie* : 2 280 km - *Équipage* : 4 personnes - *Charge utile* : 18 à 24 passagers

SIAI MARCHETTI S.M.83
Pays : Italie - *Constructeur* : SIAI Marchetti - *Type* : transport civil - *Année* : 1937 - *Moteur* : 3 Alfa Romeo A.R. 126 RC 34, 9 cylindres en étoile, refroidis par air, de 750 ch chacun - *Envergure* : 21,20 m - *Longueur* : 16,20 m - *Hauteur* : 4,60 m - *Poids au décollage* : 10 400 kg - *Vitesse de croisière* : 400 km/h à 5 000 m d'altitude - *Plafond opérationnel* : 7 000 m - *Autonomie* : 4 800 km - *Équipage* : 4 personnes - *Charge utile* : 10 passagers

SIAI MARCHETTI S.M.87
Pays : Italie - *Constructeur* : SIAI Marchetti - *Type* : transport civil - *Année* : 1939 - *Moteur* : 3 Fiat A.80 RC 41, 18 cylindres en étoile, refroidis par air, de 1 000 ch chacun - *Envergure* : 29,70 m - *Longueur* : 22,30 m - *Hauteur* : 6,06 m - *Poids au décollage* : 17 400 kg - *Vitesse de croisière* : 365 km/h à 4 100 m d'altitude - *Plafond opérationnel* : 6 250 m - *Autonomie* : 2 200 km - *Équipage* : 4 personnes - *Charge utile* : 20 à 24 passagers

Les Tupolev, géants soviétiques ; 1929-1934

TUPOLEV ANT 14
Pays : URSS - *Constructeur* : Industries d'État - *Type* : transport civil - *Année* : 1931 - *Moteur* : 5 M.22 (Gnome-Rhône Jupiter), 9 cylindres en étoile, refroidis par air, de 480 ch chacun - *Envergure* : 40,40 m - *Longueur* : 26,48 m - *Hauteur* : 5,40 m - *Poids au décollage* : 17 146 kg - *Vitesse de croisière* : 195 km/h - *Plafond opérationnel* : 4 220 m - *Autonomie* : 1 200 km - *Équipage* : 6 personnes - *Charge utile* : 36 passagers

TUPOLEV ANT 9
Pays : URSS - *Constructeur* : Industries d'État - *Type* : transport civil - *Année* : 1929 - *Moteur* : 3 Gnome-Rhône Titan, 7 cylindres en étoile, refroidis par air, de 230 ch chacun - *Envergure* : 23,73 m - *Longueur* : 17 m - *Hauteur* : 5 m - *Poids au décollage* : 5 040 kg - *Vitesse de croisière* : 170 km/h - *Plafond opérationnel* : 3 810 m - *Autonomie* : 1 000 km - *Équipage* : 2 personnes - *Charge utile* : 9 passagers

TUPOLEV ANT 20 MAXIM GORKI
Pays : URSS - *Constructeur* : Industries d'État - *Type* : transport civil - *Année* : 1934 - *Moteur* : 8 AM.34RN, 12 cylindres en V, refroidis par liquide, de 900 ch chacun - *Envergure* : 63 m - *Longueur* : 32,47 m - *Hauteur* : 11,26 m - *Poids au décollage* : 42 000 kg - *Vitesse de croisière* : 220 km/h - *Plafond opérationnel* : 6 000 m - *Autonomie* : 2 000 km - *Équipage* : 8 personnes - *Charge utile* : 43 passagers

Avions secondaires soviétiques ; 1930-1937

◀ KALININE K-5
Pays : URSS - *Constructeur* : Industries d'État - *Type* : transport civil - *Année* : 1930 - *Moteur* : M.15, 9 cylindres en étoile, refroidi par air, de 450 ch - *Envergure* : 20,50 m - *Longueur* : 15,87 m - *Hauteur* : — - *Poids au décollage* : 3 750 kg - *Vitesse de croisière* : 157 km/h - *Plafond opérationnel* : 4 780 m - *Autonomie* : 950 km - *Équipage* : 2 personnes - *Charge utile* : 8 passagers

TUPOLEV ANT 9/M 17
Pays : URSS - *Constructeur* : Industries d'État - *Type* : transport civil - *Année* : 1932 - *Moteur* : 2 M.17, 12 cylindres en V, refroidis par liquide, de 680 ch chacun - *Envergure* : 23,73 m - *Longueur* : 17 m - *Hauteur* : 5 m - *Poids au décollage* : 6 200 kg - *Vitesse de croisière* : 175 km/h - *Plafond opérationnel* : 4 500 m - *Autonomie* : 1 000 km - *Équipage* : 2 personnes - *Charge utile* : 9 passagers

YAKOVLEV YA-6 (AIR-6)
Pays : URSS - *Constructeur* : Industries d'État - *Type* : transport léger - *Année* : 1932 - *Moteur* : M.11,5 cylindres en étoile, refroidi par air, de 110 ch - *Envergure* : 12 m - *Longueur* : 7,10 m - *Hauteur* : 2,26 m - *Poids au décollage* : 993 kg - *Vitesse de croisière* : 140 km/h - *Plafond opérationnel* : 4 500 m - *Autonomie* : 600 km/h - *Équipage* : 1 personne - *Charge utile* : 2 passagers

TUPOLEV ANT 35
Pays : URSS - *Constructeur* : Industries d'État - *Type* : transport civil - *Année* : 1936 - *Moteur* : 2 M.85, 14 cylindres en étoile, refroidis par air, de 850 ch chacun - *Envergure* : 20,80 m - *Longueur* : 14,96 m - *Hauteur* : 5,91 m - *Poids au décollage* : 6 620 kg - *Vitesse de croisière* : 349 km/h - *Plafond opérationnel* : 8 500 m - *Autonomie* : 2 000 km - *Équipage* : 2 personnes - *Charge utile* : 10 passagers

OKO-1
Pays : URSS - *Constructeur* : Industries d'État - *Type* : transport léger - *Année* : 1937 - *Moteur* : M.25A, 9 cylindres en étoile, refroidi par air, de 730 ch - *Envergure* : 15,40 m - *Longueur* : 11,60 m - *Hauteur* : — - *Poids au décollage* : 3 500 kg - *Vitesse de croisière* : 280 km/h - *Plafond opérationnel* : 6 740 m - *Autonomie* : 700 km - *Équipage* : 2 personnes - *Charge utile* : 6 passagers

Transports légers britanniques ; 1933-1937

AIRSPEED A.S.5A COURIER
Pays : Grande-Bretagne - *Constructeur* : Airspeed Ltd. - *Type* : transport léger - *Année* : 1933 - *Moteur* : Armstrong Siddeley Lynx VIG, 7 cylindres en étoile, refroidi par air, de 240 ch - *Envergure* : 14,33 m - *Longueur* : 8,69 m - *Hauteur* : 2,67 m - *Poids au décollage* : 1 769 kg - *Vitesse de croisière* : 212 km/h - *Plafond opérationnel* : 4 115 m - *Autonomie* : 1 020 km - *Équipage* : 1 personne - *Charge utile* : 5 passagers

AIRSPEED A.S.6 ENVOY II
Pays : Grande-Bretagne - *Constructeur* : Airspeed Ltd. - *Type* : transport léger - *Année* : 1934 - *Moteur* : 2 Armstrong Siddeley Lynx IV-C, 7 cylindres en étoile, refroidis par air, de 220 ch chacun - *Envergure* : 15,95 m - *Longueur* : 10,52 m - *Hauteur* : 2,90 m - *Poids au décollage* : 2 645 kg - *Vitesse de croisière* : 246 km/h - *Plafond opérationnel* : 5 030 m - *Autonomie* : 1 045 km - *Équipage* : 1 personne - *Charge utile* : 6 à 8 passagers

SHORT S.16 SCION 2
Pays : Grande-Bretagne - *Constructeur* : Short Brothers Ltd. - *Type* : transport léger - *Année* : 1935 - *Moteur* : 2 Pobjoy Niagara III, 7 cylindres en étoile, refroidis par air, de 90 ch chacun - *Envergure* : 12,80 m - *Longueur* : 9,60 m - *Hauteur* : 3,15 m - *Poids au décollage* : 1 452 kg - *Vitesse de croisière* : 187 km/h - *Plafond opérationnel* : 3 960 m - *Autonomie* : 628 km - *Équipage* : 1 personne - *Charge utile* : 6 passagers

AIRSPEED A.S.40 OXFORD
Pays : Grande-Bretagne - *Constructeur* : Airspeed Ltd. - *Type* : transport léger - *Année* : 1937 - *Moteur* : 2 Armstrong Siddeley Cheetah X, 7 cylindres en étoile, refroidis par air, de 370 ch chacun - *Envergure* : 16,25 m - *Longueur* : 10,51 m - *Hauteur* : 3,38 m - *Poids au décollage* : 3 447 kg - *Vitesse de croisière* : 266 km/h à 1 525 m d'altitude - *Plafond opérationnel* : 5 790 m - *Autonomie* : 1 450 km - *Équipage* : 1 à 2 personnes - *Charge utile* : 4 passagers

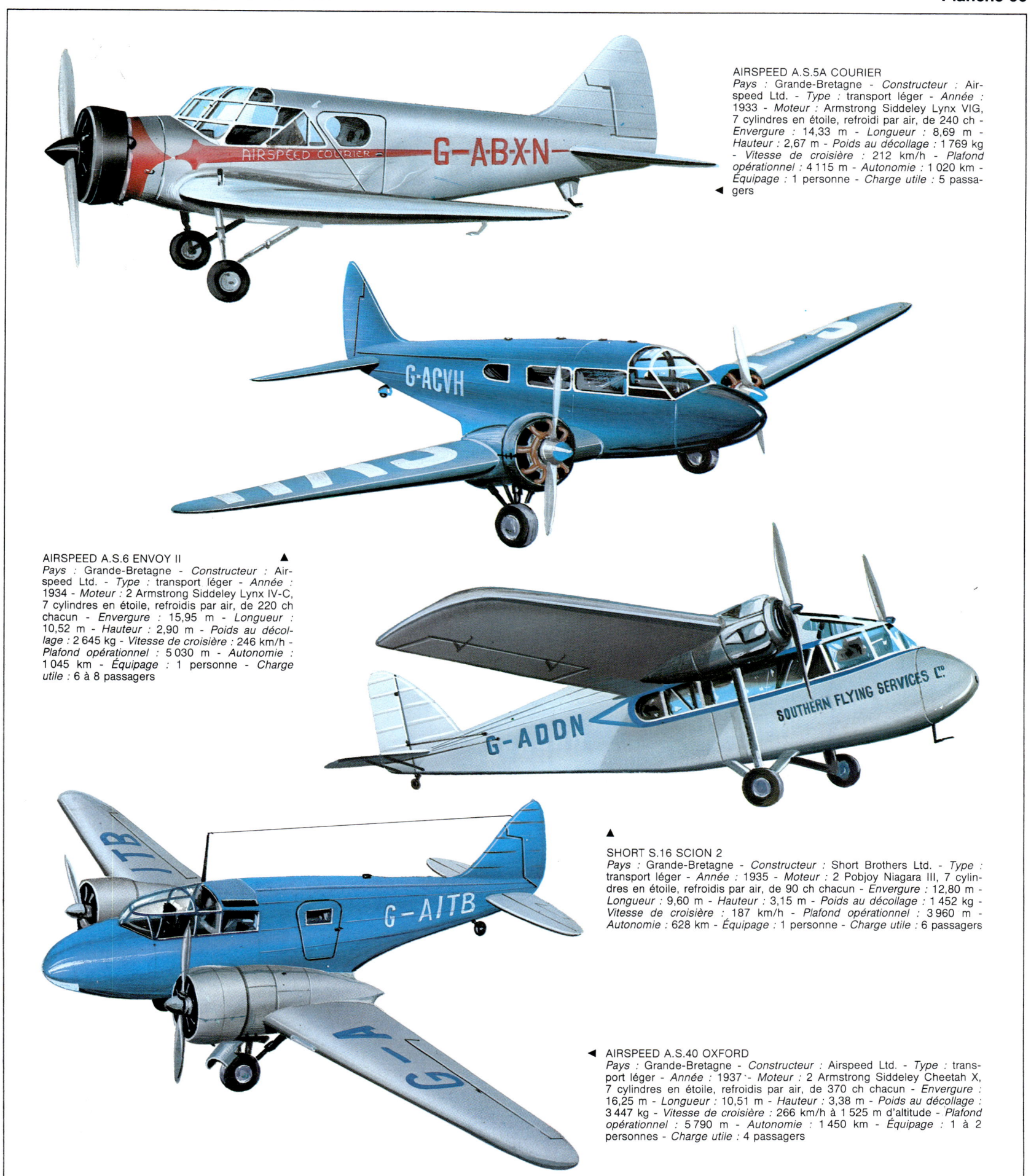

Planche 97   Le meilleur de tous : le Douglas DC-3 ; 1933-1936

DOUGLAS DC-1
Pays : USA - *Constructeur* : Douglas Aircraft Co. - *Type* : transport civil - *Année* : 1933 - *Moteur* : 2 Wright Cyclone F.3, 9 cylindres en étoile, refroidis par air, de 710 ch chacun - *Envergure* : 25,92 m - *Longueur* : 18,30 m - *Hauteur* : 4,97 m - *Poids au décollage* : 7 925 kg - *Vitesse de croisière* : 263 km/h - *Plafond opérationnel* : 7 000 m - *Autonomie* : 1 830 km - *Équipage* : 2 ou 3 personnes - *Charge utile* : 12 passagers

DOUGLAS DC-2
Pays : USA - *Constructeur* : Douglas Aircraft Co. - *Type* : transport civil - *Année* : 1934 - *Moteur* : 2 Wright Cyclone F.3, 9 cylindres en étoile, refroidis par air, de 720 ch chacun - *Envergure* : 25,90 m - *Longueur* : 18,90 m - *Hauteur* : 4,97 m - *Poids au décollage* : 8 165 kg - *Vitesse de croisière* : 273 km/h - *Plafond opérationnel* : 7 000 m - *Autonomie* : 1 930 km - *Équipage* : 2 ou 3 personnes - *Charge utile* : 14 passagers

DOUGLAS DC-3
Pays : USA - *Constructeur* : Douglas Aircraft Co. - *Type* : transport civil - *Année* : 1936 - *Moteur* : 2 Pratt & Whitney, 9 cylindres en étoile, refroidis par air, de 1 200 ch chacun - *Envergure* : 28,96 m - *Longueur* : 19,65 m - *Hauteur* : 5,15 m - *Poids au décollage* : 11 415 kg - *Vitesse de croisière* : 290 km/h - *Plafond opérationnel* : 7 070 m - *Autonomie* : 2 091 km - *Équipage* : 2 personnes - *Charge utile* : 14 à 32 passagers

Quatre hydravions français pour triompher des océans ; 1932-1936

Planche 98

LATÉCOÈRE 521
Pays : France - *Constructeur* : Forges et ateliers de construction Latécoère - *Type* : transport civil - *Année* : 1935 - *Moteur* : 6 Hispano-Suiza 12 Ybrs, 12 cylindres en V, refroidis par liquide, de 860 ch chacun - *Envergure* : 49,31 m - *Longueur* : 31,62 m - *Hauteur* : 9,07 m - *Poids au décollage* : 37 933 kg - *Vitesse de croisière* : 210 km/h - *Plafond opérationnel* : 6 300 m - *Autonomie* : 4 100 km - *Équipage* : 8 personnes - *Charge utile* : 30 à 70 passagers

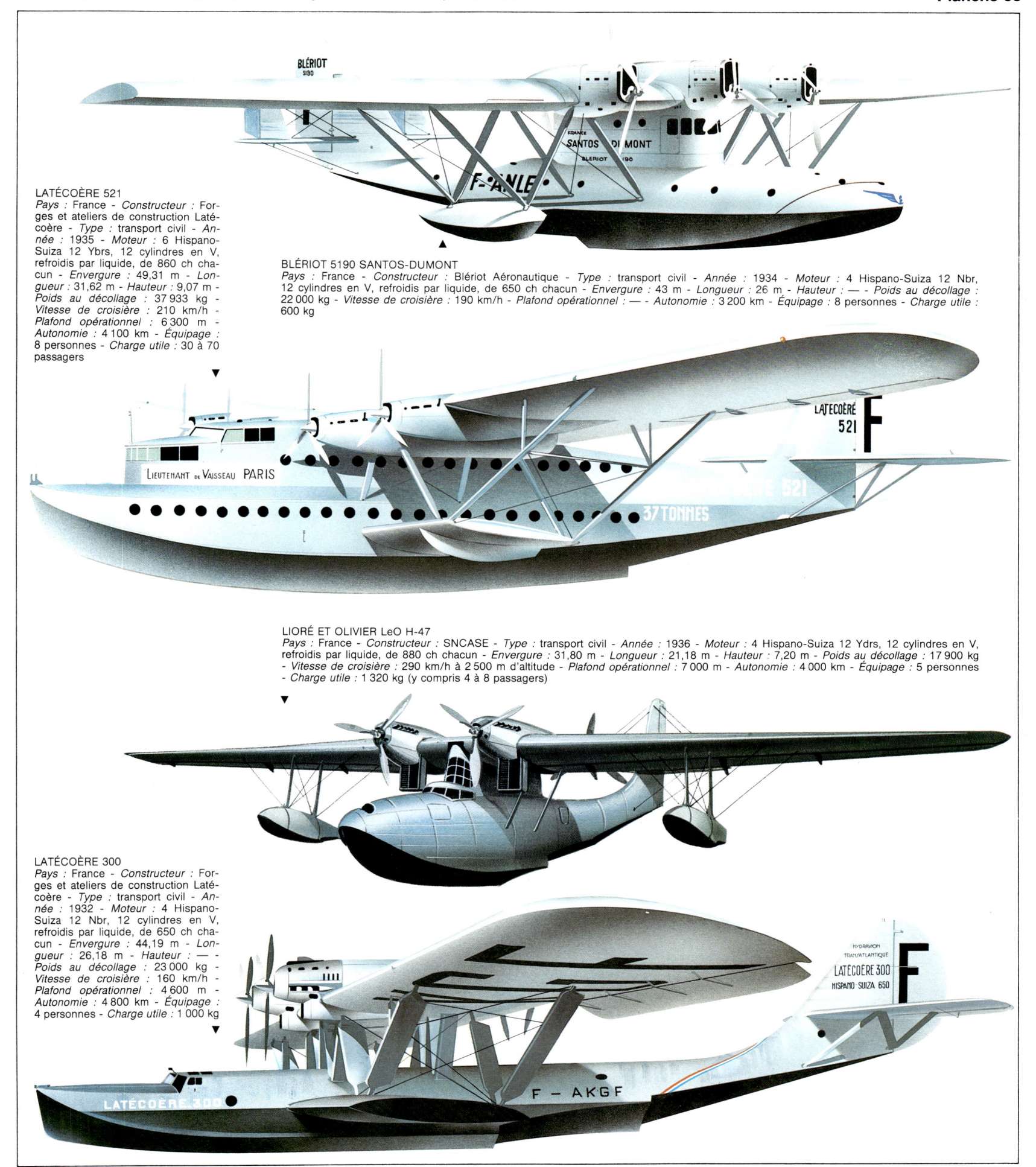

BLÉRIOT 5190 SANTOS-DUMONT
Pays : France - *Constructeur* : Blériot Aéronautique - *Type* : transport civil - *Année* : 1934 - *Moteur* : 4 Hispano-Suiza 12 Nbr, 12 cylindres en V, refroidis par liquide, de 650 ch chacun - *Envergure* : 43 m - *Longueur* : 26 m - *Hauteur* : — - *Poids au décollage* : 22 000 kg - *Vitesse de croisière* : 190 km/h - *Plafond opérationnel* : — - *Autonomie* : 3 200 km - *Équipage* : 8 personnes - *Charge utile* : 600 kg

LIORÉ ET OLIVIER LeO H-47
Pays : France - *Constructeur* : SNCASE - *Type* : transport civil - *Année* : 1936 - *Moteur* : 4 Hispano-Suiza 12 Ydrs, 12 cylindres en V, refroidis par liquide, de 880 ch chacun - *Envergure* : 31,80 m - *Longueur* : 21,18 m - *Hauteur* : 7,20 m - *Poids au décollage* : 17 900 kg - *Vitesse de croisière* : 290 km/h à 2 500 m d'altitude - *Plafond opérationnel* : 7 000 m - *Autonomie* : 4 000 km - *Équipage* : 5 personnes - *Charge utile* : 1 320 kg (y compris 4 à 8 passagers)

LATÉCOÈRE 300
Pays : France - *Constructeur* : Forges et ateliers de construction Latécoère - *Type* : transport civil - *Année* : 1932 - *Moteur* : 4 Hispano-Suiza 12 Nbr, 12 cylindres en V, refroidis par liquide, de 650 ch chacun - *Envergure* : 44,19 m - *Longueur* : 26,18 m - *Hauteur* : — - *Poids au décollage* : 23 000 kg - *Vitesse de croisière* : 160 km/h - *Plafond opérationnel* : 4 600 m - *Autonomie* : 4 800 km - *Équipage* : 4 personnes - *Charge utile* : 1 000 kg

Quadrimoteurs civils britanniques ; 1932-1938

ARMSTRONG WHITWORTH A.W.15 ATALANTA
Pays : Grande-Bretagne - *Constructeur* : W.G. Armstrong Whitworth Ltd. - *Type* : transport civil - *Année* : 1932 - *Moteur* : 4 Armstrong Siddeley Serval III, 10 cylindres en étoile, refroidis par air, de 340 ch chacun - *Envergure* : 27,43 m - *Longueur* : 21,79 m - *Hauteur* : 4,57 m - *Poids au décollage* : 9 513 kg - *Vitesse de croisière* : 209 km/h - *Plafond opérationnel* : 2 135 m - *Autonomie* : 645 km - *Équipage* : 3 personnes - *Charge utile* : 17 passagers

SHORT S.23
Pays : Grande-Bretagne - *Constructeur* : Short Brothers Ltd. - *Type* : transport civil - *Année* : 1936 - *Moteur* : 4 Bristol Pegasus XC, 9 cylindres en étoile, refroidis par air, de 920 ch chacun - *Envergure* : 34,74 m - *Longueur* : 26, 82 m - *Hauteur* : 9,72 m - *Poids au décollage* : 18 371 kg - *Vitesse de croisière* : 265 km/h - *Plafond opérationnel* : 6 100 m - *Autonomie* : 1 225 km - *Équipage* : 5 personnes - *Charge utile* : 24 passagers

DE HAVILLAND D.H.91 ALBATROSS
Pays : Grande-Bretagne - *Constructeur* : De Havilland Aircraft Co. Ltd. - *Type* : transport civil - *Année* : 1937 - *Moteur* : 4 De Havilland Gipsy Twelve I, 12 cylindres en V, refroidis par air, de 525 ch chacun *Envergure* : 32 m - *Longueur* : 21,79 m - *Hauteur* : 6,78 m - *Poids au décollage* : 13 381 kg - *Vitesse de croisière* : 338 km/h à 3 355 m d'altitude - *Plafond opérationnel* : 5 455 m - *Autonomie* : 1 670 km - *Équipage* : 4 personnes - *Charge utile* : 22 passagers

ARMSTRONG WHITWORTH A.W.27 ENSIGN 1
Pays : Grande-Bretagne - *Constructeur* : Armstrong Whitworth Aircraft Ltd. - *Type* : transport civil - *Année* : 1938 - *Moteur* : 4 Armstrong Siddeley Tiger IX, 14 cylindres en étoile, refroidis par air, de 850 ch chacun - *Envergure* : 37,49 m - *Longueur* : 34,75 m - *Hauteur* : 7,01 m - *Poids au décollage* : 22 226 kg - *Vitesse de croisière* : 274 km/h à 2 135 m d'altitude - *Plafond opérationnel* : 5 500 m - *Autonomie* : 1 290 km - *Équipage* : 4 personnes - *Charge utile* : 27 à 40 passagers

Avions civils secondaires français ; 1933-1937

Planche 100

POTEZ 56
Pays : France - Constructeur : Société des aéroplanes Henry Potez - Type : transport civil - Année : 1934 - Moteur : 2 Potez 9Ab, 9 cylindres en étoile, refroidis par air, de 185 ch - Envergure : 16 m - Longueur : 11,84 m - Hauteur : — - Poids au décollage : 2 980 kg - Vitesse de croisière : 250 km/h - Plafond opérationnel : 6 000 m - Autonomie : 1 100 km - Équipage : 2 personnes - Charge utile : 6 passagers

MIGNET M.H.14 POU-DU-CIEL
Pays : France - Constructeur : Société des aéronefs Mignet - Type : auto-construit - Année : 1933 - Moteur : Aubier & Dunne, 2 cylindres en ligne, refroidi par air, de 22 ch - Envergure : 5,18 m - Longueur : 3,60 m - Hauteur : 1,68 m - Poids à vide : 159 kg - Poids au décollage : 250 kg - Vitesse maximale : 100 km/h - Vitesse de croisière : 80 km/h - Autonomie : 322 km - Équipage : 1 personne

CAUDRON-RENAULT C-635 SIMOUN
Pays : France - Constructeur : Société anonyme des avions Caudron - Type : transport léger - Année : 1934 - Moteur : Renault 6 Pri Bengali, 6 cylindres en ligne, refroidi par air, de 180 ch - Envergure : 10,40 m - Longueur : 8,70 m - Hauteur : 2,25 m - Poids au décollage : 1 230 kg - Vitesse de croisière : 280 km/h - Plafond opérationnel : 7 300 m - Autonomie : 1 260 km - Équipage : 2 personnes - Charge utile : 150 kg

BLOCH 220
Pays : France - Constructeur : Avions Marcel Bloch - Type : transport civil - Année : 1935 - Moteur : 2 Gnome-Rhône 14 N-16, 14 cylindres en étoile, refroidis par air, de 915 ch chacun - Envergure : 22,82 m - Longueur : 19,25 m - Hauteur : 3,90 m - Poids au décollage : 9 500 kg - Vitesse de croisière : 280 km/h - Plafond opérationnel : 7 000 m - Autonomie : 1 400 km - Équipage : 4 personnes - Charge utile : 16 passagers

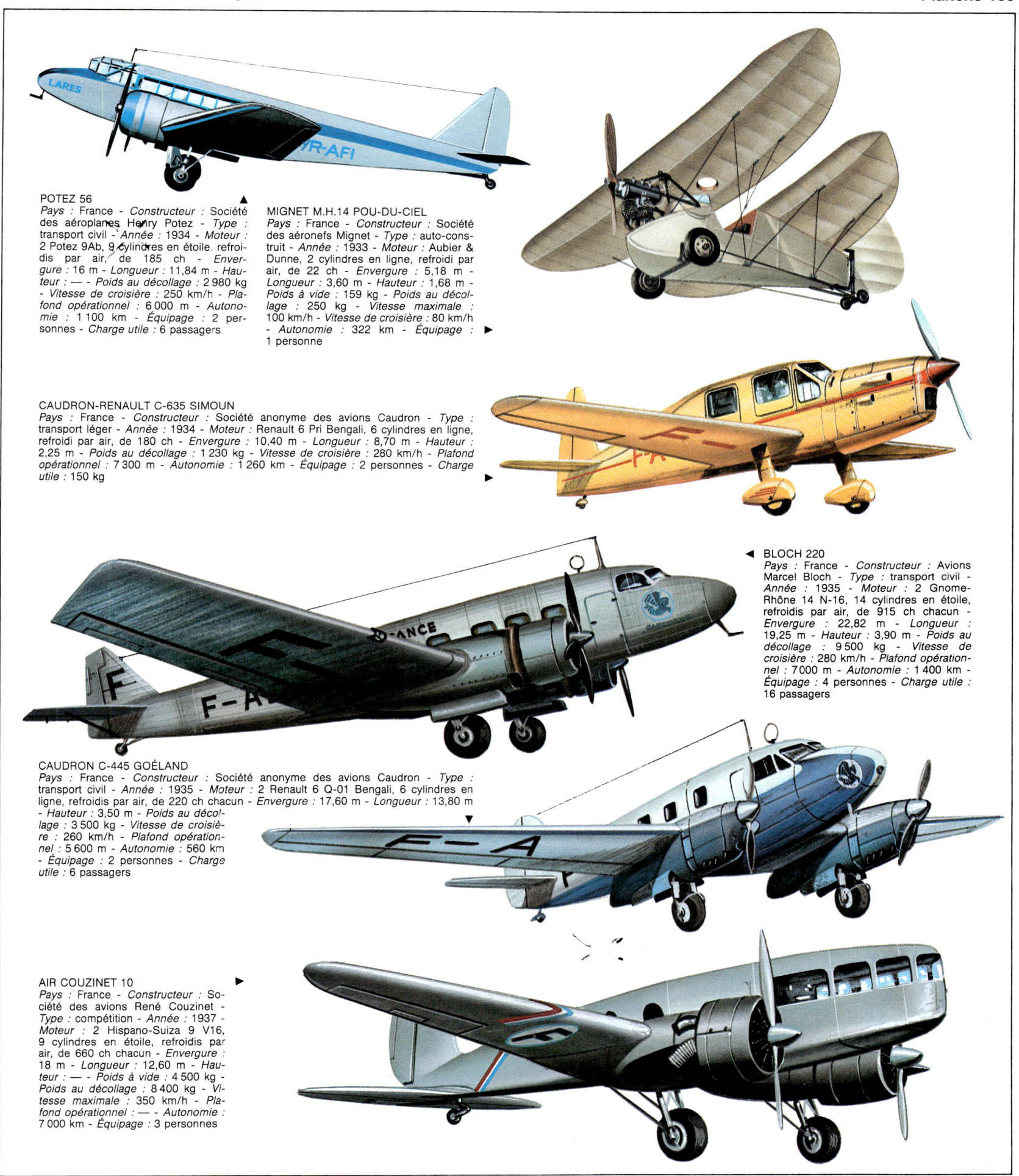

CAUDRON C-445 GOÉLAND
Pays : France - Constructeur : Société anonyme des avions Caudron - Type : transport civil - Année : 1935 - Moteur : 2 Renault 6 Q-01 Bengali, 6 cylindres en ligne, refroidis par air, de 220 ch chacun - Envergure : 17,60 m - Longueur : 13,80 m - Hauteur : 3,50 m - Poids au décollage : 3 500 kg - Vitesse de croisière : 260 km/h - Plafond opérationnel : 5 600 m - Autonomie : 560 km - Équipage : 2 personnes - Charge utile : 6 passagers

AIR COUZINET 10
Pays : France - Constructeur : Société des avions René Couzinet - Type : compétition - Année : 1937 - Moteur : 2 Hispano-Suiza 9 V16, 9 cylindres en étoile, refroidis par air, de 660 ch chacun - Envergure : 18 m - Longueur : 12,60 m - Hauteur : — - Poids à vide : 4 500 kg - Poids au décollage : 8 400 kg - Vitesse maximale : 350 km/h - Plafond opérationnel : — - Autonomie : 7 000 km - Équipage : 3 personnes

Planche 101 — Multimoteurs français pour les lignes européennes, africaines, asiatiques ; 1934-1935

WIBAULT 283 T
Pays : France - *Constructeur* : Chantiers aéronautiques Wibault - *Type* : transport civil - *Année* : 1934 - *Moteur* : 3 Gnome-Rhône Titan Major 7Kd, 7 cylindres en étoile, refroidis par air, de 350 ch chacun - *Envergure* : 22,60 m - *Longueur* : 16,99 m - *Hauteur* : — - *Poids au décollage* : 6 342 kg - *Vitesse de croisière* : 230 km/h - *Plafond opérationnel* : 5 200 m - *Autonomie* : 1 050 km - *Équipage* : 2 personnes - *Charge utile* : 10 passagers

BLOCH 120
Pays : France - *Constructeur* : Avions Marcel Bloch - *Type* : transport civil - *Année* : 1934 - *Moteur* : 3 Lorraine Algol 9Na, 9 cylindres en étoile, refroidis par air, 300 ch chacun - *Envergure* : 20,54 m - *Longueur* : 15,30 m - *Hauteur* : — - *Poids au décollage* : 6 000 kg - *Vitesse de croisière* : 230 km/h - *Plafond opérationnel* : 6 300 m - *Autonomie* : — - *Équipage* : 3 personnes - *Charge utile* : 3 à 4 passagers ; 800 kg

BREGUET 530 SAIGON
Pays : France - *Constructeur* : Société anonyme des ateliers d'aviation Louis Breguet - *Type* : transport civil - *Année* : 1934 - *Moteur* : 3 Hispano-Suiza 12 Ybr, 12 cylindres en V, refroidis par liquide, de 785 ch chacun - *Envergure* : 35,06 m - *Longueur* : 20,30 m - *Hauteur* : 7,51 m - *Poids au décollage* : 15 000 kg - *Vitesse de croisière* : 200 km/h - *Plafond opérationnel* : 5 000 m - *Autonomie* : 1 100 km - *Équipage* : 2 personnes - *Charge utile* : 20 passagers

POTEZ 62
Pays : France - *Constructeur* : Société des aéroplanes Henry Potez - *Type* : transport civil - *Année* : 1935 - *Moteur* : 2 Gnome-Rhône 14 Kirs Mistral Major, 14 cylindres en étoile, refroidis par air, de 870 ch chacun - *Envergure* : 22,44 m - *Longueur* : 17,32 m - *Hauteur* : — - *Poids au décollage* : 7 500 kg - *Vitesse de croisière* : 280 km/h à 2 000 m d'altitude - *Plafond opérationnel* : 7 500 m - *Autonomie* : 1 000 km - *Équipage* : 2 personnes - *Charge utile* : 14 à 16 passagers ; 300 kg

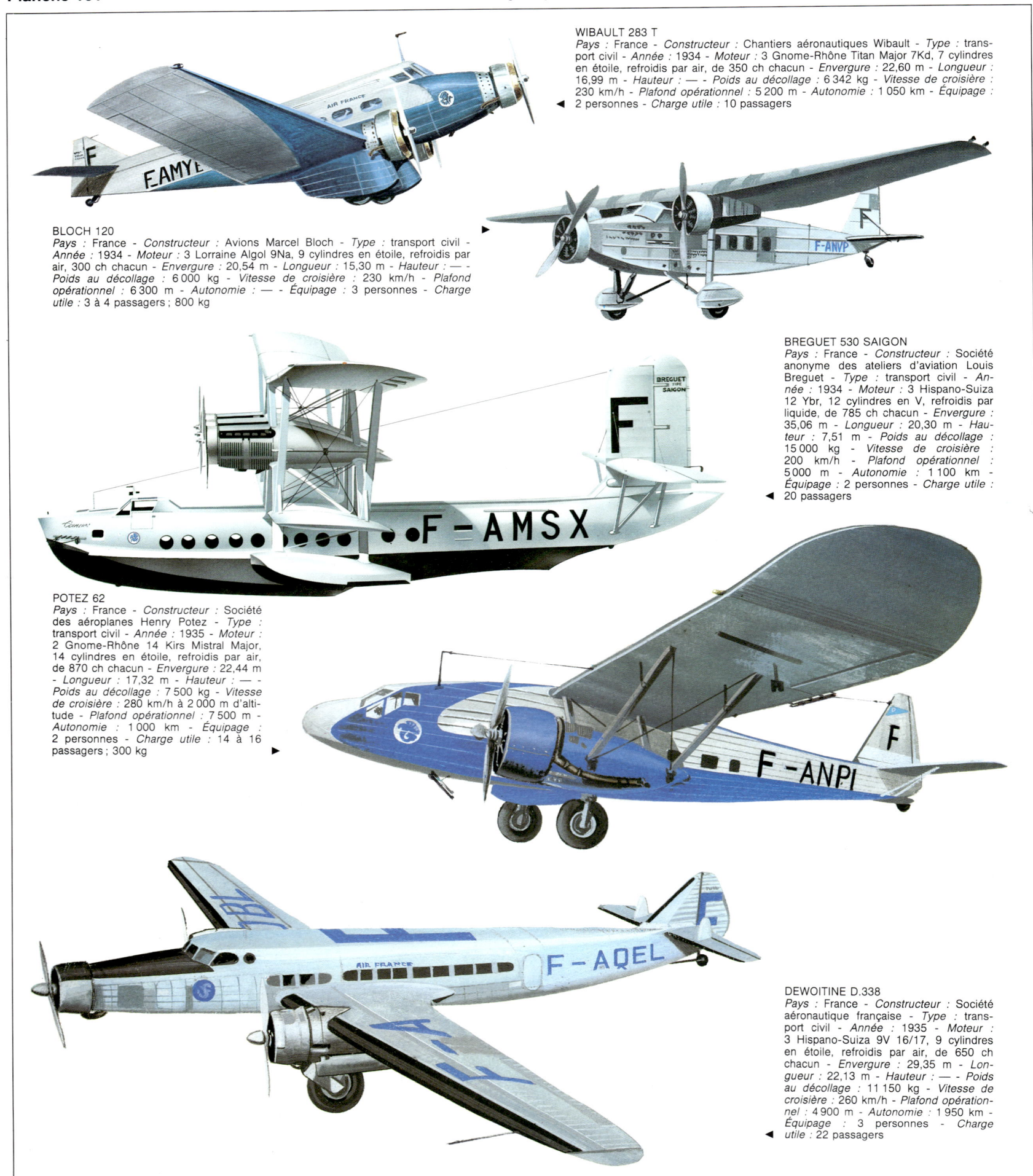

DEWOITINE D.338
Pays : France - *Constructeur* : Société aéronautique française - *Type* : transport civil - *Année* : 1935 - *Moteur* : 3 Hispano-Suiza 9V 16/17, 9 cylindres en étoile, refroidis par air, de 650 ch chacun - *Envergure* : 29,35 m - *Longueur* : 22,13 m - *Hauteur* : — - *Poids au décollage* : 11 150 kg - *Vitesse de croisière* : 260 km/h - *Plafond opérationnel* : 4 900 m - *Autonomie* : 1 950 km - *Équipage* : 3 personnes - *Charge utile* : 22 passagers

Les derniers monomoteurs de transport américains ; 1932-1934

Planche 102

CLARK G.A.43
Pays : USA - *Constructeur* : General Aviation Corp. - *Type* : transport civil - *Année* : 1933 - *Moteur* : Wright R-1820-F1 Cyclone, 9 cylindres en étoile, refroidi par air, de 715 ch - *Envergure* : 16,15 m - *Longueur* : 13,13 m - *Hauteur* : 3,81 m - *Poids au décollage* : 3 964 kg - *Vitesse de croisière* : 274 km/h à 1 524 m d'altitude - *Plafond opérationnel* : 5 490 m - *Autonomie* : 684 km - *Équipage* : 1 ou 2 personnes - *Charge utile* : 10 ou 11 passagers

VULTEE V.1A
Pays : USA - *Constructeur* : Vultee Aircraft Inc. - *Type* : transport civil - *Année* : 1934 - *Moteur* : Wright R-1825-F2 Cyclone, 9 cylindres en étoile, refroidi par air, de 735 ch - *Envergure* : 15,24 m - *Longueur* : 11.28 m - *Hauteur* : 2,80 m - *Poids au décollage* : 3 850 kg - *Vitesse de croisière* : 346 km/h - *Plafond opérationnel* : 6 100 m - *Autonomie* : 1 610 km - *Équipage* : 2 personnes - *Charge utile* : 8 passagers

NORTHROP DELTA
Pays : USA - *Constructeur* : Northrop Co. - *Type* : transport civil - *Année* : 1934 - *Moteur* : Wright R-1820-F52 Cyclone, 9 cylindres en étoile, refroidi par air, 775 ch - *Envergure* : 14,51 m - *Longueur* : 10,08 m - *Hauteur* : 2,74 m - *Poids au décollage* : 3 334 kg - *Vitesse de croisière* : 322 km/h - *Plafond opérationnel* : 7 130 m - *Autonomie* : 3 106 km - *Équipage* : 2 personnes - *Charge utile* : 7 passagers

CONSOLIDATED 20-A FLEETSTER
Pays : USA - *Constructeur* : Consolidated Aircraft Co. - *Type* : transport civil - *Année* : 1932 - *Moteur* : Pratt & Whitney Hornet B1, 9 cylindres en étoile, refroidi par air, de 575 ch - *Envergure* : 15,24 m - *Longueur* : 10,28 m - *Hauteur* : 3,65 m - *Poids au décollage* : 3 084 kg - *Vitesse de croisière* : 257 km/h - *Plafond opérationnel* : 5 500 m - *Autonomie* : 1 290 km - *Équipage* : 1 ou 2 personnes - *Charge utile* : 7 passagers

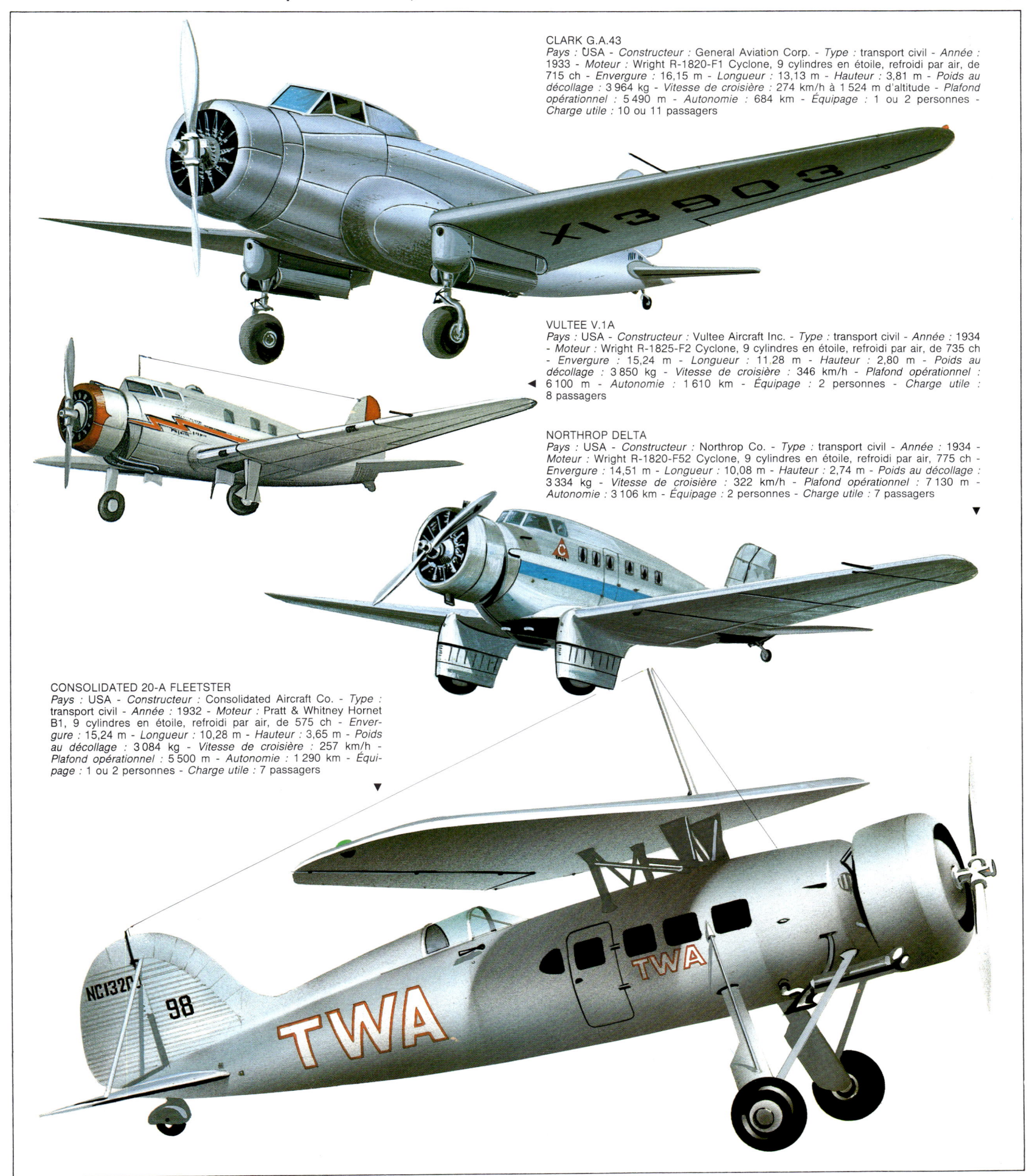

Planche 103

Transports passagers italiens ; 1935-1939

CAPRONI CA.133
Pays : Italie - *Constructeur :* Società Italiana Caproni - *Type :* transport civil - *Année :* 1935 - *Moteur :* 3 Piaggio P.VII C.16, 7 cylindres en étoile, refroidis par air, de 460 ch chacun - *Envergure :* 21,44 m - *Longueur :* 15,45 m - *Hauteur :* 4 m - *Poids au décollage :* 6 700 kg - *Vitesse de croisière :* 230 km/h - *Plafond opérationnel :* 5 500 m - *Autonomie :* 1 350 km - *Équipage :* 2 personnes - *Charge utile :* 16 passagers

MACCHI M.C.94
Pays : Italie - *Constructeur :* Aeronautica Macchi - *Type :* transport civil - *Année :* 1935 - *Moteur :* 2 Wright SGR-1820 Cyclone, 9 cylindres en étoile, refroidis par air, de 770 ch chacun - *Envergure :* 22,79 m - *Longueur :* 15,52 m - *Hauteur :* 5,45 m - *Poids au décollage :* 7 800 kg - *Vitesse de croisière :* 250 km/h à 1 000 m d'altitude - *Plafond opérationnel :* 5 800 m - *Autonomie :* 1 375 km - *Équipage :* 3 personnes - *Charge utile :* 12 passagers

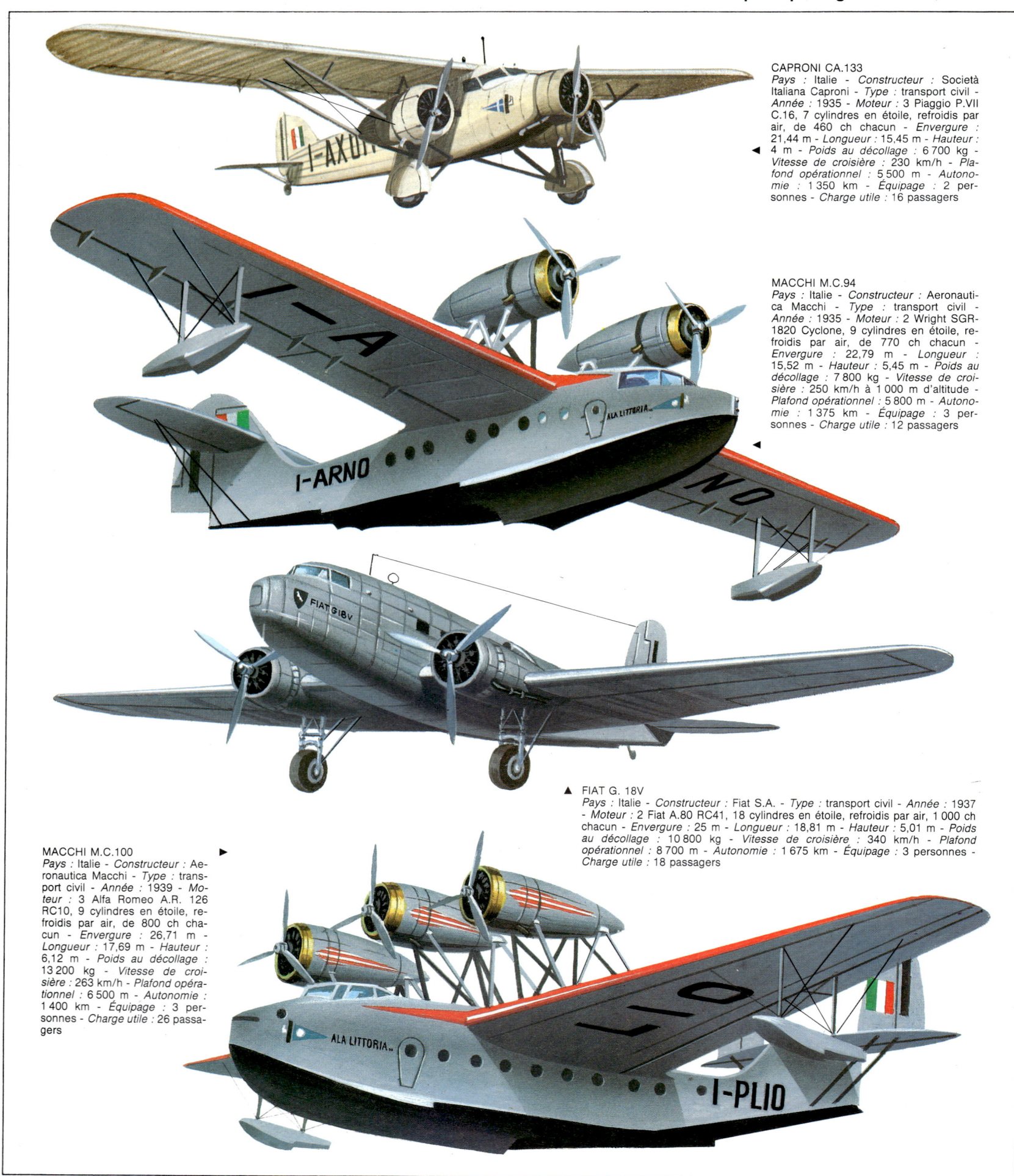

FIAT G. 18V
Pays : Italie - *Constructeur :* Fiat S.A. - *Type :* transport civil - *Année :* 1937 - *Moteur :* 2 Fiat A.80 RC41, 18 cylindres en étoile, refroidis par air, 1 000 ch chacun - *Envergure :* 25 m - *Longueur :* 18,81 m - *Hauteur :* 5,01 m - *Poids au décollage :* 10 800 kg - *Vitesse de croisière :* 340 km/h - *Plafond opérationnel :* 8 700 m - *Autonomie :* 1 675 km - *Équipage :* 3 personnes - *Charge utile :* 18 passagers

MACCHI M.C.100
Pays : Italie - *Constructeur :* Aeronautica Macchi - *Type :* transport civil - *Année :* 1939 - *Moteur :* 3 Alfa Romeo A.R. 126 RC10, 9 cylindres en étoile, refroidis par air, de 800 ch chacun - *Envergure :* 26,71 m - *Longueur :* 17,69 m - *Hauteur :* 6,12 m - *Poids au décollage :* 13 200 kg - *Vitesse de croisière :* 263 km/h - *Plafond opérationnel :* 6 500 m - *Autonomie :* 1 400 km - *Équipage :* 3 personnes - *Charge utile :* 26 passagers

Bimoteurs américains entrés dans la légende du transport civil ; 1934-1941

Planche 104

LOCKHEED 10/A ELECTRA
Pays : USA - *Constructeur* : Lockheed Aircraft Co. - *Type* : transport civil - *Année* : 1934 - *Moteur* : 2 Pratt & Whitney Wasp Jr, 9 cylindres en étoile, refroidis par air, de 420 ch chacun - *Envergure* : 16,76 m - *Longueur* : 11,76 m - *Hauteur* : 3,05 m - *Poids au décollage* : 4 763 kg - *Vitesse de croisière* : 327 km/h - *Plafond opérationnel* : 6 100 m - *Autonomie* : 1 207 km - *Équipage* : 2 personnes - *Charge utile* : 12 passagers

LOCKHEED 14-F62 SUPER-ELECTRA
Pays : USA - *Constructeur* : Lockheed Aircraft Corp. - *Type* : transport léger - *Année* : 1937 - *Moteur* : 2 Wright GR-1820-F62 Cyclone, 9 cylindres en étoile, refroidis par air, de 760 ch chacun - *Envergure* : 19,96 m - *Longueur* : 13,40 m - *Hauteur* : 3,49 m - *Poids au décollage* : 7 838 kg - *Vitesse de croisière* : 362 km/h à 3 963 m d'altitude - *Plafond opérationnel* : 6 558 m - *Autonomie* : 2 558 km - *Équipage* : 2 ou 3 personnes - *Charge utile* : 12 passagers

GRUMMAN G-21A
Pays : USA - *Constructeur* : Grumman Aircraft Engineering Corp. - *Type* : transport léger - *Année* : 1937 - *Moteur* : 2 Pratt & Whitney R-385-AN6 Wasp Jr., 9 cylindres en étoile, refroidis par air, de 450 ch chacun - *Envergure* : 14,95 m - *Longueur* : 11,70 m - *Hauteur* : 3,66 m - *Poids au décollage* : 3 629 kg - *Vitesse de croisière* : 306 km/h à 1 525 m d'altitude - *Plafond opérationnel* : 6 700 m - *Autonomie* : 1 287 km - *Équipage* : 2 personnes - *Charges utile* : 6 ou 7 passagers

CONSOLIDATED PBY-5A CATALINA
Pays : USA - *Constructeur* : Consolidated Aircraft Corp. - *Type* : transport civil - *Année* : 1941 - *Moteur* : 2 Pratt & Whitney R-1830-92 Twin Wasp, 14 cylindres en étoile, refroidis par air, de 1 200 ch chacun - *Envergure* : 31,70 m - *Longueur* : 19,45 m - *Hauteur* : 6,14 m - *Poids au décollage* : 12 701 kg - *Vitesse de croisière* : 209 km/h à 1 830 m d'altitude - *Plafond opérationnel* : 4 480 m - *Autonomie* : 1 046 km - *Équipage* : 2 à 4 personnes - *Charge utile* : 22 passagers

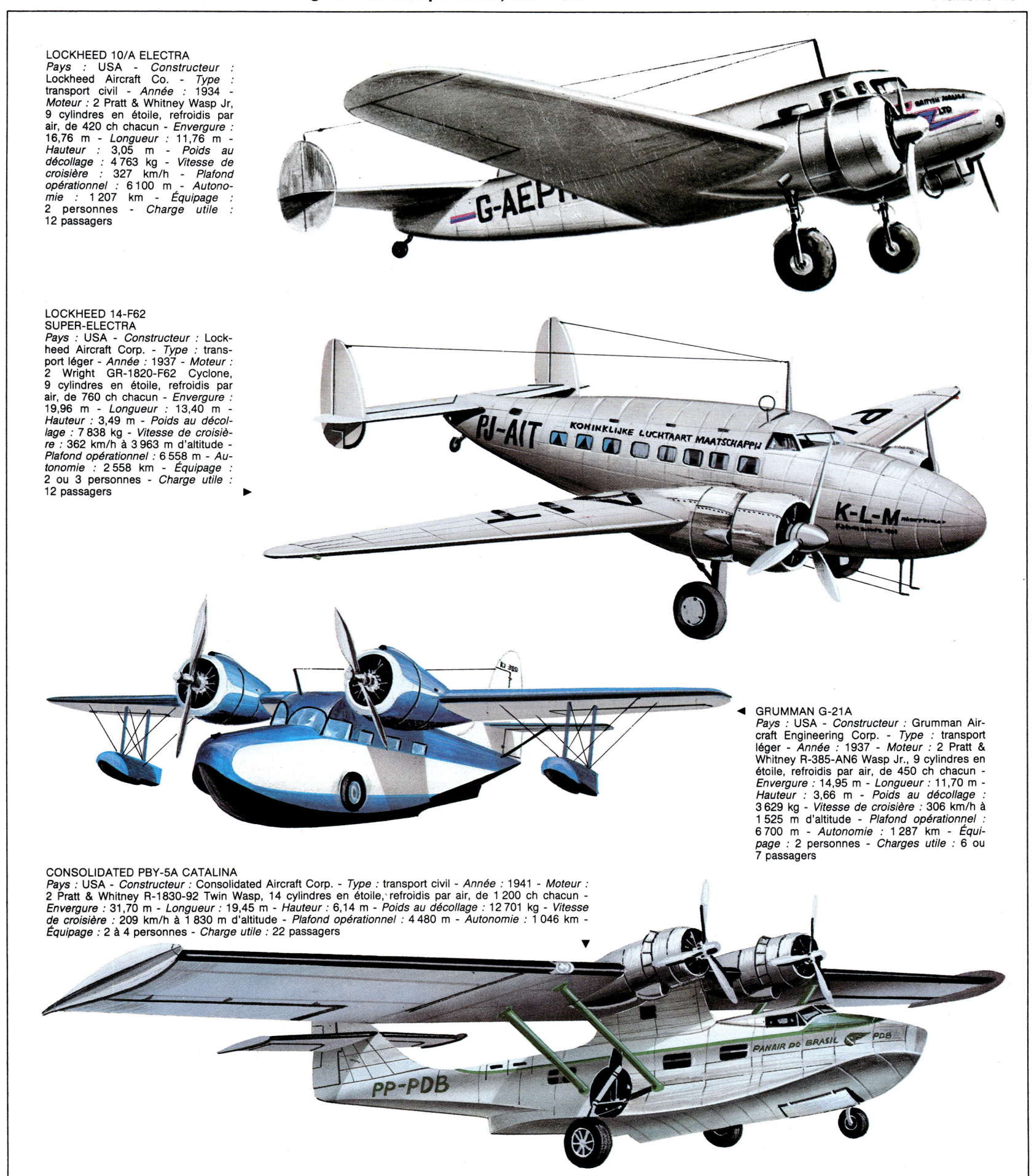

Planche 105 — Le transport aérien en Roumanie, en Tchécoslovaquie et en Pologne ; 1934-1938

ICAR COMERCIAL
Pays : Roumanie - *Constructeur* : ICAR - *Type* : transport civil - *Année* : 1934 - *Moteur* : Armstrong Siddeley Serval Mk.1, 9 cylindres en étoile, refroidi par air, de 340 ch - *Envergure* : 15,40 m - *Longueur* : 9,80 m - *Hauteur* : 2,80 m - *Poids au décollage* : 2 250 kg - *Vitesse de croisière* : 220 km/h - *Plafond opérationnel* : 4 500 m - *Autonomie* : 700 km - *Équipage* : 2 personnes - *Charge utile* : 6 passagers

IAR 23
Pays : Roumanie - *Constructeur* : Industrie aéronautique roumaine - *Type* : compétition - *Année* : 1934 - *Moteur* : Hispano-Suiza 9 Qa, 9 cylindres en étoile, refroidi par air, de 340 ch - *Envergure* : 12 m - *Longueur* : 8,35 m - *Hauteur* : 2,70 m - *Poids à vide* : 980 kg - *Poids au décollage* : 1 920 kg - *Vitesse maximale* : 245 km/h - *Plafond opérationnel* : 4 100 m - *Autonomie* : 2 300 km - *Équipage* : 2 personnes

AERO 204
Pays : Tchécoslovaquie - *Constructeur* : Aero Tovarna Letadel - *Type* : transport léger - *Année* : 1937 - *Moteur* : 2 Walter Pollux IIR, 9 cylindres en étoile, refroidis par air, de 360 ch chacun - *Envergure* : 19 m - *Longueur* : 13 m - *Hauteur* : 3,40 m - *Poids au décollage* : 4 300 kg - *Vitesse de croisière* : 286 km/h - *Plafond opérationnel* : 5 800 m - *Autonomie* : 900 km - *Équipage* : 2 personnes - *Charge utile* : 8 passagers

RWD-13
Pays : Pologne - *Constructeur* : Doswiadczaine Warsztaty Lotnicze - *Type* : transport léger - *Année* : 1935 - *Moteur* : Walter Major, 4 cylindres en ligne, refroidi par air, de 130 ch - *Envergure* : 11,50 m - *Longueur* : 7,85 m - *Hauteur* : 2,05 m - *Poids au décollage* : 930 kg - *Vitesse de croisière* : 180 km/h - *Plafond opérationnel* : 4 200 m - *Autonomie* : 900 km - *Équipage* : 1 personne - *Charge utile* : 2 passagers

RWD-11
Pays : Pologne - *Constructeur* : Doswiadczaine Warsztaty Lotnicze - *Type* : transport civil - *Année* : 1936 - *Moteur* : 2 Walter Major 6, 6 cylindres en ligne, refroidis par air, de 205 ch chacun - *Envergure* : 15,20 m - *Longueur* : 10,65 m - *Hauteur* : 3,30 m - *Poids au décollage* : 2 650 kg - *Vitesse de croisière* : 255 km/h - *Plafond opérationnel* : 4 100 m - *Autonomie* : 800 km - *Équipage* : 2 personnes - *Charge utile* : 6 passagers

PZL-44 WICHER
Pays : Pologne - *Constructeur* : Pantswowe Zakiady Lotnicze - *Type* : transport civil - *Année* : 1938 - *Moteur* : 2 Wright GR-1820-G2 Cyclone, 9 cylindres en étoile, refroidis par air, de 1 000 ch chacun - *Envergure* : 23,80 m - *Longueur* : 18,45 m - *Hauteur* : 4,80 m - *Poids au décollage* : 9 500 kg - *Vitesse de croisière* : 280 km/h - *Plafond opérationnel* : 6 850 m - *Autonomie* : 1 840 km - *Équipage* : 3 ou 4 personnes - *Charge utile* : 14 passagers

Japon et Canada : deux industries aéronautiques naissantes ; 1934-1938

MITSUBISHI HINAZURU
Pays : Japon - *Constructeur* : Mitsubishi Jukogyo K.K. - *Type* : transport léger - *Année* : 1934 - *Moteur* : 2 Mitsubishi Lynx IV-C, 7 cylindres en étoile, refroidis par air, de 240 ch chacun - *Envergure* : 15,95 m - *Longueur* : 10,52 m - *Hauteur* : 2,90 m - *Poids au décollage* : 2 656 kg - *Vitesse de croisière* : 240 km/h - *Plafond opérationnel* : 5 030 m - *Autonomie* : 1 045 km/h - *Équipage* : 1 personne - *Charge utile* : 8 passagers

NAKAJIMA AT-2
Pays : Japon - *Constructeur* : Nakajima Hikoki K.K. - *Type* : transport civil - *Année* : 1936 - *Moteur* : 2 Nakajima Kotobuki 41, 9 cylindres en étoile, refroidis par air, de 710 ch chacun - *Envergure* : 19,91 m - *Longueur* : 15,30 m - *Hauteur* : 4,15 m - *Poids au décollage* : 5 250 kg - *Vitesse de croisière* : 310 km/h - *Plafond opérationnel* : 7 000 m - *Autonomie* : 1 200 km - *Équipage* : 2 personnes - *Charge utile* : 10 passagers

MITSUBISHI G3M2
Pays : Japon - *Constructeur* : Mitsubishi Jukogyo K.K. - *Type* : transport civil - *Année* : 1938 - *Moteur* : 2 Mitsubishi Kinsel 41, 14 cylindres en étoile, refroidis par air, de 1 075 ch chacun - *Envergure* : 25 m - *Longueur* : 16,45 m - *Hauteur* : 3,68 m - *Poids au décollage* : 8 000 kg - *Vitesse de croisière* : 280 km/h - *Plafond opérationnel* : 8 000 m - *Autonomie* : 3 500 km - *Équipage* : 2 personnes - *Charge utile* : 8 passagers

NOORDUYN NORSEMAN IV
Pays : Canada - *Constructeur* : Noorduyn Aviation Ltd. - *Type* : transport léger - *Année* : 1937 - *Moteur* : Pratt & Whitney R-1340-S3H1 Wasp, 9 cylindres, refroidi par air, de 600 ch - *Envergure* : 15,75 m - *Longueur* : 9,68 m - *Hauteur* : 3,07 m - *Poids au décollage* : 3 356 kg - *Vitesse de croisière* : 238 km/h à 1 524 m d'altitude - *Plafond opérationnel* : 6 705 m - *Autonomie* : 1 850 km - *Équipage* : 1 personne - *Charge utile* : 9 passagers ; 270 kg

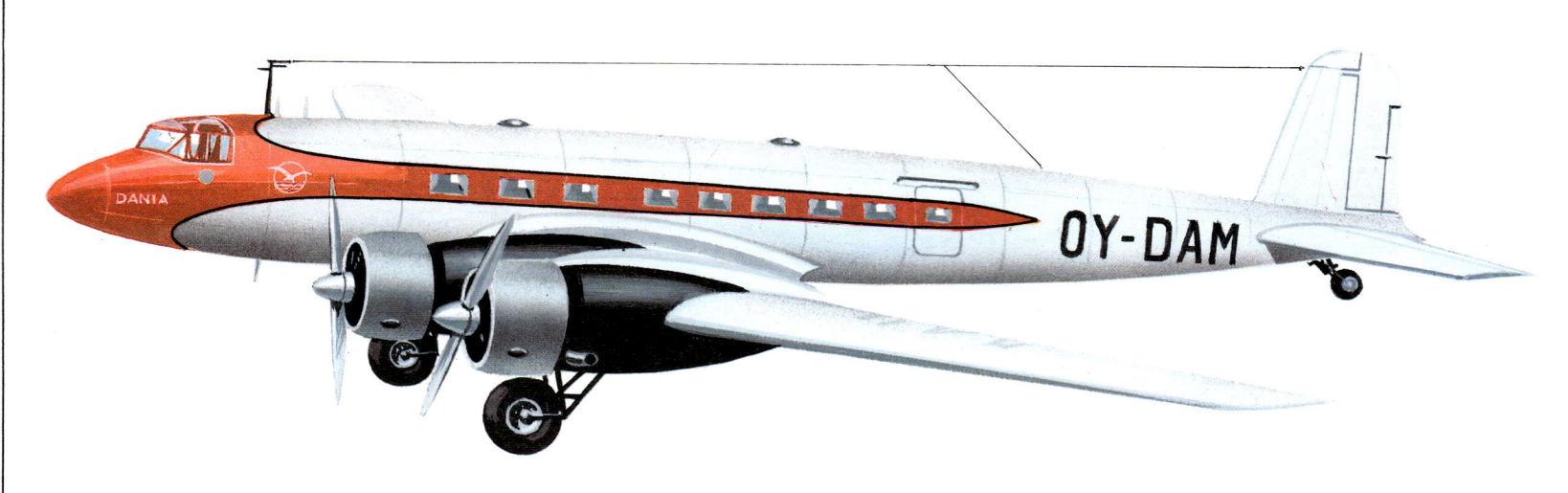

Planche 107   **Quadrimoteurs allemands de l'immédiat avant-guerre ; 1937-1938**

FOCKE WULF Fw.200A CONDOR
Pays : Allemagne - *Constructeur* : Focke Wulf Flugzeugbau GmbH - *Type* : transport civil - *Année* : 1937 - *Moteur* : 4 B.M.W. 132G, 9 cylindres en étoile, refroidis par air, de 720 ch chacun - *Envergure* : 33 m - *Longueur* : 23,85 m - *Hauteur* : 6,30 m - *Poids au décollage* : 14 600 kg - *Vitesse de croisière* : 325 km/h à 3 000 m d'altitude - *Plafond opérationnel* : 6 700 m - *Autonomie* : 1 250 km - *Équipage* : 4 personnes - *Charge utile* : 26 passagers

HEINKEL He.116A
Pays : Allemagne - *Constructeur* : Ernst Heinkel A.G. - *Type* : transport civil - *Année* : 1937 - *Moteur* : 4 Hirth HM 508B, 8 cylindres en V, refroidis par air, de 240 ch chacun - *Envergure* : 22 m - *Longueur* : 13,70 m - *Hauteur* : 3,30 m - *Poids au décollage* : 6 930 kg - *Vitesse de croisière* : 300 km/h - *Plafond opérationnel* : 4 400 m - *Autonomie* : 4 500 km - *Équipage* : 4 personnes - *Charge utile* : 550 kg

JUNKERS Ju.90B
Pays : Allemagne - *Constructeur* : Junkers Flugzeug und Motorenwerke A.G. - *Type* : transport civil - *Année* : 1938 - *Moteur* : 4 B.M.W. 132H, 9 cylindres en étoile, refroidis par air, de 830 ch chacun - *Envergure* : 35,02 m - *Longueur* : 26,30 m - *Hauteur* : 7,30 m - *Poids au décollage* : 23 000 kg - *Vitesse de croisière* : 320 km/h à 3 000 m d'altitude - *Plafond opérationnel* : 5 500 m - *Autonomie* : 2 092 km - *Équipage* : 4 personnes - *Charge utile* : 40 passagers

Les derniers concurrents et le vainqueur de la course de l'Atlantique Nord ; 1936-1941　　Planche 108

BLOHM UND VOSS Ha. 139A
Pays : Allemagne - *Constructeur* : Blohm und Voss Schiffswerfts, Abteilung Flugzeugbau - *Type* : transport civil - *Année* : 1936 - *Moteur* : 4 Junkers Jumo 205C, 6 cylindres en ligne, refroidis par liquide, de 600 ch chacun - *Envergure* : 27 m - *Longueur* : 19,50 m - *Hauteur* : 4,50 m - *Poids au décollage* : 17 500 kg - *Vitesse de croisière* : 260 km/h - *Plafond opérationnel* : 3 500 m - *Autonomie* : 5 300 km - *Équipage* : 4 personnes - *Charge utile* : 480 kg

DORNIER Do. 26A
Pays : Allemagne - *Constructeur* : Dornier Werke A.G. - *Type* : transport civil - *Année* : 1938 - *Moteur* : 4 Junkers Jumo 205 C, 6 cylindres en ligne, refroidis par liquide, de 600 ch chacun - *Envergure* : 30 m - *Longueur* : 24,60 m - *Hauteur* : 6,85 m - *Poids au décollage* : 20 000 kg - *Vitesse de croisière* : 310 km/h - *Plafond opérationnel* : 4 800 m - *Autonomie* : 9 000 km - *Équipage* : 4 personnes - *Charge utile* : 500 kg

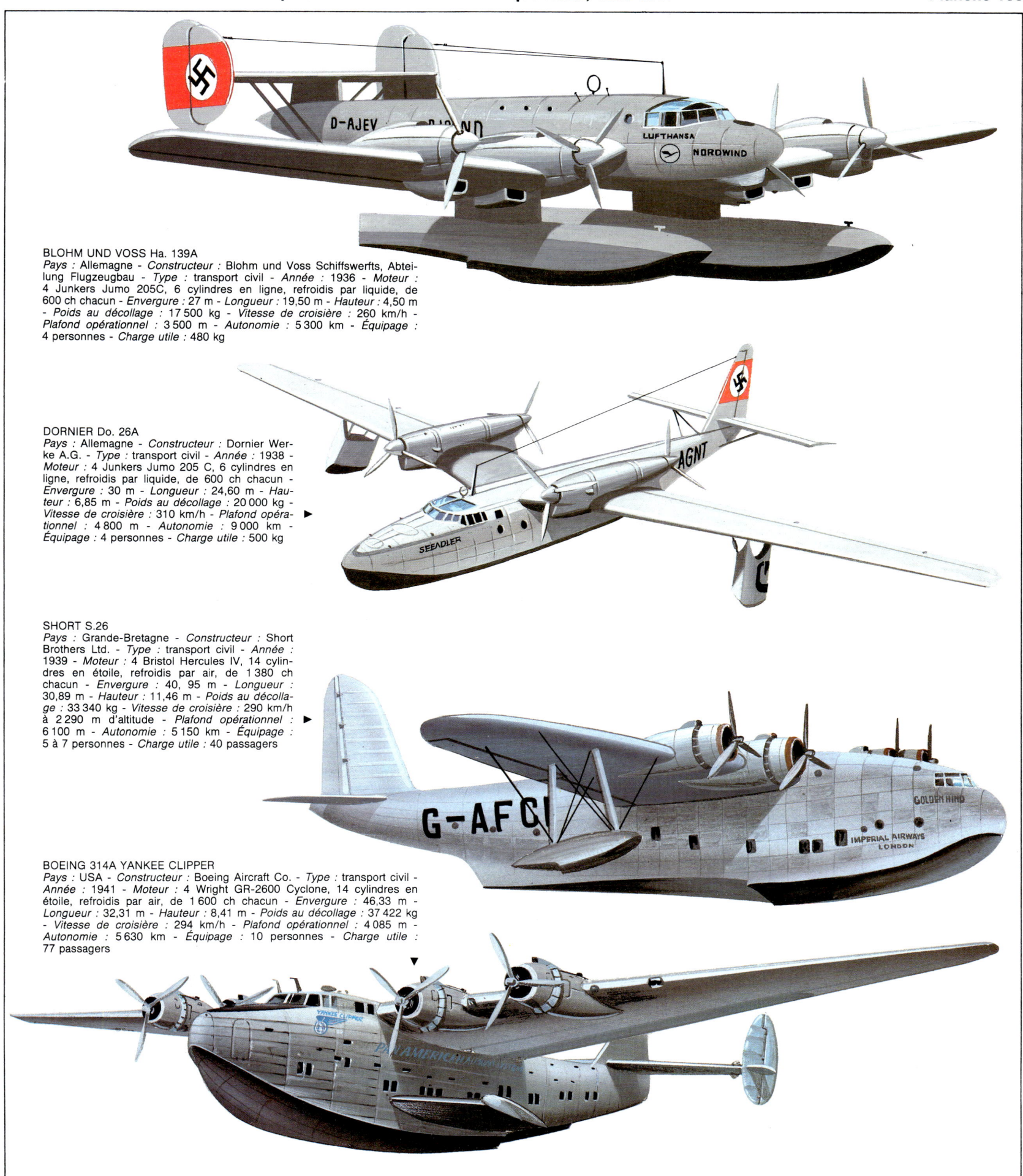

SHORT S.26
Pays : Grande-Bretagne - *Constructeur* : Short Brothers Ltd. - *Type* : transport civil - *Année* : 1939 - *Moteur* : 4 Bristol Hercules IV, 14 cylindres en étoile, refroidis par air, de 1 380 ch chacun - *Envergure* : 40, 95 m - *Longueur* : 30,89 m - *Hauteur* : 11,46 m - *Poids au décollage* : 33 340 kg - *Vitesse de croisière* : 290 km/h à 2 290 m d'altitude - *Plafond opérationnel* : 6 100 m - *Autonomie* : 5 150 km - *Équipage* : 5 à 7 personnes - *Charge utile* : 40 passagers

BOEING 314A YANKEE CLIPPER
Pays : USA - *Constructeur* : Boeing Aircraft Co. - *Type* : transport civil - *Année* : 1941 - *Moteur* : 4 Wright GR-2600 Cyclone, 14 cylindres en étoile, refroidis par air, de 1 600 ch chacun - *Envergure* : 46,33 m - *Longueur* : 32,31 m - *Hauteur* : 8,41 m - *Poids au décollage* : 37 422 kg - *Vitesse de croisière* : 294 km/h - *Plafond opérationnel* : 4 085 m - *Autonomie* : 5 630 km - *Équipage* : 10 personnes - *Charge utile* : 77 passagers

Planche 109 — Trois expériences intéressantes alors que le canon commence à tonner ; 1938-1940

SHORT-MAYO S.20/S.21 COMPOSITE
Pays : Grande-Bretagne
Constructeur : Short Brothers Ltd. - *Type :* transport civil - *Année :* 1938 - *Poids au décollage S.20 :* 9 435 kg - *Poids au décollage S.21 :* 12 565 kg - *Poids au décollage total :* 22 000 kg - *Vitesse de croisière :* 269 km/h à 2 290 m d'altitude - *Vitesse maximale :* 314 km/h à 2 290 m d'altitude - *Autonomie :* 6 276 km - *Charge utile :* 450 kg

SHORT S.21 MAYA
Pays : Grande-Bretagne - *Constructeur :* Short Brothers Ltd. - *Type :* transport civil - *Année :* 1937 - *Moteur :* 4 Bristol Pegasus XC, 9 cylindres en étoile, refroidis par air, de 920 ch chacun - *Envergure :* 34,75 m - *Longueur :* 25,88 m - *Hauteur :* 9,95 m - *Poids au décollage :* 17 237 kg - *Vitesse de croisière :* 265 km/h à 1 524 m d'altitude - *Plafond opérationnel :* 6 100 m - *Autonomie :* 1 368 km - *Équipage :* 5 personnes

SHORT S.20 MERCURY
Pays : Grande-Bretagne - *Constructeur :* Short Brothers Ltd. - *Type :* transport civil - *Année :* 1937 - *Moteur :* 4 Napier Rapier VI, 16 cylindres en H, refroidis par air, de 370 ch chacun - *Envergure :* 22,25 m - *Longueur :* 15,53 m - *Hauteur :* 6,17 m - *Poids au décollage :* 7 030 kg - *Vitesse de croisière :* 290 km/h à 3 050 m d'altitude - *Autonomie :* 560 km - *Équipage :* 2 personnes - *Charge utile :* 450 kg

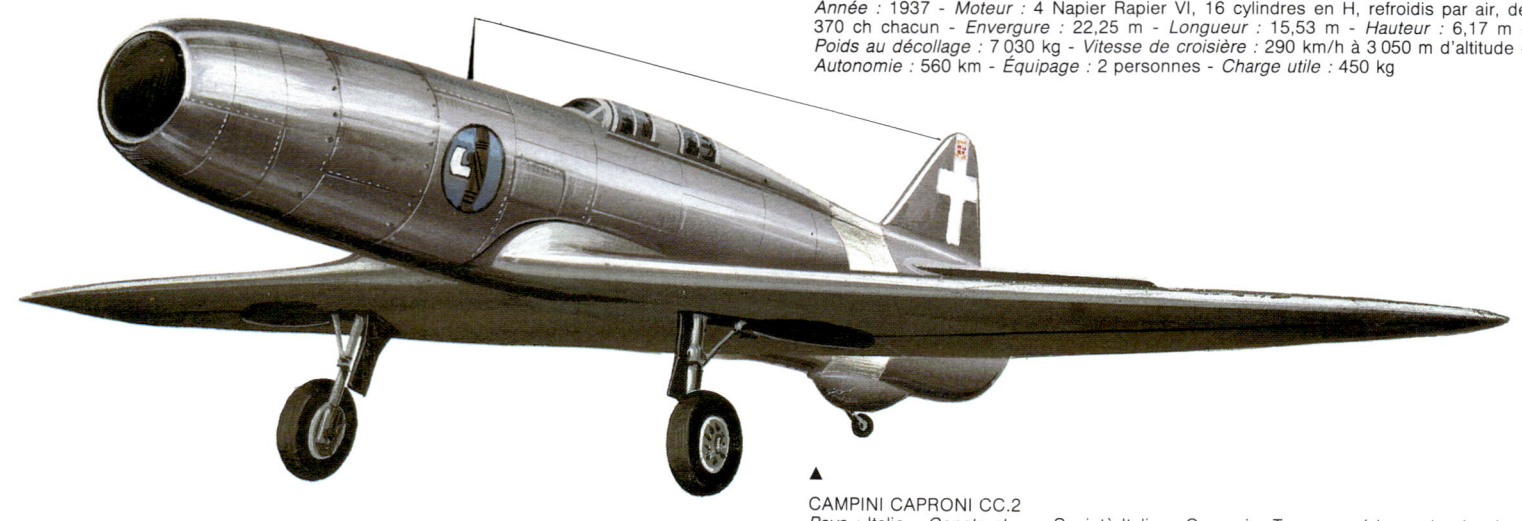

CAMPINI CAPRONI CC.2
Pays : Italie - *Constructeur :* Società Italiana Caproni - *Type :* expérimental - *Année :* 1940 - *Moteur :* moteur à réaction Campini de 750 kg de poussée actionné par un Isotta Fraschini L.121 MC40 Asso, 12 cylindres en V, refroidis par liquide, de 900 ch - *Envergure :* 14,63 m - *Longueur :* 12,10 m - *Hauteur :* 4,70 m - *Poids à vide :* 3 640 kg - *Poids au décollage :* 4 217 kg - *Vitesse maximale :* 359,5 km/h à 3 000 m d'altitude - *Plafond opérationnel :* 4 000 m - *Autonomie :* — - *Équipage :* 2 personnes

◀ RAK-1
Le premier vol d'un avion-fusée fut effectué le 30 septembre 1929 par ce planeur, propulsé par 16 fusées, piloté par l'Allemand Fritz von Opel. Le RAK-1 vola pendant 10 minutes et atteignit 160 km/h.

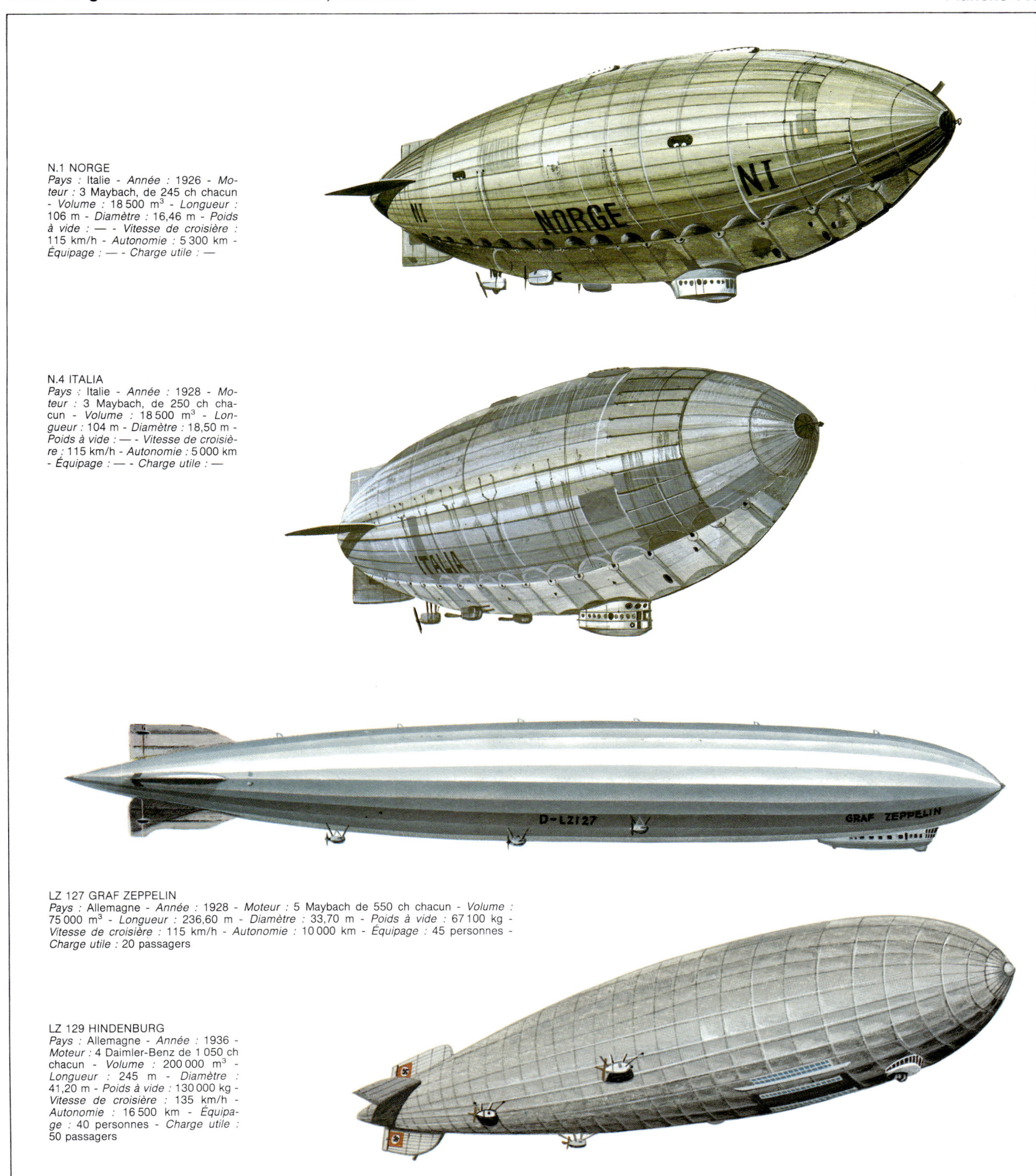

Quatre dirigeables restés dans l'histoire ; 1926-1936

Planche 110

N.1 NORGE
Pays : Italie - *Année* : 1926 - *Moteur* : 3 Maybach, de 245 ch chacun - *Volume* : 18 500 m³ - *Longueur* : 106 m - *Diamètre* : 16,46 m - *Poids à vide* : — - *Vitesse de croisière* : 115 km/h - *Autonomie* : 5 300 km - *Équipage* : — - *Charge utile* : —

N.4 ITALIA
Pays : Italie - *Année* : 1928 - *Moteur* : 3 Maybach, de 250 ch chacun - *Volume* : 18 500 m³ - *Longueur* : 104 m - *Diamètre* : 18,50 m - *Poids à vide* : — - *Vitesse de croisière* : 115 km/h - *Autonomie* : 5 000 km - *Équipage* : — - *Charge utile* : —

LZ 127 GRAF ZEPPELIN
Pays : Allemagne - *Année* : 1928 - *Moteur* : 5 Maybach de 550 ch chacun - *Volume* : 75 000 m³ - *Longueur* : 236,60 m - *Diamètre* : 33,70 m - *Poids à vide* : 67 100 kg - *Vitesse de croisière* : 115 km/h - *Autonomie* : 10 000 km - *Équipage* : 45 personnes - *Charge utile* : 20 passagers

LZ 129 HINDENBURG
Pays : Allemagne - *Année* : 1936 - *Moteur* : 4 Daimler-Benz de 1 050 ch chacun - *Volume* : 200 000 m³ - *Longueur* : 245 m - *Diamètre* : 41,20 m - *Poids à vide* : 130 000 kg - *Vitesse de croisière* : 135 km/h - *Autonomie* : 16 500 km - *Équipage* : 40 personnes - *Charge utile* : 50 passagers

Moteurs de 1928 à 1930

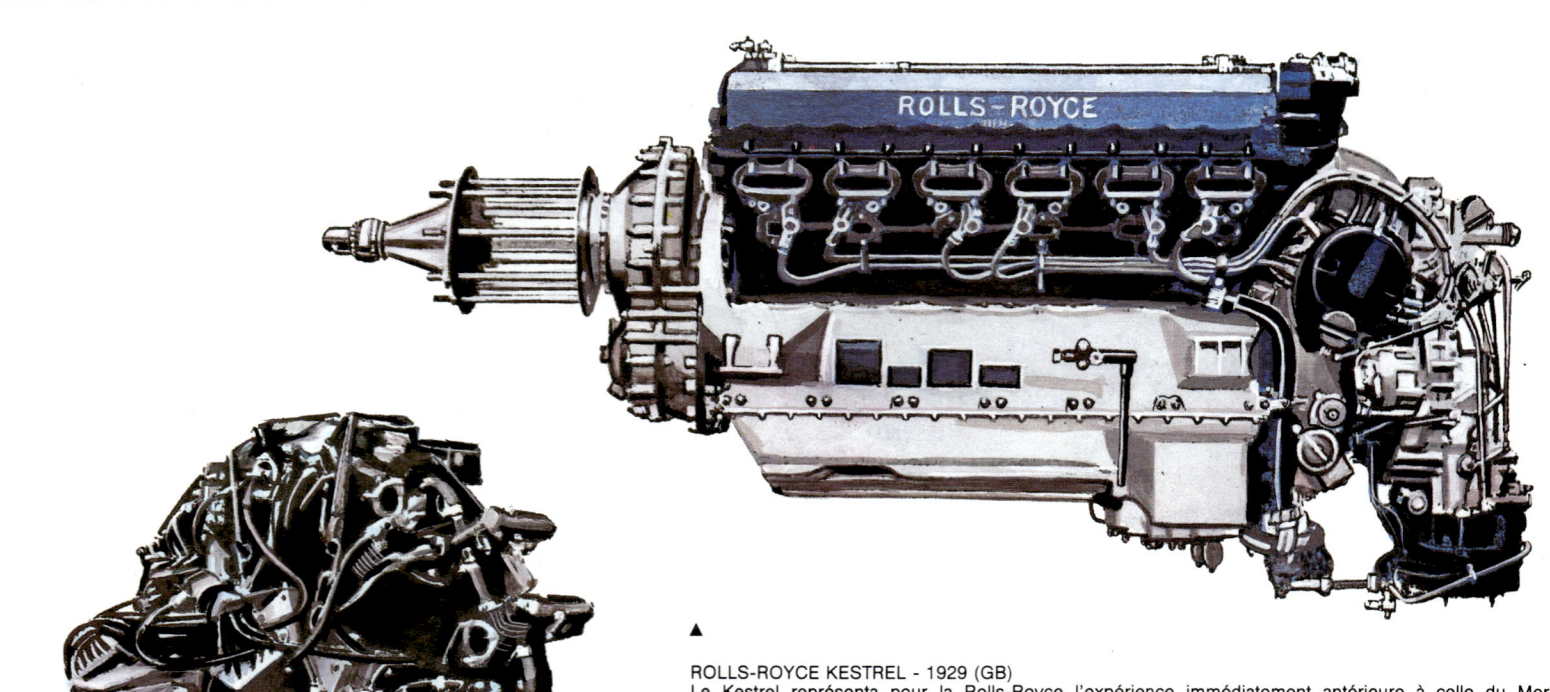

▲ **ROLLS-ROYCE KESTREL - 1929 (GB)**
Le Kestrel représenta pour la Rolls-Royce l'expérience immédiatement antérieure à celle du Merlin. Développé vers la fin des années 20, ce « V-12 », refroidi par liquide, remporta son premier succès avec le chasseur Hawker Hart (un classique de l'époque), mais bien vite il se répandit aussi dans la production civile et commerciale grâce au développement de nombreuses séries de production, de plus en plus modernes et de puissance croissante. Les dernières variantes du Kestrel réussirent à presque doubler (jusqu'à 750 ch) la puissance initiale.

◀ **LYCOMING R-680 - 1928 (USA)**
Lycoming, un constructeur connu dans le monde entier pour sa production de moteurs destinés à équiper des avions légers, commença son activité à la fin de 1928 avec un moteur classique pour l'époque : le modèle R-680, un neuf cylindres en étoile de la classe des 200 ch. Au cours de son évolution, qui s'étendit sur dix autres années, le R-680 ne s'écarta guère de cette classe ; les versions mises au point à la veille de la Seconde Guerre mondiale développaient au maximum 285 ch, ce qui favorisa la diffusion de ce type de moteur dans le domaine des avions privés et commerciaux de l'époque.

FIAT A-24R - 1930 (I)
Ce puissant « V-12 » de la classe des 700 à 750 ch représenta l'une des dernières évolutions de la lignée des moteurs de type « fixe » refroidis par liquide développés par la Fiat dans les années 20, les modèles les plus célèbres ayant été le A-22 (monté sur le S.M.64 de Ferrarin et Del Prete) et A.S.2 (des hydravions Macchi). Le A.24 R, notamment, équipa les hydravions SIAI Marchetti S.M.66.
▼

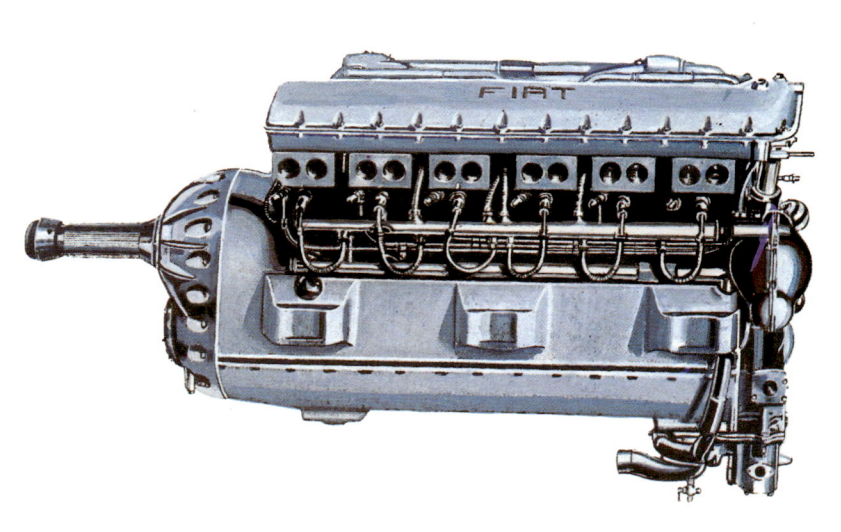

◀ **GNOME-RHÔNE MISTRAL - 1929 (F)**
Cette ancienne industrie de moteurs, connue depuis l'époque des pionniers pour ses rotatifs, entra dans le domaine des moteurs en étoile produisant sous licence des moteurs britanniques Bristol Jupiter. C'est en 1929 qu'elle amorça la production de projets originaux, réunis sous la dénomination « série K ». Le Mistral était un neuf cylindres, proche du Titan Major à sept cylindres et du Mistral Major à quatorze cylindres, tous caractérisés par l'interchangeabilité des composants principaux. Le Mistral pouvait notamment développer de 600 à 700 ch.

**Planche 83
Les rois de la Manche
et de la Méditerranée ; 1928-1932**

On assista dans la seconde moitié des années 20 et au début de la décennie suivante à un net développement du transport commercial aérien. Les compagnies européennes ne ménagèrent pas leurs efforts pour s'assurer la suprématie sur les lignes très convoitées de l'Ancien Monde. A cette époque, la concurrence jouait sur deux facteurs : la sécurité et la commodité du service. En France, l'avion qui représenta sans doute le mieux cet état d'esprit fut le Lioré et Olivier LeO 213, un bimoteur dérivant du bombardier lourd LeO 20, qui resta dans l'histoire de l'aviation commerciale comme l'un des plus luxueux avions de transport de voyageurs de son temps. Le prototype étant sorti en 1928, le LeO 213 fut construit jusqu'en 1931 en 11 exemplaires au total et mis en service par l'Air Union sur deux des lignes européennes les plus recherchées : la Paris-Londres et la Paris-Lyon-Marseille. Ces appareils vinrent s'ajouter à un avion appartenant à une version antérieure (LeO 212, 1927), transformé en restaurant volant de grand luxe, avec un service digne de la meilleure tradition française. Les onze LeO 213 poursuivirent leur active carrière sous les couleurs d'Air France, qui les reprit en 1933.

D'une conception analogue, tout en étant sensiblement plus modernes, on trouve en Grande-Bretagne les Handley Page H.P.42, gros biplans quadrimoteurs qui, de 1931 à 1939, représentèrent la meilleure image de l'Imperial Airways. Les 8 exemplaires construits de 1930 à 1932 furent répartis en deux versions : la version E, destinée aux liaisons avec le secteur oriental, avec une capacité de 24 passagers, et la version W, pour l'Europe, capable de transporter 38 personnes. Le prototype H.P.42 vola le 17 novembre 1930 et effectua une liaison d'essai sur la ligne Londres-Paris le 5 juin de l'année suivante. Tous les avions furent baptisés de noms historiques ou mythologiques : *Hannibal, Horsa, Hanno* et *Hadrian* pour les H.P.42E ; *Heracles, Horatius, Hengist* et *Helena* pour les H.P.42W. Ces appareils volèrent sur des millions de kilomètres et se signalèrent par leur résistance et leur fiabilité.

Toujours en Grande-Bretagne, il y eut un autre avion qui permit à l'Imperial Airways de faire d'importants progrès : le Short S.8 Calcutta, un hydravion trimoteur utilisé en Méditerranée pour desservir le tronçon européen d'une longue ligne : celle de Londres à Karachi. Le premier des 5 exemplaires construits vola le 21 février 1928 et fut mis en service le 16 avril 1929. Les Calcutta — avec les S.17 Kent, plus puissants et plus commodes — restèrent en fonction jusqu'à la fin des années 30.

En Italie, de 1932 au début de la guerre, les routes méditerranéennes furent desservies par un avion tout aussi prestigieux, le SIAI Marchetti S.M.66, un hydravion trimoteur dérivant du S.M.55 et capable de transporter 18 passagers. Les premières compagnies à adopter le nouvel appareil furent l'Aero Espresso, la SANA et la SAM, qui en achetèrent respectivement 3, 4 et 7 exemplaires. Ce fut ensuite le tour de l'Ala Littoria qui mit en service jusqu'à 23 S.M.66, d'abord sur la ligne Rome-Tripoli-Tunis, puis sur la ligne qui reliait Brindisi, Athènes, Rhodes et Alexandrie.

Dans le domaine du transport postal, l'un des meilleurs éléments fut l'appareil français Cams 53, un hydravion biplan bimoteur dérivant d'un avion militaire et mis en service en Méditerranée à partir de 1928 dans sa version initiale. La variante la plus répandue fut la 53-1 (de 1929), dont on avait renforcé la puissance. Air France, en 1933, prit en charge 21 Cams 53 et les utilisa pendant deux ans. L'un d'eux, immatriculé F-AIZX, resta en service jusqu'en 1938.

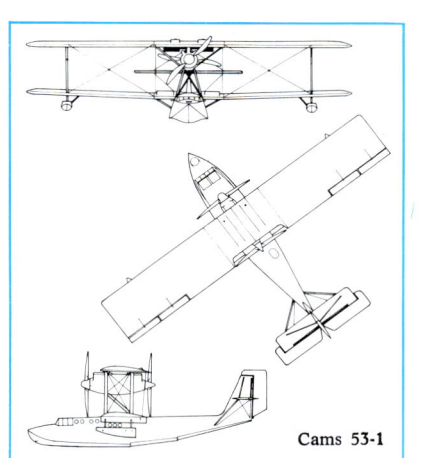

**Planche 84
Les derniers Farman du transport civil ; 1927-1930**

En France, Farman fut sans doute le constructeur qui apporta la plus forte contribution à la réalisation de bons appareils destinés au service civil. Après le succès du F.60 Goliath de l'immédiat après-guerre, le modèle qui réussit le mieux à s'imposer grâce à ces caractéristiques techniques et structurales fut le F.180, dont le prototype sortit en 1927. Cet avion — un grand biplan avec deux moteurs installés en tandem entre les ailes supérieures et

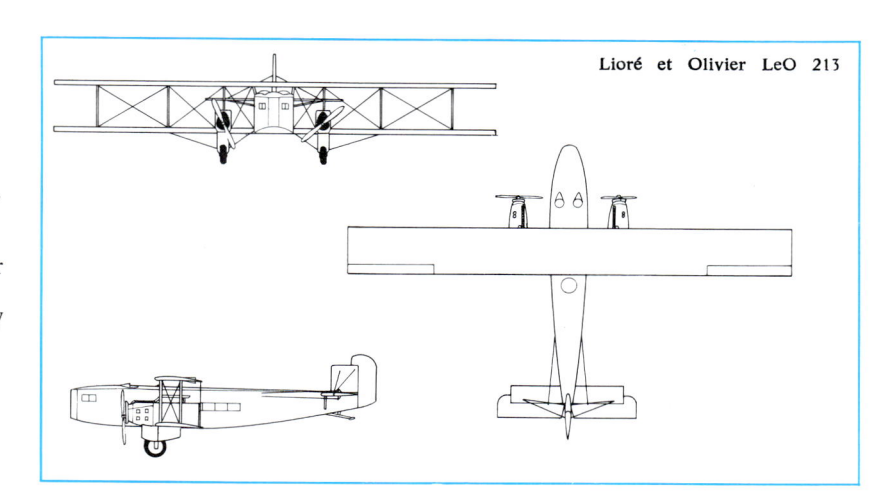

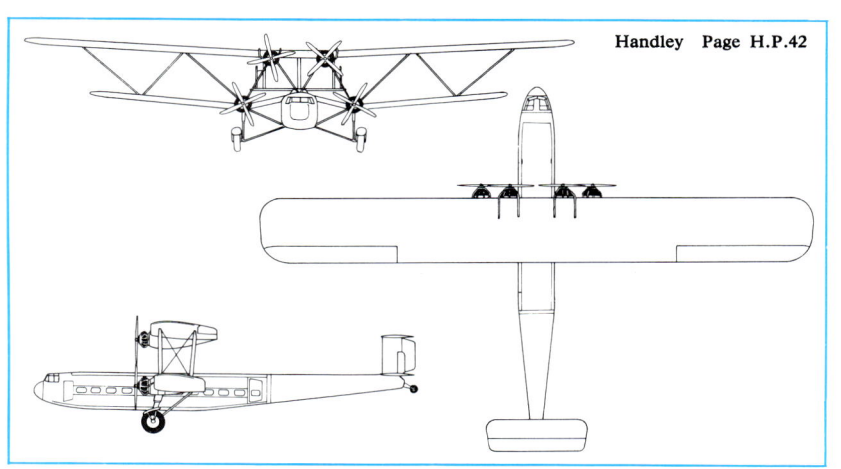

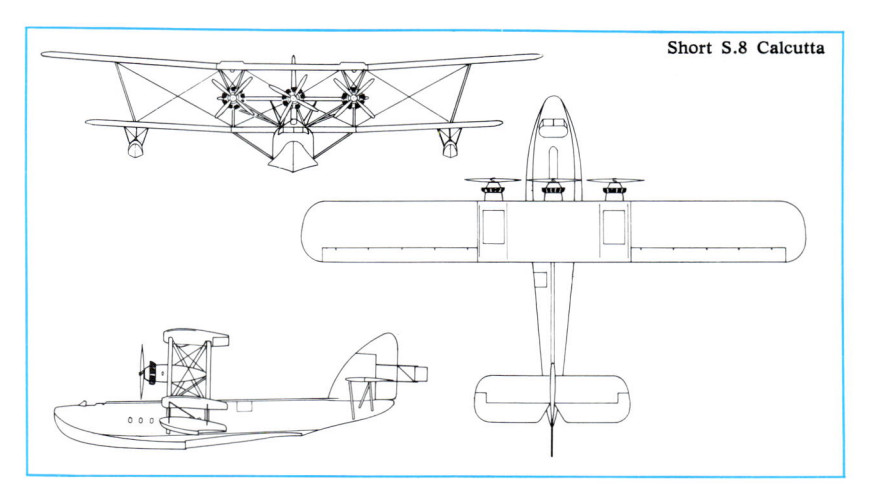

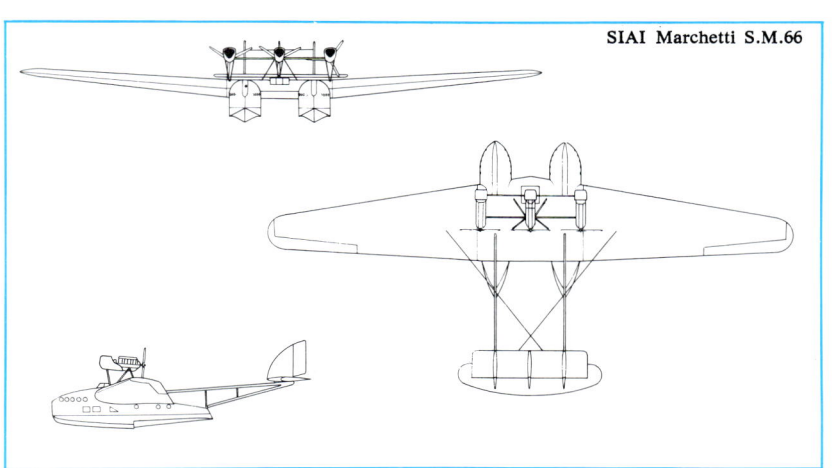

Lioré et Olivier LeO 213

Handley Page H.P.42

Short S.8 Calcutta

Cams 53-1

SIAI Marchetti S.M.66

229

Farman F.180

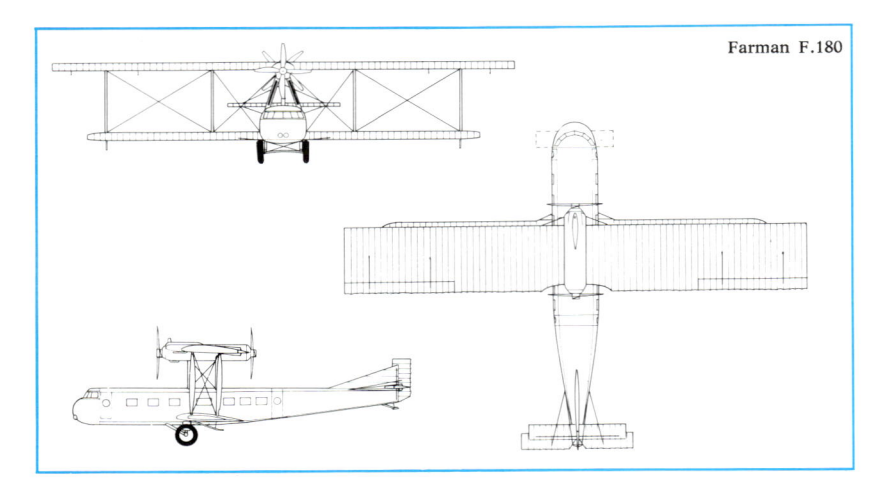

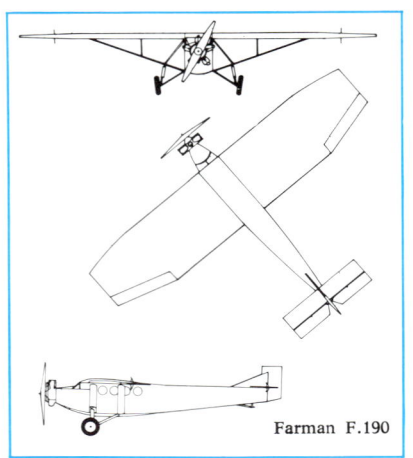

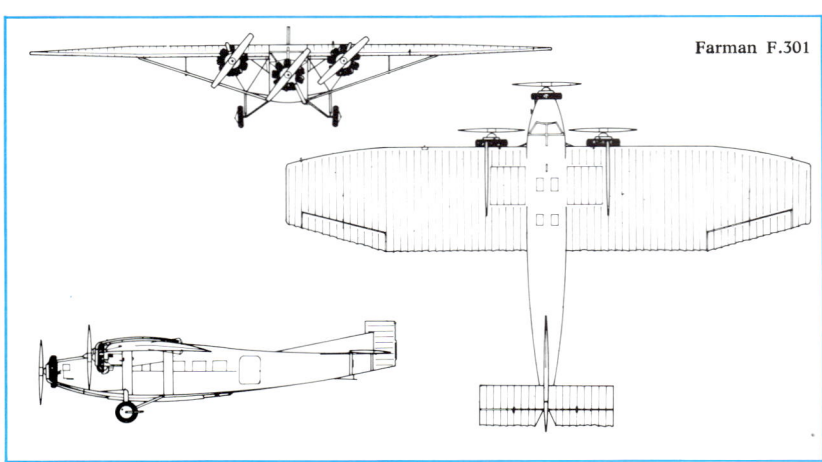

Farman F.190

Farman F.301

Farman F.220

**Planche 85
Deux générations d'hydravions américains pour les lignes d'Amérique du Sud ; 1928-1935**

A partir de la fin des années 20, les liaisons transcontinentales connurent une évolution tout à fait particulière aux États-Unis et leur développement fut étroitement lié à celui d'une grande compagnie qui, dans la décennie suivante, devait finir par exploiter le plus vaste réseau commercial du monde : la Pan American Airways. Dans cette rapide expansion, un rôle important revint aux hydravions, considérés à l'époque comme les avions les plus sûrs pour les longs vols au-dessus des mers.

Parmi les premiers appareils à succès fabriqués sur demande expresse de la Pan American, il y eut l'original bimoteur amphibie Sikorsky S.38, réalisé en 1928 pour être utilisé sur les lignes de l'Amérique centrale. Cet avion dérivait d'un autre amphibie (le S.36, commandé lui aussi par la compagnie), en comparaison duquel il présentait de meilleures caractéristiques de charge, de vitesse et d'autonomie. La production fut répartie en deux versions, la S.38A et la S.38B, cette dernière devant être ultérieurement améliorée. La première série fut construite en 11 exemplaires, dont le premier fut mis en service en juin 1928. La Pan American en mit en ligne 3, la Curtiss Flying Service 3 également et la N.Y.R.B.A. Line 1. (Cette dernière compagnie eut une existence très brève : créée en 1929 pour assurer les liaisons avec l'Amérique du Sud, elle fut absorbée un an plus tard par la Pan American.) Un autre fut acheté par la Western Air Express.

Le vol inaugural de la N.Y.R.B.A. Line sur la ligne New York-Rio de Janeiro-Buenos Aires eut lieu en juillet 1929 avec un autre hydravion important de l'époque, le Consolidated Commodore, un grand appareil capable de transporter 22 passagers à 1 000 kilomètres de

un fuselage aux lignes aérodynamiques très modernes — fut conçu pour tenter la traversée de l'Atlantique Nord, mais il fut ensuite pris en charge par les Lignes aériennes Farman en février 1928. On en construisit 3 exemplaires qui se distinguèrent sur la ligne Paris-Londres pour leur commodité et leur haut niveau de sécurité.

L'avion contemporain Farman F.90, tout en étant d'une catégorie différente, se montra également efficace. Il fut le précurseur d'une famille prolifique de monoplans de transport qui aboutit à la série F.300 des années 30. Le projet F.190 fut élaboré en 1928, avec l'intention de réaliser un avion de dimensions restreintes, robuste et polyvalent.

Son succès fut immédiat et la production se poursuivit jusqu'en 1931 avec de nombreuses variantes, dépassant la centaine d'exemplaires. Les diverses versions étaient caractérisées uniquement par l'adoption de moteurs différents de celui qui équipait le prototype. Le type F.192, par exemple, eut un radial Salmson 9Ab de 230 ch ; le F.193 un Farman 9Ea de la même puissance ; le F.194 un Hispano-Suiza 6 Mb de 250 ch ; le F.198 un Renault 9A de 250 ch. La version la plus puissante fut la F. 199 avec un radial Lorraine 9Na de 325 ch. La société qui fit le plus large usage de cet avion fut celle des Lignes aériennes Farman, avec 14 exemplaires, tandis que l'Air Union en employa 7. Air France prit en charge 15 avions en 1933 et les maintint longtemps en service. D'autres compagnies (la CIDNA, l'Air Orient à Saigon, la LARES en Roumanie et deux sociétés en Afrique) utilisèrent également le F.199.

Le succès de la série F.190 incita la Farman à mettre au point une nouvelle génération d'appareils qui, tout en reproduisant la structure et la configuration des précédents, soient plus grands, plus puissants et dotés de capacités opérationnelles plus importantes. La nouvelle série fut appelée F.300 et son prototype vola au début de 1930. La différence la plus notable par rapport aux F.190 résidait dans l'adoption de trois moteurs Salmson installés l'un dans le fuselage et les deux autres dans des nacelles alaires. On réalisa également plusieurs variantes de la F.300 (7 devinrent opérationnelles), qui différaient par leurs propulseurs : la première, la F.301 (6 exemplaires) était équipée de trois radiaux Salmson 9Ab de 230 ch chacun ; la deuxième, la F.302 (un seul exemplaire) avait un seul moteur à refroidissement hydraulique, du type Hispano-Suiza 12Nb de 650 ch ; la F.303 de 1931 (6 exemplaires) revint à la formule trimoteur, avec les radiaux Gnome-Rhône Titan de 240 ch ; la F.305 (2 exemplaires) fut dotée d'un Gnome-Rhône Jupiter 9Aa de 380 ch en position centrale, ajouté à deux Titan ; les Farman 306 (4 exemplaires) adoptèrent trois Lorraine 7Me de 240 ch ; la série fut complétée par un F.304 privé (trois Lorraine 9Na de 300 ch) et par un F.310 en version hydravion, avec deux flotteurs latéraux. L'activité de ces appareils fut intense et leur principal utilisateur fut, cette fois encore, Farman lui-même : sur les grandes routes européennes, ces avions furent connus sous leur appellation suggestive d'*Étoile d'Argent*. D'autres compagnies utilisèrent les F.300 : l'Air Orient, la Compagnie transafricaine d'aviation, la société yougoslave Aeroput. En 1933, Air France en reprit 15 exemplaires qu'elle maintint longtemps en service.

Par la suite, les versions civiles des bombardiers lourds Farman apportèrent une contribution notable au développement de l'aviation commerciale. Outre les 5 F.220 qui servirent à partir de 1935 sur les routes de l'Atlantique Sud, le plus connu est le F.220, seul exemplaire dérivant directement des bombardiers de la série du même nom : cet avion, mis en service le 3 juin 1935, battit trois mois plus tard le record absolu de la traversée de l'Océan, en volant de Dakar à Natal en 13 h 37 mn.

Sikorsky S.38

distance, à une vitesse de croisière de plus de 170 km/h. La société avait acheté 10 Commodore qui, en 1930, après une faillite due à des difficultés financières, furent tous repris par la Pan American. Cet avion se révéla d'une telle qualité qu'il fut commandé en 4 autres exemplaires, et sa vie opérationnelle se poursuivit brillamment jusqu'en 1935. A partir de 1930, les Commodore furent utilisés par la Pan American sur la plus longue ligne (à l'époque) sans escale et au-dessus de la mer : de la Jamaïque à Panama.

La compagnie connut son expansion maximale à partir de la seconde moitié des années 30, quand la Pan American fit réaliser par l'industrie américaine les premiers grands hydravions quadrimoteurs, les célèbres *clippers* qui devaient caractériser une des périodes les plus passionnantes de l'histoire de l'aviation commerciale. Le choix initial se porta à nouveau sur un projet Sikorsky : le premier avion de ce type fut le S.40, commandé au début des années 30 en 3 exemplaires. C'était le plus grand avion jamais construit jusqu'alors aux USA, capable de transporter 40 passagers dans un décor luxueux et sur des lignes de 1 500 kilomètres. Après les essais opérationnels avec le S.40 (liaison avec les Caraïbes), la Pan American passa une commande encore plus ambitieuse : un hydravion quadrimoteur qui, avec un chargement de 12 passagers, aurait une autonomie de 4 000 kilomètres. Un projet fut présenté par deux constructeurs, Martin et Sikorsky, et la Pan American finit par les accepter tous les deux.

Sikorsky fournit à la compagnie un quadrimoteur dérivant du S.40 précédent, le S.42, qui sortit comme prototype le 29 mars 1934. Cet appareil n'atteignait pas les paramètres d'autonomie requis, mais il fut néanmoins accepté après les brillantes performances enregistrées au cours des essais : une dizaine de records d'altitude avec différentes quantités de charge furent battus par le prototype. La Pan American commanda 10 S.42, dont 3 de la version B, dotée de réservoirs supplémentaires. La mise en service des nouveaux *clippers* eut lieu en avril 1935 sur la ligne San Francisco-Hawaii ; ensuite, les avions furent affectés aux lignes d'Amérique du Sud et d'Extrême-Orient. Après la mise en service des Martin M.130, qui étaient meilleurs, les quadrimoteurs Sikorsky furent affectés aux moyennes distances.

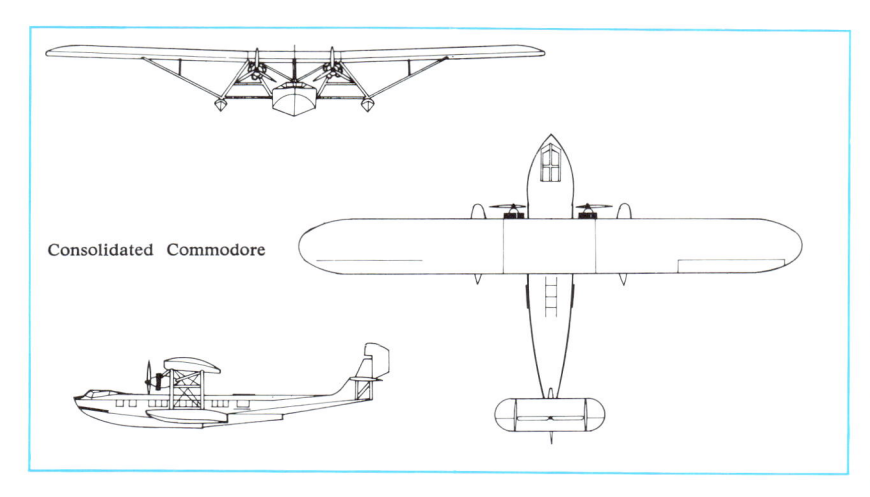

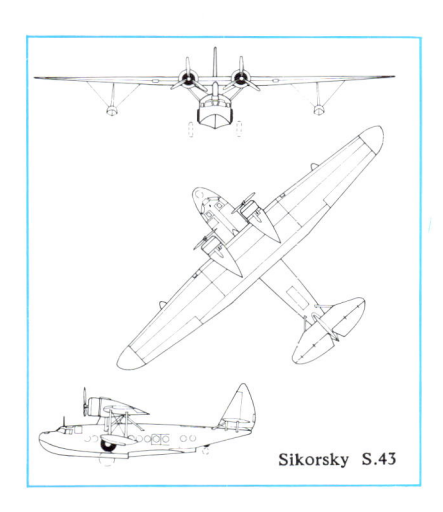

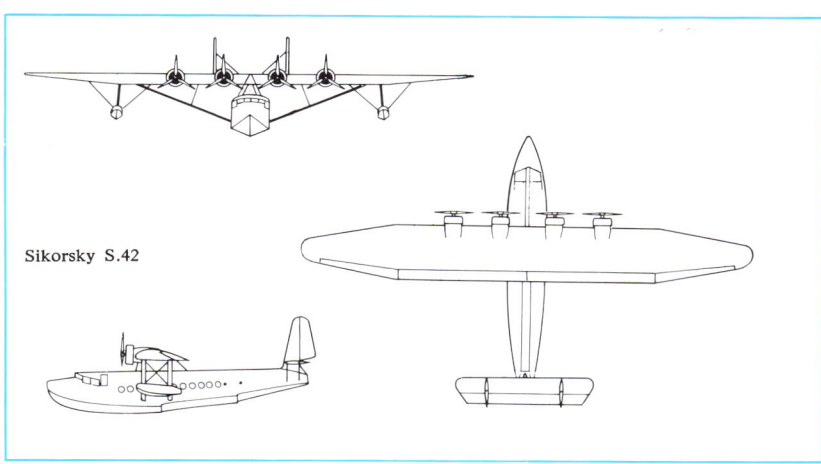

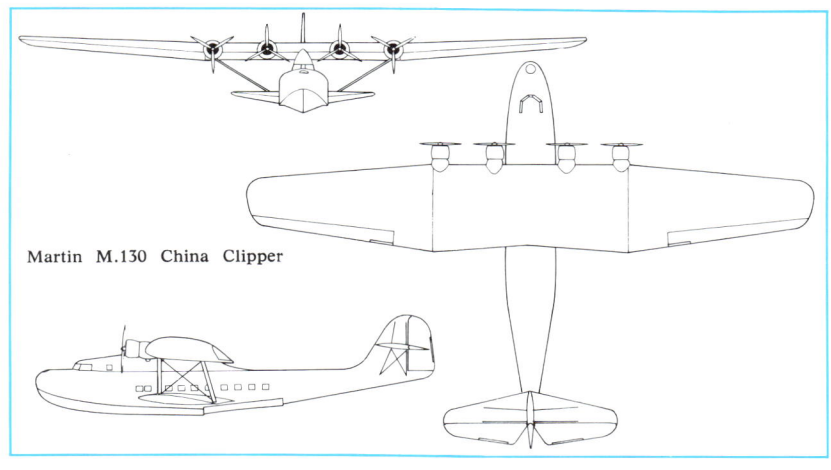

Le projet élaboré par la Martin vit le jour vers la fin de 1935. Contrairement à ce qui s'était produit pour les Sikorsky S.42, ces gigantesques hydravions se révélèrent tout à fait en mesure d'avoir l'autonomie de 4 000 kilomètres requise par la Pan American. La compagnie, en effet, avait l'intention d'établir une ligne directe à travers le Pacifique qui, partant de San Francisco, atteindrait Manille, via Honolulu, Midway, Wake et Guam : ces différents tronçons étaient respectivement de 3 880, 2 200, 2 030, 2 335, et 3 220 kilomètres. Les vols réguliers commencèrent le 21 octobre 1936 : la liaison San Francisco-Manille durait en tout 5 jours, avec 60 heures effectives de vol. Les M.130 construits et mis en service furent au nombre de 3 et furent baptisés *China Clipper, Philippine Clipper* et *Hawaii Clipper,* tout en étant connus sous le nom collectif de *China Clipper*. De fait, l'objectif final de cette longue ligne était Hong Kong : une fois à Manille, les passagers étaient transbordés sur d'autres avions de la China National Aviation Corporation, dont la Pan American était partiellement propriétaire. La capacité de transport de passagers des *clippers* allait d'un minimum de 12 personnes pour les distances les plus longues à un maximum de 48 pour les liaisons plus courtes. En vol de nuit, 18 passagers pouvaient être logés dans les trois cabines principales. L'active carrière des M.130 se poursuivit jusqu'à la Seconde Guerre mondiale : en 1942, les deux exemplaires restants furent livrés à la marine américaine et utilisés comme avions de transport militaires. A cette date, *China Clipper* et *Philippine Clipper* (*Hawaii Clipper* s'était perdu en mer) avaient volé pendant 10 000 heures.

Un autre hydravion Sikorsky s'imposa au cours de cette période : le petit S.43, un amphibie bimoteur qui, pendant plusieurs années, seconda le grand S.42 en connaissant le même succès commercial sur les lignes intérieures et plus courtes. Sorti en 1935, le S.43 fut construit en deux versions, dont la version B, non amphibie et munie d'un double gouvernail. La Pan American fut le principal utilisateur de ces avions : elle en mit 12 en service sur les lignes du Pacifique et de l'Amérique latine.

**Planche 86
Importantes réalisations de l'industrie aéronautique française ; 1929-1930**

Les liaisons transatlantiques restèrent toujours l'un des objectifs principaux de l'aviation commerciale française. L'effort pour les améliorer, pour les rendre sans cesse plus rapides et plus sûres accapara les ingénieurs et les constructeurs.

L'un des avions les plus connus du début des années 30 fut le Couzinet 70 Arc-en-Ciel, un élégant trimoteur qui, bien qu'étant resté l'exemplaire unique, s'imposa par sa longue série de traversées de l'Atlantique Sud, sous les couleurs de l'Aéropostale. En particulier, le vol inaugural de Saint-Louis du Sénégal à Natal, au Brésil, effectué le 16 janvier 1933 par Jean Mermoz, fit une forte impression sur les milieux aéronautiques à cause du temps réalisé : 14 h 27 mn. L'origine de l'Arc-en-Ciel remontait à 1928, année où le jeune ingénieur René Couzinet — en collaboration avec Marcel Maurice Drouhin, un amateur passionné d'aviation — se mit en tête de construire un avion destiné à la traversée de l'Atlantique d'est en ouest. Dans un élan

231

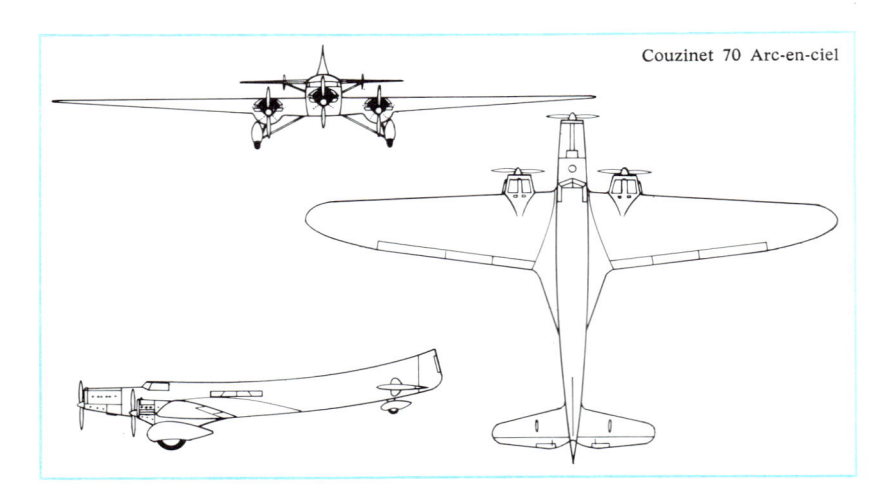

Couzinet 70 Arc-en-ciel

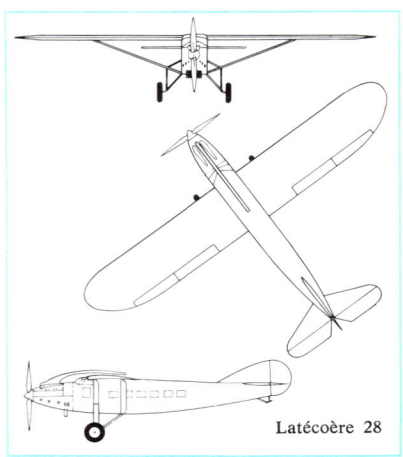

Latécoère 28

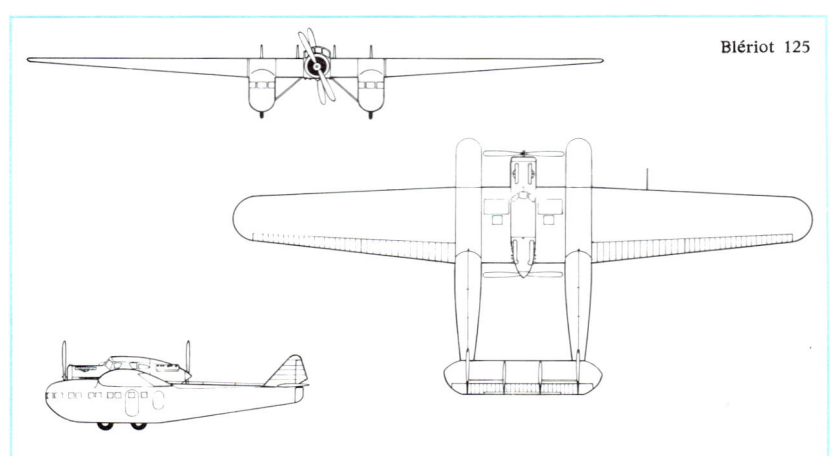

Blériot 125

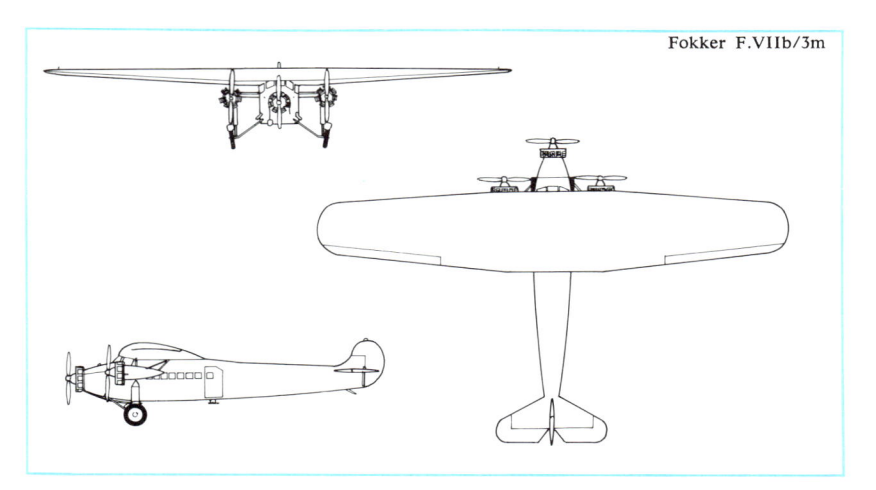

Fokker F.VIIb/3m

Fokker F.XXXVI

3 et 28-5, équipées de propulseurs de 600 et 650 ch et réalisées également en version hydravion. Les appareils de ces dernières séries étaient caractérisés par des capacités de charge et une autonomie particulièrement améliorées par rapport aux variantes précédentes. C'est à ceux-ci que fut confiée la tâche du service postal transatlantique. La carrière opérationnelle du Laté 28 ne connut pas d'interruption après la création d'Air France en 1933 : au moment de sa formation, la nouvelle compagnie prit en charge une trentaine d'avions en version terrestre et 2 exemplaires d'hydravion. Quatre autres Laté 28 furent cédés à la société Aeroposta Argentina et 5 autres encore allèrent à la LAV (Linea Aeropostal Venezolana).

Dans la France des années 30, à côté des appareils qui eurent du succès, l'industrie aéronautique fournit toute une série de prototypes qui, malgré les qualités qu'ils présentaient en théorie, ne furent pas mis en production. Parmi ceux-ci, il convient de mentionner le Blériot 125, un original bimoteur bipoutre, conçu pour assurer le maximum de confort aux 12 passagers qu'il pouvait transporter. Les deux fuselages étaient en effet complètement séparés et l'équipage était logé dans une petite cabine centrale située au-dessus des ailes entre les deux moteurs, dont l'un était à hélice tractive et l'autre à hélice propulsive.

Planche 87
Hollande : la suprématie des Fokker n'est pas menacée ; 1928-1935

En Europe, la Hollande maintint sa position de prestige dans le domaine aéronautique. Après l'heureuse série des F.VIIa-3m, la famille des trimoteurs Fokker s'enrichit d'un nouvel élément, sans doute le plus grand de tous : le

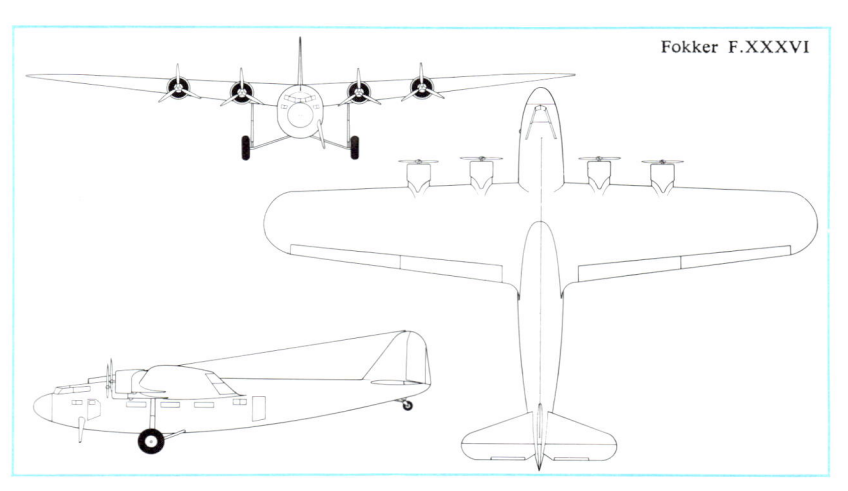

d'enthousiasme, ils lancèrent une souscription pour réunir les fonds nécessaires à la réalisation de leur projet et, après avoir recueilli deux millions de francs, ils purent se mettre au travail. Mais les deux premiers Arc-en-Ciel n'eurent pas de chance : le prototype s'écrasa à Orly en août 1928, lors d'un vol d'essai où Drouhin trouva la mort. Le second exemplaire fut détruit par un incendie. Couzinet, malgré sa déception, poursuivit le but qu'il s'était fixé et dessina d'autres avions dérivant des prototypes. Le modèle 70, baptisé également Arc-en-Ciel, doté d'une grande autonomie et capable de transporter 600 kg de courrier et de marchandise, montra toutes ses qualités lors du vol de Jean Mermoz.

Aussitôt après cette traversée, l'Arc-en-Ciel fut soumis à une série de modifications (allongement du fuselage, changements de structure, adoption d'hélices d'un type différent), et reçut la dénomination de Couzinet 71. Sous cette nouvelle forme il commença à assurer, le 28 mai 1934, les liaisons postales régulières avec l'Amérique du Sud : les vols atteignirent une cadence mensuelle à partir de juillet et ce rythme fut même dépassé au cours des cinq derniers mois de l'année, avec huit traversées effectuées sans encombre. De nouvelles modifications entreprises au début de 1935 aboutirent à un « épurement » des lignes aérodynamiques de l'Arc-en-Ciel et, sous cette forme définitive, il resta encore longtemps en service.

Le Latécoère 28 se montra un appareil d'aussi bonne qualité et fut encore plus répandu. Ce monomoteur monoplan à aile haute, entre 1929 et le milieu des années 30, eut une activité intense sur les lignes allant de France en Afrique et en Amérique du Sud. De nombreux records furent battus, témoignant ainsi de la valeur d'ensemble de l'appareil : au cours de l'année 1930, un Latécoère 28 en version hydravion battit neuf records mondiaux de vitesse, de durée et de distance avec des charges de 500, 1 000 et 2 000 kg ; en outre, entre le 12 et le 13 mai de la même année, un autre Latécoère 28 piloté par Jean Mermoz réussit à effectuer la traversée de l'Atlantique Sud (de Saint-Louis à Natal) en 21 heures. Ce vol fut accompli lors de la liaison inaugurale du service postal entre Toulouse et Rio de Janeiro.

Le prototype sortit en 1929 et la production, sur la demande de l'Aéropostale, fut répartie en plusieurs versions, atteignant le total d'une cinquantaine d'exemplaires. Les deux premières versions (Laté 28-0 et 28-1) étaient de type terrestre et avaient un moteur Hispano-Suiza de 500 ch. Suivirent les variantes 28-

Fokker construisit un exemplaire du F.XXXVI, qui effectua son premier vol le 22 juin 1934 et fut acheté par la KLM qui l'utilisa sur la ligne Londres-Amsterdam-Berlin jusqu'en 1939.

La production de Fokker domina celle des autres constructeurs aéronautiques hollandais, même si certains d'entre eux réussirent à réaliser des appareils d'aussi bonne qualité. Ce fut le cas des Koolhoven F.K.50, un bimoteur à 8 passagers qui, entre 1935 et 1939, fut construit en 3 exemplaires pour la compagnie suisse Alpa Bern et maintenu en service jusqu'aux années 60. Mais le Pander S-4 Postjager de 1933 ne connut pas la même chance. C'était un rapide et élégant trimoteur réalisé pour le transport postal avec les Indes néerlandaises : l'unique prototype perdit toutes ses chances de succès à cause d'une défaillance mécanique dont il eut à souffrir lors du vol de démonstration, en décembre 1933.

Planche 88
La formule multimoteur se développe également aux États-Unis ; 1928-1934

L'influence de Fokker fut particulièrement sensible aux États-Unis où le grand constructeur européen s'était implanté dès 1920 grâce à une production autonome assurée par une filiale de son entreprise hollandaise. Cette expérience dura neuf ans, jusqu'en 1929, année où la Fokker Aircraft Corporation of America fut absorbée par la General Motors. La dernière contribution du « Hollandais volant » au développement de l'aviation civile américaine fut représentée par le modèle F.32, un grand quadrimoteur capable de transporter 32 passagers. Le prototype fut conçu précisément en 1929 et effectua son premier vol au mois de septembre. Deux compagnies étaient intéressées par ce nouvel avion : l'Universal Air Lines et la Western Air Express. La première, à cause d'un incident, renonça à l'acquisition de 5 exemplaires, mais la seconde en commanda un nombre identique, qu'elle mit en service avec succès sur la ligne San Francisco-Los Angeles.

En dehors de cette influence directe, les avions de Fokker eurent sur la production américaine des effets indirects tout aussi sensibles. La formule trimoteur, par exemple, finit par séduire nombre de constructeurs d'outre-Atlantique.

Parmi les derniers représentants de cette catégorie dans le domaine des transports civils, il faut mentionner tout particulièrement les Boeing de la série 80, avions construits à partir de 1928 et utilisés par Boeing Air Transport jusqu'en 1933. Le

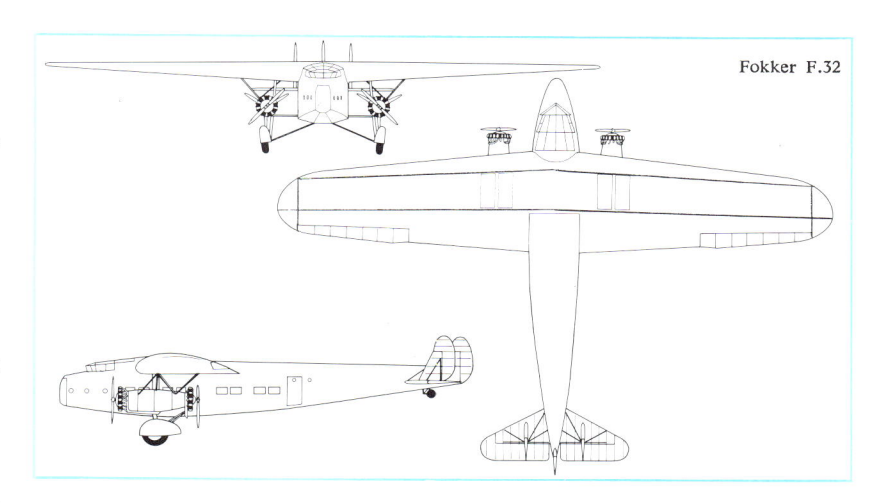

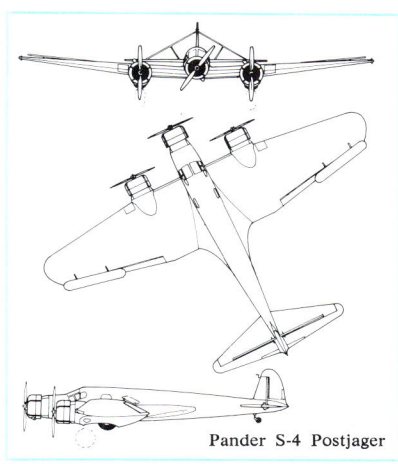

F.VIIb-3m. Réalisé en 1928, cet avion reprenait la structure et la formule de son prédécesseur. Son succès commercial fut immédiat et la production dépassa les 150 exemplaires : 70 exemplaires construits en Hollande et le reste sous licence dans de nombreux pays, dont la Belgique, la Tchécoslovaquie, la Pologne, la France, l'Italie et la Grande-Bretagne. Les Fokker F.VIIb-3m furent adoptés par la plupart des compagnies aériennes de l'époque, mais ce furent les performances sportives qui leur donnèrent le plus d'éclat.

La plus célèbre fut le tour du monde réalisé du 31 mai 1928 à l'été 1930 par Charles Kingsford Smith avec un équipage de 3 hommes à bord d'un F.VIIb-3m baptisé *Southern Cross* (« Croix du Sud »).

L'un des derniers projets commerciaux de Fokker donna naissance au Fokker XXXVI, un gigantesque quadrimoteur destiné aux longues routes d'Extrême-Orient. Mais ce ne fut pas un projet heureux : la KLM qui avait commandé cet appareil en 6 exemplaires en 1932 lui préféra le Douglas DC-2, plus moderne et plus efficace : ce chef de file de la nouvelle génération d'avions de transport américains avait déjà pleinement montré ses capacités.

Koolhoven F.K.50

Pander S-4 Postjager

Fokker F.32

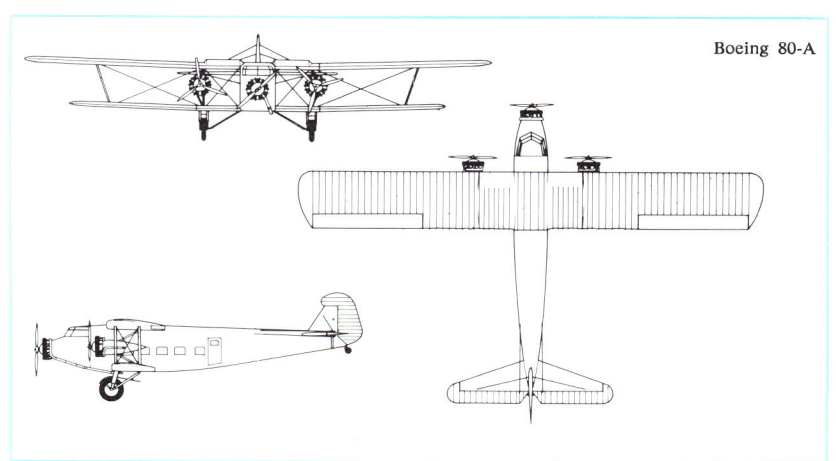

Boeing 80-A

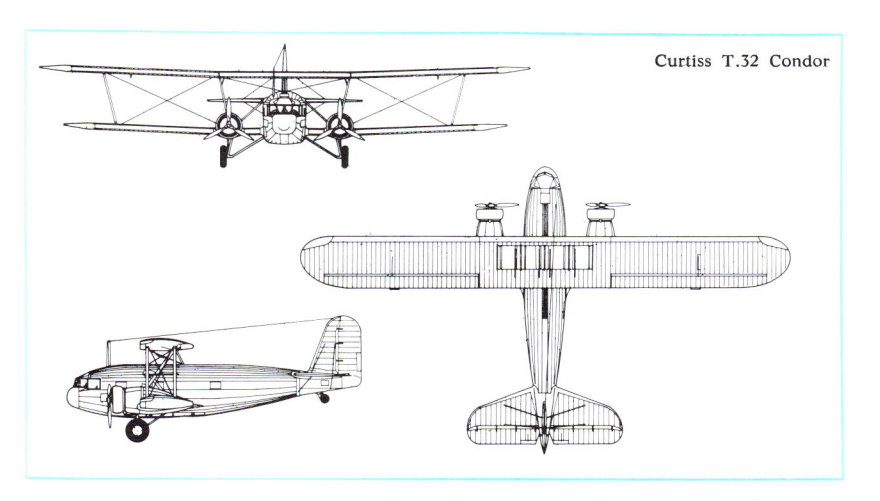

Curtiss T.32 Condor

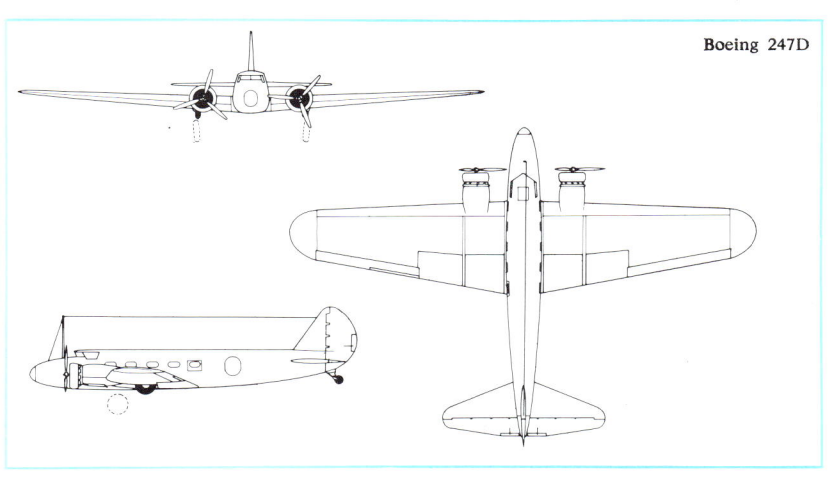

Boeing 247D

prototype vola en août 1928 et l'appareil, construit en 4 exemplaires dans la version initiale, fut affecté peu après à la ligne San Francisco-Chicago. La production se poursuivit avec 10 avions de la version A, modifiés dans la structure et renforcés quant à la puissance motrice. Un autre exemplaire fut modifié au niveau du fuselage et du poste de pilotage ; il fut appelé 80-B.

Un autre trimoteur fut très en faveur auprès des petites compagnies : le Stinson Trimotor S.M. 6000, fabriqué vers 1930. Robuste, polyvalent, capable de transporter 10 passagers sur de courtes distances, le S.M. 6000 se répandit rapidement grâce en particulier à son prix très concurrentiel. Le principal utilisateur fut la Ludington Line, qui mit en service 10 exemplaires sur l'importante ligne New York-Washington, réussissant à effectuer avec ces appareils un minimum de onze liaisons par jour.

Le Curtiss T.32 Condor, dernier biplan de transport civil réalisé par l'industrie américaine, était d'une catégorie différente. Les avions de ce type — au total, 45 exemplaires construits — furent mis en service en 1933 par l'Eastern Air Transport et l'American Airways, mais malgré leur fiabilité et leur confort (les Condor furent les premiers avions de ligne au monde à être équipés de couchettes pour les vols de nuit), ils durent bientôt céder le pas aux Boeing 247, plus modernes.

Une nouvelle ère du transport civil s'annonça le 8 février 1933, avec le premier vol du prototype Boeing 247. Ce nouvel avion, d'un seul coup, rendit périmés tous les autres avions commerciaux en service dans le monde entier. Le mérite en revenait exclusivement aux innovations technologiques qui portaient sur la structure (entièrement métallique), la configuration (ailes basses avec train d'atterrissage escamotable), l'aérodynamique, les performances générales et l'économie de gestion. Le programme avait été lancé par la Boeing dès 1931, à la suite d'une commande de l'armée pour un bombardier moyen. L'avion (B-9) était resté à l'état de prototype, mais la société en avait aussitôt tiré la version civile. Celle-ci fut littéralement absorbée par une des plus entreprenantes compagnies de l'époque, l'United Air Lines, qui, le 30 mars 1933, mit en service les premiers 247, renforçant en peu de temps sa flotte (en juin, 30 de ces avions étaient déjà opérationnels sur les lignes les plus prestigieuses des États-Unis) au point de s'installer solidement en tête du marché américain.

Les conséquences furent presque incroyables. Devant la brusque chute des temps de parcours et le haut niveau de sécurité offert par ces nouveaux appareils, les compagnies submergèrent l'entreprise de commandes pour de nouveaux avions. La Boeing réussit à peine à construire 75 exemplaires de 247 que déjà faisait son apparition un autre concurrent, encore plus perfectionné : le bimoteur Douglas DC-1/DC-2 dont la formule avait été commandée à la Douglas Aircraft par la compagnie TWA.

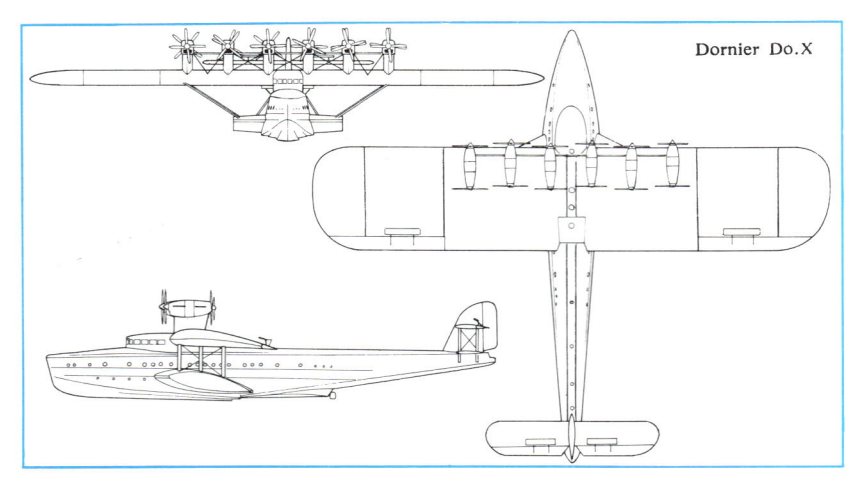

Planche 89
Des avions allemands pour les besoins du transport civil naissant ; 1928-1935

Le développement de l'aviation commerciale allemande se poursuivit sans interruption tout au long des années 20 et 30. La Deutsche Lufthansa se révéla un stimulant de plus en plus efficace pour l'industrie, qui était impatiente de rattraper le temps perdu. En cette période apparurent des appareils de qualité qui établirent les bases, du point de vue de la technologie et de la production, de la future puissance aéronautique allemande, et qui furent réalisés par des constructeurs qui devaient devenir célèbres dans le monde entier. Par exemple, l'Arado posa en 1928 les premiers jalons pour la réalisation d'un avion de transport commercial. La société, dissoute dans l'immédiat après-guerre, avait repris ses activités en 1924, se consacrant à la construction de petits avions d'entraînement, en particulier des biplans. Ce fut la Lufthansa qui fut à l'origine d'un important saut qualitatif en commandant un avion postal capable d'effectuer des liaisons à longue distance. La réponse des ingénieurs se concrétisa immédiatement par la réalisation du modèle V.1, un gros monomoteur à ailes hautes qui correspondait parfaitement aux directives. L'Arado V.1, après avoir été présenté à l'Exposition aéronautique de Berlin en octobre 1928, fut pris en charge par la Lufthansa pour quelques liaisons expérimentales. Avant d'être détruit dans un accident, le 19 décembre de l'année suivante, l'avion eut l'occasion d'effectuer de nombreux vols de distance tout à fait significatifs : entre autres, le parcours Berlin-Séville (2 591 kilomètres) en 15 heures et Berlin-Istanbul en 11 heures.

La même année sortit un avion de transport plus grand et plus puissant, que la Lufthansa utilisa intensément et avec succès jusqu'en 1936 : le Roland II, un trimoteur à ailes hautes réalisé par Adolf Rohrbach, le créateur malchanceux du Zeppelin-Staaken E.4/20, qui avait fait une si forte impression en 1920, avant d'être démoli par ordre de la Commission de contrôle alliée. Le Roland II fut monté sous sa forme définitive vers le milieu de 1929 (la version précédente, légèrement différente, avait été appelée Rohrbach Ro.VIII Roland) et construite en 9 exemplaires. La Lufthansa les mit en service sur quelques lignes européennes importantes, dont celles d'Angleterre et d'Italie.

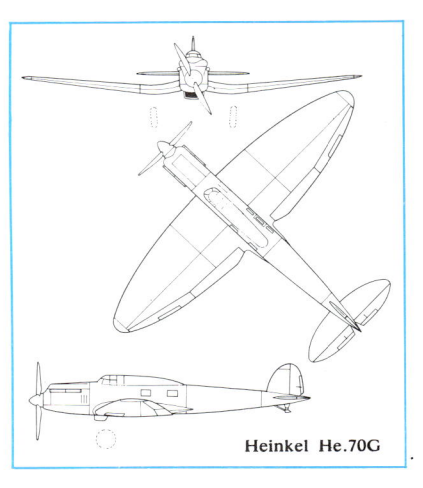

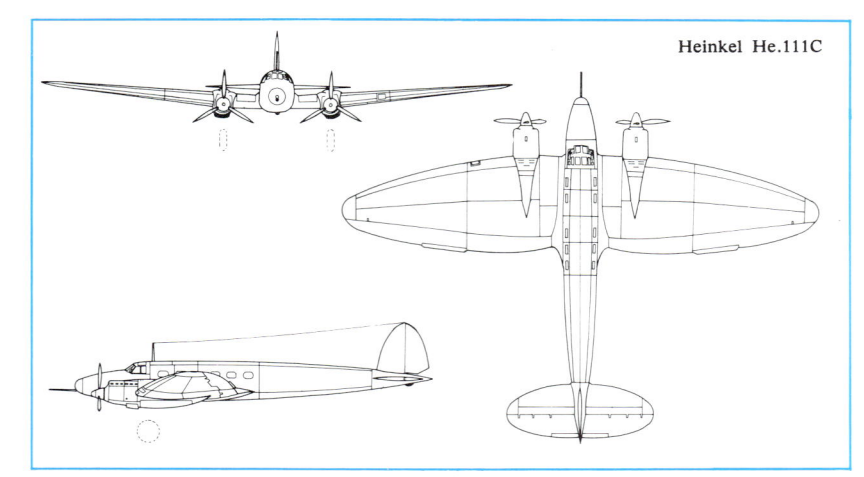

Toujours en 1929, apparut l'un des projets les plus ambitieux réalisés par l'industrie aéronautique allemande entre les deux guerres : celui du Dornier Do.X, un véritable Jumbo avant la lettre, pesant 52 tonnes au décollage et capable de transporter 72 passagers. L'idée de construire un gigantesque et luxueux hydravion, en mesure d'effectuer des liaisons transatlantiques régulières, était venue à Claude Dornier en 1926 et le célèbre ingénieur avait mis trois ans à réaliser son projet. Quand l'avion effectua son vol inaugural, le 21 octobre 1929, il apparut comme un véritable vaisseau volant, propulsé par douze moteurs, tous installés dans des berceaux sur les ailes supérieures et disposés en couples. Ce furent les unités motrices qui soulevèrent le plus de difficultés, car elles se montrèrent sujettes à de graves problèmes de refroidissement et à d'importantes pertes de puissance. Les efforts entrepris pour remédier à ces défectuosités et à quelques autres durent se poursuivre assez longtemps, et même un tour du monde de démonstration (réalisé entre 1930 et 1931 sur une durée de dix mois) ne réussit pas à faire admettre la valeur de l'ensemble de l'appareil. Néanmoins, 2 exemplaires furent commandés par l'Italie en 1931. Ils étaient destinés à la compagnie SANA pour la liaison Trieste-Venise-Gênes-Marseille-Barcelone-Gibraltar-Cadix. Les 2 avions furent livrés et même baptisés (*Umberto Massalena* et *Alessandro Guidoni*), mais ils ne furent jamais mis en service. Après quelques vols expérimentaux effectués par la Regia Aeronautica, ils furent démontés.

Les réalisations les plus significatives de la Lufthansa se firent dans la première moitié des années 30, sous l'action d'une politique plus précise de renforcement de la puissance aérienne destinée en réalité à poser les bases de la future aviation militaire allemande. Parmi les premiers avions de la nouvelle génération, on trouve le Heinkel He.70, un élégant monoplan à ailes basses, soigneusement étudié du point de vue aérodynamique, entièrement métallique et capable de transporter 4 personnes dans une cabine située au milieu du fuselage. Le prototype sortit le 1er décembre 1932, et un second exemplaire expérimental, au printemps suivant, battit huit records du monde de vitesse sur différentes distances et avec différentes charges. Le He.70 fut salué comme le plus rapide avion de transport de passagers au monde et fut construit en 28 exemplaires civils et 296 exemplaires militaires. La Lufthansa utilisa ces appareils sur des lignes européennes jusqu'à la fin de 1938.

Le succès du révolutionnaire Heinkel fut suivi trois ans après par celui d'un autre projet du même constructeur, le He.111. Ce moderne bimoteur, qui devait devenir l'un des bombardiers classiques de la Luftwaffe, vola comme prototype le 24 février 1935 et fut construit en 12 exemplaires civils seulement. Les 6 premiers d'entre eux furent appelés He.111C, 4 autres représentèrent les variantes G et L, les 2 derniers étant les prototypes, que la Lufthansa prit également en charge. Ces appareils entrèrent en service en été 1936 et, bien que jugés fort coûteux, ils furent utilisés activement pour des raisons de prestige. De fait les He.111, malgré les transformations, ne pouvaient être considérés comme de véritables avions de ligne, surtout à cause des faibles dimensions du fuselage et du manque de capacité : ils ne pouvaient accueillir que 10 passagers.

Planche 90
Avions américains monomoteurs pour le transport postal et de quelques passagers ; 1929-1931

Pour en revenir au Nouveau Monde, il est intéressant de rappeler la grande expansion que connut, pendant cette période, le transport aérien mineur, généralement assuré par de petites compagnies qui établirent un dense réseau de liaison sur les courtes et moyennes distances.

Les appareils qui prirent part à ce phénomène furent très nombreux. Citons entre autres la prolifique famille des Detroiter, produite par la Stinson à partir de 1926, dont la version la plus connue fut la S.M.1-F de 1929. Les Detroiter donnèrent naissance à un grand nombre de petites compagnies : parmi celles-ci, une société qui devait se développer considérablement au cours des années suivantes, la Braniff Airways, qui entra en activité le 20 juin 1928 avec un Stinson S.M.1, justement, sur la ligne Tilsa-Oklahoma.

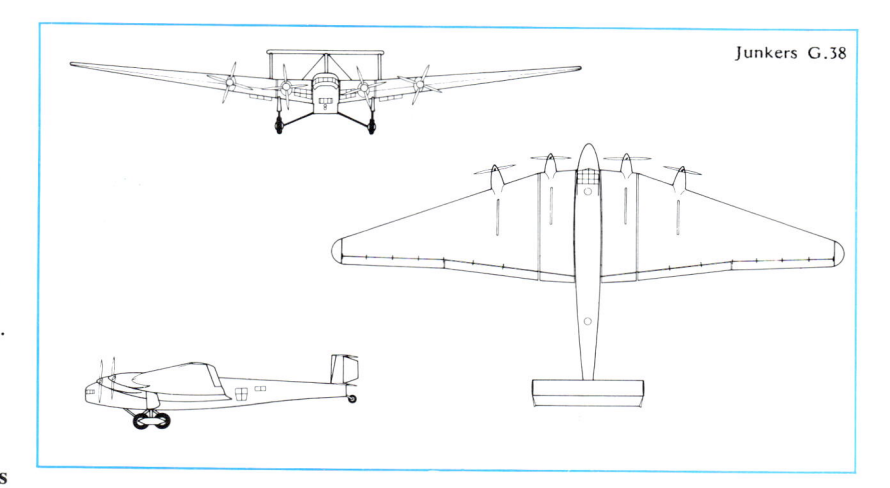

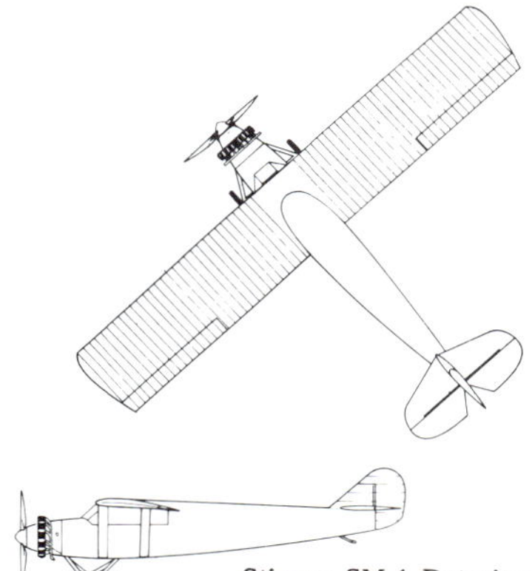

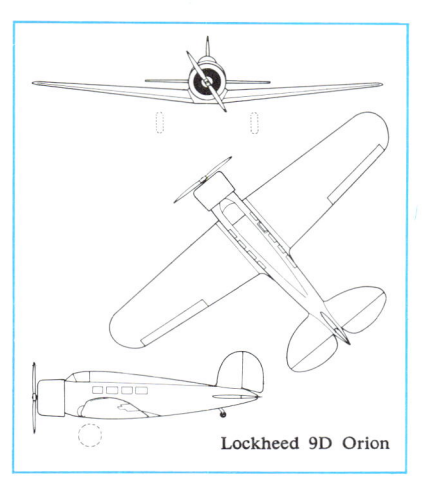

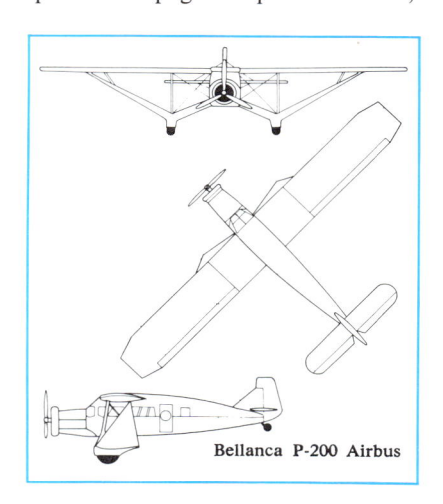

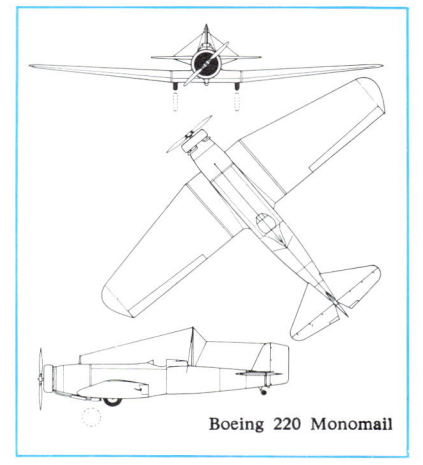

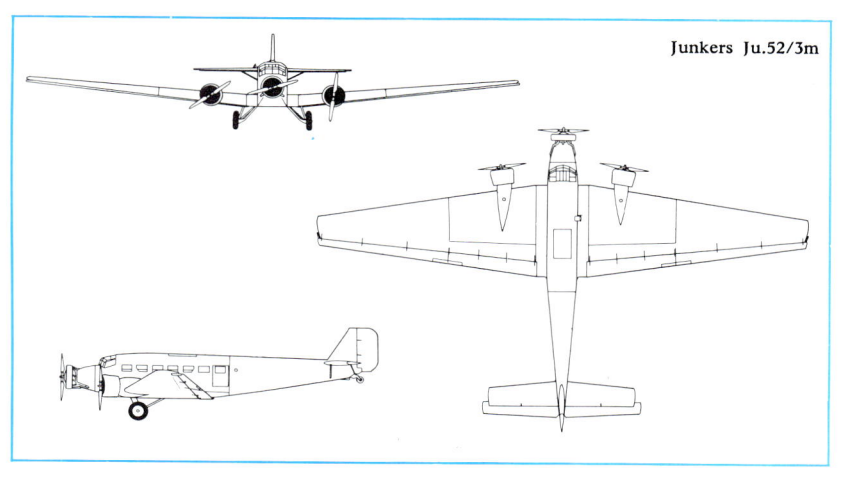

Une contribution également importante fut apportée par le Lockheed Orion, le meilleur produit de la lignée issue du Vega de 1927. Premier avion commercial à dépasser les 200 milles à l'heure (321 km/h), l'Orion entra en service en 1931 dans la Bowen Airlines et réussit à se créer rapidement une vaste clientèle d'utilisateurs. La production totalisa 35 exemplaires pour la version 9D ; d'autres versions firent suite, dont la capacité de charge augmenta de 50 p. 100.

Le Bellanca P-200 Airbus, sorti lui aussi en 1931, n'eut pas un sort heureux, malgré ses excellentes qualités. L'auteur du projet et le constructeur de cet intéressant monomoteur capable de transporter 12 passagers (autant qu'en embarquaient la plupart des trimoteurs commerciaux de l'époque) fut Mario Bellanca, un émigré italien qui réussit à monter aux États-Unis une entreprise de construction aéronautique de premier ordre. Le prototype Airbus vola en 1931, mais seulement 4 exemplaires arrivèrent à atteindre le marché civil.

L'impact de la série Monomail de la Boeing fut tout différent. Sans parler de la diffusion et de l'utilisation intense de ces petits avions (d'abord pour le transport postal, ensuite également pour celui des voyageurs, le rôle qu'ils jouèrent fut surtout important du point de vue technologique : les Monomail, en effet, furent les premiers à expérimenter les solutions structurales qui devaient être reprises par la Boeing pour le révolutionnaire bimoteur 247. La version de base fut la 200 de 1930 ; la 221 et la 221-A lui firent suite, cette dernière pouvant accueillir 8 passagers.

Planche 91
Junkers : un grand nom dans l'histoire de l'aviation civile ; 1930-1934

Le développement de l'industrie aéronautique allemande compta parmi ses principaux promoteurs un constructeur qui s'était déjà distingué par ses projets de l'immédiat après-guerre : Hugo Junkers. L'une des contributions les plus significatives en faveur du transport civil fut celle qui donna naissance au grand quadrimoteur G.38, une véritable « aile volante » qui ne manqua pas de surprendre le monde de l'aviation par la hardiesse de sa conception. Le projet fut lancé en 1928 et le premier des 2 exemplaires construits vola le

235

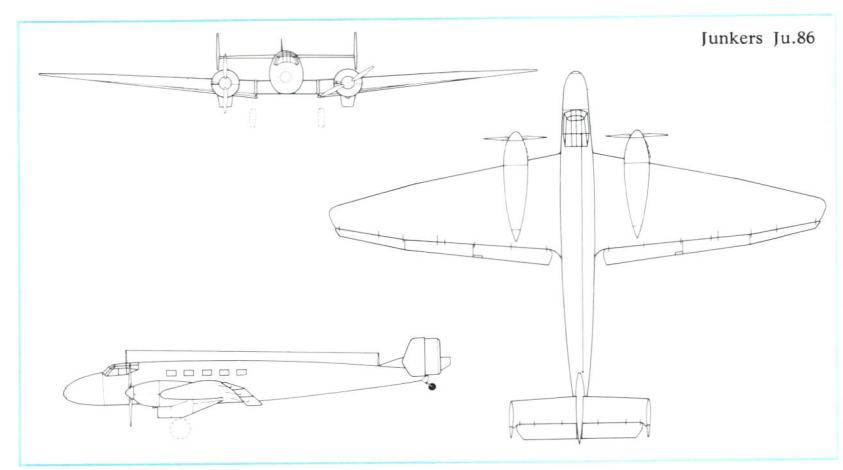

Junkers Ju.86

Planche 92
De Havilland : production uniquement civile dans les années 30 ; 1931-1938

En Angleterre, le nom qui fut sans doute le plus directement associé à l'essor de l'aviation civile reste celui de De Havilland. Pendant toutes les années 30, le célèbre constructeur s'imposa par une riche production d'avions légers.

Le plus célèbre de tous fut sans conteste le D.H.82 Tiger Moth, un petit biplan d'entraînement qui, avec les 7 300 exemplaires construits, caractérisa pendant quinze ans le développement de la Royal Air Force et qui, de nos jours encore, vole dans les aéro-clubs de la moitié du monde. Le prédécesseur direct du D.H.82 fut le D.H.60 Moth de 1925, qui fut construit en presque 550 exemplaires dans la version équipée d'un moteur Renault, et en plus de 600 dans la version G, munie du nouveau propulseur Gipsy, réalisé par la De Havilland elle-même. C'est cette unité motrice qui fut à l'origine du succès du Tiger Moth, grâce à ses qualités de robustesse, de sécurité, de simplicité et d'économie. Le prototype D.H.82 vola pour la première fois le 26 octobre 1931 et la production à grande échelle fut mise en route aussitôt après, destinée en majeure partie à la RAF. En

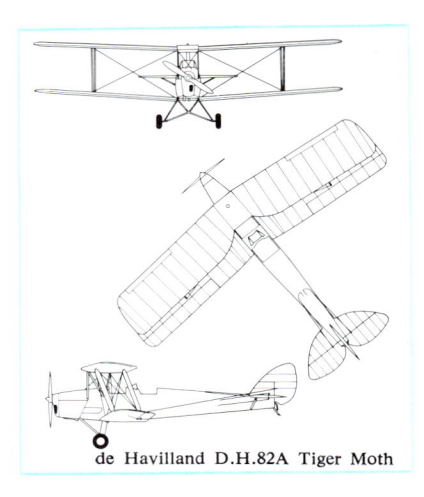

de Havilland D.H.82A Tiger Moth

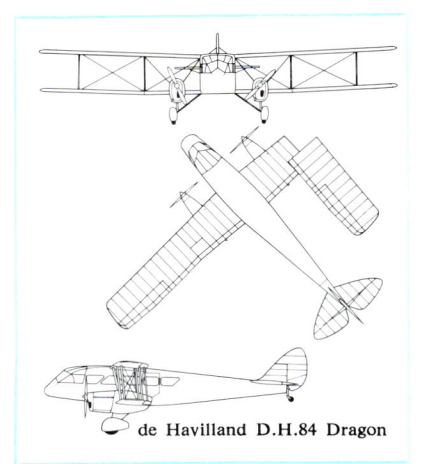

de Havilland D.H.84 Dragon

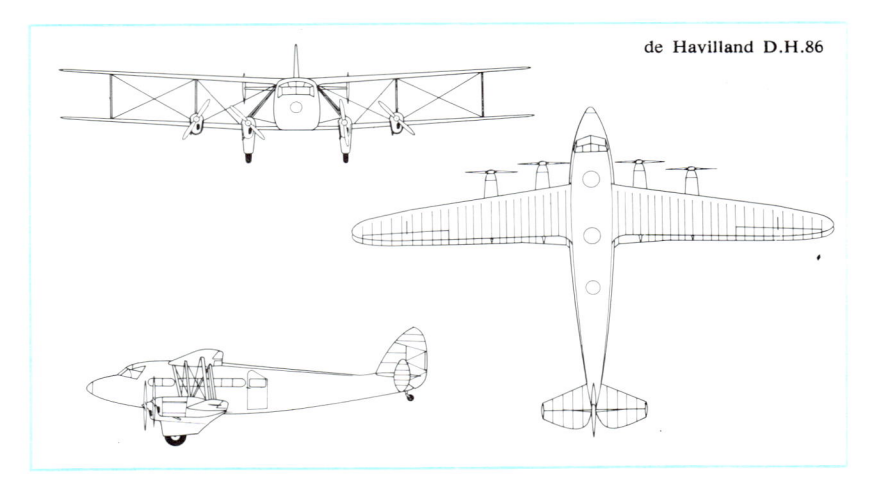

de Havilland D.H.86

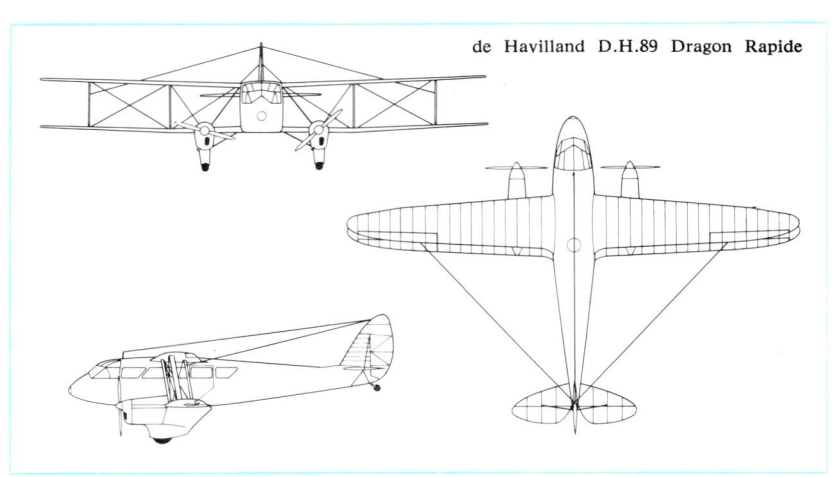

de Havilland D.H.89 Dragon Rapide

6 novembre de l'année suivante. Le G.38 avait des ailes immenses, d'une longueur de 44 mètres, d'une largeur de 10 mètres et d'une épaisseur de 1,70 mètre, qui non seulement contenaient moteurs et réservoirs mais pouvaient en outre accueillir à l'intérieur de 4 à 6 passagers. Capacité, aménagement interne, détails de structure furent modifiés pour le second exemplaire, livré le 1ᵉʳ septembre 1931. Les deux avions furent pris en charge par la Lufthansa et mis en service sur les lignes internationales les plus prestigieuses de la compagnie. Ils restèrent en activité jusqu'en 1936.

Ce fut en 1930 que Junkers réalisa son plus célèbre avion de transport, le Ju.52/3m, un robuste et fiable trimoteur qui, avant d'être fabriqué en presque 5 000 exemplaires pour les besoins de la guerre, apporta une contribution remarquable à l'essor de l'avion commercial. Entre 1932 et 1939, on ne construisit pas moins de 200 Ju.52/3m et leur activité s'étendit à une trentaine de compagnies du monde entier. Le projet avait vu le jour le 13 octobre 1930 avec le premier vol du prototype. Mais l'avion n'était pas encore un trimoteur : selon la formule qui avait caractérisé jusqu'alors les réalisations de Junkers, il était équipé d'un seul propulseur. La modification décisive fut apportée sur le septième exemplaire qui, en cette forme définitive, vola en avril 1931. La production se fit à plein rendement et les versions furent très nombreuses, différant entre elles principalement par les unités motrices : le Ju.52/3m, en effet, fut équipé de presque tous les moteurs disponibles sur le marché, des radiaux aux moteurs en ligne ou en V avec refroidissement hydraulique. Ce fut la Lufthansa qui adopta le plus grand nombre de ces trimoteurs (à la fin de 1940, elle en avait 40 en service) et les utilisa un peu partout, aussi bien en Europe qu'en Orient. La carrière du Ju.52/3m se poursuivit bien au-delà de la fin de la Seconde Guerre mondiale, surtout en Espagne et en France.

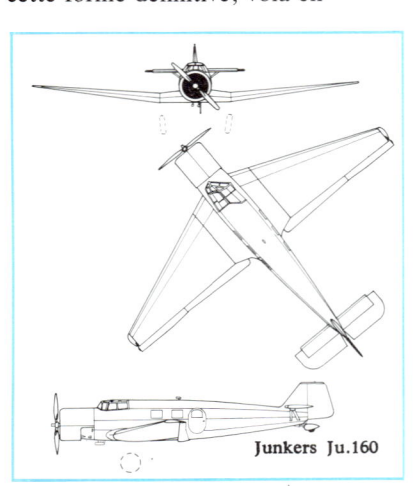

Un progrès important sur le plan qualitatif fut réalisé en 1934 avec le modèle Ju.86, un bimoteur moderne qui naquit d'un impératif ambigu, à savoir servir soit d'avion de transport civil, soit de bombardier. Bien que la quasi-totalité de la production (un peu moins d'un millier d'exemplaires en de nombreuses versions) ait été destinée à l'armée, une cinquantaine de Ju.86 furent fabriqués en version civile. Le prototype vola le 4 novembre 1934 et la première compagnie à s'équiper avec cet avion fut la Swissair. Parmi les 7 autres qui adoptèrent le Ju.86, les principales furent la Lufthansa (16 exemplaires), et la South African Airways (18 exemplaires). Il y eut plusieurs variantes civiles, différant entre elles par le type et la puissance des moteurs. Parmi les rares avions commerciaux à ne pas avoir une destination militaire, le Ju.160 de la même année représenta une exception dans la production de Junkers. Inspiré du Lockheed Orion américain, ce monomoteur moderne et rapide fut construit en 40 exemplaires. La Lufthansa en mit en service une vingtaine à partir de l'année suivante et les utilisa jusqu'au début de la guerre. Les Ju.160 furent abondamment employés pour le transport des marchandises et des voyageurs sur les principales lignes intérieures.

Junkers Ju.160

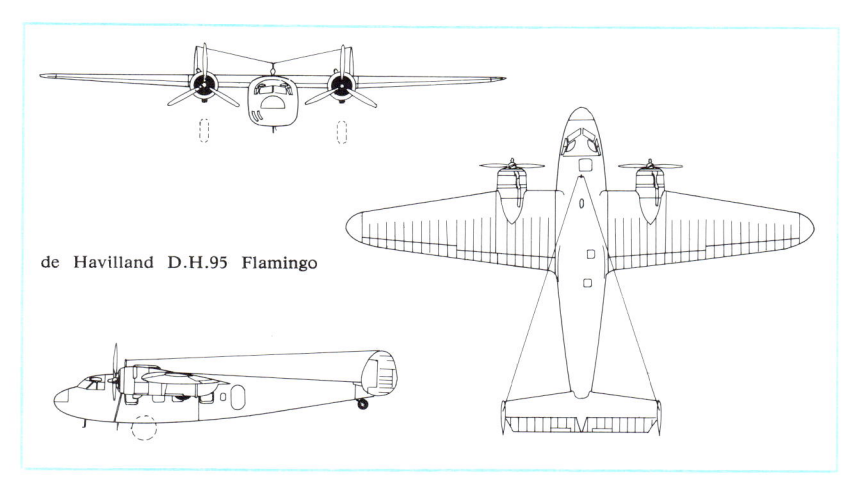

de Havilland D.H.95 Flamingo

Planche 93
SIAI Marchetti : une longue série d'avions de records ; 1932-1939

En Italie, le grand succès remporté par les hydravions S.M.55 et S.M.66 incita la SIAI Marchetti à fabriquer des avions de transport terrestres capables de retrouver les caractéristiques remarquables des avions précédents. Le premier d'une longue série de trimoteurs (telle fut la formule adoptée et celle-ci devait caractériser pratiquement toute la production à venir de la société) fut le S.M.71, un élégant appareil qui s'inspirait des modèles de construction les plus répandus à l'époque. Le projet fut mis en route en 1930 et l'avion devint opérationnel, sous les couleurs de la compagnie SAM, deux ans plus tard. La production, de faible quantité, fut répartie entre deux versions principales, équipées respectivement de moteurs Walter Castor de 240 ch et de moteurs Piaggio Stella VII de 370 ch. La SAM utilisa 4 avions de la première version et 2 de la seconde, en les mettant tout d'abord en service sur la ligne Rome-Salonique. La carrière des S.M.71 se poursuivit jusqu'en 1937 sous les couleurs de l'Ala Littoria.

1947, il fut réformé, des milliers d'exemplaires militaires envahirent le marché civil, et le petit biplan commença à être utilisé par des pilotes privés. Stimulée par le succès de ses monomoteurs, la De Havilland décida de fabriquer un avion de plus grandes dimensions. Le D.H.84 Dragon, dont le prototype sortit en 1932, fut le chef de file d'une célèbre famille. Ce bimoteur biplan avait été commandé pour effectuer des liaisons commerciales avec Paris et montra de telles qualités qu'il se répandit rapidement auprès des petites compagnies. La production arriva à un total de 115 exemplaires.

Le second Dragon fut le D.H.86, qui vola pour la première fois le 4 janvier 1934. L'avion avait été commandé par le gouvernement australien, qui avait l'intention d'ouvrir quelques lignes sur la route Singapour-Brisbane. La réalisation de la De Havilland reposa sur une version agrandie et propulsée par quatre moteurs du D.H.84 : le résultat fut un appareil plus fiable, sensiblement plus rapide et doté d'une plus grande capacité. La production totalisa 62 exemplaires pour la variante initiale, tandis que quelques autres exemplaires de la version B (modifiée dans la structure du fuselage et l'empennage) furent fabriqués de 1936 à 1937. Les D.H.84 entrèrent en service le 20 août 1934 dans la Railway Air Service et leur longue carrière opérationnelle se déroula en Europe, en Afrique et en Orient, ainsi qu'en Australie, sous les couleurs de différentes compagnies.

Le dernier de la série fut le D.H.89 Dragon Rapide, dont le prototype sortit le 17 avril 1934. Cet avion revenait à la configuration bimoteur du D.H.84, en en reproduisant les caractéristiques, mais améliorées. En dix ans, il en fut construit 737 exemplaires et le succès commercial s'élargit au cours de l'immédiat après-guerre, avec l'arrivée sur le marché civil de nombreux avions en version militaire (Dominie) réalisés pour la RAF. Encore de nos jours, beaucoup de Dragon Rapide volent dans différentes parties du monde et sont utilisés par de petites compagnies.

Le dernier projet d'avion civil lancé par la De Havilland avant la guerre donna naissance au D.H.95 Flamingo, un moderne bimoteur en métal dont le prototype sortit le 28 décembre 1938. Totalement en dehors des traditions de cette société qui était spécialisée dans les constructions en bois, le Flamingo fut fabriqué en 23 exemplaires qui servirent durant le conflit sous les couleurs de la BOAC en Afrique et au Moyen-Orient.

SIAI Marchetti S.M.71

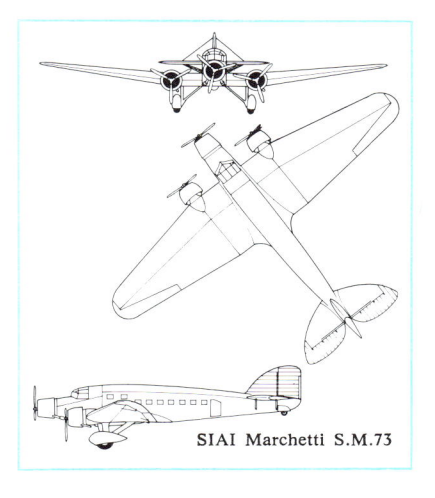

SIAI Marchetti S.M.73

SIAI Marchetti S.M.74

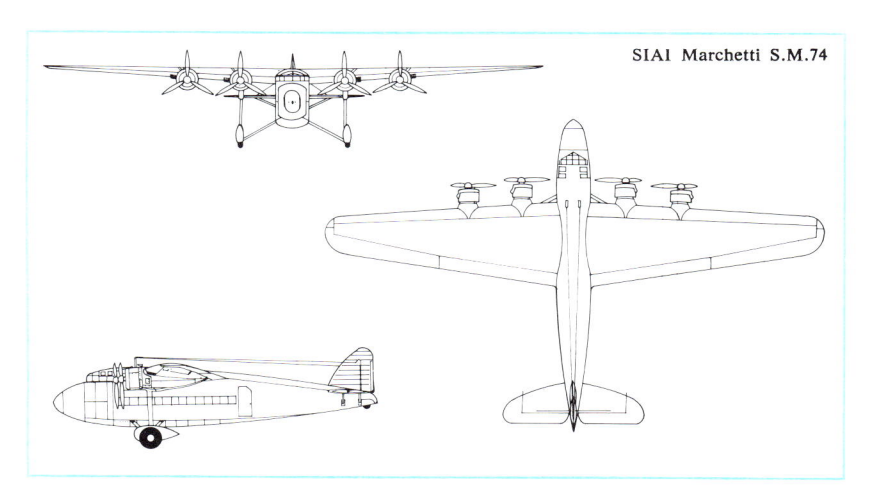

SIAI Marchetti S.M.87

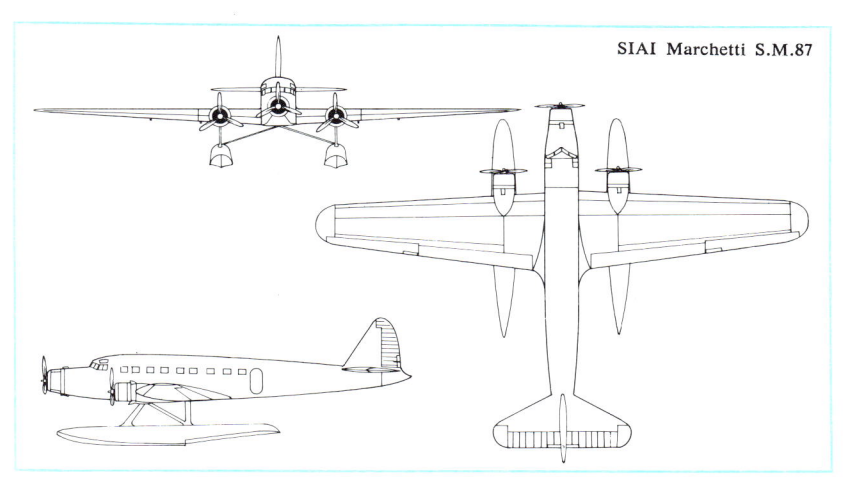

SIAI Marchetti S.M.75bis

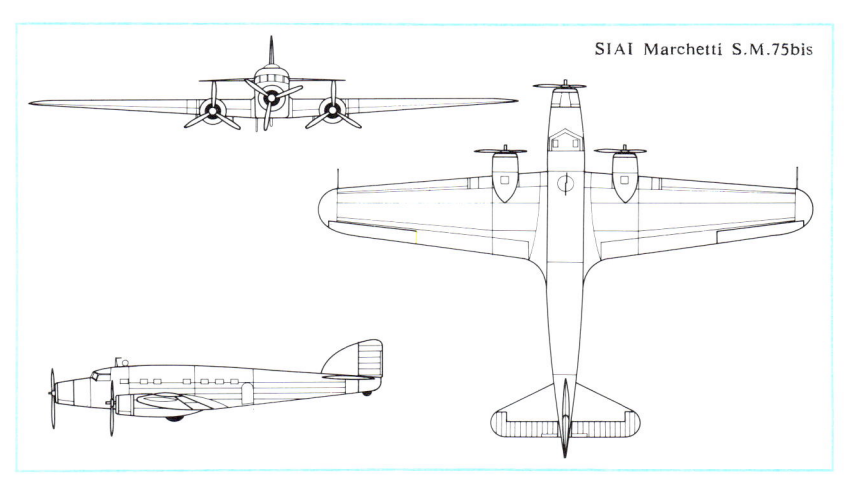

SIAI Marchetti S.M.83

Mais le véritable précurseur de tous les modèles suivants, civils et militaires, fut le S.M.73, dont le prototype vit le jour le 4 juin 1934. Pour cet avion, la SIAI Marchetti adopta la configuration à ailes basses avec une typique structure mixte qui devait rester inchangée pendant une décennie. La production fut caractérisée par l'adoption de moteurs différents (des Piaggio aux Wright Cyclone, aux Alfa Romeo et aux Walter Pegasus). Dans toutes ses versions, le S.M.73 conserva ses excellentes performances de base. Les 5 premiers exemplaires allèrent à la compagnie belge Sabena ; l'Ala Littoria en accueillit une vingtaine ; l'Avio Linee Italiane 6 ; la CSA tchécoslovaque adopta 5 appareils à partir de 1937. Sept autres exemplaires furent construits sous licence en Belgique pour la Sabena, qui les utilisa en Afrique sur ses lignes les plus difficiles.

Une exception significative, qui interrompit pour un temps le développement des trimoteurs, fut constituée par le S.M.74, un grand quadrimoteur (le premier de la SIAI) qui ne fut construit qu'en 3 exemplaires. Le prototype vola le 6 novembre 1934 et, au terme de longs essais d'appréciation qui confirmèrent les qualités extraordinaires du projet, il fut pris en charge par l'Ala Littoria qui, le 18 juillet de l'année suivante, inaugura la ligne Rome-Marseille-Lyon-Paris. A partir de l'été 1936, les trois S.M.74 servirent sur la ligne Rome-Brindisi, et ensuite dans des liaisons avec la Libye. Au début de la guerre, ces avions furent pris en charge par la Regia Aeronautica qui les utilisa comme avions de transport. Aucun d'entre eux ne survécut au conflit.

On en revint à la formule du trimoteur avec le S.M.75, dont le prototype fit son apparition le 6 novembre 1937. Conçu comme le successeur du S.M.73, ce nouvel avion était sensiblement plus moderne, avait des dimensions plus grandes et des performances plus élevées. Les caractéristiques de l'appareil furent pleinement mises en lumière en 1939, quand un exemplaire spécialement mis au point battit le record du monde de vitesse sur 2 000 kilomètres avec une charge de 10 tonnes (10 janvier, 330,972 km/h de moyenne) et le record du monde de distance en circuit fermé (du 30 juillet au 1er août : 12 935 kilomètres en 57 h 35 mn). La production globale se chiffra à 90 exemplaires dont la majeure partie fut livrée à l'Ala Littoria qui utilisa l'avion à partir de février 1935 sur ses lignes européennes et africaines. Quand la guerre éclata, ces appareils eux aussi allèrent à la Regia Aeronautica et quelques-uns d'entre eux survécurent jusqu'en 1949. La guerre empêcha l'utilisation civile de la version hydravion du S.M.75, baptisée S.M.87 et destinée aux lignes d'Amérique du Sud sous les couleurs de la compagnie argentine Corporacion Sud-Americana de Transportes Aereos, filiale de la société italienne. Quatre exemplaires furent construits à partir de 1939 et ces appareils furent tous militarisés.

Le dernier trimoteur d'avant-guerre fut le S.M.83, dérivant du bombardier S.M.79. Sorti en octobre 1937, cet avion fut construit en 23 exemplaires de trois versions : celle de base, la A transatlantique et la T postale. Les utilisateurs furent la LATI (à partir de décembre 1939), la compagnie belge Sabena et la compagnie roumaine LARES.

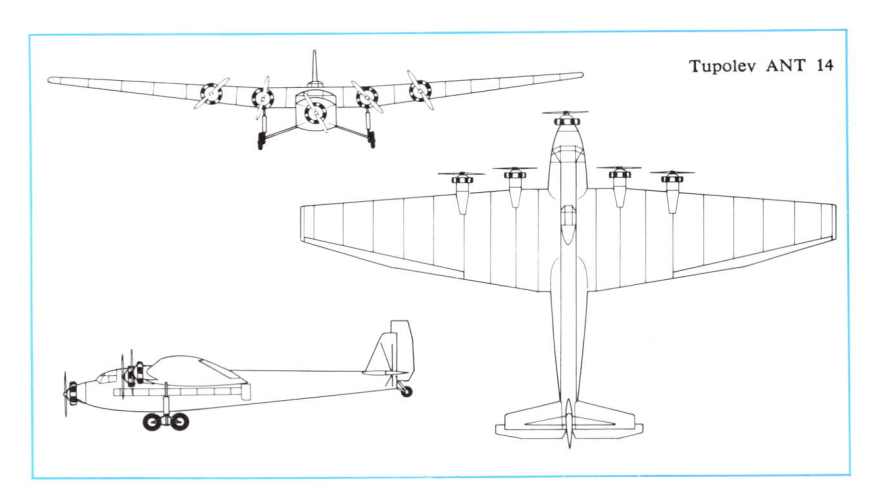

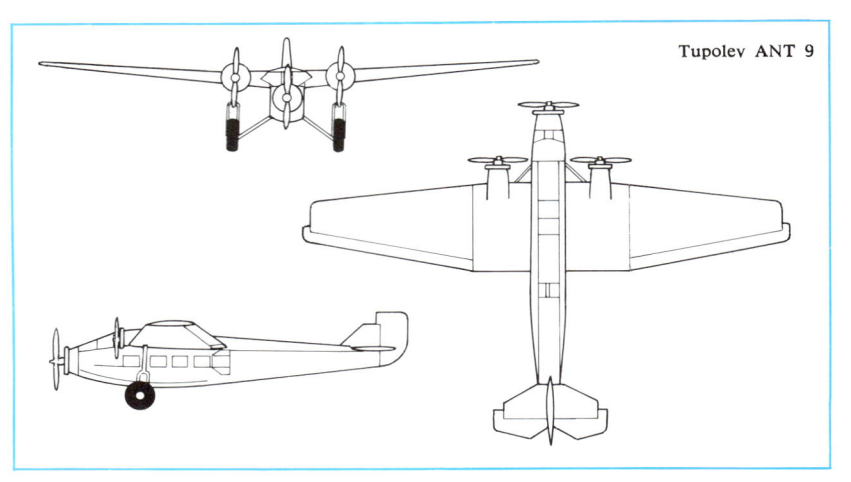

Tupolev ANT 14

Tupolev ANT 9

**Planche 94
Les Tupolev géants soviétiques ;
1929-1934**

Au cours des années 30, l'Union soviétique fut attirée par les avions gigantesques. Quinze ans après l'apparition du premier « jumbo » de l'histoire de l'aviation (le Sikorsky Ilya Mourometz), l'industrie aéronautique soviétique revint à la réalisation d'un avion de transport de très grandes dimensions et d'une large capacité avec le Tupolev ANT 14, un immense pentamoteur métallique capable de transporter 36 passagers et 6 hommes d'équipage à un millier de kilomètres de distance.

Le réalisateur de l'ANT 14 fut Andreï Nicolaïevitch Tupolev, un jeune ingénieur qui avait commencé sa carrière en 1920 au TSAGI (Institut central d'aérodynamique), organisation créée en 1918 dans le but de développer l'étude et la réalisation de projets aéronautiques. Le premier avion de Tupolev avait été un petit monoplan à ailes basses, équipé d'un moteur Anzani de 45 ch, mais après cette modeste expérience, d'importants progrès avaient été réalisés, de sorte que Tupolev était devenu l'un des meilleurs ingénieurs de sa génération. En 1923 était apparu l'ANT 2, un petit monomoteur de transport entièrement métallique ; deux années plus tard naissaient l'ANT 3, un biplan biplace à usage civil et militaire, et l'ANT 4, précurseur des plurimoteurs. En 1928, le brillant technicien avait entrepris, avec l'ANT 5, la construction d'un avion de chasse.

Mais avant d'en arriver à son « géant », Tupolev réalisa un avion de transport qui devint l'un des plus répandus en Union soviétique au cours de l'entre-deux-guerres : l'ANT 9, fabriqué à partir de 1928. Passé maître dans la conception d'avions entièrement métalliques, Tupolev adopta la formule du trimoteur à ailes hautes.

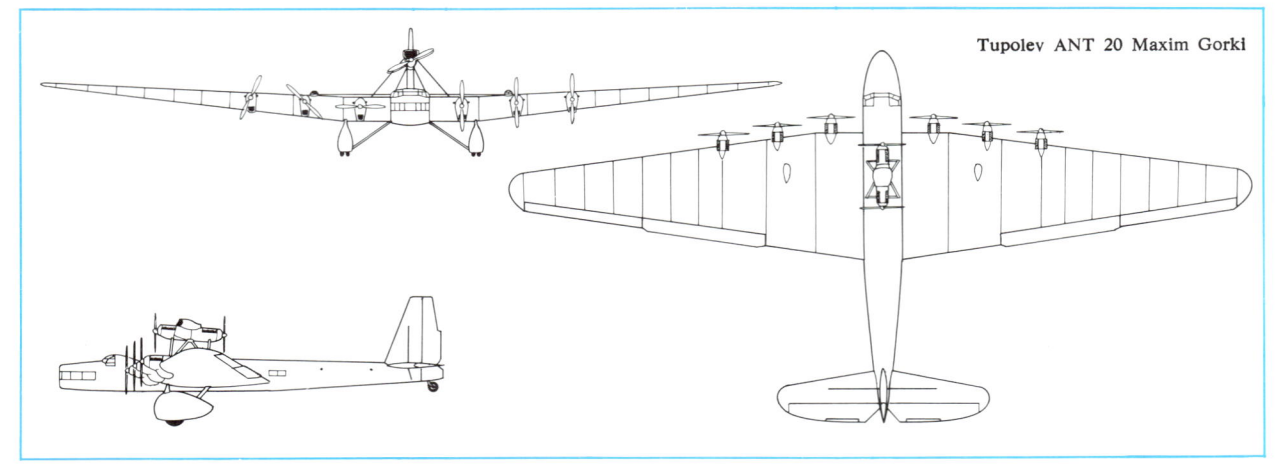

Tupolev ANT 20 Maxim Gorki

L'ANT 9, équipé de trois radiaux Gnome-Rhône Titan de 230 ch chacun et capable de transporter 9 passagers, se révéla tout à fait compétitif : ses caractéristiques de vol étaient excellentes et la possibilité qu'il avait d'être utilisé sur des terrains rudimentaires en faisait un appareil idéal pour les liaisons avec les régions les plus reculées et les plus inaccessibles de l'immense territoire soviétique. Le prototype sortit le 28 avril 1929 et, de juillet à août (sous les couleurs de la compagnie Dobrolet et baptisé *Ailes des Soviétiques*), il effectua un vol de démonstration de 9 000 kilomètres dans les principales capitales européennes. Cependant, l'utilisateur le plus important fut la société germano-soviétique Deruluft qui, à partir de 1932, fit l'acquisition de toute une flotte d'ANT 9 qu'elle mit en service sur les principales lignes intérieures. Ces avions furent aussi utilisés activement pour des vols de propagande militaire et affectés à une section spécialisée dans ce genre de tâches : l'escadrille Maxim Gorki.

Ce fut le succès remporté par l'ANT 9 qui incita Tupolev à en réaliser une version agrandie. Ce fut la version ANT 14, d'une envergure presque deux fois supérieure à celle de son prédécesseur et d'une capacité quadruple. Le premier vol du prototype eut lieu le 14 août 1931 et l'avion fut commandé en production limitée. On sait peu de chose sur ces gigantesques appareils : l'un d'eux fut en service un certain temps sur la ligne Moscou-Berlin et un autre, baptisé *Pravda*, fut incorporé à l'escadrille Maxim Gorki et utilisé à des vols de propagande. Muni de skis, l'ANT 14 fut employé dans des expéditions scientifiques en Sibérie et dans l'Arctique.

Tupolev poursuivit ses efforts en vue de la réalisation d'avions de plus en plus grands. L'ANT 20 fut un exemplaire unique dont le prototype vit le jour le 19 mai 1934. C'était en vérité le plus grand avion terrestre au monde jamais construit jusqu'alors : huit moteurs pour un total de 7 200 ch, des ailes de 63 mètres de longueur, un poids de 42 tonnes au décollage. L'origine et la vie opérationnelle de ce géant furent tout à fait particulières : sa fabrication fut demandée par l'Union des écrivains et éditeurs soviétiques (Yurgaz) qui voulait célébrer l'anniversaire du début de la carrière littéraire de Maxim Gorki par la construction d'un avion qui portât son nom et par la création d'une escadrille spéciale de propagande. En ce sens, l'ANT 20 fut également un véritable laboratoire volant : il avait à bord une imprimerie, un laboratoire photographique, une salle de projection et une puissante centrale radio ; en outre, il pouvait afficher, sous ses larges ailes, des textes et des symboles lumineux. Le projet fut mis en route en mars 1933, mettant à contribution toute une usine et 800 techniciens. La construction fut très laborieuse, car elle impliqua une série d'essais préliminaires pour chacun des éléments de l'appareil. Toutefois, l'assemblage final fut réalisé un peu plus d'un an après, en mars 1934, à l'aéroport central de Moscou.

Après le vol inaugural et la fin des essais opérationnels, l'ANT 20 (définitivement baptisé *Maxim Gorki*) fit ses débuts dans son intense activité de propagande qui, cependant, fut assez brève et dura exactement un an, à dater de la sortie du prototype. Le 18 mai 1935, en effet, l'avion fut détruit en vol, à la suite d'une collision avec un chasseur I-4. Cet accident coûta la vie à 49 personnes et fut considéré comme un deuil national. Une nouvelle souscription fut lancée (la première, destinée à la réalisation de l'ANT 20, avait rapporté six millions de roubles) pour construire trois autres avions, et Tupolev réalisa l'ANT 20 bis, propulsé par six moteurs et tout aussi gigantesque. On pense qu'un seul exemplaire a été construit, en 1939, et adopté par l'Aeroflot en mai 1940.

Planche 95
Avions secondaires soviétiques ; 1930-1937

Le succès de l'ANT 9 fut suivi par celui d'une seconde version principale de l'avion, sortie en 1932 et appelée ANT 9/M17. La différence essentielle entre les deux appareils résidait dans les unités motrices : au lieu des trois radiaux, Tupolev choisit un couple de V-12 du type M.17, de 680 ch chacun. Cette transformation se justifiait par un accroissement de puissance, et l'élimination du troisième moteur permit un affinement sensible des lignes aérodynamiques et, par conséquent, une amélioration des performances d'ensemble. Les principaux utilisateurs furent, cette fois encore, les compagnies Deruluft, Dobrolet et, plus tard, l'Aeroflot. Les deux avions de l'ANT 9 furent construits en une soixantaine d'exemplaires au total.

Mais les réalisations de Tupolev marquèrent un net progrès avec le modèle ANT 35, un bimoteur moderne entièrement métallique avec train d'atterrissage escamotable, appartenant à la catégorie qui avait comme chef de file l'avion américain Boeing 247. Le projet fut lancé en 1935 et le prototype, au terme des essais et des tests d'appréciation, fut exposé au Salon aéronautique de Paris l'année suivante. L'avion fut mis en service le 1er juillet 1937 sur la ligne Moscou-Riga-Stockholm. Le nombre d'exemplaires construits n'est pas connu et l'on sait encore peu de chose sur la carrière opérationnelle de cet intéressant appareil. Parmi les rares données dont on dispose, l'une d'elles au moins peut nous donner une idée des excellentes qualités de l'ANT 35 : en septembre 1936, le prototype effectua le vol expérimental Moscou-Leningrad-Moscou (1 266 km) en un peu plus de 3 h 30 : une performance des plus honorables pour un avion de transport de cette catégorie.

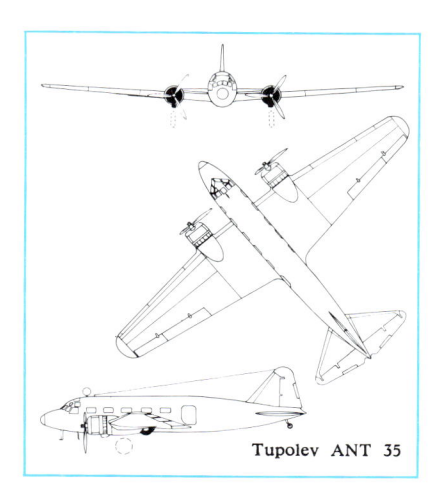

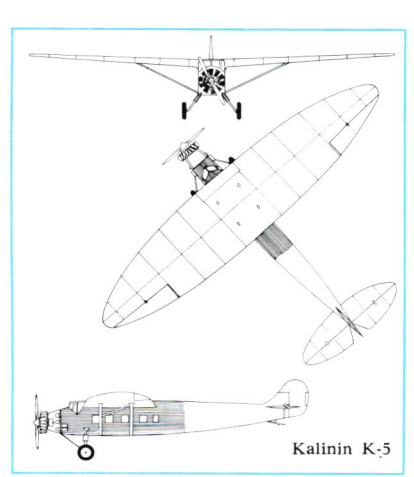

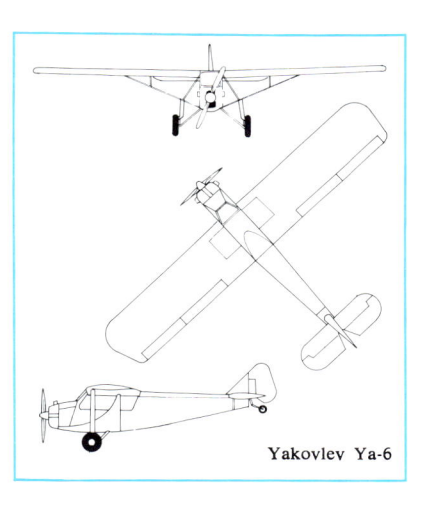

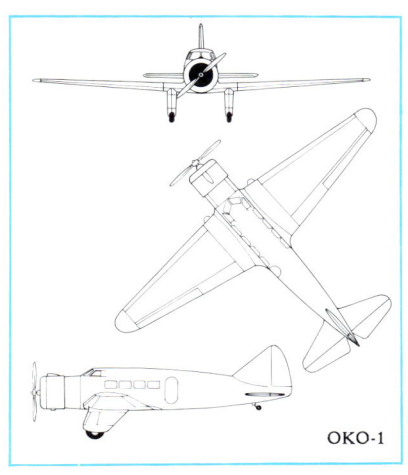

Cependant, Tupolev ne fut pas le seul à réaliser de bons avions commerciaux dans l'Union soviétique des années 30. Par exemple, le Kalinine K-5 fut très répandu sur les lignes intérieures. C'était un monomoteur robuste et efficace réalisé en 1930 et construit en 260 exemplaires au moins. Le projet avait été conçu en 1925 par K. Alexeïevitch Kalinine et dérivait d'un modèle précédent (le K-4 de 1928) dont il reprenait la configuration générale et les ailes de forme elliptique. La production fut répartie en deux versions, différant par les unités motrices et le revêtement antérieur du fuselage.

Dans le domaine des avions légers, le Ya-6 fut un petit avion « à tout faire » extrêmement répandu. Il fut conçu en 1932 par Alexandre Sergueïevitch Yakovlev pour l'usage spécifique du transport mixte sur de courtes distances. Les versions furent nombreuses et la production massive, bien que l'on ne connaisse pas le nombre exact d'appareils qui furent fabriqués.

En revanche, l'OKD-1 resta au stade de prototype. C'était un moderne bimoteur expérimental réalisé en 1937 et inspiré de l'avion américain Northrop Delta. L'auteur du projet fut Vsevolod K. Tavirov qui, tout en reprenant la structure et les lignes du modèle américain, conçut un avion presque entièrement en bois. Le prototype vola en été 1937 et réalisa des performances très intéressantes.

Planche 96
Transports légers britanniques ; 1933-1937

Dans l'Angleterre de l'immédiat avant-guerre, Airspeed fut l'un des constructeurs qui sut le mieux s'affirmer dans le domaine du transport léger. Le chef de file d'une série prospère d'appareils fut le petit A.S.5 Courier, un monoplan à ailes basses et à train d'atterrissage escamotable (ce dernier étant adopté pour la première fois en Angleterre dans la production en série), conçu en 1932 sur demande formelle de sir Alan Cobham qui voulait effectuer un vol sans escale de Grande-

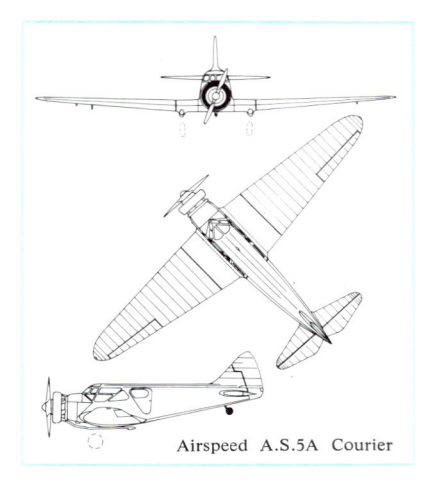

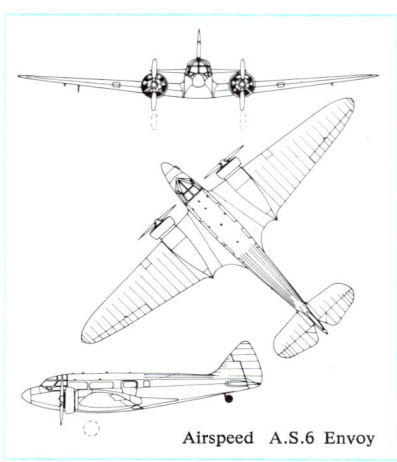

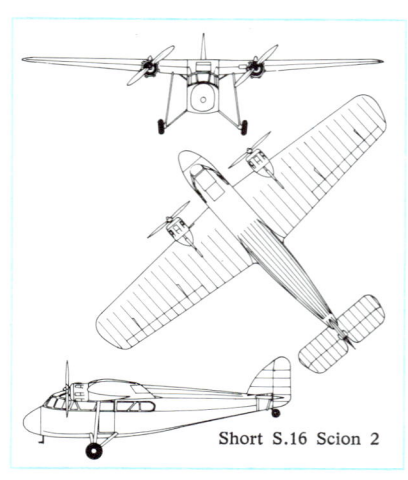

Bretagne jusqu'en Inde. Le prototype fut mis au point en 1933 et subit une série d'essais et de tests destinés à perfectionner un système de ravitaillement en vol. La traversée commença le 24 septembre 1934, mais ne fut pas poursuivie jusqu'au bout : un atterrissage forcé compromit définitivement l'entreprise. Entre-temps, l'Airspeed avait mis en route la construction d'une petite série (15 exemplaires appelés A.S.5A) qui fut livrée sur le marché civil. Plusieurs compagnies adoptèrent le Courier et le mirent en service sur les lignes intérieures et sur celle de Paris. Un seul exemplaire réchappa du conflit et fut détruit en 1949.

L'Airspeed, en 1934, tira du Courier un avion de transport plus grand et plus puissant : le bimoteur A.S.6 Envoy. Nonobstant les différences évidentes entre les deux modèles, ils avaient de nombreuses caractéristiques communes : le type de structure, le revêtement, certaines parties des ailes, la configuration du train d'atterrissage escamotable. La production, après quelques exemplaires de la série initiale, se concentra d'abord sur une deuxième variante renforcée dans ses unités motrices et améliorée dans ses surfaces de contrôle, et enfin sur une troisième, encore plus perfectionnée, qui sortit en 1936. La carrière des Envoy, après une brève parenthèse sportive, fut très active sous les couleurs de quelques petites compagnies anglaises, les mêmes que celles qui avaient déjà adopté le Courier (parmi celles-ci, la North Eastern Airways et la P.S. I.O.W. Aviation). Certains exemplaires furent vendus à l'étranger : en Chine, en Inde et en Tchécoslovaquie. Enfin, l'un des Envoy III (immatriculé G-AEXX) fut affecté à la maison royale de 1937 à 1939.

Le résultat le plus intéressant de la série fut le modèle A.S.40 Oxford, dont le prototype sortit le 19 juin 1937 et qui fut utilisé massivement (8 751 exemplaires de diverses versions furent fabriqués) dans les écoles de l'air de la RAF et du Commonwealth jusqu'en 1954. Cependant, un certain nombre de ces appareils exercèrent une activité commerciale et civile : certains, pendant la guerre, comme *executive* affectés aux usines aéronautiques ; la plupart dans l'après-guerre, quand de nombreux avions réformés par les militaires arrivèrent sur le marché civil. Mais l'Oxford, à cause de sa faible capacité, ne connut guère de succès dans le domaine commercial et fut surtout utilisé pour la photographie aérienne. Ces A.S.40, en dehors de l'équipement de combat qui avait été retiré, étaient identiques aux modèles militaires.

Contemporain de l'Envoy, le Short S.16 Scion connut un succès notable auprès des petites compagnies, bien qu'il n'ait été construit qu'en 16 exemplaires. Le prototype sortit en 1933 et ne laissa pas de faire impression dans les milieux aéronautiques de l'époque, car l'avion s'écartait radicalement des traditions de construction de la Short, dont le nom était devenu synonyme d'hydravion. Les 4 premiers exemplaires de production furent soumis à une série d'essais et de tests d'appréciations opérationnelles ; la version principale (Scion 2), qui sortit en 1935, donna satisfaction. Sûr, silencieux et confortable, le Scion se spécialisa bientôt dans les vols touristiques, rôle dans lequel il se rendit célèbre dans toute l'Angleterre.

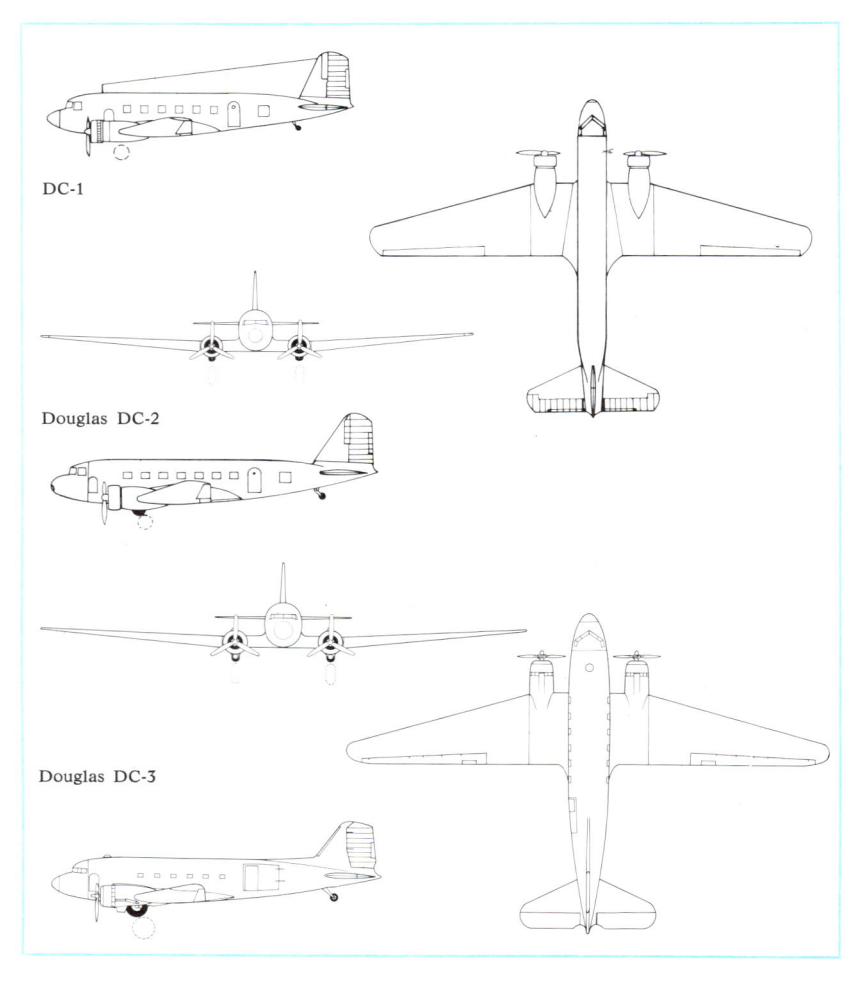

Planche 97
Le meilleur de tous : le Douglas DC-3 ; 1933-1936

La mise en service du Boeing 247 agit comme un véritable catalyseur dans le monde aéronautique américain. L'United Air Lines, qui s'était assuré le monopole de ce nouvel appareil révolutionnaire, avait aussi pris autoritairement la tête du marché, suscitant les craintes des autres compagnies, qui se voyaient engagées dans une lutte pour la vie. Ce fut de cette intense fermentation que naquit la plus importante famille d'appareils commerciaux de l'histoire de l'aviation : celle qui, du Douglas DC-1 en passant par le DC-2, eut dans l'immortel DC-3 son représentant le plus prestigieux. Encore aujourd'hui, après quarante-cinq ans d'existence, le DC-3 continue à voler dans le monde, après avoir non seulement survécu aux guerres et aux différents conflits (la production approcha 11 000 exemplaires, versions militaires et civiles confondues) mais aussi à l'évolution considérable du transport aérien. Au cours de sa carrière, le DC-3 fut l'objet d'innombrables modifications — qu'elles aient été autorisées officiellement ou non — concernant surtout le type de moteur et l'équipement intérieur : aucune ne réduisit jamais en rien les capacités de l'appareil.

Le projet qui marqua l'entrée en scène du sigle DC (Douglas Commercial) dans les activités de l'ancienne entreprise aéronautique américaine vit le jour en 1932, avec la commande passée par le vice-président de la TWA, Jack Frye, d'un nouvel avion de transport capable de concurrencer le Boeing 247. La spécification originale prévoyait un avion trimoteur, entièrement métallique, capable d'une vitesse de croisière de

Latécoère 300

Latécoère 521

Blériot 5190 Santos-Dumont

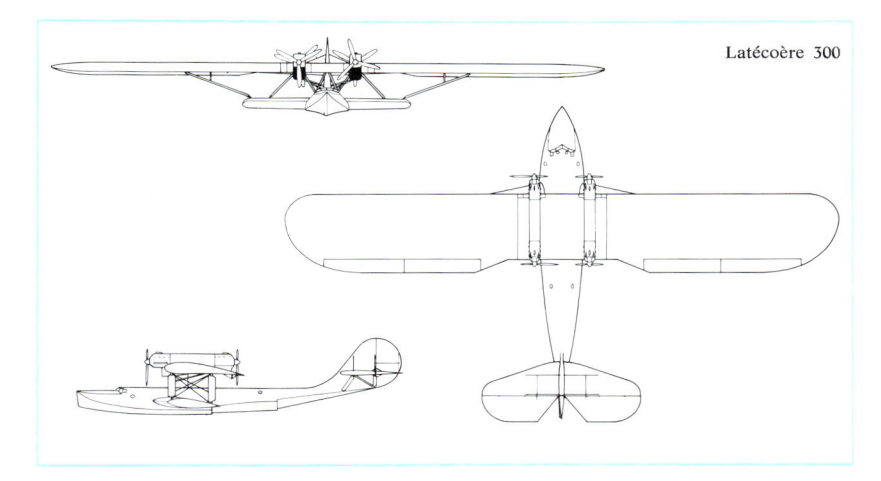

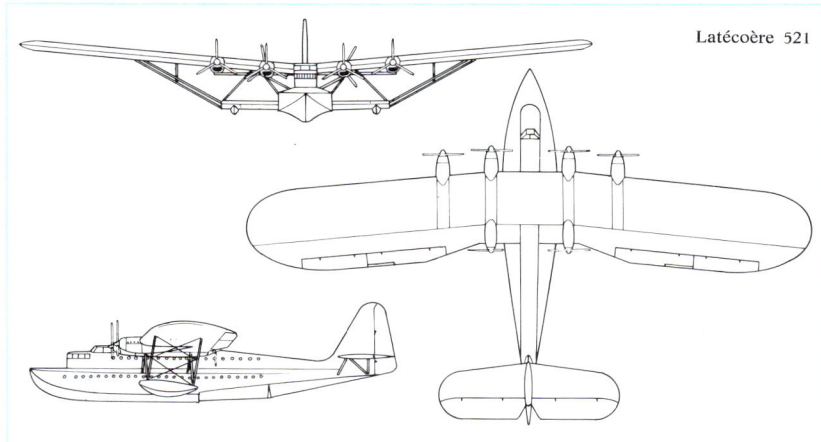

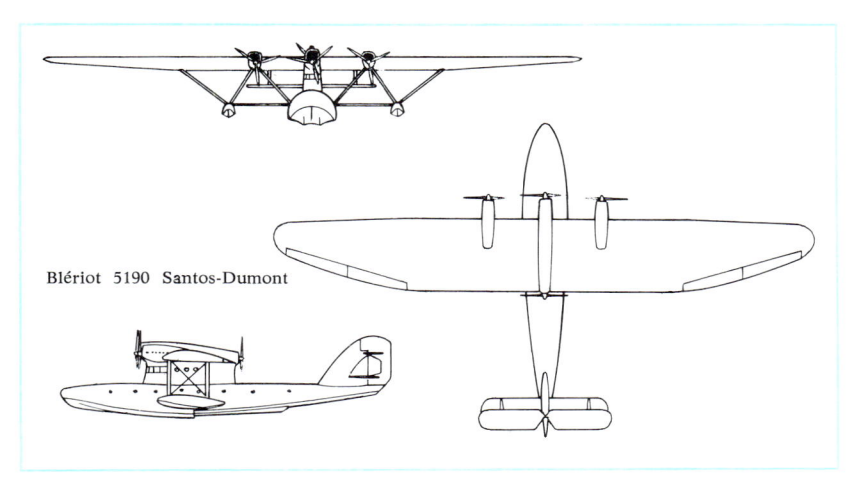

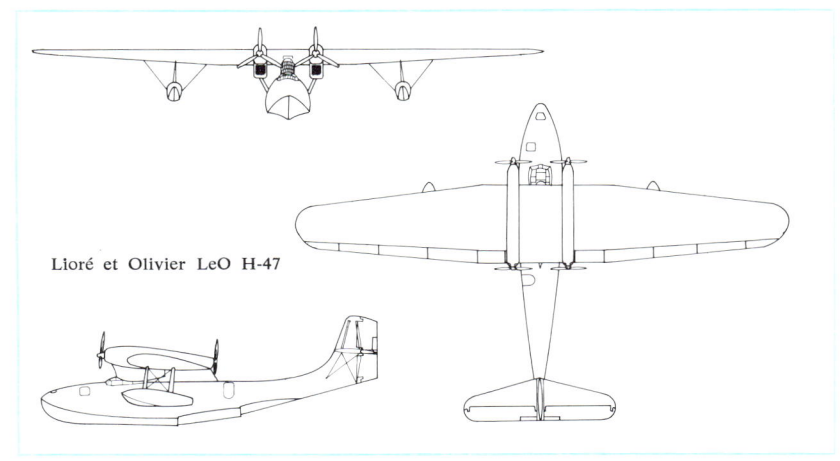

Lioré et Olivier LeO H-47

235 km/h, d'une autonomie de 1 738 kilomètres, d'une altitude opérationnelle de 6 400 mètres et en mesure de transporter au moins 12 passagers dans les meilleures conditions de confort possible. Cinq constructeurs répondirent, mais, parmi ceux-ci, la Douglas Aircraft Company fut la plus prompte. Les contacts furent pris cinq jours après réception de la demande émanant de la TWA et, en trois semaines de discussions, les ingénieurs James « Dutch » Kindelberger et Arthur Raymond persuadèrent les dirigeants de la compagnie d'accepter la formule du bimoteur, capable d'assurer la marge de sécurité requise. Le 20 septembre 1932, un prototype fut commandé, avec une option pour 60 exemplaires.

La construction du DC-1 fut mise en route au début de l'année suivante et le prototype vola le 1er juillet 1933 : c'était un élégant monoplan à ailes basses qui non seulement cumulait les principales caractéristiques de son concurrent direct, mais en possédait beaucoup d'autres. Les spécifications demandées étaient même largement dépassées tant pour la capacité que pour la vitesse de croisière et l'autonomie. L'avion fut livré à la TWA au mois de septembre et, le 9 février 1934, il battit le record de vitesse d'une côte des États-Unis à l'autre, premier d'une série de records nationaux et mondiaux de vitesse et de distance. Considérant cette supériorité marquée sur le Boeing 247, la TWA décida d'exploiter immédiatement les ressources virtuelles de l'appareil et, au lieu du DC-1, commanda 20 exemplaires d'une variante améliorée ultérieurement, qui était à l'époque en cours de réalisation : le DC-2. Plus spacieux, plus puissant et doté de meilleures performances, le prototype DC-2 vola pour la première fois le 11 mai 1934. Une semaine plus tard il entra en service à la TWA sur la ligne Columbus-Pittsburgh-Newark, battant tous les temps de parcours du 247. Le 1er août, l'avion fut mis en service sur la ligne New York-Los Angeles, l'une des plus longues et des plus prestigieuses. Il fit le parcours en 18 heures. Avec ce succès écrasant, la situation du marché se retourna brusquement et ce fut alors la TWA qui en prit la tête. L'United Air Lines, tout comme les autres compagnies, dut attendre que les commandes que la Douglas avaient reçues soient satisfaites (la TWA acheta 32 DC-2). Mais le nouvel avion jouit d'une grande faveur également en Europe. La première compagnie à en prendre livraison fut la KLM hollandaise qui, après la victoire remportée avec un DC-2 dans la compétition Londres-Melbourne, en octobre 1934, en commanda 14 exemplaires et fut suivie par d'autres compagnies européennes. Au total, le Douglas construisit environ 200 DC-2 et les chaînes de montage furent fermées en 1936, après l'apparition du successeur direct, le DC-3.

La naissance de cet appareil ressembla beaucoup à celle du DC-1. Cette fois, l'instigatrice fut l'American Airways, qui n'avait pris part aux commandes ni du Boeing 247 ni du DC-2. La demande fut adressée à la Douglas en 1935. La compagnie voulait en particulier un avion pour remplacer les trimoteurs Fokker, déjà périmés, et les biplans Curtiss Condor dans les vols de nuit. Pour rester compétitif, le président de l'American Airways, C.R. Smith, demanda l'équivalent d'un DC-2 capable de transporter en couchettes le même nombre de passagers que celui qui était prévu à l'origine. Le résultat prit la forme d'une version plus grande et plus puissante que le DC-2, appelée au début DST (Douglas Sleeper Transport), et qui vola pour la première fois le 17 décembre 1935. L'American Airways mit en service les premiers des 38 exemplaires acquis en juin 1936 sur la ligne sans escale New York-Chicago. En version diurne, le DC-3 se révéla encore meilleur que son prédécesseur et la Douglas fut littéralement submergée de commandes. Jusqu'à l'entrée en guerre des États-Unis, la production civile totalisa 455 exemplaires, qui finirent par équiper toutes les compagnies américaines et une grande partie des principales compagnies européennes : en 1939, le DC-3 détenait le record du trafic mondial : 90 p. 100.

Planche 98
Quatre hydravions français pour triompher des océans ; 1932-1936

Sur l'Ancien Continent, les traversées de l'Atlantique continuèrent longtemps à attirer les amateurs. La France, en particulier, se montra très active dans ce domaine du transport aérien et son industrie réalisa quelques-uns des meilleurs hydravions des années 30. Le Latécoère 300 fut l'un des plus célèbres de son époque. Conçu en 1931 à la demande expresse du gouvernement français, qui voulait un avion postal capable de transporter une tonne de courrier sur la ligne de l'Atlantique Sud, ce grand quadrimoteur à coque centrale entra en service le 31 décembre 1933 et battit immédiatement un record en volant sur 3 679 kilomètres de Marseille à Saint-Louis-du-Sénégal en 24 heures. Baptisé *Croix-du-Sud,* le prototype accomplit une quinzaine de traversées de Dakar à Natal, jusqu'au jour où, le 7 décembre 1936, il disparut en mer, avec Jean Mermoz aux commandes. Il fut construit en 6 autres exemplaires, 3 pour Air France (Laté 301) et 3 pour la marine française (Laté 302). Les appareils civils furent livrés au début de 1936.

Son homologue, le Blériot 5190 fut en revanche réalisé en un seul exemplaire. Il fut conçu en 1928, mais le prototype ne sortit que le 11 août 1933. Cet hydravion, lui aussi, avait été demandé pour assurer le transport postal vers l'Amérique du Sud et le service fut inauguré le 27 novembre 1934, de Dakar à Natal. L'avion fut baptisé *Santos-Dumont* et, sous les couleurs d'Air France, il accomplit 22 traversées, réalisant des temps sensiblement plus courts entre Toulouse et Buenos Aires.

En 1933, la Latécoère se lança dans l'entreprise ambitieuse du modèle 521, un gigantesque « vaisseau volant » propulsé par 6 moteurs et capable de transporter 30 personnes au-dessus de l'Atlantique Nord, ou bien 70 en Méditerranée. Bien que son exploitation commerciale avec les États-Unis ait été empêchée par le déclenchement des hostilités, le Laté 521 réussit à accomplir une liaison expérimentale avec New York le 23 août 1938 (avec escales à Lisbonne et aux Açores), montrant ses remarquables capacités. La construction du grand hydravion fut lancée en 1933 et le prototype, baptisé *Lieutenant de vaisseau Paris,* vola l'année suivante. Mais, lors du vol inaugural transatlantique, il fut abattu par un ouragan (4 janvier 1936). On dut le récupérer et le reconstruire presque intégralement. Sous sa nouvelle forme, en 1937, il battit de nombreux records de vitesse, de distance et de charge. A la production, il fut suivi de 4 autres exemplaires qui, cependant, n'entrèrent jamais en service civil : ils furent pris en charge par la marine de guerre.

Le conflit mit fin également à la fabrication d'un autre hydravion intéressant, le Lioré et Olivier LeO H-47, construit à la demande du gouvernement français à partir de 1934. Le prototype vola le 25 juillet 1936, mais la production fut arrêtée à cause d'un grave incident. Ce n'est qu'en 1938 que l'on réussit à achever le premier exemplaire de série parmi les 5 qu'Air France avait commandés. Mais la guerre était maintenant toute proche et le programme fut abandonné.

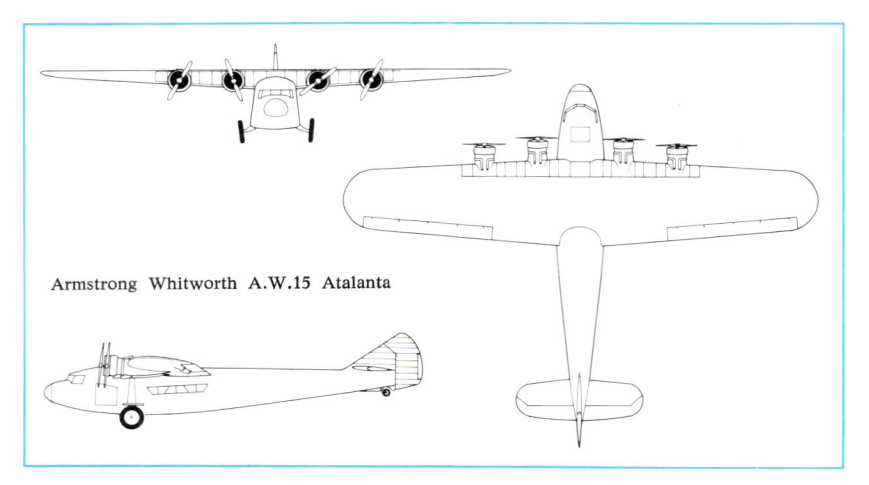

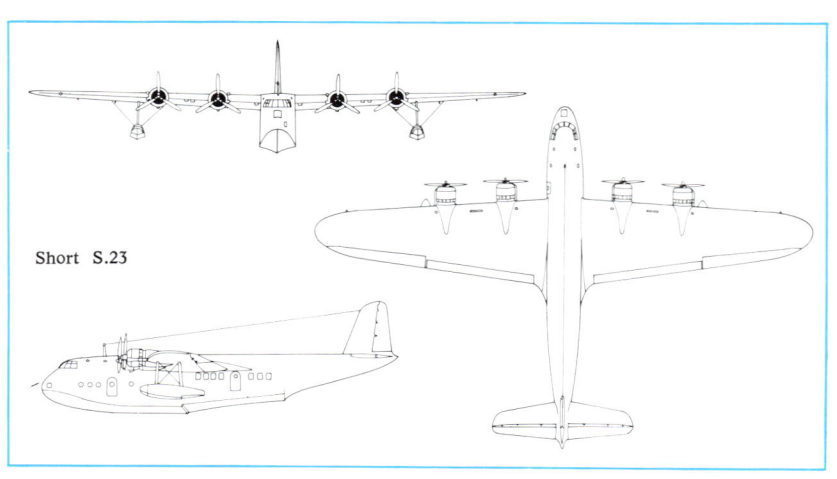

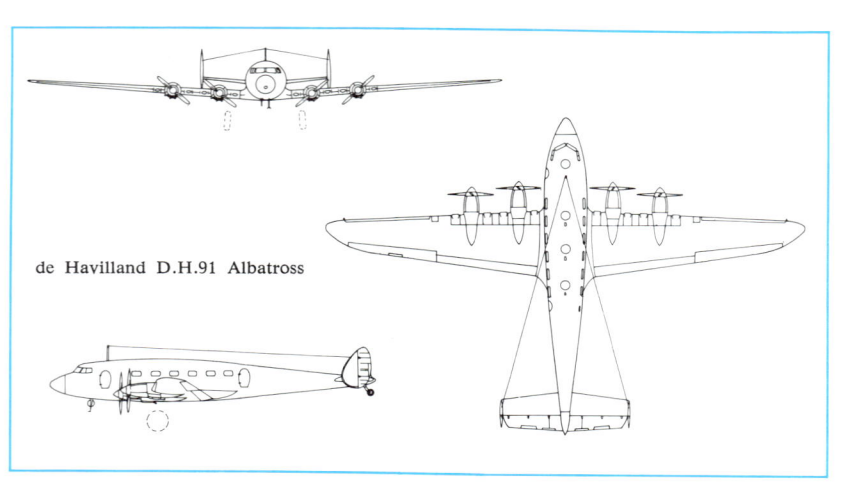

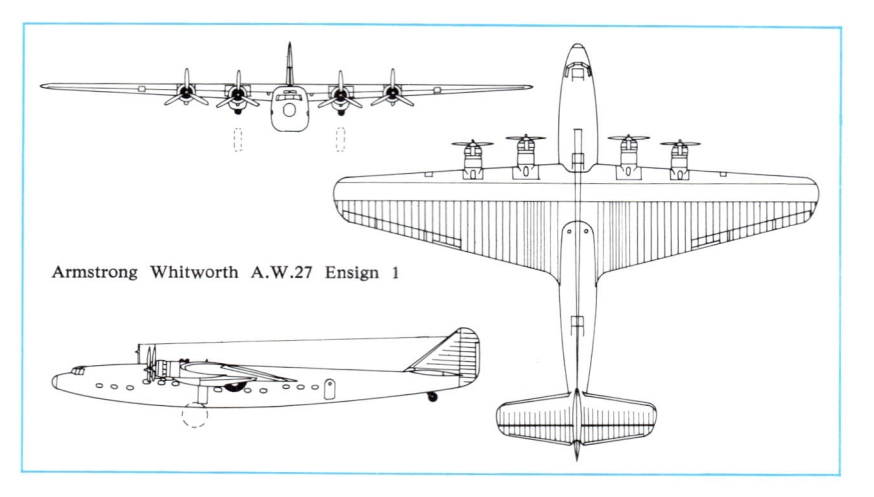

Armstrong Whitworth A.W.15 Atalanta

Short S.23

de Havilland D.H.91 Albatross

Armstrong Whitworth A.W.27 Ensign 1

Planche 99
Quadrimoteurs civils britanniques ; 1932-1938

La formule du quadrimoteur fut exploitée avec beaucoup de succès par l'industrie aéronautique anglaise au cours des années 30. Parmi les premiers avions de transport de ce type, mentionnons l'Armstrong Whitworth A.W.15 Atalanta, un robuste et efficace monoplan à ailes hautes réalisé sur demande de l'Imperial Airways pour les lignes les plus excentriques de son réseau. La commande fut passée en 1931 et le premier des huit exemplaires construits vola le 20 juin de l'année suivante. La ligne du Cap fut expérimentée le 31 décembre 1932 et celle de Karachi-Singapour le 7 juillet 1933. En 1941, 5 Atalanta furent cédés à l'Indian Air Force.

Cependant, les appareils qui donnèrent une efficacité particulière au vaste réseau de l'Imperial Airways ne furent pas des avions de type terrestre mais des hydravions : ceux qui appartiennent à la longue série réalisée par la Short, connus sous l'appellation collective d'Empire Boats (« navires de l'Empire »). Le chef de file de cette importante génération d'avions de transport fut le S.23 qui, de 1935 à 1939, fut construit en 40 exemplaires de trois séries différentes. Le premier d'entre eux reçut son baptême de l'air le 4 juillet 1936. Le projet avait été mis en route un an plus tôt, sur l'initiative du gouvernement britannique, qui avait décidé la réalisation d'une flotte de nouveaux avions commerciaux à long rayon d'action capables de transporter marchandises et passagers à travers les territoires de l'empire. L'Imperial Airways, pour sa part, avait fixé les caractéristiques techniques et opérationnelles de l'appareil et passé commande de 28 exemplaires. La Short, malgré l'absence d'un véritable prototype (l'Imperial Airways voulait les 28 avions directement comme appareils de série) avait brillamment entrepris le programme en utilisant deux S.16 Scion, dont l'un avait été modifié par l'adoption de quatre moteurs. Au terme des essais en vol, le premier S.23 fut livré à la compagnie le 17 septembre 1936 et fut mis en service en Méditerranée à partir du 25 octobre ; le dernier des 28 appareils commandés arriva le 26 février 1938. Tous ces avions furent baptisés d'un nom commençant par la lettre C, ce qui explique l'appellation collective de *C Class*. La première liaison régulière sur les routes de l'empire eut lieu le 8 février 1937 et, au mois de juin, le service était totalement opérationnel, s'étendant de l'Australie aux territoires africains. En juillet, un S.23 tenta la liaison au-dessus de l'Atlantique Nord, atteignant New York le 5 après être parti de Foynes (Irlande) dans la nuit du 5 au 6. Ce grand succès commercial incita l'Imperial Airways à étoffer sa flotte et, à la fin de 1937, la compagnie commanda 11 autres avions dont 8, légèrement modifiés et renforcés, furent appelés S.30. L'un d'entre eux, le 8 août, inaugura le service postal à travers l'Atlantique Nord. La même année, 3 autres exemplaires furent commandés, dont 2 prirent le nom de S.33. Le déclenchement des hostilités ne mit pas fin à l'activité de ces irremplaçables hydravions, qui furent également utilisés pour des vols de liaison, notamment en Méditerranée et dans le Pacifique. Treize exemplaires survécurent et certains d'entre eux retournèrent au service civil dans l'après-guerre. Le dernier vol du dernier S.23 *(Coriolanus)* eut lieu le 23 décembre 1947 des îles Fidji à Sydney, sous les couleurs de la compagnie australienne Qantas. Pour les lignes européennes, en revanche, l'Imperial Airways adopta en 1938 un élégant et rapide quadrimoteur terrestre (le De Havilland S.H.91 Albatross) qui, construit seulement en 5 exemplaires de série, servit brillamment jusqu'au début de la guerre. Le projet avait été lancé en 1936 et le premier des deux prototypes (soumis aux essais le 20 mai de l'année suivante) avait fait, dès son apparition, une grande impression, parce qu'il s'écartait radicalement des modèles commerciaux réalisés jusqu'alors par la De Havilland et qu'il avait enregistré de brillantes performances, dues à des lignes aérodynamiques très étudiées. Le 27 août 1938 apparut le deuxième prototype, et deux mois plus tard le premier des 5 exemplaires de série fut livré à la compagnie. Ces avions donnèrent le jour à ce qu'on appelle la *F Class* d'après l'initiale des noms dont on les baptisa.

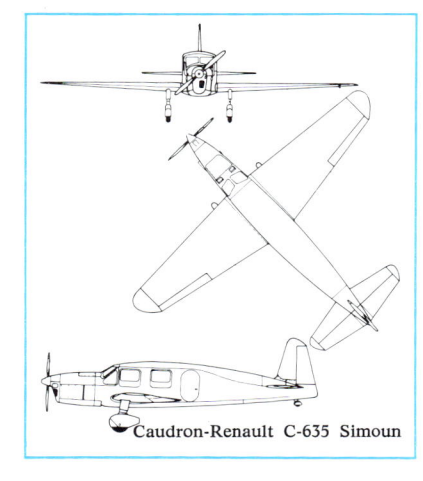

La production commerciale de l'Armstrong Whitworth fut complétée avant la guerre par le A.W.27 Ensign, un moderne quadrimoteur qui, lors de sa mise en service, représenta le plus grand avion jamais adopté par l'Imperial Airways. Le prototype vola le 24 janvier 1938 ; il fut suivi de 11 autres exemplaires de la première série et de 2 appareils d'une seconde variante, caractérisée par des unités motrices plus puissantes (Ensign 2). Le service civil commença le 20 octobre 1938 par une liaison avec Paris. Après le déclenchement des hostilités, les Ensign (*E Class*, d'après l'initiale des noms qu'ils portaient) volèrent sous les couleurs de la BOAC, sur les lignes de l'Afrique et de l'Inde jusqu'en mai 1945.

Planche 100
Avions civils secondaires français ; 1933-1937

Dans la vaste production aéronautique française des quelques années qui précédèrent la guerre, de nombreux avions méritent d'être mentionnés : certains pour la contribution qu'ils apportèrent au transport civil, d'autres pour leurs performances sportives, d'autres encore pour leur originalité. Parmi ceux-ci, une place de marque revient au Mignet *Pou-du-Ciel*, un minuscule avion construit à titre individuel (le précurseur de tous les avions de ce genre) qui, entre 1933 et 1936, connut une vogue fantastique auprès des amateurs anglais (plus de 120 exemplaires), étant donné qu'en France il avait été jugé dangereux et privé du permis de vol. Le constructeur fut Henri Mignet, un inventeur original qui décida de réaliser de ses propres mains l'appareil sur lequel il voulait apprendre à voler. Quand il eut réussi, Mignet rédigea un opuscule dans lequel il décrivait son projet et expliquait comment le construire et le piloter. L'ouvrage se vendit comme des petits pains.

Le Caudron-Renault C.635 Simoun fut en revanche un « véritable » avion, malgré sa petite taille. Son nom reste attaché à de nombreux vols de distance et à l'intense activité sportive qui caractérisa sa carrière. Présenté au Salon aéronautique de Paris en 1934, cet élégant monomoteur eut immédiatement du succès. Soixante-dix exemplaires furent construits pour le marché civil et 140 pour l'armée. Parmi les vols sportifs, mentionnons tout particulièrement celui qu'il accomplit entre le 18 et le 21 décembre 1935 du Bourget à Tananarive (8 665 kilomètres) en 57 h 36 mn. Dans le domaine du transport commercial, un petit bimoteur réalisé par la Potez en 1933 (le modèle 56) rencontra un certain succès à l'exportation (Chili et Roumanie). Trente exemplaires furent construits (premier vol le 18 juin 1934) et une dizaine d'entre eux entrèrent en fonction dans la Potez Aéro Service entre Bordeaux et Bastia le 15 mai 1935. Deux autres opérèrent en Algérie et en Tunisie dans la Régie Air Afrique.

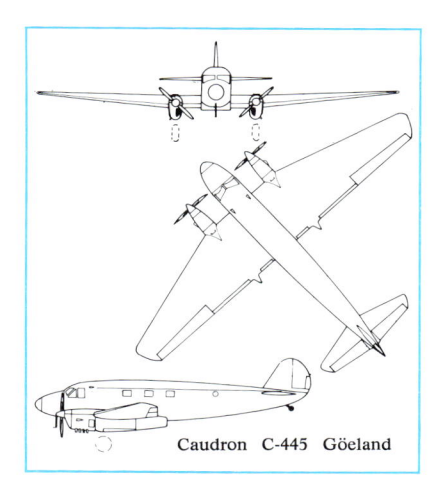

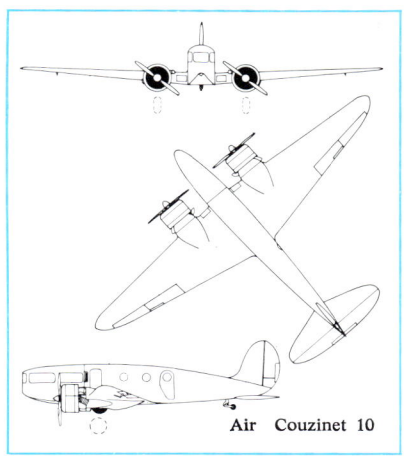

En revanche, le Bloch 220 fut d'une bien meilleure qualité. C'était un bimoteur robuste et spacieux qui eut une longúe existence opérationnelle sous les couleurs d'Air France qui l'utilisa sur les lignes européennes. Le prototype vola en décembre 1935 et on en construisit 16 exemplaires. Leur service commença en décembre 1937 sur la ligne Paris-Marseille. En 1949, 5 Bloch 220 ayant survécu au conflit furent modifiés au niveau du moteur et utilisés à nouveau par la compagnie française.

Air France reprit également, après la guerre, un autre petit bimoteur conçu dans la lointaine année 1935 : le Caudron Goéland, qui passait pour l'un des avions commerciaux les plus répandus de son époque. Plus de 1 700 exemplaires au total furent réalisés en différentes versions (qui prirent les sigles allant de C-440 à C-449) et la production se poursuivit bien au-delà de la Seconde Guerre mondiale, au cours de laquelle l'avion fut construit en grande série.

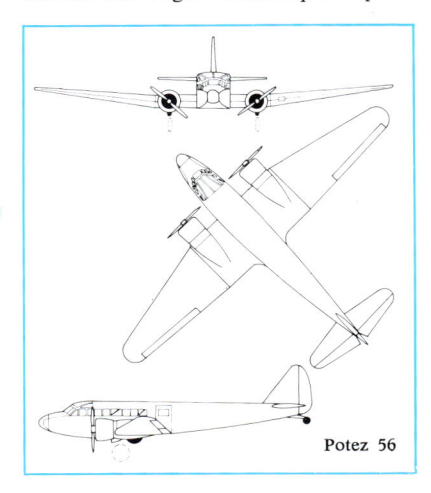

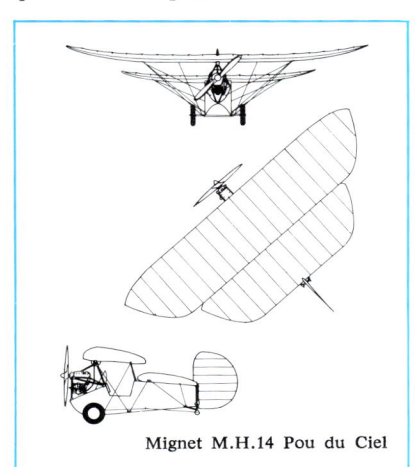

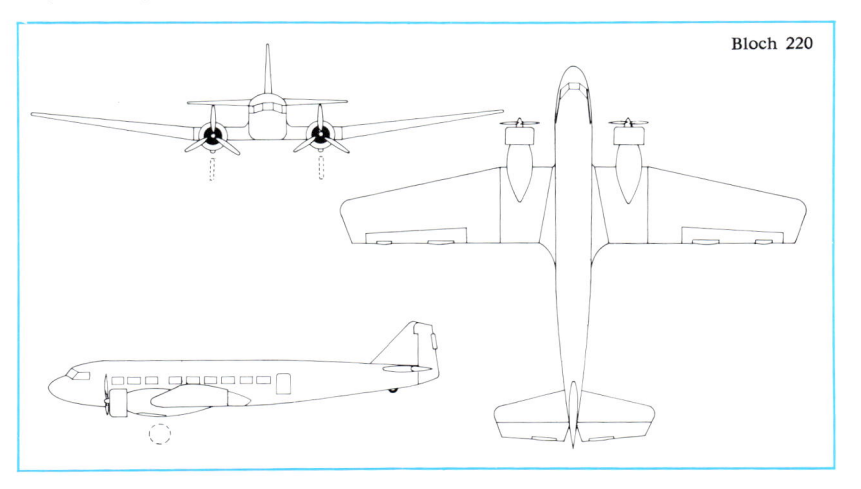

Dans l'usage civil d'avant-guerre, le Goéland se répandit rapidement auprès des compagnies mineures qui opéraient en France et en Afrique, dont l'Air Bleu et la Régie Air Afrique. A l'étranger, il fut acheté par la Yougoslavie, la Bulgarie, l'Argentine et l'Espagne.

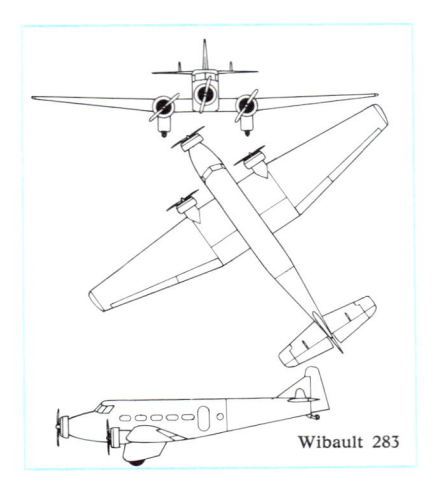

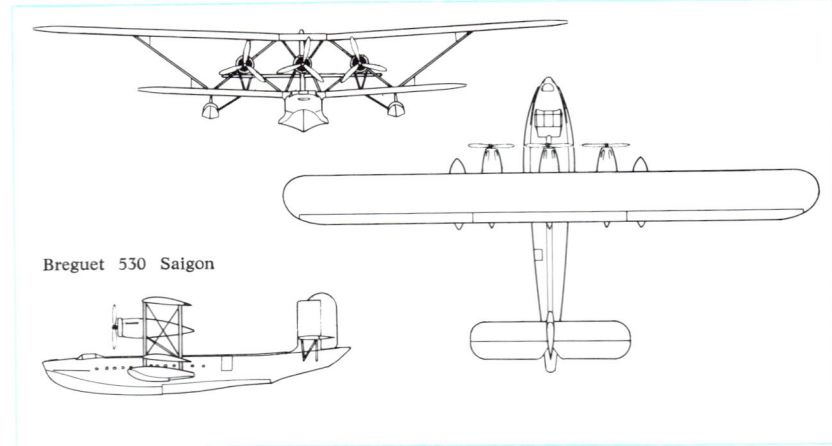

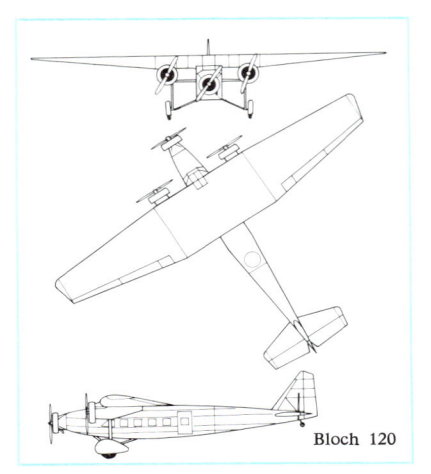

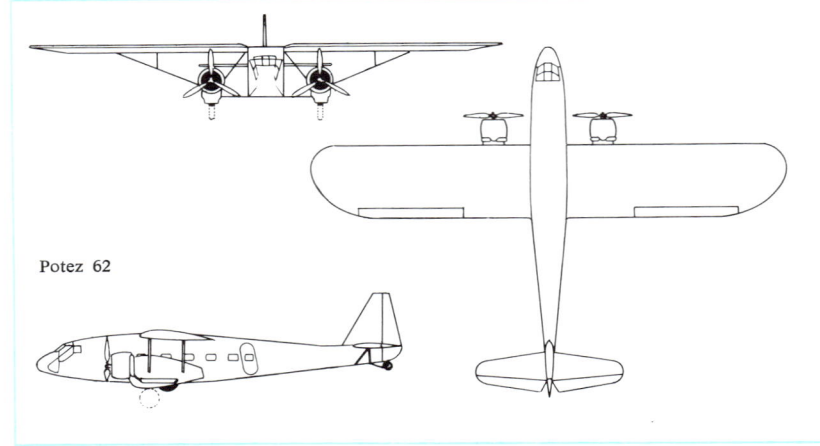

Un sort moins heureux fut réservé à l'Air Couzinet 10, un petit bimoteur conçu par René Couzinet pour participer à la course de vitesse Istres-Damas-Paris qui se déroula en août 1937. Le 16 août, à treize jours de son premier vol, au cours d'un essai, l'avion fut endommagé au point de ne pas pouvoir être réparé à temps. Ses performances étaient si brillantes que l'Aéropostale, malgré tout, le fit modifier dans l'intention de l'utiliser pour ses liaisons Air Bleu.

Planche 101
Multimoteurs français pour les lignes européennes, africaines, asiatiques ; 1934-1935

Le trimoteur Wibault de la série 280 T fut un véritable avion « à tout faire » dans le domaine du transport à courte et à moyenne distance. Il fut mis en service pendant cinq ans par Air France sur les principales routes européennes. Robuste et fiable, cet avion ne manqua pas d'étonner, au Salon de l'aéronautique de Paris en 1930 où fut présenté le prototype, pour la modernité de sa conception : structure et revêtement entièrement métalliques, ailes basses, fuselage ample et régulier capable d'accueillir confortablement 10 passagers. La production, après deux prototypes appelés respectivement 280 T et 281 T et différant par leur moteur, se répartit en deux séries principales, la 282 T et la 283 T, améliorées elles aussi au niveau des unités motrices et de certains détails aérodynamiques. Les deux prototypes furent achetés par le gouvernement français en 1931 et soumis à une longue série de tests. Les premiers exemplaires de la série 282 T furent confiés aux compagnies CIDNA et Air Union pour les lignes Paris-Istanbul et Paris-Londres. En 1933, après la création d'Air France, ces avions passèrent à la nouvelle société et, un an plus tard, la flotte s'accrut de 10 exemplaires de la série finale 283 T qui restèrent en service jusqu'en 1938.

Un autre trimoteur à la structure plus conventionnelle et à ailes hautes, le Bloch 120, fut employé surtout en Afrique. Cet avion fut choisi par le gouvernement pour les liaisons de la nouvelle compagnie Régie Air Afrique, fondée en 1934, et accomplit le vol inaugural de la ligne Alger-Niamey (Niger) le 7 septembre de la même année. Les services furent bientôt étendus à toutes les colonies françaises et les 7 Bloch 120 construits se révélèrent irremplaçables pendant presque six ans.

Sur les lignes de la Méditerranée, Air France utilisa longtemps un grand hydravion trimoteur, le Breguet 530 Saigon. L'origine du projet était anglaise et le véritable précurseur de cet appareil était le Short Calcutta, dont Breguet avait acheté la licence en 1931. Cinq exemplaires du Calcutta avaient été construits en France et, à partir de ceux-ci, la société avait élaboré une variante plus grande, dont la construction avait été lancée en 1932 pour satisfaire aux besoins de la marine de guerre. Ces avions, appelés Bizerte, furent fabriqués en une trentaine d'exemplaires ; en outre, la Breguet en construisit 2 autres en version civile, sur la demande de la compagnie Air Union. On apprécia particulièrement la robustesse et la capacité de charge de cet hydravion.

Un autre important avion « à tout faire » de la même époque fut le Potez 62, un bimoteur sûr et robuste dérivant du bombardier Potez 54. Jusqu'à la déclaration de la guerre, Air France utilisa cet appareil un peu partout : sur les lignes européennes jusqu'en Scandinavie, en Orient, en Amérique du Sud. Le projet fut mis en route en 1934 et le prototype vola pour la première fois le 28 janvier de l'année suivante. Après les tests d'appréciation, la production démarra avec une commande de 11 exemplaires de la série initiale 62-0, dont le premier entra en service sur la ligne Paris-Marseille-Rome au mois d'avril 1935. La même année sortit le prototype d'une seconde version renforcée au niveau des moteurs et appelée 62-1. Air France en commanda 10 exemplaires qui, à partir de 1936, furent employés sur les lignes intérieures de l'Amérique du Sud, en particulier entre Buenos Aires et Santiago du Chili.

Le dernier — et le meilleur — avion de transport réalisé en France avant la guerre fut le Dewoitine D.338, un trimoteur moderne et élégant. Le premier des 31 exemplaires construits vola en 1935 : le projet représentait l'évolution de deux modèles précédents (le D.332 de 1933 et le D.333 de 1934, ce dernier ayant été acheté par Air France en 3 exemplaires) en comparaison desquels le nouvel appareil apparaissait sensiblement plus grand et plus puissant ; il était doté d'une capacité deux fois plus importante et ses performances étaient supérieures, surtout grâce à l'installation d'un train d'atterrissage escamotable et à sa netteté aérodynamique. Air France mit en service le D.338 en 1936 et l'utilisa sur ses lignes les plus prestigieuses, en Europe, en Amérique du Sud, en Extrême-Orient et en Afrique. Après la guerre, des 9 avions qui avaient survécu, 8 servirent un certain temps sur la ligne Paris-Nice.

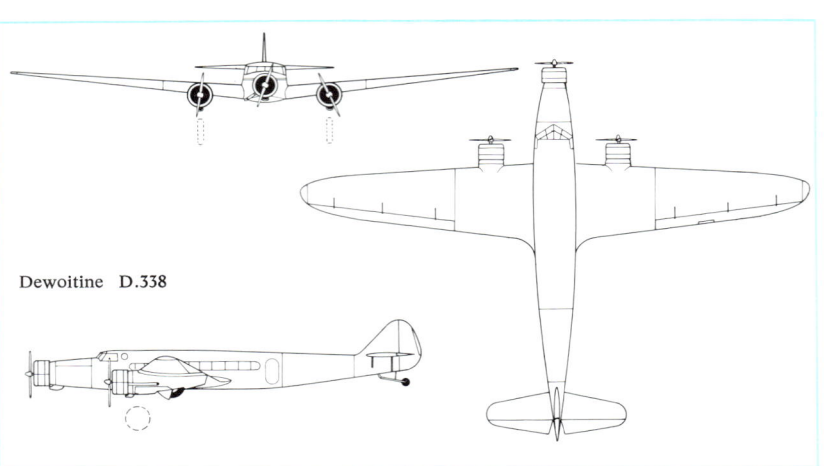

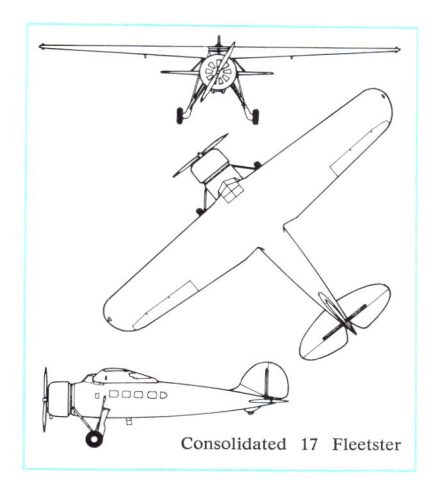

Consolidated 17 Fleetster

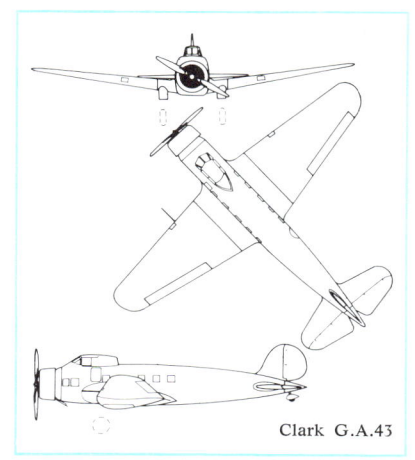

Clark G.A.43

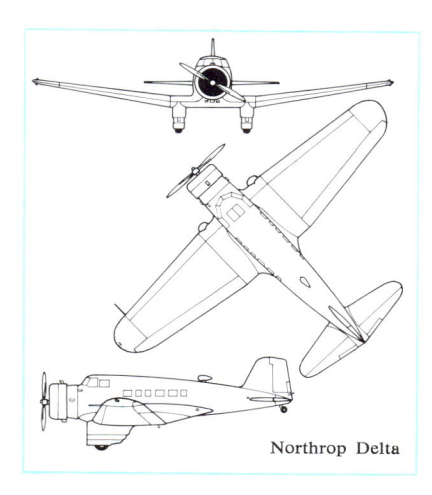

Northrop Delta

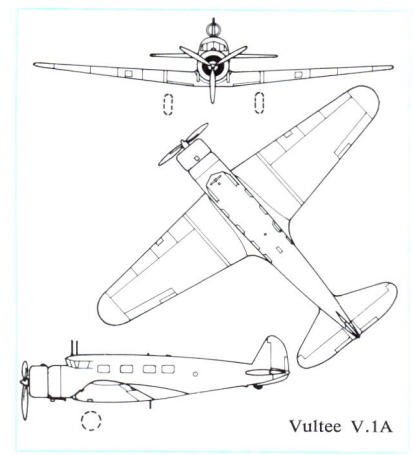

Vultee V.1A

Planche 102
Les derniers monomoteurs de transport américains ; 1932-1934

Aux États-Unis, immédiatement avant la révolution provoquée par le Boeing 247 et le Douglas DC-2, les petits monomoteurs de transport qui avaient marqué des étapes importantes dans le développement de l'aviation commerciale américaine atteignirent le plus haut degré de leur évolution. Mais ces appareils, eux aussi, comme tous ceux de la « vieille » génération, disparurent bientôt de la scène aéronautique.

Le Consolidated Fleetster, contemporain du Lockheed Vega, était un monoplan petit et robuste qui, sans avoir été construit en beaucoup d'exemplaires, connut un certain succès commercial. Le projet fut lancé en 1929, sur la demande de la société NYRBA, dont un des fondateurs avait été le président de la Consolidated Aircraft Corporation, Reuben H. Fleet. On voulait un avion petit et rapide capable de partager la tâche confiée à cette époque aux hydravions Commodore sur la ligne New York-Buenos Aires. Le prototype, appelé Model 17, vola pour la première fois en octobre 1929 et, à l'issue des tests d'appréciation, il fut construit en 3 exemplaires. Ces avions entrèrent en service au début de 1930 et deux d'entre eux subsistèrent jusqu'en 1934, sous les couleurs de la Pan American quand celle-ci eut absorbé la NYRBA. Le Model 17 fut construit en deux autres versions. La première, appelée 17-2C et dotée d'un moteur différent, sortit en 1930, après avoir été commandée par un particulier ; trois ans plus tard, l'unique exemplaire fut vendu à la Pacific International Airways qui l'utilisa en Alaska. La seconde version fut la 17-AF, fabriquée en 3 exemplaires pour la Ludington Airlines qui mit ces appareils en service sur la ligne très fréquentée New York-Washington. Les Fleetster 17-AF avaient des moteurs différents et plus puissants et étaient en outre légèrement plus grands et plus spacieux. En 1933, les 3 appareils furent achetés par la Pan American.

La production se poursuivit avec une nouvelle version principale, le Model 20, élaboré lui aussi en 1930 par la NYRBA. Les 4 exemplaires fabriqués étaient caractérisés par l'adoption d'une aile en parasol, nécessaire pour augmenter la capacité du fuselage, et par le déplacement du poste de pilotage, dans le but de créer une soute de chargement entre le moteur et la cabine des passagers. Ces avions servirent également par la suite sous les couleurs de la Pan American. Le dernier de la famille fut le Fleetster 20-A, qui adoptait l'aile du Model 20 sur le fuselage du Model 17-AF. Sept exemplaires furent construits en 1932 et tous vendus à la TWA, qui les mit en service à partir d'octobre sur la ligne Detroit-Indianapolis. Ces Fleetster restèrent opérationnels jusqu'en février 1935. Puis ils furent vendus à des particuliers : 3 d'entre eux allèrent en Espagne et furent utilisés par les républicains au cours de la guerre civile.

Un autre moteur contemporain, le Clark G.A.43, n'eut guère de chance : il ne réussit pas à s'imposer sur le marché malgré ses brillantes qualités d'ensemble. Du point de vue de la structure, cet avion était très moderne : monoplan à ailes basses avec train d'atterrissage escamotable, et entièrement métallique. Ses performances étaient des plus honorables et il avait une capacité de 10 ou 11 passagers. Le prototype, après une très longue période de gestation, vola en 1933 et la production atteignit à peine 4 exemplaires. L'un d'eux fut acheté par la Western Air Express, qui l'utilisa sur la ligne Cheyenne-Albuquerque ; la Pan American Aviation Supply en acquit un autre et le transféra en Amérique du Sud ; 2 enfin allèrent à la Swissair. Sous les couleurs de la compagnie helvétique, les Clark G.A.43 furent mis en service, à partir de mars 1934, sur la ligne postale de nuit Zurich-Francfort et sur les lignes de voyageurs Zurich-Vienne et Zurich-Genève. En 1936, l'un d'eux fut détruit dans un accident et l'autre fut vendu.

Le Northrop Delta de 1934 fut aussi un monomoteur important. Il eut pour origine la demande précise de certains pilotes postaux de la TWA : disposer d'un avion qui ne posât pas de problèmes de visibilité, en particulier à l'atterrissage, de nuit et dans de mauvaises conditions atmosphériques. La Northrop se contenta de modifier son modèle Gamma, déjà excellent, en le dotant d'un poste de pilotage très avancé. En conséquence, le Delta ressemblait beaucoup, dans sa configuration générale, à son prédécesseur direct : la seule différence résidait dans le fuselage qui, en dehors du déplacement vers l'avant du poste de pilotage, fut élargi et rendu plus spacieux. Trois exemplaires furent achetés par la TWA et mis en service au cours de l'année 1934. Neuf autres avions furent vendus à des particuliers et un dernier Gamma fut livré aux garde-côtes pour le transport des personnalités.

Le Vultee V.1A marqua l'aboutissement de cette catégorie et porta à son plus haut niveau l'évolution de la formule. Commandé en 1934 par l'American Airlines, ce rapide et luxueux monoplan fut construit en 24 exemplaires, dont 13 servirent sous les couleurs de la compagnie. A part son activité commerciale, le Vultee se rendit célèbre par de nombreux vols sportifs. Parmi ceux-ci, le raid accompli en septembre 1936 de New York à Londres aller et retour fit grand bruit : les pilotes Merrill et Richman traversèrent l'océan Atlantique dans le temps record de 18 h 38 mn, à une vitesse moyenne de 338 km/h. Auparavant, le célèbre pilote et pionnier James Doolittle avait battu le record de la traversée des États-Unis d'une côte à l'autre avec 11 h 34 mn.

Planche 103
Transports passagers italiens ; 1935-1939

En Italie, outre l'heureuse série des SIAI Marchetti, l'industrie aéronautique réalisa avant la guerre divers autres avions de transport, qui présentèrent tous beaucoup d'intérêt. Parmi les derniers représentants de la formule « classique » de trimoteur à ailes hautes, les Caproni Ca.101 et Ca.133 se révélèrent excellents pour les liaisons avec les colonies africaines, bien que leur utilisation ait été surtout militaire, sous l'insigne de la Regia Aeronautica. Le Ca.101 fut élaboré en 1930 et produit en de nombreuses versions caractérisées par l'adoption de moteurs différents

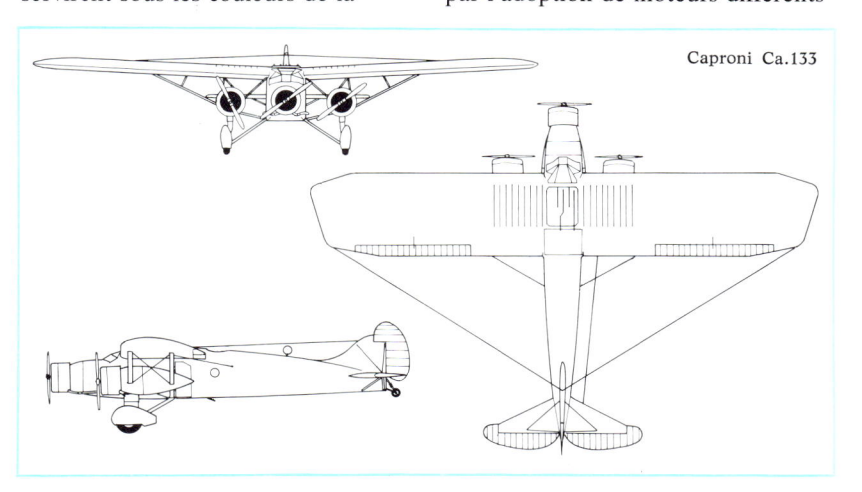

Caproni Ca.133

Macchi M.C.94

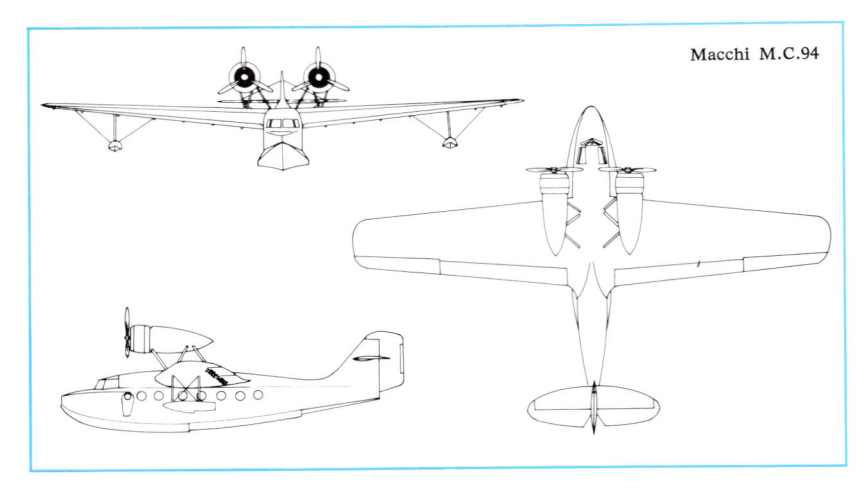

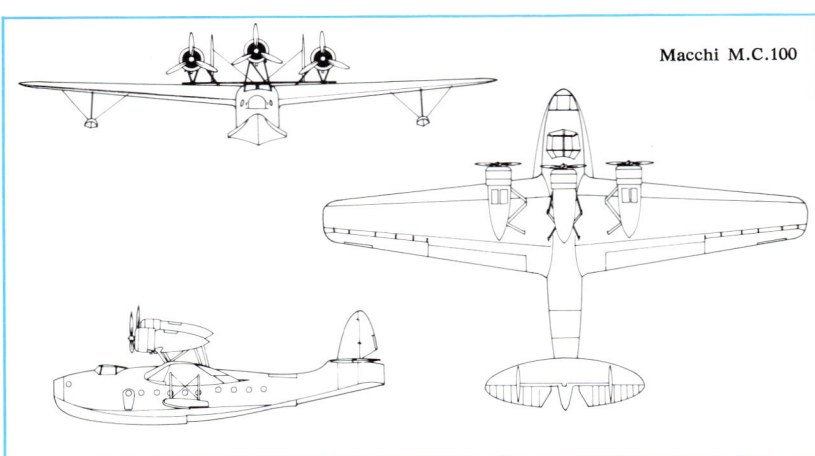

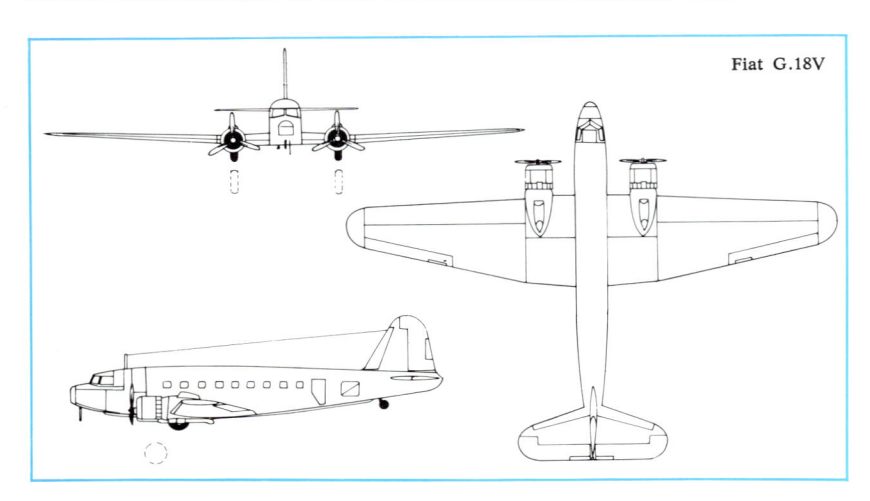

Macchi M.C.100

Fiat G.18V

ainsi que par la présence d'un ou de deux propulseurs. Quelques exemplaires furent adaptés à l'usage civil et utilisés par l'Ala Littoria, la SAM et la Società Nord Africa Aviazione en Afrique orientale. C'est en 1935 que fut mise au point la variante améliorée Ca.133. Même si les deux avions étaient identiques sur le plan de la structure, avec la même configuration et les mêmes ailes, le Ca.133 représentait une amélioration sensible sur son prédécesseur surtout en ce qui concernait l'aérodynamique et la puissance des unités motrices. Par conséquent, ses performances générales et sa capacité de charge étaient nettement supérieures à celles du Ca.101. La production (environ 275 exemplaires au total) fut presque toute militaire, mais une douzaine d'avions furent équipés en version civile et confiés à l'Ala Littoria. Les Caproni de la Regia Aeronautica eurent une carrière très active sur tous les fronts et pendant toute la durée de la guerre.

Dans le domaine des hydravions, une catégorie particulièrement développée par les constructeurs italiens, deux avions de transport intéressants furent réalisés par la Macchi dans la seconde moitié des années 30 : les modèles M.C.94 et M.C.100. L'auteur de chacun des deux projets fut Mario Castoldi qui, en 1935, proposa à l'Ala Littoria sa première réalisation : le M.C.94, un bimoteur à 12 places, adaptable en version amphibie, pour remplacer les Cant 10, désormais périmés, sur les lignes du nord de l'Adriatique et de la Méditerranée. Le prototype, sous forme amphibie, fut présenté au Salon aéronautique international de Milan en octobre de la même année, et passa ensuite les tests d'appréciation. Ceux-ci mirent en évidence les peu brillantes caractéristiques aérodynamiques du train d'atterrissage escamotable et, à la fin des essais, il fut décidé de ne mettre en route que la production de la version hydravion. L'Ala Littoria commanda d'abord 6 exemplaires, puis encore 6 autres, équipés de propulseurs différents (non plus des Wright Cyclone de 770 ch, mais des Alfa Romeo A.R.126 de 800 ch). Le service commercial fut lancé en 1936 et, en 1939, 3 M.C.94 furent vendus à la compagnie sud-américaine Corporacion Sud-Americana de Transportes Aereos, filiale de l'Ala Littoria, qui les mit en service sur la ligne Buenos Aires-Montevideo-Rosario. En Italie, les hydravions Macchi poursuivirent leur activité pendant toute la durée du conflit. Dans l'intense carrière de ces appareils, il faut mentionner les trois records battus par le prototype M.C.94 (immatriculé I-NEPI) les 5 avril et 6 mai 1937 : record d'altitude avec 100 kg de charge, catégorie amphibie, avec 6 432 mètres ; vitesse en circuit de 2 000 kilomètres : 248,917 km/h ; vitesse en circuit de 1 000 kilomètres avec 1 000 kg de charge : 257,138 km/h.

Ce fut en 1938 que Mario Castoldi entreprit des recherches pour trouver un successeur au M.C.94 et le prototype M.C.100 vola pour la première fois le 7 janvier 1939. L'avion était de dimensions sensiblement supérieures, il avait trois moteurs et une capacité de 26 passagers. Ses possibilités ne purent cependant pas être exploitées à fond, à cause d'une série de problèmes hydrodynamiques que l'on ne réussit pas à résoudre complètement et qui rendaient difficiles les opérations en mer. Trois exemplaires à peine furent construits jusqu'en juin 1940, et ces avions, après une très brève utilisation commerciale, furent transformés en avions de guerre. A partir du mois d'août, les M.C.100 commencèrent à voler entre l'Italie et la Libye, transportant à l'aller des soldats et du matériel et revenant surtout avec des blessés. Un seul d'entre eux survécut jusqu'à l'armistice.

En 1935 sortit l'avion de transport italien qui peut être considéré comme le plus moderne de l'époque (c'est-à-dire qu'il était compétitif par rapport à la production la plus évoluée) : le Fiat G.18, un bimoteur comparable aux révolutionnaires Douglas DC-1 et DC-2 américains. Cet avion fut conçu par Giuseppe Gabrielli sous l'influence évidente des avions américains (le DC-1 avait volé en juillet 1933 et le DC-2 en mai 1934). Le prototype fut présenté le 18 mars 1935. Ses caractéristiques et sa configuration générale ressemblaient beaucoup à celles des modèles Douglas et, sur certains points, étaient même supérieures. La production suivit son cours avec la construction de 2 exemplaires de la série initiale et, à partir de mars 1937, de 6 autres appareils appartenant à la variante G.18V, équipée de moteurs plus puissants et caractérisée par certaines modifications de structure. Les bimoteurs FIAT furent tous adoptés par l'Avio Linee Italiane, qui les mit en service sur les lignes intérieures.

Planche 104
Bimoteurs américains entrés dans la légende du transport civil ; 1934-1941

Aux États-Unis, la révolution déclenchée par la Boeing et la Douglas contraignit les entreprises aéronautiques à une rapide adaptation qualitative de leur production respective. Le troisième

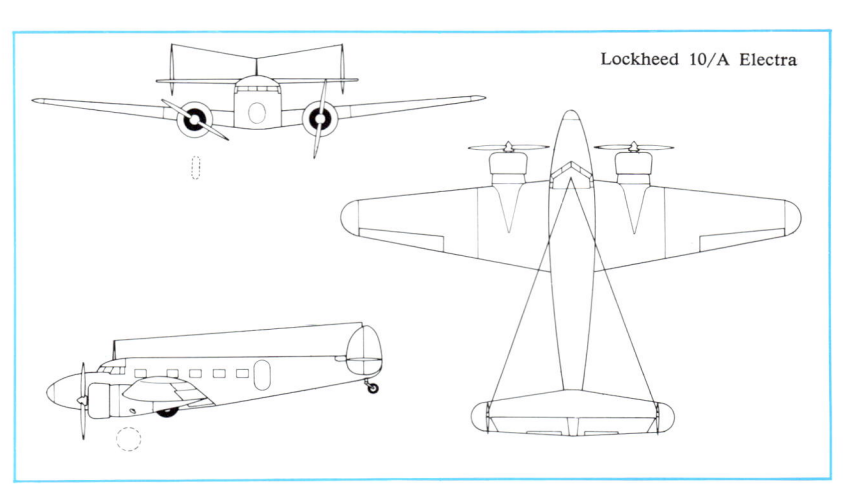

Lockheed 10/A Electra

grand concurrent fut la Lockheed qui, stimulée par la compétition commerciale, se lança à fond dans la réalisation d'avions de transport de la nouvelle génération. Le premier d'entre eux, le Model 10 Electra, retrouva immédiatement le succès qu'avait connu la famille précédente de monomoteurs, du Vega de 1927 à l'Orion de 1931. Le projet Electra fut élaboré en 1933, en réaction directe à l'apparition du Boeing 247. Le travail dura environ un an, période pendant laquelle les techniciens de la Lockheed eurent à résoudre une série de problèmes relatifs à la construction d'une structure et d'un revêtement entièrement métalliques, que la maison adoptait pour la première fois. Le prototype fut achevé le 23 février 1934 et fit une forte impression par ses caractéristiques : avec le même nombre de passagers que le 247, l'Electra était non seulement plus rapide, doté d'un rayon d'action et d'un plafond plus élevés, mais encore beaucoup moins onéreux. Son prix sur le marché était même le plus bas de la catégorie. Son succès commercial fut immédiat. La première compagnie qui acheta l'avion fut la Northwest Airlines, en juillet 1934. La production totale, en plusieurs versions caractérisées par de légères différences, atteignit 148 exemplaires. Outre les principales compagnies américaines, ils équipèrent celles d'autres pays, dont la Grande-Bretagne, l'Australie et la Nouvelle-Zélande. Leurs succès sportifs furent nombreux, comme ceux que remporta la célèbre aviatrice Amelia Earhart. C'est d'ailleurs à bord d'un Electra qu'elle disparut dans le Pacifique le 3 juillet 1937.

Le 29 juillet de la même année apparut le prototype du nouveau et principal modèle : le Lockheed 14, aussitôt baptisé Super Electra. Le projet dérivait directement du prédécesseur immédiat et, bien qu'il reprît la configuration générale du Model 10, il donnait le jour à un appareil beaucoup plus efficace, polyvalent et spacieux. La preuve en est qu'en dehors de son utilisation commerciale le Super Electra eut une honorable carrière militaire qui finit même par éclipser sa carrière civile : plus de 2 000 exemplaires (pratiquement la totalité de la production) furent distribués aux aviations alliées au cours du conflit, connus sous le nom de Hudson, que leur donnèrent les Anglais. Le succès commercial du Super Electra fut rapide, dès la sortie du prototype et l'engouement ne vint pas seulement des compagnies américaines mais aussi de nombreuses sociétés étrangères, en particulier européennes. La KLM hollandaise fut la première à adopter le nouveau bimoteur Lockheed et elle fut suivie par la British Airways, la Sabena belge, la LOT polonaise, l'Air Lingus irlandaise. En dehors de l'Ancien Continent, des commandes arrivèrent de la Guinea Airways, de la Trans Canada Air Lines, de la Dai Nippon Koku K.K. Au cours de sa longue carrière, le Super Electra réalisa également un prestigieux exploit sportif : en juillet 1938, le milliardaire américain Howard Hughes accomplit le tour du monde à bord d'un de ces bimoteurs Lockheed. Ce parcours de 23 804 kilomètres fut effectué en 3 jours 19 heures 8 minutes.

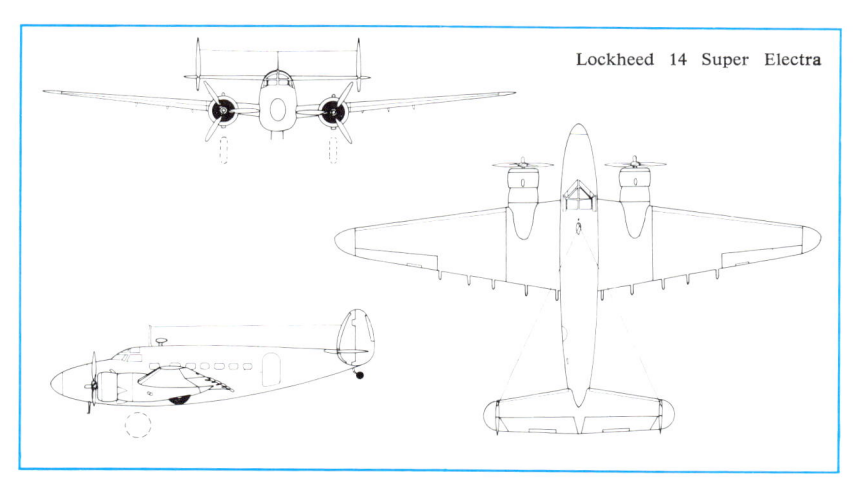

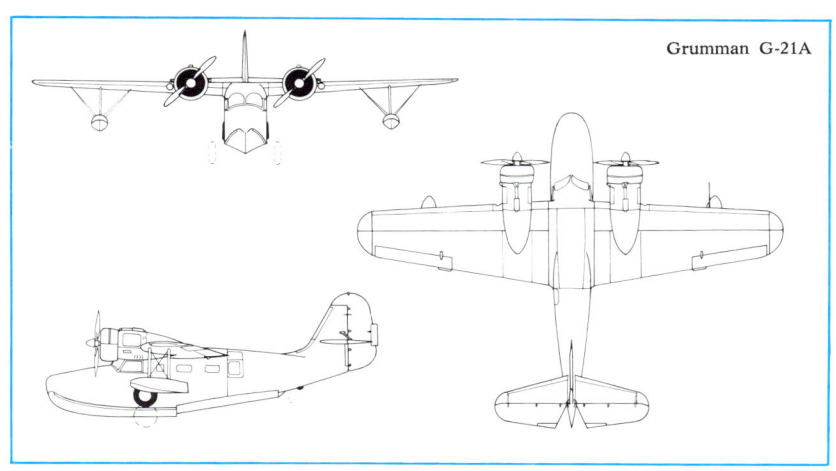

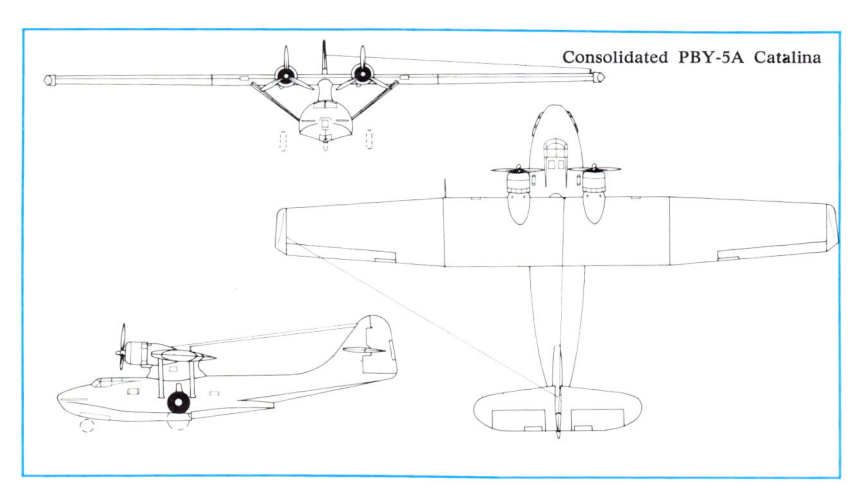

Dans le domaine des hydravions, l'industrie américaine réalisa aussi des appareils qui connurent une carrière tout aussi brillante. Le petit Grumman G-21, par exemple, qui sortit dans l'immédiat avant-guerre comme avion commercial amphibie, vit sa production monopolisée par l'armée, mais se répandit rapidement sur le marché civil dès la fin des hostilités, en particulier au Canada et en Amérique centrale. Aux G-21 vinrent s'ajouter deux autres modèles dérivés : le G-44 (datant de la guerre) et le G-73 de 1947. Mais le plus grand succès, dans cette catégorie, fut celui que connut le Consolidated PBY Catalina, l'immortel *Cat,* appareil irremplaçable pour les Alliés pendant le déroulement du conflit, et construit en milliers d'exemplaires (3 290 aux USA et au Canada, et une quantité non précisée en URSS). La carrière du Catalina fut surtout militaire, mais, après la guerre, de très nombreux exemplaires se retrouvèrent sur les marchés civils du monde entier. Après le premier vol du prototype, le 28 mars 1935, les principales variantes de production furent les PBY-1, 2, 3 et 4 initiales ; la PBY-5 de 1940 (l'une des plus répandues) ; la PBY-5A amphibie de 1941 ; la version finale PBY-6A. Les PBY-5A furent ceux qui remportèrent le plus de succès dans le domaine civil : Panair do Brasil, par exemple, en utilisa jusqu'en 1965 6 exemplaires modifiés pour transporter 22 passagers. Enfin, il y eut plusieurs versions modifiées et renforcées spécialement au niveau des moteurs. Parmi les mille exploits du *Cat,* l'un des plus mémorables reste sans doute le tour du monde réalisé du 12 mai au 6 juillet 1939 par le savant Richard Archbold.

Planche 105
Le transport aérien en Roumanie, en Tchécoslovaquie et en Pologne ; 1934-1938

L'évolution très rapide que connaissait le transport aérien dans les pays industrialisés ne manqua pas d'avoir des répercussions dans les pays mineurs du point de vue aéronautique. Dans bien des cas, les progrès furent lents, même s'ils furent sensibles ; dans d'autres — comme pour le Japon —, les années 30 marquèrent le début d'une très forte expansion qui devait atteindre son point culminant lors de la Seconde Guerre mondiale.

En Roumanie — pays de solide tradition aéronautique, quoique d'une capacité industrielle limitée, surtout si on la compare à celle des grandes puissances —, le premier avion commercial fut construit en 1934 par l'ICAR (et il s'appela ICAR Comercial), une société qui, fondée en 1932, s'était spécialisée dans la réalisation d'avions légers, de

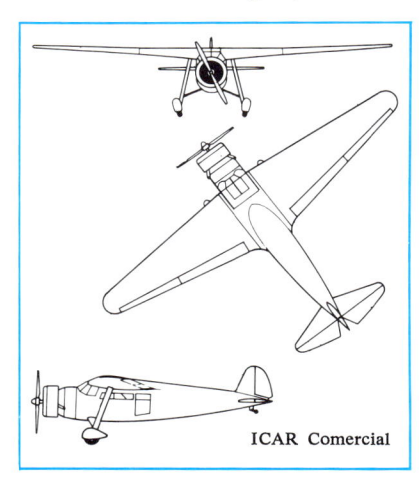

247

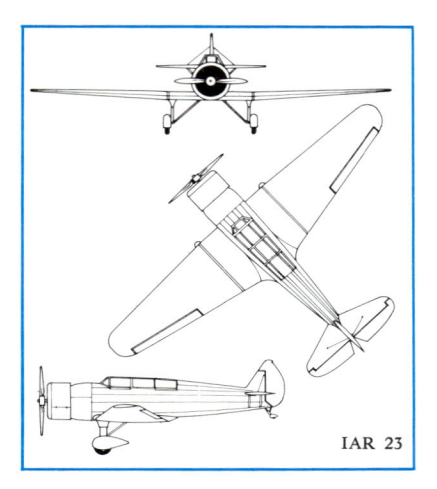

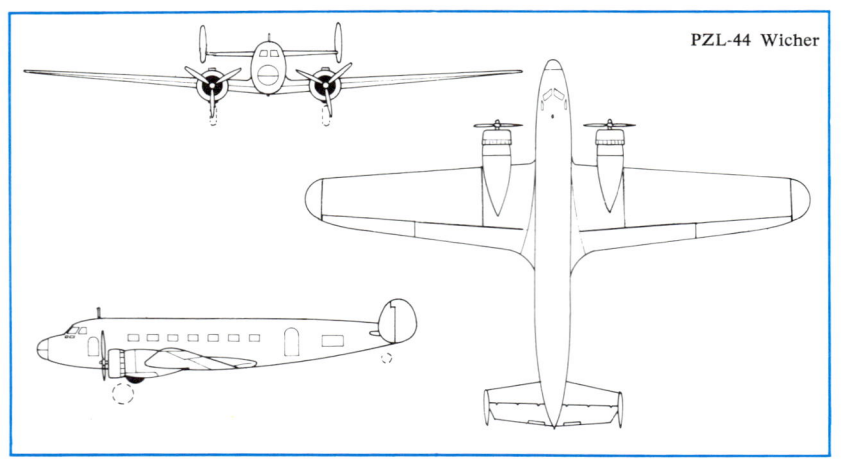

tourisme, d'entraînement et d'acrobatie. Le Comercial montra d'excellentes caractéristiques pour sa catégorie, surtout du point de vue de la vitesse et de l'autonomie, avec le maximum de capacité (6 passagers) et fut construit en petites quantités pour être utilisé sous les couleurs de la LARES, la compagnie nationalisée roumaine : il servit en nombre de 1936 à 1938.

Dans le domaine des avions légers, malgré la forte influence des productions italienne et allemande, l'industrie roumaine parvint à réaliser des projets originaux. L'IAR 23 en fit partie. C'était un monoplan biplace à ailes basses et train d'atterrissage fixe qui, dès sa sortie (1934) s'imposa dans les compétitions de durée. Au mois de septembre, un IAR 23 piloté par Gheorghe Banciulescu réussit à participer à trois meetings internationaux en l'espace de cinq jours : le 15 septembre, il vola de Bucarest à Varsovie aller et retour ; le 18 de Pipera à Prague et Bucarest ; le jour suivant, il prit part au raid Bucarest-Vienne-Paris. Ce fut là un ensemble d'épreuves très lourd, mais qui apporta la confirmation des brillantes caractéristiques du petit avion.

La production aéronautique internationale eut évidemment des influences directes. Par exemple en Tchécoslovaquie, pour le bimoteur de transport Aero 204, qui ressemblait beaucoup au Boeing 247 américain, tout en lui étant inférieur dans l'ensemble. Le projet fut lancé par l'Aero vers le milieu des années 30 et représenta une exception dans le contexte d'une production presque entièrement destinée à satisfaire aux besoins militaires. Le prototype sortit en 1937, révélant le soin avec lequel le constructeur avait abordé le problème du transport de passagers : la cabine principale était aménagée de façon à assurer le maximum d'espace et de confort aux 8 personnes qu'elle pouvait contenir ; chaque passager avait un fauteuil à côté d'un hublot, avec un dossier inclinable, un éclairage individuel, un système d'aération et de chauffage. Du point de vue de la configuration, l'Aero 204 était un bimoteur à ailes basses et train d'atterrissage escamotable, à structure mixte et revêtement en bois et en toile. Ses performances générales étaient bonnes, surtout la vitesse de croisière. Mais, à l'usage, cet avion ne se montra pas compétitif en face des produits des industries européennes et américaines ; sa production subit d'abord un ralentissement, puis un blocage définitif à cause de la guerre.

La Pologne fut l'un des pays européens qui firent des progrès sensibles dans le domaine aéronautique au cours des années 30. Dans le secteur des avions légers, le RXD-13 fut d'une excellente qualité. Ce petit monoplace à ailes hautes fut élaboré en 1934 et le prototype sortit en février de l'année suivante. La principale qualité de cet appareil était son éclectisme. En particulier, le RWD-10 était en mesure d'adopter n'importe lequel des moteurs commerciaux de sa catégorie (les plus répandus furent le Walter Major et le De Havilland Gipsy Major, tous deux de 130 ch) et cette caractéristique attira beaucoup d'utilisateurs privés, qui modifièrent l'avion suivant leurs besoins. De là vient que la production atteignit vite des rythmes relativement élevés et prit fin en septembre 1939 avec environ 110 exemplaires construits.

Le RWD-11, plus grand, n'eut pas un sort aussi heureux. C'était un élégant bimoteur à 6 passagers qui, après avoir été commandé par les autorités polonaises en 1933, connut une longue période de gestation, si bien que la commande fut annulée. Le prototype vola en février 1936 mais les essais en vol révélèrent dès le début un certain nombre de points faibles au niveau de la structure et de l'assiette. Pour y remédier, il fallut attendre jusqu'à l'été de l'année suivante et, lorsque l'avion parut sous sa forme définitive, la commande avait déjà été annulée. L'unique exemplaire fut réquisitionné plus tard par les Allemands. Un bimoteur commercial, moderne et intéressant, le PZL-44 Wicher, resta lui aussi à l'état de prototype. Il avait été conçu dans l'intention de doter les compagnies polonaises d'un bon appareil de production nationale. Le projet fut mis en route en 1936 à la suite de demandes officielles qui spécifiaient que le nouvel avion devait être de la même catégorie que le Douglas DC-2 américain. Le prototype vola au mois de mars 1938 et se montra dans l'ensemble conforme aux spécifications. En particulier, le fuselage avait été modifié et allongé tandis que l'unique gouvernail d'origine avait été remplacé par un double empennage. La mise au point fut plus laborieuse que prévu et c'est au cours de cette phase délicate qu'éclata une vive polémique entre les autorités militaires et civiles à propos des coûts de production. Les discussions durèrent longtemps, sans que l'on ait pu réussir à trouver un compromis. Finalement, la guerre éclata, qui résolut tous les problèmes. Le prototype, abandonné, fut capturé par les Russes.

**Planche 106
Japon et Canada : deux industries aéronautiques naissantes ;
1934-1938**

L'évolution de l'industrie aéronautique japonaise au cours des années 30 fut particulièrement intéressante. Encouragée par une volonté politique précise — tout orientée vers la future expansion militaire —, c'est à cette époque qu'elle vécut l'importante phase de transition entre la production sous licence et la réalisation de projets entièrement originaux. Ce phénomène fut particulièrement sensible dans le domaine militaire, mais il ne passa pas inaperçu dans le secteur des avions commerciaux, où quelques-uns des plus brillants avions de transport de l'immédiat avant-guerre ne furent que des variantes initiales des appareils qui devaient devenir les plus répandus et les plus célèbres avions japonais du conflit.

Le Mitsubishi Hinazuru, un bimoteur de transport léger fabriqué sous licence britannique, appartenait encore à la période où l'industrie aéronautique japonaise tendait surtout à acquérir les technologies de l'étranger. C'était en effet l'Airspeed A.S.6 Envoy que l'entreprise anglaise avait réussi à vendre au Japon, lors de l'intense campagne de publicité menée pour « placer » l'avion à l'étranger. Par rapport à l'original, le Hinazuru présentait quelques différences de détails. Même les moteurs étaient construits sous licence par la Mitsubishi. La production s'éleva à un nombre non précisé d'exemplaires et servit surtout de banc d'essai à la naissante industrie aéronautique.

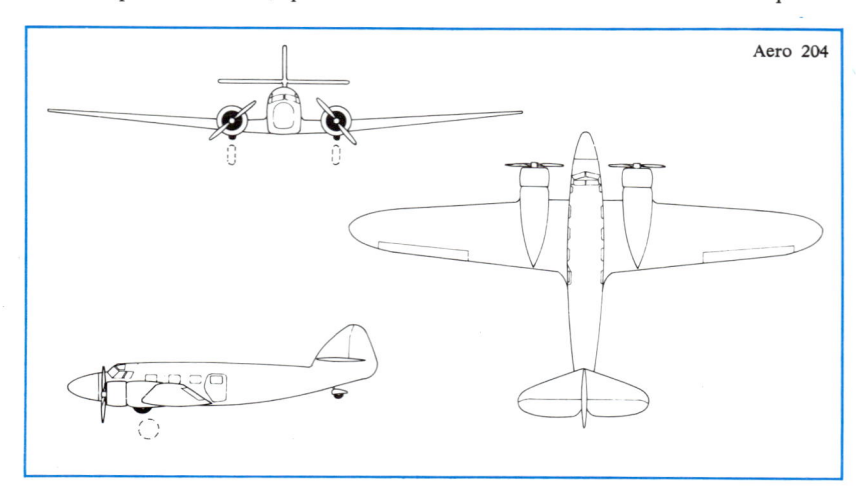

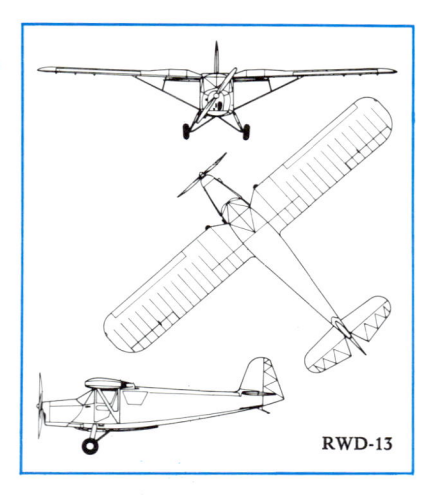

Les résultats de cette politique ne se firent pas attendre. Le 12 septembre 1936, vola le prototype du Nakajima AT-2, le premier bimoteur de transport commercial réalisé au Japon d'après un projet entièrement original. Mais même dans ce cas, il y eut une forte influence étrangère, si indirecte fût-elle. En effet, les études préliminaires avaient débuté en 1935, aussitôt après l'acquisition par la Nakajima des droits de construction du Douglas DC-2 américain. Ce ne fut qu'après avoir étudié attentivement les méthodes de construction et la technologie utilisées pour la réalisation de cet appareil que les techniciens japonais mirent en route le projet d'un avion de plus faibles dimensions destiné aux liaisons commerciales à courtes distances. La leçon fut si bien apprise que le prototype se montra exempt de défauts importants et passa sans encombre la série de tests. La production démarra donc rapidement et, de 1937 à 1940, la Nakajima fabriqua 32 exemplaires de l'AT-2 : ces avions équipèrent la Dai Nippon Koku K.K. et la Manchurian Airlines. La quantité destinée à l'armée fut plus importante : les deux versions spécialement réalisées (appelées Ki-34 et L1L1) à plus de 300 exemplaires quittèrent les chaînes de montage. Ces appareils servirent amplement au cours du conflit.

La carrière du Mitsubishi G3M, un des bombardiers types de la marine impériale, fut analogue, quoique bien plus importante. En 1938, alors qu'avait déjà démarré la production de la seconde série militaire, on décida la conversion d'une vingtaine d'exemplaires pour les affecter à l'usage civil. La plupart de ces G3M2 servirent sous les couleurs de la Nippon Koku K.K. et ensuite sous celles de la Dai Nippon Koku K.K., les principales compagnies japonaises. Cette brève parenthèse acquit un éclat particulier grâce à une série de vols intercontinentaux spectaculaires qu'accomplirent certains exemplaires. Parmi ces exploits, il faut mentionner tout particulièrement le tour du monde effectué du 26 août au 20 octobre 1939 par le G3M2 immatriculé J-BACI et baptisé *Nippon*. L'avion parcourut plus de 52 850 kilomètres en 194 heures de vol.

Si le Japon, dans les années immédiatement antérieures à la guerre, avait réussi à mettre sur pied et à maintenir à plein rendement une industrie aéronautique de premier ordre et aux immenses possibilités, dans une autre partie du monde, un pays tout aussi important était encore en train de faire les premiers pas vers l'autonomie : le Canada. En réalité, ce grand pays avait peu de raisons pour stimuler une production aéronautique indépendante, compte tenu de l'importante contribution apportée par les États-Unis et la Grande-Bretagne. Pourtant, l'industrie canadienne se spécialisa bien vite dans des avions légers, étudiés et réalisés pour opérer dans les conditions climatiques particulières au pays. L'un des modèles les plus répandus fut le Noorduyn Norseman, un monomoteur robuste, fiable et polyvalent, dont le prototype sortit en 1935. Les séries principales de la production d'avant-guerre furent au nombre de deux : la version initiale Norseman II et la Norseman IV de 1937, cette dernière ayant été renforcée au niveau du moteur (Pratt & Whitney de 600 ch au lieu du Wright de 450 ch). En dehors de leur emploi civil et privé, ces avions furent adoptés par les aviations militaires canadienne et américaine, et fabriqués à plus de 800 exemplaires. Après la guerre, la version finale fut celle qu'on appela Norseman V, ultérieurement renforcée et améliorée ; elle fut construite par la Canadian Car & Foundry, la société qui, à la fin du conflit, avait repris la Noorduyn Aviation Ltd.

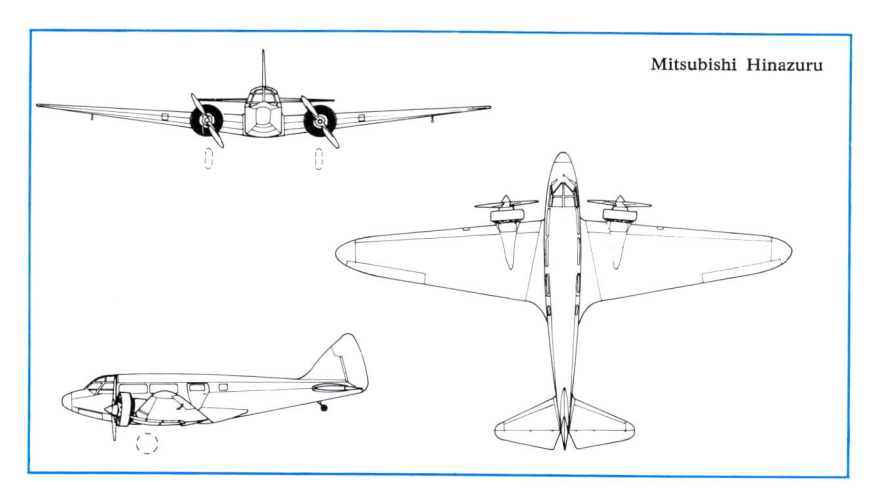

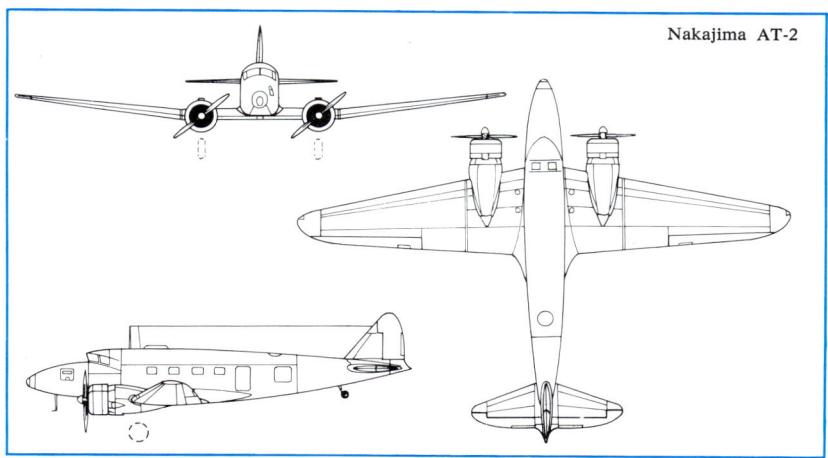

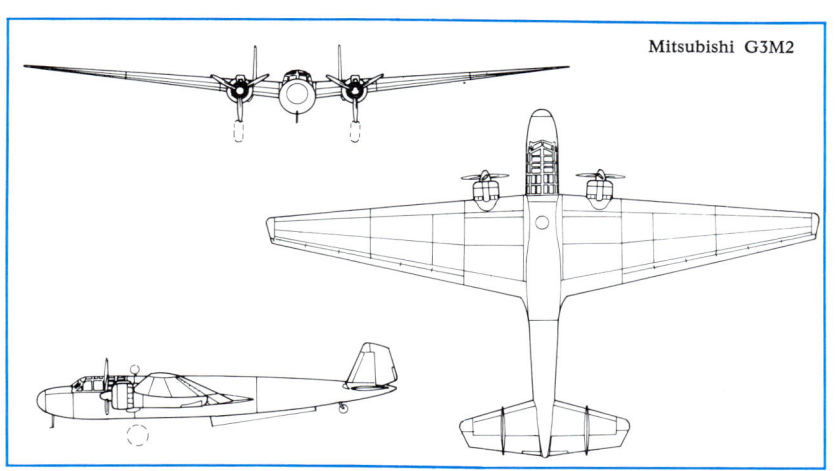

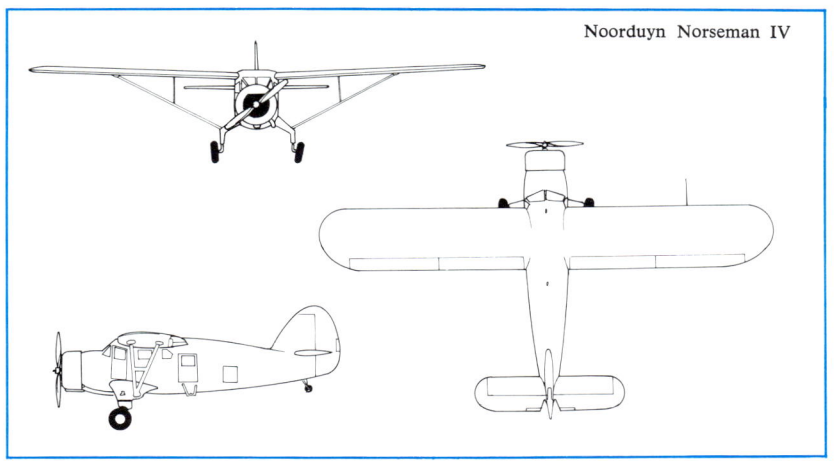

Planche 107
Quadrimoteurs allemands de l'immédiat avant-guerre ;
1937-1938

Si les progrès du Japon dans le domaine aéronautique furent très rapides au cours des années qui précédèrent immédiatement la guerre, ceux de l'Allemagne impressionnèrent le monde entier. Sous la poussée du renforcement de la puissance militaire, l'aviation commerciale atteignit en cette période le plus haut degré de son expansion. La Deutsche Lufthansa, déjà abondamment équipée et parfaitement organisée, mit en service des appareils incontestablement d'avant-garde.

Ce fut le cas du Focke Wulf Fw.200 Condor, un grand et moderne quadrimoteur conçu au début de 1936 sur demande expresse de la compagnie vedette allemande qui, face à la concurrence du DC-3, avait l'intention de remplacer les trimoteurs Junkers Ju.52 par un appareil plus moderne, aux capacités plus grandes et aux performances supérieures. Le projet fut conçu par Kurt Tank et prit la forme d'un élégant quadrimoteur à ailes basses, entièrement métallique, muni d'un train d'atterrissage escamotable, et capable d'opérer sur les routes transatlantiques. Parallèlement à la construction de 3 prototypes, on mit sur pied une ligne de montage pour 9 exemplaires de présérie. Le premier Fw.200 vola le

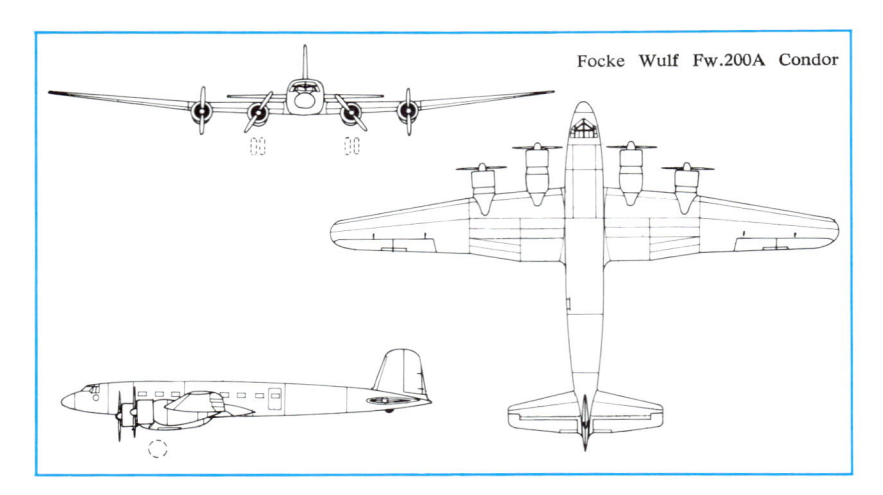

Focke Wulf Fw.200A Condor

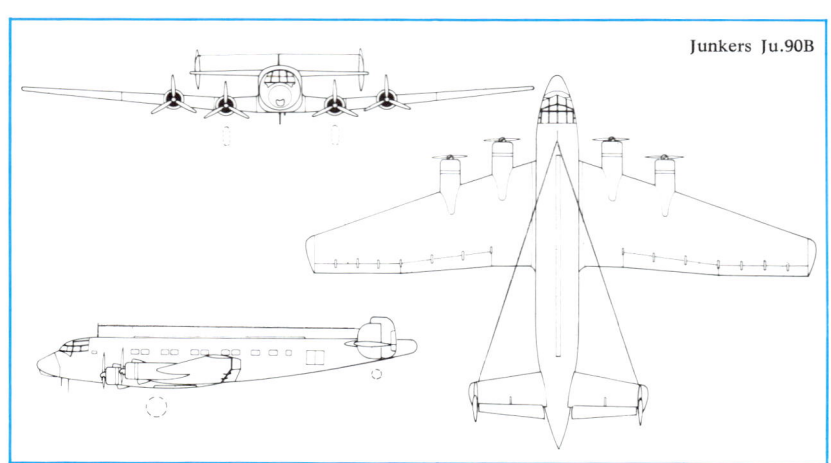

Junkers Ju.90B

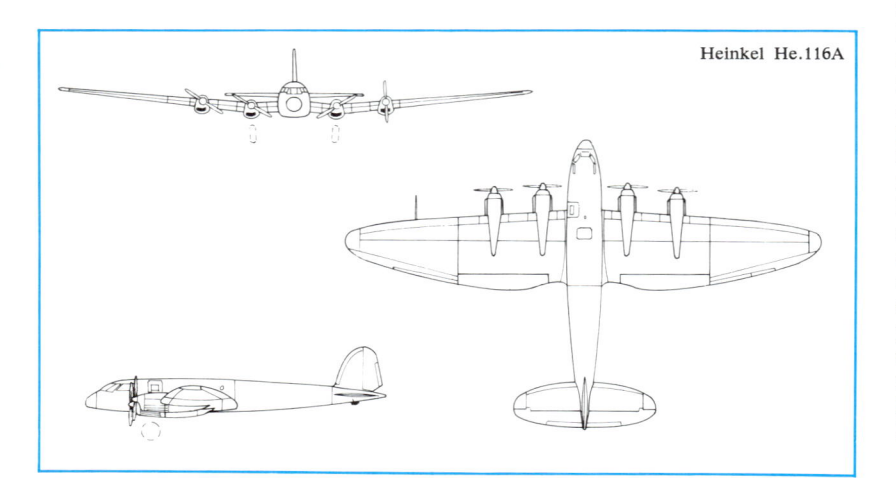

Heinkel He.116A

Blohm und Voss Ha.139A

le parcours de plus de 6 550 kilomètres fut couvert en 24 h 55 mn à l'aller et en 19 h 47 mn au retour, à une vitesse moyenne de 264 et 330 km/h.

En 1938, un autre quadrimoteur vint s'ajouter au Fw.200 : le Junkers Ju.90, qui fut construit en 4 prototypes et 10 exemplaires de la série B pour le marché civil, avant d'être destiné en totalité à l'usage militaire. Le premier prototype avait volé le 28 août 1937 et les tests opérationnels s'étaient accompagnés d'une intense campagne publicitaire. Mais le service commercial ne fut pas très étendu : la guerre empêcha l'emploi régulier des 8 Ju.90B commandés par la Lufthansa. La compagnie allemande inaugura le service régulier au cours de l'année 1938, utilisant le troisième prototype sur la ligne Berlin-Vienne. L'année suivante, après l'arrivée des premiers Ju.90 de série, les services furent amplifiés et l'un d'eux atteignit même la Grande-Bretagne. Au déclenchement des hostilités, tous les avions furent réquisitionnés par la Luftwaffe. Le Ju.90 était spacieux et confortable, surtout grâce à la structure rationnelle du fuselage.

En revanche, un autre quadrimoteur de la même époque, le Heinkel He.116, eut un sort malheureux. Sa mise à l'étude avait été demandée en 1936 par la Lufthansa pour la liaison postale à très longue distance. La cause de l'échec fut le manque de moteurs adaptés à la haute altitude, indispensables pour satisfaire à la demande de la compagnie qui prévoyait, entre autres, le franchissement des chaînes montagneuses de l'Afghanistan pour les liaisons avec l'Asie. Toutefois, avant que le programme ne fût abandonné, le He.116 eut le temps de montrer ses grandes capacités : en juin 1938, un exemplaire modifié parcourut 10 000 kilomètres sans escale en 46 h 18 mn, volant à une moyenne de 215,6 km/h. Deux He.116 furent achetés par les Japonais.

Planche 108
Les derniers concurrents et le vainqueur de la course de l'Atlantique Nord ; 1936-1941

Dans la seconde moitié des années 30, les progrès technologiques incitèrent encore davantage à se lancer dans des traversées de l'Atlantique. Le prestige d'une grande compagnie, plus que sur l'allure moderne de ses avions, leurs performances et leurs commodités, reposait sur la capacité qu'elle avait d'effectuer des liaisons au-delà des océans. La route la plus convoitée restait toujours celle de l'Atlantique Nord et même la Lufthansa dépensa beaucoup d'énergie en essayant d'assurer des liaisons régulières entre l'Ancien et le Nouveau Monde. L'un des avions qui auraient dû assumer cette tâche fut l'hydravion Blohm und Voss Ha.139, conçu spécialement en 1935 pour la liaison postale transatlantique. Trois exemplaires furent utilisés à partir de 1937, dans une série de vols expérimentaux au-dessus de l'Atlantique Nord (le tronçon Açores-New York fut couvert en 11 h 53 mn dans le sens ouest-est et en 13 h 40 mn dans le sens est-ouest), mais dans la pratique l'emploi commercial se fit pendant un certain temps entre l'Afrique et l'Amérique du Sud. C'est à partir de ces expériences et d'après les résultats obtenus que la Lufthansa commanda à la Dornier un hydravion doté de l'autonomie nécessaire pour relier sans escale Lisbonne et New York. Ce fut le Dornier Do.26, un élégant quadrimoteur à coque centrale, dont le prototype sortit le 21 mai 1938. Les essais et les vols expérimentaux montrèrent que l'avion répondait largement aux exigences d'autonomie, mais le déclenchement du conflit empêcha la réalisation du programme. Les quelques exemplaires construits furent employés dans une série de vols postaux à travers l'Atlantique Sud.

La guerre limita l'activité commerciale d'un autre hydravion,

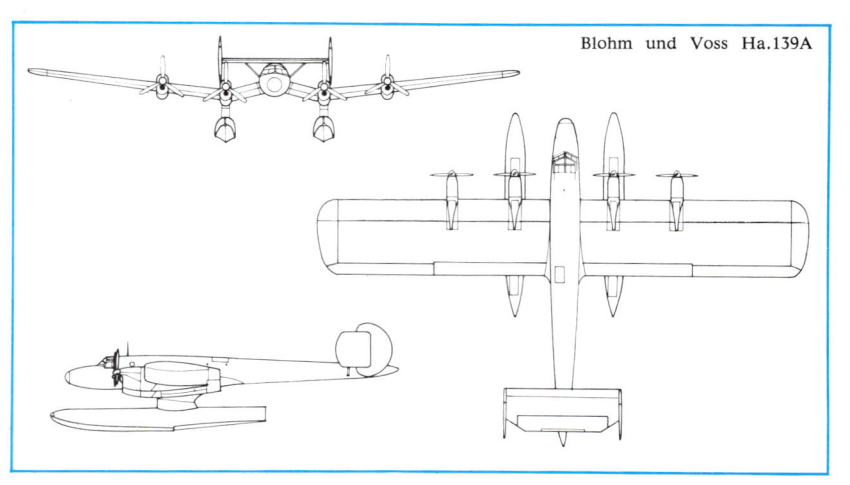

27 juillet 1937 et passa rapidement la série de tests. Il fut suivi un peu plus tard des 2 autres prototypes et des appareils de présérie, appelés Fw.200A. La mise en service commença l'année suivante. Cependant, le premier Condor à opérer régulièrement ne porta pas les couleurs de la Lufthansa, mais celles de la DDL (Det Danske Luftfartselskab), qui utilisa le premier des 3 exemplaires achetés à partir de l'été 1938. La compagnie allemande l'imita aussitôt après. Au total, la Lufthansa employa 10 Condor : 1 des prototypes, 5 Fw.200A et 4 Fw.200B, ces derniers appartenant à la série

suivante, renforcée et améliorée. Deux autres Condor de la production civile (avant que les lignes de montage ne soient entièrement occupées par les versions militaires du quadrimoteur Focke Wulf) furent achetés par le Sindacato Condor Limitada et utilisés au Brésil. Au cours du conflit, les avions de la Lufthansa furent tous « militarisés » sauf deux : le dernier vol sous les couleurs de la compagnie fut effectué le 14 avril 1945, de Barcelone à Berlin. Parmi les liaisons expérimentales réalisées par le Condor à leur sortie, mentionnons celle qui fut accomplie sans escale de Berlin à New York le 10 août 1938 :

Dornier Do.26A

Short S.26

Boeing 314A Yankee Clipper

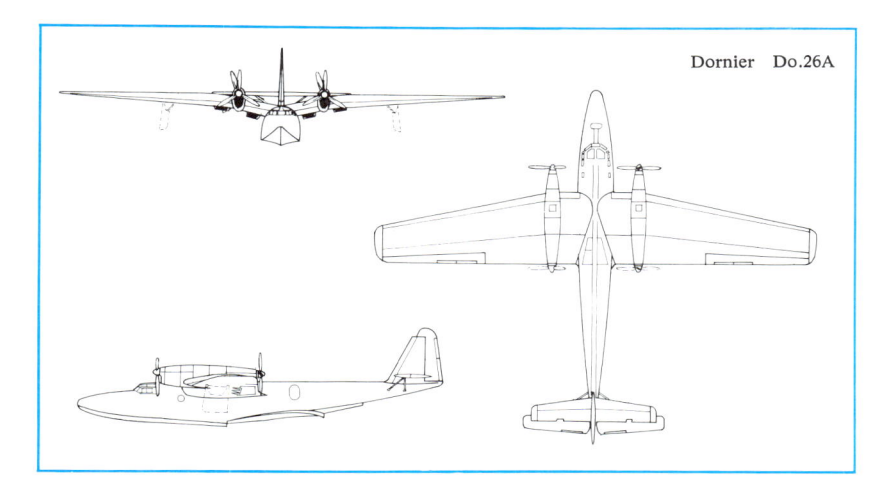

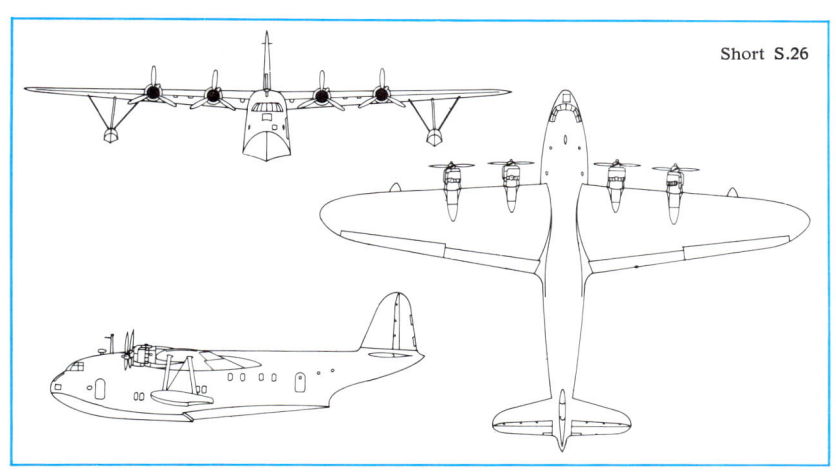

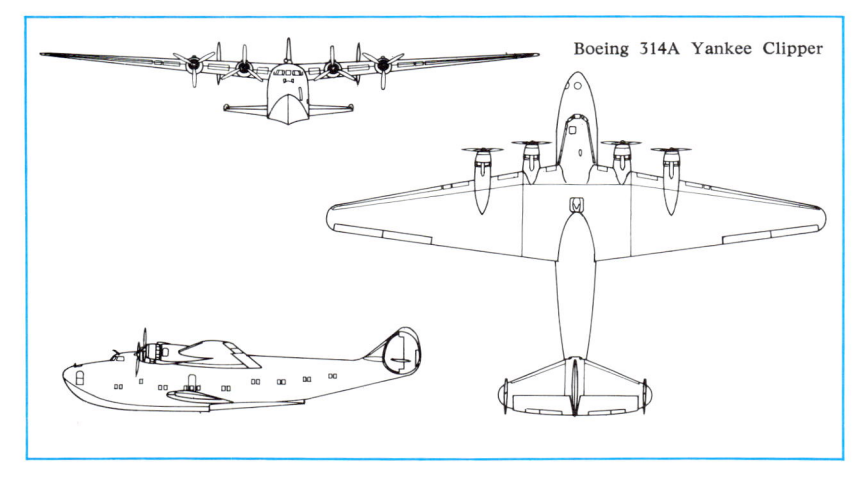

de bien meilleure qualité, le Short S.26 anglais, construit en 3 exemplaires seulement en 1939. Le motif qui poussa à la réalisation de ce gigantesque « vaisseau volant » fut fourni à la Short par le grand succès de son modèle S.23 et par l'expérience acquise dans ce domaine, renforcée, à l'époque, par la massive production des modèles militaires S.25 Sunderland. Le projet fut lancé en 1938, sur la demande de l'Imperial Airways, qui voulait un avion capable d'assurer le transport rapide et sans escale de passagers et de marchandises à travers l'Atlantique. Trois exemplaires furent commandés et le premier d'entre eux (baptisé *Golden Hind* et,

par ailleurs, seul à avoir survécu au conflit : il sombra en 1954 au cours d'une tempête) vola en juin de l'année suivante. L'avion fut livré à l'Imperial Airways le 24 septembre et, avec ses jumeaux, donna naissance à ce qu'on a appelé la *G Class*. Mais les projets de transport commercial à travers l'Atlantique furent de toute façon bloqués par la guerre. Les S.26, initialement « militarisés », furent rendus au service civil à la fin de 1942 : deux d'entre eux volèrent sous les couleurs de la BOAC. A la fin de la guerre, l'unique survivant opéra du 30 septembre 1946 au 21 septembre 1947 entre la Grande-Bretagne et l'Égypte. Puis il fut

vendu à des particuliers. Mais l'objectif consistant à assurer des liaisons régulières à travers l'Atlantique Nord fut atteint par un avion américain : le Boeing 314 Yankee Clipper. Ce grand hydravion quadrimoteur commandé par la Pan American inaugura le 20 mai 1939 le service postal et le 28 juin le premier service régulier de passagers, sur une ligne New York-Terre-Neuve-Southampton. Le début des hostilités amena la disparition de ses services, mais les 12 exemplaires construits (9 pour la Pan American et 3 pour la BOAC anglaise) restèrent actifs pendant toute la durée de la guerre. Le projet avait été lancé en 1935 et le premier des 6 exemplaires initiaux avait volé le 7 juin 1938. Ces avions furent livrés dans la première moitié de 1939 et furent suivis de 6 autres de la variante améliorée et renforcée 314A. Trois d'entre eux seulement allèrent à la Pan American : les 3 autres furent achetés par le gouvernement britannique et remis à la BOAC pour être utilisés comme avions de transport militaires. Ces avions survécurent au conflit et furent restitués aux États-Unis en 1948. La carrière des Yankee Clipper américains fut elle aussi très longue : à part 3 exemplaires qui furent détruits, 6 restèrent à la Pan American jusqu'en avril 1946. Vendus à des compagnies de charters, ils furent réformés en 1950.

Planche 109
Trois expériences intéressantes alors que le canon commence à tonner ; 1938-1940

L'un des projets les plus intéressants de l'histoire de l'aviation et qui date de cette époque, le programme Short-Mayo Composite, nous prouve combien était puissant l'essor de l'aéronautique et combien impérieux le désir de s'imposer avec des liaisons de plus en plus longues et ambitieuses.

L'idée de départ était simple : les caractéristiques d'autonomie et de charge d'un avion commercial que l'on pouvait obtenir avec les technologies disponibles étaient d'un niveau relativement élevé. Les facteurs qui, plus que tout autre, influaient sur les performances, étaient la puissance et la quantité de carburant nécessaire pour décoller et atteindre l'altitude et la vitesse de croisière. Pour obtenir les meilleurs résultats compatibles avec une utilisation commerciale, il fallait résoudre ces problèmes techniques. Étant donné qu'on ne pouvait le faire directement, compte tenu des limites technologiques des moteurs et des structures, il était du moins possible d'essayer de trouver une solution indirecte. Les ingénieurs anglais pensèrent la trouver dans la formule

d'un appareil multiple, c'est-à-dire composé d'un gros avion lanceur chargé de décoller et d'atteindre les limites de son autonomie opérationnelle en transportant un avion plus petit, destiné au transport proprement dit ; une fois largué en vol — à l'altitude et à la vitesse optimales —, cet appareil devait assurer la liaison choisie en opérant au maximum de ses capacités.

Le projet, lancé par le directeur technique de l'Imperial Airways, R.H. Mayo, avait pour but d'améliorer les services postaux sur les longues lignes intercontinentales, en particulier en direction de l'Amérique. L'idée parut très intéressante, au point que les autorités britanniques approuvèrent le programme et décidèrent sa mise en route. En 1935 fut spécialement fondée une société (Mayo Composite Aircraft Co Ltd) chargée de la défense des droits, tandis que la réalisation était confiée à la Short, l'entreprise aéronautique anglaise la plus spécialisée dans le domaine des hydravions, appareils estimés les mieux adaptés au but recherché. Les résultats ne se firent pas attendre et se présentèrent sous forme de deux quadrimoteurs — très différents l'un de l'autre — qui furent appelés S.20 Mercury et S.21 Maya. Le premier était relativement petit (c'était l'élément supérieur) et avait une configuration de monoplan à ailes hautes avec doubles flotteurs, très soigné du point de vue aérodynamique ; le second était un grand hydravion à coque centrale, ressemblant beaucoup au S.23, mais légèrement modifié. Les deux avions furent réalisés et essayés séparément, respectivement le 27 juillet et le 5 septembre 1937. Le 20 janvier de l'année suivante, Maya et Mercury volèrent ensemble et, le 6 février, effectuèrent avec succès le premier lancer. Le 21 juillet, on entreprit la liaison commerciale sur l'Atlantique Nord : de Foynes (Irlande), le couple d'avions s'envola vers le Canada, piloté par les commandants Wilcockson et Bennett. Tout alla au mieux et le Mercury, avec 272 kg de marchandises et de courrier à bord, arriva à Boucherville (Montréal) après 20 h 20 mn, ayant parcouru 4 600 kilomètres à une vitesse moyenne de 285 km/h. Le 6 octobre eut lieu une seconde tentative, bien plus ambitieuse, de Dundee (Écosse) au Cap. Mercury parcourut 9 728 kilomètres en 42 h 5 mn, bien qu'il n'ait pas réussi à atteindre son but : à court de carburant, il fut contraint d'amerrir à l'embouchure du fleuve Orange. Mais ce fut tout de même un record. L'imminence du conflit mit cependant fin aux expériences. Le Short S.21 Maya fut transformé pour le transport des passagers et confié à la BOAC pour assurer les liaisons pendant la

Short-Mayo S.20/S.21 Composite

Campini Caproni CC.2

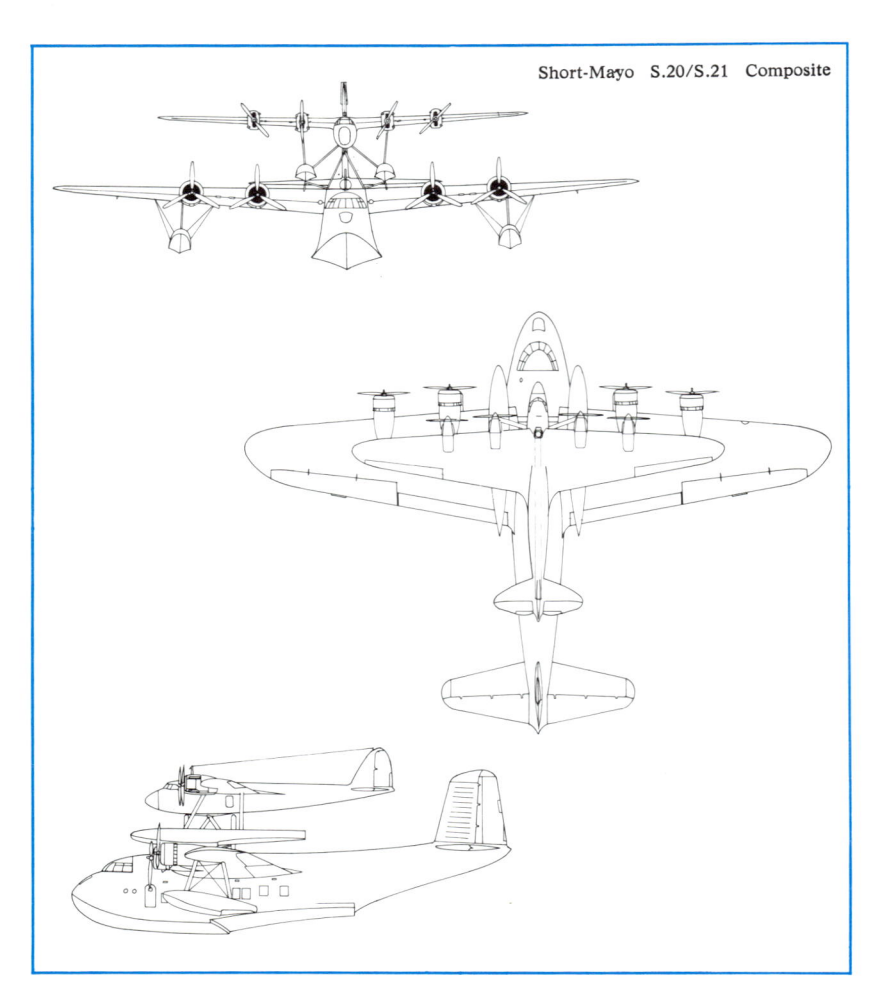

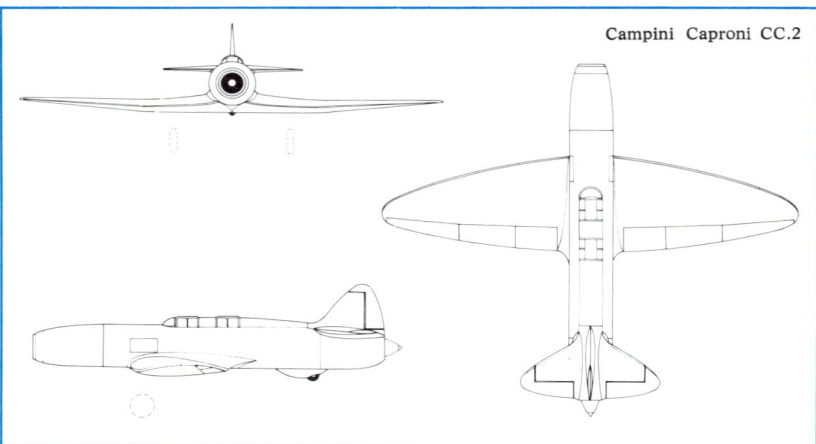

période de guerre. Mercury, quant à lui, fut cédé à la RAF. Le premier fut détruit le 11 mai 1941, et le second deux mois plus tard. Avant d'endosser l'uniforme de la RAF, le S.20 servit pendant un certain temps comme avion postal de nuit sur la ligne Southampton-Alexandrie.

Par son originalité et sa portée, cette expérience britannique rappelle irrésistiblement une autre étape fondamentale conquise par l'aviation à cette époque : celle que marqua le Campini Caproni CC.2, le premier avion italien à voler sans l'aide d'une hélice et l'un des premiers au monde à aborder avec des résultats concrets les problèmes du vol à réaction. Dans ce domaine, c'étaient incontestablement les Allemands qui étaient en tête. Le premier vol réussi d'un avion fusée avait été effectué le 30 septembre 1929 par le Rak-1, un planeur propulsé par 16 fusées réalisées par Friedrich Wilhelm Sander et piloté par Fritz von Opel, qui était resté en l'air pendant environ 10 mn, atteignant la vitesse de 160 km/h. Le 27 août 1939 avait volé le premier avion à réaction de l'histoire, le Heinkel He.178. Dans ce contexte, l'expérience italienne fut tout à fait particulière, d'une part parce qu'elle n'eut pas de suite, d'autre part parce que du point de vue technologique elle n'affrontait pas les problèmes de la réalisation et de la mise au point d'un véritable moteur à réaction. En effet, le propulseur étudié par l'ingénieur Secondo Campini était un compromis entre le moteur à pistons et la turbine : le premier actionnait le compresseur qui, à son tour, produisait le flux d'air à envoyer dans les chambres de combustion finales. Pratiquement, le système de propulsion était composé de trois parties : le compresseur antérieur à trois étages, capable de tourner à 18 000 tours/minute ; le moteur à pistons (un V-12 Isotta Fraschini de 900 ch) ; le conduit dynamique avec le brûleur annulaire et la tuyère d'échappement, dans lequel le flux d'air provenant du compresseur était accéléré avant de passer à travers les chambres de combustion. La poussée totale était de 750 kg.

Le motoréacteur — ainsi fut baptisé le moteur — fut installé dans une cellule spécialement conçue et testé pour la première fois le 28 août 1940, avec Mario De Bernardi aux commandes. Les essais furent couronnés de succès et le 30 novembre 1941 le même pilote effectua avec le second prototype le premier vol de longue durée, qui fut aussi en son genre le premier au monde : de Milan à Rome avec un sac postal en guise de chargement. Ensuite, l'avion fut remis au centre expérimental de la Regia Aeronautica de Guidonia pour les essais officiels qui se poursuivirent jusqu'en septembre 1942.

Planche 110
Quatre dirigeables restés dans l'histoire ;
1926-1936

Ce fut à bien des égards un paradoxe, mais l'objectif auquel le « plus lourd que l'air », malgré les immenses progrès techniques et technologiques, ne parvint pleinement qu'à la fin des années 30, fut atteint plus d'une décennie avant par le « plus léger que l'air », l'antique et glorieux dirigeable. Le plus connu de tous fut celui qui fut baptisé Graf Zeppelin le 8 juillet 1928, trois mois avant d'effectuer la liaison inaugurale entre l'Allemagne et les États-Unis. Ce dirigeable avait été spécialement conçu et réalisé pour le transport des passagers : 20 personnes seulement pouvaient être accueillies à bord, mais, en contrepartie, leur installation représentait tout ce que le transport aérien pouvait offrir de mieux à l'époque. En outre, le Graf Zeppelin était capable de voler à une vitesse de croisière de 115 km/h et de parcourir 10 000 kilomètres sans escale. Le vol inaugural eut lieu le 11 octobre 1928. Le dirigeable quitta Friedrichshafen pour les États-Unis avec 63 personnes à bord et un abondant chargement de marchandises et de courrier, dont 60 000 lettres dont le timbre avait reçu une oblitération spéciale. Cette traversée marqua le début d'une longue et très active carrière. Au cours des années suivantes, le Graf Zeppelin effectua de nombreux vols, dont une centaine sur l'Atlantique Sud, de Friedrichshafen à Pernambouc : pour la seule année 1935, il accomplit 82 voyages, transportant 1 429 passagers, 14 tonnes de courrier et de marchandises, et volant pendant 3 500 heures sur 357 000 kilomètres.

La compétition sans doute la plus passionnante fut celle qui s'engagea pour la conquête du pôle Nord, l'objectif le plus ambitieux après la traversée de l'Atlantique, qu'un dirigeable avait disputée au « plus lourd que l'air » en juillet 1919, avec l'exploit du E.34. Dans ce cas aussi, le dirigeable arriva second, de très peu. Le 12 mai 1926, en effet, le dirigeable Norge survola le pôle trois jours après le trimoteur Fokker F.VIIa-3m, baptisé Josephine Ford, de Richard Byrd et Floyd Bennett. A bord du Norge (construit en Italie d'après un projet d'Umberto Nobile) il y avait Nobile lui-même, l'explorateur norvégien Roald Amundsen et l'Américain Lincoln Ellsworth, qui avait financé l'entreprise.

Mais la performance suscita des polémiques, sans que Nobile se laissât impressionner. Après avoir lancé une souscription, il recueillit les fonds nécessaires à la construction d'un second dirigeable. Le nouveau dirigeable fut appelé N.4 et baptisé Italia. Sa réalisation avait été assurée par les établissements Costruzioni Aeronautiche en tirant profit des expériences du premier projet. L'Italia décolla à 4 h 28 précises et la première partie du vol se déroula sans incident. Il n'en fut pas de même pour le voyage de retour : ralenti par le mauvais temps et alourdi par la glace, il s'écrasa au sol le 25 mai à 10 h 33. Cependant, l'émotion publique fut telle que les autorités militaires décidèrent de supprimer tous les dirigeables en service à l'époque.

Mais la fin du « plus léger que l'air » fut marquée à la suite de la tragédie de l'appareil allemand LZ 129 Hindenburg, le plus prestigieux dirigeable pour passagers jamais construit et le dernier-né de la longue série de machines volantes réalisées par Ferdinand von Zeppelin. Entré en service régulier pour passagers dans la Deutsche Zeppelin-Reederei le 6 mai 1936 sur la ligne Francfort-New York, le Hindenburg prit feu exactement un an plus tard à son arrivée à Lekehurst. Les 35 personnes (parmi les 97 à bord) qui périrent dans le désastre furent considérées comme un tribut trop élevé à payer pour satisfaire le goût des aventures sur l'Océan. Ce fut l'opinion publique, cette fois, qui sanctionna la fin d'une époque.

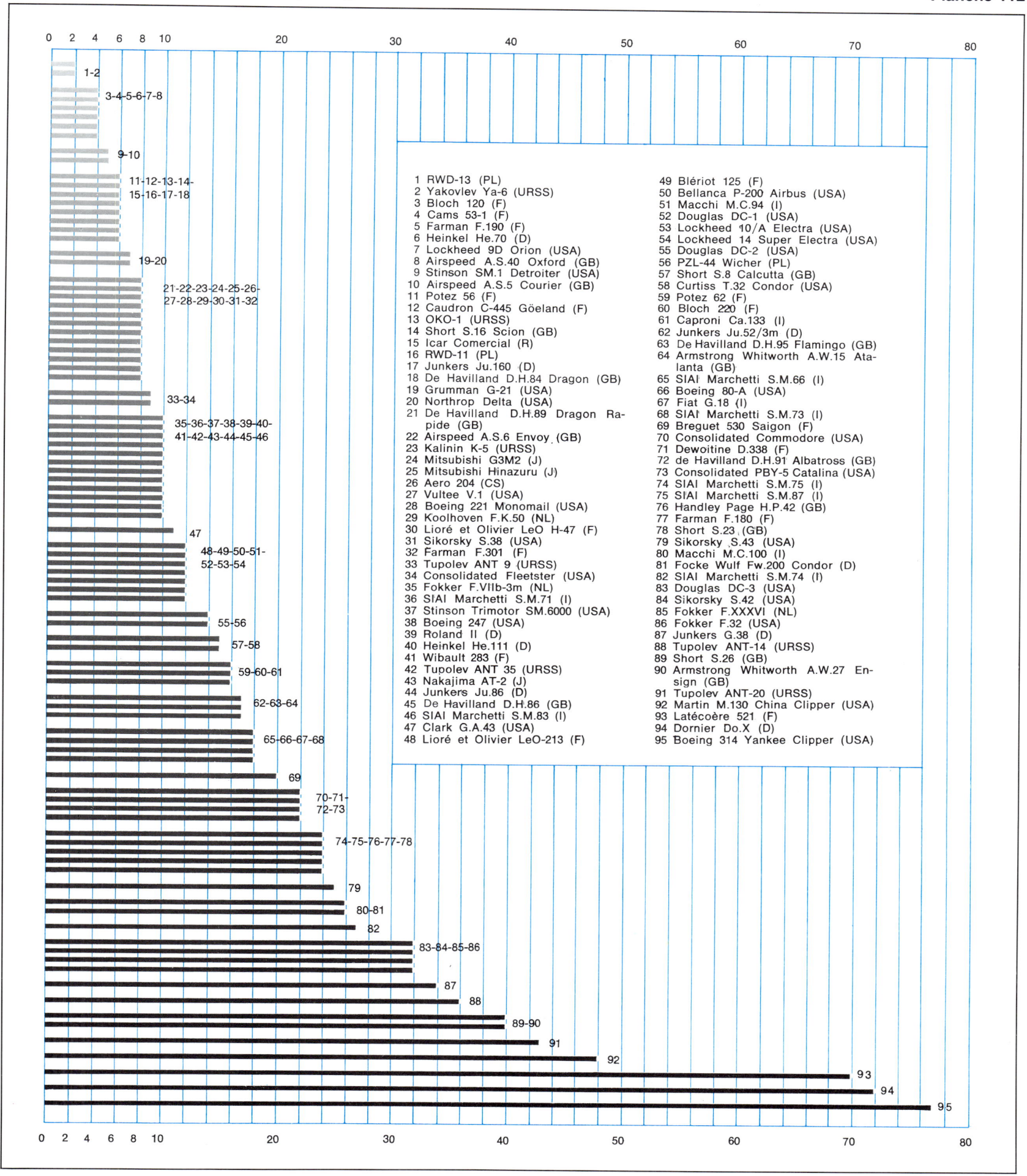

Tableau comparatif de la capacité en passagers de 1928 à 1940

Planche 112

1 RWD-13 (PL)
2 Yakovlev Ya-6 (URSS)
3 Bloch 120 (F)
4 Cams 53-1 (F)
5 Farman F.190 (F)
6 Heinkel He.70 (D)
7 Lockheed 9D Orion (USA)
8 Airspeed A.S.40 Oxford (GB)
9 Stinson SM.1 Detroiter (USA)
10 Airspeed A.S.5 Courier (GB)
11 Potez 56 (F)
12 Caudron C-445 Göeland (F)
13 OKO-1 (URSS)
14 Short S.16 Scion (GB)
15 Icar Comercial (R)
16 RWD-11 (PL)
17 Junkers Ju.160 (D)
18 De Havilland D.H.84 Dragon (GB)
19 Grumman G-21 (USA)
20 Northrop Delta (USA)
21 De Havilland D.H.89 Dragon Rapide (GB)
22 Airspeed A.S.6 Envoy (GB)
23 Kalinin K-5 (URSS)
24 Mitsubishi G3M2 (J)
25 Mitsubishi Hinazuru (J)
26 Aero 204 (CS)
27 Vultee V.1 (USA)
28 Boeing 221 Monomail (USA)
29 Koolhoven F.K.50 (NL)
30 Lioré et Olivier LeO H-47 (F)
31 Sikorsky S.38 (USA)
32 Farman F.301 (F)
33 Tupolev ANT 9 (URSS)
34 Consolidated Fleetster (USA)
35 Fokker F.VIIb-3m (NL)
36 SIAI Marchetti S.M.71 (I)
37 Stinson Trimotor SM.6000 (USA)
38 Boeing 247 (USA)
39 Roland II (D)
40 Heinkel He.111 (D)
41 Wibault 283 (F)
42 Tupolev ANT 35 (URSS)
43 Nakajima AT-2 (J)
44 Junkers Ju.86 (D)
45 De Havilland D.H.86 (GB)
46 SIAI Marchetti S.M.83 (I)
47 Clark G.A.43 (USA)
48 Lioré et Olivier LeO-213 (F)
49 Blériot 125 (F)
50 Bellanca P-200 Airbus (USA)
51 Macchi M.C.94 (I)
52 Douglas DC-1 (USA)
53 Lockheed 10/A Electra (USA)
54 Lockheed 14 Super Electra (USA)
55 Douglas DC-2 (USA)
56 PZL-44 Wicher (PL)
57 Short S.8 Calcutta (GB)
58 Curtiss T.32 Condor (USA)
59 Potez 62 (F)
60 Bloch 220 (F)
61 Caproni Ca.133 (I)
62 Junkers Ju.52/3m (D)
63 De Havilland D.H.95 Flamingo (GB)
64 Armstrong Whitworth A.W.15 Atalanta (GB)
65 SIAI Marchetti S.M.66 (I)
66 Boeing 80-A (USA)
67 Fiat G.18 (I)
68 SIAI Marchetti S.M.73 (I)
69 Breguet 530 Saigon (F)
70 Consolidated Commodore (USA)
71 Dewoitine D.338 (F)
72 de Havilland D.H.91 Albatross (GB)
73 Consolidated PBY-5 Catalina (USA)
74 SIAI Marchetti S.M.75 (I)
75 SIAI Marchetti S.M.87 (I)
76 Handley Page H.P.42 (GB)
77 Farman F.180 (F)
78 Short S.23 (GB)
79 Sikorsky S.43 (USA)
80 Macchi M.C.100 (I)
81 Focke Wulf Fw.200 Condor (D)
82 SIAI Marchetti S.M.74 (I)
83 Douglas DC-3 (USA)
84 Sikorsky S.42 (USA)
85 Fokker F.XXXVI (NL)
86 Fokker F.32 (USA)
87 Junkers G.38 (D)
88 Tupolev ANT-14 (URSS)
89 Short S.26 (GB)
90 Armstrong Whitworth A.W.27 Ensign (GB)
91 Tupolev ANT-20 (URSS)
92 Martin M.130 China Clipper (USA)
93 Latécoère 521 (F)
94 Dornier Do.X (D)
95 Boeing 314 Yankee Clipper (USA)

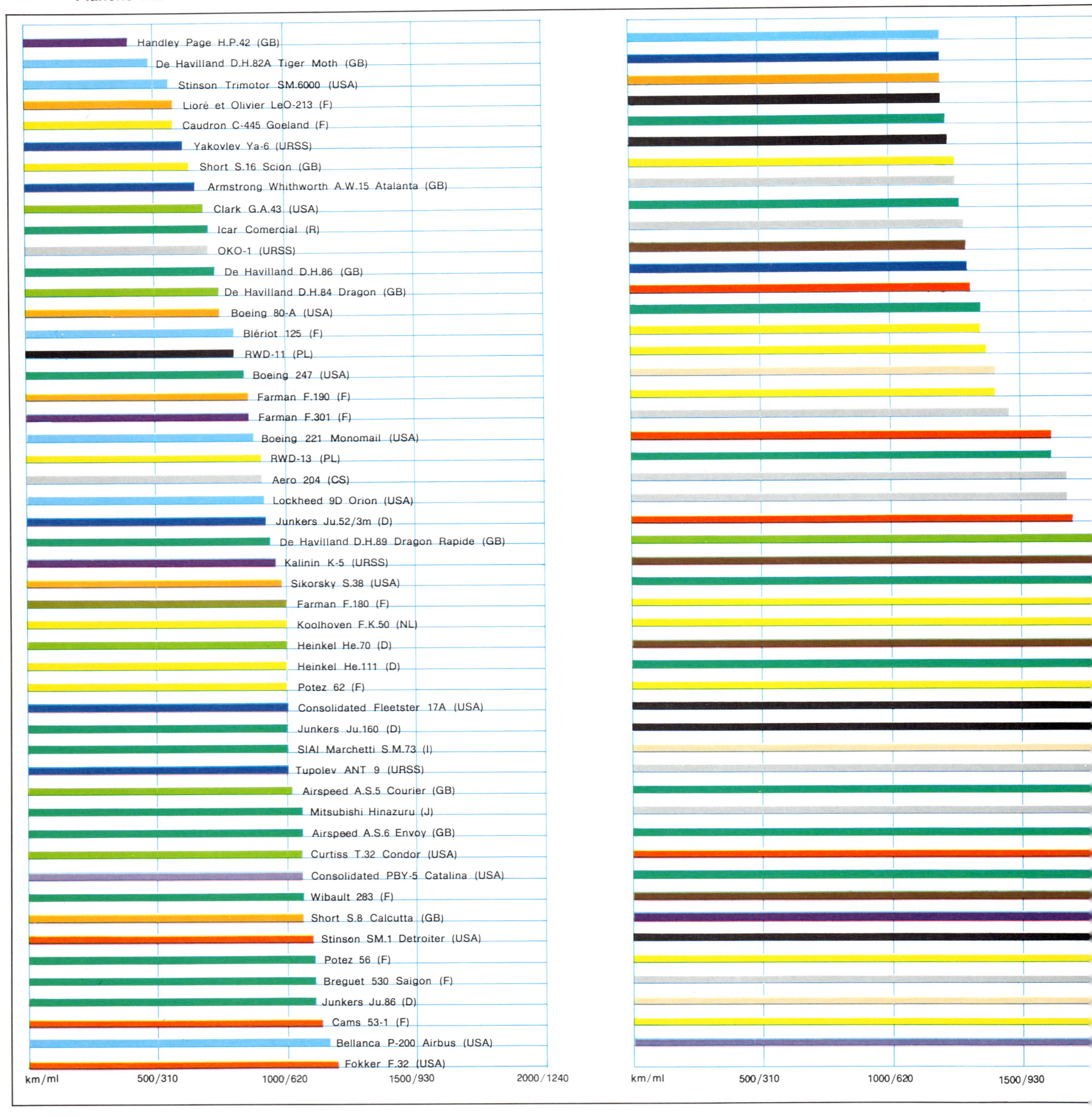

Planche 113 Tableau comparatif de l'autonomie de 1927 à 1941

Handley Page H.P.42 (GB)	
De Havilland D.H.82A Tiger Moth (GB)	
Stinson Trimotor SM.6000 (USA)	
Lioré et Olivier LeO-213 (F)	
Caudron C-445 Goéland (F)	
Yakovlev Ya-6 (URSS)	
Short S.16 Scion (GB)	
Armstrong Whithworth A.W.15 Atalanta (GB)	
Clark G.A.43 (USA)	
Icar Comercial (R)	
OKO-1 (URSS)	
De Havilland D.H.86 (GB)	
De Havilland D.H.84 Dragon (GB)	
Boeing 80-A (USA)	
Blériot 125 (F)	
RWD-11 (PL)	
Boeing 247 (USA)	
Farman F.190 (F)	
Farman F.301 (F)	
Boeing 221 Monomail (USA)	
RWD-13 (PL)	
Aero 204 (CS)	
Lockheed 9D Orion (USA)	
Junkers Ju.52/3m (D)	
De Havilland D.H.89 Dragon Rapide (GB)	
Kalinin K-5 (URSS)	
Sikorsky S.38 (USA)	
Farman F.180 (F)	
Koolhoven F.K.50 (NL)	
Heinkel He.70 (D)	
Heinkel He.111 (D)	
Potez 62 (F)	
Consolidated Fleetster 17A (USA)	
Junkers Ju.160 (D)	
SIAI Marchetti S.M.73 (I)	
Tupolev ANT 9 (URSS)	
Airspeed A.S.5 Courier (GB)	
Mitsubishi Hinazuru (J)	
Airspeed A.S.6 Envoy (GB)	
Curtiss T.32 Condor (USA)	
Consolidated PBY-5 Catalina (USA)	
Wibault 283 (F)	
Short S.8 Calcutta (GB)	
Stinson SM.1 Detroiter (USA)	
Potez 56 (F)	
Breguet 530 Saigon (F)	
Junkers Ju.86 (D)	
Cams 53-1 (F)	
Bellanca P-200 Airbus (USA)	
Fokker F.32 (USA)	

km/ml — 500/310 — 1000/620 — 1500/930 — 2000/1240

254

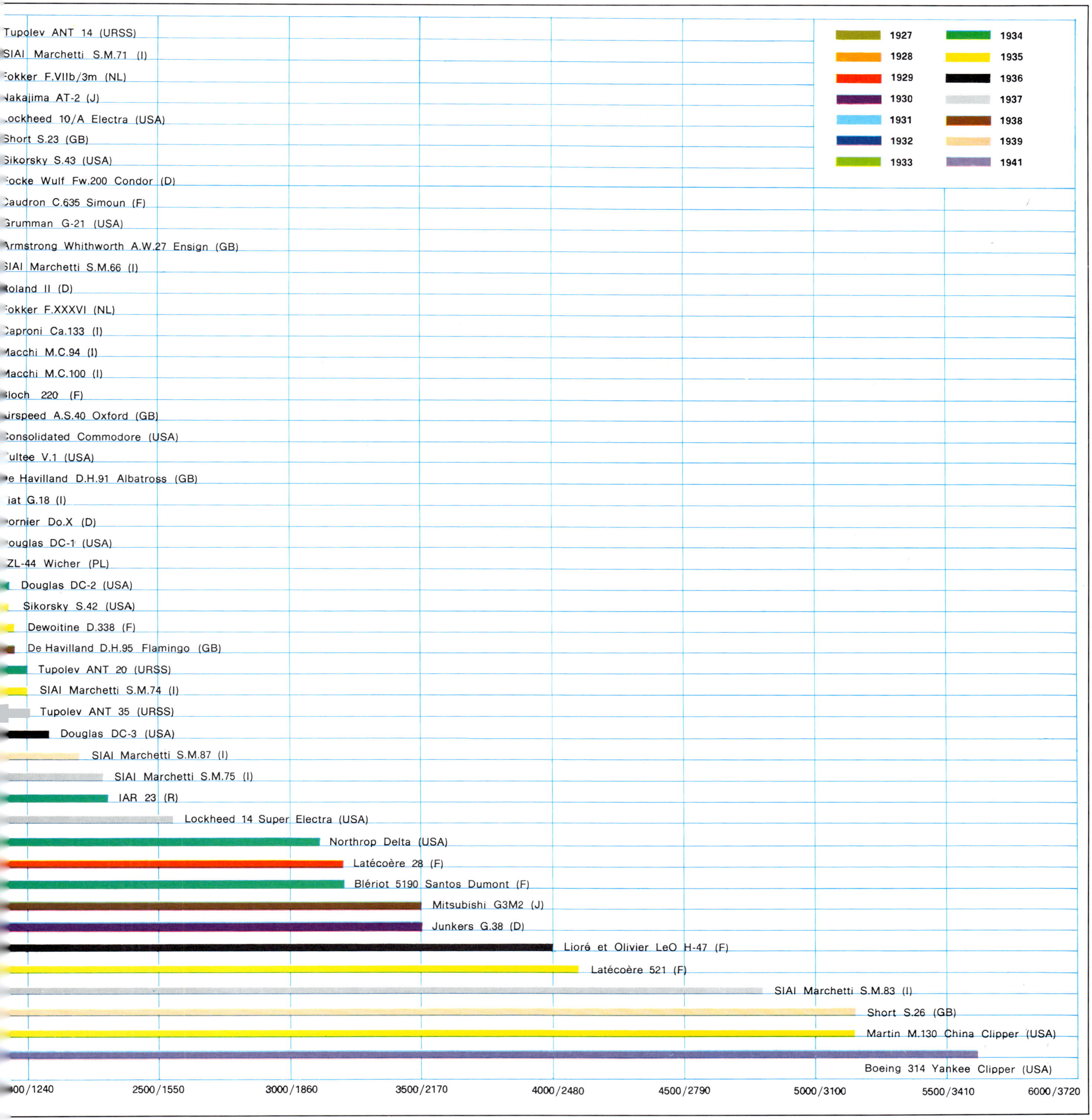

1927
1928
1929
1930
1931
1932
1933
1934
1935
1936
1937
1938
1939
1941
Tupolev ANT 14 (URSS)
SIAI Marchetti S.M.71 (I)
okker F.VIIb/3m (NL)
Nakajima AT-2 (J)
ockheed 10/A Electra (USA)
Short S.23 (GB)
Sikorsky S.43 (USA)
ocke Wulf Fw.200 Condor (D)
audron C.635 Simoun (F)
Grumman G-21 (USA)
Armstrong Whithworth A.W.27 Ensign (GB)
SIAI Marchetti S.M.66 (I)
Roland II (D)
okker F.XXXVI (NL)
aproni Ca.133 (I)
Macchi M.C.94 (I)
Macchi M.C.100 (I)
Bloch 220 (F)
irspeed A.S.40 Oxford (GB)
Consolidated Commodore (USA)
ultee V.1 (USA)
e Havilland D.H.91 Albatross (GB)
iat G.18 (I)
ornier Do.X (D)
ouglas DC-1 (USA)
ZL-44 Wicher (PL)
Douglas DC-2 (USA)
Sikorsky S.42 (USA)
Dewoitine D.338 (F)
De Havilland D.H.95 Flamingo (GB)
Tupolev ANT 20 (URSS)
SIAI Marchetti S.M.74 (I)
Tupolev ANT 35 (URSS)
Douglas DC-3 (USA)
SIAI Marchetti S.M.87 (I)
SIAI Marchetti S.M.75 (I)
IAR 23 (R)
Lockheed 14 Super Electra (USA)
Northrop Delta (USA)
Latécoère 28 (F)
Blériot 5190 Santos Dumont (F)
Mitsubishi G3M2 (J)
Junkers G.38 (D)
Lioré et Olivier LeO H-47 (F)
Latécoère 521 (F)
SIAI Marchetti S.M.83 (I)
Short S.26 (GB)
Martin M.130 China Clipper (USA)
Boeing 314 Yankee Clipper (USA)
00/1240
2500/1550
3000/1860
3500/2170
4000/2480
4500/2790
5000/3100
5500/3410
6000/3720

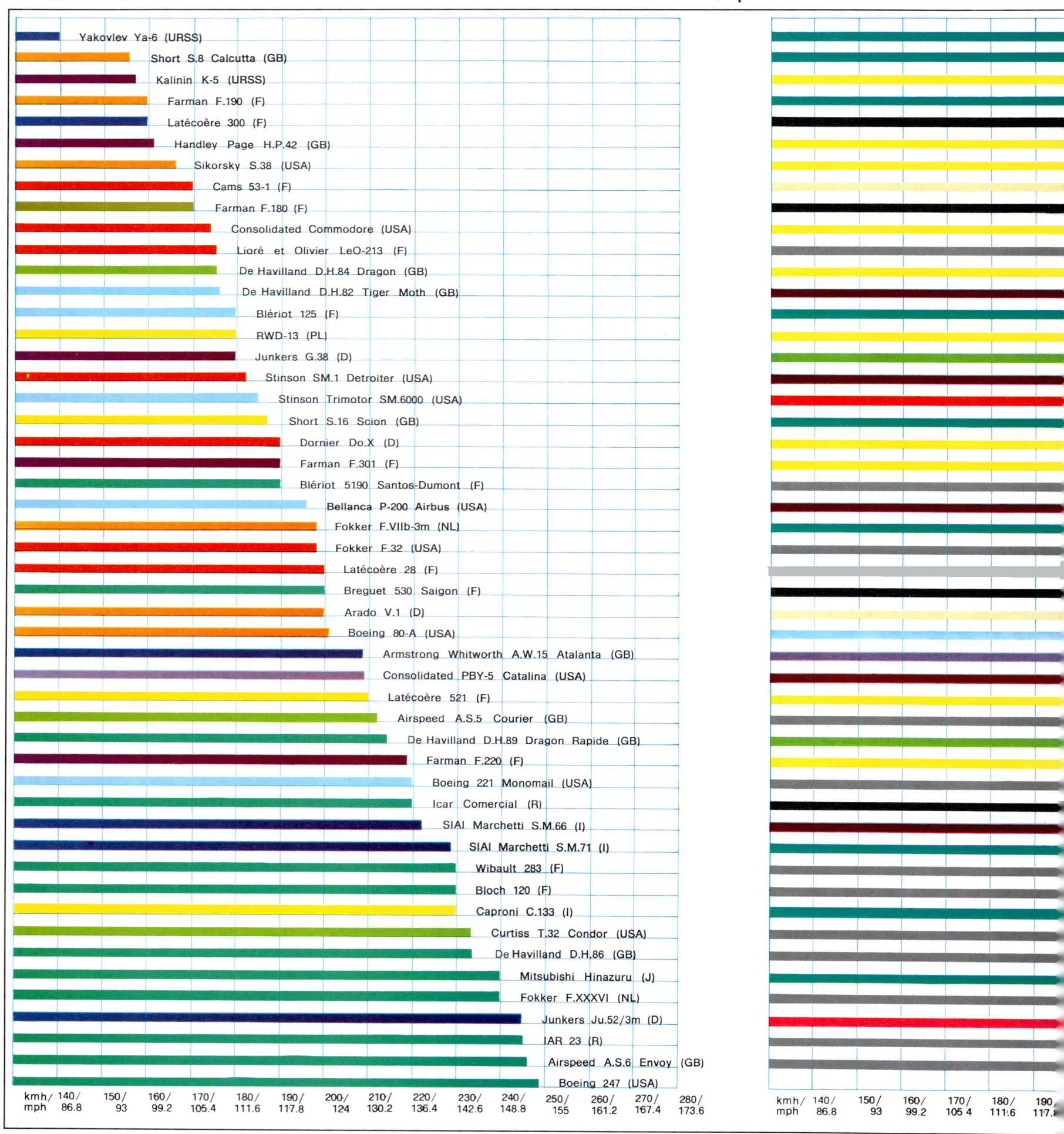

Planche 114 — Tableau comparatif de la vitesse de 1927 à 1941

Yakovlev Ya-6 (URSS)	
Short S.8 Calcutta (GB)	
Kalinin K-5 (URSS)	
Farman F.190 (F)	
Latécoère 300 (F)	
Handley Page H.P.42 (GB)	
Sikorsky S.38 (USA)	
Cams 53-1 (F)	
Farman F.180 (F)	
Consolidated Commodore (USA)	
Lioré et Olivier LeO-213 (F)	
De Havilland D.H.84 Dragon (GB)	
De Havilland D.H.82 Tiger Moth (GB)	
Blériot 125 (F)	
RWD-13 (PL)	
Junkers G.38 (D)	
Stinson SM.1 Detroiter (USA)	
Stinson Trimotor SM.6000 (USA)	
Short S.16 Scion (GB)	
Dornier Do.X (D)	
Farman F.301 (F)	
Blériot 5190 Santos-Dumont (F)	
Bellanca P-200 Airbus (USA)	
Fokker F.VIIb-3m (NL)	
Fokker F.32 (USA)	
Latécoère 28 (F)	
Breguet 530 Saigon (F)	
Arado V.1 (D)	
Boeing 80-A (USA)	
Armstrong Whitworth A.W.15 Atalanta (GB)	
Consolidated PBY-5 Catalina (USA)	
Latécoère 521 (F)	
Airspeed A.S.5 Courier (GB)	
De Havilland D.H.89 Dragon Rapide (GB)	
Farman F.220 (F)	
Boeing 221 Monomail (USA)	
Icar Comercial (R)	
SIAI Marchetti S.M.66 (I)	
SIAI Marchetti S.M.71 (I)	
Wibault 283 (F)	
Bloch 120 (F)	
Caproni C.133 (I)	
Curtiss T.32 Condor (USA)	
De Havilland D.H.86 (GB)	
Mitsubishi Hinazuru (J)	
Fokker F.XXXVI (NL)	
Junkers Ju.52/3m (D)	
IAR 23 (R)	
Airspeed A.S.6 Envoy (GB)	
Boeing 247 (USA)	

km/h : 140 / 150 / 160 / 170 / 180 / 190 / 200 / 210 / 220 / 230 / 240 / 250 / 260 / 270 / 280
mph : 86.8 / 93 / 99.2 / 105.4 / 111.6 / 117.8 / 124 / 130.2 / 136.4 / 142.6 / 148.8 / 155 / 161.2 / 167.4 / 173.6

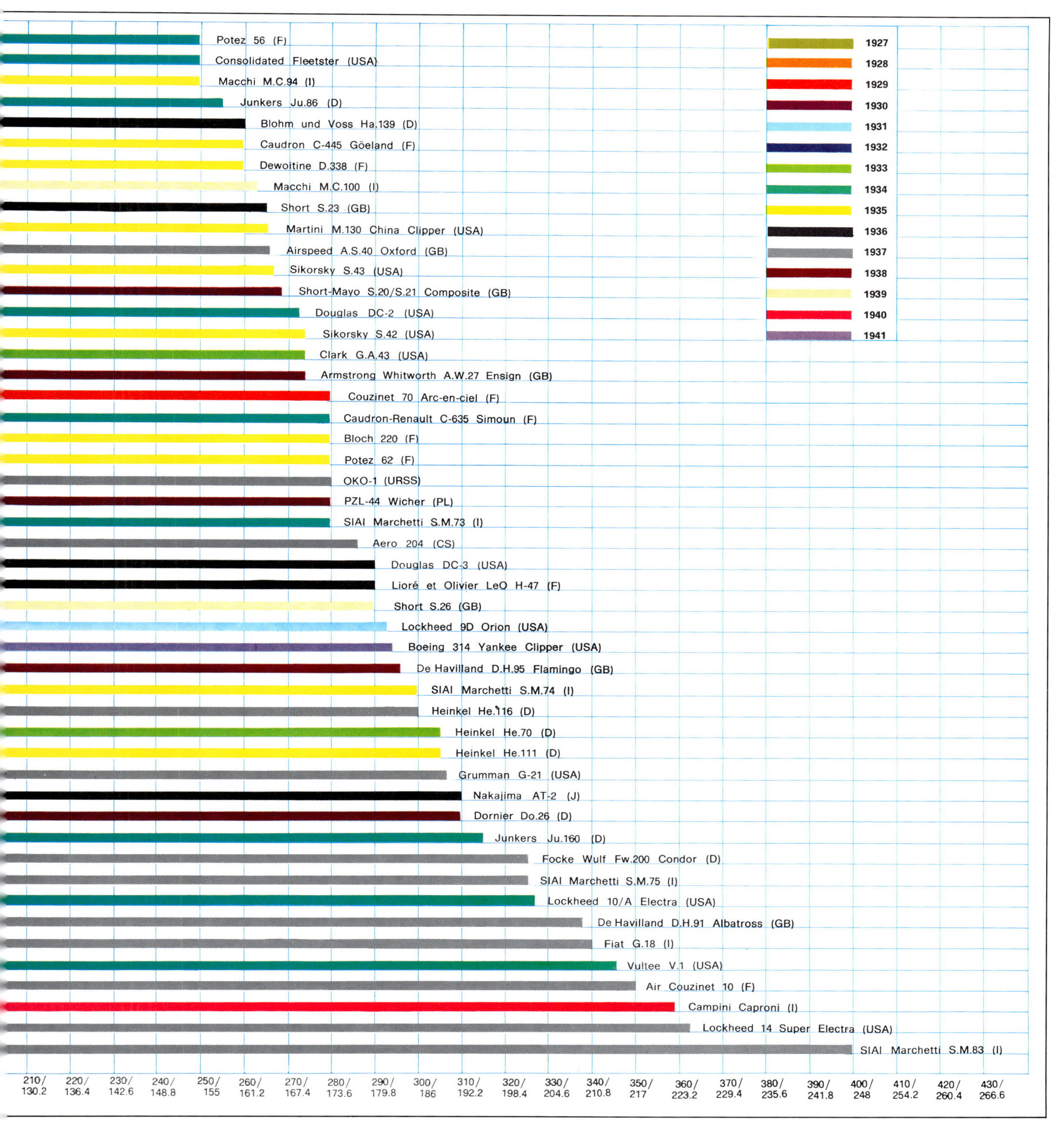

Color	Year
olive	1927
orange	1928
red	1929
dark red	1930
light blue	1931
dark blue	1932
light green	1933
green	1934
yellow	1935
black	1936
grey	1937
dark red	1938
pale yellow	1939
red	1940
purple	1941

Potez 56 (F)	
Consolidated Fleetster (USA)	
Macchi M.C.94 (I)	
Junkers Ju.86 (D)	
Blohm und Voss Ha.139 (D)	
Caudron C-445 Göeland (F)	
Dewoitine D.338 (F)	
Macchi M.C.100 (I)	
Short S.23 (GB)	
Martini M.130 China Clipper (USA)	
Airspeed A.S.40 Oxford (GB)	
Sikorsky S.43 (USA)	
Short-Mayo S.20/S.21 Composite (GB)	
Douglas DC-2 (USA)	
Sikorsky S.42 (USA)	
Clark G.A.43 (USA)	
Armstrong Whitworth A.W.27 Ensign (GB)	
Couzinet 70 Arc-en-ciel (F)	
Caudron-Renault C-635 Simoun (F)	
Bloch 220 (F)	
Potez 62 (F)	
OKO-1 (URSS)	
PZL-44 Wicher (PL)	
SIAI Marchetti S.M.73 (I)	
Aero 204 (CS)	
Douglas DC-3 (USA)	
Lioré et Olivier LeO H-47 (F)	
Short S.26 (GB)	
Lockheed 9D Orion (USA)	
Boeing 314 Yankee Clipper (USA)	
De Havilland D.H.95 Flamingo (GB)	
SIAI Marchetti S.M.74 (I)	
Heinkel He.116 (D)	
Heinkel He.70 (D)	
Heinkel He.111 (D)	
Grumman G-21 (USA)	
Nakajima AT-2 (J)	
Dornier Do.26 (D)	
Junkers Ju.160 (D)	
Focke Wulf Fw.200 Condor (D)	
SIAI Marchetti S.M.75 (I)	
Lockheed 10/A Electra (USA)	
De Havilland D.H.91 Albatross (GB)	
Fiat G.18 (I)	
Vultee V.1 (USA)	
Air Couzinet 10 (F)	
Campini Caproni (I)	
Lockheed 14 Super Electra (USA)	
SIAI Marchetti S.M.83 (I)	

| 210/130.2 | 220/136.4 | 230/142.6 | 240/148.8 | 250/155 | 260/161.2 | 270/167.4 | 280/173.6 | 290/179.8 | 300/186 | 310/192.2 | 320/198.4 | 330/204.6 | 340/210.8 | 350/217 | 360/223.2 | 370/229.4 | 380/235.6 | 390/241.8 | 400/248 | 410/254.2 | 420/260.4 | 430/266.6 |

Planche 115 — *Premiers vols réguliers et premiers courriers sur les routes atlantiques et pacifiques de 1933 à 1939*

Date	Itinéraire	Equipage	Avion	Moteur	Notes	km	miles
1933 - 16 janvier	Paris (F)-Buenos Aires (RA)	Mermoz-Carretier-Mailloux-Couzinet-Bringuier (F)	Couzinet-70 *Arc-en-Ciel*	Hispano-Suiza 650 ch	Vol expérimental poste aérienne	3 200	1,988
1933 - 15 mai	Buenos Aires (RA)-Paris (F)	Mermoz-Carretier-Mailloux-Couzinet-Bringuier (F)	Couzinet-70 *Arc-en-Ciel*	Hispano-Suiza 650 ch	Vol expérimental avec passagers	3 100	1,926
1933 - 6 mai/15 octobre	Friedrichshafen (D)-Rio de Janeiro (BR)	Lehmann (D)	*Graf Zeppelin*	Maybach	9 voyages aller-retour avec poste et passagers	10 300	6,401
1934 - 3 février	Bathurst/Natal-Natal-Bathurst	Lufthansa (D)	Dornier-Wal *Monsun* et *Taifun*	BMW 600 ch	Début vols postaux réguliers	3 100	1,926
1934 - 26 mai/8 décembre	Friedrichshafen (D)-Rio de Janeiro (BR)	Lehmann (D)	*Graf Zeppelin*	Maybach	11 voyages aller-retour	10 500	6,525
1935 - janvier/décembre	Gambia/Brésil-Brésil Gambia	Lufthansa (D)	Dornier-Wal	—	Services transocéaniques hebdomadaires	3 100	1,926
1935 - 14 février	Sénégal/Brésil-Brésil-Sénégal	Air France (F)	Blériot 5190 *Santos Dumont*	Hispano-Suiza 650 ch	24 vols aller-retour	3 100	1,926
1935 - 17 avril	Alameda (USA)-Honolulu (USA)	Musick-Sullivan (Pan American Airways) (USA)	Sikorsky S.42 *Oriental Clipper*	P.&W. Hornet 750 ch	Retour le 20 avril	3 880	2,411
1935 - 10/15 juin	Alameda (USA)-Midway	Musick-Sullivan (Pan American Airways) (USA)	Sikorsky S.42 *Oriental Clipper*	P.&W. Hornet 750 ch	Retour fin juin	6 100	3,791
1935 - 10/17 août	Alameda (USA)-Wake (USA)	Musick-Sullivan (Pan American Airways) (USA)	Sikorsky S.42 *Oriental Clipper*	P.&W. Hornet 750 ch	Retour fin août	8 110	5,040
1935 5/14 octobre	Alameda (USA)-Guam (USA)	Musick-Sullivan (Pan American Airways) (USA)	Sikorsky S.42 *Oriental Clipper*	P.&W. Hornet 750 ch	Retour fin octobre	10 620	6,600
1935 - 23/28 novembre	Alameda (USA)-Manille (PI)	Musick (Pan American Airways) (USA)	Glenn Martin M.130 *China Clipper*	P.&W. Hornet 750 ch	Vol inaugural Pan American et retour 6 décembre	13 160	8,178
1935 - 6/13 décembre	Alameda (USA)-Manille (PI)	Sullivan (Pan American Airways) (USA)	Sikorsky S.42 *Philippine Clipper*	P.&W. Hornet 750 ch	Retour fin décembre	13 160	8,178
1936 - 10/11 septembre	Açores-New York (USA)	Blankenburg-Von Gablenz (Lufthansa) (D)	Dornier Do.18 *Zephyr*	Junkers Jumo 205 600 ch	Catapultés du navire *Schwabenland* retour 25/26 septembre	4 400	2,734
1936 - 1/12 septembre	Açores-New York (USA)	Von Engel (Lufthansa) (D)	Dornier Do.18 *Aeolus*	Junkers Jumo 205 600 ch	Catapultés du navire *Schwabenland* retour 22/23 septembre	4 550	2,827
1936 - 21/30 octobre	Alameda (USA)-Guangzhou (TJ)	Musick (Pan American Airways) (USA)	Glenn Martin M.130 *China Clipper*	P.&W. Hornet 830 ch	Premier vol régulier avec poste et passagers	14 500	9,011
1937 - 17/30 mars	Alameda (USA)-Auckland (AUS)	Musick (Pan American Airways) (USA)	Sikorsky S.42B *Samoan Clipper*	P.&W. Hornet 750 ch	Vol expérimental	11 200	6,920
1937 - 20/26 mars	Italie-Brésil	Kingler-Tonini (Ala Littoria) (I)	Cant. Z-506	Alfa Romeo 2 250 ch	Retour 2/13 avril	4 000	2,480
1937 - 25 mai	USA-Bermudes	Pan American Airways (USA)	Sikorsky S.42	P.&W. Hornet 750 ch	Début vols hebdomadaires poste et passagers	1 250	0,776
1937 - 25 mai	Bermudes-USA	Imperial Airways (USA)	Short S.23 *Cavalier*	Bristol Pegasus 800 ch	Sur la route Hamilton/New York/Hamilton		
1937 - 9 juin	Bathurst/Natal-Natal/Bathurst	Lufthansa (D)	Dornier Do.18	Junkers Jumo 205 600 ch	250 traversées sur le parcours océanique Stuttgart-Santiago du Chili	3 100	1,926
1937 - 5/6 juillet	New York (USA)-Southampton (GB)	Gray-De Lima-Masland (Pan American Airways) (USA)	Sikorsky S.42B *Clipper III*	P.&W. Hornet 750 ch	Retour 15 juillet	3 200	1,988
1937 - 5/6 juillet	Southampton (GB)-New York (USA)	Wilcockson-Bowes (Imperial Airways) (USA)	Short S.23 *Caledonia*	Bristol Pegasus 800 ch	Retour 15 juillet	3 200	1,988
1937 - 29/30 juillet	Southampton (GB)-New York (USA)	Powell-Felser (Imperial Airways) (USA)	Short *Cambria*	Bristol Pegasus 800 ch	Retour 7/9 août	3 200	1,988
1937 - 10/16 août	Allemagne-Açores-New York (USA)	Blankenburg-Schack (Lufthansa) (D)	Blohm und Voss Ha.139 *Normeer*	Junkers Jumo 205 600 ch	Retour 24/26 août	3 970	2,467
1937 - 15 septembre	Açores-New York (USA)	Von Engel-Stein (Lufthansa) (D)	Blohm und Voss Ha.139 *Norwind*	Junkers Jumo 205 600 ch	Retour 22 septembre	3 970	2,467

Date	Itinéraire	Equipage	Avion	Moteur	Notes	km	miles
1937 - 21/22 novembre	Paris (F)-Santiago (RCH)	Codos-Vauthier (Air France) (F)	Farman 2231 *Chef de Pilote Guerrero*	Hispano-Suiza 900 ch	Suprématie commerciale	3 100	1,926
1938 - 27/29 mars	Plymouth (GB)-Brésil	Von Engel (Lufthansa) (D)	Dornier Do.18	Junkers Jumo 205 600 ch		8 500	5,282
1938 - 25 juillet	Horta/Port Washington-Port Washington/Horta	Von Engel (Lufthansa) (D)	Blohm und Voss Ha.139 *Nordwind*	Junkers Jumo 205 600 ch	28 traversées totalisant	141 800	88,128
1938 - 31 juillet		Blankenburg (Lufthansa) (D)	Blohm und Voss Ha.139 *Nordmeer*	Junkers Jumo 205 600 ch			
1938 - 13 septembre		Mayr-Blume (Lufthansa) (D)	Blohm und Voss Ha.139 *Nordstern*	Junkers Jumo 205 600 ch			
1938 - 23/31 août	Bordeaux (F)-New York (USA)	Guillaumet-Leclaire (Air France) (F)	Latécoère 521 *Lieut. de Vaisseau Paris*	Hispano-Suiza 860 ch	Retour 6/9 septembre	4 600	2,858
1938 - 26 décembre	Sénégal-Brésil	Air France (F)			Depuis le début des vols postaux (2 fois par semaine); 351 traversées au total		
1938 - 31 décembre	Gambie-Brésil	Lufthansa (D)			Depuis le début des vols postaux (2 fois par semaine) en 1938; 413 traversées au total		
1939 - 26/30 mars	Baltimore (USA)-Marseille (F)	Gray-Loerer (Pan American Airways) (USA)	Boeing 314A *Yankee Clipper*	Wright Cyclone 1 600 ch	Premier vol sur la route Bermudes-Açores-Lisbonne	5 500	3,420
1939 - 3 avril	New York (USA)-Bermudes	Pan American Airways (USA)	Boeing 314A *Bermuda Clipper*	Wright Cyclone 1 600 ch	1er vol régulier avec 38 passagers	1 250	0,776
1939 - 12/16 avril	Bermudes-New York	Gray-Loerer (Pan American Airways) (USA)	Boeing 314A *Yankee Clipper*	Wright Cyclone 1 600 ch	1er vol régulier avec 60 passagers	1 250	0,776
1939 - 27/29 mai	New York (USA)-Marseille (F)	Culberston (Pan American Airways) (USA)	Boeing 314A *Atlantic Clipper*	Wright Cyclone 1 600 ch	1er vol sur la route Açores-Lisbonne Retour 1/3 juin	9 500	5,904
1939 - 17/19 juin	Biscarrosse (F)-New York (USA)	Guillaumet-Carriou-Comet (Air France) (F)	Latécoère 522 *Ville de Saint Pierre*	Hispano-Suiza 860 ch	1er vol sur la route Lisbonne-Açores-Bermude. Retour 22/24 juin	7 600	4,723
1939 - 27/29 juin	Berlin (D)-Rio de Janeiro (BR)	Henke (Lufthansa) (D)	Focke Wulf Fw 200 Condor *Pommern*	Junkers Jumo 205 720 ch	Retour à Berlin en juillet	11 500	7,147
1939 - 1/3 juillet	New York (USA)-Biscarrosse (F)	Byrne (American Export Airlines) (USA)	Consolidated *Transatlantic*	Wright Cyclone 800 ch	1er vol sur la route Açores-Lisbonne. Retour 5/7 juillet	7 500	4,661
1939 - 14/15 juillet	New York (USA)-Bordeaux (F)	Guillaumet-Carriou-Comet (Air France) (F)	Latécoère 521 *Lieut. de Vaisseau Paris*	Hispano-Suiza 860 ch	Jamaica Bay-Biscarrosse sans escale	5 850	3,635
1939 - 14/15 juillet	New York (USA)-Bordeaux (F)	Byrne (American Export Airlines) (USA)	Consolidated *Transatlantic*	Wright Cyclone 800 ch	Trepassey Bay-Biscarrosse sans escale. Retour 29/30 juillet	4 700	2,921
1939 - 26/31 juillet	Berlin (D)-Rio de Janeiro (BR)	Cramer-Von Klausbruck (Lufthansa) (D)	Focke Wulf Fw 200 Condor *Arumani*	Junkers Jumo 205 720 ch	Retour à Berlin en août	11 500	7,147
1939 - 5/6 août	New York (USA)-Southampton (GB)	Pan American Airways (USA)	Boeing 314A *Yankee Clipper*	Wright Cyclone 1 600 ch	1er vol sur la route Botwood-Foynes Retour 9/10 août	3 200	1,988
1939 - 5/7 août	Southampton (GB)-New York (USA)	Imperial Airways (USA)	Short *Caribou*	Bristol Pegasus 800 ch	1er vol sur la route Foynes-Botwood. Retour 9/10 août	3 200	1,988
1939 - 22/27 août	San Francisco (USA)-Nouvelle Zélande	Pan American Airways (USA)	Boeing 314A *California Clipper*	Wright Cyclone 1 600 ch	Vol inaugural passagers sur la route Hawaii-Samoa	11 200	6,960
1939 - 2/6 octobre	Rome-Iles du Cap-Vert	Tonini-Suster-Rapp (LATI) (I)	SIAI Marchetti S.M.83	Alfa Romeo 2250 ch	Début des vols expérimentaux de la LATI	5 300	3,286
1939 - 18 décembére	USA-Europe	Pan American Airways (USA)	Boeing 314A *Yankee Clipper*	Wright Cyclone 1 600 ch	Total de 100 traversées océaniques avec transport de 1 800 passagers	—	—

Supplément photographique

Armstrong Whitworth A.W. 15 Atalanta, GB 1932 (99)

De Havilland D.H. 82 Tiger Moth, GB 1931 (92)

De Havilland D.H.86, GB 1934 (92)

Handley Page H.P. 42, GB 1930 (83)

De Havilland D.H. 89 Dragon Rapide, GB 1934 (92)

Short Scion Senior, GB 1935 (96)

Supplément photographique

Short S.23, GB 1936 (99)

Short S.26, GB 1939 (108)

Dornier Do.X, D 1929 (89)

Supplément photographique

Junkers Ju.52/3m, D 1931 (91)

Focke Wulf Fw.200 Condor, D 1937 (107)

Heinkel He.70, D 1933 (89)

Roland II, D 1929 (89)

Heinkel He.111, D 1935 (89)

Dornier Do.26, D 1938 (108)

Supplément photographique

Lioré et Olivier LeO-213, F 1928 (83)

Couzinet 70 Arc-en-Ciel, F 1929 (86)

Farman F.300, F 1930 (84)

Wibault 283, F 1934 (101)

Latécoère 300, F 1932 (98)

Dewoitine D.338, F 1935 (101)

Supplément photographique

SIAI Marchetti S.M.71, I 1932 (93)

Macchi M.C.94, I 1935 (103)

Caproni Ca.133, I 1935 (103)

SIAI Marchetti S.M.83, I 1937 (93)

Fiat G.18, I 1937 (103)

SIAI Marchetti S.M.73, I 1934 (93)

SIAI Marchetti S.M.66, I 1932 (83)

Supplément photographique

Sikorsky S.42, USA 1935 (85)

Douglas DC-1, USA 1933 (97)

Lockheed 9D Orion, USA 1931 (90)

Consolidated 17 Fleetster, USA 1932 (102)

Douglas DC-2, USA 1934 (97)

Douglas DC-3, USA 1936 (97)

265

6

En 1979, les compagnies aériennes des 145 pays adhérant à l'Organisation de l'aviation civile internationale (OACI) avaient transporté en services réguliers 747 millions de passagers avec une augmentation de 10 % par rapport à l'année précédente, et 11,2 millions de tonnes de marchandises (+ 5,7 %). Pour les seuls passagers, l'accroissement du trafic international et intérieur avait été respectivement de 10,6 et 9,9 %. L'ensemble du trafic international, mesuré en tonnes par kilomètre transporté avait monté de 12,1 %, contre une augmentation de 10,6 % pour le trafic intérieur. Environ 51 % du volume total de trafic régulier sur les services intérieurs et internationaux avaient été réalisés par les USA et l'URSS (respectivement 37 et 14 %) ; en outre, ces deux pays détenaient à eux seuls environ 80 % du trafic intérieur mondial (56 et 24 %). Enfin, pour les services, internationaux, environ 27 % du trafic avaient été couverts par des compagnies américaines (17 %) et anglaises (10 %). Parmi les pays d'avant-garde, derrière les USA, l'URSS et la Grande-Bretagne, venaient le Japon, la France, le Canada, l'Allemagne de l'Ouest, l'Australie. Telle est, grâce aux chiffres officiels de l'OACI, la vue d'ensemble que l'on peut avoir des transports aériens dans le monde à la fin des années 70, une décennie très prospère qui a connu une augmentation, moyenne de 8,1 % par an du transport de voyageurs. C'est un tableau très significatif, non seulement parce qu'il donne une idée des grandes transformations qu'ont subies en quarante ans le profil et la structure de l'aviation commerciale, mais encore parce qu'il représente, à bien des égards, un moment de transition vers une nouvelle phase de la longue histoire du transport aérien. Les années 80, marquées dès le début par la récession des pays industrialisés et l'irruption du problème énergétique dans toute son ampleur, ont déjà imposé de nouveaux choix en matière de développement. Comme tant d'autres secteurs de la production, celui des transports aériens a entamé un énième cycle de transformation.

L'histoire des quarante dernières années de transport aérien est surtout une histoire américaine, qui décrit l'évolution d'une suprématie globale pratiquement absolue pour ce qui est de l'organisation, de l'industrie et des appareils. Le déclenchement des hostilités en Europe et l'entrée en guerre des États-Unis, à la fin de 1941, n'avaient pas eu d'effets traumatisants sur le système des transports aériens américains. Au contraire, le caractère relativement normal des conditions de vie d'un pays vaste comme un continent, parce qu'il se trouvait éloigné du théâtre des opérations, avait fini par stimuler le processus d'expansion amorcé dès les années 30, grâce (paradoxalement) à l'immense effort industriel nécessité par le conflit. En 1941, les lignes intérieures réussirent, à elles seules, à se rapprocher du chiffre de 4 millions de passagers ; après un certain ralentissement au cours des trois années suivantes, la croissance reprit. En 1945, de 4 millions, le nombre des voyageurs était passé à 6 millions, avec une augmentation de 50 %.

LA GRANDE EXPLOSION DU TRANSPORT CIVIL AÉRIEN

Sous cette énorme poussée, l'accroissement du trafic intérieur fut impressionnant : en 1951, l'American Airlines transporta 4,8 millions de passagers ; l'Eastern se plaça deuxième avec 3,5 millions ; l'United approcha des 3 millions ; la TWA (devenue Trans World Airlines depuis le 17 mai 1950) en transporta environ 2,2 millions. Immédiatement derrière les « quatre grands » arriva la Capital Airlines, avec presque 2 millions de personnes, tandis que 7 autres compagnies transportèrent un nombre de passagers compris entre 500 000 et 1 million.

Le trafic international connut une évolution analogue. Depuis 1942, au géant international qu'était la Pan American s'était ajoutée une autre compagnie entreprenante, l'American Export Airlines, et le 5 juillet 1945 la TWA, elle aussi, avait été autorisée à ouvrir un service transatlantique, avec des liaisons jusqu'en Inde à travers la Méditerranée et le Moyen-Orient. Puis vinrent la Northwest Airlines, vers le Japon à travers le Pacifique ; la Braniff International en Amérique du Sud ; la National Airlines et la Chicago & Southern Airlines dans la région des Caraïbes. La ligne la plus prestigieuse, celle de l'Atlantique Nord, restait cependant partagée entre la Pan American, la TWA et l'American Export (devenue l'American Overseas Airlines à partir du 3 novembre 1945) qui, jusqu'au printemps de 1946, jouirent d'un monopole absolu. Ensuite, malgré la concurrence croissante des transporteurs européens (en 1950, les compagnies opérant sur l'Atlantique Nord étaient au nombre de 10 ; en 1955, elles passèrent à 14, et à 18 en 1960), les trois sociétés américaines réussirent à conserver la suprématie. En 1948, sur 240 000 passagers transportés au-dessus l'Atlantique Nord, 55 000 utilisèrent la Pan American, 48 000 la TWA et 45 000 l'American Overseas. Deux ans plus tard (après la fusion de la Pan American et de l'American Overseas), sur 311 000 personnes, 109 000 voyagèrent sur les avions du nouveau groupe et 66 000 avec la TWA ; en 1960, sur un total de 1 799 000 passagers, la Pan American en eut 368 000 et la TWA 243 000.

Cette même année, sur un total de plus de 100 millions de passagers transportés par les 92 compagnies adhérant à l'IATA (association internationale qui regroupe les transporteurs aériens), les 60 compagnies américaines s'assurèrent plus de 50 % du volume total. Environ 40 % revinrent aux traditionnels « quatre grands » et à la Pan American. Dix ans plus tard, sur un total de 382 millions de passagers, 45,8 % revint aux compagnies américaines, contre 19,6 % à l'Aeroflot, 16,3 % aux compagnies européennes, 3,8 % à celles du Japon, 2,8 % à celles d'Amérique du Sud, 2,6 % à celles du Canada, 1,7 % à celles d'Australie, et 7,4 % aux sociétés du reste du monde.

Mais, au-delà des chiffres, le prestige de l'aviation américaine est surtout lié aux conquêtes que l'industrie d'outre-Atlantique a réalisées au cours des décennies, et qui ont fini par conditionner l'ensemble du réseau du transport aérien dans le monde. La première révolution fut celle du moteur à réaction. Même si les États-Unis, durant les années 50. furent devancés par la firande-Bretagne et l'Union soviétique dans la mise en service d'un avion de ligne propulsé par turboréacteur, ils rattrapèrent rapidement leur retard relatif, en faisant porter leur effort sur les plans qualitatif et quantitatif. Le principal mérite, à cette époque, revint à la Boeing : le 707, en effet, ne fut pas seulement le premier jet commercial réalisé aux États-Unis ; il fut aussi l'ancêtre d'une famille d'appareils qui, encore de nos jours, continue à caractériser les transports aériens du monde occidental. Les deux autres grandes sociétés – la Douglas et la Lockheed – emboîtèrent le pas à leur vieille rivale et, à eux trois, ces colosses se partagèrent le marché mondial, à la seule exception du monopole soviétique. Ce fut encore la Boeing qui, dans les années 70 inaugura l'ère du gros-porteur avec son « jumbo » 747, et qui, au début des années 80, lança sur le marché les premiers appareils d'une nouvelle génération conçue dans l'optique des économies d'énergie : le 767 et le 757. Mais l'industrie américaine a laissé passer une occasion, celle du supersonique, qui fut une conquête de la France et de la Grande-Bretagne avec le Concorde. Cela n'a pas été une question d'infériorité technologique, mais d'opportunité économique.

Dans le monde occidental, les autres pays qui ont réussi à tenir une place importante de la fin de la guerre jusqu'à nos jours sont la Grande-Bretagne et la France.

La fin du conflit vit le transport aérien britannique aux prises avec de graves problèmes, surtout pour des raisons de technique et d'organisation. Il manquait en effet d'avions comparables à ceux que produisait l'industrie américaine, les seuls qui fussent capables, à l'époque, d'assurer une certaine compétitivité. Il fallait donc opérer sur deux fronts : d'une part mettre sur pied la conception de nouveaux avions commerciaux et rattraper le retard accumulé ; d'autre part envisager une phase de transition, avec tous les risques que cela comportait, au moment où la reprise était intense. Sur le plan de l'organisation et des structures, on commença par séparer la gestion des lignes européennes de celle du réseau intercontinental. À côté de la BOAC (qui, durant les années de guerre, avait transporté environ 280 000 passagers et volé sur plus de 91 millions de kilomètres avec une flotte de 160 avions de différents types) naquit ainsi, le 1er août 1946, la British European Airways (BEA).

La nouvelle compagnie se montra aussitôt très dynamique et très souple ; elle enregistra bientôt des résultats positifs. Quant à la BOAC, après avoir repris en septembre 1945 la flotte de la BLAIR (British Latin American Airlines) et transformé l'appellation de la compagnie en BSAA (British South American Airways), elle avait renforcé ses liaisons avec l'Amérique du Sud. La pleine reprise s'annonça bientôt, soit parce qu'il fut possible d'acquérir des appareils américains, soit parce que l'industrie aéronautique britannique, travaillant à fort rendement, commença à livrer les premiers exemplaires de la nouvelle génération d'avions commerciaux. Les techniciens surent exploiter à fond la position d'avant-garde conquise pendant la guerre par la Grande-Bretagne dans le domaine des moteurs, avec la réalisation des premiers propulseurs à turbine. Les étapes principales, dans ce contexte, furent marquées par l'apparition du Discount (16 juillet 1948) et du Comet (27 juillet 1949), respectivement le premier avion à turbopropulseur pour transport de voyageurs et le premier jet commercial au monde. Si le Comet connut des débuts malheureux (après la première liaison commerciale, le 2 mai 1952, les deux accidents du 10 janvier et du 8 avril 1954, dans les parages de l'île d'Elbe et de Stromboli, firent perdre quatre ans et demi, ce qui faillit compromettre la suprématie conquise), le Viscount apparut immédiatement comme un atout majeur.

Pour la BEA, après l'entrée en scène prometteuse du turbopropulseur le 29 juillet 1950, commença une phase de : succès en 1955, la compagnie britannique était la première eu Europe, avec 1 million de passagers sur les lignes internationales et presque 850 000 sur le réseau intérieur ; en 1960, ces chiffres étaient passés respectivement à 2 millions et 1 700 000. La BOAC, au cours des mêmes années, transporta environ 300 000 et 700 000 passagers sur les lignes intercontinentales, dépassant Air France à la fin de la décennie. En 1970, la Grande-Bretagne était au troisième rang mondial : ses compagnies avaient transporté au total 2 293 millions de tonnes kilométriques réparties entre passagers, marchandises et courrier. Elle gardait la même position (après les États-Unis et, l'Union soviétique) en 1979, avec 6 290 millions de tonnes kilométriques. La seule British Airways (nouvelle dénomination adoptée en 1974 après la fusion de la BEA et de la BOAC) avait transporté cette année-là sur des services réguliers 16 906 000 passagers. C'était la première compagnie européenne.

Le milieu des années 70 connut une étape particulièrement importante, peut-être la plus prestigieuse de toute l'histoire de l'aviation commerciale : la sortie du premier supersonique ; civil le Concorde. La British Airways mit l'appareil en service le 21 janvier 1976 sur la ligne Londres-Bahrein, en même temps qu'Air France, qui inaugura avec le Concorde la route « Mach 2 » entre Paris et Rio de Janeiro, via Dakar. Le 24 mai, on établit les liaisons avec l'Amérique du Nord, vers Washington, et, par la suite, les services furent étendus à New York. C'était là un événement historique, mais qui était plutôt dû à l'orgueil national qu'à des motifs purement économiques.

La politique de prestige fut également le ressort qui poussa la France à se lancer dans la grande aventure du supersonique civie et à consolider en même temps le rôle d'avant-garde qu'elle conservait en Europe dans le domaine aéronautique depuis la fin de la Seconde Guerre mondiale.

Avec le retour de la paix, l'aviation commerciale française fut amenée à entreprendre une reconstruction radicale. Les compagnies qui avaient survécu à l'occupation avaient été nationalisées et, le 1er janvier 1946, on avait reconstitué la Société nationale Air France. La reprise fut rapide. Pour le matériel vol, les Français suivirent une politique très diversifiée : ils ne lésinèrent pas sur les aides accordées à l'industrie aéronautique et n'hésitèrent pas à se doter des meilleurs éléments disponibles sur le marché international. La compagnie fut donc toujours équipée d'appareils de premier ordre, très compétitifs, et s'imposa rapidement au niveau européen. Ce fut au milieu des années 50 que cette politique porta ses fruits, avec la réalisation du Caravelle, un biréacteur qui amena d'un seul coup l'industrie aéronautique française au même niveau que celle des Etats Unis. Le succès d'Air France au cours des années 50 et 60 fut également lié à cet appareil : dans le secteur intercontinental, la compagnie fut la première en Europe en 1955 (plus de 450 000 passagers) et la deuxième en 1960 (presque 700 000). Dans le domaine européen et intérieur, Air France fut le deuxième derrière la BEA britannique, avec 650 000 et 450 000 passagers en 1955 et plus de 1 250 000 et 950 000 en 1960. Cette position fut maintenue pendant toutes les années 70 : en 1979, la France se trouvait au cinquième rang mondial, avec 5 140 millions de tonnes kilométriques, derrière le Japon, la Grande-Bretagne, l'URSS et les USA. En vols réguliers, la compagnie avait transporté 10 767 000 personnes.

Outre le Concorde, une autre étape importante dans l'évolution des transports aériens fut franchie par l'Europe au cours des années 70 grâce à la réalisation de l'Airbus 300. Ce biréacteur à grande capacité (produit par un consortium constitué en 1970 par la France, la Grande-Bretagne, l'Allemagne, la Hollande et l'Espagne) fut d'abord en butte à l'hostilité des colosses de l'industrie américaine, malgré ses incontestables qualités, puis réussit à s'imposer, pour devenir finalement l'avion le plus demandé de sa catégorie. Au début des années 80, l'Airbus monopolisait dans ses différentes versions environ 50 % du marché occidental des gros-porteurs à moyen rayon d'action. Air France fut la première à exploiter le nouvel appareil, au printemps de 1974.

La grande rivale de l'aviation commerciale occidentale de l'après-guerre a toujours été l'Aeroflot soviétique, la plus grande compagnie du monde. Complètement autonome en ce qui concerne le matériel et l'organisation, l'Aeroflot à elle seule est solidement installée au deuxième rang dans l'échelle des transports aériens internationaux, ne le cédant qu'à la myriade de sociétés américaines. Quelques chiffres nous donnent une idée du trafic de ce géant : en 1970, le total atteignait 8 917 millions de tonnes kilométriques, contre 26 537 millions pour les compagnies américaines. En 1979, ces chiffres étaient devenus 17 milliards contre 47 150 millions. De 1975 à 1980, l'Aeroflot a transporté 500 millions de passagers sur 4 400 lignes. L'expansion, après le deuxième rang occupé en Europe à la veille de la Seconde Guerre mondiale, a été pratiquement continue. En 1946, grâce au programme de relance mis sur pied tout de suite après la fin du conflit, l'Aeroflot fut équipée d'appareils modernes et finit par desservir un réseau de 175 000 kilomètres. En 1950, la compagnie d'État transporta 1,6 million de passagers et plus de 181 000 tonnes de marchandises et de courrier sur un réseau de 300 500 kilomètres ; cinq ans plus tard, ces chiffres devenaient respectivement 2,5 millions presque 259 000 tonnes et 321 500 kilomètres. En 1959, le nombre de passagers était de 12,3 millions et le réseau de 355 000 kilomètres ; en 1965, sur 500 000 kilomètres de lignes, les passagers étaient 42 millions, les marchandises et le courrier s'élevant à 1 million de tonnes. Ce développement fut accompagné et soutenu par une production industrielle de très haut niveau : pendant presque deux ans, l'Aeroflot fut la seule compagnie à avoir un jet commercial en service de ligne régulier. Cette période historique commença le 15 septembre 1956, date du vol inaugural du Tupolev Tu-104 et s'acheva le 4 octobre 1958 avec la mise en service du De Havilland Comet britannique. Mais d'autres appareils suivirent, tous d'avant-garde ; les turbopropulseurs Antonov An-10, Iliouchine Il 18, le gigantesque Tupolev Tu-114 ; les jets Tupolev Tu-124, Tu 134, Tu-154, et le dernier dans l'ordre de la mise en service, premier gros-porteur soviétique, l'Iliouchine Il-86. L'Aerofiot exhiba également un supersonique analogue au Concorde anglo-français, le Tupolev Tu-144, un avion réalisé plus pour le prestige que pour une utilisation effective, étant donné que sa mise au point ne fut jamais achevée.

À côté des « grands », c'est-à-dire des pays d'avant-garde qui continuent à rivaliser en matière de production aéronautique, il existe des centaines de compagnies éparpillées dans le monde entier qui forment un ensemble dont il est impossible de donner un tracé. Cette réalité ne correspond plus à ce qu'était la répartition géographique de l'aviation à l'âge d'or qui a précédé la Seconde Guerre mondiale. La guerre, en opérant une redistribution des pouvoirs et des richesses, a fini par creuser un fossé jusque dans le domaine des transports aériens entre les plus forts et les plus faibles, reléguant ces derniers dans des rôles subalternes et occasionnant une succession imprévisible de transformations. Le cas le plus caractéristique de ce processus est sans doute illustré par le Japon, le pays le plus gravement touché par la violence du conflit, qui se trouve aujourd'hui au quatrième rang du classement mondial de l'aviation civile sur le plan du trafic : en 1979, en effet, les compagnies japonaises avaient transporté 5 840 millions de tonnes kilométriques, suivant de près les compagnies britanniques et les géants d'URSS et des USA. Parmi les compagnies européennes, le rôle assumé par la Lufthansa est significatif (l'Allemagne était au septième rang mondial en 1979 immédiatement derrière le Canada, avec 3 450 millions de tonnes kilométriques et 12 843 000 passagers transportés sur les lignes régulières, et au troisième rang européen).

L'Italie connut une reprise assez mouvementée après la guerre. Avec la participation de la BEA et de la TWA (respectivement pour 30 et 40 %), deux compagnies officielles virent le jour en septembre 1946 : l'Alitalia et les Linee Aeree Italiane, LAI. Ces compagnies commencèrent par établir un réseau de lignes intérieures et par la suite, étendirent leur activité au domaine international. À peu près vers la même époque apparurent diverses sociétés mineures, dont quatre, en 1949, donnèrent naissance au groupe ALI-Flotte Riunite. Son activité prit fin le 31 mars 1952 par une faillite et il fut absorbé par la LAI. En 1957, les deux compagnies officielles furent unifiées et, le 1er septembre, fut créée l'Alitalia-Linee Aeree Italiane. À la fin des années 70, la compagnie d'Etat, unique transporteur international, avait eu 6 585 000 passagers pour les seuls vols réguliers. L'Italie, avec un total de 1 620 millions de tonnes kilométriques, était au treizième rang du classement mondial de l'OACI.

Planche 116 — Éclaté du Boeing 707-320

Boeing 707-320

1 - cône de nez
2 - antenne radar météo
3 - antenne ILS
4 - cloison de pressurisation avant
5 - tube de Pitot
6 - couples de nez
7 - pare-brise
8 - fenêtres supérieures
9 - panneau des instruments
10 - siège du premier officier
11 - siège du commandant de bord
12 - couple avant
13 - roues de nez jumelées
14 - portes de roues de nez
15 - logement de roues de nez
16 - structure intérieure (jambes de roues)
17 - pupitre du navigateur
18 - siège de l'observateur
19 - siège du navigateur
20 - tableau du navigateur
21 - siège de l'ingénieur de vol
22 - tableau de bord du navigateur
23 - porte d'entrée du poste de pilotage
24 - vestiaire de l'équipage
25 - toilettes équipage
26 - cuisine-buffet équipage
27 - rangement gilets de sauvetage de réserve
28 - émetteur radio détresse
29 - rangement canots de sauvetage
30 - antenne VHF
31 - rideau ignifuge
32 - porte d'entrée avant
33 - rangement tobogan d'évacuation autogonflable
34 - soute fret avant
35 - plancher de cabine
36 - six palettes cargo
37 - tapis de transfert à roulements pour les palettes
38 - pistons de commande de porte
39 - porte cargo principale
40 - entrées d'air moteur
41 - entrées d'air secondaires
42 - entrées d'air du turbocompresseur
43 - sorties turbocompresseur
44 - pylônes du fuseau-moteur
45 - volets de bord d'attaque
46 - réservoir carburant nº 3 (15 400 litres)
47 - logement système d'alimentation carburant
48 - déflecteurs
49 - réservoir nº 4 (8 790 litres)
50 - réservoir de réserve (1 660 litres)
51 - réservoir de pression rapide
52 - saumon droit
53 - aileron externe droit
54 - tab d'aileron
55 - spoiler externe droit (sorti)
56 - volet externe droit
57 - rails de volet
58 - commandes d'aileron et de spoiler
59 - aileron interne droit
60 - tab de commande
61 - volet interne droit
62 - spoiler interne droit
63 - rangement de canots de sauvetage (4)
64 - courroies d'évacuation
65 - sorties de secours
66 - attaches canots de sauvetage
67 - cloison mobile de séparation des cabines
68 - porte de visite (côté droit)
69 - couples de fuselage
70 - cabine classe touriste (87 passagers)
71 - rangée de 4 sièges (devant sorties de secours)
72 - climatisation
73 - toilettes passagers
74 - sièges individuels situés d'un seul côté (cabine arrière)
75 - fenêtres de cabine
76 - vestiaire
77 - rangement canots pneumatiques (2)
78 - gilets de sauvetage de réserve
79 - trousse de secours
80 - porte de service arrière (côté droit)
81 - carénage de dérive
82 - stabilisateur droit
83 - antenne VOR
84 - bord d'attaque de dérive
85 - commandes gouverne de direction
86 - structure de dérive
87 - soufflets de la gouverne de direction
88 - antenne HF
89 - antenne LORAN
90 - gouverne de direction
91 - tab de commande de la gouverne de direction
92 - tab d'équilibrage de la gouverne de direction
93 - panneau d'équilibrage interne
94 - amortisseur de vibrations de la gouverne de direction
95 - barre de torsion de la gouverne de profondeur
96 - tab de la gouverne de direction
97 - cône de queue
98 - tab de commande du plan de stabilisation
99 - tab de commande de la gouverne de profondeur
100 - gouverne de profondeur gauche
101 - plan fixe gauche
102 - panneau d'équilibrage interne
103 - commandes de profondeur
104 - embiellage
105 - secteur de commande de la gouverne de profondeur
106 - servocommande gouverne de profondeur
107 - carénage dérive/fuselage
108 - cloison de pressurisation arrière
109 - toilettes arrière (2)
110 - vestiaire
111 - porte d'entrée arrière
112 - rangement tobogan d'évacuation
113 - vestibule
114 - revêtement de fuselage
115 - soute fret arrière sous la cabine
116 - carénage d'emplanture d'aile
117 - panneau de contact volet/fuselage
118 - mécanisme de rentrée du train d'atterrissage
119 - amortisseur du train d'atterrissage
120 - logement du train d'atterrissage principal
121 - jambe latérale
122 - bielle de torsion
123 - nervure de côté du réservoir de carburant
124 - raccord longeron d'aile arrière/fuselage
125 - longerons aile internes
126 - attache longeron d'aile avant/fuselage
127 - réservoir principal de fuselage
128 - phares d'atterrissage
129 - longeron d'aile avant
130 - train d'atterrissage principal à quatre roues
131 - spoilers internes gauches
132 - volet interne gauche
133 - déflecteurs
134 - pylône de nacelle moteur
135 - turbocompresseur
136 - entrée d'air moteur
137 - « turbofan » Pratt & Whitney JT3D
138 - portes inverseur de poussée
139 - pompe à carburant
140 - démarreur
141 - cône inverseur de poussée
142 - soupape de vérification dégivreur d'aile
143 - soupape de fermeture dégivreur d'aile
144 - sonde température conduite
145 - bec de bord d'attaque
146 - revêtement intérieur
147 - longeron arrière
148 - conduite de dégivreur de bord d'attaque
149 - réservoirs de carburant intégrés à l'aile
150 - aileron interne gauche
151 - tab de commande
152 - spoilers externes gauche
153 - volet externe gauche
154 - portes de visite moteur
155 - capotage de nez moteur
156 - structure du fuseau-moteur
157 - attache aile/pylône
158 - tuyère
159 - joint pylône/aile
160 - tab
161 - tubulures dégivreur
162 - aileron externe gauche
163 - revêtement d'aile
164 - saumon gauche

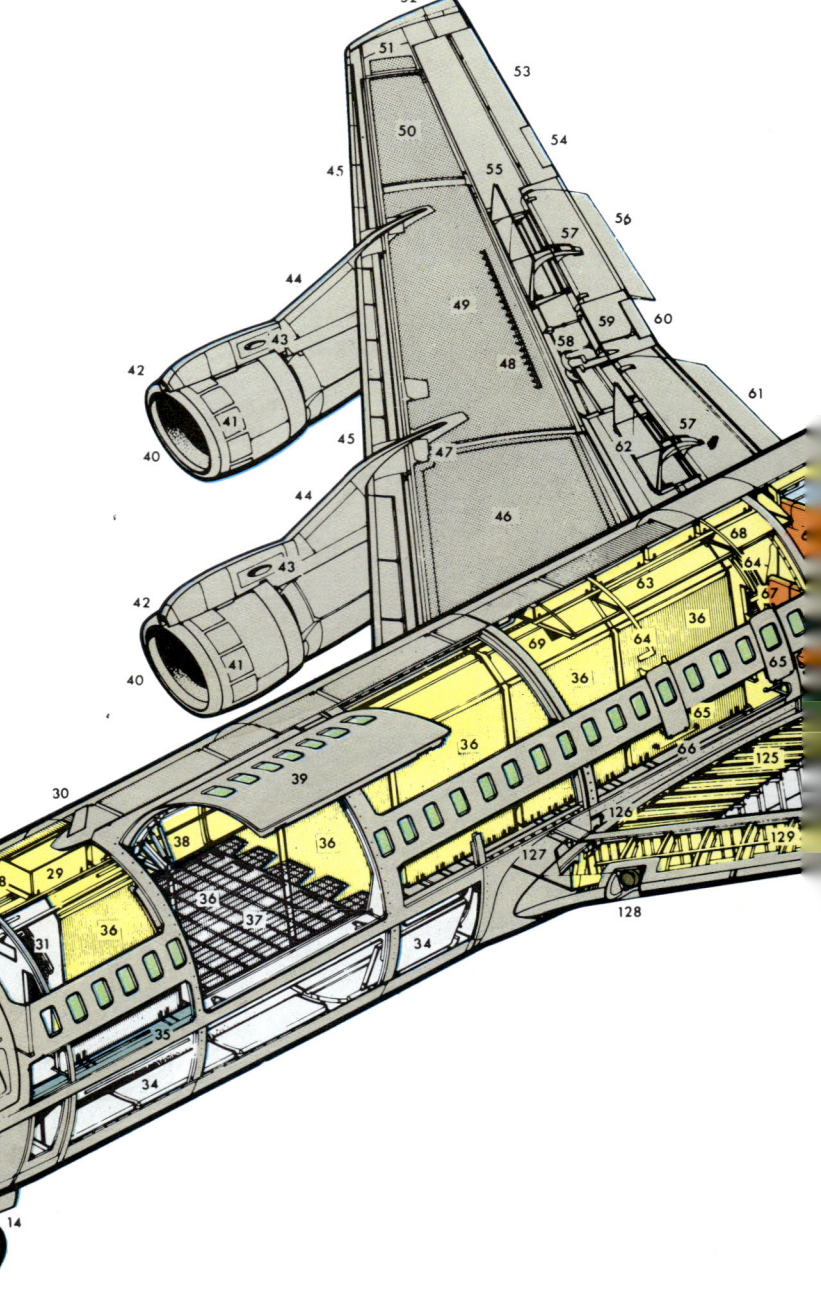

Boeing 707-320

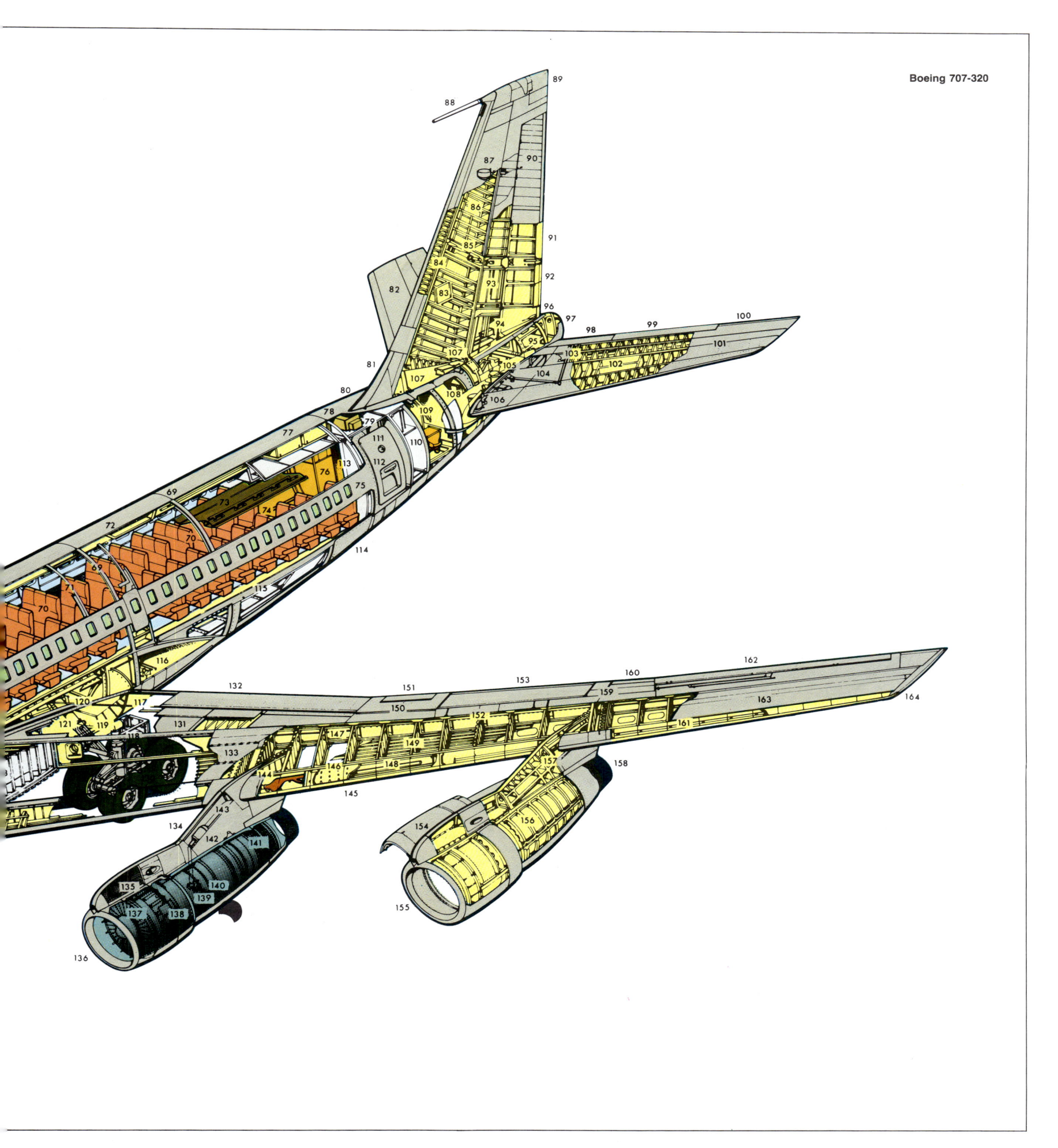

271

Planche 117

Panorama synoptique à l'échelle des avions de 1940 à aujourd'hui

- Aero 145 (CS)
- L-200 Morava (CS)
- Macchi M.B.320 (I)
- I.A. 45 Querandí (RA)
- Dornier Do.28 (D)
- Dornier Do.27 (D)
- de Havilland DHC-2 Beaver (CDN)
- Pilatus PC-6 Porter (CH)
- Aero Commander 560 (USA)
- Scottish Aviation Prestwick Pioneer (GB)
- Airspeed A.S.65 Consul (GB)

- Piaggio P.136 (I)
- Britten-Norman BN-2 Islander (GB)
- MR-2 (R)
- Miles M.57 Aerovan (GB)
- de Havilland DHA-3 Drover (AUS)
- Antonov An-14 Pchelka (URSS)
- Piaggio P.166 Portofino (I)
- de Havilland D.H.104 Dove (GB)
- Short Skyliner (GB)

- Sud-Ouest SO-95 Corse (F)
- de Havilland DHC-3 Otter (CDN)
- Short S.A.6 Sealand (GB)
- Antonov An-2 (URSS)
- Peking (TJ)
- Percival P.50 Prince (GB)
- Cessna Citation (USA)
- Scottish Aviation Twin Pioneer (GB)

- CASA-201 Alcotan (E)
- Aérospatiale SN.601 Corvette (F)
- I.A. 35-X-III (RA)
- Lear Jet 24 (USA)
- Yakovlev Yak-16 (URSS)
- de Havilland D.H.114 Heron (GB)
- Britten-Norman BN-2 Trislander (GB)
- Lockheed 18-56 Lodestar (USA)
- Hawker Siddeley 125 (GB)

0   4   8   12m
4m = 2,16 cm

de Havilland DHC-6 Twin Otter (CDN)

Grumman G-159 Gulfstream I (USA)

PZL MD-12 (PL)

Vickers Viking (GB)

Handley Page H.P.R.1 Marathon (GB)

Avro 748 (GB)

MBB HFB 320 Hansa (D)

VFW-Fokker 614 (D)

Dassault Mystère-Falcon 20 (F)

Nord M.H.260 (F)

Bristol 170 Freighter (GB)

Swearingen Metro II (USA)

Avro 683 Lancaster (GB)

Sud-Ouest SO-30 Bretagne (F)

SAAB 90 Scandia (S)

273

Planche 117 — Panorama synoptique à l'échelle des avions de 1940 à aujourd'hui

0   4   8   12m
4m = 2,16 cm

Iliouchine Il-12 (URSS)

Iliouchine Il-14 (URSS)

Handley Page H.P.R.7 Herald (GB)

de Havilland DHC-4 Caribou (CDN)

Convair 240 (USA)

Handley Page H.P.70 Halifax (GB)

Boeing SA-307 Stratoliner (USA)

Curtiss C-46 (USA)

Fiat G.212 (I)

Avro 691 Lancastrian (GB)

Fokker F.27-100 Friendship (NL)

Antonov An-24 (URSS)

Avro 685 York (GB)

Convair 540 (USA)

274

Sikorsky VS-44 (USA)

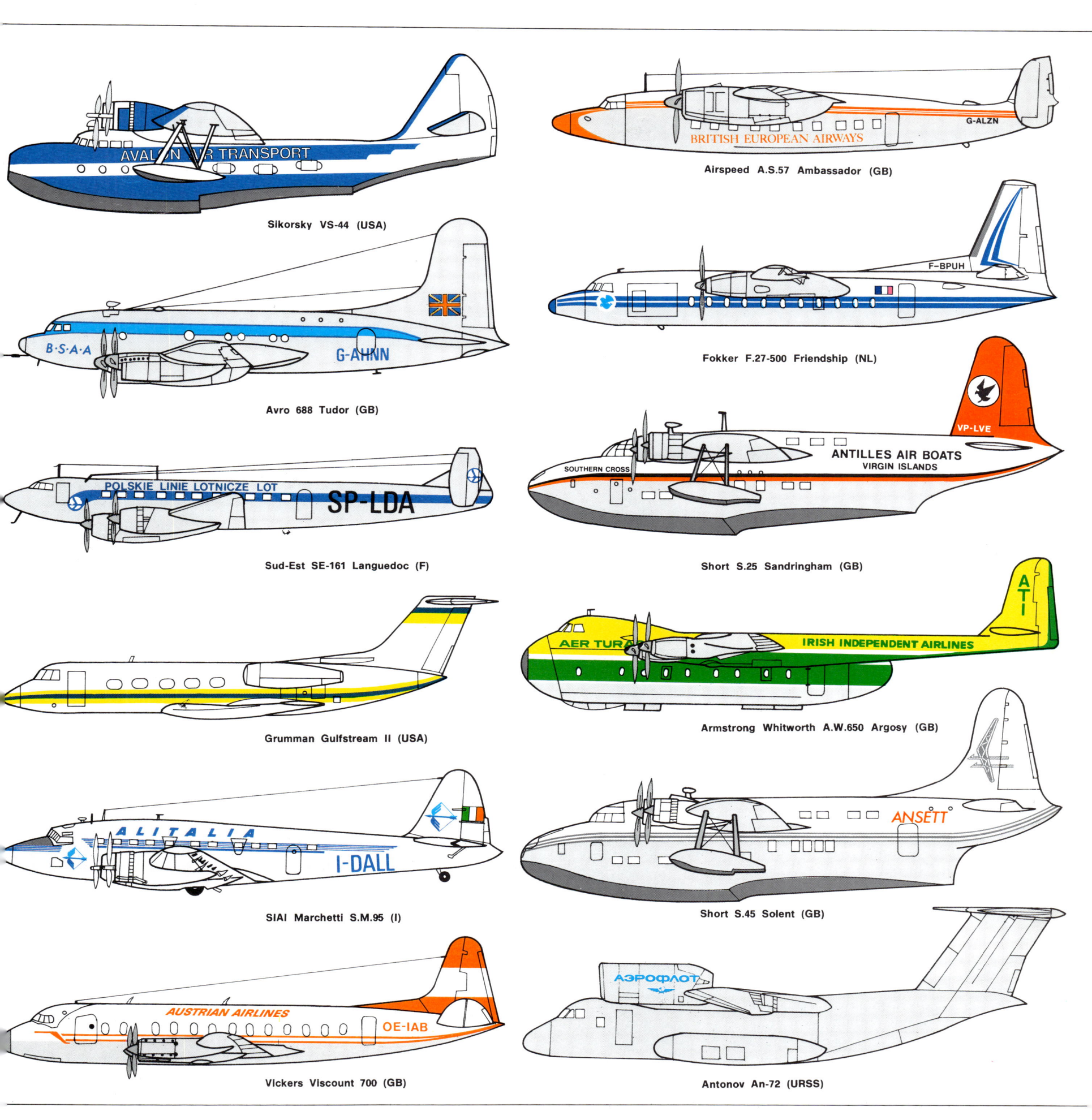

Avro 688 Tudor (GB)

Sud-Est SE-161 Languedoc (F)

Grumman Gulfstream II (USA)

SIAI Marchetti S.M.95 (I)

Vickers Viscount 700 (GB)

Airspeed A.S.57 Ambassador (GB)

Fokker F.27-500 Friendship (NL)

Short S.25 Sandringham (GB)

Armstrong Whitworth A.W.650 Argosy (GB)

Short S.45 Solent (GB)

Antonov An-72 (URSS)

Planche 117 — Panorama synoptique à l'échelle des avions de 1940 à aujourd'hui

Fokker F.28 Fellowhip (NL)

Martin 2-0-2 (USA)

Canadair C-4 (CDN)

Douglas DC-4 (USA)

Breguet BR.763 Provence (F)

Lockheed L-749 Constellation (USA)

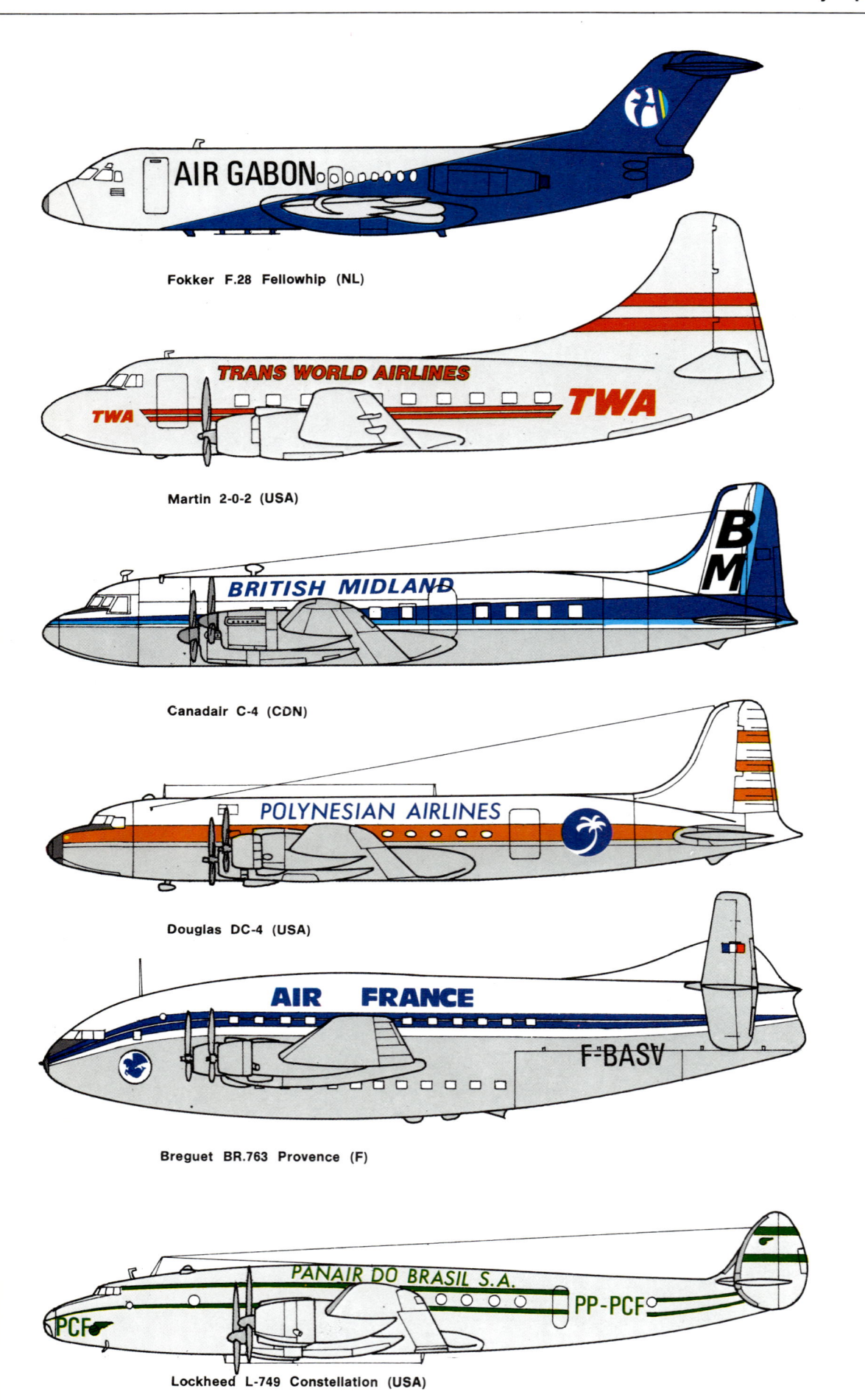

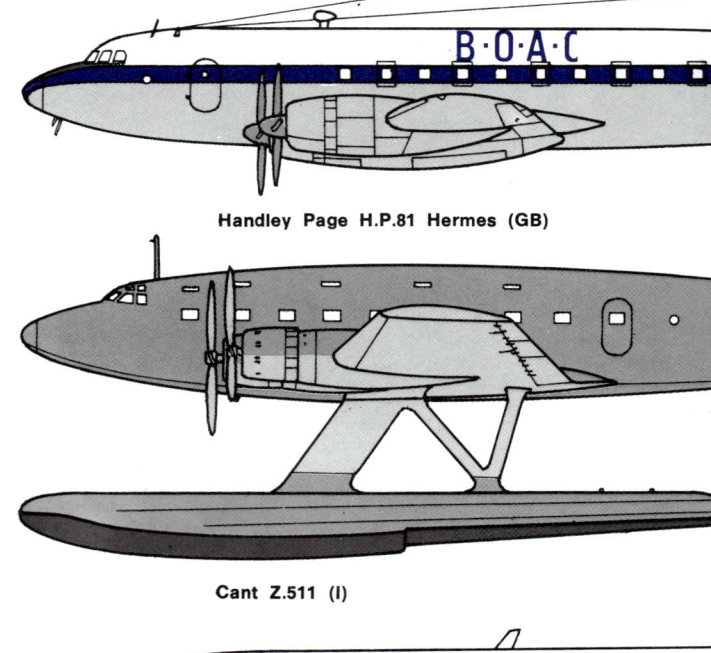

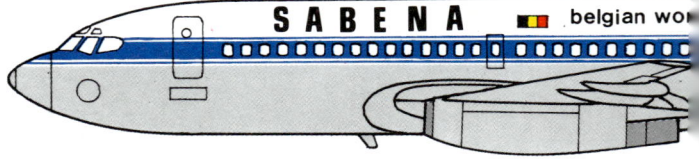

Handley Page H.P.81 Hermes (GB)

Cant Z.511 (I)

Boeing 737 (USA)

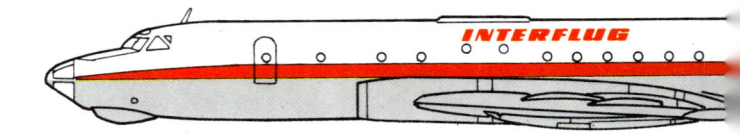

Tupolev Tu-124 (URSS)

McDonnell-Douglas DC-9-10 (USA)

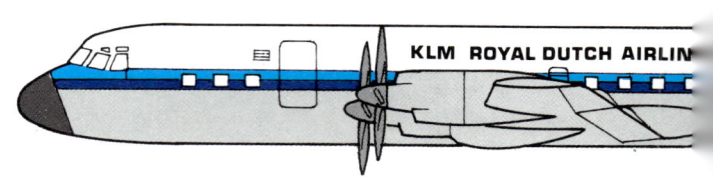

Lockheed L.188 Electra (USA)

0   4   8   12m
4m = 2,16 cm

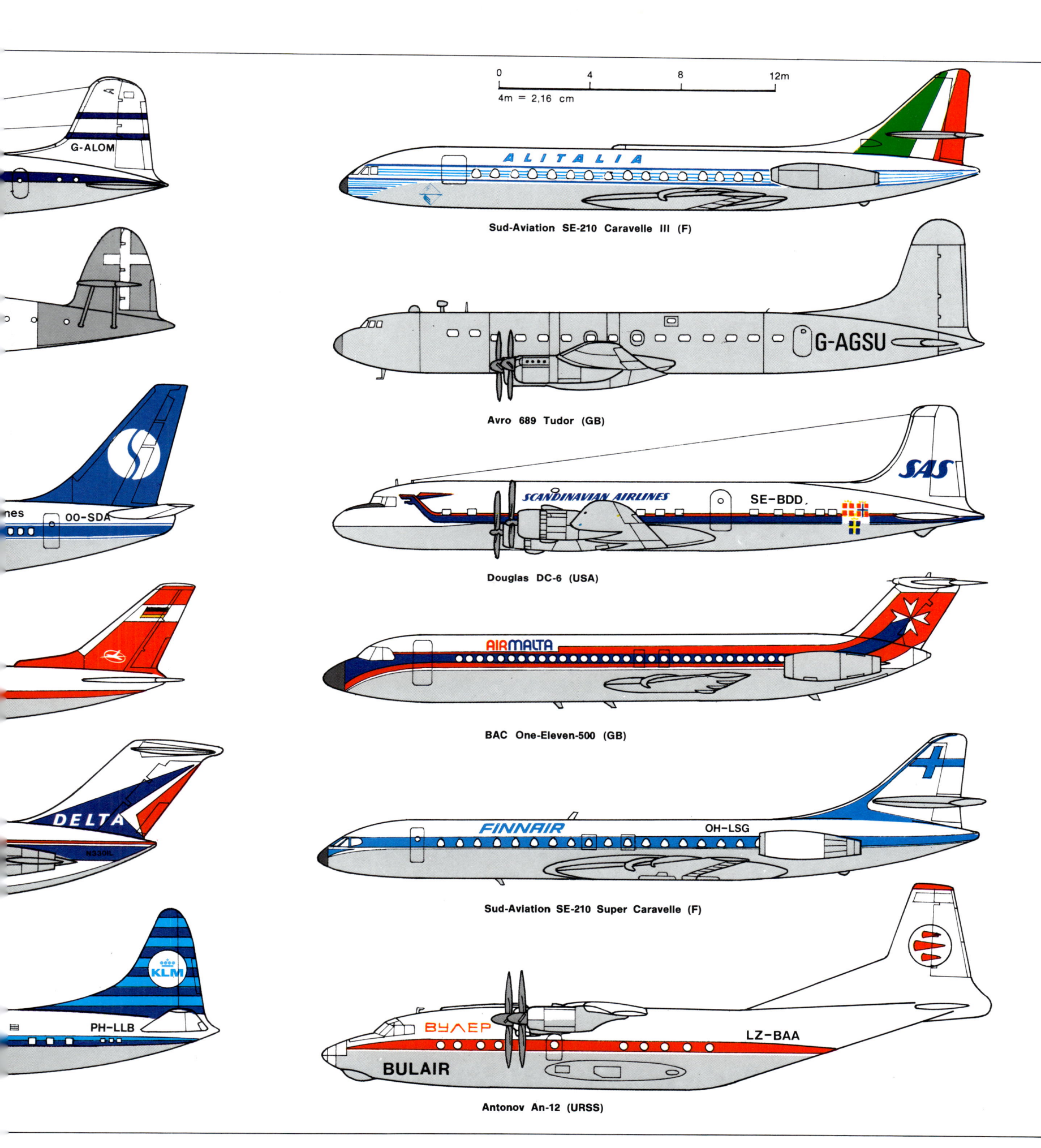

Sud-Aviation SE-210 Caravelle III (F)

Avro 689 Tudor (GB)

Douglas DC-6 (USA)

BAC One-Eleven-500 (GB)

Sud-Aviation SE-210 Super Caravelle (F)

Antonov An-12 (URSS)

277

Planche 117 — Panorama synoptique à l'échelle des avions de 1940 à aujourd'hui

Breda B.Z.308 (I)

Boeing 377 Stratocruiser (USA)

de Havilland D.H.106 Comet (GB)

Antonov An-10 (URSS)

Douglas DC-7 (USA)

Lockheed L-1049 Super Constellation (USA)

Bristol 175 Britannia (GB)

Dassault Mercure 100 (F)

Tupolev Tu-134 (URSS)

Hawker Siddeley Trident (GB)

Iliouchine Il-18 (URSS)

0   4   8   12m
4m = 2,16 cm

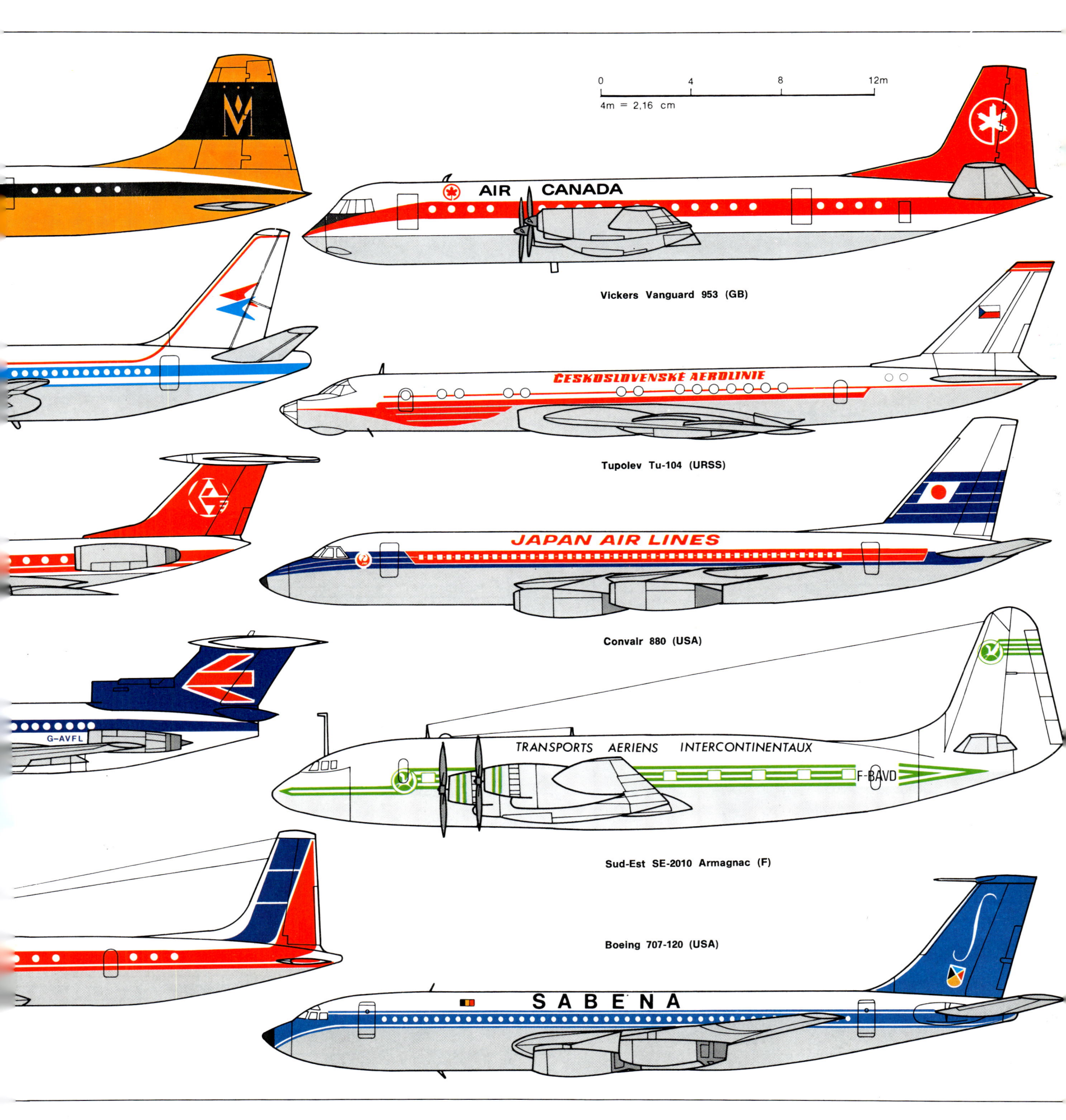

Vickers Vanguard 953 (GB)

Tupolev Tu-104 (URSS)

Convair 880 (USA)

Sud-Est SE-2010 Armagnac (F)

Boeing 707-120 (USA)

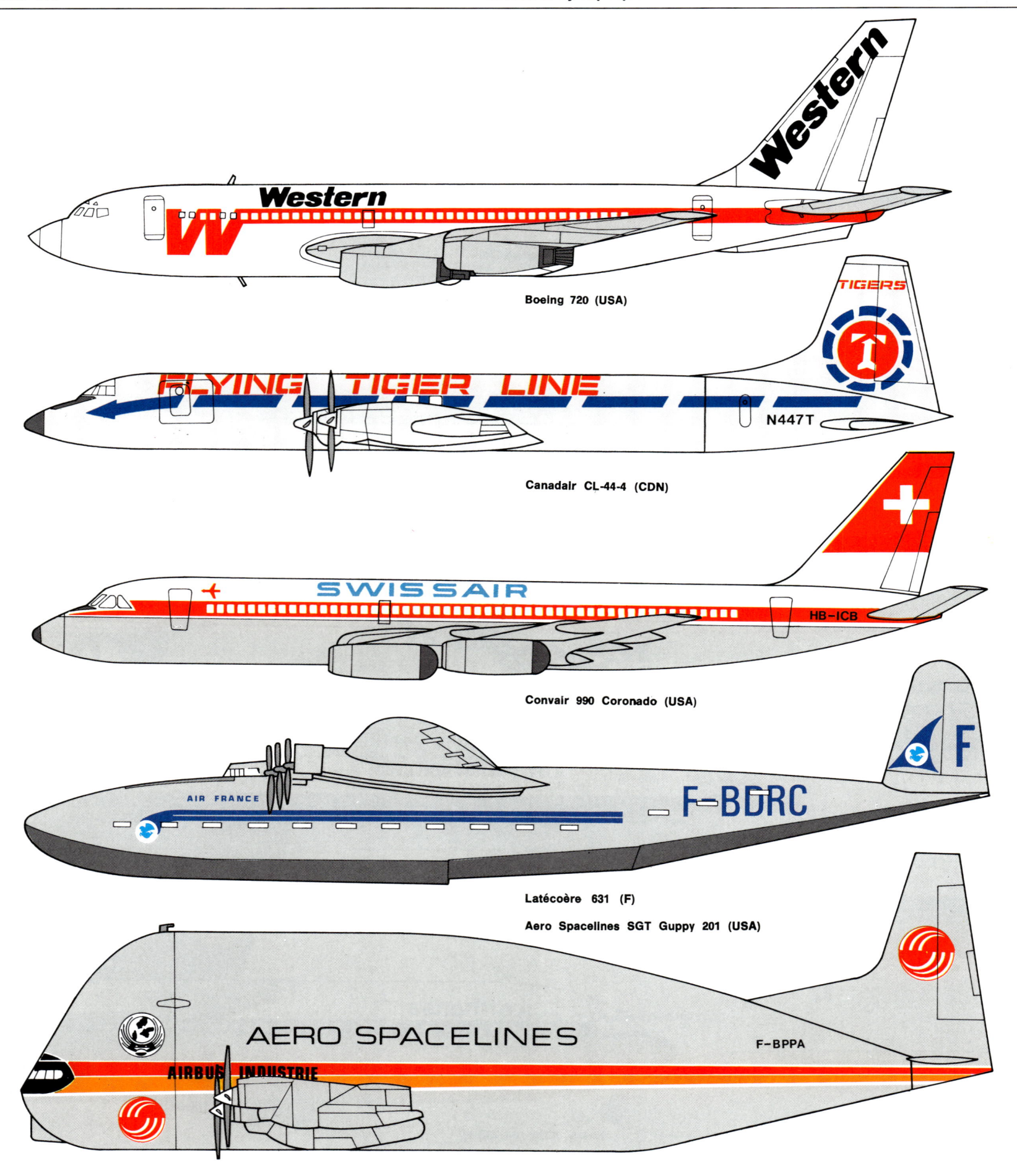

Planche 117 — Panorama synoptique à l'échelle des avions de 1940 à aujourd'hui

Boeing 720 (USA)

Canadair CL-44-4 (CDN)

Convair 990 Coronado (USA)

Latécoère 631 (F)

Aero Spacelines SGT Guppy 201 (USA)

Vickers Vanguard 953 (GB)

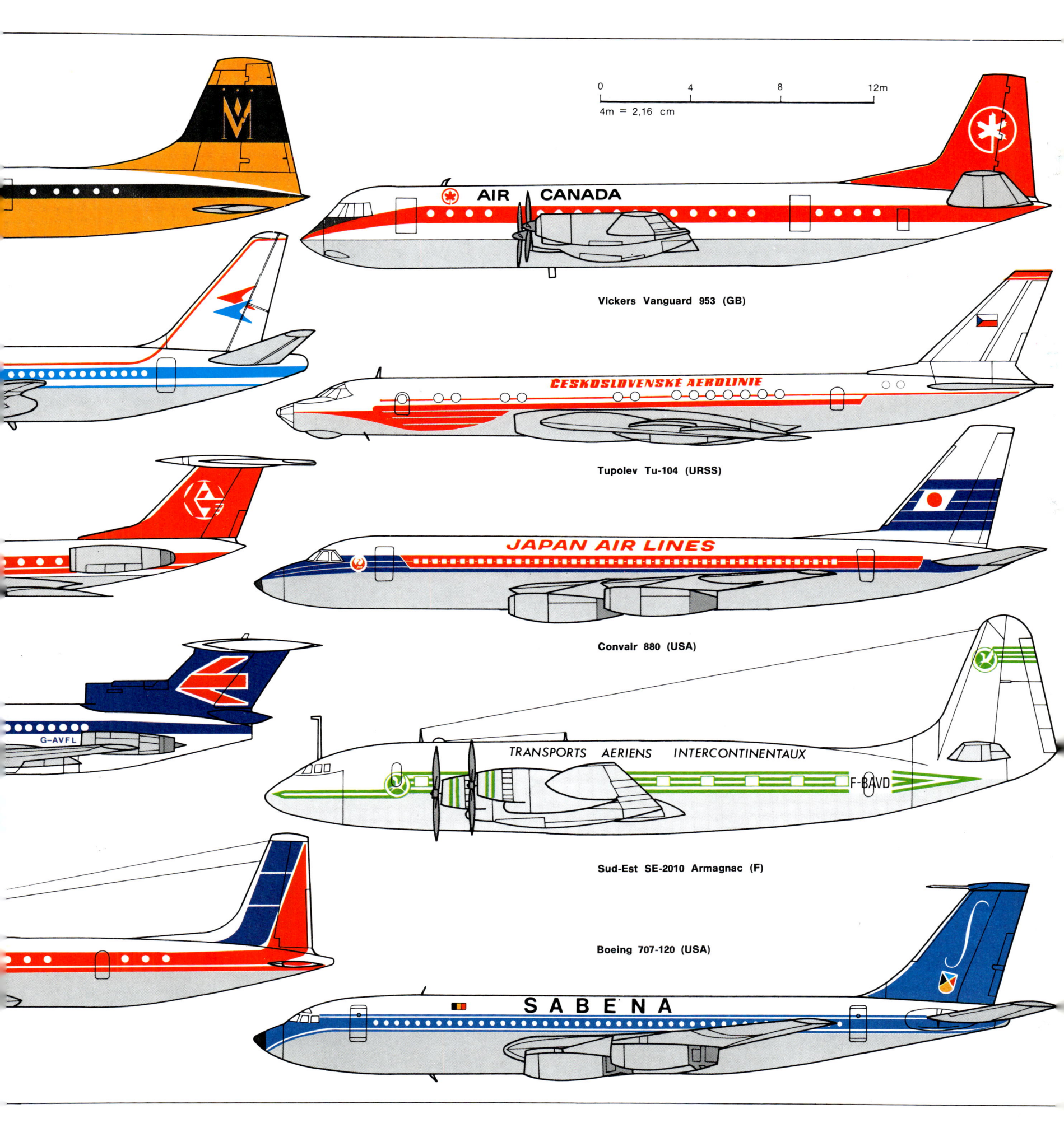

Tupolev Tu-104 (URSS)

Convair 880 (USA)

Sud-Est SE-2010 Armagnac (F)

Boeing 707-120 (USA)

Bristol 167 Brabazon (GB)

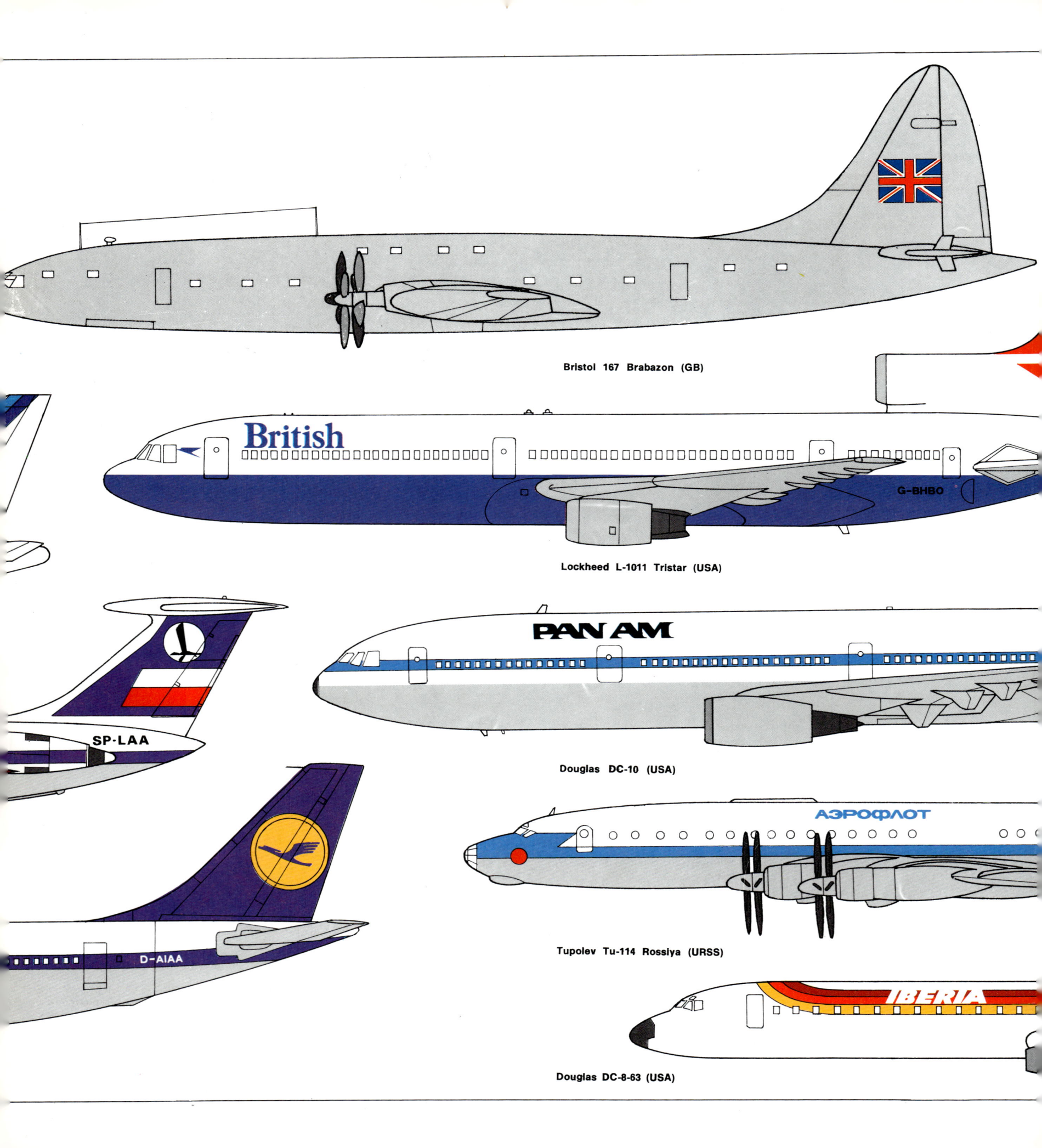

Lockheed L-1011 Tristar (USA)

Douglas DC-10 (USA)

Tupolev Tu-114 Rossiya (URSS)

Douglas DC-8-63 (USA)

Planche 117 — Panorama synoptique à l'échelle des avions de 1940 à aujourd'hui

Boeing 727-200 (USA)

Tupolev Tu-154 (URSS)

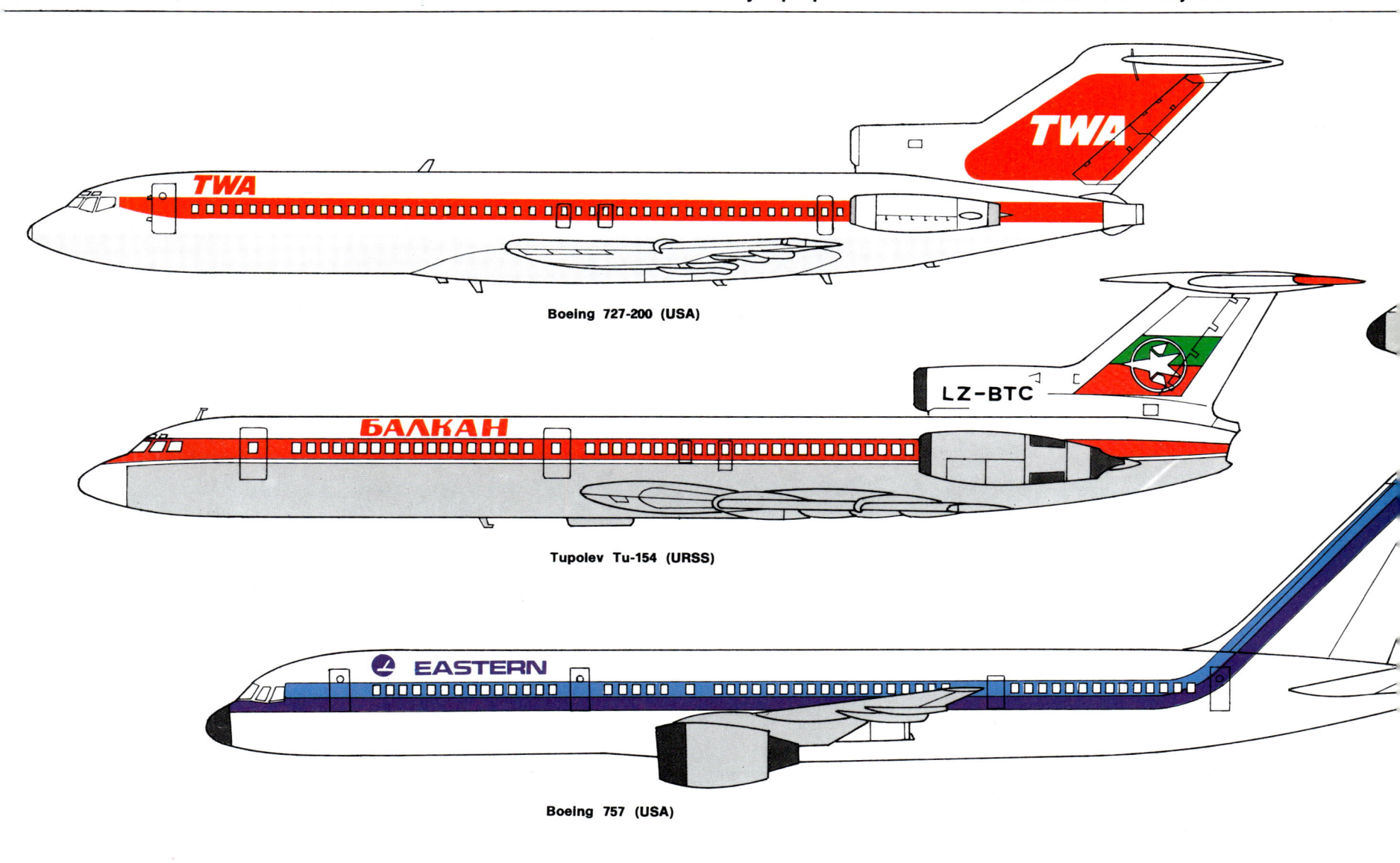

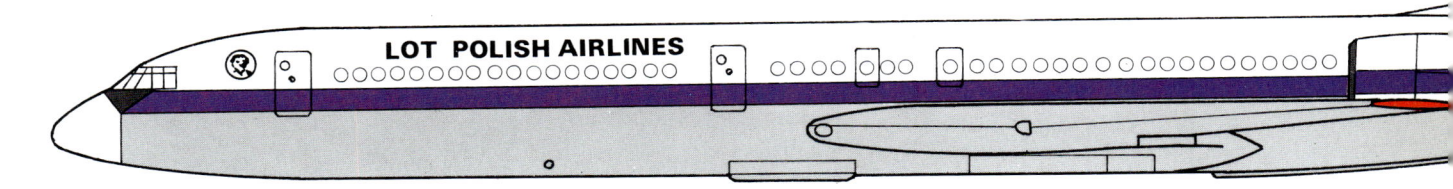

Boeing 757 (USA)

Iliouchine Il-62 (URSS)

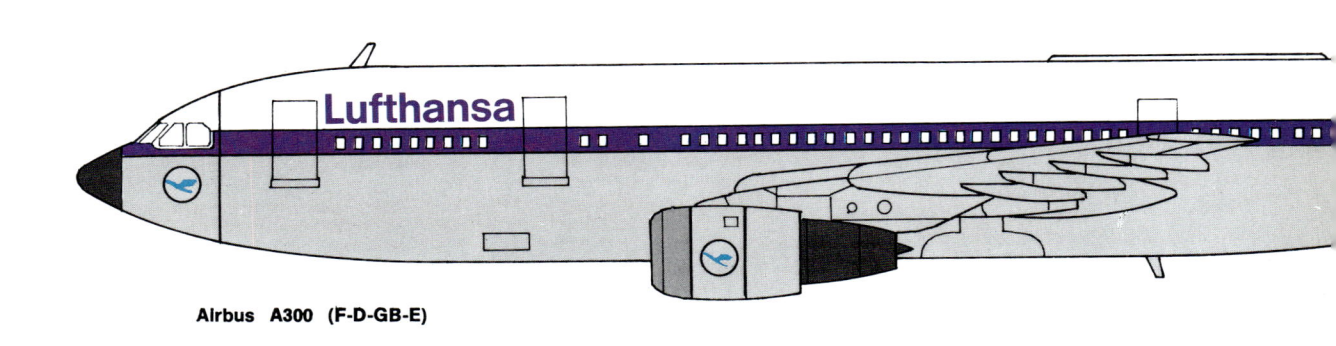

Airbus A300 (F-D-GB-E)

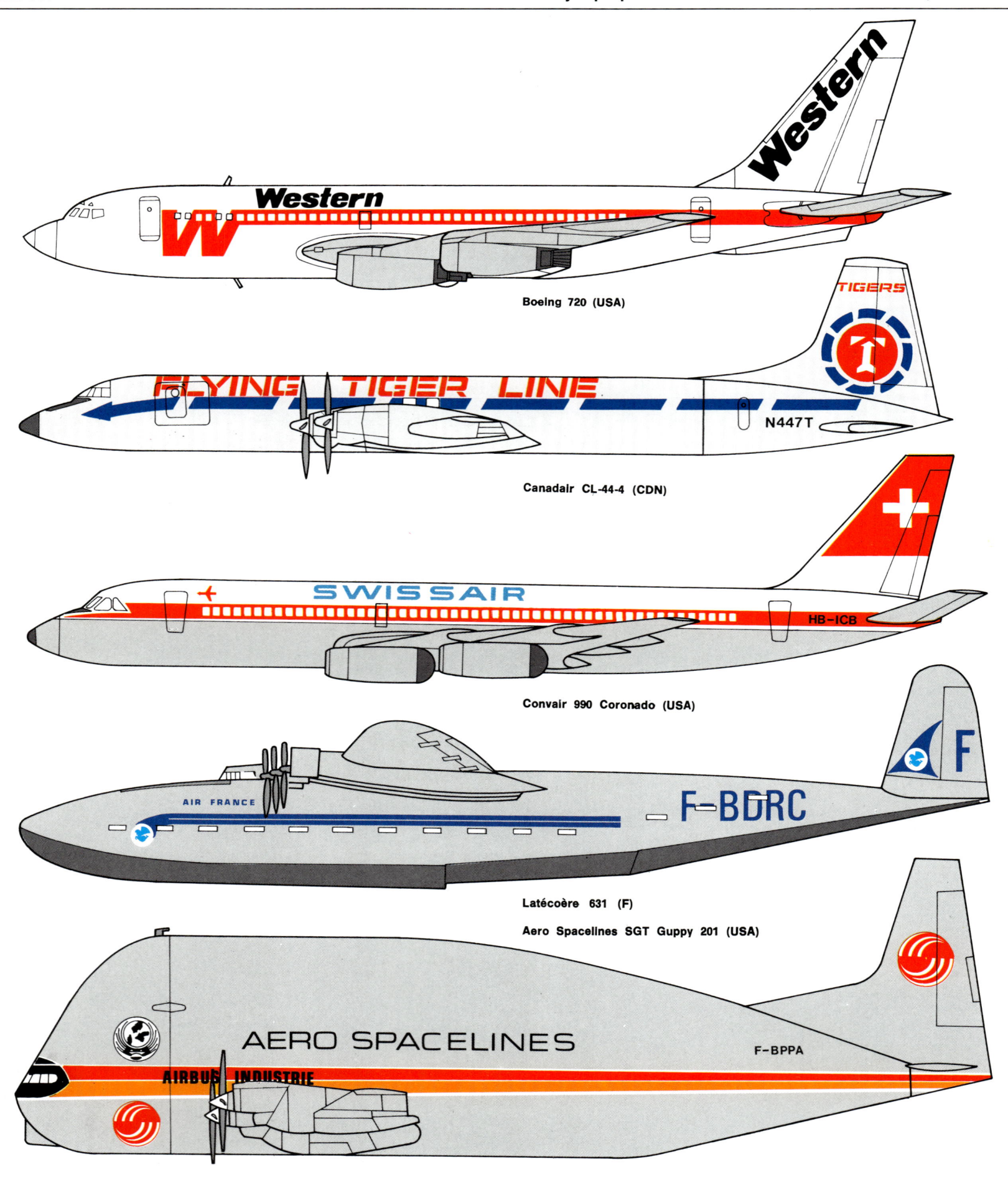

Planche 117 — Panorama synoptique à l'échelle des avions de 1940 à aujourd'hui

Boeing 720 (USA)

Canadair CL-44-4 (CDN)

Convair 990 Coronado (USA)

Latécoère 631 (F)

Aero Spacelines SGT Guppy 201 (USA)

BAC VC-10 (GB)

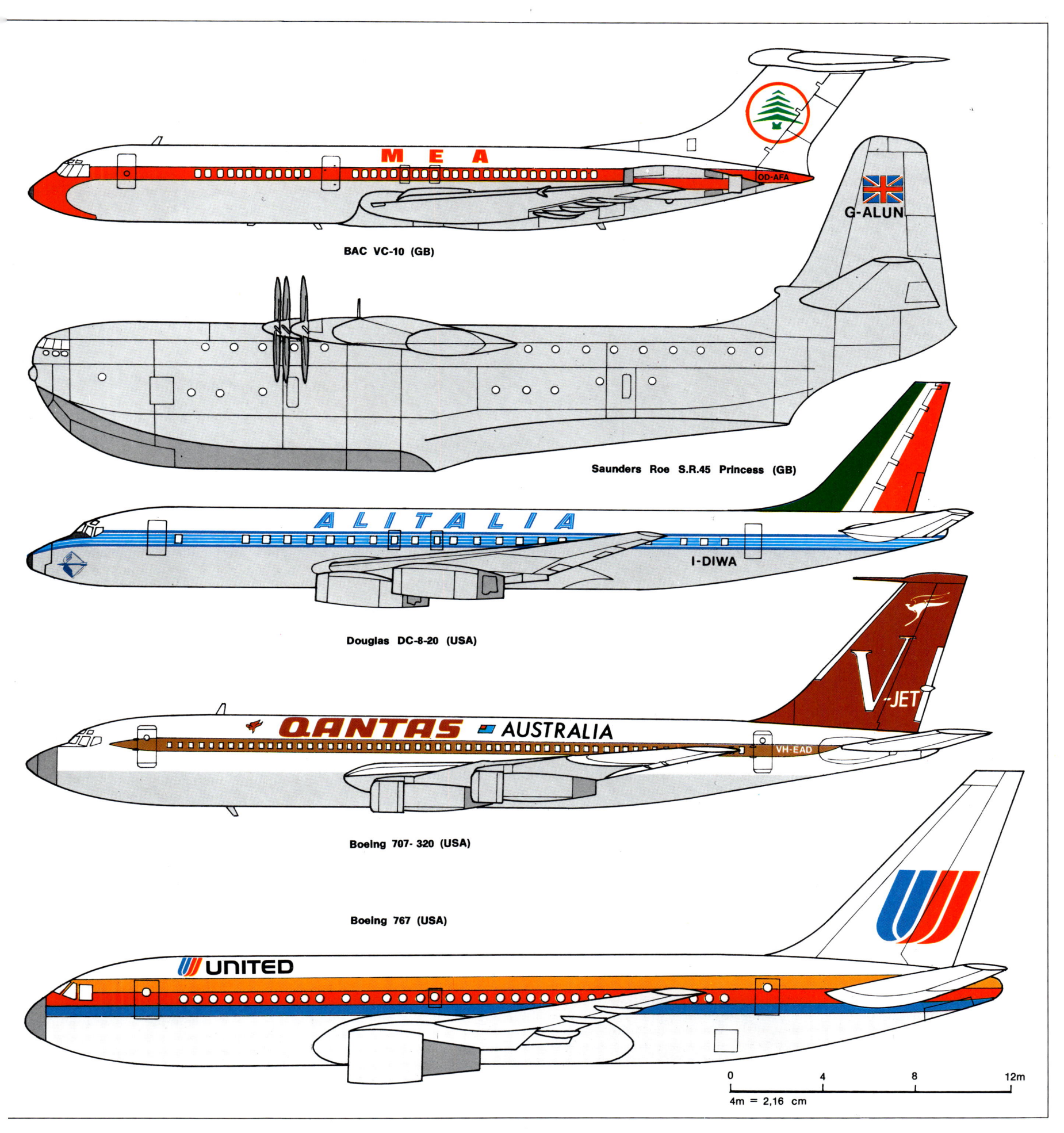

Saunders Roe S.R.45 Princess (GB)

Douglas DC-8-20 (USA)

Boeing 707-320 (USA)

Boeing 767 (USA)

0   4   8   12m

4m = 2,16 cm

BVFA

CCCP-77102

I-DEMA

CCCP 86002

Iliouchine Il-86 (URSS)

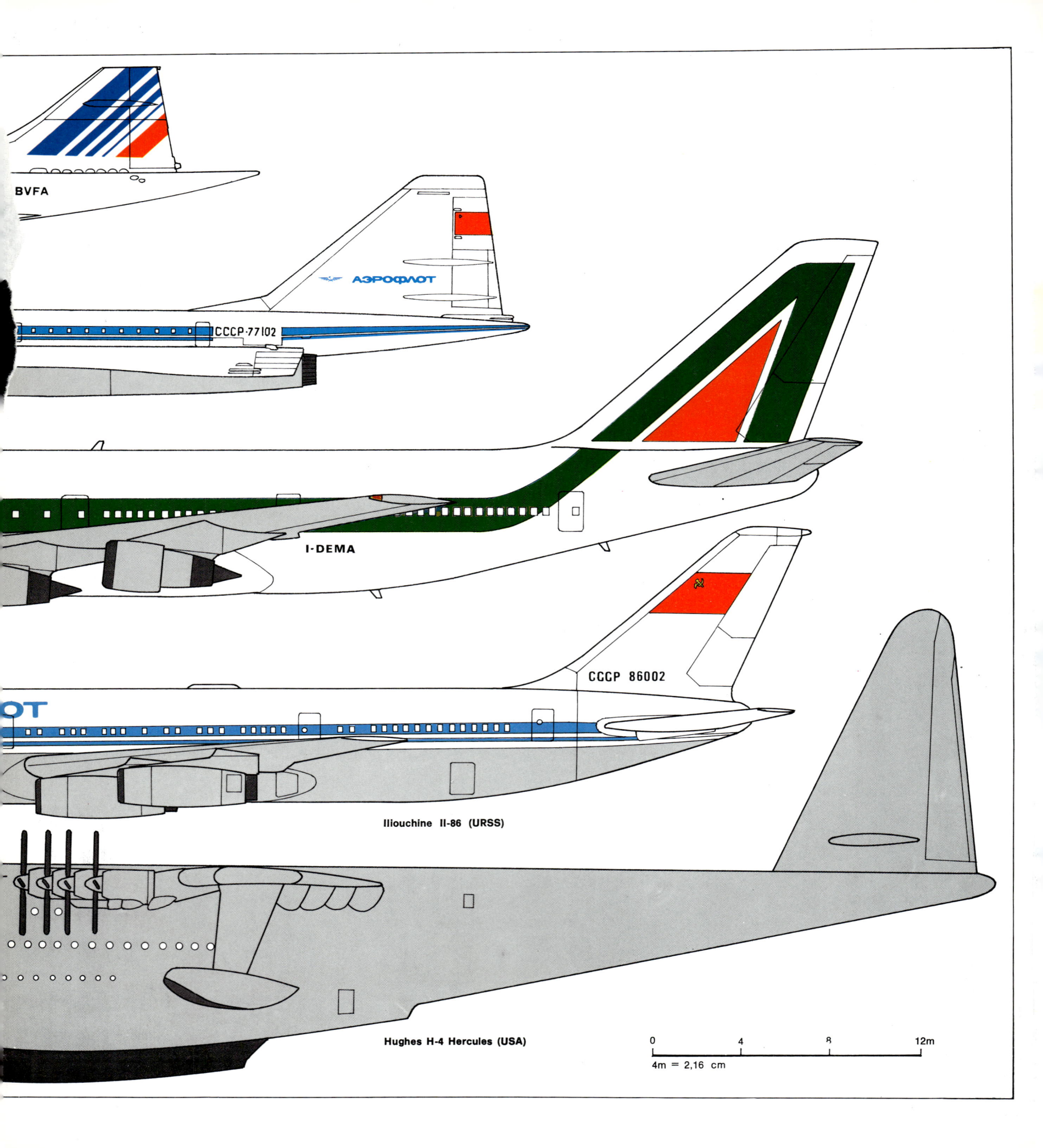

Hughes H-4 Hercules (USA)

0   4   8   12m

4m = 2,16 cm

BAC Aérospatiale Concorde (F-GB)

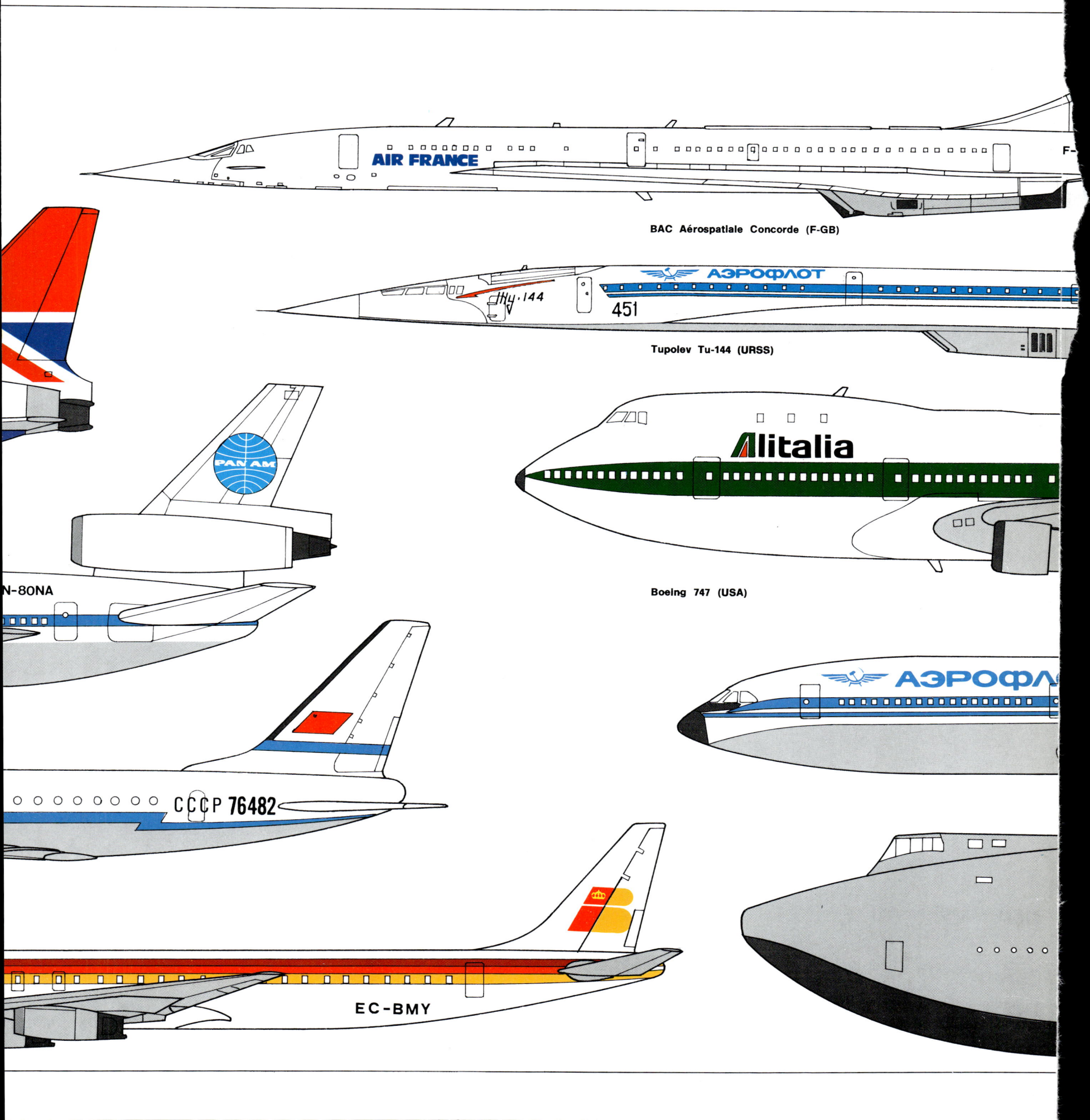

Tupolev Tu-144 (URSS)

Boeing 747 (USA)

Planche 118 — Année par année, les avions de transport et de ligne les plus importants de 1940 à 1955

1940

Boeing SA-307 Stratoliner (USA)

Curtiss C-46 (USA)

1942

Avro 685 York (GB)

Sikorsky VS-44 (USA)

Douglas DC-4 (USA)

Latécoère 631 (F)

1944

Avro 683 Lancaster (GB)

1945

Avro 691 Lancastrian (GB)

Sud-Est SE-161 Languedoc (F)

Avro 688 Tudor (GB)

1946

Handley Page H.P.R.1 Marathon (GB)

Vickers Viking (GB)

Bristol 170 Wayfarer (GB)

SAAB 90 Scandia (S)

Iliouchine Il-12 (URSS)

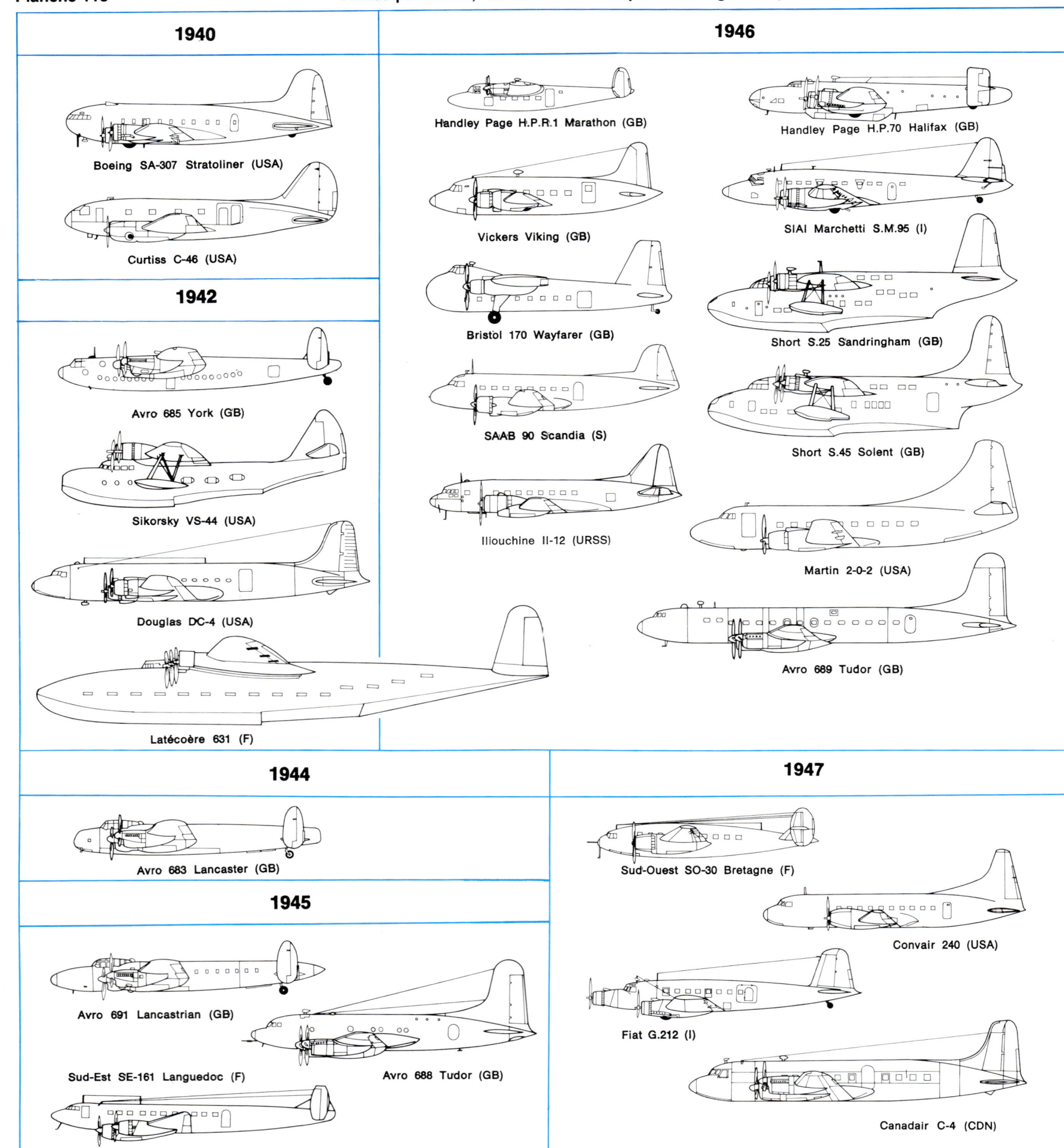

Handley Page H.P.70 Halifax (GB)

SIAI Marchetti S.M.95 (I)

Short S.25 Sandringham (GB)

Short S.45 Solent (GB)

Martin 2-0-2 (USA)

Avro 689 Tudor (GB)

1947

Sud-Ouest SO-30 Bretagne (F)

Convair 240 (USA)

Fiat G.212 (I)

Canadair C-4 (CDN)

1947

Lockheed L-749 Constellation (USA)

Boeing 377 Stratocruiser (USA)

1948

Yakovlev Yak-16 (URSS)

Airspeed A.S.57 Ambassador (GB)

Handley Page H.P.81 Hermes (GB)

1949

CASA-201 Alcotan (E)

Bristol 167 Brabazon (GB)

Sud-Est SE-2010 Armagnac (F)

1950

Vickers Viscount 700 (GB)

Les avions présentés ici sont tous à l'échelle, la même que celle des planches 80, 81, 119, 120, 121

1951

Breguet BR.763 Provence (F)

Douglas DC-6 (USA)

1952

Saunders Roe S.R.45 Princess (GB)

1953

Iliouchine Il-14 (URSS)

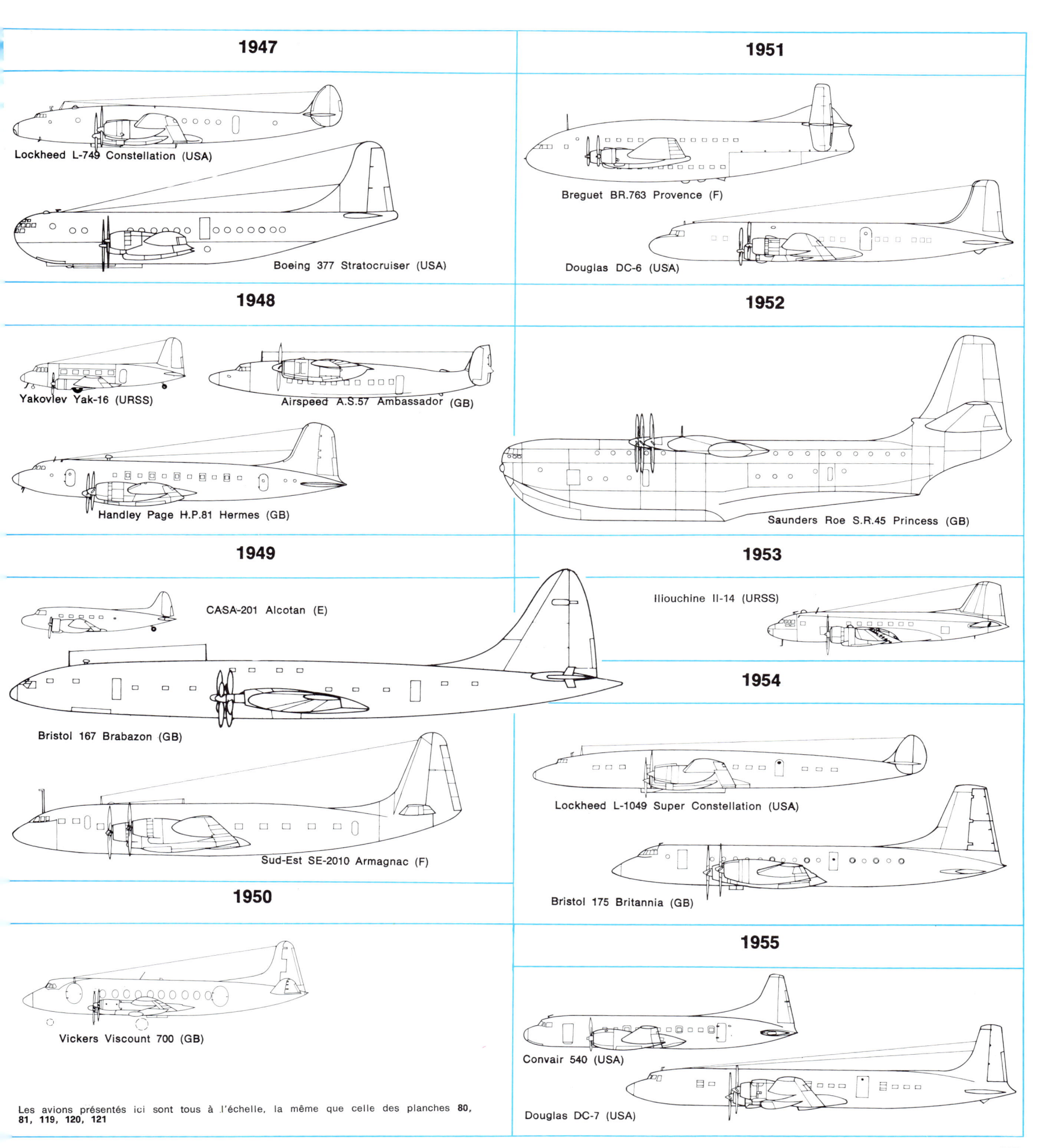

1954

Lockheed L-1049 Super Constellation (USA)

Bristol 175 Britannia (GB)

1955

Convair 540 (USA)

Douglas DC-7 (USA)

Planche 119 — Année par année, les avions de transport et de ligne les plus importants de 1957 à 1969

1957

Antonov An-10 (URSS)

Iliouchine Il-18 (URSS)

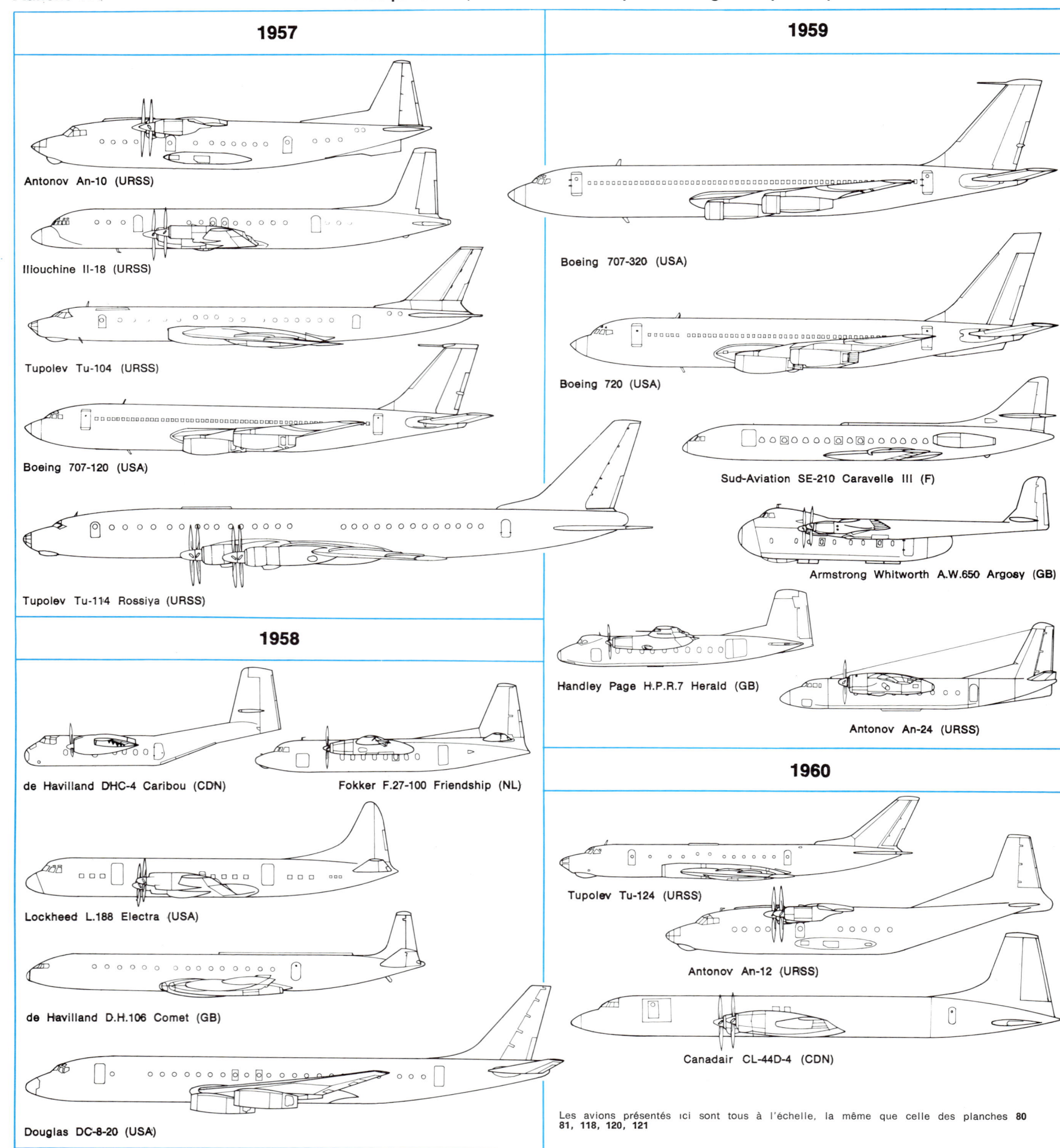

Tupolev Tu-104 (URSS)

Boeing 707-120 (USA)

Tupolev Tu-114 Rossiya (URSS)

1958

de Havilland DHC-4 Caribou (CDN)

Fokker F.27-100 Friendship (NL)

Lockheed L.188 Electra (USA)

de Havilland D.H.106 Comet (GB)

Douglas DC-8-20 (USA)

1959

Boeing 707-320 (USA)

Boeing 720 (USA)

Sud-Aviation SE-210 Caravelle III (F)

Armstrong Whitworth A.W.650 Argosy (GB)

Handley Page H.P.R.7 Herald (GB)

Antonov An-24 (URSS)

1960

Tupolev Tu-124 (URSS)

Antonov An-12 (URSS)

Canadair CL-44D-4 (CDN)

Les avions présentés ici sont tous à l'échelle, la même que celle des planches 80, 81, 118, 120, 121

1961

Vickers Vanguard 953 (GB)

Convair 990 Coronado (USA)

1963

Iliouchine Il-62 (URSS)

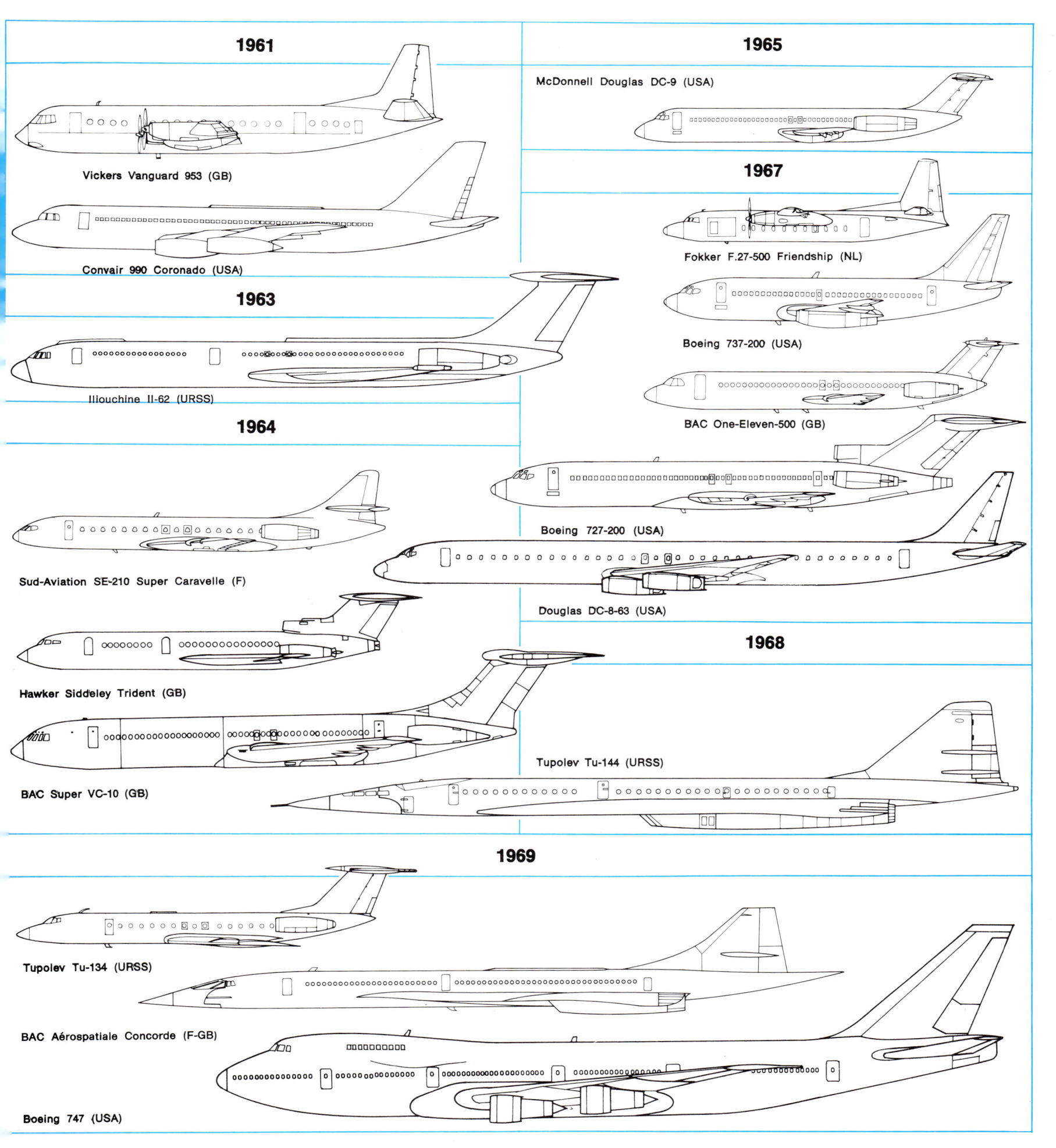

1964

Sud-Aviation SE-210 Super Caravelle (F)

Hawker Siddeley Trident (GB)

BAC Super VC-10 (GB)

1965

McDonnell Douglas DC-9 (USA)

1967

Fokker F.27-500 Friendship (NL)

Boeing 737-200 (USA)

BAC One-Eleven-500 (GB)

Boeing 727-200 (USA)

Douglas DC-8-63 (USA)

1968

Tupolev Tu-144 (URSS)

1969

Tupolev Tu-134 (URSS)

BAC Aérospatiale Concorde (F-GB)

Boeing 747 (USA)

289

Planche 120 — Année par année, les avions de transport et de ligne les plus importants de 1971 à 1982

1971

Dassault Mercure 100 (F)

Fokker F.28 Fellowship (NL)

VFW-Fokker 614 (D)

1972

Douglas DC-10 (USA)

1973

Tupolev Tu-154 (URSS)

1974

Airbus A300 (F-D-GB-E)

Les avions présentés ici sont tous à l'échelle, la même que celle des planches 80, 81, 118, 119, 121

1976

Lockheed L-1011 Tristar (USA)

Iliouchine Il-86 (URSS)

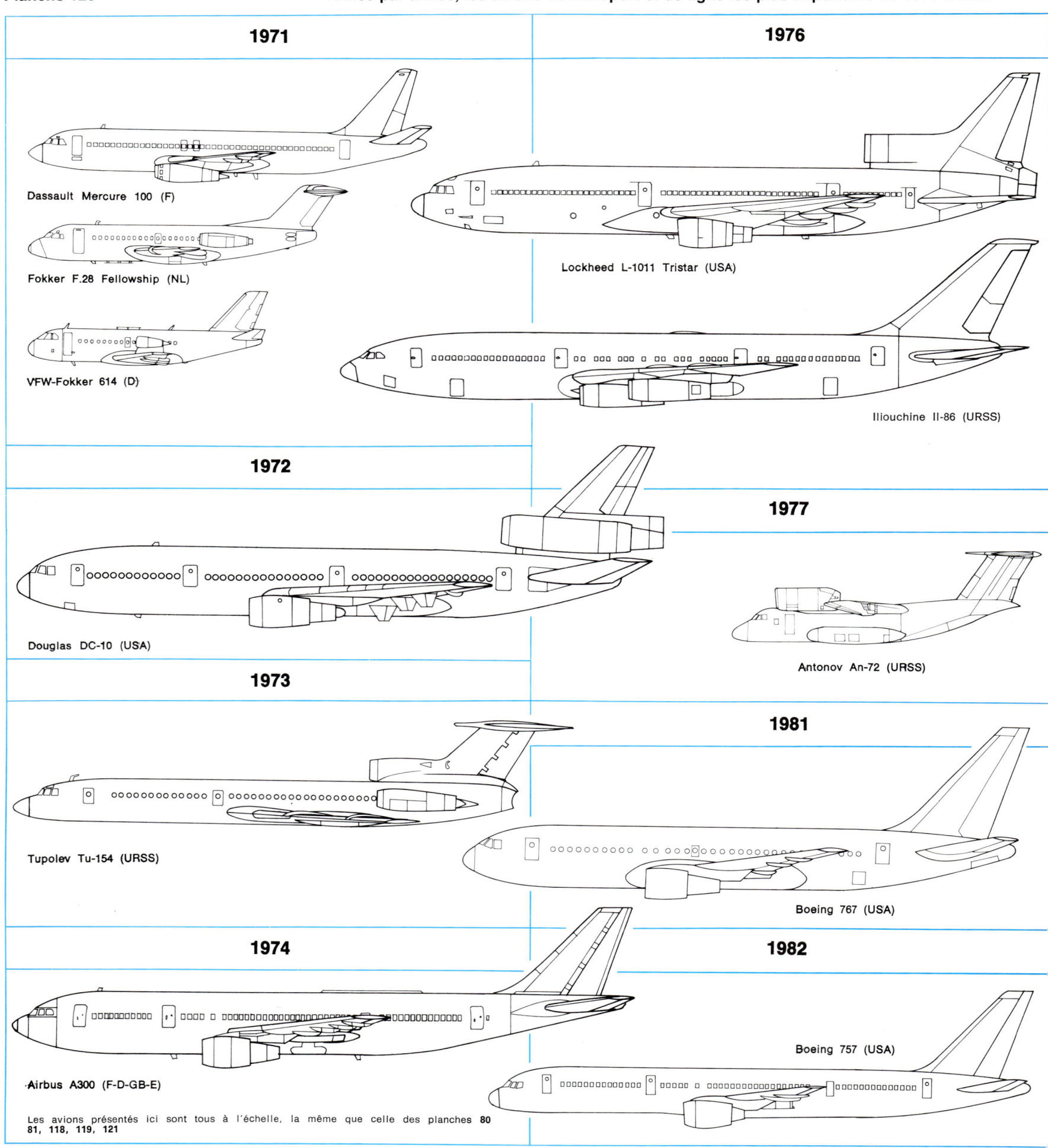

1977

Antonov An-72 (URSS)

1981

Boeing 767 (USA)

1982

Boeing 757 (USA)

Année par année, les avions d'affaires et de transport léger les plus importants de 1945 à 1976

Planche 121

1945

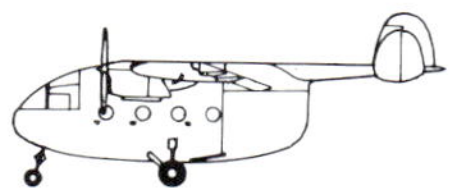

Miles M.57 Aerovan (GB)

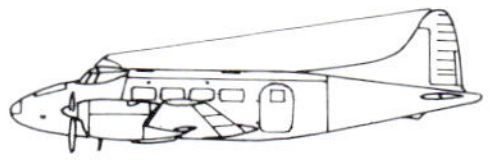

de Havilland D.H.104 Dove (GB)

1946

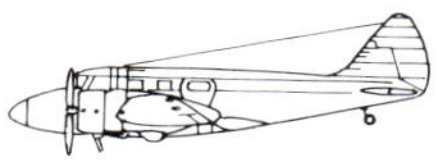

Airspeed A.S.65 Consul (GB)

1947

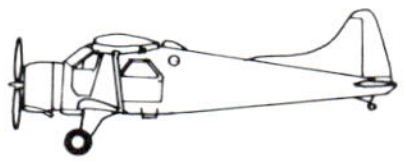

de Havilland DHC-2 Beaver (CDN)

1948

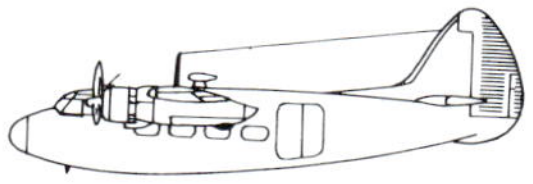

Percival P.50 Prince 1 (GB)

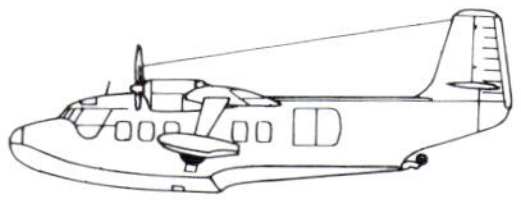

Short S.A.6 Sealand (GB)

1949

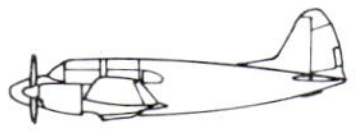

Macchi M.B.320 (I)

Les avions présentés ici sont tous à l'échelle, la même que celle des planches 80, 81, 118, 119, 120

1950

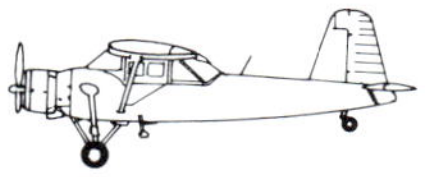

Scottish Aviation Prestwick Pioneer (GB)

1951

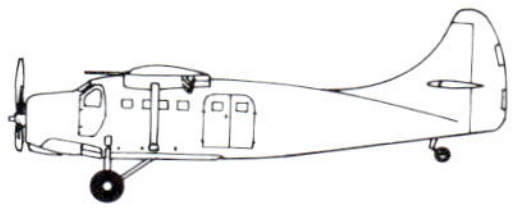

de Havilland DHC-3 Otter (CDN)

1952

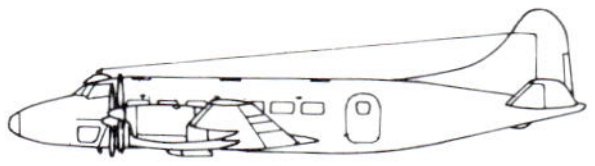

de Havilland D.H.114 Heron 2 (GB)

1954

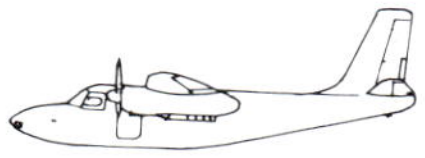

Aero Commander 560 (USA)

1955

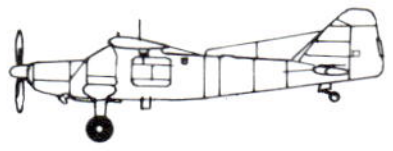

Dornier Do.27 (D)

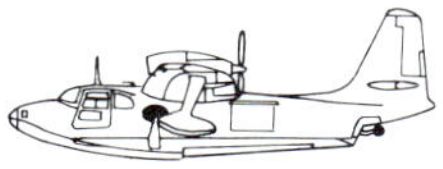

Piaggio P.136 (I)

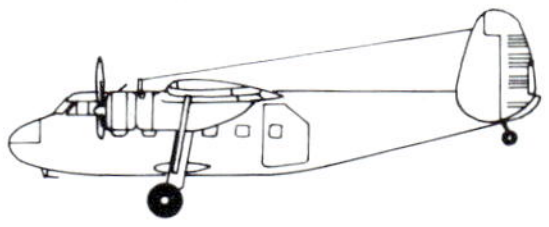

Scottish Aviation Twin Pioneer (GB)

1956

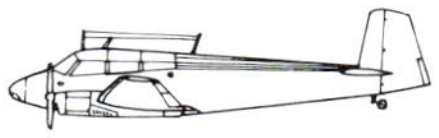

MR-2 (R)

1957

I.A. 45 Querandi (RA)

1958

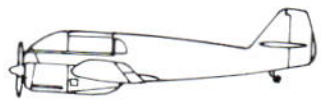

Aero 145 (CS)

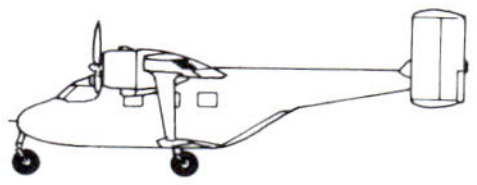

Antonov An-14 Pchelka (URSS)

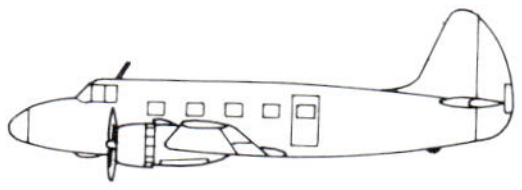

Peking (TJ)

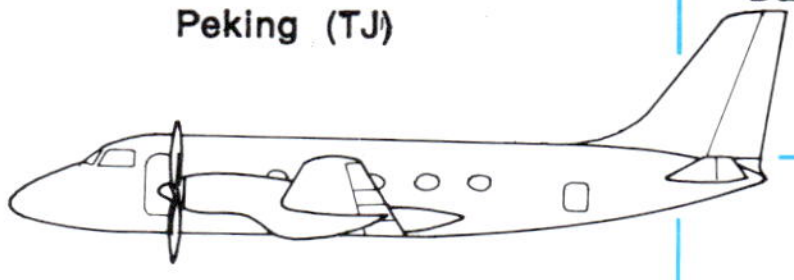

Grumman G-159 Gulfstream I (USA)

1959

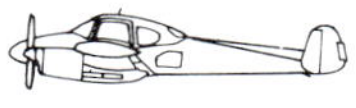

L-200 Morava (CS)

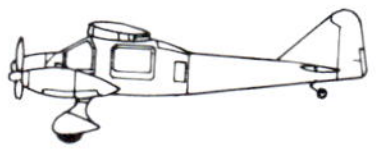

Dornier Do.28 (D)

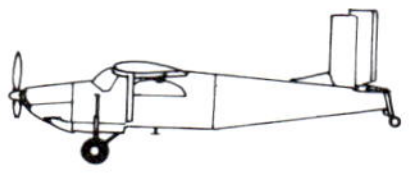

Pilatus PC-6 Porter (CH)

1960

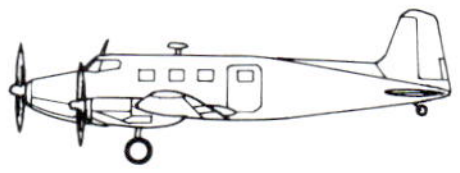

de Havilland DHA-3 Drover (AUS)

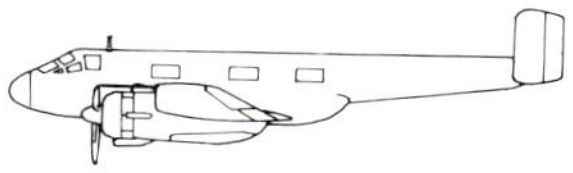

I.A. 35-X-III (RA)

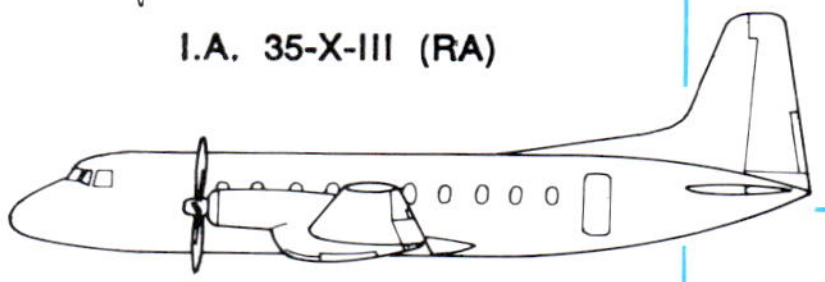

Avro 748 (GB)

1962

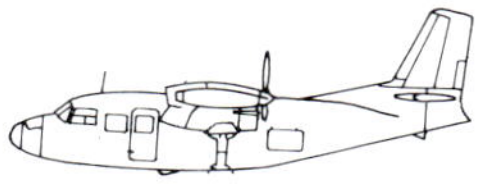

Piaggio P.166 Portofino (I)

1963

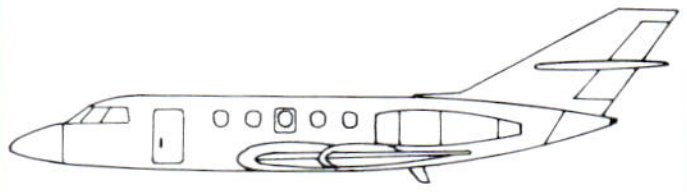

Dassault Mystère-Falcon 20 (F)

1964

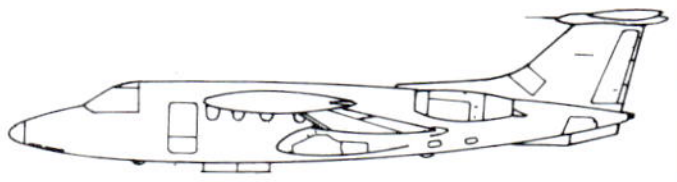

MBB HFB 320 Hansa (D)

1966

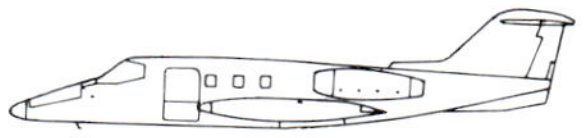

Lear Jet 24 (USA)

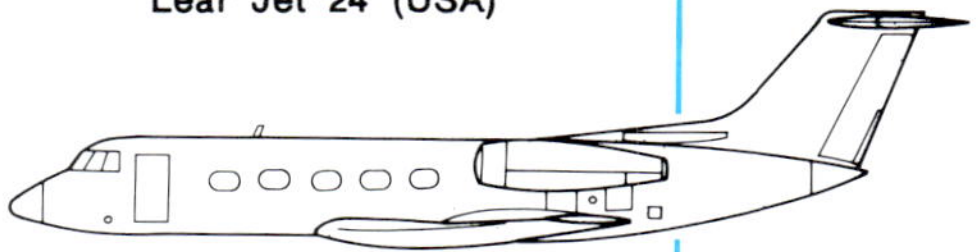

Grumman Gulfstream II (USA)

1967

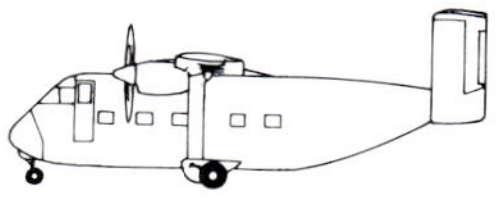

Short Skyliner (GB)

1969

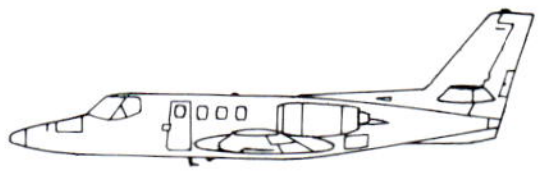

Cessna Citation (USA)

de Havilland DHC-6 Twin Otter (CDN)

1974

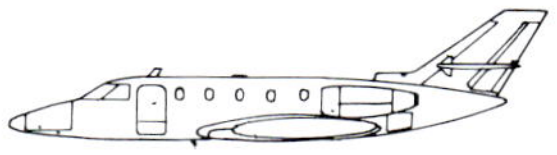

Aérospatiale SN.601 Corvette (F)

1976

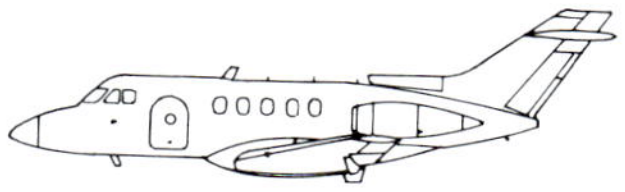

Hawker Siddeley 125 (GB)

Planche 122   Les emblèmes des compagnies aériennes civiles du monde entier

Icelandair	Scandinavian Airlines System	Scanair	Transair Sweden	Finnair O/Y	Aeroflot	
Air France	Air Littoral	Air Inter	Air Alpes	Touraine Air Transport	Union de Transports Aériens	Sabena-Belgian World Airlines
Condor Flugdienst	Luftransport-Unternehmen	Bavaria Germanair	Interflug	LOT - Polskie Linie Lotnicze	Ceskoslovenske Aerolinie	Swissair
Aviaco-Aviacion Y Comercio	Alitalia - Linee Aeree Italiane	Aero Trasporti Italiani	Air Malta	Jugoslovenski Aerotransport	Inex Adria Airways	
Egypt-Air	Air Mali	Air Niger	Sudan Airways	Ethiopian Airlines	Air-Guinnée	
Air Zaire	Air Tanzania	Air Kenya	TAAG - Linhas Aéreas de Angola	Zambia Airways	Air Malawi	LAM Lineas Aereas de Mocambique
MEA - Middle East Airlines Air Liban	Trans Mediterranean Airways	Syrian Arab Airlines	Iraqi Airways	El Al Israel Airlines	Israel Inland Airlines	
Air India	Indian Airways	Air Lanka	MIAT Air Mongol	CAAC - Civil Aviation Administration of China	Cathay Pacific Airway	

292

Aer Lingus Irish Airlines	British Airways	Air UK	Britannia Airways	British Caledonian Airways	Laker Airways	Dan-Air Services	Monarch Airlines	Sterling Airways A/S
Sobelair - Société Belge de Transports Par Air	Trans European Airways	Luxair		Koninklijke Luchtvaart Maatschapij NV	Martinair Holland	Transavia Holland	Lufthansa	
Balair	Crossair	Austrian Airlines	TAROM - Transporturite Aeriene Romane	TAP - Transportes Aereos Portugueses	Iberia	Spantax Trasportes Aereos		
Aviogenex	Olympic Airways	Balkan Bulgarian Airlines	Royal Air Maroc	Air Algerie	Tunis Air	Libyan Arab Airlines		
Air Afrique	Air Ivoire	Ghana Airways	Nigeria Airways	Cameroon Airlines	Air Gabon			
Direccao de Exploracao dos Transportes Aéreos	Air Madagascar	South African Airways	Safair Freighters	Cyprus Airways	Turk Hava Yollari			
Alia-Royal Jordanian Airlines	Saudia	Kuwait Airways	Gulf Air	Yemenia	Iran Air	PIA Pakistan International Airlines		
China Airline	Korean Air Lines	Japan Air Lines	All Nippon Airways	Japan Asia Airways	TDA - Domestic Airlines	Southwest Air Lines		

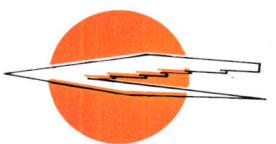

Planche 123 — Les emblèmes des compagnies aériennes civiles du monde entier

	Royal Nepal Airlines
	Bangladesh Biman
	Burma Airways
	Thai Airways International
	Thai Airways
	MAS Malaysian Airlines System
	PAL Philippine Airlines
	Wardair International
	Nordair
	Okanagan Helicopters
	Trans World Airlines
	Pan American World Airways
	American Airlines
	United Airlines
	Pacific Southwest Airlines
	Northwest Orient
	National Airlines
	Alaska International Air
	Air California
	Aeroamerica
	Seaboard World Airlines
	SMB Stage Line
	World Airways
	Wien Air Alaska
	Western Airlines
	Texas International Airlines
	Piedmont Airlines
	Ozark Air Lines
	Transamerica Airlines
	Aeromech Airlines
	Golden West Airlines
	Alaska Airlines
	Frontier Airlines
	Federal Express
	Belize Airlines
	Lineas Aereas Costaricenses
	Air Panama Internacional
	Empresa Consolidada Cubana de Aviacion
	Bahamasair
	Air Jamaica
	Ecuatoriana
	Antilles Air Boats
	British West Indian Airways
	Aeroperu
	Cruzeiro do Sul
	VOTEC Servicos Aéreos Regionais
	VARIG - Viacao Aérea Rio Gradense
	PLUNA Primeras Lineas Uruguayas de Navegacion Aérea
	Air Calédonie
	Air Niugini
	Talair TPY
	Surinam Airways
	Qantas Airways

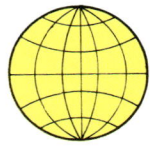

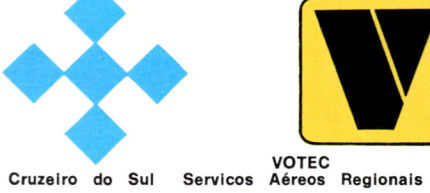

Sterling Philippine Airways	SIA Singapore Airlines	Royal Brunei Airlines	Indonesian Airways	Air Canada	CP Air Canadian Pacific Airlines	Quebecair
Braniff International	Flying Tiger Line	Continental Airlines	USAIR	Capitol International Airways	Eastern Air Lines	Delta Air Lines
Air Florida	Republic Airlines	Cochise Airlines	Evergreen International Airlines	Rio Airways	Sierra Pacific Airlines	
Hughes Airwest	Hawaiian Airlines	Aloha Airlines	Sea Airmotive	Zantop International Airlines	Trans Continental Airlines	
Aspen Airways	Southern Airways	Aeromexico	Mexicana	SAHSA Servicio Aereo de Honduras SA	Aviateca Aerolineas de Guatemala	
Dominicana	Caribbean Airways	Aerovias Nacionales de Colombia	Aerocondor Aerovias Condor de Colombia	Venezolana International de Aviacion SA	Lloyd Aereo Boliviano	
Viacao Aérea Sao Paulo	Transbrasil S/A Linhas Aereas	Rio-Sul	LADECO Linea Aerea del Cobre	Lan Chile	Aerolineas Argentinas	Austral Lineas Aereas
East-West Airlines	Ansett Airlines of Australia	Trans-Australia Airlines	Polynesian Airlines	Air New Zealand	IATA - International Air Transport Association	

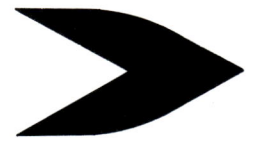

Les sigles des compagnies aériennes civiles

American Airlines	AA
Air Cortez	AB
Air Canada	AC
Antilles Air Boats	AD
Air Ceylon	AE
Air France	AF
Air Algerie	AH
Air-India	AI
All Island Air	AJ
Altair Airlines	AK
ABC	AK
Allegheny Commuter/USAir	AL
Aeromexico	AM
Ansett (AUS)	AN
AVIACO	AO
Aspen Airways	AP
BIAS	AP
Air Anglia (Air UK)	AQ
Aerolinas Argentinas	AR
Alaska Airlines	AS
Royal Air Maroc	AT
Austral	AU
AVIANCA	AV
Air Niger	AW
Aero Transit	AW
Air Togo	AX
Finnair	AY
Alitalia	AZ
British Airways	BA
Blackawk Airways	BB
Balair	BB
Brymon Airways	BC
British Midland Airways	BD
Alert Bay Air Services	BF
Bangladesh Biman	BG
Air U.S.	BH
Royal Brunei Airlines	BI
Chalk's Int'l Airlines	BK
Air BVI	BL
Bradley Air Services	BL
ATI	BM
Braniff Int'l Airways	BN
Bouraq Indonesian Airlines	BO
Air Botswana	BP
Aeral S.p.A.	BQ
Business Jets	BQ
British Caledonian Airways	BR
Auxiair	BS
Air Martinique	BT
Braathens S.A.F.E.	BU
Air Parcel Systems	BV
Air Kent	BV
British West Indian Airways	BW
Spantex	BX
Britannia Airways	BY
Burl-Air Freight	BY
Davey Air Services	BZ
CAAC — Civil Aviation Administration of China	CA
Commuter Airlines	CB
Crown Aviation	CC
Air Cargo Egypt	CC
Trans-Provincial Airlines	CD
Cardinal/Air Virginia	CE
Lease Air/Eastern Airways	CE
Faucett	CF
Clubair	CG
Safair Freighters	CG
Express Airways	CH
China Airlines	CI
Colgan Airways	CJ
Connair	CK
Capitol Int'l Airways	CL
COPA	CM
James Air	CN
Continental Airlines	CO
CP Air	CP
Aero Chaco	CQ
Colorado Airlines	CS
Southern International	CS
A.A.A. Air Enterprises	CT
Command Airways, (Magnum Helicopters)	CT
Cubana	CU
Cargolux Airlines	CV
St. Andrews Airways (On Air)	CW
Cathay Pacific Airways	CX
Cyprus Airways	CY
Cascade Airways	CZ
Business Flights	CZ
Dan-Air Services	DA
Bani Yas Airlines Dubai	DB
Brittany Air Int'l	DB
Trans Catalina Airlines	DC
Command Airways	DD
Downeast Airlines	DE
Delta Air Transport — DAT	DE
Air Nebraska	DF
Condor Flugdienst	DF
Arrow Aviation	DG
Tonga Air Service	DH
Delta Air	DI
Aerolineas Argo	DI
Air Djibouti	DJ
Scanair	DK
Delta Air Lines	DL
Maersk	DM
Skystream Airlines	DN
Dominicana de Aviacion	DO
Cochise Airlines	DP
Pelican Air Transport	DP
Great Western Airlines	DQ
Carib West Airways	DQ
Air Limousin	DQ
Advance Airlines	DR
Air Senegal	DS
TAAG — Angola Airlines	DT
Summit Airlines	DU
Roland Air	DU
Ede-Aire	DV
DLT German Domestic Airlines	DW
Danair	DX
Alyemda — Democratic Yemen Airlines	DY
Douglas Airways	DZ
Eastern Airlines	EA
Eagle Airlines	EB
Pennsylvania Commuter Airlines	EB
Miller Air Transporters	EC
Andes	ED
Eagle Commuter Airlines	EE
Far Eastern Air Transport	EF
Japan Asia Airways	EG
Roederer Aviation	EH
Aer Lingus	EI
New England Airlines	EJ
Masling Commuter Services	EK
Euralair International	EK
Nihon Kinkyori Airways	EL
Euralair	EL
Hammonds Air Service	EM
Air Caravane	EN
Aeroamerica	EO
Pelita Air Service	EP
Tropic Air Services	EP
TAME	EQ
Aerolineas Cordillera	ER
Airways of New Mexico	ES
Seagreen Air Transport	ES
Ethiopian Airlines	ET
Ecuatoriana	EU
Atlantic Southeast Airlines	EV
East-West Airlines	EW
Trans Air Cargo	EX
Executive Express	EX
Europe Aero Service	EY
Evergreen Int'l Airlines	EZ
Euroair Transport	EZ
Falcon Airways	FA
Finnaviation	FA
Combs Freightair	FB
Chaparral Airlines	FC
Fairflight Charters	FC
Wiscair	FD
Ford of Europe	FD
Florida Airlines/Air South	FE
Flamingo Airways	FE
Emerald Air Lines	FF
IAS Cargo Airlines/British Cargo Airlines	FF
Ariana Afghan Airlines	FG
Mall Airways	FH
S.A.T. Fluggesellschaft	FH
Icelandair	FI
Air Pacific (Fiji)	FJ
Geelong Air Travel	FK
Europe Falcon Service	FK
Frontier Airlines	FL
Federal Express	FM
Falcon Jet Centre	FN
Air Carolina	FN
Modern Air	FO
Fred. Olsen	FO
Flight Express Cargo	FP
Aeroleasing	FP
Compagnie Aerienne du Languedoc	FQ
Aerotour	FR
Susquehanna Airlines	FR
Swiss Air-Ambulance	FR
Key Airlines	FS
Flying Tiger Line	FT
Air Littoral	FU
Fast Air Carrier	FU
Frisia Luftverkehr	FV
Wright Airlines	FW
Mountain West Airlines	FX
Four Island Air	FX
Metroflight Airlines/Great Plains Airline	FY
Permian Airways	FZ
Garuda	GA
Air Inter Gabon	GB
Lina Congo	GC
Golden Carriage Aire	GD
Nationwide Air	GD
Maui Commuter	GE
German Cargo Services	GE
Gulf Air	GF
Gem State Airlines	GG
Air London	GG
Ghana Airways	GH
Air Guinee	GI
Ansett Airlines of South Australia	GJ
Laker Airways	GK
Global Int'l Airways	GL
Greenlandair	GL
Scheduled Skyways	GM
Air Gabon	GN
GCS (Galion Commuter Service)	GO
Hadag General Air	GP
Big Sky Airlines	GQ
Gribair	GQ
Aurigny Air Services	GR
Georgia Air Freight	GS
Pioneer Airlines	GS
Gibair	GT
Aviateca	GU
Talair	GV
Golden West Airlines	GW
Great Laker Airlines	GX
Guyana Airways	GY
Indiana Airways (Pa. USA)	GZ
Aerogulf Services	GZ
Hawaiian Air	HA
Air Melanesiae	HB
Haiti Air Inter	HC
Cargoman	HC
Air Mont	HD
Holstenflug	HD
Trans European Airways	HE
Green Bay Aviation, Central States Airline	HE
Hapag Lloyd	HF
First Air	HF
Harbor Airlines	HG
Centreline Air Services	HG
Somali Airlines	HH
Hensley Flying Service	HI
Air Haiti	HJ
Haywards Aviation	HJ
South Pacific Island Airways	HK
Helikopter Service	HK
Heli-Union	HL
Air Mahe	HM
Hamarein Air	HM
NLM Dutch Airlines	HN
Chartèrair	HO
Austrian Air Services	HO
Air Hawaii	HP
Alas-Atlantida Linea Aérea Sudamericana	HP
Heussler Air Service	HQ
Eastern Caribbean Airways	HR
Transporte Aéreo Rioplatense (TAR)	HR
Marshall's Air	HS
Air Tchad	HT
Trinidad and Tobago Air Services	HU
Air Central (Ok. USA)	HV
Transavia Holland	HV
Havasu Airways	HW
Guernsey Airlines	HW
Cosmopolitan Aviation	HX
Metro Airlines	HY
Henebery Aviation	HZ
Island Airlines Hawaii	HZ
Thurston Aviation	HZ
Iraqi Airways	IA
Iberia	IB
Indian Airlines	IC
Apollo Airways	ID
Solomon Islands Airways	IE
Interflug	IF
Alisarda	IG

Imperial Airlines	II
TAT — Touraine Air Transport	IJ
Air Pacific	IK
Island Air	IL
Jamaire	IM
Invicta International Airlines	IM
Ipec Aviation	IN
East Hampton Aire	IN
T.A.T. Export	IO
Executive Airlines	IP
Caribbean Airways	IQ
Iran Air	IR
Alpha Airlines	IS
IDS Fanjet/IDS Aircraft	IS
Air Inter	IT
Midstate Airlines	IU
Aerovias ASA	IV
LAGE — Lineas Aéreas Guinea Ecuatorial	IV
Air Bahama	IW
Trans Air Express	IX
Inair	IX
Yemen Airways	IY
Arkia-Israel Inland Airlines	IZ
Bankair	JA
Pioneer Airways	JB
Rocky Mountain Airways	JC
Toa Domestic Airlines	JD
Yosemite Airlines	JE
L.A.B. Flying Service	JF
Swedair	JG
Nordeste-Linhas Aereas Regionais	JH
Trans Adria	JH
Gull Air	JI
Aviogenex	JJ
International Aviation	JJ
Trabajos Aereos y Enlaces	JK
Air Cargo Enterprises	JK
JAL-Japan Air Lines	JL
Air Jamaica	JM
Holiday Airlines	JO
Indo Pacific International	JP
Inex Adria	JP
Trans-Jamaican Airlines	JQ
Air Jugoslavia	JR
Chosonminhang (CAA of DPR of Korea)	JS
Air Oregon	JT
Tunisavia	JT
JAT — Jugoslavenski Aerotransport	JU
Air Charters	JV
Jet Charters Airlines	JV
Air East Airlines	JW
Bougair-Bougainville Air Services	JX
Intra Airways, (Jersey European Airways)	JY
Transvalair	JZ
Alamo Commuter Airlines	JZ
Crown Airlines	KA
Burnthills Aviation	KB
Kenya Air Charters	KB
Aeromech	KC
Skycharter	KC
Kendell Airlines	KD
Korean Air Lines	KE
Catskill Airways	KF
Catalina Airlines	KG
Kann Borek Air	KG
Cook Island Airways	KH
Time Air	KI
Contactair	KI
Iscargo	KJ
Transmeridian Air Cargo (British Cargo)	KK
KLM — Royal Dutch Airlines	KL
Air Malta	KM
Air Kentucky	KN
Kodiak Western Alaska Airlines	KO
Air Cape	KP
Kenya Airways	KQ
Kar-Air	KR
Nevada Airlines	KS
Caribbean Air Services	KT
Kuwait Airways	KU
Transkei Airways	KV
Dorado Wings	KW
Cayman Airways	KX
West Africa Aircargo	KY
Sterling Air Service	KZ
LAN-Chile	LA
LAB-Lloyd Aero Boliviano	LB
Loganair	LC
LADE — Lineas Aereas del Estado	LD
Magnum Airlines	LE
Linjeflyg	LF
Luxair	LG
Lufthansa — German Airlines	LH
Liat (1974)	LI
Sierra Leone Airways	LJ
Letaba Airways	LK
Loftleidir Icelandic Airlines	LL
ALM — Antillean Airlines	LM
Libyan Arab Airlines	LN
LOT — Polskie Linie Lotnicze	LO
Air Alpes	LP
Lebanese Air Transport	LQ
Inland Empire Airlines	LQ
LACSA — Lineas Aereas Costarricenses	LR
Marco Island Airways	LS
LTU — Luftransport-Unter nehmen	LT
Coleman Air Transport	LT
Kar-Go Airline	LU
Lapair	LU
Aeropostal	LV
Air Nevada	LW
Lambair	LW
Crossair	LX
EL AL — Israel Airlines	LY
Balkan — Bulgarian Airlines	LZ
MALEV — Hungarian Airlines	MA
Murray Valley Airlines	MB
Rapidair	MC
Air Madagascar	MD
MEA — Middle East Airlines Air Liban	ME
Red Carpet Flying Service	MF
MAM Aviation	MF
West Coast Air Services	MG
MAS — Malaysian Airline System	MH
Mackey International Airlines	MI
S.M.B. Stage Lines	MJ
Air Mauritius	MK
Aviation Services	ML
Millardair	ML
Mandala	ML
S.A.M.	MM
Commercial Airways	MN
Calm Air	MO
Atlantis Airlines	MP
Martinair Holland	MP
Pinehurst Airlines	MQ
Air Mauritanie	MR
Egyptair	MS
Macknight Airlines	MT
Misrair	MU
MMA — MacRobertson-Miller Airline Services	MV
Maya Airways	MW
Mexicana	MX
Air Mali	MY
National Airlines	NA
Sterling Airways	NB
New Haven Airways	NB
North Central	NC
Nordair	ND
Air New England	NE
Nile Delta Air Services	NE
EJA Newport	NF
Green Hills Aviation	NG
Gill Aviation	NG
All Nippon Airways	NH
Lanica - Lineas Aereas de Nicaragua	NI
Namakwaland Lugdiens	NJ
Norcanair	NK
Air Liberia	NL
Mount Cook Airlines	NM
Northward Airlines	NN
Air North	NO
Sopac Aviation	NP
Cumberland Airlines	NQ
Air Rwanda	NR
Norontair	NR
Southeast Airlines	NS
Lake State Airways	NT
Southwest Airlines (Okinawa)	NU
Northwest Territorial Airlines	NV
Northwest Orient Airlines	NW
Horizon Air	NX
New York Airways	NY
Air New Zealand — Domestic	NZ
Olympic Airways	OA
Opal Air	OB
Austrian Air Transport — AAT	OB
Air California	OC
Aerocondor	OD
Omni Airlines	OE
Noosa Air	OF
Montana Austria	OF
Air Guadeloupe	OG
Comair	OH
Tavina Airlines	OI
Slov-Air	OI
Margate Air Services	OJ
CSA — Ceskoslovenske Aerolinie	OK
OLT — Ostfriesische Lufttransport	OL
Monarch Airlines	OM
Air Mongol — MIAT	OM
Air Nauru	ON
Sun Aire Lines	OO
Sobelair	OO
Air Panama Internacional	OP
Royale Airlines	OQ
Air Comores	OR
Austrian Airlines	OS
Butler Airlines	OT
Ontario World Air	OT
Atonabee Airways	OU
ONA — Overseas National Airways	OV
Trans Mountain Airlines	OW
Air Atlantic Airlines	OX
New Jersey Airways	OY
Conair	OY
Ozark Air Lines	OZ
Pan American World Airways	PA
Air Burundi	PB
Fiji Air	PC
Pelican Air Transport	PC
Pem Air	PD
Polar Airways	PE
Trans Pennsylvania Airlines	PF
Air Gabon Cargo	PG
Pacific Coastal Airlines	PG
Polynesian Airlines	PH
Piedmont Aviation	PI
Air St. Pierre	PJ
Peregrine Air Services	PJ
PIA — Pakistan Int'l Airlines	PK
Aeroperu	PL
Pilgrim Airlines	PM
Philippine Aerotransport	PN
Princeton Aviation	PN
Aeropelican Intercity Commuter Air Services	PO
Phillips Airlines	PP
Puerto Rico Int'l Airlines	PQ
Philippine Air Lines	PR
Pacific Southwest Airlines	PS
Provincetown — Boston Airline & Naples Airline	PT
Pluna	PU
Eastern Provincial Airways	PV
Pacific Western Airlines	PW
Air Niugini	PX
Suriname Airways	PY
LAP — Lineas Aereas Paraguayas	PZ
Alidair	QA
Aerocaribe	QA
Quebecair	QB
Air Zaire	QC
Transbrasil	QD
Air Tahiti	QE
Qantas	QF
Sky West Aviation	QG
Air Florida	QH
Cimber Air	QI
Soonair Lines	QJ
Compagnie Aeromaritime d'Affretement	QK
Mexico Air Service	QK
Lesotho Airways	QL
Air Malawi	QM
Bush Pilots Airways	QN
Bar Harbor Airlines	QO
Sunbird Aviation	QP
Courtesy Air Service	QQ
Quebec Aviation	QR
Commutair	QS
African Safari Airways — ASA	QS
Vaengir	QT
Air Freight Express	QU
Lao Aviation	QV

(suite)

Air Turks and Caicos	QW
Professional Air Charter	QX
Century Airlines	QX
Aero Virgin Islands	QY
Safari Air Services	QY
Zambia Airways	QZ
Royal Nepal Airlines	RA
Syrian Arab Airlines	RB
Republic Airlines	RC
Airlift International	RD
Aer Arann	RE
VARIG	RG
Air Zimbabwe-Rhodesia	RH
Eastern Airlines (AUS)	RI
Alia - Royal Jordanian Airlines	RJ
Air Afrique	RK
Crown Int'l Airlines	RL
LAR — Liniile Aeriene Romane	RL
Southeast Airlines	RM
Royal Air Inter	RN
TAROM — Romanian Air Transport	RO
Precision Airlines	RP
Arctic Air	RP
Maldives Int'l Airlines	RQ
Aeropesca	RS
AER Airlines	RS
Norving	RT
Britt Airways	RU
Reeve Aleutian Airways	RV
Hughes Airwest	RW
Capitol Air Service	RX
Sun International Airways	RY
Red Coast Air Cargo	RY
South African Airways	SA
Seaboard World Airlines	SB
Cruzeiro do Sul	SC
Sudan Airways	SD
Southeast Skyways	SE
Scruse-Air	SF
Safe Air	SF
SAHSA — Servicio Aereo de Honduras	SH
Golden South Airlines	SI
Arab Wings	SI
Southern Air Transport	SJ
Air Anjou	SJ
SAS — Scandinavian Airlines System	SK
Rio-Sul	SL
Skyways Cargo Airline	SM
Sabena Belgian World Airlines	SN
Southern Airways	SO
SATA (Azores)	SP
Singapore Airlines	SQ
Swissair	SR
Scimitar Airlines	SS
South Coast Airlines	SS
Belize Airways	ST
Tradewinds Charters	ST
Aeroflot	SU
Saudia	SV
Namib Air	SW
Christman Air System	SX
Sterling Philippine Airways	SX
Air Alsace	SY
Sierra Pacific Airlines	SZ
TACA Int'l Airlines	TA
TABA	TA
Tejas Airlines	TB
Transair Sweden	TB
Air Tanzania	TC
Desert Pacific Airways	TD
Air New Zealand — International	TE
Avio Ligure	TF
TAM	TF
Thai International	TG
Thai Airways	TH
Texas Int'l Airlines	TI
Trans Commuter Airline	TJ
Air Transcontinental Airlines	TJ
Turk Hava Yollari	TK
Trans-Mediterranean Airways	TL
DETA — Linhas Aereas de Mozambique	TM
TAA — Trans-Australia Airlines	TN
Trans-North Turbo Air	TO
TAP — Transportes Aereos Portugueses	TP
Las Vegas Airlines	TQ
Trans-Europa	TR
Royal-Air	TR
Aloha Airlines	TS
Business Airfcraft Corp.	TT
Air Taxi	TT
Tunis Air	TU
Transamerica Airlines	TV
TWA — Trans World Airlines	TW
TAN — Transportes Aereos Nacionales	TX
Air Caledonie	TY
Transair (CDN)	TZ
United Air Lines	UA
Burma Airways	UB
Ladeco — Lineas Aerea del Cobre	UC
Brower Airways	UD
United Air	UE
Sydaero	UF
Norfolk Island Airlines	UG
Uganda Airlines	UG
Austin Airways	UH
Bristow Helicopters	UH
Flugfelag Nordurlands	UI
Union Air	UJ
Air UK	UK
Air Lanka	UL
Air Manila	UM
Skyfreight	UM
East Coast Airlines	UN
Aero Uruguay	UO
Great Northern Airlines	UO
Bahamasair	UP
Suburban Airlines	UQ
Air Foyle	UQ
Empire Airlines	UR
Military Airlift Command	US
U.T.A. — Union de Transports Aeriens	UT
Reunion Air Service	UU
Universal Airways	UV
Perimeter Airlines	UW
Air Illinois	UX
Cameroon Airlines	UY
VIASA	VA
Westair Commuter Airlines	VB
TAC — Transportes Aereos Del Cesar	VC
Avensa — Aerovias Venezolanas	VE
British Air Ferries	VF
Aerolineas El Salvador	VG
Air Volta	VH
Vieques Air Link	VI
Argosy Air Lines	VJ
Zantop Int'l Airlines	VK
Air Tungaru	VK
Mid South Commuter Airlines	VL
Monmouth Airlines	VM
Sté Antillaise Transport	VM
Hang Khong Vietnam	VN
Viking Int'l Airlines	VO
Tyrolean Airways	VO
VASP — Viacao Aerea Sao Paulo	VP
Oxley Airlines	VQ
Transportes Aereos de Cabo Verde	VR
Green Mountain Airlines	VS
Tradewinds Airways	VS
Air Polynesie	VT
Air Ivoire	VU
Semo Aviation	VV
Nile Valley Aviation — NIVA	VV
Air Miami	VW
Ama-Flyg	VW
Aces	VX
Alas del Carbie	VY
Valley Airlines	VZ
Western Airlines	WA
SAN — Servicios Aereos Nacionales	WB
Wien Air Alaska	WC
Wardair	WD
VOTEC — Servicios Aereos Regionais	WE
WDL	WE
Wideroe's Flyveselskap	WF
Alag-Alpine Luft Transport	WG
Gateway Aviation	WG
Air Ecosse	WG
Southeastern Commuter Airlines	WH
Swift Aire Lines	WI
Westkustenflug	WK
Bursa Hava Yollari	WL
Windward Island Airways	WM
Southwest Airlines (USA)	WN
World Airways	WO
Air Westward	WP
Wings Airways	WQ
Wheeler Flying Service	WR
Northern Wings	WS
Nigeria Airways	WT
Air Sea Service	WU
Brandt Air	WV
Trans-West	WW
Ansett of New South Wales	WX
Indiana Airways	WY
Trans Western Airlines of Utah	WZ
ARINC	XA
IATA	XB
Caribbean Air Transport	XC
Reserved for Airline Industry Functions	XD
Air Wales	XE
Cobden Airways	XF
Aero Transporte de Espana	XG
Air Bahia	XG
Reserved for Special Ground Handling Services	XH
International Aeradio (IAL)	XI
Mesaba Aviation	XJ
Aerotal — Aerolineas Territoriales de Colombia	XK
TASA	XL
SENAM	XM
Canadian National Telecommunications	XN
Rio Airways	XO
Avior	XP
Radford Silver City Airlines	XQ
RACSA	XR
SITA	XS
Baja Cortez Airlines	XT
Trans Mo Airlines	XU
Mississippi Valley Airways	XV
Aeronaves del Perù	XX
Munz Northern Airlines	XY
Air Tasmania	XZ
Government Civil Aviation Authorities	YA
Hyannis Aviation	YB
Alaska Aeronautical Industries	YC
Ama Air Express	YD
New Born Wings	YD
Pearson Aircraft	YE
Cocesna	YG
Amistad Airlines	YH
Williams Arlines	YI
Commodore Airlines	YJ
Cyprus/Turkish Airways	YK
Montauk Caribbean Airways Ocean Reef Airways	YL
Mountain Home Air Service	YM
Nor-East Commuter Airlines	YN
Heli-Air Monaco	YO
Pagas Airlines	YP
Oahu & Kauai Airlines	YQ
Scenic Airlines	YR
San Juan Airlines	YS
Stillwell Airlines	YT
Aerolineas Dominicanas	YU
Aerotransit	YV
Thorpes Transport	YW
American Central Airways	YX
Linhas Aereas da Guine-Bissau	YZ
Vale Int'l Airlines	ZA
Air Vectors Airways	ZB
Royal Swazi National Airways	ZC
Ross Aviation	ZD
Merrimack Airlines	ZE
Air Caribbean	ZF
Seaco Airlines	ZG
Royal Hawaiian Airways	ZH
Lucas Air Transport	ZI
Air Routing Int'l Corp.	ZJ
Sandon Airlines	ZJ
Shavano Air	ZK
Hazelton Air Services	ZL
Winnipesaukee Aviation	ZM
Tennessee Airways	ZN
Virgin Air	ZP
Lawrence Aviation	ZQ
Star Aviation	ZR
Grand Canyon Airlines	ZS
Satena	ZT
Zia Airlines	ZU
Air Midwest	ZV
Air Wisconsin	ZW
Airwest Airlines	ZX
Skyway Aviation	ZY

Les sigles nationaux de l'aviation civile

Aden	VR-A	Egypte	SU	Laos, République		Roumanie	YR
Afrique du Sud	ZS, ZT, ZU	El Salvador	YS	démocratique	RDPL, XW	Ruanda	9XR
Albanie	ZA	Equatreur	HC	Leeward, îles	VP-L		
Algérie	7T	Emirats arabes unis	A6	Lesotho	7P, VQ-Z		
Allemagne, République		Espagne	EC	Liban	OD		
fédérale	D	Etats-Unis d'Amérique	N	Liberia	EL	Salomon, îles	H4
Allemagne, République		Ethiopie	ET	Libye	5A	Samoa occidentales	5W
démocratique	DM			Liechtenstein	HB	Sao Tomé	S9
Angola	D2			Luxembourg	LX	Sarawak	VR-W
Antigua	VP-LAA/VP-LJZ	Falkland, îles	VP-F			Sénégal	6V-6W
Antilles néerlandaises	PJ	Fiji, îles	DQ, VQ-F			Seychelles	S7, VQ-S
Arabie saoudite	HZ	Finlande	OH			Sierra Leone	9L, VR-L
Argentine	LQ, LV	France	F	Madagascar	5R	Singapour	9V, VR-S
Australie	VH			Malaisie	9M	Somalie	6O, VP-S
Autriche	OE			Malawi	7Q-Y	Soudan	ST
				Maldives	8Q	Ste Hélène, île	VQ-H
				Mali	TZ	St Kitts/Nevis/	
Bahamas	C6, VP-B	Gabon	TR	Malte	9H, VP-M	Anguilla	VP-LKA/VP-LLZ
Barheïn	A9C	Gambie	C5, VP-X	Maroc	CN	Ste Lucie, île	VQ-L
Bangladesh	S2	Ghana	9G	Maurice, île	3B, VQ-M	St Vincent, île	VP-V
Barbade	8P, VQ-B	Gibraltar	VR-G	Mauritanie	5T	Suède	SE
Belgique	OO	Grande-Bretagne	G	Mexique	XA, XB, XC	Suisse	HB
Belize	VP-H	colonies et		Monaco	3A	Surinam	PZ
Bénin	TY	protectorats	VP, VQ, VR	Mongolie	HMAY	Swaziland	3D, VQ-Z
Bermudes	VR-B	Grèce	SX	Montserrat, île	VP-L	Syrie	YK
Birmanie	XY, XZ	Grenade	VQ-G	Mozambique	C9		
Bolivie	CP	Guatemala	TG				
Bornéo septentrional	VR-O	Guinée, République	3X				
Botswana	A2, VQ-Z	Guinée-Bissau	J5			Taiwan	B
Brésil	PP, PT	Guinée équatoriale	3C	Nauru	C2	Tanzanie	5H, VR-T
Brunei	VR-U	Guyane	8R	Népal	9N	Tchad	TT
Bulgarie	LZ			Nicaragua	AN	Tchécoslovaquie	OK
Burundi	9U			Niger	5U	Thaïlande	HS
				Nigeria	5N	Togo	5V
		Haïti	HH	Norvège	LN	Trinidad et Tobago	9Y, VP-T
Cambodge	XU	Haute-Volta	XT	Nouvelle-Guinée		Tunisie	TS
Cameroun	TJ	Honduras	HR	néerlandaise	JZ	Turquie	TC
Cameroun britannique	VR-N	Hong Kong	VR-H	Nouvelle-Zélande	ZK, ZL, ZM		
Canada	C, CF	Hongrie	HA	Nouvelles-Hébrides	YJ, F/H4		
Cayman, îles	VR-C					Union soviétique	CCCP
Centrafricaine,						Uruguay	CX
Fédération	YP-Y						
Centrafricaine,		Inde	VT	Oman	A40		
République	TL	Indonésie	PK	Ouganda	5X, VP-U		
Ceylan	4R	Irak	YI				
Chili	CC	Iran	EP			Venezuela	YV
Chine, République		Irlande	EI, EJ			Vierges, îles VP, LVA, VP-LZZ	
populaire	XT	Islande	TF			Vietnam	XV
Chypre	5B	Israël	4X	Pakistan	AP		
Colombie	HK	Italie	i	Papouasie-Nouvelle-			
Congo	TN			Guinée	P2		
Corée, République	HL			Papouasie	P2	Yémen	YE
Corée, République		Jamaïque	6Y	Paraguay	ZP	Yougoslavie	YU
démocratique	P	Japon	JA	Pays-Bas	PH		
Costa Rica	TI	Jordanie	JY	Pérou	PI, RP		
Côte-d'Ivoire	TU			Pologne	SP		
Cuba	CU			Portugal	CR, CS		
						Zaïre	9Q
						Zambie	9J
Danemark	OY	Kenya	5Y, VP-K			Zanzibar	VP-Z
Dominicaine, République	HI	Koweït	9K	Qatar	A7	Zimbabwe	VP-W, VP-Y

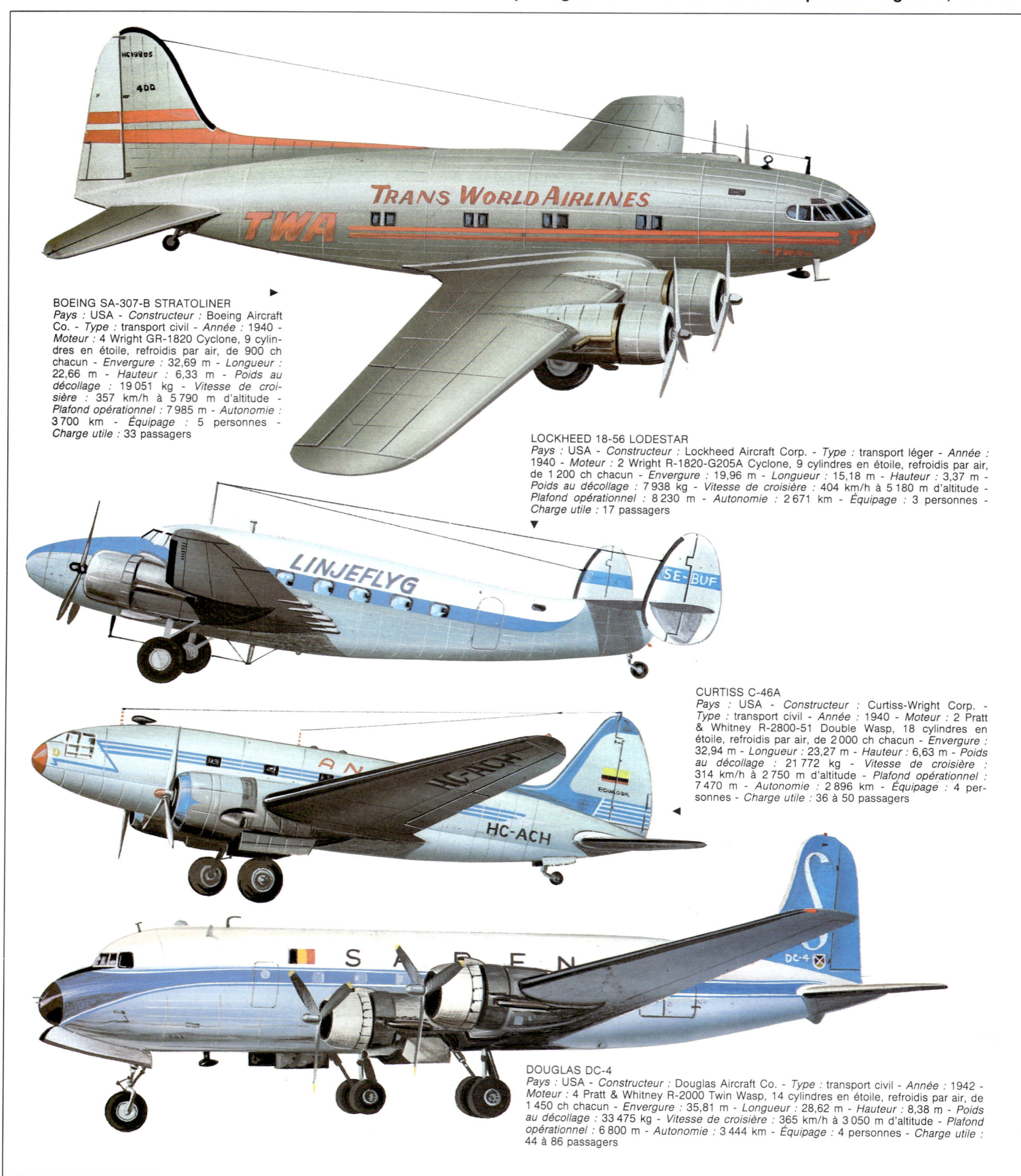

Planche 126 — Avions de passagers en service aux États-Unis pendant la guerre ; 1940-1942

BOEING SA-307-B STRATOLINER
Pays : USA - *Constructeur* : Boeing Aircraft Co. - *Type* : transport civil - *Année* : 1940 - *Moteur* : 4 Wright GR-1820 Cyclone, 9 cylindres en étoile, refroidis par air, de 900 ch chacun - *Envergure* : 32,69 m - *Longueur* : 22,66 m - *Hauteur* : 6,33 m - *Poids au décollage* : 19 051 kg - *Vitesse de croisière* : 357 km/h à 5 790 m d'altitude - *Plafond opérationnel* : 7 985 m - *Autonomie* : 3 700 km - *Équipage* : 5 personnes - *Charge utile* : 33 passagers

LOCKHEED 18-56 LODESTAR
Pays : USA - *Constructeur* : Lockheed Aircraft Corp. - *Type* : transport léger - *Année* : 1940 - *Moteur* : 2 Wright R-1820-G205A Cyclone, 9 cylindres en étoile, refroidis par air, de 1 200 ch chacun - *Envergure* : 19,96 m - *Longueur* : 15,18 m - *Hauteur* : 3,37 m - *Poids au décollage* : 7 938 kg - *Vitesse de croisière* : 404 km/h à 5 180 m d'altitude - *Plafond opérationnel* : 8 230 m - *Autonomie* : 2 671 km - *Équipage* : 3 personnes - *Charge utile* : 17 passagers

CURTISS C-46A
Pays : USA - *Constructeur* : Curtiss-Wright Corp. - *Type* : transport civil - *Année* : 1940 - *Moteur* : 2 Pratt & Whitney R-2800-51 Double Wasp, 18 cylindres en étoile, refroidis par air, de 2 000 ch chacun - *Envergure* : 32,94 m - *Longueur* : 23,27 m - *Hauteur* : 6,63 m - *Poids au décollage* : 21 772 kg - *Vitesse de croisière* : 314 km/h à 2 750 m d'altitude - *Plafond opérationnel* : 7 470 m - *Autonomie* : 2 896 km - *Équipage* : 4 personnes - *Charge utile* : 36 à 50 passagers

DOUGLAS DC-4
Pays : USA - *Constructeur* : Douglas Aircraft Co. - *Type* : transport civil - *Année* : 1942 - *Moteur* : 4 Pratt & Whitney R-2000 Twin Wasp, 14 cylindres en étoile, refroidis par air, de 1 450 ch chacun - *Envergure* : 35,81 m - *Longueur* : 28,62 m - *Hauteur* : 8,38 m - *Poids au décollage* : 33 475 kg - *Vitesse de croisière* : 365 km/h à 3 050 m d'altitude - *Plafond opérationnel* : 6 800 m - *Autonomie* : 3 444 km - *Équipage* : 4 personnes - *Charge utile* : 44 à 86 passagers

Les avions civils britanniques de 1942 à 1945 sont des bombardiers modifiés Planche 127

AVRO 683 LANCASTER 1
Pays : Grande-Bretagne - *Constructeur* : A.V. Roe & Co. Ltd. - *Type* : transport civil - *Année* : 1944 - *Moteur* : 4 Rolls-Royce Merlin T.24, 12 cylindres en V, refroidis par liquide, de 1 640 ch chacun - *Envergure* : 31,09 m - *Longueur* : 21,18 m - *Hauteur* : 6,10 m - *Poids au décollage* : 29 484 kg - *Vitesse de croisière* : 338 km/h à 6 100 m d'altitude - *Plafond opérationnel* : 7 500 m - *Autonomie* : 2 670 km - *Équipage* : 4 personnes - *Charge utile* : 11 350 kg

AVRO 691 LANCASTRIAN 1
Pays : Grande-Bretagne - *Constructeur* : A.V. Roe & Co. Ltd. - *Type* : transport civil - *Année* : 1945 - *Moteur* : 4 Rolls-Royce Merlin 502, 12 cylindres en V, refroidis par liquide, de 1 610 ch chacun - *Envergure* : 31,09 m - *Longueur* : 23,42 m - *Hauteur* : 5,94 m - *Poids au décollage* : 29 484 kg - *Vitesse de croisière* : 370 km/h à 6 100 m d'altitude - *Plafond opérationnel* : 7 770 m - *Autonomie* : 6 680 km - *Équipage* : 4 personnes - *Charge utile* : 9 à 13 passagers

AVRO 685 YORK
Pays : Grande-Bretagne - *Constructeur* : A.V. Roe & Co. Ltd. - *Type* : transport civil - *Année* : 1942 - *Moteur* : 4 Rolls-Royce Merlin 502, 12 cylindres en V, refroidis par liquide, de 1 610 ch chacun - *Envergure* : 31,09 m - *Longueur* : 23,93 m - *Hauteur* : 5,03 m - *Poids au décollage* : 31 075 kg - *Vitesse de croisière* : 338 km/h à 3 050 m d'altitude - *Plafond opérationnel* : 6 500 m - *Autonomie* : 4 345 km - *Équipage* : 4 personnes - *Charge utile* : 18 à 21 passagers

Planche 128 — L'effort britannique de la guerre à la paix ; 1943 à 1948

AVRO 688 TUDOR 1
Pays : Grande-Bretagne - *Constructeur* : A.V. Roe & Co. Ltd. - *Type* : transport civil - *Année* : 1945 - *Moteur* : 4 Rolls-Royce Merlin 621, 12 cylindres en V, refroidis par liquide, de 1 770 ch chacun - *Envergure* : 36,58 m - *Longueur* : 24,23 m - *Hauteur* : 6,37 m - *Poids au décollage* : 32 205 kg - *Vitesse de croisière* : 338 km/h à 6 100 m d'altitude - *Plafond opérationnel* : 7 925 m - *Autonomie* : 5 840 km - *Équipage* : 4 personnes - *Charge utile* : 24 passagers

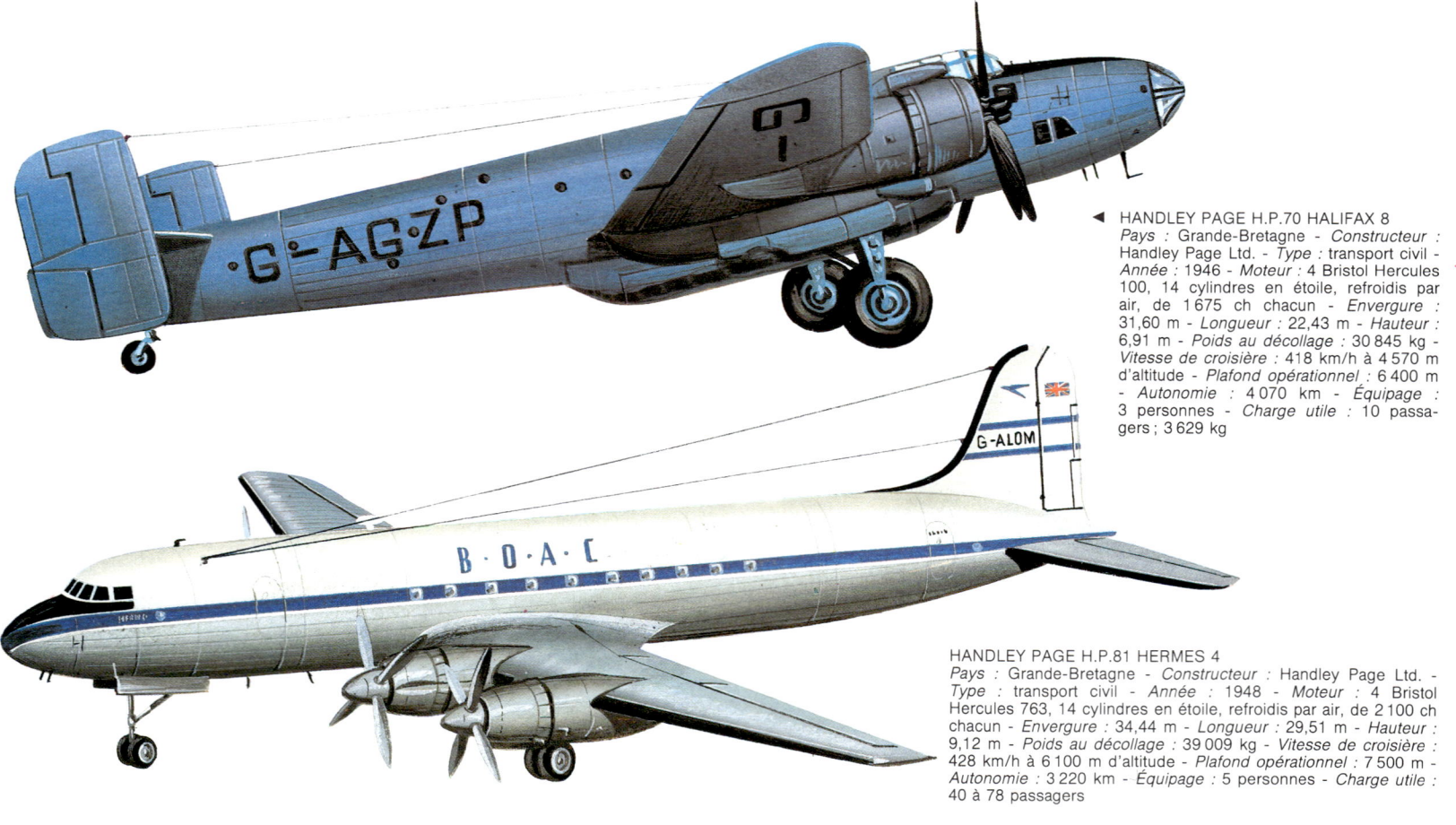

AVRO 689 TUDOR 2
Pays : Grande-Bretagne - *Constructeur* : A.V. Roe & Co. Ltd. - *Type* : transport civil - *Année* : 1946 - *Moteur* : 4 Rolls-Royce Merlin 621, 12 cylindres en V, refroidis par liquide, de 1 770 ch chacun - *Envergure* : 36,58 m - *Longueur* : 32,18 m - *Hauteur* : 7,39 m - *Poids au décollage* : 36 288 kg - *Vitesse de croisière* : 378 km/h - *Plafond opérationnel* : 7 790 m - *Autonomie* : 3 750 km - *Équipage* : 2 à 4 personnes - *Charge utile* : 60 passagers

HANDLEY PAGE H.P.70 HALIFAX 8
Pays : Grande-Bretagne - *Constructeur* : Handley Page Ltd. - *Type* : transport civil - *Année* : 1946 - *Moteur* : 4 Bristol Hercules 100, 14 cylindres en étoile, refroidis par air, de 1 675 ch chacun - *Envergure* : 31,60 m - *Longueur* : 22,43 m - *Hauteur* : 6,91 m - *Poids au décollage* : 30 845 kg - *Vitesse de croisière* : 418 km/h à 4 570 m d'altitude - *Plafond opérationnel* : 6 400 m - *Autonomie* : 4 070 km - *Équipage* : 3 personnes - *Charge utile* : 10 passagers ; 3 629 kg

HANDLEY PAGE H.P.81 HERMES 4
Pays : Grande-Bretagne - *Constructeur* : Handley Page Ltd. - *Type* : transport civil - *Année* : 1948 - *Moteur* : 4 Bristol Hercules 763, 14 cylindres en étoile, refroidis par air, de 2 100 ch chacun - *Envergure* : 34,44 m - *Longueur* : 29,51 m - *Hauteur* : 9,12 m - *Poids au décollage* : 39 009 kg - *Vitesse de croisière* : 428 km/h à 6 100 m d'altitude - *Plafond opérationnel* : 7 500 m - *Autonomie* : 3 220 km - *Équipage* : 5 personnes - *Charge utile* : 40 à 78 passagers

Premiers signes de reprise de l'industrie française ; 1945-1951   Planche 129

SUD-EST SE-161 LANGUEDOC
Pays : France - *Constructeur* : SNCASE - *Type* : transport civil - *Année* : 1945 - *Moteur* : 4 Gnome-Rhône 14N, 14 cylindres en étoile, refroidis par air, de 1 150 ch chacun - *Envergure* : 29,38 m - *Longueur* : 24,25 m - *Hauteur* : 5,13 m - *Poids au décollage* : 22 941 kg - *Vitesse de croisière* : 405 km/h - *Plafond opérationnel* : 7 200 m - *Autonomie* : 1 000 km - *Équipage* : 4 personnes - *Charge utile* : 33 passagers

SUD-OUEST SO-30P BRETAGNE
Pays : France - *Constructeur* : SNCASO - *Type* : transport civil - *Année* : 1947 - *Moteur* : 2 Pratt & Whitney R-2800-B43 Double Wasp, 18 cylindres en étoile, refroidis par air, de 1 620 ch chacun - *Envergure* : 26,87 m - *Longueur* : 18,95 m - *Hauteur* : 5,89 m - *Poids au décollage* : 20 126 kg - *Vitesse de croisière* : 438 km/h - *Plafond opérationnel* : 5 300 m - *Autonomie* : 1 270 km - *Équipage* : 2 personnes - *Charge utile* : 20 à 37 passagers

SUD-OUEST SO-95 CORSE
Pays : France - *Constructeur* : SNCASO - *Type* : transport léger - *Année* : 1947 - *Moteur* : 2 Renault 12 S-02-201, 12 cylindres en V, refroidis par air, de 580 ch chacun - *Envergure* : 18,01 m - *Longueur* : 12,32 m - *Hauteur* : 4,30 m - *Poids au décollage* : 5 600 kg - *Vitesse de croisière* : 330 km/h - *Autonomie* : 1 300 km - *Équipage* : 2 personnes - *Charge utile* : 10 à 13 passagers

SUD-EST SE-2010 ARMAGNAC
Pays : France - *Constructeur* : SNCASE - *Type* : transport civil - *Année* : 1949 - *Moteur* : 4 Pratt & Whitney R-4360 Wasp Major, 28 cylindres en étoile, refroidis par air, de 3 500 ch chacun - *Envergure* : 48,95 m - *Longueur* : 39,63 m - *Hauteur* : — - *Poids au décollage* : 77 500 kg - *Vitesse de croisière* : 454 km/h - *Plafond opérationnel* : 6 800 m - *Autonomie* : 5 120 km - *Équipage* : 4 personnes - *Charge utile* : 84 à 160 passagers

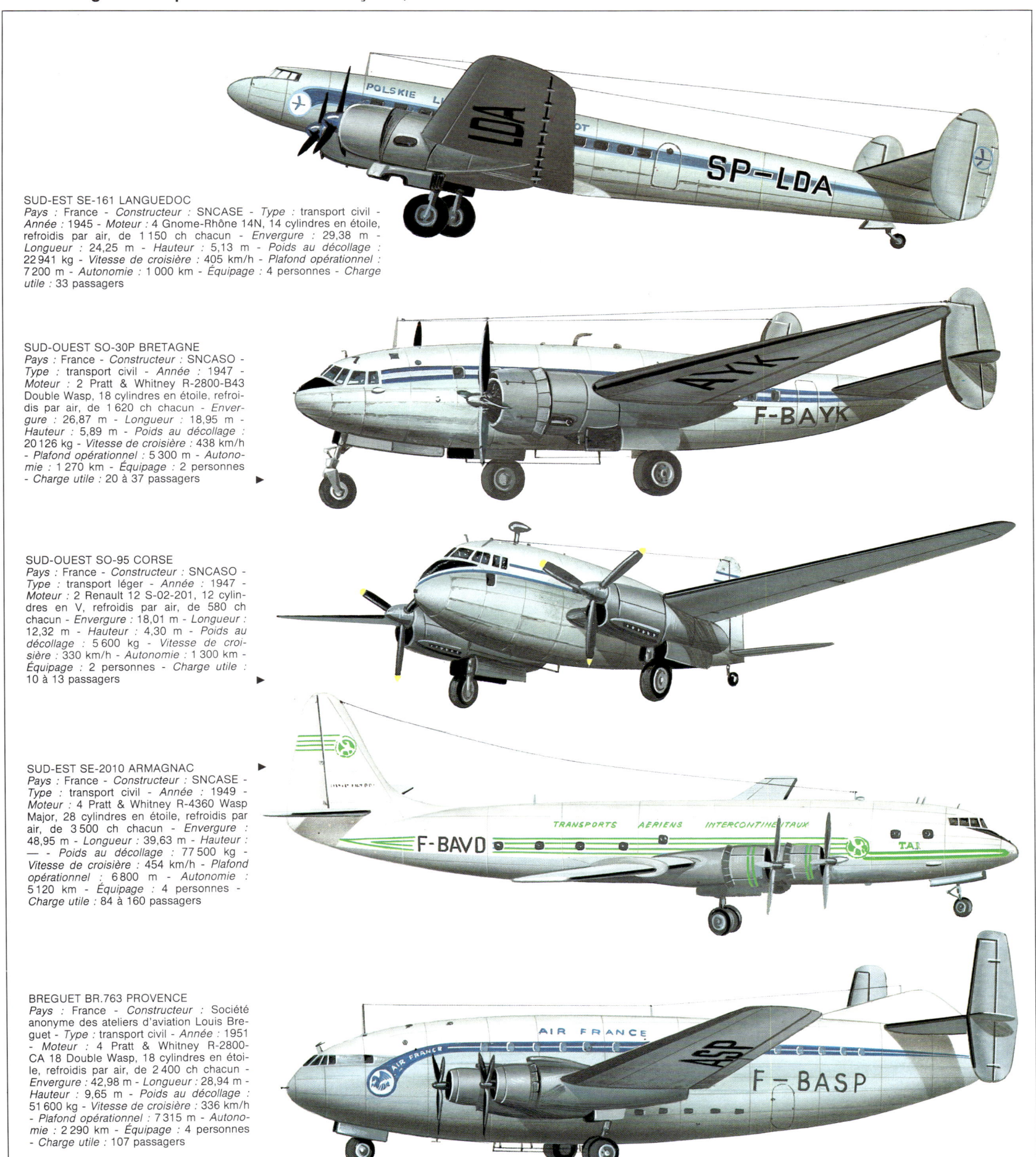

BREGUET BR.763 PROVENCE
Pays : France - *Constructeur* : Société anonyme des ateliers d'aviation Louis Breguet - *Type* : transport civil - *Année* : 1951 - *Moteur* : 4 Pratt & Whitney R-2800-CA 18 Double Wasp, 18 cylindres en étoile, refroidis par air, de 2 400 ch chacun - *Envergure* : 42,98 m - *Longueur* : 28,94 m - *Hauteur* : 9,65 m - *Poids au décollage* : 51 600 kg - *Vitesse de croisière* : 336 km/h - *Plafond opérationnel* : 7 315 m - *Autonomie* : 2 290 km - *Équipage* : 4 personnes - *Charge utile* : 107 passagers

Planche 130 — Géants sans succès ; 1940-1952

CANT Z.511
Pays : Italie - *Constructeur* : Chantiers réunis de l'Adriatique - *Type* : transport civil - *Année* : 1940 - *Moteur* : 4 Piaggio P.XII 35, 18 cylindres en étoile, refroidis par air, de 1 350 ch chacun - *Envergure* : 40 m - *Longueur* : 29,90 m - *Hauteur* : 10,77 m - *Poids au décollage* : 34 200 kg - *Vitesse maximale* : 424 km/h à 4 250 m d'altitude - *Plafond opérationnel* : 7 550 m - *Autonomie* : 5 100 km - *Équipage* : 6 personnes - *Charge utile* : 16 passagers

HUGHES H-4 HERCULES
Pays : USA - *Constructeur* : Hughes Aircraft Co. - *Type* : transport militaire - *Année* : 1947 - *Moteur* : 8 Pratt & Whitney R-4360 Wasp Major, 28 cylindres en étoile, refroidis par air, de 3 000 ch chacun - *Envergure* : 97,54 m - *Longueur* : 66,60 m - *Hauteur* : 24,15 m - *Poids au décollage estimé* : 181 436 kg - *Vitesse de croisière estimée* : 281 km/h - *Autonomie estimée* : 5 633 km - *Équipage* : 5 personnes - *Charge utile* : 500 à 700 passagers

BRISTOL 167 BRABAZON 1
Pays : Grande-Bretagne - *Constructeur* : Bristol Aeroplane Co. Ltd. - *Type* : transport civil - *Année* : 1949 - *Moteur* : 8 Bristol Centaurus 20, 18 cylindres en étoile, refroidis par air, de 2 500 ch chacun - *Envergure* : 70,10 m - *Longueur* : 53,95 m - *Hauteur* : 15,24 m - *Poids au décollage* : 131 544 kg - *Vitesse de croisière estimée* : 402 km/h à 7 620 m d'altitude - *Plafond opérationnel* : 10 500 m - *Autonomie estimée* : 8 850 km - *Équipage* : 12 personnes - *Charge utile* : 100 passagers

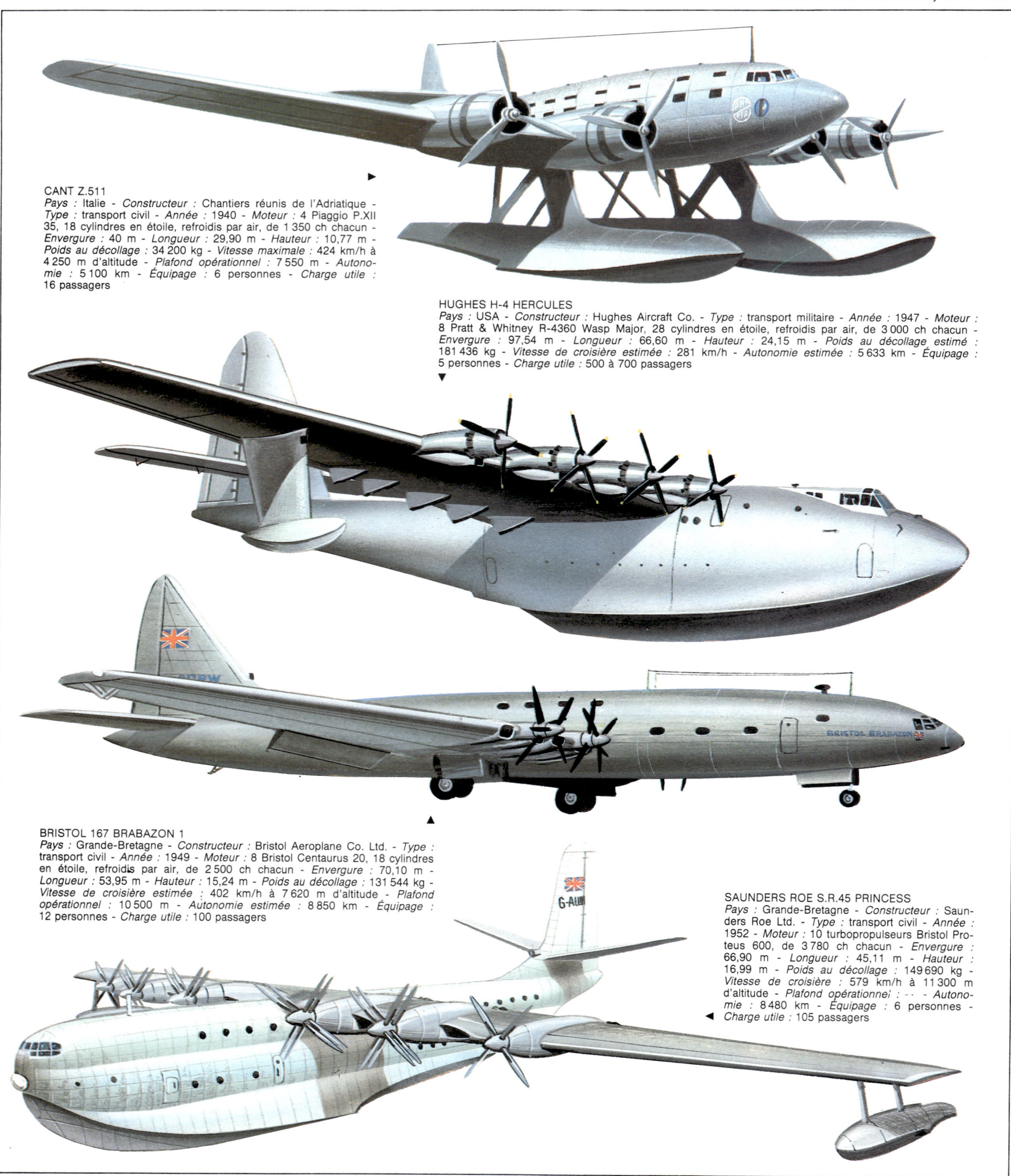

SAUNDERS ROE S.R.45 PRINCESS
Pays : Grande-Bretagne - *Constructeur* : Saunders Roe Ltd. - *Type* : transport civil - *Année* : 1952 - *Moteur* : 10 turbopropulseurs Bristol Proteus 600, de 3 780 ch chacun - *Envergure* : 66,90 m - *Longueur* : 45,11 m - *Hauteur* : 16,99 m - *Poids au décollage* : 149 690 kg - *Vitesse de croisière* : 579 km/h à 11 300 m d'altitude - *Plafond opérationnel* : — - *Autonomie* : 8 480 km - *Équipage* : 6 personnes - *Charge utile* : 105 passagers

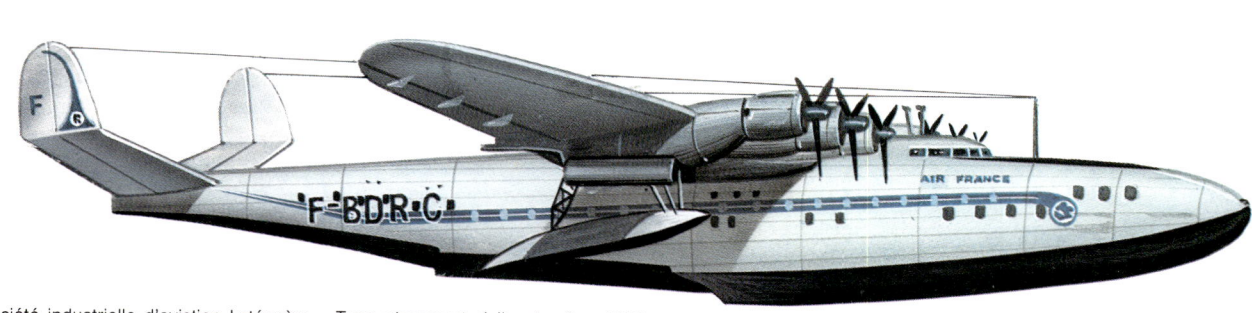

Les derniers hydravions de passagers sont tous anglais ; 1942-1946

Planche 131

LATÉCOÈRE 631
Pays : France - *Constructeur* : Société industrielle d'aviation Latécoère - *Type* : transport civil - *Année* : 1942 - *Moteur* : 6 Wright GR-2600 A5B Cyclone, 14 cylindres en étoile, refroidis par air, de 1 600 ch chacun - *Envergure* : 57,43 m - *Longueur* : 43,46 m - *Hauteur* : 10,10 m - *Poids au décollage* : 71 350 kg - *Vitesse maximale* : 297 km/h - *Autonomie* : 6 035 km - *Équipage* : 5 personnes - *Charge utile* : 46 passagers

SIKORSKY VS-44A
Pays : USA - *Constructeur* : Sikorsky Aircraft - *Type* : transport civil - *Année* : 1942 - *Moteur* : 4 Pratt & Whitney R-1830-S1C3G Twin Wasp, 14 cylindres en étoile refroidis par air, de 1 200 ch chacun - *Envergure* : 37,80 m - *Longueur* : 24,16 m - *Hauteur* : 8,41 m - *Poids au décollage* : 26 082 kg - *Vitesse de croisière* : 257 km/h à 3 050 m d'altitude - *Plafond opérationnel* : 5 790 m - *Autonomie* : 5 790 km - *Équipage* : 9 personnes - *Charge utile* : 26 à 47 passagers

SHORT S.25/V SANDRINGHAM 4
Pays : Grande-Bretagne - *Constructeur* : Short Brothers Ltd. - *Type* : transport civil - *Année* : 1946 - *Moteur* : 4 Pratt & Whitney R-1830-90C Twin Wasp, 14 cylindres en étoile, refroidis par air, de 1 200 ch chacun - *Envergure* : 34,37 m - *Longueur* : 26,29 m - *Hauteur* : 6,96 m - *Poids au décollage* : 25 400 kg - *Vitesse de croisière* : 356 km/h - *Plafond opérationnel* : 6 500 m - *Autonomie* : 3 880 km - *Équipage* : 5 personnes - *Charge utile* : 30 passagers

SHORT S.45 SOLENT 2
Pays : Grande-Bretagne - *Constructeur* : Short Brothers Ltd. - *Type* : transport civil - *Année* : 1946 - *Moteur* : 4 Bristol Hercules 637, 14 cylindres en étoile, refroidis par air, de 1 690 ch chacun - *Envergure* : 34,37 m - *Longueur* : 26,72 m - *Hauteur* : 10,44 m - *Poids au décollage* : 35 380 kg - *Vitesse de croisière* : 393 km/h - *Plafond opérationnel* : 5 180 m - *Autonomie* : 2 900 km - *Équipage* : 7 personnes - *Charge utile* : 30 passagers

Planche 132 — Cinq grands avions américains pour les premières lignes internationales ; 1947-1955

MARTIN 2-0-2
Pays : USA - *Constructeur* : Glenn L. Martin Co. - *Type* : transport civil - *Année* : 1946 - *Moteur* : 2 Pratt & Whitney R-2800-CA 18 Double Wasp, 18 cylindres en étoile, refroidis par air, de 2100 ch chacun - *Envergure* : 28,42 m - *Longueur* : 21,74 m - *Hauteur* : 8,66 m - *Poids au décollage* : 18 098 kg - *Vitesse de croisière* : 460 km/h à 3 660 m d'altitude - *Plafond opérationnel* : 9 150 m - *Autonomie* : 1 022 km - *Équipage* : 3 personnes - *Charge utile* : 40 passagers

CONVAIR 240
Pays : USA - *Constructeur* : Convair Division of General Dynamics Corp. - *Type* : transport civil - *Année* : 1947 - *Moteur* : 2 Pratt & Whitney R.2800-CA 18 Double Wasp, 18 cylindres en étoile, refroidis par air, de 2 400 ch chacun - *Envergure* : 27,98 m - *Longueur* : 22,27 m - *Hauteur* : 8,22 m - *Poids au décollage* : 18 972 kg - *Vitesse de croisière* : 432 km/h à 4 880 m d'altitude - *Plafond opérationnel* : 9 150 m - *Autonomie* : 2 880 km - *Équipage* : 3 ou 4 personnes - *Charge utile* : 40 passagers

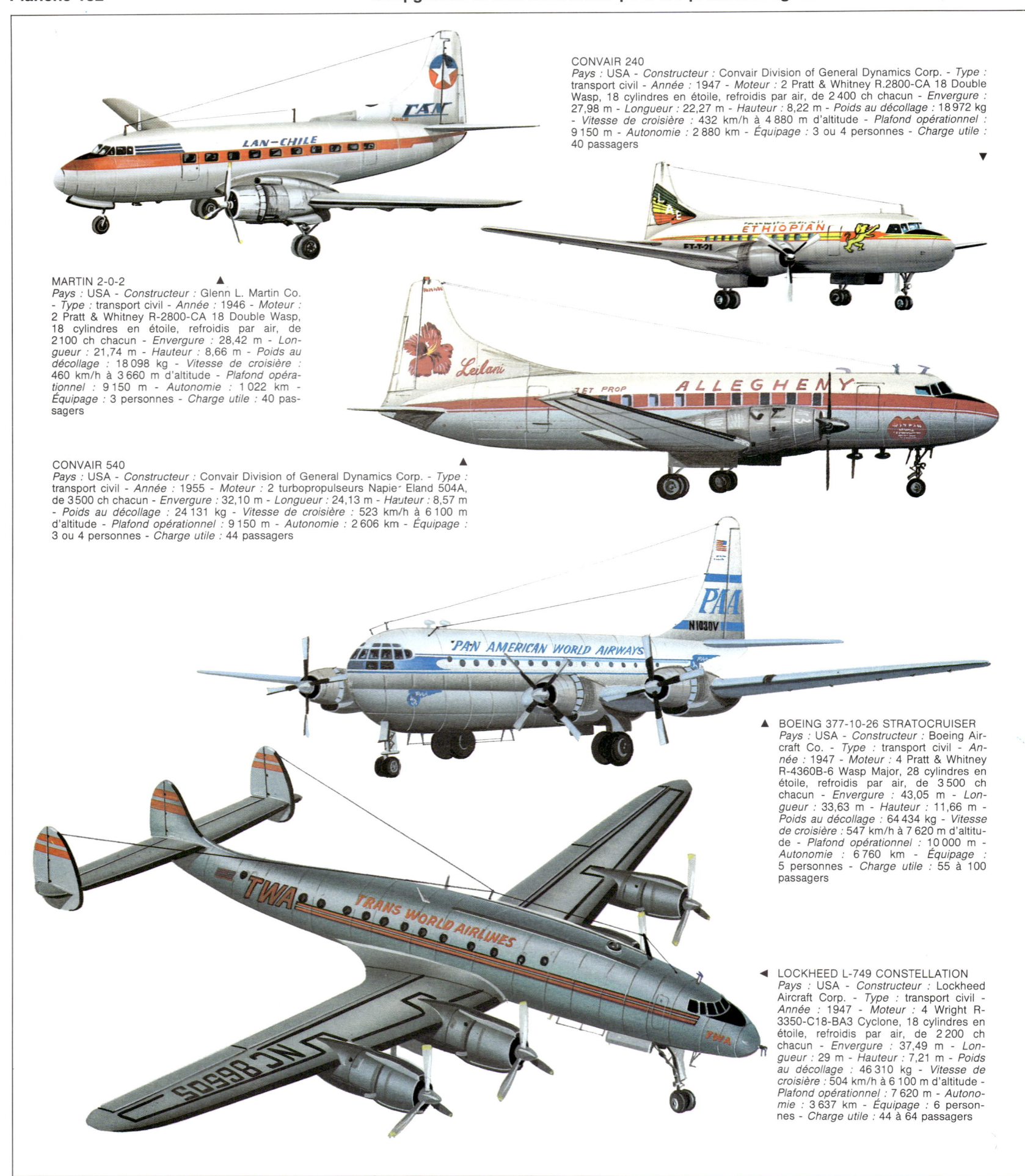

CONVAIR 540
Pays : USA - *Constructeur* : Convair Division of General Dynamics Corp. - *Type* : transport civil - *Année* : 1955 - *Moteur* : 2 turbopropulseurs Napier Eland 504A, de 3 500 ch chacun - *Envergure* : 32,10 m - *Longueur* : 24,13 m - *Hauteur* : 8,57 m - *Poids au décollage* : 24 131 kg - *Vitesse de croisière* : 523 km/h à 6 100 m d'altitude - *Plafond opérationnel* : 9 150 m - *Autonomie* : 2 606 km - *Équipage* : 3 ou 4 personnes - *Charge utile* : 44 passagers

BOEING 377-10-26 STRATOCRUISER
Pays : USA - *Constructeur* : Boeing Aircraft Co. - *Type* : transport civil - *Année* : 1947 - *Moteur* : 4 Pratt & Whitney R-4360B-6 Wasp Major, 28 cylindres en étoile, refroidis par air, de 3 500 ch chacun - *Envergure* : 43,05 m - *Longueur* : 33,63 m - *Hauteur* : 11,66 m - *Poids au décollage* : 64 434 kg - *Vitesse de croisière* : 547 km/h à 7 620 m d'altitude - *Plafond opérationnel* : 10 000 m - *Autonomie* : 6 760 km - *Équipage* : 5 personnes - *Charge utile* : 55 à 100 passagers

LOCKHEED L-749 CONSTELLATION
Pays : USA - *Constructeur* : Lockheed Aircraft Corp. - *Type* : transport civil - *Année* : 1947 - *Moteur* : 4 Wright R-3350-C18-BA3 Cyclone, 18 cylindres en étoile, refroidis par air, de 2 200 ch chacun - *Envergure* : 37,49 m - *Longueur* : 29 m - *Hauteur* : 7,21 m - *Poids au décollage* : 46 310 kg - *Vitesse de croisière* : 504 km/h à 6 100 m d'altitude - *Plafond opérationnel* : 7 620 m - *Autonomie* : 3 637 km - *Équipage* : 6 personnes - *Charge utile* : 44 à 64 passagers

Les derniers grands quadrimoteurs à pistons sont américains ; 1951-1954

Planche 133

DOUGLAS DC-6B
Pays : USA - *Constructeur* : Douglas Aircraft Co. - *Type* : transport civil - *Année* : 1951 - *Moteur* : 4 Pratt & Whitney R-2800-CB16 Double Wasp, 18 cylindres en étoile, refroidis par air, de 2 400 ch chacun - *Envergure* : 35,81 m - *Longueur* : 32,20 m - *Hauteur* : 8,66 m - *Poids au décollage* : 45 400 kg - *Vitesse de croisière* : 494 km/h à 6 830 m d'altitude - *Plafond opérationnel* : 7 620 m - *Autonomie* : 6 270 km - *Équipage* : 3 personnes - *Charge utile* : 68 à 107 passagers

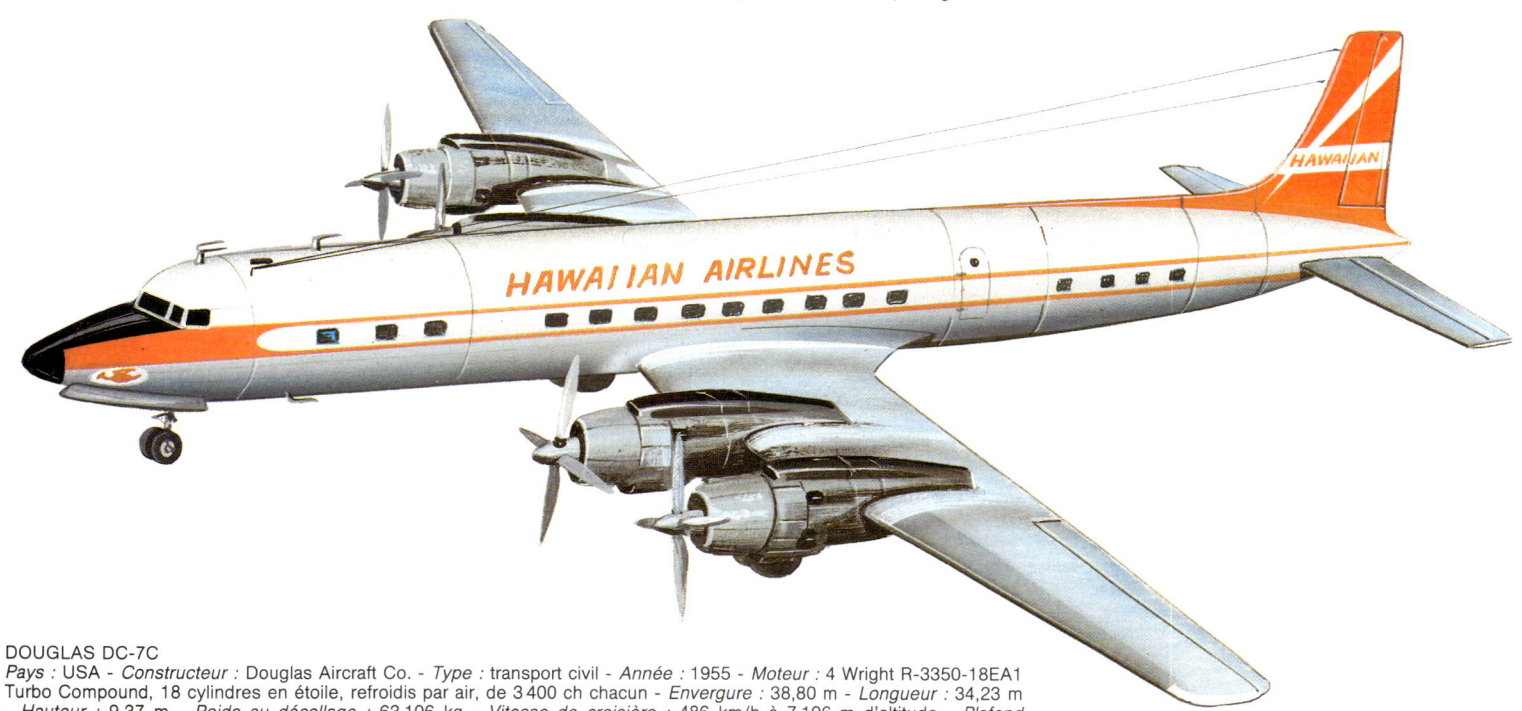

DOUGLAS DC-7C
Pays : USA - *Constructeur* : Douglas Aircraft Co. - *Type* : transport civil - *Année* : 1955 - *Moteur* : 4 Wright R-3350-18EA1 Turbo Compound, 18 cylindres en étoile, refroidis par air, de 3 400 ch chacun - *Envergure* : 38,80 m - *Longueur* : 34,23 m - *Hauteur* : 9,37 m - *Poids au décollage* : 63 106 kg - *Vitesse de croisière* : 486 km/h à 7 106 m d'altitude - *Plafond opérationnel* : 8 656 m - *Autonomie* : 9 616 km - *Équipage* : 5 personnes - *Charge utile* : 62 à 95 passagers

LOCKHEED L-1049G SUPER CONSTELLATION
Pays : USA - *Constructeur* : Lockheed Aircraft Corp. - *Type* : transport civil - *Année* : 1954 - *Moteur* : 4 Wright R.3350-DA3 Turbo Compound, 18 cylindres en étoile, refroidis par air, de 3 500 ch chacun - *Envergure* : 37,49 m - *Longueur* : 34,65 m - *Hauteur* : 7,56 m - *Poids au décollage* : 68 100 kg - *Vitesse de croisière* : 526 km/h à 6 100 m d'altitude - *Plafond opérationnel* : 7 620 m - *Autonomie* : 7 440 km - *Équipage* : 6 personnes - *Charge utile* : 66 à 95 passagers

Planche 134

Avions anglais et suédois pour le transport moyen-courrier ; 1946-1948

BRISTOL 170 WAYFARER 2A
Pays : Grande-Bretagne - *Constructeur* : Bristol Aeroplane Co. Ltd. - *Type* : transport civil - *Année* : 1946 - *Moteur* : 2 Bristol Hercules 632, 14 cylindres en étoile, refroidis par air, de 1 675 ch chacun - *Envergure* : 29,87 m - *Longueur* : 20,83 m - *Hauteur* : 6,60 m - *Poids au décollage* : 16 783 kg - *Vitesse de croisière* : 262 km/h à 3 050 m d'altitude - *Plafond opérationnel* : 6 705 m - *Autonomie* : 482 km - *Équipage* : 3 personnes - *Charge utile* : 34 passagers

VICKERS VIKING 1B
Pays : Grande-Bretagne - *Constructeur* : Vickers-Armstrong Ltd. - *Type* : transport civil - *Année* : 1946 - *Moteur* : 2 Bristol Hercules 634, 14 cylindres en étoile, refroidis par air, de 1 690 ch chacun - *Envergure* : 27,12 m - *Longueur* : 19,86 m - *Hauteur* : 5,94 m - *Poids au décollage* : 15 422 kg - *Vitesse de croisière* : 338 km/h à 1 830 m d'altitude - *Plafond opérationnel* : 7 240 m - *Autonomie* : 2 735 km - *Équipage* : 5 personnes - *Charge utile* : 24 à 36 passagers

AIRSPEED A.S.57 AMBASSADOR 2
Pays : Grande-Bretagne - *Constructeur* : Airspeed Division of De Havilland Aircraft Co. Ltd. - *Type* : transport civil - *Année* : 1948 - *Moteur* : 2 Bristol Centaurus 661, 18 cylindres en étoile, refroidis par air, de 2 625 ch chacun - *Envergure* : 35,05 m - *Longueur* : 24,99 m - *Hauteur* : 5,74 m - *Poids au décollage* : 23 814 kg - *Vitesse de croisière* : 463 km/h à 5 800 m d'altitude - *Plafond opérationnel* : 10 500 m - *Autonomie* : 885 km - *Équipage* : 3 personnes - *Charge utile* : 47 à 55 passagers

SAAB 90 A-2 SCANDIA
Pays : Suède - *Constructeur* : SAAB - *Type* : transport civil - *Année* : 1946 - *Moteur* : 2 Pratt & Whitney R-2180-El Twin Wasp, 14 cylindres en étoile, refroidis par air, de 1 800 ch chacun - *Envergure* : 28 m - *Longueur* : 21,30 m - *Hauteur* : 7,08 m - *Poids au décollage* : 16 000 kg - *Vitesse de croisière* : 391 km/h à 3 050 m d'altitude - *Plafond opérationnel* : 7 500 m - *Autonomie* : 1 480 km - *Équipage* : 4 à 5 personnes - *Charge utile* : 24 à 36 passagers

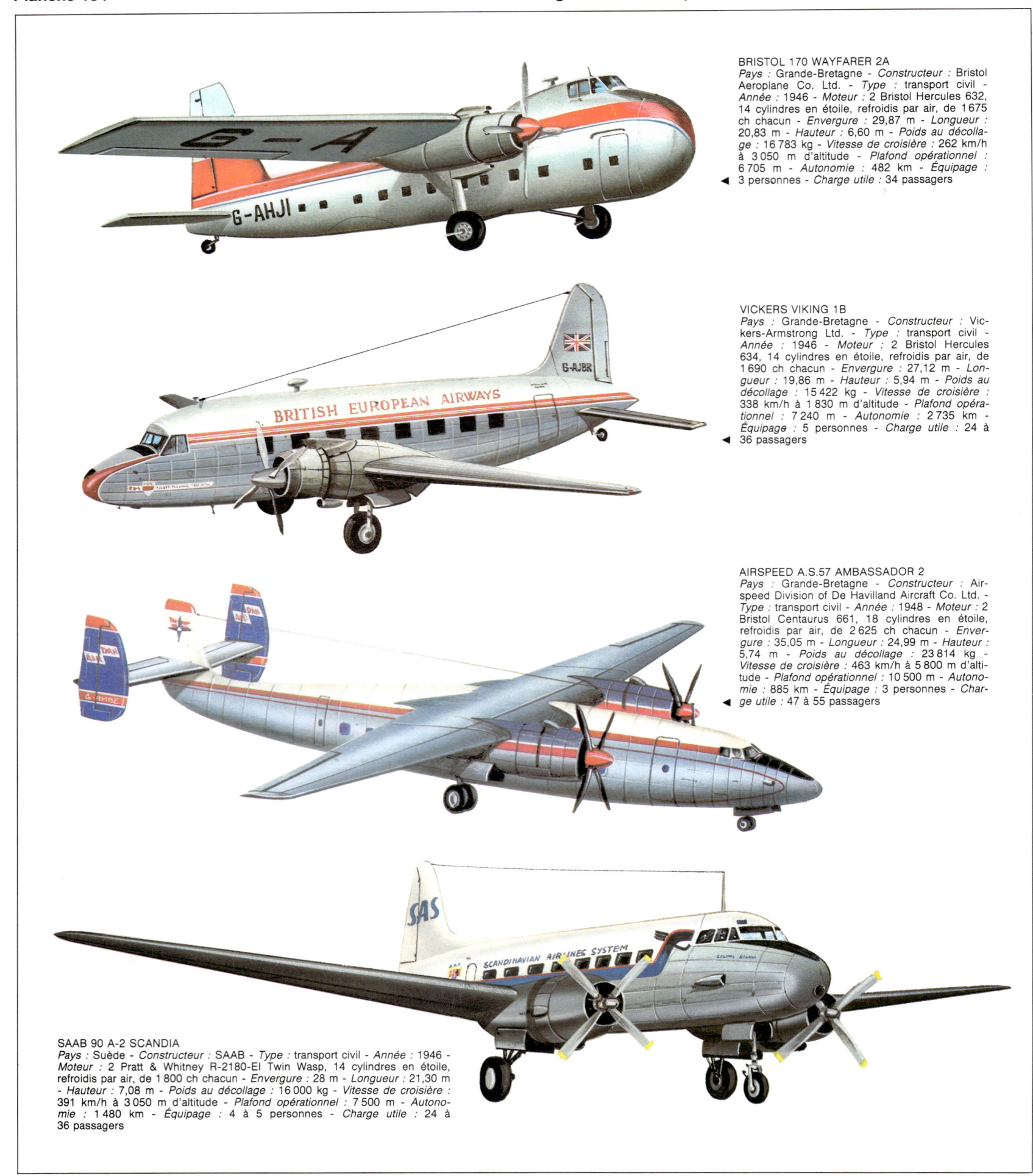

Avions destinés à l'Aeroflot dans l'immédiat après-guerre ; 1946-1958

ILIOUCHINE Il-12 ▲
Pays : URSS - *Constructeur :* Industries d'État - *Type :* transport civil - *Année :* 1946 - *Moteur :* 2 Shvetsov ASh-82FN, 14 cylindres en étoile, refroidis par air, de 1 650 ch chacun - *Envergure :* 31,70 m - *Longueur :* 21,31 m - *Hauteur :* 8,07 m - *Poids au décollage :* 17 250 kg - *Vitesse de croisière :* 350 km/h à 2 500 m d'altitude - *Plafond opérationnel :* 6 700 m - *Autonomie :* 2 000 km - *Équipage :* 4 ou 5 personnes - *Charge utile :* 27 passagers

ILIOUCHINE Il-14P ▲
Pays : URSS - *Constructeur :* Industries d'État - *Type :* transport civil - *Année :* 1953 - *Moteur :* 2 Shvetsov ASh-82T, 14 cylindres en étoile, refroidis par air, de 1 900 ch chacun - *Envergure :* 31,70 m - *Longueur :* 21,31 m - *Hauteur :* 7,80 m - *Poids au décollage :* 38 581 kg - *Vitesse de croisière :* 350 km/h à 2 500 m d'altitude - *Plafond opérationnel :* 7 400 m - *Autonomie :* 1 200 km - *Équipage :* 4 ou 5 personnes - *Charge utile :* 24 passagers

YAKOVLEV YAK-16 ▲
Pays : URSS - *Constructeur :* Industries d'État - *Type :* transport civil - *Année :* 1948 - *Moteur :* 2 Shvetsov ASh-21, 7 cylindres en étoile, refroidis par air, de 750 ch chacun - *Envergure :* 20 m - *Longueur :* 14,50 m - *Hauteur :* 3,60 m - *Poids au décollage :* 6 400 kg - *Vitesse de croisière :* 290 km/h à 1 700 m d'altitude - *Plafond opérationnel :* 5 000 m - *Autonomie :* 1 000 km - *Équipage :* 2 personnes - *Charge utile :* 10 passagers

ANTONOV An-14 PCHELKA ▶
Pays : URSS - *Constructeur :* Industries d'État - *Type :* transport léger - *Année :* 1958 - *Moteur :* 2 Ivtchenko AI-14RF, 9 cylindres en étoile, refroidis par air, de 300 ch chacun - *Envergure :* 21,99 m - *Longueur :* 11,36 m - *Hauteur :* 4,63 m - *Poids au décollage :* 3 600 kg - *Vitesse de croisière :* 175 km/h à 2 000 m d'altitude - *Plafond opérationnel :* 5 000 m - *Autonomie :* 650 km - *Équipage :* 1 personne - *Charge utile :* 6 à 8 passagers

◀ **ANTONOV An-2**
Pays : URSS - *Constructeur :* Industries d'État - *Type :* transport léger - *Année :* 1947 - *Moteur :* Shvetsov ASh-621R, 9 cylindres en étoile, refroidi air, de 1 000 ch - *Envergure :* 18,18 m - *Longueur :* 12,95 m - *Hauteur :* 4,20 m - *Poids au décollage :* 5 500 kg - *Vitesse de croisière :* 200 km/h - *Plafond opérationnel :* 4 350 m - *Autonomie :* 905 km - *Équipage :* 2 personnes - *Charge utile :* 10 passagers

Planche 136 — Le premier avion à turbopropulseur du monde, le Vickers Viscount, est anglais ; 1950-1960

VICKERS VISCOUNT 700
Pays : Grande-Bretagne - *Constructeur* : Vickers-Armstrong Ltd. - *Type* : transport civil - *Année* : 1950 - *Moteur* : 4 turbopropulseurs Rolls-Royce Dart R. Da.3 505 de 1 540 ch chacun - *Envergure* : 28,55 m - *Longueur* : 24,94 m - *Hauteur* : 8,46 m - *Poids au décollage* : 22 680 kg - *Vitesse de croisière* : 508 km/h à 6 100 m d'altitude - *Plafond opérationnel* : 8 380 m - *Autonomie* : 1 530 km - *Équipage* : 3 ou 4 personnes - *Charge utile* : 47 passagers

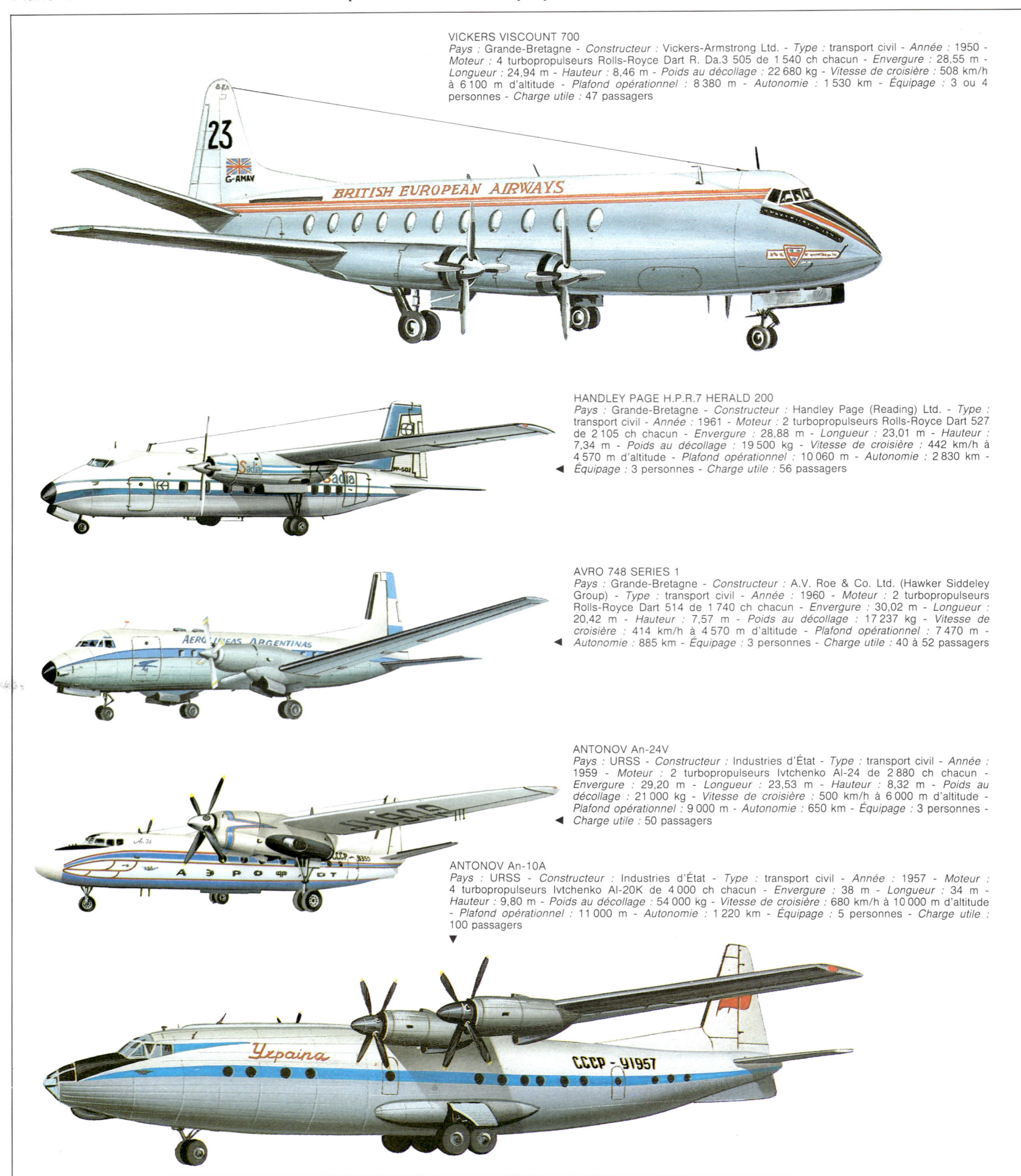

HANDLEY PAGE H.P.R.7 HERALD 200
Pays : Grande-Bretagne - *Constructeur* : Handley Page (Reading) Ltd. - *Type* : transport civil - *Année* : 1961 - *Moteur* : 2 turbopropulseurs Rolls-Royce Dart 527 de 2 105 ch chacun - *Envergure* : 28,88 m - *Longueur* : 23,01 m - *Hauteur* : 7,34 m - *Poids au décollage* : 19 500 kg - *Vitesse de croisière* : 442 km/h à 4 570 m d'altitude - *Plafond opérationnel* : 10 060 m - *Autonomie* : 2 830 km - *Équipage* : 3 personnes - *Charge utile* : 56 passagers

AVRO 748 SERIES 1
Pays : Grande-Bretagne - *Constructeur* : A.V. Roe & Co. Ltd. (Hawker Siddeley Group) - *Type* : transport civil - *Année* : 1960 - *Moteur* : 2 turbopropulseurs Rolls-Royce Dart 514 de 1 740 ch chacun - *Envergure* : 30,02 m - *Longueur* : 20,42 m - *Hauteur* : 7,57 m - *Poids au décollage* : 17 237 kg - *Vitesse de croisière* : 414 km/h à 4 570 m d'altitude - *Plafond opérationnel* : 7 470 m - *Autonomie* : 885 km - *Équipage* : 3 personnes - *Charge utile* : 40 à 52 passagers

ANTONOV An-24V
Pays : URSS - *Constructeur* : Industries d'État - *Type* : transport civil - *Année* : 1959 - *Moteur* : 2 turbopropulseurs Ivtchenko AI-24 de 2 880 ch chacun - *Envergure* : 29,20 m - *Longueur* : 23,53 m - *Hauteur* : 8,32 m - *Poids au décollage* : 21 000 kg - *Vitesse de croisière* : 500 km/h à 6 000 m d'altitude - *Plafond opérationnel* : 9 000 m - *Autonomie* : 650 km - *Équipage* : 3 personnes - *Charge utile* : 50 passagers

ANTONOV An-10A
Pays : URSS - *Constructeur* : Industries d'État - *Type* : transport civil - *Année* : 1957 - *Moteur* : 4 turbopropulseurs Ivtchenko AI-20K de 4 000 ch chacun - *Envergure* : 38 m - *Longueur* : 34 m - *Hauteur* : 9,80 m - *Poids au décollage* : 54 000 kg - *Vitesse de croisière* : 680 km/h à 10 000 m d'altitude - *Plafond opérationnel* : 11 000 m - *Autonomie* : 1 220 km - *Équipage* : 5 personnes - *Charge utile* : 100 passagers

Naissance en Europe du transport civil à réaction ; 1958-1964

DE HAVILLAND D.H.106 COMET 4
Pays : Grande-Bretagne - *Constructeur :* De Havilland Aircraft Co. Ltd. - *Type :* transport civil - *Année :* 1958 - *Moteur :* 4 turboréacteurs Rolls-Royce Avon 524 de 4 763 kg de poussée chacun - *Envergure :* 35,05 m - *Longueur :* 33,99 m - *Hauteur :* 8,99 m - *Poids au décollage :* 75 483 kg - *Vitesse de croisière :* 809 km/h à 12 800 m d'altitude - *Plafond opérationnel :* 12 800 m - *Autonomie :* 5 190 km - *Équipage :* 4 personnes - *Charge utile utile :* 81 passagers

SUD-AVIATION SE-210 CARAVELLE III
Pays : France - *Constructeur :* Sud-Aviation - *Type :* transport civil - *Année :* 1959 - *Moteur :* 2 turboréacteurs Rolls-Royce Avon 527 de 5 171 kg de poussée chacun - *Envergure :* 34,30 m - *Longueur :* 32,01 m - *Hauteur :* 8,72 m - *Poids au décollage :* 46 000 kg - *Vitesse de croisière :* 779 km/h à 10 670 m d'altitude - *Plafond opérationnel :* 12 000 m - *Autonomie :* 1 640 km - *Équipage :* 4 personnes - *Charge utile :* 64 à 99 passagers

SUD-AVIATION SE-210 SUPER CARAVELLE
Pays : France - *Constructeur :* Sud-Aviation - *Type :* transport civil - *Année :* 1964 - *Moteur :* 2 turboréacteurs Pratt & Whitney JT8D-1 de 6 350 kg de poussée chacun - *Envergure :* 34,30 m - *Longueur :* 33,01 m - *Hauteur :* 8,72 m - *Poids au décollage :* 52 000 kg - *Vitesse de croisière :* 835 km/h à 7 620 m d'altitude - *Plafond opérationnel :* 12 000 m - *Autonomie :* 2 650 km - *Équipage :* 4 personnes - *Charge utile :* 68 à 105 passagers

Planche 138 — Le Boeing 707 et le Douglas DC-8 deviennent aussitôt les plus populaires ; 1957-1967

BOEING 707-120
Pays : USA - *Constructeur* : Boeing Aircraft Co. - *Type* : transport civil - *Année* : 1957 - *Moteur* : 4 turboréacteurs Pratt & Whitney JT3C-6 de 6 124 kg de poussée chacun - *Envergure* : 39,87 m - *Longueur* : 40,04 m - *Hauteur* : 11,79 m - *Poids au décollage* : 116 575 kg - *Vitesse de croisière* : 919 km/h à 7 620 m d'altitude - *Plafond opérationnel* : 9 880 m - *Autonomie* : 4 950 km - *Équipage* : 4 personnes - *Charge utile* : 121 à 179 passagers

BOEING 707-320
Pays : USA - *Constructeur* : Boeing Aircraft Co. - *Type* : transport civil - *Année* : 1959 - *Moteur* : 4 turboréacteurs Pratt & Whitney JT4A-3 de 7 167 kg de poussée chacun - *Envergure* : 43,41 m - *Longueur* : 46,60 m - *Hauteur* : 12,67 m - *Poids au décollage* : 141 523 kg - *Vitesse de croisière* : 972 km/h à 7 620 m d'altitude - *Plafond opérationnel* : 11 340 m - *Autonomie* : 7 450 km - *Équipage* : 4 personnes - *Charge utile* : 131 à 189 passagers

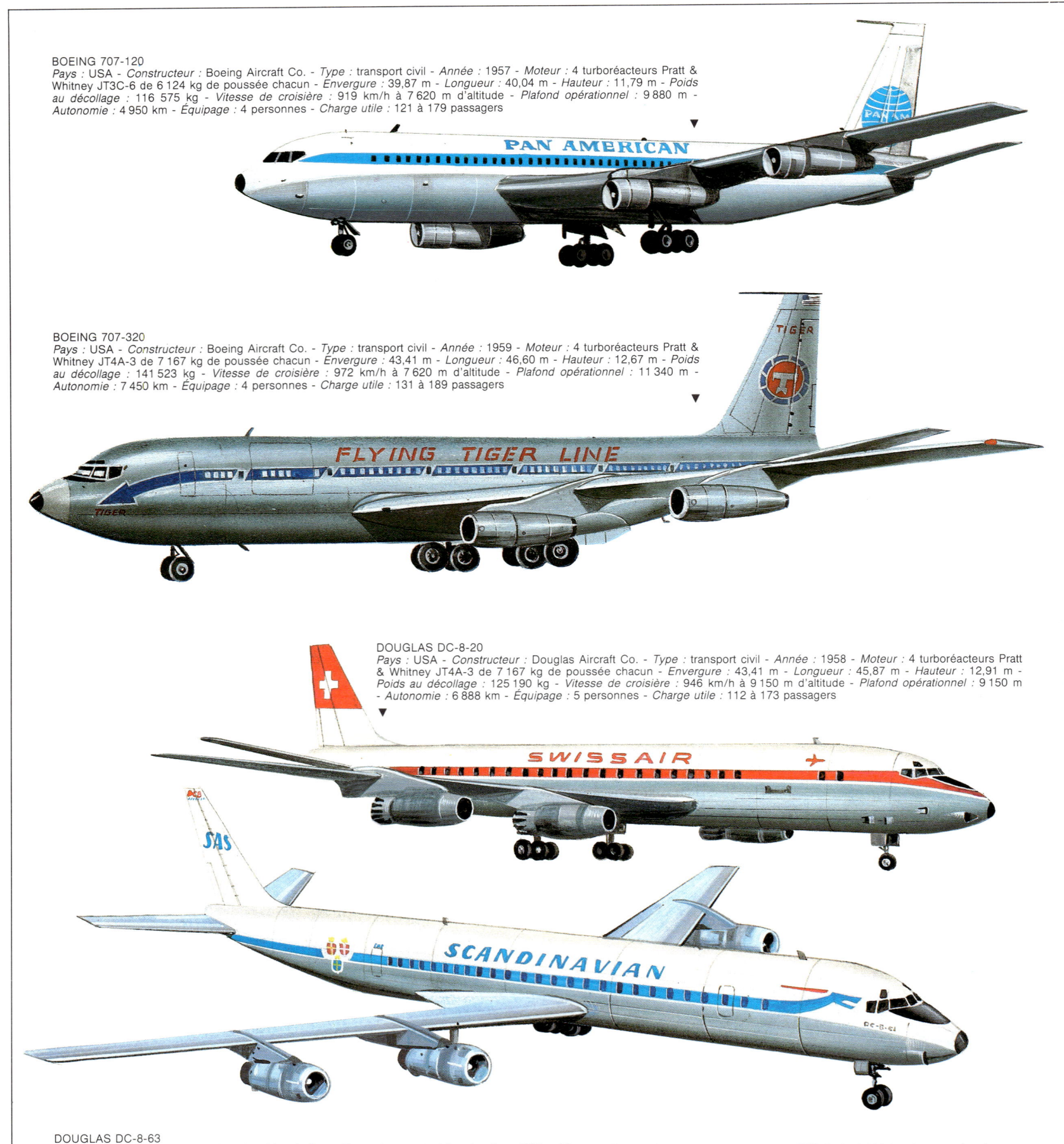

DOUGLAS DC-8-20
Pays : USA - *Constructeur* : Douglas Aircraft Co. - *Type* : transport civil - *Année* : 1958 - *Moteur* : 4 turboréacteurs Pratt & Whitney JT4A-3 de 7 167 kg de poussée chacun - *Envergure* : 43,41 m - *Longueur* : 45,87 m - *Hauteur* : 12,91 m - *Poids au décollage* : 125 190 kg - *Vitesse de croisière* : 946 km/h à 9 150 m d'altitude - *Plafond opérationnel* : 9 150 m - *Autonomie* : 6 888 km - *Équipage* : 5 personnes - *Charge utile* : 112 à 173 passagers

DOUGLAS DC-8-63
Pays : USA - *Constructeur* : Douglas Aircraft Co. - *Type* : transport civil - *Année* : 1967 - *Moteur* : 4 turboréacteurs Pratt & Whitney JT3D-7 de 8 168 kg de poussée chacun - *Envergure* : 45,23 m - *Longueur* : 57,13 m - *Hauteur* : 13,23 m - *Poids au décollage* : 158 760 kg - *Vitesse de croisière* : 965 km/h à 9 150 m d'altitude - *Plafond opérationnel* : 9 150 m - *Autonomie* : 7 240 km - *Équipage* : 5 personnes - *Charge utile* : 259 passagers

Transports à réaction moyen-courriers américains et soviétiques ; 1957-1961 Planche 139

BOEING 720
Pays : USA - *Constructeur* : Boeing Aircraft Co. - *Type* : transport civil - *Année* : 1959 - *Moteur* : 4 turboréacteurs Pratt & Whitney JT3C-7 de 5 443 kg de poussée chacun - *Envergure* : 39,87 m - *Longueur* : 41,68 m - *Hauteur* : 11,56 m - *Poids au décollage* : 103 875 kg - *Vitesse de croisière* : 967 km/h à 7 620 m d'altitude - *Plafond opérationnel* : 11 735 m - *Autonomie* : 8 430 km - *Équipage* : 4 personnes - *Charge utile* : 108 à 165 passagers

CONVAIR 880
Pays : USA - *Constructeur* : Convair Division of General Dynamics Corp. - *Type* : transport civil - *Année* : 1959 - *Moteur* : 4 turboréacteurs General Electric CJ805-3 de 5 080 kg de poussée chacun - *Envergure* : 36,58 m - *Longueur* : 39,42 m - *Hauteur* : 11 m - *Poids au décollage* : 85 957 kg - *Vitesse de croisière* : 930 km/h à 7 620 m d'altitude - *Plafond opérationnel* : 12 600 m - *Autonomie* : 5 150 m - *Équipage* : 5 personnes - *Charge utile* : 84 à 110 passagers

CONVAIR 990 CORONADO
Pays : USA - *Constructeur* : Convair Division of General Dynamics Corp. - *Type* : transport civil - *Année* : 1961 - *Moteur* : 4 turboréacteurs General Electric CJ805-23B de 7 302 kg de poussée chacun - *Envergure* : 36,58 m - *Longueur* : 42,50 m - *Hauteur* : 12,04 m - *Poids au décollage* : 110 765 kg - *Vitesse de croisière* : 1 006 km/h à 6 460 m d'altitude - *Plafond opérationnel* : 12 500 m - *Autonomie* : 6 308 km - *Équipage* : 5 personnes - *Charge utile* : 96 à 121 passagers

TUPOLEV Tu-104A
Pays : URSS - *Constructeur* : Industries d'État - *Type* : transport civil - *Année* : 1957 - *Moteur* : 2 turboréacteurs Mikouline AM-3M de 8 700 kg de poussée chacun - *Envergure* : 34,54 m - *Longueur* : 38,85 m - *Hauteur* : 11,90 m - *Poids au décollage* : 76 000 kg - *Vitesse de croisière* : 800 km/h à 10 000 m d'altitude - *Plafond opérationnel* : 11 500 m - *Autonomie* : 3 100 km - *Équipage* : 5 personnes - *Charge utile* : 70 passagers

TUPOLEV TU-124V
Pays : URSS - *Constructeur* : Industries d'État - *Type* : transport civil - *Année* : 1960 - *Moteur* : 2 turboréacteurs Soloviev D-20P de 5 400 kg de poussée chacun - *Envergure* : 25,55 m - *Longueur* : 30,58 m - *Hauteur* : 8,08 m - *Poids au décollage* : 37 500 kg - *Vitesse de croisière* : 870 km/h à 10 000 m d'altitude - *Plafond opérationnel* : 11 700 m - *Autonomie* : 1 250 km - *Équipage* : 3 ou 4 personnes - *Charge utile* : 56 passagers

Planche 140 — Les premiers avions « tout-cargos » équipés de turbine sont britanniques ; 1959-1970

ARMSTRONG WHITWORTH A.W.650 ARGOSY 100
Pays : Grande-Bretagne - *Constructeur* : Armstrong Whitworth Aircraft Ltd. - *Type* : transport civil - *Année* : 1959 - *Moteur* : 4 turbopropulseurs Rolls-Royce Dart 526 de 2 100 ch chacun - *Envergure* : 35,05 m - *Longueur* : 26,44 m - *Hauteur* : 8,23 m - *Poids au décollage* : 39 917 kg - *Vitesse de croisière* : 486 km/h à 6 100 m d'altitude - *Plafond opérationnel* : 6 890 m - *Autonomie* : 2 574 km - *Équipage* : 2 ou 3 personnes - *Charge utile* : 84 passagers

ANTONOV An-12B
Pays : URSS - *Constructeur* : Industries d'État - *Type* : transport civil - *Année* : 1960 - *Moteur* : 4 turbopropulseurs Ivtchenko AI-20K de 4 000 ch chacun - *Envergure* : 38 m - *Longueur* : 33,10 m - *Hauteur* : 10,53 m - *Poids au décollage* : 61 000 kg - *Vitesse de croisière* : 600 km/h à 10 000 m d'altitude - *Plafond opérationnel* : 10 200 m - *Autonomie* : 3 400 km - *Équipage* : 5 personnes - *Charge utile* : 20 000 kg (dont 14 passagers)

AERO SPACELINES B-377 SGT GUPPY-201
Pays : USA - *Constructeur* : Aero Spacelines Inc. - *Type* : transport civil - *Année* : 1970 - *Moteur* : 4 turbopropulseurs Allison 501-D22C de 4 912 ch chacun - *Envergure* : 47,62 m - *Longueur* : 43,84 m - *Hauteur* : 14,78 m - *Poids au décollage* : 77 110 kg - *Vitesse de croisière* : 463 km/h à 6 100 m d'altitude - *Plafond opérationnel* : 7 620 m - *Autonomie* : 4 700 km - *Équipage* : 4 personnes - *Charge utile* : 24 494 kg

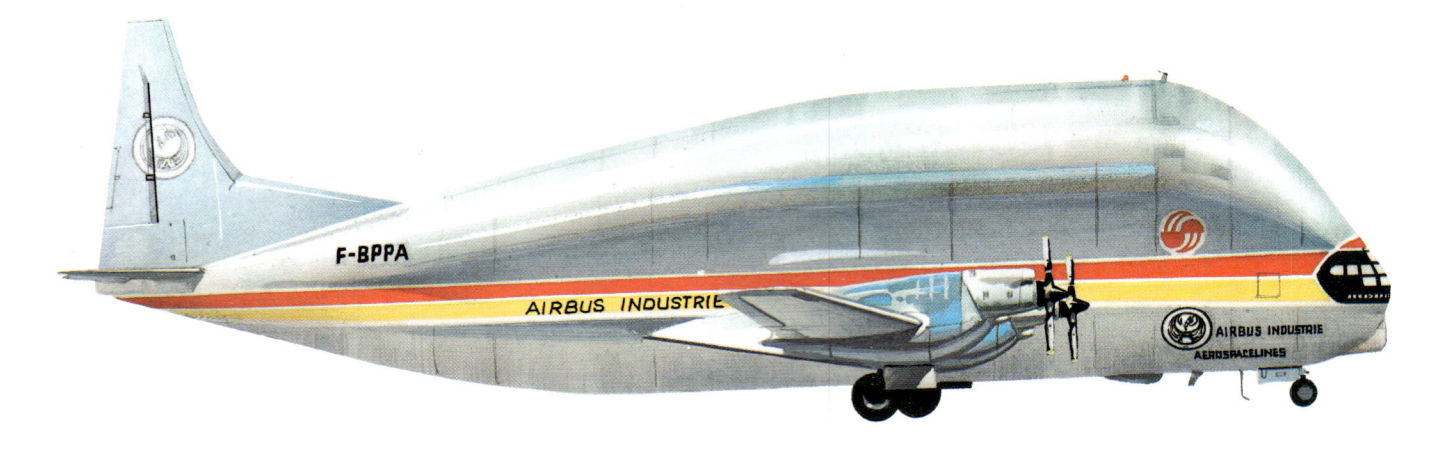

Bimoteurs à turbopropulseur pour le court moyen-courrier ; 1958-1967

FOKKER F.27-100 FRIENDSHIP
Pays : Hollande - *Constructeur* : Fokker-VFW N.V. - *Type* : transport civil - *Année* : 1958 - *Moteur* : 2 turbopropulseurs Rolls-Royce Dart 511-7 de 1 710 ch chacun - *Envergure* : 29 m - *Longueur* : 23,50 m - *Hauteur* : 8,50 m - *Poids au décollage* : 17 690 kg - *Vitesse de croisière* : 428 km/h à 6 095 m d'altitude - *Plafond opérationnel* : 8 840 m - *Autonomie* : 1 250 km - *Équipage* : 2 ou 3 personnes - *Charge utile* : 40 à 52 passagers

FOKKER F.27-500 FRIENDSHIP
Pays : Hollande - *Constructeur* : Fokker-VFW N.V. - *Type* : transport civil - *Année* : 1967 - *Moteur* : 2 turbopropulseurs Rolls-Royce Dart 532-7 de 2 250 ch chacun - *Envergure* : 29 m - *Longueur* : 25,06 m - *Hauteur* : 8,71 m - *Poids au décollage* : 20 412 kg - *Vitesse de croisière* : 518 km/h à 6 095 m d'altitude - *Plafond opérationnel* : 9 000 m - *Autonomie* : 1 075 km - *Équipage* : 2 ou 3 personnes - *Charge utile* : 52 à 56 passagers

NORD M.H. 260
Pays : France - *Constructeur* : Nord-Aviation - *Type* : transport civil - *Année* : 1960 - *Moteur* : 2 turbopropulseurs Turboméca Bastan IV de 986 ch chacun - *Envergure* : 21,93 m - *Longueur* : 17,60 m - *Hauteur* : 6,59 m - *Poids au décollage* : 9 400 kg - *Vitesse de croisière* : 380 km/h à 3 050 m d'altitude - *Plafond opérationnel* : 8 000 m - *Autonomie* : 1 500 km - *Équipage* : 2 personnes - *Charge utile* : 23 passagers

NAMC YS-11-100
Pays : Japon - *Constructeur* : Nihon Kokuki Seizo Kabushiki Kaisha - *Type* : transport civil - *Année* : 1964 - *Moteur* : 2 turbopropulseurs Rolls-Royce Dart MK542-10 de 3 060 ch chacun - *Envergure* : 32 m - *Longueur* : 26,30 m - *Hauteur* : 8,99 m - *Poids au décollage* : 23 500 kg - *Vitesse maximale* : 478 km/h à 4 575 m d'altitude - *Plafond opérationnel* : 6 100 m - *Autonomie* : 1 390 km - *Équipage* : 3 personnes - *Charge utile* : 60 passagers

Planche 141

Planche 142 — Grands turbopropulseurs à long rayon d'action ; 1954-1967

BRISTOL 175 BRITANNIA 102
Pays : Grande-Bretagne - *Constructeur* : Bristol Aeroplane Co. Ltd. - *Type* : transport civil - *Année* : 1954 - *Moteur* : 4 turbopropulseurs Bristol Proteus 705 de 3 870 ch chacun - *Envergure* : 43,36 m - *Longueur* : 34,75 m - *Hauteur* : 11,17 m - *Poids au décollage* : 70 308 kg - *Vitesse de croisière* : 603 km/h - *Plafond opérationnel* : 7 315 m - *Autonomie* : 6 310 km - *Équipage* : 8 personnes - *Charge utile* : 74 à 90 passagers

VICKERS VANGUARD 953
Pays : Grande-Bretagne - *Constructeur* : Vickers-Armstrong Ltd. - *Type* : transport civil - *Année* : 1961 - *Moteur* : 4 turbopropulseurs Rolls-Royce Tyne 512 de 5 545 ch chacun - *Envergure* : 35,97 m - *Longueur* : 37,45 m - *Hauteur* : 10,64 m - *Poids au décollage* : 66 452 kg - *Vitesse de croisière* : 684 km/h à 6 100 m d'altitude - *Plafond opérationnel* : 9 150 m - *Autonomie* : 2 945 km - *Équipage* : 7 personnes - *Charge utile* : 97 à 139 passagers

LOCKHEED L.188A ELECTRA
Pays : USA - *Constructeur* : Lockheed Aircraft Corp. - *Type* : transport civil - *Année* : 1958 - *Moteur* : 4 turbopropulseurs Allison 501-D13A de 3 750 ch chacun - *Envergure* : 30,18 m - *Longueur* : 31,85 m - *Hauteur* : 9,78 m - *Poids au décollage* : 52 618 kg - *Vitesse de croisière* : 652 km/h à 6 700 m d'altitude - *Plafond opérationnel* : 8 230 m - *Autonomie* : 4 458 km - *Équipage* : 5 personnes - *Charge utile* : 66 à 99 passagers

ILIOUCHINE Il-18V
Pays : URSS - *Constructeur* : Industries d'État - *Type* : transport civil - *Année* : 1957 - *Moteur* : 4 turbopropulseurs Ivtchenko AI-20K de 4 000 ch chacun - *Envergure* : 37,40 m - *Longueur* : 35,90 m - *Hauteur* : 10,16 m - *Poids au décollage* : 61 200 kg - *Vitesse de croisière* : 650 km/h à 8 000 m d'altitude - *Plafond opérationnel* : 10 750 m - *Autonomie* : 4 800 km - *Équipage* : 5 personnes - *Charge utile* : 84 à 110 passagers

TUPOLEV Tu-114 ROSSIYA
Pays : URSS - *Constructeur* : Industries d'État - *Type* : transport civil - *Année* : 1957 - *Moteur* : 4 turbopropulseurs Kouznetsov NK-12 MV, de 12 500 ch chacun - *Envergure* : 51,10 m - *Longueur* : 54,10 m - *Hauteur* : 15,50 m - *Poids au décollage* : 175 000 kg - *Vitesse de croisière* : 770 km/h à 9 000 m d'altitude - *Plafond opérationnel* : 12 000 m - *Autonomie* : 8 950 km - *Équipage* : 10 personnes - *Charge utile* : 170 passagers

Étranges coïncidences techniques sur d'excellents avions ; 1963-1971

McDONNELL DOUGLAS DC-9-10
Pays : USA - *Constructeur* : Douglas Aircraft Co. - *Type* : transport civil - *Année* : 1965 - *Moteur* : 2 turboréacteurs Pratt & Whitney JT8D-5 de 5 556 kg de poussée chacun - *Envergure* : 27,25 m - *Longueur* : 31,82 m - *Hauteur* : 8,38 m - *Poids au décollage* : 35 245 kg - *Vitesse de croisière* : 903 km/h à 7 620 m d'altitude - *Plafond opérationnel* : 10 675 m - *Autonomie* : 1 601 m - *Équipage* : 4 ou 5 personnes - *Charge utile* : 90 passagers

BAC ONE-ELEVEN-500
Pays : Grande-Bretagne - *Constructeur* : British Aircraft Corp. - *Type* : transport civil - *Année* : 1967 - *Moteur* : 2 turboréacteurs Rolls-Royce Spey Mk.512 de 5 692 kg de poussée chacun - *Envergure* : 28,50 m - *Longueur* : 32,61 m - *Hauteur* : 7,47 m - *Poids au décollage* : 47 400 kg - *Vitesse de croisière* : 871 km/h - *Plafond opérationnel* : 10 670 m - *Autonomie* : 2 720 km - *Équipage* : 4 ou 5 personnes - *Charge utile* : 119 passagers

TUPOLEV Tu-134A
Pays : URSS - *Constructeur* : Industries d'État - *Type* : transport civil - *Année* : 1970 - *Moteur* : 2 turboréacteurs Soloviev D-30 de 6 800 kg de poussée chacun - *Envergure* : 29 m - *Longueur* : 37,10 m - *Hauteur* : 9,02 m - *Poids au décollage* : 47 000 kg - *Vitesse de croisière* : 870 km/h à 11 000 m d'altitude - *Plafond opérationnel* : 12 000 m - *Autonomie* : 2 400 km - *Équipage* : 5 personnes - *Charge utile* : 76 à 80 passagers

FOKKER F.28 Mk.2000 FELLOWSHIP
Pays : Hollande - *Constructeur* : Fokker-VFW B.V. - *Type* : transport civil - *Année* : 1971 - *Moteur* : 2 turboréacteurs Rolls-Royce RB.183-2 Spey Mk. 155-15 de 4 468 kg de poussée chacun - *Envergure* : 23,58 m - *Longueur* : 29,61 m - *Hauteur* : 8,47 m - *Poids au décollage* : 29 485 kg - *Vitesse de croisière* : 849 km/h à 7 620 m d'altitude - *Plafond opérationnel* : 10 675 m - *Autonomie* : 1 213 km - *Équipage* : 4 ou 5 personnes - *Charge utile* : 79 passagers

BAC SUPER VC 10-1150
Pays : Grande-Bretagne - *Constructeur* : British Aircraft Corp. - *Type* : transport civil - *Année* : 1964 - *Moteur* : 4 turboréacteurs Rolls-Royce Conway RC-43 de 10 205 kg de poussée chacun - *Envergure* : 44,55 m - *Longueur* : 52,32 m - *Hauteur* : 12,04 m - *Poids au décollage* : 151 950 kg - *Vitesse de croisière* : 935 km/h à 9 450 m d'altitude - *Plafond opérationnel* : 12 800 m - *Autonomie* : 7 600 km - *Équipage* : 6 à 8 personnes - *Charge utile* : 163 à 174 passagers

ILIOUCHINE Il-62
Pays : URSS - *Constructeur* : Industries d'État - *Type* : transport civil - *Année* : 1963 - *Moteur* : 4 turboréacteurs Kouznetsov NK-8 de 10 500 kg de poussée chacun - *Envergure* : 43,20 m - *Longueur* : 53,12 m - *Hauteur* : 12,35 m - *Poids au décollage* : 162 000 kg - *Vitesse de croisière* : 900 km/h à 10 000 m d'altitude - *Plafond opérationnel* : 13 000 m - *Autonomie* : 6 700 km - *Équipage* : 8 à 10 personnes - *Charge utile* : 86 passagers

Planche 144   Le Boeing 727 s'impose dans tous les cieux du monde ; 1964-1973

BOEING 727-200
Pays : USA - *Constructeur* : Boeing Commercial Airplane Co. - *Type* : transport civil - *Année* : 1967 - *Moteur* : 3 turboréacteurs Pratt & Whitney JT8D-9A de 6 580 kg de poussée chacun - *Envergure* : 32,92 m - *Longueur* : 46,69 m - *Hauteur* : 10,36 m - *Poids au décollage* : 83 820 kg - *Vitesse de croisière* : 953 km/h à 6 705 m d'altitude - *Plafond opérationnel* : 10 060 m - *Autonomie* : 4 260 km - *Équipage* : 6 à 7 personnes - *Charge utile* : 189 passagers

TUPOLEV Tu-154B
Pays : URSS - *Constructeur* : Industries d'État - *Type* : transport civil - *Année* : 1973 - *Moteur* : 3 turboréacteurs Kouznetsov NK-8-20 de 9 500 kg de poussée chacun - *Envergure* : 37,55 m - *Longueur* : 47,90 m - *Hauteur* : 11,40 m - *Poids au décollage* : 94 000 kg - *Vitesse de croisière* : 900 km/h à 9 500 m d'altitude - *Plafond opérationnel* : 12 000 m - *Autonomie* : 3 200 km - *Équipage* : 8 personnes - *Charge utile* : 168 passagers

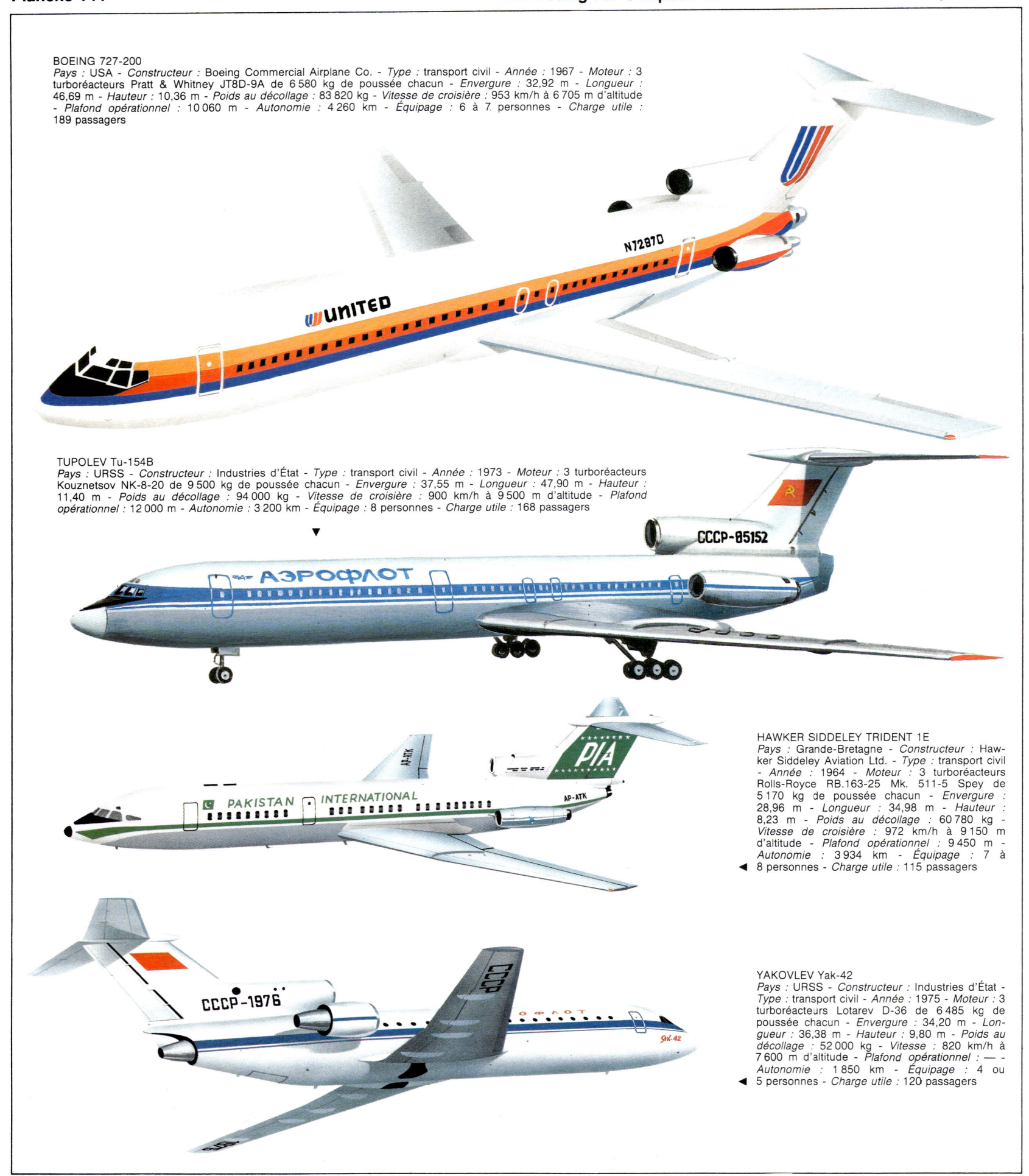

HAWKER SIDDELEY TRIDENT 1E
Pays : Grande-Bretagne - *Constructeur* : Hawker Siddeley Aviation Ltd. - *Type* : transport civil - *Année* : 1964 - *Moteur* : 3 turboréacteurs Rolls-Royce RB.163-25 Mk. 511-5 Spey de 5 170 kg de poussée chacun - *Envergure* : 28,96 m - *Longueur* : 34,98 m - *Hauteur* : 8,23 m - *Poids au décollage* : 60 780 kg - *Vitesse de croisière* : 972 km/h à 9 150 m d'altitude - *Plafond opérationnel* : 9 450 m - *Autonomie* : 3 934 km - *Équipage* : 7 à 8 personnes - *Charge utile* : 115 passagers

YAKOVLEV Yak-42
Pays : URSS - *Constructeur* : Industries d'État - *Type* : transport civil - *Année* : 1975 - *Moteur* : 3 turboréacteurs Lotarev D-36 de 6 485 kg de poussée chacun - *Envergure* : 34,20 m - *Longueur* : 36,38 m - *Hauteur* : 9,80 m - *Poids au décollage* : 52 000 kg - *Vitesse* : 820 km/h à 7 600 m d'altitude - *Plafond opérationnel* : — - *Autonomie* : 1 850 km - *Équipage* : 4 ou 5 personnes - *Charge utile* : 120 passagers

Jumbo-jets pour les courtes et moyennes distances ; 1967-1981

AIRBUS A.300 B4
Pays : Consortium International (F-D-GB-E) - *Constructeur* : Airbus Industrie - *Type* : transport civil - *Année* : 1974 - *Moteur* : 2 turboréacteurs General Electric CF6-50C de 23 135 kg de poussée chacun - *Envergure* : 44,84 m - *Longueur* : 53,62 m - *Hauteur* : 16,53 m - *Poids au décollage* : 165 000 kg - *Vitesse de croisière* : 878 km/h à 9 500 m d'altitude - *Plafond opérationnel* : 10 675 m - *Autonomie* : 4 263 km - *Équipage* : 8 à 10 personnes - *Charge utile* : 253 passagers

BOEING 737-200
Pays : USA - *Constructeur* : Boeing Commercial Airplane Co. - *Type* : transport civil - *Année* : 1967 - *Moteur* : 2 turboréacteurs Pratt & Whitney JT8D-15 de 7 030 kg de poussée chacun - *Envergure* : 28,35 m - *Longueur* : 30,48 m - *Hauteur* : 11,28 m - *Poids au décollage* : 49 435 kg - *Vitesse de croisière* : 915 km/h à 6 675 m d'altitude - *Plafond opérationnel* : 9 145 m - *Autonomie* : 3 555 km - *Équipage* : 5 personnes - *Charge utile* : 115 à 130 passagers

DASSAULT MERCURE 100
Pays : France - *Constructeur* : Dassault-Breguet - *Type* : transport civil - *Année* : 1971 - *Moteur* : 2 turboréacteurs Pratt & Whitney JT8D-15 de 7 030 kg de poussée chacun - *Envergure* : 30,55 m - *Longueur* : 34,84 m - *Hauteur* : 11,36 m - *Poids au décollage* : 54 500 kg - *Vitesse de croisière* : 932 km/h à 6 100 m d'altitude - *Plafond opérationnel* : 10 000 m - *Autonomie* : 1 772 km - *Équipage* : 6 à 8 personnes - *Charge utile* : 162 passagers

BOEING 767
Pays : USA - *Constructeur* : Boeing Commercial Airplane Co. - *Type* : transport civil - *Année* : 1981 - *Moteur* : 2 turboréacteurs Pratt & Whitney de 21 700 kg de poussée chacun - *Envergure* : 47,60 m - *Longueur* : 48,50 m - *Hauteur* : 15,80 m - *Poids au décollage* : 136 080 kg - *Plafond opérationnel* : 11 580 m - *Autonomie* : 5 148 km - *Charge utile* : 211 à 289 passagers

BAE 146-100
Pays : Grande-Bretagne - *Constructeur* : BAe - *Type* : transport civil - *Année* : 1981 - *Moteur* : 4 turboréacteurs Avco Lycoming LE502R-3 de 3 035 kg de poussée chacun - *Envergure* : 26,34 m - *Longueur* : 26,16 m - *Hauteur* : 8,61 m - *Poids au décollage* : 33 840 kg - *Vitesse* : 776 km/h à 6 705 m d'altitude - *Plafond opérationnel* : 9 145 m - *Autonomie* : 1 075 km - *Équipage* : 4 ou 5 personnes - *Charge utile* : 71 à 93 passagers

BOEING 757
Pays : USA - *Constructeur* : Boeing Commercial Airplane Co. - *Type* : transport civil - *Année* : 1982 - *Moteur* : 2 turboréacteurs General Electric CF 6-32C1 de 16 480 kg de poussée chacun - *Envergure* : 37,90 m - *Longueur* : 47,30 m - *Hauteur* : 13,60 m - *Poids au décollage* : 99 792 kg - *Plafond opérationnel* : 11 703 m - *Autonomie* : 3 990 km - *Charge utile* : 178 à 233 passagers

Planche 146 — Les vrais géants du ciel apparaissent à la fin des années 60 ; 1969-1976

BOEING 747-200
Pays : USA - Constructeur : Boeing Commercial Airplane Co. - Type : transport civil - Année : 1969 - Moteur : 4 turboréacteurs Pratt & Whitney JT9D-7/3a de 21 319 kg de poussée chacun - Envergure : 59,64 m - Longueur : 70,66 m - Hauteur : 19,33 m - Poids au décollage : 332 900 kg - Vitesse de croisière : 910 km/h à 9 500 m d'altitude - Plafond opérationnel : 13 715 m - Autonomie : 8 000 km - Équipage : 10 à 13 personnes - Charge utile : 400 passagers

ILIOUCHINE Il-86
Pays : URSS - Constructeur : Industries d'État - Type : transport civil - Année : 1976 - Moteur : 4 turboréacteurs Kouznetsov NK-86 de 13 000 kg de poussée chacun - Envergure : 48,06 m - Longueur : 60,21 m - Hauteur : 15,68 m - Poids au décollage : 206 000 kg - Vitesse de croisière estimée : 950 km/h à 11 000 m d'altitude - Plafond opérationnel : 11 000 m - Autonomie : 3 600 km - Équipage : 8 à 10 personnes - Charge utile : 350 passagers

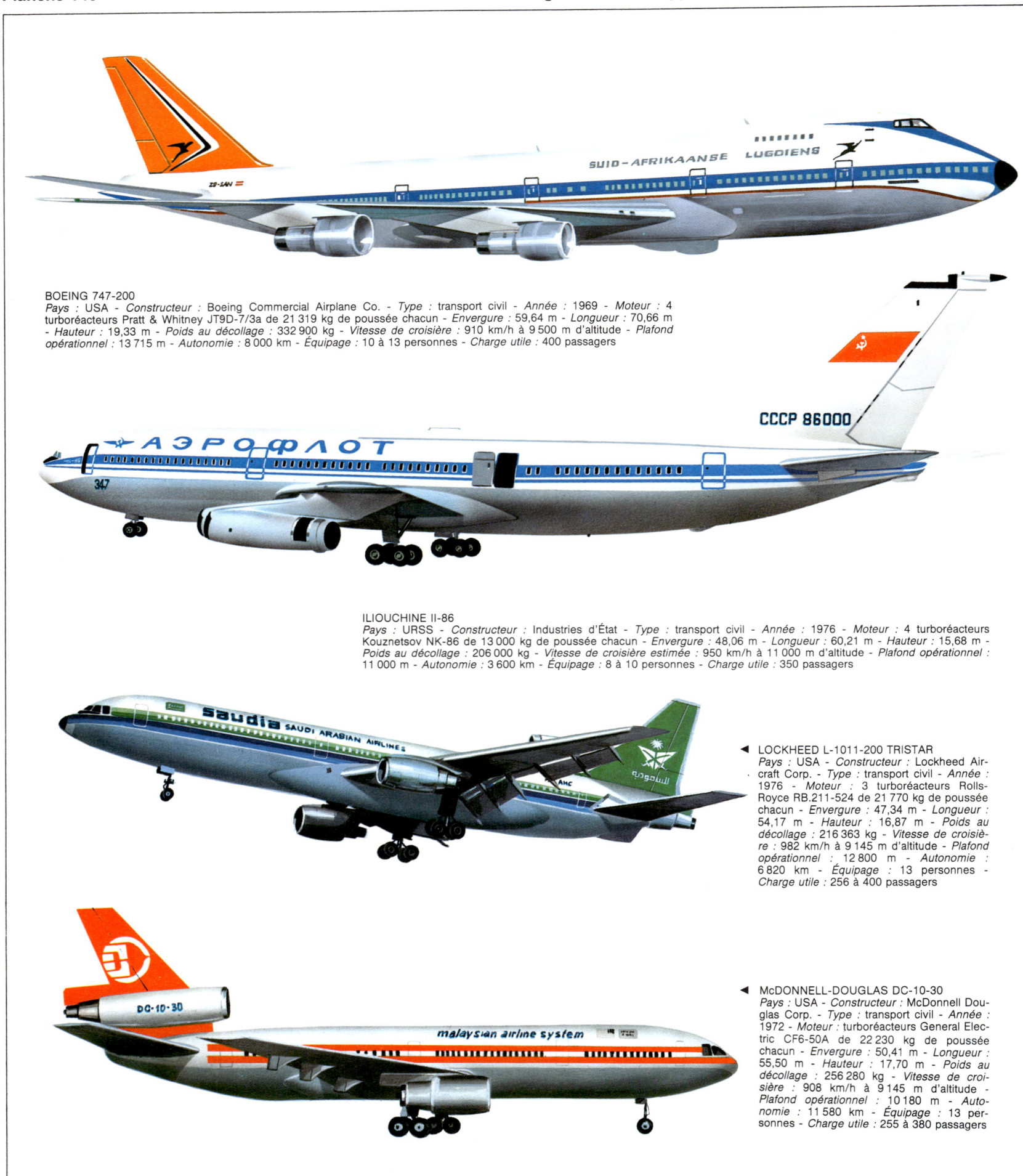

◄ **LOCKHEED L-1011-200 TRISTAR**
Pays : USA - Constructeur : Lockheed Aircraft Corp. - Type : transport civil - Année : 1976 - Moteur : 3 turboréacteurs Rolls-Royce RB.211-524 de 21 770 kg de poussée chacun - Envergure : 47,34 m - Longueur : 54,17 m - Hauteur : 16,87 m - Poids au décollage : 216 363 kg - Vitesse de croisière : 982 km/h à 9 145 m d'altitude - Plafond opérationnel : 12 800 m - Autonomie : 6 820 km - Équipage : 13 personnes - Charge utile : 256 à 400 passagers

◄ **McDONNELL-DOUGLAS DC-10-30**
Pays : USA - Constructeur : McDonnell Douglas Corp. - Type : transport civil - Année : 1972 - Moteur : turboréacteurs General Electric CF6-50A de 22 230 kg de poussée chacun - Envergure : 50,41 m - Longueur : 55,50 m - Hauteur : 17,70 m - Poids au décollage : 256 280 kg - Vitesse de croisière : 908 km/h à 9 145 m d'altitude - Plafond opérationnel : 10 180 m - Autonomie : 11 580 km - Équipage : 13 personnes - Charge utile : 255 à 380 passagers

Le Concorde inaugure l'ère du supersonique civil ; 1968-1969

Planche 147

BOEING 2707-300 SST
Pays : USA - *Constructeur* : Boeing Commercial Airplane Co. - *Type* : transport civil - *Année* : 1969 (début du programme) - *Moteur prévu* : 4 turboréacteurs General Electric GE4/J5P de 23 860 kg de poussée chacun - *Envergure estimée* : 43,18 m - *Longueur estimée* : 87,38 m - *Hauteur estimée* : 15,27 m - *Poids au décollage estimé* : 288 030 kg - *Vitesse de croisière estimée* : Mach 2,7 à 21 350 m d'altitude - *Plafond opérationnel estimé* : 22 250 m - *Charge utile estimée* : 250 à 321 passagers

TUPOLEV TU.144
Pays : URSS - *Constructeur* : Industries d'État - *Type* : transport civil - *Année* : 1968 - *Moteur* : 4 turboréacteurs Kouznetsov NK-144 de 20 000 kg de poussée chacun - *Envergure* : 28,80 m - *Longueur* : 65,70 m - *Hauteur* : 12,85 m - *Poids au décollage* : 180 000 kg - *Vitesse de croisière* : 2 500 km/h à 18 000 m d'altitude - *Plafond opérationnel* : 18 000 m - *Autonomie* : 6 500 km - *Équipage* : 8 personnes - *Charge utile* : 140 passagers

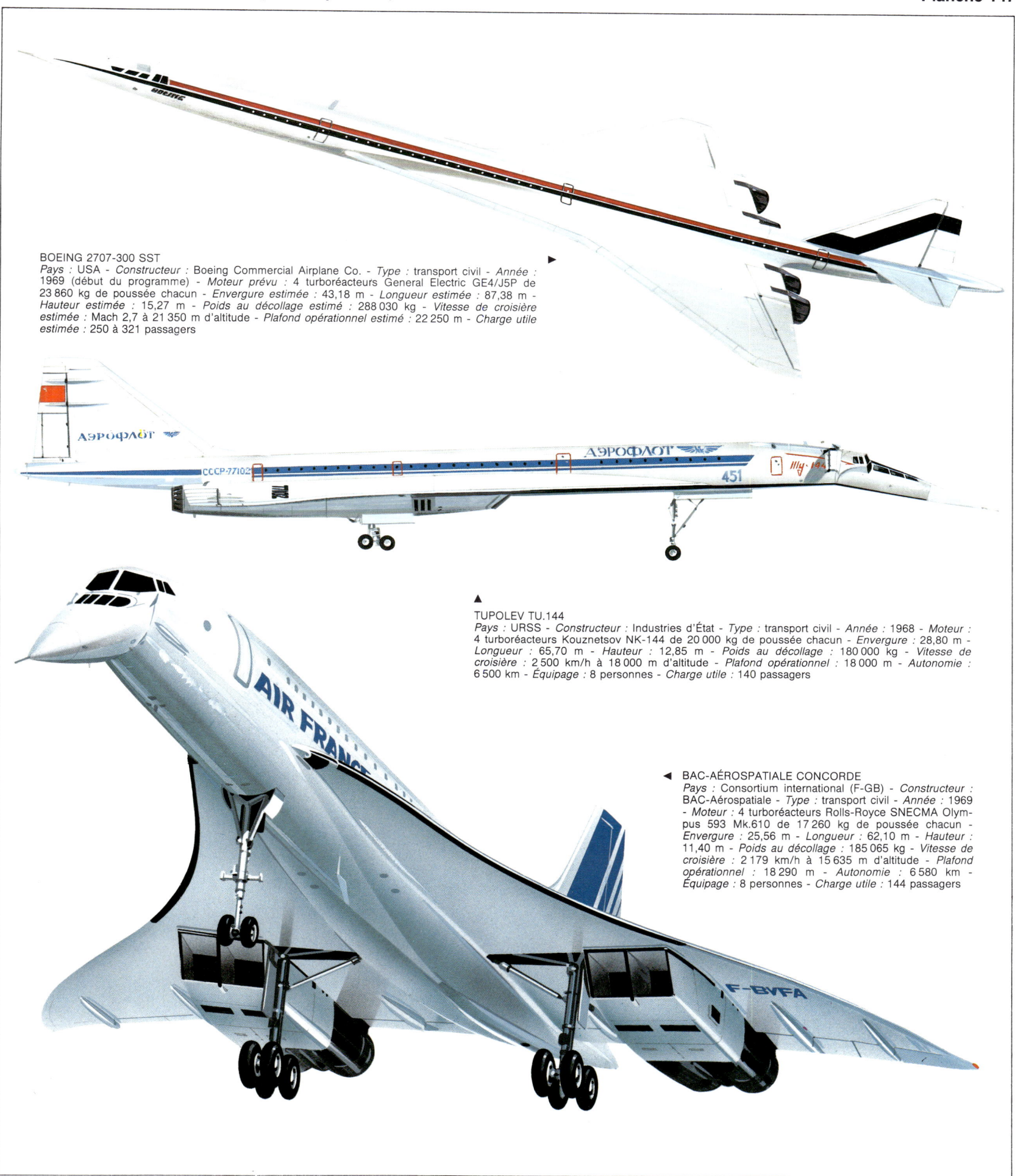

BAC-AÉROSPATIALE CONCORDE
Pays : Consortium international (F-GB) - *Constructeur* : BAC-Aérospatiale - *Type* : transport civil - *Année* : 1969 - *Moteur* : 4 turboréacteurs Rolls-Royce SNECMA Olympus 593 Mk.610 de 17 260 kg de poussée chacun - *Envergure* : 25,56 m - *Longueur* : 62,10 m - *Hauteur* : 11,40 m - *Poids au décollage* : 185 065 kg - *Vitesse de croisière* : 2 179 km/h à 15 635 m d'altitude - *Plafond opérationnel* : 18 290 m - *Autonomie* : 6 580 km - *Équipage* : 8 personnes - *Charge utile* : 144 passagers

L'industrie italienne renaît des cendres de la guerre ; 1946-1962

Planche 148

▲ **SIAI MARCHETTI S.M.95C**
Pays : Italie - *Constructeur* : SIAI Marchetti - *Type* : transport civil - *Année* : 1946 - *Moteur* : 4 Bristol Pegasus 48, 9 cylindres en étoile, refroidis par air, de 990 ch chacun - *Envergure* : 34,28 m - *Longueur* : 24,77 m - *Hauteur* : 5,70 m - *Poids au décollage* : 22 000 kg - *Vitesse de croisière* : 315 km/h à 3 000 m d'altitude - *Plafond opérationnel* : 6 800 m - *Autonomie* : 2 000 km - *Équipage* : 5 personnes - *Charge utile* : 38 passagers

FIAT G.212 CP
Pays : Italie - *Constructeur* : Fiat S.A. - *Type* : transport civil - *Année* : 1947 - *Moteur* : 3 Pratt & Whitney R-1830-S1C3-G Twin Wasp, 14 cylindres en étoile, refroidis par air, de 1 065 ch chacun - *Envergure* : 29,34 m - *Longueur* : 23,40 m - *Hauteur* : 8,14 m - *Poids au décollage* : 18 000 kg - *Vitesse de croisière* : 320 km/h - *Plafond opérationnel* : 7 500 m - *Autonomie* : 2 500 km - *Équipage* : 5 personnes - *Charge utile* : 26 à 30 passagers

◄ **BREDA B.Z.308**
Pays : Italie - *Constructeur* : Società Italiana Ernesto Breda - *Type* : transport civil - *Année* : 1948 - *Moteur* : 4 Bristol Centaurus 568, 18 cylindres en étoile, refroidis par air, de 2 500 ch chacun - *Envergure* : 42,10 m - *Longueur* : 33,52 m - *Hauteur* : 7,20 m - *Poids au décollage* : 46 500 kg - *Vitesse de croisière* : 441 km/h à 4 300 m d'altitude - *Plafond opérationnel* : 7 350 m - *Autonomie* : 7 700 km - *Équipage* : 3 ou 4 personnes - *Charge utile* : 80 passagers

◄ **MACCHI M.B.320**
Pays : Italie - *Constructeur* : Aeronautica Macchi - *Type* : transport léger - *Année* : 1949 - *Moteur* : 2 Continental E.185, 6 cylindres horizontaux, refroidis par air, de 185 ch chacun - *Envergure* : 13 m - *Longueur* : 8,66 m - *Hauteur* : 3,19 m - *Poids au décollage* : 2500 kg - *Vitesse de croisière* : 252 km/h à 2 000 m d'altitude - *Plafond opérationnel* : 5 600 m - *Autonomie* : 1 600 km - *Équipage* : 2 personnes - *Charge utile* : 4 passagers

PIAGGIO P-136-L1
Pays : Italie - *Constructeur* : Industria Aeronautica e Meccanica Rinaldo Piaggio S.p.A. - *Type* : transport léger - *Année* : 1955 - *Moteur* : 2 Lycoming GO-480-B1A6, 6 cylindres horizontaux, refroidis par air, de 270 ch chacun - *Envergure* : 13,53 m - *Longueur* : 10,80 m - *Hauteur* : 3,75 m - *Poids au décollage* : 2 720 kg - *Vitesse de croisière* : 273 km/h - *Plafond opérationnel* : 5 600 m - *Autonomie* : 1 150 km - *Équipage* : 2 personnes - *Charge utile* : 3 passagers

PIAGGIO P.166-B Portofino
Pays : Italie - *Constructeur* : Industria Aeronautica e Meccanica Rinaldo Piaggio S.p.A. - *Type* : transport léger - *Année* : 1962 - *Moteur* : 2 Lycoming IGSO-540-A1C, 6 cylindres horizontaux, refroidis par air, de 360 ch chacun - *Envergure* : 14,25 m - *Longueur* : 11,90 m - *Hauteur* : 5 m - *Poids au décollage* : 3 800 kg - *Vitesse de croisière* : 359 km/h - *Plafond opérationnel* : 8 870 m - *Autonomie* : 2 410 km - *Équipage* : 2 personnes - *Charge utile* : 6 à 9 passagers

La production civile de l'industrie canadienne ; 1947-1969

Planche 149

DE HAVILLAND DHC-4 CARIBOU
Pays : Canada - *Constructeur* : De Havilland Aircraft of Canada Ltd. - *Type* : transport civil - *Année* : 1958 - *Moteur* : 2 Pratt & Whitney R-2000-7M2 Twin Wasp, 14 cylindres en étoile, refroidis par air, de 1 450 ch chacun - *Envergure* : 29,13 m - *Longueur* : 22,13 m - *Hauteur* : 9,68 m - *Poids au décollage* : 12 928 kg - *Vitesse de croisière* : 293 km/h à 1 981 m d'altitude - *Plafond opérationnel* : 7 560 m - *Autonomie* : 600 km - *Équipage* : 1 ou 2 personnes - *Charge utile* : 24 à 30 passagers

DE HAVILLAND DHC-2 BEAVER 1
Pays : Canada - *Constructeur* : De Havilland Aircraft of Canada Ltd. - *Type* : transport léger - *Année* : 1947 - *Moteur* : Pratt & Whitney R.985-SB3 Wasp Jr., 9 cylindres en étoile, refroidis par air, de 450 ch - *Envergure* : 14,64 m - *Longueur* : 9,98 m - *Hauteur* : 3,18 m - *Poids au décollage* : 2 300 kg - *Vitesse de croisière* : 230 km/h à 1 524 m d'altitude - *Plafond opérationnel* : 5 486 m - *Autonomie* : 1 190 km - *Équipage* : 1 personne - *Charge utile* : 7 passagers

CANADAIR C-4
Pays : Canada - *Constructeur* : Canadair Ltd. - *Type* : transport civil - *Année* : 1947 - *Moteur* : 4 Rolls-Royce Merlin 626, 12 cylindres en V, refroidis par liquide, de 1 760 ch chacun - *Envergure* : 35,80 m - *Longueur* : 28,60 m - *Hauteur* : 8,40 m - *Poids au décollage* : 37 300 kg - *Vitesse de croisière* : 523 km/h à 7 680 m d'altitude - *Plafond opérationnel* : 9 000 m - *Autonomie* : 6 240 km - *Équipage* : 4 personnes - *Charge utile* : 40 à 55 passagers

CANADAIR CL-44D-4
Pays : Canada - *Constructeur* : Canadair Ltd. - *Type* : transport civil - *Année* : 1960 - *Moteur* : 4 turbopropulseurs Rolls-Royce Tyne 515-10 de 5 730 ch chacun - *Envergure* : 43,37 m - *Longueur* : 41,73 m - *Hauteur* : 11,80 m - *Poids au décollage* : 95 256 kg - *Vitesse de croisière* : 508 km/h à 6 200 m d'altitude - *Plafond opérationnel* : 9 144 m - *Autonomie* : 4 625 km - *Équipage* : 3 personnes - *Charge utile* : 28 700 kg

DE HAVILLAND DHC-3 OTTER
Pays : Canada - *Constructeur* : De Havilland Aircraft of Canada Ltd. - *Type* : transport léger - *Année* : 1951 - *Moteur* : Pratt & Whitney R-1340-S1H1-G Wasp, 9 cylindres en étoile, refroidi par air, de 600 ch - *Envergure* : 17,69 m - *Longueur* : 12,75 m - *Hauteur* : 3,83 m - *Poids au décollage* : 3 629 kg - *Vitesse de croisière* : 222 km/h à 1 524 m d'altitude - *Plafond opérationnel* : 5 730 m - *Autonomie* : 1 520 km - *Équipage* : 1 personne - *Charge utile* : 9 à 14 passagers

DE HAVILLAND DHC-6 TWIN OTTER 300
Pays : Canada - *Constructeur* : De Havilland Aircraft of Canada Ltd. - *Type* : transport léger - *Année* : 1969 - *Moteur* : 2 turbopropulseurs Pratt & Whitney PT6A-27 de 652 ch chacun - *Envergure* : 19,81 m - *Longueur* : 15,77 m - *Hauteur* : 5,66 m - *Poids au décollage* : 5 670 kg - *Vitesse de croisière* : 338 km/h à 3 050 m d'altitude - *Plafond opérationnel* : 8 138 m - *Autonomie* : 1 198 km - *Équipage* : 2 personnes - *Charge utile* : 20 passagers

Planche 150

Avions britanniques des années 40 pour le transport léger ; 1945-1948

MILES M.57 AEROVAN 1
Pays : Grande-Bretagne - *Constructeur* : Miles Aircraft Ltd. - *Type* : transport léger - *Année* : 1945 - *Moteur* : 2 Blackburn Cirrus Major 3, 4 cylindres en ligne, refroidis par air, de 155 ch chacun - *Envergure* : 15,24 m - *Longueur* : 10,97 m - *Hauteur* : 4,11 m - *Poids au décollage* : 2 676 kg - *Vitesse de croisière* : 177 km/h à 3 050 m d'altitude - *Plafond opérationnel* : 4 040 m - *Autonomie* : 724 km - *Équipage* : 1 personne - *Charge utile* : 8 passagers

DE HAVILLAND D.H. 104 DOVE 1
Pays : Grande-Bretagne - *Constructeur* : De Havilland Aircraft Co. Ltd. - *Type* : transport léger - *Année* : 1945 - *Moteur* : 2 De Havilland Gipsy Queen 70-3, 6 cylindres en ligne, refroidis par air, de 300 ch chacun - *Envergure* : 17,37 m - *Longueur* : 11,99 m - *Hauteur* : 3,96 m - *Poids au décollage* : 3 855 kg - *Vitesse de croisière* : 322 km/h à 2 590 m d'altitude - *Plafond opérationnel* : 6 100 m - *Autonomie* : 805 km - *Équipage* : 2 personnes - *Charge utile* : 8 passagers

AIRSPEED A.S.65 CONSUL
Pays : Grande-Bretagne - *Constructeur* : Airspeed Ltd. - *Type* : transport léger - *Année* : 1946 - *Moteur* : 2 Armstrong Siddeley Cheetah 10, 7 cylindres en étoile, refroidis par air, de 395 ch chacun - *Envergure* : 16,25 m - *Longueur* : 10,77 m - *Hauteur* : 3,38 m - *Poids au décollage* : 3 742 kg - *Vitesse de croisière* : 251 km/h à 2 440 m d'altitude - *Plafond opérationnel* : 5 790 m - *Autonomie* : 1 448 km - *Équipage* : 2 personnes - *Charge utile* : 6 passagers

HANDLEY PAGE H.P.R.1 MARATHON 1
Pays : Grande-Bretagne - *Constructeur* : Handley Page (Reading) Ltd. - *Type* : transport civil - *Année* : 1946 - *Moteur* : 4 De Havilland Gipsy Queen 70-3, 6 cylindres en ligne, refroidis par air, de 340 ch chacun - *Envergure* : 19,81 m - *Longueur* : 15,88 m - *Hauteur* : 4,29 m - *Poids au décollage* : 8 276 kg - *Vitesse de croisière* : 323 km/h à 3 050 m d'altitude - *Plafond opérationnel* : 5 500 m - *Autonomie* : 1 500 km - *Équipage* : 3 à 5 personnes - *Charge utile* : 18 à 22 passagers

PERCIVAL P.50 PRINCE 1
Pays : Grande-Bretagne - *Constructeur* : Percival Aircraft Ltd. - *Type* : transport léger - *Année* : 1948 - *Moteur* : 2 Alvis Leonides 501/4, 9 cylindres en étoile, refroidis par air, de 520 ch chacun - *Envergure* : 17,07 m - *Longueur* : 13,06 m - *Hauteur* : 4,90 m - *Poids au décollage* : 4 835 kg - *Vitesse de croisière* : 288 km/h à 1 525 m d'altitude - *Plafond opérationnel* : 7 160 m - *Autonomie* : 1 515 km - *Équipage* : 2 personnes - *Charge utile* : 8 à 10 passagers

SHORT S.A.6 SEALAND
Pays : Grande-Bretagne - *Constructeur* : Short Brothers Ltd. - *Type* : transport léger - *Année* : 1948 - *Moteur* : 2 De Havilland Gipsy Queen 70-3, 6 cylindres en ligne, refroidis par air, de 340 ch chacun - *Envergure* : 18,75 m - *Longueur* : 12,85 m - *Hauteur* : 4,57 m - *Poids au décollage* : 4 128 kg - *Vitesse de croisière* : 272 km/h - *Plafond opérationnel* : 6 400 m - *Autonomie* : 845 km - *Équipage* : 2 personnes - *Charge utile* : 7 passagers

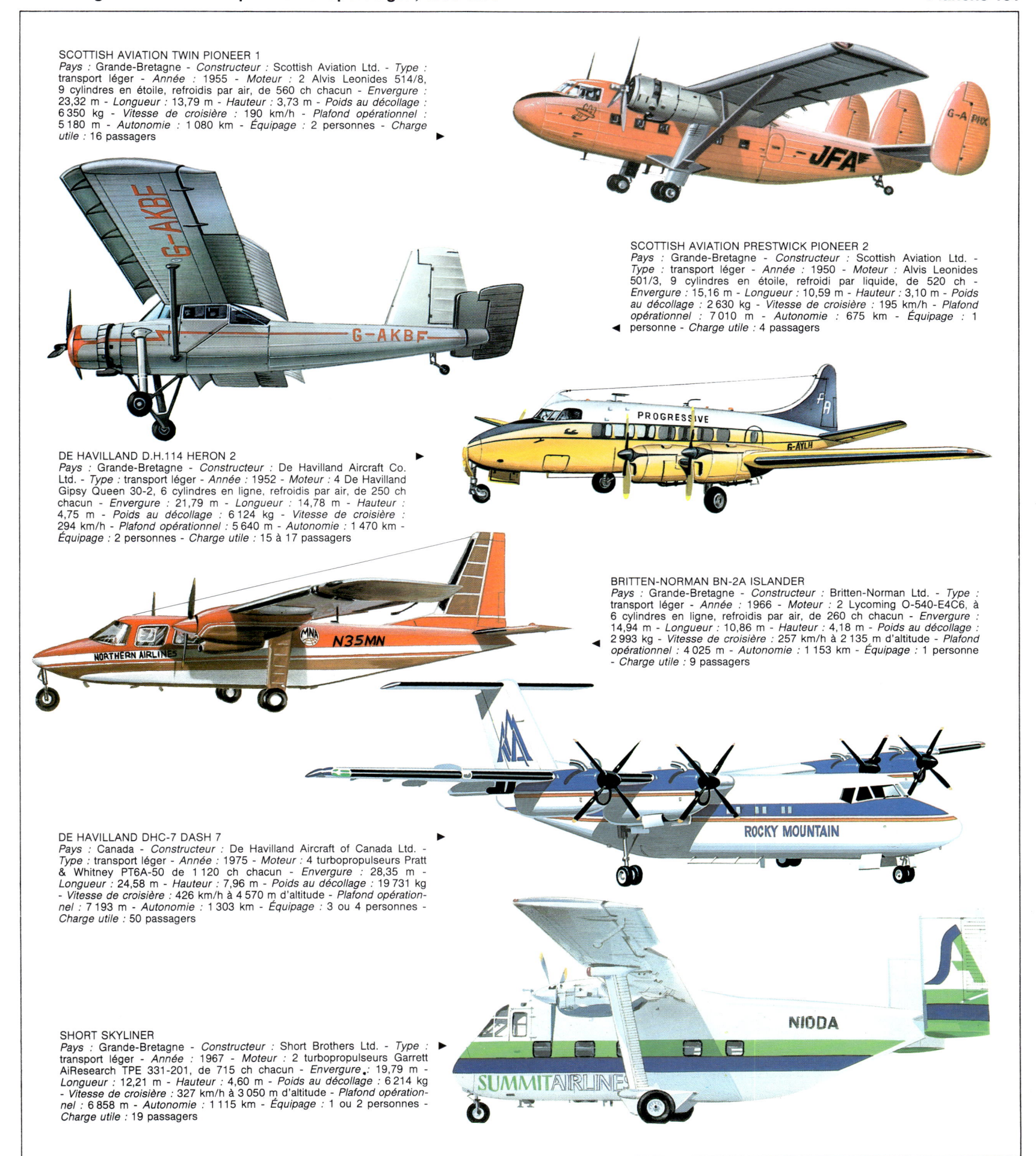

Avions anglais et canadiens pour le transport léger ; 1950-1975

SCOTTISH AVIATION TWIN PIONEER 1
Pays : Grande-Bretagne - *Constructeur* : Scottish Aviation Ltd. - *Type* : transport léger - *Année* : 1955 - *Moteur* : 2 Alvis Leonides 514/8, 9 cylindres en étoile, refroidis par air, de 560 ch chacun - *Envergure* : 23,32 m - *Longueur* : 13,79 m - *Hauteur* : 3,73 m - *Poids au décollage* : 6 350 kg - *Vitesse de croisière* : 190 km/h - *Plafond opérationnel* : 5 180 m - *Autonomie* : 1 080 km - *Équipage* : 2 personnes - *Charge utile* : 16 passagers

SCOTTISH AVIATION PRESTWICK PIONEER 2
Pays : Grande-Bretagne - *Constructeur* : Scottish Aviation Ltd. - *Type* : transport léger - *Année* : 1950 - *Moteur* : Alvis Leonides 501/3, 9 cylindres en étoile, refroidi par liquide, de 520 ch - *Envergure* : 15,16 m - *Longueur* : 10,59 m - *Hauteur* : 3,10 m - *Poids au décollage* : 2 630 kg - *Vitesse de croisière* : 195 km/h - *Plafond opérationnel* : 7 010 m - *Autonomie* : 675 km - *Équipage* : 1 personne - *Charge utile* : 4 passagers

DE HAVILLAND D.H.114 HERON 2
Pays : Grande-Bretagne - *Constructeur* : De Havilland Aircraft Co. Ltd. - *Type* : transport léger - *Année* : 1952 - *Moteur* : 4 De Havilland Gipsy Queen 30-2, 6 cylindres en ligne, refroidis par air, de 250 ch chacun - *Envergure* : 21,79 m - *Longueur* : 14,78 m - *Hauteur* : 4,75 m - *Poids au décollage* : 6 124 kg - *Vitesse de croisière* : 294 km/h - *Plafond opérationnel* : 5 640 m - *Autonomie* : 1 470 km - *Équipage* : 2 personnes - *Charge utile* : 15 à 17 passagers

BRITTEN-NORMAN BN-2A ISLANDER
Pays : Grande-Bretagne - *Constructeur* : Britten-Norman Ltd. - *Type* : transport léger - *Année* : 1966 - *Moteur* : 2 Lycoming O-540-E4C6, à 6 cylindres en ligne, refroidis par air, de 260 ch chacun - *Envergure* : 14,94 m - *Longueur* : 10,86 m - *Hauteur* : 4,18 m - *Poids au décollage* : 2 993 kg - *Vitesse de croisière* : 257 km/h à 2 135 m d'altitude - *Plafond opérationnel* : 4 025 m - *Autonomie* : 1 153 km - *Équipage* : 1 personne - *Charge utile* : 9 passagers

DE HAVILLAND DHC-7 DASH 7
Pays : Canada - *Constructeur* : De Havilland Aircraft of Canada Ltd. - *Type* : transport léger - *Année* : 1975 - *Moteur* : 4 turbopropulseurs Pratt & Whitney PT6A-50 de 1 120 ch chacun - *Envergure* : 28,35 m - *Longueur* : 24,58 m - *Hauteur* : 7,96 m - *Poids au décollage* : 19 731 kg - *Vitesse de croisière* : 426 km/h à 4 570 m d'altitude - *Plafond opérationnel* : 7 193 m - *Autonomie* : 1 303 km - *Équipage* : 3 ou 4 personnes - *Charge utile* : 50 passagers

SHORT SKYLINER
Pays : Grande-Bretagne - *Constructeur* : Short Brothers Ltd. - *Type* : transport léger - *Année* : 1967 - *Moteur* : 2 turbopropulseurs Garrett AiResearch TPE 331-201, de 715 ch chacun - *Envergure* : 19,79 m - *Longueur* : 12,21 m - *Hauteur* : 4,60 m - *Poids au décollage* : 6 214 kg - *Vitesse de croisière* : 327 km/h à 3 050 m d'altitude - *Plafond opérationnel* : 6 858 m - *Autonomie* : 1 115 km - *Équipage* : 1 ou 2 personnes - *Charge utile* : 19 passagers

Planche 152 — Avions de transport léger des années 50 ; 1955-1959

DORNIER Do.27 Q-1
Pays : Allemagne - *Constructeur* : Dornier A.G. - *Type* : transport léger - *Année* : 1955 - *Moteur* : Lycoming GO-480-B1A6, 6 cylindres horizontaux, refroidi par air, de 270 ch - *Envergure* : 12 m - *Longueur* : 9,60 m - *Hauteur* : 3,50 m - *Poids au décollage* : 1 850 kg - *Vitesse de croisière* : 175 km/h - *Plafond opérationnel* : 3 300 m - *Autonomie* : 800 km - *Équipage* : 1 personne - *Charge utile* : 6 ou 7 passagers

DORNIER Do.28 A-1
Pays : Allemagne - *Constructeur* : Dornier A.G. - *Type* : transport léger - *Année* : 1959 - *Moteur* : 2 Lycoming O-540-A1D, 6 cylindres horizontaux, refroidis par air, de 250 ch - *Envergure* : 13,80 m - *Longueur* : 9,18 m - *Hauteur* : 2,80 m - *Poids au décollage* : 2 450 kg - *Vitesse de croisière* : 235 km/h à 2 000 m d'altitude - *Plafond opérationnel* : 5 700 m - *Autonomie* : 1 150 km - *Équipage* : 1 personne - *Charge utile* : 6 ou 7 passagers

AERO 145
Pays : Tchécoslovaquie - *Constructeur* : Industries d'État - *Type* : transport léger - *Année* : 1958 - *Moteur* : 2 M.332, 4 cylindres en ligne, refroidis par air, de 140 ch chacun - *Envergure* : 12,24 m - *Longueur* : 7,77 m - *Hauteur* : 2,31 m - *Poids au décollage* : 1 600 kg - *Vitesse de croisière* : 249 km/h - *Plafond opérationnel* : 5 900 m - *Autonomie* : 1 697 km - *Équipage* : 1 personne - *Charge utile* : 3 ou 4 passagers

L-200 A MORAVA
Pays : Tchécoslovaquie - *Constructeur* : Industries d'État - *Type* : transport léger - *Année* : 1959 - *Moteur* : 2 M.337, 6 cylindres en ligne, refroidis par air, de 210 ch chacun - *Envergure* : 12,30 m - *Longueur* : 8,61 m - *Hauteur* : 2,22 m - *Poids au décollage* : 1 950 kg - *Vitesse de croisière* : 293 km/h à 2 500 m d'altitude - *Plafond opérationnel* : 5 700 m - *Autonomie* : 1 770 km - *Équipage* : 1 personne - *Charge utile* : 3 à 4 passagers

I.A. 45 QUERANDI
Pays : Argentine - *Constructeur* : DINFIA - *Type* : transport léger - *Année* : 1957 - *Moteur* : 2 Lycoming 0-320, 4 cylindres horizontaux, refroidis par air, de 150 ch chacun - *Envergure* : 13,75 m - *Longueur* : 8,91 m - *Hauteur* : 2,79 m - *Poids au décollage* : 1 800 kg - *Vitesse de croisière* : 245 km/h - *Plafond opérationnel* : 7 500 m - *Autonomie* : 1 100 km - *Équipage* : 1 personne - *Charge utile* : 4 passagers

MR-2
Pays : Roumanie - *Constructeur* : V.R.M.V.-3 - *Type* : transport léger - *Année* : 1956 - *Moteur* : 2 Walter Minor 6-III, 6 cylindres en ligne, refroidis par air, de 160 ch chacun - *Envergure* : 14 m - *Longueur* : 10,90 m - *Hauteur* : 2,76 m - *Poids au décollage* : 2 080 kg - *Vitesse de croisière* : 275 km/h - *Plafond opérationnel* : 4 900 m - *Autonomie* : 1 100 km - *Équipage* : 1 personne - *Charge utile* : 5 passagers

Avions de transport léger des industries secondaires ; 1949-1969

Planche 153

CASA-201-B ALCOTAN
Pays : Espagne - *Constructeur* : Construcciones Aeronauticas S.A. - *Type* : transport civil - *Année* : 1949 - *Moteur* : 2 Enma Sirio S-VII, 7 cylindres en étoile, refroidis par air, de 500 ch chacun - *Envergure* : 18,40 m - *Longueur* : 13,80 m - *Hauteur* : 3,95 m - *Poids au décollage* : 5 500 kg - *Vitesse de croisière* : 310 km/h - *Plafond opérationnel* : 5 600 m - *Autonomie* : 1 000 km - *Équipage* : 2 personnes - *Charge utile* : 8 à 10 passagers

SWEARINGEN SA-226TC METRO II
Pays : USA - *Constructeur* : Swearingen Aviation Corp. - *Type* : transport léger - *Année* : 1969 - *Moteur* : 2 turbopropulseurs Garrett-AiResearch TPE331-3UW-304G - *Envergure* : 14,10 m - *Longueur* : 18,10 m - *Hauteur* : 5,12 m - *Poids au décollage* : 5 670 kg - *Vitesse de croisière* : 473 km/h à 3 050 m d'altitude - *Plafond opérationnel* : 8 230 m - *Autonomie* : 1 102 km - *Équipage* : 2 personnes - *Charge utile* : 19 ou 20 passagers

I.A. 35-X-III
Pays : Argentine - *Constructeur* : DINFIA - *Type* : transport léger - *Année* : 1960 - *Moteur* : 2 I.A.R. 19-6 El Indio, 9 cylindres en étoile, refroidis par air, de 840 ch chacun - *Envergure* : 19,60 m - *Longueur* : 14,17 m - *Hauteur* : 4,70 m - *Poids au décollage* : 6 200 kg - *Vitesse de croisière* : 307 km/h à 3 000 m d'altitude - *Plafond opérationnel* : 6 500 m - *Autonomie* : 1 500 km - *Équipage* : 3 personnes - *Charge utile* : 10 passagers

PEKING
Pays : République populaire chinoise - *Constructeur* : Institut d'aéronautique de Pékin - *Type* : transport léger - *Année* : 1958 - *Moteur* : 2 Ivtchenko AI-14R, 9 cylindres en étoile, refroidis par air, de 260 ch chacun - *Envergure* : 17,50 m - *Longueur* : 12,98 m - *Hauteur* : — - *Vitesse de croisière* : 261 km/h - *Plafond opérationnel* : 4 800 m - *Autonomie* : 1 070 km - *Équipage* : 2 personnes - *Charge utile* : 8 passagers

PILATUS PC-6 PORTER
Pays : Suisse - *Constructeur* : Pilatus Flugzeugwerke A.G. - *Type* : transport léger - *Année* : 1959 - *Moteur* : Lycoming GSO-480-B1AG, 6 cylindres horizontaux, refroidi par air, de 340 ch - *Envergure* : 15,20 m - *Longueur* : 10,20 m - *Hauteur* : 3,20 m - *Poids au décollage* : 1 800 kg - *Vitesse de croisière* : 217 km/h - *Plafond opérationnel* : 7 300 m - *Autonomie* : 1 200 km - *Équipage* : 1 personne - *Charge utile* : 5 à 7 passagers

DE HAVILLAND DHA-3 DROVER 3
Pays : Australie - *Constructeur* : De Havilland Aircraft Co. (Hawker Siddeley Group) - *Type* : transport léger - *Année* : 1960 - *Moteur* : 3 Lycoming 0-360-A1A, 4 cylindres horizontaux, refroidis par air, de 180 ch chacun - *Envergure* : 17,37 m - *Longueur* : 11,12 m - *Hauteur* : 3,27 m - *Poids au décollage* : 2 948 kg - *Vitesse de croisière* : 225 km/h à 1 524 m d'altitude - *Plafond opérationnel* : 6 100 m - *Autonomie* : 1 450 km - *Équipage* : 1 personne - *Charge utile* : 7 passagers

PZL MD-12
Pays : Pologne - *Constructeur* : Pantswowe Zaklady Lotnicze - *Type* : transport civil - *Année* : 1959 - *Moteur* : 4 Nankiewicz WN-3, 7 cylindres en étoile, refroidis par air, de 330 ch chacun - *Envergure* : 21,31 m - *Longueur* : 15,80 m - *Hauteur* : 5,82 m - *Poids au décollage* : 7 500 kg - *Vitesse de croisière* : 280 km/h à 2 000 m d'altitude - *Plafond opérationnel* : 5 200 m - *Autonomie* : 700 km - *Équipage* : 2 personnes - *Charge utile* : 20 passagers

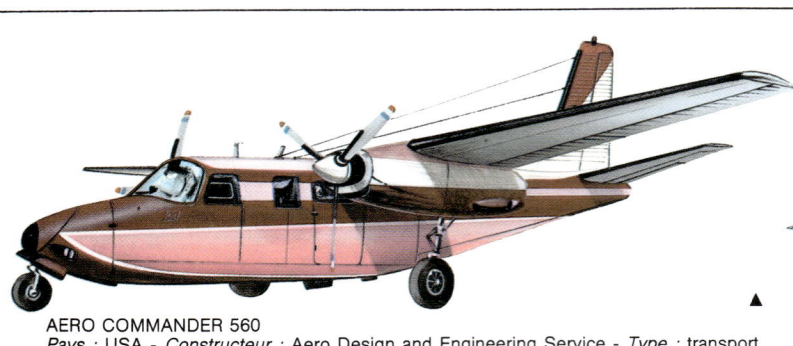

Planche 154 — L'industrie américaine toujours à l'avant-garde dans le domaine des *executive*; 1954-1976

AERO COMMANDER 560
Pays : USA - *Constructeur* : Aero Design and Engineering Service - *Type* : transport léger - *Année* : 1954 - *Moteur* : 2 Lycoming GO-480-B, 6 cylindres horizontaux, refroidis par air, de 270 ch chacun - *Envergure* : 13,42 m - *Longueur* : 10,44 m - *Hauteur* : 4,49 m - *Poids au décollage* : 2 722 kg - *Vitesse de croisière* : 320 km/h à 3 050 m d'altitude - *Plafond opérationnel* : 6 706 m - *Autonomie* : 1 770 km - *Équipage* : 1 personne - *Charge utile* : 4 à 5 passagers

GRUMMAN G-159 GULFSTREAM I
Pays : USA - *Constructeur* : Grumman Aircraft Engineering Corp. - *Type* : transport léger - *Année* : 1958 - *Moteur* : 2 turbopropulseurs Rolls-Royce Dart 529 de 2 105 ch chacun - *Envergure* : 23,93 m - *Longueur* : 19,40 m - *Hauteur* : 6,95 m - *Poids au décollage* : 15 240 kg - *Vitesse de croisière* : 573 km/h à 7 620 m d'altitude - *Plafond opérationnel* : 10 670 m - *Autonomie* : 3 780 km - *Équipage* : 2 personnes - *Charge utile* : 10 à 19 passagers

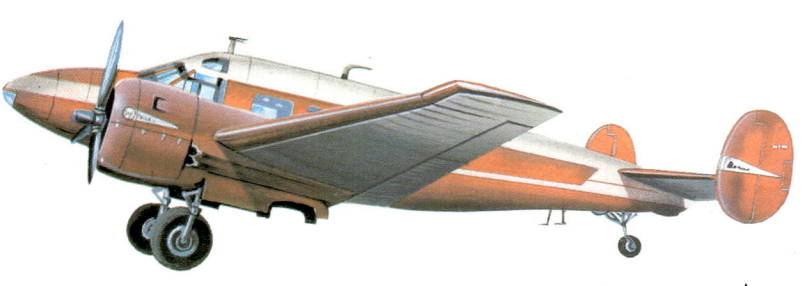

BEECH G18S
Pays : USA - *Constructeur* : Beech Aircraft Corp. - *Type* : transport léger - *Année* : 1959 - *Moteur* : 2 Pratt & Whitney R-985-AN14B Wasp Jr., 9 cylindres en étoile, refroidis par air, de 450 ch chacun - *Envergure* : 15,14 m - *Longueur* : 10,70 m - *Hauteur* : 2,94 m - *Poids au décollage* : 4 400 kg - *Vitesse de croisière* : 328 km/h à 1 525 m d'altitude - *Plafond opérationnel* : 6 400 m - *Autonomie* : 2 550 km - *Équipage* : 2 personnes - *Charge utile* : 5 à 9 passagers

ROCKWELL SABRELINER 75A
Pays : USA - *Constructeur* : Rockwell International - *Type* : transport léger - *Année* : 1974 - *Moteur* : 2 turboréacteurs General Electric CF700-2D-2 de 2 040 kg de poussée chacun - *Envergure* : 13,61 m - *Longueur* : 14,38 m - *Hauteur* : 5,26 m - *Poids au décollage* : 10 432 kg - *Vitesse de croisière* : 906 km/h à 6 550 m d'altitude - *Plafond opérationnel* : 13 720 m - *Autonomie* : 3 170 km - *Équipage* : 2 personnes - *Charge utile* : 8 à 12 passagers

LOCKHEED 1329-25 JETSTAR II
Pays : USA - *Constructeur* : Lockheed Aircraft Corp. - *Type* : transport léger - *Année* : 1976 - *Moteur* : 4 turboréacteurs AiResearch TFE 731-3 de 1 680 kg de poussée chacun - *Envergure* : 16,60 m - *Longueur* : 18,42 m - *Hauteur* : 6,23 m - *Poids au décollage* : 19 844 kg - *Vitesse de croisière* : 880 km/h à 9 145 m d'altitude - *Plafond opérationnel* : 10 970 m - *Autonomie* : 4 818 km - *Équipage* : 2 personnes - *Charge utile* : 10 passagers

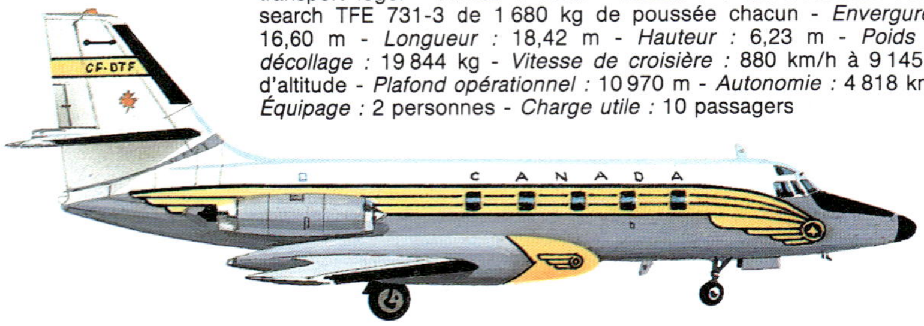

GRUMMAN GULFSTREAM II
Pays : USA - *Constructeur* : Grumman American Aviation Corp. - *Type* : transport léger - *Année* : 1966 - *Moteur* : 2 turboréacteurs Rolls-Royce Spey Mk.511-8 de 5 170 kg de poussée chacun - *Envergure* : 21,87 m - *Longueur* : 24,36 m - *Hauteur* : 7,47 m - *Poids au décollage* : 29 711 kg - *Vitesse de croisière* : 936 km/h à 7 620 m d'altitude - *Plafond opérationnel* : 13 100 m - *Autonomie* : 6 625 km - *Équipage* : 3 personnes - *Charge utile* : 19 passagers

CESSNA CITATION 500
Pays : USA - *Constructeur* : Cessna Aircraft Co. - *Type* : transport léger - *Année* : 1969 - *Moteur* : 2 turboréacteurs Pratt & Whitney JT15D-1 de 998 kg de poussée chacun - *Envergure* : 13,32 m - *Longueur* : 13,43 m - *Hauteur* : 4,36 m - *Poids au décollage* : 4 695 kg - *Vitesse de croisière* : 644 km/h à 7 740 m d'altitude - *Plafond opérationnel* : 11 704 m - *Autonomie* : 2 124 km - *Équipage* : 2 personnes - *Charge utile* : 6 passagers

LEAR JET 24B
Pays : USA - *Constructeur* : Lear Jet International Inc. - *Type* : transport léger - *Année* : 1966 - *Moteur* : 2 turboréacteurs General Electric CJ610-6 de 1 340 kg de poussée chacun - *Envergure* : 10,84 m - *Longueur* : 13,18 m - *Hauteur* : 3,84 m - *Poids au décollage* : 5 897 kg - *Vitesse de croisière* : 860 km/h à 12 500 m d'altitude - *Plafond opérationnel* : 13 720 m - *Autonomie* : 2 045 km - *Équipage* : 2 personnes - *Charge utile* : 6 passagers

Executive **européens et transports légers des années 70 ; 1963-1976**

Planche 155

HAWKER SIDDELEY 125-700
Pays : Grande-Bretagne - *Constructeur* : BAe - *Type* : transport léger - *Année* : 1976 - *Moteur* : 2 turboréacteurs Garrett AiResearch TFE 731-3-1H de 1 680 kg de poussée chacun - *Envergure* : 14,33 m - *Longueur* : 15,46 m - *Hauteur* : 5,36 m - *Poids au décollage* : 10 977 kg - *Vitesse de croisière* : 808 km/h à 8 380 m d'altitude - *Plafond opérationnel* : 12 500 m - *Autonomie* : 4 318 km - *Équipage* : 2 ou 3 personnes - *Charge utile* : 8 passagers

DASSAULT MYSTÈRE-FALCON 20
Pays : France - *Constructeur* : Avions Marcel Dassault - *Type* : transport léger - *Année* : 1963 - *Moteur* : 2 turboréacteurs General Electric CF700-2C de 1 900 kg de poussée chacun - *Envergure* : 16,30 m - *Longueur* : 17,15 m - *Hauteur* : 5,32 m - *Poids au décollage* : 12 000 kg - *Vitesse de croisière* : 860 km/h à 7 620 m d'altitude - *Plafond opérationnel* : 12 800 m - *Autonomie* : 3 050 km - *Équipage* : 2 personnes - *Charge utile* : 8 à 10 passagers

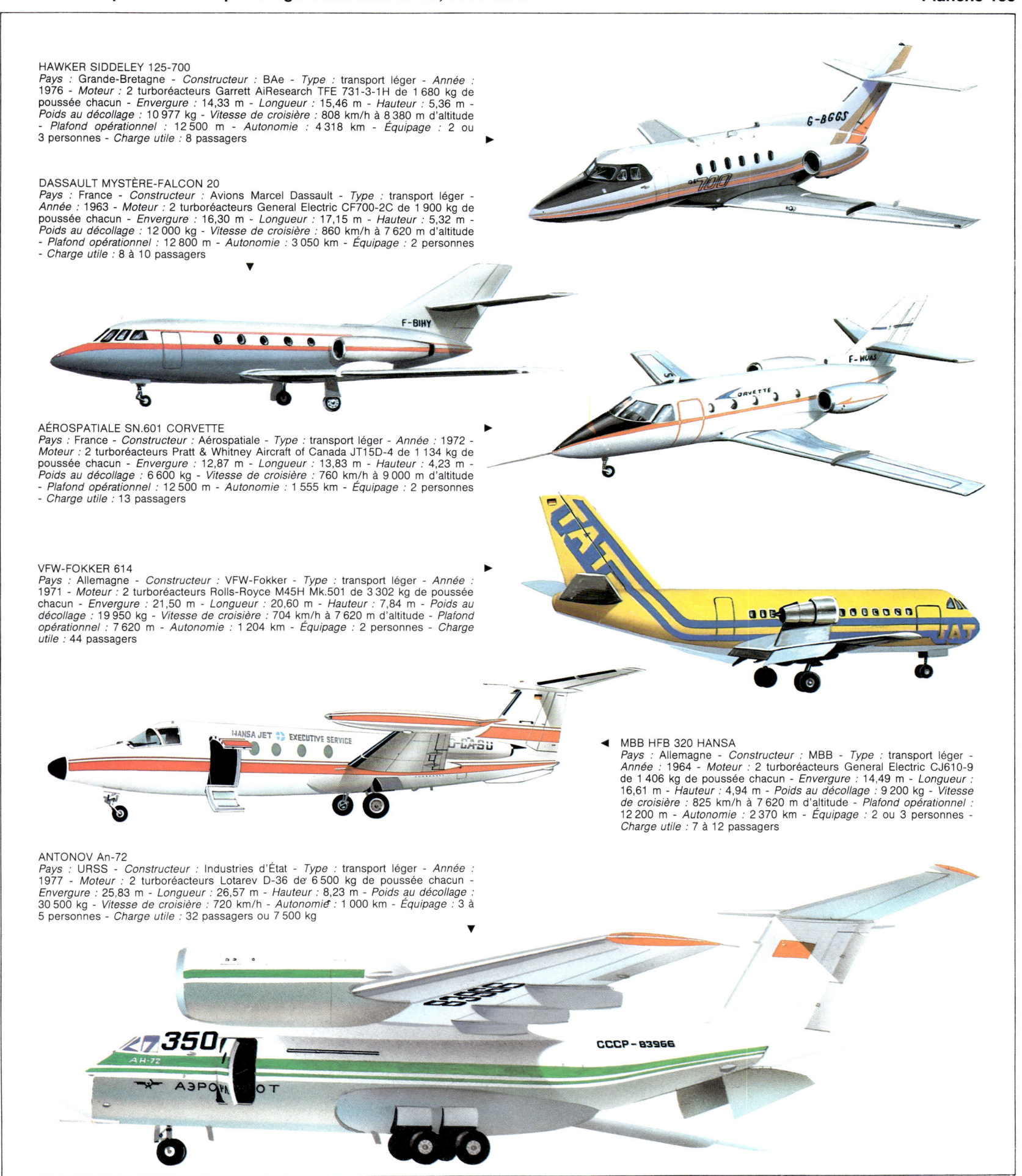

AÉROSPATIALE SN.601 CORVETTE
Pays : France - *Constructeur* : Aérospatiale - *Type* : transport léger - *Année* : 1972 - *Moteur* : 2 turboréacteurs Pratt & Whitney Aircraft of Canada JT15D-4 de 1 134 kg de poussée chacun - *Envergure* : 12,87 m - *Longueur* : 13,83 m - *Hauteur* : 4,23 m - *Poids au décollage* : 6 600 kg - *Vitesse de croisière* : 760 km/h à 9 000 m d'altitude - *Plafond opérationnel* : 12 500 m - *Autonomie* : 1 555 km - *Équipage* : 2 personnes - *Charge utile* : 13 passagers

VFW-FOKKER 614
Pays : Allemagne - *Constructeur* : VFW-Fokker - *Type* : transport léger - *Année* : 1971 - *Moteur* : 2 turboréacteurs Rolls-Royce M45H Mk.501 de 3 302 kg de poussée chacun - *Envergure* : 21,50 m - *Longueur* : 20,60 m - *Hauteur* : 7,84 m - *Poids au décollage* : 19 950 kg - *Vitesse de croisière* : 704 km/h à 7 620 m d'altitude - *Plafond opérationnel* : 7 620 m - *Autonomie* : 1 204 km - *Équipage* : 2 personnes - *Charge utile* : 44 passagers

MBB HFB 320 HANSA
Pays : Allemagne - *Constructeur* : MBB - *Type* : transport léger - *Année* : 1964 - *Moteur* : 2 turboréacteurs General Electric CJ610-9 de 1 406 kg de poussée chacun - *Envergure* : 14,49 m - *Longueur* : 16,61 m - *Hauteur* : 4,94 m - *Poids au décollage* : 9 200 kg - *Vitesse de croisière* : 825 km/h à 7 620 m d'altitude - *Plafond opérationnel* : 12 200 m - *Autonomie* : 2 370 km - *Équipage* : 2 ou 3 personnes - *Charge utile* : 7 à 12 passagers

ANTONOV An-72
Pays : URSS - *Constructeur* : Industries d'État - *Type* : transport léger - *Année* : 1977 - *Moteur* : 2 turboréacteurs Lotarev D-36 de 6 500 kg de poussée chacun - *Envergure* : 25,83 m - *Longueur* : 26,57 m - *Hauteur* : 8,23 m - *Poids au décollage* : 30 500 kg - *Vitesse de croisière* : 720 km/h - *Autonomie* : 1 000 km - *Équipage* : 3 à 5 personnes - *Charge utile* : 32 passagers ou 7 500 kg

BRISTOL CENTAURUS - 1943 (GB)

Ce moteur en étoile atteignit les limites maximales de sa catégorie, avec une puissance de 3 000 ch. Le Centaurus dérivait de l'Hercules dans sa conception générale (les deux moteurs étant caractérisés par l'adoption de soupapes installées dans les cylindres et non dans la culasse), mais il était beaucoup plus gros et lourd, avec ses dix-huit cylindres en double étoile au lieu de quatorze. Il motorisa essentiellement des avions militaires ; toutefois, parmi les nombreuses versions figuraient également des séries réalisées pour l'aviation civile. L'illustration montre celui de la série 661, adoptée par l'Airspeed Ambassador.

PRATT & WHITNEY R-4360 WASP MAJOR - 1943 (USA)

Dernière évolution des moteurs en étoile construits par Pratt & Whitney, la série R-4360 Wasp Major atteignit les limites maximales des performances concevables pour un moteur à pistons, s'insérant brillamment dans la catégorie des 3 000 à 3 500 ch. Il s'agissait d'un moteur gros et complexe, structuré sur vingt-huit cylindres disposés en quatre étoiles, pesant à sec 1 665 kg. Il fut largement utilisé, tant dans le domaine civil que militaire, avant l'avènement de la turbine.

ROLLS-ROYCE DART - 1945 (GB)

Le Dart propulsa le premier turbopropulseur pour passagers en service régulier, le Vickers Viscount. Le projet de ce moteur commença en 1945, mais le dessin de base fut développé à travers un travail ininterrompu de mise à jour, qui permit au Dart d'accroître sa puissance de plus de 150 p. 100 au cours des années : cette dernière passa des 1 000 ch originaux aux 2 440 (plus 304 kg de poussée) de la série 540. Ce moteur fut adopté également pour de nombreux autres avions civils importants. L'illustration représente le Dart série 505.

BRISTOL PROTEUS - 1947 (GB)

Développé à partir de 1947, le Bristol Proteus eut de nombreuses utilisations, tant militaires que civiles. Notamment, dans le domaine civil, ce turbopropulseur équipa le malchanceux hydravion Saunders Roe S.R.45 Princess et le Bristol Britannia. Nombreuses furent les versions développées au cours des ans, caractérisées par des puissances toujours accrues, jusqu'à un maximum de 4 400 ch au total de la série 760, apparue au début des années 60. L'illustration représente le Proteus série 705.

PRATT & WHITNEY JT3 - 1949 (USA)
Un des premiers turboréacteurs américains développés dans l'après-guerre, le Pratt & Whitney JT3 dériva directement du modèle J57, conçu pour motoriser des avions militaires. Dans le domaine civil, ce réacteur fut monté sur quelques séries du Boeing 707, du Douglas DC-8 et du Boeing 720. La version installée sur le Boeing 707-120 développait 6 124 kg de poussée, mais cette puissance s'accrut de plus de 40 p. 100 dans la variante à double flux JT3D, qui apparut au début des années 60. L'illustration montre le modèle JT3D-1, de 7 718 kg de poussée.

ROLLS-ROYCE AVON - 1950 (GB)
Ce turboréacteur illustra dignement dans les années 50 le niveau remarquablement élevé de la technologie britannique dans le domaine des moteurs. Le Rolls-Royce Avon équipa de nombreux avions militaires et, sous la dénomination R.A.29, il fut expressément destiné au marché civil. Son évolution fut continue : la puissance initiale de 4 763 kg de poussée de la version installée sur le De Havilland Comet passa dans les dernières variantes à 5 675 kg. L'Avon civil était doté d'un compresseur axial à 8 étages, de 8 chambres de combustion et d'une turbine à 3 étages.

WRIGHT R-3350 TURBO COMPOUND - 1950 (USA)
Prestigieux représentant de la dernière génération de moteurs à pistons, le Wright R-3850 Turbo Compound fut le principal protagoniste de la bataille commerciale entre la Douglas et la Lockheed vers le milieu des années 50. Les deux firmes adoptèrent ce moteur sur les deux derniers grands avions de ligne dotés de moteurs à pistons, le Douglas DC-7 et le Lockheed Super Constellation. Le Turbo Compound se caractérisait essentiellement par un système d'utilisation des gaz d'échappement qui permettait une augmentation de puissance de 20 p. 100. Le propulseur parvint à développer 3 400 ch.

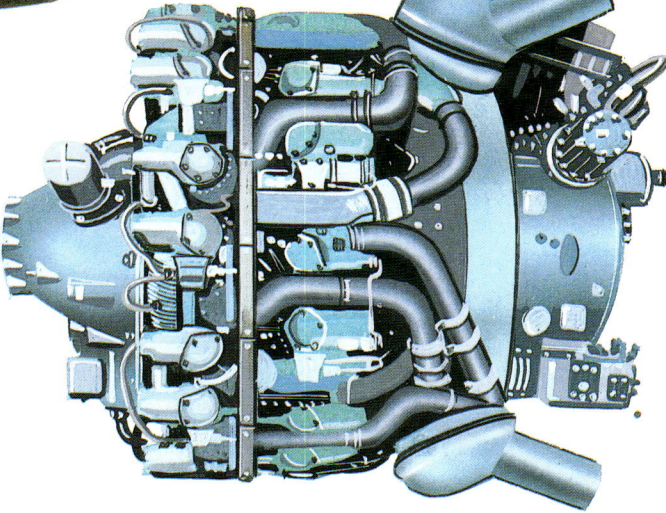

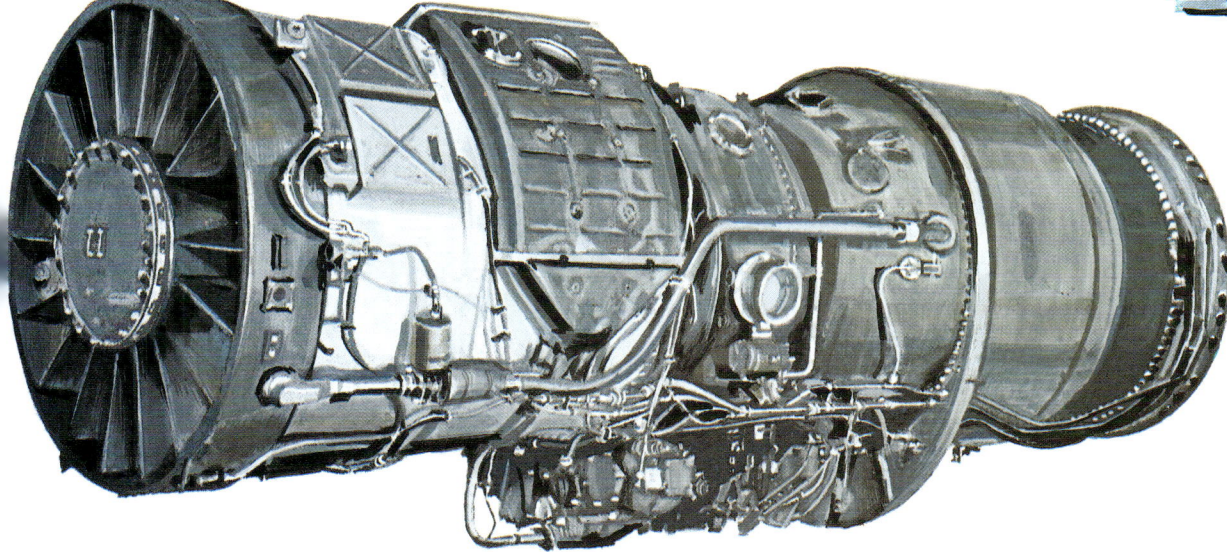

PRATT & WHITNEY JT4 - 1951 (USA)
Plus lourd et plus puissant que le modèle JT3, le Pratt & Whitney JT4 fut créé au départ pour équiper des appareils militaires, sous la dénomination de J75 : quelques variantes de cette série à postcombustion furent capables de développer 12 030 kg de poussée. Le premier modèle commercial motorisa les versions initiales du Douglas DC-8 et le Boeing 707-320. Du JT4 dériva également un modèle à double flux.

Planche 157 Moteurs de 1953 à 1974

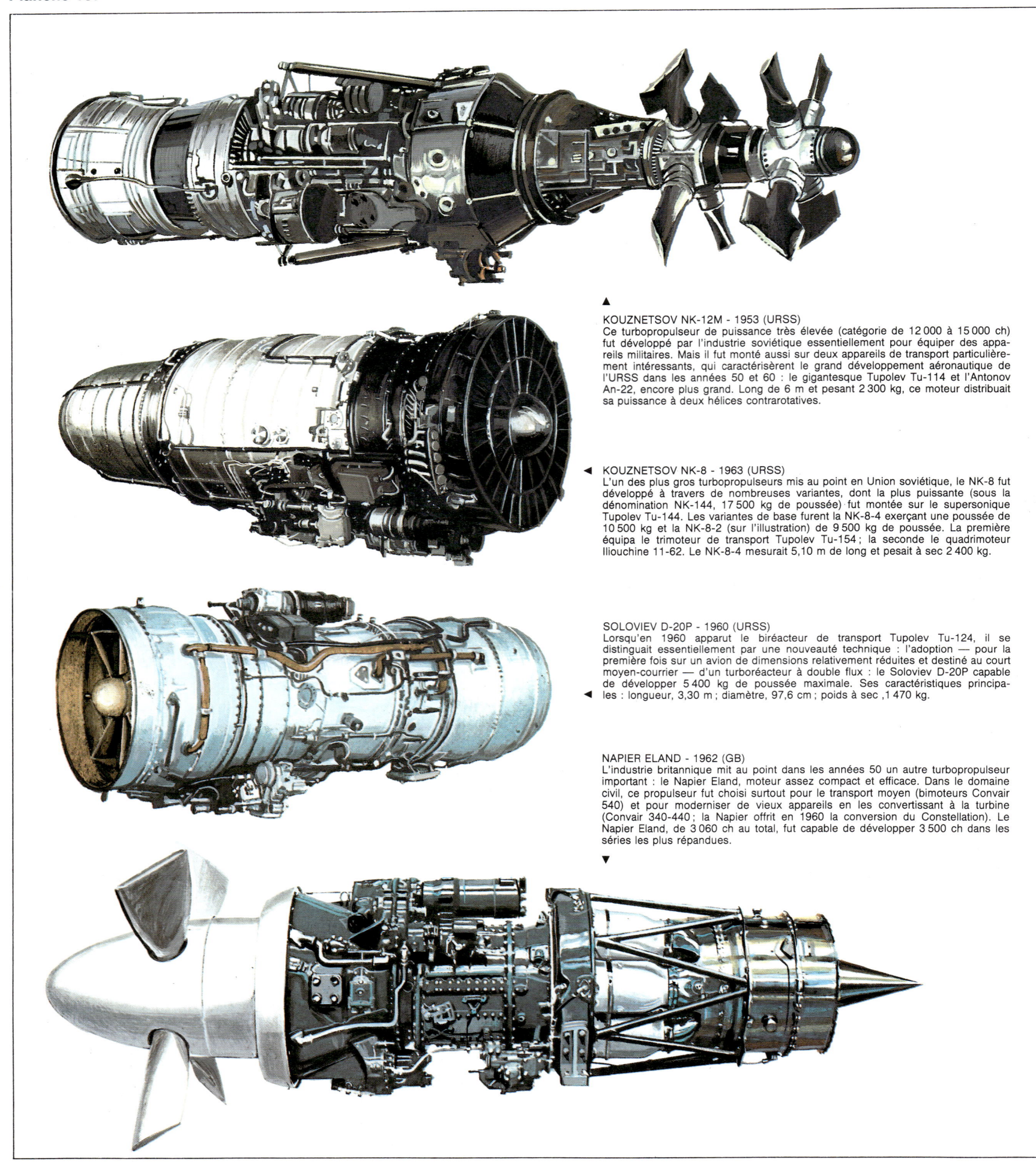

▲
KOUZNETSOV NK-12M - 1953 (URSS)
Ce turbopropulseur de puissance très élevée (catégorie de 12 000 à 15 000 ch) fut développé par l'industrie soviétique essentiellement pour équiper des appareils militaires. Mais il fut monté aussi sur deux appareils de transport particulièrement intéressants, qui caractérisèrent le grand développement aéronautique de l'URSS dans les années 50 et 60 : le gigantesque Tupolev Tu-114 et l'Antonov An-22, encore plus grand. Long de 6 m et pesant 2 300 kg, ce moteur distribuait sa puissance à deux hélices contrarotatives.

◄ **KOUZNETSOV NK-8 - 1963 (URSS)**
L'un des plus gros turbopropulseurs mis au point en Union soviétique, le NK-8 fut développé à travers de nombreuses variantes, dont la plus puissante (sous la dénomination NK-144, 17 500 kg de poussée) fut montée sur le supersonique Tupolev Tu-144. Les variantes de base furent la NK-8-4 exerçant une poussée de 10 500 kg et la NK-8-2 (sur l'illustration) de 9 500 kg de poussée. La première équipa le trimoteur de transport Tupolev Tu-154 ; la seconde le quadrimoteur Iliouchine Il-62. Le NK-8-4 mesurait 5,10 m de long et pesait à sec 2 400 kg.

SOLOVIEV D-20P - 1960 (URSS)
Lorsqu'en 1960 apparut le biréacteur de transport Tupolev Tu-124, il se distinguait essentiellement par une nouveauté technique : l'adoption — pour la première fois sur un avion de dimensions relativement réduites et destiné au court moyen-courrier — d'un turboréacteur à double flux : le Soloviev D-20P capable de développer 5 400 kg de poussée maximale. Ses caractéristiques principales : longueur, 3,30 m ; diamètre, 97,6 cm ; poids à sec, 1 470 kg. ◄

NAPIER ELAND - 1962 (GB)
L'industrie britannique mit au point dans les années 50 un autre turbopropulseur important : le Napier Eland, moteur assez compact et efficace. Dans le domaine civil, ce propulseur fut choisi surtout pour le transport moyen (bimoteurs Convair 540) et pour moderniser de vieux appareils en les convertissant à la turbine (Convair 340-440 ; la Napier offrit en 1960 la conversion du Constellation). Le Napier Eland, de 3 060 ch au total, fut capable de développer 3 500 ch dans les séries les plus répandues.
▼

ALLISON 501 - 1955 (USA)
Dans les années 50, les meilleurs turbopropulseurs furent réalisés par la Allison. Parmi ces moteurs, le plus connu était le modèle T56, qui fut choisi pour équiper le transport militaire Lockheed C-130 Hercules. C'est de ce T56 que fut dérivée en 1955 une version destinée au marché civil. L'Allison 501 créé aux États-Unis devint le premier propulseur du genre à recevoir une certification pour les opérations commerciales. La variante standard fut la 501-D13 (sur l'illustration) de 3 750 ch, adoptée par le Lockheed Electra.

GENERAL ELECTRIC CF6 - 1968 (USA)
Développé par la General Electric pour la génération des gros-porteurs commerciaux, le CF6 fut annoncé en 1967 et mis en production dans la série initiale CF6-6D l'année suivante. L'évolution de ce puissant propulseur a été continue et se poursuit dans les années 80 : les 18 144 kg de poussée de la variante initiale (sur l'illustration) ont abouti aux 25 400 de la version CF6-80, dernière annoncée. Parmi les avions de ligne les plus connus dotés de ce moteur figure le McDonnell-Douglas DC-10.

PRATT & WHITNEY JT8D - 1961 (USA)
Un des moteurs commerciaux les plus connus et les plus répandus, le JT8D fut spécialement étudié au début des années 60 pour répondre aux besoins de transport dans le domaine des court et moyen-courriers. L'évolution de ce gros moteur (à soufflante) se déroula à travers de nombreuses versions, marquées toutes par des améliorations et des augmentations de puissance. De la série initiale JT8D-1 développant 6 350 kg de poussée, on passa à plus de 7 000 ch pour la variante JT8D-15. Parmi les avions commerciaux propulsés par le JT8D : le Douglas DC-9, les Boeing 737 et 727.

ROLLS-ROYCE RB.211 - 1968 (GB)
Le développement de ce puissant moteur de la catégorie des 20 000 kg de poussée entraîna le krach financier de la Rolls-Royce en février 1971. Le moteur avait été choisi trois années auparavant par la Lockheed pour son modèle L.1011 Tristar et les retards dus à la crise de la prestigieuse firme britannique eurent de sérieuses répercussions sur les programmes de mise au point de l'avion. Le modèle qui, pour finir, fut adopté sur le Tristar fut le RB.211-22C (sur l'illustration) développant 19 050 kg de poussée.

ROLLS-ROYCE/SNECMA OLYMPUS 593 - 1974 (GB-F)
Ce moteur fut développé conjointement par la Rolls-Royce et par la SNECMA française pour le premier supersonique civil, le Concorde. La phase de mise au point, particulièrement longue, totalisa plus de 54 000 heures de fonctionnement au banc d'essai et en vol. Principales caractéristiques de l'Olympus 610 du Concorde (illustré dans la disposition accouplée) : longueur hors tout, 7,11 m ; diamètre, 1,20 m ; poids à sec, 3 386 kg ; poussée, 17 100 kg.

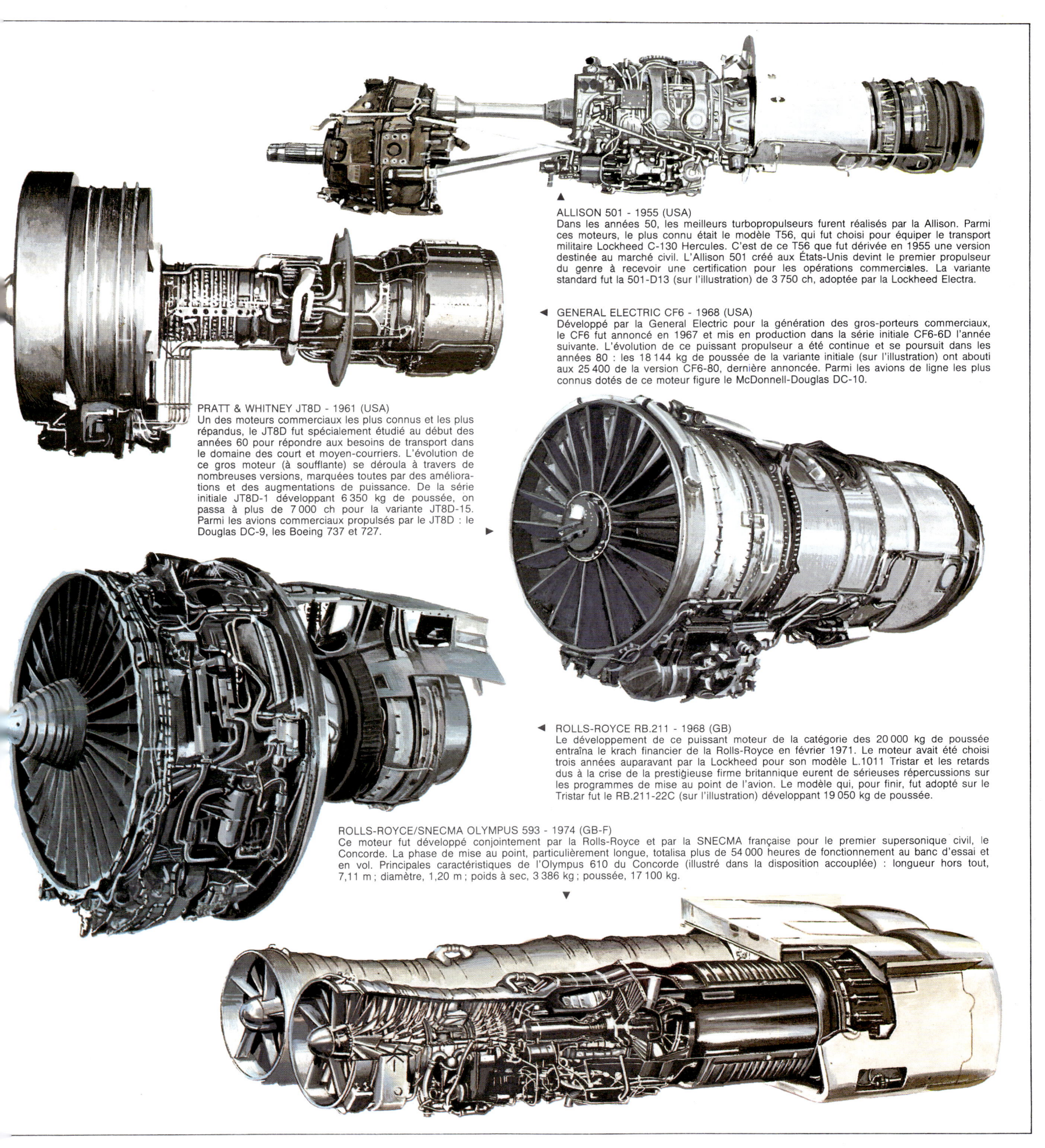

Planche 126
Avions de passagers en service aux États-Unis pendant la guerre ; 1940-1942

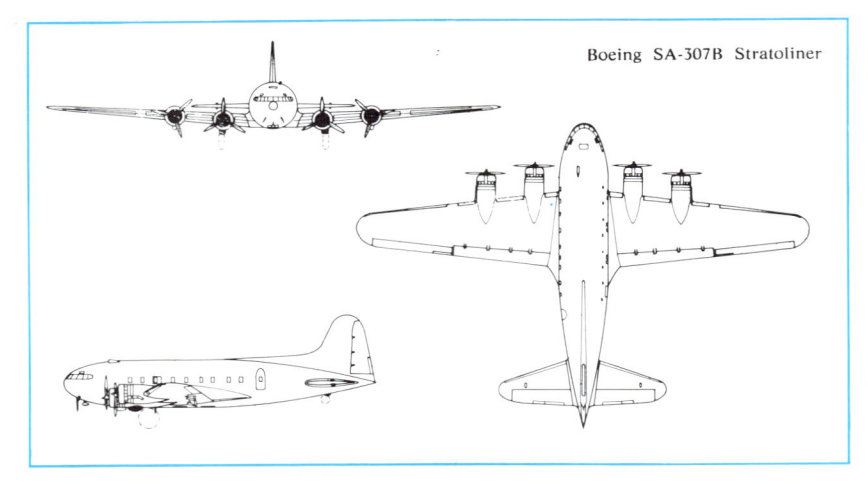

L'imminence du conflit ne ralentit pas l'expansion des compagnies aériennes américaines. Au contraire, c'est au début des années 40 qu'apparurent les premiers appareils d'une nouvelle génération d'avions de transport qui, après la guerre, devaient servir de base à la grande reprise. L'un des plus significatifs, surtout du point de vue technologique, fut le Boeing 307 Stratoliner, le premier quadrimoteur commercial doté d'une cabine pressurisée.

Bien qu'il ne fût construit qu'en 10 exemplaires (les chaînes de montage durent donner la priorité au bombardier B-17), le Stratoliner marqua une nouvelle étape dans la longue progression de l'aviation civile : c'est-à-dire qu'il offrit la possibilité de voler à haute altitude, au-dessus des nuages et des perturbations atmosphériques, assurant ainsi un service encore plus rapide et plus confortable. Le projet fut mis en route à la fin de 1934, en même temps que celui du B-17 militaire, dont le Boeing 307 dérivait directement en ce qui concernait les ailes, l'empennage et les unités motrices. En revanche, le fuselage était fondamentalement différent, car il avait été revu pour supporter l'installation de la pressurisation et loger commodément 33 passagers. Consciente des innovations radicales que comportait son projet, la Boeing préféra attendre les commandes des compagnies avant d'engager la construction d'un prototype. Les demandes ne tardèrent pas à arriver : de la Pan American et de la TWA (cette dernière compagnie, en particulier, était très sensible à l'argument de la pressurisation, étant donné les nombreuses expériences tentées dans ce domaine depuis le début des années 30), respectivement pour 4 et 6 exemplaires, réduits ensuite à 5. Le premier Stratoliner vola le 31 décembre 1938 et fut suivi en 1940 des autres avions commandés par la Pan American (qui furent appelés S-307). La même année sortirent les 5 Stratoliner de la TWA, appelés SA-307B, qui différaient par quelques détails et par les unités motrices. Le dernier exemplaire fut acheté par le milliardaire Howard Hughes pour une tentative de record de distance, mais il fut finalement transformé en luxueux *executive*. La Pan American et la TWA retirèrent les Stratoliner en 1948 et en 1951.

Le 2 février 1940 sortit également le prototype d'un important bimoteur léger, le Lockheed 18 Lodestar, troisième représentant de la prolifique famille d'avions de transport née avec l'Electra en 1934. Le Lodestar connut les mêmes brillants succès que l'Electra et le Superelectra, aussi bien dans le domaine militaire (l'US Navy, à elle seule, en reçut 1 600 exemplaires, appelés PV-1 Ventura) que dans le secteur civil. Plus moderne, puissant et spacieux que son prédécesseur direct, le Lodestar suscita l'intérêt immédiat des compagnies et fut diffusé dès 1940 aux États-Unis, en Amérique du Sud, en Afrique du Sud et en Europe. Dans l'immédiat après-guerre, avec l'arrivée sur le marché de nombreux appareils réformés par l'armée, le Lockheed 18 connut un nouveau succès, surtout auprès des petites compagnies.

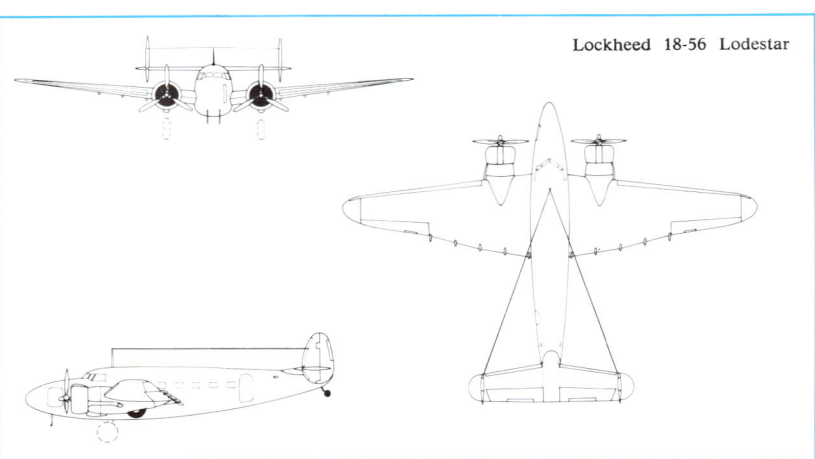

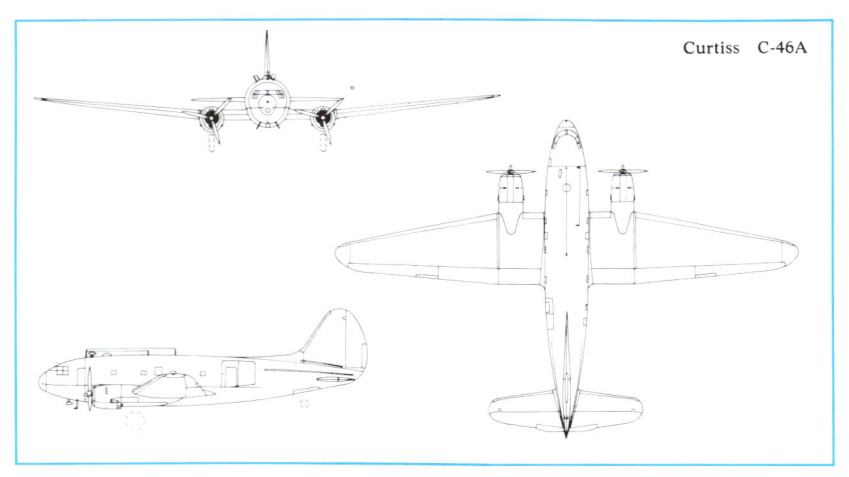

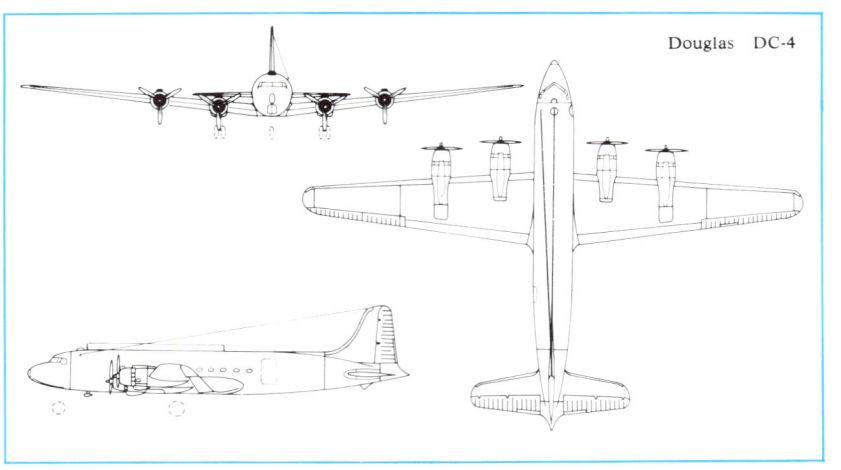

Un sort analogue fut réservé au Curtiss C-46, un gros bimoteur conçu en 1937 pour remplacer le DC-3 sur le marché civil. Mais le programme n'aboutit pas à cause des besoins de la guerre qui concentrèrent la production sur les versions militaires. Les 3 180 exemplaires fabriqués, en effet, servirent tous dans le conflit, où ils furent mieux connus sous le nom de Commando. Paradoxalement, ce furent justement les brillantes caractéristiques de l'appareil et ses grandes possibilités qui lui valurent ce destin ; à la sortie du prototype, le 26 mars 1940, les observateurs militaires se montrèrent si intéressés par l'avion qu'ils en sollicitèrent immédiatement la production en quantités de plus en plus importantes. Les trois variantes principales C-46A, C-46D et C-46F furent construites respectivement en 1 491, 1 410 et 234 exemplaires. Parmi ces avions, le seul à avoir eu un emploi civil au cours du conflit fut le prototype, cédé à la Grande-Bretagne en novembre 1941 et mis en ligne sous les couleurs de la BOAC au début de l'année suivante. La carrière commerciale du C-46 débuta tout de suite après la guerre, quand plusieurs centaines d'exemplaires réformés arrivèrent sur le marché civil : ils se répandirent dans un grand nombre de compagnies mineures, restant en activité dans le monde entier jusqu'aux années 70.

L'armée monopolisa également la production d'un autre excellent appareil commercial, le DC-4, avec lequel la Douglas avait l'intention de renouveler le succès du DC-3 : après le premier vol du prototype définitif (14 février 1942), alors qu'il y avait déjà 61 commandes émanant des principales compagnies américaines, les chaînes de montage furent entièrement accaparées par les commandes de l'U.S.A.A.F. L'Air Transport Command adopta 1 163 exemplaires qu'il utilisa intensément pendant toute la guerre. A la fin des hostilités, la Douglas remit en route le programme d'origine et fabriqua 79 autres exemplaires en version civile, qui vinrent s'ajouter aux nombreux appareils réformés par l'armée. Mais leur utilisation commerciale resta relativement limitée : le DC-4 fut mis en service d'abord aux USA : ce fut l'American Overseas Airlines qui, à la fin d'octobre 1945, inaugura un service transatlantique entre New York et Londres, parcourant le trajet en 23 h 48 mn, y compris deux escales. Le 17 mars 1946, l'American Airlines fut la première à utiliser les DC-4 sur les lignes intérieures des États-Unis, en établissant une liaison entre New York et Los Angeles.

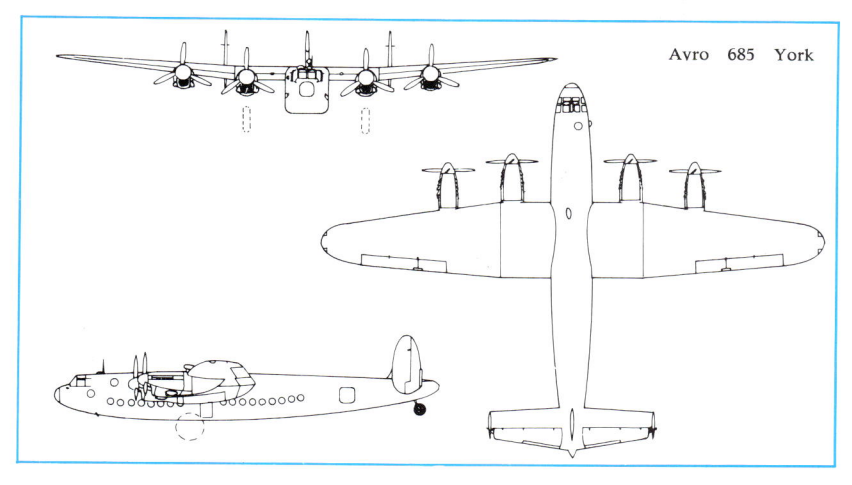

Par la suite, l'excellent quadrimoteur Douglas se répandit dans les principales compagnies européennes.

Planche 127
Les avions civils britanniques de 1942 à 1945 sont des bombardiers modifiés

En Grande-Bretagne également, la production aéronautique militaire favorisa beaucoup le développement du transport commercial, mais, à la différence des États-Unis, les principaux appareils de la première génération dérivaient tous de bombardiers et, en particulier, du fameux Lancaster.

Le précurseur d'une célèbre triade fut l'Avro 685 York (premier vol le 5 juillet 1942) mis au point pour les besoins du Transport Command de la RAF et construit en 257 exemplaires au total. La carrière commerciale de ce quadrimoteur de valeur débuta en 1944, quand la BOAC mit en service sur la ligne du Caire 5 exemplaires du York destinés originairement à la RAF. A la fin de 1945, la compagnie anglaise obtint 25 autres avions ; elle les modifia en les équipant de moteurs plus puissants et les rangea dans ce qu'on appela la *M Class,* les mettant en service sur les principales routes internationales et les maintenant en opération jusqu'au 7 octobre 1950. Cette activité fut renforcée par 20 autres York qui, à partir de 1946, furent construits pour les besoins de la British South American Airways (12 exemplaires), de la compagnie Skyways (3) et de la société argentine FAMA (5).

Si le York, dérivant du Lancaster, avait été profondément modifié dans le fuselage pour le rendre apte à l'emploi d'avion de transport de passagers, deux autres variantes du bombardier furent adaptées à l'usage commercial avec quelques transformations mineures : l'Avro 683 et l'Avro 691 Lancastrian. Le premier ne changea même pas de nom, conservant celui qu'avait illustré l'appareil militaire. Il sortit le 20 janvier 1944 et, pendant presque trois ans, fut utilisé par le département expérimental de la BOAC pour tester les moteurs et les équipements destinés aux futurs avions commerciaux. En 1946, 6 autres Lancaster « civilisés » furent demandés par la British South American Airways pour le service des marchandises sur les lignes de l'Amérique du Sud. La compagnie en adopta finalement 4, qu'elle maintint en service pendant un an. La carrière des Lancaster commerciaux s'acheva par les activités de 11 autres exemplaires, dont 4 furent transformés en citernes volantes et utilisés à partir de 1946 par une compagnie privée (la Flight Refuelling Ltd.).

La contribution que le Lancastrian apporta au renouveau de l'aviation commerciale de l'après-guerre fut plus importante. La première transformation du bombardier fut effectuée en 1943 par la Trans-Canada Air Lines qui, le 22 juillet, inaugura la liaison postale transatlantique vers la Grande-Bretagne avec le premier de 9 avions modifiés. Puis ce fut le tour de la BOAC qui, au début de 1945, demanda une reconversion semblable sur un lot de 32 exemplaires du Lancaster de production finale. Appelés Lancastrian 1, ces avions furent d'abord soumis à une longue série de tests sur les lignes d'Australie et de Nouvelle-Zélande, puis mis en service (le 31 mai 1945) par la BOAC. Le 9 octobre, les liaisons s'étendirent à l'Amérique du Sud, vers Buenos Aires, Santiago du Chili et Lima. Certes, le Lancastrian ne pouvait être comparé avec les luxueux hydravions qui, jusqu'au début de la guerre, avaient assuré les transports sur les routes de l'Empire britannique, mais cette activité, outre qu'elle était indispensable dans le cadre de la réorganisation de l'après-guerre, redonnait un prestige incontestable à la glorieuse BOAC. En 1946, 12 autres exemplaires s'ajoutèrent aux précédents : 3 allèrent à la Silver City Airways, 4 à la Skyways et 5 à la nouvelle compagnie Alitalia. La carrière des Lancastrian prit fin en 1951, au service de petites compagnies.

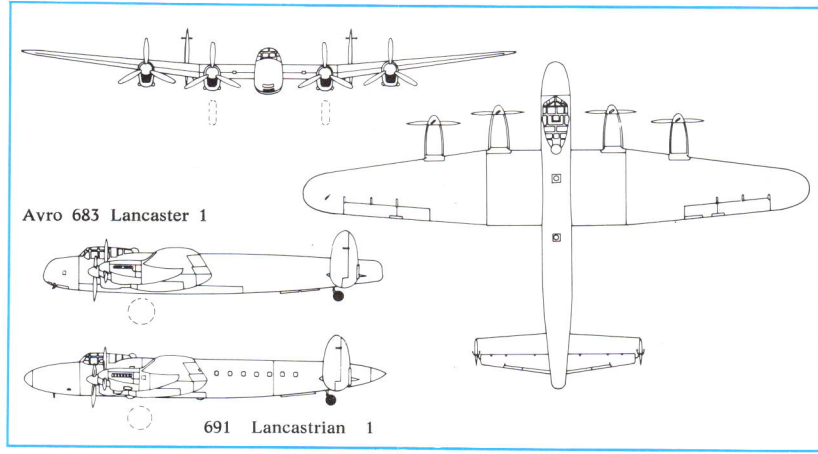

Planche 128
L'effort britannique de la guerre à la paix ; 1943-1948

La production militaire de l'Avro donna le jour à un autre projet commercial, l'un des plus ambitieux qui aient été lancés par l'industrie aéronautique anglaise pour les besoins de l'après-guerre et aussi l'un des plus infortunés : le Tudor. Ce grand quadrimoteur civil, destiné aux liaisons à travers l'Atlantique, aurait dû représenter deux choses : le renouveau des compagnies anglaises et leur affranchissement de la production américaine qui, dans la foulée de l'effort de guerre, se répandait déjà sur les marchés internationaux. Mais ces deux objectifs ne furent pas atteints surtout parce que l'avion, à cause d'une longue mise au point, ne réussit jamais à être compétitif.

Le projet avait été lancé en 1943, dérivant de celui du bombardier Avro Lincoln, le dernier-né de la famille des Lancaster. De l'appareil militaire, le Tudor conservait les ailes et les moteurs. En revanche, le fuselage et l'empennage étaient entièrement nouveaux. En 1944, il fut commandé deux prototypes de la version à long rayon d'action (Avro 688 Tudor 1), puis un troisième exemplaire (Avro 689

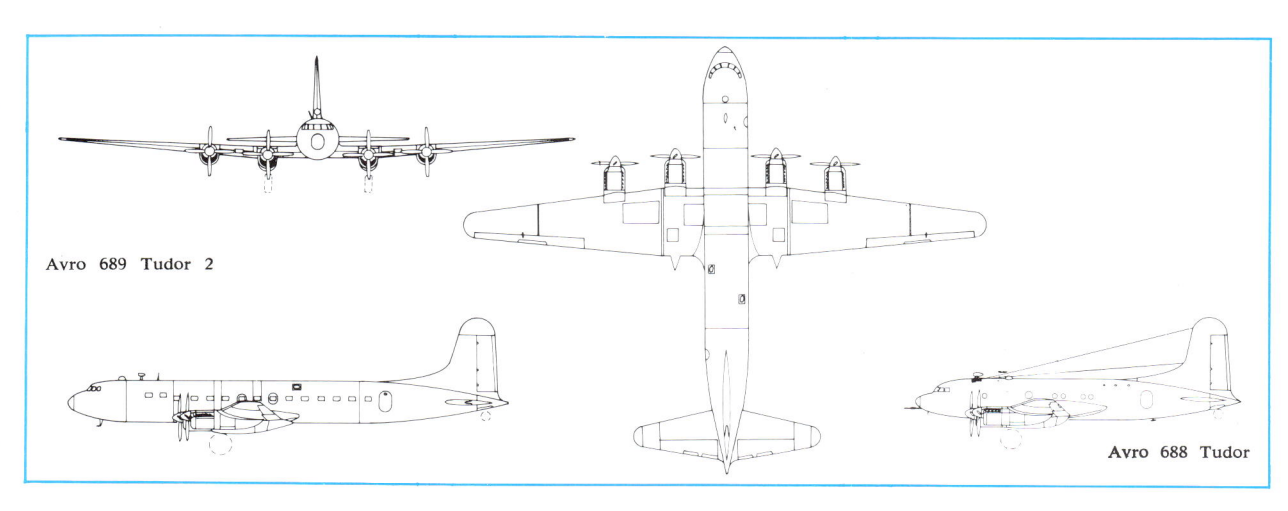

335

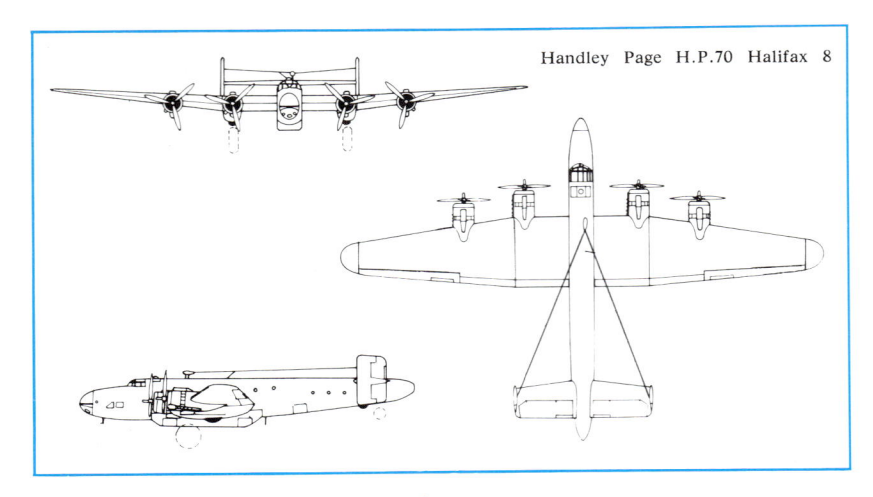

Handley Page H.P.70 Halifax 8

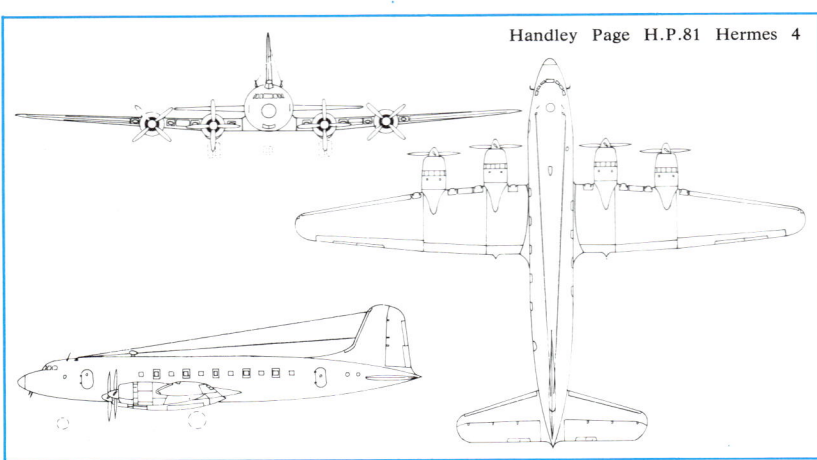

Handley Page H.P.81 Hermes 4

à la RAF (sous le nom de *Hastings*) répondit aux besoins de la BOAC pour ses liaisons avec l'Afrique de 1950 à 1952. Le projet avait été lancé vers la fin de la guerre et, avant d'être accaparé par l'armée, il se proposait comme objectif la construction d'un bon avion de transport civil à utiliser au cours des années de paix. Mais sa phase de gestation fut longue. Le premier prototype commercial (H.P.68 Hermes 1) vola le 3 décembre 1945 ; il fut suivi d'un second (H.P.74 Hermes 2) le 2 septembre 1947 et, le 5 septembre 1948, du premier des 25 exemplaires de série destinés à la compagnie BOAC et appelés H.P.81 Hermes 4.

**Planche 129
Premiers signes de reprise de l'industrie française ; 1945-1951**

Comme en Grande-Bretagne, la nécessité de redonner vie au transport aérien fut profondément ressentie en France. Les efforts entrepris en ce sens — sous l'impulsion du grand prestige d'avant-guerre — furent importants et tous destinés à développer la glorieuse Air France. L'industrie aéronautique nationale fut appelée à fournir tous ses efforts.

L'un des avions de transport civil les plus répandus dans l'immédiat après-guerre fut le Sud-Est SE-161 Languedoc, un grand quadrimoteur conçu en la lointaine année 1936, mais encore adapté à la fin du conflit. Il en fut fabriqué 100 exemplaires, en différentes versions civiles et militaires, qui restèrent en service commercial jusqu'en 1954. Le projet original (Bloch 161) avait volé comme prototype en septembre 1939, mais la production avait été stoppée par la guerre. La reprise permit de construire le premier exemplaire de série, sensiblement modifié et rebaptisé SE-161. Après avoir volé le 17 septembre 1945, l'avion suscita immédiatement l'intérêt d'Air France qui en commanda 40 unités. Il en fut fabriqué 13 dans les premiers mois de 1946, et, au terme d'une série de liaisons expérimentales, ces appareils entrèrent en service régulier le 28 mai. Dans l'année, les Languedoc furent affectés aux lignes africaines et aux principales lignes européennes. A la fin de 1946, les appareils restèrent au sol pour une mise à jour de l'équipement de bord et, à cette occasion, il fut décidé de remplacer les moteurs d'origine Gnome-Rhône par des Pratt & Whitney américains. Ces modifications entraînèrent le changement de dénomination des

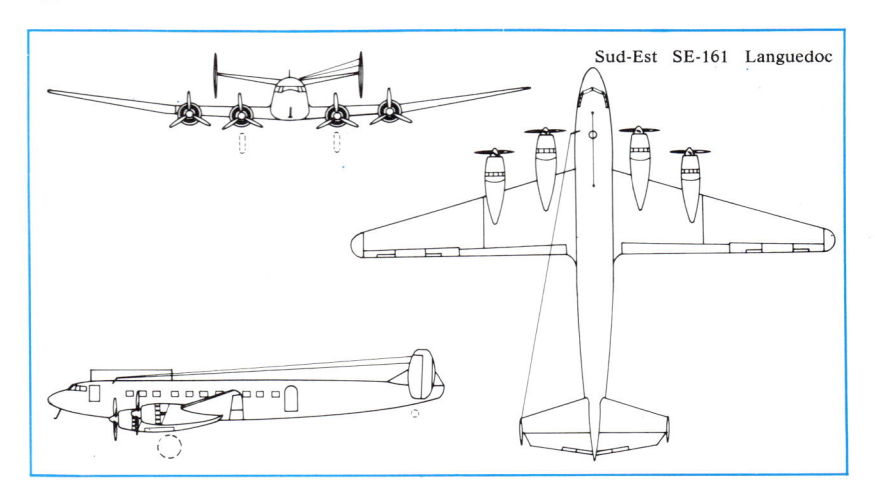

Tudor 2), chef de file d'une seconde variante caractérisée par une plus faible autonomie mais une capacité presque triple. La demande émanait des trois compagnies qui avaient l'intention d'utiliser cet avion : la BOAC, la Qantas et la South African Airways. En avril 1945, les commandes sur le papier étaient importantes : elles totalisaient 20 Tudor 1 et 79 Tudor 2. Mais cette vision prometteuse fut bien vite dissipée. Le prototype de la première série vola le 14 juin 1945 et montra des défauts de stabilité ; les modifications apportèrent des retards et on perdit encore du temps à satisfaire les demandes de changements (environ 300) commandés par la BOAC. Le 11 avril 1947, la compagnie annula sa commande en estimant que l'avion ne répondait pas à ses besoins. On ne fabriqua que 6 exemplaires (modifiés dans les variantes 4 et 4B, avec une capacité augmentée jusqu'à 32 passagers) qui furent livrés à la British South American Airways. Ces appareils opérèrent en Amérique du Sud jusqu'aux premiers mois de 1949. Le Tudor 2 connut un sort analogue. Le prototype (10 mars 1946), présentant les mêmes défauts que son prédécesseur, avait été refusé et les commandes s'étaient réduites à 18 exemplaires. Parmi ceux-ci, 6 seulement (modifiés au niveau de la capacité et appelés Tudor 5) furent fabriqués et allèrent, eux aussi, à la BSAA ; mais ils furent transformés pour le transport des marchandises. Leur utilisation la plus importante eut lieu lors du pont aérien de Berlin.

Cet épisode historique marqua l'apogée de la carrière d'un autre avion de transport de transition qui dérivait lui aussi, comme le Lancaster-Lancastrian, d'un célèbre bombardier : le Handley Page Halifax. Sa transformation en avion de transport (légères modifications du fuselage et adjonction d'un panier de chargement largable) fut entreprise en 1946 sur les deux dernières séries de production (la 6 et la 8) pour répondre aux besoins du Transport Command de la RAF. La qualité de ces appareils et l'absence de concurrents directs firent affluer les demandes sur le marché civil et de nombreux Halifax furent achetés par des utilisateurs privés spécialisés dans le transport des marchandises. Douze avions de la série 8 furent utilisés pour le transport des passagers : ce fut de l'été 1946 à celui de 1947, sous les couleurs de la BOAC, sur la ligne Londres-Accra (Ghana). Les Halifax, en la circonstance, furent rebaptisés Halton 1. Mentionnons la carrière incontestablement plus importante d'un autre quadrimoteur de la même époque, le Handley Page Hermes qui, bien qu'il ait été surtout destiné

Sud-Est SE-161 Languedoc

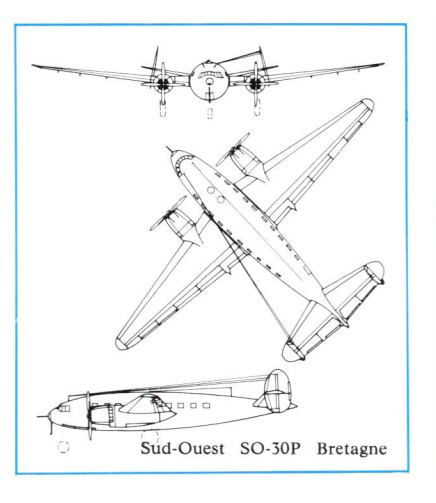

Sud-Ouest SO-30P Bretagne

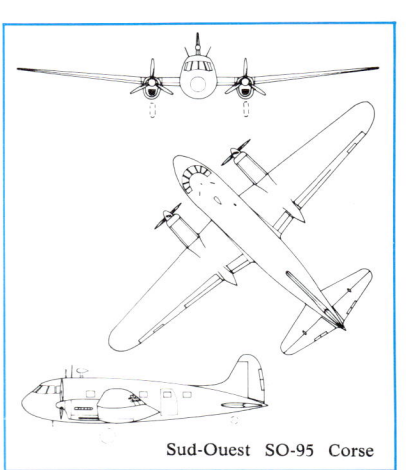

Sud-Ouest SO-95 Corse

336

Sud-Est SE-2010 Armagnac

Breguet Br.763 Provence

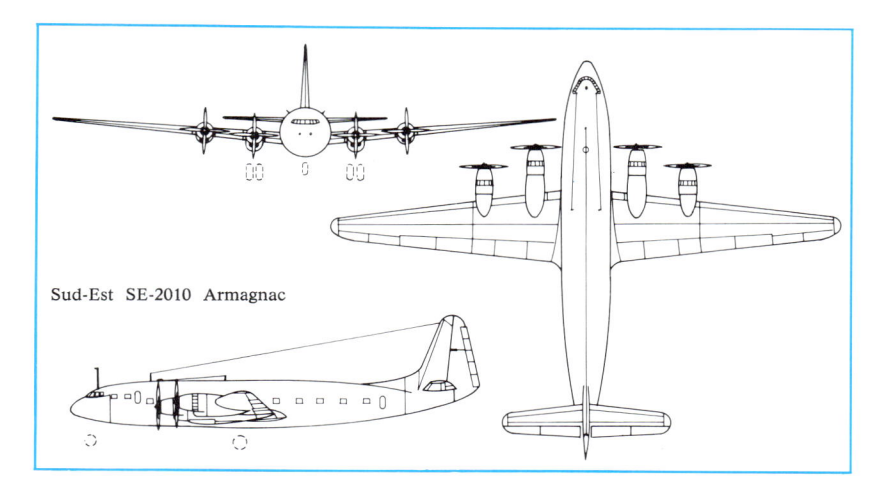

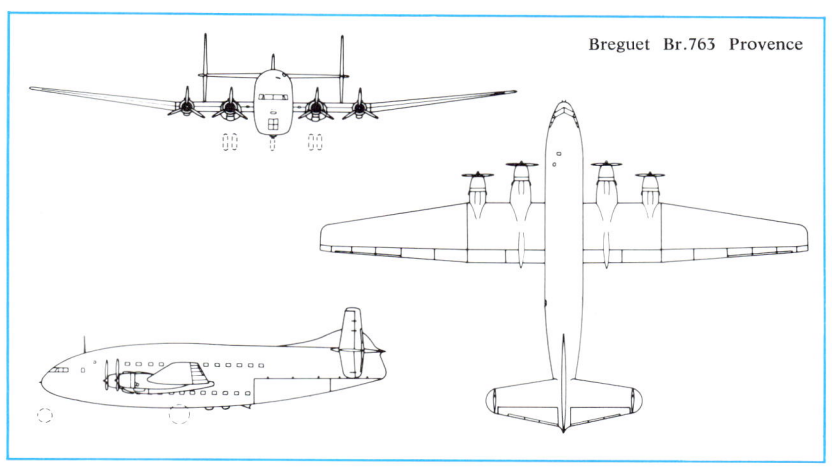

Languedoc qui devinrent des SE-161-P7. Le service régulier reprit en mars 1947. Cette variante (même équipée de propulseurs français) suscita l'intérêt de la compagnie polonaise LOT, qui en commanda 50 exemplaires en 1947. Air France, pour sa part, commença à remplacer progressivement les Languedoc à la fin de 1949.

Dans le domaine du transport moyen, il faut mentionner deux intéressants bimoteurs qui, en dehors de leur usage militaire, furent employés par de petites compagnies et dans les colonies françaises : le Sud-Ouest SO-30P Bretagne et le Sud-Ouest SO-95 Corse, conçus l'un et l'autre dans les premières années de la guerre et produits dès la fin des hostilités. Le premier vola sous sa forme définitive le 11 décembre 1947 et la production totalisa 45 exemplaires ; 4 d'entre eux serviront momentanément avec Air France ; 8 avec Air Algérie et 12 avec Air Maroc ; le reste alla à de petites compagnies et aux unités de transport de l'armée. Le Corse, en revanche, bien qu'il ait été construit en 60 exemplaires (premier vol du prototype définitif le 17 juillet 1947) vint surtout renforcer les unités de transport léger de l'aéronavale. Deux exemplaires seulement furent mis en service sur les lignes régulières de passagers, en Inde, sous les couleurs de l'Air Services et sur les liaisons entre Bombay, Bangalore et Delhi. Cet emploi prit fin en octobre 1950.

La France, comme la Grande-Bretagne, ne manqua pas de projets ambitieux qui, dans la pratique, furent des échecs. Ce fut le cas du SE-2010 Armagnac, un grand quadrimoteur destiné aux routes de l'Atlantique Nord. Les études préliminaires de l'avion avaient été entreprises, comme tant d'autres, en temps de guerre, et la phase opérationnelle du projet avait été remise en chantier en 1945. Le prototype vola le 2 avril 1949 et on mit parallèlement en route une chaîne de production pour 15 exemplaires, sur la demande d'Air France.

Cependant, le programme n'aboutit pas. Au moment de la signature de la commande, la compagnie vedette française refusa les Armagnac, soutenant à juste titre qu'ils n'étaient pas compétitifs — surtout sur le plan des coûts de gestion — avec la production américaine de l'époque. Quatre exemplaires furent fabriqués et vendus à la compagnie Transports aériens intercontinentaux (TAI). Mis en service dès la fin de 1952, ils furent retirés après à peine huit mois pour les mêmes raisons que celles qui avaient motivé le refus d'Air France. La carrière des Armagnac prit fin avec leur emploi comme avions de transport « militarisés » vers l'Indochine, à partir de la fin de 1953.

Un sort plus heureux fut réservé au Breguet Br. 763 Provence, surnommé Deux Ponts à cause des deux niveaux de son énorme fuselage à grande capacité. Le premier prototype (Br.761) vola le 15 février 1949 et fut suivi de trois autres exemplaires de présérie (Br.761S) qui subirent les tests d'appréciation. Le 20 juillet 1951, apparut le premier des 12 avions commandés par Air France en version définitive, améliorée sur le plan de la structure et plus puissante (Br.763). Le service régulier avec l'Afrique du Nord commença le 16 mars 1953. La grande qualité du Provence résidait dans sa capacité, qui pouvait atteindre 135 passagers sur moyenne distance. Progressivement, avec l'arrivée d'appareils plus modernes, la compagnie céda 6 exemplaires à l'armée de l'air (qui possédait déjà 15 exemplaires en version militaire, appelés Br.765 Sahara) et transforma les 6 autres en avions de transport mixtes : dans cette dernière variante, les Universal (ainsi que les Provence avaient été rebaptisés) avaient une capacité maximale de 29 passagers. Leur polyvalence était facilitée par l'ampleur du fuselage et la capacité totale de charge : respectivement plus de 93 m³ et plus de 13 tonnes. En 1965, quinze ans après leur mise en service, ces avions furent utilisés pour de courtes liaisons entre la France et l'Angleterre et se montrèrent encore très efficaces.

Planche 130
Géants sans succès ; 1940-1952

Dans l'effort d'expansion qui, dans l'immédiat après-guerre, rassembla les pays traditionnellement à l'avant-garde du domaine aéronautique, il ne manqua pas de projets particulièrement ambitieux d'appareils gigantesques, destinés, au moins sur le papier, à révolutionner les conceptions du transport aérien. Il s'agit là, de toute façon, de réalisations qui ne dépassèrent pas le stade expérimental et qui, pour significatives qu'elles aient pu être du point de vue technologique, se virent écrasées sous leur propre poids, étant économiquement et commercialement inexploitables.

Le domaine des hydravions fut le terrain favori de ce genre d'expérience. Le fait que l'appareil n'ait pas à compter avec les limites concrètes des pistes rendait en effet plus facile aux auteurs de projets les accroissements de tonnage et de dimensions. A cet égard, il faut mentionner tout particulièrement l'engin italien Cant Z. 511 qui, bien que conçu avant la guerre, entra dans l'histoire comme étant le plus grand hydravion à flotteurs séparés jamais construit. Le projet, lancé en 1937 sur demande de l'Ala Littoria, eut un destin malheureux : un changement important dans les spécifications et les retards qui en découlèrent firent que le Cant Z.511 ne dépassa jamais le stade de prototype : il effectua un seul vol, en octobre 1940.

Il en fut de même, sept ans plus tard, pour le gigantesque Hughes H-4 Hercules, un monstrueux hydravion à coque centrale (huit moteurs pour un total de 24 000 ch et presque 100 mètres d'envergure) conçu et réalisé en manière de défi par le « milliardaire volant » Howard Hughes. Le Hercules, le 2 novembre 1947, s'éleva d'une dizaine de mètres au-dessus de la mer dans la rade de Los Angeles, devant 50 000 personnes en transe et vola sur environ 1 mille, avant d'être définitivement reconduit dans l'immense hangar spécialement construit, d'où il ne bougea plus. Le projet avait été mis en route par Hughes en 1942 et, sur le papier, il devait aboutir à la réalisation d'un véritable vaisseau volant, à construire en 5 000 exemplaires, pour transporter les troupes et le ravitaillement sur les différents théâtres d'opérations et écarter ainsi la menace des sous-marins allemands qui pesait sur les navires marchands. Mais, au fil du temps, le projet n'eut

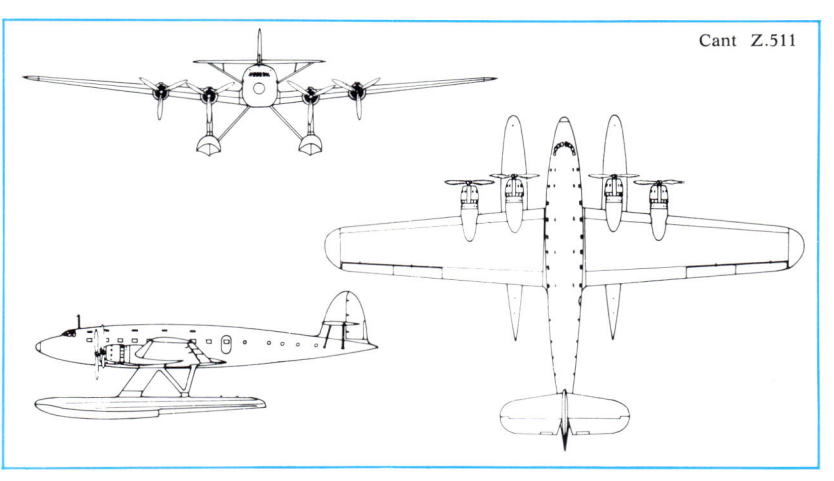

Cant Z.511

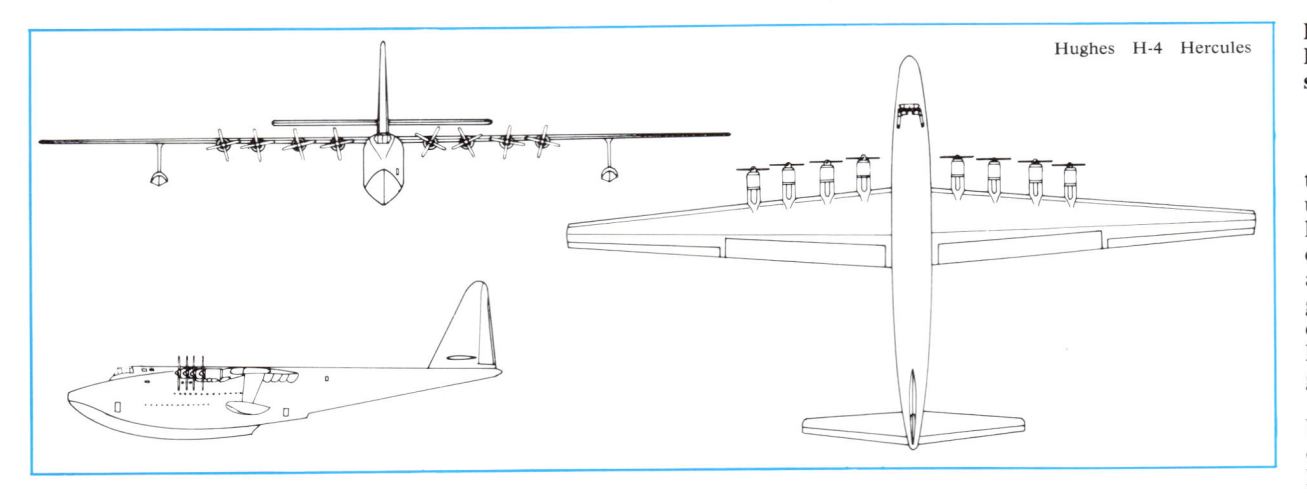

Planche 131
Les derniers hydravions de passagers sont tous anglais ; 1942-1946

L'hydravion, qui fut le pilier du transport aérien des années 30, eut un dernier sursaut de vitalité dans l'immédiat après-guerre, avant de céder définitivement le pas aux appareils terrestres des nouvelles générations. Ce fut en Europe que cette glorieuse lignée survécut le plus longtemps, sous les couleurs des grandes compagnies commerciales.

Air France, poussée par des besoins de restructuration et d'expansion, n'hésita pas à mettre en ligne, le 26 juillet 1937, les premiers des 8 Latécoère 631 commandés, grands hexamoteurs à coque centrale conçus dans la lointaine année 1938 (premier vol le 4 novembre 1942) et remis en production après la guerre. Mais l'expérience fut de courte durée et peu satisfaisante : en août 1948, 2 de ces avions furent perdus, ce qui eut pour conséquence que les 5 autres se virent réformés. Un seul exemplaire, transformé en cargo, fut utilisé encore pendant trois ans par une compagnie privée ; quant aux autres, ils furent démolis. Les hydravions apportèrent une contribution bien plus positive à la BOAC anglaise au cours des premières années de paix. Jusqu'en 1950 (le 10 novembre, la compagnie décida d'utiliser exclusivement des avions terrestres), les vieilles « lignes impériales » d'Afrique, d'Orient et d'Australie furent desservies par une flotte composée des derniers représentants de la longue lignée des hydravions Short : les Sandringham et les Solent.

Le premier dérivait directement du célèbre avion de reconnaissance Sunderland. La transformation fut réalisée en 1945 et donna le jour au Sandringham 1, capable de transporter 24 passagers de jour et 16 de nuit. La production se poursuivit avec succès sur de nombreuses séries, qui différaient essentiellement entre elles par l'aménagement intérieur et la capacité : 3 Sandringham 2 (45 places) allèrent à la compagnie argentine Dodero ; 2 Sandringham 3 (21 places) à la Tasman Empire Airways de Nouvelle-Zélande. La BOAC prit en charge les Sandringham des deux dernières séries (5 et 7) à partir de 1947 et créa respectivement la *Plymouth Class* (22 passagers) et la *Bermuda Class* (30 passagers). Ces appareils restèrent en service jusqu'en 1949 sur les lignes d'Extrême-Orient et d'Australie. Ensuite, ils furent cédés à des sociétés privées, dont l'Aquila Airways et la compagnie australienne Ansett Airways. Cette carrière active s'acheva en 1976.

Le Short S.45 Solent eut une activité opérationnelle tout aussi plus aucun intérêt stratégique et, en 1945, il fut annulé par les militaires.

L'âge des « navires du ciel » s'acheva tristement en Angleterre en 1952, avec les essais en vol de l'unique Saunders Roe S.R.45 Princess à avoir été fabriqué. La demande de réalisation d'un avion de transport de ce type, capable d'accueillir une centaine de passagers sur des routes transcontinentales, avait été formulée dans la seconde moitié de 1945 et, l'année suivante, une commande pour 3 prototypes avait été passée. De difficultés en retards, le programme avait péniblement avancé et, en 1951, la BOAC avait annoncé qu'elle se désintéressait du nouvel hydravion, ayant décidé de n'utiliser pour sa flotte que des avions terrestres. Les trois Princess furent donc abandonnés et ensuite démolis.

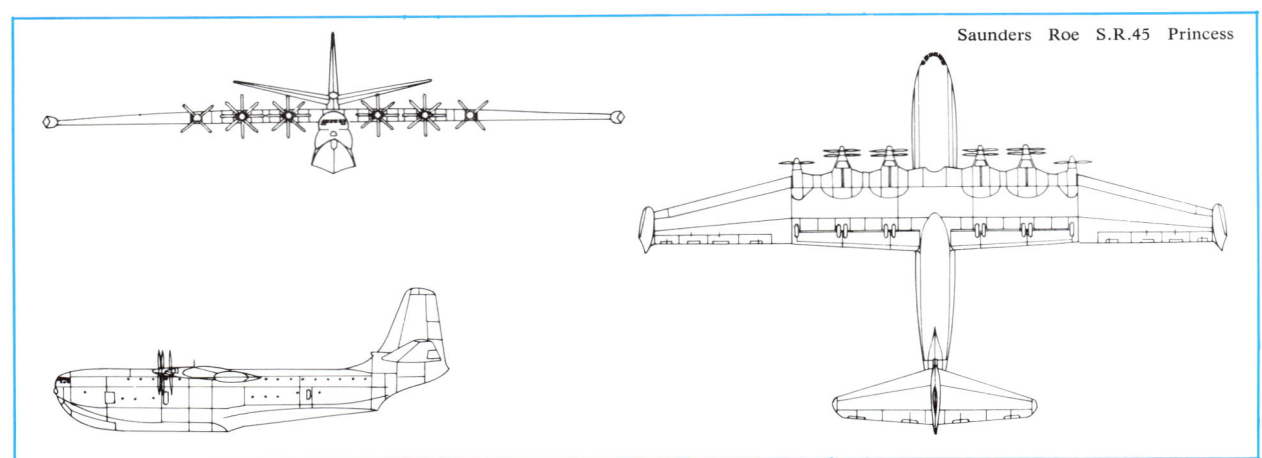

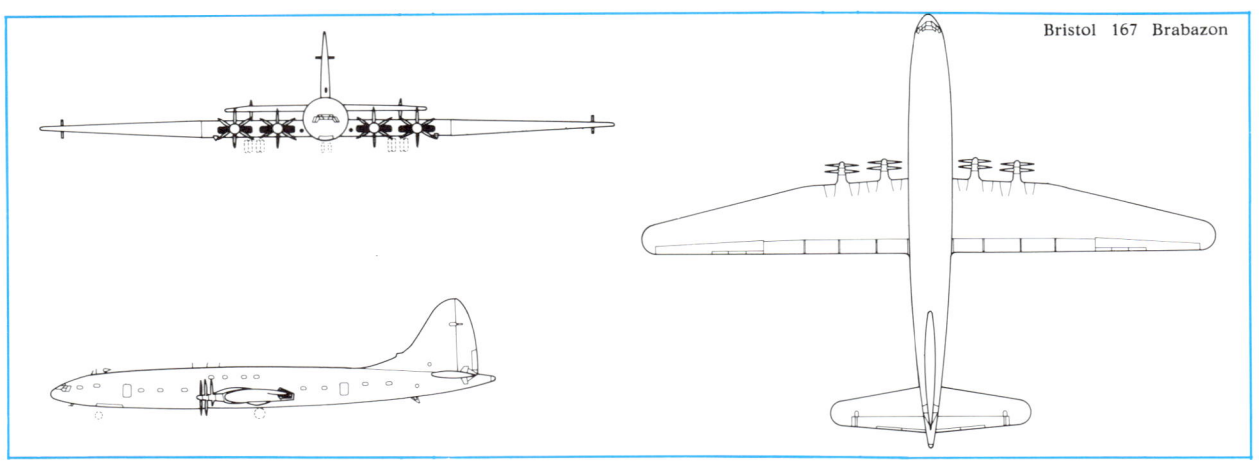

L'industrie britannique entreprit également à cette époque la réalisation d'un « géant » de type terrestre, le Bristol 167 Brabazon, qui connut le même sort que le Princess. Le programme avait été lancé en pleine période de guerre (mars 1943), sur la base des indications fournies par une commission spéciale (Brabazon Committee) chargée de définir les caractéristiques que devraient avoir les avions commerciaux anglais de l'après-guerre. Le prestige qui devait naître d'un appareil capable de transporter 100 personnes de Londres à New York sans escale conféra sans doute au projet de puissantes motivations, mais les problèmes pratiques et économiques furent finalement les plus forts. Le prototype Brabazon 1 vola pour la première fois le 4 septembre 1949, avec deux ans de retard sur les délais prévus, et la nécessité de changer les unités motrices sur le second (turbopropulseurs à la place des 8 radiaux Bristol Centaurus) fit perdre encore deux ans. Le Brabazon Mk.II n'avait pas encore été achevé que le gouvernement décidait de suspendre sa construction, en particulier à cause du coût élevé, le 9 juillet 1953.

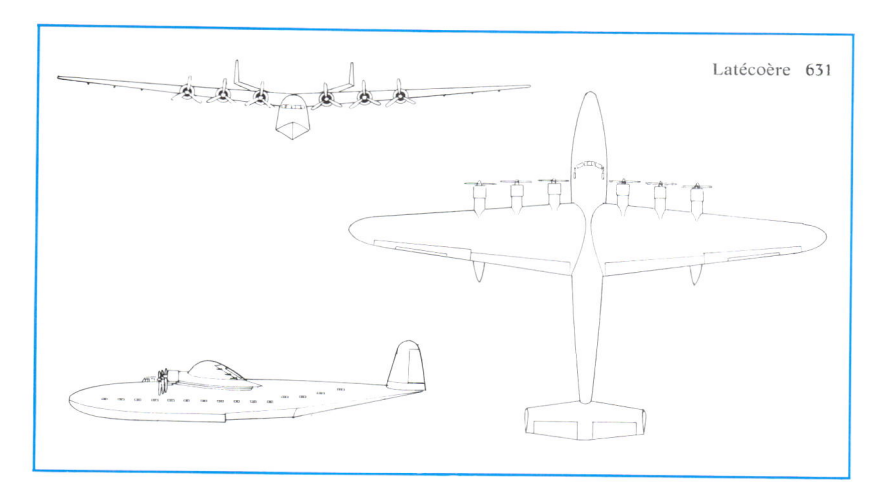

Latécoère 631

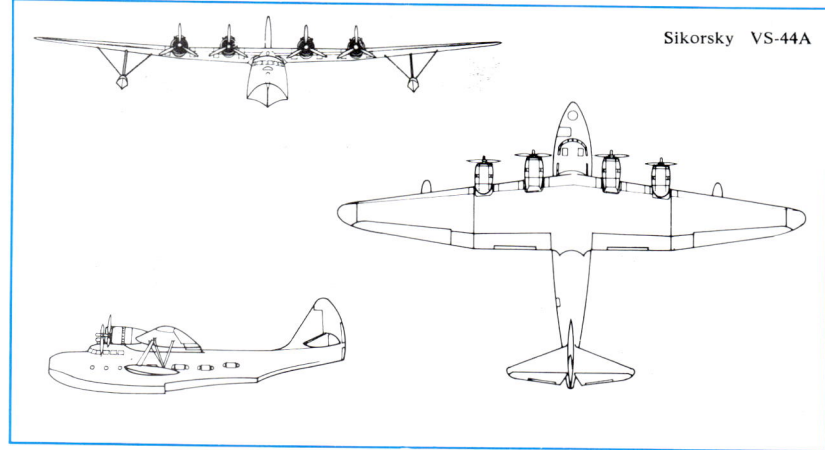

Sikorsky VS-44A

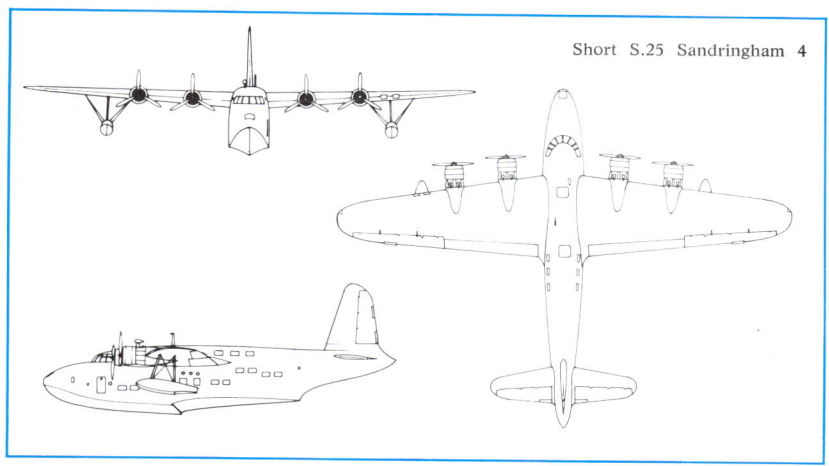

Short S.25 Sandringham 4

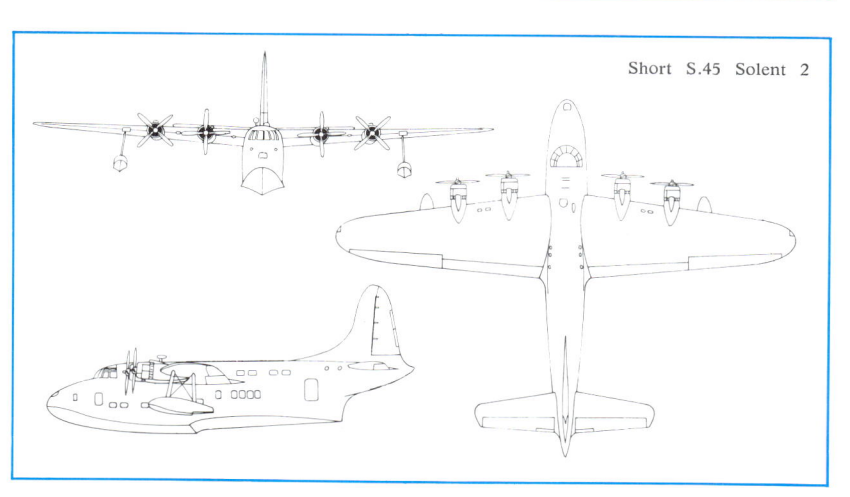

Short S.45 Solent 2

Martin 2-0-2

intense, bien que plus courte. Dérivant, comme le Sandringham, d'un hydravion militaire (le Short Seaford de 1945), cet avion fut commandé en 12 exemplaires par la BOAC en 1946, sous l'appellation de Solent 2 : le premier d'entre eux vola le 11 novembre 1946, et le dernier le 8 avril 1948. La mise en service eut lieu le 13 mai de la même année sur les lignes d'Afrique du Sud, où les Solent remplacèrent les vieux Avro York. La flotte fut complétée, en mai 1949, par le premier de 3 autres exemplaires améliorés, appelés Solent 3. Après la décision d'abandonner les hydravions, la plupart de ces appareils furent vendus à des compagnies privées. Ce fut l'Aquila Airways qui en fut la principale utilisatrice, jusqu'au 30 septembre 1938, dans des liaisons avec Madère.

Aux États-Unis, le dernier hydravion commercial fut également le dernier des célèbres *clippers* : le Sikorsky VS-44A. On construisit à peine 3 exemplaires de ce grand quadrimoteur à coque centrale (premier vol le 18 janvier 1942), qui eurent tous pour fonction de servir d'avions militaires de transport pendant toute la guerre, parfois sous des enseignes et avec des équipages civils, de façon à pouvoir accéder aux pays neutres. Parmi les trois US-44A (baptisés respectivement *Excalibur*, *Excambian* et *Exeter*), seul le deuxième réussit à avoir une véritable carrière commerciale dans l'après-guerre, jusqu'en 1968, d'abord sous les couleurs de l'Avalon Air Transport, puis sous celles de l'Antilles Air Boats. Au cours de leur intense activité des années de guerre, les trois VS-44A battirent différents records de vitesse et de distance. Entre autres, le record transatlantique entre l'Europe et les États-Unis : la traversée sans escale la plus rapide entre l'Europe et New York.

Planche 132
Cinq grands avions américains pour les premières lignes internationales ; 1947-1955

Ce fut, comme d'habitude, des États-Unis que vinrent la technologie et les méthodes de production qui devaient caractériser le monde de l'aviation de l'après-guerre. L'énorme structure industrielle américaine s'adapta fort bien aux besoins de transport aérien et donna naissance, en l'espace de quelques années, à une nouvelle génération d'excellents appareils. Dans le secteur de la moyenne capacité sur courtes et moyennes distances, la famille des bimoteurs de la Martin et de la Convair s'imposèrent rapidement. Le Martin 2-0-2 (premier vol le 22 novembre 1946) fut le premier avion conçu aux États-Unis après la guerre à devenir opérationnel. La production fut achetée en grande partie par la Northwest Orient Airlines, qui en acquit 25 exemplaires ; 4 autres allèrent à la compagnie chilienne LAN ; 2 à la société vénézuélienne LAV et 12 à la TWA. Le service régulier commença en octobre 1947. Le succès de ce bimoteur efficace et spacieux fut encore élargi par son successeur direct, le Martin 4-0-4 de 1950, qui en différait par sa cabine pressurisée et ses moteurs plus puissants. Plus d'une centaine de ces appareils furent fabriqués et se répandirent pratiquement dans toutes les compagnies américaines à partir de 1951.

La concurrente directe de la Martin fut la Convair : sa prolifique série de bimoteurs finit par avoir un succès nettement supérieur, se montrant à la hauteur de l'immortel DC-3. Le premier prototype Convair 110 vola le 9 juillet 1946 et, sans être compétitif à cause de sa faible capacité par rapport à son autonomie, il servit de base pour la série suivante. On obtint la forme optimale avec le modèle 240, qui effectua son premier vol le 16 mars 1947. Légèrement plus grand et plus puissant, cet avion avait des caractéristiques de charge et

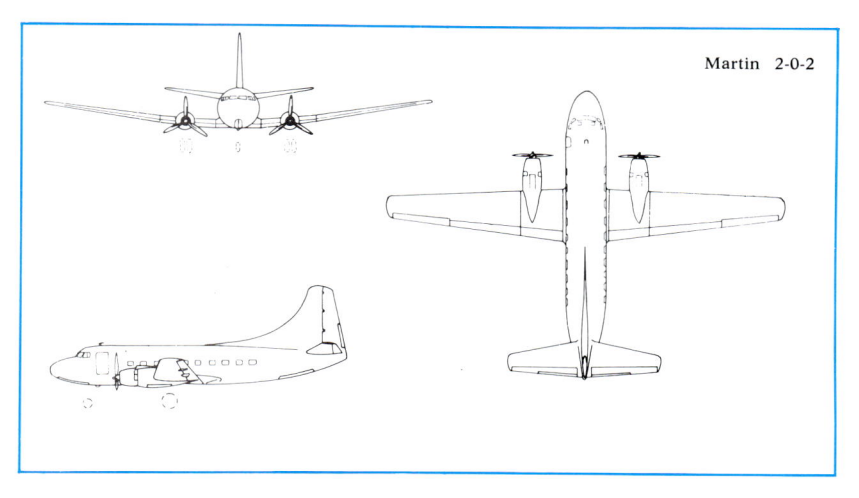

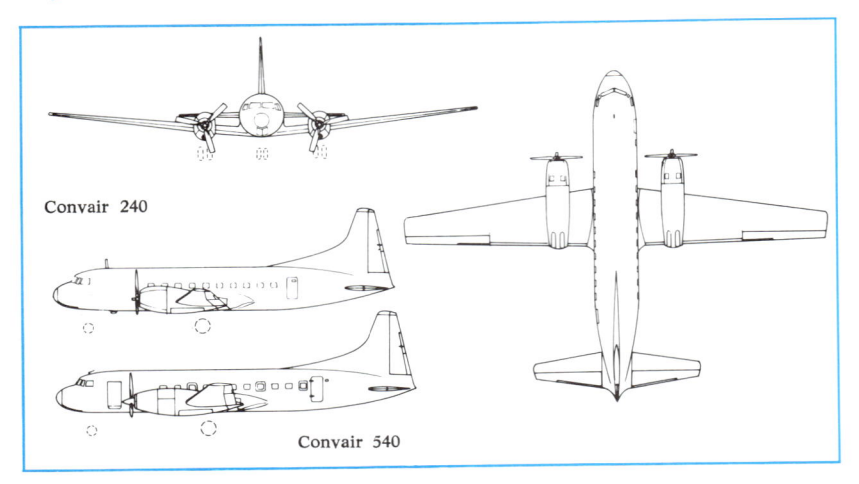

Convair 240
Convair 540
Lockheed L-749 Constellation 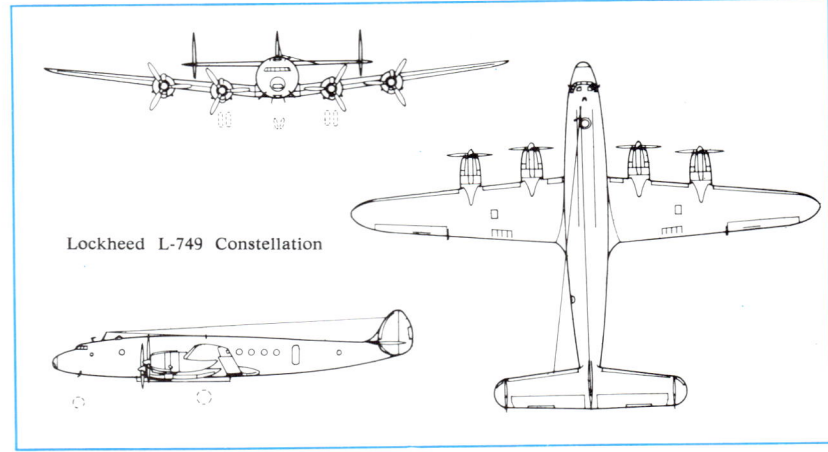
Boeing 377 Stratocruiser 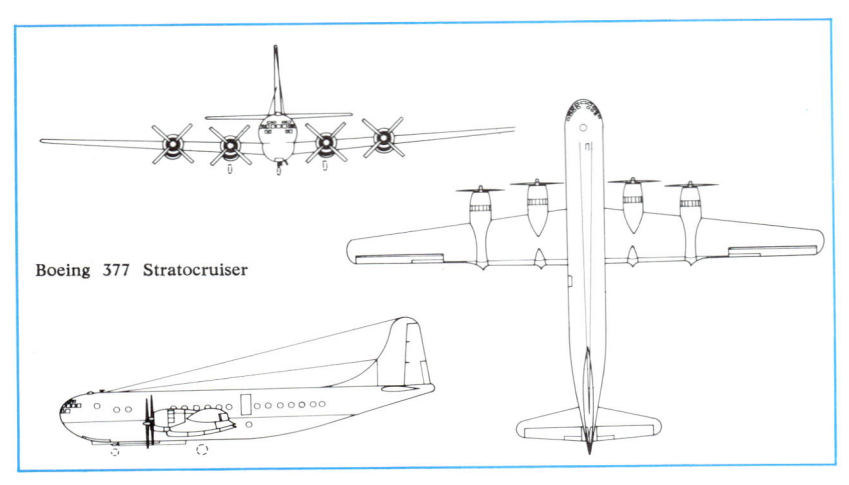
Lockheed L-1049 Super Constellation 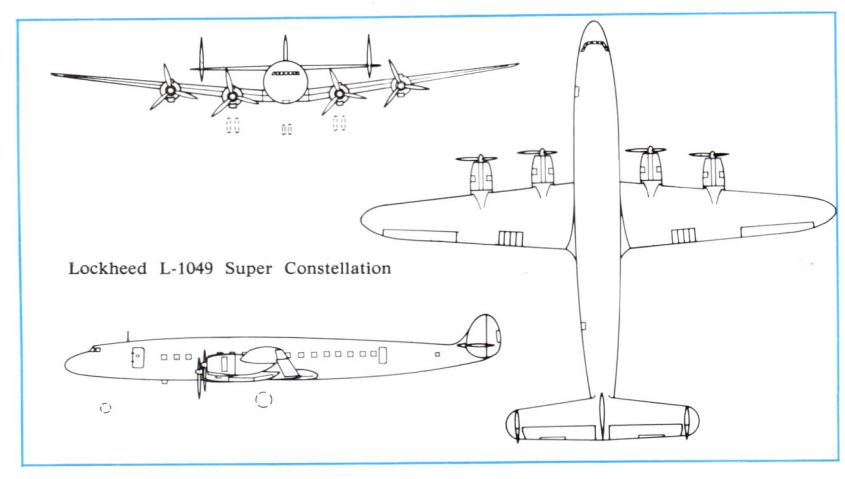

d'autonomie nettement meilleures et il emporta aussitôt la faveur des compagnies. Le principal utilisateur fut l'American Airlines, qui en commanda une flotte de 75 exemplaires, sur un total de production de 176 unités, auxquelles vinrent s'ajouter 395 appareils commandés par l'armée pour le transport (C-131) et l'entraînement (T-29). La production prit fin en 1958. Le second modèle fut le 340 (5 octobre 1951), encore plus puissant, plus spacieux et de dimensions plus importantes : 209 exemplaires furent livrés sur les marchés civils américain et européen et 107 furent destinés à l'armée. Le 6 octobre 1955 apparut le prototype 440, amélioré par la suite et baptisé *Metropolitan* : il y eut 186 exemplaires civils et 26 militaires. A partir de 1955 commença une nouvelle phase de l'intense activité des bimoteurs Convair, phase caractérisée par l'adaptation des séries 340 et 440 au turbopropulseur, un type de propulseur qui permit de moderniser la cellule du bimoteur, déjà de bonne qualité. Les nouvelles variantes débutèrent par la 540 (premier vol le 9 février 1955), équipée de moteurs Napier Eland, et se poursuivirent par la 580 (en service dès 1964) dotée de turbopropulseurs Allison, et par les séries 600/640, avec des propulseurs Rolls-Royce Dart. Beaucoup de ces avions continuent à voler de nos jours, ayant été adoptés par plusieurs compagnies mineures. Dans le secteur du transport à longue distance et à grande capacité, une contribution très significative, encore que limitée, fut apportée par les quadrimoteurs Boeing 377 Stratocruiser, dérivant des bombardiers B-29 Superfortress. La production originale de cet imposant appareil avait été encouragée dès 1942 par les militaires (le premier prototype avait volé le 15 novembre 1944) et, de fait, 888 exemplaires furent livrés pour servir d'avions de transport et de citernes volantes. La Boeing décida de tirer de cette heureuse lignée une variante civile, aménagée pour pouvoir transporter un maximum de 100 passagers sur les longues distances, qui sortit le 8 juillet 1947. Les 55 exemplaires construits allèrent à la Pan American (20), à l'American Airlines (8), à la Northwest et à l'United (10 et 7) et, en Europe, à la BOAC (10). Ce fut la compagnie anglaise qui employa le plus longtemps le Stratocruiser : du 6 décembre 1949 au milieu de 1959, avec une flotte de 17 unités. Des utilisateurs américains achetèrent 7 autres exemplaires.

Le premier représentant d'une famille de quadrimoteurs qui devait caractériser le transport commercial jusqu'à l'avènement du jet fut le Lockheed L-049 Constellation, dérivant directement de la variante C-69 commandée pendant la guerre par les militaires. Profitant de la réduction des commandes aussitôt après la fin du conflit, la Lockheed offrit sur le marché une cinquantaine d'exemplaires de ce nouvel appareil, mettant ainsi en route une production florissante qui devait rester active jusqu'au milieu des années 50. La première compagnie à mettre le Constellation en service fut la Pan American qui, le 3 février 1946, inaugura la ligne New York-Bermudes. Trois jours plus tard, la TWA entama les liaisons entre Washington et Paris et, à partir du 15 février, le Constellation fut utilisé sur les lignes intérieures. Le premier modèle entièrement civil fut le L-649, sorti en octobre 1946, amélioré et renforcé par rapport à son prédécesseur. Il fut suivi un an plus tard de la variante L-749, modifiée dans la disposition et dans la capacité des réservoirs de façon à permettre les vols sans escale entre New York et Paris. A cette version vint s'ajouter une sous-série (L-749A) munie d'un train d'atterrissage plus robuste et capable de transporter 2 200 kg de charge supplémentaire. Le Constellation, dans ces versions, connut un grand succès auprès des principales compagnies américaines (TWA et Pan American en tête) qui l'utilisèrent non seulement sur les lignes internationales, mais aussi sur les lignes intérieures. La production prit fin avec le 232e exemplaire.

Planche 133
Les derniers grands quadrimoteurs à pistons sont américains ; 1951-1954

Mais la carrière du quadrimoteur Lockheed fut relancée par l'apparition du Super Constellation. Apparemment c'était une variante de la série précédente, mais en réalité il s'agissait d'un appareil radicalement nouveau. Le premier prototype L-1049 vola le 13 octobre 1950 ; non seulement il avait un fuselage allongé de plus de 5,50 mètres, mais il comportait encore une série d'améliorations concernant la structure et les unités motrices. L'intérêt des compagnies fut immédiat : l'Eastern Air Lines commanda 10 exemplaires, suivie de la TWA avec 14 unités. Son activité régulière débuta le 15 décembre 1951. La version civile suivante fut la L-1049C (dérivant de la B qui était destinée à l'US Navy) équipée de moteurs plus puissants (les Wright Turbo Compound). Cet appareil vola le 17 février 1953 et fut fabriqué en 60 exemplaires. Parmi les principaux utilisateurs, la KLM hollandaise et la TWA. Il y eut

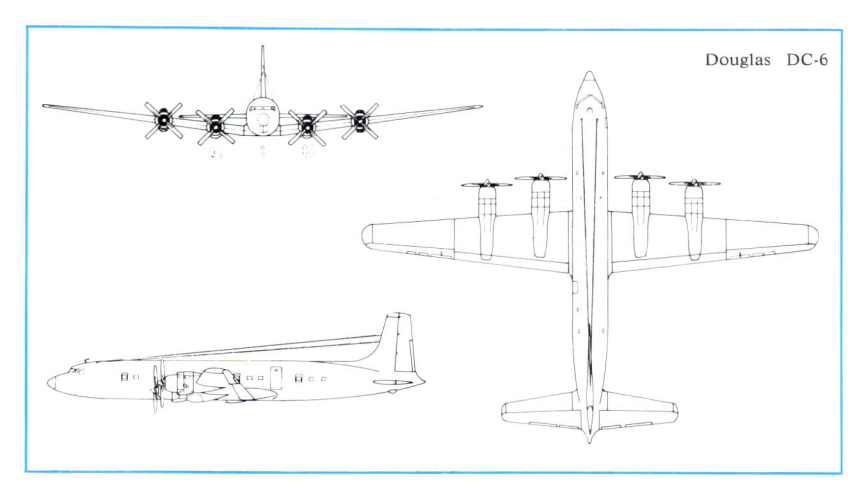

Douglas DC-6

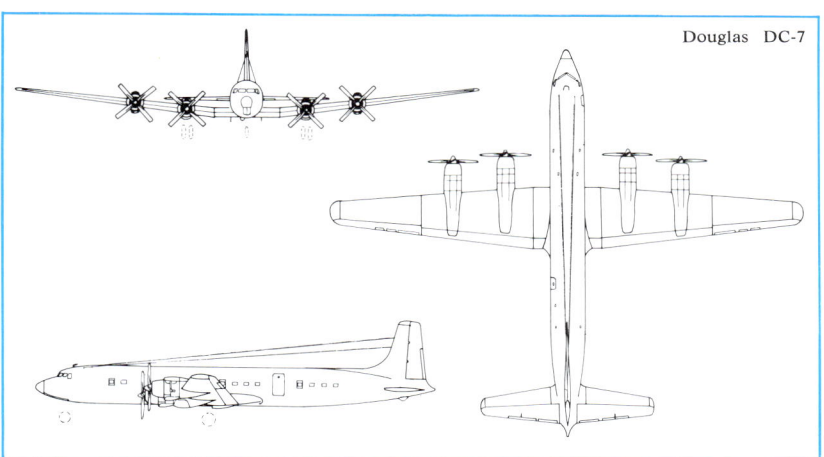

Douglas DC-7

capacité des réservoirs) et à améliorer définitivement l'appareil, en allongeant et en restructurant le fuselage et les ailes. La chaîne de montage fut fermée à la fin de 1958, avec le 121e exemplaire de DC-7C.

Planche 134
Avions anglais et suédois pour le transport moyen-courrier ; 1946-1948

En Grande-Bretagne, les efforts que, dans l'immédiat après-guerre, l'industrie aéronautique déploya dans le secteur du transport commercial à moyenne distance rencontrèrent un succès qui manqua en revanche dans le domaine des avions à grande capacité et longue autonomie. Il y eut différents modèles qui contribuèrent à la reprise des petites compagnies et assurèrent le prestige de la naissante BEA, filiale de la BOAC créée le 1er août 1946 pour exploiter les lignes européennes.

Le Bristol 170 se révéla un véritable « mulet » à tout faire. C'était un gros et fruste bimoteur spécialisé dans le transport mixte, qui rencontra une certaine popularité dans le service voyageurs-autos à travers la Manche. Conçu en temps de guerre et destiné à l'origine à la RAF, le Bristol 170 fut employé en service commercial après la fin du conflit. Il y eut 2 prototypes : le 170 Freighter 1 (premier vol le 2 décembre 1945), sous forme mixte, caractérisé par une large trappe à l'avant pour les chargements lourds ; le 170 Wayfarer 2A (4 avril 1946) aménagé en tout-passagers. La variante qui eut le plus de succès fut la première. Le Wayfarer, en effet, fut construit en 16 exemplaires seulement, dont la plupart furent exportés et convertis ensuite en cargos. En 1948 apparut le premier des 92 Freighter de la série initiale de production (21), plus robuste et plus puissante que le prototype, et ce fut avec ces appareils que la Silver City Airways conçut et mit en route une navette au-dessus de la Manche. Ce service fut inauguré le 13 juillet 1948 et se révéla une excellente initiative commerciale. La production du Bristol 170 se poursuivit avec la série 31, à l'empennage restructuré, et, à partir de 1953, avec la série 32, modifiée à l'avant pour permettre le transport de 3 automobiles au lieu de 2. Au total, il y eut 214 avions.

Le développement de la BEA sur les lignes européennes fut assuré par un bon bimoteur de ligne, qui resta en service de 1946 à 1954 : le Vickers Viking. Le premier des trois prototypes vola le 22 juin 1945 et, au terme d'une longue série de tests, la production fut mise en route avec

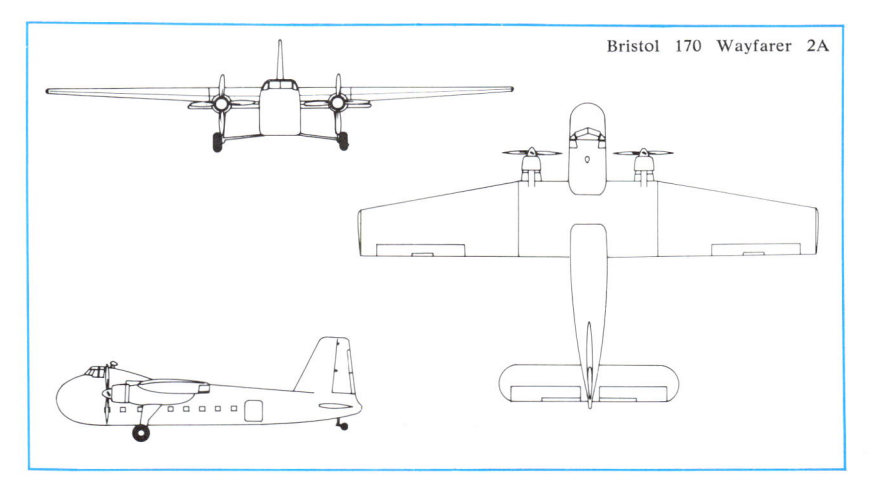

ensuite, en version passagers, 18L-1049E et 99L-1049G. Ce sont ces derniers qui furent les plus répandus de tous les Super Constellation : la première commande vint de la Northwest Airlines en janvier 1955, à un mois du vol du prototype, et fut suivie de celles des principales compagnies internationales. Au total, 254 Super Constellation furent fabriqués, avant que la Lockheed ne mît en chantier le modèle L-1649A Starliner, caractérisé par un fuselage encore plus long et de nouvelles ailes. Le prototype vola le 10 octobre 1956, mais l'avion eut une vie brève : les 43 exemplaires construits durent céder le pas aux premiers jets. Ils furent adoptés principalement par Air France, la Lufthansa et la TWA.

En dehors des produits Lockheed, une autre famille d'appareils célèbres marqua la fin du moteur à pistons dans le transport aérien, celle des Douglas DC-6 et DC-7, dernières expressions d'une tradition qui était née avec le DC-1 des lointaines années 30. Le Douglas DC-6 représenta l'évolution naturelle du DC-4. Plus grand et plus puissant, pressurisé, il réussit à remporter sur le marché le succès qui avait fait défaut à son prédécesseur. Le prototype commandé par l'armée vola le 15 février 1946. Ensuite, la Douglas décida d'entamer la production commerciale et la réponse des compagnies fut immédiate. La première à mettre en service le nouvel appareil fut l'United, en avril 1947, et la production de la première série totalisa 175 exemplaires. Deux ans plus tard apparurent les premiers des 75 DC-6A civils fabriqués (167 furent livrés à l'armée), améliorés et plus puissants, et, à partir de 1951, les 287 DC-6B qui constituèrent la version finale. Ces avions équipèrent pratiquement toutes les principales compagnies du monde et de nombreuses petites compagnies. Leur carrière se poursuivit jusqu'aux années 70.

Du DC-6B, la Douglas tira le DC-7, son successeur direct, dont le prototype vola pour la première fois le 18 mai 1953. La demande avait été formulée par l'American Airlines, qui voulait un avion capable de concurrencer les Super Constellation commandés par la TWA, sa rivale. Plus grand, plus robuste et plus puissant, le DC-7 fut construit en 120 exemplaires dans la version initiale. Suivirent 97 avions de la série B (premier vol le 25 avril 1955) destinés à être utilisés sur les lignes transatlantiques. La version finale fut la variante C dont le prototype parut le 20 décembre 1955. Pour ce modèle, la Douglas réussit à résoudre tous les problèmes qui se posaient pour les séries précédentes (bruit et faible

Bristol 170 Wayfarer 2A

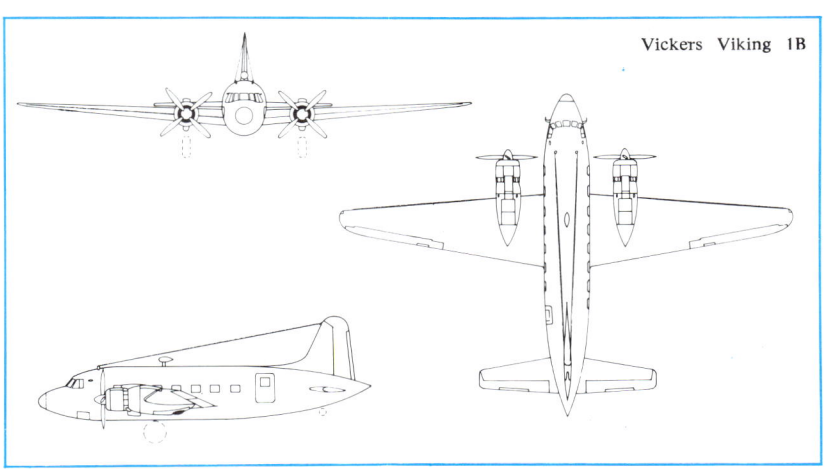

Vickers Viking 1B

341

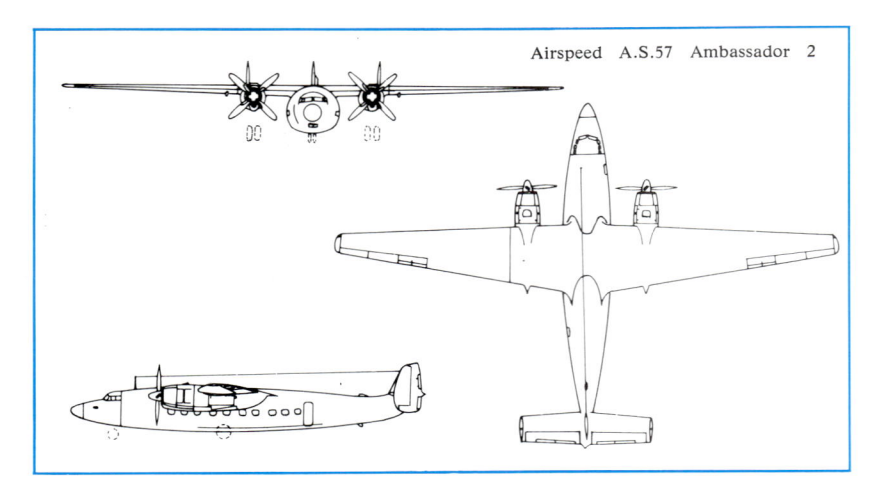

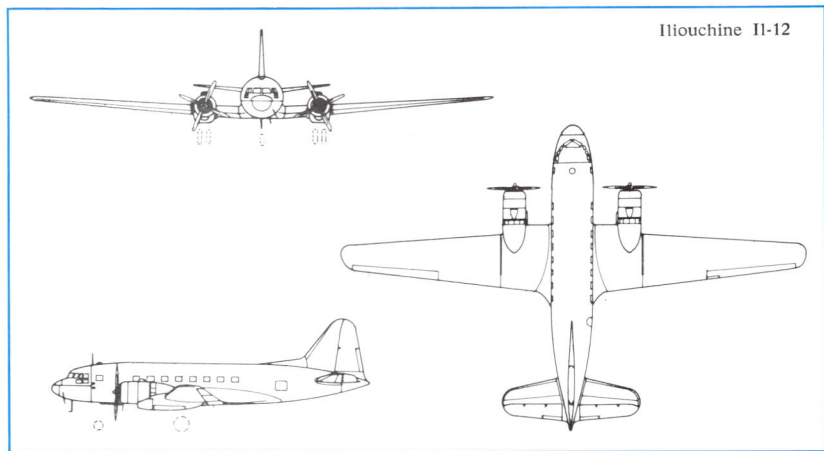

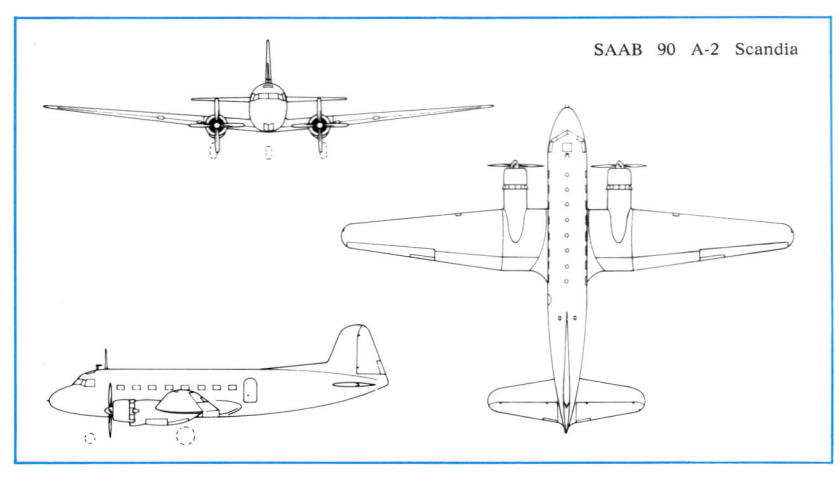

les séries initiales 1 et 1A (19 et 13 exemplaires se différenciant surtout par les ailes). Le 6 août 1946 apparut le prototype de la variante principale 1B, caractérisé par son fuselage allongé en vue d'augmenter sa capacité. La production fut de 161 exemplaires au total, dont la plupart entrèrent dans la compagnie britannique.

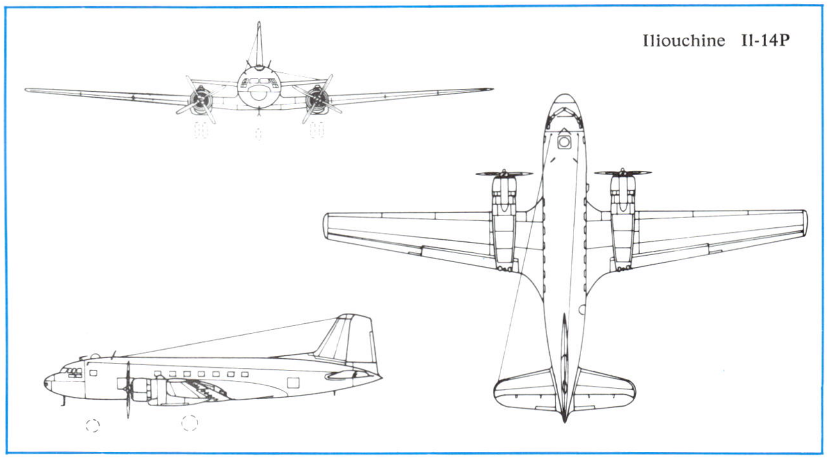

Le Viking connut aussi un brillant succès à l'exportation et sa carrière se poursuivit presque tout au long des années 50. L'activité du Viking sous les couleurs de la BEA fut secondée, à partir du 13 mars 1952, par celle d'un autre bimoteur à moyen rayon d'action, l'Airspeed A.S.57 Ambassador, qui resta en service jusqu'au 30 juillet 1958. Le prototype avait volé le 10 juillet 1947 et avait été suivi, le 26 août 1948, d'un second exemplaire expérimental, dont devait dériver la principale série de production, Ambassador 2. La BEA reçut le premier des 20 avions commandés le 22 août 1951 et, après presque sept mois d'essais et d'entraînement des équipages, il inaugura la liaison avec Paris. Les Ambassador furent les derniers avions à pistons en service auprès de la compagnie britannique.

L'importance, à l'époque, du transport à courte et moyenne distance nous est révélée par le fait que même l'industrie aéronautique suédoise entreprit la réalisation d'un substitut du DC-3. Ce fut le SAAB 90 Scandia, un bon bimoteur qui aurait certainement réussi à remplir son rôle si seulement il avait été construit en grande quantité. A peine 18 exemplaires (appelés A-2) furent en effet fabriqués avant que, du fait des besoins militaires, les chaînes de montage de la société scandinave ne soient complètement saturées, abandonnant toute production d'avions civils. Le prototype SAAB 90 A-2 vola le 16 novembre 1946 et la première commande arriva deux ans plus tard. Les utilisateurs du Scandia furent la SAS (à partir de novembre 1950) avec 8 exemplaires et la VASP brésilienne avec 9 avions. En 1957, cette dernière acheta également les appareils de la SAS et maintint la flotte en service jusqu'au milieu des années 60.

Planche 135
Avions destinés à l'Aeroflot dans l'immédiat après-guerre ; 1946-1958

Ce fut encore la nécessité de trouver un substitut à l'omniprésent DC-3 qui caractérisa la production aéronautique commerciale de l'Union soviétique dans l'immédiat après-guerre. Le bimoteur Douglas — qui dès 1942 avait été fabriqué sous licence sous le nom de Lisunov Li-2 et devait être produit à plus de 2 000 exemplaires —, malgré sa valeur certaine, n'était pas capable d'assurer les considérables programmes d'expansion prévus pour l'Aeroflot. Il fallait donc un autre appareil d'aussi bonne qualité et, surtout, plus moderne. Celui-ci fit son apparition au début de 1946 avec le prototype de l'Iliouchine Il-12, précurseur d'une florissante série de bimoteurs moyens dont la production devait approcher les 7 000 exemplaires au total. De nos jours encore, la variante finale Il-14 vole régulièrement en service de ligne, assurant des liaisons entre les pays de l'Est.

L'Aeroflot mit en service les nouveaux Il-12 le 22 août 1947 et, en l'espace de quelques mois, elle exploita avec ces appareils les principales lignes intérieures et internationales. L'activité des Il-12 fut intense et se poursuivit au cours des années 50 et 60, jusqu'au printemps 1965. Naturellement, l'avion fut diffusé dans de nombreux pays de l'autre côté du rideau de fer et connut un grand succès à l'exportation, y compris pour l'usage militaire. Au moins 3 000 exemplaires des différentes versions passagers et marchandises quittèrent les chaînes de montage. Parmi les principaux utilisateurs, en dehors de l'Aeroflot, il y eut la CSA tchécoslovaque et la LOT polonaise.

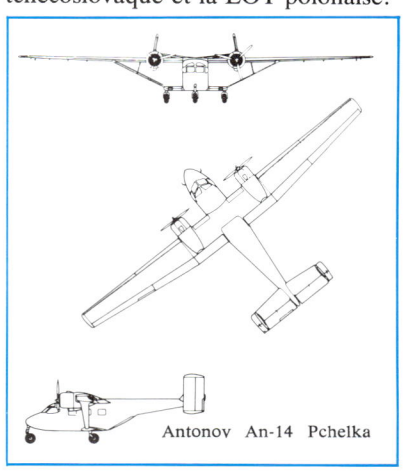

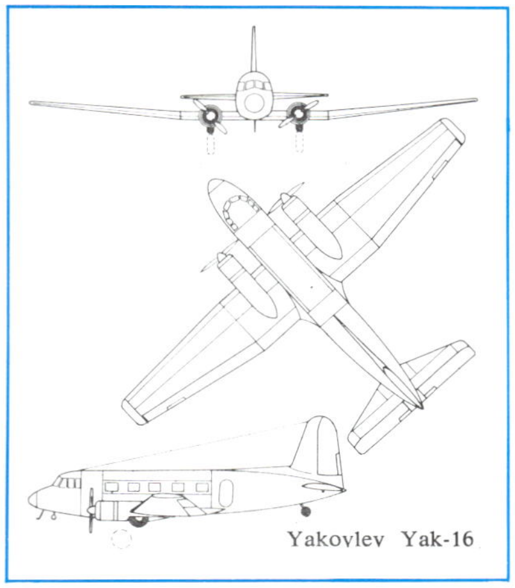

Le succès du Il-12 fut renouvelé en 1953 par celui de la seconde version principale Il-14, améliorée sur le plan de la structure et équipée d'unités motrices plus puissantes. Après la sortie du prototype, la production initiale fut affectée à l'armée. La première variante commerciale (Il-14P) fut mise en service par l'Aeroflot le 30 novembre 1954. Vint ensuite, en 1956, la version Il-14M, dotée d'un fuselage plus long et d'une plus grande capacité, et plus tard la variante 14G spécialisée dans le transport des marchandises. Le Il-14 fut exporté dans les pays du bloc de l'Est et même en Afrique et en Asie ; il fut construit sous licence en Allemagne de l'Est et en Tchécoslovaquie. L'Avia, en particulier, fabriqua également une version *executive* (Avia-14 Super) et une autre version pressurisée (Avia-14 Salon) avec une capacité s'élevant à 42 passagers. L'ensemble de la production, civile et militaire, dépassa les 3 600 unités.

Le succès des Il-12/14 éclipsa plusieurs projets datant de la même époque. Entre autres, celui du bimoteur Yakovlev Yak-16, manifestement peu compétitif à cause de sa faible capacité et de ses performances médiocres. Malgré son allure moderne, le Yak-16 fut refusé par l'Aeroflot en 1948, à la sortie du prototype, ce qui entraîna, malgré un important matraquage publicitaire, le désintérêt des pays satellites. On en construisit peu d'exemplaires ; certains furent mis en service sur les lignes commerciales tandis que d'autres furent cédés à l'armée.

Mais l'Aeroflot n'utilisa pas seulement des avions de ligne. L'expansion de la compagnie, en dehors des grands et modernes avions de transport, comporta aussi des milliers d'appareils légers destinés à tous les usages. Le plus connu de ces avions est sans conteste l'Antonov An-2, un biplan robuste et polyvalent sorti en 1947, encore fabriqué de nos jours (sous licence par la PZL-Mielec polonaise) et toujours en activité. L'An-2 s'est révélé un irremplaçable avion « à tout faire » et les nombreuses versions réalisées en font preuve : les principales sont la P pour le transport général, la S, la M et la R pour l'emploi agricole, la V hydravion, la L anti-incendie, la ZA pour les recherches météorologiques. La production a largement dépassé les 10 000 unités ; à elle seule, la PZL-Mielec avait fabriqué 7 500 exemplaires au début de 1978, en plus des plusieurs milliers d'avions provenant des usines soviétiques et de ceux construits sous licence en Allemagne de l'Est et en Chine.

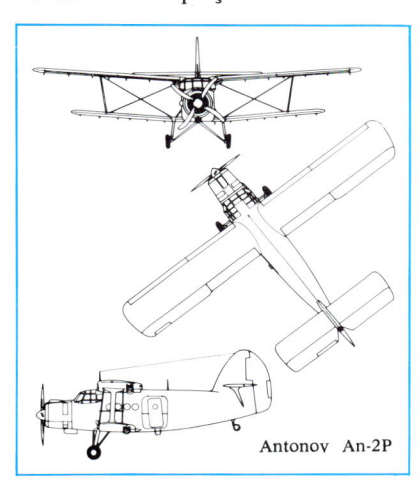

L'An-14 de 1958, baptisé *Pchelka*, (« abeille ») fut un autre avion léger polyvalent d'Antonov. Ce petit bimoteur (premier vol le 15 mars) fut mis en production en 1965, après une série de modifications portant sur les ailes et l'empennage. Il fut réalisé en 3 versions civiles de base : transport de passagers, avion-ambulance et travail agricole. La production dépassa les 300 exemplaires.

Planche 136
Le premier avion à turbopropulseur du monde, le Vickers Viscount, est anglais ; 1950-1960

De nouvelles vedettes firent bientôt leur apparition sur la scène de l'aviation commerciale du monde occidental. Ce fut l'industrie britannique qui, après la crise de l'immédiat après-guerre, récupéra d'un seul coup la position qu'elle avait perdue au profit de l'industrie américaine et se plaça de nouveau en tête. Le mérite de ce nouveau succès revint essentiellement aux nouveaux propulseurs à réaction, domaine où l'Angleterre, dès l'époque de la guerre, s'était montrée à l'avant-garde.

Sur le plan strictement commercial, ce fut l'avion à turbopropulseur qui s'imposa le premier sur le marché. Le 29 juillet 1950, la BEA mit en service expérimental sur les lignes Londres-Paris et Londres-Edimbourg le prototype Vickers Viscount 630, le premier avion du monde à turbopropulseur pour passagers, marquant ainsi une nouvelle étape dans l'histoire de l'aviation britannique, et même mondiale. L'utilisation régulière du nouvel appareil commença le 17 avril 1953 et, dès lors, les 444 Viscount construits jusqu'en 1959 se virent disputés par les compagnies européennes et américaines. Le prototype V.630 avait volé le 16 juillet 1948 et le premier avion de production de la série 700 le 1er avril 1950. La seconde série principale fut la 800 (de 1952), plus grande, plus robuste et plus puissante. Les variantes furent très nombreuses : il y en eut pratiquement une pour chaque client. Le 30 juin 1979, les Viscount en service étaient encore au nombre de 91.

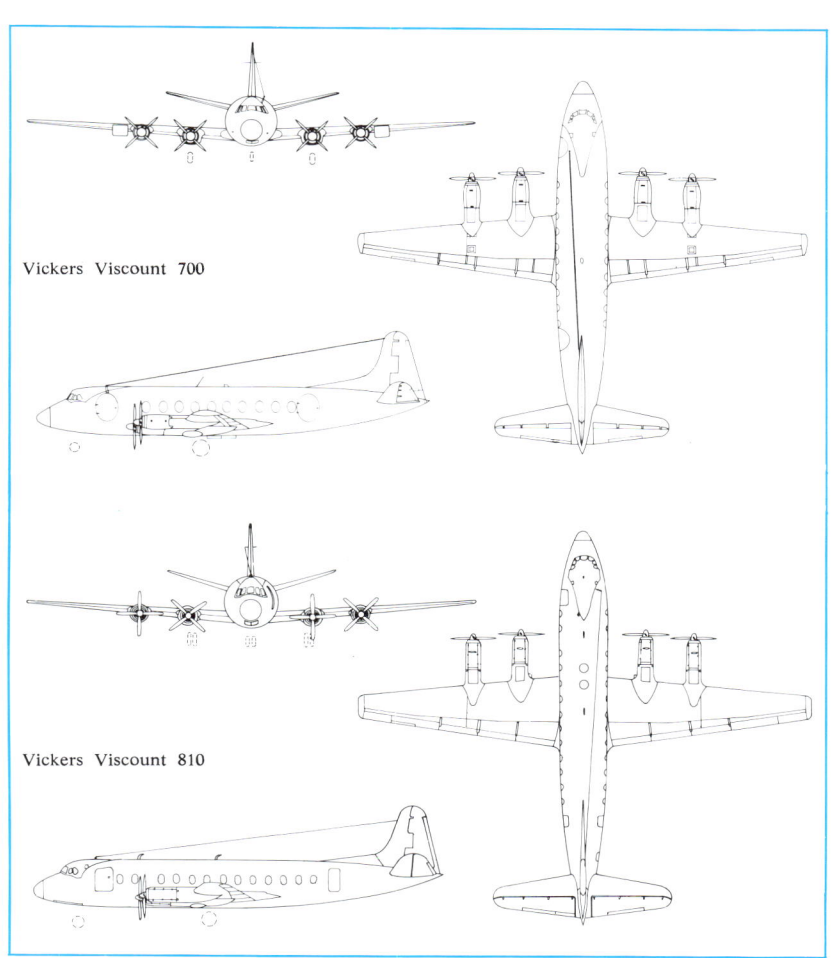

D'autres constructeurs britanniques, au cours des années 50, réalisèrent de bons avions commerciaux à turbopropulseur. Dans le domaine du transport moyen, l'un des plus connus fut le Handley Page H.P.R.7 Herald (premier vol le 25 août 1955) à moteurs à pistons. Le prototype sortit le 11 mars 1958 et la production fut mise en route l'année suivante avec la série 200, au fuselage plus long et à la capacité accrue. C'est ce dernier élément qui caractérisa les principales versions suivantes : la version 400, destinée à l'armée, la 600 et la 700. Vers le milieu de 1979, les Herald en service de ligne étaient au nombre de 36. L'Avro 748, de la même catégorie, mais de bien meilleure qualité, sortit comme prototype le 24 juin 1960, dernier projet de l'Avro avant que la glorieuse société ne soit absorbée par le groupe Hawker Siddeley. L'idée de base qui guida les auteurs du projet — et qui assura le succès de l'appareil — fut d'abaisser au minimum les coûts de gestion et d'élever le plus possible les niveaux d'utilisation de l'avion. Cette démarche porta bientôt ses fruits : à la fin de 1959, avant le vol du prototype, une demande de construction sous licence avait déjà été formulée par le gouvernement indien, qui avait choisi le 748 comme

Vickers Viscount 700

Vickers Viscount 810

Antonov An-2P

Handley Page H.P.R.7 Herald

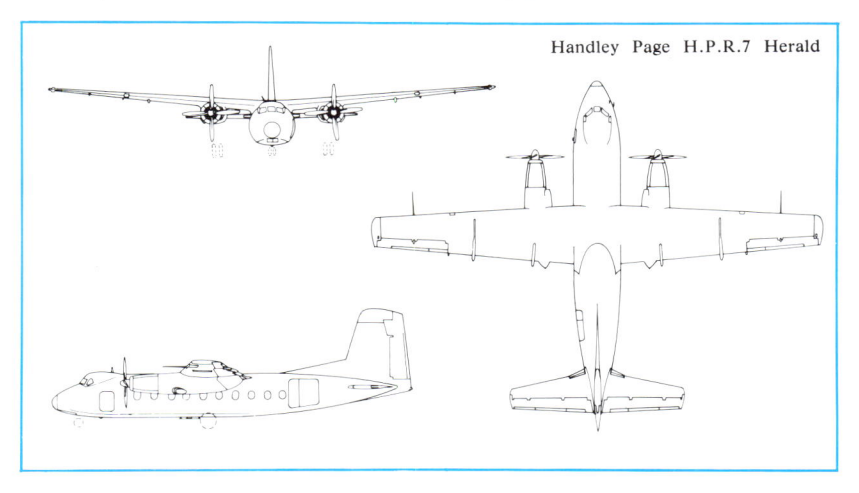

Avro 748 Series 1

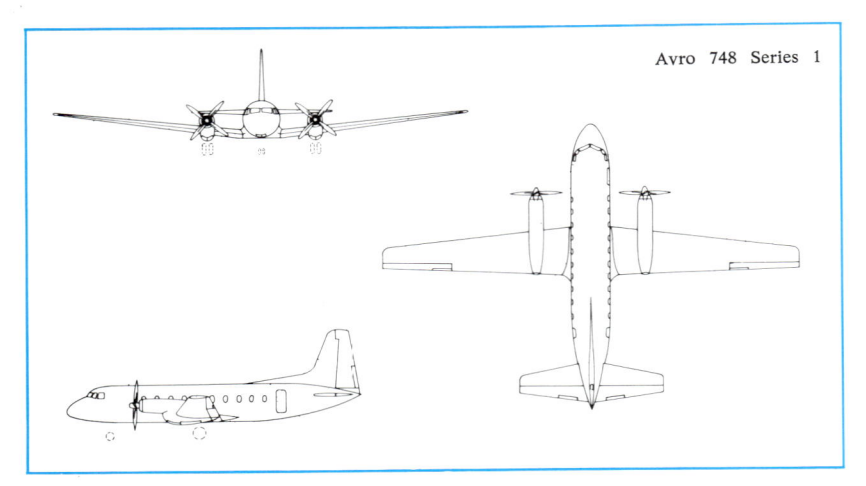

avion de transport militaire. La production se poursuivit sans interruption à partir de 1960. Les séries principales furent la série 1 initiale et la 2 de 1961, améliorée et plus puissante. Les sous-séries qui s'imposèrent plus particulièrement sur le marché civil furent la 2A et la 2B. Au milieu de l'année 1980, sur les 748 appareils construits au total, il y avait 264 exemplaires commerciaux, plus de 60 avions en versions militaires réalisés en Inde et une trentaine destinés à la RAF.

La turbopropulsion trouva dans l'Union soviétique un autre fervent adepte. L'Antonov An-24 fut l'homologue et le contemporain du Herald et du 748. C'était un robuste bimoteur polyvalent (dont le prototype sortit le 20 décembre 1959) conçu pour remplacer les vieux Iliouchine Il-12 et Il-14. Les principales variantes de la production commerciale furent la V et la T (cette dernière pour le transport des marchandises). Au total, y compris les modèles militaires, les bimoteurs Antonov ont été construits à plus de 11 000 exemplaires : de nos jours encore, ils volent régulièrement dans les pays du bloc de l'Est et chez leurs alliés. Mais l'activité de l'industrie soviétique dans le domaine des turbopropulseurs s'étendit bientôt au secteur des gros avions de transport. L'Antonov An-10 (dont le prototype sortit le 7 mars 1957 et qui fut mis en service par l'Aeroflot le 22 juillet 1959) fut le premier géant de cette catégorie. Dans la version An-10A, sa capacité était de 100 passagers. La production totale dépassa les 300 exemplaires.

Planche 137
Naissance en Europe du transport civil à réaction ; 1952-1964

Ce fut à nouveau la Grande-Bretagne qui, sur le plan mondial, remporta la victoire suivante, celle de l'avion de transport commercial « tout-jet ». On assista à une lutte acharnée et passionnante qui vit directement aux prises les deux grandes puissances industrielles situées de part et d'autre de l'Atlantique. Les Anglais arrivèrent au but avant les Américains, mais ils payèrent leur succès par de lourds sacrifices et de profondes déceptions, liés au sort de l'appareil qui rendit possible ce résultat : le De Havilland D.H.106 Comet.

L'histoire du Comet commence en 1944, au moment où le Brabazon Committee proposa la construction d'un avion de transport civil propulsé par des moteurs à réaction. La De Havilland, dont un des projets était déjà prêt, le perfectionna avec l'aide de la BOAC et, stimulée par la compétition avec l'industrie américaine, elle transforma l'idée originelle en un programme beaucoup plus ambitieux, qui visait à réaliser un avion commercial à mettre en service sur la ligne prestigieuse de l'Atlantique Nord. Le travail dura longtemps. Le premier prototype vola le 27 juillet 1949 et fut aussitôt soumis à une longue série de tests ; au cours de cette phase, il fut rejoint le 27 juillet 1950 par un second exemplaire expérimental. Entre-temps, on avait mis en route la production de 10 Comet 1 commandés par la BOAC. Le premier d'entre eux fut livré en janvier 1951, et le dernier au mois de septembre de l'année suivante. Le 2 mai 1952 fut une date historique : la compagnie britannique inaugura le premier service régulier de passagers sur la ligne Londres-Johannesburg. Ce fut un succès mondial. Par la suite, on mit en chantier les variantes 1A (autonomie et capacité accrues), 2 et 3, ultérieurement améliorées et rendues plus puissantes. Mais l'enthousiasme fut refroidi par une série d'incidents inexplicables qui, le 2 mai 1953, le 10 janvier et le 8 avril 1954 provoquèrent la destruction en vol de trois avions de la BOAC. Toute la flotte des Comet fut consignée au sol et une enquête fut aussitôt ouverte pour déterminer la cause des accidents, qui présentaient de curieuses analogies. Le verdict fut rendu en automne 1954 : faiblesse de la structure provoquant une décompression explosive.

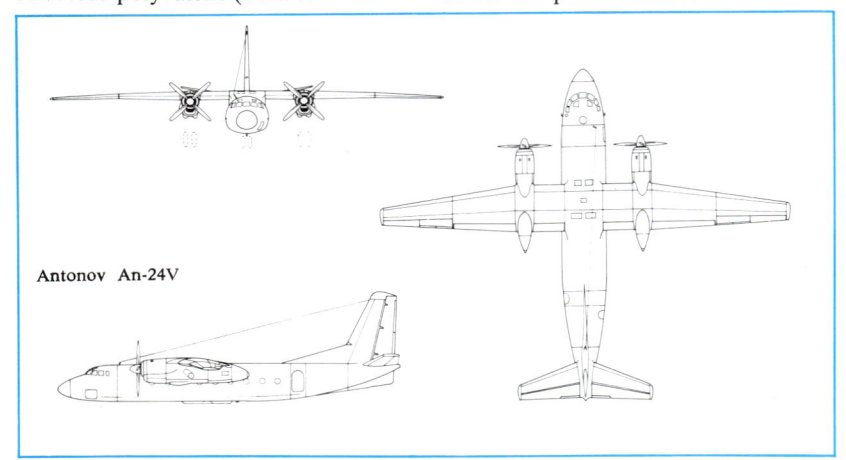

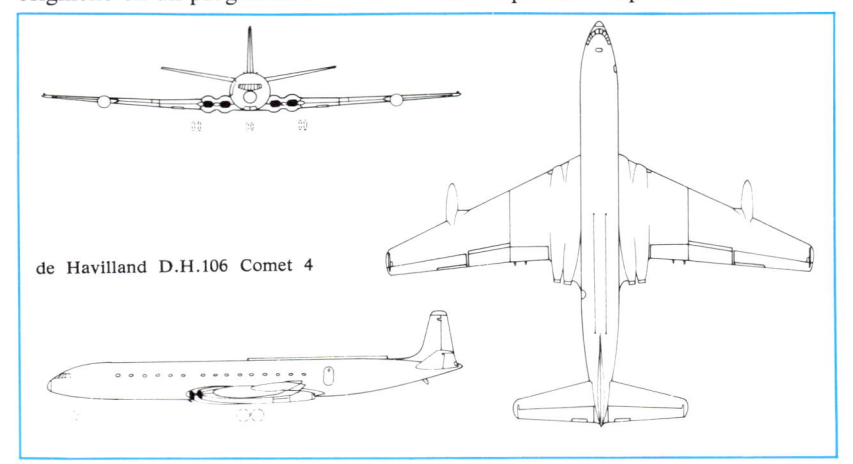

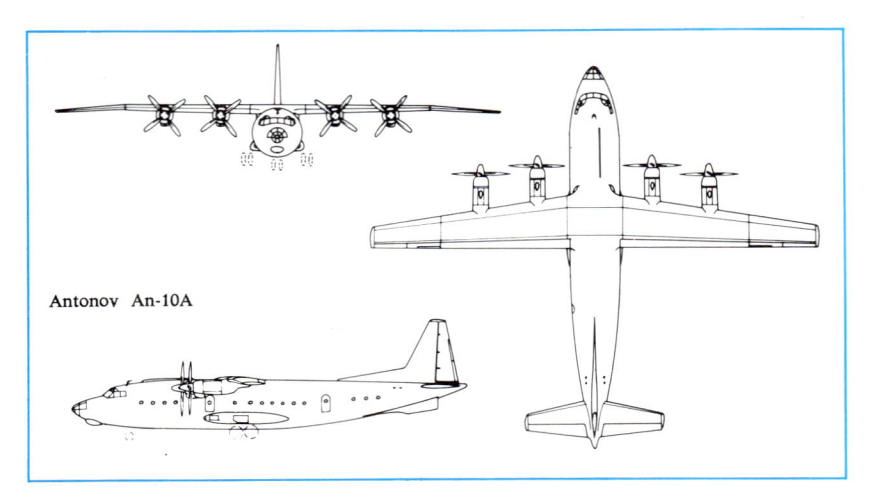

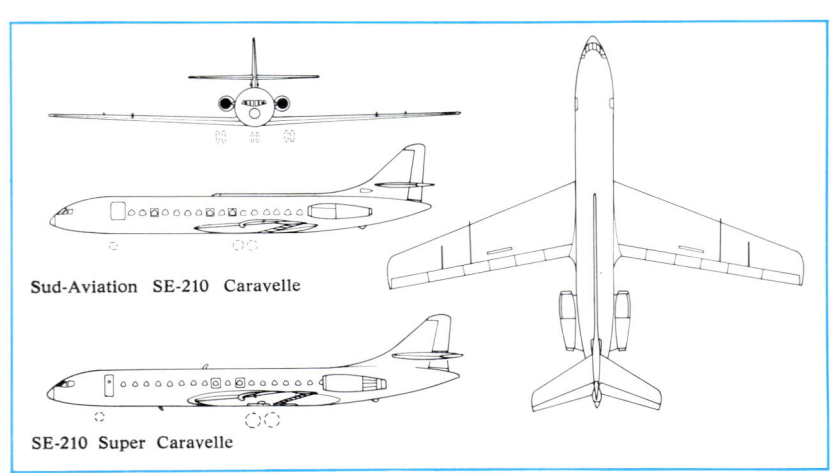

Antonov An-24V

de Havilland D.H.106 Comet 4

Antonov An-10A

Sud-Aviation SE-210 Caravelle

SE-210 Super Caravelle

Le programme ne put être remis en marche par la De Havilland qu'en revoyant le projet : le nouveau Comet 4 sortit comme prototype le 27 avril 1958, alors que les jets américains avaient alors monopolisé le marché international. La production ne s'en poursuivit pas moins avec les variantes 4B et 4C de 1959. En dehors de la BOAC et de la BEA, ces Comet furent surtout adoptés par des compagnies sud-américaines et africaines. Le 30 juin 1979, 7 Comet étaient encore en service commercial régulier.

Mais l'Europe releva une deuxième fois le défi américain. Ce fut le tour de la France, avec son Sud-Aviation SE-210 Caravelle, un bon biréacteur polyvalent qui fut le précurseur d'une formule de construction devenue classique dans les générations suivantes d'avions de transport à court et moyen rayon d'action. Le prototype Caravelle vola pour la première fois le 27 mai 1955, un peu moins de deux ans après le lancement du projet. Le succès commercial fut favorisé par une intelligente politique d'encouragement de la part du gouvernement français : les premiers exemplaires furent commandés par Air France, qui mit en ligne les nouveaux jets le 12 mai 1959 sur la route Paris-Rome-Istanbul. D'autres compagnies européennes l'imitèrent et la production arriva bientôt à son rendement maximal. Sur les chaînes de montage suivirent la Caravelle IA (premier vol le 11 février 1960) modifiée au niveau des moteurs et la Caravelle III (premier vol le 30 décembre 1959) dotée de propulseurs plus puissants, d'une plus grande capacité et de meilleures performances, qui entra d'abord en service avec l'Alitalia le 23 mai 1960. En 1961 apparut la Caravelle VI dans les versions N et R, cette dernière étant destinée à l'United américaine. Un an après, on mit au point la première variante équipée de moteurs Pratt & Whitney : la Caravelle 10B ; il y eut ensuite les versions 10R et Super B, rebaptisée Super Caravelle (3 mars 1964). Les séries finales furent la 11 et la 12, l'une et l'autre caractérisées par un allongement sensible du fuselage et une configuration très dense. Le prototype de la Caravelle 11 vola le 21 avril 1967 ; celui de la Caravelle 12 le 29 octobre 1970. La production globale prit fin avec le 280ᵉ exemplaire.

Planche 138
Le Boeing 707 et le Douglas DC-8 deviennent aussitôt les plus populaires ; 1957-1967

La revanche de l'industrie américaine sur celles des pays européens fut écrasante. Ce furent les deux géants Boeing et Douglas qui lancèrent sur le marché international les premiers appareils à réaction fiables et économiquement rentables : le 707 et le DC-8, avions de transport qui ont marqué de leur empreinte plus de vingt années d'aviation commerciale.

Le premier des deux à entrer en service régulier fut le Boeing 707, la version initiale de production 120, sous l'insigne de la Pan American, le 26 octobre 1958. Le projet avait été conçu en 1946 par la Boeing qui, à l'époque, était déjà très avancée dans la réalisation du bombardier B-47. L'expérience et les données accumulées au cours du programme militaire furent d'une grande utilité pour la mise au point du modèle commercial, même si l'entreprise fut freinée par une relative indifférence du marché, peu disposé à accepter sur le papier un appareil aussi révolutionnaire. La Boeing, en tout cas, prit la seule décision possible, si hasardeuse qu'elle ait été sur le plan financier : en avril 1952, elle débloqua 16 millions de dollars pour mener le projet à bien. Le risque fut bien calculé : le prototype (appelé dans la maison Model 367-80, mais rebaptisé ensuite Dash Eighty) fut construit dans le plus grand secret et vola pour la première fois le 15 juillet 1954, donnant le signal d'une longue série de tests opérationnels. La première réponse parvint de l'U.S.A.A.F. qui, le 1ᵉʳ septembre, commanda 29 exemplaires destinés à servir de citernes volantes (KC-135). Ce fut là le début d'une cascade de commandes militaires et aussi du succès sur le marché civil. Enhardies par la décision de l'U.S.A.A.F., les compagnies commencèrent à se montrer intéressées.

La première fut la Pan American qui, le 13 octobre 1955, commanda 20 exemplaires. Trois ans plus tard, la Boeing avait livré 184 appareils. En 1967, aux 568 Boeing 707 de différentes séries déjà sortis des ateliers s'en ajoutèrent 150 autres sur la liste d'attente. En comptant le « cadet » Boeing 720, la production a atteint les 940 exemplaires. Les principales variantes de base furent la 707-120 (premier vol le 20 décembre 1957) et la 707-320 (11 janvier 1959), cette dernière se caractérisant par des dimensions et une capacité supérieures, en vue de l'emploi intercontinental. Les sous-séries furent nombreuses, variant selon les moteurs employés et la nature de la cargaison. Au début des

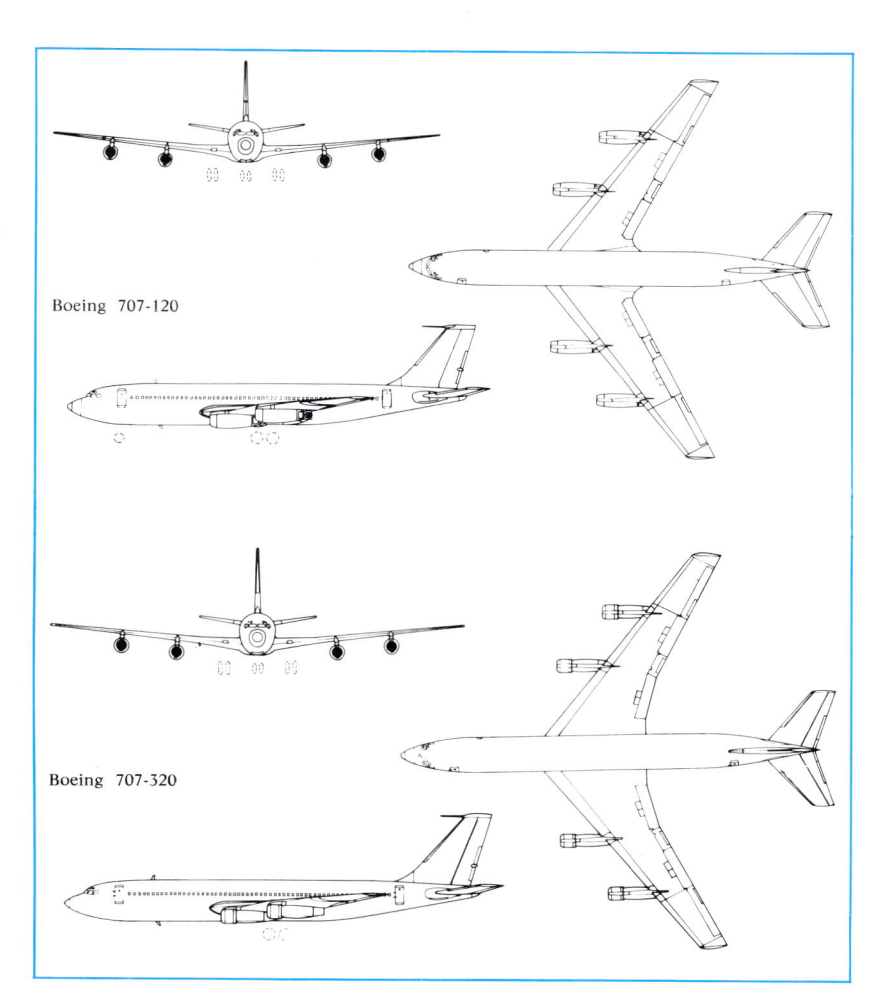

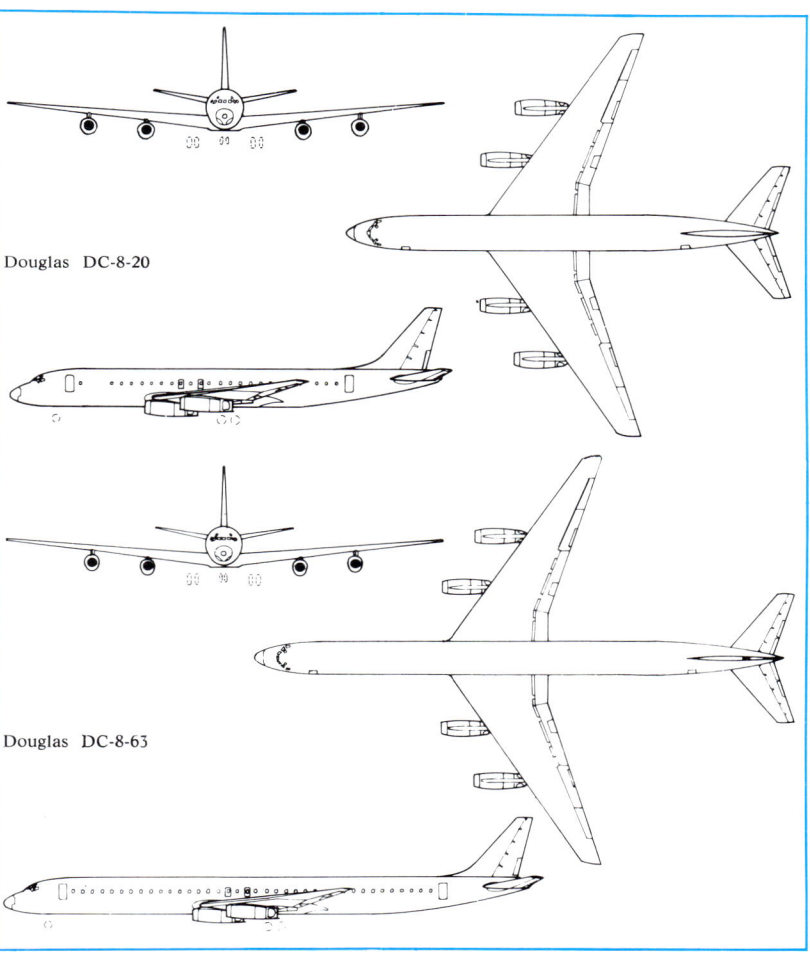

Boeing 707-120

Boeing 707-320

Douglas DC-8-20

Douglas DC-8-63

345

années 80, plus de 500 Boeing 707 étaient en service régulier.

Le grand rival fut le Douglas DC-8, le second avion commercial à réaction réalisé par l'industrie américaine, qui le disputa sans cesse au 707, se révélant tout aussi efficace et compétitif. Le projet fut mis en route le 7 juin 1955 et la Douglas, bénéficiant de la forte demande qui caractérisait à présent le marché, consacra tous ses efforts de production sur un seul modèle de base, qui ne changea qu'au milieu des années 60, quand elle réalisa les trois versions de la série Super Sixty, dotées d'un fuselage allongé de plus de 11 mètres et d'une capacité pratiquement doublée. Le prototype DC-8-10 vola pour la première fois le 30 mai 1958 et fut suivi par les premiers exemplaires des quatre autres séries de base : DC-8-20, plus puissante ; DC-8-30 pour les liaisons internationales (premier vol le 21 février 1959) ; DC-8-40 avec moteurs britanniques Rolls-Royce Conway (23 juillet 1959) ; DC-8-50, avec propulseurs Pratt & Whitney à double flux (20 décembre 1960). La première compagnie à demander le nouvel appareil fut encore une fois la Pan American, avec 25 exemplaires en octobre 1955, et le succès commercial fut si grand que, le jour du premier vol du prototype, les commandes étaient passées à un total de 130 exemplaires. Les DC-8 des séries 10-50 atteignirent le chiffre de 294. La seconde phase de production commença en avril 1965, lorsque la Douglas annonça les trois nouvelles versions allongées : la 61 (premier vol le 14 mars 1966) ; la 62 (29 août) dotée de nouvelles ailes ; la 63 qui réunissait les améliorations apportées aux versions précédentes. Ces DC-8 furent fabriqués en 262 exemplaires, y compris les variantes tout-marchandises. Leur succès dépassa même celui des séries initiales, grâce en particulier à l'excellent rapport charge-autonomie. A la fin de 1979, la flotte totale approchait les 500 unités.

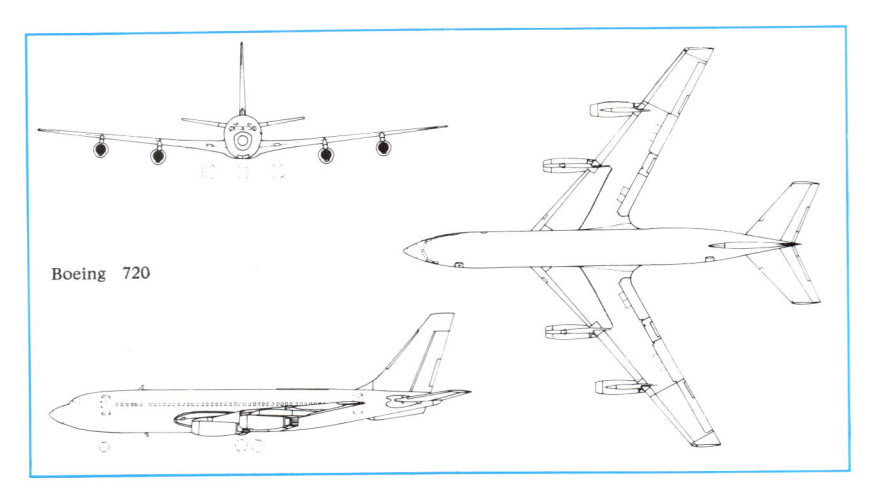

Planche 139
Transports à réaction moyen-courriers américains et soviétiques ; 1957-1961

La série des quadrimoteurs Boeing fut complétée par le modèle 720 qui, tout en portant un sigle différent, ne fut autre qu'une version de base du 707 conçue pour opérer plus économiquement sur les distances plus courtes. Ce « frère cadet » de la famille fut annoncé en juillet 1957 et le prototype vola deux ans plus tard, le 23 novembre. Le succès commercial ne se fit pas attendre. La première compagnie à utiliser le 720 fut l'United, le 5 juillet 1960, avec une flotte qui atteignit 29 exemplaires ; elle fut rapidement suivie par les autres compagnies américaines desservant les lignes intérieures. En octobre 1960 apparut la version 720B, équipée de turboréacteurs JT3D-1 à double flux qui améliorèrent sensiblement les performances et l'autonomie. Ces avions mis en service le 12 mars 1961 par l'American Airlines, se répandirent sur le marché étranger. En juin 1979, les 720 en vol atteignaient le total de 96.

Le domaine du moyen rayon d'action attira un troisième concurrent de taille, la Convair, qui entra en lice avec la Boeing et la Douglas. L'avion qui devait relever le défi fut le modèle 880, un quadriréacteur ressemblant beaucoup au 707 de la Boeing, qui vola le 27 janvier 1959. Malgré ses excellentes performances, surtout pour la vitesse, le Convair 880 ne réussit pas à l'emporter sur le plan commercial. Les 65 exemplaires fabriqués (dont 18 dans une version destinée aux lignes intercontinentales, la M) allèrent à des compagnies mineures. Le même sort fut réservé au modèle 990, plus puissant (premier vol le 24 janvier 1961), qui fut construit en une dizaine d'unités. Trois exemplaires étaient encore en activité en 1979.

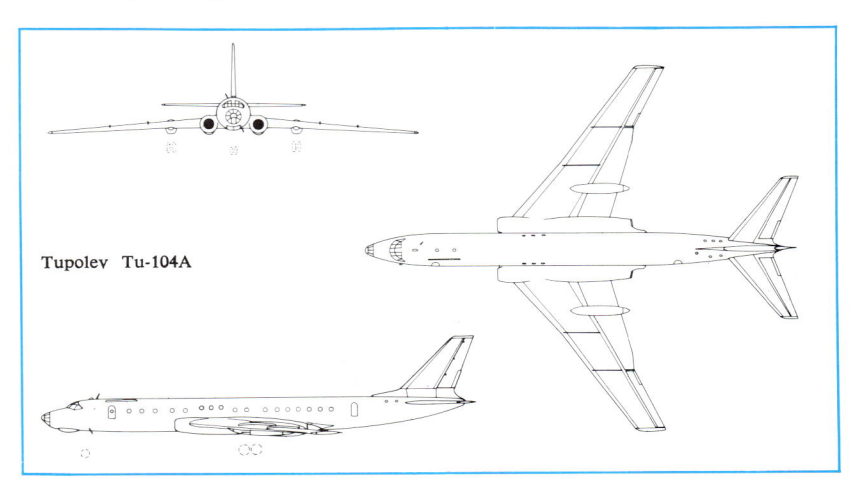

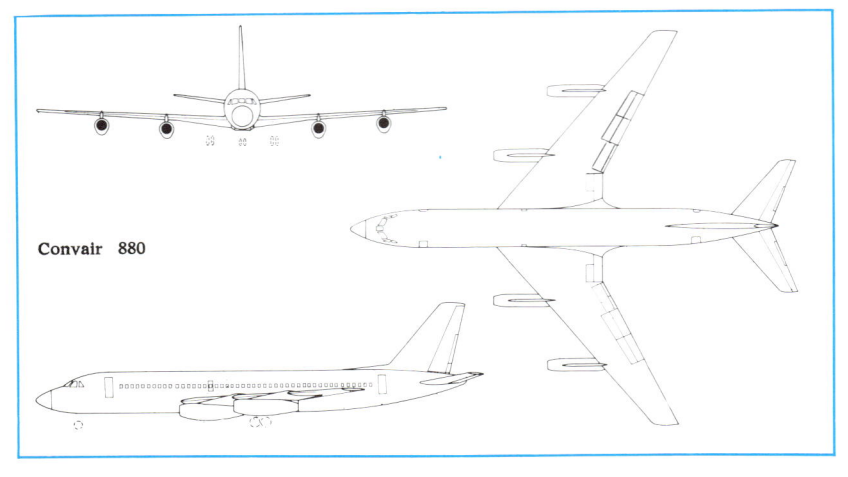

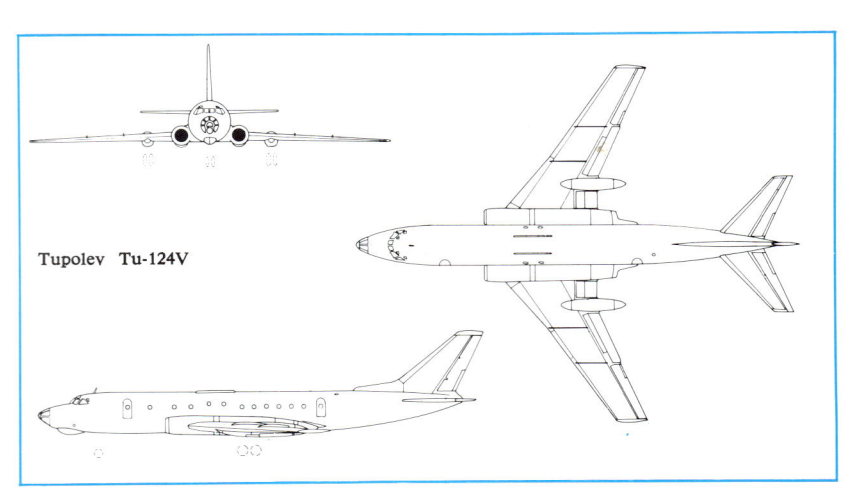

Dans la course entre la Grande-Bretagne et les États-Unis pour le jet commercial, l'Union soviétique réussit à s'immiscer avec succès. L'avion qui, entre le premier vol de ligne du Comet et le premier du Boeing 707, entra dans l'histoire comme le seul avion de transport opérationnel au monde fut le Tupolev Tu-104 qui, du 15 septembre 1956 au 4 octobre 1958 (date de la reprise de l'activité régulière du Comet), profita de l'absence de concurrents pour s'imposer à l'attention des milieux aéronautiques internationaux. Le projet fut établi en 1953 et rapidement élaboré, grâce à l'expérience fournie par la fabrication du bombardier Tu-16. Le prototype vola le 17 juin 1955 et, le 3 juillet, il fut présenté à l'aéroport de Toucino. Presque quatre mois plus tard, le 22 mars 1956, l'avion fut conduit à Londres par un vol spécial et y fit sa première apparition officielle dans le monde occidental, provoquant une forte impression sur l'assistance. Le service régulier fut mis en route le 15 septembre sur la ligne Moscou-Omsk-Irkoutsk. Les Tu-104 de la production initiale ne furent pas plus d'une vingtaine ; les chaînes de montage commencèrent bientôt à fabriquer les premiers exemplaires de la seconde version Tu-104A dotée de moteurs plus puissants et d'une plus grande capacité. Le prototype de la nouvelle série fut présenté en juin 1957 et donna immédiatement la preuve de ses possibilités, battant une série de records dans sa catégorie : 20 053 kg de charge à 2 000 m et 11 221 m d'altitude (6 septembre) ; cinq jours plus tard, fut également battu le record de vitesse en circuit fermé de 2 000 kilomètres avec une charge de 1 000 et de 2 000 kg (897,498 km/h) ; le 24 septembre, le Tu-104A battit le même record sur 1 000 kilomètres avec des charges de 1 000, 2 000, 5 000 et 10 000 kg, volant à la vitesse de 970,821 km/h. L'année suivante, enfin, apparut la variante finale Tu104-B, d'une capacité pratiquement doublée et dotée d'unités motrices encore plus puissantes. Ces avions entrèrent en service le 15 avril 1959 sur la ligne Moscou-Leningrad et s'ajoutèrent aux appareils des versions précédentes sur les principales lignes exploitées par l'Aeroflot. La production globale du biréacteur Tupolev a été estimée à environ 200 exemplaires.

Après deux ans d'expérience dans la gestion d'un service de jets, l'Aeroflot commanda un avion de plus faible capacité pour l'employer sur les courtes et moyennes distances. Celui-ci fut à nouveau réalisé par Tupolev et, bien qu'il constituât une variante à échelle réduite du Tu-104, il se révéla un appareil encore meilleur, grâce en particulier à ses nouveaux turboréacteurs à double flux. Le prototype du Tupolev Tu-124 vola en juin 1960 et son service sous l'insigne de l'Aeroflot (qui reçut la presque totalité de la centaine d'exemplaires construits) commença le 2 octobre 1962 sur la ligne Moscou-Tallinn. L'activité du Tu-124 prit bientôt de l'ampleur, et en 1964 le réseau de lignes couvert par ces avions atteignit 36 570 kilomètres. Deux ans plus tard, les Tu-124 servaient sur plus de 70 lignes intérieures et, durant la seule année 1967, ils transportèrent deux millions de passagers. Ces avions furent également utilisés par les compagnies de certains pays satellites, dont la CSA tchécoslovaque, qui en mit 3 en ligne.

Planche 140
Les premiers avions « tout-cargos » équipés de turbine sont britanniques ; 1959-1970

Le trafic passagers ne fut pas le seul à bénéficier de la propulsion à turbine. Des avions spécialisés dans le transport des marchandises se répandirent à un rythme croissant et, même si dans la plupart des cas il s'agissait d'appareils de formule mixte (c'est-à-dire pouvant passer rapidement de la forme « cargo » à la forme passagers et vice-versa), ils donnèrent naissance à une nouvelle génération d'avions commerciaux. Le moteur à turbopropulseur se révéla particulièrement adapté à cet emploi et le premier avion de transport de ce genre, équipé de propulseurs, fut britannique : l'Armstrong Whitworth A.W.650 Argosy. Le projet fut lancé en 1956 et le prototype vola deux ans plus tard, le 8 janvier. Persuadée du futur succès commercial de son nouveau quadrimoteur, l'Armstrong Whitworth mit aussitôt sur pied une chaîne de montage pour 10 exemplaires. Cette politique se révéla particulièrement perspicace, car les premières commandes furent passées par une compagnie américaine, la Riddle Airlines, qui acquit 7 Argosy de la série initiale de production (MK.100). Ces appareils furent mis en ligne le 15 janvier 1961. Le fait d'avoir « percé » sur le marché américain, traditionnellement le plus difficile, finit par convaincre également la BEA, qui commanda les 3 avions restants quelque temps après. Les Argosy de la compagnie britannique furent appelés MK.102. La majeure partie de la production (56 exemplaires) fut livrée à la RAF.

L'Union soviétique s'engagea à fond dans la réalisation de grands avions de transport cargos et mixtes. L'ingénieur qui finit par se spécialiser dans ce genre de construction fut Oleg Antonov. Presque en même temps que le spacieux An-10, il mit

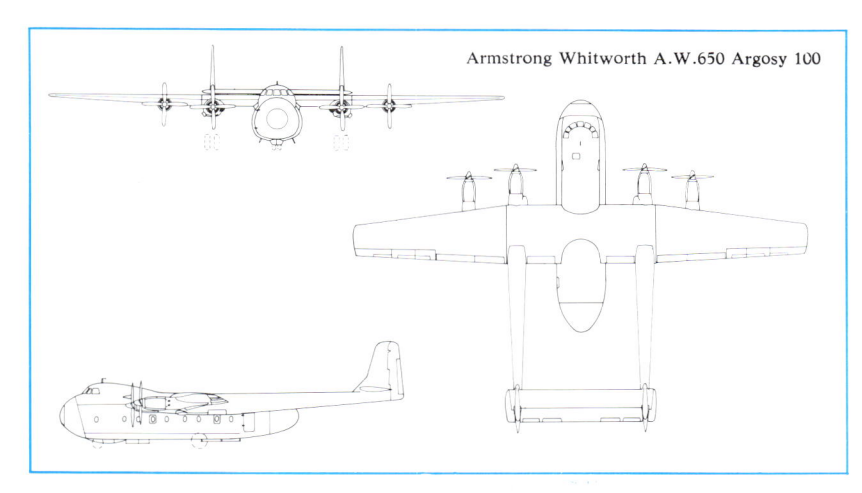

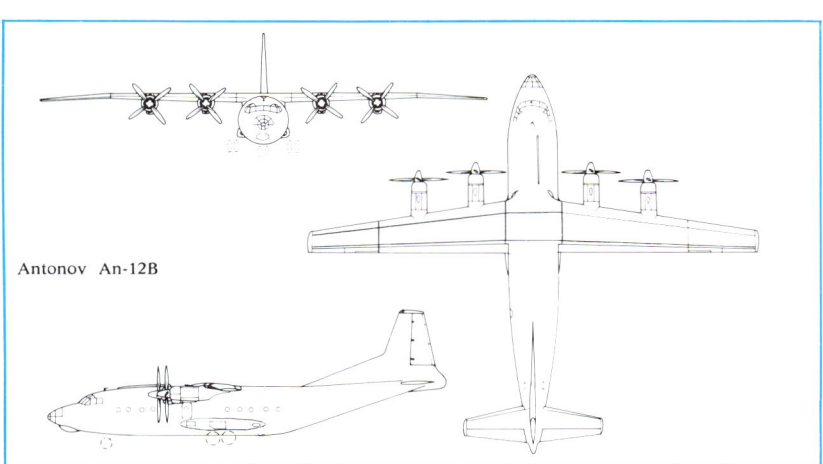

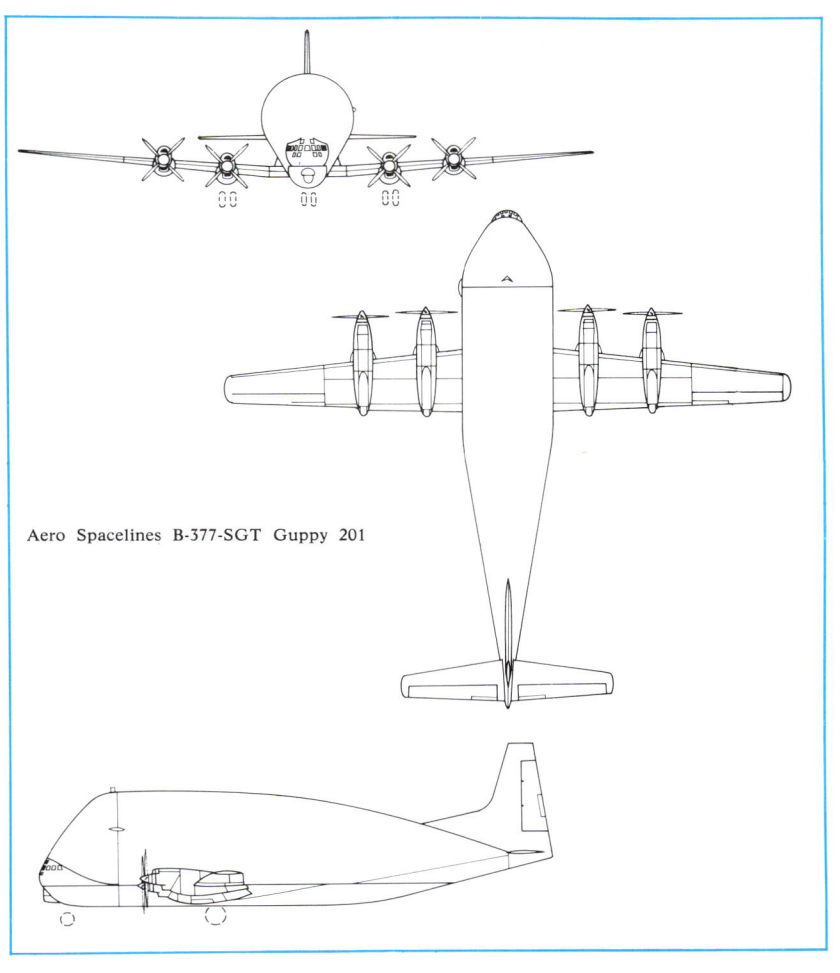

Armstrong Whitworth A.W.650 Argosy 100

Antonov An-12B

Aero Spacelines B-377-SGT Guppy 201

au point un successeur analogue, destiné au transport de charges de grandes dimensions, l'An-12. La production fut presque totalement affectée à l'armée, mais une certaine quantité de ces appareils serviront sous les couleurs de l'Aeroflot. La variante commerciale fut l'An-12B, mis en service régulier le 3 février 1966, sur la ligne Moscou-Paris. Un an plus tard, ces avions furent également utilisés sur les plus longues et les plus importantes lignes intérieures soviétiques. Le service international s'étendit ensuite à la ligne Moscou-Djakarta.

Parmi les nombreux « cargos » construits, il faut mentionner, pour leur configuration insolite, les différents Guppy réalisés par l'Aero Spacelines à partir de 1962. Ces appareils fabriqués en petit nombre, bien qu'étant des adaptations du vieux quadrimoteur à pistons Boeing 377 (C-97 en version militaire) se révélèrent irremplaçables pour le transport de charges exceptionnelles, comme les missiles balistiques et les fuselages d'avions, qui pouvaient loger dans son ventre monstrueux.

Ce fut justement l'idée de réaliser un avion capable de contenir les différents étages des missiles utilisés dans les programmes de la NASA qui incita l'Aero Spacelines à mettre ce programme sur pied. Les deux premiers exemplaires, qui différaient entre eux par la capacité, les dimensions du fuselage, les unités motrices et les trappes de chargement, respectivement à l'avant et à l'arrière, furent le B-377 PG Pregnant Guppy (premier vol le 19 septembre 1962) et le B-377 SG Super Guppy, qui vola le 31 août 1965. Ce dernier, équipé de quatre turbopropulseurs Pratt & Whitney T-34 de 7 000 ch, put transporter le troisième étage de la fusée Saturne V en même temps que le module lunaire. Compte tenu de l'emploi important que la NASA et le département de la Défense faisaient de ces appareils, l'Aero Spacelines jugea bon d'amplifier la production destinée au marché civil et mit en chantier 3 autres modèles, qui se différenciaient surtout par leurs dimensions, leur poids, leurs unités motrices et leur capacité de charge : le B-377 MG Mini Guppy (premier vol le 24 mai 1967), encore équipé de propulseurs à pistons et avec la trappe de chargement à l'arrière ; le B-377 SGT Guppy-201 (premier vol le 24 août 1970) avec quatre turbopropulseurs Allison de 4 912 ch et un avant à charnière pour faciliter le chargement ; le B-377 MG-101, pratiquement un Mini-Guppy avec moteurs à turbopropulseur, qui sortit le 13 mars 1970.

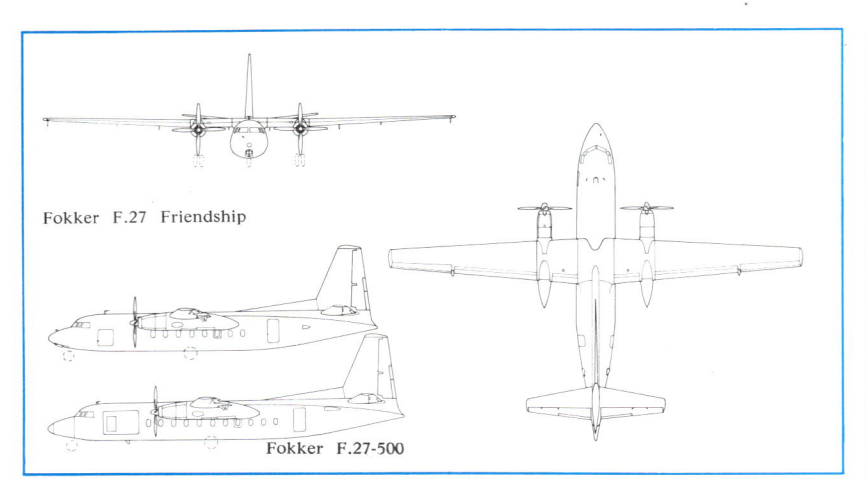

Fokker F.27 Friendship
Fokker F.27-500

Nord M.H.260

Planche 141
Bimoteurs à turbopropulseur pour le court et moyen-courrier ; 1958-1967

Pour en revenir au transport des passagers, le moteur à turbopropulseur non seulement soutint brillamment la concurrence avec le jet pur, mais finit par s'imposer dans la catégorie des avions de transport à capacité moyenne pour les courtes et moyennes distances. Encore au début des années 80, le représentant unanimement reconnu comme le meilleur de cette catégorie d'avions, le Fokker F.27 Friendship, était au minimum de sa production et de son activité, à plus de vingt-cinq ans du premier vol du prototype. Au milieu de l'année 1980, avec un total de 711 exemplaires vendus (y compris 205 appareils construits sous licence aux États-Unis par la Fairchild), la Fokker était encore loin d'avoir clos son programme.

Le projet fut lancé au début des années 50 et progressa rapidement. A partir de mai 1951, on pratiqua de longues séries d'essais en soufflerie aérodynamique et, en 1952, on construisit un modèle du fuselage. La nécessité de réduire les délais au minimum fit décider, en 1953, la construction de 4 prototypes. Le premier d'entre eux vola sans incident le 24 novembre 1955.

A cette date, le succès commercial était déjà assuré. Au printemps de 1956, en effet, il y avait déjà des commandes pour 30 exemplaires ; de plus, en avril, la Fokker avait passé un accord important avec la Fairchild américaine, qui devait construire le F.27 sous licence. La production de série fut mise en route en 1957, presque en même temps en Hollande et aux États-Unis. Le premier F.27-100 hollandais vola le 23 mars 1958, suivi le 13 avril par son jumeau construit par la Fairchild. Les principales versions commerciales qui virent ensuite le jour furent la F.27-200 (F.27A aux États-Unis) équipée de moteurs plus puissants ; la F.27-300 et la F.27-400 (respectivement F.27B et F.27C) pour lesquelles la polyvalence de l'avion fut accrue par l'adoption d'un large portillon de chargement pour l'utilisation mixte passagers-marchandises ; la F.27-500 (sortie en novembre 1967), caractérisée par l'allongement du fuselage et, pour le reste, identique à la série 200 ; la F.27-600 (premier vol le 28 novembre 1968), pratiquement une reproduction de la série 200, munie d'un portillon de chargement pour les marchandises. Les variantes militaires furent la 500M, la 600M et la version dite maritime, pour la reconnaissance en mer. Cette dernière, dont le prototype sortit le 25 mars 1976, avait été commandée, au milieu de l'année 1980, par l'Espagne, les Philippines et les Pays-Bas.

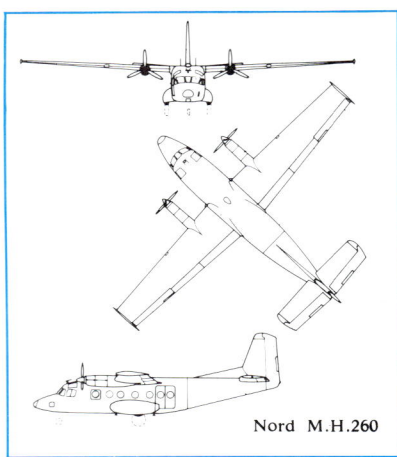

L'avion français Aérospatiale N.262 fut l'homologue du Friendship mais ne connut pas la même fortune. Le projet original M.H.250 avait été lancé en 1957 par la Société des avions Max Holste : il s'agissait d'un bimoteur à ailes hautes, propulsé par des moteurs à pistons et d'une capacité de 22 passagers. Après le vol du prototype (20 mai 1959), le constructeur décida de fabriquer une variante à turbopropulseur (M.H.260), qui sortit le 29 juillet de l'année suivante. En l'absence de commandes importantes, la production fut arrêtée après le dixième exemplaire et la Nord-Aviation, qui avait repris le projet, entreprit au printemps 1961 l'étude d'une nouvelle version améliorée, plus puissante et, surtout, pressurisée. Le prototype N.262 vola le 24 décembre de l'année suivante et les chaînes de montage ne tardèrent pas à être mises en activité grâce à une série de commandes, dont celle de l'Allegheny Airlines américaine (12 exemplaires). La première version N.262A fut construite en 72 exemplaires. Vinrent ensuite 4 avions de la série B et une trentaine d'exemplaires des deux variantes améliorées et renforcées appelées Frégate : la C commerciale et la D militaire.

Le Japon, lui aussi, fut attiré par cette formule et décida au début des années 60 de réaliser un avion commercial à turbopropulseur. Ce fut le NAMC YS-11, dont le prototype vola le 30 août 1962. Pour la réalisation du programme, on créa un consortium financier avec la participation du gouvernement japonais et de six des principales entreprises, ces dernières étant responsables de la fabrication de l'appareil.

La production s'arrêta au 182e exemplaire et connut un gros succès commercial. Les séries principales furent la YS-11-100 (premier vol le 23 octobre 1964) avec une capacité de 60 passagers, construite jusqu'en octobre 1967 en 47 exemplaires et 2 prototypes, dont 6 destinés à l'armée comme avions de transport ; la YS-11A-200

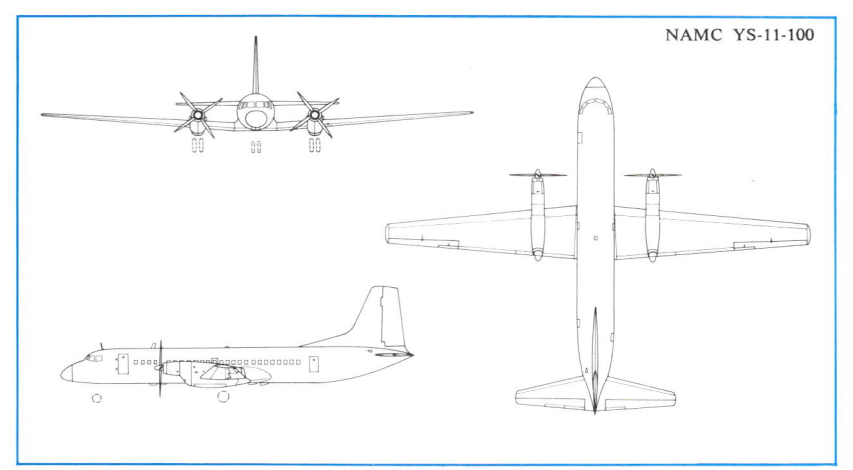

NAMC YS-11-100

(premier vol le 27 novembre 1967), plus puissante, construite en 75 exemplaires, dont 4 en version anti-sous-marins pour l'aéronavale. De ces versions dérivent et furent construites en petit nombre les séries YS-11A-300 (premier vol en été 1968) en version mixte, avec une capacité de 46 passagers ; YS-11A-500 et 600, toutes deux caractérisées par une augmentation sensible du chargement. Les livraisons aux utilisateurs du YS-11 commencèrent en mars 1965. Parmi ceux-ci, mentionnons, en dehors des compagnies japonaises, l'Olympic (6 exemplaires) et la Piedmont américaine (21).

Planche 142
Grands turbopropulseurs à long rayon d'action ; 1954-1967

Dans le secteur du transport commercial à longue distance et à capacité élevée, le rôle joué par les avions à turbopropulseur fut relativement mineur. Malgré leur valeur, ces appareils, en effet, ne pouvaient rivaliser avec les jets, surtout pour la vitesse, facteur déterminant sur les longues distances et les liaisons intercontinentales. L'âge d'or des avions à turbopropulseur peut se situer entre le milieu des années 50 et celui des années 60.

Dans ce domaine, les appareils les plus prestigieux du monde occidental furent incontestablement les britanniques. Le premier quadrimoteur à turbopropulseur au monde à effectuer un service régulier sans escale à travers l'Atlantique Nord fut le Bristol 175 Britannia ; le service entre Londres et New York fut inauguré le 19 décembre 1957 par la BOAC, un peu plus de cinq ans après le premier vol du premier prototype (16 août 1952). Le projet avait été lancé dans la lointaine année 1946 et avait connu une série de retards pendant un an et demi, jusqu'au jour où il fut décidé d'adopter définitivement les moteurs à turbopropulseur Bristol Proteus au lieu des moteurs à pistons Centaurus, prévus à l'origine. La production avait commencé avec 15 avions de la série initiale Britannia 102 (premier vol le 5 septembre 1954) commandés par la BOAC. Ensuite, la Bristol présenta une seconde variante au fuselage plus long et aux caractéristiques d'autonomie et de capacité supérieures : le Britannia de la série 300, dont la BOAC reçut les premiers des 18 exemplaires commandés en septembre 1957. Ces avions étaient appelés Britannia 312 et, par rapport au prototype de la série 300 (premier vol le 31 juillet 1956), ils étaient encore plus spacieux et dotés de caractéristiques générales supérieures. D'autres versions, la 310 et la 320, connurent un certain succès à l'exportation. Au total, les Britannia construits furent au nombre de 82, dont 9 étaient encore en service régulier au milieu de l'année 1979.

Le Vickers Vanguard fut moins heureux sur le plan commercial, précisément à cause de la concurrence impitoyable des jets purs. Il fut conçu en 1951 comme successeur du Viscount. A peine 43 exemplaires de série de ce quadriturbopropulseur sortirent des chaînes de montage et, avant de passer au service de petites compagnies, ils n'équipèrent que deux grandes compagnies : la BEA et la TCA canadienne. Le programme démarra le 20 juin 1956, avec la commande de 20 exemplaires de la série initiale Vanguard 951 passée par la BEA. Tandis que l'on préparait les chaînes de montage, la Vickers annonça une seconde version à capacité plus grande, la 952, qui suscita l'intérêt de la TCA. En janvier 1957, cette compagnie en commanda 23 exemplaires. Une troisième version encore plus spacieuse, la 953, fut annoncée en juillet 1958, et la BEA en demanda 14 exemplaires à la place de 2 de la variante initiale. Le prototype Vanguard vola le 20 janvier 1959 et les modèles initiaux furent mis en service avec la BEA le 1er mars 1961. Deux mois plus tard, le prototype Vanguard 953 fit son apparition et la compagnie britannique reçut le dernier avion commandé le 30 mars de l'année suivante. Pour sa part, la TCA avait reçu le premier Vanguard 952 à la fin de 1960 et inauguré le service le 1er février 1961. Les jets étant de plus en plus présents, ses avions à turbopropulseur furent relégués au transport des marchandises.

Aux États-Unis, les avions commerciaux à turbopropulseur n'attirèrent pas beaucoup l'industrie aéronautique. Le premier modèle de ce type fut le Lockheed L.188 Electra, conçu en 1955 et construit en 170 exemplaires de deux variantes différant par la capacité et l'autonomie : la A et la C. Le premier vol du prototype eut lieu le 6 décembre 1957 et le premier L.188A vola en mai 1958. Le succès commercial semblait assuré (à la fin de l'année 1957, le carnet de commandes se chiffrait à 144 unités), mais quelques mois après la mise en service sous les couleurs de l'Eastern et de l'United (respectivement le 12 et le 13 janvier 1959) deux graves accidents révélèrent de sérieuses faiblesses dans la structure des ailes et entraînèrent une cessation des activités. Ce n'est qu'en janvier 1961 que la Lockheed put amorcer un programme de renforcement et de révision sur les avions en service et

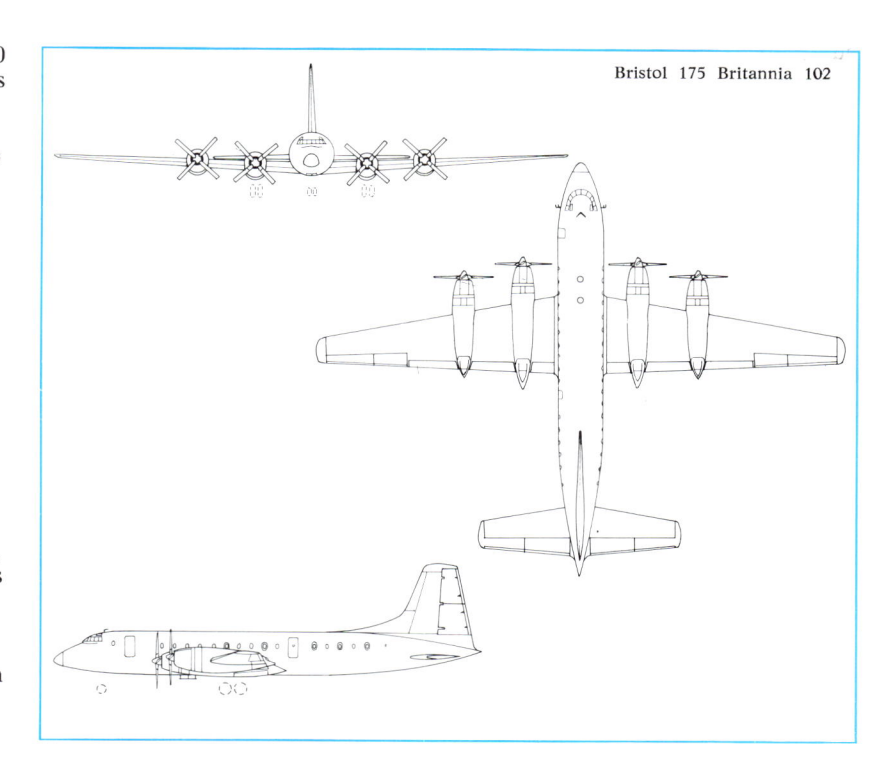

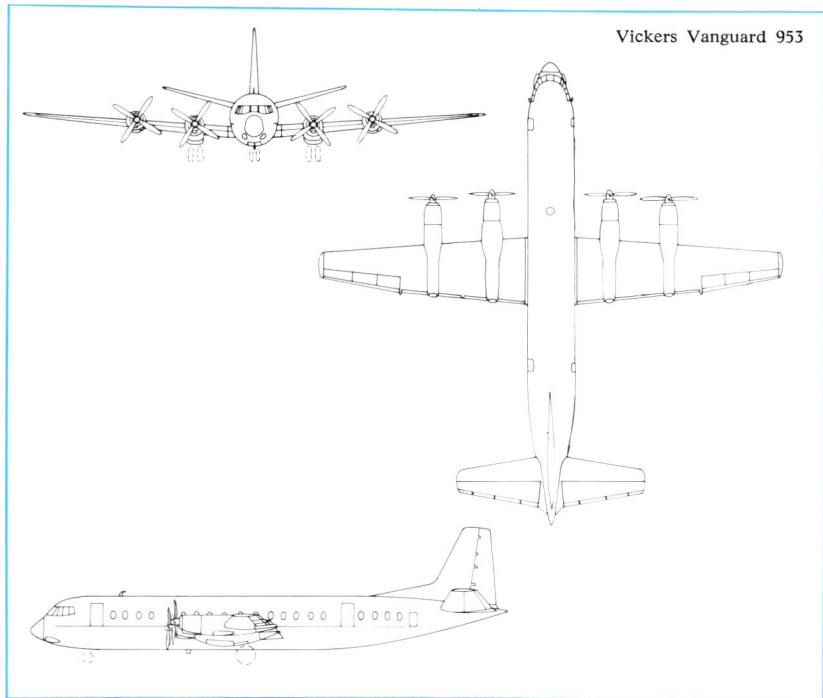

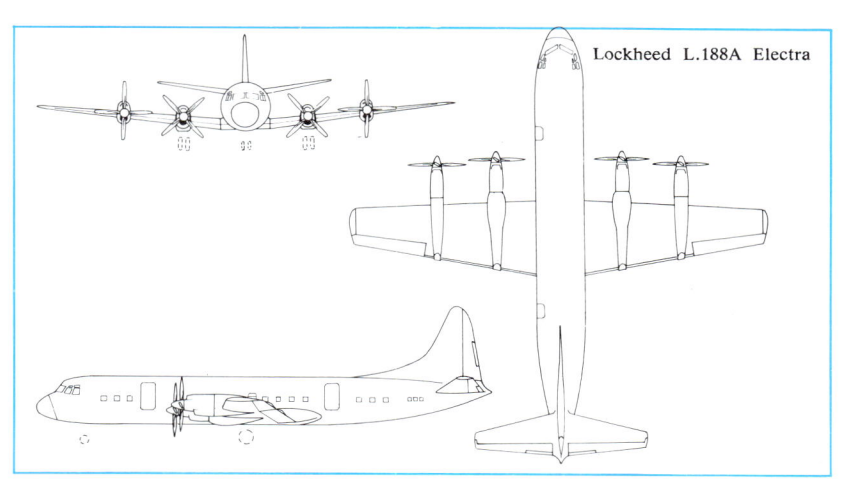

Bristol 175 Britannia 102

Vickers Vanguard 953

Lockheed L.188A Electra

Iliouchine Il-18V

Tupolev Tu-114 Rossiya

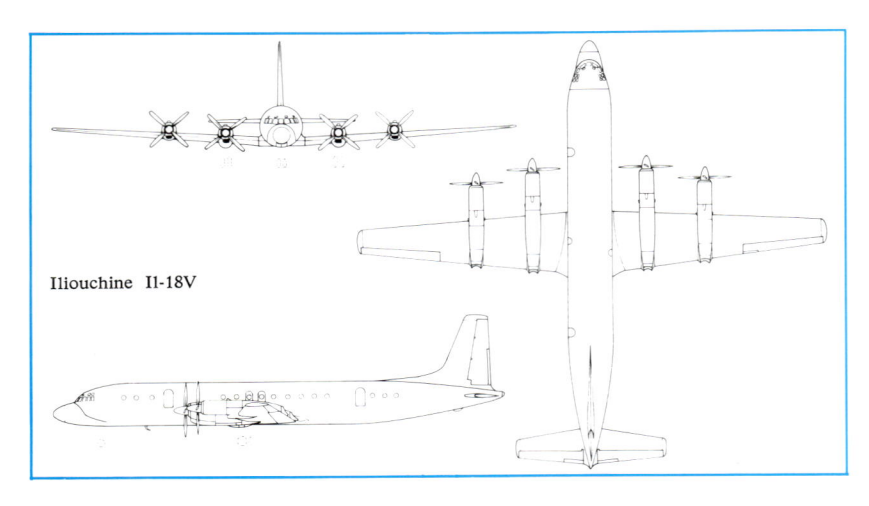

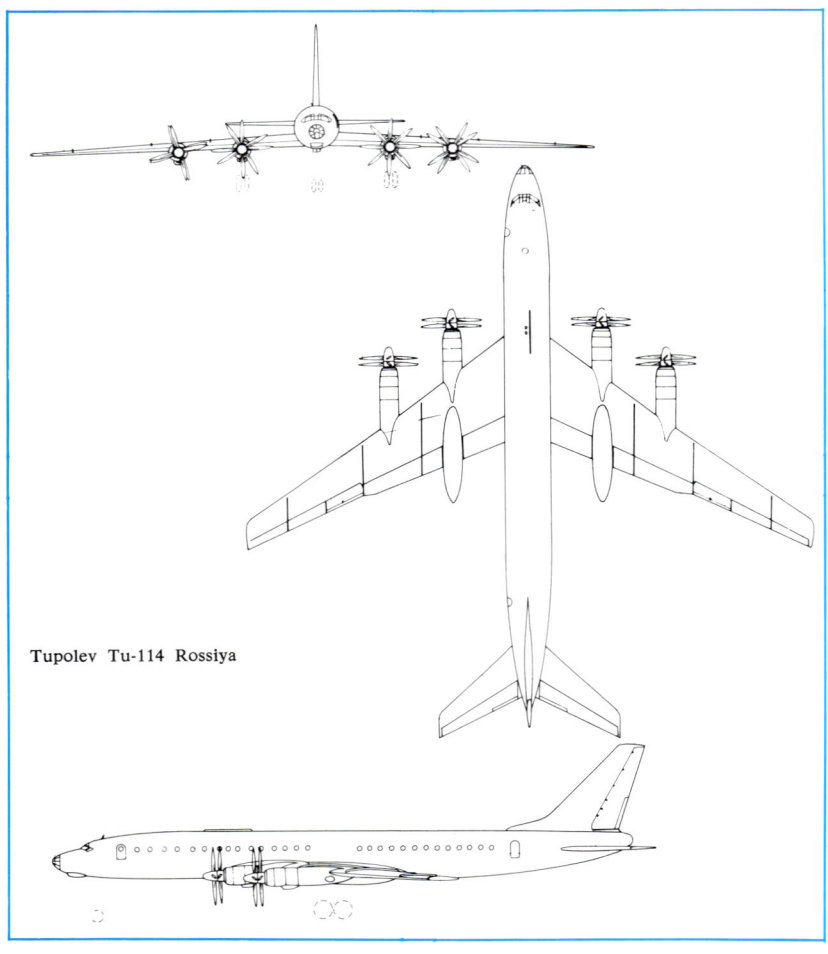

sur ceux qui étaient en construction. Ce fut une importante perte de temps et d'argent qui eut une influence négative sur la carrière de l'Electra. En tout cas, en 1977, environ 80 exemplaires étaient encore en service dans des compagnies mineures.

L'Union soviétique, en revanche, réalisa de bons appareils de cette catégorie. L'Iliouchine Il-18, homologue de l'Electra, fut fabriqué en quelque 500 exemplaires, dont presque 400 serviront à renforcer le réseau de l'Aeroflot. Quant aux autres, ils furent exportés. Le projet fut mis en route vers la fin de 1954 et le premier prototype vola le 4 juillet 1957. La production de série connut bientôt un rythme élevé et l'Aeroflot mit en service les nouveaux appareils le 20 avril 1959. Les variantes principales furent la 18V de 1957, avec une capacité accrue, la D de 1962 et la E de 1965, toutes deux modifiées dans l'appareillage de bord et le volume intérieur. Les Il-18D eurent des moteurs caractérisés par une plus faible consommation et des caractéristiques d'autonomie sensiblement plus élevées. Ils entrèrent en service dans l'Aeroflot en 1966.

Le plus grand de tous fut le Tupolev Tu-114 Rossiya, un gigantesque quadrimoteur dérivant du bombardier Tu-20 qui, à sa sortie le 3 octobre 1957, s'imposa comme le plus lourd avion commercial du monde. L'Aeroflot mit le Tu-114 en service régulier le 24 avril 1961 entre Moscou et Khabarovsk, à la frontière de la Chine, établissant le temps de parcours des 6 800 kilomètres en 8 h 15 mn. Au cours des années suivantes, l'activité de l'appareil se développa par une série de liaisons internationales : de Moscou à La Havane et à Delhi en 1963 ; de Moscou à Accra et à Montréal en 1965 et en 1966 ; de Moscou à Tōkyō l'année suivante. A partir de l'automne 1967, les Tu-114 (construits en une trentaine d'exemplaires au total) furent progressivement remplacés par les quadriréacteurs Iliouchine Il-62. On réalisa également une variante spéciale pour le transport des marchandises et du courrier (la Tu-114D, en 3 exemplaires, caractérisée par une autonomie très élevée : pas moins de 10 000 kilomètres).

Planche 143
Étranges coïncidences techniques sur d'excellents avions ; 1963-1971

La formule de construction inaugurée par le biréacteur français Caravelle au début des années 50 trouva de nombreux adeptes, qui avaient tous en commun la singulière position des propulseurs à l'arrière de l'avion, sur les côtés du fuselage. Le concurrent le plus direct de la Caravelle a été l'avion américain McDonnell Douglas DC-9, un appareil qui avait déjà dépassé, en 1980, le cap des 1 000 exemplaires.

Le projet DC-9 fut lancé par la Douglas en 1962 et le premier prototype vola le 25 février 1965. Les chaînes de montage, stimulées par une forte demande du marché, fonctionnèrent à plein rendement dès le début, avec une vaste gamme de versions essentiellement caractérisées par l'augmentation de capacité. Les variantes de base furent les suivantes : DC9-10 (premier vol en juin 1965), 90 passagers ; DC-9-20 (18 septembre 1968), même capacité, mais possibilité d'opérer sous des climats chauds et à très grande altitude ; DC-9-30 (11 août 1966) avec des ailes et un fuselage plus grands, capacité de 115 passagers, la plus importante série de production avec presque 600 exemplaires construits ; DC-9-40 (28 novembre 1967), capacité de 125 passagers ; DC-9-50 (17 décembre 1974), avec fuselage encore plus long et une capacité de 139 personnes. Un vaste travail de modernisation fut entrepris en octobre 1977 avec la variante finale Super 80 : sur ces avions, le fuselage fut agrandi de 4,34 m par rapport aux DC-9-50, la capacité étant portée à 172 passagers ; les ailes furent redessinées et rendues plus efficaces du point de vue aérodynamique ; on adopta des moteurs Pratt & Whitney JT8D-209 à basse consommation et à faible bruit. Le premier DC-9 Super 80 a été livré le 12 septembre 1980 à la Swissair.

L'avion anglais BAC One-Eleven est assez semblable à son « cousin » d'outre-Atlantique. C'est un biréacteur qui, né dans la lointaine année 1961, a été construit jusqu'à aujourd'hui en quelque 200 exemplaires de cinq versions de base. La première (Mk.200) sortit comme prototype le 20 août 1963 ; elle fut suivie d'une deuxième (Mk.300) caractérisée par des moteurs plus puissants et un renforcement général des structures ; le 13 juillet sortit le prototype One-Eleven-400, auquel fit suite la quatrième variante principale, la Mk.500 (premier vol le 30 juin 1967), caractérisée par un sensible allongement du fuselage, des ailes modifiées, une capacité plus grande et des moteurs plus puissants ; le One-Eleven-475, dont le prototype apparut le 27 août 1970, réunissait, quant à lui, les ailes et les moteurs de la série 500 au fuselage de la 400, de façon à accroître la souplesse opérationnelle de l'appareil, avec la possibilité d'opérer sur des pistes secondaires.

Les Soviétiques, à leur tour, suivirent la mode lancée par la Caravelle avec leur Tupolev Tu-134 de 1964. Cet avion, après une série de liaisons expérimentales sur les lignes intérieures de l'Aeroflot, fut mis en service sur les routes internationales à partir de septembre 1967. Trois ans plus tard, vint s'adjoindre à lui une seconde version (la Tu-134A) avec un fuselage allongé, une plus grande capacité, des moteurs plus puissants et de meilleures performances générales.

Le représentant le plus récent de cette génération est aujourd'hui le F.28 Fellowship hollandais, biréacteur à court rayon d'action, avec lequel, en 1962, la Fokker voulut renouveler le succès du F.27 à turbopropulseur. Au milieu de l'année 1980, l'appareil avait été commandé en 164 exemplaires au total par 43 utilisateurs de 27 pays et le programme des constructeurs envisageait d'atteindre les 230 unités en 1985. Le prototype F.28 vola pour la première fois le 9 mai 1967 et la production fut caractérisée par une continuelle modernisation des structures, visant (comme dans le cas du Douglas DC-9) à augmenter la capacité et la souplesse d'utilisation, en combinant des fuselages de différentes longueurs avec des ailes et des moteurs plus efficaces. Les séries principales furent les suivantes : la F.28-1000 initiale, pour 65 passagers ; la F.28-2000 (premier

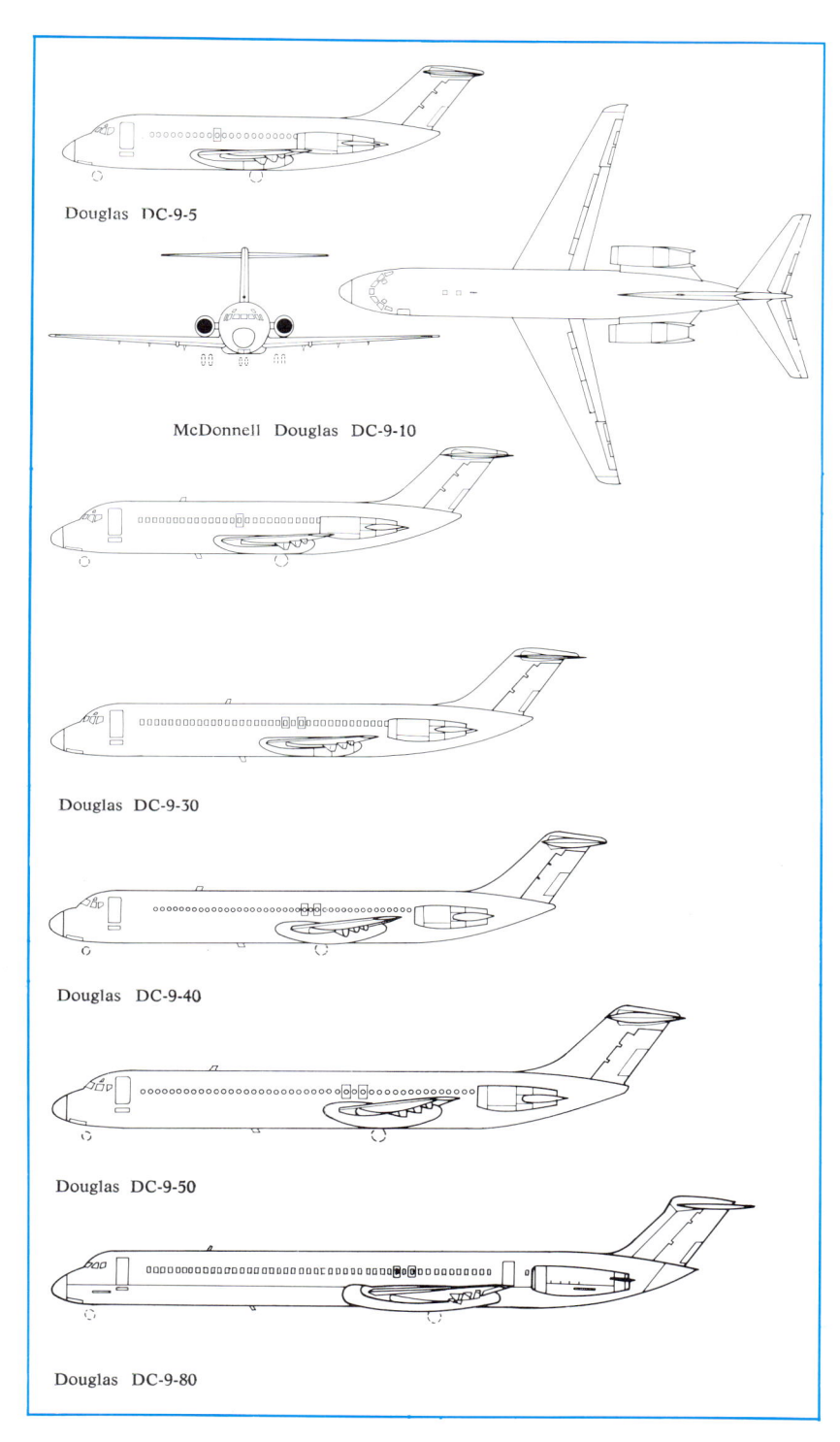

Douglas DC-9-5

McDonnell Douglas DC-9-10

Douglas DC-9-30

Douglas DC-9-40

Douglas DC-9-50

Douglas DC-9-80

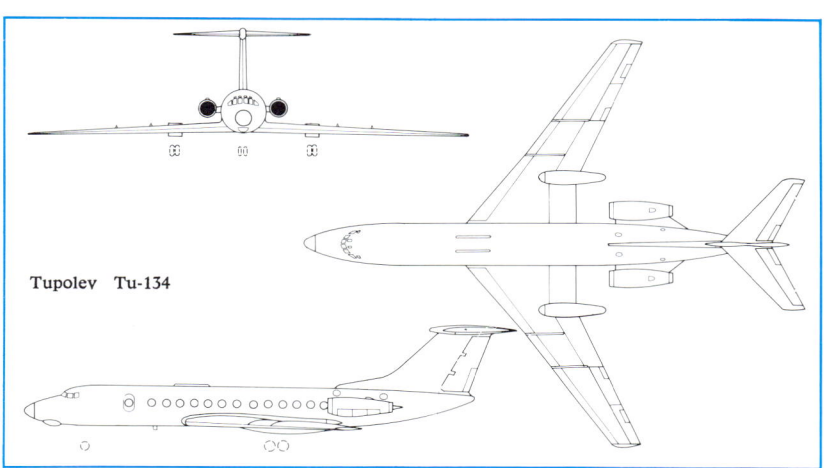

Tupolev Tu-134

One-Eleven-200

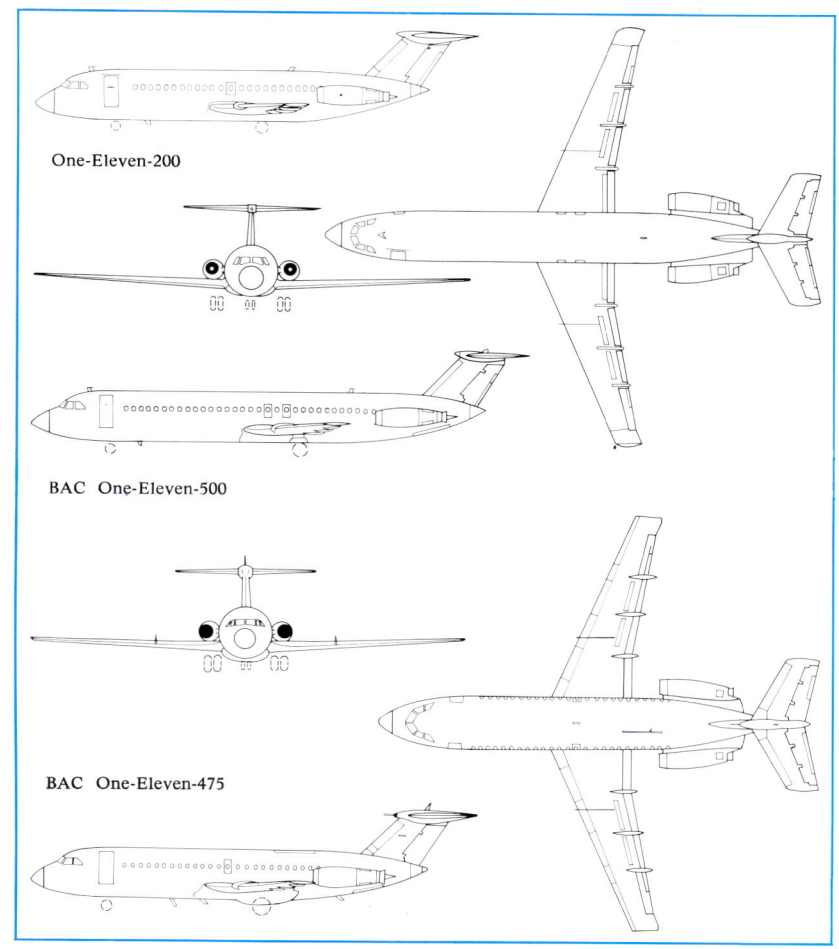

BAC One-Eleven-500

BAC One-Eleven-475

F.28 Fellowship 1000

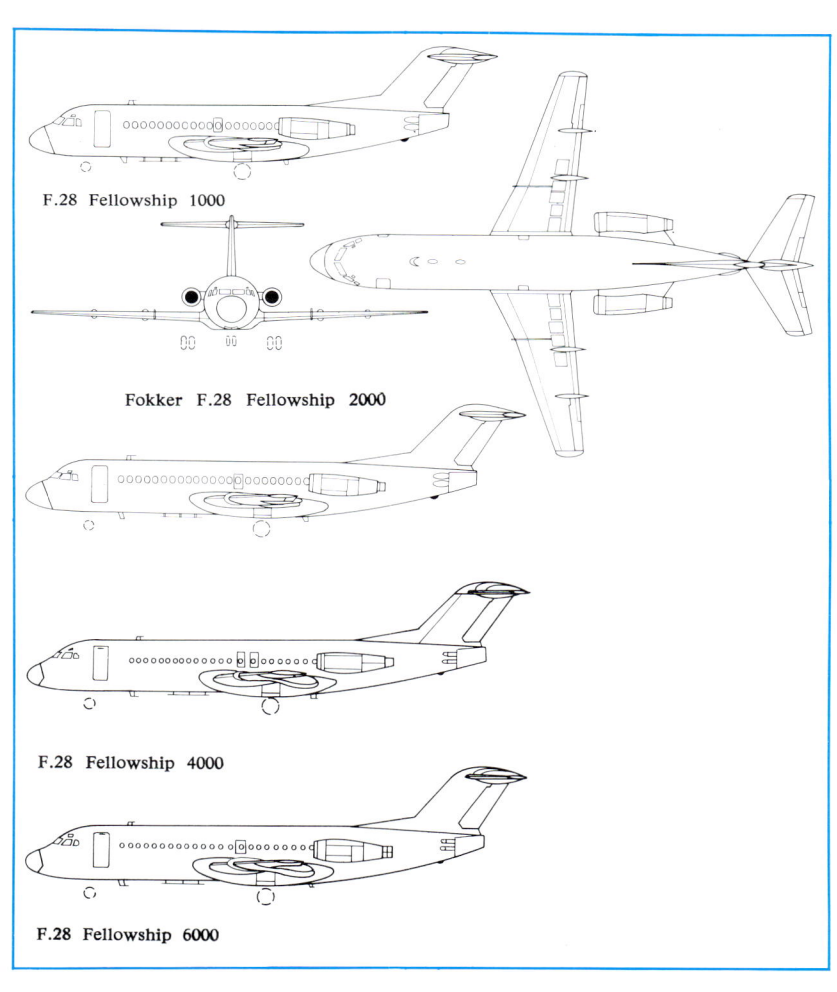

Fokker F.28 Fellowship 2000

F.28 Fellowship 4000

F.28 Fellowship 6000

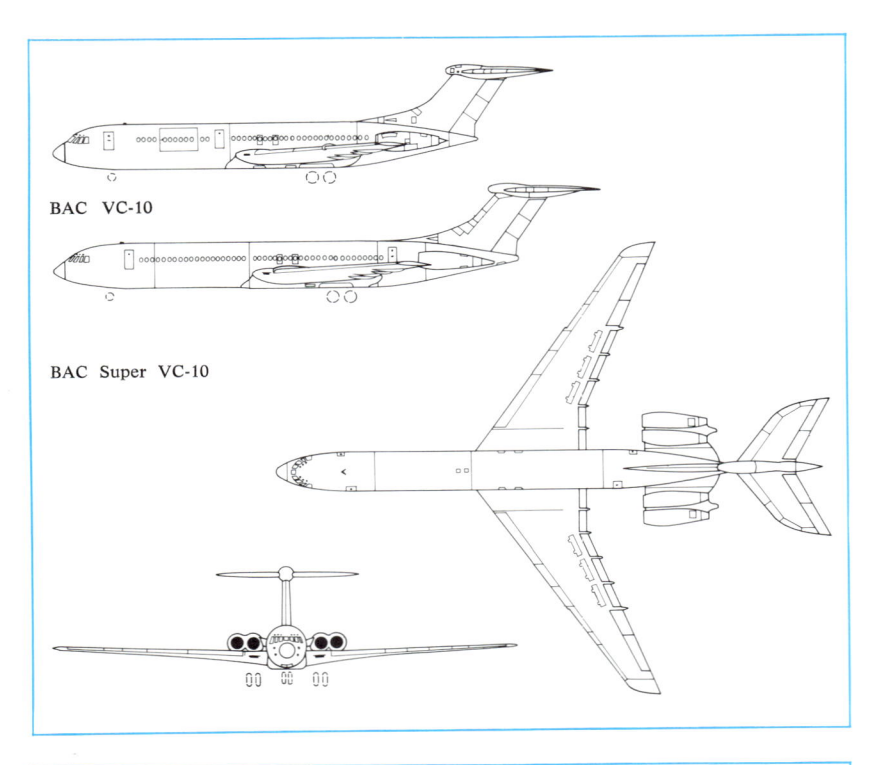

BAC VC-10

BAC Super VC-10

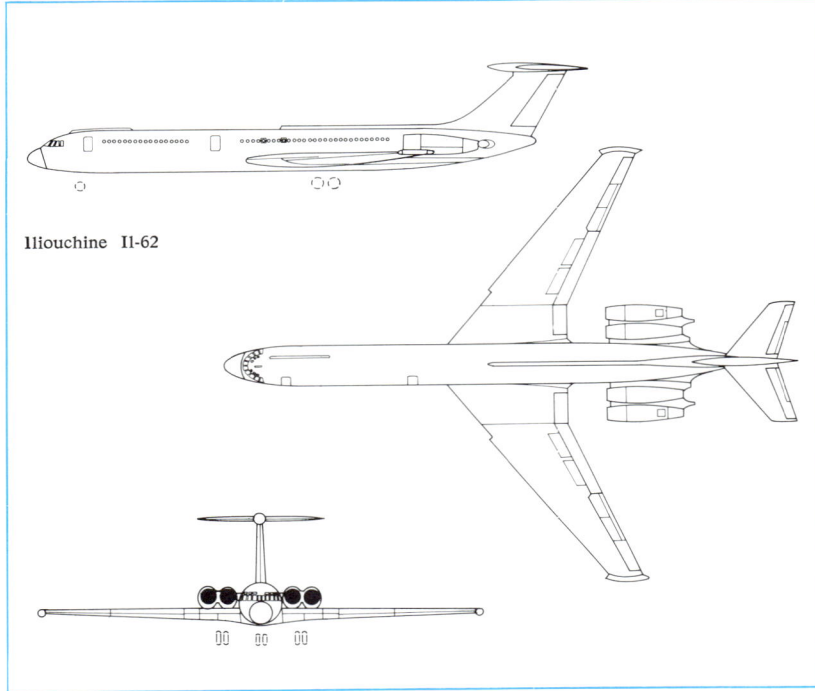

Iliouchine Il-62

10. Le prototype vola le 7 mai 1964 et la BOAC reçut 17 exemplaires du nouvel appareil, qu'elle mit en service le 1er avril 1965. La production fut arrêtée en février 1970 avec le dernier de 5 autres avions commandés par l'East African Airways.

L'Iliouchine Il-62 (premier quadriréacteur commercial à long rayon d'action en URSS) sortit comme prototype en janvier 1963 et fut suivi d'un second exemplaire expérimental et de 3 avions de présérie, avec lesquels on procéda aux tests d'appréciations opérationnelles. La mise en service sous les couleurs de l'Aeroflot fut inaugurée le 15 septembre 1967 sur la ligne Moscou-Montréal, en remplacement des Tupolev Tu-114. Un an plus tard, l'activité des Il-62 s'étendait à New York et ils furent ensuite utilisés sur les principales lignes intercontinentales exploitées par la compagnie soviétique. La production, estimée à plus de 150 exemplaires, a été exportée en petit nombre dans les pays satellites, en Chine et à Cuba. En 1971, fut présentée au Salon aéronautique de Paris une nouvelle variante, la Il-62M, équipée de moteurs plus puissants et d'une autonomie sensiblement accrue. A partir de 1974, ces appareils ont été utilisés pour toutes les liaisons à très longue distance.

Planche 144
Le Boeing 727 s'impose dans tous les cieux du monde ;
1964-1973

Dans la grande course à la conquête des marchés internationaux, c'est la Boeing qui eut le privilège de produire l'avion commercial le plus vendu dans le monde occidental : le triréacteur 727, dont les commandes avaient dépassé les 1 700 exemplaires en 1979, avec une flotte opérationnelle de plus de 1 400 appareils. Le programme démarra en décembre 1960 avec l'annonce officielle, de la part de la Boeing, d'un nouvel avion de transport civil pour les courtes et moyennes distances d'une capacité de 130 passagers. Ces caractéristiques, grâce à un savant travail de modernisation, se sont beaucoup modifiées au cours des différentes séries de production, jusqu'à représenter un accroissement de plus de 60 p. 100 du poids à pleine charge, d'environ 30 p. 100 en autonomie et de 45 p. 100 en capacité pour la dernière version Advanced 200. Le premier prototype du 727 vola le 9 février 1963 et la production de la série initiale (100 unités) commença aussitôt. La première compagnie à recevoir le 727 fut l'United Air Lines, au mois d'octobre, et le service régulier fut inauguré en février 1964 en même temps par l'United et par l'Eastern. La série suivante fut la 727-200, plus longue et plus puissante, dont le prototype vola le 27 juillet 1967. Les avions de la version Advanced 200 (livrés à partir de 1972) ont été soumis à de nombreuses modifications concernant l'équipement intérieur, la structure et les unités motrices (plus silencieuses) qui en ont fait des appareils encore plus polyvalents. La grande souplesse d'utilisation du 727 est augmentée par les variantes tout-cargos ou mixtes tirées en particulier de la première série de production. En outre, sur le modèle de la série 200, on a construit, au début de 1977, une version plus moderne et convertible, appelée 727-200C, qui se caractérise par une capacité de base de 137 passagers en configuration mixte. Sous forme tout-cargo, en revanche, l'avion peut loger dans sa cale 11 conteneurs standard, avec un poids total supérieur à 20 tonnes, et avoir une autonomie de 3 150 kilomètres.

L'homologue du 727 est le Hawker Siddeley Trident qui, vendu à 117 exemplaires en 5 versions, représentait en 1979 une flotte de 97 unités en activité. Le projet fut mis en route en 1957 pour répondre à la demande de la BEA, qui voulait un nouveau jet commercial à court rayon d'action à mettre en service en 1964. Le prototype vola le 9 janvier 1962 et les 24 premiers exemplaires (Trident 1) allèrent tous à la compagnie vedette, qui les mit en service le 1er avril 1964. Ensuite vinrent 15 Trident 1E (premier vol le 2 novembre 1964), renforcés au niveau des moteurs, avec des ailes plus efficaces et une autonomie accrue, qui furent presque tous exportés. La BEA, en 1965, commanda 15 exemplaires d'une troisième version pour l'affecter aux longues lignes du Moyen-Orient, et le premier de ces avions (Trident 2E) vola le 27 juillet 1967 ; le service régulier commença le 18 avril de l'année suivante. Ce fut encore la compagnie vedette qui s'assura la majeure partie de la production d'une variante à haute capacité (180 passagers) : le Trident 3B, dont le prototype sortit le 11 décembre 1969 et qui se caractérisait par un fuselage allongé de 5 mètres, des ailes améliorées et un moteur en queue plus puissant. Ces appareils furent mis en service le 1er avril 1971. Le deuxième grand utilisateur du Trident est la compagnie d'État de Chine populaire (CAAC) qui a acheté 3 avions de la série 1E, 33 de la 3B et 2 de la dernière, la Super B, dont le prototype sortit le 9 juillet 1975.

Le pendant soviétique du

vol le 28 avril 1971) avec un fuselage allongé et une capacité de 79 personnes ; la F.28-4000 (20 octobre 1976) encore plus longue, avec des moteurs plus puissants, des ailes plus efficaces et la possibilité de transporter 85 passagers ; de cette série on tira la F.28-3000, avec le fuselage standard de la première série ; les versions finales sont la Mk.5000 et la Mk.6000 (prototype sorti le 27 septembre 1973), encore améliorées et plus puissantes.

Les propulseurs regroupés en queue passèrent au nombre de quatre sur l'avion britannique BAC VC-10 et sur l'appareil soviétique Iliouchine Il-62, deux machines très semblables encore sur bien des points de détail. Le VC-10 fut le premier construit, au début des années 60. Le programme démarra en mai 1957 et la construction du prototype fut mise en route en janvier 1959. Après le premier vol (29 juin 1962), la production prit son départ avec 12 exemplaires pour la BOAC, 2 pour la Ghana Airways et 3 pour la BUA ; ces appareils se différenciaient par des détails de structure et furent regroupés dans la série 1100. La nécessité d'accroître la capacité globale incita à la réalisation d'une version plus longue et plus robuste, qui fut appelée Super VC-

Boeing 727-100

Boeing 727-200

Trident 1

Hawker Siddeley Trident 2E

Trident 3B

Tupolev Tu-154

Boeing 737-200

Boeing 737-100

Dassault Mercure 100

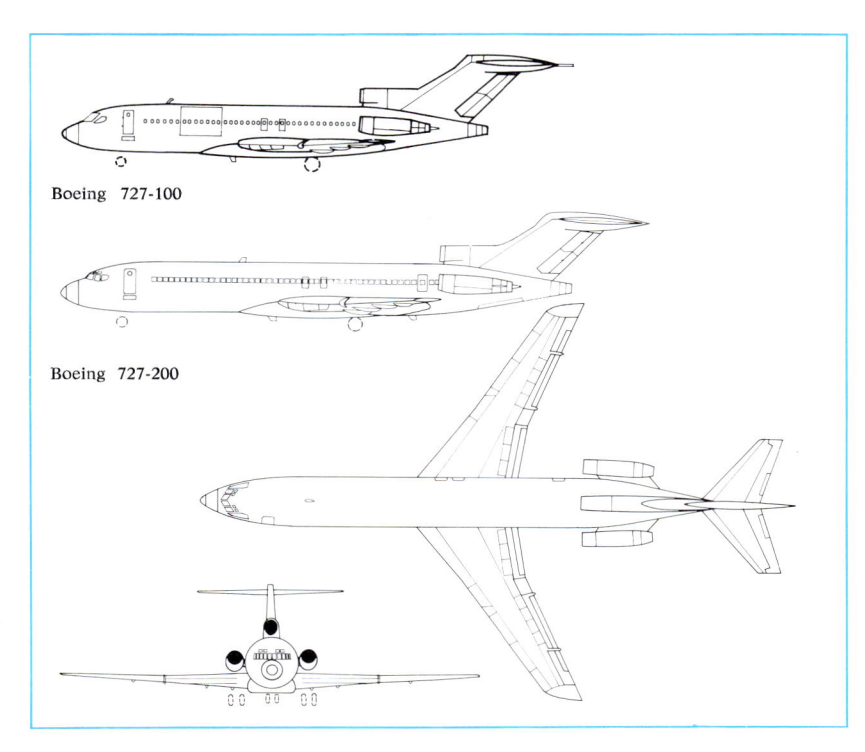

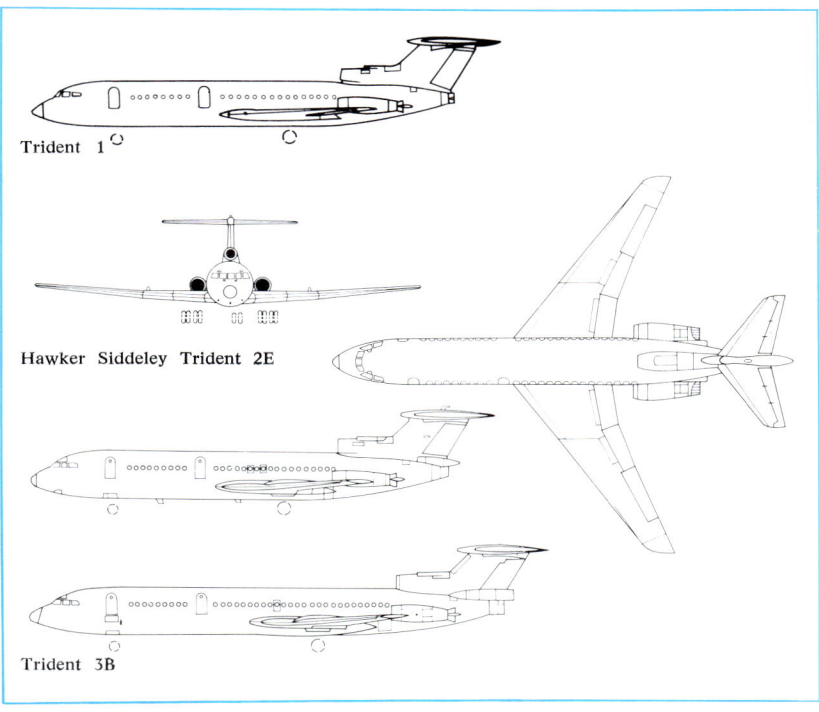

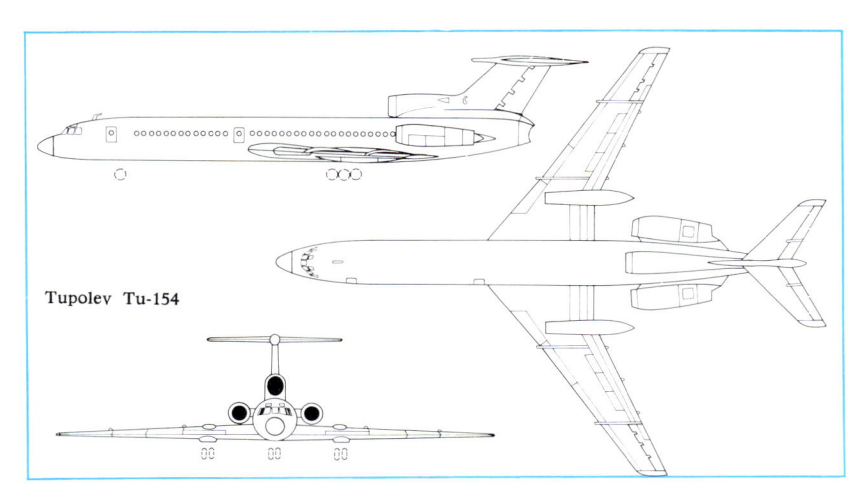

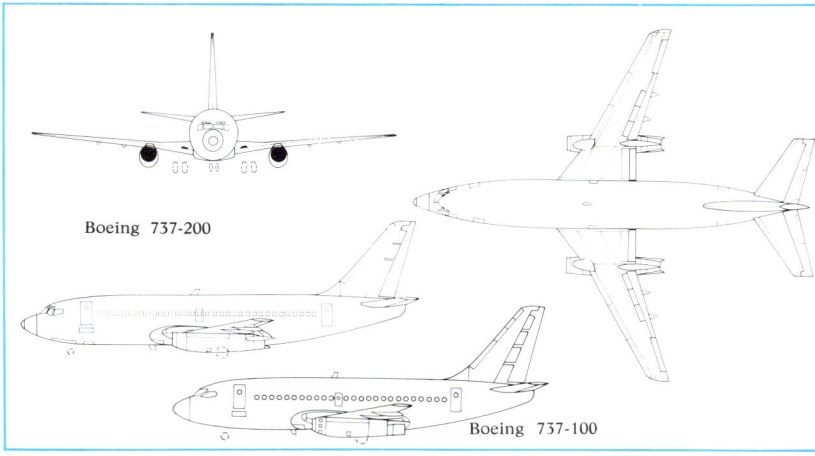

Boeing 727 et du Trident est le Tupolev Tu-154, conçu au milieu des années 60. Le programme fut mis en route avec l'intention de réaliser un appareil capable de remplacer le Tupolev Tu-104, l'Iliouchine Il-18 et l'Antonov An-10 sur les courtes et moyennes distances (6 000 kilomètres au maximum) et d'opérer à partir de pistes secondaires. Le premier des 6 prototypes vola le 4 octobre 1968 et, au terme de la série de tests d'appréciation, le septième exemplaire fut livré à l'Aeroflot au début de 1971. Les vols de transport postal et de marchandises furent lancés au mois de mai, et, au début de l'été 1971, commencèrent les premières liaisons expérimentales passagers sur la ligne Moscou-Tbilissi. Le Tu-154 entra en service régulier intérieur le 9 février 1972. Le service international fut mis en route en août 1972, avec les premières liaisons d'essai entre Moscou et Prague. Plus d'une centaine d'exemplaires de la version initiale furent livrés à la compagnie d'État soviétique avant l'apparition de la variante suivante Tu-154A de 1973, caractérisée par une série d'améliorations d'ordre général. La dernière variante fut la B de 1977. Les Tu-154 ont été exportés dans de nombreux pays du bloc de l'Est et en Égypte. La production a été estimée à plus de 200 exemplaires.

La formule triréacteur a été utilisée par les Soviétiques sur un autre appareil de moindre capacité et à moyen rayon d'action, le Yak-42. Né de l'heureux — et plus petit — Yak-40 (premier prototype en vol le 21 octobre 1966, et plus de 800 appareils construits), le Yak-42 fit ses débuts comme prototype le 7 mars 1975 et fut produit deux ans plus tard sur une commande initiale de l'Aeroflot de 200 unités. Destiné à remplacer le Tu-134 selon le programme de la compagnie soviétique, il devrait être construit à 2 000 exemplaires au moins.

Planche 145
Jumbo-jets pour les courtes et moyennes distances

Le plus petit appareil de la dernière génération des jets Boeing est le 737, un bimoteur à haute capacité pour les courtes et moyennes distances. Le projet fut lancé en mai 1964 et, au moment de l'annonce officielle (le 19 février de l'année suivante), une commande de 21 exemplaires avait été passée par la Lufthansa. Le programme de production fut mis en route immédiatement. Il fut favorisé par un gain de temps et une économie d'investissements appréciables que permettait l'utilisation sur les chaînes de montage de nombreuses pièces déjà en production pour le 727. Le

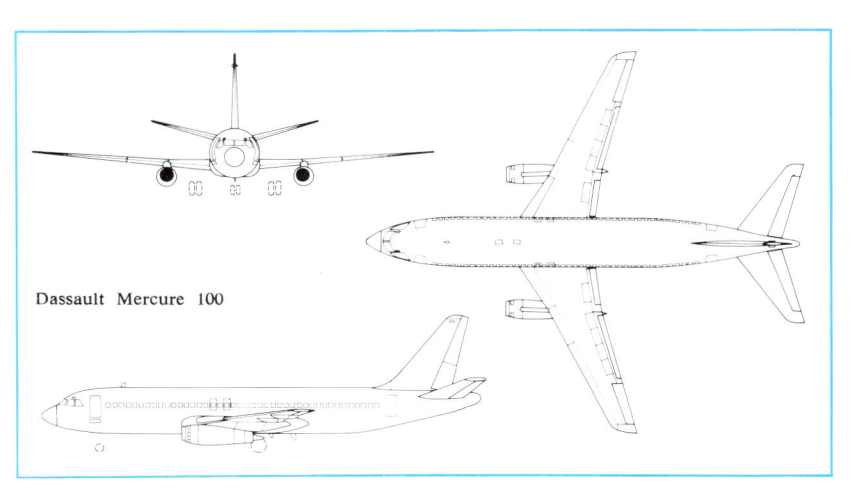

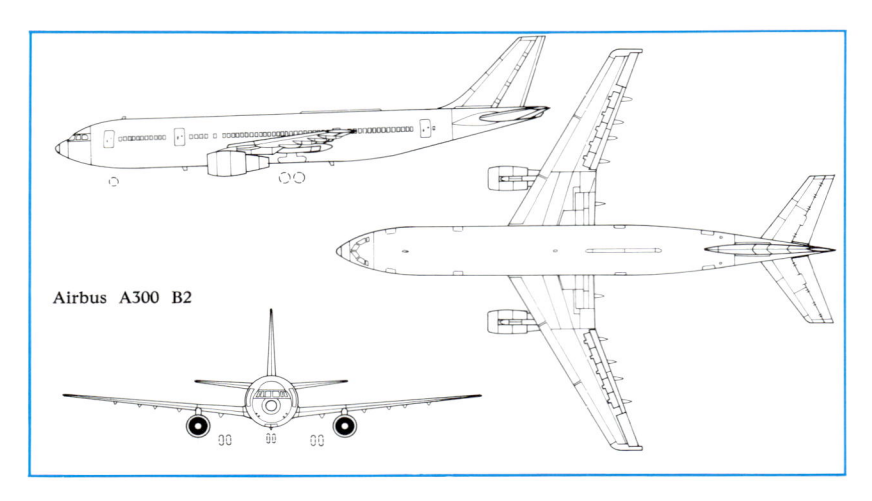

Airbus A300 B2

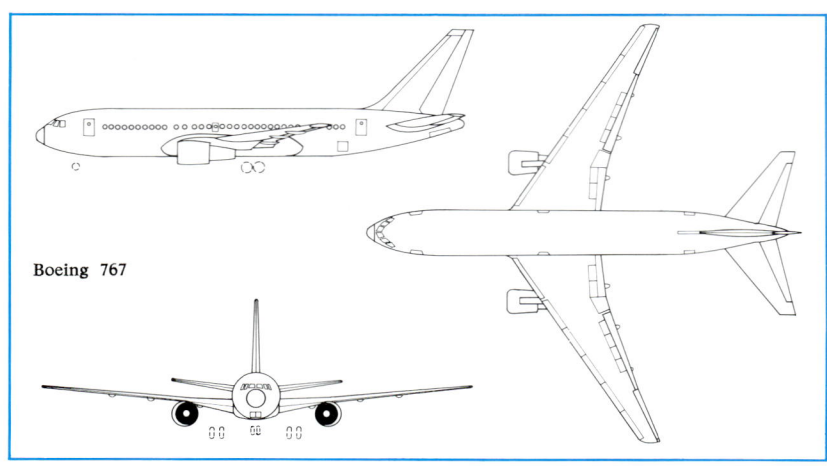

Boeing 767

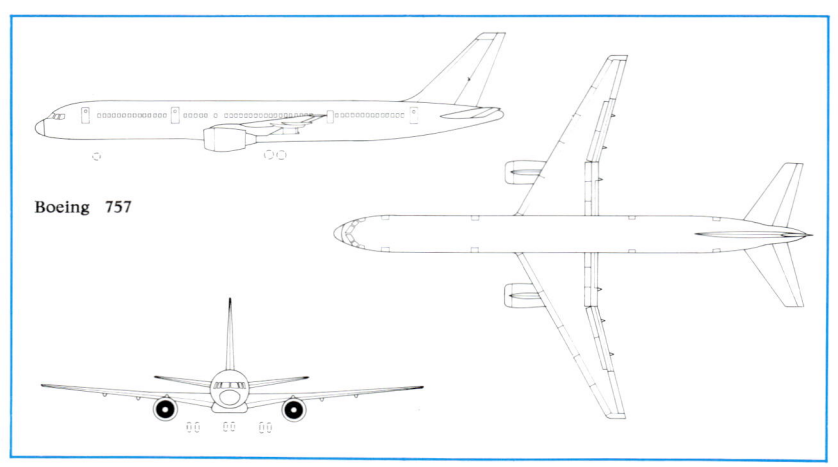

Boeing 757

Le redressement de l'industrie européenne se fit dans la seconde moitié des années 70 avec l'Airbus A300, un autre biréacteur moyen-courrier à haute capacité réalisé par un consortium international regroupant l'Aérospatiale française, la MBB et la VFW-Fokker allemandes, la Hawker Siddeley Aviation anglaise, la Fokker-VFW hollandaise et la CASA espagnole. Le premier prototype vola le 28 octobre 1972 et la production se développa progressivement, non sans difficultés au début, à cause du scepticisme des grandes compagnies mondiales. La première version de base fut la B2 (premier vol le 28 juin 1973), qui entra en ligne avec Air France le 23 mai de l'année suivante. Ensuite vint la B4 (26 septembre 1974) à grande autonomie, mise en service avec la Germanair le 1er juin 1975. La dernière version de base est l'A310, avec un fuselage raccourci pour 220 passagers et des ailes redessinées. Au milieu de 1979, les commandes pour l'Airbus atteignaient un total de 223, dont 171 concernaient exclusivement le type A300.

L'industrie britannique a, elle aussi, relevé le défi, et son projet le plus récent, le BAe 146, est un quadrimoteur à réaction à court rayon d'action que caractérisent à la fois une nuisance sonore minimale et un faible coût d'exploitation. Le premier prototype de la série 100 a volé le 3 septembre 1981 et les livraisons commenceront en 1982. La sortie du BAe 146-200 est prévue pour la même année. L'appareil aura un fuselage allongé et une plus grande capacité (82 à 109 passagers).

Mais la riposte américaine se concrétisa par les 2 jets Boeing 767 et 757 du début des années 80, caractérisés l'un et l'autre par une faible consommation et un abaissement général des coûts d'exploitation.

Le Boeing 767, le premier à devenir opérationnel après le vol du prototype en 1981, a été commandé par l'United, l'American et la Delta, respectivement en 30, 30 et 20 exemplaires.

Pour le modèle suivant, le 757 (premier vol en février 1982, mise en service en janvier 1983), le succès commercial s'annonçait déjà de premier ordre sur le papier : aux premières commandes importantes passées par la British Airways et l'Eastern vinrent s'ajouter celles de la Delta, de l'American, de la Trans Brasil et de la Monarch. En mars 1981, deux ans après le lancement du projet, le total des commandes s'élevait à 129 unités, et 59 autres en option.

Planche 146
**Les vrais géants du ciel apparaissent à la fin des années 60 ;
1969-1976**

Ce fut encore la Boeing qui, à la fin des années 60, inaugura une nouvelle phase révolutionnaire du transport aérien et battit l'un des records les plus enviés : réaliser et mettre en production de série le plus grand avion commercial du monde. L'ère du *wide-body* commença le 8 février 1969 avec le premier vol du Boeing 747, un géant capable de loger plus de 400 passagers, qui devint immédiatement célèbre sous le surnom significatif de *jumbo-jet*. L'influence que le 747 exerça sur le marché est démontrée par quelques données : en 1966, trois années avant que le prototype n'ait volé, la Boeing avait déjà accumulé un nombre de commandes représentant 1,8 milliards de dollars ; dans les six premiers mois de service, les jumbos réussirent à franchir le cap du million de passagers ; en 1979, les chaînes de montage avaient livré plus de 350 exemplaires au total, avec des commandes pour une autre centaine d'unités. Le 500e Boeing 747 a été fabriqué le 17 décembre 1980.

Les immenses possibilités du 747 ont été pleinement exploitées à travers les nombreuses variantes réalisées, qui se caractérisent par une souplesse croissante ainsi que par

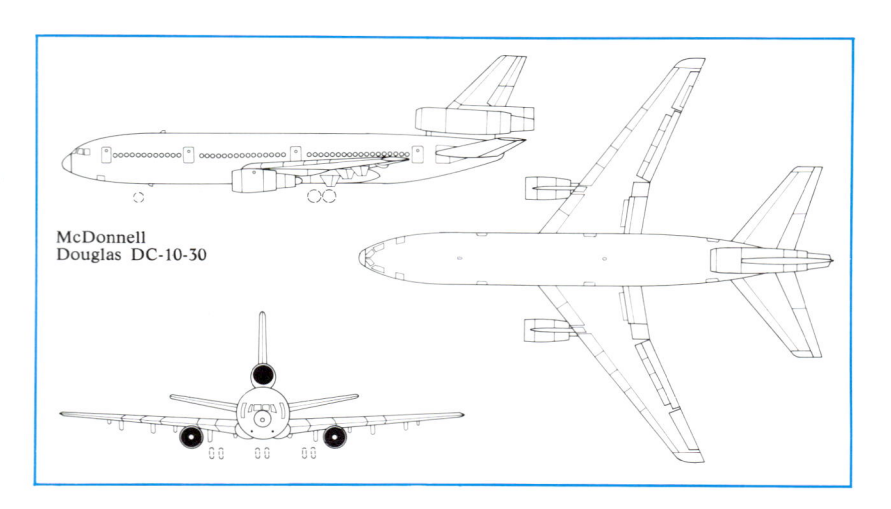

prototype vola le 9 avril 1967 et les livraisons commencèrent à la fin de l'année. Les versions de base encore en production au début des années 80 étaient au nombre de 2 : la 737-200 initiale et la 737-200C/QC, convertible pour l'utilisation cargo/passagers. Au milieu de 1979, 555 appareils étaient livrés et le total des commandes s'élevait à 690 exemplaires. La dernière variante est la 200 Long Range.

Une tentative courageuse pour briser le monopole de l'industrie américaine dans le secteur du transport à haute capacité sur courtes distances fut faite par la France vers la fin des années 60 et donna naissance au Dassault-Breguet Mercure, un gros biréacteur capable de loger un maximum de 162 passagers. Mais le programme, ralenti par une série de retards et, surtout, par le manque de commandes de la part des compagnies, finit par s'enliser. Après 2 prototypes (le premier vola le 28 mai 1971), on ne construisit que 10 exemplaires de production (Mercure 100) qui allèrent tous à Air Inter. Dans la seconde moitié des années 70, la Dassault-Breguet engagea l'étude d'une nouvelle version du Mercure (la 200) sensiblement améliorée au niveau des propulseurs et des ailes, afin d'augmenter la capacité et les performances générales.

McDonnell Douglas DC-10-30

une augmentation de la puissance motrice et des charges. La première série de production fut la 100 (qui inaugura sa mise en service commercial sur la ligne New York-Londres le 22 janvier 1970 sous les couleurs de la Pan American); il y eut les versions SP à fuselage court, capacité plus petite, mais plus grande autonomie et plus faible consommation; SR à court rayon d'action; 100 Combi à capacité mixte; F tout-cargo, caractérisé par son avant ouvrant pour faciliter le chargement des marchandises. La seconde série, 747-200, fut fabriquée en quatre versions de base : la B pour le transport de passagers; la B Combi, à capacité mixte; la C pour passagers seulement, ou pour marchandises seulement, ou bien encore pour passagers-marchandises; la F tout-cargo. Le dernier jumbo est capable de transporter près de 91 tonnes de marchandises à 7 200 kilomètres de distance.

Le défi lancé par la Boeing fut relevé par d'autres constructeurs américains. La seconde réponse au problème posé par la grande capacité fut apportée par la McDonnell Douglas avec son DC-10. La réalisation de ce gros triréacteur fut encouragée en 1966 par l'American Airlines, qui voulait un gros-porteur capable d'opérer également à partir d'aéroports qui ne disposaient pas des très longues pistes indispensables aux 747. Le premier DC-10-10 vola le 29 août 1970 et les exemplaires de production entrèrent en service le 5 août de l'année suivante sur la ligne Los Angeles-Chicago, sous l'insigne de l'American. Le 21 juin 1972 apparut le premier DC-10-30, version à plus grande autonomie pour services intercontinentaux, équipée de moteurs plus puissants et modifiée au niveau des ailes et du train d'atterrissage. Les premières livraisons commencèrent en novembre pour la KLM et la Swissair. La série finale fut la 40, aux unités motrices encore plus puissantes, qui, sous sa première appellation de DC-10-20, vola pour la première fois le 28 février 1972. Il y eut des variantes aménagées pour le transport tout-passagers ou tout-marchandises : la DC-10-CF et la DC-30-CF. Cette dernière sortit sous forme de prototype le 28 février 1973. A la fin des années 70, le total des livraisons s'élevait à 276 exemplaires, avec des commandes pour 64 autres avions.

La même demande fut, en 1966, avait conduit à la construction du DC-10, fut à l'origine de la réalisation du Tristar, un autre triréacteur à capacité élevée mis en chantier par la Lockheed pour répondre aux besoins des compagnies américaines opérant sur les lignes intérieures. Le projet, appelé L-1011, fut lancé en juin 1968 et le premier avion vola le 16 novembre 1970. La production fut caractérisée par un continuel accroissement de la puissance disponible et du poids à pleine charge. La version initiale fut la L-1011-1, mise en service régulier le 26 avril 1972 sous les couleurs de l'Eastern Air Lines. Vinrent ensuite les Tristar de la série 100, avec une autonomie plus élevée et des moteurs plus puissants, et ceux de la série 200 (premier vol le 10 avril 1976), équipés d'une version améliorée des moteurs Rolls-Royce RB.211 et, par conséquent, de meilleures performances au décollage et en ascension. La Lockheed a obtenu un accroissement de charge et d'autonomie dans la version L-1011-250, et, pour augmenter la souplesse opérationnelle du Tristar, elle a mis au point en 1978 une nouvelle variante (L-1011-500) à fuselage plus court. D'autres versions de ce type, avec des ailes de meilleur rendement aérodynamique et offrant des coûts d'exploitation moins élevés sont prévues pour les années 80. A la fin de 1979, les commandes totalisaient 201 exemplaires, dont 160 déjà livrés.

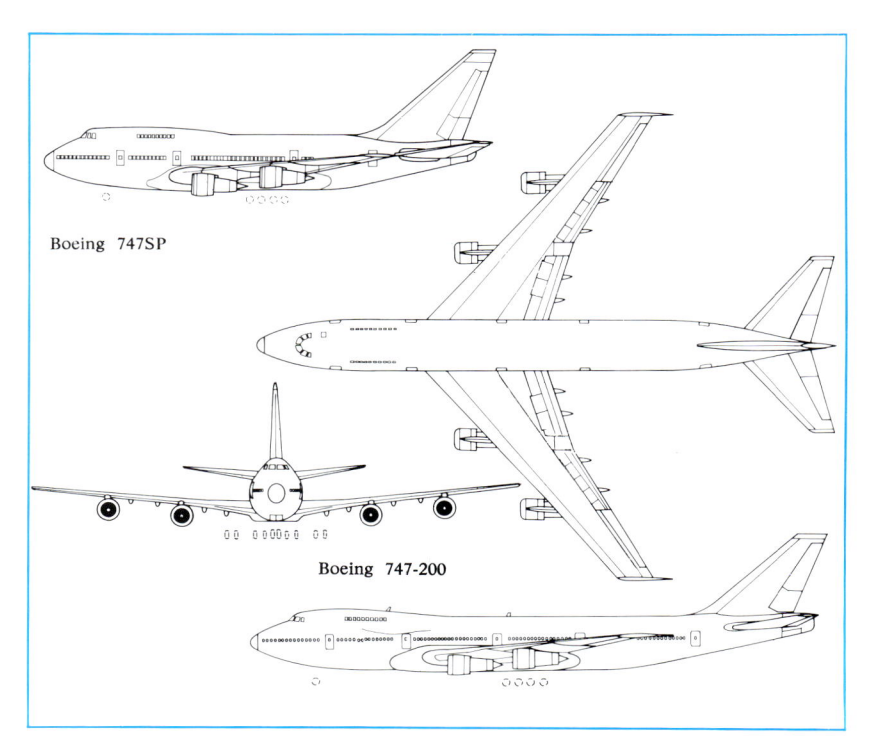

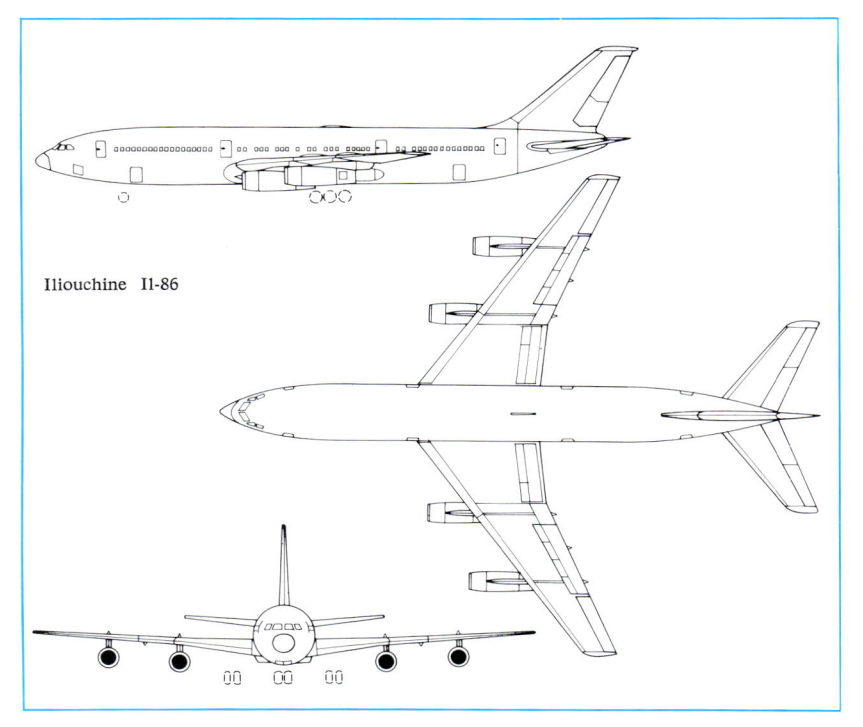

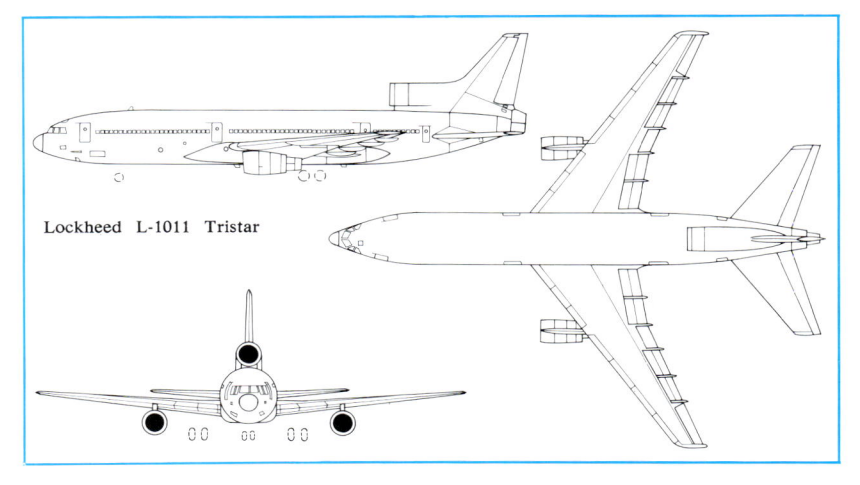

L'Union soviétique, elle aussi, entreprit, avec un certain retard, la réalisation d'un gros-porteur. Le projet fut conçu au début des années 70, sous le nom d'Iliouchine Il-86. La première présentation publique d'un modèle de l'avion eut lieu au printemps 1972. Mais c'était un appareil bien différent de l'avion définitif qui devait sortir quelques mois plus tard. D'une configuration très proche de celle du Il-62, on passa en effet, à la fin de l'année, à une forme plus conventionnelle : le prototype semblait un compromis entre un jumbo 747 et un 707, avec les moteurs logés dans des nacelles sous les ailes et l'empennage horizontal bas. En revanche, la caractéristique originale était la structure du train d'atterrissage principal, divisé en trois bras, dont un au centre du fuselage. La capacité était de 350 passagers. Le prototype vola pour la première fois le 22 décembre 1976. Le 24 octobre 1977 apparut le premier exemplaire de série. La mise en service, sous les couleurs de l'Aeroflot, commença le 26 décembre 1980.

Planche 147
Le Concorde inaugure l'ère du supersonique civil; 1968-1969

Mais la course la plus passionnante de toutes fut celle où, dans les années 70, les quatre plus grandes puissances aéronautiques du monde (États-Unis, France, Grande-Bretagne et URSS) s'affrontèrent pour réaliser un avion de transport civil

BAC-Aérospatiale Concorde

Tupolev Tu-144

Boeing 2707

Boeing 2707-300 SST

aucune défectuosité de l'avion. La poursuite de la production (le Tu-144 a été construit en 24 unités au moins) fit apparaître d'autres modifications de structure et d'équipement. La mise en service par l'Aeroflot commença le 26 décembre 1975, entre Moscou et Alma-Ata (Kazakhstan) sur une distance de 3 520 kilomètres et prit fin en 1978.

Le programme Concorde démarra le 29 novembre 1962 avec la signature d'un accord de coopération entre les gouvernements français et anglais et d'un contrat entre les entreprises des deux pays chargées de réaliser le projet. Ce furent la BAC et l'Aérospatiale pour la cellule, la Rolls-Royce et la SNECMA pour les moteurs. L'accord prévoyait la construction initiale de 2 prototypes, de 2 exemplaires de présérie et de 2 autres destinés aux essais de fatigue. Le premier prototype vola le 2 mars 1969, en retard sur les prévisions et deux mois après les débuts du supersonique soviétique. Par ailleurs, nombreuses étaient les ressemblances entre les deux appareils, surtout du point de vue aérodynamique, même si le Tupolev 144 de série était plus grand et équipé de moteurs plus puissants. Le deuxième Concorde vola le 9 avril de la même année, suivi le 17 décembre 1971 et le 10 janvier 1973 par les 2 appareils de présérie. A cette date les deux compagnies vedettes BOAC et Air France avaient respectivement commandé 5 et 4 exemplaires de série. Le premier d'entre eux reçut le baptême de l'air le 6 décembre 1973. Aussitôt après commença une série de tests d'appréciations opérationnelles qui devait durer environ deux ans et était destinée à la fois à expérimenter les différentes liaisons intercontinentales et à promouvoir le nouvel appareil sur le marché des compagnies aériennes. Le service régulier commença le 26 janvier 1976 avec les cinquième et sixième exemplaires de série, respectivement affectés à Air France et à la British Airways : ces deux compagnies, le même jour, ouvrirent les liaisons Paris-Dakar-Rio de Janeiro et Londres-Bahrein. Le 24 mai fut inauguré, simultanément encore, le service Paris et Londres en direction de Washington, sur la prestigieuse route de l'Atlantique Nord. Bien que, par la suite, l'activité opérationnelle du Concorde se soit développée, le succès commercial du supersonique européen n'a guère été brillant. Au début des années 80, 18 exemplaires au total avaient été construits et la moitié seulement était en service commercial.

Le projet Boeing (appelé par la maison : modèle 2707-300SST) fut conçu en octobre 1968, deux ans

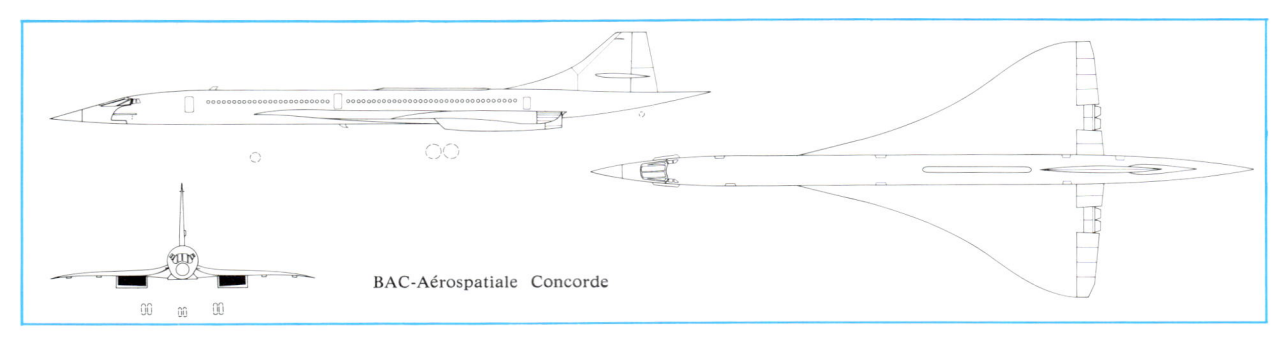

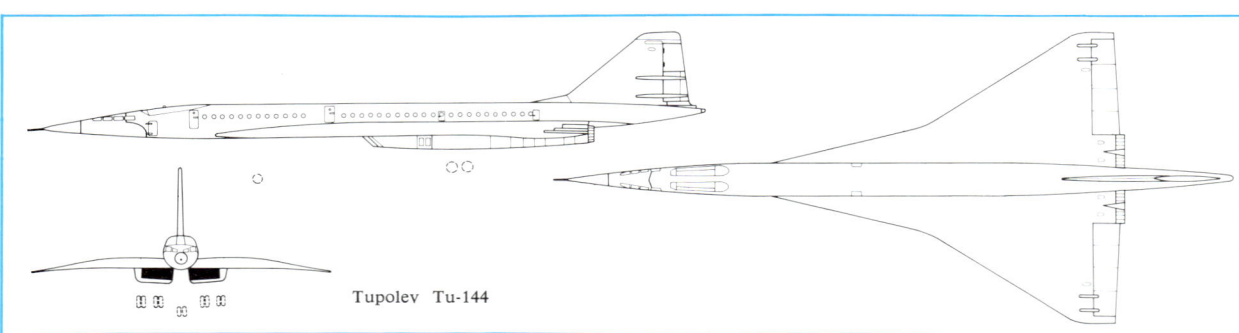

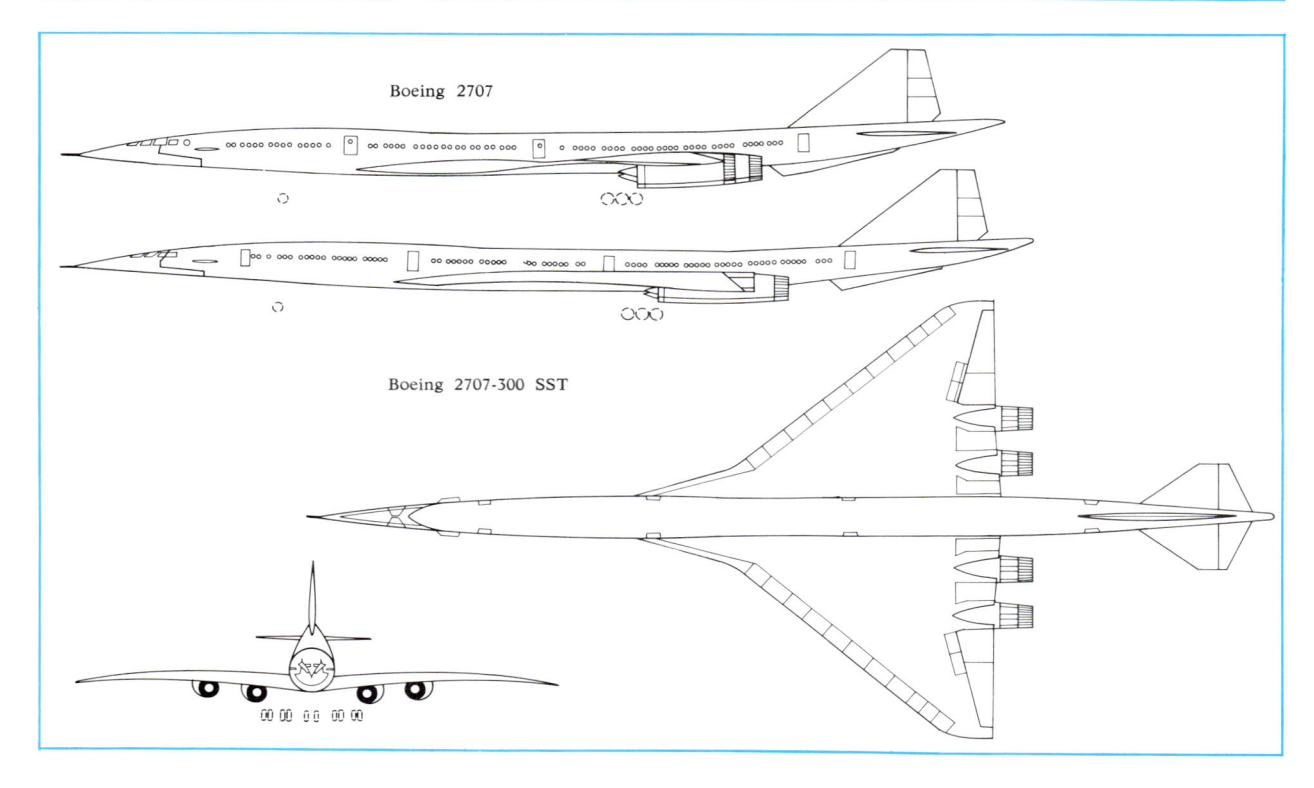

supersonique. L'enjeu était de taille : il s'agissait non seulement de la conquête de nouvelles technologies et d'expériences destinées à enrichir la longue évolution de l'avion, mais aussi et surtout d'une affaire de prestige. L'entreprise, en tout cas, dépendit plus de questions de coût que de problèmes techniques. Elle eut deux vainqueurs et un perdant : le Tupolev Tu-144 soviétique, qui fut le premier au monde à voler (31 décembre 1968) et vécut pratiquement à l'état expérimental pendant dix ans ; le Concorde anglo-français, qui, après une longue gestation pour la conquête d'un champ commercial, reste depuis le 21 janvier 1976 le seul en service, sur les lignes d'Air France et de la British Airways uniquement. La grande défection fut celle du Boeing SST, dont le programme de construction fut bloqué le 24 mars 1971 par le Sénat, qui refusa d'approuver les énormes investissements indispensables pour réaliser le projet.

Le Tupolev Tu-144 fut présenté sous forme de maquette au Salon de l'aéronautique de Paris en 1965. Le premier des trois prototypes reçut le baptême de l'air (38 mn de vol) le dernier jour de 1968. Le 5 juin 1969, le Tu-144 dépassa Mach 1 et le 26 mai 1970 il vola à 2 150 km/h ; c'était le premier avion commercial au monde à dépasser Mach 2. L'appareil connut une très longue évolution : en 1973, à Paris encore, le supersonique soviétique apparut complètement modifié, surtout au niveau des ailes, de la position des moteurs et du train d'atterrissage. Pour la première fois, on put voir les deux ailettes escamotables sur le nez de l'avion, servant à améliorer les caractéristiques de vol à vitesse réduite. L'exemplaire présenté (le second appareil de série) fut détruit dans un accident en vol, mais, officiellement du moins, on n'admit

356

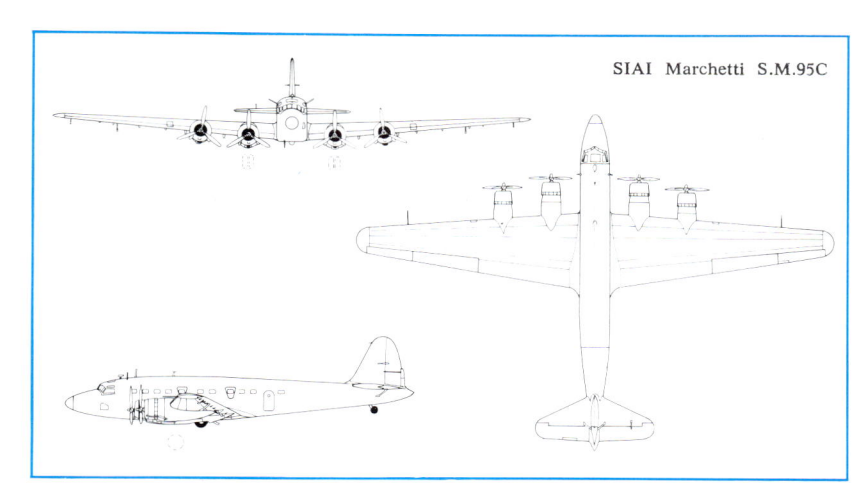

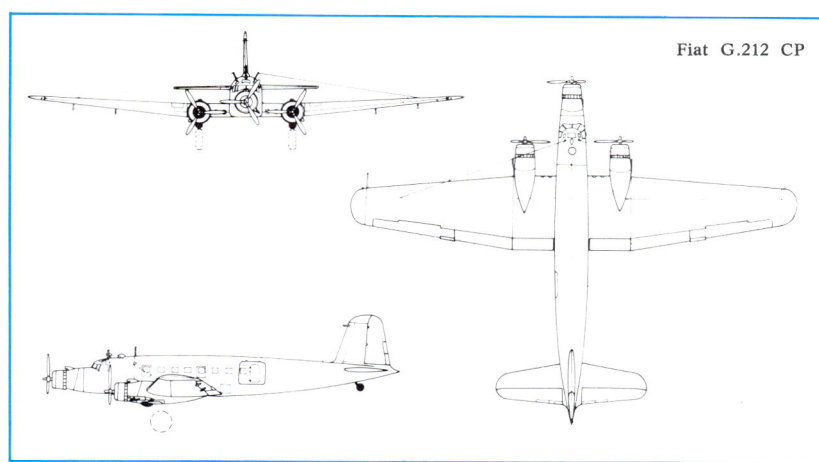

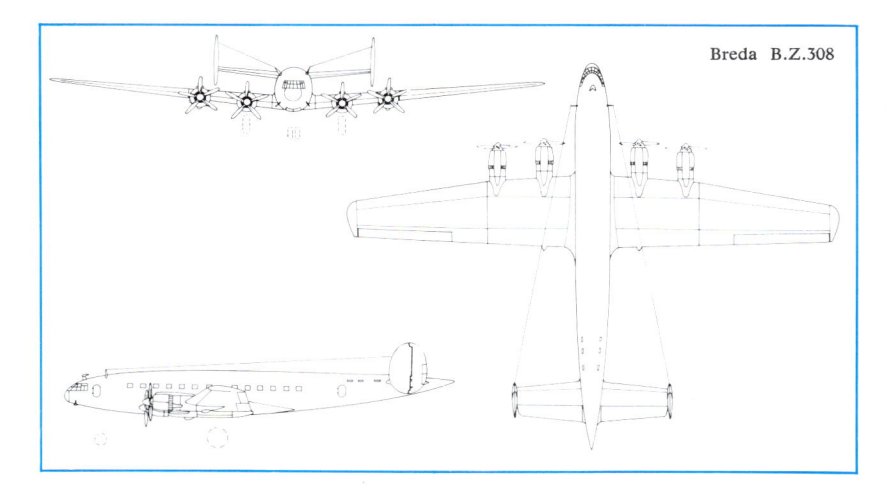

avant le lancement du programme et après la mise à l'écart d'une étude initiale qui prévoyait une configuration avec des ailes à géométrie variable. Le 23 septembre 1969, le Congrès américain décida la construction de 2 prototypes, assurant un financement de 1,3 milliard de dollars (90 p. 100 du projet). Un an et demi plus tard, le Sénat mit son veto à la poursuite du projet.

**Planche 148
L'industrie italienne renaît des cendres de la guerre ; 1946-1962**

Il est incontestable que, depuis la fin de la Seconde Guerre mondiale, le développement de l'aviation a été conditionné par l'hégémonie de la technologie et de la production des grandes puissances victorieuses et surtout des États-Unis. En Europe, seules la France et la Grande-Bretagne ont réussi à conserver un rôle d'avant-garde, tout en restant dans l'ombre du géant américain. L'Italie compte parmi les pays que le conflit a relégués au second plan.

Examinons les produits les plus significatifs qui ont marqué, dans le domaine de l'aviation civile, la lente reprise d'une industrie aéronautique qui était considérée, dans les années 30, comme une industrie de premier ordre sur le plan mondial.

Le dernier avion de transport réalisé par la SIAI Marchetti fut le quadrimoteur S.M.95. Les origines de cet appareil remontent aux premières années de guerre et, durant le conflit, il n'y eut que 4 exemplaires fabriqués, en version militaire. Un seul d'entre eux réussit à rester en Italie et, à partir du 10 avril 1946, il assura un service de liaison pour l'Aeronautica entre Rome et Milan. A la fin de l'année apparut le premier d'une série de 6 S.M.95C en version civile, qui entrèrent en service en 1947 avec la nouvelle compagnie Alitalia. Le 6 août, le S.M.95C baptisé *Marco Polo* et immatriculé I-DALM inaugura la première ligne internationale de la compagnie, entre Rome et Oslo. Le 3 avril 1948 fut établie la première liaison avec la Grande-Bretagne, entre Rome et Northolt, et quatre jours plus tard on mit en service la ligne Rome-Milan-Londres-Manchester. Trois autres appareils allèrent à la LATI et, en juillet 1949, ils assurèrent un service hebdomadaire avec Caracas. Ces 3 avions avaient été baptisés *Sant'Antonio*, *San Francesco* et *San Cristoforo* : au cours de ce vol difficile, ils devaient affronter le tronçon final de plus de 4 000 kilomètres sans escale. Les S.M.95C furent retirés en 1951 des deux compagnies nationales.

Ce fut la Fiat qui réalisa le dernier trimoteur produit par l'industrie italienne, le G.212. Mis au point vers la fin de 1943 à partir du G.12 plus petit, le prototype de cet avion de transport sortit le 20 janvier 1947. La version commerciale (G.212 CP Monterosa) fut construite en 9 exemplaires : 6 servirent de 1948 à mars 1952 avec l'ALI et 3 jusqu'en 1950 avec la compagnie égyptienne SAIDE. Un projet qui, en d'autres temps, aurait eu un puissant impact sur le marché international fut celui du Breda B.Z.308, un grand et excellent quadrimoteur conçu en 1942, mais dont le prototype ne sortit qu'en 1948. La construction de l'avion fut d'abord bloquée par la Commission de contrôle alliée, puis ralentie à cause des retards intervenus dans la livraison des moteurs anglais Bristol Centaurus. Quand le B.Z.308 commença à subir les tests d'appréciations opérationnelles, trop de temps avait passé pour qu'on pût songer à mettre en place une chaîne de montage rentable, compte tenu surtout de la concurrence des appareils américains. L'unique exemplaire fut livré en 1949 à l'Aeronautica Militare.

Le secteur des avions légers fut plus fortuné, bien qu'il n'ait pas manqué d'initiatives peu heureuses sur le plan strictement commercial. Citons le projet M.B.320, mis en chantier par la Macchi après la guerre et dont le prototype sortit en 1949. Bien que de bonne qualité dans l'ensemble, ce petit bimoteur eut la malchance d'être utilisé par son premier et unique acquéreur (l'East African Airways) dans des conditions climatiques difficiles qui firent apparaître de sérieux défauts de structure, ce qui bloqua sa diffusion commerciale. On fabriqua 6 exemplaires avant que la production ne soit abandonnée.

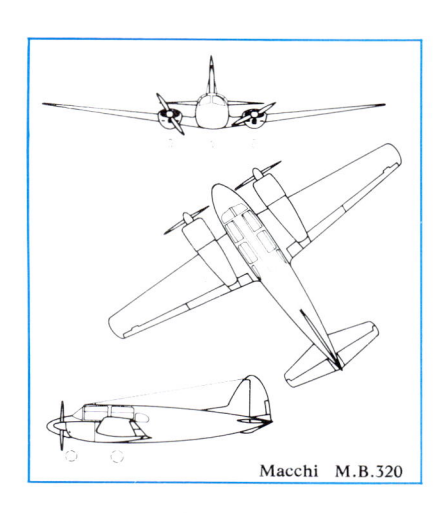

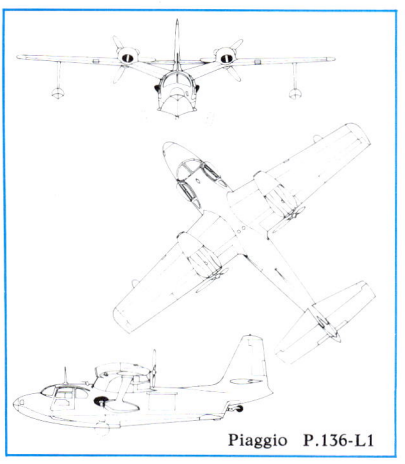

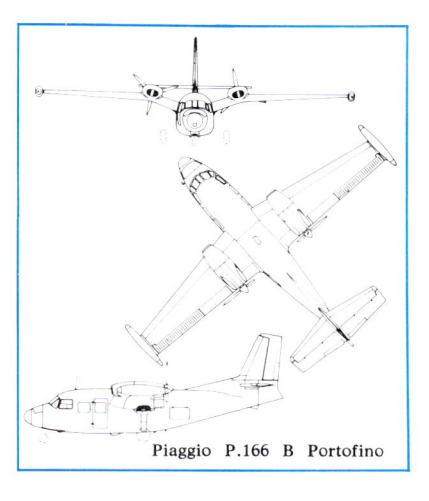

En revanche, la famille de

357

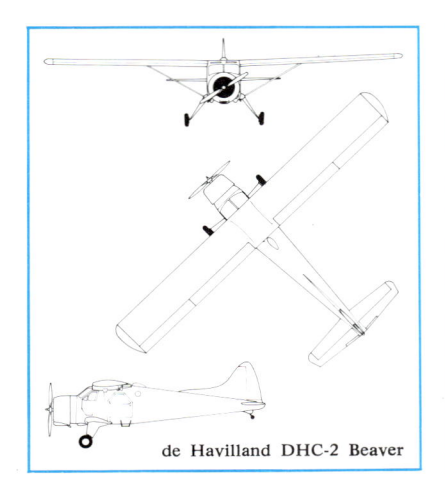

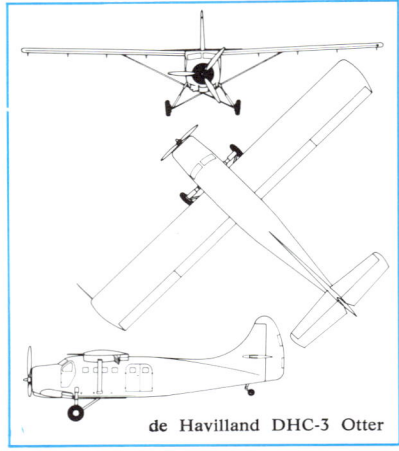

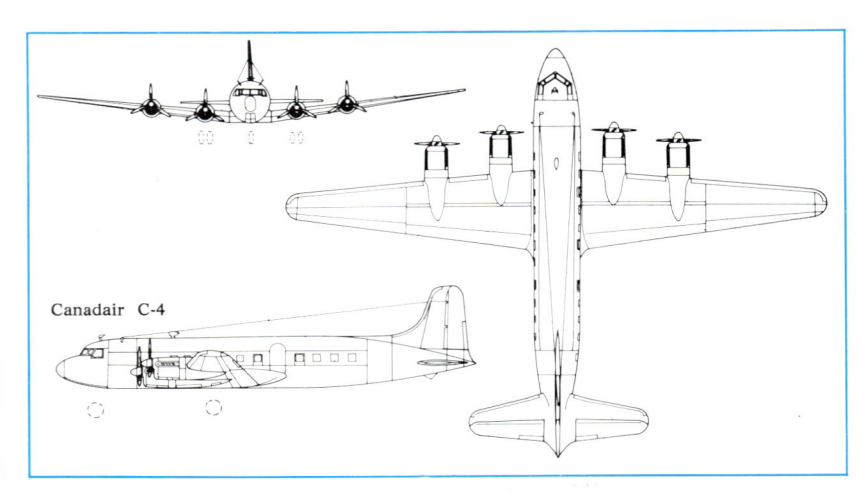

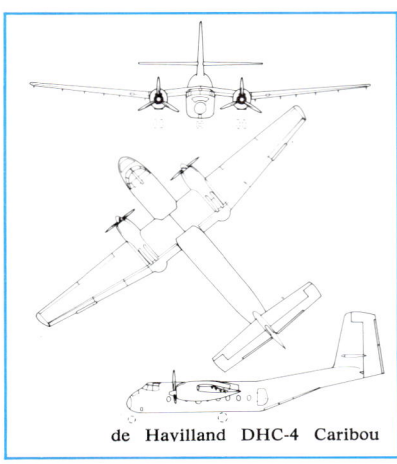

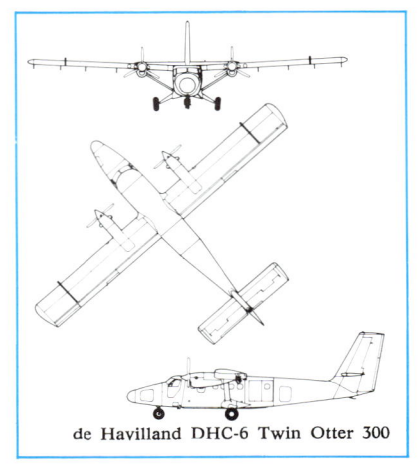

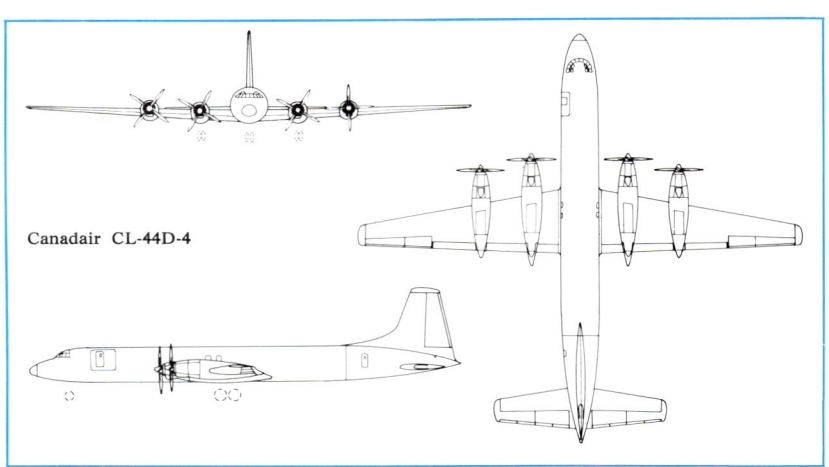

bimoteurs P.136-166 de la Piaggio connut un succès notable. Le prototype vola le 29 août 1948. Le P.136 était un amphibie très polyvalent et économique caractérisé par des ailes « de mouette » et des hélices propulsives. La première commande fut passée par l'armée, avec 18 exemplaires demandés en 1950 ; puis sortirent 15 autres avions de la deuxième version P.136-L. Le succès commercial vint avec les variantes plus puissantes L1 et L2 (de 1955 et de 1957), dont plus d'une vingtaine d'exemplaires furent commercialisés aux États-Unis sous le nom de Royal Gull et Royal Gull Super 200. Mais l'évolution la plus importante du projet fut représentée par le P.166, plus grand et plus spacieux, en version terrestre. La production débuta en 1958 et se répartit en plusieurs variantes : l'A initiale, *executive* et pour le transport léger (32 unités) ; la B Portofino (1962, 6 exemplaires) équipée de moteurs plus puissants ; la C (1964, 3 exemplaires) de plus grande capacité. Les séries militaires furent la M pour l'AMI (51 avions) et la S pour l'Afrique du Sud (1968, 20 exemplaires). Les dernières variantes furent la DL2 (2 mai 1975) sensiblement modifiée au niveau des ailes et de la capacité en carburant, et la DL3 (3 juillet 1976).

Planche 149
La production civile de l'industrie canadienne ; 1947-1969

L'industrie canadienne, traditionnellement tributaire des productions britannique et américaine, connut une évolution plus marquée. La création autonome de modèles civils prit une certaine consistance dans l'immédiat après-guerre grâce à l'activité de la De Havilland Aircraft of Canada, fondée en 1928 comme filiale de la maison mère britannique. Le DHC-2 Beaver, dont le prototype sortit le 16 août 1947, fut le précurseur d'une importante famille d'avions de transport STOL (à décollage et atterrissage courts) qui devait s'imposer sur le marché international. Du DHC-2, on passa au DHC-3 Otter, aux bimoteurs DHC-4 Caribou et DHC-5 Buffalo, avant d'arriver, dans les années 80, au biturbopropulseur léger DHC-6 Twin Otter et au quadrimoteur DHC-7 Dash 7.

Le programme DHC-2 démarra dès la fin de la guerre et donna naissance à un monoplan robuste et polyvalent, à ailes hautes, qui connut un succès immédiat grâce à ses excellentes caractéristiques. La production se poursuivit sans interruption, stimulée par de massives commandes militaires passées par les États-Unis et la Grande-Bretagne, qui amenèrent la clientèle d'une quinzaine d'autres forces armées. Le Beaver fut construit en plus de 1 600 exemplaires (dont quelques centaines furent mis sur le marché civil) et, à partir du 1 562e, fut sensiblement modifié par l'adoption d'un turbopropulseur Pratt & Whitney PT6A-6 de 578 ch. Cette version, appelée DHC-2 MK.3 Turbo Beaver, vola pour la première fois le 30 décembre 1963 et fut fabriquée en 60 exemplaires.

Le succès du Beaver fut renouvelé par le DHC-3 Otter (premier vol le 12 décembre 1951), pratiquement une version améliorée et plus puissante de son prédécesseur. Les quelque 450 exemplaires construits allèrent pour les deux tiers environ aux forces aériennes américaines et canadiennes, et le reste s'éparpilla auprès d'une foule d'utilisateurs civils et privés à travers trente-six pays. En revanche, le DHC-4 et le DHC-5, plus grands, eurent une utilisation presque exclusivement militaire. Des deux, ce fut le DHC-4 Caribou qui remporta le plus de succès dans le domaine civil, même limité à un petit nombre d'exemplaires, grâce à ses possibilités de chargement. Le prototype vola le 30 juillet 1958 et la production dépassa les 230 exemplaires.

Le DHC-6 Twin Otter, annoncé en 1964, vola pour la première fois le 20 mai 1965. Il s'est imposé comme l'un des meilleurs avions de transport léger de sa catégorie et réussit à percer sur le marché tant civil que militaire. Puissant, spacieux et très polyvalent, ce bimoteur à turbopropulseur et train d'atterrissage fixe avait été construit à la fin de 1979 en plus de 700 exemplaires, dont 344 avaient été commandés par des compagnies commerciales. La série initiale de production fut la 100 (115 unités) ; vinrent ensuite la 200 (115 exemplaires également) et la 300 (premier vol au printemps 1969).

Dans le domaine du transport à longue distance, il y eut deux produits canadiens, réalisés par la Canadair, qui connurent un certain succès : le C-4 et le CL-44. Il ne s'agissait pas de projets originaux, car ces deux quadrimoteurs furent fabriqués en transformant des appareils déjà construits aux États-Unis et en Grande-Bretagne : le Douglas DC-4 qui, équipé de moteurs Rolls-Royce Merlin, donna naissance au C-4 ; le Bristol Britannia, sensiblement modifié, engendra le CL-44, premier tout-cargo au monde doté d'une queue tournante pour permettre le chargement et le déchargement des marchandises. Le premier C-4 vola le 20 juillet 1946 (il fut appelé à l'origine DC-4M-1) et fut suivi en

Miles M.57 Aerovan 1

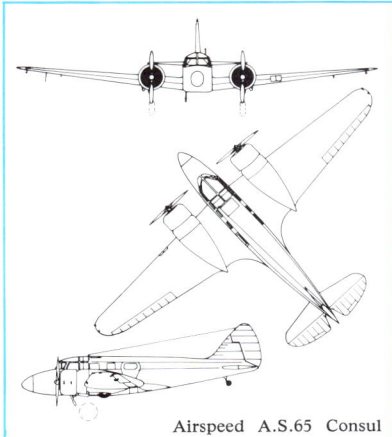

Airspeed A.S.65 Consul

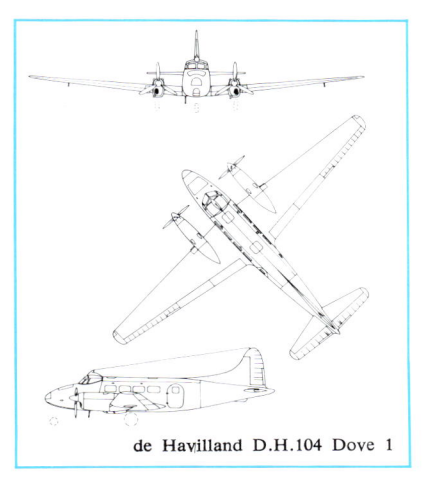

Short S.A.6 Sealand

de Havilland D.H.104 Dove 1

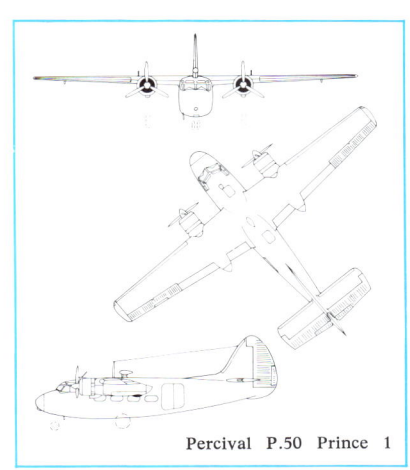

Percival P.50 Prince 1

Handley Page H.P.R.1 Marathon 1

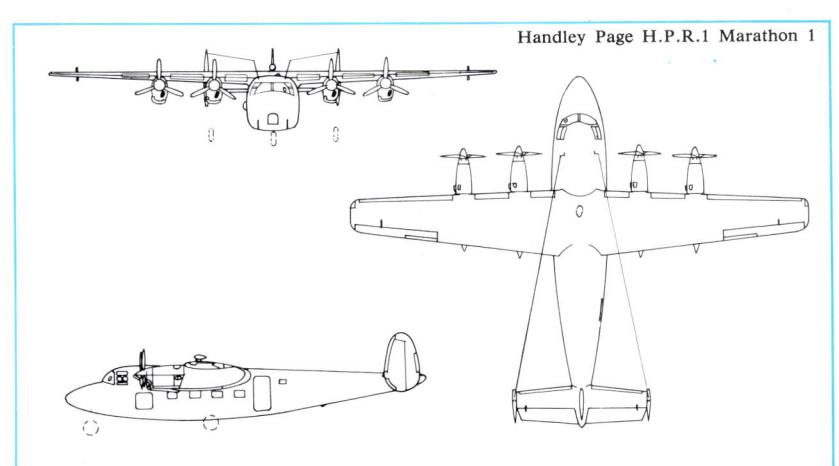

août 1947 du prototype définitif, avec cabine pressurisée (DC-4M-2). En dehors de son utilisation militaire, il fut mis en service régulier avec la Trans Canada en avril 1948 (20 exemplaires) et poursuivit sa carrière avec la Canadian Pacific Airlines un an plus tard (4 avions) et avec la BOAC à partir du milieu de 1949 (22 exemplaires). La compagnie vedette anglaise maintint le C-4 en service jusqu'en 1958. Le CL-44, dont le prototype sortit le 15 novembre 1959, fut primitivement destiné à la Royal Canadian Air Force en version militaire, puis fabriqué en deux séries de 27 exemplaires au total pour le marché civil. Il se caractérisait par un système de chargement original. Les variantes furent la CL-44D-4 (premier vol le 16 novembre 1960) et la CL-44J (décembre 1965) à fuselage plus long. Les principaux utilisateurs furent la Flying Tiger Line, la Seaboard World, la Slick Airways et l'Icelandic Airlines.

Planche 150
Avions britanniques des années 40 pour le transport léger ; 1945-1948

Le transport léger — correspondant très souvent aux utilisations privées, aux services à la demande et au transport *executive* — est un autre secteur où l'évolution de l'avion a vécu des étapes analogues à celles des grands appareils de ligne.

En Grande-Bretagne, avec la reprise d'après-guerre, nombreuses furent les réalisations de l'industrie dans ce domaine. En 1945, on vit sortir (premier vol du prototype le 26 janvier) l'un des meilleurs avions « à tout faire » de l'époque, le Miles M.57 Aerovan, un petit bimoteur conçu en prévision du développement que devait connaître la demande d'avions à court rayon d'action, propres au transport mixte et particulièrement adaptés pour les charges encombrantes. La production se répartit en deux séries principales, la 1 initiale (7 exemplaires) et la 4 de 1947 (39 unités) ; à ces appareils vinrent s'ajouter quelques Aerovan 5 et 6, modifiés respectivement au niveau des moteurs et des ailes. Le succès commercial dépassa toutes les prévisions et les commandes émanèrent de nombreuses petites compagnies spécialisées, auprès desquelles les Aerovan servirent jusqu'aux années 50.

Le De Havilland D.H.104 Dove eut encore plus de succès. C'était un petit bimoteur avec lequel la glorieuse firme britannique voulut reprendre les caractéristiques qui avaient assuré la réussite de la célèbre famille d'avions de transport léger des années 30. Environ 550 exemplaires du Dove furent fabriqués à partir de la fin de 1945 et se répandirent non seulement en Grande-Bretagne, mais aussi à l'étranger. Le prototype vola le 25 septembre 1945 et la production fut mise en route avec la série initiale Dove 1. A celle-ci vint s'ajouter, à partir de 1948, une variante *executive* (Dove 2) spécialement étudiée pour le marché étranger avec une capacité réduite de 8 à 6 passagers. Ces deux versions furent fabriquées simultanément en deux autres séries, modernisées au niveau des unités motrices : respectivement la 1B et la 2B de 1952 (moteurs Gipsy Queen de 340 ch) ; la 5 et la 6 (380 ch) de 1953. Les principales variantes qui suivirent furent la 7 (1960), encore plus puissante, et la 8, version de transport *executive* pour 5 passagers.

L'homologue du Dove fut l'Airspeed A.S.65 Consul, dérivant de la lignée des bimoteurs légers née avec l'Envoy de 1934, dont le meilleur représentant était l'Oxford de 1937. C'est précisément de ce dernier que dérivait le Consul : la différence principale résidait dans le fuselage, redessiné pour loger 6 passagers avec leurs bagages. Le prototype du Consul vola en mars 1946 et la production dépassa les 150 exemplaires, avec un remarquable succès commercial.

En revanche, le Handley Page H.P.R.1 Marathon, datant de la même période, ne connut guère de succès. Il fut fabriqué dès la fin de la guerre par la Miles Aircraft Ltd avec le projet ambitieux de fournir aux compagnies aériennes un bon avion de transport à court rayon d'action et à petite capacité. Le mauvais sort commença à se manifester en 1948 (le prototype du Marathon avait volé le 19 mai 1946) avec la faillite de la Miles et continua avec le refus opposé par la plupart des compagnies après que le projet eut été repris par la Handley Page. Ce petit quadrimoteur acheva sa carrière dans la RAF comme avion d'entraînement et auprès de compagnies privées, surtout étrangères. La variante Marathon 2 fut particulièrement intéressante (le prototype vola le 23 juillet 1949) : cet appareil, modifié par l'installation de deux turbopropulseurs Armstrong Siddeley Mamba de 1 010 ch chacun, fut le troisième avion de transport civil anglais de ce type.

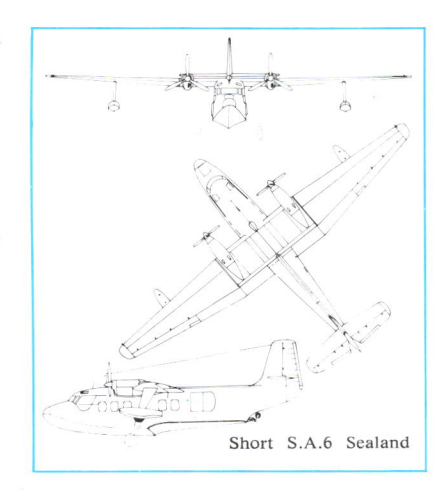

Le Percival P.50 Prince se révéla efficace et polyvalent. C'était un robuste bimoteur à ailes hautes qui, avant de céder le pas à une variante militaire améliorée (Pembroke, produite jusqu'en 1958 pour la RAF), connut un vif succès à l'exportation. Le prototype vola le 13 mai 1948 et la production commença avec une série de 10 exemplaires appelés Prince 1. Vinrent ensuite 7 Prince 2 (série modifiée après les expériences d'un long essai en Afrique, au Moyen-Orient, en Inde et en Asie, effectué par les 3 premiers exemplaires de la série initiale), 10 Prince 3 (1952) améliorés et plus puissants. Les séries finales furent la 4 et la 6, équipées de propulseurs différents et caractérisées par une structure renforcée pour augmenter la capacité de charge.

L'unique amphibie réalisé par l'industrie anglaise à la fin de la guerre, le Short S.A.6 Sealand, fut surtout réservé à l'exportation. Le prototype sortit le 22 janvier 1948 et la production totalisa 24 exemplaires, fabriqués jusqu'en 1952. Ces appareils, après une série de vols promotionnels en Europe, aux États-Unis et en Amérique du Sud, suscitèrent l'intérêt de plusieurs

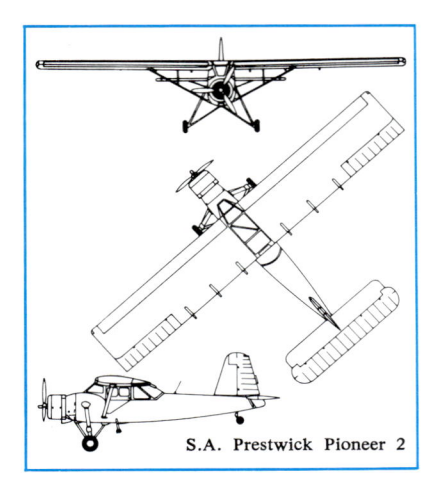

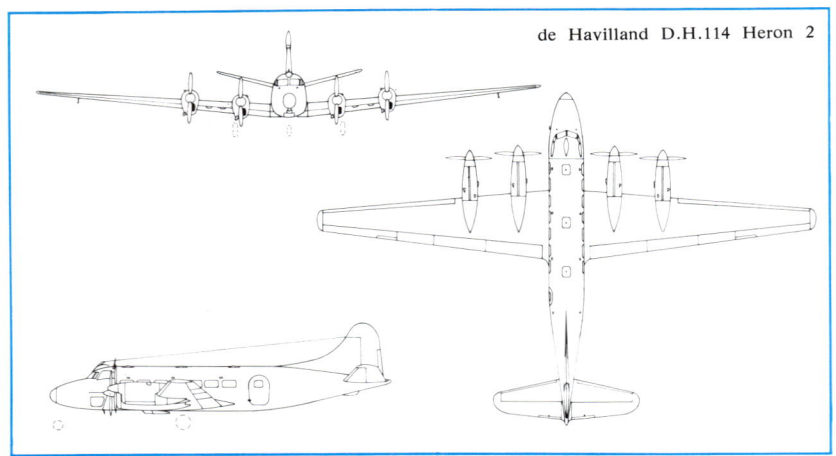

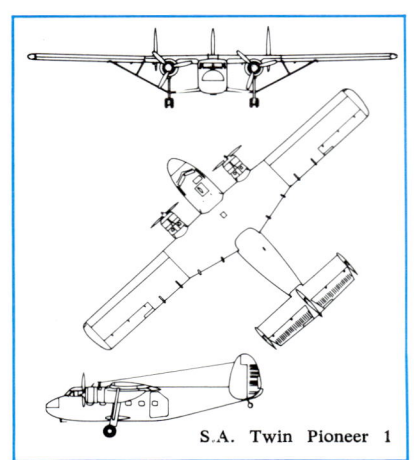

Planche 151
Avions anglais et canadiens pour le transport léger ; 1950-1975

Le premier projet original de la Scottish Aviation donna naissance au premier avion de transport STOL réalisé en Grande-Bretagne : le Pioneer, petit monoplan à ailes hautes aux excellentes caractéristiques de vol. Néanmoins, le Pioneer ne réussit pas à devenir un appareil très répandu, soit à cause de l'intérêt modéré qu'il suscita auprès des militaires, soit parce qu'il fut bientôt remplacé par un avion plus grand, le Twin Pioneer. Le prototype vola en septembre 1947, équipé d'un moteur Gipsy Queen de 240 ch, et fut suivi trois ans plus tard du chef de file d'une seconde série de production (Pioneer 2) dotée d'un radial Alvis Leonides d'une puissance plus de deux fois supérieure : 240 ch. Ce fut cette variante qui non seulement fut achetée par la RAF en 40 exemplaires en 1953, mais connut encore un certain succès commercial auprès des utilisateurs privés. Cependant, à la production du Pioneer vint s'ajouter, dès 1955, celle du Twin Pioneer, plus efficace et plus polyvalent, dont le prototype sortit le 25 juin de la même année. Grâce à ses qualités de robustesse et de souplesse, ce bimoteur léger trouva bientôt un débouché idéal auprès des petites compagnies pratiquant le vol à la demande. Les principales séries de production furent au nombre de trois : la série initiale, équipée de moteurs Alvis Leonides de 560 ch ; la Twin Pioneer 2 de 1958, munie de deux radiaux Pratt & Whitney de 600 ch ; la Twin Pioneer 3 de la même année, avec un couple de Leonides de 600 ch. Au total, des Pioneer aux Twin Pioneer, la Scottish Aviation fabriqua 150 exemplaires.

La De Havilland, suivant la démarche qui avait inspiré sa production des années 30, mit au point en 1949 une version plus grande et plus puissante de son modèle D.H.104 Dove qui avait été une réussite. Cet avion fut le D.H.114 Heron, un petit quadrimoteur qui s'imposa sur le marché de l'avion de transport léger à moyen rayon d'action. Le prototype du Heron vola pour la première fois le 10 mai 1950 et, au terme des essais, les chaînes de montage furent mises en route pour la série initiale. Le septième exemplaire de production devint le prototype de la seconde et principale variante : la différence essentielle résidait dans le train d'atterrissage escamotable, à la place du train tricycle fixe placé à l'avant adopté à l'origine pour simplifier l'appareil.

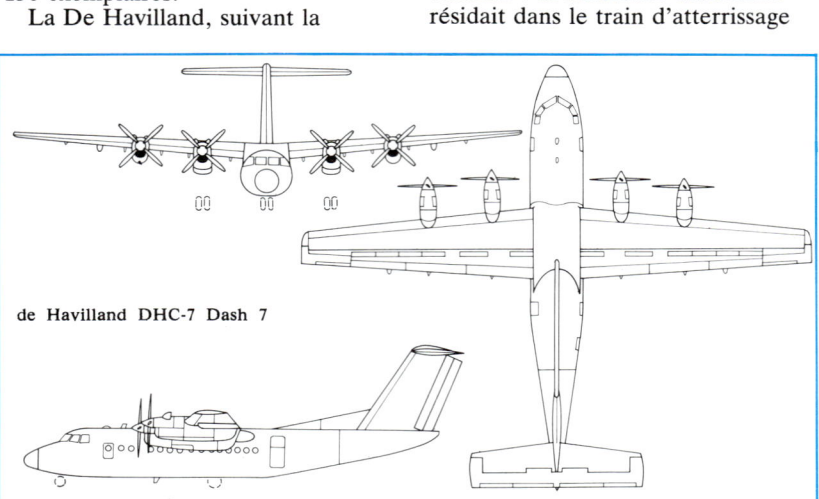

Le D.H.114 Heron fut soumis aux essais le 14 décembre 1952 et révéla une amélioration des performances et un abaissement de la consommation de carburant découlant de la modification. Son succès commercial fut immédiat, surtout auprès des petites compagnies. Mais même les plus grandes sociétés ne dédaignèrent pas le Heron : parmi celles-ci, la Garuda indonésienne, la Japan Airlines et la BEA. La première compagnie à mettre ce petit quadrimoteur en service fut la Jersey Airlines, le 9 mai 1953, sur la ligne Gatwick-Jersey. Comme pour le Dove, on fabriqua pour le Heron des sous-séries plus puissantes (2B) et en version *executive* (2C et 2D, de 1955). On produisit environ 150 exemplaires des différentes séries.

Dans les années 60, deux autres petits avions de transport qui finirent par conquérir une part importante du marché furent le Britten-Norman BN-2A Islander et le Short SC.7 Skyvan, tous deux très polyvalents, et faits pratiquement « sur mesure » pour les petits utilisateurs. Le prototype de l'Islander vola pour la première fois le 20 août 1966 et les livraisons commencèrent un an plus tard. Le succès de ce bimoteur fut considérable : en 1977, plus de 750 exemplaires avaient été livrés à des clients répartis entre 117 pays, avec des commandes pour encore une centaine d'unités. En 1979, ces commandes dépassaient les 900 exemplaires. En outre, on peut noter la faveur dont jouirent les nombreuses versions militaires et celle à trois moteurs (BN-2A-Mk.II Trislander), dont le prototype sortit le 11 septembre 1970 et qui fut commandé en une centaine d'exemplaires.

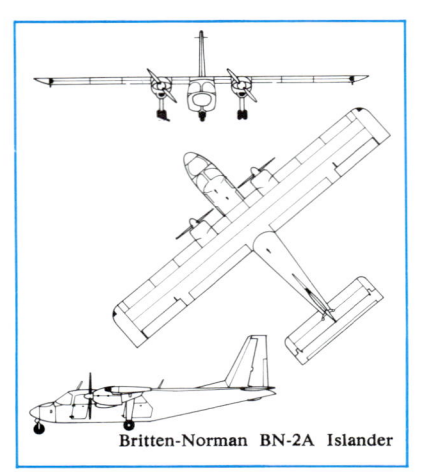

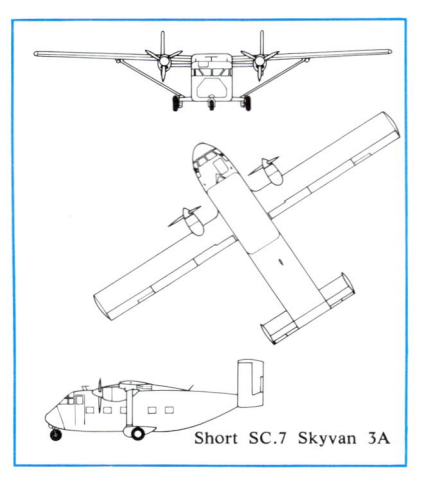

Pour le transport général, on conçut en 1959 le Short SC.7 Skyvan, un petit « wagon volant » propulsé à l'origine par des moteurs à pistons (série 1 et 1A), mais bientôt équipé de turbopropulseurs. Le prototype vola le 17 janvier 1963, et le premier Skyvan à turbopropulseur (série 2) fut soumis aux essais le 29 octobre 1965. A la fin de 1979, on avait produit environ 130 exemplaires, surtout de la série finale Skyvan 3 (premier vol le 15 décembre 1967), construits en version passagers (3A), militaire (3M) et tout-passagers (Skyliner).

Au Canada, la De Havilland locale élargit sa production en 1972 avec le projet DHC-7 Dash 7, un petit quadriturbopropulseur STOL pour le transport mixte. Le prototype vola le 27 mars 1975 et le premier avion de série le 2 avril 1977.

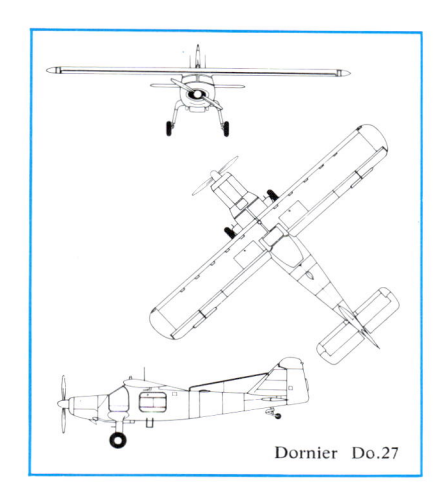

Dornier Do.27

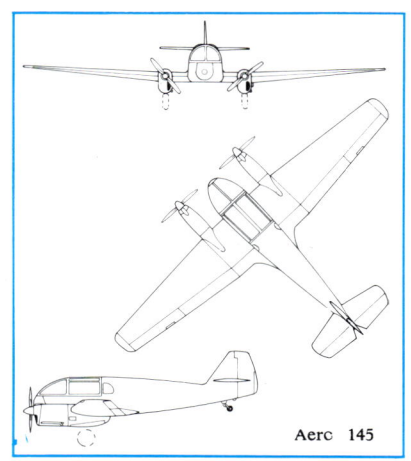

Aero 145

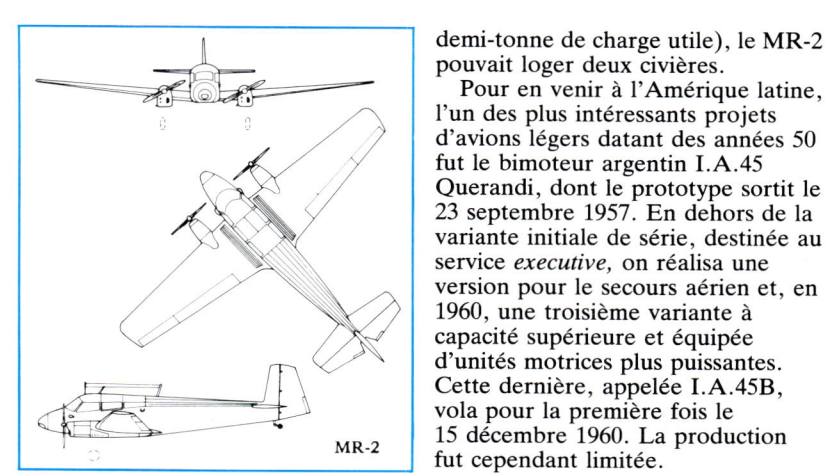

MR-2

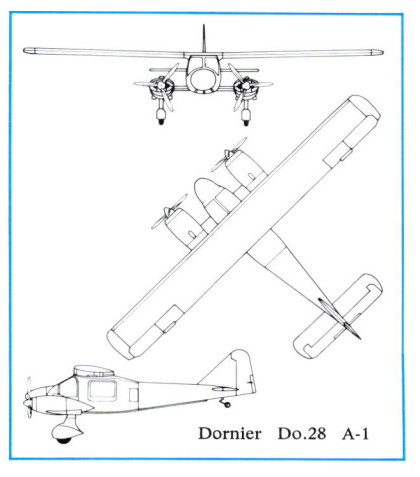

Dornier Do.28 A-1

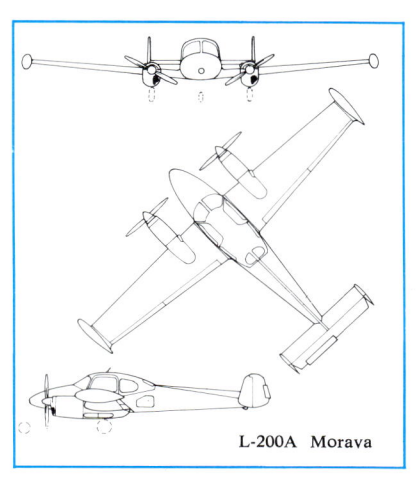

L-200A Morava

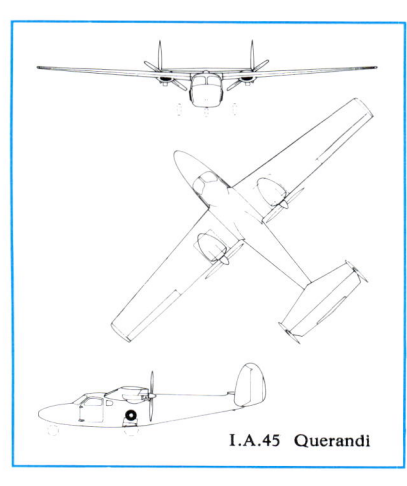

I.A.45 Querandi

Planche 152
Avions de transport léger des années 50 ; 1955-1959

Le secteur du transport léger connut une expansion particulière dès la fin de la guerre et ce ne fut pas uniquement le cas des pays les plus développés du point de vue industriel et aéronautique. Au contraire, c'est précisément dans les pays considérés comme de second plan qu'apparurent des modèles très intéressants. En partie parce qu'une telle production permettait de maintenir en activité un appareil industriel spécifique en évitant les risques de la concurrence dans les secteurs plus difficiles, en partie parce que — comme dans le cas de l'Allemagne, reléguée après la guerre dans un rôle marginal — une activité de ce genre était la seule qui fût permise dans l'équilibre établi par les grandes puissances victorieuses.

Dans les années 50, les principaux exemples de réalisations originales et autonomes de l'industrie allemande furent deux avions légers de la Dornier, le Do.27 et le Do.28. Le premier était un petit monomoteur à ailes hautes caractérisé par d'excellentes performances, très semblables à celles du célèbre Fieseler Fl.156 Storch de la période de guerre, dont le projet avait été mis au point en Espagne, presque clandestinement, dans la première moitié des années 50. Le prototype vola le 27 juin 1955 et fit une telle impression par ses hautes performances qu'il fut commandé en grosse quantité par les militaires pour équiper la nouvelle Luftwaffe et l'aviation légère de l'armée allemande. La production, répartie en plusieurs variantes, dépassa les 600 unités, dont 420 destinées à l'usage militaire. Ce fut à partir de ce modèle très réussi que la Dornier, quatre ans plus tard, mit au point une version bimoteur (Do.28), dont le prototype sortit le 29 avril 1959. Les chaînes de montage furent aussitôt occupées par la série A1, qui remporta un certain succès auprès des petites compagnies de transport aérien, et, à partir de 1963, par la seconde variante principale (Do.28B), équipée de moteurs plus puissants. La production de ce bimoteur léger se poursuivit avec 120 exemplaires jusqu'en 1966, année où sortit le prototype du Do.28D Skyservant, une version complètement redessinée et caractérisée par des dimensions plus grandes, une capacité accrue et de meilleures caractéristiques, qui remplaça le modèle précédent. A la fin de 1979, les ventes de cet avion avaient dépassé les 200 unités dans 23 pays.

Dans le camp opposé, parmi les pays du bloc de l'Est, la production de l'industrie tchécoslovaque connut beaucoup de succès. L'Aero 145, dérivant du modèle 45 de 1947, fut un avion très réussi : dans ses différentes versions, il resta en production jusqu'en 1961 et fut fabriqué en quelque 700 exemplaires, dont la quasi-totalité fut exportée. Le type 145, dont le prototype vola en 1958, ne différait de son prédécesseur que par des moteurs plus puissants. Le L-200 Morava, mis au point par les industries d'État comme successeur des Aero, fut également un excellent appareil. Plus moderne et doté de meilleures performances générales, cet élégant bimoteur, dont le prototype sortit le 8 avril 1957, fut produit en 3 versions principales représentant un total de plus de 500 unités. La première était équipée de deux moteurs Walter Minor de 160 ch ; la deuxième (L-200A) avait des unités motrices M.337 de 210 ch ; la troisième (L-200D de 1962) était caractérisée par des modifications au niveau du train d'atterrissage, du circuit hydraulique et des hélices.

En Roumanie, il y eut un homologue presque contemporain : le MR-2, conçu en 1953 et dont le prototype vola trois ans plus tard. Ce petit bimoteur fut mis au point pour le transport léger et en particulier pour être utilisé comme avion-ambulance. Dans cette version (on réalisa également une variante tout-cargo, capable de transporter une demi-tonne de charge utile), le MR-2 pouvait loger deux civières.

Pour en venir à l'Amérique latine, l'un des plus intéressants projets d'avions légers datant des années 50 fut le bimoteur argentin I.A.45 Querandi, dont le prototype sortit le 23 septembre 1957. En dehors de la variante initiale de série, destinée au service *executive,* on réalisa une version pour le secours aérien et, en 1960, une troisième variante à capacité supérieure et équipée d'unités motrices plus puissantes. Cette dernière, appelée I.A.45B, vola pour la première fois le 15 décembre 1960. La production fut cependant limitée.

Planche 153
Avions de transport léger des industries secondaires ; 1949-1969

En Espagne, bien qu'il ait été destiné à l'usage militaire, il convient de mentionner le CASA-201 Alcotan, premier bimoteur de transport conçu et réalisé par les entreprises aéronautiques du pays. Le prototype vola le 11 février 1949 et la production s'éleva à 112 exemplaires, répartis en trois variantes principales : la 201-B de transport de passagers ; la 201-F pour l'entraînement à la reconnaissance photographique et au bombardement.

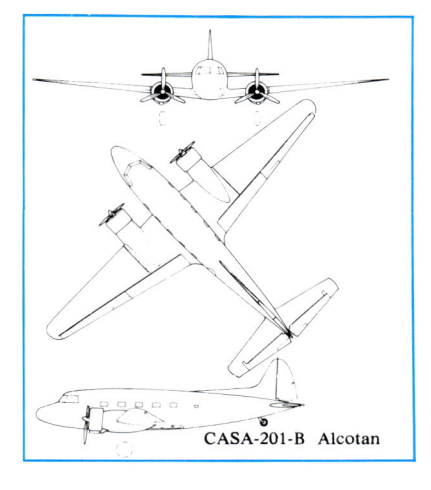

CASA-201-B Alcotan

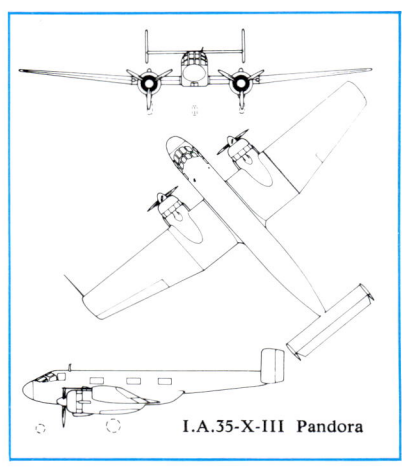

I.A.35-X-III Pandora

Pilatus PC-6 Porter

de Havilland DHA-3 Drover

Swearingen Metro II

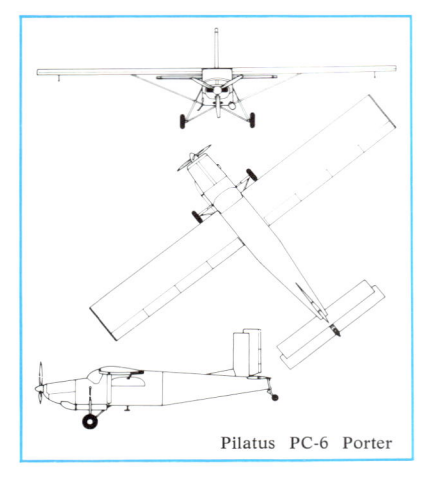

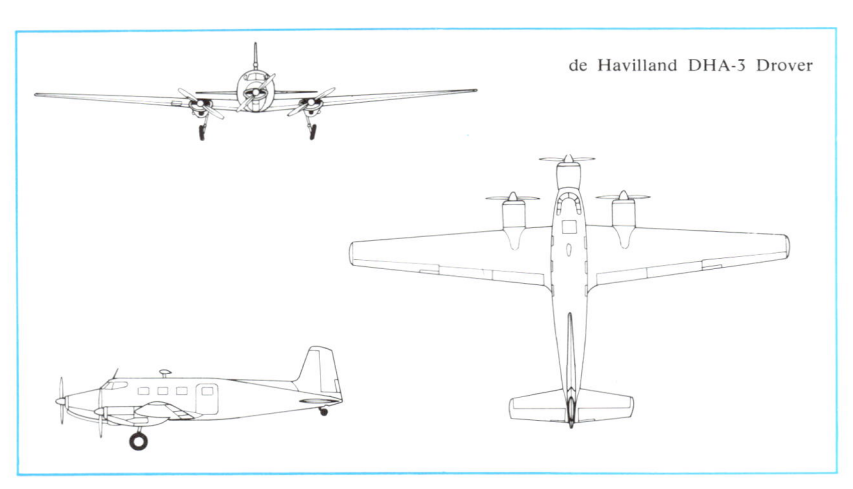

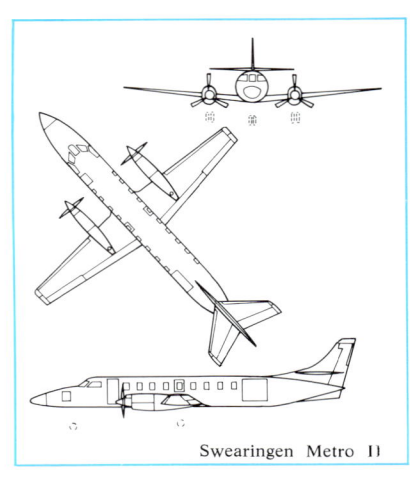

L'homologue du bimoteur espagnol fut l'avion argentin I.A.35, dont le prototype sortit le 7 septembre 1953. Il fut le précurseur d'une prolifique famille d'appareils militaires qui connut une évolution constante tout au long des années 60. Les principales versions de production furent au nombre de 5 : la Ia pour l'entraînement des équipages ; la Ib pour l'entraînement des bombardiers et des mitrailleurs ; la II pour le transport léger ; la III comme avion-ambulance ; la IV pour la reconnaissance photographique. Entre toutes ces versions militaires, il fut décidé d'en mettre une au point pour le transport civil. Dans cette perspective, le premier prototype fut modifié au niveau du fuselage et appelé I.A.35-X-III Pandora : il vola le 28 mai 1960, mais le projet ne fut pas mis en production.

Pour en revenir à l'Europe, il convient de rappeler la tentative qui, à la fin des années 50, fut faite par l'industrie polonaise pour mettre au point un avion de transport commercial léger qui remplaçât le vieux matériel d'origine soviétique. Cette tentative se concrétisa, le 21 juillet 1959, par le PZL MD-12, un petit quadrimoteur à ailes basses et train d'atterrissage tricycle particulièrement adapté à l'emploi sur les courtes distances. Les trois prototypes construits furent confiés à la compagnie d'État LOT qui les soumit à une série d'essais qui dura trois ans. En 1963, le MD-12 fut définitivement refusé.

Un sort bien plus heureux fut réservé au premier avion de conception originale réalisé par l'industrie suisse : le Pilatus PC-6 Porter de 1959, un monomoteur robuste et polyvalent à ailes hautes qui affermit son succès en 1961 avec l'apparition de son successeur à turbopropulseur, encore plus réussi : le Turbo Porter. Le projet fut mis en route en 1957 et le premier prototype vola le 4 mai 1959. Parmi les qualités de l'avion, on distinguait avant tout les brillantes caractéristiques STOL, et le succès commercial fut immédiat : au milieu de 1961, un premier lot de 20 unités avait été fabriqué et, en 1965, à une époque où la production était désormais presque totalement consacrée au Turbo Porter, une cinquantaine d'exemplaires des six versions différentes avaient été livrés à des utilisateurs de plusieurs pays. La variante à turbopropulseur connut une réussite encore plus grande : la licence de production fut achetée par la Fairchild américaine et le premier exemplaire réalisé outre-Atlantique fut achevé en 1966. Onze ans plus tard, on avait construit au total plus de 400 Turbo Porter de différentes variantes. Parmi les plus significatives, citons la version « militarisée » AU-23A Peacemaker et celle destinée aux travaux agricoles.

Même la lointaine Australie, traditionnellement liée aux productions aéronautiques anglaise et américaine, entreprit la réalisation d'un projet original d'avion de transport léger. Ce fut le De Havilland DHA-3 Drover, un petit trimoteur à ailes basses, simple et très robuste, qui reprenait plusieurs éléments structuraux du D.H.104 Dove. La filiale australienne de la De Havilland lança le programme dans la seconde moitié des années 40 : le prototype vola le 23 janvier 1948 et la production fut mise en route en 1949. Au total, jusqu'en 1953, il fut construit 20 exemplaires de deux versions de bases, la Mk.1 initiale et la Mk.2, caractérisée par des modifications au niveau des surfaces de contrôle des ailes. En 1960, une transformation réalisée sur 7 Drover donna naissance à la version Mk.3. Sur ces avions, destinés à l'emploi d'ambulance, les moteurs originaux Gipsy Major furent remplacés par les Lycoming, avec 40 p. 100 de puissance supplémentaire et des hélices à pas constant.

Enfin, il convient de mentionner l'un des premiers projets conçus dans l'après-guerre par la République populaire de Chine : le Peking, un petit bimoteur de transport léger réalisé en 1958 en un peu plus de trois mois. Le prototype vola le 24 septembre 1958 et fut livré aux autorités de l'aviation civile chinoise le 1er octobre, pour être soumis aux essais. On connaît mal l'évolution de cet avion : on présume qu'il a été construit en quelques exemplaires au cours des années suivantes. Il se caractérisait par un train d'atterrissage antérieur escamotable et par deux radiaux Ivchenko. Sa capacité était de 8 passagers.

L'avènement du turbopropulseur entraîna un incontestable progrès qualitatif même dans les industries secondaires. Aux États-Unis, une famille d'avions de transport léger fut réalisée par la Swearingen dès 1966, avec la série Merlin-Metro, bimoteurs à turbopropulseur aux performances élevées et d'une grande fiabilité. Le Metro, en particulier, constitua le sommet de la formule, au point d'être considéré comme un « mini » avion de ligne. Le prototype Metro I vola en 1969 et, ensuite, le Metro II, amélioré, fit son apparition. La principale caractéristique de ces appareils était leur polyvalence, qualité qui incita nombre de compagnies à l'utiliser. En 1980, plus de 200 exemplaires étaient en service.

**Planche 154
L'industrie américaine toujours à l'avant-garde dans le domaine des *executive* ;
1954-1976**

Dans le secteur du transport léger et *executive,* l'industrie américaine

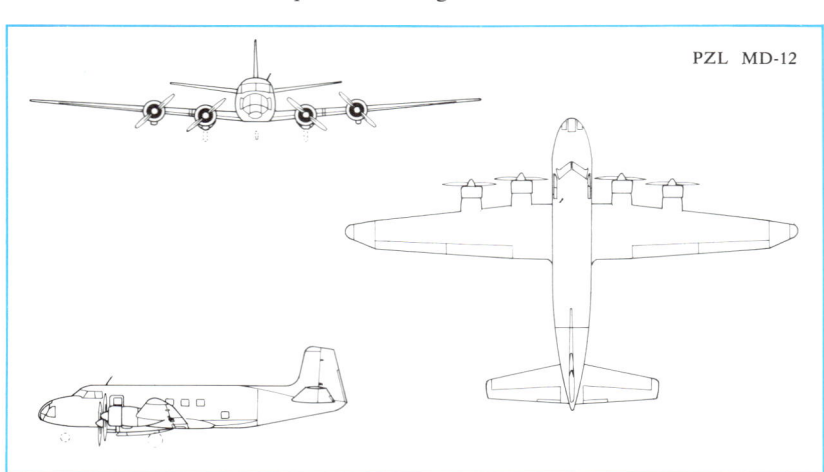

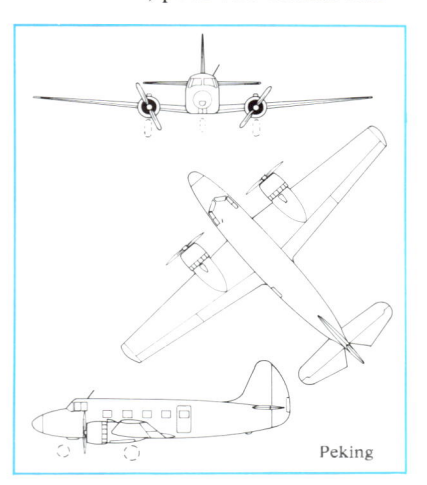

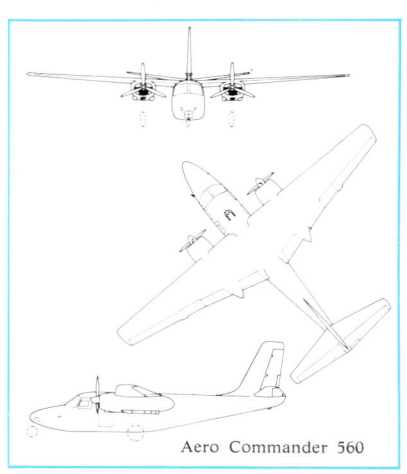

PZL MD-12

Peking

Aero Commander 560

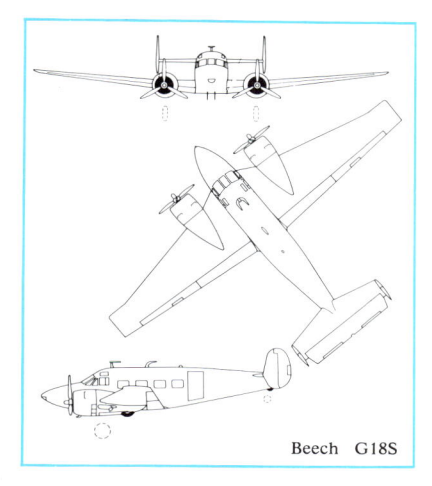

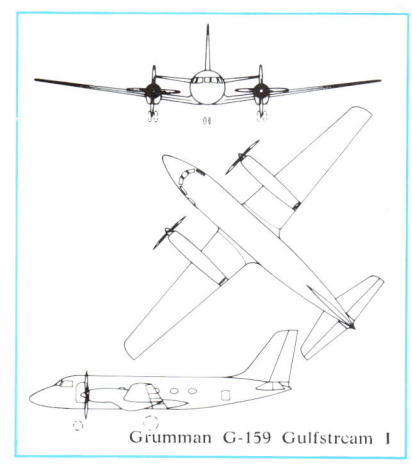

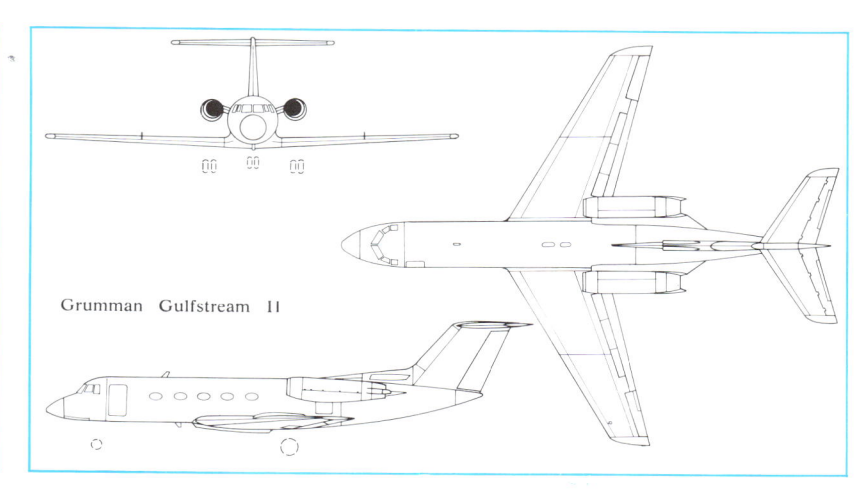

resta, et reste encore aujourd'hui, à l'avant-garde. Examinons rapidement, d'après les modèles les plus répandus et les plus significatifs, l'évolution marquée par trente années de production, de l'après-guerre à nos jours. La propulsion avec moteur à pistons a eu l'un de ses derniers et plus prestigieux représentants avec la série Aero Commander, lancée en 1948 et continuellement modernisée, avec une production qui a dépassé les 1 200 exemplaires en nombreuses variantes, avant de céder le pas aux versions à turbopropulseur. Le chef de file vola le 23 avril 1948 et le premier modèle de série fut le 520 de 1951 (150 unités) ; vint ensuite, trois ans plus tard, la série 560 (80 exemplaires) ; puis il y eut 12 autres variantes, différant par des détails de structure et par les moteurs. Les versions finales furent la Grand Commander de 1962 et la Turbo Commander de 1964.

Le Beech 18 connut un succès encore plus grand. Ce petit bimoteur, réalisé en 1936, traversa la guerre en milliers d'exemplaires militaires et fut ensuite réintroduit sur le marché en versions toujours modernisées et compétitives, qui s'ajoutèrent à celles que l'U.S.A.F. et l'U.S. Navy avaient réformées (C-45 et JRB). Les nouvelles séries de production furent la C-18 et la D-18 (1 030 exemplaires) ; en 1953 apparut la première variante améliorée au niveau des ailes et des moteurs (E-18 Super 18, premier vol le 10 décembre 1953) ; elle fut suivie six ans plus tard de la version G-185 (plus de 500 unités) encore modifiée quant à la structure et plus puissante ; et, en 1962, de la H-185, disponible comme *executive* à 9 places ou comme appareil de transport commercial. Encore aujourd'hui, la majeure partie des Beech 18 continuent à voler pour le compte de sociétés ou de particuliers. Il y a eu de nombreuses transformations « officieuses » auxquelles on a soumis beaucoup de ces avions pour accroître leurs possibilités : de l'équipement intérieur jusqu'aux composantes essentielles, comme le train d'atterrissage (devenu, dans certains cas, tricycle à l'avant) ou comme les unités motrices, remplacées par des turbopropulseurs.

Le premier *executive* à turbopropulseur fut le Grumman G-159 Gulfstream I, annoncé en 1956, dont le prototype sortit le 14 août 1958. Moderne, très efficace et très sûr, cet élégant bimoteur s'imposa sur le marché privé : en 1960, 60 exemplaires avaient déjà été livrés ; 180 autres furent produits jusqu'en 1966. Ce fut cette année-là que fit son apparition le premier exemplaire d'un nouvel *executive* qui portait le même nom : le Gulfstream II, véritable « mini » avion de ligne, équipé d'un couple de turboréacteurs placés en queue et d'une capacité de 19 passagers. Les essais en vol commencèrent le 2 octobre 1967 et les livraisons le 6 décembre. Le succès commercial, malgré la catégorie tout à fait particulière de l'appareil, fut appréciable. Le 1er janvier 1977, les livraisons avaient dépassé les 200 exemplaires et le Gulfstream II avait été rendu encore plus compétitif grâce à la possibilité d'installer des réservoirs supplémentaires aux extrémités des ailes, ce qui permettait un accroissement d'autonomie de 14 p. 100.

La famille de biréacteurs produite par la Gates Lear Jet à partir du milieu des années 60 eut encore plus de succès. Le prototype Lear Jet 23 vola pour la première fois le 7 octobre 1963 et les livraisons commencèrent un an plus tard. Après une centaine d'exemplaires, la production passa au modèle 24 amélioré, qui date de 1966 et fut construit en 80 unités initiales. Vinrent ensuite plusieurs sous-séries modifiées quant à la structure et plus puissantes : la B et la D furent les principales ; la E et la F, de 1976, les variantes finales. Une capacité et des dimensions plus grandes caractérisèrent le modèle 25, également de 1966, et les modèles 35 et 36 de 1973. A la fin de 1977, le total de la production avait presque atteint les 800 exemplaires.

La Cessna se lança elle aussi dans la formule du biréacteur, forte qu'elle était de sa bonne connaissance du marché de l'*executive*. Le modèle Citation 500 fut annoncé le 7 octobre 1968 et le prototype fut soumis aux essais en vol le 15 septembre de l'année suivante. Les livraisons commencèrent en 1971 et la production prit bientôt un rythme soutenu : 52 exemplaires en 1972, 80 en 1973 et 120 en 1974, pour arriver à un total de 350 en 1976. A partir du mois de septembre de la même année, une nouvelle version plus puissante (Citation I) remplaça la précédente sur les chaînes de montage. Les variantes ultérieures

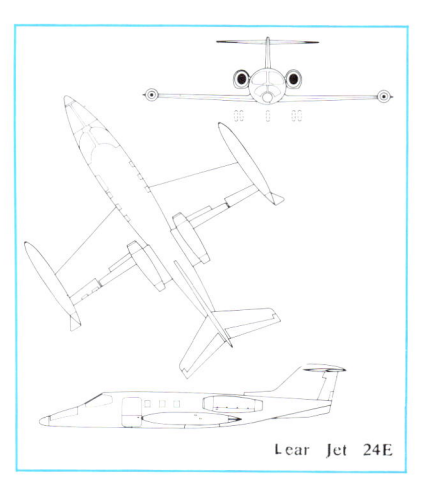

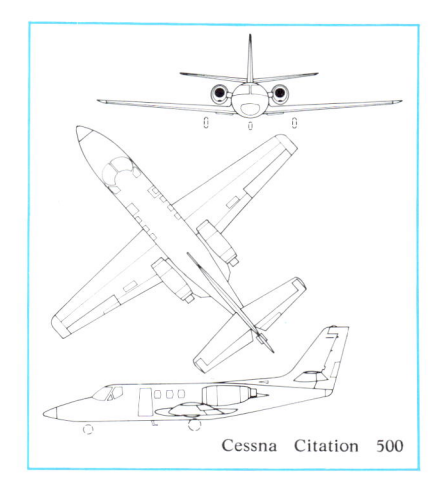

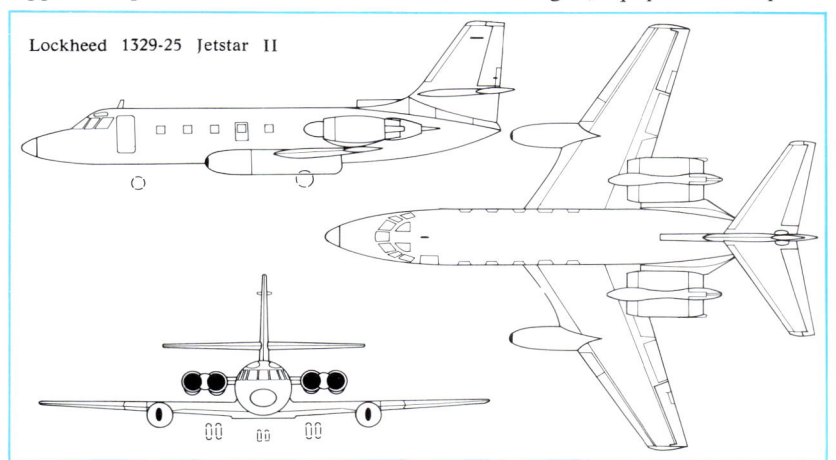

363

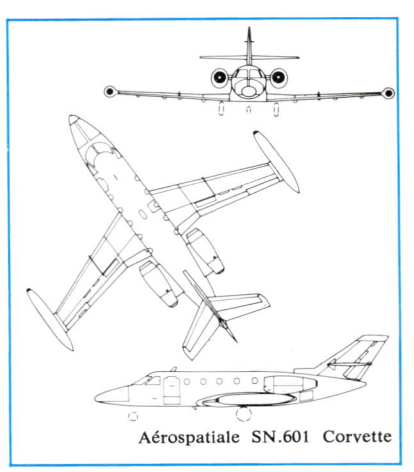

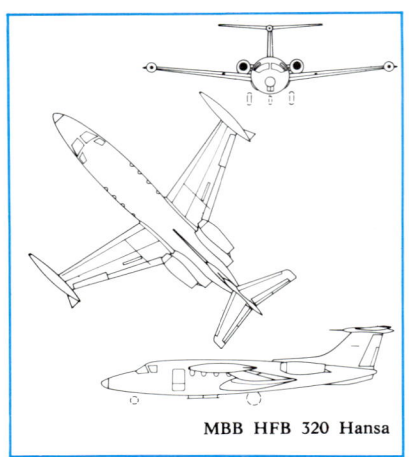

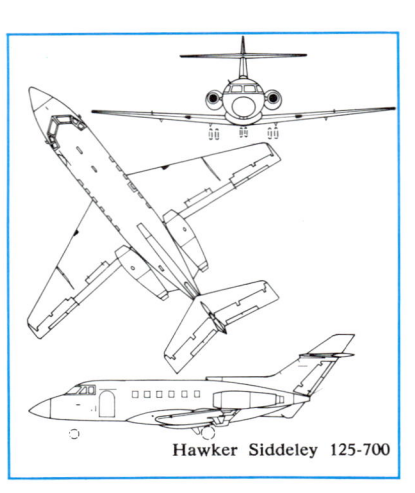

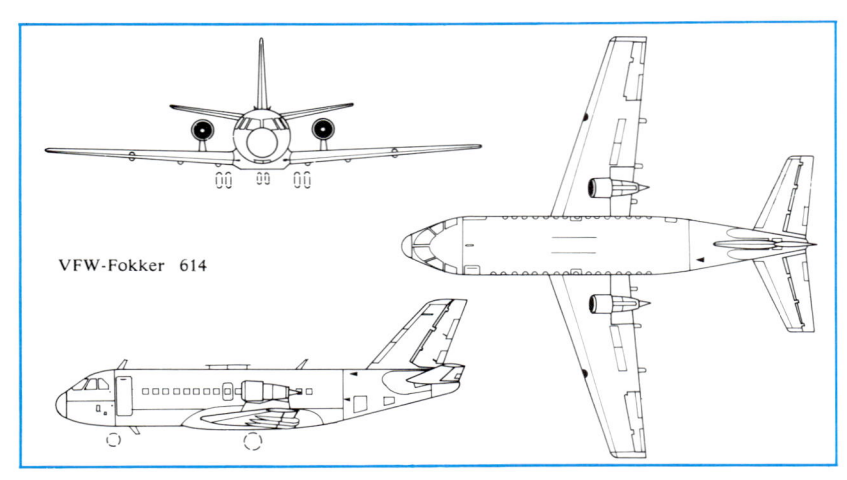

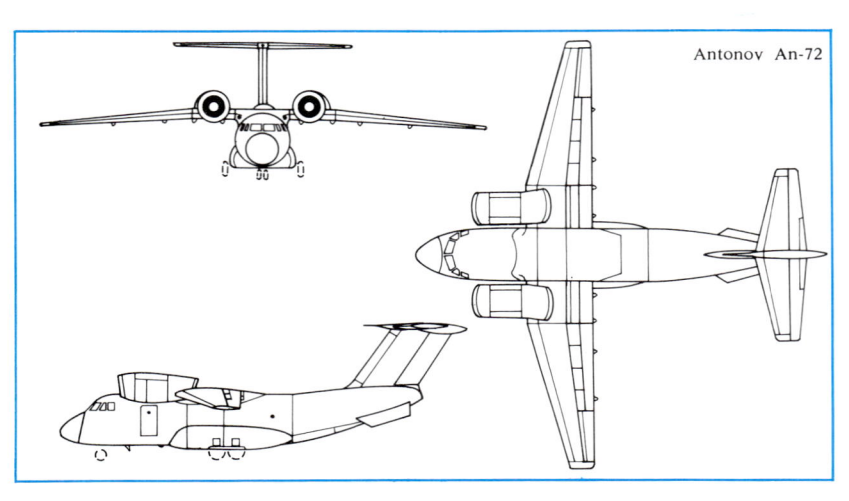

furent le Citation II (premier vol le 31 janvier 1977) et le Citation III, de dimensions encore plus grandes et avec des ailes complètement redessinées.

Le Lockheed 1329 Jetstar, soumis aux essais en vol le 4 septembre 1957, fut caractérisé par quatre moteurs en couples installés à la queue. Cet *executive* puissant et sophistiqué, d'une capacité de 10 passagers, connut un succès considérable, avec plus de 160 exemplaires livrés avant la réalisation d'une nouvelle variante aux moteurs plus puissants : la 1329-25 Jetstar II, dont le prototype sortit le 18 août 1976.

Planche 155
***Executive* européens et transports légers des années 70 ; 1963-1976**

Et l'industrie aéronautique européenne ? Dans ce secteur, la riposte au géant américain fut prompte et, dans bien des cas, fort efficace. Une des plus intéressantes et prolifiques familles d'*executive* à réaction fut celle des Mystère français, réalisée au début des années 60 par la Dassault, encore en pleine évolution au bout de deux décennies et vendue par centaines d'exemplaires dans le monde entier. Le projet fut mis en route en collaboration avec l'Aérospatiale et la construction du prototype commença en janvier 1962 ; celui-ci vola pour la première fois le 4 mai 1963, sous la forme d'un petit et élégant bimoteur à 10 places, avec les moteurs installés en queue, sur les côtés du fuselage. L'avion attira l'attention de la Pan American qui, par l'intermédiaire de son service « Business Jets », commanda 54 exemplaires de série en août 1963, avec une option pour 106 autres appareils à distribuer sur le marché américain. Ce fut là le point de départ du succès commercial du Mystère qui, aux États-Unis, prit le nom de Falcon. La production se poursuivit à plein rendement avec plusieurs variantes dont les principales furent la F de 1969 (améliorée au niveau de la capacité en carburant, des moteurs et des ailes) et la G de 1976, équipée de turboréacteurs Garrett plus puissants. Un an plus tard, le total des ventes s'élevait à presque 400 unités, dont 225 livrées sur le marché américain. Du Mystère 20, la Dassault tira deux autres modèles, un plus petit (le Mystère 10 de 1970, construit à plus d'une centaine d'exemplaires) et un plus grand, propulsé par trois moteurs (le Mystère 50, sorti en novembre 1976, livré à partir de 1979) et doté d'ailes particulièrement efficaces.

Un autre bon appareil analogue fut réalisé par l'Aérospatiale en 1972 : le SN.601 Corvette, un élégant biréacteur très proche du Mystère. Le premier prototype, appelé SN.600, vola le 16 juillet 1970, mais eut une vie brève, car il fut détruit huit mois plus tard dans un accident. D'après les expériences effectuées avec cet appareil, on construisit la série initiale de production (rebaptisée SN.601) qui fut soumise aux essais le 20 décembre 1972. La certification fut obtenue en septembre 1974 et aussitôt après les livraisons commencèrent. Au milieu de 1978, 36 exemplaires avaient été vendus.

L'avion britannique Hawker Siddeley 125 connut un succès semblable à celui des Mystère. Il appartenait à la même catégorie et, à la fin des années 70, il en avait été vendu plus de 400 exemplaires à des utilisateurs de nombreux pays. Le projet fut élaboré en 1960 et le premier des deux prototypes vola le 13 août 1962.

L'industrie de l'Allemagne de l'Ouest se lança elle aussi avec succès dans la réalisation de ce genre d'avion de transport. Un produit incontestablement original fut le HFB 320 Hansa, conçu au début des années 60 par la Messerschmitt-Bölkow-Blohm et caractérisé par l'insolite disposition des ailes en flèche positive. Le premier prototype fut soumis aux essais en vol le 21 avril 1964 et, lorsqu'il obtint son visa, il devint le premier *executive* à réaction allemand à être reconnu officiellement par les autorités aéronautiques internationales. La production fut mise en route en 1964 et les livraisons commencèrent en février de l'année suivante. Au total, 50 exemplaires du Hansa furent fabriqués, dont 8 allèrent à l'aviation militaire allemande. Dans la version *executive,* ce biréacteur était en mesure de transporter de 7 à 9 passagers, chiffre qui pouvait passer à 12 dans la version à grande capacité. Une autre caractéristique marquante était la facilité avec laquelle le fuselage pouvait être adapté au transport de marchandises.

Un autre projet, plus ardu dans la mesure où il concernait un avion de transport de capacité et de dimensions plus grandes, fut celui que mit sur pied en 1968 la VFW-Fokker, avec l'appui financier du gouvernement fédéral, et qui donna naissance au modèle 614. Le prototype de ce biréacteur à court rayon d'action vola pour la première fois le 14 juillet 1971 et obtint son visa en 1976.

Le plus récent projet soviétique dans cette catégorie porte le nom d'Antonov An-72. Sorti en prototype le 22 décembre 1972, ce biréacteur est caractérisé par de hautes capacités STOL. Il est destiné à remplacer les An-26 dans l'Aeroflot et l'armée de l'air.

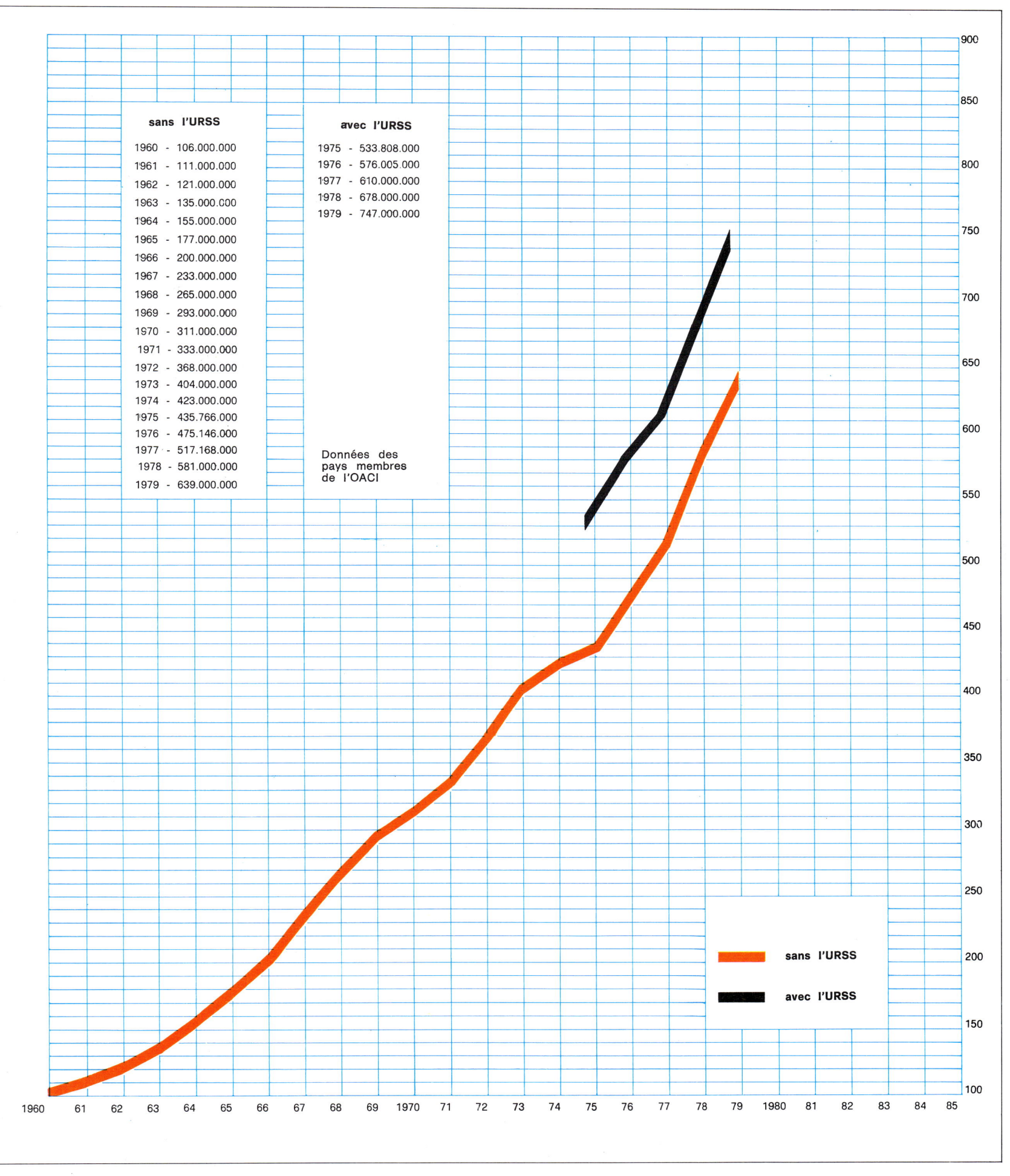

Statistiques sur le trafic de passagers de 1960 à 1979

Planche 158

sans l'URSS

Année	Passagers
1960	106.000.000
1961	111.000.000
1962	121.000.000
1963	135.000.000
1964	155.000.000
1965	177.000.000
1966	200.000.000
1967	233.000.000
1968	265.000.000
1969	293.000.000
1970	311.000.000
1971	333.000.000
1972	368.000.000
1973	404.000.000
1974	423.000.000
1975	435.766.000
1976	475.146.000
1977	517.168.000
1978	581.000.000
1979	639.000.000

avec l'URSS

Année	Passagers
1975	533.808.000
1976	576.005.000
1977	610.000.000
1978	678.000.000
1979	747.000.000

Données des pays membres de l'OACI

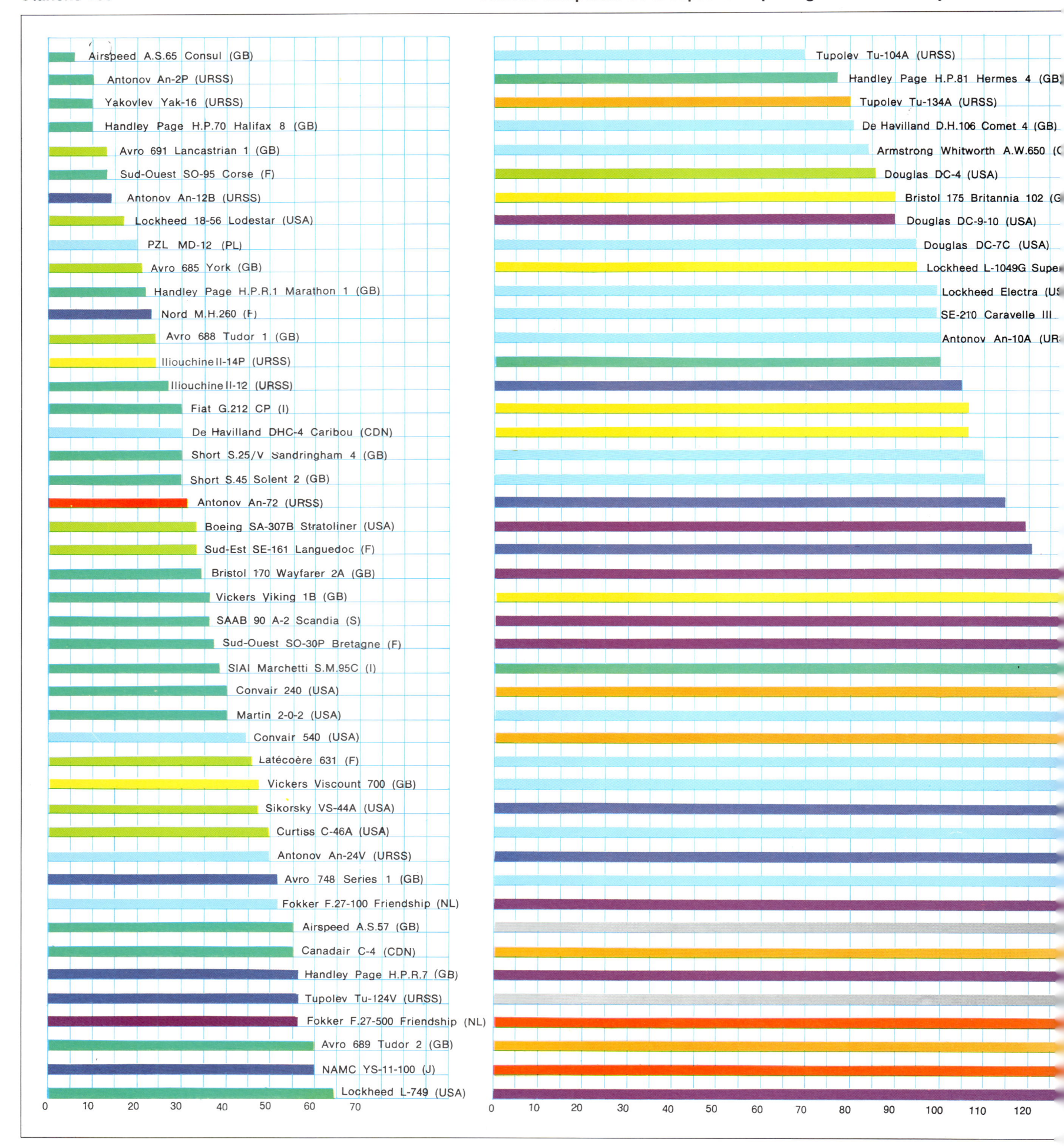

Planche 159 — Tableau comparatif de la capacité en passagers de 1940 à aujourd'hui

Aircraft (left chart)		Aircraft (right chart)
Airspeed A.S.65 Consul (GB)		Tupolev Tu-104A (URSS)
Antonov An-2P (URSS)		Handley Page H.P.81 Hermes 4 (GB)
Yakovlev Yak-16 (URSS)		Tupolev Tu-134A (URSS)
Handley Page H.P.70 Halifax 8 (GB)		De Havilland D.H.106 Comet 4 (GB)
Avro 691 Lancastrian 1 (GB)		Armstrong Whitworth A.W.650 (GB)
Sud-Ouest SO-95 Corse (F)		Douglas DC-4 (USA)
Antonov An-12B (URSS)		Bristol 175 Britannia 102 (GB)
Lockheed 18-56 Lodestar (USA)		Douglas DC-9-10 (USA)
PZL MD-12 (PL)		Douglas DC-7C (USA)
Avro 685 York (GB)		Lockheed L-1049G Super
Handley Page H.P.R.1 Marathon 1 (GB)		Lockheed Electra (US)
Nord M.H.260 (F)		SE-210 Caravelle III
Avro 688 Tudor 1 (GB)		Antonov An-10A (URSS)
Iliouchine Il-14P (URSS)		
Iliouchine Il-12 (URSS)		
Fiat G.212 CP (I)		
De Havilland DHC-4 Caribou (CDN)		
Short S.25/V Sandringham 4 (GB)		
Short S.45 Solent 2 (GB)		
Antonov An-72 (URSS)		
Boeing SA-307B Stratoliner (USA)		
Sud-Est SE-161 Languedoc (F)		
Bristol 170 Wayfarer 2A (GB)		
Vickers Viking 1B (GB)		
SAAB 90 A-2 Scandia (S)		
Sud-Ouest SO-30P Bretagne (F)		
SIAI Marchetti S.M.95C (I)		
Convair 240 (USA)		
Martin 2-0-2 (USA)		
Convair 540 (USA)		
Latécoère 631 (F)		
Vickers Viscount 700 (GB)		
Sikorsky VS-44A (USA)		
Curtiss C-46A (USA)		
Antonov An-24V (URSS)		
Avro 748 Series 1 (GB)		
Fokker F.27-100 Friendship (NL)		
Airspeed A.S.57 (GB)		
Canadair C-4 (CDN)		
Handley Page H.P.R.7 (GB)		
Tupolev Tu-124V (URSS)		
Fokker F.27-500 Friendship (NL)		
Avro 689 Tudor 2 (GB)		
NAMC YS-11-100 (J)		
Lockheed L-749 (USA)		

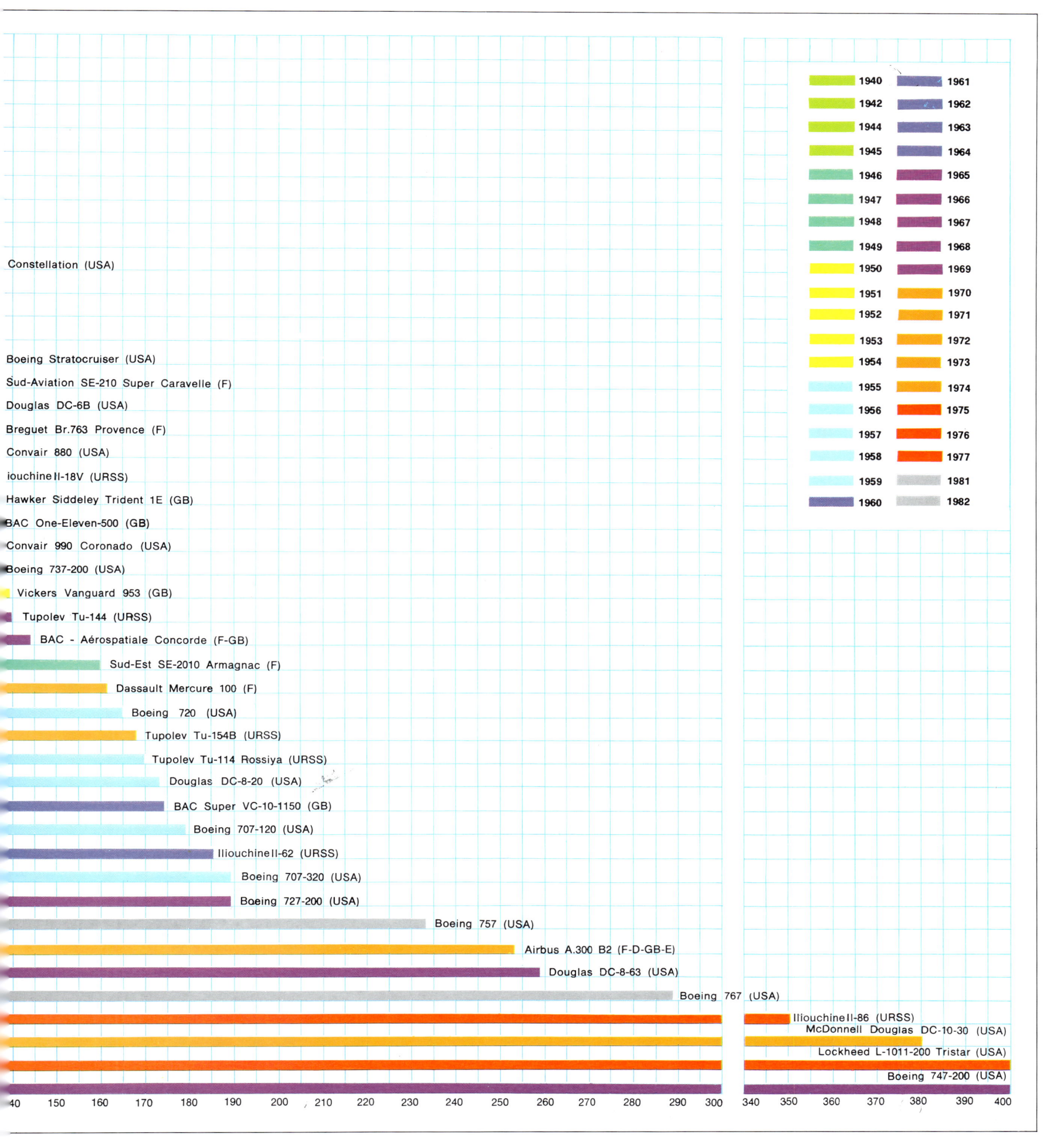

Year		Year	
1940		1961	
1942		1962	
1944		1963	
1945		1964	
1946		1965	
1947		1966	
1948		1967	
1949		1968	
1950		1969	
1951		1970	
1952		1971	
1953		1972	
1954		1973	
1955		1974	
1956		1975	
1957		1976	
1958		1977	
1959		1981	
1960		1982	

- Constellation (USA)
- Boeing Stratocruiser (USA)
- Sud-Aviation SE-210 Super Caravelle (F)
- Douglas DC-6B (USA)
- Breguet Br.763 Provence (F)
- Convair 880 (USA)
- Iiouchine Il-18V (URSS)
- Hawker Siddeley Trident 1E (GB)
- BAC One-Eleven-500 (GB)
- Convair 990 Coronado (USA)
- Boeing 737-200 (USA)
- Vickers Vanguard 953 (GB)
- Tupolev Tu-144 (URSS)
- BAC - Aérospatiale Concorde (F-GB)
- Sud-Est SE-2010 Armagnac (F)
- Dassault Mercure 100 (F)
- Boeing 720 (USA)
- Tupolev Tu-154B (URSS)
- Tupolev Tu-114 Rossiya (URSS)
- Douglas DC-8-20 (USA)
- BAC Super VC-10-1150 (GB)
- Boeing 707-120 (USA)
- Iiouchine Il-62 (URSS)
- Boeing 707-320 (USA)
- Boeing 727-200 (USA)
- Boeing 757 (USA)
- Airbus A.300 B2 (F-D-GB-E)
- Douglas DC-8-63 (USA)
- Boeing 767 (USA)
- Iiouchine Il-86 (URSS)
- McDonnell Douglas DC-10-30 (USA)
- Lockheed L-1011-200 Tristar (USA)
- Boeing 747-200 (USA)

40 150 160 170 180 190 200 210 220 230 240 250 260 270 280 290 300   340 350 360 370 380 390 400

367

Planche 160

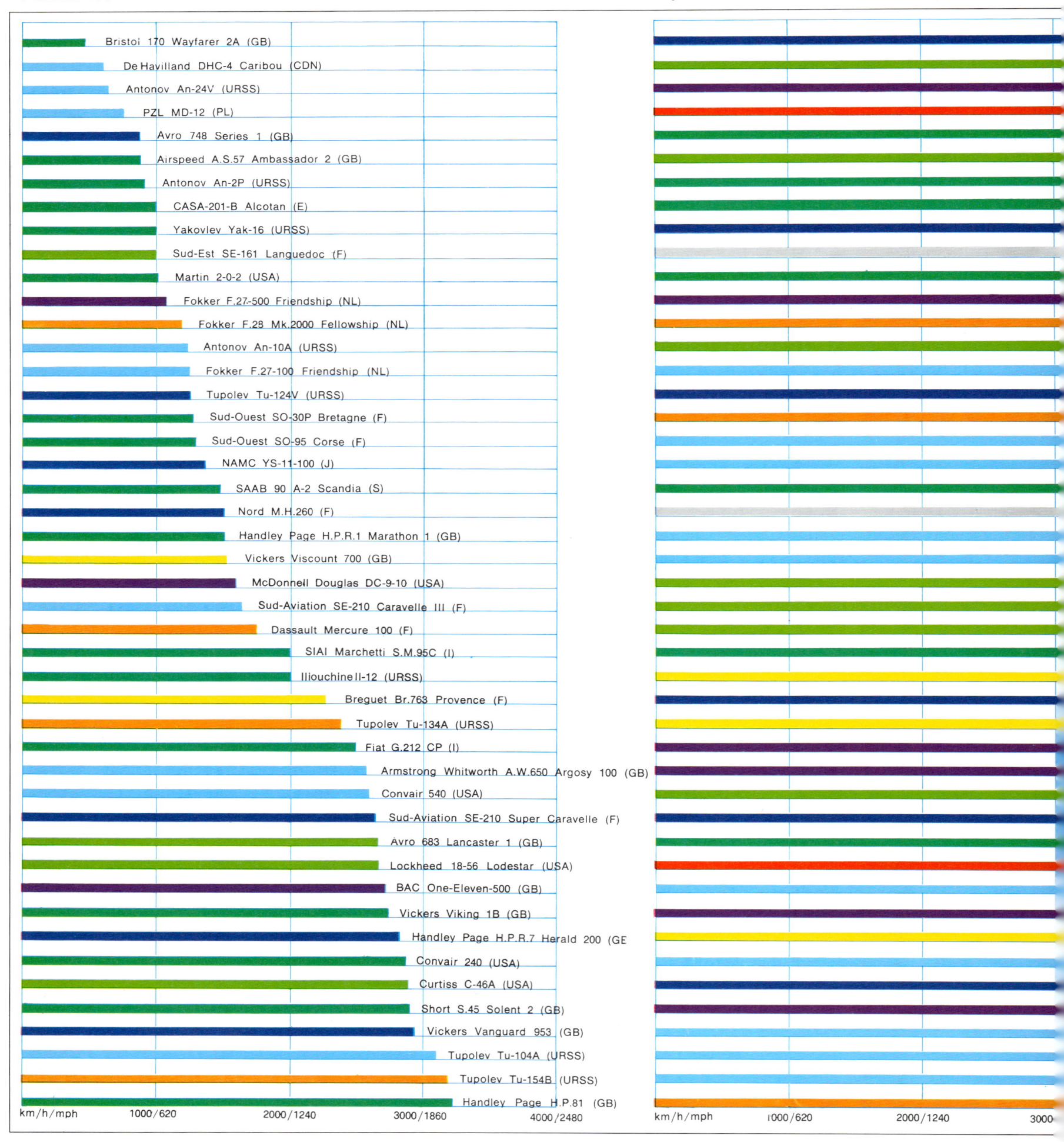

Tableau comparatif de l'autonomie de 1940 à aujourd'hui

Bristol 170 Wayfarer 2A (GB)
De Havilland DHC-4 Caribou (CDN)
Antonov An-24V (URSS)
PZL MD-12 (PL)
Avro 748 Series 1 (GB)
Airspeed A.S.57 Ambassador 2 (GB)
Antonov An-2P (URSS)
CASA-201-B Alcotan (E)
Yakovlev Yak-16 (URSS)
Sud-Est SE-161 Languedoc (F)
Martin 2-0-2 (USA)
Fokker F.27-500 Friendship (NL)
Fokker F.28 Mk.2000 Fellowship (NL)
Antonov An-10A (URSS)
Fokker F.27-100 Friendship (NL)
Tupolev Tu-124V (URSS)
Sud-Ouest SO-30P Bretagne (F)
Sud-Ouest SO-95 Corse (F)
NAMC YS-11-100 (J)
SAAB 90 A-2 Scandia (S)
Nord M.H.260 (F)
Handley Page H.P.R.1 Marathon 1 (GB)
Vickers Viscount 700 (GB)
McDonnell Douglas DC-9-10 (USA)
Sud-Aviation SE-210 Caravelle III (F)
Dassault Mercure 100 (F)
SIAI Marchetti S.M.95C (I)
Iliouchine Il-12 (URSS)
Breguet Br.763 Provence (F)
Tupolev Tu-134A (URSS)
Fiat G.212 CP (I)
Armstrong Whitworth A.W.650 Argosy 100 (GB)
Convair 540 (USA)
Sud-Aviation SE-210 Super Caravelle (F)
Avro 683 Lancaster 1 (GB)
Lockheed 18-56 Lodestar (USA)
BAC One-Eleven-500 (GB)
Vickers Viking 1B (GB)
Handley Page H.P.R.7 Herald 200 (GB)
Convair 240 (USA)
Curtiss C-46A (USA)
Short S.45 Solent 2 (GB)
Vickers Vanguard 953 (GB)
Tupolev Tu-104A (URSS)
Tupolev Tu-154B (URSS)
Handley Page H.P.81 (GB)

km/h/mph — 1000/620 — 2000/1240 — 3000/1860 — 4000/2480

km/h/mph — 1000/620 — 2000/1240 — 3000

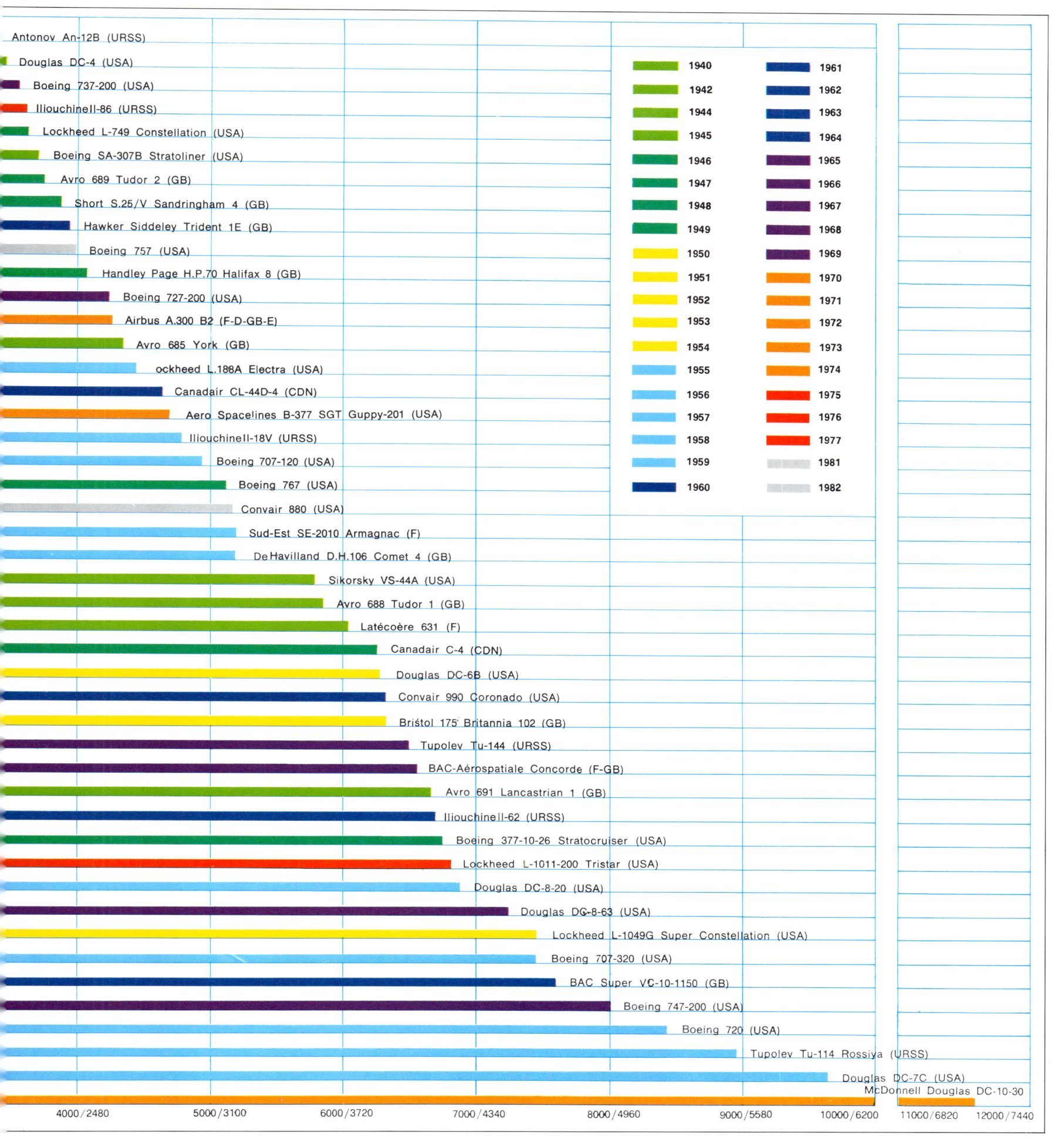

Antonov An-12B (URSS)	
Douglas DC-4 (USA)	1940
Boeing 737-200 (USA)	
Iliouchine Il-86 (URSS)	
Lockheed L-749 Constellation (USA)	
Boeing SA-307B Stratoliner (USA)	
Avro 689 Tudor 2 (GB)	
Short S.25/V Sandringham 4 (GB)	
Hawker Siddeley Trident 1E (GB)	
Boeing 757 (USA)	
Handley Page H.P.70 Halifax 8 (GB)	
Boeing 727-200 (USA)	
Airbus A.300 B2 (F-D-GB-E)	
Avro 685 York (GB)	
Lockheed L.188A Electra (USA)	
Canadair CL-44D-4 (CDN)	
Aero Spacelines B-377 SGT Guppy-201 (USA)	
Iliouchine Il-18V (URSS)	
Boeing 707-120 (USA)	
Boeing 767 (USA)	
Convair 880 (USA)	
Sud-Est SE-2010 Armagnac (F)	
De Havilland D.H.106 Comet 4 (GB)	
Sikorsky VS-44A (USA)	
Avro 688 Tudor 1 (GB)	
Latécoère 631 (F)	
Canadair C-4 (CDN)	
Douglas DC-6B (USA)	
Convair 990 Coronado (USA)	
Bristol 175 Britannia 102 (GB)	
Tupolev Tu-144 (URSS)	
BAC-Aérospatiale Concorde (F-GB)	
Avro 691 Lancastrian 1 (GB)	
Iliouchine Il-62 (URSS)	
Boeing 377-10-26 Stratocruiser (USA)	
Lockheed L-1011-200 Tristar (USA)	
Douglas DC-8-20 (USA)	
Douglas DC-8-63 (USA)	
Lockheed L-1049G Super Constellation (USA)	
Boeing 707-320 (USA)	
BAC Super VC-10-1150 (GB)	
Boeing 747-200 (USA)	
Boeing 720 (USA)	
Tupolev Tu-114 Rossiya (URSS)	
Douglas DC-7C (USA)	
McDonnell Douglas DC-10-30	

Legend:
- 1940, 1942, 1944, 1945, 1946, 1947, 1948, 1949 (greens)
- 1950, 1951, 1952, 1953, 1954 (yellows)
- 1955, 1956, 1957, 1958, 1959 (light blue)
- 1960, 1961, 1962, 1963, 1964 (dark blue)
- 1965, 1966, 1967, 1968, 1969 (purple)
- 1970, 1971, 1972, 1973, 1974 (orange)
- 1975, 1976, 1977 (red)
- 1981, 1982 (grey)

Scale: 4000/2480 — 5000/3100 — 6000/3720 — 7000/4340 — 8000/4960 — 9000/5580 — 10000/6200 — 11000/6820 — 12000/7440

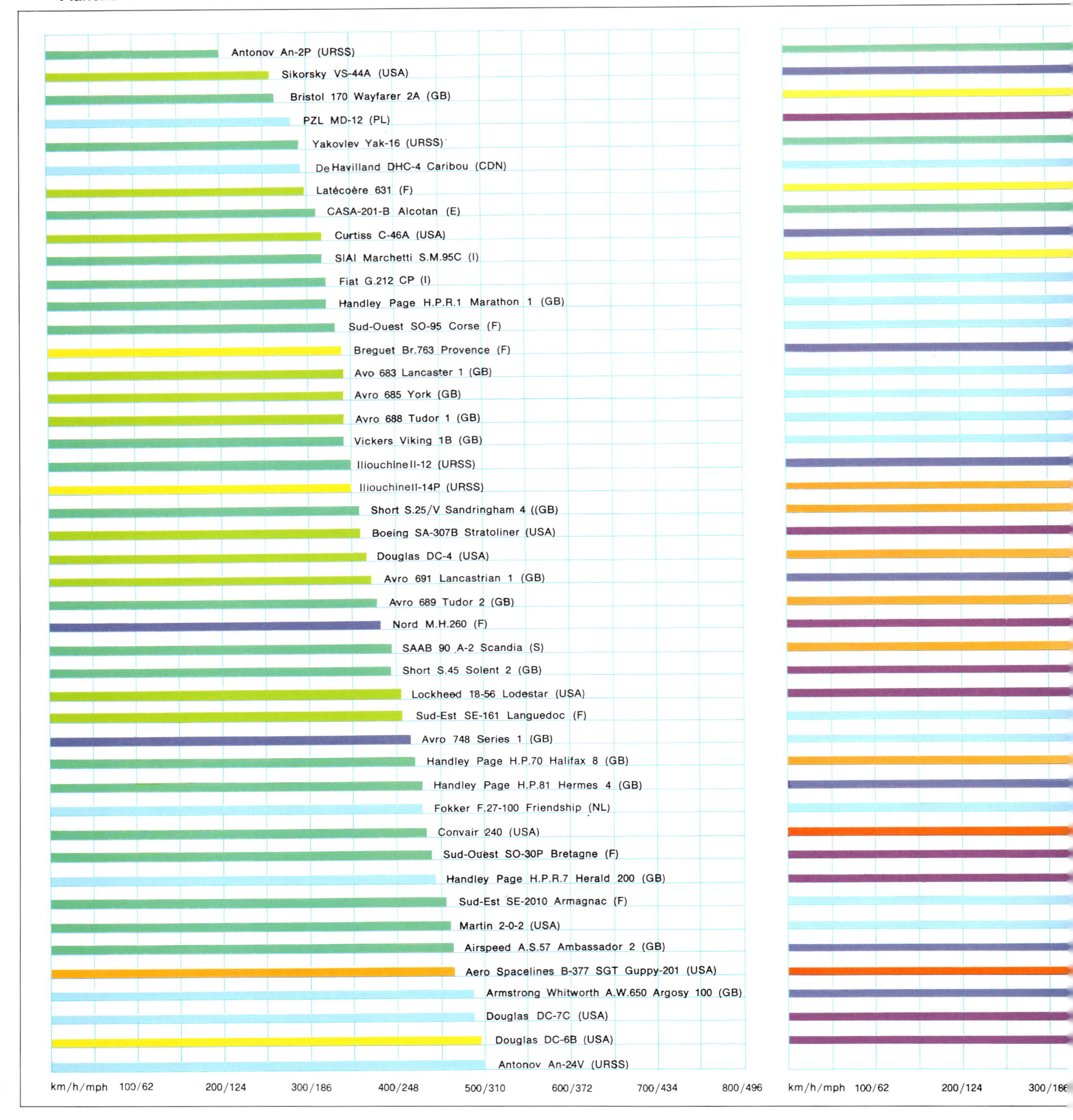

Planche 161 — Tableau comparatif de la vitesse de 1940 à aujourd'hui

Antonov An-2P (URSS)
Sikorsky VS-44A (USA)
Bristol 170 Wayfarer 2A (GB)
PZL MD-12 (PL)
Yakovlev Yak-16 (URSS)
De Havilland DHC-4 Caribou (CDN)
Latécoère 631 (F)
CASA-201-B Alcotan (E)
Curtiss C-46A (USA)
SIAI Marchetti S.M.95C (I)
Fiat G.212 CP (I)
Handley Page H.P.R.1 Marathon 1 (GB)
Sud-Ouest SO-95 Corse (F)
Breguet Br.763 Provence (F)
Avro 683 Lancaster 1 (GB)
Avro 685 York (GB)
Avro 688 Tudor 1 (GB)
Vickers Viking 1B (GB)
Iliouchine Il-12 (URSS)
Iliouchine Il-14P (URSS)
Short S.25/V Sandringham 4 (GB)
Boeing SA-307B Stratoliner (USA)
Douglas DC-4 (USA)
Avro 691 Lancastrian 1 (GB)
Avro 689 Tudor 2 (GB)
Nord M.H.260 (F)
SAAB 90 A-2 Scandia (S)
Short S.45 Solent 2 (GB)
Lockheed 18-56 Lodestar (USA)
Sud-Est SE-161 Languedoc (F)
Avro 748 Series 1 (GB)
Handley Page H.P.70 Halifax 8 (GB)
Handley Page H.P.81 Hermes 4 (GB)
Fokker F.27-100 Friendship (NL)
Convair 240 (USA)
Sud-Ouest SO-30P Bretagne (F)
Handley Page H.P.R.7 Herald 200 (GB)
Sud-Est SE-2010 Armagnac (F)
Martin 2-0-2 (USA)
Airspeed A.S.57 Ambassador 2 (GB)
Aero Spacelines B-377 SGT Guppy-201 (USA)
Armstrong Whitworth A.W.650 Argosy 100 (GB)
Douglas DC-7C (USA)
Douglas DC-6B (USA)
Antonov An-24V (URSS)

km/h/mph : 100/62 — 200/124 — 300/186 — 400/248 — 500/310 — 600/372 — 700/434 — 800/496

370

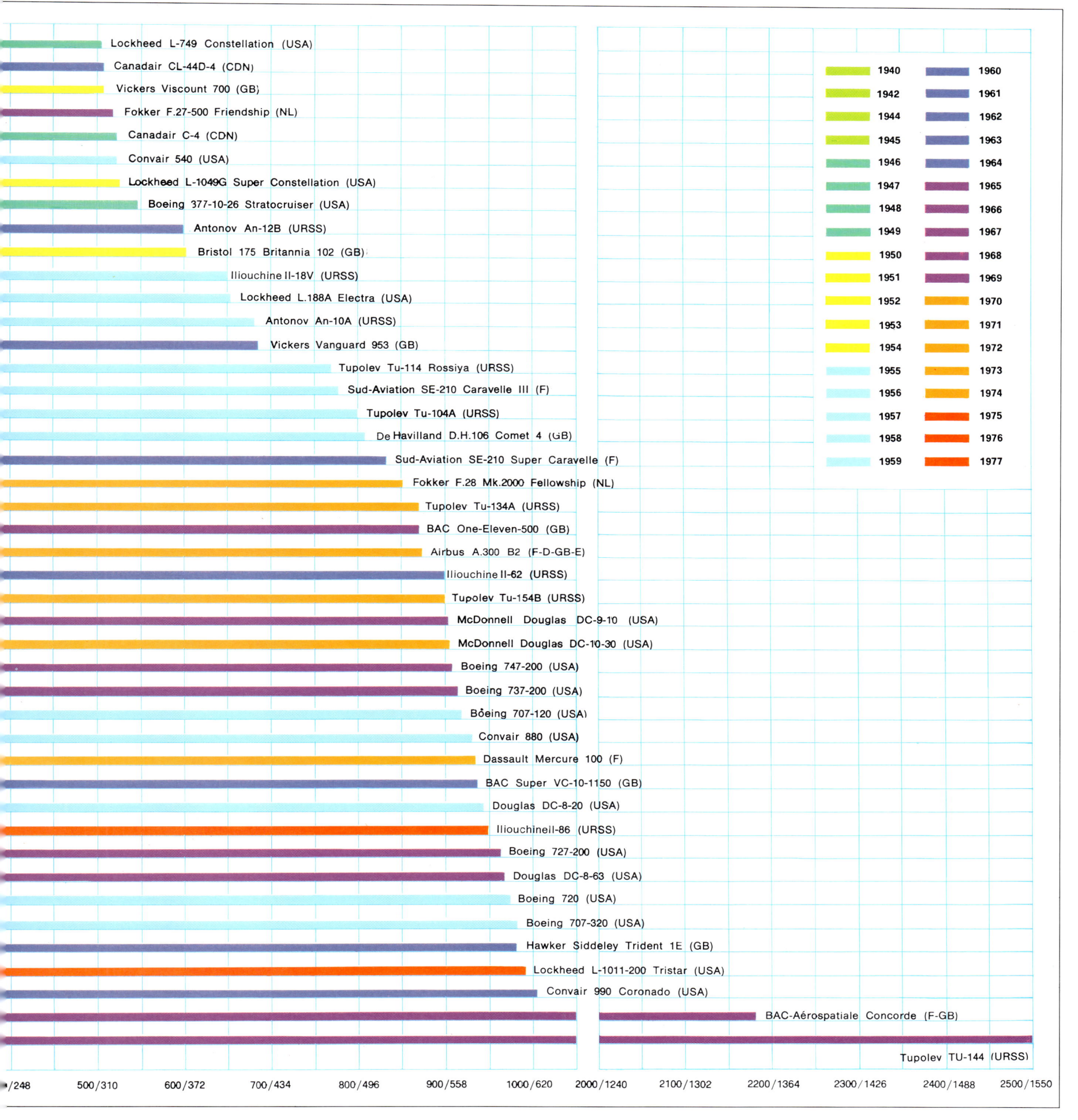

Lockheed L-749 Constellation (USA)	1946
Canadair CL-44D-4 (CDN)	1960
Vickers Viscount 700 (GB)	1952
Fokker F.27-500 Friendship (NL)	1967
Canadair C-4 (CDN)	1947
Convair 540 (USA)	1955
Lockheed L-1049G Super Constellation (USA)	1954
Boeing 377-10-26 Stratocruiser (USA)	1949
Antonov An-12B (URSS)	1961
Bristol 175 Britannia 102 (GB)	1952
Iliouchine Il-18V (URSS)	1955
Lockheed L.188A Electra (USA)	1957
Antonov An-10A (URSS)	1957
Vickers Vanguard 953 (GB)	1961
Tupolev Tu-114 Rossiya (URSS)	1957
Sud-Aviation SE-210 Caravelle III (F)	1959
Tupolev Tu-104A (URSS)	1955
De Havilland D.H.106 Comet 4 (GB)	1958
Sud-Aviation SE-210 Super Caravelle (F)	1964
Fokker F.28 Mk.2000 Fellowship (NL)	1971
Tupolev Tu-134A (URSS)	1970
BAC One-Eleven-500 (GB)	1968
Airbus A.300 B2 (F-D-GB-E)	1974
Iliouchine Il-62 (URSS)	1963
Tupolev Tu-154B (URSS)	1972
McDonnell Douglas DC-9-10 (USA)	1965
McDonnell Douglas DC-10-30 (USA)	1972
Boeing 747-200 (USA)	1968
Boeing 737-200 (USA)	1968
Boeing 707-120 (USA)	1957
Convair 880 (USA)	1959
Dassault Mercure 100 (F)	1974
BAC Super VC-10-1150 (GB)	1964
Douglas DC-8-20 (USA)	1959
Iliouchine Il-86 (URSS)	1976
Boeing 727-200 (USA)	1967
Douglas DC-8-63 (USA)	1968
Boeing 720 (USA)	1959
Boeing 707-320 (USA)	1959
Hawker Siddeley Trident 1E (GB)	1964
Lockheed L-1011-200 Tristar (USA)	1976
Convair 990 Coronado (USA)	1961
BAC-Aérospatiale Concorde (F-GB)	1969
Tupolev TU-144 (URSS)	1968

Supplément photographique

Avro 685 York, GB 1942 (127)

De Havilland D.H.104 Dove, GB 1945 (150)

Avro 691 Lancastrian, GB 1945 (127)

Short S.25 Sandringham, GB 1946 (131)

Vickers Viking IB, GB 1946 (134)

Short S.A.6. Sealand, GB 1948 (150)

Supplément photographique

Vickers Viscount 700, GB 1950 (136)

De Havilland D.H.114 Heron, GB 1952 (151)

Bristol 175 Britannia, GB 1954 (142)

Vickers Viscount 802, GB 1956 (136)

De Havilland D.H.106 Comet, GB 1958 (137)

Supplément photographique

Armstrong Whitworth A.W.650 Argosy, GB 1959 (140)

Avro 748 Series 1, GB 1960 (136)

Vickers Vanguard 953, GB 1961 (142)

BAC Super VC10, GB 1964 (143)

Hawker Siddeley Trident, GB 1964 (144)

Britten-Norman BN-2A Islander, GB 1966 (151)

Short Skyvan, GB 1967 (151)

BAC One-Eleven-500, GB 1967 (143)

Supplément photographique

Hawker Siddeley 125-700, GB 1976 (155)

SAAB A-2 Scandia, S 1946 (134)

Sud-Est SE-2010 Armagnac, F 1949 (129)

Breguet Br.763 Provence, F 1951 (129)

Sud-Aviation SE-210 Caravelle, F 1959 (137)

Dassault Mystère-Falcon 20, F 1963 (155)

Supplément photographique

BAC-Aérospatiale Concorde, F-GB 1969 (147)

Dassault Mercure 100, F 1971 (145)

Aérospatiale SN.601 Corvette, F 1972 (155)

Airbus A.300, F-GB-D-NL-E 1974 (145)

Dornier Do.27, D 1955 (152)

Dornier Do.28 A-1, D 1959 (152)

Supplément photographique

VFW-Fokker 614, D 1971 (155)

MBB HFB 320 Hansa, D 1964 (155)

Fokker F.28 Mk. 1000, NL 1971 (143)

Fokker F.27-500 Friendship, NL 1967 (141)

Fokker F.27-100 Friendship, NL 1958 (141)

Cant Z.511, I 1940 (130)

SIAI Marchetti S.M.95, I 1946 (148)

Fiat G.212, I 1947 (148)

Supplément photographique

Breda B.Z.308, I 1948 (148)

Macchi M.B. 320, I 1949 (148)

Piaggio P.136 L, I 1955 (148)

Piaggio P.166B Portofino, I 1962 (148)

Pilatus PC-6 Porter, CH 1959 (152)

Casa 201 E, E 1949 (153)

Iliouchine Il-14, URSS 1953 (135)

Tupolev Tu-104, URSS 1957 (139)

Supplément photographique

Tupolev Tu-114 Rossiya, URSS 1957 (142)

Iliouchine Il-18, URSS 1957 (142)

Antonov An-12, URSS 1960 (140)

Iliouchine Il-62, URSS 1963 (143)

Tupolev Tu-124, URSS 1960 (139)

Tupolev Tu-134, URSS 1970 (143)

Supplément photographique

Tupolev Tu-144, URSS 1968 (147)

Tupolev-154, URSS 1973 (144)

Iliouchine Il-86, URSS 1976 (146)

De Havilland DHC-3, CDN 1951 (149)

Canadair C-4, CDN 1947 (149)

Supplément photographique

De Havilland DHC-2, Beaver, CDN 1947 (149)

De Havilland DHC-4 Caribou, CDN 1958 (149)

Canadair CL-44D-4, CDN 1960 (149)

De Havilland DHC-6 Twin Otter 300, CDN 1969 (149)

De Havilland DHC-7 Dash 7, CDN 1975 (151)

Supplément photographique

Curtiss C-46, USA 1940 (126)

Lockheed 18-56 Lodestar, USA 1940 (126)

Douglas DC-4, USA 1942 (126)

Boeing 377 Stratocruiser, USA 1947 (132)

Lockheed L-749 Constellation, USA 1947 (132)

Convair 240, USA 1947 (132)

Douglas DC-6, USA 1951 (133)

Aero Commander 560, USA 1954 (154)

Supplément photographique

Lockheed L-1049 Super Constellation, USA 1954 (133)

Boeing 707-121, USA 1957 (138)

Lockheed L.188 Electra, USA 1958 (142)

Grumman G-159 Gulfstream I, USA 1958 (154)

383

Supplément photographique

Boeing 720, USA 1959 (139)

Boeing 707-320, USA 1959 (138)

Convair 880, USA 1959 (139)

Convair 990, USA 1961 (146)

Douglas DC-9, USA 1965 (143)

Douglas DC-10, USA 1972 (146)

Lear Jet 24B, USA 1966 (154)

Douglas DC-8-20, USA 1958 (138)

Supplément photographique

Boeing 737, USA 1967 (145)

Boeing 727, USA 1967 (144)

Boeing 747, USA 1969 (146)

Lockheed L-1011 Tristar, USA 1976 (146)

NAMC YS-11-100, J 1964 (141)

I.A.45 Querandi, RA 1957 (152)

I.A.35-X-III, RA 1960 (153)

7

Des millions de personnes, le 14 avril 1981, ont assisté au retour à terre du Columbia, la première navette spatiale de l'histoire. Ce rendez-vous, moment de profonde émotion, a marqué une nouvelle étape dans l'histoire de l'aviation. Aviation – et non pas seulement astronautique –, car 20 ans après le premier vol humain dans l'espace et 12 ans après la conquête de la Lune, l'homme a réussi à combler le fossé du véhicule spatial, fossé qui avait paru se creuser, tout au moins dans l'opinion publique, à partir des années 60. La conquête de l'espace, en effet, a été vécue sur un plan surtout émotionnel parce que les grandes entreprises, tout en conservant leur très grande valeur technologique, sont apparues comme isolées, comme des fins en soi, sans rapport avec la vie de tous les jours, dépourvues en somme d'applications concrètes. Avec le Columbia, les choses ont changé. L'idée directrice qui a conduit à sa réalisation a été différente : il s'agissait de construire un avion capable de faire la navette entre la Terre et l'espace, des centaines de fois, opérant de la même manière que les nombreux avions qui chaque jour relient les aéroports du monde entier. Certes, la navette a accompli 36 orbites autour de la Terre, après avoir été lancée comme une fusée spatiale, cependant il est certain que la phase la plus importante de son voyage – le retour – s'est effectuée non comme s'il s'agissait d'un satellite mais d'un avion. Un avion formidablement sophistiqué dans ses équipements de bord, et même dans l'utilisation de ce principe élémentaire du vol dont la conquête avait fasciné des centaines de pionniers, un siècle plus tôt : le vol plané.

De fait, le Columbia a atterri comme un planeur, après avoir surmonté les terribles tensions du retour dans l'atmosphère à une vitesse orbitale très élevée. Et comme un planeur, il s'est approché, dans un silence que ne venait troubler que le sifflement de l'air sur ses plans, de la piste aménagée sur la surface desséchée du lac Rogers, dans le désert de Mohave, en Californie.

La navette spatiale est la synthèse actuelle du développement de l'aviation, une synthèse qui illustre des dizaines d'années de recherches et d'expériences, d'évolution continue de l'avion et de ses technologies. L'aéronautique a connu ses progrès les plus significatifs sous la pression de la guerre. Mais, depuis la fin de la Seconde Guerre mondiale, aux fins militaires sont venus s'ajouter d'autres intérêts, tout aussi puissants : ceux de la recherche aérospatiale. Il est difficile, aujourd'hui, de distinguer nettement la portée de ces deux contributions, étant donné qu'au cours de ces quarante dernières années les expériences, les succès et les échecs se sont succédé presque sans interruption. L'histoire des avions expérimentaux est devenue une véritable histoire parallèle de l'aviation, faite de dates, d'événements, de localités, de noms, ayant tous en commun la visée vers des objectifs sans cesse plus ambitieux. L'apport final de cette recherche n'a pas profité uniquement aux technologies militaires ; il a fini aussi par favoriser l'évolution de l'aviation

VITESSE A LA CONQUÊTE DE L'ESPACE

commerciale, instrument plus que jamais indispensable au progrès et à la croissance.

L'idée motrice, l'objectif, a toujours été la vitesse. Le premier pas a concerné les propulseurs. À la fin de la guerre, il était clair que les moteurs à pistons étaient arrivés à la limite de leurs possibilités, malgré les progrès réalisés par les avions à hélice en matière de vitesse pure. Le moteur à réaction permit de partir des limites maximales atteintes par le moteur à pistons, avec un très large potentiel à exploiter. Ensuite, une fois les premiers jets militaires bien au point, on chercha à voler plus vite que le son. Ce ne fut pas un objectif facile à atteindre, car on dut affronter non seulement des problèmes technologiques relatifs aux propulseurs, mais également toute une série d'inconnues relevant de l'aérodynamique. Ce qui témoigne le mieux des difficultés et des incertitudes qu'il fallut surmonter, c'est le fait que le premier avion supersonique, le Bell X-I américain, fut équipé d'un moteur-fusée et construit suivant des critères exceptionnels de robustesse : ses ailes auraient pu supporter le poids d'un bombardier B-36 à pleine charge, soit 160 tonnes !

Les recherches se tournèrent vers les structures et, en particulier, l'aile. Ainsi apparut l'aile en flèche, d'où dériva l'aile delta, puis l'aile en flèche variable, capable de réunir les avantages des surfaces à grand allongement et ceux des surfaces les mieux adaptées à la vitesse. Les progrès continuèrent : non seulement la vitesse du son fut dépassée, et cela devint banal pour la deuxième génération de chasseurs, mais on songea à la doubler, à la tripler.

À ce stade, de nouveaux obstacles surgirent. De telles vitesses rendaient apparemment insoluble le problème du réchauffement dynamique des surfaces de l'avion. Alors, la recherche se concentra sur l'aérodynamique, mais aussi sur la technologie des matériaux, pour découvrir de nouveaux métaux et de nouveaux alliages sophistiqués capables de supporter des températures très élevées. Mach 2 et Mach 3 furent conquis et pas uniquement par des avions expérimentaux (le Concorde volait à une vitesse supérieure à Mach 2). Donc, d'autres objectifs furent atteints, lentement, patiemment, dans une succession continue qui a fini par rapprocher de plus en plus les limites extrêmes du vol stratosphérique de celles du vol spatial. La contribution la plus importante a été incontestablement apportée par les deux pays placés en tête, les États-Unis et l'Union soviétique. Cependant, même si la lutte la plus acharnée entre ces deux géants s'est déroulée sur le terrain des activités purement spatiales, dans une véritable poursuite marquée par une alternance de revers et de succès, les très nombreuses recherches effectuées aux États-Unis au cours de ces quarante dernières années (d'abord par la NACA, National Advisory Committee for Aeronautics, puis par la NASA, son émanation directe) ont eu les plus vastes et les plus profondes répercussions sur l'ensemble du domaine de l'aviation. Au point de conditionner directement son évolution et d'apporter une marque indélébile à ses caractéristiques.

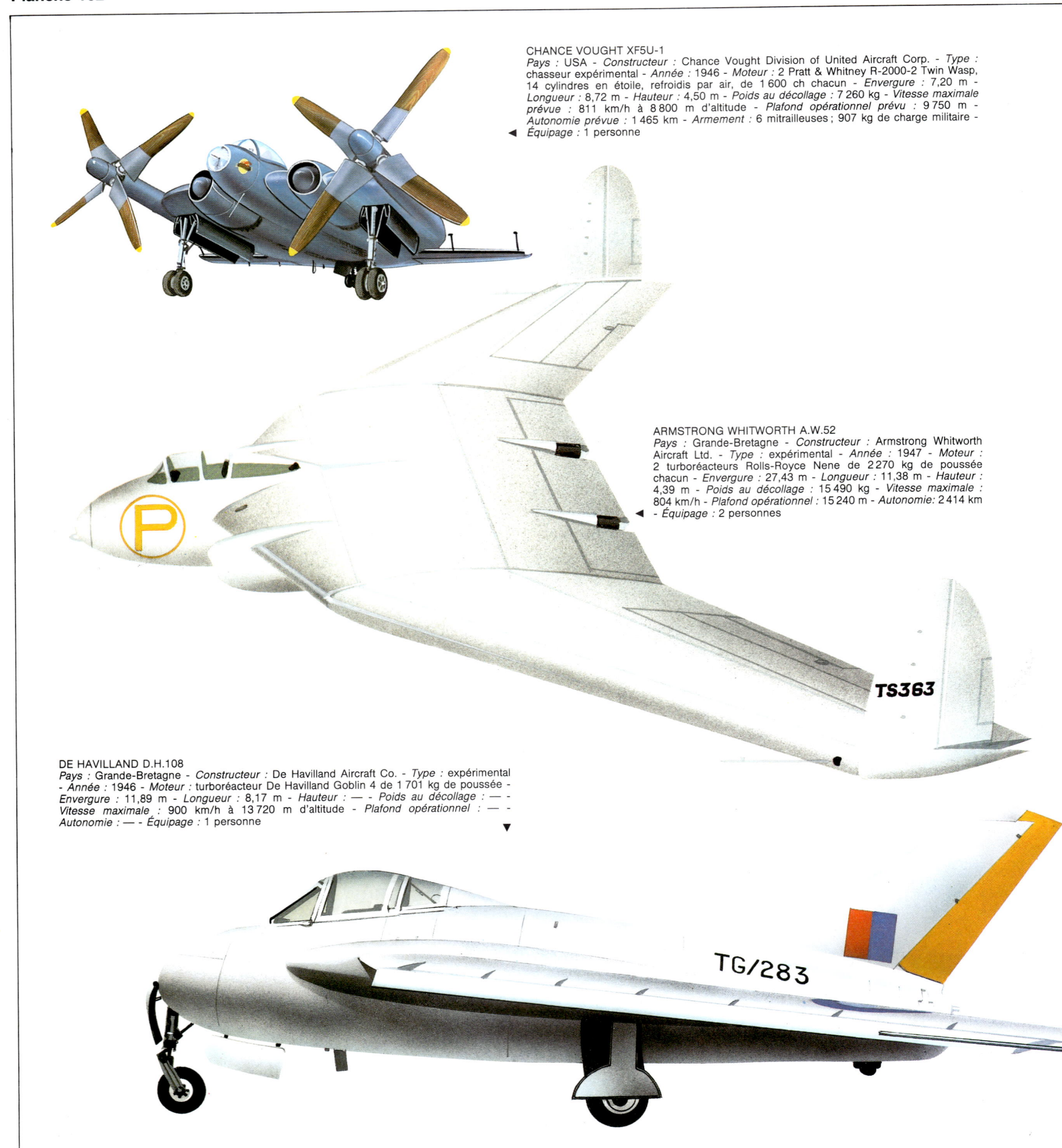

Planche 162   Du « disque volant » à l'aile delta ; 1945-1947

CHANCE VOUGHT XF5U-1
Pays : USA - *Constructeur* : Chance Vought Division of United Aircraft Corp. - *Type* : chasseur expérimental - *Année* : 1946 - *Moteur* : 2 Pratt & Whitney R-2000-2 Twin Wasp, 14 cylindres en étoile, refroidis par air, de 1 600 ch chacun - *Envergure* : 7,20 m - *Longueur* : 8,72 m - *Hauteur* : 4,50 m - *Poids au décollage* : 7 260 kg - *Vitesse maximale prévue* : 811 km/h à 8 800 m d'altitude - *Plafond opérationnel prévu* : 9 750 m - *Autonomie prévue* : 1 465 km - *Armement* : 6 mitrailleuses ; 907 kg de charge militaire - *Équipage* : 1 personne

ARMSTRONG WHITWORTH A.W.52
Pays : Grande-Bretagne - *Constructeur* : Armstrong Whitworth Aircraft Ltd. - *Type* : expérimental - *Année* : 1947 - *Moteur* : 2 turboréacteurs Rolls-Royce Nene de 2 270 kg de poussée chacun - *Envergure* : 27,43 m - *Longueur* : 11,38 m - *Hauteur* : 4,39 m - *Poids au décollage* : 15 490 kg - *Vitesse maximale* : 804 km/h - *Plafond opérationnel* : 15 240 m - *Autonomie* : 2 414 km - *Équipage* : 2 personnes

DE HAVILLAND D.H.108
Pays : Grande-Bretagne - *Constructeur* : De Havilland Aircraft Co. - *Type* : expérimental - *Année* : 1946 - *Moteur* : turboréacteur De Havilland Goblin 4 de 1 701 kg de poussée - *Envergure* : 11,89 m - *Longueur* : 8,17 m - *Hauteur* : — - *Poids au décollage* : — - *Vitesse maximale* : 900 km/h à 13 720 m d'altitude - *Plafond opérationnel* : — - *Autonomie* : — - *Équipage* : 1 personne

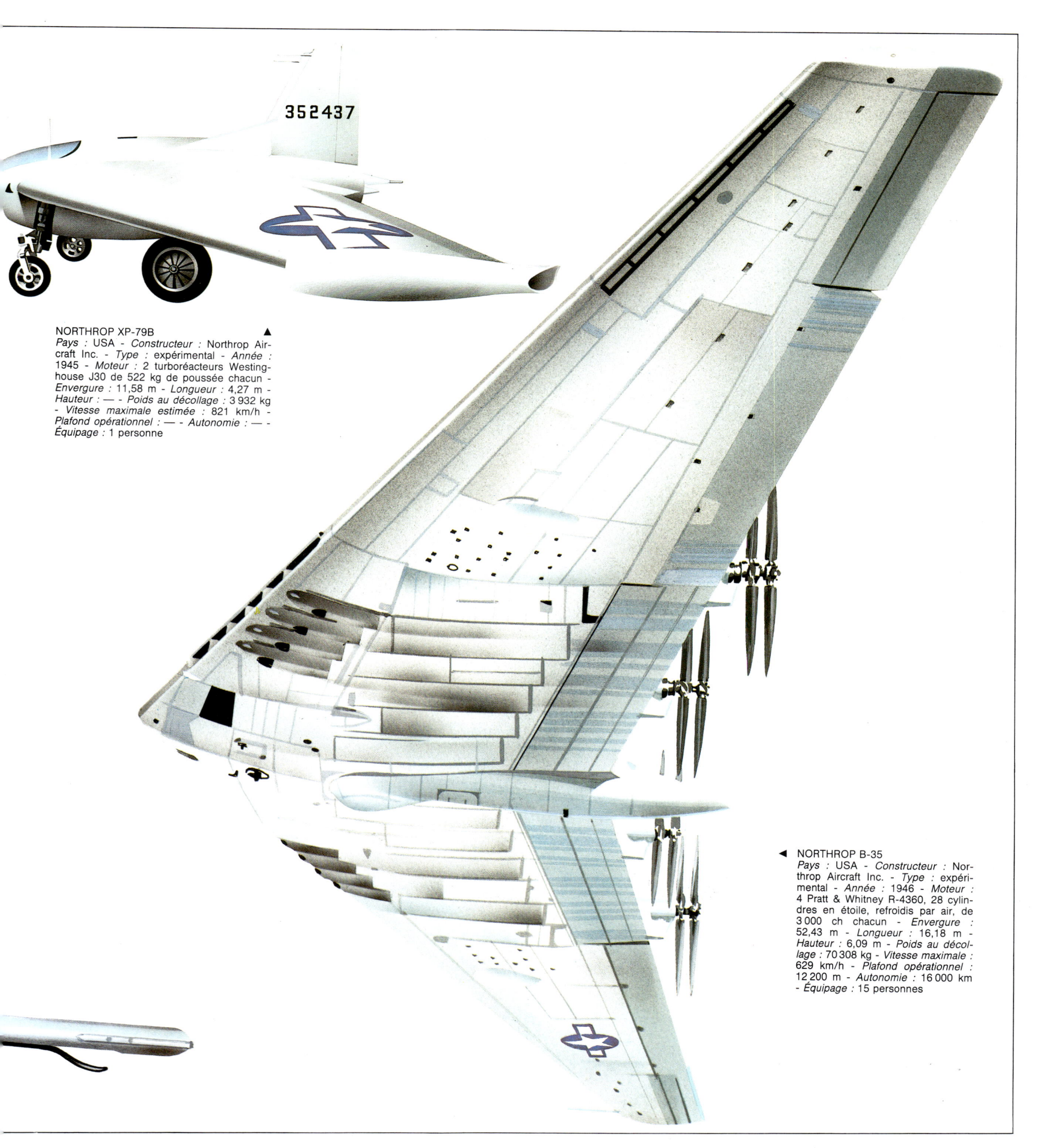

NORTHROP XP-79B
Pays : USA - *Constructeur* : Northrop Aircraft Inc. - *Type* : expérimental - *Année* : 1945 - *Moteur* : 2 turboréacteurs Westinghouse J30 de 522 kg de poussée chacun - *Envergure* : 11,58 m - *Longueur* : 4,27 m - *Hauteur* : — - *Poids au décollage* : 3 932 kg - *Vitesse maximale estimée* : 821 km/h - *Plafond opérationnel* : — - *Autonomie* : — - *Équipage* : 1 personne

◀ NORTHROP B-35
Pays : USA - *Constructeur* : Northrop Aircraft Inc. - *Type* : expérimental - *Année* : 1946 - *Moteur* : 4 Pratt & Whitney R-4360, 28 cylindres en étoile, refroidis par air, de 3 000 ch chacun - *Envergure* : 52,43 m - *Longueur* : 16,18 m - *Hauteur* : 6,09 m - *Poids au décollage* : 70 308 kg - *Vitesse maximale* : 629 km/h - *Plafond opérationnel* : 12 200 m - *Autonomie* : 16 000 km - *Équipage* : 15 personnes

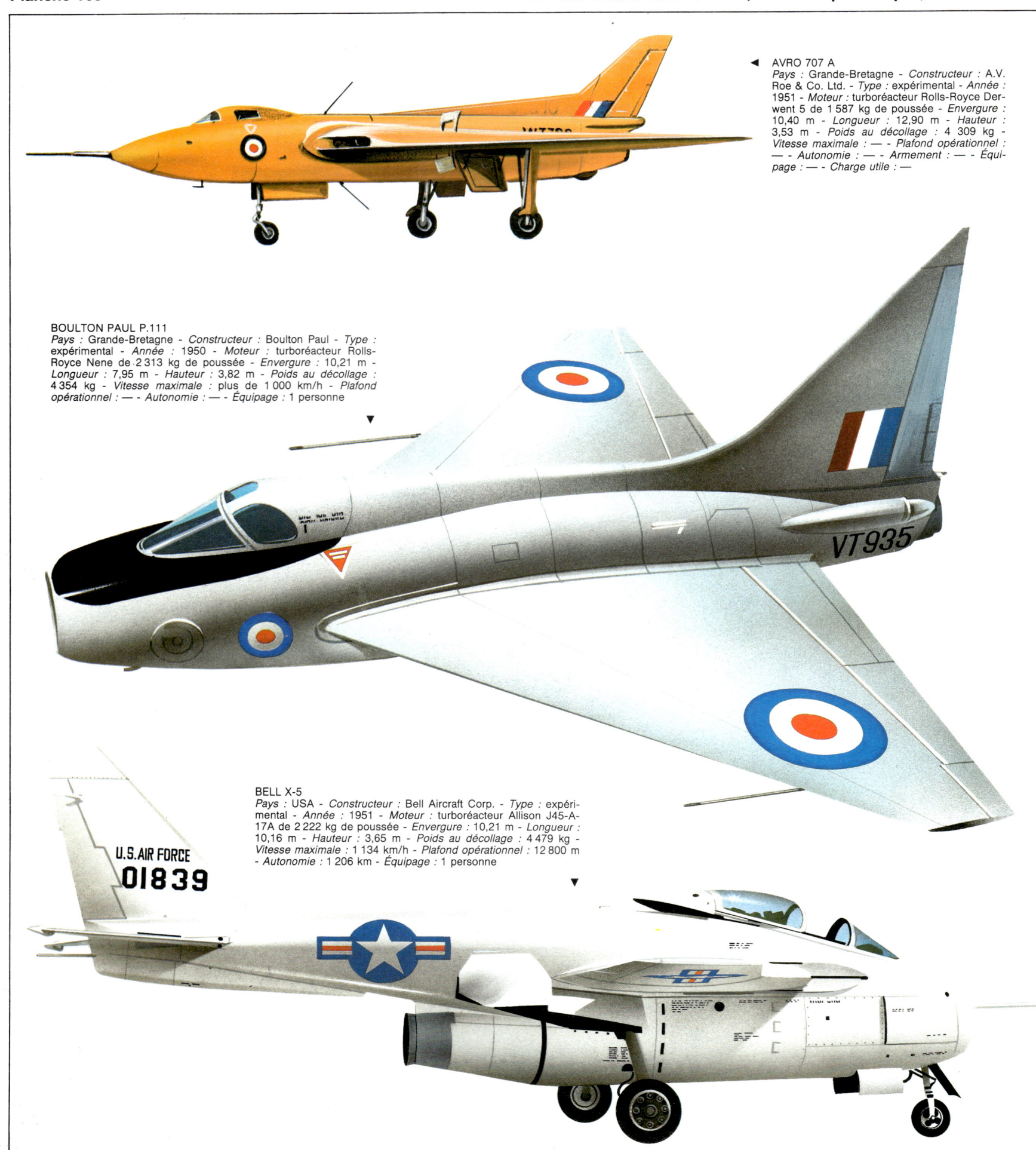

Planche 163 — De l'aile delta à l'aile variable, vers le supersonique ; 1950-1952

◀ AVRO 707 A
Pays : Grande-Bretagne - *Constructeur* : A.V. Roe & Co. Ltd. - *Type* : expérimental - *Année* : 1951 - *Moteur* : turboréacteur Rolls-Royce Derwent 5 de 1 587 kg de poussée - *Envergure* : 10,40 m - *Longueur* : 12,90 m - *Hauteur* : 3,53 m - *Poids au décollage* : 4 309 kg - *Vitesse maximale* : — - *Plafond opérationnel* : — - *Autonomie* : — *Armement* : — - *Équipage* : — - *Charge utile* : —

BOULTON PAUL P.111
Pays : Grande-Bretagne - *Constructeur* : Boulton Paul - *Type* : expérimental - *Année* : 1950 - *Moteur* : turboréacteur Rolls-Royce Nene de 2 313 kg de poussée - *Envergure* : 10,21 m - *Longueur* : 7,95 m - *Hauteur* : 3,82 m - *Poids au décollage* : 4 354 kg - *Vitesse maximale* : plus de 1 000 km/h - *Plafond opérationnel* : — - *Autonomie* : — - *Équipage* : 1 personne

BELL X-5
Pays : USA - *Constructeur* : Bell Aircraft Corp. - *Type* : expérimental - *Année* : 1951 - *Moteur* : turboréacteur Allison J45-A-17A de 2 222 kg de poussée - *Envergure* : 10,21 m - *Longueur* : 10,16 m - *Hauteur* : 3,65 m - *Poids au décollage* : 4 479 kg - *Vitesse maximale* : 1 134 km/h - *Plafond opérationnel* : 12 800 m - *Autonomie* : 1 206 km - *Équipage* : 1 personne

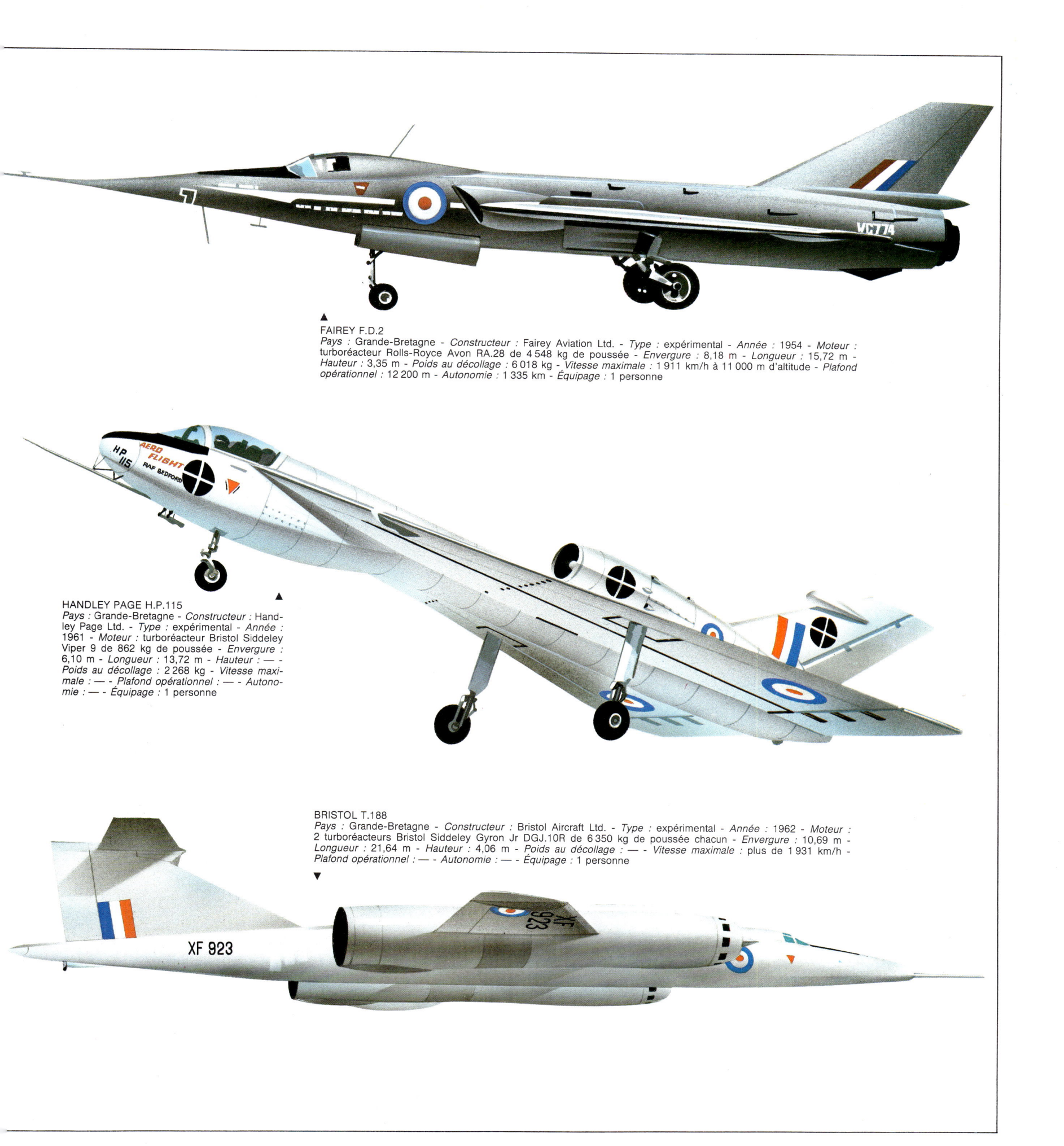

FAIREY F.D.2
Pays : Grande-Bretagne - *Constructeur* : Fairey Aviation Ltd. - *Type* : expérimental - *Année* : 1954 - *Moteur* : turboréacteur Rolls-Royce Avon RA.28 de 4 548 kg de poussée - *Envergure* : 8,18 m - *Longueur* : 15,72 m - *Hauteur* : 3,35 m - *Poids au décollage* : 6 018 kg - *Vitesse maximale* : 1 911 km/h à 11 000 m d'altitude - *Plafond opérationnel* : 12 200 m - *Autonomie* : 1 335 km - *Équipage* : 1 personne

HANDLEY PAGE H.P.115
Pays : Grande-Bretagne - *Constructeur* : Handley Page Ltd. - *Type* : expérimental - *Année* : 1961 - *Moteur* : turboréacteur Bristol Siddeley Viper 9 de 862 kg de poussée - *Envergure* : 6,10 m - *Longueur* : 13,72 m - *Hauteur* : — - *Poids au décollage* : 2 268 kg - *Vitesse maximale* : — - *Plafond opérationnel* : — - *Autonomie* : — - *Équipage* : 1 personne

BRISTOL T.188
Pays : Grande-Bretagne - *Constructeur* : Bristol Aircraft Ltd. - *Type* : expérimental - *Année* : 1962 - *Moteur* : 2 turboréacteurs Bristol Siddeley Gyron Jr DGJ.10R de 6 350 kg de poussée chacun - *Envergure* : 10,69 m - *Longueur* : 21,64 m - *Hauteur* : 4,06 m - *Poids au décollage* : — - *Vitesse maximale* : plus de 1 931 km/h - *Plafond opérationnel* : — - *Autonomie* : — - *Équipage* : 1 personne

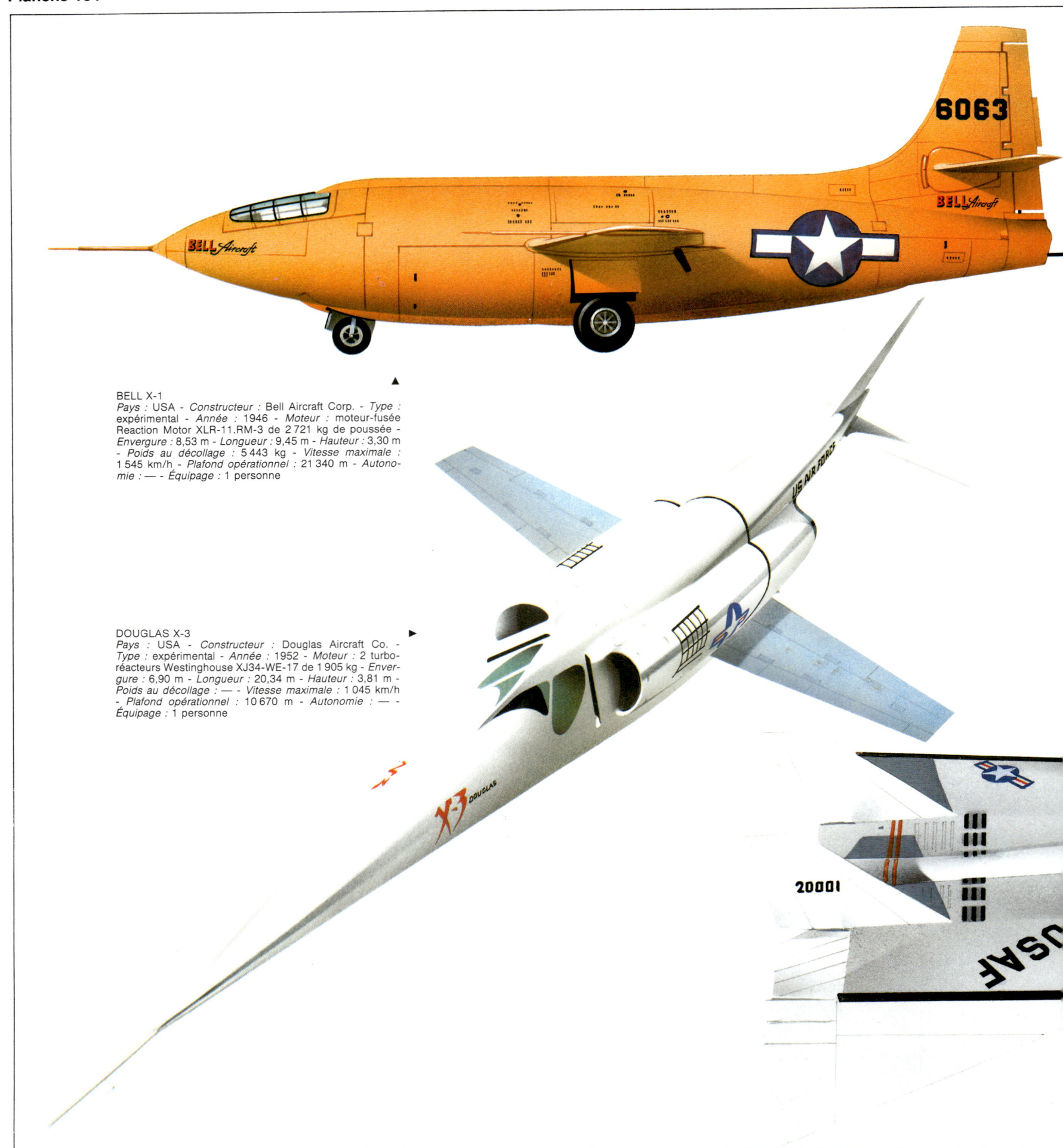

Planche 164   Du X-1 au Valkyrie ; 1946-1964

BELL X-1
Pays : USA - *Constructeur* : Bell Aircraft Corp. - *Type* : expérimental - *Année* : 1946 - *Moteur* : moteur-fusée Reaction Motor XLR-11.RM-3 de 2 721 kg de poussée - *Envergure* : 8,53 m - *Longueur* : 9,45 m - *Hauteur* : 3,30 m - *Poids au décollage* : 5 443 kg - *Vitesse maximale* : 1 545 km/h - *Plafond opérationnel* : 21 340 m - *Autonomie* : — - *Équipage* : 1 personne

DOUGLAS X-3
Pays : USA - *Constructeur* : Douglas Aircraft Co. - *Type* : expérimental - *Année* : 1952 - *Moteur* : 2 turboréacteurs Westinghouse XJ34-WE-17 de 1 905 kg - *Envergure* : 6,90 m - *Longueur* : 20,34 m - *Hauteur* : 3,81 m - *Poids au décollage* : — - *Vitesse maximale* : 1 045 km/h - *Plafond opérationnel* : 10 670 m - *Autonomie* : — - *Équipage* : 1 personne

BELL X-2
Pays : USA - *Constructeur* : Bell Aircraft Corp. - *Type* : expérimental - *Année* : 1955 - *Moteur* : moteur-fusée Curtiss Wright XLR25-CW-3 de 6 804 kg de poussée - *Envergure* : 10,59 m - *Longueur* : 13,84 m - *Hauteur* : 3,58 m - *Poids au décollage* : 11 300 kg - *Vitesse maximale* : 3 369 km/h - *Plafond opérationnel* : 38 465 m - *Autonomie* : — - *Équipage* : 1 personne

NORTH AMERICAN X-15A
Pays : USA - *Constructeur* : North American Aviation Inc. - *Type* : expérimental - *Année* : 1959 - *Moteur* : moteur-fusée Thiokol XLR-99M-2 de 31 752 kg de poussée - *Envergure* : 6,70 m - *Longueur* : 15,24 m - *Hauteur* : 3,96 m - *Poids au décollage* : 15 105 kg - *Vitesse maximale* : 6 692 km/h - *Plafond opérationnel* : 95 935 m - *Autonomie* : 442 km - *Équipage* : 1 personne

NORTH AMERICAN XB-70A VALKYRIE
Pays : USA - *Constructeur* : North American Aviation Inc. - *Type* : expérimental - *Année* : 1964 - *Moteur* : 6 turboréacteurs General Electric YJ93-GE-3 de 14 060 kg de poussée chacun - *Envergure* : 32 m - *Longueur* : 59,64 m - *Hauteur* : 9,14 m - *Poids au décollage* : 240 400 kg - *Vitesse maximale* : 3 185 km/h à 24 400 m d'altitude - *Plafond opérationnel* : 24 400 m - *Autonomie* : 12 000 km - *Équipage* : 4 personnes

L'atterrissage après le vol dans la stratosphère ; 1966-1981

MARTIN MARIETTA X-24A
Pays : USA - *Constructeur* : Martin Marietta - *Type* : expérimental - *Année* : 1969 - *Moteur* : moteur-fusée Thiokol XLR-11 de 3 625 kg de poussée - *Envergure* : 4,16 m - *Longueur* : 7,47 m - *Hauteur* : 3,15 m - *Poids au décollage* : 4 990 kg - *Vitesse maximale* : 1 686 km/h - *Plafond opérationnel estimé* : 21 760 m - *Autonomie* : 15 mn - *Équipage* : 1 personne

NORTHROP/NASA M2-F2
Pays : USA - *Constructeur* : Northrop Corp. - *Type* : expérimental - *Année* : 1966 - *Moteur* : moteur-fusée Thiokol XLR-11 de 3 625 kg de poussée - *Envergure* : 2,92 m - *Longueur* : 6,76 m - *Hauteur* : 2,69 m - *Poids au décollage* : 4 265 kg - *Vitesse maximale* : — - *Plafond opérationnel* : — - *Autonomie* : — - *Équipage* : 1 personne

NORTHROP/NASA HL-10
Pays : USA - *Constructeur* : Northrop Corp. - *Type* : expérimental - *Année* : 1966 - *Moteur* : moteur-fusée Thiokol XLR-11 de 3 625 kg de poussée - *Envergure* : 4,60 m - *Longueur* : 6,76 m - *Hauteur* : 3,48 m - *Poids au décollage* : 4 625 kg - *Vitesse maximale* : — - *Plafond opérationnel* : — - *Autonomie* : — - *Équipage* : 1 personne

NASA/ROCKWELL INTERNATIONAL SPACE SHUTTLE ORBITER
Pays : USA - *Constructeur* : Rockwell International - *Type* : navette spatiale - *Année* : 1977 - *Moteur* : 3 moteurs-fusées Rocketdyne SSME de 213 192 kg de poussée chacun - *Envergure* : 23,79 m - *Longueur* : 37,26 m - *Hauteur* : 17,25 m - *Poids au décollage* : 70 805 kg - *Vitesse en orbite* : 28 325 km/h

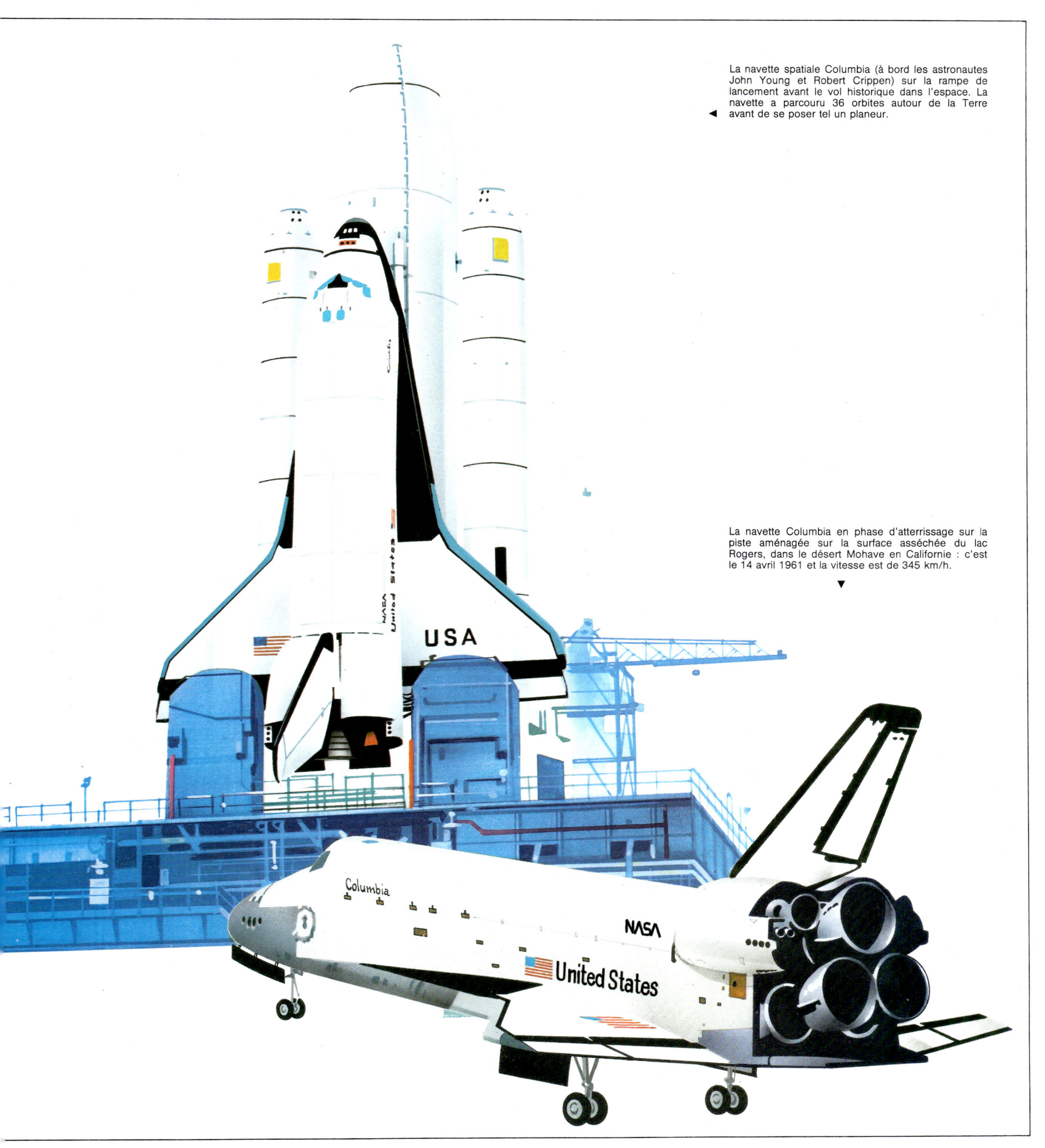

La navette spatiale Columbia (à bord les astronautes John Young et Robert Crippen) sur la rampe de lancement avant le vol historique dans l'espace. La navette a parcouru 36 orbites autour de la Terre avant de se poser tel un planeur. ◄

La navette Columbia en phase d'atterrissage sur la piste aménagée sur la surface asséchée du lac Rogers, dans le désert Mohave en Californie : c'est le 14 avril 1961 et la vitesse est de 345 km/h.
▼

**Planche 162
Du « disque volant » à l'aile delta ;
1945-1947**

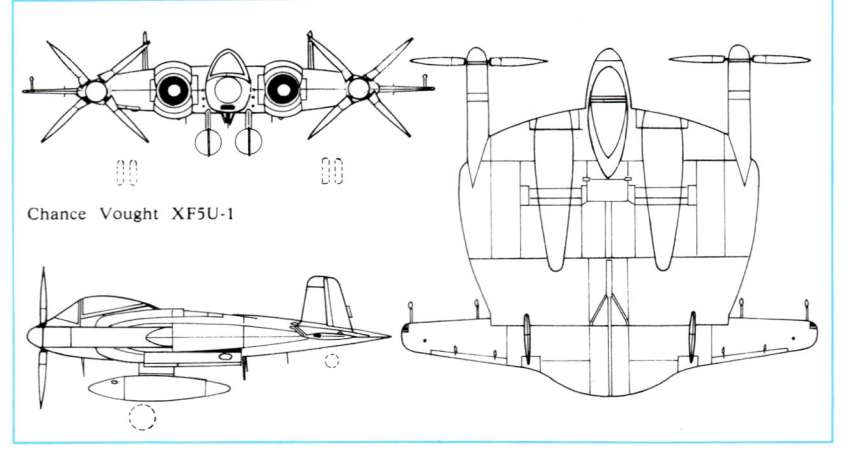

Durant la Seconde Guerre mondiale, en dehors de l'énorme production militaire, la recherche et l'expérimentation mobilisèrent au maximum les ressources des pays les plus avancés. Il ne s'agissait pas seulement d'un effort visant à la réalisation de nouvelles armes, mais également d'une tendance naturelle à favoriser l'évolution de l'avion dans la perspective des années à venir. La contribution la plus importante fut sans aucun doute celle qu'apporta le moteur à réaction, mais, à part ce propulseur révolutionnaire (auquel travaillèrent surtout les Allemands et les Anglais), les expériences concernèrent principalement l'étude de l'aile, de son aérodynamisme, de ses rendements et de sa structure. La recherche de vitesses de plus en plus élevées, pour laquelle les possibilités du moteur à réaction représentaient un résultat concret, ne pouvait atteindre ses objectifs sans une profonde évolution dans ce domaine. Les prototypes furent très nombreux, surtout en Grande-Bretagne, aux États-Unis et en Allemagne (dans ce pays, l'énorme quantité de travaux et d'études entrepris avec une grande avance sur tous les autres pendant le conflit devint butin de guerre pour les puissances victorieuses et apporta une contribution appréciable à leurs futures recherches). Nous nous contenterons d'examiner les plus significatifs et les plus originaux de ceux qui sortirent après la guerre.

Le Chance Vought XF5U-1 (baptisé « galette volante ») représenta le stade final d'une longue recherche destinée à utiliser les possibilités d'une aile de longueur très faible. Ces études, commencées dès 1933 par Charles H. Zimmermann, avaient suscité, en pleine guerre, l'intérêt de la marine américaine qui s'était décidée à encourager un programme de fabrication assumé par la Chance Vought. Le travail se fit sur deux plans : la construction et l'essai d'une maquette volante (V-173), et la réalisation de l'appareil sous une forme opérationnelle. Si le premier avion vola avec des résultats positifs, le second posa de nombreux problèmes techniques (concernant surtout les hélices et leurs transmissions) qui firent finalement de lui un prototype non volant. L'appareil fut prêt le 25 juin 1945 et les essais furent prévus pour l'année suivante ; ils n'eurent jamais lieu, à cause d'un brusque désintérêt qui entraîna l'annulation de l'ensemble du programme.

La longue série de recherches menées par la Northrop dans le domaine des « ailes volantes » (c'est-à-dire des avions sans fuselage) fut plus fructueuse. Le premier prototype sortit même en 1928 et des projets expérimentaux furent conçus par la grande entreprise américaine pendant les vingt années suivantes. L'un des plus originaux fut celui qu'on appela XP-79, de 1944. C'était un chasseur propulsé par deux moteurs à réaction conçu pour un emploi opérationnel fort peu orthodoxe : l'attaque par collision. Dans cette perspective, les ailes étaient d'une solidité exceptionnelle, avec un bord d'attaque en magnésium épais, capable (théoriquement) de supporter les énormes contraintes du choc ; le pilote, en outre, était allongé à plat ventre dans la cabine centrale. Le projet original prévoyait la propulsion par moteur-fusée, mais, en l'absence de bons moteurs de ce genre, le prototype XP-79B fut équipé d'un couple de turboréacteurs Westinghouse J30. Le premier vol eut lieu le 12 septembre 1945 et se termina tragiquement, à cause d'une panne dans le système de contrôle latéral.

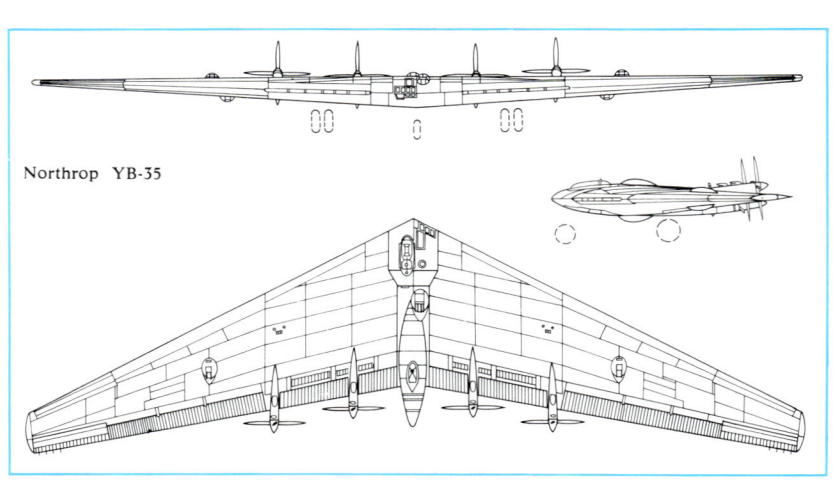

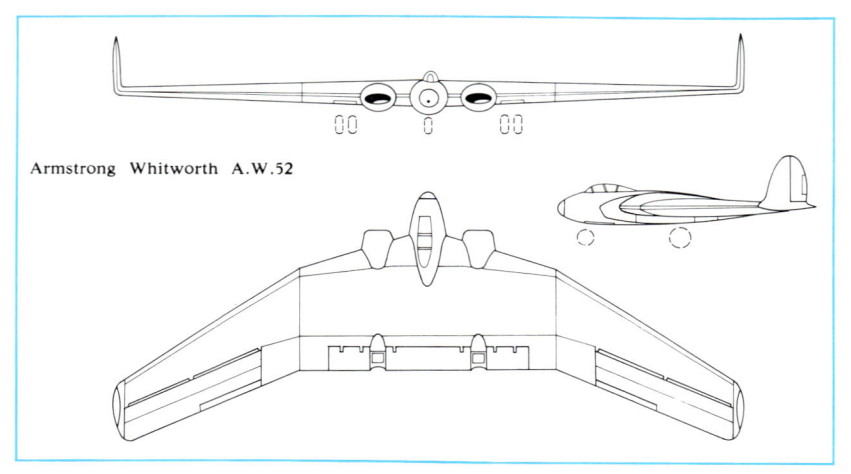

Cet échec n'empêcha pas l'évolution d'un programme plus ambitieux, déjà en cours de réalisation à l'époque : il prévoyait la construction d'un bombardier « tout ailes » (B-35), propulsé par quatre moteurs à pistons et capable de performances exceptionnelles en vitesse et en autonomie. Ce projet avait été encouragé dès 1941 par les autorités militaires, et la Northrop, afin de satisfaire à la demande potentielle de 200 appareils, avait construit spécialement une usine et signé des contrats de collaboration avec d'autres entreprises aéronautiques. Le premier des deux prototypes commandés (XB-35) fut mis en chantier en janvier 1943 ; le contrat d'origine prévoyait en outre la construction de 13 exemplaires de présérie (YB-35), dont deux devaient être adaptés à la propulsion à réaction (YB-49). Le premier XB-35 vola le 25 juin 1946. Mais la série d'essais ne fut pas satisfaisante : de sérieux problèmes se posèrent avec le mécanisme de contrarotation des hélices et, à la fin, pour les résoudre, on dut adopter des unités simples. Mais tout cela ne put être mis au point de façon définitive que pour les avions de présérie (le premier YB-35 vola le 13 mai 1948) et, entre-temps, l'intérêt des militaires s'était concentré sur la variante équipée de moteurs à réaction. Le prototype YB-49 vola pour la première fois le 21 octobre 1947 et, en janvier de l'année suivante, arriva la première commande de 30 unités. Mais l'enthousiasme fut de courte durée. En novembre 1949, le programme fut annulé, en faveur du prometteur (et conventionnel) B-36 de la Convair.

Le principe de l'« aile volante » fut également expérimenté en Grande-Bretagne, bien que sous une forme plus modeste. Les expériences les plus intéressantes furent réalisées dans l'immédiat après-guerre par l'Armstrong Whitworth, avec son modèle A.W.52, un « tout ailes » propulsé par deux turboréacteurs Rolls-Royce. La construction des deux prototypes fut précédée de celle d'un planeur (A.W.52G) avec lequel furent menées les recherches fondamentales. Le premier A.W.52 vola avec succès le 13 novembre 1947 et le second sortit le 1er septembre de l'année suivante. La différence entre les deux appareils résidait

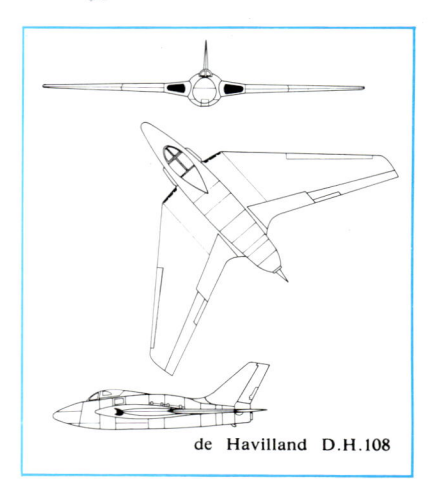

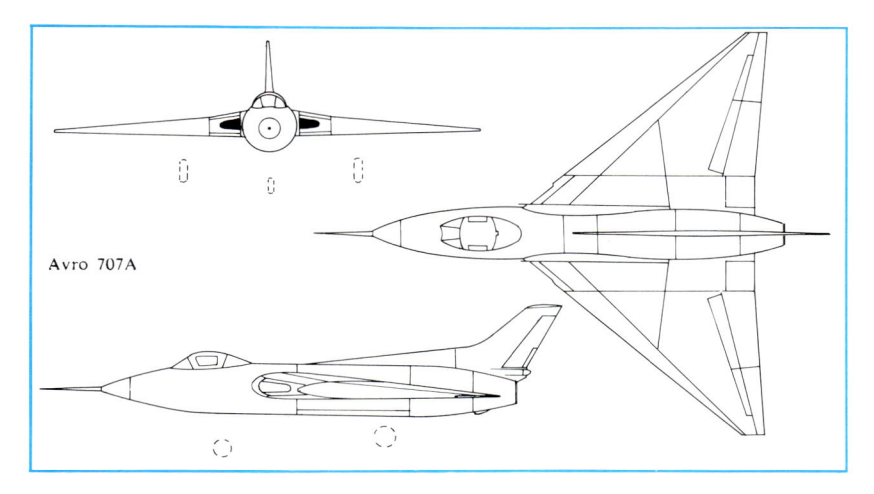

Planche 163
De l'aile delta à l'aile variable, vers le supersonique ; 1950-1952

L'aile delta fut expérimentée en Angleterre vers la fin des années 50, dans le cadre d'un ambitieux programme militaire qui prévoyait la réalisation du bombardier stratégique Avro Vulcan, le premier au monde ayant cette configuration. Dans cette perspective, l'Avro conçut et construisit 5 modèles à échelle réduite (d'un tiers) qui devaient servir aux expérimentations de base pour le choix des solutions aérodynamiques et structurelles à adopter pour le Vulcan. Le modèle 707 fut donc le premier avion britannique à aile Delta. L'exemplaire n° 1 vola le 4 septembre 1949, mais il n'eut pas un sort favorable, car il fut détruit dans un accident à peine trois semaines plus tard. Le 6 septembre 1950, il fut suivi d'un deuxième prototype (707B) équipé pour les recherches sur le vol à faible vitesse et, en juin 1951, d'un troisième exemplaire (707A) pour le vol à grande vitesse. Le 20 février 1953 vint s'ajouter à cet avion un autre modèle identique et, le 1er juillet, sortit le dernier de la série (707C), pratiquement un 707A sous forme biplace.

Les expériences sur l'aile delta furent menées, en Grande-Bretagne, avec un autre prototype intéressant, le Boulton Paul P.111, réalisé pour étudier le comportement de l'aile aux vitesses proches de celle du son. Le projet, lancé en 1946, se concrétisa en octobre 1950 par un premier vol. Un accident survenu à l'atterrissage entraîna la suspension momentanée du programme. L'avion fut réparé et, tout en étant légèrement modifié à l'intérieur et à l'extérieur (de fait, il prit le nom de P.111A), il reprit la série d'essais le 2 juillet 1953. Il fut retiré cinq ans plus tard.

Toujours dans les années 50, on entreprit les premières expériences sur un nouveau type d'aile, dont l'application pratique à des avions militaires ne devait voir le jour qu'au cours de la décennie suivante : l'aile à géométrie variable, celle qui aujourd'hui, dans les années 80, caractérise le MRCA Tornado. Les recherches naquirent d'une considération d'ordre pratique : la nécessité d'améliorer les caractéristiques de vol à faible vitesse des avions à ailes en forte flèche, de façon à leur donner tant la facilité de contrôle et la maniabilité propres à des ailes plus conventionnelles que les performances élevées obtenues avec des ailes très obliques. Le premier prototype au monde muni d'ailes variables fut le Bell X-5 américain, dont le projet fut lancé au début de 1948, fortement inspiré des plans du Messerschmitt P.1101 qui remontait au temps de la guerre. Toutefois, la caractéristique originale du X-5 était le mécanisme qui faisait varier la flèche d'un minimum de 20° à un maximum de 60°. Deux exemplaires furent fabriqués et le premier d'entre eux fut livré à l'U.S.A.F. en juin 1951. Le premier vol eut lieu le 27 juillet et, en cette occasion, le mécanisme de rotation de l'aile fut partiellement expérimenté. Mais l'ensemble fut essayé avec succès quelques jours plus tard, au neuvième vol du prototype. La série de tests se poursuivit jusqu'en 1955. Des deux avions, un seul parvint jusqu'au bout du programme (le premier

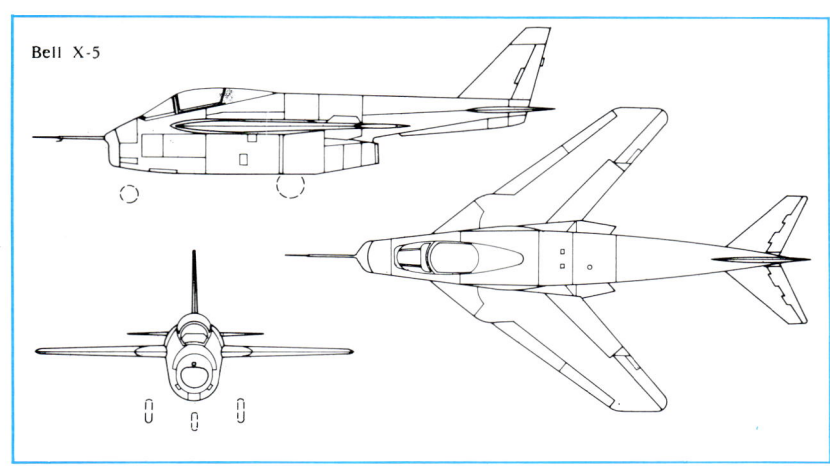

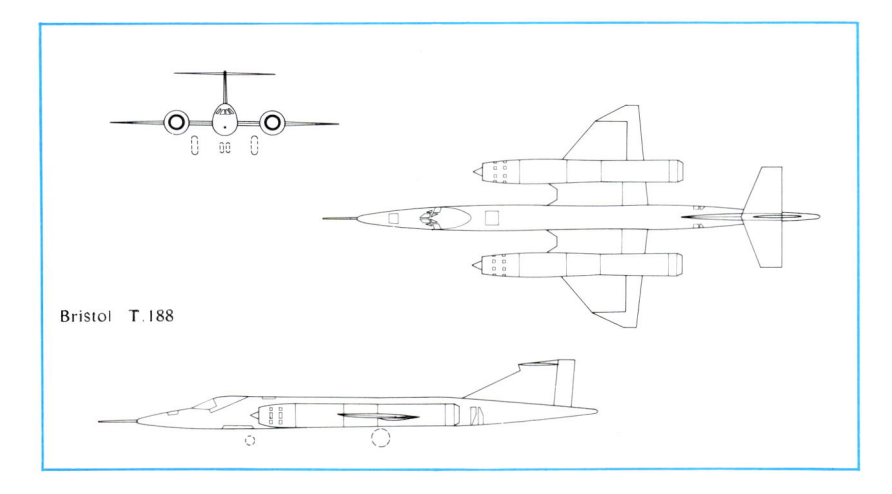

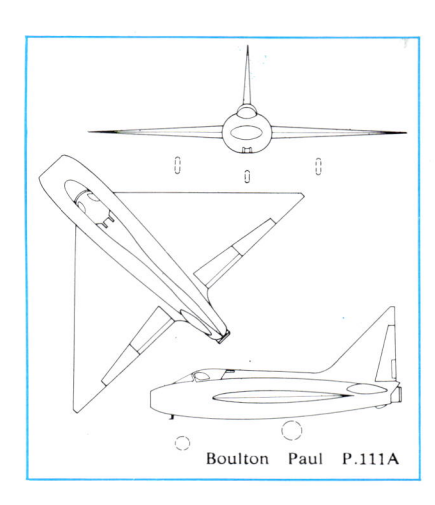

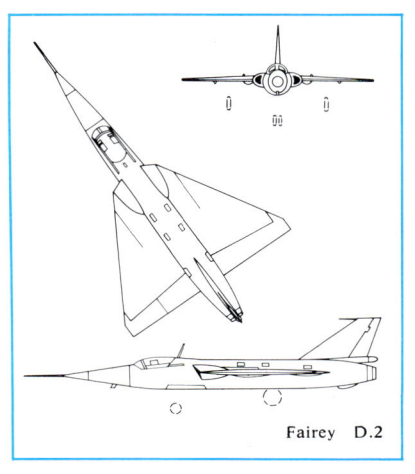

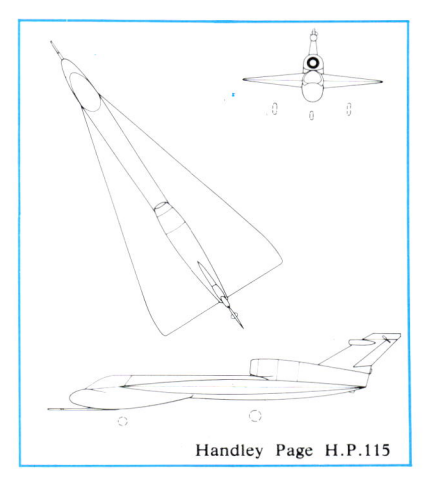

essentiellement dans les moteurs : Rolls-Royce Nene pour le premier, Derwent pour le second. Cependant, le programme fut abandonné à la suite d'un accident survenu le 30 mai 1949 avec le premier prototype.

De l'aile volante à l'aile delta, il n'y avait qu'un pas à franchir. Parmi les premières expériences de transition vers cette nouvelle forme, citons celles que l'on entreprit en Grande-Bretagne avec le De Havilland D.H.108, un avion expérimental caractérisé par une aile en forte flèche et sans empennage horizontal, réalisé en octobre 1945 en deux exemplaires pour étudier les comportements à faible et grande vitesse. Sur le second avion, au cours d'un des premiers vols, en septembre 1946, le célèbre ingénieur et constructeur Geoffrey De Havilland perdit la vie dans un accident. Un troisième appareil fut construit par la suite et c'est avec celui-ci que, le 12 avril 1948, le pilote d'essai John Derry battit un record du monde de vitesse en volant à 973,81 km/h sur un circuit de 100 kilomètres. Le 6 septembre, le même avion et le même pilote franchirent le mur du son : c'était la première fois qu'un avion, propulsé par un moteur à réaction, réussissait cette performance.

exemplaire, actuellement conservé au musée de l'Air Force Wright-Patterson, dans l'Ohio) ; l'autre fut détruit lors d'un accident, le 14 octobre 1953.

L'aile variable, à cause de la complexité de sa structure, resta encore pendant des années au stade expérimental et ne réussit pas à supplanter l'aile delta et ses incontestables caractéristiques positives. Leur utilité pour la conquête de vitesses de plus en plus élevées fut démontrée en Grande-Bretagne en 1956 par un intéressant avion expérimental, le Fairey D.2, qui, le 10 mars, fut le premier au monde à battre un record de vitesse supérieur à 1 000 milles à l'heure : exactement 1 132 milles, ce qui équivaut à 1 821 km/h, avec aux commandes le pilote d'essai L. Peter Twiss. Cet avion avait été conçu au début des années 50 pour des études sur les comportements en vol transsonique et supersonique, et il en avait été construit deux exemplaires, dont le premier avait été soumis aux essais le 6 octobre 1954, et le second le 15 février 1956. Le premier D.2 joua un rôle important dans la conception du supersonique civil anglo-français Concorde : profondément modifié au niveau des ailes, des prises d'air du moteur et du train d'atterrissage, il servit à une intéressante série de recherches aérodynamiques de mai 1966 à juin 1973. Spécialement réalisé pour le programme Concorde, le petit Handley Page H.P.115 était un véritable banc d'essai volant conçu pour étudier les comportements des ailes qui devaient être adoptées pour le supersonique. Parmi les caractéristiques les plus remarquables de cet avion, notons la possibilité de changer certaines parties du bord d'attaque de l'aile, de façon à pouvoir les analyser sous différentes formes. Le premier vol du H.P.115 eut lieu le 17 août 1961.

La recherche de performances toujours plus élevées incita l'industrie britannique à réaliser, vers la fin des années 50, un autre prototype intéressant, le Bristol T.188, conçu pour la recherche à des vitesses allant jusqu'à Mach 3. Deux exemplaires furent construits et mis en vol respectivement le 26 avril 1961 et le 29 avril 1963. En dehors de l'aérodynamique très sophistiquée, la caractéristique principale du T.188 était sa construction entièrement réalisée en acier inoxydable spécial, dans le but de résoudre le problème du réchauffement cinétique des surfaces. Les résultats de ces recherches ne furent pas divulgués par les autorités militaires britanniques, mais le programme, à un certain moment, fut suspendu pour des motifs de coût.

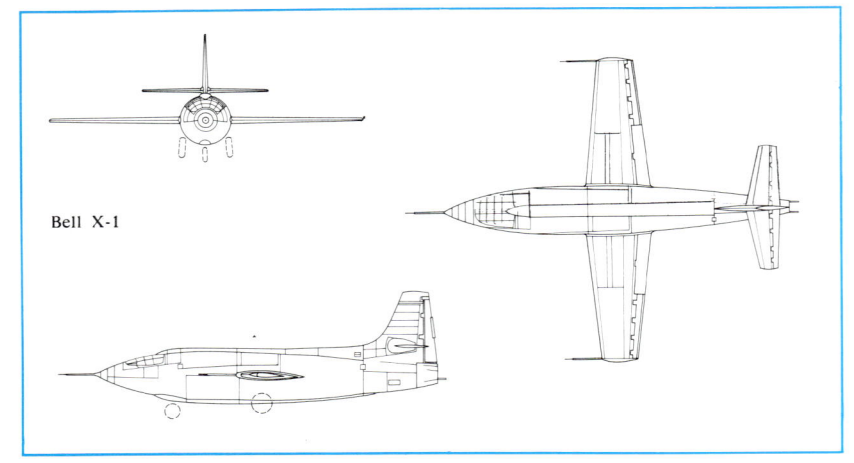

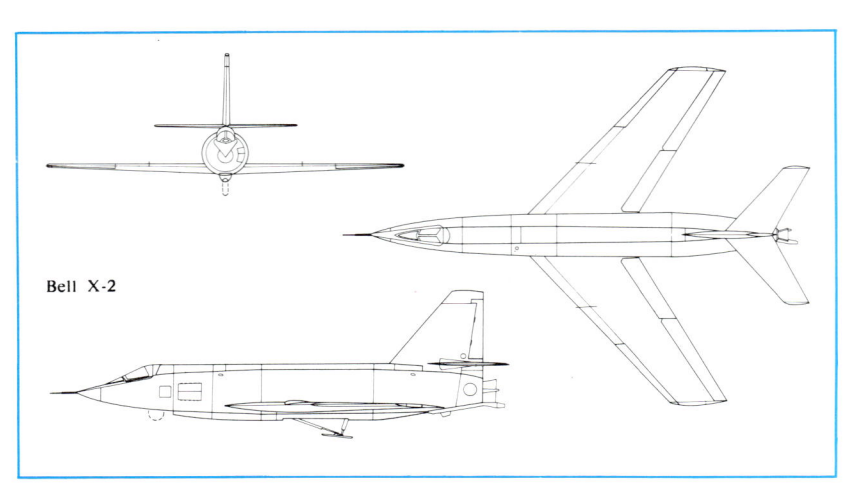

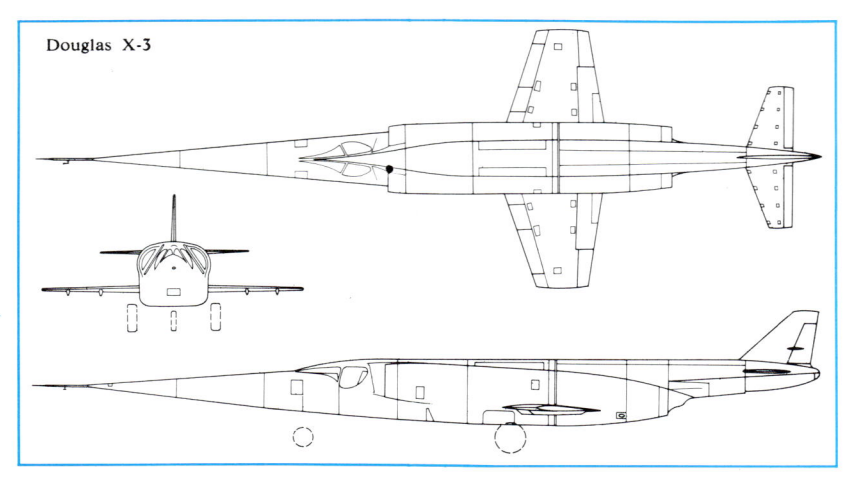

**Planche 164
Du X-1 au Valkyrie ; 1946-1964**

Jamais peut-être dans l'histoire de l'aviation un programme de recherches comme celui qui fut lancé aux États-Unis dans la lointaine année 1942 sous le nom d'Experimental Research Aircraft Program n'a apporté une telle contribution au développement de l'avion. Les principales entreprises américaines, financées par l'armée de l'air et la marine et sous la supervision de la NACA, réalisèrent la célèbre série des « avions X », sigle qui, dans le code américain, désignait, et désigne encore, les prototypes et les avions expérimentaux. Dans le cas qui nous occupe, il s'agit d'appareils construits pour faire progresser la recherche pure et pour aborder et résoudre les problèmes que posent des objectifs de plus en plus avancés et tendus vers l'avenir. On peut dire que les « avions X » conquirent les principales étapes de l'aviation moderne : ils furent les premiers à voler à des vitesses supérieures à celle du son ; les premiers à utiliser des ailes à géométrie variable ; à atteindre et à dépasser les 100 000 mètres d'altitude ; à atteindre des vitesses six fois supérieures à celle du son ; à expérimenter des métaux sophistiqués, des moteurs-fusées et des solutions aérodynamiques révolutionnaires.

Le chef de file de cette immortelle série fut le Bell X-1, le premier avion américain avec moteur-fusée, réalisé pour effectuer des recherches sur les problèmes du vol supersonique. Le cap du « plus rapide que le son » fut franchi par le premier des 3 prototypes X-1 le 14 octobre 1947, un an après son premier vol. En cette circonstance historique, le pilote était Charles Yeager qui, lancé d'un B-29 à environ 9 000 mètres d'altitude, atteignit les 1 078 km/h en vol horizontal. Un autre record fut battu le 8 août 1949 par Frank Everest qui porta l'avion à 21 915 mètres d'altitude. Dans des perspectives encore plus ambitieuses, on construisit vers la fin des années 50 3 autres exemplaires améliorés (appelés X-1A, X-1B et X-1D). Avec le premier de ceux-ci, Charles Yeager vola à 2 655 km/h le 12 décembre 1953 et Arthur Murray à 27 435 mètres d'altitude le 4 juin 1954. Le dernier de la famille fut le X-1E (premier vol le 12 décembre 1955), fabriqué pour étudier les caractéristiques d'une nouvelle aile. Le programme X-1 se poursuivit jusqu'en 1958 : le total des vols fut de 156 avec le X-1, 21 avec le X-1A, 27 avec le X-1B, 1 avec le X-1D et 26 avec le X-1E.

Le Bell expérimental suivant fut le X-2, dont 2 exemplaires furent commandés en 1946 pour opérer à des altitudes et à des vitesses encore supérieures et permettre d'étudier les caractéristiques de l'aile en flèche. Un seul des deux avions réussit à aller jusqu'au bout du programme, à la suite d'un accident où fut détruit le second prototype le 12 mai 1953, au cours d'un ravitaillement en vol de l'avion mère auquel il était encore fixé. Les essais en vol commencèrent le 11 novembre 1955 : les principales étapes franchies par le X-2 furent le record d'altitude (36 637 mètres le 7 septembre 1956 avec aux commandes Iven Kincheloe) et celui de vitesse avec 3 370 km/h (Mach 3,2) le 27 septembre, avec comme pilote Milburn Apt. Aussitôt après ce record, l'avion ne répondit plus aux commandes et s'écrasa.

Le X-3 fut réalisé par la Douglas afin d'étudier le comportement aérodynamique et structurel dans les vols prolongés à des vitesses supersoniques. Après avoir abandonné le moteur-fusée, on choisit deux turboréacteurs Westinghouse, mais ce fut le manque de propulseurs suffisamment puissants qui entraîna l'abandon du programme. L'unique X-3 construit vola pour la première fois le 20 octobre 1952 et resta en activité pendant trois ans, sans toutefois atteindre les objectifs prévus. On donna à cet avion un nom suggestif : *Stylet*. De fait, le X-3, avec ses ailes très courtes et son fuselage long et effilé, fut considéré comme l'un des plus élégants prototypes de l'époque.

Mais, incontestablement, le plus célèbre des « avions X » fut le X-15, avec lequel les objectifs déjà ambitieux atteints par le X-1 et le X-2 furent largement dépassés, au point d'atteindre les limites du vol stratosphérique et de se rapprocher du vol spatial. Les spécifications concernant le X-15 furent formulées par la NACA le 24 juin 1952, à un moment où l'U.S.A.F. était en train d'achever le programme X-1 et de mettre en route le X-2. Les demandes prévoyaient la réalisation d'un avion à propulsion par fusée capable d'atteindre des altitudes allant de 19 000 à 80 000 mètres et des vitesses de quatre à dix fois celle du son. Le programme, défini par la suite, fut transmis aux entreprises vers la fin de 1954 et le projet qui l'emporta fut celui de la North American. Le contrat fut définitivement signé le 11 juin 1956, avec la commande de 3 exemplaires. Les problèmes à résoudre ne manquèrent pas : ils allaient de ceux qui concernaient les surfaces (qui devaient être de nature à supporter des températures très élevées) à ceux qui avaient trait à la mise au point d'un moteur-fusée efficace. Le X-15 N.1 sortit des ateliers le 15 octobre 1958 et effectua son premier vol suspendu à l'aile d'un B-52 spécialement modifié, le 10 mars de l'année suivante. La première descente libre eut lieu le 8 juin. Le premier vol avec moteur fut effectué par le second prototype le 17 septembre. Cependant, la mise au point des appareils ne pouvait pas être considérée comme complète sans l'installation du propulseur définitif XLR-99, en l'absence duquel la North American avait monté 2 moteurs-fusées du type XLR-11 de puissance très inférieure. Le premier XLR-99 fut enfin livré en mai 1960. Après une série d'essais au sol, le X-15 fut prêt pour les essais en vol. Ceux-ci commencèrent le 15 novembre avec le deuxième exemplaire ; en août 1961 le X-15 N.1, le dernier qui restait à transformer, fut prêt lui aussi. Pendant environ un an, l'activité des trois appareils fut intense ; ce fut une véritable course à la conquête de nouveaux records : les plus significatifs furent battus le 9 novembre 1961 par Bob White, avec 6 586 km/h ; le 30 avril 1962, par Joe Walker, qui atteignit les 80 938 mètres d'altitude ; le 22 août, le même pilote vola jusqu'à 107 960 mètres. Il y eut de nombreux incidents. Ce fut d'un atterrissage forcé du deuxième X-15, le 9 novembre 1962, que naquit l'unique X-15 A-2, appareil qui vola plus vite que tous les autres (le 3 octobre 1967, piloté par William Knight, avec 7 273 km/h). Envoyé à la North American pour être réparé, l'avion fut sensiblement modifié par l'adjonction d'une section de fuselage de 73 centimètres de longueur et deux réservoirs extérieurs pour augmenter la capacité de carburant et, par conséquent, le temps de montée du propulseur. Le revêtement des surfaces externes fut aussi modifié pour permettre de supporter des températures encore plus élevées. Ce fut justement le vol record qui mit fin à la carrière de l'appareil : un nouvel atterrissage forcé endommagea irrémédiablement les structures et le X-15 A-2, inapte au vol, fut offert au musée Wright-Patterson. Le programme X-15 s'achemina dès lors lentement vers sa fin : un autre motif important fut la perte du troisième exemplaire, le 15 novembre 1967. Le dernier prototype effectua encore huit vols, dont l'ultime — le 199ᵉ de la série — fut accompli le 24 octobre 1968.

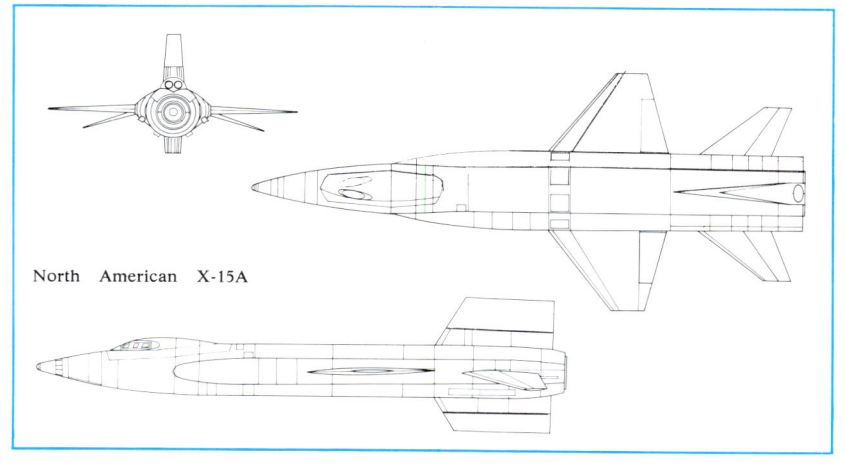

La North American, outre l'avion expérimental le plus rapide du monde, parvint à réaliser le plus grand et le plus sophistiqué : le XB-70 Valkyrie. Cet appareil futuriste sortit à l'origine comme bombardier stratégique, mais fut affecté au rôle de prototype expérimental après avoir été relégué au second plan par l'avènement des missiles balistiques intercontinentaux. Le projet prévoyait une autonomie de plus de 12 000 kilomètres et la possibilité d'atteindre l'objectif (en transportant des engins nucléaires et conventionnels) et de rejoindre la base de départ en volant à une vitesse trois fois supérieure à celle du son, sans ravitaillement intermédiaire. Deux exemplaires (XB-70A) furent construits et subirent, à partir du 21 septembre 1964, une série de tests. Le but de ces recherches était l'étude des caractéristiques de contrôle et de stabilité à des altitudes très élevées et à des vitesses supérieures à Mach 3. Le projet comportait de nombreuses particularités : entre autres, la possibilité pour les panneaux alaires de se replier vers le bas durant le vol, de façon à assurer une meilleure stabilité latérale et directionnelle ; l'adoption d'un double pare-brise antérieur — l'un pour les faibles vitesses, l'autre pour les vitesses élevées — comme c'est le cas pour le Concorde ; la technologie des matériaux adoptés, destinés à supporter des contraintes dynamiques et thermiques très élevées. En particulier, les ailes tout entières, une partie du fuselage, l'empennage et les entrées d'air des six turboréacteurs (du type General Electric YJ93 GE3, d'une poussée de plus de 14 tonnes chacun) étaient revêtus de panneaux d'acier inoxydable avec une structure « sandwich » en nid d'abeilles. Après le premier vol, le programme fut presque entièrement assuré par le prototype numéro 1 : le second, en effet, fut détruit lors d'une collision avec un F-104 Starfighter le 8 juin 1966. La vitesse maximale de Mach 3,08 fut atteinte en janvier 1966 ; l'altitude maximale de 22 555 mètres au mois de mars. Le dernier vol (le 128ᵉ) fut effectué le 4 février 1969.

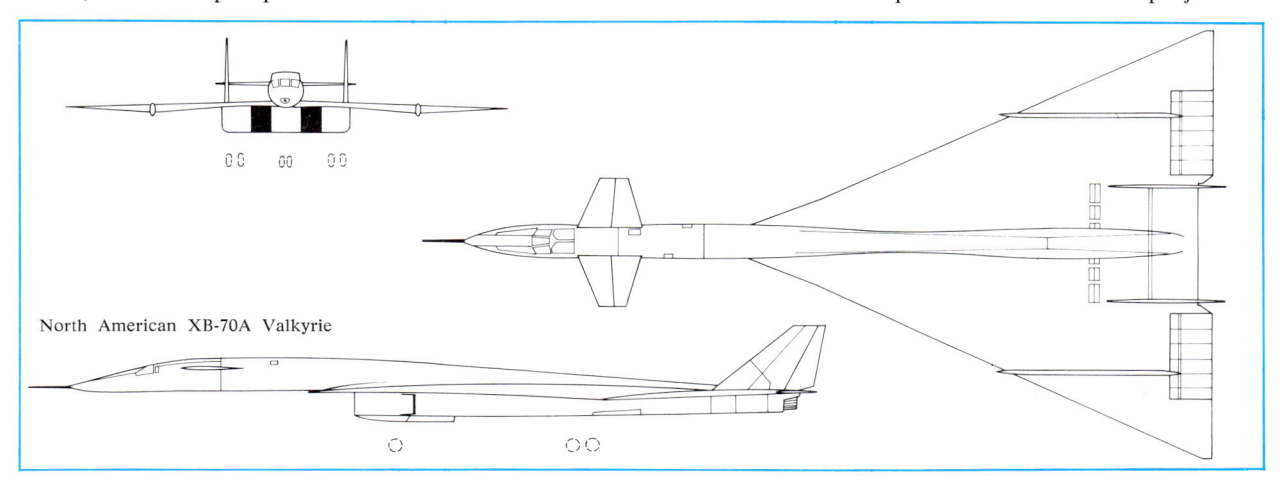

Planche 165
L'atterrissage après le vol dans la stratosphère ; 1966-1981

Il est hors de doute que la contribution apportée par les recherches — et donc par les avions expérimentaux de tous les pays, et non seulement des États-Unis — a largement compensé, sur le plan des progrès aéronautiques, les énormes investissements engagés et les si nombreux sacrifices en vies humaines. Il n'est pas non plus douteux que les réalisations les plus avancées, les appareils qui ont franchi des caps presque incroyables, ont fini par explorer les limites extrêmes du vol stratosphérique, préparant la voie aux conquêtes plus ambitieuses du vol spatial. La preuve la plus actuelle de cette contribution nous est fournie par les derniers avions expérimentaux américains, destinés à préparer le terrain pour le programme qui occupera la NASA dans les prochaines années : la réalisation d'une station spatiale « habitée » et d'un moyen de liaison efficace entre celle-ci et la Terre : la navette. Le problème le plus difficile à résoudre consistait à mettre au point un véhicule capable avant tout de rentrer dans l'atmosphère terrestre à partir de l'espace et de voler sous contrôle jusqu'à un point d'atterrissage précis. La NASA, au début des années 60, lança deux projets (réalisés par la Northrop) qui donnèrent le jour aux premiers *lifting*

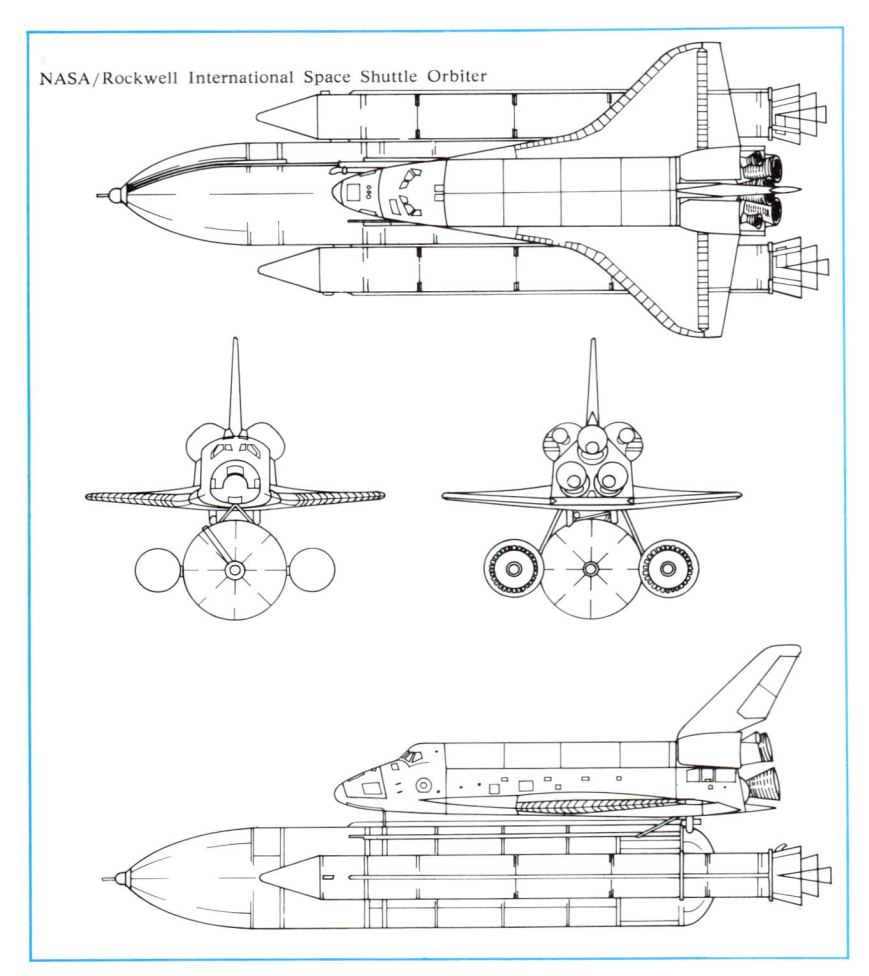

NASA/Rockwell International Space Shuttle Orbiter

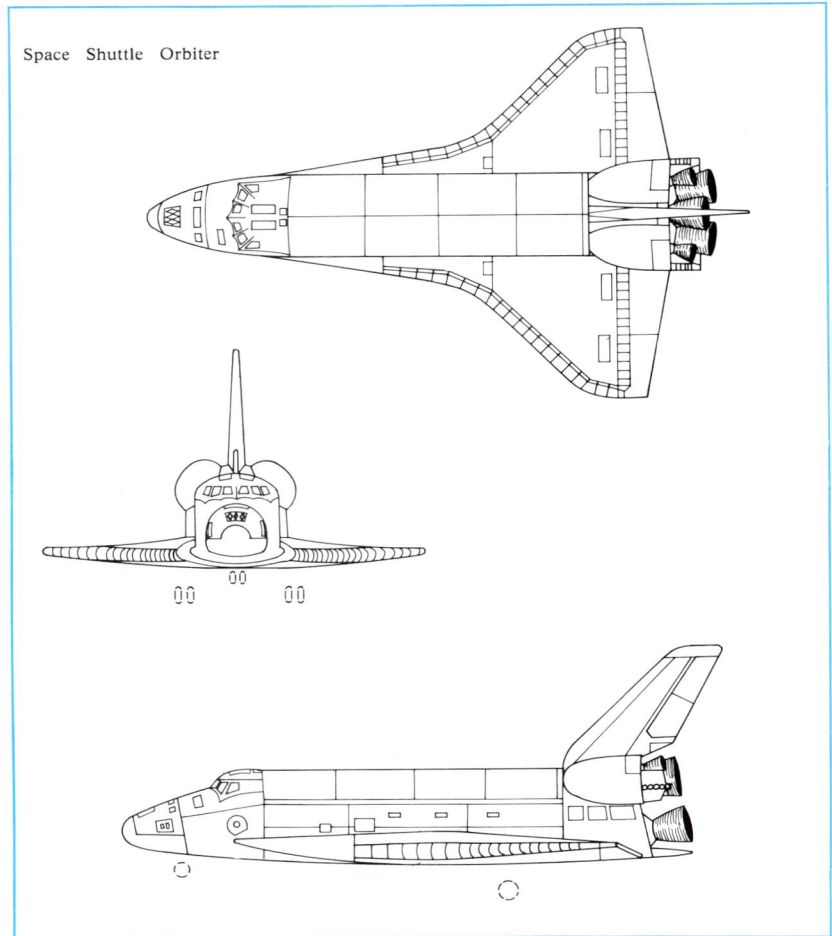

Space Shuttle Orbiter

Martin Marietta X-24A

bodies (c'est-à-dire des véhicules dépourvus d'ailes conventionnelles, pour lesquels la portance était assurée par la forme même du fuselage) : le HL-10 et le M2-F2. Ces deux appareils étaient, dans un certain sens, structurellement complémentaires : pour le premier, la section du fuselage (*grosso modo* en forme de « D » couché) avait la partie rectiligne tournée vers le bas ; pour le second, c'était exactement l'inverse ; quant au reste, les performances et les caractéristiques étaient identiques. Les *lifting bodies*, portés en altitude sous l'aile d'un B-52 spécialement modifié, étaient ensuite largués. Puis, gagnant de l'altitude et de la vitesse sous la poussée du moteur-fusée, ils planaient sous contrôle vers la Terre. Le HL-10 fut livré à la NASA le 9 janvier 1966 et, le 22 décembre, effectua son premier vol sans moteur. A la fin de 1971, il avait accompli 37 vols, dont 25 avec moteur. Au cours du programme, le HL-10 atteignit une altitude maximale de 27 500 mètres et une vitesse de Mach 1,861. Le M2-F2, livré à la NASA le 15 juin 1965, accomplit son premier vol plané le 1er juillet de l'année suivante et, à la fin de l'année, il fut prêt pour les essais avec moteur. Mais, après un accident à l'atterrissage le 10 mai 1967, le M2-F2 fut complètement reconstruit et partiellement modifié. Rebaptisé M2-F3, il commença les essais le 25 novembre 1970, achevant le cycle du programme le 20 décembre 1972.

Ces appareils furent suivis d'un autre avion expérimental : le X-24. C'est avec celui-ci que la NASA mena à terme la phase préparatoire au programme spatial proprement dit et, à bien des égards, le X-24 peut être considéré comme le véritable précurseur du *Space Shuttle,* la navette spatiale. Le projet fut lancé en 1966 et le prototype livré au mois d'août de l'année suivante. Les vols commencèrent en avril 1969 et se poursuivirent jusqu'en 1971. Cette année-là, la NASA annonça qu'elle reconstruirait le X-24A en le dotant d'une nouvelle structure externe. Appelé X-24B, l'avion fit son premier vol en août 1973 et acheva avec succès son cycle opérationnel le 23 septembre 1975.

Entre-temps, le projet de navette spatiale, mis en route le 26 juillet 1972, avait déjà pris une certaine consistance. La société qui avait emporté la commande avait été la Rockwell International. Le premier des 5 exemplaires prévus effectua le *roll-out* en septembre 1976 ; le 18 février 1977 eut lieu le premier vol sans équipage sur le dos d'un Boeing 747 spécialement modifié ; et le 18 juin le premier vol avec équipage. En novembre 1980 l'exemplaire destiné au premier lancement dans l'espace fut transféré dans l'atelier de préparation finale. Le premier vol de la première navette *(Columbia),* pilotée par John Young et Robert Crippen, s'est déroulé avec succès le 14 avril 1981. La navette spatiale est constituée d'un véhicule *(Orbiter)* capable de planer comme un avion et doté d'un compartiment de charge de dimensions importantes. Le nombre de missions prévues est d'au moins cent. Le lancement se fait de façon traditionnelle, à l'aide de deux moteurs supplémentaires *(boosters)* à propergol solide, qui sont ensuite récupérés et réutilisés, et des moteurs du véhicule orbital proprement dit, alimentés par un réservoir extérieur. Le largage des *boosters* se fait à environ 43 000 mètres d'altitude et, une fois débarrassé du réservoir extérieur, l'*Orbiter* peut choisir deux orbites : à 185 kilomètres avec une charge de 29 484 kg ou bien à 500 kilomètres avec une charge de 11 340 kg. La durée de la mission varie de 7 à 30 jours. La rentrée dans l'atmosphère commence à 122 kilomètres d'altitude et à environ 28 000 km/h : l'*Orbiter,* en planant, est en mesure de rejoindre une base jusqu'à une distance de 2 000 kilomètres et de réduire sa vitesse à l'atterrissage à 345 km/h.

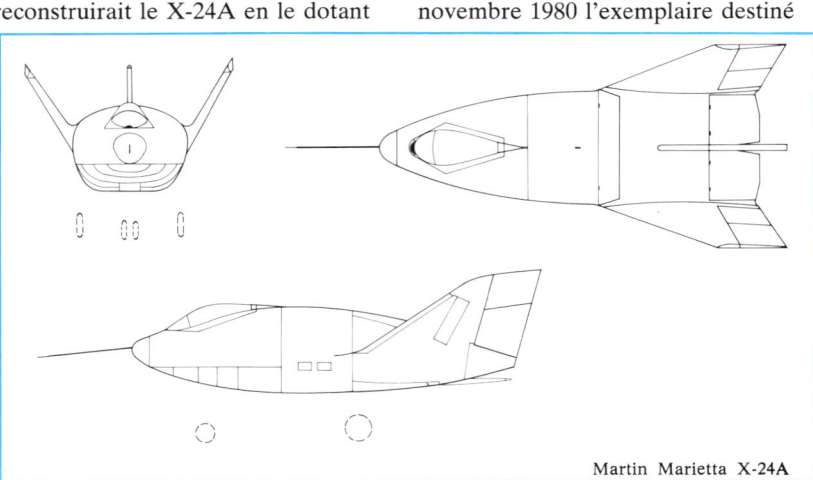

Supplément photographique

Armstrong Whitworth A.W.52 - 1947, GB (162)

Bell X-5 - 1951, USA (163)

Bell X-1 - 1946, USA (164)

Bell X-2 - 1955, USA (164)

North American X-15 - 1959, USA (164)

NASA-Rockwell International Space Shuttle Orbiter - 1981, USA (165)

8
L'AVIATION CIVILE AU NOUVEAU MILLÉNAIRE

Durant les deux dernières décennies du XXe siècle, les transports aériens ont connu un développement exponentiel sans précédent dans l'histoire de l'aviation commerciale. Cette expansion est due à une demande en augmentation régulière, ainsi qu'à une tendance générale à la croissance que n'ont contrariée ni les guerres (comme celles du Golfe et du Kosovo), ni les crises économiques ou de l'énergie. Quelques chiffres suffisent à rendre compte de l'ampleur du phénomène. Selon l'IOCA (l'Organisation de l'aviation civile internationale qui, en 1999, regroupait 185 pays et 715 compagnies aériennes), le nombre de passagers des lignes commerciales est passé, en moins de dix ans, de 766 millions en 1982 à plus de 1 milliard en 1991. Enregistré pour la première fois en 1987, le chiffre historique du milliard allait désormais servir de référence pour l'industrie. Celui du milliard et demi fut atteint en 1999, mais c'est durant les années 1980 et 1990 que l'aviation commerciale consolida définitivement son rôle de moyen de transport à l'échelon mondial. Dotée d'un réseau élaboré de liaisons à travers le globe, elle fait désormais partie intégrante des systèmes de communication. Néanmoins, les statistiques ne peuvent expliquer à elles seules cette évolution.

Les transports aériens et les mécanismes qui les régissent ont été transformés par un vaste processus de libéralisation. Né aux États-Unis, il se propagea en Europe, libérant l'industrie de la législation rigide relative aux tarifs et trafic aériens, qui l'avait définie pendant des décennies. Les compagnies aériennes du monde entier se sont soudain retrouvées en concurrence sur le marché. Cette nouvelle donne a entraîné une guerre sans merci, menée en première ligne par les États-Unis. Privilégiant comme stratégie la réduction des tarifs, elle s'est caractérisée par la prolifération de nouvelles compagnies aériennes et l'expansion exponentielle des liaisons. Si la dérégulation de l'industrie aérienne a constitué un instrument de croissance bénéfique pour le secteur, elle a également suscité une instabilité financière, notamment pour les petites compagnies, dont beaucoup ont dû disparaître. À titre d'exemple, la prestigieuse compagnie Pan Am Airlines, jadis figure emblématique des transports aériens en Amérique du Nord, est tombée en faillite en 1991 suite à la mise en place de la dérégulation, après cinquante ans de service. Au début des années 1990, les effets pervers de la libéralisation semblaient s'être apaisés, absorbés en grande partie par le marché, à telle enseigne que l'industrie afficha clairement son ambition pour le nouveau millénaire : un chiffre annuel de 2 milliards de passagers, soit 40 % de la population mondiale. Cet objectif n'a pu être atteint en raison de la récession économique qui a touché de nombreux pays du monde, mais il devrait pouvoir se réaliser prochainement.

L'objectif déclaré représente un défi pour l'industrie aéronautique qui, dans les années 1980 et 1990, a largement favorisé l'expansion du trafic aérien. Pendant cette période, la demande accrue en avions performants dans tous les secteurs du transport aérien a été satisfaite en grande partie par les nouvelles versions de modèles existants, témoignant de progrès considérables dans le domaine de l'avionique, des matériaux de construction, des moteurs et des technologies. Stimulée par la crise de l'énergie, cette tendance devrait se confirmer au cours du nouveau millénaire. La nouvelle génération d'avions commerciaux – petits ou gros, de faible ou de grande capacité – a été optimisée en vue d'une rentabilité et d'une adaptabilité maximales. Cette philosophie s'illustre dans des modèles récents comme le Boeing américain 777 ou les Airbus européens A330 et A340.

Au cours des premières années de ce millénaire, 8 000 nouveaux avions au moins auront remplacé les anciennes flottes, et en 2010, 5 000 appareils supplémentaires devront répondre au nombre de passagers prévu. En 1998, seuls 1 463 avions commerciaux ont été commandés (pour une valeur totale de 84 milliards de dollars), 929 d'entre eux ayant été livrés. Sous quelle perspective se présente l'avenir ? Si les prévisions s'avèrent correctes, durant la première décennie du XXIe siècle apparaîtra une nouvelle génération d'avions à grande capacité : le super-jumbo (prévu à l'origine pour le début des années 1990), doté d'une capacité d'emport de 600 à 700 passagers sur de longues distances.

Une nouvelle génération d'avions commerciaux supersoniques est également à l'étude. Une fois sur le marché, ils feront revivre le rêve prestigieux du Concorde.

Les long-courriers : 1988-1989

Planche 166

Boeing 747-400
Pays : États-Unis ; *constructeur* : Boeing Commercial Airplane Group ; *type* : transport civil ; *année* : 1989 ; *moteurs* : quatre turboréacteurs à double flux Pratt & Whitney PW4062 d'une poussée unitaire de 28 710 kg ; *envergure* : 64,4 m ; *longueur* : 70,7 m ; *hauteur* : 19,4 m ; *masse maximale au décollage* : 396 890 kg ; *vitesse de croisière* : 910 km/h à 10 668 m ; *plafond* : 13 716 m ; *rayon d'action* : 13 570 km ; *navigants* : 8 à 10 ; *passagers* : 416 à 524

Ilyushin Il-96-300
Pays : ancienne Union soviétique ; *constructeur* : State Industries ; *type* : transport civil ; *année* : 1988 ; *moteurs* : quatre turboréacteurs à double flux Soloviev PS 90A d'une poussée unitaire de 16 t ; *envergure* : 60,1 m ; *longueur* : 55,35 m ; *hauteur* : 17,57 m ; *masse max. au décollage* : 216 t ; *vitesse de croisière* : 850 km/h à 10 000 m ; *plafond* : 12 000 m ; *rayon d'action* : 7 500 km ; *navigants* : 15 ; *passagers* : 235 à 300

Antonov An-225 Mriya
Pays : ancienne Union soviétique ; *constructeur* : State Industries ; *type* : avion cargo ; *année* : 1988 ; *moteurs* : six turboréacteurs à double flux Lotarev D18T d'une poussée unitaire de 23 401 kg ; *envergure* : 88,40 m ; *longueur* : 84 m ; *hauteur* : 18,10 m ; *masse max. au décollage* : 600 t ; *vitesse de croisière* : 850 km/h à 12 340 m ; *plafond* : 12 340 m ; *rayon d'action* : 4 500 km ; *navigants* : 6 ; *charge marchande* : 250 t

Planche 167　　　　　　　　　　　　　　　　　　　　McDonnell-Douglas et Boeing, les ennemis éternels : 1988-1995

McDonnell-Douglas MD-11
Pays : États-Unis ; *constructeur* : McDonnell-Douglas Corp. ; *type* : transport civil ; *année* : 1990 ; *moteurs* : trois turboréacteurs à double flux General Electric CF6-80C2 d'une poussée unitaire de 27 896 kg ; *envergure* : 51,7 m ; *longueur* : 61,6 m ; *hauteur* : 17,6 m ; *masse max. au décollage* : 273 290 kg ; *vitesse de croisière* : 932 km/h à 9 150 m ; *plafond* : 9 935 m ; *rayon d'action* : 13 230 km ; *navigants* : 8 à 14 ; *passagers* : 285 à 410

Boeing 777-200
Pays : États-Unis ; *constructeur* : Boeing Commercial Airplane Group ; *type* : transport civil ; *année* : 1995 ; *moteurs* : deux turboréacteurs à double flux Pratt & Whitney 4077 d'une poussée unitaire de 35 017 kg ; *envergure* : 60,9 m ; *longueur* : 63,7 m ; *hauteur* : 18,5 m ; *masse max. au décollage* : 247 210 kg ; *vitesse de croisière* : 0,84 Mach ou 890 km/h à 10 668 m ; *rayon d'action* : 9 525 km ; *navigants* : 8 à 10 ; *passagers* : 320 à 440

Boeing 767-300ER
Pays : États-Unis ; *constructeur* : Boeing Commercial Airplane Group ; *type* : transport civil ; *année* : 1988 ; *moteurs* : deux turboréacteurs à double flux General Electric 80C2B7F d'une poussée unitaire de 28 169 kg ; *envergure* : 47,6 m ; *longueur* : 54,9 m ; *hauteur* : 15,8 m ; *masse max. au décollage* : 186 880 kg ; *vitesse de croisière* : 850 km/h à 10 668 m ; *plafond* : 12 000 m ; *rayon d'action* : 11 320 km ; *navigants* : 6 à 8 ; *passagers* : 218 à 351

L'Airbus d'origine française : 1988-1993

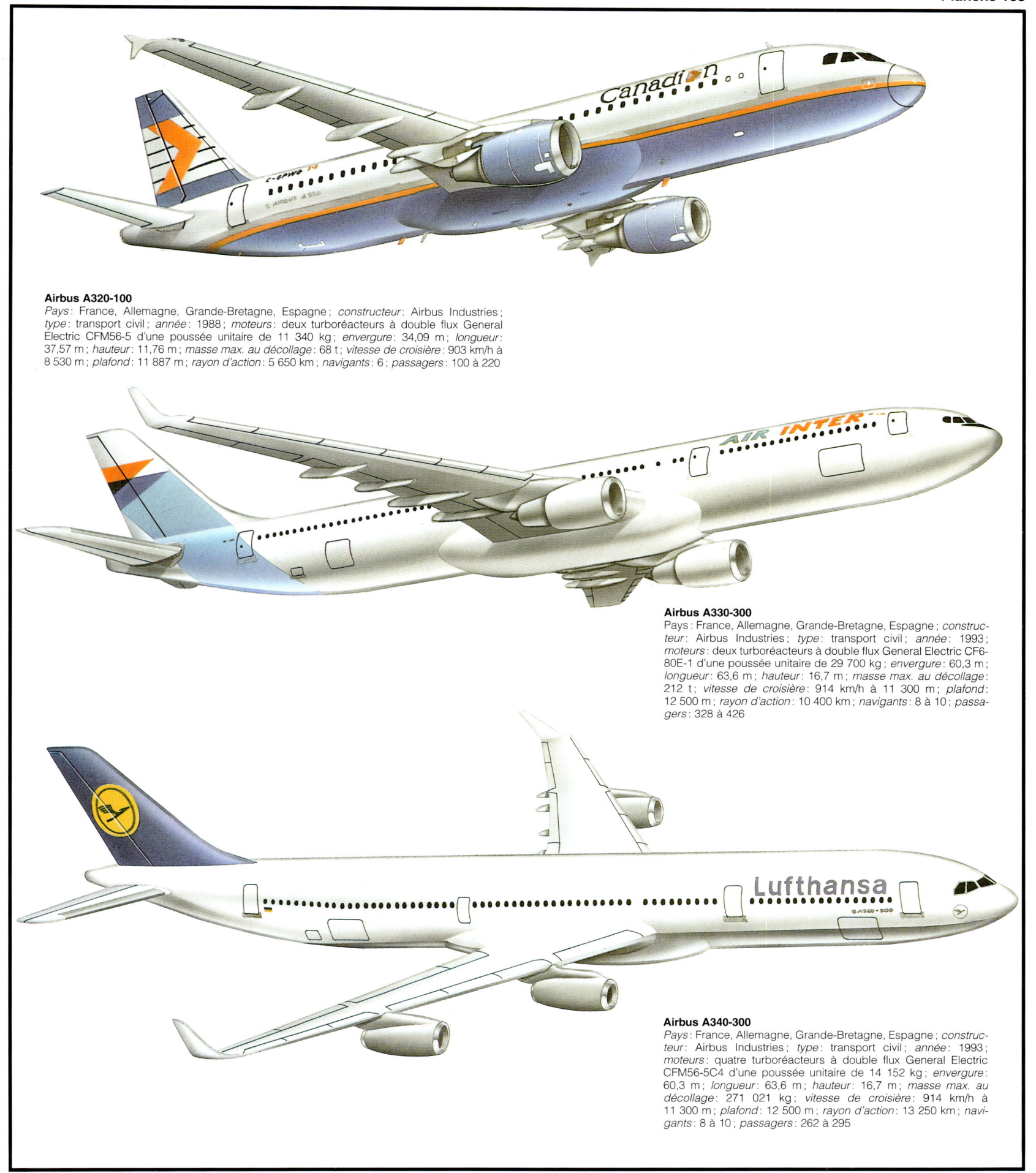

Airbus A320-100
Pays: France, Allemagne, Grande-Bretagne, Espagne; *constructeur*: Airbus Industries; *type*: transport civil; *année*: 1988; *moteurs*: deux turboréacteurs à double flux General Electric CFM56-5 d'une poussée unitaire de 11 340 kg; *envergure*: 34,09 m; *longueur*: 37,57 m; *hauteur*: 11,76 m; *masse max. au décollage*: 68 t; *vitesse de croisière*: 903 km/h à 8 530 m; *plafond*: 11 887 m; *rayon d'action*: 5 650 km; *navigants*: 6; *passagers*: 100 à 220

Airbus A330-300
Pays: France, Allemagne, Grande-Bretagne, Espagne; *constructeur*: Airbus Industries; *type*: transport civil; *année*: 1993; *moteurs*: deux turboréacteurs à double flux General Electric CF6-80E-1 d'une poussée unitaire de 29 700 kg; *envergure*: 60,3 m; *longueur*: 63,6 m; *hauteur*: 16,7 m; *masse max. au décollage*: 212 t; *vitesse de croisière*: 914 km/h à 11 300 m; *plafond*: 12 500 m; *rayon d'action*: 10 400 km; *navigants*: 8 à 10; *passagers*: 328 à 426

Airbus A340-300
Pays: France, Allemagne, Grande-Bretagne, Espagne; *constructeur*: Airbus Industries; *type*: transport civil; *année*: 1993; *moteurs*: quatre turboréacteurs à double flux General Electric CFM56-5C4 d'une poussée unitaire de 14 152 kg; *envergure*: 60,3 m; *longueur*: 63,6 m; *hauteur*: 16,7 m; *masse max. au décollage*: 271 021 kg; *vitesse de croisière*: 914 km/h à 11 300 m; *plafond*: 12 500 m; *rayon d'action*: 13 250 km; *navigants*: 8 à 10; *passagers*: 262 à 295

Avions moyen-courriers : 1980-1994

McDonnell-Douglas MD-90-30
Pays : États-Unis ; *constructeur* : Douglas Aircraft Group ; *type* : transport civil ; *année* : 1994 ; *moteurs* : deux turboréacteurs à double flux IAE V2525-D5 d'une poussée unitaire de 11 340 kg ; *envergure* : 32,87 m ; *longueur* : 46,5 m ; *hauteur* : 9,4 m ; *masse max. au décollage* : 70 760 kg ; *vitesse de croisière* : 812 km/h à 10 668 m ; *plafond* : 10 760 m ; *rayon d'action* : 3 860 km ; *navigants* : 6 à 8 ; *passagers* : 153 à 172

Tupolev Tu-204
Pays : ancienne Union soviétique ; *constructeur* : State Industries ; *type* : transport civil ; *année* : 1993 ; *moteurs* : deux turboréacteurs à double flux PS-90A, d'une poussée unitaire de 16 t ; *envergure* : 42 m ; *longueur* : 46,22 m ; *hauteur* : 13,88 m ; *masse max. au décollage* : 103 t ; *vitesse de croisière* : 810 km/h à 10 668 m ; *plafond* : 12 200 m ; *rayon d'action* : 4 000 km ; *navigants* : 6 à 8 ; *passagers* : 190 à 214

Yakovlev Yak-42
Pays : ancienne Union soviétique ; *constructeur* : State Industries ; *type* : transport civil ; *année* : 1980 ; *moteurs* : trois turboréacteurs à double flux Lotarev D-36 d'une poussée unitaire de 6 485 kg ; *envergure* : 34,88 m ; *longueur* : 36,38 m ; *hauteur* : 9,83 m ; *masse max. au décollage* : 56 500 kg ; *vitesse de croisière* : 810 km/h à 7 620 m ; *plafond* : 9 600 m ; *rayon d'action* : 1 900 km ; *navigants* : 4 à 6 membres ; *passagers* : 120

Production prodigieuse pour avions court et moyen-courriers : 1984-1993

Planche 170

Alenia-Aérospatiale Atr-42-300
Pays: Italie, France; *constructeur*: Alenia-Aérospatiale; *type*: transport civil; *année*: 1985; *moteurs*: deux turbopropulseurs Pratt & Whitney PW-120 de 1 800 ch chacun; *envergure*: 24,57 m; *longueur*: 22,67 m; *hauteur*: 7,59 m; *masse max. au décollage*: 16 700 kg; *vitesse de croisière*: 490 km/h à 5 170 m; *plafond*: 7 620 m; *rayon d'action*: 1 946 km; *navigants*: 5; *passagers*: 42 à 50.

Embraer EMB-120 Brasilia
Pays: Brésil; *constructeur*: Empresa Brasileira de Aeronautica; *type*: transport civil; *année*: 1985; *moteurs*: deux turbopropulseurs Pratt & Whitney PW118 de 1 800 ch chacun; *envergure*: 19,78 m; *longueur*: 20 m; *hauteur*: 6,35 m; *masse max. au décollage*: 11 500 kg; *vitesse de croisière*: 555 km/h à 7 620 m; *plafond*: 9 085 m; *rayon d'action*: 1 019 km; *navigants*: 3; *passagers*: 30.

Saab A-340A
Pays: Suède; *constructeur*: Saab-Scania Aktiebolag; *type*: transport civil; *année*: 1984; *moteurs*: deux turbopropulseurs General Electric CT7-5A2 de 1 735 ch chacun; *envergure*: 21,44 m; *longueur*: 19,72 m; *hauteur*: 6,86 m; *masse max. au décollage*: 12 700 kg; *vitesse de croisière*: 504 km/h à 4,575 m; *plafond*: 7 620 m; *rayon d'action*: 1 742 km; *navigants*: 3; *passagers*: 23 à 35.

Ilyushin Il-114
Pays: ancienne Union soviétique; *constructeur*: State Industries; *type*: transport civil; *année*: 1993; *moteurs*: deux turbo-propulseurs Klimov TV7-117 de 2 500 ch chacun; *envergure*: 30 m; *longueur*: 26,31 m; *hauteur*: 9,32 m; *masse max. au décollage*: 21 t; *vitesse de croisière*: 500 km/h à 8 100 m; *plafond*: 8 100 m; *rayon d'action*: 1 000 km; *navigants*: 3; *passagers*: 60.

Dornier Do.328
Pays: Allemagne; *constructeur*: Deutsche Aerospace; *type*: transport civil; *année*: 1993; *moteurs*: deux turbopropulseurs Pratt & Whitney PW-119 de 1 815 ch chacun; *envergure*: 20,98 m; *longueur*: 21,22 m; *hauteur*: 7,20 m; *masse max. au décollage*: 12 500 kg; *vitesse de croisière*: 640 km/h à 7 620 m; *plafond*: 9 450 m; *rayon d'action*: 1 300 km; *navigants*: 2 à 5; *passagers*: 30.

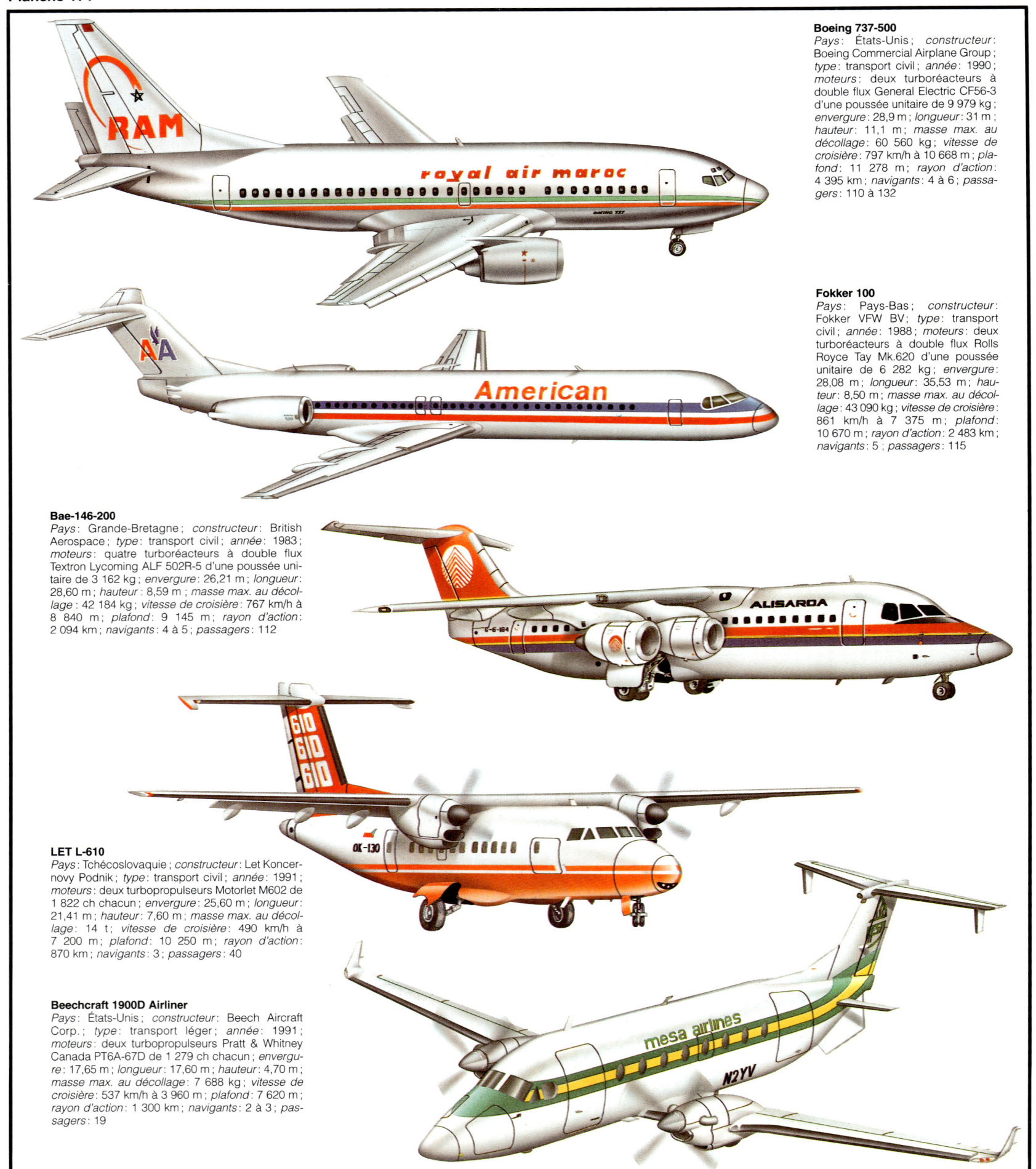

Planche 171 — Renaissance du Boeing 737 : 1983-1991

Boeing 737-500
Pays : États-Unis ; *constructeur* : Boeing Commercial Airplane Group ; *type* : transport civil ; *année* : 1990 ; *moteurs* : deux turboréacteurs à double flux General Electric CF56-3 d'une poussée unitaire de 9 979 kg ; *envergure* : 28,9 m ; *longueur* : 31 m ; *hauteur* : 11,1 m ; *masse max. au décollage* : 60 560 kg ; *vitesse de croisière* : 797 km/h à 10 668 m ; *plafond* : 11 278 m ; *rayon d'action* : 4 395 km ; *navigants* : 4 à 6 ; *passagers* : 110 à 132

Fokker 100
Pays : Pays-Bas ; *constructeur* : Fokker VFW BV ; *type* : transport civil ; *année* : 1988 ; *moteurs* : deux turboréacteurs à double flux Rolls Royce Tay Mk.620 d'une poussée unitaire de 6 282 kg ; *envergure* : 28,08 m ; *longueur* : 35,53 m ; *hauteur* : 8,50 m ; *masse max. au décollage* : 43 090 kg ; *vitesse de croisière* : 861 km/h à 7 375 m ; *plafond* : 10 670 m ; *rayon d'action* : 2 483 km ; *navigants* : 5 ; *passagers* : 115

Bae-146-200
Pays : Grande-Bretagne ; *constructeur* : British Aerospace ; *type* : transport civil ; *année* : 1983 ; *moteurs* : quatre turboréacteurs à double flux Textron Lycoming ALF 502R-5 d'une poussée unitaire de 3 162 kg ; *envergure* : 26,21 m ; *longueur* : 28,60 m ; *hauteur* : 8,59 m ; *masse max. au décollage* : 42 184 kg ; *vitesse de croisière* : 767 km/h à 8 840 m ; *plafond* : 9 145 m ; *rayon d'action* : 2 094 km ; *navigants* : 4 à 5 ; *passagers* : 112

LET L-610
Pays : Tchécoslovaquie ; *constructeur* : Let Koncernovy Podnik ; *type* : transport civil ; *année* : 1991 ; *moteurs* : deux turbopropulseurs Motorlet M602 de 1 822 ch chacun ; *envergure* : 25,60 m ; *longueur* : 21,41 m ; *hauteur* : 7,60 m ; *masse max. au décollage* : 14 t ; *vitesse de croisière* : 490 km/h à 7 200 m ; *plafond* : 10 250 m ; *rayon d'action* : 870 km ; *navigants* : 3 ; *passagers* : 40

Beechcraft 1900D Airliner
Pays : États-Unis ; *constructeur* : Beech Aircraft Corp. ; *type* : transport léger ; *année* : 1991 ; *moteurs* : deux turbopropulseurs Pratt & Whitney Canada PT6A-67D de 1 279 ch chacun ; *envergure* : 17,65 m ; *longueur* : 17,60 m ; *hauteur* : 4,70 m ; *masse max. au décollage* : 7 688 kg ; *vitesse de croisière* : 537 km/h à 3 960 m ; *plafond* : 7 620 m ; *rayon d'action* : 1 300 km ; *navigants* : 2 à 3 ; *passagers* : 19

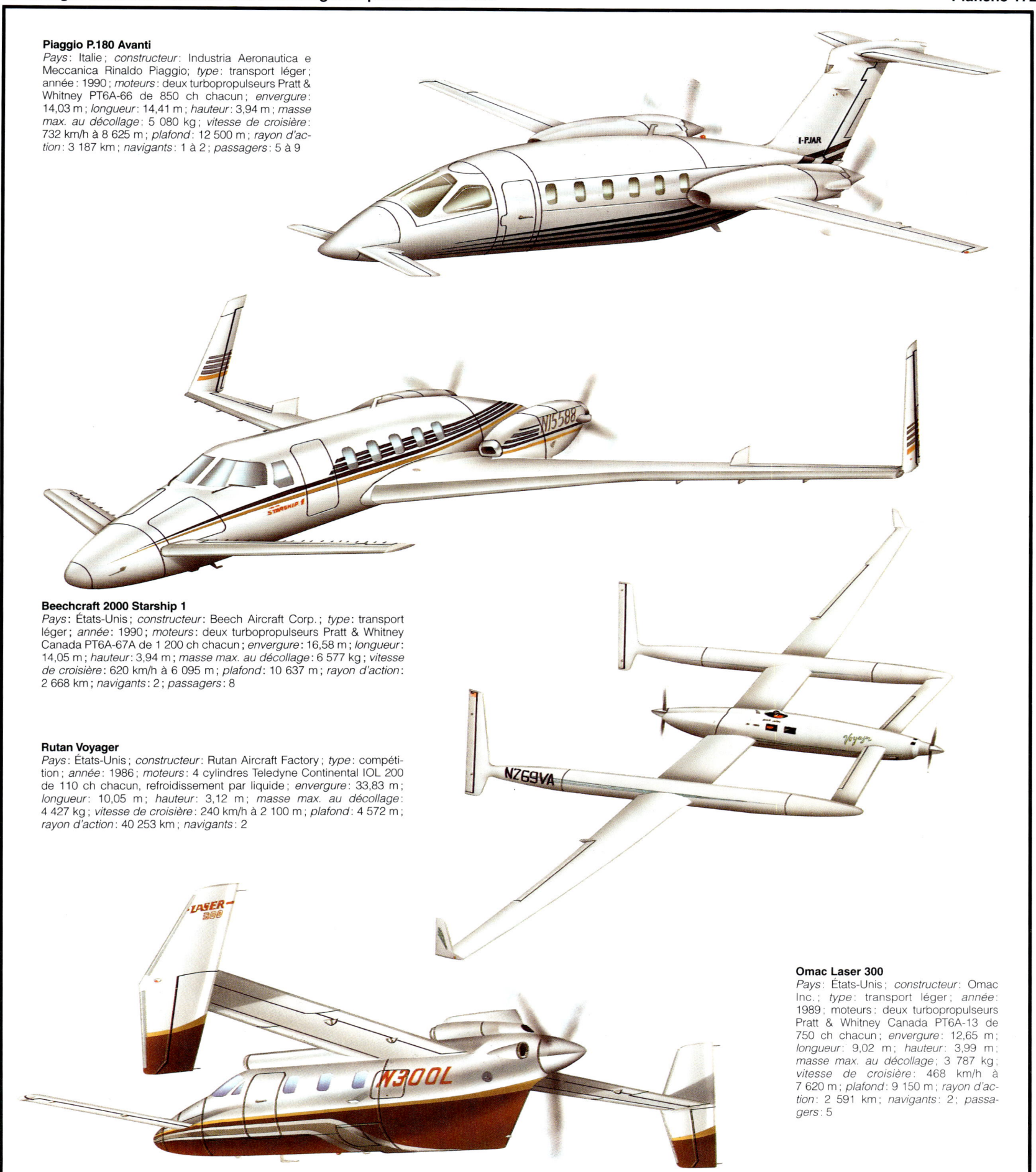

D'étranges machines volantes à la technologie de pointe : 1986-1990

Planche 172

Piaggio P.180 Avanti
Pays: Italie; *constructeur*: Industria Aeronautica e Meccanica Rinaldo Piaggio; *type*: transport léger; *année*: 1990; *moteurs*: deux turbopropulseurs Pratt & Whitney PT6A-66 de 850 ch chacun; *envergure*: 14,03 m; *longueur*: 14,41 m; *hauteur*: 3,94 m; *masse max. au décollage*: 5 080 kg; *vitesse de croisière*: 732 km/h à 8 625 m; *plafond*: 12 500 m; *rayon d'action*: 3 187 km; *navigants*: 1 à 2; *passagers*: 5 à 9

Beechcraft 2000 Starship 1
Pays: États-Unis; *constructeur*: Beech Aircraft Corp.; *type*: transport léger; *année*: 1990; *moteurs*: deux turbopropulseurs Pratt & Whitney Canada PT6A-67A de 1 200 ch chacun; *envergure*: 16,58 m; *longueur*: 14,05 m; *hauteur*: 3,94 m; *masse max. au décollage*: 6 577 kg; *vitesse de croisière*: 620 km/h à 6 095 m; *plafond*: 10 637 m; *rayon d'action*: 2 668 km; *navigants*: 2; *passagers*: 8

Rutan Voyager
Pays: États-Unis; *constructeur*: Rutan Aircraft Factory; *type*: compétition; *année*: 1986; *moteurs*: 4 cylindres Teledyne Continental IOL 200 de 110 ch chacun, refroidissement par liquide; *envergure*: 33,83 m; *longueur*: 10,05 m; *hauteur*: 3,12 m; *masse max. au décollage*: 4 427 kg; *vitesse de croisière*: 240 km/h à 2 100 m; *plafond*: 4 572 m; *rayon d'action*: 40 253 km; *navigants*: 2

Omac Laser 300
Pays: États-Unis; *constructeur*: Omac Inc.; *type*: transport léger; *année*: 1989; *moteurs*: deux turbopropulseurs Pratt & Whitney Canada PT6A-13 de 750 ch chacun; *envergure*: 12,65 m; *longueur*: 9,02 m; *hauteur*: 3,99 m; *masse max. au décollage*: 3 787 kg; *vitesse de croisière*: 468 km/h à 7 620 m; *plafond*: 9 150 m; *rayon d'action*: 2 591 km; *navigants*: 2; *passagers*: 5

**Planche 166
Avions long-courriers 1988-1989**

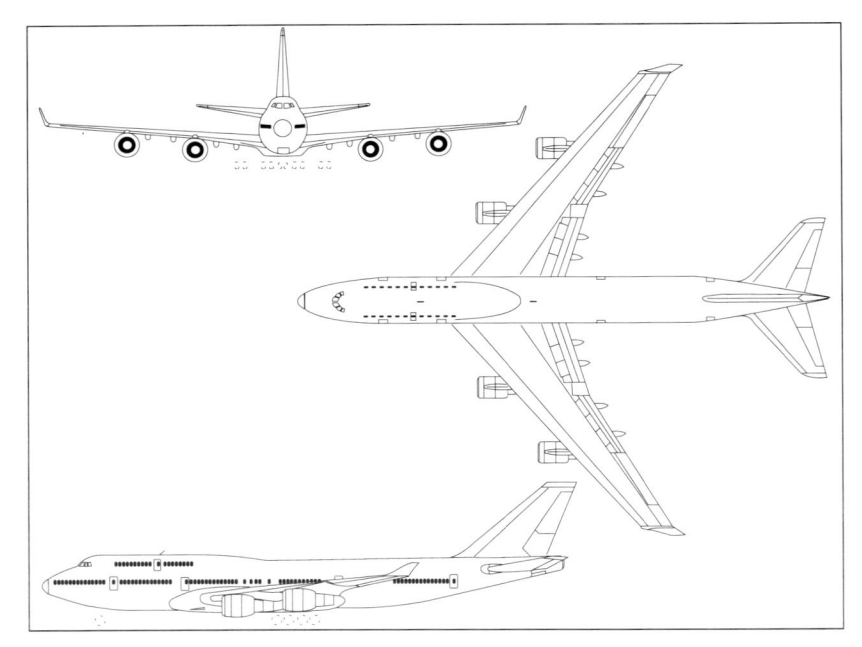

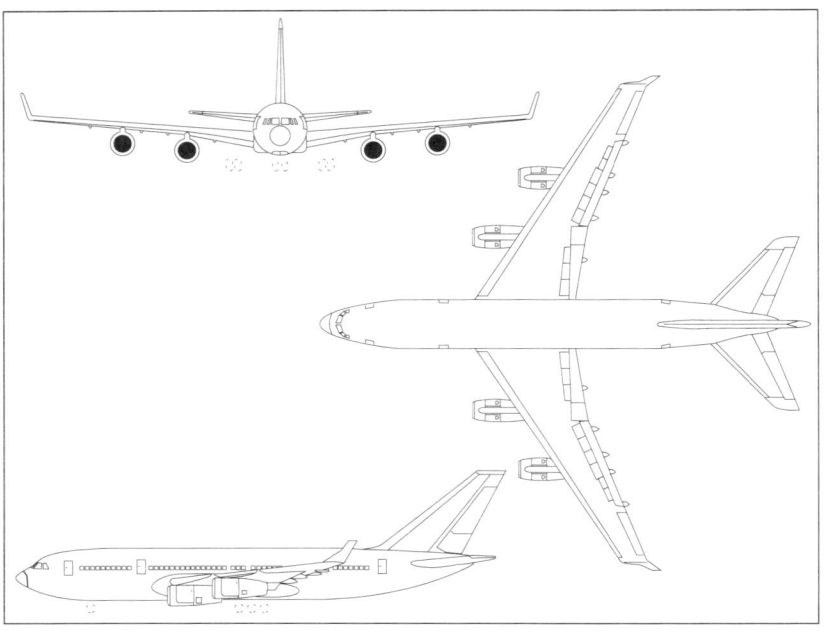

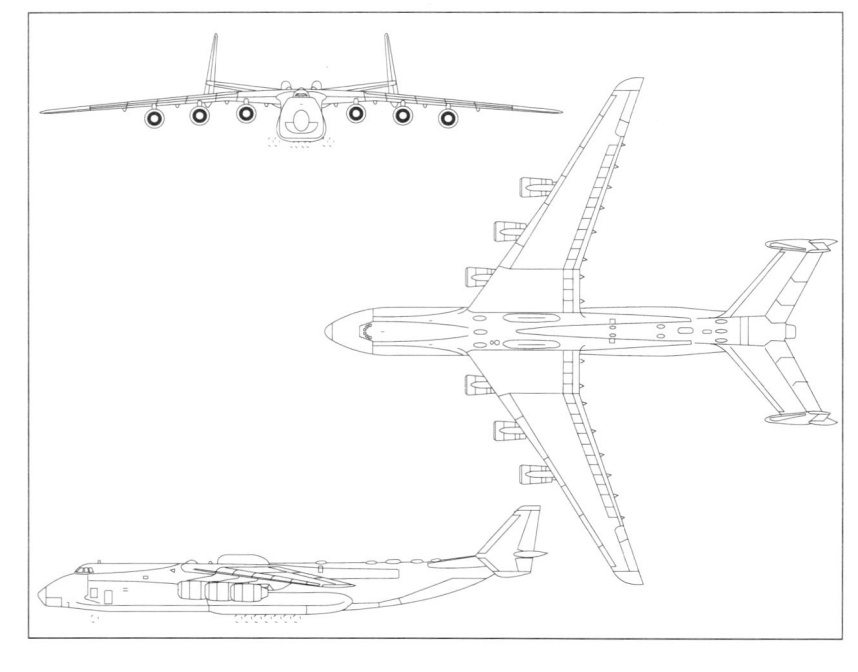

À la fin des années 1960, la naissance du Boeing 747 signe le début d'une véritable révolution dans le monde de l'aviation commerciale. L'ère des « wide bodies », ou avions à grande capacité, qui s'accompagne d'une expansion du commerce international, impose de nouveaux paramètres dans le secteur de l'aviation. Aujourd'hui, après plus de trois décennies d'activité soutenue, et malgré une concurrence féroce, le « jumbo jet » reste le principal protagoniste du transport aérien. Il est parvenu à sauvegarder sa position dominante grâce à l'excellence de sa conception d'origine, mais aussi grâce à sa capacité d'évolution. En témoignent les nombreuses versions qui ont été créées, caractérisées principalement par les innovations technologiques, l'amélioration de la capacité d'emport et de la puissance des moteurs. Fidèle à cette philosophie, après le succès du 747-200, Boeing met au point sa série de 300. Ce nouveau gros porteur diffère du précédent par l'extension du pont supérieur (environ 7 m), ainsi que par une augmentation de 10 % de la capacité d'emport (de 496 à 624 passagers). Le premier 747-300 décolle d'Everett, État de Washington, le 5 octobre 1982, et au mois de mars de l'année suivante, le 747-300 entre en service avec la Swissair.

Le 747-300 remporte un tel succès (notamment sur les lignes du Pacifique) que Boeing offre aux compagnies aériennes la possibilité de transformer leurs anciens modèles 200 en 300 en huit semaines seulement. Face à la demande élevée, la société de Seattle décide de consolider sa suprématie sur le marché avec la conception d'un nouveau modèle. En octobre 1985, Boeing annonce le douzième de sa famille de jumbo jets, le 747-400. D'importantes améliorations aérodynamiques sont apportées sur cet avion à la technologie de pointe – ajout d'ailettes pour un rayon d'action supérieur, économie de carburant, nouveaux moteurs, réduction des coûts opérationnels, poste de pilotage entièrement numérique pour deux navigants, avionique totalement nouvelle. Ces améliorations se traduiront par une augmentation de 25 % des performances par rapport à celles des précédents modèles.

Le premier 747-400 fait l'objet d'une présentation grandiose le 26 janvier 1988 à Renton, et le vol initial a lieu quelques mois plus tard, le 29 avril. Il est aussitôt suivi d'une période d'évaluation et de certification qui s'achèvera à la fin de la même année. Le nouvel appareil entre en service le 9 février 1989 avec la compagnie Northwest Airlines. Le Boeing 747-400 remporte aussitôt un succès foudroyant. Commercialisé en quatre versions (Passenger, Freighter, Combi et Domestic), c'est le seul modèle toujours en production. Le 17 février 1999, Boeing livre à British Airways son 1 200e 747, un 747-400.

Au début des années 1980, l'industrie aéronautique soviétique entreprend à son tour la conception d'appareils de grande capacité. Après la création du premier modèle de ce type pour Aeroflot en 1976, le quadriréacteur Il-86, le groupe Ilyushin lance rapidement le Il-96, version entièrement revue du précédent. Si le nouveau modèle présente globalement les mêmes caractéristiques que son prédécesseur, le Il-96 se distingue par son aspect totalement différent : fuselage raccourci (de 3,50 m), nouveau dessin des ailes, du moteur et de la queue, modernisation de la structure, des matériaux et de l'avionique. Le premier des cinq prototypes effectue son vol initial le 28 septembre 1988, la certification s'achevant le 29 décembre 1992. La production du Il-96-300 sera lente, seuls 15 appareils ont été construits à ce jour, principalement pour Aeroflot et Domodedovo.

Si l'industrie de l'aéronautique de l'ancienne Union soviétique ne peut rivaliser avec celle des États-Unis dans le secteur des gros porteurs, l'impressionnant Antonov An-225 Mriya (« Rêve ») mérite néanmoins une mention. Bien qu'il ne s'agisse pas d'un avion commercial à proprement parler, ce gigantesque appareil de six tonnes, à six moteurs, est capable de transporter 250 tonnes sur une distance de 4 500 km. Il marquera de son empreinte l'histoire de l'aviation, non seulement pour le nombre de records mondiaux battus (106), dont un vol historique de 3,5 heures à partir de Kiev le 22 mars 1989, mais aussi parce qu'il s'agit du plus gros avion du monde. Conçu en 1985 pour transporter la navette spatiale soviétique *Bourane,* le Mriya est encore plus gros et plus puissant que le An-124 Rouslan (avion cargo entré en service en 1987). Sa mise au point durera environ trois ans et demi, le premier prototype effectuant son vol initial le 28 décembre 1988. Un peu plus de quatre mois après (le 13 mai 1989), le An-225 transportera la navette *Bourane* depuis la base de lancement de Baïkonour.

Dans un souci de réduction des coûts, le Mriya emprunte de nombreux éléments à son prédécesseur immédiat, le An-124. Les ailes de ce dernier sont reprises sur une nouvelle section centrale, augmentant l'envergure, tout en conservant les mêmes moteurs. Deux turboréacteurs à double flux D-36T sont ajoutés. Principale différence entre les deux modèles, le stabilisateur présente deux empennages verticaux, essentiels pour le contrôle de l'appareil avec des charges externes importantes. Le An-225 sera présenté en Occident en 1990 lors du Salon de l'aéronautique de Farnborough. Seuls deux appareils ont été construits à ce jour, le fabricant souhaitant en produire une vingtaine à usage commercial.

**Planche 167
McDonnell-Douglas et Boeing,
les ennemis éternels : 1988-1995**

La suprématie détenue par Boeing dans les années 1980 dans le secteur des long-courriers de grande capacité ravive la concurrence entre les deux principaux fabricants d'avions du monde. Avec les dernières versions de son 747, la société de Seattle a pratiquement monopolisé le marché, créant une situation de crise pour son ennemi de toujours, McDonnell-Douglas. Si, durant les années 1970, le DC-10 a participé au succès des gros porteurs, il n'est plus compétitif dans cette catégorie. Un remplaçant s'impose donc pour McDonnell Douglas, et en 1985, la société décide de récupérer ses pertes.

Espérant accélérer le processus de développement et réitérer le succès du DC-10 (ses chaînes de montage sont toujours ouvertes pour la construction de l'avion militaire KC-10, avion ravitailleur, McDonnell-Douglas décide d'en rester à la formule du triréacteur pour son nouveau projet, préférant se concentrer sur les améliorations technologiques. Suite aux réactions positives de plusieurs compagnies aériennes, le projet du MD-11 est lancé le 30 décembre 1986. Quatre prototypes sont construits, le premier – conçu avec les moteurs CF6 de General Electric – effectuant son vol initial le 10 janvier 1990. Les autres prototypes suivent peu après, et pendant le reste de l'année, les quatre appareils sont soumis aux épreuves de l'évaluation et de la certification (achevées officiellement le 8 novembre 1990). Le premier MD-11 est livré le 7 décembre 1990 à la compagnie Finnair. Malgré ses ressemblances avec le DC-10, le MD-11 de McDonnell-Douglas, le seul triréacteur du monde à large cabine, est un modèle entièrement nouveau. Parmi les améliorations aérodynamiques figurent deux ailettes à l'extrémité de chaque aile et un empennage horizontal raccourci, réalisé en matériaux composites et doté de réservoirs à carburant intégrés. Ces équipements diminuent la traînée, la consommation de carburant, et augmentent le rayon d'action. Très perfectionnée, l'avionique comprend un poste de pilotage entièrement numérique pour deux navigants. Le fuselage, allongé de 5,66 m, augmente la capacité d'emport. Les améliorations aérodynamiques ainsi que le choix de moteurs plus performants et plus puissants réduisent la consommation de carburant de 17 % par rapport au modèle précédent.

Conçu pour plusieurs usages, le MD-11 de McDonnell-Douglas est proposé en trois versions principales : *Passenger* (285 à 410 passagers), *Combi* (181 passagers dans trois classes, plus six palettes de chargement sur le pont principal, *Freighter* (pouvant transporter 443 m^3 sur le pont principal et 195 m^3 sur le pont inférieur). La réaction du marché au nouveau modèle est positive, et au cours de la première année, McDonnell-Douglas reçoit de 32 compagnies 172 commandes définitives, 182 options et préemptions.

Face au succès de son rival, la réponse du prestigieux Boeing ne se laisse pas attendre. Elle est favorisée par une stratégie de production permettant l'amélioration des modèles existants et le développement simultané de projets entièrement nouveaux. Cette politique contribue sans conteste au développement et au déploiement rapide du Boeing 777, avion de la nouvelle génération qui entre en service en 1995. Avec ce modèle, le principal producteur d'avions du monde élargit de nouveau les capacités du gros porteur. Mettant à profit les progrès réalisés dans le domaine de la mécanique et des systèmes de vol, le 777 optimise les performances relatives au poids et au rayon d'action pour produire le plus gros biréacteur du monde. Le Boeing 777 est créé dans l'optique du développement à court terme de la région pacifique (notamment du Japon), dans le domaine de l'aviation.

Lancé officiellement le 29 octobre 1990, le 777-200 effectue son vol initial en juin 1994. Il reçoit le 19 avril 1995 la certification de la FAA (Administration fédérale de l'Aviation) et du JAA (Comité européen de l'Aviation). Premier avion à se voir octroyer la certification ETOPS (Extended-Range Twin-Engine Operations, ou « rayon d'action étendu pour vols bimoteurs »), il remporte bientôt de prestigieuses médailles pour sa conception et ses performances. Le 777-200ER (« à rayon d'action étendu ») détient un record de distance en circuit fermé sans escale, couvrant une distance totale de 20 044 km de Seattle, État de Washington, à Kuala Lumpur, en Malaysia. Il bat également un record de vitesse pour sa taille et sa catégorie, de nouveau de Seattle à Kuala Lumpur, à une vitesse moyenne de 889 km/h. Le 200 offre une capacité de 305 à 400 passagers dans la configuration deux classes, de 305 à 235 passagers dans la configuration trois classes.

La production du 777-300, d'une capacité supérieure, débute le 26 juin 1995. Le premier appareil est livré en juin 1998 à la compagnie Cathay Pacific Airways.

Dans la même catégorie, un autre biréacteur de Boeing, le 767-300, constitue l'étape la plus récente d'un projet qui a démarré à la fin des années 1960 avec la série des 200 et s'est poursuivi avec succès avec le 200ER. Le 767-300 se distingue principalement de ces modèles plus anciens par son fuselage allongé autorisant une capacité d'emport supérieure (jusqu'à 269 passagers). Mis en production au début des années 1980 et certifié en septembre 1986, ce modèle connaît un tel succès que Boeing doit élaborer une version « à rayon d'action étendu », comme dans le cas de la série des 200.

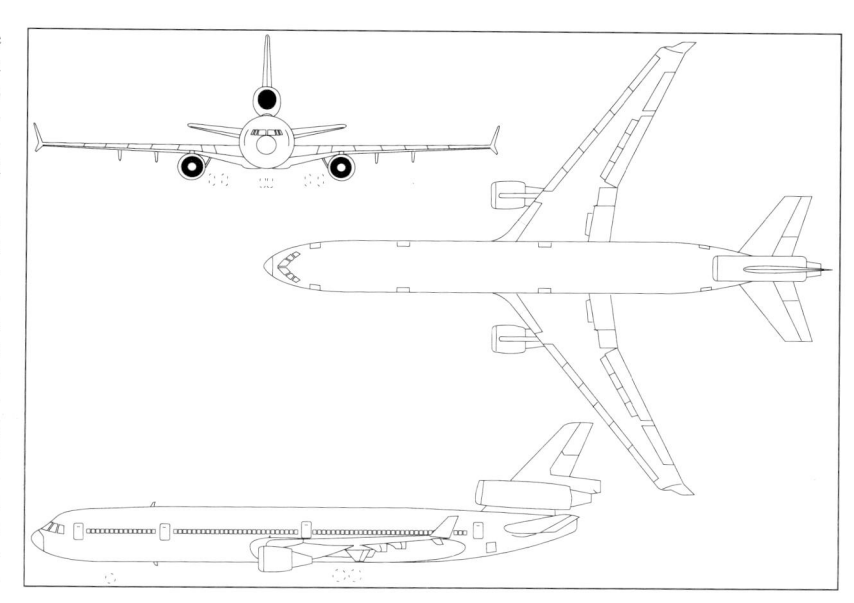

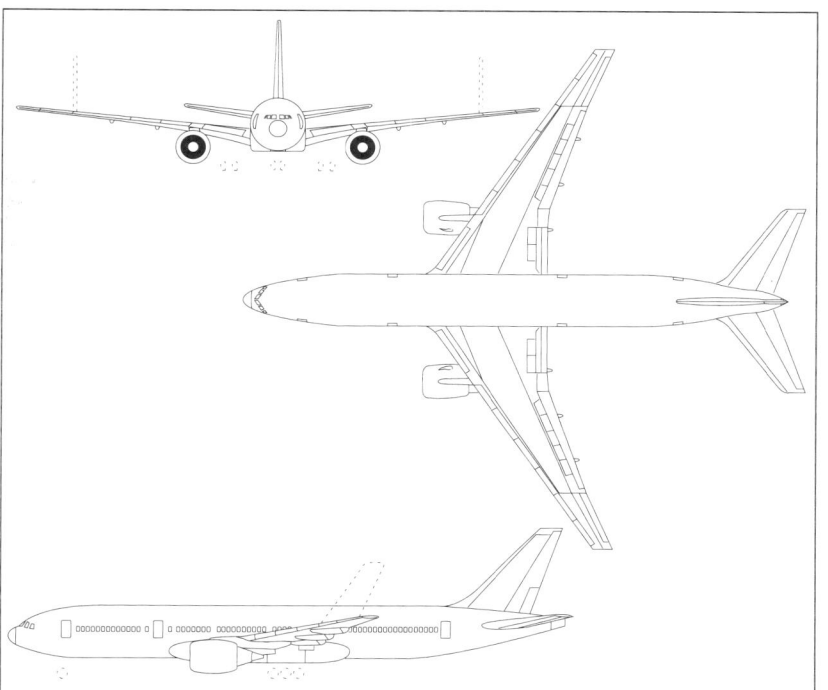

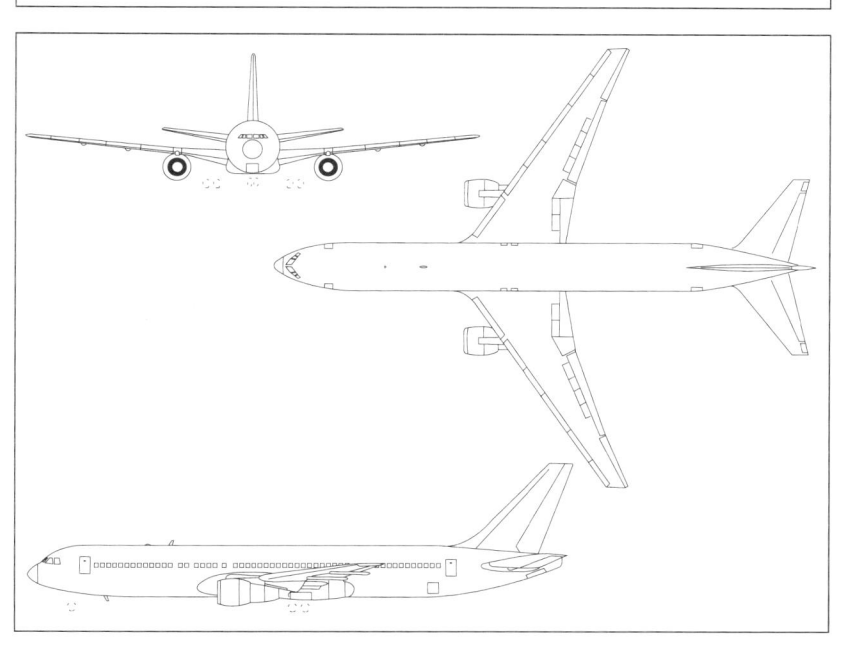

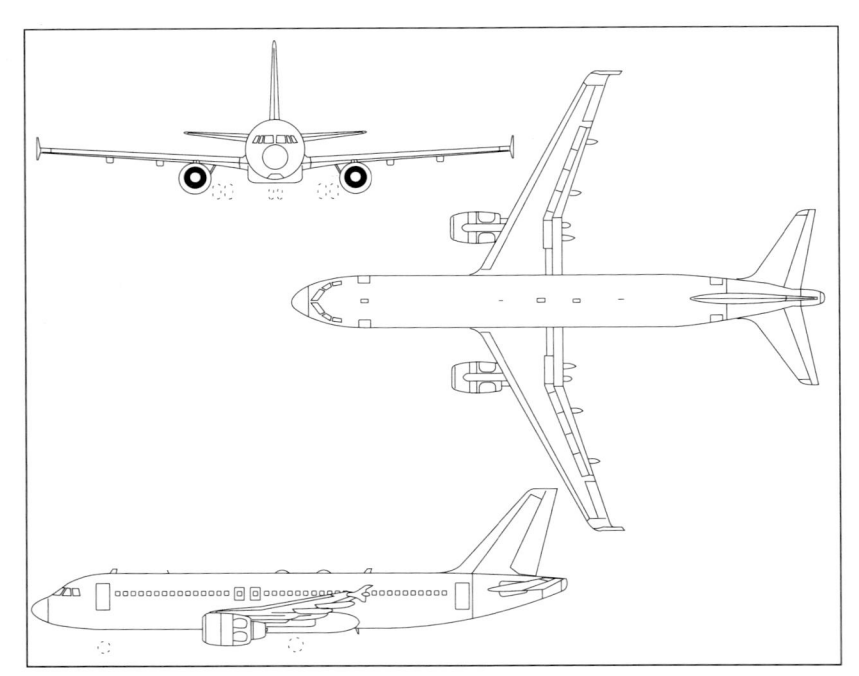

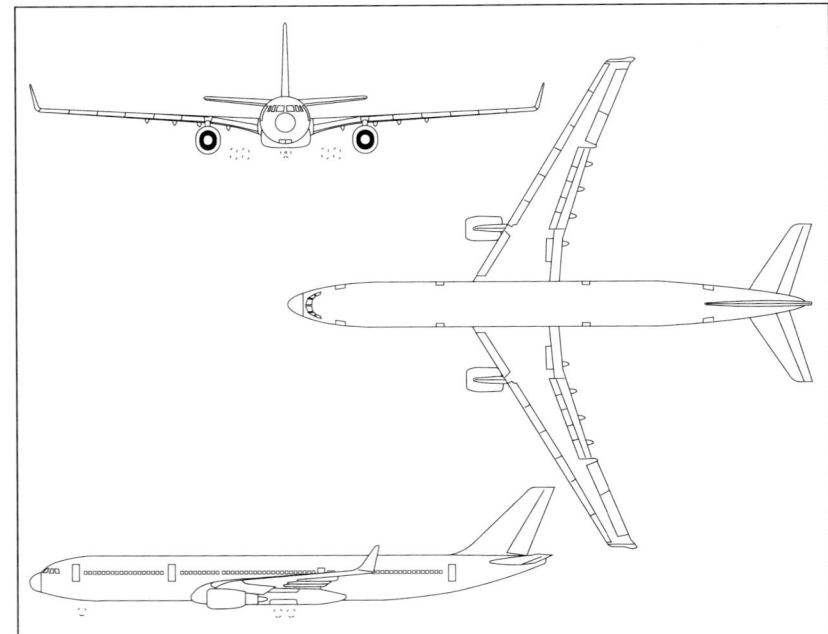

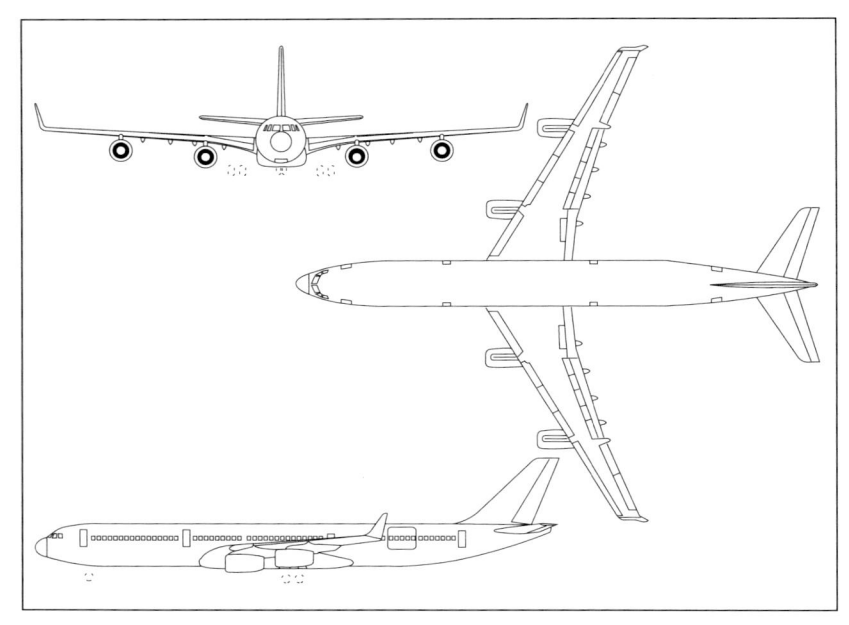

La production du 767-300ER démarre en janvier 1985, et les premiers appareils sont livrés en février 1988 à American Airlines, première compagnie aérienne à avoir intégré le modèle dans sa flotte.

**Planche 168
L'Airbus d'origine française :
1988-1993**

Malgré la position dominante des États-Unis dans l'industrie aéronautique pendant les années 1980, l'Europe parvient à s'arroger une place de choix dans le secteur de l'aviation commerciale. Néanmoins, cette performance revient entièrement à Airbus Industrie (consortium regroupant l'Aérospatiale française, les constructeurs allemands MBB et Fokker-VFW, les Britanniques Hawker Siddeley Aviation et les Espagnols CASA). Elle est également le résultat du défi lancé par la concurrence venue de l'autre côté de l'Atlantique. Malgré les vives controverses et les accusations réciproques de concurrence déloyale afférentes à ce projet, le consortium européen réussit à s'affirmer sur le marché mondial, mais aussi, au début des années 1990, à surpasser ses concurrents. Profitant de la crise financière de McDonnell-Douglas, il détrône de sa position historique le deuxième grand fabricant mondial d'avions.
Le vif succès remporté par les biréacteurs A300 et A310 sert de base pour la production d'autres modèles, et dans les années 1990, trois nouveaux modèles Airbus voient le jour, lançant officiellement le défi du consortium pour le nouveau millénaire : le A320, à une seule allée, le biréacteur long-courrier A330 et le quadriréacteur long-courrier A340. Vendu par centaines, le premier Airbus est en service depuis 1988. Les autres modèles, opérationnels depuis 1993, concurrencent directement Boeing, notamment les deux derniers.
Conçu et développé dans la première moitié des années 1980, le A320 voit son succès assuré d'emblée pour les Européens. Principale raison, le A320 remplit un vide dans la catégorie des court à moyen-courriers, d'une capacité d'emport de 150 passagers. En outre, à ses débuts, l'Airbus fait figure de projet novateur. Ses concepteurs, disposant de toute latitude, intègrent les développements les plus récents de la technologie et de l'engineering, créant ainsi le leader mondial d'une nouvelle génération d'avions commerciaux. La technologie avancée, caractéristique du « petit » Airbus, apparaît avec évidence dans les matériaux de construction et l'avionique. Pour le corps de l'avion, les fabricants ont recours à des matériaux comme la fibre de carbone et la fibre de verre, créant un avion plus léger de 20 % que ceux équipés de composants en aluminium. Le A320 est le premier avion commercial doté de stabilisateurs verticaux et d'empennages en fibre de carbone. C'est aussi le premier à intégrer dans sa structure de nouveaux matériaux comme l'alliage d'aluminium et le titane. Néanmoins, c'est par l'avionique et les systèmes de vol que le biréacteur européen s'impose comme l'avion le plus moderne de sa catégorie. Dans le souci d'une rentabilité maximale, et armé d'une philosophie prévoyant l'intégration croissante de tous les équipements de vol, le A320 est le premier avion commercial équipé du système de commandes numérique FBW, fournissant les principaux paramètres de vol, et de minimanches latéraux entièrement intégrés avec panneau de contrôle numérique et tubes cathodiques, technologie réservée jusqu'alors aux avions de combat les plus performants. Également équipé d'un système de gestion de vol FMS de deuxième génération, il est le premier à disposer d'un système électrique de contrôle centralisé pour l'entretien et du contrôle entièrement numérique des moteurs.
Le programme A320 est lancé en mars 1984. Le premier prototype voit le jour le 14 février 1987 et le vol initial a lieu le 22 février de l'année suivante. Le deuxième prototype effectue son vol le 27 avril 1987, le troisième le 18 juin, le quatrième le 8 juillet, le cinquième le 15 octobre, le sixième le 9 novembre. Après une mise en service sous les couleurs de Air France, de nombreuses autres compagnies élisent le nouveau-né, et le nombre de commandes atteint le chiffre de 1 452, 911 ayant étant livrés en février 2001. Durant cette période, le modèle subit des améliorations constantes. Après le lancement de la série initiale des A320-100 en 1984, se développe celle des A320-200. Le nouveau modèle offre un rayon d'action supérieur (environ 1 800 km de plus que le 100) et une masse maximale supérieure à l'atterrissage, de 67 à 73 kg. À cette série s'ajoute la version A321-100, lancée en novembre 1989. Malgré son appellation, ce modèle peut être considéré comme une version allongée du modèle d'origine, avec une capacité de 185 à 200 passagers et un rayon d'action de 5 556 km. Il effectue son vol initial en mars 1993, et la première livraison a lieu en janvier 1994. En février 2001, 381 commandes sont enregistrées et 180 appareils livrés. En mai 1992, Airbus décide de lancer sur le marché une troisième version, le A319.
Plus petit que le A320 (avec une capacité maximale de 124 passagers), cet avion fonctionne avec 5 moteurs CMF56 et offre un rayon d'action de 6 852 km. Il effectue son vol initial en août 1995, et la

première unité est livrée en avril 1996. En février 2001, 704 appareils ont été commandés, dont 328 livrés.

Airbus Industrie prend également sa part du marché des long-courriers gros porteurs avec la mise au point de deux modèles : le biréacteur A330 et le quadriréacteur A340. Bien que les deux modèles soient conçus et lancés ensemble sous la forme d'un seul projet, le A340 est le premier achevé. Il effectue son vol initial le 25 octobre 1991. Celui du A330 n'aura lieu que près d'un an après, fin octobre 1992. Ensemble, les deux modèles totalisent 685 commandes, dont 373 livrées. Différents l'un de l'autre, ils sont conçus pour répondre à des besoins spécifiques du marché. Le A340 se présente en version 300 (long-courrier de 300 places, au rayon d'action de 13 520 km) et 200 (avion plus petit, doté d'un rayon d'action de 14 816 km). Des projets de A340-500 et de A340-600 sont également à l'étude. Le 500 est conçu comme un super long-courrier, actionné par des moteurs Rolls Royce Trent 500, doté d'un rayon d'action de 15 742 km et d'une capacité d'emport de 313 passagers. Le A330-300 peut transporter 295 passagers (N.B. 328 à 426 dans la légende) dans une configuration à trois classes sur une distance de 10 400 km, tandis que le modèle 200, lancé en novembre 1995 (vol initial le 4 décembre 1997) a une capacité d'emport de 253 passagers dans une configuration à trois classes sur une distance de 12 315 km. Les deux modèles sont équipés de moteurs General Electric CF6-80E, Pratt & Whitney PW4000 ou Rolls-Royce Trent 700.

Planche 169
Avions moyen-courriers : 1980-1984

Le prodigieux essor des transports aériens durant les années 1980 revient essentiellement à la catégorie des avions court et moyen-courriers. Cette expansion oppose dans une concurrence acharnée les principaux fabricants d'avions du monde, qui se disputent ce marché restreint, mais prometteur.

Le prestigieux biréacteur MD-80 de McDonnell-Douglas, dont la haute technologie visait à réitérer le succès du DC-9, joue un rôle de premier plan dans ce secteur. En octobre 1985, après quatre années de service actif, la flotte de MD-80 totalise 246 appareils provenant de 571 commandes et options pour ses quatre versions : MD-81, 83, 85 et 87. Équipés de moteurs de plus en plus puissants, les trois premiers modèles offrent une masse et une capacité d'emport en progression constante, tandis que le dernier, plus petit, dispose d'une capacité réduite. Les appareils en service à l'époque ont parcouru 1 043 millions de km et transporté plus de 134 millions de passagers (une moyenne de 175 000 par jour), sous les couleurs de 30 compagnies différentes à travers le monde. En février 2001, un total de 1 191 MD-80 ont été commandés et livrés.

Le succès de ce biréacteur, dont le projet a été lancé le 20 octobre 1977, réside dans sa technologie avancée, destinée à répondre aux besoins des compagnies aériennes en termes d'adaptabilité, d'efficacité et de coût (ce dernier critère sera néanmoins victime de la crise du pétrole). Sa réussite, il la doit aussi en grande partie au choix du moteur, le Pratt & Whitney JTD8-200, qui réduit la consommation de carburant de 15 à 25 %, créant un abaissement de 10 à 15 % du coût global.

Espérant consolider le succès du MD-80, McDonnell-Douglas entreprend un nouveau projet en novembre 1989 : le MD-90. Le vol initial a lieu le 22 février 1993 et la première livraison s'effectue en 1995 avec la compagnie Delta. Ce biréacteur moyen-courrier, de taille moyenne, vise à satisfaire les besoins du marché des 155 passagers. Comparé au MD-80, il offre des atouts appréciables en termes d'efficacité, d'avionique, de bruit et de pollution de l'air. C'est actuellement le moins bruyant des grands avions commerciaux.

Le choix du moteur V2500 a largement contribué à son succès. Fabriqué par le consortium international IAE (International Aero Engines), il est conçu pour une baisse de la consommation de carburant, une fiabilité et des performances accrues, ainsi qu'une réduction des émissions. Le MD-90 est proposé en deux versions : le MD-90-30 et le MD-90-50. Identiques du point de vue de la capacité d'emport, des dimensions extérieures et de la vitesse, les deux modèles se différencient par leur moteur (le 50 est équipé du puissant moteur International Aero V2528-D5, d'une poussée maximale de 14 t, le 30 de l'International Aero V2525-D5, d'une poussée maximale de 12 t), ainsi que par leur rayon d'action (3 860 km pour le 30, 5 158 km pour le 50). Fin janvier 2001, 114 MD-90 ont été commandés et livrés.

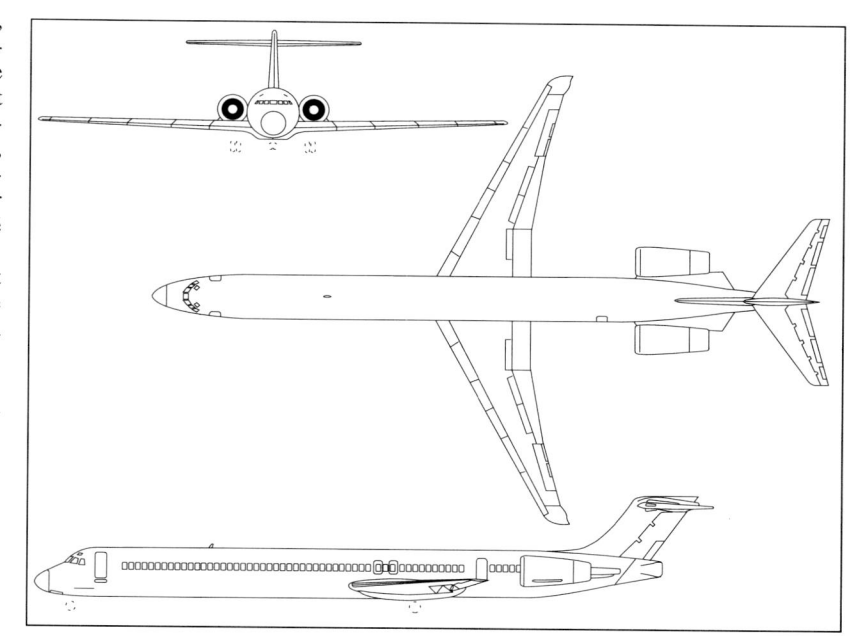

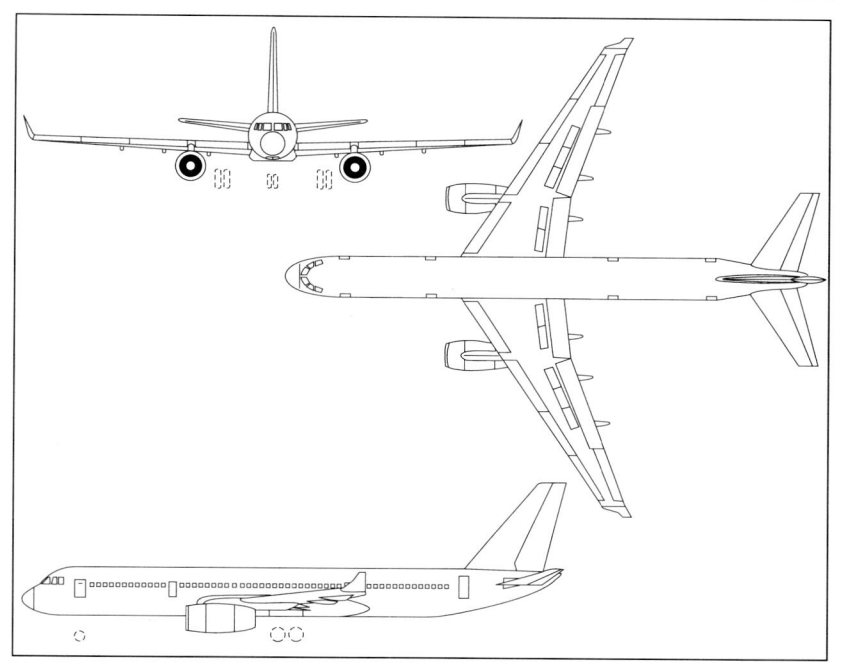

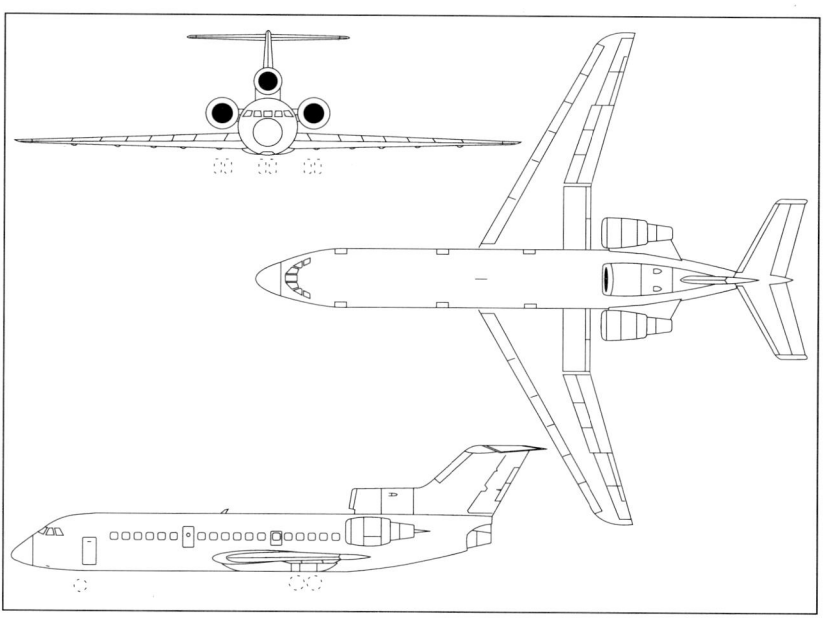

Le fort potentiel de la catégorie court et moyen-courrier stimule également la production soviétique qui, après la crise politique d'août 1991, affirme sa volonté de porter le meilleur de ses produits aéronautiques sur l'arène internationale. C'est le cas du biréacteur Tupolev Tu-204, destiné à remplacer le triréacteur Tu-154 d'Aeroflot. La production de ce modèle démarre en 1986, le premier de trois prototypes effectuant son vol le 2 janvier 1989. Le cycle d'évaluation se poursuit très lentement, le modèle n'étant achevé et mis à l'essai qu'en 1994 avec Vnukovo Airlines et Orel Avia.

Dans l'intention de commercialiser le Tu-204 et de le rendre plus compétitif pour les normes occidentales, un partenariat est créé avec la société britannique Rolls Royce, qui coordonne l'installation des moteurs RB211-535E4 sur cet avion russe (en remplacement des moteurs d'origine Soloviev PS-90). La nouvelle version, présentée au Salon de l'Aéronautique de Farnborough, entre véritablement en service en 1997.

Parallèlement au développement de modèles entièrement nouveaux, comme le Tu-204, l'industrie soviétique de l'aéronautique s'emploie également à améliorer ses modèles existants. C'est le cas du petit triréacteur Yakolev Yak-42, avion court à moyen-courrier dérivé du Yak-40 des années 1960. Le premier prototype du Yak-42 effectue son vol le 7 mars 1975, et deux ans après, Aeroflot passe une première commande de 200 appareils, destinés à remplacer, à partir de 1980, l'ancien Tu-134 sur les lignes domestiques de la compagnie.

Après la création d'une nouvelle version long-courrier au début des années 1990, le Yak-42D, une version encore plus performante, le Yak-42M, est mise en production. Ce dernier présente des ailes au dessin entièrement nouveau, un fuselage allongé et une capacité maximale de 168 passagers. Il se distingue également par son avionique et son système de vol FBW.

Planche 170
Production prodigieuse pour les avions court et moyen-courriers : 1984-1993

Pendant les années 1980, l'augmentation du nombre des passagers et l'expansion du réseau de vols et de lignes s'accompagne d'une croissance considérable dans une catégorie spécifique d'avions, les court et moyen-courriers. Ces appareils, conçus pour une rentabilité maximale, ne disposent guère de plus de 100 places. Parmi les nombreux modèles de transports interrégionaux (destinés à relier les petits aéroports régionaux aux grands aéroports internationaux), la famille de l'ATR (Avion de Transport Régional), créée en commun par les Français et les Italiens, remporte un vif succès. Ces avions efficaces et adaptables, dotés de deux turbopropulseurs, gagnent en popularité autant en Europe qu'en Amérique du Nord.

Entrepris en juillet 1980, le programme ATR est lancé officiellement en octobre 1981 par la société italienne Aeritalia (devenue Alenia, du groupe Iri-Finmeccanica) et l'Aérospatiale française. Chaque agence s'engage à construire 50 % de l'avion : Aeritalia est chargée du fuselage et de la queue, l'Aérospatiale du moteur, de l'avionique, de l'assemblage final et du vol initial.

Le premier Atr-42 (42 à 50 passagers) entre en service le 3 décembre 1985 avec Air Littoral. Le modèle n'a été certifié que deux mois auparavant, près d'un an après son vol initial (16 août 1984). La production, qui démarre peu après, fonctionne bientôt à plein régime pour répondre à la demande massive. Fin janvier 1986, 95 commandes et options sont enregistrées pour l'avion, 50 % provenant de 25 compagnies américaines. Après l'achèvement du modèle de base (Atr-42-300), la production se poursuit avec des versions qui améliorent l'adaptabilité et la capacité de l'avion. Les plus marquants de ces modèles sont le 320 (en raison de ses performances sous les climats chauds et dans les aéroports situés à haute altitude), ainsi que l'Atr-72, de 66 à 74 passagers (identifiable à son fuselage allongé), équipé de puissants moteurs et offrant un rayon d'action de 2 500 km. Cet avion mis au point en 1985 effectue son vol initial le 27 octobre 1988 et entre en service exactement un an après avec la compagnie finlandaise Kar Air. Au milieu de 1992, les commandes dépassent le chiffre des 500 (des 294 appareils livrés, 226 sont des Atr-42 et 68 des Atr-72).

Principale caractéristique de l'Atr-42, il offre une excellente rentabilité, comparée aux autres modèles de sa catégorie. Il se distingue notamment par une consommation en carburant particulièrement faible – sur un trajet de 500 km, seulement 3 litres par passager tous les 100 km, soit moins d'un cinquième de la consommation d'un avion moderne. Cette performance est due à son aérodynamique, à son haut niveau de technologie, et à la faible consommation des moteurs.

Autre gros avion à deux turbopropulseurs, le EMB-120 Brasilia (du constructeur brésilien Embraer, s'avère lui aussi un succès. Plus petit que l'Atr-42, cet avion de 30 places, conçu pour le service régional, satisfait les besoins des compagnies américaines qui assurent les liaisons entre les grands aéroports internationaux et les petits aéroports régionaux. La construction de l'EMB-120 Brasilia démarre en septembre 1979, le prototype vole le 27 juillet 1983, et il entre en service en octobre 1985. Fin

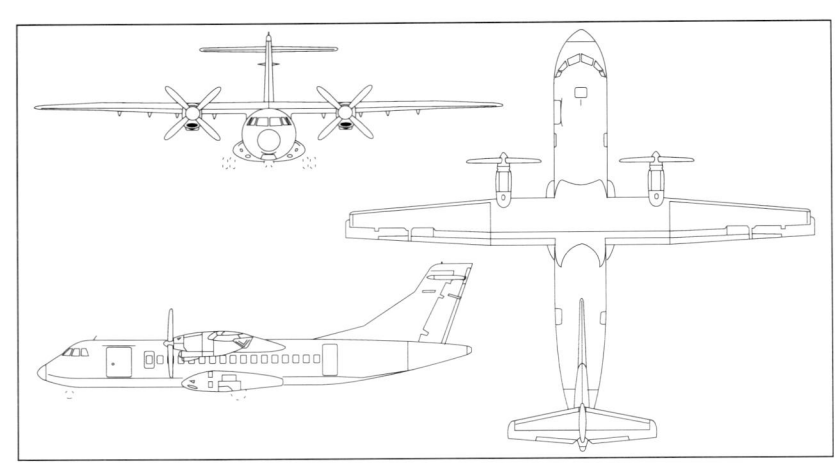

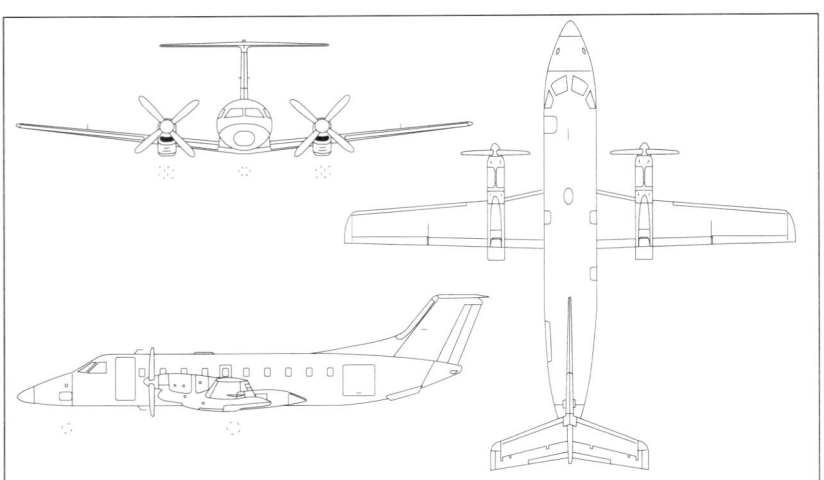

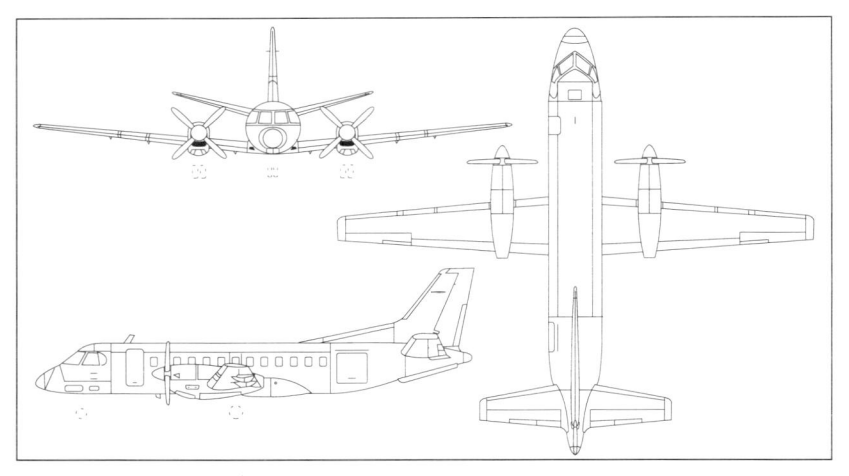

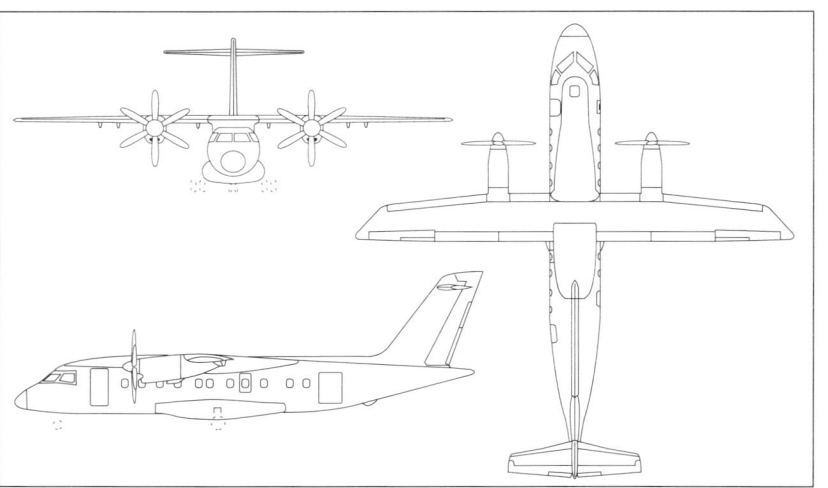

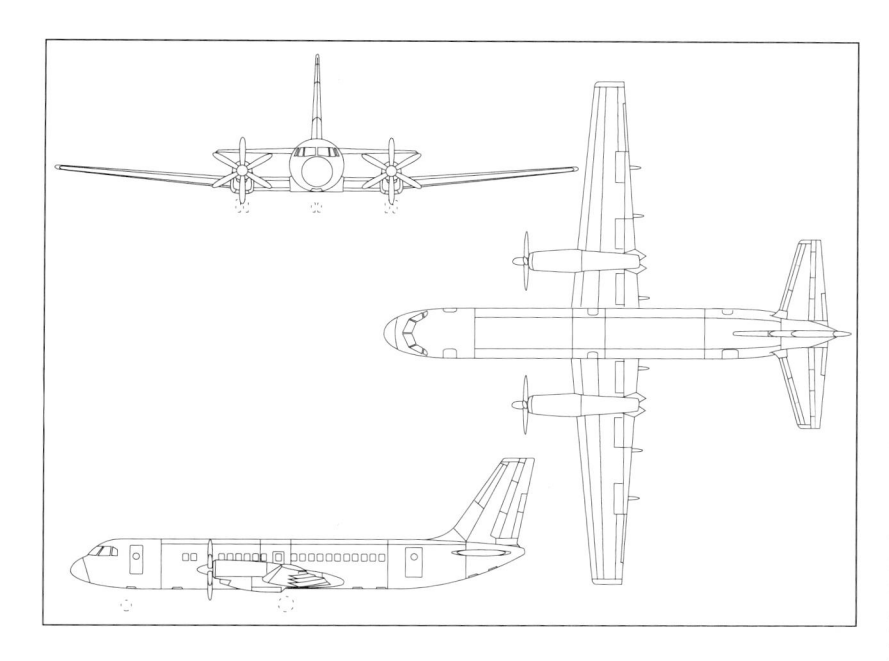

1991, 480 appareils ont été commandés, dont 233 livrés à 21 compagnies dans 14 pays.

Un avion identique produit en Europe remporte un succès comparable : le Saab 340, construit conjointement par la société américaine Fairchild et les Suédois. Le prototype de cet élégant avion à deux turbopropulseurs, pouvant transporter 35 passagers, voit le jour le 25 janvier 1983, et le premier modèle produit (le A-340A) entre en service avec Crossair en juin de l'année suivante. En 1985, un nouveau modèle très performant, le A-340B, apparaît sur les chaînes de montage. Fin 1991, les commandes atteignent le chiffre de 338, 250 appareils ayant été livrés à 32 compagnies.

Également européen, mais entièrement novateur, le Dornier 328 est un avion sophistiqué et performant à turbopropulseurs, pour lequel la Deutsche Aerospace prévoit un marché potentiel de 400 unités d'ici 2006. Le programme est inauguré le 3 août 1988, et depuis sa mise en service en 1993, plus de 100 Dornier 328 ont été vendus.

Au milieu des années 1980, l'industrie soviétique entreprend à son tour la conception d'un avion entièrement nouveau dans cette catégorie. Destiné à remplacer l'ancien Antonov An-24, l'Ilyushin Il-114, avion de 60 places à deux turbopropulseurs, doit être mis en service au début des années 1990, mais le projet est suspendu pendant plusieurs années en raison de la crise soviétique. En 1977, l'Ilyushin présente une conception modifiée, et la version Il-114T est créée pour le fret. Mais à la fin de l'année 2000, l'avion n'était toujours pas en service.

Planche 171
Renaissance du Boeing 737 : 1983-1991

La position dominante de nouveaux avions sur le marché international n'a nullement altéré le succès de certains modèles plus anciens. Immortalisé à jamais dans l'histoire de l'aviation commerciale, le biréacteur 737 de Boeing en constitue le meilleur exemple. Cet avion en service avec de nombreuses compagnies aériennes du monde entier depuis 1976 (date des premières livraisons), est parvenu à maintenir sa compétitivité grâce à la capacité d'adaptation de ses concepteurs. Avec 4 881 commandes enregistrées au début de 2001 (dont 3 876 honorées à ce jour), le 737 est l'avion commercial le plus vendu au monde, dépassant le 19 février 1990 les performances du Boeing 727 (1 831 appareils produits et vendus), avec un avion livré à Ansett Worldwide.

Après le succès du 737-200, Boeing commence à mettre au point sa série de 300, modèle allongé, doté d'une capacité de 149 passagers, de moteurs et d'une avionique plus performants. Le vol du prototype a lieu le 24 février 1984, et la première livraison s'effectue le 28 novembre pour le compte de USAir. Fin juin 1992, 934 unités ont été commandées. Début juin 1986, le nouveau modèle 400, au fuselage allongé, offrant une capacité de 188 places, est déjà sur les chaînes de montage. Le vol initial a lieu le 19 février 1988, et les premières livraisons sont effectuées le 15 septembre à Piedmont Airlines au milieu de 1992, 361 appareils sont commandés. La production de la dernière version, le 737-500, commence le 20 mai 1987. Elle se distingue par une réduction importante de la taille et de la masse (la capacité d'emport se limite à 110-132 passagers). Toutefois, dotée des mêmes innovations technologiques que les modèles 300 et 400, cette série remplacera finalement la 200. Le vol initial a lieu le 20 juin 1989, la certification le 12 février de la même année, la première livraison à Southwest Airlines, seize jours après, le 28 février. Les commandes arrivent rapidement, totalisant 282 unités en juin 1992. Même s'il ne peut rivaliser avec le B-737, le Fokker 100 est voué à jouer un rôle important dans le secteur saturé des court à moyen-courriers de 100 à 150 passagers. Ce projet ambitieux d'un constructeur néerlandais arrive sur le marché en 1988. La construction du modèle commence le 24 novembre 1983, et lorsque le prototype apparaît le 30 novembre 1986, le nouveau biréacteur impressionne par ses hautes performances. Très silencieux, ses moteurs Rolls Royce Tay consomment peu de carburant. L'intégration des systèmes de vol a permis l'adoption d'un poste de pilote entièrement numérique pour deux navigants. Les principaux atouts du Fokker 100 sont la conception des ailes et de l'aérodynamique, ainsi que le choix de matériaux composites. Après Swissair, première compagnie a avoir utilisé le Fokker 100 à partir du 5 avril 1988, KLM, USAir et de nombreuses autres compagnies font l'acquisition de ce biréacteur néerlandais. Fin 1991, les commandes et options se chiffrent à 200, dont 79 appareils livrés à ce jour. Le 30 juin 1992, les commandes atteignent le chiffre de 243. Le fabricant affiche son ambition – prendre 30 à 40 % du marché mondial dans la catégorie, avec 1 000 à 1 200 avions vendus d'ici 2005.

Dans la même catégorie, s'impose un autre avion de fabrication européenne : le Bae 146 de la société British Aerospace, petit quadriréacteur performant dont le prototype apparaît le 3 septembre 1981. Près d'un an après (le 1er août 1982), le premier appareil de la série 200

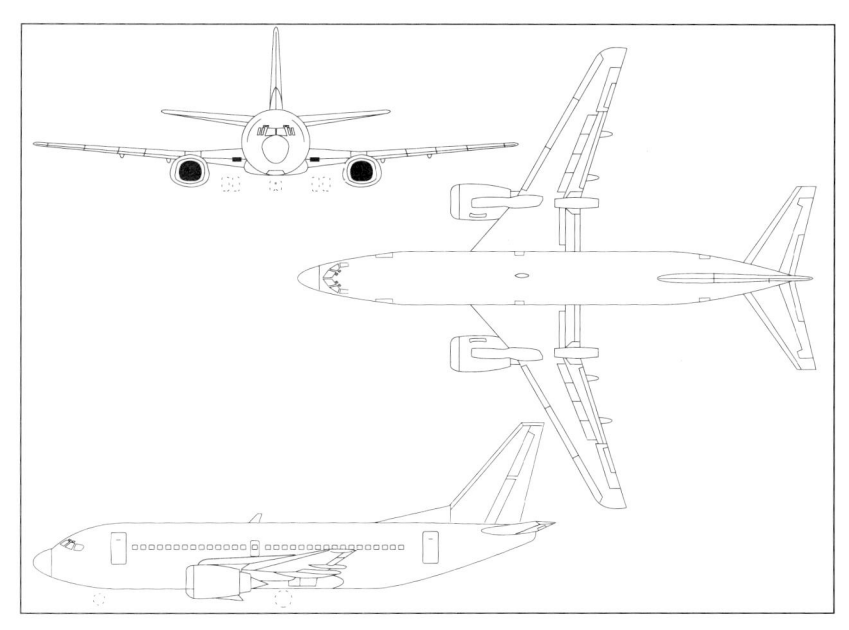

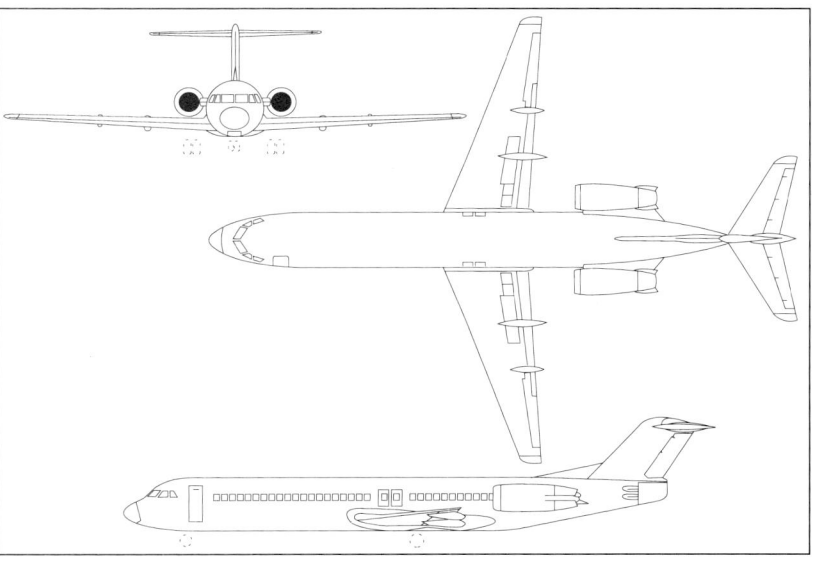

415

(caractérisée par un fuselage allongé, une capacité et des performances accrues) effectue son vol initial avec succès. Entré en service en 1983, ce modèle donnera naissance à la série 300 (1988), plus longue et plus performante. Au fil du temps, le quadrimoteur britannique révèle sa fiabilité, les petites compagnies régionales l'élisant pour ses faibles coûts opérationnels et d'entretien. Fin 1991, 166 Bae 146 sont en service et 206 ont été commandés ou réservés.

Les fabricants des pays d'Europe de l'Est s'emploient eux aussi à prendre une part du marché. Apparu à la fin des années 1980, le Let L-610, avion tchèque à deux turbopropulseurs, peut transporter jusqu'à 40 passagers sur des distances de 400 à 870 km. Le vol initial a lieu le 28 décembre 1988, et les livraisons commencent en 1991. Aeroflot s'engage alors à intégrer 600 appareils dans sa flotte, dans l'intention de remplacer le Yakolev Yak-40 et l'Antonov An-24.

Aux États-Unis, le nombre d'avions régionaux sur le marché augmente en 1991 avec la naissance d'un nouveau modèle, le Beechcraft 1900D, produit par Beech Airliners. Dernière génération de cette famille prolifique d'avions de transport légers, sur le marché depuis 1984, cet avion robuste et adaptable à deux turbopropulseurs est annoncé en 1989, et le vol initial a lieu le 1er mars 1990. Pouvant transporter 19 passagers sur une distance de 1 300 km, le BeechcraftD est mis en service en 1991 sous les couleurs de Mesa Airlines, qui commande 58 appareils. Vingt autres sont commandés par deux autres compagnies régionales d'Amérique du Nord.

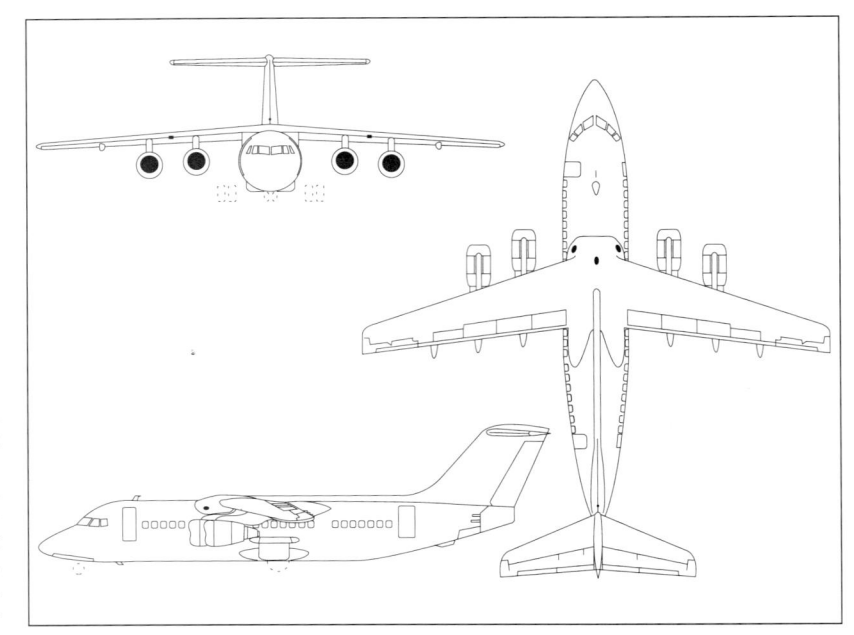

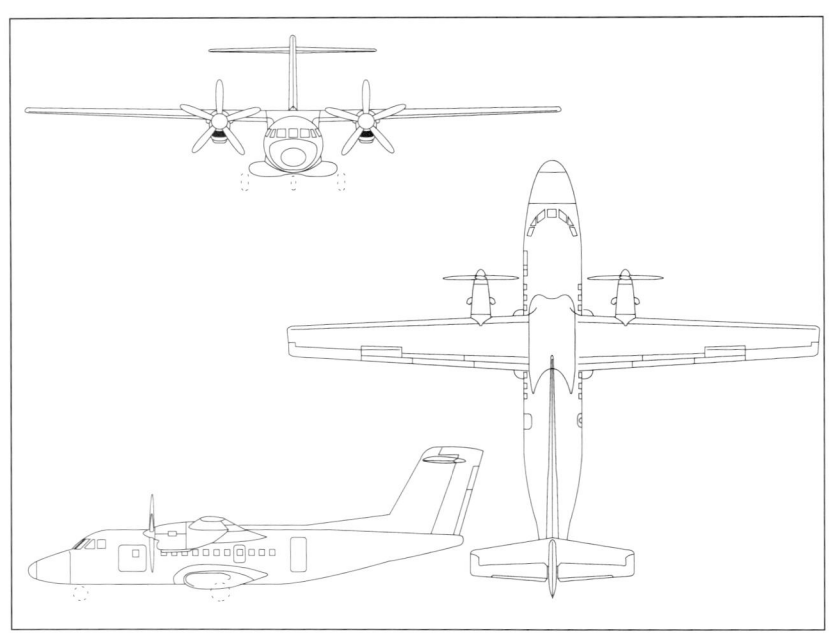

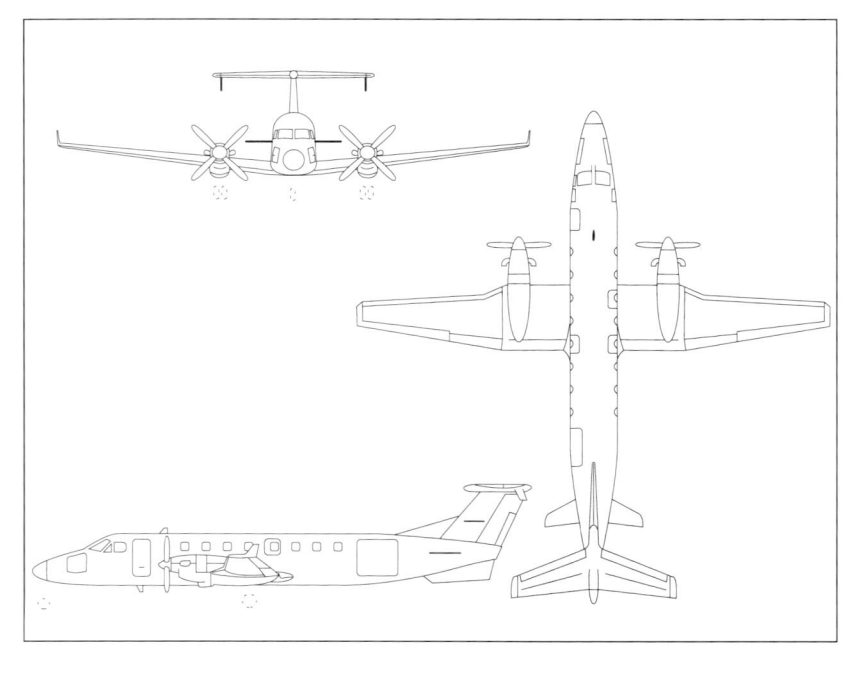

Planche 172
D'étranges machines volantes à la technologie de pointe : 1986-1990

Dans les années 1990, le prodigieux essor industriel et technologique qui marque le secteur de l'aviation profite aux principaux fabricants. Elle déplace aussi le centre de gravité de l'innovation vers le secteur restreint des avions légers et de compétition, qui devient le lieu d'expérimentation privilégié pour des appareils sophistiqués et hautement performants.

C'est le cas de deux petits biréacteurs, qui rivalisent dans la même catégorie de part et d'autre de l'Atlantique : l'italien Piaggio P.180 Avanti et l'américain Beechcraft 2000 Starship 1. Mis en production à peu près à la même époque, les deux avions doivent leur efficacité maximale à leur aérodynamique, à leur structure, ainsi qu'au choix judicieux de matériaux et de moteurs.

Pour le P.180, destiné principalement au marché américain, la recherche commence en 1982, date à laquelle le Gates Learjet américain est également à l'étude. Néanmoins, des raisons économiques contraignent bientôt les Américains à abandonner le projet, laissant les Italiens développer seuls leur projet. Cette nouvelle donne ralentit l'évolution du projet, et c'est seulement le 23 septembre 1986 que l'avion effectue son vol initial. La production se répartit en trois livraisons de 12, 18 et 24 unités, la première ayant lieu le 4 octobre 1990. Le Piaggio P.180 se distingue par ses hautes performances – comparées à celles d'un jumbo jet – et par sa faible consommation de carburant.

Présentant une aérodynamique et une structure encore plus audacieuses, le Starship est aussi novateur que le P.180. Le vol du prototype a lieu le 15 février 1986, et le premier appareil produit sort le 25 avril 1989. La première commande de 40 unités est livrée en 1990.

Dans la même catégorie, un autre avion américain sophistiqué, l'Omac Laser 300, doté d'un seul moteur et d'une capacité de 5 passagers, est conçu dans les années 1980 dans l'objectif précis de créer un modèle hautement performant, garantissant de faibles coûts opérationnels et d'entretien. Identifiable par la structure de ses ailes en forme d'oiseau, le Laser 300 connaît une phase de développement longue et difficile, le premier avion effectuant seulement son vol initial le 29 juillet 1989.

Dans une catégorie à part, une autre curieuse « machine volante », non conçue pour l'usage commercial, battra l'un des records du monde les plus prestigieux de l'histoire de l'aviation. Entre le 14 et le 23 décembre 1986, le Voyager de Dick Rutan effectue un tour du monde sans escale, parcourant une distance de 40 253 km à une vitesse moyenne de

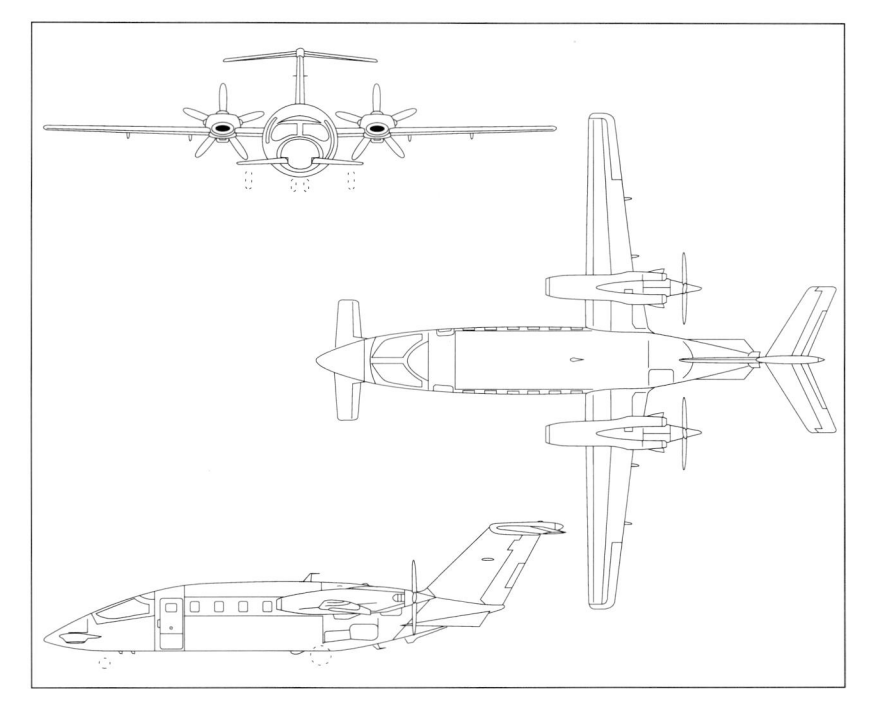

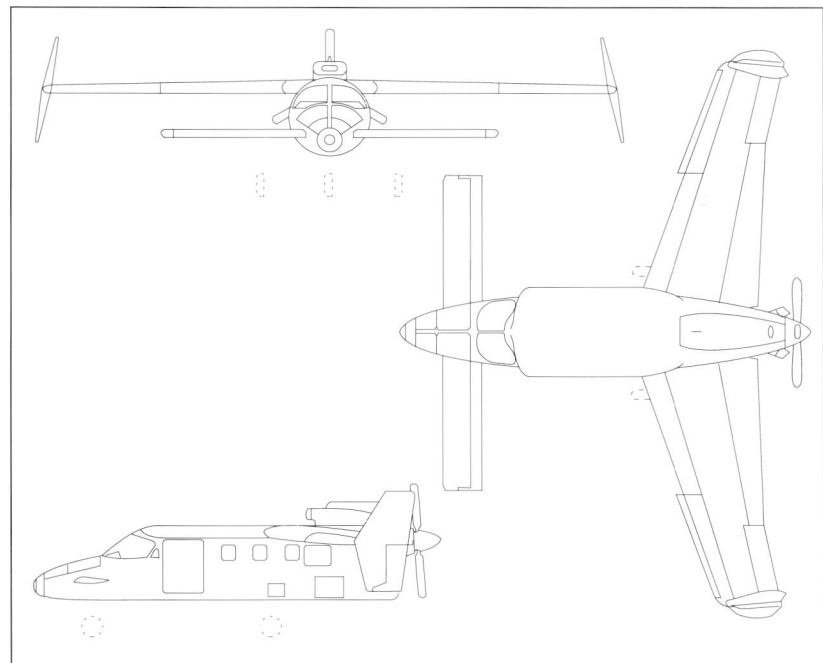

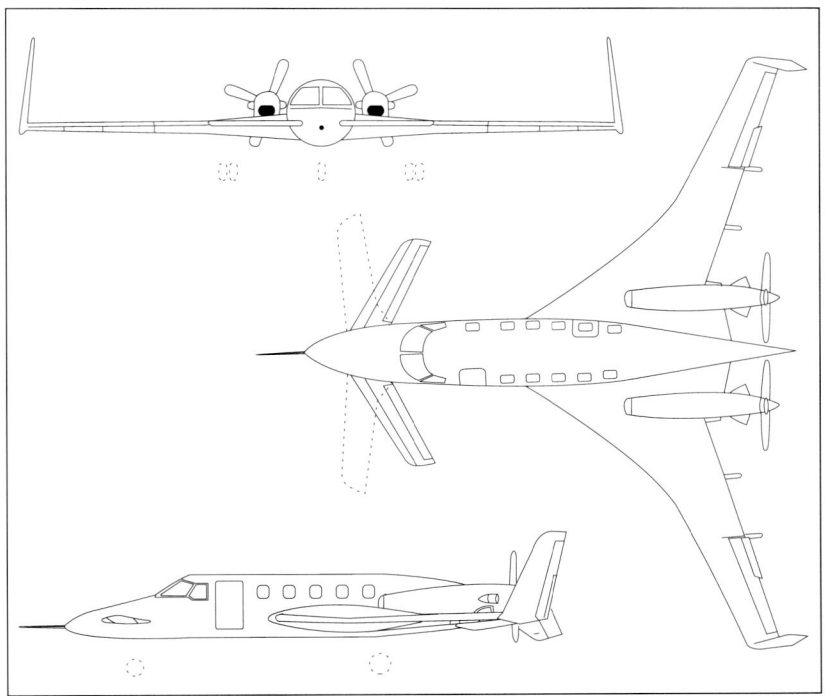

190 km/h. Ce record est encore plus impressionnant si l'on considère que le petit biréacteur avec deux navigants à bord (Rutan et le copilote Jeanna Yeager) multiplie par deux le précédent record mondial de 20 400 km, réalisé en 1962 par un bombardier B-52 entre l'île d'Okinawa et l'Espagne. Le Voyager doit son succès et ses performances exceptionnelles à de nombreux facteurs, de sa conception sophistiquée à son aérodynamique efficace. Il en résulte un appareil léger, offrant une faible consommation de carburant, un meilleur rapport entre les masses minimale et maximale, et permettant de transporter la quantité de carburant nécessaire à un tel voyage.

Le Voyager était à la fois un avion et un planeur. Les deux moteurs ont été utilisés pour le décollage et l'atterrissage, mais un seul durant le vol. 90 % de son voyage autour du monde a été effectué au-dessus des océans, de la base aérienne d'Edwards en Californie jusqu'au Brésil, à travers l'Atlantique jusqu'en Afrique du Sud, puis à travers l'océan Indien jusqu'en Australie et à Hawaii, avant de rejoindre la Californie.

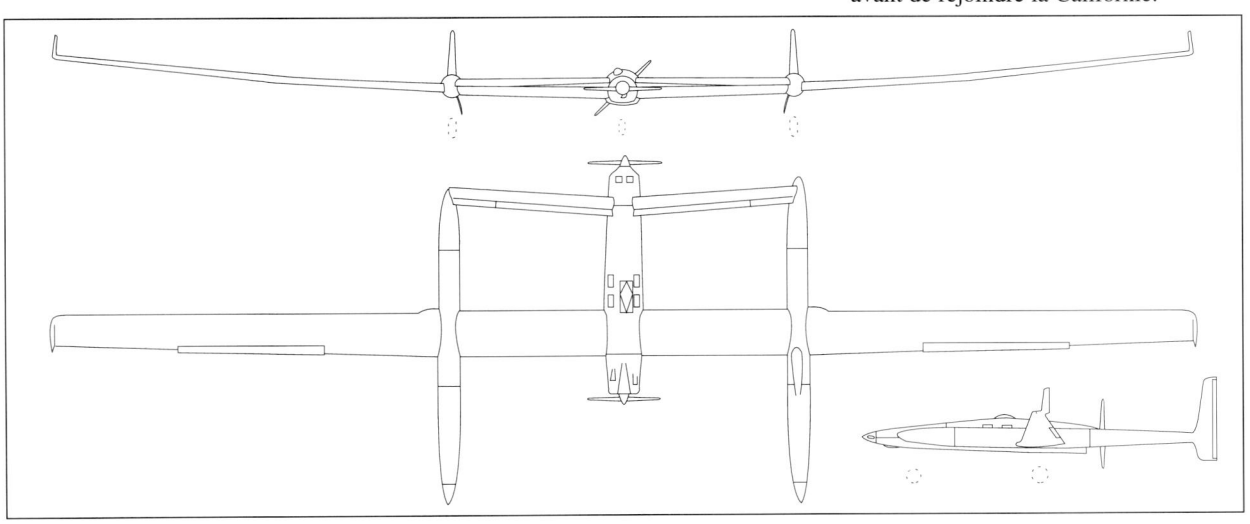

Crédits photographiques

les lettres accompagnant les numéros de pages indiquent l'emplacement des photographies : h = haut ; b = bas ; c = centre ; g = gauche ; d = droite.

Aeronews, 372 h, 378 b, 379, 380 c, 381 cd, 382 bd, 383 bd, 384 ch
Air France, 135 hg, 263 hg, 376 h
Archivio Bruno Benvenuti, 380 h, 380 cg
Archivio Giorgio Apostolo, 176, 178, 179, 264 hd, 264 c
Archivio Ervin, 42, 43, 44, 45, 82, 83, 84, 85, 133, 134, 135, 260, 261, 262, 263, 264, 265, 372, 373, 374, 375, 376, 377, 378, 380, 381, 382, 383, 384, 385, 401
British Airways, 372 h, 380 b
Iberia, 385 hd
Lufthansa, 134 h, 134 c, 135 bg, 261 b, 262, 385 hg
Luxair, 377 c
Valerio D'Orio, documentazione iconografica

BIBLIOGRAPHIE

INDEX PAR PAYS DES AVIONS FIGURANT DANS LES PLANCHES

INDEX GÉNÉRAL ANALYTIQUE

BIBLIOGRAPHIE

AA.VV., *Airplanes of the World*, New York, Simon & Schuster, 1962.
AA.VV. (G. Apostolo, G. Bignozzi, B. Catalanotto, C. Falessi, G. Dicorato, G. Rotondi), *Storia dell'aviazione*, Milan, Fratelli Fabbri, 1973.
AA.VV., *Scienziati e tecnologi*, Milan, Mondadori, 1974/1975.
AA.VV. (G. Apostolo, G. Bignozzi, I. Coggi, C. Falessi, A. Falzoni), *Aviazione oggi*, Milan, Fratelli Fabbri, 1975.
Abate Rosario - Lazzati Giulio, *I velivoli Macchi dal 1912 al 1963*, Milan, Ali nel Tempo, 1963.
Abate Rosario, *Storia dell'Aeronautica Italiana*, Milan, Bietti, 1974.
Achard André - Tribot - Laspierre Jack, *Répertoire des aéronefs de construction française pour la période 1890-1967*, Paris, Doc. Air Espace, Centre de documentation de l'armement, 1968.
Aircraft Year Book, Aero Chambers of Commerce of America.
Allard Noël, *Speed : the Biography of Charles W. Holman*, Noël E. Allard, 1976.
Allen C.B. - Lyman Lauren D., *The Wonder Book of the Air*, Chicago, The John C. Winston Company, 1936.
Allen C.B. - Sanders R., *Revolution in The Sky: The Fabulous Lockheed. The Pilots Who Flew Them*, Vermont, The Stephens Greene Press, 1964.
Allen C.B. - Sanders R., *The American Heritage History of Flight*, American Heritage Publishing Co. Inc. 1962.
Allen Roy, *Pictorial History of KLM*, Londres, Ian Allan Ltd., 1978.
American Heritage, *History of Flight*, Simon & Schuster, 1962.
Amundsen R., *Il mio volo polare*, Milan, Arnoldo Mondadori, 1925.
Andrews Allen, *The Flying Machine*, New York, G.P. Putnam's Sons, 1977.
Andrews C.F., *Vickers Aircraft since 1908*, Londres, Putnam & Co. Ltd., 1969.
Angelucci Enzo, *Gli Aeroplani*, Vérone, Arnoldo Mondadori, 1972.
Angelucci Enzo - Matricardi Paolo, *Guida agli Aeroplani di tutto il mondo*, « dalle origini alla prima guerra mondiale », « dal 1918 al 1935 », « modelli civili dal 1935 al 1960 », Vérone, Arnoldo Mondadori, 1975-1978.
Arena Nino, *Dai Wright all'avvento del Jet 50 anni di aviazione commerciale nel mondo*, Rome, Bizzarri, 1976.
Barker Ralph, *The Schneider Trophy Races*, Londres, Chatto & Windus, 1972.
Barnes C.H., *Bristol Aircraft since 1910*, Londres, Putnam & Co. Ltd., 1970.
Barnes C.H., *Handley Page Aircraft since 1907*, Londres, Putnam & Co. Ltd., 1976.
Barnes C.H., *Short Aircraft since 1900*, Londres, Putnam & Co. Ltd., 1967.
Beckford L., *An ABC of Aeronautics*, Londres 1967.
Bellinger - Vice Admiral Patrick N.L., *Sailors in The Sky*, Washington, National Geographic Society.
Bergman J., *Ninety Seconds to Space : The X-15 Story*, New York, Doubleday, 1960.
Bignozzi G. - Catalanotto B., *Storia degli aerei d'Italia*, Rome, Cielo, 1962.
Black Archbald, *The Story of Flying*, Whitlesey House, McGraw-Hill Book Company Inc., 1943.
Blake John, *Early Airplanes*, New York, Golden Press, 1974.
Bonifacio S., *Il velivolo moderno*, Milan, Hoepli, 1929.
Boni P.-Fellini, *Uomini dell'aria*, Rome, Centro Editoriale dell'Osservatore, 1956.
Botto P.-Silvestri A., *Ottanta anni di trasvolate atlantiche*, Rome 1940.
Bowers P. M., *Boeing Aircraft since 1916*, Londres, Putnam & Co. Ltd., 1966.
Briand Paul L. Jr., *Daughter of The Sky : The Story of Amelia Earhart*, New York, Duell Sloan & Pearce, 1960.
Brooks P. W., *The Modern Airliner : its Origin and Development*, Londres, Putnam & Co. Ltd., 1961.
Broomfield G. A., *Pioneer of The Air*, Hampshire, Aldershot, 1953.
Bruce J. M., *British Aeroplanes 1914-1918*, Putnam & Co. Ltd., 1957.
Bruno Harry, *Wings over America*, New York, Halcyon House, 1942.
Cameron J., *Wings of the Morning*, Londres, Hodder & Stonghton, 1962.
Chambre R., *Histoire de l'aviation*, Paris, Flammarion, 1972.
Chapman Ted, *Cornwall Aviation Company*, Falmouth, Glasney Press, 1979.
Claidin Martin, *Barnstorming*, Duell, Sloan & Pearce, 1965.
Clarke D. H., *What Were They Like to Fly?*, Londres, Ian Allan, 1964.
Clayton Donald C., *Handley Page an Aircraft Album*, Londres, Ian Allan, 1970.
Cleveland Carl M., « *Upside-Down* » *Pangbom : King of the Barnstormers*, Aviation Book Company, 1978.
Cobham Sir Alan, *A Time to Fly*, Londres, Shepheard-Walwyn, 1978.
Cobianchi M., *Pionieri dell'aviazione in Italia*, Rome, 1938.
Colliers Encyclopedia, vol. 9, 15, New York, P. F. Collier & Son Corporation, 1958.
Conradis H., *Design for Flight*, Londres, MacDonald Ltd., 1960.
Cook David C., *The Story of Aviation*, New York, Archer House, 1958.
Crosby Maynard, *Flight Plan for Tomorrow. The Douglas Story : a condensed History*, Santa Monica, Douglas Aircraft Co., 1962.
Cunningham Frank, *Sky Master, The Story of Donald Douglas*, Philadelphie, Dorrance & Co., 1943.
Cupini, *Cieli e Mari*, Milan, Mursia, 1973.
Davies R. E. G., *A History of the World's Airlines*, Londres, Oxford University Press, 1964.
Davies R. E. G., *Airlines of The United States since 1914*, Londres, Putnam & Co. Ltd., 1972.
Davy M. J. B., *Henson and Stringfellow*, Londres, 1931.
Davy M. J. B., *Interpretive History of Flight*, Londres, 1948.
De Beires S., *Asas que Naufragam*, Lisbonne, Teixeira & C., 1927.
De Havilland Sir G., *Sky Fever*, Ontario, Londres & Don Mills, 1961.
Demand C.-Emde H., *les Conquérants de l'air*, Lausanne, Edita S.A., 1968.
Dempster D., *The Tale of the Comet*, Londres, Allan Wingate, 1959.
Desoutter D. M., *All about Aircraft*, Londres, Faber & Faber Ltd., 1955.
D. L. H., *Deutschen Luftverkehr Lufthansa*, 1930.
D. L. H., *History of Lufthansa German Airlines*, 1968.
Dollfus C.-Beaubois H.-Rougeron C., *l'Homme, l'air et l'espace : aéronautique, astronautique*, Paris, 1965.
Dollfus C.-Bouche H., « Histoire de l'aéronautique », Paris, *l'Illustration*, 1932.
Dornier Post, *Januar-Februar 1940*.
Dornier C., *Metallflugzeuge Munich*, F. Bruckmann, 1921.
Dornier C., *Ueber eine Familie Ahnlicher Flugboote*, Munich, F. Bruckmann, 1928.
Dornier C., *Das Flugchiff Do. X*, Munich, F. Bruckmann, 1929.
Dornier C., *Vortrage und Abhandlungen aus dem Gebiete des Flugzeugbaues und Luftschiffbaues, 1914-1930*.
Dumont Villaves Henriques, *Foto-Historia de Santos-Dumont 1898-1910*, São Paulo, Comp. Melhoramentos de São Paulo, 1956.
Dumont Villaves Henriques, *Santos Dumont, il padre dell'aviazione*, São Paulo Comp. Melhoramentos de São Paulo, 1956.
Duncan, Richard M. C., *Stunt Flying*, The Goodheart-Wilcox Co., 1930.

Duval G. R., *British Flying Boats and Amphibians 1909-1952,* Londres, Putnam & Co Ltd., 1966.
Dwiggins Don, *The Air Devils,* Grosset & Dunlap, 1966.
Dwiggins Don, *The Barnstormers : Flying Daredevils of the Roaring Twenties,* Grosset & Dunlap, 1968.
Dwiggins Don, *They Flew the Bendix Race : The History of the Competition for the Bendix Trophy,* J. B. Lippincott, 1965.
Emde Heimer-Demand Carlo, *Conquerors of the Air,* Lausanne, Edita S. A., 1968.
Emme E. M., *A History of Spaces Flight,* Washington, 1965.
Endres ' Gunther G., *World Airlines Fleets,* Hounslow, Airline Publications Sales Ltd., 1976-1980.
Fairchild-Hiller Corp., *Yesterday, Today, Tomorrow Fokker-The Man and the Aircraft,* Letchworth, Herts, Harleyford Publications Ltd., 1961.
Foxworth Thomas G., *The Speed Seekers,* Londres, MacDonald & Jane's, 1975.
Freeman R. A., *The Mighty Eighth,* Londres, McDonald, 1970.
Gablehouse Charles, *Helicopters and Autogiros,* Londres, Frederick Muller Ltd., 1968.
Galland A., *The first and the last,* London, Methuen & Co. Ltd., 1955.
Galland Adolf, *Die Estern und die Letzten,* Darmstadt, Schneekluth Verlag, 1953.
Garber Paul E., *The National Aeronautical Collections,* Washington, D. C., Smithsonian Institution, National Air Museum, 1965.
Giacomelli R., *Gli scritti di Leonardo da Vinci sul volo,* Rome, 1936.
Gianvanni Paolo, *I trasporti aerei in Italia dalla guerra all'era del getto,* Florence, Edizioni Aeronautiche Italiane.
Gibbs Charles H.-Smith, *A Brief History,* Londres, Science Museum, Her Majesty's Stationery Office, 1967.
Gibbs Charles H.-Smith, Aeronautics, 1 : *Early flying up to Reims Meeting,* Londres, Science Museum, Her Majesty's Stationery Office, 1966.
Gibbs Charles H.-Smith, *A directory and Nomenclature of the First Aeroplanes 1809 to 1909,* Londres, Science Museum, Her Majesty's Stationery Office, 1966.
Gibbs Charles H.-Smith, *Leonardo da Vinci's Aeronautics,* Londres, Science Museum, Her Majesty's Stationery Office, 1967.
Gibbs Charles H.-Smith, *Sir George Cayley 1773-1857,* Londres, Science Museum, Her Majesty's Stationery Office, 1968.
Gibbs Charles H.-Smith, *The Invention of the Aeroplane 1799-1909,* Londres, Faber & Faber Ltd., 1966.
Gibbs Charles H.-Smith, *The Aeroplane : An Historical Survey of its Origins and Development,* Londres, Science Museum, Her Majesty's Stationery Office, 1960.
Gibbs Charles H.-Smith, *The World's First Aeroplane Flights,* Londres, Science Museum, Her Majesty's Stationery Office, 1965.
Gibbs Charles H.-Smith, *The Wright Brothers,* Londres, Science Museum, Her Majesty's Stationery Office, 1963.
Glines Caroll V., *Jimmy Doolitle : Daredevil Aviator and Scientist,* Macmillan, 1972.
Godfrey Arthur, *Above the Pacific,* Fallbrook, Aero Publisher Inc., 1966.
Goldstrom J., *A Narrative History of Aviation,* New York, 1930.
Goma José, *Historia de la aeronautica española,* Madrid, Graficas Huerfanos Ejercito del Aire, 1950.
Gordon A.-McFarland M. W., *Storia del volo,* Milan, Feltrinelli, 1962.
Grace Dick, *Visibility Unlimited,* New York, Longmans Green & Co., 1950.
Grace Dick, *I Am Still Alive,* New York, Rand Mc Nally, 1931.
Grahame C.-White-Harper H., *The Aeroplane, Past, Present and Future,* Londres, 1911.
Green William-Pollinger Gerald, *The Aircraft of the World,* Macdonald & Co. (Publishers) Ltd., 1965.
Green William, *The Observer's Basic Book of Aircraft-Civil,* New York, Frederick Warne & Co. Ltd., 1967.
Gregory H. F., *The Helicopter,* Londres, 1948.
Gunston Bill, *The World Greatest Airplanes,* Birmingham, Basinghalls Book Limited, 1980.
Gunston Bill, *The Illustrated Encyclopaedia of Commercial Aircraft,* Londres, Phoebus Publishing 1980.
Gunston Bill, *The Illustrated Encyclopaedia of Propeller Airlines,* Londres, Phoebus Publishing, 1980.
Haddow G. W.-Grosz P. M., *The German Giants,* Londres, Putnam & Co., Ltd.
Halle G., *Otto Lilienthal,* Düsseldorf, 1956.
Hardy Micheal, *World Civil Aircraft since 1945,* Londres, Ian Allan Ltd., 1979.
Harris Sherwood, *The First to Fly : Aviation's Pioneer Days,* Simon & Schuster, 1970.
Hart I. B., *The Mechanical Investigations of Leonardo da Vinci,* Londres, 1925.
Hatfield D. D., *Los Angeles Aeronautics 1920-1929,* Northrop University Press, 1976.
Hatfield D. D., *Aeroplane Scrapbook N° 1,* Northrop University Press, 1976.
Hawks Ellison, *British Seaplanes Triumph in The International Schneider Trophy Contest 1913-1931,* Southport, Real Photographs.
Hébrard J., *l'Aviation des origines à nos jours,* Paris, Robert Laffont, 1954.
Heinkel E., *A l'assaut du ciel,* Paris, Plon, 1955.
Historical Aviation Album, vol. I-VIII, Temple City, Calif., Paul R. Matt, 1965-1970.
Hodgson J. E., *The History of Aeronautics in Great Britain,* Londres, 1924.
Hooftman Hugo, *Alles over de Fokker Friendship,* Amsterdam, L.J. Veens Uitgevermij N. V.
Hooftman Hugo, *Russian Aircraft,* Fallbrook Calif., Aero Publisher Inc., 1965.
Howard F.-Gunston B., *La conquista dell'aria,* Milan, Silvana, 1962.
Hudson K., *Air Travel,* Bath, Adams & Dart, 1972.
Hummelchen G., *Die Deutschen Seeflieger,* Munich, Lehmanns Verlag, 1973.
Hunsaker J. C., *Aeronautics at the Mid-Century,*New Haven, Connecticut, 1952.
Ingells Douglas J., *Tin Goose, The Fabulous Ford Trimotor,* Fallbrook Calif., Aero Publishers Inc., 1968.
Ingells Douglas J., *The Plane that Changed the World,* Fallbrook Calif., Aero Publishers Inc., 1966.
Inoguchi R.-Nakajima T.-Pinean R., *The Divine Wind,* Annapolis, United States Institute, 1958.
International Academy of Astronautics, *Astronautical Multilingual Dictionary,* Amsterdam, Praha Academia, Elsevier P. C., 1970.
Jackson A. J., Avro Aircraft since 1908, Londres, Putnam & Co. Ltd., 1965.
Jackson A. J., *Blackburn Aircraft since 1909,* Londres, Putnam & Co. Ltd., 1968.
Jackson A. J., *British Civil Aircraft 1919-1959,* 2 vol., Londres, Putnam & Co., 1959-1960.
Jackson A. J., *De Havilland Aircraft,* Londres, Putnam & Co. Ltd., 1962.
James Derek N., *Gloster Aircraft since 1917,* Londres, Putnam & Co. Ltd., 1971.
Juptner Jioseph P., *U. S. Civil Aircrafts, vol. I-VIII,* Fallbrook Calif., Aero Publishers Inc., 1962-1967.
Keller Ulrich, *Propellerflugzeuge im Dienste des Schweizerischen Fluglinienverkehrs 1919-1968,* Bâle et Stuttgart, Birkhäuser Verlag, 1969.
Kelly F. C., *Miracle at Kitty Hawk : the Letters of Wilbur and Orville Wright,* New York, 1951.
Kelly F. C., *The Wright Brothers,* New York et Londres, 1944.
Kens K.-Nowarra H. J., *Die Deutschen Flugzeuge, 1933-1945,* Munich, Lehmanns Verlag, 1974.
Killian Gary L., *The Convair Twins 240 to 640,* Londres, Macdonald & Jane's Airline Publications, 1979.
Kinert Reed, *Racing Planes and Air Races,* vol. I-IV, Fallbrook Calif., Aero Publishers Inc., 1967-1968.
King H. F.-Taylor J. W. R., *Jane's 100 Significant Aircraft 1909-1969,* Londres, Jane's Yearbook, 1969.
King H. F., *Aeromarine Origins,* Londres & Fallbrook Calif., Aero Publishers Inc., 1966.
King H. F., *The World's Fighters,* Londres, The Bodley Head Ltd., 1971.
Komons Nick A., *Bonfires to Beacons : Federal Civil Aviation Policy under the Air Commerce Act 1926-1938,* U. S. Department of Transportation, 1978.
Lacey G. W. B., *Aeronautics, 2 : Flying since 1913,* Londres, Science Museum, Her Majesty's Stationery Office, 1966.
La Cierva (de), *Wings of Tomorrow : the Story of Autogiro,* New York, 1931.
Laufey B., *The Prehistory of Aviation,* Chicago, 1928.
Lewis F. Allen, *Only Yesterday,* New York, Bantam Book, 1946.
Lewis Peter, *British Aircraft 1909-1914,* Londres, Putnam & Co. Ltd., 1962.
Lewis Peter, *British Racing and Record-Breaking Aircraft,* Londres, Putnam & Co. Ltd., 1971.
Lindberg Charles, *The Spirit of St. Louis,* New York, Scribner, 1953.
Liptrot R. N.-Woods J. D., *Rotorcraft,* Londres, 1955.
Lockheed's Family Tree : *A History of the Company's Early Aircraft,* Lockheed Aircraft Corporation, 1978.
Lynn S. R., *Boeing Production,* Hounslow, Airline Publications & Sales Ltd.
Mackintosh Ian, *Encyclopedia of Airline Colour Schemes, vol. I,* Hounslow, Airline Publications & Sales Ltd., 1979.
Mancini Luigi, *Grande Enciclopedia Aeronautica,* Milan, Edizioni Aeronautica, 1936.
Mandrake Charles, *National Air Races 1932,* Speed Publishing, 1976.
Mandrake Charles, *The Gee Bee Story,* Robert R. Longo, 1956.
Mason Francis K.-Windrow Martin C., *Air Facts and Feats,* Londres, Guinness Superlatives Ltd., 1970.
Mason Francis K., *Hawker Aircraft since 1920,* Londres, Putnam & Co. Ltd., 1961.
Mcfarland Marvin W., *The Papers of Wilbur and Orville Wright,* vol. I-II, New York, 1953.
Mermoz Jean, *Mes vols,* Paris, Flammarion, 1937.
Miller Ronald-Sawers Davis, *The Technical Development of Modern Aviation,* Londres, Rutledge & Kegan Paul, 1968.
Mondini A., *La gloriosa parabola del dirigibile,* Rome, 1969.
Morgan Leu-Shannon R. P., *The Planes the Aces Flew,* New York, Arco Publishing Co. Inc., 1964.
Morgan Leu, *The Douglas DC-3,* New York, Arco Publishing Co. Inc., 1964.
Morgan Terry, *The Lockheed Constellation,* New York, Arco Publishing Co. Inc., 1967.
Morris Lloyd - Smith Kendall, *Ceiling Unlimited : The Story of American Aviation from Kitty Hawk to Supersonics,* New York, Macmillan Co., 1953.
Munson Kenneth, *Aircraft the World Over,* Londres, Ian Allan Ltd., 1963.
Munson Kenneth, *Civil Aircraft of Yesterday,* Londres, Ian Allan Ltd., 1967.
Munson Kenneth, *Civil Airlines since 1946,* Londres, Blandford Press Ltd., 1967.
Munson Kenneth, Flying Boats and Seaplanes Since 1910, Macmillan, 1971.
Munson Kenneth, *Helicopters and other Rotorcraft since 1907,* Londres, Blandford Press Ltd., 1968.
Munson Kenneth, *Pioneer Aircraft 1903-1914,* Londres, Blandford Press Ltd., 1969.
Munson Kenneth, *Private Aircraft since 1946,* Londres, Blandford Press Ltd., 1967.
Munson Kenneth-Swanborough Gordon, *Boeing an Aircraft Album,* Londres, Ian Allan Ltd., 1971.
Nayler J.L.-Ower E., *Aviation : its Technical Development,* Londres, Chester Springs, 1965.
Nevin David, *The Pathfinders,* Virginia, Time-Life Books, 1980.
Nowarra Heinz J., *Eisernes Kreuz und Balkenkreuz,* Mayence, Verlag Dieter Hoffman, 1968.
Nowarra Heinz J., *Die Sowjetischen Flugzeuge 1941-1966,* Munich, J.F. Lehmanus Verlag, 1967.
Nozawa Tadashi, *Encyclopedia of Japanese Aircraft 1900-1945,* Tōkyō, Shuppan-Kyodo, 1958-1966.
O'Dea W.T., *Aeronautica,* Londres, Science Museum, Her Majesty's Stationery Office, 1966.
O'Neil Paul, *Barnstormers & Speed Kings,* Virginia, Time-Life Book, 1981.
Oriebar A.H., *Schneider Trophy : A Personal Account of High-Speed Flying & the Winning of the Schneider Trophy,* Londres, Seeley Service & Co. Limited, 1929.
Oughton James D., *Bristol an Aircraft Album,* Londres, Ian Allan, 1973.
Palmer Henry R. Jr., *This was Air Travel,* Superior Publishing Company, 1960.
Penrose Harald, British Aviation : *The Pioneer Years,* Londres, Putnam & Co. Ltd., 1967.
Peterson Houston, *See Them Flying,* New York, Richard W. Baron Publishing Co. Inc., 1969.
Petit Edmond, *Histoire mondiale de l'aviation,* Paris, Hachette, 1967.
Piaggio & Coll., *75 anni di attività,* Gênes, Piaggio & C., 1960.
Rae John B., *Climb to Greatness, The American Aircraft Industry, 1920-1960,* Cambridge, USA, Massachusetts Institute of Technology Press, 1968.
Reynolds Quentin, *The Amazing Mr. Doolittle : A Biography of Lieutenant General James H. Doolittle,* Appleton-Century-Crofts, 1953.
Rhode Bill, *Baling Wire, Chewing Gum, and Guts : The Story of the Gates Flying Circus,* Kennikat Press, 1970.
Robertson Bruce, *Aircraft Camouflage and Markings 1907-1954,* Letchworth, Herts, Harleyford Publications Ltd., 1956.
Robertson Bruce, *Aircraft Markings of the World 1912-1967,* Letchworth, Herts, Harleyford Publications Ltd., 1967.
Robinson Douglas H., *LZ 129 Hindenburg,* Dallas, Morgan Aviation Books, 1964.
Rocchi Renato, *La Meravigliosa Avventura,* Rome, Stato Maggiore Aeronautica, 1976.
Rolfe D.-Dawydoff A., *Airplanes of the World, from Pusher to Jet, 1904 to 1954,* New York, 1954.
Rolt L.T.C., *The Aeronauts,* Londres et New York, 1966.
Ronnie Art, Locklear : *The Man Who Walked on Wings,* A.S. Barnes, 1973.
Roseberry C.R., *The Challenging Skies : The Colorful Story of Aviation's Most Exciting Years, 1919-1939,* Doubleday & Co. Inc., 1966.
Roseberry C.R., *Glenn Curtiss : Pioneer of Flight,* Doubleday & Co. Inc., 1972.
Rust Kenn C., ed., *Historical Aviation Album : All American Series,* vol. 10-24, Historical Aviation Album, 1971.
Saladin Raymond, *les Temps héroïques de l'aviation,* Paris, Éditions Arcadiennes, 1949.
Schamburger Page-Christy Joe, *Command The Horizon,* New York, A.S. Barnes and Co., 1968.
Schamburger Page, *Classic Monoplanes,* New York, Sports Car Press Ltd., 1966.
Scharff Robert-Taylord Walter S., *Over Land and Sea : Glenn A. Curtiss,* New York, David McKay Co. Inc., 1968.
Schiff Barry J., *The Boeing 707,* New York, Arco Publishing Co. Inc., 1967.
Schmidt Heinz A.F., *Historische Flugzeuge,*

Vol. I-II, Stuttgart, Motorbuch-Verlag, 1968-1970.
Schmidt S.H.-Weaver Truman C., *Golden Age of Air Racing,* 1940, EAA Air Museum, Foundation Inc., 1963.
Shrader W.A., *Fifty Years of Flight : a Chronicle of The Aviation Industry in America,* Cleveland, Ohio, 1953.
Sikorsky Igor I., *The Story of the Winged-S,* Londres, Robert Hale Ltd., 1939.
Silvestri A., *A cinquant'anni dalla trasvolata delle Alpi,* Milan, 1960.
Simonson G.R., *The History of the American Aircraft Industry (Anthology),* Cambridge, USA, Massachusetts Institute of Technology Press, 1968.
Smith G.G., *Gas Turbines and Jet Propulsion,* Londres et New York, 1955.
Smith Robert T., *Classic Biplanes,* New York, Sports Car Press Ltd., 1963.
Staddon T.G., *History of Cambrian Airways, The Welsh Airline from 1935-1976,* Hounslow, Airline Publications & Sales Ltd.
Stehling Kurt R.-Beller William, *Skyhooks,* New York, Doubleday & Co. Inc., 1962.
Stewart Oliver, *Aviation : the Creative Ideas,* Londres, et New York, 1966.
Stinton D., *The Anatomy of the Aeroplane,* Londres et New York, 1966.
Storia dell'Aviazione, Istituto Geografico De Agostini, Novara, 1978.
Stroud John, *Annals of British and Commonwealth Air Transport,* Londres, Putnam & Co. Ltd., 1962.
Stroud John, *European Transport Aircraft since 1910,* Londres et Fallbrook, California, 1966.
Stroud John, *The World's Airlines,* Londres, The Bodley Head Ltd., 1971.
Sunderman James F., *Early Air Pioneers,* New York, Franklin Watts Inc., 1961.
Swanborough F.G., *Turbine-Engined Airlines of the World,* Londres, Temple Press Book Ltd., 1962.
Swanborough F.C., *Vertical Flight Aircraft of the World,* Fallbrook Calif., Aero Publishers Inc., 1964.

Taylor John W.R., *Aircraft, Aircraft,* Londres, The Hamlyn Publishing Group Ltd., 1967.
Taylor, John W.R., *Aircraft Annual,* Londres, Ian Allan Ltd., 1962.
Taylor, John W.R., *Aircraft Sixty Nine,* Londres, Ian Allan Ltd., 1968.
Taylor John W.R., *Civil Aircraft of the World,* Londres, Ian Allan Ltd., 1968.
Taylor John W.R., *Helicopters and Vtol Aircraft,* Garden City, N.Y., Doubleday & Co., 1968.
Taylor John W.R., *Flight,* Londres, Edward Hilton, 1959.
Taylor John W.R., *Civil Aircraft Recognition,* Londres, Ian Allan Ltd., 1955.
Taylor John W.R., *Aircraft Identification Guide,* Londres, C. Tinling & Co. Ltd.
Taylor Patrick Gordon, *Pacific Flight : the Story of the Lady Southern Cross,* Sydney, Anfus and Robertson Ltd., 1935.
Taylor Patrick Gordon, *The Sky Beyond,* Boston, Houghton Miflin Co., 1963.
The American Heritage History of Flight, New York, American Heritage Publ. Co. Inc., 1962.
The Flyer's Handbook, Londres, Marshall Editions Ltd., 1978.
The Lore of Flight, Gothenburg, Tre Tryckare Gagner & Co., 1970.
Thetford Owen, *Aircraft of the Royal Air Force since 1918,* Londres, Putnam & Co. Ltd., 3e édition, 1962.
Thetford Owen, *British Naval Aircraft Since 1912,* Londres, Putnam & Co. Ltd., 1962.
Thomas Lowel - Thomas Lowel Jr., *Famous First that changed History,* Garden City, N.Y., Doubleday & Co., 1968.
Thompson Jonathan, *Italian Civil and Military Aircraft 1930-1945,* Fallbrook Calif., Aero Publishers Inc., 1963.
Tuck W.J., *Power to Fly,* Londres, Science Museum, Her Majesty's Stationery Office, 1966.
Turner P.St. John-Nowarra Heinz J., *Junkers an Aircraft Album,* Londres, Ian Allan Ltd., 1971.
Uber den Wolken, Munich, Sudwest-Verlag, 1962.

Underwood John W., *The World's Famous Racing Aircraft,* Los Angeles, Floyd Clymer, 1955.
Underwood John W., *Acrobats in the Sky,* Heritage Press, 1972.
Underwood John W., *Vintage & Veteran Aircraft Guide.*
Viemeister Peter, *Flight in the Ocean of Air,* New York, Doubleday & Co. Inc., 1959.
Voisin Gabriel, *Men, Women and 10 000 Kiles,* Londres et Toronto, 1963.
Van Ronau W., *Un idrovolante intorno al mondo,* Milan, Arnoldo Mondadori, 1933.
Vorderman Don, *The Great Air Races,* New York, Doubleday & Co. Inc., 1969.
Weaver Truman C., *Sixty Two Rare Racing Planes,* New York, Arenar Publications.
Weeks E.O., *Lincoln Beachy's Last Ride,* American Aviation, Historical Society Journal, 1961.
Weyl A.R., *Fokker : The Creative Years,* Londres, Putnam & Co. Ltd., 1965.
Whitehouse Arch., *The Years of the Sky Kings,* New York, Doubleday & Co. Inc., 1959.
Whittle Sir F., *Jet,* Londres, 1953.
Wigton Don C., *From Jenny to Jet,* New York, Bonanza Books, 1963.
Wilson Charles-Reader William, *Men and Machines : A History of D. Napier & Son, Engineers Ltd., 1908-1958,* Londres, Weindenfeld and Nicolson, 1958.
Wright Orville, *How we invented the Aeroplane,* New York, F.C. Kelly, 1953.
Wykeham Peter, *Santos-Dumont : A study in Obsession,* Londres et Toronto, 1962.
Wynn Humphrey, *World Airline Insignia,* Londres, Hamlyn Publishing Group Ltd., 1973.

REVUES

Aircam « Specials » Series, vol. I-VII, Canterbury, Osprey Publications Ltd., 1969-1971.
Aircam Aviation Series, vol. I-XVIII, Canterbury, Osprey Publications Ltd., 1969-1971.
Air Classic, Canoga Park, Challange Publications, Inc.
Aircraft Illustrated, Sheefferton, Ian Allan Ltd.
Air Pictorial, Londres, Air League.

Air Progress, New York, The Condé Nast Publications, Inc.
Ala Rotante, Rome, Costruzioni Aeronautiche Giovanni Agusta S.p.A.
Année aéronautique, 1931-1932, Hirschauer & Dollfus.
Aviation magazine international, Paris, Union de presse européenne.
Aviation Week & Space Technology, New York, McGraw-Hill.
Aviazione di Linea Aeronautica e Spazio, Rome.
Camouflage & Markings, Londres, Ducimus Books Ltd.
Cross & Cockade, Leicester, Society of World War I Aero Historians.
Der Flieger, Luftfahrt-Verlag, Walter Zuerl.
Esso Air World, New York, Esso International Inc.
Flight International, Londres, IPC Business Press Ltd.
Flug Revue - Flugwelt, Stuttgart, Vereinigte Motor-Verlage GmbH.
Flying Review International, Londres, Haymarket Press Ltd.
Icare, Revue de l'aviation française, Orly.
Interavia, Genève, Interavia S.A.
Interconair Aviazione Marina, Genève, Interconair S.A.
Koku-Fan, Tōkyō, Bunrin-do Co. Ltd.
I primi cinquant'anni dell'aviazione italiana, Rome, Rivista Aeronautica.
L'Album du fanatique de l'aviation, Paris, Éditions Larivière.
Profile, Windsor, Profile Publications Ltd.
The Aeroplane, Londres.

ANNUAIRES

Aerospace Facts and Figures, Aerospace Industries Association of America Inc. - *Aviation Week & Space Technology,* New York, McGraw-Hill Publication.
Jane's All The World's Aircraft, Londres, Sampson Low, Merston & Co. Ltd., depuis 1909.
The Aerospace Year Book, Washington, D.C., Book Inc., depuis 1922.

INDEX PAR PAYS DES AVIONS FIGURANT DANS LES PLANCHES

Allemagne
A.E.G. J.II, 98
Airbus A.300 B4, 319
Albatros L.73, 105
Arado V.1, 206
Blohm und Voss Ha.139A, 225
Dornier Do.X, 206
Dornier Do.26A, 225
Dornier Do.27 Q-1, 326
Dornier Do.28 A-1, 326
Dornier Do.J Wal, 102
Dornier Do.L2 Delphin II, 102
Dornier Komet III, 103
Focke Wulf A.17a, 105
Focke Wulf Fw.200A Condor, 224
Heinkel He.70G, 206
Heinkel He.111C, 206
Heinkel He.116A, 224
Junkers F.13, 101
Junkers G.24, 105
Junkers G.38CE, 208
Junkers Ju.52/3m, 208
Junkers Ju.86, 208
Junkers Ju.90B, 224
Junkers Ju.160, 208
Junkers W.33, 109
Kress, 63
LZ 127 Graf Zeppelin, 227
LZ 129 Hindenburg, 227
MBB HFB 320 Hansa, 329
Messerschmitt Bf.108B, 156
Roland II, 206
VFW-Fokker 614, 329
Zeppelin-Staaken E.4/20, 100

Argentine
I.A.35-X-III Pandora, 327
I.A.45 Querandi, 326

Australie
De Havilland DHA-3 Drover 3, 327

Autriche
Etrich Taube, 61

Canada
Canadair C-4, 323
Canadair CL-44D-4, 323
De Havilland DHC-2 Beaver 1, 323
De Havilland DHC-3 Otter, 323
De Havilland DHC-4 Caribou, 323
De Havilland DHC-6 Twin Otter, 323
De Havilland DHC-7 Dash 7, 325
Noorduyn Norseman IV, 223

Chine
Peking, 327

Danemark
Ellehammer IV, 56

États-Unis
Aero Commander 560, 328
Aero Spacelines B-377 SGT Guppy-201, 314
Beech C-17R, 154
Beech G-18S, 328
Bell X-2, 392
Bell X-2, 393
Bell X-5, 390
Bellanca P-200 Airbus, 207
Bellanca W.B.2 Columbia, 109
Boeing 40-A, 108
Boeing 80-A, 205
Boeing 221-A Monomail, 207
Boeing 247D, 205
Boeing 314A Yankee Clipper, 225
Boeing 377-10-26 Stratocruiser, 306
Boeing 707-120, 312
Boeing 707-320, 312
Boeing 720, 313
Boeing 727-200, 318
Boeing 737-200, 319
Boeing 747-200, 320
Boeing 757, 319
Boeing 767, 319
Boeing 2707-300 SST, 321
Boeing SA-307B Stratoliner, 300
Cessna Citation 500, 328
Chance Vought XF5U-1, 388
Clark G.A.43, 219
Consolidated 20-A Fleetster, 219
Consolidated Commodore, 202
Consolidated PBY-5A Catalina, 221
Convair 240, 306
Convair 540, 306
Convair 880, 313
Convair 990 Coronada, 313
Curtiss C-46A, 300
Curtiss-Cox Cactus Kitten, 150
Curtiss CR-1, 150
Curtiss CR-3, 148
Curtiss Golden Flyer, 59
Curtiss Hydro A.1, 63
Curtiss R2C-1, 151
Curtiss R3C-1, 151
Curtiss R3C-2, 148
Curtiss R-6, 151
Curtiss T.32 Condor, 205
Cygnet II, 59
Dayton-Wright R.B., 146
Douglas DC-1, 214
Douglas DC-2, 214
Douglas DC-3, 214
Douglas DC-4, 300
Douglas DC-6B, 307
Douglas DC-7C, 307
Douglas DC-8-20, 312
Douglas DC-8-63, 312
Douglas DC-9-10, 317
Douglas DC-10-30, 320
Douglas DWC/0-5 World Cruiser, 104
Douglas M.4, 108
Douglas X-3, 392
Fairchild FC-2W, 108
Fokker C-2 America, 109
Fokker F.32, 205
Folkerts SK-3 Jupiter, 153
Ford 4.AT Trimotor, 106
Gee Bee R-1, 152
Gee Bee Z, 152
Grumman G-21A, 221
Grumman G-159 Gulfstream I, 328
Grumman Gulfstream II, 328
Howard DGA-6 Mr. Mulligan, 153
Hughes H-1, 156
Hughes H-4 Hercules, 304
Laird LC-DW-300 Solution, 152
Laird LC-DW-500 Super Solution, 154
Laird-Turner L-RT Meteor, 153
Lear Jet 24B, 328
Lockheed 9D Orion, 207
Lockheed 10/A Electra, 221
Lockheed 18-56 Lodestar, 300
Lockheed 1329-25 Jetstar II, 328
Lockheed L-188A Electra, 316
Lockheed L-749 Constellation, 306
Lockheed L-1011-800 Tristar, 320
Lockheed L-1049G Super Constellation, 307
Lockheed Vega 1, 108
Martin 2-0-2, 306
Martin M.130 China Clipper, 202
Martin Marietta X-24A, 394
Martinsyde Semiquaver, 147
McDonnell Douglas DC-9-10, 317
McDonnell Douglas DC-10-30, 320
Navy Curtiss NC-4, 99
Northrop Delta, 219
Northrop B-35, 389
Northrop / NASA HL-10, 394
Northrop / NASA M2-F2, 394
Northrop XP-79B, 389
North American X-15A, 393
North American XB-70A Valkyrie, 393
Rockwell Sabreliner 75A, 328
Rockwell International Space Shuttle Orbiter, 394

Ryan NYP Spirit of St. Louis, 109
Seversky Sev-S2, 154
Sikorsky S.38A, 202
Sikorsky S.42, 202
Sikorsky S.43, 202
Sikorsky VS-44, 305
Silver Dart, 59
Stinson SM.1-F Detroiter, 207
Stinson Trimotor S.M.6000, 205
Swearingen Metro II, 327
Thomas-Morse MB-3, 150
Travel Air Mystery Ship, 152
Verville-Sperry R-3, 151
Verville VCP-R, 150
Vultee V.1A, 219
Wedell-Williams, 152
Wright A, 54
Wright B, 54
Wright Flyer I, 54
Wright Flyer III, 54
Wright R (Baby Wright), 54

Espagne
Airbus A.300 B4, 319
CASA-201-B Alcotan, 327

France
Aéroplane, 57
Aérospatiale SN.601 Corvette, 329
Airbus A.300 B4, 319
Air Couzinet 10, 217
Antoinette IV, 58
Antoinette Latham Monobloc, 62
BAC-Aérospatiale Concorde, 321
Benoist XIV, 65
Biplan Voisin Farman, 55
Blériot III, 63
Blériot VII, 58
Blériot XI, 58
Blériot 110, 157
Blériot 125, 203
Blériot 135, 103
Blériot 5190 Santos-Dumont, 215
Blériot Spad 46, 101
Bloch 120, 218
Bloch 220, 217
Breguet III, 62
Breguet XIX Super TR, 155
Breguet 14T, 98
Breguet 530 Saigon, 218
Breguet Br. 763 Provence, 303
Cams 53-1, 200
Canard-Voisin, 64
Caudron C.61, 103
Caudron C-445 Goéland, 217
Caudron C.460, 153
Caudron-Renault C-635 Simoun, 217
Coanda, 62
Couzinet 70 Arc-en-Ciel, 203
Dassault Mercure 100, 319
Dassault Mystère-Falcon 20, 329
Demoiselle 20, 55
Deperdussin de course, 62
De Pischoff-Koechlin, 58
D'Équevilly, 57
Dewoitine D.338, 218
Esnault Pelterie Rep.1, 56
Farman III, 59
Farman F.60 Goliath, 101
Farman F.180, 201
Farman F.190, 201
Farman F.220, 201
Farman F.301, 201
Givaudan, 57
Goupy II, 58
Hydravion de course Deperdussin, 65
Hydravion Fabre, 63
Hydravion Voisin-Archdeacon, 63
Kellner-Béchereau 28 V.D., 155
Latécoère 28, 203
Latécoère 300, 215
Latécoère 521, 215
Latécoère 631, 305
Levasseur PL-8 Oiseau Blanc, 109
Lévy-Lepen R, 98

Lioré et Olivier LeO-213, 200
Lioré et Olivier LeO H-47, 215
Mignet M.H.14 Pou-du-Ciel, 217
Nieuport 29V, 146
Nieuport-Delage 42, 147
Nieuport-Delage 1921, 146
Nord M.H.260, 315
Potez 25 A.2, 103
Potez 56, 217
Potez 62, 218
Santos-Dumont 14 bis, 55
Spad S.20 bis, 146
Sud-Aviation SE-210 Caravelle III, 311
Sud-Est SE-161 Languedoc, 303
Sud-Est SE-2010 Armagnac, 303
Sud-Ouest SO-30P Bretagne, 303
Sud-Ouest SO-95 Corse, 303
Vuia N° 1, 56
Wibault 283 T, 218

Grande-Bretagne
Airbus A.300 B4, 319
Airco D.H.4R, 147
Airspeed A.S.5A Courier, 213
Airspeed A.S. 6 Envoy III, 213
Airspeed A.S.40 Oxford, 213
Airspeed A.S.57 Ambassador 2, 308
Airspeed A.S.65 Consul, 324
Armstrong Whitworth A.W.15 Atalanta, 216
Armstrong Whitworth A.W.27 Ensign 1, 216
Armstrong Whitworth A.W.52, 388
Armstrong Whitworth A.W.155 Argosy I, 106
Armstrong Whitworth A.W.650 Argosy 100, 314
Avro 683 Lancaster 1, 301
Avro 685 York, 301
Avro 688 Tudor 1, 302
Avro 689 Tudor 2, 302
Avro 691 Lancastrian 1, 301
Avro 707, A, 390
Avro 748 Series 1, 310
Avro F, 61
BAC-Aérospatiale Concorde, 321
BAC One-Eleven 500, 317
BAC Super VC-10-1150, 317
Bat Boat N° 2, 64
Blackburn Monoplane, 60
Bristol 167 Brabazon 1, 301
Bristol 170 Wayfarer 2A, 308
Bristol 170 Britannia 102, 316
Bristol T. 188, 391
Britten-Norman BN-2A Islander, 325
Boulton Paul P. 111, 390
Cody Michelin Cup, 60
De Havilland D.H.4A, 98
De Havilland D.H.10 Amiens III, 98
De Havilland D.H.66 Hercules, 106
De Havilland D.H.82A Tiger Moth, 209
De Havilland D.H.84 Dragon Mk.1, 209
De Havilland D.H.86, 209
De Havilland D.H.88 Comet, 155
De Havilland D.H.89 Dragon Rapide, 209
De Havilland D.H. 95 Flamingo, 209
De Havilland D.H.91 Albatros, 216
De Havilland D.H.104 Dove 1, 324
De Havilland D.H.106 Comet 4, 311
De Havilland D.H.108, 388
De Havilland D.H.114 Heron 2, 325
De Havilland N° 1, 60
Dunne D.5, 60
Fairey F.D.2, 391
Gloucestershire Gloster I, 147
Gloucestershire Mars I Bamel, 147
Handley Page H.P.42E, 200
Handley Page H.P.70 Halifax 8, 302
Handley Page H.P.81 Hermes 4, 302
Handley Page H.P.115, 391
Handley Page H.P.R.1 Marathon 1, 324
Handley Page H.P.R.7 Herald 200, 310
Handley Page W8b, 103
Hawker Siddeley 125-700, 329
Hawker Siddeley Trident 1E, 318
Heston Type 5 Racer, 156

Miles M.57 Aerovan 1, 324
Percival P.3 Gull Six, 155
Percival P.50 Prince 1, 324
Phillips Multiplane 1, 56
R.34, 99
Rhomboidal, 57
Roe Biplane 1, 60
Roe Triplane 1, 60
Safety, 57
Scottish Aviation Prestwick Pioneer 2, 325
Scottish Aviation Twin Pioneer 1, 325
Seddon, 57
Short-Mayo S.20/S.21 Composite, 226
Short N° 3, 60
Short S.8 Calcutta, 200
Short S.16 Scion 2, 213
Short S.20 Mercury, 226
Short S.21 Maya, 226
Short S.23, 16
Short S.25/V Sandringham 4, 305
Short S.26, 225
Short S.41, 64
Short S.45 Solent 2, 305
Short S.A.6 Sealand, 324
Short Skyliner, 325
Sopwith Atlantic, 99
Sopwith Tabloid, 65
Supermarine S.5/25, 149
Supermarine S.6B. 149
Supermarine Sea Lion, 148
Tarrant Tabor, 100
T.K.4, 156
Vickers F.B.28 Vimy Commercial, 101
Vickers Vanguard 953, 316
Vickers Viking 1B, 308
Vickers Vimy Transatlantic, 99
Vickers Viscount 700, 310
Walden III, 61
Waterplane, 64

Hollande
Airbus A.300 B4, 319
Fokker F.II, 102
Fokker F.III, 102
Fokker F.VIIa-3m, 105
Fokker F.VIIb-3m, 204
Fokker F.XXXVI, 204
Fokker F.27-100 Friendship, 315
Fokker F.27-500 Friendship, 315
Fokker F.28 Mk.200 Fellowship, 317
Fokker Spin, 61
Fokker T.2, 102
Koolhoven F.K.50, 204
Pander S-4 Postjager, 204

Italie
Aerocurvo Ponzelli-Miller, 56
Asteria N.3, 61
Breda B.Z.308, 322
Campini Caproni CC.2, 226
Cant 6 ter, 105
Cant 10 ter, 105
Cant Z.511, 304
Caproni Ca.60 Transaereo, 100
Caproni Ca.133, 220
Chiribiri N° 5, 61
Fiat G.18V, 220
Fiat G.212 CP, 322
Fiat R.700, 146
Idrovolante Calderara, 64
Macchi-Castoldi MC.72, 157
Macchi M.7 bis, 148
Macchi M.39, 149
Macchi M.B.320, 322
Macchi M.C.94, 220
Macchi M.C.100, 220
N.1 Norge, 227
N.4 Italia, 227
Nardi F.N.305D, 156
Piaggio P.136.L1, 322
Piaggio P.166-B Portofino, 322
Savoia Marchetti S.16 ter, 104
Savoia S.12bis, 148
Savoia S.13bis, 148
SIAI Marchetti S.M.55 Santa Maria, 107

SIAI Marchetti S.M.55P, 107
SIAI Marchetti S.M.55X, 107
SIAI Marchetti S.M.64, 157
SIAI Marchetti S.M.66, 200
SIAI Marchetti S.M.71, 210
SIAI Marchetti S.M.73, 210
SIAI Marchetti S.M.74, 21P
SIAI Marchetti S.M.75, 210
SIAI Marchetti S.M.83, 210
SIAI Marchetti S.M.87, 210

Japon
Koken, 156
Mitsubishi G3M2, 223
Mitsubishi Hinazuru, 223
Nakajima AT-2, 223
NAMC YS-11-100, 315

Pologne
PZL MD-12, 327
PZL-44 Wicher, 222
RWD-11, 222
RWD-13, 222

Roumanie
IAR 23, 222
Icar Comercial, 222
MR-2, 326

Suède
Saab 90 A-2 Scandia, 308

Suisse
Dufaux 4, 61
Pilatus PC-6 Porter, 327

Tchécoslovaquie
Aero 145, 326
Aero 204, 222
L-200 Morava, 326

Union soviétique
Antonov An-2, 309
Antonov An-10A, 310
Antonov An-12B, 314
Antonov An-14 Pchelka, 309
Antonov An-24V, 310
Antonov An-72, 329
Iliouchine Il-12, 309
Iliouchine Il-14P, 309
Iliouchine Il-18V, 316
Iliouchine Il-62, 317
Iliouchine Il-86, 320
Kalinine K-5, 212
Tupolev Ant 9, 211
Tupolev Ant 9/M-17, 212
Tupolev Ant 14, 211
Tupolev Ant 20 Maxim Gorki, 211
Tupolev Ant 25, 155
Tupolev Ant 35, 212
Tupolev Tu-104A, 313
Tupolev Tu-114 Rossiya, 316
Tupolev Tu-124V, 313
Tupolev Tu-134A, 317
Tupolev Tu-144, 321
Tupolev Tu-154B, 318
Yakovlev Ya-6 (AIR-6), 212
Yakovlev Yak-16, 309

INDEX GÉNÉRAL ANALYTIQUE

Les chiffres en caractères gras renvoient aux illustrations, les autres au texte.

A

A (Piaggio P. 166) ; 357
A (Wright) ; **54, 67,** 68
A-1 (Dornier Do. 28) ; **272, 291, 326,** 360, 361, **361, 376**
A.1 (Curtiss Hydro) ; **63,** 76, **76**
A.2 (Curtiss Hydro) ; 76
A.3 (Curtiss Hydro) ; 76
A.4 (Curtiss Hydro) ; 76
A.17a (Focke Wulf) ; **90, 95, 105,** 116, **117**
A.17 Möwe (Focke Wulf) ; 116
A.21 (Focke Wulf) ; 116
A.38 (Focke Wulf) ; 116
A.300 (Airbus) ; 353, **376**
A.300 B2 (Airbus) ; **290,** 354, **354**
A.300 B4 (Airbus) ; **281, 319,** 348, 354
A.310 (Airbus) ; 354
ABA-Aktiebolaget Aerotransport ; 93, 183
Accles & Pollock ; 57, 70
— Seddon ; **57,** 70
Achenbach ; **33,** 34
Acosta, Bert ; 119, 120, 127, 128, 162
Ader, Clément ; 38, 40
— Avion III ; 38, 40, 41
— Éole ; 38, **40, 41**
A.E.G. J.II ; **98,** 111
AEI ; 88, 89, 93, 116, 118, 182, 229
Aerial Carriage ; **24, 25**
Aerial Derby ; 159, 160
Aerial Experiment Association ; 59, 72
— Cygnet I ; 72
— Cygnet II ; **59,** 72
— June Bug ; 72
— Red Wing ; 72
— Silver Dart ; **59,** 72
— White Wing ; 72
Aerial Steam Carriage ; **26,** 27
Aerial Steamer ; 38
Aer Lingus Irish Airlines ; 247, **293**
Aero 145 ; **272, 291, 326,** 361, **361**
Aeroamerica ; **294**
Aéro-Club de France ; 159
Aerocondor ; **295**
Aerocurvo Ponzelli-Miller ; **56,** 70
Aero Design and Engineering Services ; 328
— Aero Commander 520 ; 362
— Aero Commander 560 ; **272, 328,** 362, **362**
Aérodrome ; **40, 41,** 67
Aero Espresso Italiana ; 88, 89, 93, 116, 118, 182, 229
Aeroflot ; 181, 182, 183, 239, 267, 269, **292,** 342, 343, 347, 349, 350, 352, 355, 364
Aerolineas Argentinas ; **295**
Aero Lloyd ; 88, 116
Aeromarine West Indies Airways ; 93
Aeromech Airlines ; **294**
Aeromexico ; **295**
Aeronautica Macchi ; 149, 157, 220, 246, 322
— Macchi Castoldi M.C. 72 ; 137, **141, 143, 157,** 168, **168, 178**
— Macchi M.33 ; 161
— Macchi M.39 ; **140, 142, 149,** 161, **161,** 177
— Macchi M.52 ; 162
— Macchi M.B. 320 ; **272, 291, 322,** 357, **357, 378**
— Macchi M.C. 94 ; **186, 196, 220,** 246, **246, 264**
— Macchi M.C. 100 ; **187, 197, 220,** 246, **246**
Aero 0/Y ; 93, 183
Aeroperu ; **294**
Aéroplane ; **57, 70**
Aeroposta Argentina ; 232
Aéropostale ; 181, 231, 232, 243
Aeroput ; 93, 230
Aero Spacelines Inc. 314, 348
— Spacelines B-377MG-101 ; 348
— Spacelines B-377MG Mini Guppy ; 348
— Spacelines B-377PG Pregnant Guppy ; 348
— Spacelines B-377SG Super Guppy ; 348
— Spacelines B-377 SGT Guppy-201 ; **280, 314, 347,** 348
Aérospatiale ; 329, 364
— SN.600 ; 364
— SN.601 Corvette ; **272, 291, 329,** 364, **364**
Aero Tovarna Letadel ; 222, 248
— Aero 204 ; **185, 197, 222,** 248, **248**
Aero Union ; 88
Aerovan I (Miles M.57) ; **272, 324,** 359
Aerovan 4 (Miles M.57) ; 359
Aerovan 5 (Miles M.57) ; 359
Aerovan 6 (Miles M.57) ; 359
Agello, Francesco ; 139, 168
Air Afrique ; **293**
Air Algérie ; **293,** 337
Air Alpes ; **292**
Air Bleu ; 243
Airbus (Bellanca P-200) ; **185, 207,** 235, **235**
Airbus Industrie ; 319, 348
— Airbus A.300 ; 353, **376**
— Airbus A.300 B2 ; **290,** 354, **354**
— Airbus A.300 B4 ; **281, 319,** 348, 354
— Airbus A.310 ; 354
Air Caledonia ; **294**
Air California ; **294**
Air Canada ; **295**
Airco D.H.4R ; **141, 142, 147,** 160, **160**
Air Couzinef 10 ; **185, 197, 217,** 243, **243**
Aircraft Manufacturing Co. Ltd. ; 98, 11, 147
— De Havilland D.H. 4A ; 88, **90, 94, 98,** 111, **111**
— Airco D.H. 4R ; **141, 142, 147,** 160, **160**
— De Havilland D.H. 10 Amiens III ; **90, 98,** 111, **111**
Aircraft Transport and Travel - ATT ; 88, 89, 111
Airesearch ; 325, 328
— TFE 731-3 ; 328
— TPE 331-201 ; 325
Air Florida ; **295**
Air France ; 181, 229, 230, 232, 241, 242, 243, 244, 268, 269, **292,** 336, 337, 338, 345, 354, 355, 356
Air Gabon ; **293**
Air Guinée ; **292**
Air India ; **292**
Air Inter ; **292,** 353
Air Ivoire ; **293**
Air Jamaica ; **294**
Air Kenya ; **292**
Air Lanka ; **292**
Air Littoral ; **292**
Air Madagascar ; **293**
Air Malawi ; **292**
Air Mali ; 292
Air Malta ; **292**
Air Maroc ; 337
Air Mongol-MIAT ; 292
Air New Zealand ; **295**
Air Niger ; **292**
Air Niugini ; **294**
Air Orient ; 229, 230
Air Panama International ; **294**
Air Portugal-TAP ; **293**
Airspeed Division of De Havilland Aircraft Co. ; 308
— Airspeed A.S.57 Ambassador 2 ; **275, 287, 308,** 342, **342**
Airspeed Ltd. ; 213, 239, 324
— A.S.5A Courier ; **184, 213,** 239, 240, **240**
— A.S.6 Envoy ; 240, **240,** 248
— A.S.6 Envoy II ; **184, 195,** 213
— A.S.6 Envoy III ; 240
— A.S.40 Oxford ; **184, 197, 213,** 240, **240**
— A.S.65 Consul ; **272, 291, 324,** 359, **359**
Air Tanzania ; **292**
Air Transport Command ; 334, 335, 336
Air UK ; **293**
Air Union ; 87, 93, 115, 118, 181, 229, 230, 244
Air Zaïre ; **292**
Ala Littoria ; 118, 181, 182, 229, 237, 238, 245, 246, 337
Alaska Airlines ; **294**
Alaska International Air ; **294**
Albatros ; 87
Albatros-Flugzeugwerke GmbH ; 105
— Albatros L.73 ; **105,** 116
Albatross (De Havilland D.H.91) ; **189, 197, 216,** 242, **242**
Alcock, John ; 111, 112, 114, 119, 120, 122
Alcotan (CASA 201-B) ; **272, 327,** 361, **361**
Alfa Romeo ; 237
— 126 ; 246
— 126 RC10 ; 220
— 126 RC34 ; 210
Ali-Flotte Riunite ; 269
Alia Royal Jordanian ; **293**
Alitalia ; 269, **292,** 335, 345
Allegheny Airlines ; 348
Allen, Cecil ; 164
Allgemeine Elektrizitäts Gesellschaft ; 98
— A.E.G. J.II ; **98,** 111
Allison ; 116, 314, 333, 348
— 501-D13 ; **333**
— 501-D13A ; 316
— 501-D22C ; 314
— J45-A-17-A ; 390
All Nippon Airways ; **293**
Aloha Airlines ; **295**
Alpa Bern ; 233
Alvis
— Leonides ; 359, 360
— Leonides 501/3 ; 324
— Leonides 501/4 ; 324
— Leonides 514/8 ; 324
AM.34 RN ; 211

425

Ambassador 2 (Airspeed A.S.57); **275, 287, 308,** 342, **342**
America (Fokker (C-2); **91, 95, 109,** 119, **119,** 120, 127, **129**
American Airlines; 183, 245, 267, **294,** 335, 346, 354
American Airways; 234, 241
American Export Airlines; 267
American Overseas Airlines; 267, 335
Amiens III (De Havilland D.H.10); **90, 98,** 111, **111**
Amundsen, Roald; 252
An-2 (Antonov); **272, 309,** 343
An-2P (Antonov); **343**
An-10A (Antonov); 269, **278, 288, 310,** 344, **344**
An-12B (Antonov); **277, 288, 314, 347, 347,** **379**
An-14 Pchelka (Antonov); **291, 309, 342,** 343
An-24T (Antonov); 344
An-24V (Antonov); **274, 288, 310,** 344, **344**
An-26 (Antonov); 364
An-72 (Antonov); **275, 290, 329,** 364, **364**
Andreani, Paolo; 22
Ansaldo; 148
Ansett Airlines of Australia; **295,** 339
ANT 2 (Tupolev); 238
ANT 3 (Tupolev); 238
ANT 4 (Tupolev); 238
ANT 5 (Tupolev); 238
ANT 9 (Tupolev); **194, 211, 238, 238,** 239
ANT 9/M17 (Tupolev); **212,** 239
ANT 14 (Tupolev); **190, 194, 211, 238, 238,** 239
ANT 20bis (Tupolev); 239
ANT 20 Maxim Gorki (Tupolev); **192, 195, 211, 238,** 239
ANT 25 (Tupolev); **141, 143, 155, 167, 167**
ANT 35 (Tupolev); **186, 196, 212,** 239, **239**
Antilles Air Boats; **294,** 339
Antoinette; 55, 58, 60, 61, 62, 63, 68, 71, 73, 76
Antoinette IV; **58, 71, 71**
Antoinette VI; 71
Antoinette VII; 71, 72
Antoinette Latham Monobloc; **62,** 75, **75**
Antonov An-2; **272, 309,** 343
Antonov An-2P; **343**
Antonov An-10A; 269, **278, 288, 310,** 344, **344**
Antonov An-12B; **277, 288, 314, 347, 347, 379**
Antonov An-14 Pchelka; **291, 309, 342,** 343
Antonov An-24T; 344
Antonov An-24V; **274, 288, 310,** 344, **344**
Antonov An-26; 364
Antonov An-72; **275, 290, 329,** 364, **364**
Antonov, Oleg; 347
Anzani; 57, 58, 61, 71, 238
Appleby, John; 24
Apt, Milburn; 398
Aquila Airways; 339
Arado Handelsgesellschaft GmbH; 206, 234
— Arado V.I; **206,** 234
Arban, François; 22
Arc-en-Ciel (Couzinet 70); **181, 187, 194, 203,** 231
Archbold, Richard, 247
Archdeacon, Ernest; 68, 76
Argosy I (Armstrong A.W. 155); **91, 95, 106,** 118, **118**
Argosy II (Armstrong A.W. 155); 118
Argosy 100 (Armstrong A.W. 650); **275, 288, 314, 347, 347, 374**
Argosy 102 (Armstrong A.W. 650); 347
Argus; 61, 74
— AS 1Oc; 156
Arlandes, François d'; 22, 23
Armagnac (Sud-Est SE-2010); **279, 287, 303, 337, 337, 375**
Armée de l'air; 337
Armstrong Siddeley
— Cheetah 10; 213, 324
— Lynx VIC; 213
— Jaguar III; 106
— Serval III; 216
— Serval Mk.I; 222
— Tiger IX; 216
Armstrong Whitworth A.W. 15 Atalanta; **189, 195, 216,** 242, **242,** 260
Armstrong Whitworth Aircraft Ltd.; 106, 216, 243, 314, 347, 388, 396
Armstrong A.W. 27 Ensign 2; 243
Armstrong A.W. 52; **388, 396, 396**
Armstrong A.W. 52G; 396, **401**
Armstrong A.W. 155 Argosy I; **91, 95, 106,** 118, **118**
Armstrong A.W. 155 Argosy II; 118
Armstrong A.W. 650 Argosy 100; **275, 288, 314,** 347, **347, 374**
Armstrong A.W. 650 Argosy 102; 347
Armstrong Whitworth A.W. 27 Ensign I; **192, 197, 216,** 242, **243**

A.S.5A Courier (Airspeed); **184, 213,** 239, 240, **240**
A.S.6 Envoy (Airspeed); 240, **240,** 248
A.S.6 Envoy II (Airspeed); **184, 195,** 213
A.S.6 Envoy III (Airspeed); 240
A.S.40 Oxford (Airspeed); **184, 197, 213,** 240, **240**
AS.57 Ambassador 2 (Airspeed); **275, 287, 308,** 342, **342**
A.S.65 Consul (Airspeed); **272, 291, 324,** 359, **359**
Aspen Airways; 295
Associated Press; 67
Asteria N. 2; 74
Asteria N. 3; **61,** 74, **74**
AT-2 (Nakajima); **186, 196, 223,** 248, 249, **249**
Atalanta (Armstrong Whitworth A.W.15); **189, 195, 216,** 242, **242,** 260
ATI-Aero Trasporti Italiani; 292
Atlantic (Sopwith); **90, 94, 99,** 111, **112**
Atlantic Aircraft Corp.; 109
— Fokker C-2 America; **91, 95, 109,** 119, **119,** 120, 127, **129**
ATT; 88, 89, 93, 111
AU-23A Peacemaker (Pilatus); 362
Aubier & Dunne; 217
Austral Lineas Aereas; **295**
Austrian Airlines; **293**
Austro-Daimler; 74
Avalon Air Transport; 339
Aviaco; **292**
AVIANCA; **295**
Aviateca Aerolineas de Guatemala; **295**
Aviogenex; **293**
Avio Linee Italiane - ALI; 93, 182, 238, 246
Avion III; 38, 40, **41**
Avions Caudron; 103
— Caudron C61; **103,** 115
— Caudron C-460; **140, 153, 165,** 165, 177
Avions H. & M. Farman; 87, 101, 201
— Farman F.60 Goliath; 87, **91, 93, 94, 101,** 113, **113,** 229
— Farman F.180; **201,** 229, **230**
— Farman F.190; **184, 194, 201,** 230, **230**
— Farman F.192; 230
— Farman F.193; 230
— Farman F.194; 230
— Farman F.197; 230
— Farman F.198; 230
— Farman F.199; 230
— Farman F.220; **201,** 230, **230**
— Farman F.300; 230, **263**
— Farman F.301; **185, 194, 201,** 230, **230**
— Farman F.302; 230
— Farman F.303; 230
— Farman F.304; 230
— Farman F.305; 230
— Farman F.306; 230
— Farman F.310; 230
Avions Marcel Bloch; 217, 218
— Bloch 120; **186, 195, 218,** 244, **244**
— Bloch 220; **189, 196, 217,** 243, **243**
Avions Marcel Dassault; 329, 364
— Dassault Mystère 10; 364
— Dassault Mystère 50; 364
— Dassault Mystère Falcon 20; **273, 291, 329,** 363, **364, 375**
— Dassault Mystère Falcon 20F; 364
— Dassault Mystère Falcon 20G; 364
Avions Max Holste; 348
— M.II. 250; 348
— M.H. 260; 348
A.V. Roe & Co. Ltd.; 60, 61, 73, 75, 88, 93, 301, 302, 310, 343, 390, 397
— Avro 522 Viper; 160
— Avro 543 Baby; 159
— Avro 683 Lancaster I; **273, 286, 301,** 335, **335,** 336
— Avro 685 York; **274, 286, 301,** 335, **335, 372**
— Avro 688 Tudor 1; **275, 286, 302,** 335, **335,** 336
— Avro 689 Tudor 2; **277, 286, 302,** 335, **335,** 336
— Avro 689 Tudor 5; 336
— Avro 691 Lancastrian 1; **274,** 335, **335,** 336, **373**
— Avro 707A; **390, 397**
— Avro 707B; **397**
— Avro 707C; 397
— Avro 748 Series I; **273, 310,** 343, **344, 374**
Avro F; **61, 74,** 75
— Avro Lincoln; 335
— Avro Roe Biplane I; **60,** 73
— Avro Roe Triplane I; **60,** 73, **73**
— Avro Vulcan; 397
A.W.15 Atalanta (Armstrong Whitworth); **189, 195, 216,** 242, **242,** 260
A.W.27 Ensign I (Armstrong Whitworth); **192, 197, 216,** 242, **243**
A.W.27 Ensign 2 (Armstrong); 243

A.W.52 (Armstrong); **388, 396, 396**
A.W.52G (Armstrong); 396, **401**
A.W.155 Argosy I (Armstrong); **91, 95, 106,** 118, **118**
A.W.155 Argosy II (Armstrong); 118
A.W.650 Argosy 100 (Armstrong); **275, 288, 314,** 347, **347, 374**
A.W.650 Argosy 102 (Armstrong); 347

B

B (Wright); **54, 67,** 68
B2 (Airbus A.300); **290,** 354, **354**
B4 (Airbus A.300); **281, 319,** 348, 354
B-17 (Boeing); 334
B-29 Superfortress (Boeing); 340
B-35 (Northrop); **389,** 396
B-47 (Boeing); 345
B-377MO-101 (Spacelines); 348
B-377MG Mini Guppy (Spacelines); 348
B-377PG Pregnant Guppy (Spacelines); 348
B-377SG Super Guppy (Spacelines); 348
B-377 SGT Guppy-201 (Spacelines); **280, 314, 347,** 348
Baby (Avro 543); 159
Baby Grand (Wright); 68
Baby Wright (Wright R); **54,** 68, **68**
BAC-Aérospatiale; 321, 356
— BAC-Aérospatiale Concorde; **238, 321,** 348, 355, 356, **356, 376**
BAC One-Eleven-200; **350, 351**
BAC One-Eleven-300; 350
BAC One-Eleven-400; 350
BAC One-Eleven-475; 350, **351**
BAC One-Eleven-500; **277, 289, 317,** 350, **351, 374**
Bacqueville; 20, 21
BAC Super VC-10; 352, **352, 374**
BAC Super VC-10-1150; **285, 317**
Bacula; 161
BAC VC-10; 350, **352**
BAe; 329
— Hawker - Siddeley 125-400; 364
— Hawker - Siddeley 125-600; 364
— Hawker - Siddeley 125-700; **272, 291, 329,** 364, **364, 375**
Bahamasair; **294**
Balair; **293**
Balbo, Italo; 118, 120, 127, 128
Balchen, Bert; 119, 120, 127, 128
Baldwin, Frederick; 72
Balkan Bulgarian Airlines; **293**
Balzer, Stephen; 40
Bamel (Gloucestershire Mars I); **140, 142, 147,** 160, **160, 176**
Banciulescu, Gheorghe; 247
Bangladesh Birman; **294**
Barnwell, R.H.; 78
Bat; 36
Bat Boat N. 1 (Sopwith); 77
Bat Boat N. 2 (Sopwith); **64,** 77, **77**
Batten, Jean; 167
Bauer, Melchior; 20, 21
Bavaria; **292**
Bayerischer Luft Lloyd; 87
Bayles, Lowell; 164
BEA-British European Airways; 268, 269, 341, 342, 343, 345, 347, 349, 352, 360
Beaumont, Louis D.; 160
Beaver 1 (De Havilland DHC-2); **272, 291, 323,** 358, **358, 381**
Bécherau, Louis; 75, 78
Beech Aircraft Corp.; 154, 328
— C.17R; **141, 143, 154,** 166, **166,** 179
— C.18; 363
— D.18; 363
— E.18; 363
— G.18S; **328,** 362, 363, **363**
— H.18S; 363
Beetle; 136
Beinhorn, Elly; 167
Belgian World Airlines - SABENA; 93, 237, 238, 247, **292**
Belize Airways; **294**
Bell Aircraft Corp.; 390
— X-1; 387, **392,** 398, **398,** 399, **401**
— X-1A; 398
— X-1B; 398
— X-1D; 398
— X-1E; 398
— X-2; **393,** 398, **398,** 399, **401**
— X-5; **390,** 397, **397, 401**
Bell, Alexander Graham; 72
Bellanca Aircraft Corp.; 109, 207

— P-200 Airbus; **185, 207, 235, 235**
— W.B.2 Columbia; **90, 95, 109,** 119, **119,** 120, 127, **128**
Bellanca, Mario; 235
Bellanca P-200 Airbus; **185, 207, 235, 235**
Bellanca W.B.2. Columbia; **90, 95, 109,** 119, **119,** 120, 127, **128**
Bellonte, Maurice; 120, 127, 128, 166
Bell Telephones Laboratories; 119
Bendix, Vincent; 165
Bennet, Floyd; 89, 117, 251, 252
Benoist, Thomas; 78
Benoist XIV; 78, **78,** 93
Benz Bz. IV; 98
Bernard, Adolphe; 139
Bernard V.2; 139
Besnier; 20, **21**
Bettis, Cyrus; 137, 163
Bf. 108A (Messerschmitt); 167
Bf. 108B (Messerschmitt); **141, 143, 156,** 167, **167, 176**
Biard, Henry C.; 137, 161
Bienvenu; 24, 34
Biplane I (Avro Roe); **60,** 73
Birmingham; 72
Bizerte (Breguet 521); 244, **244**
Blackburn Aeroplane Co.; 60
— Blackburn Monoplane; **60,** 73, **73**
Blackburn, Cirrus Mayor; 324
Blackburn, Robert; 73
Blanchard, Jean-Pierre; 20, **21,** 22, 23
Blériot Aéronautique; 101, 103, 157, 203
— XI; 120
— 110; **141, 143, 157,** 168, **168, 177**
— 115; 115
— 125; **186, 203, 232, 232**
— 135; **91, 94, 103,** 115, **115**
— 155; 115
— 5190 Santos-Dumont; **190, 195, 215,** 241, **241**
— Spad 33; 114
— Spad 46; **101,** 114
— Spad 126; 114
Blériot, Louis; 58, 63, 69, 71, 74, 75, 76, 111, 120
— II; 76
— III; **63,** 76
— VII; **58, 71, 71**
— IX; 71
— X; 71
— XI; **58, 71, 71,** 159
Bloch 120; **186, 195, 218,** 244, **244**
Bloch 220; **189, 196, 217,** 243, **243**
Blohm und Voss Schiffswerfts Abteilung Flugzeugbau; 225
— Ha. 139; 250
— Ha. 139A; **188, 196, 225, 250**
B.M.W.; 102
— IIIa; 101
— IV; 102, 105
— VI; 206
— VIu; 206
— 132E; 208
— 132G; 224
— 132H; 224
— Hornet; 206, 208
BN-2A-Mk III Trislander (Britten-Norman); **272,** 360
BN-2A Islander (Britten-Norman); **272, 325,** 360, **360, 374**
BOAC-British Overseas Airways Corporation; 182, 237, 243, 250, 251, 268, 334, 336, 338, 341, 344, 345, 349, 351, 356, 358
Boardman, Russel; 164
Boeing Aircraft Co.; 300, 301, 312, 313, 318, 345, 352
— 367-80; 345
— 377-10-26 Stratocruiser; **278, 287, 306,** 340, 348, **382**
— 707-120; 268, **279, 288, 312,** 345, **345,** 346, **383**
— 707-320; **270, 285, 288, 312,** 345, **345, 384**
— 720; **288, 313,** 345, 346, **346, 384**
— 720B; 346
— 727-100; **353**
— 727-200; **281, 288, 318,** 352, **353**
— 727-200C; 352
— B-17; 334
— B-29 Superfortress; 340
— B-47; 345
— S-307; 334
— SA-307B Stratoliner; **286, 300,** 334, **334**
Boeing Airplane Co.; 108, 246
— 40-A; **90, 95, 108,** 119, **119**
— 80; 233
— 80A; **187, 194, 205,** 233, **233**
— 80-B; 234
— 220; 235, **235**

— 221; 235, 251, **251**
— 221-A Monomail; **185, 194, 207,** 235
— 247; 234, 235, 239, 240, 241, 244, 246
— 247D; 183, **186, 195, 205, 233**
— 314A Yankee Clipper; **192, 197, 225**
Boeing Air Transport; 89, 119, 233
Boeing Commercial Airplane Co.; 319, 320
— 737-100; **353, 385**
— 737-200; **276, 289, 319,** 353, **353**
— 737-200C/QC; 353
— 737-200 Long Range; 353
— 747; **354, 385**
— 747-100; 354
— 747-100 Combi; 354
— 747-100F; 354
— 747-100 SP; 354, **355**
— 747-100 SR; 354
— 747-200; 268, **284, 289, 320,** 354, 355
— 747-200B; 354
— 747-200B Combi; 354
— 747-200C; 354
— 747-200F; 354
— 757; 268, **281, 290, 319,** 354, **354**
— 767; 268, **285, 290, 319,** 354, **354**
— 2707-300 SST; **321,** 355, 356, **356**
Bologna, Luigi; 137, 160
Bonzi, Leonardo; 167
Boothman, John H.; **138,** 162
Borses; 120, 123, 128
Bossoutrot, Lucien; 87, 168
Boston (Douglas DWC); 116, 120
Boulton Paul 390
— Boulton Paul P. 111; **390,** 397
— Boulton Paul P. 111A; 397, **397**
Bowen Airlines; 235
Boyvin de Bonnetot, Jean-François; 200
Br. 761 (Breguet); 337
Br. 761S (Breguet); 337
Br. 763 Provence (Breguet); **276, 287, 303,** 337, **337, 375**
Br. 765 Sahara (Breguet); 337
Brabazon 1 (Bristol 167); **282, 287, 304, 338, 338**
Braga; 118
Brandenburg; 116
Braniff Airways; 235
Braniff International; 267, 295
Breant; **35,** 36
Brearey F.W.; **38**
Breda B.Z. 308; **278, 322,** 357, **357, 378**
Breguet 14; 111
Breguet 14T; 87, **90, 94, 98,** 111, **111**
Breguet 16 Bn-2; 120
Breguet 521 Bizerte; 244, **244**
Breguet 530 Saigon; **193, 195, 218,** 244
Breguet Br. 761; 337
Breguet Br. 761S; 337
Breguet Br. 763 Provence; **276, 287, 303,** 337, **337, 375**
Breguet Br. 765 Sahara; 337
Breguet, Jacques; 76
Breguet, Louis; 62, 76, 111
— I; 76
— III; **62, 75,** 76
Breguet XIX; 120, 123, 128, **176**
Breguet XIX Jesus del Gran Poder; 120, 123, **128**
Breguet XIX Super TR Point-d'Interrogation; 120, 126, **128, 141, 142, 155,** 166, **166**
Bremen (Junkers W. 33); **90, 95, 109,** 119, **119,** 120, 126, **128**
Bretagne (Sud-Ouest SO-30P); **273, 286, 303, 336,** 337
Bristol
— Centaurus 20; 304
— Centaurus 568; 322
— Centaurus 661; 308, **330**
— Hercules IC; 225
— Hercules 100; 302
— Hercules 632; 308
— Hercules 634; 308
— Hercules 637; 305
— Hercules 763; 302
— Jupiter VI; 106
— Jupiter XIF; 209
— Pegasus XC; 216, 226
— Pegasus 48; 322
— Perseus XVI; 209
— Proteus 600; 304
— Proteus 705; 316, **330**
— Siddeley Gyron Jr. DGJ.10R; 391
— Siddeley Viper 9; 391
Bristol Aeroplane Co. Ltd.; 304
— 167 Brabazon 1; **282, 287, 304, 338, 338**
— 170 Freighter; 341
— 170 Wayfarer 2A; **286, 308,** 341, **341**
— 175 Britannia 102; **278, 287, 316,** 349, **349**
— 175 Britannia 300; 349
— 175 Britannia 310; 349

— 175 Britannia 312; 349
— 175 Britannia 320; 349
Bristol Aircraft Ltd. 391
— 77; 160
— T. 188; **391, 397, 398**
Britannia 102 (Bristol 175); **278, 287, 316,** 349, **349**
Britannia 300 (Bristol 175); 349
Britannia 310 (Bristol 175); 349
Britannia 312 (Bristol 175); 349
Britannia 320 (Bristol 175); 349
Britannia Airways; 293
British Aircraft Corp.; 217
— BAC One-Eleven-200; 350, **351**
— BAC One-Eleven-300; 350
— BAC One-Eleven-400; 350
— BAC One-Eleven-475; 350, **351**
— BAC One-Eleven-500; **277, 289, 317,** 350, **351, 374**
— BAC Super VC-10; **352, 352, 374**
— BAC Super VC-10-1150; **285, 317**
— BAC VC-10; 350, **352**
British Airways; 181, 247, **293,** 354, 355, 356
British and Colonial Aeroplane Co.; 75
British Caledonian Airways; **293**
British Continental Airways; 181
British European Airways-BEA; 268, 269, 341, 342, 343, 345, 347, 349, 352, 360
British Latin American Airlines-BLAIR; 268
British Marine Air Navigation; 88, 93
British West Indian Airways; **294,** 359
Britten-Norman Ltd. 325
— BN-2A-MkIII Trislander; **272,** 360
— BN-2A Islander; **272, 325,** 360, **360, 374**
Brock, William Z.; 159
Brow, Harold J.; 163
Brown, Arthur Whitten; 111, 112, 114, 119, 120, 122
BSAA-British South American Airways; 268, 335, 336
Buffalo (De Havilland DHC-5); 358
Burdin; 36
Burma Airways; **294**
Butler, **28**
Byrd Richard E.; 89, 117, 119, 120, 127, 128, 252
B.Z. 308 (Breda); **278, 322,** 357, **357, 378**

C

C (Piaggio P. 166); 357
C-2 America (Fokker); **91, 95, 109,** 119, **119,** 120, 127, **129**
C-4 (Canadair); **276, 323,** 358, **358, 380**
C17R (Beech); **141, 143, 154,** 166, **166, 179**
C.18 (Beech); 363
C-46A (Curtiss); **274, 286, 300,** 334, **334**
C-46 Commando (Curtiss); 334, **302**
C-46D (Curtiss); 334
C-46F (Curtiss); 334
C61 (Caudron); **103,** 115
C-440 (Caudron); 243
C-445 Goéland (Caudron); **186, 196, 217,** 243, **243**
C-449 (Caudron); 243
C-460 (Caudron); **140, 153,** 165, **165, 177**
C-635 Simoun (Caudron-Renault); **183, 195, 217, 243, 243**
Ca. 60 Transaereo (Caproni); **92, 100,** 113, **113**
Ca. 101 (Caproni); 245
Ca. 133 (Caproni); **186, 196, 220, 245,** 245, **264**
CAAC-Civil Aviation Administration of China; 292, 352
Cabral Sacadura; 120, 123, 128
Calcutta (Short S.8); **193, 194, 200, 229, 229,** 244
Calderara; **64,** 72, 77
Calderara, Mario; 72, 77
Cameroon Airlines; **293**
Campanelli, Ernesto; 89, 116
Campini, Secondo; 251
Cams 53-1, **186, 200, 229, 229**
Canadair Ltd.; **323**
— C-4; **276, 323,** 358, **358, 380**
— CL-44D-4; **280, 323,** 358, **358, 381**
— CL-44J; 358
Canadian Car & Foundry; 249
— Noorduyn Norseman; 249
Canadian Pacific Airlines; **295,** 358
Canard-Voisin; **64,** 77
Cant 6ter; **105,** 116
Cant 10ter; **90, 95, 105,** 117, **117,** 246
Cantieri Navali La Spezia; 64
— Calderara; **64,** 72, 77
Cantieri Navali Triestini-CANT; 105, 116
— Cant 6ter; **105,** 116

— Cant 10ter; **90, 95, 105,** 117, **117,** 246
Cantieri Riuniti dall'Adriatico; 304
— Cant Z.511; **276, 304,** 377, **377**
Canton-Unné; 62
Cant Z.511; **276, 304,** 377, **377**
Capannini; 168
Capital Airlines; 267
Capitol International Airways; **295**
Caproni Ca. 60 Transaereo; **92, 100,** 113, **134**
Caproni Ca. 101; 245
Caproni Ca. 133; **186, 196, 220, 245,** 245, **264**
Caproni Campini CC.2; **185, 226, 251, 252**
Caravelle 10B (Sud-Aviation SE-210); 345
Caravelle 10R (Sud-Aviation SE-210); 345
Caravelle 11 (Sud-Aviation SE-210); 345
Caravelle 12 (Sud-Aviation SE-210); 345
Caravelle 1A (Sud-Aviation SE-210); 345
Caravelle III (Sud-Aviation SE-210); **277, 288, 311, 344,** 345, **375**
Caravelle VI (Sud-Aviation SE-210); 345
Caribbean Airways; **295**
Caribou (De Havilland DHC-4); **274, 323,** 358, **358, 381**
Carter, Larry L.; 160
CASA 201-B Alcotan; **272, 327,** 361, **361**
CASA 201-E; **378**
CASA 201-F; 361
Cassinelli; 168
Castoldi, Mario; 246
Catalina (Consolidated PBY-5A); **188, 197, 221, 247, 247**
Cathay Pacific Airways; **292**
Caudron-Renault C-635 Simoun; **183, 195, 217, 243, 243**
Caudron C61; **103,** 115
Caudron C-440; 243
Caudron C-445 Goéland; **186, 196, 217,** 243, **243**
Caudron C-449; 243
Caudron C-460; **140, 153,** 165, **165, 177**
Caudron, René; 111
Cavendish, Henry; 22
Cayley, George; 24, **25,** 26, 28, 34, 36, 38
— Aerial Carriage; **24, 25**
CC.2 (Caproni Campini); **185, 226, 251, 252**
Cecconi, Fausto; 168
Ceskoslovenske Aeroline; **292**
Cessna Aircraft Co.; 328
— Citation 500; **272, 291, 328,** 363, **363**
— Citation 500I; 363
— Citation 500II; 363
— Citation 500III; 363
CETA; 183
Challe; 120, 123, 128
Chalus; 120, 121
Chamberlin, Clarence D.; 119, 120, 127, 128
Chance Vought Division of United Aircraft Corp.; 388
— XF5U-1; **388, 396, 396**
— V-173; 396
Chantiers aéro-maritimes de la Seine; 200
— Cams 53-1; **186, 200, 229, 229**
Chantiers aéronautiques Wibault; 218
— Wibault 280T; 243, 244
— Wibault 281T; 244
— Wibault 282T; 244
— Wibault 283T; **187, 195, 218, 244,** 244, **263**
Chanute, Octave; 36, **37,** 40
Charles, Jacques Alexandre César; 22
— Charlière; 23
Chauvière, Lucien; 58, 71
— De Pischoff-Koechlin; **58,** 71
Chicago & Southern Airlines; 267
Chicago (Douglas DWC); 116, 120, 122, 128
China Airlines; **293**
China Clipper (Martin M. 130); **191, 196, 231,** 231
China National Aviation Corporation; 231
Chiribiri & Cie, A.; 61
— N.5; **61, 74, 74**
Chiribiri, Antonio; 74
Citation 500 (Cessna); **272, 291, 328,** 363, **363**
Citation 500I (Cessna); 363
Citation 500II (Cessna); 363
Citation 500III (Cessna); 363
CL-44D-4 (Canadair); **280, 323,** 358, **358, 381**
CL-44J (Canadair); 358
Clark, G.A.; **185, 219, 245, 245**
CLASSA-Concessionaria Lineas Aereas Subvencionales; 183
Clerget; 62
CMA-Compagnie des Messageries Aériennes; 87, 93, 111, 113
C.M.A.S.A.; 102, 115
— Dornier Do. J Wal; **91, 94, 102, 115, 115**
Coanda; **62,** 75
Coanda, Henry; 62, 75
— Coanda; **62,** 75

Cobham; 120, 121, 128, 239
Cochise Airlines; **295**
Cochran, Jacqueline; 166
Codos, Paul; 168
Cody, Samuel Franklin; 60, 73
— Michelin Cup; **60,** 73, **73**
Coli, François; 119
Collyer, Chas; 119
Colonial Air Transport; 89, 93
Columbia; 387, 395, **395,** 400
Columbia (Bellanca W.B.2.); **90, 95, 109,** 119, **119,** 120, 127, **128**
Combi (Boeing 747-100); 354
Comercial (ICAR); **184, 222, 247, 247**
Comet (De Havilland D.H.88); **141, 143, 144, 155,** 166, **166,** 167, **176**
Comet 4 (De Havilland D.H.106); **278, 288, 311, 344, 344,** 345
Comet 4B (De Havilland D.H.106); 345, **373**
Comet 4C (De Havilland D.H.106); 345
Commander 520 (Aero); 362
Commander 560 (Aero); **272, 328,** 362, **362, 382**
Commando (Curtiss C-46); 334, **382**
Commercial (Douglas); 240
Commodore (Consolidated); **188, 194, 202, 230, 231, 231,** 244
Compagnie Deperdussin; 62
— Deperdussin de course; **62,** 75, **75,** 137, 138, 159, 160
— Hydravion de course Deperdussin; **65,** 78, **78**
Compagnie des grands express aériens; 87, 113
Compagnie des transports aéronautiques du Sud-Ouest; 87
Compagnie franco-roumaine de navigation aérienne-CFRNA; 87, 93, 114, 115
Compagnie d'entreprises aéronautiques-CGEA; 87, 93
Compagnie internationale de navigation aérienne-CIDNA; 181, 230, 244
Compagnie transafricaine d'aviation; 230
Compaña Española de Trafico Aereo-CETA; 93
Compagnie Vermorel; 57, 70
— Givaudan; **57,** 70
Concorde (BAC-Aérospatiale); **283, 321,** 348, 354, 355, 356, **356, 376**
Condor (Curtiss T. 32); **186, 195, 205, 233,** 234, 241
Condor (Focke Wulf Fw.220A); **189, 197, 224,** 249, **250**
Condor Flugtienst; **292, 295**
Consolidated Aircraft Co.; 202, 219, 244
— 17; 244, 245, **245, 265**
— 17-2C; 245
— 17-AF; 245
— 20; 245
— 20A Fleetster; **184, 212,** 244, 245
— Commodore; **188, 194, 202, 230, 231, 231,** 244
— PBY-1; 247
— PBY-2; 247
— PBY-3; 247
— PBY-4; 247
— PBY-5A Catalina; **188, 197, 221, 247, 247**
— PBY-6A; 247
Constellation (Lockheed L-749); **276, 287, 306, 340, 340, 382**
Construcciones Aeronauticas S.A.; 327
— CASA 201-B Alcotan; **272, 327,** 361, **361**
— CASA 201-E; **378**
— CASA 201-F; 361
Consul (Airspeed A.S.65); **272, 291, 324,** 359, **359**
Continental Airlines; **295**
Convair Division of General Dynamics Corp.; 306, 313, 339, 346
— 110; 339
— 240; **274, 286, 306, 339, 340, 382**
— 340; 340
— 440; 340
— 540; **274, 287, 306, 340, 340**
— 580; 340
— 600; 340
— 640; 340
— 880; **279, 313,** 346, **346, 384**
— 990 Coronado; **280, 289, 313,** 346, **346, 384**
Coronado (Convair 990); **280, 289, 313,** 346, **346, 384**
Corporacion Sud-Americana de Transportes Aereos; 238, 246
Corse (Sud-Ouest SO-95); **272, 303, 336,** 337
Corvette (Aerospatiale SN. 601); **272, 291, 329, 364, 364, 376**
Costes, Dieudonné; 120, 127, 128, 166
Coupe d'aviation maritime; 137
Coupe Beaumont; 159, 160

427

Coupe Gordon Bennett ; 72, 75, 78, 137, 139, 159
Coupe H. Deutsch de La Meurthe ; 159, 160, 165, 166
Coupe Schneider ; 137, 138, 139, 160, 161, 162, 163, 168
Courier (Airspeed A.S. 5A) ; **184, 213,** 239, 240, **240**
Courtney, Francis ; 160
Coutinho, Gago ; 123, 128
Couzinet 70 Arc-en-Ciel ; **181, 187, 194, 203, 231**
Couzinet 71 ; 232
Couzinet, René ; 231, 232, 243
Cox Cactus Kitten (Curtiss) ; **140, 150,** 162, **163**
Cox, S.E.J. ; 162
CR-1 (Curtiss) ; **140, 142, 150,** 161, 162, 163, **163**
CR-3 (Curtiss) ; 137, **141, 142, 148,** 161, **161,** 162, **178**
Crippen, Robert ; 400
Crocco ; 77
Croix-du-Sud (Latécoère 300) ; **190, 194, 215,** 241, **241, 263**
Crossair ; **293**
Cruzeiro do Sul ; **294**
CSA-Ceskoslovenske Statni Aerolinee ; 93, 183, 238, **292,** 342, 347
CT-39 (Rockwell) ; 363
CUBANA ; **294**
Curtiss-Wright Corp. ; 300
— Curtiss C-46A ; **274, 286, 300,** 334, **334**
— Curtiss C-46 Commando ; 334, **382**
— Curtiss C-46D ; 334
— Curtiss C-46F ; 334
Curtiss Aeroplane and Motor Co. ; 99, 148, 150, 151
— Cox Cactus Kitten ; **140, 150,** 162, **163**
— CR-1 ; **140, 142, 150,** 161, 162, 163, **163**
— CR-3 ; 137, **141, 142, 148,** 161, **161,** 162, **178**
— Navy Curtiss NC-1 ; 112, 120
— Navy Curtiss NC-2 ; 112
— Navy Curtiss NC-3 ; 112, 120
— Navy Curtiss NC-4 ; 89, **92, 99,** 112, **112,** 120, 122, **129**
— R2C-1 ; **140, 142, 151,** 162, 163, **163, 178**
— R3C-1 ; **140, 142, 151,** 162, 163, **163**
— R3C-2 ; 137, **140, 148,** 161, **161,** 162, 163, **178**
— R-6 ; **140, 142, 151,** 162, **162,** 163, **163, 178**
— T.32 Condor ; **186, 195, 205, 233,** 234, 241
Curtiss Flying Service ; 230
Curtiss, Glenn Hammond ; 72, 76, 77, 137, 138, 162, 163, 164
— Gold Bug ; 72
— Golden Flyer ; **59,** 72, **72,** 76
— Hydro A.1 ; **63,** 76, **76**
— Hydro A.2 ; 76
— Hydro A.3 ; 76
— Hydro A.4 ; 76
— JN-4H Jenny ; 89
— June Bug ; 72, 76
— PW-8 ; 120, 124
Curtiss Golden Flyer ; **59,** 72, **72,** 76
Cygnet I ; 72
Cygnet II ; **59,** 72
Cyprus Airways ; **293**

D

D.18 (Beech) ; 363
D.332 (Dewoitine) ; 244
D.333 (Dewoitine) ; 244
D.338 (Dewoitine) ; **189, 196, 218, 243,** 244, **244**
Dagnaux ; 120, 121
Daily Mail ; 159
Daimler Airways ; 88, 93
Daimler Benz ; 227
Dai Nippon Koku K.K. ; 247, 249
Dal Molin ; 162
Dan-Air Services ; **293**
Darbesio, Francesco ; 74
Dash 7 (De Havilland DHC-7) ; **325,** 358, 360, **360, 381**
Dassault Breguet ; 319, 353
— Dassault Mercure 100 ; **278,** 290, **319,** 353, **353, 376**
— Dassault Mercure 200 ; 353
Dassault Mystère 10 ; 364
Dassault Mystère 50 ; 364
Dassault Mystère Falcon 20 ; **273, 291, 329,** 363, **364, 375**
Dassault Mystère Falcon 20F ; 363
Dassault Mystère 20G ; 364
Daum, Franz von ; 74
Davis, Douglas ; 164, 166
Dayton-Wright Airplane Co. ; 146
— R.B. ; 139, **140, 142, 146,** 159, **159**
Da Zara, Leonino ; 70
DC-1 (Douglas) ; 183, **214,** 240, **240,** 241, 246, **265**
DC-2 (Douglas) ; 117, 182, 183, **214,** 233, 234, 240, **240,** 241, 244, 246, 248, **265**
DC-3 (Douglas) ; 182, 183, **188, 196, 214,** 234, 240, **240,** 241, 249, **265,** 334, 339, 342
DC-4 (Douglas) ; **276, 286, 300,** 334, **334,** 335, 358, **382**
DC-6B (Douglas) ; **277, 287, 307,** 341, **341,** 382
DC-7C (Douglas) ; **278, 287, 307,** 341, **341,** 382
DC-8-10 (Douglas) ; 346
DC-8-20 (Douglas) ; **285, 288, 312, 345,** 346, **384**
DC-8-30 (Douglas) ; 346
DC-8-40 (Douglas) ; 346
DC-8-50 (Douglas) ; 346
DC-8-61 (Douglas) ; 346
DC-8-62 (Douglas) ; 346
DC-8-63 (Douglas) ; **283, 289, 312, 345,** 346
DC-9-5 (Douglas) ; **351**
DC-9-10 (Douglas) ; **276, 289, 317,** 350, **351, 354**
DC-9-20 (Douglas) ; 350
DC-9-30 (Douglas) ; 350, **351**
DC-9-40 (Douglas) ; 350, **351**
DC-9-80 (Douglas) ; 350, **351**
DC-9 Super 80 (Douglas) ; 350
DC-10 (Douglas) ; 354, **384**
DC-10-10 (Douglas) ; 354
DC-10-20 (Douglas) ; 354
DC-10-30 (Douglas) ; **282, 290, 320,** 354, **354**
DC-10-40 (Douglas) ; 354
DC-10-CF (Douglas) ; 354
DC-30-CF (Douglas) ; 355
De Barros ; 118
De Bernardi, Mario ; 161, 252
De Briganti, Giovanni ; 161
Degen, Jacob, 27, **27**
De Groof, Vincent ; 128
De Havilland-Hearle ; 60
— N.1 ; **60,** 73, **73**
De Havilland Aeronautical Technical School ; 156
— T.K.4 ; **140, 156,** 167, **167**
De Havilland Aircraft Co. Ltd. ; 155, 209, 216, 243, 311, 324, 325, 327, 344, 388
— D.H.60 Moth ; 236
— D.H.82 A Tiger Moth ; **184, 194, 209,** 236, **236,** 260
— D.H.82 Tiger Moth ; 236
— D.H.84 Dragon Mk.I ; **184, 195, 209,** 236, **236,** 237
— D.H.86 ; **185, 195, 209, 236,** 237, **260**
— D.H.88 Comet ; **141, 143, 144, 155,** 166, **166,** 167, **176**
— D.H.89 Dragon Rapide ; **184, 195,** 209, **236,** 237, **260**
— D.H.91 Albatross ; **189, 197, 216,** 242, **242**
— D.H.95 Flamingo ; **187, 209,** 237, **237**
— D.H.104 Dove 1 ; **272, 291, 324,** 359, **359,** 360, **372**
— D.H.104 Dove 1B ; 359
— D.H.104 Dove 2 ; 359
— D.H.104 Dove 2B ; 359
— D.H.104 Dove 5 ; 359
— D.H.104 Dove 6 ; 359
— D.H.104 Dove 7 ; 359
— D.H.104 Dove 8 ; 359
— D.H.106 Comet 4 ; **278, 288, 311,** 344, **344,** 345
— D.H.106 Comet 4B ; 345, **373**
— D.H.106 Comet 4C ; 345
— D.H.108 ; **388, 396,** 397
— D.H.114 Heron 2 ; **272, 291, 325,** 360, **360, 373**
— D.H.114 Heron 2B ; 360
— D.H.114 Heron 2C ; 360
— D.H.114 Heron 2D ; 360
— DHA-3 Drover 3 ; **291, 327,** 362, **362**
De Havilland Aircraft of Canada Ltd. ; 323, 325, 357, 360
— DHC-2 Beaver 1 ; **272, 291, 323,** 358, **358, 381**
— DHC-2 Mk. Turbo Beaver ; 358
— DHC-3 Otter ; **272, 291, 323,** 358, **358, 380**
— DHC-4 Caribou ; **274, 323,** 358, **358, 381**
— DHC-5 Buffalo ; 358
— DHC-6 Twin Otter 100 ; 358
— DHC-6 Twin Otter 200 ; 358
— DHC-6 Twin Otter 300 ; **273, 291, 323,** 358, **358, 381**
— DHC-7 Dash 7 ; **325,** 358, 360, **360, 381**
De Havilland D.H.4A ; 88, **90, 94, 98,** 111, **111**
De Havilland D.H.10 Amiens III ; **90, 98,** 111, **111**
De Havilland D.H.16 ; 89
De Havilland D.H.50-J ; 120, 121, **128**
De Havilland D.H.66 Hercules ; **91, 95, 106,** 118, **118**
De Havilland, Geoffrey ; 73, 397
DELAG-Die Deutsche Luftschiffart Aktien Gesselschaft ; 87, 93
Delage ; 155
Delage, Gustave ; 159
Delagrange, Léon ; 70
Delamarne ; **30**
Delphin II (Dornier Do. L2) ; **90, 94, 102,** 114, 115
Delphin III (Dornier Do. L2) ; 115, **115**
Del Prete, Carlo ; 118, 120, 123, 128, 168
Delta (Northrop) ; **184, 219,** 239, 245, **245**
Delta Airlines ; **295,** 354
Demoiselle 19 ; 68
Demoiselle 20 ; **55,** 68, **68**
Deperdussin ; **75, 78**
Deperdussin, Armand ; 75, 137, 139, 159
De Pinedo, Francesco ; 89, 116, 118, 120, 125, 128
De Pischoff-Koechlin ; **58,** 71
Derry, John ; 397
Deruluft ; 88, 93, 182, 239
DETA-Direccao de Exploracao dos Transportes Aereos ; **293**
Det Norske Luftfartrederi - DET ; 93
Detroiter (Stinson SM.1-F) ; **184, 194, 207,** 235
Detroyat, Michel ; 165
Deutsch Archdeacon ; 69
Deutsch de La Meurthe, Henry ; 159
Deutsche Aero Lloyd ; 87, 93
Deutsche Lufthansa ; 88, 93, 111, 114, 116, 181, 182, 183, 234, 235, 236, 249, 250, 269
Deutsche Luft Reederei ; 87, 93, 111
Deutsche Zeppelin Reederei ; 252
Dewoitine D. 332 ; 244
Dewoitine D. 333 ; 244
Dewoitine D. 338 ; **189, 196, 218,** 244, **244, 263**
DGA-6 Mr. Mulligan (Howard) ; **141, 143, 153,** 165, **165,** 166, **179**
D.H.4A (De Havilland) ; 88, **90, 94, 98,** 111, **111**
D.H.4R (Airco) ; **141, 142, 147,** 160, **160**
D.H.10 Amiens III (De Havilland) ; **90, 98,** 111, **111**
D.H.16 (De Havilland) ; 89
D.H.50-J (De Havilland) ; 120, 121, **128**
D.H.60 Moth (De Havilland) ; 236
D.H.66 Hercules (De Havilland) ; **91, 95, 106,** 118, **118**
D.H.82A Tiger Moth (De Havilland) ; **184, 194, 209,** 236, **236, 260**
D.H.82 Tiger Moth (De Havilland) ; 236
D.H.84 Dragon Mk.I (De Havilland) ; **184, 195, 209,** 236, **236,** 237
D.H.86 (De Havilland) ; **185, 195, 209, 236,** 237, **260**
D.H.88 Comet (De Havilland) ; **141, 143, 144, 155,** 166, **166,** 167, **176**
D.H.89 Dragon Rapide (De Havilland) ; **184, 195,** 209, **236,** 237, **260**
D.H.91 Albatross (De Havilland) ; **189, 197, 216,** 242, **242**
D.H.95 Flamingo (De Havilland) ; **187, 209,** 237, **237**
D.H.104 Dove 1 (De Havilland) ; **272, 291, 324,** 359, **359,** 360, **372**
D.H.104 Dove 1B (De Havilland) ; 359
D.H.104 Dove 2 (De Havilland) ; 359
D.H.104 Dove 2B (De Havilland) ; 359
D.H.104 Dove 5 (De Havilland) ; 359
D.H.104 Dove 6 (De Havilland) ; 359
D.H.104 Dove 7 (De Havilland) ; 359
D.H.104 Dove 8 (De Havilland) ; 359
D.H.106 Comet 4 (De Havilland) ; **278, 288, 311,** 344, **344,** 345
D.H.106 Comet 4B (De Havilland) ; 345, **373**
D.H.106 Comet 4C (De Havilland) ; 345
D.H.108 (De Havilland) ; **388, 396,** 397
D.H.114 Heron 2 (De Havilland) ; **272, 291, 325,** 360, **360, 373**
D.H.114 Heron 2B (De Havilland) ; 360
D.H.114 Heron 2C (De Havilland) ; 360
D.H.114 Heron 2D (De Havilland) ; 360
DHA-3 Drover 3 (De Havilland) ; **291, 327,** 362, **362**
DHC-2 Beaver 1 (De Havilland) ; **272, 291, 323,** 358, **358, 381**
DHC-2 Mk.3 Turbo Beaver (De Havilland) ; 358
DHC-3 Otter (De Havilland) ; **272, 291, 323,** 358, **358, 380**
DHC-4 Caribou (De Havilland) ; **274, 323,** 358, **358, 381**
DHC-5 Buffalo (De Havilland) ; 358
DHC-6 Twin Otter 100 (De Havilland) ; 358
DHC-6 Twin Otter 200 (De Havilland) ; 358
DHC-6 Twin Otter 300 (De Havilland) ; **273, 291, 323,** 358, **358, 381**
DHC-7 Dash 7 (De Havilland) ; **325,** 358, 360, **360, 381**
DINFIA ; 326, 327
— I.A.35-X-III Pandora ; **272, 291, 327,** 361, **361, 385**
— I.A.35 Ia ; 361
— I.A.35 Ib ; 361
— I.A.35 II ; 361
— I.A.35 III ; 361
— I.A.35 IV ; 361
— I.A.45b ; 361
— I.A.45 Querandi ; **272, 291, 326,** 361, **361, 385**
DL2 (Piaggio P. 166) ; 357
DL3 (Piaggio P. 166) ; 357
DLH-Deutsche Lufthansa ; 88, 93, 111, 116, 181, 182, 183, 234, 235, 236, 249, 250, 269
Do. 26 (Dornier) ; 250
Do. 26A (Dornier) ; **190, 197, 225, 251, 262**
Do. 27 Q-1 (Dornier) ; **272, 291, 326,** 360, **361, 376**
Do. 28 A-1 (Dornier) ; **272, 291, 326,** 360, 361, **361, 376**
Do. 28B (Dornier) ; 361
Do. 28D Skyservant (Dornier) ; 361
Do.J Wal (Dornier) ; **91, 94, 102,** 115, **115**
Do.L2 Delphin II (Dornier) ; **90, 94, 102,** 114, 115
Do.X (Dornier) ; **192, 194, 206,** 234, **234, 261**
Dobroflot ; 182
Dobrolet ; 182, 238, 239
Dodero ; 338
Dole Derby ; 118
Dominicana ; **295**
Doolittle, James H. ; 137, 161, 164, 165, 245
Dorand ; 57, 70
— Aéroplane ; **57,** 70
Dornier A.G. ; 225, 250, 326, 361
— Do. 26 ; 250
— Do. 26A ; **190, 197, 225, 251, 262**
— Do. 27 Q-1 ; **272, 291, 326,** 360, **361, 376**
— Do. 28 A-1 ; **272, 291, 326,** 360, 361, **361, 376**
— Do. 28B ; 361
— Do. 28D ; Skyservant ; 361
Dornier, Claude ; 234
Dornier Do. J Wal ; **91, 94, 102,** 115, **115**
Dornier Wal Plus Ultra ; 120, 123, **129**
Dornier Werke GmbH ; 102, 103
— Do.L2 Delphin II ; **90, 94, 102, 102,** 114, 115
— Do.L2 Delphin III ; 115, **115**
— Do. X ; **192, 194, 206,** 234, **234, 261**
— Komet III ; **90, 94, 103,** 115, **116**
Doswiadczaine Warsztaty Lotnicze ; 222
— RWD-11 ; **222,** 248
— RWD-13 ; **184, 222,** 248, **248**
Douglas Aircraft Co. ; 104, 108, 182, 214, 234, 240, 241, 300, 307, 312, 320, 334, 345, 350, 354, 392
— Commercial ; 240
— DC-1 ; 183, **214,** 240, **240,** 241, 246, **265**
— DC-2 ; 117, 182, 183, **214,** 233, 234, 240, **240,** 241, 244, 246, 248, **265**
— DC-3 ; 182, 183, **188, 196, 214,** 234, 240, **240,** 241, 249, **269,** 334, 339, 342
— DC-4 ; **276, 286, 300,** 334, **334,** 335, 358, **382**
— DC-6B ; **277, 287, 307,** 341, **341,** 382
— DC-7C ; **278, 287, 307,** 341, **341,** 382
— DC-8-10 ; 346
— DC-8-20 ; **285, 288, 312, 345,** 346, **384**
— DC-8-30 ; 346
— DC-8-40 ; 346
— DC-8-50 ; 346
— DC-8-61 ; 346
— DC-8-62 ; 346
— DC-8-63 ; **283, 289, 312, 345,** 346
— DC-9-20 ; 350
— DC-9-30 ; 350, **351**
— DC-9-40 ; 350, **351**
— DST ; 241
— D.T.2 ; 116
— DWC/0-5 World Cruiser ; 89, **90, 94,** 116, **116,** 120, 122, **128**
— M.4 ; 108, 118
Douglas DC-9-5 ; **351**
Douglas DC-9-10 ; **276, 289, 317,** 350, **351, 354**
Douglas DC-9-80 ; 350, **351**
Douglas DC-9-Super ; 80, 350
Douglas DC-10 ; 354, **384**
Douglas DC-10-10 ; 354
Douglas DC-10-20 ; 354
Douglas DC-10-30 ; **282, 289, 320,** 354, **354**
Douglas DC-10-40 ; 354

Douglas DC-10-CF ; 354
Douglas DC-30-CF ; 355
Dove 1 (De Havilland D.H.104) ; **272, 291, 324,** 359, **359,** 360, **372**
Dove 1B (De Havilland D.H.104) ; 359
Dove 2 (De Havilland D.H.104) ; 359
Dove 2B (De Havilland D.H.104) ; 359
Dove 5 (De Havilland D.H.104) ; 359
Dove 6 (De Havilland D.H.104) ; 359
Dove 7 (De Havilland D.H.104) ; 359
Dove 8 (De Havilland D.H.104) ; 359
Dragon Mk.I (De Havilland D.H.84) ; **184, 195,** 209, **236, 236,** 237
Dragon Rapide (De Havilland D.H.89) ; **184, 195,** 209, **236,** 237, **260**
Drouhin, Marcel Maurice ; 231, 232
Drover 3 (De Havilland DHA-3) ; **291, 327,** 362, **362**
DST (Douglas) ; 241
D.T.2 (Douglas) ; 116
Dufaux, Armand ; 61, 74
— Dufaux 4 ; **61,** 74, **74**
Dufert ; 120, 121
Dunne D.5 (Short) ; **60,** 73, **73**
Dunne D.8 (Short) ; 73
Dunne, John William ; 73
Dupuy de Lôme, Henri ; 30, **31**
Du Temple, Felix ; **28, 29,** 38, 40
Dutheil-Chalmers (Darracq) ; 55
DWC/0-5 World Cruiser (Douglas) ; 89, **90, 94,** 116, **116,** 120, 122, **128**

E

E.4/20 (Zeppelin Staaken) ; **91, 100,** 112, **112,** 113, **113**
E.18 (Beech) ; 363
Earhart, Amelia ; 247
East-West Airlines ; 295
East African Airways ; 352, 357
Eastern Air Lines ; 183, 249, 250, 254, 255, 267, **295**
Eastern Air Transport ; 234
Ecuatoriana ; **294**
Edwards ; **28,** 57, 70
— Rhomboïdal ; **57,** 70
Egg, Durs ; **30**
Egypt Air ; 292
El Al Israel Airlines ; **292**
Electra (Lockheed 10/A) ; **184, 195, 221, 246,** 247
Electra (Lockheed L-188A) ; **276, 288, 316,** 334, 349, **383**
Ellehammer ; 56
Ellehammer, Jacob Christian Hansen ; 56, 69, 70
— IV ; **56,** 69, **70**
Ellsworth, Lincoln ; 252
Ellyson, Theodore G. ; 76
Ely, Eugene ; 72
Empire Boats ; 242
Enma Sirio S-VII ; 327
Ensign 1 (Armstrong Whitworth A.W.27) ; **192, 197, 216, 242,** 243
Ensign 2 (Armstrong Whitworth A.W.27) ; 243
Entreprenant, l' ; **23**
E.N.V. ; 60, 73
Envoy (Airspeed A.S.6) ; 240, **240,** 248
Envoy II (Airspeed A.S.6) ; **184, 195,** 213
Envoy III (Airspeed A.S.6) ; 240
Éole ; 38, **40, 41**
Équevilly, d' ; **57,** 70
Ernst Heinkel A.G. ; 206, 224
— Heinkel He.70G ; **185, 195, 206,** 234, **234,** 235, **262**
— Heinkel He.111C ; **187, 196, 206, 233,** 234, **262**
— Heinkel He.111G ; 235
— Heinkel He.111L ; 235
— Heinkel He.116 ; 250
— Heinkel He.116A ; **185,** 224, 250
— Heinkel He.178 ; 251
Esnault-Pelterie, Robert ; 69
— Rep.1 ; **56,** 69, **69**
— Rep.2 ; 69
— Rep.2 bis ; 69
Espanet, Gabriel ; 78
Esterno, Ferdinand Charles Honoré Philippe d' ; **35, 36**
Établissements Lioré et Olivier ; 200
— Lioré et Olivier LeO-20 ; 229
— Lioré et Olivier LeO-212 ; 229
— Lioré et Olivier LeO-213 ; **187, 194, 200,** 229, **229, 263**
Ethiopian Airlines ; **292**
Etrich, Igo ; 74
— Etrich Taube ; **61,** 74, **74**
Everest, Frank ; 398
Evergreen International Airlines ; **295**
EX (Wright) ; 68

F

F (Avro) ; **61, 74,** 75
F.II (Fokker) ; 89, **90, 94, 102, 114, 114**
F.III (Fokker) ; **90, 94, 102, 114, 114**
F. VIIa-3m (Fokker) ; **94,** 117, **117, 204,** 232, 252
F.VIIb-3m (Fokker) ; **91, 105,** 117, 120, 126, **129, 186, 194, 204,** 232, **232,** 233
F.XXXVI (Fokker) ; **190, 195, 204, 232,** 233
F.13 (Junkers) ; **90, 94, 101, 114, 114,** 119
F.27-100 Friendship (Fokker) ; **274, 288, 315, 348,** 350, **377**
F.27-200 (Fokker) ; 348
F.27-300 (Fokker) ; 348
F.27-400 (Fokker) ; 348
F.27-500 (Fokker) ; **275, 289, 315, 348, 348, 377**
F.27-600 (Fokker) ; 348
F.27A (Fokker) ; 348
F.27B (Fokker) ; 348
F.27C (Fokker) ; 348
F.28-1000 (Foklker) ; 350, **351**
F.28-3000 (Fokker) ; 350
F.28-4000 (Fokker) ; 350, **351**
F.28-5000 (Fokker) ; 350
F.28-6000 (Fokker) ; 350, **351**
F.28 Mk. 2000 Fellowship (Fokker) ; **276, 290, 317, 350, 351, 377**
F.32 (Fokker) ; **193, 194, 205, 233, 233**
F.60 Goliath (Farman) ; 87, **91, 93, 94, 101,** 113, **113,** 229
F.180 (Farman) ; **201, 229, 230**
F.190 (Farman) ; **184, 194, 201,** 230, **230**
F.192 (Farman) ; 230
F.193 (Farman) ; 230
F.194 (Farman) ; 230
F.197 (Farman) ; 230
F.198 (Farman) ; 230
F.199 (Farman) ; 230
F.220 (Farman) ; **201, 230, 230**
F.300 (Farman) ; 230, **263**
F.301 (Farman) ; **185, 194, 201,** 230, 230
F.302 (Farman) ; 230
F.303 (Farman) ; 230
F.304 (Farman) ; 230
F.305 (Farman) ; 230
F.306 (Farman) ; 230
F.310 (Farman) ; 230
Fabre, Henri ; 63, 76, 77
— Hydravion ; **63,** 76, **76**
Faccioli, Aristide ; 70
Fairchild FC-2W ; **108,** 119
Fairey Aviation Ltd. ; 391
— F.D.2 ; **391, 397,** 398
Fairey III ; 120, 123, 128
Falcon 20 (Dassault Mystère) ; **273, 291, 329,** 363, **364, 375**
Falcon 20F (Dassault Mystère) ; 364
Falcon 20G (Dassault Mystère) ; 364
FAMA ; 335
Farman ; 111, 229
Farman F.60 Goliath ; 87, **91, 93, 94, 101,** 113, **113,** 229
Farman F.180 ; **201, 229, 230**
Farman F.190 ; **184, 194, 201,** 230, **230**
Farman F.192 ; 230
Farman F.193 ; 230
Farman F.194 ; 230
Farman F.197 ; 230
Farman F.198 ; 230
Farman F.199 ; 230
Farman F.220 ; **201, 230, 230**
Farman F.300 ; 230, **263**
Farman F.301 ; **185, 194, 201,** 230, **230**
Farman F.302 ; 230
Farman F.303 ; 230
Farman F.304 ; 230
Farman F.305 ; 230
Farman F.306 ; 230
Farman F.310 ; 230
Farman, Henri ; 68, 69, 72
— Henri Farman ; 77
— Henri Farman III ; **59,** 72, **72**
F.B.28 Vimy (Vickers) ; 114
F.B.28 Vimy Commercial (Vickers) ; **90, 101,** 114, **114**
FC-2W (Fairchild) ; **108,** 119
F.D.2 (Fairey) ; **391, 397,** 398
Federal Express ; **294**
Fellowship (Fokker F.28 Mk. 2000) ; **276, 290, 317, 350, 351, 377**
Ferber, Ferdinand ; 36
Ferrarin, Arturo ; 89, 120, 123, 124, 128, 168
Fiat S.A. ; 146, 220, 322
— G.12 ; 357
— G.18 ; 246, **264**
— G.18V ; **188, 197, 220,** 246, **246**
— G.212 ; 357
— G.212CP Monterosa ; **274, 322,** 357, **357, 377**
— R. 700 ; **141, 142, 146,** 159, **159,** 177
Fitzmaurice, James ; 119, 120, 121, 128
F.K.50 (Koolhoven) ; **186, 204, 233, 233**
Flamingo (De Havilland D.H.95) ; **187, 209,** 237, **237**
Fleet, Reuben H. ; 244
Fleetster (Consolidated 20-A) ; **184, 219,** 244, 245
Flight Refuelling Ltd. ; 335
Floyd Bennett (Ford Trimotor) ; 117
Flyer I (Wright) ; **54,** 67, **67**
Flyer II (Wright) ; 67
Flyer III (Wright) ; **54,** 67, **67,** 68
Flying Tiger Line ; **295,** 358
F.N.305D (Nardi) ; **141, 143, 156,** 167, **167, 178**
Focke Wulf Flugzeugbau GmbH ; 105, 224
— A.17a ; **90, 105,** 116, **117**
— A.17 Möwe ; 116
— A.21 ; 116
— A.38 ; 116
— Fw.200 ; 249, 250, **262**
— Fw.200A Condor ; **189, 197, 224,** 249, **250**
— Fw.200B ; 249
Fokker-VFW N.V. ; 315, 348, 350
— F.27-100 Friendship ; **274, 288, 315, 348,** 350, **377**
— F.27-200 ; 348
— F.27-300 ; 348
— F.27-400 ; 348
— F.27-500 ; **275, 289, 315, 348, 348, 377**
— F.27-600 ; 348
— F.27A ; 348
— F.27B ; 348
— F.27C ; 348
— F.27-1000 ; 350, **351**
— F.28-3000 ; 350
— F.28-4000 ; 350, **351**
— F.28-5000 ; 350
— F.28-6000 ; 350, **351**
— F.28 Mk. 2000 Fellowship ; **276, 290, 317,** 350, **351, 377**
Fokker Aeroplanbau GmbH ; 74
Fokker Aircraft Co. ; 102, 105, 205, 233
— F.32 ; **193, 194, 205, 233, 233**
— F.II ; 89, **90, 94, 102, 114, 114**
— F.III ; **90, 94, 102, 114, 114**
— F.VIIa-3m ; **94,** 117, **117, 204,** 232, 252
— F.VIIb-3m ; **91, 105,** 117, 120, 126, **129, 186, 194, 204,** 232, **232,** 233
— F.XXXVI ; **190, 195, 204, 232,** 233
— T.2 ; 89, **91, 94, 102, 114, 114,** 120, 124, **129**
Fokker, Anthony ; 61, 74, 89, 114, 182, 233
— Spin I ; **61,** 74, **74**
— Spin II ; 74
— Spin III ; 74
Fokker C-2 America ; **91, 95, 109,** 119, **119,** 120, 127, **129**
Folkerts ; 153
— SK3 Jupiter ; **140, 153,** 165, **165, 179**
Ford, Henry ; 117
Ford Motor Co. ; 106
— 4.AT Trimotor ; **91, 95, 106,** 117, **117,** 118
Ford Motor Co. ; 89, 93
Ford Reliability Tour ; 117
Forges et ateliers de construction Latécoère ; 203
— Latécoère 28 ; **185, 194, 203,** 232, **232**
— Latécoère 28-0 ; 232
— Latécoère 28-1 ; 232
— Latécoère 28-3 ; 232
— Latécoère 28-5 ; 232
— Latécoère 300 Croix-du-Sud ; **190, 194, 215,** 241, **241, 263**
— Latécoère 301 ; 241
— Latécoère 302 ; 241
— Latécoère 521 Lieutenant de Vaisseau Paris ; **191, 196, 215,** 241, **241,** 242
Forlanini, Enrico ; **33,** 34
Franco ; 120, 123, 128
Frank Phillips Trophy ; 165
Fratelli Nardi ; 156
— Nardi F.N.305D ; **141, 143, 156,** 167, **167, 178**
Freighter (Bristol 170) ; **273,** 341
Friendship (Fokker F.27-100) ; **274, 288, 315, 348,** 350, **377**
Frontier Airlines ; **294**
Frye, Jack ; 240
Fuller, Frank ; 166
Fw.200 (Focke Wulf) ; 249, 250, **262**
Fw.200A Condor (Focke Wulf) ; **189, 197, 224,** 249, **250**
Fw.200B (Focke Wulf) ; 249

G

G3M2 (Mitsubishi) ; **187, 197, 223,** 249, **249**
G3M (Mitsubishi) ; 249
G-21 (Grumman) ; 247
G-21A (Grumman) ; **184, 197, 221,** 247
G-44 (Grumman) ; 247
G-159 Gulfstream I (Grumman) ; **273, 291, 328,** 363, **363, 383**
G.12 (Fiat) ; 357
G.18 (Fiat) ; 246, **264**
G.18S (Beech) ; **328,** 362, 363, **363**
G.18V (Fiat) ; **188, 197, 220,** 246, **246**
G.23 (Junkers) ; 116
G.24 (Junkers) ; **91, 94, 105,** 116, **117**
G.38 (Junkers) ; 235, **235**
G.38CE (Junkers) ; **190, 194, 208**
G.73 (Grumman) ; 247
G.212 (Fiat) ; 357
G.212CP Monterosa (Fiat) ; **274, 322,** 357, **357, 377**
Gabrielli, Giuseppe ; 246
Gamma (Northrop) ; 245
Garnerin, André Joseph ; **26**
Garrett-Airesearch ; 327, 328
— TFE 731-3-1H ; 328
— TPE 331-3VW-304G ; 327
Garros, Roland ; 78
Garuda-Indonesian Airways ; **295,** 360
Gathergood, Gerald ; 160
Gatty, Harold ; 118, 120, 127, 128
Gauchot, Paul ; 28, 29, **29**
Gee Bee R-1 ; **140, 143, 152,** 164, **164,** 179
Gee Bee R-2 ; 164
Gee Bee Y ; 164
Gee Bee Z ; **140, 143, 152,** 164, **164**
General Aviation Corp. ; 219
— Clark G.A.43 ; **185, 219,** 245, **245**
General Electric
— CF6 ; 333
— CF6-32C1 ; 319
— CF6-50A ; 320
— CF-50C ; 319
— CF700-2C ; 329
— CG700-2D-2 ; 328
— CJ610-6 ; 328
— CJ610-9 ; 329
— CJ805-3 ; 313
— CJ805-23B ; 313
— GE4/J5P ; 321
— YJ93-GE-3 ; 393
General Motors ; 233
Gerli ; 22
Germanair ; 354
Ghana Airways ; **293,** 350
Giffard, Henri ; 30, **31**
Gilbert, Eugène ; 159
Givaudan ; **57,** 70
Glenn Martin Co. ; 202, 231, 306, 339
— Martin 2-0-2 ; **275, 286, 306, 339, 339**
— Martin 4-0-4 ; 339
— Martin M. 130 China Clipper ; **191, 196, 231,** 231
— Martin M. 130 Hawaii Clipper ; 231
— Martin M. 130 Philippine Clipper ; 231
Gloster I (Gloucestershire) ; **140, 142, 147,** 160, **160, 176**
Gloster III-A (Gloucestershire) ; 161
Gloster IV (Gloucestershire) ; 162
Gloucestershire Aircraft Co. Ltd. ; 147, 160
— Gloster I ; **140, 142, 147,** 160, **160, 176**
— Gloster III-A ; 161
— Gloster IV ; 162
— Mars I Bamel ; **140, 142, 147,** 160, **160, 176**
Gnome ; 59, 61, 62, 63, 64, 72, 75, 76, 77, 78
Gnome-Rhône ; 217, 336
— 5Ba ; 221
— 14N ; 303
— 14 Kirs ; 218
— Jupiter 9Ae ; 230
— Mistral ; 230, 238
— Titan ; 230, 238
— Titan Major ; 218
Goedecker, Jacob ; 74
Goéland (Caudron C-445) ; **186, 196, 217,** 243, **243**
Gold Bug ; 72

429

Gold Bug (Curtiss); 72
Golden Flyer (Curtiss); **59**, 72, **72**, 76
Golden Flyer (Curtiss); **59**, 72, **72**, 76
Golden Hind (Short S.26); **191**, **197**, **225**, 250, **251**, **261**
Golden West Airlines; **294**
Goliath (Farman F.60); 87, **91**, **93**, **94**, **101**, 113, **113**, 229
Golubey; 38
Goupy, Ambroise; 72
Graf Zeppelin (Zeppelin LZ 127); **227**, 252
Grahame White Aviation Co.; 93
Granville Brothers Aircraft; 152
— Gee Bee R-1; **140**, **143**, **152**, 164, **164**, **179**
— Gee Bee R-2; 164
— Gee Bee Y; 164
— Gee Bee Z; **140**, **143**, **152**, 164, **164**
Grazdansij Wozdusnyi Flot; 182
Green; 60, 73
Green, Charles; 22, 23
— Nassau; 22, **23**
Grumman Aircraft Engineering Corp.; 221, 328
— G-21; 247
— G-21A; **184**, **197**, **221**, **247**
— G-44; 247
— G-159; Gulfstream I; **273**, **291**, **328**, **363**, **363**, **383**
— G.73; 247
Grumman American Aviation Corp.; 328
— Gulfstream II; **275**, **291**, **328**, 363, **363**
Guidoni, Alessandro; 77, 234
Guinea Airways; 247
Gulf Air; **293**
Gulfstream II (Grumman); **275**, **291**, **328**, 363, **363**
Gulfstream I (Grumman G-159); **273**, **291**, **328**, 363, **363**, **383**
Gull; 36
Gull Six (Percival P.3); **141**, **143**, **155**, **167**, **167**
Guppy-201 (Spacelines B-377 (SGT); **280**, **314**, **347**, 348
Gusmão, Lourenço de; 20, **20**

H

H-1 (Hughes); **141**, 143, **156**, **167**, **167**, **179**
H-4 Hercules (Hughes); **284**, **304**, **337**, **338**
H.18S (Beech); 363
H-47 (Lioré et Olivier LeO); **193**, **197**, **215**, **241**, 242
Ha.139 (Blohm und Voss); 250
Ha.139A (Blohm und Voss); **188**, **196**, **225**, 250
Hackett A.G.; 70
Hadrian (Handley Page H.P.42E); 229
Haizlip, James; 165
Halifax 8 (Handley Page H.P.70); **274**, **286**, **302**, **336**, **336**
Hall-Scott; 146
Hall, Robert; 164
Halton 1 (Handley Page); 336
Hamel, Gustav; 93, 159
Hamersley H.A.; 16
Handley Page Ltd.; 88, 103, 200, 302, 310, 324
— H.P.42; **190**, **194**, **200**, 229, **229**, 391
— H.P.42E Hadrian; 229
— H.P.42E Hannibal; 229, **260**
— H.P.42E Hanno; 229
— H.P.42E Horsa; 229
— H.P.42W Helena; 229
— H.P.42W Hengist; 229
— H.P.42W Heracles; 229
— H.P.68 Hermes I; 336
— H.P.70 Halifax 8; **274**, **286**, **302**, 336, **336**
— H.P.74 Hermes 2; 336
— H.P.81 Hermes 4; **276**, **296**, **306**, 336, **336**
— H.P.115; **391**, **397**, 398
— H.P.R.1 Marathon 1; **273**, **324**, 359, **359**
— H.P.R.1 Marathon 2; 359
— H.P.R.3; 343
— H.P.R.7 Herald 200; **274**, **288**, **310**, **343**, **343**
— Halton 1; 336
— Hastings; 336
— 0/400; 88, 115
— W8; 88, **91**, 115, **115**
— W8B; **103**, 115
Handley Page Transport; 88, 93, 111, 115
Hannibal (Handley Page H.P.42E); 229, **260**
Hanno (Handley Page H.P.42E); 229
Hansa (MBB HFB 320); **273**, **291**, **329**, 364, **364**, 377
Hargrave, Lawrence; **36**
Harpon; 71
Hartney, Harold E.; 162
Hastings (Handley Page); 336

Hawaiian Airlines; 295
Hawaii Clipper (Martin M.130); 231
Hawk; 36, **37**
Hawker-Siddeley 125-400; 364
Hawker-Siddeley 125-600; 364
Hawker-Siddeley 125-700; **272**, **291**, **329**, 364, **364**, **375**
Hawker, Harry; 77, 78, 111, 112
Hawker Siddeley Aviation Ltd.; 318
— Trident 1; **289**, **352**, **353**
— Trident 1E; **278**, **318**, 352, **374**
— Trident 2E; **352**, **353**
— Trident Super 3B; 352
He.70G (Heinkel); **185**, **195**, **206**, **234**, **234**, 235, **262**
He.111C (Heinkel); **187**, **196**, **206**, **233**, 234, **262**
He.111G (Heinkel); 235
He.111L (Heinkel); 235
He.116 (Heinkel); 250
He.116A (Heinkel); **185**, **197**, **224**, **250**
He.178 (Heinkel); 251
Hearle, F.T.; 73
Heinkel He.70G; **185**, **195**, **206**, **234**, **234**, 235, **262**
Heinkel He.111C; **187**, **196**, **206**, **233**, 234, **262**
Heinkel He.111G; 235
Heinkel He.111L; 235
Heinkel He.116; 250
Heinkel He.116A; **185**, **197**, **224**, **250**
Heinkel He.178; 251
Helena (Handley Page H.P.42W); 229
Helen, Emmanuel; 159
Hengist (Handley Page H.P.42W); 229
Henri Farman; 77
Henri Farman III; **59**, 72, **72**
Henson, William Samuel; 26, 27, 28
— Aerial Steam Carriage; **26**, **27**
Heracles (Handley Pase H.P.42W); 229
Herald 200 (Handley Page H.P.R.7); **274**, **288**, **310**, 343, **343**
Hercules (De Havilland D.H.66); **91**, **95**, **106**, 118, **118**
Hercules (Hughes H-4); **284**, **304**, **337**, **338**
Hermes 1 (Handley Page H.P.68); 336
Hermes 2 (Handley Page H.P.74); 336
Hermes 4 (Handley Page H.P.81); **276**, **296**, **306**, 336, **336**
Heron 2 (De Havilland D.H.114); **272**, **291**, **325**, 360, **360**, **373**
Heron 2B (De Havilland D.H.114); 360
Heron 2C (De Havilland D.H.114); 360
Heron 2D (De Havilland D.H.114); 360
Herring, Augustus M.; 72
Herring-Curtiss Co.; 59
— Curtiss Golden Flyer; **59**, 72, **72**, 76
Heston Aircraft Co.; 156
— Type 5 Racer; **140**, **143**, **156**, **167**, **168**, **176**
HFB 320 Hansa (MBB); **273**, **291**, **329**, 364, **364**, **377**
Highland Airways; 181
Hillman's Airways; 181
Hinazuru (Mitsubishi); **184**, **195**, **223**, **248**, **249**
Hindenburg (Zeppelin LZ 129); **227**, 252
Hirth HM 508B; 224
HL-10 (Northrop); **394**, 400
Horsa (Handley Page H.P.42E); 229
Howard; 153
— DGA-6 Mr. Mulligan; **141**, **143**, **153**, **165**, **165**, 166, **179**
Howard, Ben; 165, 166
H.P.42 (Handley Page); **190**, **194**, **200**, 229, **229**, 391
H.P.42E Hadrian (Handley Page); 229
H.P.42E Hannibal (Handley Page); 229, **260**
H.P.42E Hanno (Handley Page); 229
H.P.42E Horsa (Handley Page); 229
H.P.42W Helena (Handley Page); 229
H.P.42W Hengist (Handley Page); 229
H.P.42W Heracles (Handley Page); 229
H.P.68 Hermes (Handley Page); 336
H.P.70 Halifax 18 (Handley Page); **274**, **286**, **302**, 336, **336**
H.P.74 Hermes 2 (Handley Page); 336
H.P.81 Hermes 4 (Handley Page); **276**, **296**, **306**, 336, **336**
H.P.115 (Handley Page); **391**, **397**, 398
H.P.R.1 Marathon 1 (Handley Page); **273**, **324**, 359, **359**
H.P.R.1 Marathon 2 (Handley Page); 359
H.P.R.3 (Handley Page); 343
H.P.R.7 Herald 200 (Handley Page); **274**, **288**, **310**, 343, **343**
Huenefeld, Gunther von; 119, 120, 127, 128
Hughes Aircraft Co.; 156, 304
— H-1; **141**, 143, **156**, **167**, **167**, **179**
— H-4 Hercules; **284**, **304**, **337**, **338**
Hughes Airwest; **295**

Hughes, Howard; 167, 247, 334, 337
Humber; 57, 70, 93
Humphreys, Jack; 64, 77
— Waterplane; **64**, 77, **78**
Hydravion (Fabre); **63**, 76, **76**
Hydravions Georges Lévy; 98
— Lévy-Lepen R; **90**, **98**, 111, **111**
Hydro A.1 (Curtiss); **63**, 76, **76**
Hydro A.2 (Curtiss); 76
Hydro A.3 (Curtiss); 76
Hydro A.4 (Curtiss); 76

I

I (Breguet); 76
I.A.35-X-III Pandora; **272**, **291**, **327**, 361, **361**, **385**
I.A.35 Ia; 361
I.A.35 Ib; 361
I.A.35 II; 361
I.A.35 III; 361
I.A.35 IV; 361
I.A.45B; 361
I.A.45 Querandi; **272**, **291**, **326**, 361, **361**, **385**
I.A.R. 19-C El Indio; 327
IAR 23; **184**, **222**, **247**, **248**
IATA; 267, 295
Iberia; 183, 293
ICAR; 222, 247
— Comercial; **184**, **222**, **247**, **247**
Icelandair; 292
Icelandic Airlines; 358
Idrovolanti Savoia; 148
— Savoia S. 12bis; **141**, **142**, **148**, **160**, **161**
— Savoia S. 13bis; **148**, **160**, **177**
Iglesias; 120, 123, 128
Il-12 (Iliouchine); **274**, **286**, **309**, 342, **342**, 344
Il-14 (Iliouchine); **342**, **344**, **378**
Il-14G (Iliouchine); 343
Il-14M (Iliouchine); 343
Il-14P (Iliouchine); **274**, **287**, **309**, 342, **343**
Il-18D (Iliouchine); 349, 350
Il-18E (Iliouchine); 349
Il-18V (Iliouchine); 269, **278**, **288**, **316**, 349, **350**, 352, **379**
Il-62 (Iliouchine); 281, **289**, **317**, 350, 352, **352**, **379**
Il-62M (Iliouchine); 352
Il-86 (Iliouchine); 269, **284**, **290**, **320**, 355, **355**, **380**
Iliouchine Il-12; **274**, **286**, **309**, 342, **342**, 344
Iliouchine Il-14; **342**, **344**, **378**
Iliouchine Il-14G; 343
Iliouchine Il-14M; 343
Iliouchine Il-14P; **274**, **287**, **309**, 342, **343**
Iliouchine Il-18D; 349, 350
Iliouchine Il-18E; 349
Iliouchine Il-18V; 269, **278**, **288**, **316**, 349, **350**, 352, **379**
Iliouchine Il-62; 281, **289**, **317**, 350, 352, **352**, **379**
Iliouchine Il-62M; 352
Iliouchine Il-86; 269, **284**, **290**, **320**, 355, **355**, **380**
Imperial Airways; 88, 114, 115, 118, 181, 229, 242, 243, 250, 251
Indian Air Force; 242
Indian Airways; **292**
Industria Aeronautica e Meccanica Rinaldo Piaggio S.p.A.; 322
— Piaggio P.136; 357
— Piaggio P.136 L; **357**, **378**
— Piaggio P.136 L-1; **272**, **291**, **322**, 357, **357**
— Piaggio P.136 L-2; 357
— Piaggio P.166 A; 357
— Piaggio P.166B Portofino; **272**, **322**, 357, **357**, **378**
— Piaggio P.166 C; 357
— Piaggio P.166 DL2; 357
— Piaggio P.166 DL3; 357
Industria Aeronautica Romena; 222
— IAR 23; **184**, **222**, **247**, **248**
Industries d'État; 155, 211, 309, 310, 313, 314, 316, 317, 318, 320, 321, 326, 329, 361
— Aero 145; **272**, **291**, **326**, 361, **361**
— Antonov An-2; **272**, **309**, 343
— Antonov An-2P; **343**
— Antonov An-10A; 269, **278**, **288**, **310**, 344, **344**
— Antonov An-12B; **277**, **288**, **314**, **347**, **347**, **379**
— Antonov An-14 Pchelka; **291**, **309**, **342**, 343
— Antonov An-24T; 344
— Antonov An-24V; **274**, **288**, **310**, 344, **344**

— Antonov An-26; 364
— Antonov An-72; **275**, **290**, **329**, 364, **364**
— Iliouchine Il-12; **274**, **286**, **309**, 342, **342**, 344
— Iliouchine Il-14; 342, 344, **378**
— Iliouchine Il-14G; 343
— Iliouchine Il-14M; 343
— Iliouchine Il-14P; **274**, **287**, **309**, 342, **343**
— Iliouchine Il-18D; 349, 350
— Iliouchine Il-18E; 349
— Iliouchine Il-18V; 269, **278**, **288**, **316**, 349, **350**, 352, **379**
— Iliouchine Il-62; 281, **289**, **317**, 350, 352, **352**, **379**
— Iliouchine Il-62M; 352
— Iliouchine Il-86; 269, **284**, **290**, **320**, 355, **355**, **380**
— Kalinine K-4; 239
— Kalinine K-5; **187**, **212**, 239, **239**
— L-200A Morava; **272**, **291**, **326**, 361, **361**
— L-200D; 361
— Lisunov Li-2; 342
— OKO-1; **184**, **239**, **239**
— Sikorsky Ilya Mourometz; 238
— Tupolev ANT 2; 238
— Tupolev ANT 3; 238
— Tupolev ANT 4; 238
— Tupolev ANT 5; 238
— Tupolev ANT 9; **194**, **211**, 238, **238**, 239
— Tupolev ANT 9/M17; **212**, 239
— Tupolev ANT 14; **190**, **194**, **211**, 238, **238**, 239
— Tupolev ANT 20bis; 239
— Tupolev ANT 20 Maxim Gorki; **192**, **195**, **211**, **238**, 239
— Tupolev ANT 25; **141**, **143**, **155**, **167**, **167**
— Tupolev ANT 35; **186**, **196**, **212**, **239**, **239**
— Tupolev Tu-16; 347
— Tupolev Tu-20; 350
— Tupolev Tu-104; 269, **279**, **288**, **313**, 346, **346**, 347, 352, **378**
— Tupolev Tu-104A; 347
— Tupolev Tu-104B; 347
— Tupolev Tu-104D; 352
— Tupolev Tu-114; Rossiya; 269, **282**, **288**, **316**, 350, **350**, 352, **379**
— Tupolev Tu-124V; **276**, **288**, **313**, **346**, 347, **379**
— Tupolev Tu-134A; 269, **278**, **289**, **317**, 350, **351**, **379**
— Tupolev Tu-144; 269, **284**, **289**, **321**, 355, **356**, **380**
— Tupolev Tu-154; 352, **384**
— Tupolev Tu-154A; **290**, 352, **353**
— Tupolev Tu-154B; 269, **318**, 352
— Yakovlev Ya-6; **184**, **212**, 239, **239**
— Yakovlev Yak-16; **272**, **287**, **309**, 342, **343**
Inex Adria Airways; 292
Instone Air Lines; 88, 93
Iran Air; **293**
Iraqi Airways; 292
Irvine, Rutledge; 161
Islander (Britten-Norman BN-2A); **272**, **325**, 360, **360**, **374**
Isotta Fraschini; 105
— Asso; 107
— Asso 500; 107
— L.121 MC40 Asso; **226**
— Lorraine Dietrich; 107
— V6 bis; 148
Israel, Gordon; 165
Israel, Howard; 165
Israel Inland Airlines; **292**
Italia (N. 4); **227**, 252

J

Jane; **32**
Jannello, Guido; 160
J.A.P.; 60, 64, 73
Japan Airlines; **293**, 360
Japan Asia Airways; **293**
Jeffries, John; 22, 23
Jenny (Curtiss JN-4H); 89
Jersey Airlines; 360
Jesus del Gran Poder (Breguet XIX); 120, 123, **128**
Jetstar II (Lockheed 1329-25); **328**, 363, **363**
Jimenez; 120, 123, 128
JN-4H Jenny (Curtiss); 89
Josephine Ford (Fokker F.VIIa-3m); 117, 252
Ju.52/3m (Junkers); **189**, **194**, **208**, 235, 236, 249, **262**
Ju.86 (Junkers); **187**, **195**, **208**, 236, **236**
Ju.90 (Junkers); 250

Ju.90B (Junkers); **190, 197, 224, 250, 250**
Ju.160 (Junkers); **184, 195, 208, 236, 236**
Jugoslovenski Aerotransport; **292**
June Bug (Curtiss); 72, 76
Junkers
— Jumo 205C; 225
— L.5; 105, 109, 206
— L.88a; 208
Junkers Luftverkehr; 87, 88, 93, 114
Junkers Flugzeuge und Motorenwerke A.G.;
  101, 105, 109, 208, 224, 235, 236
— F.13; **90, 94, 101, 114, 114,** 119
— G.23; 116
— G.24; **91, 94, 105,** 116, **117**
— G.38; **235, 235**
— G.38CE; **190, 194, 208**
— Ju.52/3m; **189, 194, 208,** 235, 236, 249, 262
— Ju.86; **187, 195, 208,** 236, **236**
— Ju.90; 250
— Ju.90B; **190, 197, 224, 250, 250**
— Ju.160; **184, 195, 208,** 236, **236**
— W.33 Bremen; **90, 95, 109,** 119, **119,** 120, 126, **128**
Junkers, Hugo; 235
Jupiter (Folkerts SK3); **140, 153, 165, 165,** 179

K

K-4 (Kalinine); 239
K-5 (Kalinine); **187, 212, 239, 239**
Kalinine Alexeivich K.; 239
Kalinine K-4; 239
Kalinine K-5; **187, 212, 239, 239**
Kawasaki; 256
Kellner-Béchereau; 155
— 28V.D.; **140, 143, 155,** 166, **166**
Kelly; 114, 120, 124, 128
Kent (Short S.17); 229
Ki-34 (Nakajima); 249
Kincheloe, Ivan; 398
Kindelberger, James Dutch; 240
King's Cup; 167
Kingsford Smith, Charles; 120, 127, 128
Kirkham, Charles B.; 138
Kirsch, George; 159
Klingensmith, Florence; 164
Kling, Rudy; 165
KLM; 89, 93, 114, 117, 181, 182, 233, 241, 247, 354
Knight, William; 399
Kohl, Hermann; 119, 120, 126, 128
Koken, **156,** 167
Komet III (Dornier); **90, 94, 103,** 115, **116**
Koninklijke Luchtvaart Maatschapij-KLM; 89, 93, 114, 117, 181, 182, 233, 241, 247, 354
Koolhoven F.K.50; **186, 204, 233, 233**
Kouznetsov
— NK-8; 317, **332**
— NK-8-2U; 318
— NK-12M; **332**
— NK-12MV; 316
— NK-86; 320
— NK-144; 321
Krebs, A.C.; 30
— La France; **30, 32**
Kress, Wilhelm; **63, 63,** 76
Kuwait Airways; **293**

L

L-1 (Piaggio P.136); **272, 291, 322, 357, 357**
L-2 (Piaggio P.136); 357
L-73 (Albatros); **105,** 116
L-049 (Lockheed); 340
L.111 (Nakajima); 249
L-188A Electra (Lockheed); **276, 288, 316, 334, 349, 383**
L-200A Morava; **272, 291, 326, 361, 361**
L-200D; 361
L-649 (Lockheed); 340
L-749A (Lockheed); 340
L-749 Constellation (Lockheed); **276, 287, 306, 340, 382**
L-1011-1 (Lockheed); 355
L-1011-100 (Lockheed); 355
L-1011-200 Tristar (Lockheed); **282, 290, 320, 355, 355, 385**
L-1011-250 (Lockheed); 355
L-1011-500 (Lockheed); 355
L-1049G Super Constellation (Lockheed); **278, 287, 307, 383**
L-RT Meteor (Laird Turner); **140, 143, 153, 165, 165**
LAB-Lloyd Aereo Boliviano; **295**
LACSA-Lineas Aereas Costaricenses; **294**
LADECO; **295**
La France; **30, 32**
LAI-Linee Aeree Italiane; 269
Laird; 152, 153
— LC-DW-300 Solution; **140, 143, 152,** 164, **164,** 165
— LC-DW-500 Super Solution; **140, 154,** 165, **166,** 179
— Turner L-RT Meteor; **140, 143, 153,** 165, **165**
Laird, Matty; 164
La Landelle, Gabriel de; **33,** 34
LAM-Linea Aereas de Mocambique; **292**
Lana; 21
Lana, Francesco de; 20
Lancaster 1 (Avro 683); **273, 286, 301,** 335, **335,** 336
Lancastrian 1 (Avro 691); **274, 286, 335, 335, 336, 373**
Lan Chile; **295,** 339
Langley, Samuel Pierpont; 38, 40, 67
— Aerodrome; **40, 41,** 67
Languedoc (Sud-Est SE-161); **275, 286, 303, 336, 336, 337**
LAPE-Lineas Aereas Postales Españolas; 183
LARA-Ligne aérienne roi Albert; 93
LARES; 230, 238
Lasne, Fernand; 159
Latécoère 28; **185, 194, 203, 232, 232**
Latécoère 28-0; 232
Latécoère 28-1; 232
Latécoère 28-3; 232
Latécoère 28-5; 232
Latécoère 300 Croix-du-Sud; **190, 194, 215, 241, 241, 263**
Latécoère 301; 241
Latécoère 302; 241
Latécoère 521 Lieutenant de Vaisseau Paris; **191, 196, 215, 241, 241,** 242
Latécoère 631; **280, 286, 305, 338, 339**
Latécoère, Pierre; 111
LATI-Linee Aeree Transcontinentali Italiane; 182, 238
Launoy; 24, **33,** 34
LAV-Linea Aeropostal Venezolana; 232, 339
LC-DW-300 Solution (Laird); 140, **143, 152,** 164, **164,** 165
LC-DW-500 Super Solution (Laird); **140, 154,** 165, **166, 179**
Lear Jet International Inc. 328, 363
— 23; 363
— 24; **291,** 363
— 24B; **272, 328,** 363
— 24D; 363
— 24E; **363, 363**
— 24F; 363
— 25; 363
— 35; 363
— 36; 363
Lebaud, Paul; 30
Lebaudy, Pierre; 30
Le Bris, Jean-Marie; **34, 35,** 36
Lecointe, Sadi; 137, 159, 160
LeO-20 (Lioré et Olivier); 229
LeO-212 (Lioré et Olivier); 229
LeO-213 (Lioré et Olivier); **187, 194, 200,** 229, **229, 263**
LeO H-47 (Lioré et Olivier); **193, 197, 215, 241,** 242
Léonard de Vinci; 18, **18, 19,** 20, 34
Letur, Louis Charles; **35,** 36
Levasseur PL-8 Oiseau Blanc; **90, 95, 109,** 119, **119**
Levasseur, Léon; 71
Levine, Charles A.; 119, 120, 127, 128
Lévy-Lepen, R; **90, 98, 111, 111**
Li-2 (Lisunov); 342
Liberty; 98, 100, 112, 113, 138
— 12; 99
— 12A; 102, 104, 108
Libyan Arab Airlines; **293**
Lieutenant de Vaisseau Paris (Latécoère 521); **191, 196, 215, 241, 241,** 242
Ligne aérienne roi Albert-LARA; 93
Lignes aériennes Farman; 87, 93, 113, 181, 230
Lignes aériennes Latécoère; 87, 111
Lilienthal, Otto; 18, 36, **36,** 37
— N.11; 37
Lincoln (Avro); 335
Lindbergh, Charles A.; 89, 119, 120, 127, 128, 166
Lineas Aereas Costaricenses-LACSA; **294**

Lineas Aereas de Moçambique-LAM; **292**
Linee Aeree Italiane-LAI; 269
Linhas Aereas de Angola-TAAG; **292**
Lioré et Olivier LeO-20; 229
Lioré et Olivier LeO-212; 229
Lioré et Olivier LeO-212; 118
Lioré et Olivier LeO-213; **187, 194, 200,** 229, **229, 263**
Lioré et Olivier LeO-H-47; **193, 197, 215, 241,** 242
Lisunov Li-2; 342
Lloyd Aereo Boliviano-LAB; **295**
Lloyd Luftverkehr Sablatnig; 87
Lockheed Aircraft Co.; 108, 118, 207, 221, 246, 300, 306, 307, 316, 320, 328, 340, 355
— 9D Orion; **184, 195, 207,** 235, **235,** 265
— 10/A Electra; **184, 195, 221, 246, 247**
— 10 Electra; 246, 247
— 14-F62 Super Electra; **185, 197, 221,** 247, **247**
— 18-56 Lodestar; **272, 300, 334, 382**
— 18 Lodestar; 334
— 1329-25 Jetstar II; **328, 363, 363**
— 1329 Jetstar; 363
— L-049; 340
— L-188A Electra; **276, 288, 316, 334, 349, 383**
— L-649; 340
— L-749A; 340
— L-749 Constellation; **276, 287, 306,** 340, **340, 382**
— L-1011-1; 355
— L-1011-100; 355
— L-1011-200 Tristar; **282, 290, 320, 355, 355, 385**
— L-1011-250; 355
— L-1011-500; 355
— L-1049G Super Constellation; **278, 287, 307, 383**
— Orion; 165, 235, 236, 246
— PV-1 Ventura; 334
— Vega 1; **90, 95, 108,** 118, **119,** 235, 244, 246
— Vega 5 Winnie Mae; 118, 120, 126, **128**
Lodestar (Lockheed 18-56); **272, 300, 334, 382**
Long Range (Boeing 737-200); 353
Lorraine-Dietrich; 101, 103, 109
Lorraine-Isotta Fraschini, 104, 105
— Algol 9Na; 218
— 7Me; 230
— 9Na; 230
LOT-Polskje Linje Lotnicze; 183, 247, **292,** 337, 342, 362
Lotares D-36; 329
Louvrié, Charles de; 28, **29**
Ludington Line; 234, 245
Lufthansa; **293,** 353
Lufttransport-Unternehmen; **292**
Luftwaffe; 235, 250
Lunardi, Vincenzo; 22, **22**
Luxair; **293**
Lycoming
— GO-480-B1A6; 326
— GSO-480-B1A6; 327
— O-320; 326
— O-360-A1A; 327
— O-540-A1D; 326
— O-540-E4C6; 325
— R-680; 205, 228
Lyon, Harry; 120, 127, 128
LZ 1 (Zeppelin); 30, **32,** 34
LZ 127 Graf Zeppelin (Zeppelin); **227,** 252
LZ 129 Hindenburg (Zeppelin); **227,** 252

M

M.1; 74
M2-F2 (Northrop); **394,** 400
M2-F3 (Northrop); 400
M-4 (Douglas); 108, 118
M.7bis (Macchi); **140, 148, 161, 161, 177**
M.11; 212
M.15; 212
M.17; 212, 239
M.22; 211
M.25A; 212
M.33 (Macchi); 161
M.34R; 155
M.39 (Macchi); **140, 142, 149, 161, 161, 177**
M.52 (Macchi); 162
M.57 Aerovan 1 (Miles); **272, 324,** 359
M.57 Aerovan 4 (Miles); 359
M.57 Aerovan 5 (Miles); 359
M.57 Aerovan 6 (Miles); 359

M.85; 212
M.130 China Clipper (Martin); **191, 196, 231, 231**
M.130 Hawaii Clipper (Martin); 231
M.130 Philippine Clipper (Martin); 231
M.332; 326
M.337; 326
Macchi Castoldi M.C.72; 137, **141, 143, 157, 168, 168,** 178
Macchi M.7bis; **140, 148, 161, 161, 177**
Macchi M.33; 161
Macchi M.39; **140, 142, 149, 161, 161, 177**
Macchi M.52; 162
Macchi M.B.320; **272, 291, 322, 357, 357, 378**
Macchi M.C.94; **186, 196, 220,** 246, **246, 264**
Macchi M.C.100; **187, 197, 220,** 246, **246**
Mackenzie-Grieve, Kenneth; 111, 112
Mac Ready; 114, 120, 124, 128
Maddalena, Umberto; 116, 168, 234
Maitland, Lester J.; 162
Malaysian Airlines System; **294**
Manchurian Airlines; 249
Manly, Charles; 40
Marathon 1 (Handley Page H.P.R.1.); **273, 324, 359, 359**
Marathon 2 (Handley Page H.P.R.1.); 359
Marchetti, Alessandro; 118, 168
Marriott; 30, **31**
Mars I Bamel (Gloucestershire); **140, 142, 147, 160, 160, 176**
Martin 2-0-2; **275, 286, 306, 339, 339**
Martin 4-0-4; 339
Martinair Holland; **293**
Martin M.130 China Clipper; **191, 196, 231, 231**
Martin M.130 Hawaii Clipper; 231
Martin M.130 Philippine Clipper; 231
Martin Marietta; 394
— X-24A; **394, 400, 400**
— X-24B; 400
Martinsyde Ltd.; 147
— Semiquaver; **140, 142, 147,** 159, **160, 160**
Mary; 112
Masiero; 89, 120, 124, 128
Maughan; 120, 124
Maughan, Russel L.; 162
Maxim Gorki (Tupolev ANT 20); **192, 195, 211, 238,** 239
Maxim, Hiram S.; **38, 39**
Maya (Short S.21); **226,** 251
Maybach 100; 227
Mayo Composite Aircraft Co. Ltd.; 251
Mayo, R.H.; 251
MB-3 (Thomas-Morse); **140, 142, 150,** 162
M.B.320 (Macchi); **272, 291, 322, 357, 357, 378**
MBB; 364
— HFB 320 Hansa; **273, 291, 329, 364, 364, 377**
M.C.72 (Macchi Castoldi); 137, **141, 143, 157, 168, 168,** 178
M.C.94 (Macchi); **186, 196, 220,** 246, **246, 264**
M.C.100 (Macchi); **187, 197, 220,** 246, **246**
McCurdy, John Douglas; 72
McDonnell Corp.; 320, 354
— Douglas DC-9-5; **351**
— Douglas DC-9-10; **276, 289, 317,** 350, **351, 354**
— Douglas DC-9-80; 350, **351**
— Douglas DC-9-Super 80; 350
— Douglas DC-10; **354, 384**
— Douglas DC-10-10; 354
— Douglas DC-10-20; 354
— Douglas DC-10-30; **282, 290, 320, 354, 354**
— Douglas DC-10-40; 354
— Douglas DC-10-CF; 354
— Douglas DC-30-CF; 355
MD-12 (PZL); **273, 327, 361, 362, 362**
MEA-Middle East Airlines Air Liban; **293**
Mears, John Henry; 119
Meerwein, Karl Friedrich; 20, **21**
Menasco C-6S4; 153
Mensier; 40
Mercedes; 61, 74, 138
Mercure 100 (Dassault); **278, 290, 319,** 353, **353, 376**
Mercure 200 (Dassault); 353
Mercury Short S.20; **226,** 251
Mermoz, Jean; 231, 232, 241
Merrill; 245
Messerschmitt A.G.; 156
— Bf.108A; 167
— Bf.108B; **141, 143, 156, 167, 167, 176**
Meteor (Laird Turner L-RT); **140, 143, 153, 165, 165**
Metro (Swearingen); 362
Metro II (Swearingen SA-226TC); **273, 327, 362, 362**
Meusnier, Jean-Baptiste Marie; 30
Mexicana; **295**

M.H.14 Pou-du-Ciel (Mignet); **184, 217,** 243, **243**
M.H.250; 348
M.H.260; 348
M.H.260 (Nord); **273, 315,** 348
Michelin Cup; **60,** 73, **73**
Middle East Airlines Air Liban-MEA; 293
Mignet, Henri; 243
Mignet M.H.14 Pou-du-Ciel; **184, 217,** 243, **243**
Mikulin AM-3M; 313
Miles Aircraft Ltd.; **324,** 359
— M.57 Aerovan 1; **272, 324,** 359
— M.57 Aerovan 4; **359**
— M.57 Aerovan 5; 359
— M.57 Aerovan 6; 359
Miller; 56
Miller, Franz; 56, 70
— Aerocurvo; **56,** 70
Mills, Harry H.; 163
Mini Guppy (Spacelines B-377MG); 348
Mitchell, Reginald J.; 162
Mitsubishi
— Kinsei 41; 223
— Lynx IVC; 223
Mitsubishi Jukogyo K.K.; 223
— G3M2; **187, 197, 223,** 249, **249**
— G3M; 249
— Hinazuru; **184, 195, 223,** 248, **249**
Monarch Airlines; **293,** 354
Monomail (Boeing 221-A); **185, 194, 207,** 235
Monoplane (Blackburn); **60,** 73, **73**
Monterosa (Fiat G.212CP); **274, 322,** 357, **357, 377**
Montgolfier, Jacques Étienne; 22
Montgolfier, Joseph Michel; 22
Montgolfière; **22**
Moore-Brabazon, J.T.C.; 73
Morane; 111
Morane-Saulnier; 78, 159
Morava (L-200A); **272, 291, 326,** 361, **361**
Mortimer-Vaughan; 57, 70
— Safety; **57,** 70
Moseley, Corliss C.; 137, 162
Moth (De Havilland D.H.60); 236
Möwe (Focke Wulf A.17); 116
Moy, Thomas; 38
— Aerial Steamer; 38
Mozhaiski, Alexander F.; **38, 39,** 40
MR-2; **272, 291, 326,** 361, **361**
Mr. Mulligan (Howard DGA-6); **141, 143, 153,** 165, **165,** 166, **179**
Multiplane 1 (Phillips); **56,** 69, **69**
Multiplan Roshon; **56,** 70
Murra, Arthur; 398
Mystère 10 (Dassault); 364
Mystère 50 (Dassault); 364
Mystère Falcon 20 (Dassault); **273, 291, 329,** 363, **364, 375**
Mystère Falcon 20F (Dassault); 364
Mystère Falcon 20G (Dassault); 364
Mystery Ship (Travel Air); **140, 142, 152,** 164, **164, 179**

N

N.1 (Santos-Dumont); 30, **32**
N.1 (De Havilland); **60,** 73, **73**
N.1 (Sopwith Bat Boat); 77
N.1 (Vuia); **56,** 69, **69**
N.1 Norge; **227,** 252
N.2 (Asteria); 74
N.2 (Sopwith Bat Boat); **64,** 77, **77**
N.3 (Asteria); **61,** 74, **74**
N.3 (Short); **60,** 73, **73**
N.3 (Wright); **37**
N.4 Italia; **227,** 252
N.5 (Chiribiri); **61,** 74, **74**
N.6; **32**
N.9; **32**
N.11 (Lilienthal); **37**
N.19; 68
N.262 (Nord); 348
N.262A (Nord); 348
N.262B (Nord); 348
N.262C (Nord); 348
N.262D (Nord); 348
Nakajima Hikoki K.K.; 223
— AT-2; **186, 196, 223,** 248, 249, **249**
— Ki-34; 249
— L111; 249
Nakajima Kotobuki 41; 223
NAMC YS-11-100; **315,** 348, **348, 385**
NAMC YS-11A-200; 348
NAMC YS-11A-300; 348
NAMC YS-11A-400; 348

NAMC YS-11A-500; 348
NAMC YS-11A-600; 348
Nankiewicz WN-3; 327
Napier
— Eland; **332,** 340
— Eland 504A; 306
— Lion; 100, 113, 148, **158,** 160
— Lion II; 147
— Lion III; 147
— Lion VII B; 149
— Rapier VI; 226
— Sabre; 156
Nardi F.N.305D; **141, 143, 156,** 167, **167,** 178
Nassau; 22, 23
National Airlines; 267, **294**
National Air Races; 138, 139, 162, 163, 165
National Air Transport; 89, 93
Navy Curtiss NC-1 (Curtiss); 112, 120
Navy Curtiss NC-2 (Curtiss); 112
Navy Curtiss NC-3 (Curtiss); 112, 120
Navy Curtiss NC-4 (Curtiss); 89, **92, 99,** 112, **112,** 120, 122, **129**
NC-1 (Curtiss Navy Curtiss); 112, 120
NC-2 (Curtiss Navy Curtiss); 112
NC-3 (Curtiss Navy Curtiss); 112, 120
NC-4 (Curtiss Navy Curtiss); 89, **92, 99,** 112, **112,** 120, 122, **129**
N.E.C.; 57, 70
Netherland Aircraft Manufacturing Co.; 117
Neumann, Harold; 165
New Orleans (Douglas DWC); 116, 120, 122
Nieuport 29V; **140, 142, 146,** 159, **159,** 160
Nieuport; 78
Nieuport-Delage 42; **140, 142,** 147, 160
Nieuport-Delage 1921; **140, 142, 146,** 159, **159**
Nigeria Airways; **293**
Nihon Kokuki Seizo Kabushiki Kaisha; 315
— NAMC YS-11-100; **315,** 348, **348, 385**
— NAMC YS-11A-200; 348
— NAMC YS-11A-300; 348
— NAMC YS-11A-400; 348
— NAMC YS-11A-500; 348
— NAMC YS-11A-600; 348
Nihon Kokuyuso Kenkyujo (NKK); 93
Nippon Koku K.K.; 249
Nobile, Umberto; 118, 252
Noorduyn Aviation Ltd.; 223, 249
— Norseman II; 249
— Norseman IV; **184, 223, 249, 249**
— Norseman V; 249
Nord-Aviation; 315, 348
— Nord M.H.260; **273, 315,** 348
— Nord N.262; 348
— Nord N.262A; 348
— Nord N.262B; 348
— Nord N.262C; 348
— Nord N.262D; 348
Nordair; **294**
Norge (N.1); **227,** 252
Norseman II (Noorduyn); 249
Norseman IV (Noorduyn); **184, 223, 249, 249**
Norseman V (Noorduyn); 249
Northcliffe; 111
North Eastern Airways; 240
Northern & Scottish Airways; 181
Northrop Aircraft Inc.; 389, 396
— B-35; **389,** 396
— HL-10; **394,** 400
— M2-F2; **394,** 400
— M2-F3; 400
— XB-35; 396
— XP-79; 396
— XP-79B; **389,** 396
— YB-35; 396, **396**
— YB-49; 396
Northrop Co.; 219, 245
— Delta; **184, 219,** 239, 245, **245**
— Gamma; 245
Northrop, John K.; 118
Northwest Airlines; 247, 267, 340
Northwest Orient Airlines; **294,** 339
Noville, George O.; 119, 120, 127, 128
Noyes, Blanche; 166
Nungesser, Charles; 119
Nutt, Arthur; 138
N.V. Koolhoven Vllegtulgen; 204
— Koolhoven F.K.50; **186, 204,** 233, **233**
N.Y.R.B.A. Line; 230, 244, 245
NYP Spirit of St. Louis (Ryan); **90, 95, 109,** 119, **119,** 120, 127, **128**

O

Oiseau Blanc (Levasseur PL-8); **90, 95, 109,** 119, **119**
Okanagan Helicopters; **294**

OKO-1; **184,** 239, **239**
Olympic Airways; **293,** 348
One-Eleven-200 (BAC); 350, **351**
One-Eleven-300 (BAC); 350
One-Eleven-400 (BAC); 350
One-Eleven-475 (BAC); 350, **351**
One-Eleven-500 (BAC); **277, 289, 317,** 350, **351, 374**
Opel, Fritz von; 226, 251
Orbiter (Space Shuttle); **394, 395, 400, 401**
Orion (Lockheed 9D); **184, 195, 207,** 235, **235, 265**
Orion (Lockheed); 165, 235, 236, 246
Otter (De Havilland DHC-3); **272, 291, 323,** 358, **358, 380**
Ovington, Earle; 93
Oxford (Airspeed A.S.40); **184, 197, 213,** 240, **240**
Ozark Air Lines; **294**

P

P.3 Gull Six (Percival); **141, 143, 155,** 167, **167**
P.50 Prince 1 (Percival); **272, 291, 324,** 359, **359**
P.111 (Boulton Paul); **390,** 397
P.111A (Boulton Paul); 397, **397**
P.136 (Piaggio); 357
P.136L (Piaggio); 357, **378**
P.136 L-1 (Piaggio); **272, 291, 322,** 357, **357**
P. 136 L-2 (Piaggio); 357
P.166 A (Piaggio); 357
P.166B Portofino (Piaggio); **272, 322,** 357, **357, 378**
P.166C (Piaggio); 357
P.166 DL2 (Piaggio); 357
P.166 DL3 (Piaggio); 357
P-200 Airbus (Bellanca); **185, 207,** 235, **235**
Pacific International Airways; 245
Pacific Southwest Airlines-PSA; **294**
Packard R.1 (Verville); 159
Pakistan International Airlines-PIA; **293**
Panair do Brasil; 247
Pan American Airways; 93, 183, 230, 231, 245, 251, 267, **294,** 334, 340, 345, 346, 354
Pan American Aviation Supply; 245
Pander; 204
— S-4 Postjager; **185, 204,** 233, **233**
Pandora (I.A.35-X-III); **272, 291, 327,** 361, **361, 385**
Pantswowe Zaklady Lotnicze; 222, 327
— PZL 44 Wicher; **188, 197, 222,** 248, **248**
— PZL MD-12; **273, 327,** 361, 362, **362**
Pateras-Pescara; 77
Pauly, S.J.; **30**
PBY-1 (Consolidated); 247
PBY-2 (Consolidated); 247
PBY-3 (Consolidated); 247
PBY-4 (Consolidated); 247
PBY-5A Catalina (Consolidated); **188, 197, 221,** 247, **247**
PBY-6A (Consolidated); 247
PC-6 Porter (Pilatus); **272, 291, 327,** 362, **362**
PC-6 Turbo Porter (Pilatus); 362
Pchelka (Antonov An-14); **291, 309, 342,** 343
Peacemaker (Pilatus AU-23A); 362
Peking; **272, 291, 327,** 362, **362**
Pénaud, Alphonse; 28, **29, 33,** 34
Pennsylvania; 72, 76
Percival Aircraft Co.; 155, 234
— P.3 Gull Six; **141, 143, 155,** 167, **167**
— P.50 Prince 1; **272, 291, 324,** 359, **359**
Philippine Airlines; **294**
Philippine Clipper (Martin M.130); 231
Phillips; 56
Phillips, Horatio F.; 38, **39,** 56, 69, 70
— Multiplane 1; **56,** 69, **69**
PIA-Pakistan International Airlines; **293**
Piaggio; 237
— P.VII C.16; 220
— P.XII RC 35; 304
— Stella VII; 210, 237
— Stella XRC; 210
Piaggio P.136; 357
Piaggio P.136L; 357, **378**
Piaggio P.136 L-1; **272, 291, 322,** 357, **357**
Piaggio P.136 L-2; 357
Piaggio P.166A; 357
Piaggio P.166B Portofino; **272, 322,** 357, **357, 378**
Piaggio P.166 C; 357
Piaggio P.166 DL2; 357
Piaggio P.166 DL3; 357
Piazza, Carlo; 71

Piedmont Airlines; **294,** 348
Pilâtre de Rozier, Jean-François, 22, 23, **23**
Pilatus Flugzeugwerke A.G.; 327
— AU-23A Peacemaker; 362
— PC-6 Porter; **272, 291, 327,** 362, **362**
— PC-6 Turbo Porter; 362
Pilcher, Percy Sinclair; 36
— Bat; 36
— Beetle; 36
— Gull; 36
— Hawk; 36, **37**
Pioneer 2 (Scottish Aviation Prestwick); **272, 291, 325,** 359, **360**
Piquet, Henri; 93
Pixton, Howard; 78, 137, 160
PL-8 Oiseau Blanc (Levasseur); **90, 95, 109,** 119, **119**
Platz; 117
PLUNA; **294**
Pobjoy Niagara III; 213
Point-d'Interrogation (Breguet XIX Super TR); 120, 126, **128, 141, 142, 155,** 166, **166**
Polskje Linje Lotnicze-LOT; 183, 247, **292,** 337, 342, 362
Polynesian Airlines; **295**
Ponton d'Amécourt, Gustave de; **33,** 34
Ponzelli, Riccardo; 70
— Aerocurvo Ponzelli-Miller; **56,** 70
Porter (Pilatus PC-6); **272, 291, 327,** 362, **362**
Portofino (Piaggio P.166B); **272, 322,** 357, **357, 378**
Posta Aerea Transadriatica; 93
Postjager (Pander S-4); **185, 204,** 233, **233**
Post Wiley; 118, 120, 127, 128
Potez 9Ab; 217
Potez 25 A.2; **90, 94, 103,** 116, **116**
Potez 54; 244
Potez 56; **184, 195, 217,** 243, **243**
Potez 62; **218, 244, 244**
Potez 62-0; 244
Potez 62-1; 244
Potez Aero Service; 243
Pou-du-Ciel (Mignet M.H.14); **184, 217,** 243, **243**
Pratt & Whitney; 139, 214, 336, 348, 360
— Cyclone; 139, 154
— Hornet; 205
— Hornet B; 202, 207
— Hornet B1; 219
— JT1D-4; 329
— JT3C-6; 312
— JT3D-1; **331**
— JT3D-7; 313
— JT4; **331**
— JT4A-3; 312
— JT8D-1; 311
— JT8D-5; 317
— JT8D-9A; 318
— JT8D-15; 319
— JT8D-209; 350
— JT9D-7/3a; 320
— JT15D-1; 328
— JT80D-15; 315
— PT6A-27; 323
— PT6A-50; 325
— R-385-AN6 Wasp Jr.; 221
— R-985-AN14B Wasp Jr.; 328
— R-985-SB3 Wasp Jr.; 323
— R-985-T1B; 204
— R-1340-S1H1-G Wasp; 323
— R-1340-S3H1 Wasp; 223
— R-1830-90C Twin Wasp; 305
— R-1830-92 Twin Wasp; 221
— 1830-S1C3G Twin Wasp; 305, 322
— R-2000 Twin Wasp; 300
— R-2000-2 Twin Wasp; 388
— R-2000-7M2 Twin Wasp; 323
— R-2180-E1 Twin Wasp; 308
— R-2800-51 Double Wasp; 300
— R-2800-B43 Double Wasp; 303
— R-2800-CA18 Double Wasp; 303, 306
— R-2800-CB16 Double Wasp; 307
— R-4360 Wasp Major; 303, 304, **330,** 389
— R-4360-B6 Wasp Major; 306
— RK-30; 154
— S1B3-G Twin Wasp; 153
— S1EG Hornet; 202
— T-34; 248
— Twin Wasp; 156, 202
— Wasp; 108, **110,** 153, 202, 205, 207
— Wasp Jr.; 152, 154, 221
Pregnant Guppy (Spacelines B-377PG); 348
Prestwick Pioneer 2 (Scottish Aviation); **272, 291, 325,** 359, **360**
Preussen (Albatros L.73); 116
Prévost, Maurice; 75, 137, 138, 159, 160
Prince 1 (Percival P.50); **272, 291, 324,** 359, **359**
Princess (Saunders-Roe S.R.45); **285, 287, 304,**

432

338, **338**
Prix H. Deutsch de La Meurthe; 159
Provence (Breguet Br.763); **276, 287, 303,** 337, **337, 375**
Prudden, George H.; 117
P.S. & I.O.W. Aviation; 240
PSA-Pacific Southwest Airlines; **294**
Pulitzer, Herbert; 162
Pulitzer, Joseph; 162
Pulitzer, Ralph; 162
PV-1 Ventura (Lockheed); 334
PW-8 (Curtiss); 120, 124
PZL 44 Wicher; **188, 197, 222,** 248, **248**
PZL-Mielec; 343
PZL MD-12; **273, 327,** 361, 362, **362**

Q

Q-1 (Dornier Do. 27); **272, 291, 326,** 360, **361, 376**
QANTAS-Queensland and Northern Territory Aerial Services; 93, 242
Qantas Airways; **294,** 336
Quebecair; **295**
Queensland and Northern Territory Aerial Services-QANTAS; 93, 242
Querandi (I.A.45); **272, 291, 326,** 361, **361, 385**

R

R (Lévy-Lepen); **90, 98, 111, 111**
R-1 (Gee Bee); **140, 143, 152,** 164, **164, 179**
R-2 (Gee Bee); 164
R-6 (Curtiss); **140, 142, 151,** 162, **162,** 163, **163, 178**
R.1 (Verville Packard); 159
R2C-1 (Curtiss); **140, 142, 151,** 162, 163, **163, 178**
R3C-1 (Curtiss); **140, 142, 151,** 162, 163, **163**
R3C-2 (Curtiss); 137, **140, 148,** 161, **161,** 162, 163, **178**
R.3 (Verville Sperry); 139, **140, 142, 150,** 163, **163**
R.34; 89, **99,** 112, 120, 122, 130
R.700 (Fiat); **141, 142, 146,** 159, **159, 177**
Racer (Heston Type 5); **140, 143, 156,** 167, **168, 176**
Railway Air Service; 237
Rak-1; **226,** 251
Raymond, Arthur; 240
Raynham, Frederick P.; 159
R.B. (Dayton-Wright); 139, **140, 142, 146,** 159, **159**
R Baby Wright (Wright); **54, 68, 68**
Reaction Motor XLR-11-RM-3; 392
Read, Albert C.; 112, 120, 122, 128
Red Wing; 72
Reed, Sylvanus Albert; 139
Regia Aeronautica; 234, 238, 245, 252
Régie Air Afrique; 243, 244
Renard, Charles; 28, **29,** 30
— La France; 30, **32**
Renault; 76, 98, 236
— 6Pr Bengali, 217
— 6Q-01 Bengali; 217
— 9A; 230
— 12Ja; 200
— 12S-02-201; 303
R.E.P.; 56, 58, 71
Rep.1 (Esnault-Pelterie); **56, 69, 69**
Rep.2 (Esnault-Pelterie); 69
Rep.2bis (Esnault-Pelterie); 69
Republic Airlines; **295**
Republic Aviation Corp.; 154
— Seversky Sev-S2; **141, 143, 154,** 166, **166**
Rhomboidal (Edwards); **57,** 70
Ricaldoni; 77
Richet, Charles; 76
Richman; 245
Riddle Airlines; 347
Riffard, Marcel; 165
Rinehart, Howard M.; 159
Rio Airways; **295**
Rio Sul; **295**
Rittenhouse, David; 137, 161
Ro.VII Roland (Rohrbach); 234
Robert, M.N.; 22
Robertson, Macpherson; 166
Robertson Aircraft Corp.; 89, 93
Rocketdyne SSME; 394

Rockwell International; 328, 363, 394, 400
— Columbia; 387, 400
— Rockwell 40; 363
— Rockwell 60; 363
— Rockwell 75; 363
— Rockwell CT-39; 363
— Rockwell Sabreliner 75A; **328,** 363, **363**
— Rockwell T-39; 363
— Space Shuttle Orbiter; **394, 395, 400, 401**
Roe, Alliott Verdon; 73, 74
Roe Biplane I (Avro); **60,** 73
Roe Triplane I (Avro); **60,** 73, **73**
Rohrbach, Adolf; 113, 234
Rohrbach Metol Flugzeugbau GmbH; 206
— Ro.VIII Roland; 234
— Roland II; **206,** 234, **262**
Roland (Rohrbach Ro.VIII); 234
Roland II (Rohrbach); **206,** 234, **262**
Rolls-Royce; 98, 99, 102, 103, 138, 139, 149, 162
— Avon; 331
— Avon 524; 311
— Avon 527; 311
— Avon R.A.28; 391
— Conway; 348
— Conway RC.43; 317
— Dart; 340
— Dart 505; **330**
— Dart 511; 315
— Dart 514; 310
— Dart 526; 314
— Dart 527; 310
— Dart 529; 328
— Dart 532-7; 315
— Dart Mk.542-10; 315
— Dart R; 310
— Derwent 5; 390
— Eagle VIII; 98, 99, 103
— Eagle IX; 102, 103
— Kestrel; **228**
— Kestrel XVI; 208
— Merlin; 139
— Merlin 502; 301
— Merlin 621; 302
— Merlin 626; 323
— Merlin T.24; 301
— M45H Mk.501; 329
— Nene; 390
— R; 139, 149
— RB-163-25 Mk.511-25 Spey; 318
— RB.183-2 Mk.155-15 Spey; 317
— RB.211-524; 320
— RB.211; **333**
— Spey Mk.512; 317
— Tyne 512; 316
— Tyne 515-10; 323
Rolls-Royce-SNECMA Olympus 593 MR.610; 321, **333**
Romain, Pierre; 22
Romanet, Bernard de; 159
Rosatelli, Celestino; 159
Roshon; 56, 70
— Multiplan; **56,** 70, **70**
Rossi, Maurice; 168
Rossiya (Tupolev Tu-114); 269, **282, 288,** 316, 350, **350,** 352, **379**
Royal Air Force; 236, 240, 251, 335, 336, 343, 344, 347, 359
Royal Air Maroc; **293**
Royal Brunei Airlines; **295**
Royal Canadian Air Force; 358
Royal Dutch Airlines; **293**
Royal Nepal Airlines; **294**
Ruchonnet; 75
Rumpler; 74
RWD-11; **222,** 248
RWD-13; **184, 222,** 248, **248**
Ryan Airlines Inc.; 109
— Ryan NYP Spirit of St. Louis; **90, 95, 109,** 119, **119,** 120, 127, **128**

S

S-4 Postjager (Pander); **185, 204,** 233, **233**
S.5 (Supermarine); 162, **176**
S.5/25 (Supermarine); 138, **140, 149,** 162, **162**
S.5 Singapore I (Short); 120, 121, **129**
S.6 (Supermarine); **141, 142,** 162, 162
S.6B (Supermarine); 138, **141, 149,** 162, **162, 176**
S.8 Calcutta (Short); **193, 194, 200,** 229, **229,** 244
S.12bis (Savoia); **141, 142, 148,** 160, **161**
S.13bis (Savoia); **148,** 160, **177**
S.16 (Savoia Marchetti); 116

S.16bis (Savoia Marchetti); 116
S.16 Scion 2 (Short); **184, 196, 213,** 240, **240,** 242
S.16ter (Savoia Marchetti); 89, **90, 94, 104,** 116, **116,** 120, 125, **129**
S.17 Kent (Short); 229
S.20/S.21 Composite (Short); **191, 196, 226,** 251, **252**
S.20bis (S.P.A.D.); **140, 142, 146,** 159, **159**
S.20 Mercury (Short); **226,** 251
S.21 Maya (Short); **226,** 251
S.23 (Short); **189, 196, 198, 216,** 242, **242,** 250, 251, **261**
S.25/V Sandringham 4 (Short); **275, 286, 305,** 338, **339, 372**
S.25 Sunderland (Short); 250
S.26 Golden Hind (Short); **191, 197, 225,** 250, **251, 261**
S.30 (Short); 242
S.33 (Short); 242
S.36 (Sikorsky); 230
S.38 (Sikorsky); 230
S.38A (Sikorsky); **185, 194, 202,** 230, **230**
S.38B (Sikorsky); 230
S.40 (Sikorsky); 231
S.41 (Short); **64,** 77, **77**
S.42 (Sikorsky); **193, 196, 202,** 231, **231, 265**
S.43 (Sikorsky); **186, 196, 202,** 231, **231**
S.45 Solent 2 (Short); **275, 286, 305,** 338, 339, **339**
S-307 (Boeing); 334
S.A.6 Sealand (Short); **291, 324,** 359, **359, 372**
S.A. Navigazione Aerea-SANA; 88, 89, 93, 182, 229, 234
SA-226TC Metro II (Swearingen); **273,** 327, 362, **362**
SA-307B Stratoliner (Boeing); **286, 300,** 334, **334**
SABENA-Belgian World Airlines; 93, 237, 238, 247, **292**
Sabreliner 75A (Rockwell); **328,** 363, **363**
Sächsische Luft Reederei; 87
Safair Freighters; **293**
Safety; **57,** 70
Sage, Letitia Ann; 22
Sahara (Breguet Br.765); 337
SAHSA-Servicio Aereo de Honduras; **295**
SAIDE; 357
Saigon (Breguet 530); **193, 195, 218,** 244
Salmson
— 9Ab; 103, 201, 230
— C.M.9; 101, 230
Salmson Canton-Unné; 76, 77
SAM-Società Aerea Mediterranea; 89, 93, 118, 182, 229, 237, 245
SANA-S.A. Navigazione Aerea; 88, 89, 93, 182, 229, 234
Sandringham 4 (Short S.25/V); **275, 286, 305,** 338, **339, 372**
Santa Maria (SIAI Marchetti S.M.55A); **91, 95, 107,** 118, **118,** 120, 126, **129**
Santos-Dumont (Blériot 5190); **190, 195, 215,** 241, **241**
Santos-Dumont, Alberto; 30, 40, 55, 68, 70
— 14bis; **55,** 68, **68,** 70
— Demoiselle 19; 68
— Demoiselle 20; **55,** 68, **68**
— N.1; 30, **32**
— N.6; **32**
— N.9; **32**
— N.19; 68
SAS-Scandinavian Airlines System; **292,** 342
Sauder, Friedrich Wilhelm; 251
Saudia; **293**
Saulnier, Raymond; 71
Saunders-Roe Ltd.; 304
— S.R.45 Princess; **285, 287, 304,** 338, **338**
Savoia Marchetti S.16; 116
Savoia Marchetti S.16bis; 116
Savoia Marchetti S.16ter; 89, **90, 94, 104,** 116, **116,** 120, 125, **129**
Savoia S.12bis; **141, 142, 148,** 160, **161**
Savoia S.13bis; **148,** 160, **177**
SC.7 Skyvan 3A (Short); 360, **360**
SC.7 Skyvan (Short); 360, **374**
SCADTA; 93
Scanair; **292**
Scandinavian Airlines System-SAS; **292,** 342
Schwarz, David; 30, **32**
Schneider, Jacques; 78, 137
Schroeder, Rudolph W.; 159
Scion 2 (Short S.16); **184, 196, 213,** 240, **240,** 242
Scion Senior (Short); 260
Scottish Airways; 181
Scottish Aviation Ltd.; 325
— Prestwick Pioneer 2; **272, 291, 325,** 359, **360**
— Twin Pioneer 1; **272, 291, 325,** 359, 360, **360**
— Twin Pioneer 2; 360
— Twin Pioneer 3; 360

SE-161-P7 (Sud-Est); 336
SE-161 Languedoc (Sud-Est); **275, 286, 303,** 336, **336,** 337
SE-210 Caravelle 10B (Sud-Aviation); 345
SE-210 Caravelle 10R (Sud-Aviation); 345
SE-210 Caravelle 11 (Sud-Aviation); 345
SE-210 Caravelle 12 (Sud-Aviation); 345
SE-210 Caravelle IA (Sud-Aviation); 345
SE-210 Caravelle III (Sud-Aviation); **277, 288, 311, 344,** 345, **375**
SE-210 Caravelle VI (Sud-Aviation); 345
SE-210 Super Caravelle (Sud-Aviation); **277, 289, 311, 344,** 345
SE-2010 Armagnac (Sud-Est); **279, 287, 303,** 337, **337, 375**
Sea Airmotive; **295**
Seaboard World Airlines-SW; **294,** 358
Seaford (Short); 339
Sealand (Short S.A.6); **291, 324,** 359, **359, 372**
Sea Lion II (Supermarine); 161
Sea Lion III (Supermarine); **141,** 137, **148, 161**
Seattle (Douglas DWC); 116, 120
Seddon; **57,** 70
Seguin; 138
Selfridge, Thomas; 72
Semiquaver (Martinsyde); **140, 142, 147,** 159, 160, **160**
Series 1 (Avro 748); **273, 310,** 343, **344, 374**
Sev-S2 (Seversky); **141, 143, 154,** 166, **166**
Seversky Sev-S2; **141, 143, 154,** 166, **166**
Short Brothers Ltd.; 60, 73, 200, 213, 216, 225, 240, 242, 250, 305, 324, 325
— Dunne D.5; **60,** 73, **73**
— Dunne D.8; 73
— N.3; **60,** 73, **73**
— S.5 Singapore I; 120, 121, **129**
— S.8 Calcutta; **193, 194, 200,** 229, **229,** 244
— S.16 Scion 2; **184, 196, 213,** 240, **240,** 242
— S.17 Kent; 229
— S.20/S.21 Composite; **191, 196, 226,** 251, **252**
— S.20 Mercury; **226,** 251
— S.21 Maya; **226,** 251
— S.23; **189, 196, 198, 216,** 242, **242,** 250, 251, **261**
— S.25/V Sandringham 4; **275, 286, 305,** 338, **339, 372**
— S.25 Sunderland; 250
— S.26 Golden Hind; **191, 197, 225,** 250, **251, 261**
— S.30; 242
— S.33; 242
— S.41; **64,** 77, **77**
— S.45 Solent 2; **275, 286, 305,** 338, 339, **339**
— S.A.6 Sealand; **291, 324,** 359, **359, 372**
— SC.7 Skyvan; 360, **374**
— SC.7 Skyvan 3A; 360, **360**
— Scion Senior; 260
— Seaford; 339
— Skyliner; **291, 325,** 360
— Sunderland; 338
Short, Eustace; 73
Short, Horace; 73
Short, Oswald; 73
Shvetsov
— ASh-21; 309
— ASh-81T; 309
— ASh-82FN; 309
— ASh-621R; 309
SIAI Marchetti; 107, 157, 168, 200, 210, 237, 238, 245, 322
— S.M.55A Santa Maria; **91, 95, 107,** 118, **118,** 120, 126, **129**
— S.M.55C; 118, 129
— S.M.55M; 118
— S.M.55P; **107,** 118
— S.M.55X; **107,** 118, 120, 126, **129**
— S.M.64; 120, 123, **128, 141, 142, 157,** 168, **168, 177**
— S.M.64bis; 168
— S.M.66; **187, 195, 200,** 229, **229,** 237, **264**
— S.M.71; **186, 195, 210,** 237, **237, 264**
— S.M.73; **210,** 237, **237,** 238, **264**
— S.M.74; **193, 195, 210,** 237, **238**
— S.M.75; **189, 197, 210,** 238
— S.M.75bis; **237**
— S.M.79; **238**
— S.M.83; 182, **187, 197, 210,** 238, **238, 264**
— S.M.83A; 238
— S.M.83T; 238
— S.M.87; **210,** 237, 238
— S.M.95; **197**
— S.M.95bis; 356, **377**
— S.M.95C; **275, 286, 322,** 357, **357**
Siddeley Puma; 102
Siemens Jupiter VI; 105
Sierra Pacific Airlines; **295**

Sigrist, F. ; 78
Sikorsky Aircraft ; 202, 231, 305
— S.36 ; 230
— S.38 ; 230
— S.38A ; **185, 194, 202,** 230, **230**
— S.38B ; 230
— S.40 ; 231
— S.42 ; **193, 196, 202,** 231, **231, 265**
— S.43 ; **186, 196, 202,** 231, **231**
— SV-44A ; **275, 286, 305,** 339
Sikorsky Ilya Mourometz ; 238
Silver City Airways ; 335, 341
Silver Dart ; **59,** 72
Simoun (Caudron-Renault C-635) ; **183, 195, 217,** 243, **243**
SNCASE ; 215, 303
— Lioré et Olivier LeO H-47 ; **193, 197, 215, 241,** 242
— Sud-Est SE-161-P7 ; 336
— Sud-Est SE-161 Languedoc ; **275, 286, 303,** 336, **336,** 337
— Sud-Est SE-2010 Armagnac ; **279, 287, 303,** 337, **337, 375**
Sindacato Condor Limitada ; 250
Singapore Airlines ; **295**
Singapore I (Short S.5) ; 120, 121, **129**
Singer Mortimer ; 77
SISA-Società Italiana Servizi Aerei ; 88, 89, 93, 116, 117, 182
SITA ; 116
SK3 Jupiter (Folkerts) ; **140, 153,** 165, **165, 179**
Skyliner (Short) ; **291, 325,** 360
Skyservant (Dornier Do.28D) ; 361
Skyvan 3A (Short SC.7) ; 360, **360**
Skyvan (Short SC.7) ; 360, **374**
Skyways ; 335
Slick Airways ; 358
SM.1-F Detroiter (Stinson) ; **184, 194, 207,** 235
SM.1 Detroiter (Stinson) ; 235, **235**
S.M.55A Santa Maria (SIAI Marchetti) ; **91, 95, 107,** 118, **118,** 120, 126, **129**
S.M.55C (SIAI Marchetti) ; 118, 129
S.M.55M (SIAI Marchetti) ; 118
S.M.55P (SIAI Marchetti) ; **107,** 118
S.M.55X (SIAI Marchetti) ; **107,** 118, 120, 126, **129**
S.M.64 (SIAI Marchetti) ; 120, 123, **128, 141, 142, 157,** 168, **168, 177**
S.M.64bis (SIAI Marchetti) ; 168
S.M.66 (SIAI Marchetti) ; **187, 195, 200,** 229, **229,** 237, **264**
S.M.71 (SIAI Marchetti) ; **186, 195, 210,** 237, **237, 264**
S.M.73 (SIAI Marchetti) ; **210,** 237, **237,** 238, **264**
S.M.74 (SIAI Marchetti) ; **193, 195, 210, 237,** 238
S.M.75 (SIAI Marchetti) ; **189, 197, 210,** 238
S.M.75bis (SIAI Marchetti) ; **237**
S.M.79 (SIAI Marchetti) ; 238
S.M.83 (SIAI Marchetti) ; 182, **187, 197, 210,** 238, **238, 264**
S.M.83A (SIAI Marchetti) ; 238
S.M.83T (SIAI Marchetti) ; 238
S.M.87 (SIAI Marchetti) ; **210, 237,** 238
S.M.95 (SIAI Marchetti) ; 356, **377**
S.M.95C (SIAI Marchetti) ; **275, 286, 322,** 357, **357**
SM.6000 (Stinson Trimotor) ; **205,** 234
SMB-Stage Line ; **294**
Smith, C.R. ; 241
Smith, Keith ; 120, 124
Smith, Ross ; 120, 124
Smithsonian Institution ; 112
SN.600 (Aérospatiale) ; 364
SN.601 Corvette (Aérospatiale) ; **272, 291, 329,** 364, **364**
SNCASO ; 303
— Sud-Ouest SO-30P Bretagne ; **273, 286, 303, 336,** 337
— Sud-Ouest SO-95 Corse ; **272, 303, 336,** 337
SNETA ; 93
SO-30P Bretagne (Sud-Ouest) ; **273, 286, 303, 336,** 337
SO-95 Corse (Sud-Ouest) ; **272, 303, 336,** 337
Sobelair-Société belge de transport par air ; **293**
Società Aeronautica Asteria ; 61, 74
— Asteria N.2 ; 74
— Asteria N.3 ; **61,** 74, **74**
Società Aerea Mediterranea-SAM ; 89, 93, 118, 182, 229, 237, 245
Società Aeronautica Nieuport-Macchi ; 148
— Macchi M.7bis ; **140, 148,** 161, **161, 177**
Società Aviazione ing. Caproni ; 100
— Caproni Ca.60 Transaereo ; **92, 100,** 113, **113**
Società Idrovolanti Alta Italia ; 104
— Savoia Marchetti S.16 ; 116
— Savoia Marchetti S.16bis ; 116
— Savoia Marchetti S.16ter ; 89, **90, 94, 104, 116, 116,** 120, 125, **129**
Società Italiana Caproni ; 220
— Caproni Ca.101 ; 245
— Caproni Ca.133 ; **186, 196, 220, 245,** 245, **264**
— Caproni Campini CC.2 ; **185, 226,** 251, **252**
Società Italiana Ernesto Breda ; 322
— Breda B.Z.308 ; **278, 322,** 357, **357, 378**
Società Italiana Servizi Aerei-SISA ; 88, 89, 93, 116, 117, 182
Società Nord Africa Aviazione ; 245
Société aéronautique française ; 218
— Dewoitine D.332 ; 244
— Dewoitine D.338 ; **189, 196, 218,** 244, **244, 263**
Société anonyme des ateliers d'aviation Louis Breguet ; 98, 155, 218, 303
— Breguet 14 ; 111
— Breguet 14T ; 87, **90, 94, 98,** 111, **111**
— Breguet 16 Bn-2 ; 121
— Breguet 521 Bizerte ; 244, **244**
— Breguet 530 Saigon ; **193, 195, 218,** 244
— Breguet Br.761 ; 337
— Breguet Br.761S ; 337
— Breguet Br.763 Provence ; **276, 287, 303,** 337, **337, 375**
— Breguet Br.765 Sahara ; 337
— Breguet XIX ; 120, 123, 128, **176**
— Breguet XIX Jesus del Gran Poder ; 120, 123, **128**
— Breguet XIX Super TR Point-d'Interrogation ; 120, 126, **128, 141, 142, 155,** 166, **166**
Société anonyme des avions Caudron ; 217
— Caudron-Renault C-635 Simoun ; **183, 195, 217,** 243, **243**
— Caudron C-440 ; 243
— Caudron C-445 Goéland ; **186, 196, 217,** 243, **243**
— Caudron C-449 ; 243
Société anonyme des établissements Nieuport ; 146, 147
— Nieuport 29V ; **140, 142, 146,** 159, **159,** 160
— Nieuport-Delage 42 ; **140, 142, 147,** 160
— Nieuport-Delage 1921 ; **140, 142, 146,** 159, **159**
Société Antoinette ; 58, 62, 71, 75
— Antoinette IV ; **58,** 71, **71**
— Antoinette Latham Monobloc ; **62,** 75, **75**
— Antoinette VI ; 71
— Antoinette VII ; 71, 72
Société belge de transports par air-Sobelair ; **293**
Société des aéronefs Mignet ; 217
— Mignet M.H.14 Pou-du-Ciel ; **184, 217,** 243, **243**
Société des aéroplanes Henry Potez ; 103, 217, 218, 243
— Potez 25A.2 ; **90, 94, 103,** 116, **116**
— Potez 54 ; 244
— Potez 56 ; **184, 195, 217,** 243, **243**
— Potez 62 ; **218,** 244, **244**
— Potez 62-0 ; 244
— Potez 62-1 ; 244
Société des ateliers d'aviation Breguet-Richet ; 76
Société des avions René Couzinet ; 203
— Air Couzinet 10 ; **185, 197, 217,** 243, **243**
— Couzinet 70 Arc-en-Ciel ; **181, 187, 194, 203,** 231
— Couzinet 71 ; 232
Société générale des transports aériens-SGTA ; 113, 181
Société industrielle d'aviation Latécoère ; 305
— Latécoère 631 ; **280, 286, 305,** 338, **339**
Société Pierre Levasseur ; 109
— Levasseur Pl-8 Oiseau Blanc ; **90, 95, 109,** 119, **119**
Société pour l'aviation et ses dérivés-SPAD ; 75
Société provisoire des aéroplanes Deperdussin ; 75, 78
— Deperdussin ; **75, 78**
Solent 2 (Short S.45) ; **275, 286, 305,** 338, 339, **339**
Soloviev
— D-20P ; 313, **332**
— D-30 ; 317
Solution (Laird LC-DW-300) ; **140, 143, 152,** 164, **164,** 165
Sopwith Aviation Co. ; 64, 99
— Atlantic ; **90, 94, 99,** 111, **112**
— Bat Boat N 1 ; 77
— Bat Boat N 2 ; **64,** 77, **77**
— Tabloid ; 78, **78,** 137, 160
Sopwith T.O.M. ; 78, 159
Southern African Airways ; **293,** 336
Southern Airways ; **295**
Southern Cross ; 233
SP (Boeing 747-100) ; 354, **355**
Spacelines B-377MG-101 ; 348
Spacelines B-377MG Mini Guppy ; 348
Spacelines B-377PG Pregnant Guppy ; 348
Spacelines B-377SG Super Guppy ; 348.
Spacelines B-377 SGT Guppy-201 ; **280, 314, 347,** 348
Space Shuttle Orbiter ; **394, 395, 400, 401**
Spad 33 (Blériot) ; 114
Spad 46 (Blériot) ; **101,** 114
Spad 126 (Blériot) ; 114
SPAD ; 146
— SPAD S.20 bis ; **140, 142, 146,** 159, **159**
Spantax Transportes Aereos ; **293**
Spartan Airline ; 181
Sperry R.3 (Verville) ; 139, **140, 142, 150,** 163, **163**
Spin I (Fokker) ; **61,** 74, **74**
Spin II (Fokker) ; 74
Spin III (Fokker) ; 74
Spirit of St. Louis (Ryan NYP) ; **90, 95, 109,** 119, **119,** 120, 127, **128**
Springfield Air Racing Association ; 164
SR (Boeing 747-100) ; 354
S.R.45 Princess (Saunders-Roe) ; **285, 287, 304,** 338, **338**
SST (Boeing 2707-300) ; **321,** 355, 356, **356**
St. Petersburg-Tampa Airboat Line ; 93
Staaken E.4/20 (Zeppelin) ; **91, 94, 100,** 112, **112,** 113, 234
Stabilimento Costruzioni Aeronautiche ; 252
— N.1 Norge ; **227,** 252
— N.4 Italia ; **227,** 252
Sterling Philippine Airways ; **295**
Stinson Aircraft Co. ; 205, 207, 235
— SM.1-F Detroiter ; **184, 194, 207,** 235
— SM.1 Detroiter ; 235, **235**
— Trimotor SM.6000 ; **295,** 234
Stout Metal Airplane Company ; 117
Stratocruiser (Boeing 377-10-26) ; **278, 287, 306,** 340, 348, **382**
Stratoliner (Boeing SA-307B) ; **286, 300,** 334, **334**
Stringfellow, F.J. ; 38, **39**
Stringfellow, John ; 26, **27,** 28
Sud-Est SE-161-P7 ; 336
Sud-Est SE-161 Languedoc ; **275, 286, 303,** 336, **336,** 337
Sud-Est SE-2010 Armagnac ; **279, 287, 303,** 337, **337, 375**
Sud-Ouest SO-30P Bretagne ; **273, 286, 303, 336,** 337
Sud-Ouest SO-95 Corse ; **272, 303, 336,** 337
Sudan Airways ; **292**
Sud-Aviation ; 311
— SE-210 Caravelle 10B ; 345
— SE-210 Caravelle 10R ; 345
— SE-210 Caravelle 11 ; 345
— SE-210 Caravelle 12 ; 345
— SE-210 Caravelle IA ; 345
— SE-210 Caravelle III ; **277, 288, 311, 344,** 345, **375**
— SE-210 Caravelle VI ; 345
— SE-210 Super Caravelle ; **277, 289, 311, 344,** 345
Sunbeam ; 64, 77, 99
Sunderland (Short) ; 338
Sunderland (Short S.25) ; 250
Super 3B (Hawker Siddeley Trident) ; 352
Super 80 (Douglas DC-9) ; 350
Super Caravelle (Sud-Aviation SE-210) ; **277, 289, 311, 344,** 345
Super Constellation (Lockheed L-1049G) ; **278, 287, 307, 383**
Super Electra (Lockheed 14-F62) ; **185, 197, 221,** 247, **247**
Superfortress (Boeing B-29) ; 340
Super Guppy (Spacelines B-377SG) ; 348
Supermarine S.5 ; 162, **176**
Supermarine S.5/25 ; 138, **140, 149,** 162, **162**
Supermarine S.6 ; **141, 142,** 162, **162**
Supermarine S.6B ; 138, **141, 149,** 162, **162, 176**
Supermarine Sea Lion II ; 161
Supermarine Sea Lion III ; **141,** 137, **148, 161**
Super Solution (Laird LC-DW-500) ; **140, 154,** 165, **166, 179**
Super VC-10 (BEC) ; 352, **352, 374**
Super VC-10-1150 (BAC) ; **285, 317**
Surinam Airways ; **294**
S.V.A.9 ; 124, **128**
SW-Seaboard World Airlines ; **294,** 358
SWAL-Southwest Air Lines ; **293**
Swearingen Aviation Corp. ; 327, 362
— Swearingen Metro I ; 362
— Swearingen SA-226TC Metro II ; **273,** 327, 362, **362**
Swissair ; 183, 236, 245, **292,** 350, 354
Syrian Arab Airlines ; **292**

T

T.2 (Fokker) ; 89, **91, 94, 102,** 114, **114,** 120, 124, **129**
T.32 Condor (Curtiss) ; **186, 195, 205, 233,** 234, 241
T-39 (Rockwell) ; 363
T.188 (Bristol) ; **391, 397,** 398
TAA-Trans Australia Airlines ; **295**
TAAG-Linhas Aereas de Angola ; **292**
Tabloid (Sopwith) ; 78, **78,** 137, 160
Tabor (Tarrant) ; **92, 100,** 113, **113**
TAI-Transports aériens intercontinentaux ; 337
TAP-Air Portugal ; **293**
TAROM-Transporturile Aeriene Romane ; **293**
Tarrant Tabor ; **92, 100,** 113, **113**
Tasman Empire Airway ; 338
TAT-Touraine Air Transport ; **292**
TAT-Transcontinental Air Transport ; 89, 93
Tatin, Victor ; 28, **29**
Taube, Etrich ; **61,** 74, **74**
Tavirov, Vsevolod K. ; 239
TCA-Trans Canada Air Lines ; 247, 335, 349, 358
TDA-Domestic Airlines ; **293**
Texas International Airlines ; **294**
Thaden, Louise ; 166
Thai Airways ; **294**
Thai Airways International ; **294**
The De Havilland Aircraft Co. Ltd. ; 106
— De Havilland D.H.16 ; 89
— De Havilland D.H.50-J ; 120, 121, **128**
— De Havilland D.H.66 Hercules ; **91, 95, 106,** 118, **118**
The Fairchild Engine & Airplane Co. ; 108
— Fairchild FC-2W ; **108,** 119
The Supermarine Aviation Works Ltd. ; 148, 149
— Supermarine S.5 ; 162, **176**
— Supermarine S.5/25 ; 138, **140, 149,** 162, **162**
— Supermarine S.6 ; **141, 142,** 162, **162**
— Supermarine S.6B ; 138, **141, 149,** 162, **162, 176**
— Supermarine Sea Lion II ; 161
— Supermarine Sea Lion III ; **141,** 137, **148, 161**
Thomas Morse Aircraft Co. ; 150
— MB-3 ; **140, 142, 150,** 162
Thompson, Charles E. ; 164
Tiger Moth (De Havilland D.H.82) ; 236
Tiger Moth (De Havilland D.H.82A) ; **184, 194, 209,** 236, **236, 260**
Tissandier, Albert ; 30, **31**
Tissandier, Gaston ; 30, **31**
T.K.4 (De Havilland) ; **140, 156,** 167, **167**
TMA-Trans Mediterranean Airways ; **292**
Tokyo Gasu Denki K.K. ; 156, 167
— Koken ; **156,** 167
Touraine Air Transport-TAT ; **292**
Trajan Vuia ; 56, 69, 71, 74
— Vuia N.1 ; **56,** 69, **69**
Transadriatica ; 88, 89, 182
Transaereo (Caproni Ca.60) ; **92, 100,** 113, **134**
Transair Sweden ; **292**
Transamerica Airlines ; **294**
Transatlantic (Vickers Vimy) ; 89, **90, 99,** 111, **112,** 120, 122, 124, **129**
Trans Australia Airlines-TAA ; **295**
Transavia Holland ; **293**
Transbrasil ; **295,** 354
Trans Canada Air Lines-TCA ; 247, 335, 349, 358
Transcontinental & Western Air-TWA ; 183, 234, 240, 241, 245
Transcontinental Air Transport-TAT ; 89, 93
Trans Continental Airlines ; **295**
Trans European Airways ; **293**
Transports aériens intercontinentaux-TAI ; 337
Transporturile Aeriene Romane-TAROM ; **293**
Trans World Airlines-TWA ; 267, **294,** 334, 340
Travel Air ; 152
— Mystery Ship ; **140, 142, 152,** 164, **164, 179**
Trident 1 (Hawker Siddeley) ; **289,** 352, **353**
Trident 1E (Hawker Siddeley) ; **278, 318,** 352, **374**
Trident 2E (Hawker Siddeley) ; 352, **353**
Trident Super 3B (Hawker Siddeley) ; 352
Trimotor (Ford 4.AT) ; **91, 95, 106,** 117, **117,** 118
Trimotor SM.6000 (Stinson) ; **205,** 234
Triplane I (Avro Roe) ; **60,** 73, **73**
Trislander (Britten-Norman BN-2A-MkIII) ; **272,** 360

Tristar (Lockheed L-1011-200) ; **282, 290, 320, 355, 355, 385**
Trophée Bendix ; 138, 164, 165, 166, 167
Trophée Greve ; 165
Trophée Pulitzer ; 137, 138, 139, 161, 162, 163, 164
Trophée Thompson ; 138, 163, 164, 165, 166, 167
Tu-16 (Tupolev) ; 347
Tu-20 (Tupolev) ; 350
Tu-104 (Tupolev) ; 269, **279, 288, 313,** 346, **346,** 347, 352, **378**
Tu-104A (Tupolev) ; 347
Tu-104B (Tupolev) ; 347
Tu-114D (Tupolev) ; 352
Tu-114 Rossiya (Tupolev) ; 269, **282, 288, 316,** 350, **350,** 352, **379**
Tu-124V (Tupolev) ; **276, 288, 313,** 346, 347, **379**
Tu-134A (Tupolev) ; 269, **278, 289, 317,** 350, **351, 379**
Tu-144 (Tupolev) ; 269, **284, 289, 321,** 355, **356, 380**
Tu-154 (Tupolev) ; 352, **384**
Tu-154A (Tupolev) ; **290,** 352, **353**
Tu-154B (Tupolev) ; 269, **318,** 352
Tudor 1 (Avro 688) ; **275, 286, 302, 335,** 336
Tudor 2 (Avro 689) ; **277, 286, 302, 335,** 336
Tudor 5 (Avro 689) ; 336
Tunis Air ; **293**
Tupolev, Andreï Nikolaïevitch ; 238, 239
Tupolev ANT 2 ; 238
Tupolev ANT 3 ; 238
Tupolev ANT 4 ; 238
Tupolev ANT 5 ; 238
Tupolev ANT 9 ; **194, 211,** 238, **239**
Tupolev ANT 9/M17 ; **212,** 239
Tupolev ANT 14 ; **190, 194, 211,** 238, **238,** 239
Tupolev ANT 20bis ; 239
Tupolev ANT 20 Maxim Gorki ; **192, 195, 211, 238,** 239
Tupolev ANT 25 ; **141, 143, 155,** 167, **167**
Tupolev ANT 35 ; **186, 196, 212,** 239, **239**
Tupolev Tu-16 ; 347
Tupolev Tu-20 ; 350
Tupolev Tu-104 ; 269, **279, 288, 313,** 346, **346,** 347, 352, **378**
Tupolev Tu-104A ; 347
Tupolev Tu-104B ; 347
Tupolev Tu-114D ; 352
Tupolev Tu-114 Rossiya ; 269, **282, 288, 316,** 350, **350,** 352, **379**
Tupolev Tu-124V ; **276, 288, 313,** 346, 347, **379**
Tupolev Tu-134A ; 269, **278, 289, 317,** 350, **351, 379**
Tupolev Tu-144 ; 269, **284, 289, 321,** 355, **356, 380**
Tupolev Tu-154 ; 352, **384**
Tupolev Tu-154A ; **290,** 352, **353**
Tupolev Tu-145B ; 269, **318,** 352
Turbo Beaver (De Havilland DHC-2Mk.3) ; 358
Turbomeca Bastan IV ; 315
Turbo Porter (Pilatus PC-6) ; 362
Turk Hava Yollari ; **293**
Turner L-RT Meteor (Laird) ; **140, 143, 153,** 165, **165**
Turner, Roscoe ; 165, 166
TWA-Transcontinental & Western Air ; 183, 234, 240, 241, 245
TWA-Trans World Airlines ; 267, **294,** 334, 340
Twin Otter 100 (De Havilland DHC-6) ; 358
Twin Otter 300 (De Havilland DHC-6) ; **273, 291, 323,** 358, **358, 381**
Twin Pioneer 1 (Scottish Aviation) ; **272, 291, 325,** 359, 360, **360**
Twin Pioneer 2 (Scottish Aviation) ; 360
Twin Pioneer 3 (Scottish Aviation) ; 360
Twiss, L. Peter ; 398
Type 5 Racer (Heston) ; **140, 143, 156,** 167, **168, 176**

U

UAE ; 183
Ulm, Charles ; 120, 127, 128
United Air Lines ; 183, 234, 240, 241, 267, **294,** 340, 346, 349, 350, 354
United Airways ; 181
United States Air Mail ; 93
Universal Air Lines ; 233
U.S.A.A.F. ; **334,** 345
U.S.A.F. ; **397,** 399
USAIR ; **295**
U.S. Navy ; 334, 363
UTA-Union de transports aériens ; 292

V

V-173 (Chance Vought) ; 396
V.1 (Arado) ; **206,** 234
V1A (Vultee) ; **184, 219,** 245, **245**
V.R.M.V.-3 ; 326
— MR-2 ; **272, 291, 326,** 361, **361**
Vanguard 951 (Vickers) ; 349
Vanguard 953 (Vickers) ; **279, 289, 316,** 349, **349, 374**
Van Ryneveld ; 120, 124
VARIG ; **294**
Varney Speed Lines ; 89, 93
VASP ; **295,** 342
Vaughan ; 70
VC-10 (BAC) ; 350, **352**
VC-10BAC Super) ; 352, **352, 374**
VC-10-1150 (BAC Super ; **285, 317**
VCP-R (Verville) ; **140, 142, 150,** 162, **178**
Vedrines, Jules ; 75, 159
Vega 1 (Lockheed) ; **90, 95, 108,** 118, **119,** 235, 244, 246
Vega 5 Winnie Mae (Lockheed) ; 118, 120, 126, **128**
Ventura (Lockheed PV-1) ; 334
Veranzio, Fausto ; 20, **20**
Vermorel ; 57, 70
Vert, Camille ; 30, **31**
Verville ; 150
— Packard R.1 ; 159
— Sperry R.3 ; 139, **140, 142, 150,** 163, **163**
— VCP-R ; **140, 142, 150,** 162, **178**
Vestlandske Luftfartselskap ; 359
VFW-Fokker 614 ; **273,** 329, **329,** 364, **364,** 377
Viale ; 61
Viasa ; **295**
Vickers-Armstrong Ltd. ; 308, 310
— Vickers Vanguard 951 ; 349
— Vickers Vanguard 953 ; **279, 289, 316,** 349, **349, 374**
— Vickers Viking 1 ; 341
— Vickers Viking 1A ; 341
— Vickers Viking 1B ; **273, 308,** 341, **341,** 342, **372**
— Vickers Viscount 630 ; 343
— Vickers Viscount 700 ; **275, 287, 310,** 343, **343, 373**
— Vickers Viscount 800 ; 343
— Vickers Viscount 802 ; **373**
— Vickers Viscount 810 ; **343**
Vickers Ltd. ; 99, 101
— F.B.28B Vimy ; 114
— F.B.28 Vimy Commercial ; **90, 101,** 114, **114**
— Vimy Transatlantic ; 89, **90, 99,** 111, **112,** 120, 122, 124, **129**
Vickers Vanguard 952 ; 349
VII (Blériot) ; **58,** 71, **71**
Viking 1 (Vickers) ; 341
Viking 1A (Vickers) ; 341
Viking 1B (Vickers) ; **273, 308,** 341, **341,** 342, **372**
Vimy (Vickers F.B.28B) ; 114
Vimy Commercial (Vickers F.B.28) ; **90, 101,** 114, **114**
Vimy Transatlantic (Vickers) ; 89, **90, 99,** 111, **112,** 120, 122, 124, **129**
Viper (Avro 522) ; 160
Viscount 630 (Vickers) ; 343
Viscount 700 (Vickers) ; **275, 287, 310,** 343, **343, 373**
Viscount 800 (Vickers) ; 343
Viscount 802 (Vickers) ; **373**
Viscount 810 (Vickers) ; **343**
Vivinus ; 72
Voisin-Archdeacon ; 63, **63**
Voisin-Blériot ; 76
Voisin Aéroplanes ; 64, 77
— Canard-Voisin ; **64,** 77
Voisin, Charles ; 69
Voisin-Farman ; **55, 68,** 69
Voisin Frères ; 55, 69, 73, 77
— Voisin-Farman ; **55, 68,** 69
Voisin, Gabriel ; 69, 76
VOTEC ; **294**
VS-44A (Sikorsky) ; **275, 286, 305,** 339
Vuia N.1 ; **56,** 69, **69**
Vuillemin ; 120, 121
Vuitton N.2 ; **33,** 34
Vulcan (Avro) ; 397
Vultee Aircraft Inc. ; 219
— V.I.A. ; **184, 219,** 245, **245**

W

W8 (Handley Page) ; 88, **91,** 115, **115**
W8B (Handley Page) ; **103,** 115
W.33 Bremen (Junkers) ; **90, 95, 109,** 119, **119,** 120, 126, **128**
W.B.2 Columbia (Bellanca) ; **90, 95, 109,** 119, **119,** 120, 127, **128**
W.G. Armstrong Whitworth Ltd. ; 216
— Armstrong Whitworth A.W.15 Atalanta ; **189, 195, 216,** 242, **242, 260**
W.G. Tarrant Ltd. ; 100
— Tarrant Tabor ; **92, 100,** 113, **113**
Waghorn, H.R.D. ; 138, 162
Wal (Dornier Do.J) ; **91, 94, 102,** 115, **115**
Walden, Henry W. ; 61, 74
— III ; **61,** 74
Walker, Joe ; 399
Walker, Thomas ; **26**
Walter
— Bora ; 156, 157
— Castor ; 237
— Major ; 222, 248
— Major 6 ; 222
— Minor 6-III ; 326
— Pegasus ; 237
— Pollux IIR ; 222
Wardair International ; **294**
Warner, James ; 120, 127, 128
Washington, George ; 22
Waterplane (Humphreys) ; **64, 77,** 78
Wayfarer 2A (Bristol 170) ; **286, 308,** 341, **341**
Webster, Sidney N. ; 138, 162
Wedell-Williams ; **140, 143, 152, 152,** 164, **164,** 165, 166, **178**
Wedell, James Robert ; 164, 165
Wenham ; **35,** 36
West Australian Airways ; 93, 118
Western Air Express ; 230, 233, 245
Western Airlines ; **294**
Westinghouse WJ34-WE-17 ; 392
Weymann, Charles T. ; 78
White, Bob ; 399
White Wing ; 72
Wibault 280T ; 243, 244
Wibault 281T ; 244
Wibault 282T ; 244
Wibault 283T ; **187, 195, 218,** 244, **244, 263**
Wicher (PZL 44) ; **188, 197, 222,** 248, **248**
Wien Air Alaska ; **294**
Wilcockson ; 251
Williams, Alford J. ; 163
Winnie Mae (Lockheed Vega 5) ; 118, 120, 126, **128**
Wise, John ; 22
World Airways ; **294**
World Cruiser (Douglas DWC/0-5) ; 89, **90, 94,** 116, **116,** 120, 122, **128**
Worseley, O.F. ; 162
Wright
— Cyclone ; **110,** 204, 205, 237, 246
— H-2 ; 150
— J-5 ; 108, 109
— J-5C ; 109
— J-6 Whirlwind ; 106, 207
— R-730 Whirlwind ; 109
— R-975 ; 152
— R-975-E2 Whirlwind ; 204
— R-1820-E Cyclone ; 207
— R-1820-F1 Cyclone ; 219
— R-3350-18EA1 Turbo Compound ; 307
— R-3350-DA3 Turbo Compound ; 307
— R-3350 Turbo Compound ; 331
— Whirlwind ; 105, **110,** 139, 164, 204
Wright, Frères ; 22, 36, 37, 40, 54, 68, 70, 72, 76
— A ; **54, 67,** 68
— B ; **54, 67,** 68
— Baby Grand ; 68
— EX ; 68
— Flyer I ; **54, 67, 67**
— Flyer II ; 67
— Flyer III ; **54, 67, 67,** 68
— N.3 ; 37
— R Baby Wright ; **54, 68, 68**
Wright, Orville ; 36, 38, 67, 68, 159
Wright-Patterson ; 398, 399
Wright, Wilbur ; 36, 38, 40, 67, 68, 73, 77

X

X-1 (Bell) ; **387, 392, 398, 398,** 399, **401**
X-1A (Bell) ; 398
X-1B (Bell) ; 398
X-1D (Bell) ; 398
X-1E (Bell) ; 398
X-2 (Bell) ; **393, 398, 398,** 399, **401**
X-5 (Bell) ; **390,** 397, **397, 401**
X-24A (Martin) ; **394, 400, 400**
X-24B (Martin) ; 400
XB-35 (Northrop) ; 396
XF5U-1 (Chance Vought) ; **388, 396, 396**
XP-79 (Northrop) ; 396
XP-79B (Northrop) ; **389,** 396

Y

Y (Gee Bee) ; 164
Ya-6 (Yakovlev) ; **184, 212,** 239, **239**
Yak-16 (Yakovlev) ; **272, 287, 309,** 342, **343**
Yakovlev, Alexandre Sergueïevitch ; 239
Yakovlev Ya-6 ; **184, 212,** 239, **239**
Yakovlev Yak-16 ; **272, 287, 309,** 342, **343**
Yankee Clipper (Boeing 314A) ; **192, 197,** 225
YB-35 (Northrop) ; **396, 396**
YB-49 (Northrop) ; 396
Yeager, Charles ; 398
Yemenia ; **293**
York (Avro 685) ; **274, 286, 301,** 335, **335, 372**
Young, John ; 400
YS-11-100 (NAMC) ; **315,** 348, **348, 385**
YS-11A-200 (NAMC) ; 348
YS-11A-300 (NAMC) ; 348
YS-11A-400 (NAMC) ; 348
YS-11A-500 (NAMC) ; 348
YS-11A-600 (NAMC) ; 348

Z

Z (Gee Bee) ; **140, 143, 152,** 164, **164**
Zambia Airways ; **292**
Zantop International Airlines ; **295**
Zappata ; 168
Zappetta, Giovanni ; 167
Zeppelin, Ferdinand von ; 30, 34, 87, 93, 252
Zeppelin LZ 1 ; 30, **32,** 34
Zeppelin-Werke ; 113
Zeppelin Werke GmbH ; 100
— LZ 127 Graf Zeppelin ; **227,** 252
— LZ 129 Hindenburg ; **227,** 252
— Staaken E.4/20 ; **91, 100,** 112, **112,** 113, 234
Zimmerman, Charles H. ; 396

435

Sigles en chiffres

II (Blériot) ; 76
III (Blériot) ; **63**, 76
III (Breguet) ; **62, 75,** 76
III (Walden) ; **61**, 74
IV (Ellehammer) ; **56**, 69, **70**
IX (Blériot) ; 71
X (Blériot) ; 71
XI (Blériot) ; **58**, 71, **71**, 120, 159
0/400 (Handley Page) ; 88, 93, 115
1 (Hawker Siddeley Trident) ; **289**, 352, **353**
1E (Hawker Siddeley Trident) ; **278, 318,** 352, **374**
2-0-2 (Martin) ; **275, 286, 306,** 339, **339**
2A (Bristol 170 Wayfarer) ; **186, 308, 341, 341**
2E (Hawker Siddeley Trident) ; 352, **353**
4 (Dufaux) ; **61**, 74, **74**
4-0-4 (Martin) ; 339
4 AT Trimotor (Ford) ; **91, 95, 106,** 117, **117,** 118
6 ter (Cant) ; **105,** 116
9D Orion (Lockheed) ; **184, 195,** 207, 235, **235, 265**
10/A Electra (Lockheed) ; **184, 195, 221, 246,** 247
10 Electra (Lockheed) ; 246, 247
10 ter (Cant) ; **90, 95, 105,** 117, **117,** 146
14 (Breguet) ; 111
14-F62 Super Electra (Lockheed) ; **185, 197, 221, 247, 247**
14 bis ; **55,** 68, **68,** 70
14T (Breguet) ; 87, **90, 94, 98,** 111, **111**
16 Bn-2 (Breguet) ; 121
17 (Consolidated) ; 224, 245, **245,** 265
17-2C (Consolidated) ; 245
17-AF (Consolidated) ; 245
18-56 Lodestar (Lockheed) ; **272, 300, 334, 382**
18 Lodestar (Lockheed) ; 334
20 (Consolidated) ; 245
30-A Fleetster (Consolidated) ; **184,** 219, 244, 245
23 (IAR) ; **184, 222,** 247, **248**
23 (Lear Jet) ; 363
24 (Lear Jet) ; **291,** 363
24B (Lear Jet) ; **272, 328,** 363
24D (Lear Jet) ; 363
24E (Lear Jet) ; 363, **363**
24F (Lear Jet) ; 363
25 (Lear Jet) ; 363

25 A.2 (Potez) ; **90, 94, 103,** 116, **116**
28 (Latécoère) ; **185, 194, 203, 232, 232**
28-0 (Latécoère) ; 232
28-1 (Latécoère) ; 232
28-3 (Latécoère) ; 232
28-5 (Latécoère) ; 232
28V.D. (Kellner-Bécherau) ; **140, 143, 155, 166, 166**
33 (Blériot Spad) ; 114
35 (Lear Jet) ; 363
36 (Lear Jet) ; 363
40 (Rockwell) ; 363
40-A (Boeing) ; **90, 95, 108,** 119, **119**
44 Wicher (PZL) ; **188, 197, 222, 248, 248**
46 (Blériot Spad) ; **101,** 114
54 (Potez) ; 244
56 (Potez) ; **184, 195,** 217, **243,** 243
60 (Rockwell) ; 363
62 (Potez) ; **218,** 244, **244**
62-0 (Potez) ; 244
62-1 (Potez) ; 244
70 Arc-en-Ciel (Couzinet) ; **181,** 187, **194,** 203, 231
71 (Couzinet) ; 232
75 (Rockwell) ; 363
75A (Rockwell Sabreliner) ; **328,** 363, **363**
77 (Bristol) ; 160
80 (Boeing) ; 233
80-A (Boeing) ; **187, 194, 205,** 233, **233**
80-B (Boeing) ; 234
100 (Dassault Mercure) ; **278, 290, 319,** 353, **353, 376**
100 (De Havilland DHC-6 Twin Otter) ; 358
102 (Bristol 175 Britannia) ; **278, 287, 316,** 349, **349**
100 (Blériot) ; **141, 143, 157,** 168, **168, 177**
110 (Convair) ; 339
115 (Blériot) ; 115
120 (Bloch) ; **186, 195, 218,** 244, **244**
125 (Blériot) ; **186, 203, 232, 232**
125-400 (Hawker-Siddeley) ; 364
125-600 (Hawker-Siddeley) ; 364
125-700 (Hawker-Siddeley) ; **272, 291, 329,** 364, **364, 375**
126 (Blériot Spad) ; 114
135 (Blériot) ; **91, 94, 103,** 115, **115**
155 (Blériot) ; 115
167 Brabazon 1 (Bristol) ; **282, 287, 304,** 338, **338**
170 Freighter (Bristol) ; **273,** 341
170 Wayfarer 2A (Bristol) ; **286, 308,** 341, **341**
175 Britannia 102 (Bristol) ; **278, 287, 316,** 349, **349**
175 Britannia 300 (Bristol) ; 349

175 Britannia 310 (Bristol) ; 349
175 Britannia 312 (Bristol) ; 349
175 Britannia 320 (Bristol) ; 349
200 (Dassault Mercure) ; 353
200 (De Havilland DHC-6 Twin Otter) ; 358
201-B Alcotan (CASA) ; **272, 327,** 361, **361**
201-E (CASA) ; **378**
201-F (CASA) ; 361
204 (Aero) ; **185, 197, 222,** 248, **248**
220 (Bloch) ; **189, 196, 217, 243,** 243
220 (Boeing) ; 235, **235**
221 (Boeing) ; 235, 251, **251**
221-A Monomail (Boeing) ; **185, 194, 207,** 235
240 (Convair) ; **274, 286, 306,** 339, **340, 382**
247 (Boeing) ; **234,** 235, 239, 240, 241, 244, 246
247D (Boeing) ; 183, **186, 195, 205,** 233
280T (Wibault) ; 243, 244
281T (Wibault) ; 244
282T (Wibault) ; 244
283T (Wibault) ; **187, 195, 218,** 244, **244,** 263
300 (Bristol 175 Britannia) ; 349
300 (De Havilland DHC-6 Twin Otter) ; **273, 291, 323,** 358, **358, 381**
300 Croix-du-Sud (Latécoère) ; **190, 194, 215, 241, 241, 263**
301 (Latécoère) ; 241
302 (Latécoère) ; 241
310 (Bristol 175 Britannia) ; 349
312 (Bristol 175 Britannia) ; 349
314 Yankee Clipper (Boeing) ; **192, 197, 225**
320 (Bristol 175 Britannia) ; 349
340 (Convair) ; 340
367-80 (Boeing) ; 345
377-10-26 Stratocruiser (Boeing) ; **278, 287, 306, 340,** 348, **382**
440 (Convair) ; 340
500 (Cessna Citation) ; **272, 291, 328, 363,** 363
500 I (Cessna Citation) ; 363
500 II (Cessna Citation) ; 363
500 III (Cessna Citation) ; 363
520 (Aero Commander) ; 362
521 Bizerte (Breguet) ; 244, **244**
521 Lieutenant de Vaisseau Paris (Latécoère) ; **191, 196, 215,** 241, **241,** 242
522 Viper (Avro) ; 160
530 Saigon (Breguet) ; **274, 287, 306, 340, 340**
543 Baby (Avro) ; 159
560 (Aero Commander) ; **272, 328,** 362, **362, 382**
580 (Convair) ; 340
600 (Convair) ; 340
630 (Vickers Viscount) ; 343
631 (Latécoère) ; **280, 286, 305,** 328, **339**
640 (Convair) ; 340

683 Lancaster 1 (Avro) ; **273, 286, 301,** 335, **335,** 336
685 York (Avro) ; **274, 286, 301,** 335, **335, 372**
688 Tudor 1 (Avro) ; **275, 286, 302,** 335, **336**
689 Tudor 2 (Avro) ; **277, 286, 302,** 335, **336**
689 Tudor 5 (Avro) ; **336**
691 Lancastrian 1 (Avro) ; **274, 286,** 335, **335,** 336, **373**
700 (Vickers Viscount) ; **275, 287, 310,** 343, **343, 373**
707-120 (Boeing) ; 268, **279, 288,** 312, 345, **345, 346, 383**
707-320 (Boeing) ; **270, 285, 288,** 312, 345, **345, 384**
707A (Avro) ; 390, **397**
707B (Avro) ; 397
707C (Avro) ; 397
720 (Boeing) ; **288,** 313, 345, 346, **346, 384**
720B (Boeing) ; 346
727-100 (Boeing) ; **353**
727-200 (Boeing) ; **281, 288, 318,** 352, **353**
727-200C (Boeing) ; 352
737-100 (Boeing) ; **353, 385**
737-200 (Boeing) ; **276, 289, 319,** 353, **353**
737-200/QC (Boeing) ; 353
737-200 Long Range (Boeing) ; 353
747 (Boeing) ; **354, 385**
747-100 (Boeing) ; 354
747-100 Combi (Boeing) ; 354
747-100F (Boeing) ; 354
747-100 SP (Boeing) ; **354, 355**
747-100 SR (Boeing) ; 354
747-200 (Boeing) ; 268, **284,** 289, 320, 354, **355**
747-200B (Boeing) ; 354
747-200B Combi (Boeing) ; 354
747-200C (Boeing) ; 354
747-200F (Boeing) ; 354
748 Series 1 (Avro) ; **273,** 310, 343, **344, 374**
757 (Boeing) ; 268, **281, 290,** 319, 354, **354**
767 (Boeing) ; 268, **285, 290,** 319, 354, **354**
800 (Vickers Viscount) ; **373**
802 (Vickers Viscount) ; 373
810 (Vickers Viscount) ; 343
880 (Convair) ; **279,** 313, 346, **346, 384**
951 (Vickers Vanguard) ; 349
953 (Vickers Vanguard) ; **279, 289, 316,** 349, **349, 374**
990 Coronado (Convair) ; **280, 289,** 313, 346, **346, 384**
1329-25 Jetstar II (Lockheed) ; **328,** 363, **363**
1329 Jetstar (Lockheed) ; 363
2707-300 SST (Boeing) ; **321,** 355, 356, **356**
5190 Santos-Dumont (Blériot) ; **190, 195, 215,** 241, **241**